勘察设计注册土木工程师(道路工程)资格考试用书
(下册)

Zhuanye Zhishi

专 业 知 识

全国勘察设计注册工程师道路工程专业管理委员会　主编

人民交通出版社

内 容 提 要

本书为全国勘察设计注册土木工程师(道路工程)资格考试用书专业知识分册,共分六篇,内容包括道路路线设计、路基工程、路面工程、桥隧工程、交叉工程、道路工程施工组织及概预算。

本书由全国勘察设计注册工程师道路工程专业管理委员会根据考试大纲编写,供考生复习备考使用,也可供公路工程设计及施工人员参考。

图书在版编目（CIP）数据

勘察设计注册土木工程师(道路工程)资格考试用书(下册).
专业知识／全国勘察设计注册工程师道路工程专业管理委员
会主编. —北京：人民交通出版社，2009.1
ISBN 978 – 7 – 114 – 07554 – 4

Ⅰ. 勘…　Ⅱ. 全…　Ⅲ. ①道路工程 – 勘测 – 工程技术人员 – 资格考核 – 自学参考资料②道路工程—设计 – 工程技术人员 – 资格考核 – 自学参考资料　Ⅳ. U412

中国版本图书馆 CIP 数据核字（2009）第 005525 号

书　　名：**勘察设计注册土木工程师**(道路工程)**资格考试用书**(下册)　专业知识
著 作 者：全国勘察设计注册工程师道路工程专业管理委员会
责任编辑：沈鸿雁
出版发行：人民交通出版社
地　　址：(100011) 北京市朝阳区安定门外外馆斜街 3 号
网　　址：http://www.ccpress.com.cn
销售电话：(010) 59757973
总 经 销：人民交通出版社发行部
经　　销：各地新华书店
印　　刷：北京鑫正大印刷有限公司
开　　本：787×1092　1/16
印　　张：48.25
字　　数：1197 千
版　　次：2009 年 2 月　第 1 版
印　　次：2019 年 1 月　第 1 版　第 3 次印刷
书　　号：ISBN 978-7-114-07554-4
总 定 价：150.00 元

（有印刷、装订质量问题的图书由本社负责调换）

前　言

改革开放 30 年来，我国公路建设事业取得了巨大成就，实现了公路交通跨越式的发展。高速公路的网络化程度和规模不断加大，农村公路建设稳步推进，为促进国民经济健康发展、提高人民生活水平做出了重要贡献。当前，党中央、国务院作出进一步扩大内需、促进经济增长的重大战略部署，把加快交通基础设施建设作为扩大内需的重要举措。公路建设迎来了继 1998 年中央加快交通等基础设施建设之后的又一次重大发展机遇。

公路建设，勘察设计是龙头，是灵魂。在公路勘察设计过程中，以科学发展观为指导，坚持以人为本，坚持资源节约、环境友好的公路勘察设计理念，是实现我国公路建设可持续发展的关键所在，更是公路勘察设计人员所面临的重要课题。为了规范道路工程勘察设计人员管理，提高道路工程勘察设计人员综合素质，提升道路工程勘察设计整体水平，打造一支高素质的道路工程勘察设计队伍，原交通部会同原人事部和原建设部建立了勘察设计注册土木工程师（道路工程）制度，并于 2007 年 4 月 1 日起正式实施。

勘察设计注册土木工程师（道路工程）资格实行全国统一大纲、统一命题的考试制度。考试分为基础考试和专业考试两部分，基础考试包括公共基础考试和专业基础考试。基础考试合格并符合专业考试报名条件的，可参加专业考试。专业考试合格后，方可获得《中华人民共和国勘察设计注册土木工程师（道路工程）资格证书》。

为帮助广大考生复习备考，全国勘察设计注册工程师道路工程专业管理委员会组织全国公路、市政和林业系统的高校和勘察设计单位的专家，坚持"淡化理论，贴近实际，侧重能力"的原则，根据《勘察设计注册土木工程师（道路工程）资格考试大纲》，编写了《勘察设计注册土木工程师（道路工程）资格考试用书》。该书分上、下两册出版。上册为专业基础知识，共 6 篇，包括建筑材料、土质学与土力学、工程地质、工程测量、结构设计原理和职业法规。下册为专业知识，共 6 篇，包括道路路线设计、路基工程、路面工程、桥隧工程、交叉工程、道路工程施工组织及概预算。

希望该书的出版，能够在帮助道路工程勘察设计人员系统学习和总结理论知识、提高实际工作能力等方面起到一定的作用。

全国勘察设计注册工程师
道路工程专业管理委员会主任

二〇〇八年十二月

目　录

第一篇　道路路线设计

第二篇　路 基 工 程

第三篇　路　面　工　程

第四篇 桥 隧 工 程

第六篇　道路工程施工组织及概预算

第一篇　道路路线设计

第一章　绪　　论

第一节　道路的分级与技术标准

一、公路分级与技术标准

1. 公路分级

若新建、改建公路,应首先确定公路的等级,它是确定公路技术标准和设施规模的基础和依据。不同等级的公路,在路网中的地位和作用、远期担负的运输任务各不相同。因此,所选用技术标准应有所差异。正确划分公路等级,是关系到合理使用国家投资、提高经济效益和运输效率的重大问题。现行的《公路工程技术标准》(JTG B01—2003)(以下简称《标准》)根据功能和适应的交通量将公路分为五个等级。

(1)高速公路:为专供汽车分向、分车道行驶并应全部控制出入的多车道公路。四车道高速公路应能适应将各种汽车折合成小客车的年平均昼夜交通量为 25 000 ~ 55 000 辆;六车道高速公路应能适应将各种汽车折合成小客车的年平均昼夜交通量为 45 000 ~ 80 000 辆;八车道高速公路应能适应将各种汽车折合成小客车的年平均昼夜交通量为 60 000 ~ 100 000 辆。

(2)一级公路:为供汽车分向、分车道行驶,并可根据需要控制出入的多车道公路。四车道一级公路应能适应将各种汽车折合成小客车的年平均昼夜交通量为 15 000 ~ 30 000 辆;六车道一级公路应能适应将各种汽车折合成小客车的年平均昼夜交通量为 25 000 ~ 55 000 辆。

(3)二级公路:为供汽车行驶的双车道公路。双车道二级公路应能适应将各种汽车折合成小客车的年平均昼夜交通量为 5 000 ~ 15 000 辆。

(4)三级公路:为主要供汽车行驶的双车道公路。双车道三级公路应能适应将各种车辆折合成小客车的年平均昼夜交通量为 2 000 ~ 6 000 辆。

(5)四级公路:为供主要供汽车行驶的双车道或单车道公路。双车道四级公路应能适应将各种车辆折合成小客车的年平均昼夜交通量为 2 000 辆以下;单车道四级公路应能适应将各种车辆折合成小客车的年平均昼夜交通量为 400 辆以下。

各级公路设计交通量的预测应符合以下规定:

高速公路和具有干线功能的一级公路的设计交通量应按 20 年预测;具有集散功能的一级公路,以及二、三级公路的设计交通量应按 15 年预测;四级公路可根据实际情况确定。

设计交通量的预测起算年应为项目可行性研究报告中的计划通车年。设计交通量的预测应充分考虑走廊带范围内远期社会、经济的发展和综合运输体系的影响。

公路技术标准是法定的技术要求，反映了我国公路建设的技术方针，公路设计时都应当遵守。各级公路的具体标准是由各项技术指标体现的（表1-1-1），它决定于下列因素：

（1）公路的功能。

（2）远景交通量和交通组成。

（3）地形和其他自然条件。

（4）设计速度。

设计速度是技术标准中最重要的指标，它对公路的几何形状、工程费用和运输效率影响最大。设计速度的选择应综合考虑前三个因素的影响。路线在公路网中具有重要的经济、国防意义者，远景交通量大者，地形平坦者，则选用较高的设计速度；反之，则选用较低的设计速度。

2. 公路等级的选用

公路等级应根据公路的功能、路网规划、交通量，并充分考虑项目所在地区的综合运输体系、远期发展等，经论证后确定。

一条公路可根据交通量等情况分段选用不同的公路等级，或同一公路等级不同的设计速度、路基宽度；但不同公路等级、设计速度、路基宽度间的衔接应协调，过渡应顺适，在相互衔接处前后一定长度范围内主要技术指标应逐渐过渡，避免产生突变。

预测的设计交通量介于一级公路与高速公路之间时，拟建公路为干线公路时，宜选用高速公路；拟建公路为集散公路时，宜选用一级公路；干线公路宜选用二级及二级以上公路。

设计速度相同的路段应为同一设计路段，高速公路设计路段不宜小于15km，一、二级公路设计路段不宜小于10km。

二、城市道路分类与技术分级

1. 城市道路分类

按照道路在城市道路网中的地位、交通功能以及对沿线建筑物的服务功能，将城市道路分为四类：

（1）快速路：为城市中长距离快速交通服务。快速路上的机动车道两侧不应设置非机动车道。快速路对向行车道之间应设置中央分隔带，其进出口应采用全控制或部分控制。快速路沿线两侧不能设置吸引大量车流、人流的公共建筑物的进出口，对一般建筑物的进出口应加以控制，当进出口较多时宜在两侧另建辅道。

（2）主干路：为连接城市各主要分区的干线道路，以交通功能为主。非机动车交通量大时应设置分隔带与机动车分离行驶，两交叉口之间分隔机动车与非机动车的分隔带宜连续。主干路两侧不宜设置吸引大量车流、人流的公共建筑物的进出口。

（3）次干路：与主干路结合组成城市道路网，起集散交通的作用，兼有服务功能。次干路两侧可设置公共建筑物的进出口，并可设置机动车和非机动车的停车场、公共交通站点和出租车服务站。

（4）支路：为次干路与居民区、工业区、市中心区、市政公用设施用地、交通设施用地等内部道路的连接线，解决局部区域交通，以服务功能为主。支路可与平行于快速路的道路相接，但不得与快速路直接相接。支路需要与快速路交叉时，应采用分离式立体交叉跨过或穿过快速路。

各级公路的主要技术指标汇总表（整体式路基）

表 1-1-1

公路等级	高速公路			一级公路			二级公路		三级公路		四级公路
设计速度(km/h)	120	100	80	100	80	60	80	60	40	30	20
车道数(条)	8 6 4	8 6 4	6 4	6 4	6 4	4	2	2	2	2	1或2
路基宽度(m)(一般值)	42.0 34.5 28.0	41.0 33.5 26.0	32.0 24.5	33.5 26.0	32.0 24.5	23.0	12.0	10.0	8.5	7.5	7.0(双车道) 4.5(单车道)
停车视距(m)	210	160	110	160	110	75	110	75	40	30	20
圆曲线半径(m) 一般值	1 000	700	400	700	400	200	400	200	100	65	30
圆曲线半径(m) 最小值	650	400	250	400	250	125	250	125	60	30	15
最大纵坡(%)	3	4	5	4	5	6	5	6	7	8	9

2. 城市道路分级

根据城市规模、规划交通量和地形等因素,除快速路外,各类道路划分为 I、II、III 级。大城市应采用各类道路中的 I 级标准,中等城市应采用 II 级标准,小城市应采用 III 级标准,见表 1-1-2。

各类各级城市道路主要技术指标表　　　　　　　　　　　　　　　表 1-1-2

项目 类别	级 别	设计速度 （km/h）	双向机动车 车道数（条）	机动车道宽度 （m）	分隔带设置	采用横断面 形式
快速路	—	80.60	≥4	3.75	必须设	双、四幅
主干路	I	60,50	≥4	3.75	应设	单、双、三、四幅
	II	50,40	3～4	3.75	应设	单、双、三幅
	III	40,30	2～4	3.75,3.5	可设	单、双、三幅
次干路	I	50,40	2～4	3.75	可设	单、双、三幅
	II	40,30	2～4	3.75,3.5	不设	单幅
	III	30,20	2	3.5	不设	单幅
支路	I	40,30	2	3.5	不设	单幅
	II	30,20	2	3.5	不设	单幅
	III	20	2	3.5	不设	单幅

在选用城市道路分级时,受地形限制的山城可降低一级,特殊发展的中小城市可提高一级。有特殊情况需要变更级别时,应做技术经济论证,报规划审批部门批准。

城市道路规划交通量达到饱和状态时的设计年限,在《城市道路设计规范》(CJJ 37—90)(以下简称《城规》)中规定:快速路、主干路为 20 年,次干路为 15 年,支路为 10～15 年。城市可按照其市区和近郊区(不包括所属县)的非农业人口总数划分为大城市(指人口 50 万以上的城市)、中等城市(20 万～50 万)和小城市(20 万以下)。

第二节　道路勘测设计的程序

一、工程可行性研究

可行性研究是在项目建设前必须进行的各项研究工作的最重要阶段,其主要内容是通过全面的调查研究和工程勘察、测量等工作,进行技术、经济论证,分析、判断建设项目的技术可行性和经济合理性,为工程项目的决策提供依据。待项目建议书批准后,方可进行可行性研究工作。可行性研究视工程的规模一般分两阶段,即初步可行性(预可行性)研究和工程可行性研究,对小型不复杂的工程也可直接进行工程可行性研究。

初步可行性研究是项目建议书与工程可行性研究之间的中间阶段,主要是复查、落实项目建议书中提供的投资机会,对不同的建设方案做出粗略的分析、比选,明确项目中哪些问题是关键,是否有必要列专题研究。初步可行性研究在内容结构上与工程可行性研究基本一致,但论证依据不需过分详细,数据资料的准确程度也不要求很高,有关费用可以从现有的可比项目中参考得出。工程可行性研究的内容一般包括:

（1）工程项目的背景：论述建设项目的任务依据、历史背景和研究范围，提出可行性研究的主要结论。

（2）现状及问题：调查及论述建设地区综合运输网的交通现状和建设项目在交通运输网中的地位与作用，论述原有公路的工程技术状况以及不适应的程度。

（3）发展预测：进行全面的交通调查和经济调查，论述建设项目所在地区的经济特征，研究建设项目与经济发展的内在联系，预测交通运输量的发展情况。

（4）公路建设标准和规模：论述项目采用的等级及其主要技术指标和建设规模。

（5）建设条件和方案选择：调查建设项目所处地理位置的地形、地质、地震、气候、水文等自然特征，建筑材料来源及运输条件；进行路线方案的比选，提出推荐方案的走向和主要控制点；评价建设项目对环境的影响，并提出合理的保护环境的措施。

（6）投资估算与资金筹措：包括主要工程数量、公路建设用地和拆迁、单价拟订、投资估算及资金筹措等。

（7）工程建设实施计划：包括勘测设计和工程施工的计划与要求、工程管理和技术人员的培训等。

（8）经济评价：包括运输成本等经济参数的确定，建设项目的直接经济效益和费用的估算，进行经济评价敏感性分析，建设项目的间接经济效益分析；对于收费公路，还需做财务分析。

（9）问题与建议：客观地说明可行性研究中存在的问题，相应地提出对下一步工作的建议。

必须强调指出，工程可行性研究必须实事求是，尊重客观经济规律，使可行性研究工作确实起到"把关作用"，使项目投产后能达到预期的效果，减少投资风险。"不可行"的研究结果，也是一个成功的可行性研究报告，从避免造成投资浪费的意义上讲，其价值更高。切忌那种一开展可行性研究工作就在主观上形成必定"可行"的不实事求是的做法，更应避免站在本单位立场上，不顾国家大局，而想方设法使研究结论成为"可行"的行为。

二、勘测设计任务书

公路施工前的勘测设计工作是根据批准的设计任务书（或委托书）进行的。设计任务书应根据批准的工程可行性研究报告编制。设计任务书由提出计划的主管部门下达或由下级单位编制后按规定上报审批。设计任务书的基本内容包括：

（1）建设依据和目的意义。

（2）建设规模和性质。

（3）路线基本走向和主要控制点。

（4）工程技术标准和主要技术指标。

（5）设计阶段及各阶段完成时间。

（6）建设期限和投资估算，对分期修建项目应提出每期的建设规模和投资估算。

（7）施工力量的原则安排。

（8）附路线示意图，另有工程数量、三材（钢材、木材、水泥）和投资等只在上报任务书时列入，供审批时参考。

设计任务书经批准后，如对建设规模、技术等级标准、路线基本走向等主要内容有变更时，应经原批准部门同意。

三、设计阶段及其内容

1. 设计阶段

《公路工程基本建设项目设计文件编制办法》（JTG B06—2007）规定，公路工程基本建设项目可以采用一阶段设计、两阶段设计或三阶段设计。

一阶段设计即一阶段施工图设计，适用于技术简单、方案明确的小型建设项目。两阶段设计即初步设计和施工图设计，适用于一般建设项目。三阶段设计即初步设计、技术设计和施工图设计，适用于技术复杂、基础资料缺乏和不足的建设项目，或建设项目中的个别路段、特大桥、互通式立体交叉、隧道等。

2. 各设计阶段主要内容

（1）初步设计：两阶段和三阶段设计中的初步设计，应根据批准的可行性研究报告、设计任务书（或测设合同）和初测资料编制。初步设计阶段的目的是确定设计方案，主要内容包括拟订修建原则，选定设计方案，计算工程数量和主要材料数量，提出施工方案，编制设计概算，提供文字说明及图表资料。初步设计在选定方案时，应对路线的走向、控制点和方案进行现场核查，征求沿线地方政府和建设单位意见，基本落实路线布置方案；一般应进行纸上定线，赴实地核对，落实并放出必要的控制线位桩；对复杂困难地段的路线、互通式立体交叉、隧道、特大桥、大桥的位置等，一般应选择两个或两个以上的方案进行同深度、同精度的测设工作和方案比选，提出推荐方案。

（2）技术设计：三阶段设计中的技术设计应根据批准的初步设计和定测资料编制。技术设计阶段的目的是对重大、复杂的技术问题进一步落实设计方案，主要内容包括通过科学试验、专题研究，加深勘探调查及分析比较，解决初步设计中未解决的问题，落实技术方案，计算工程数量，提出修正的施工方案，修正设计概算。

（3）施工图设计：两阶段设计中的施工图设计，应根据批准的初步设计和定测资料编制；三阶段设计中的施工图设计，应根据批准的技术设计和补充定测资料编制。

施工图设计阶段的目的是对批准的推荐方案进行详细设计以满足施工的要求。其主要内容包括：对审定的修建原则、设计方案、技术决定加以具体和深化，最终确定各项工程数量，提出文字说明和适应施工需要的图表资料以及施工组织计划，并编制施工图预算。

一阶段施工图设计应根据批准的可行性研究报告、设计任务书（或测设合同）和定测资料编制。其目的和内容是拟订修建原则，确定设计方案和工程数量，提出文字说明和图表资料以及施工组织计划，编制施工图预算，满足审批的要求，适应施工的需要。

第三节　路线设计的依据

一、设计车辆

设计车辆是指道路设计所采用的车辆类型，以其外廓尺寸、质量、运转特性等特征作为道路设计的依据。汽车的行驶性能、外廓尺寸以及行驶于道路上不同种类车辆的组成对于道路几何设计具有决定作用。因此，选择有代表性的车辆作为道路设计的依据是必要的。

道路上行驶车辆的种类很多,按使用目的、结构或发动机的不同而分成各种类型,作为道路设计依据的车辆可分为四类:小客车(小型汽车)、载货汽车(普通汽车)、鞍式列车、铰接车。其外廓尺寸见表1-1-3和图1-1-1。

设计车辆外廓尺寸(m) 表1-1-3

项目 车辆类型	总　长	总　宽	总　高	前　悬	轴　距	后　悬
小客车	6	1.8	2	0.8	3.8	1.4
载重汽车	12	2.5	4	1.5	6.5	4
鞍式列车	16	2.5	4	1.2	4+8.8	2
铰接车	18	2.5	4	1.7	5.8+6.7	3.8

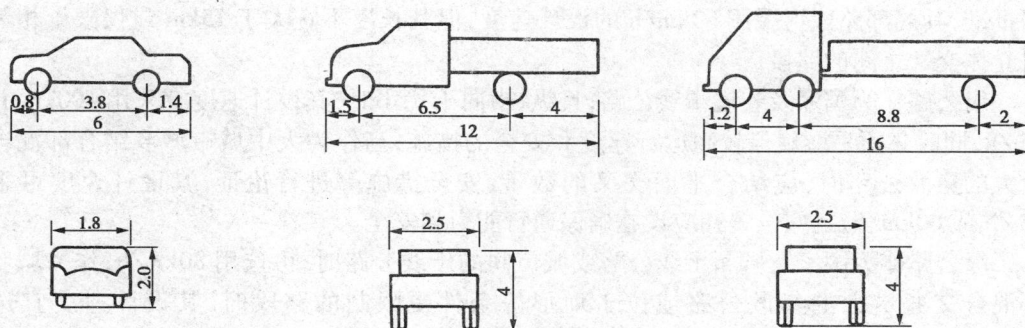

图1-1-1　设计车辆外廓尺寸图(尺寸单位:m)

鞍式列车适用于大型集装箱运输,可作为高速公路、一级公路和有大型集装箱运输公路的设计依据。其他公路必须保证小客车及载重汽车的安全和顺适通行。铰接车适用于城市道路控制之用。

小客车的最小转弯半径为6m,载重汽车和鞍式列车为12m。确定路缘石或交通岛的转弯车道半径时,一般应以鞍式列车的转弯半径作为控制。

汽车的输出功率与其重量之比:小汽车为3.75kW/kN,载重汽车为0.75kW/kN,半挂车为0.525kW/kN。在设计时,小汽车由于其功率与重量之比值较大,不作为控制因素,而半挂车的比值太低,为避免工程浪费也不宜采用。在一般公路上确定纵坡度和坡长时应以输出功率与重量之比为0.75kW/kN的汽车作为主要控制,但受半挂车影响大的特殊公路或路段,在计算纵坡长度和设置爬坡车道时,则应适当考虑半挂车。

自行车在城市或近郊数量较多,设计时应予以充分考虑。自行车的外廓尺寸为宽0.75m,长2.00m,载入后的高度为2.25m。

二、设计速度

设计速度是指当气候正常、交通密度小、汽车运行只受道路本身条件(几何要素、路面、附属设施等)的影响时,中等驾驶技术的驾驶员能保持安全而顺适地行驶的最大行驶速度。

设计速度是决定道路几何形状的基本依据。曲线半径、超高、视距等技术指标都直接与设计速度有关。其他如车道宽度、路肩宽度等虽与设计速度无直接关系,但它们影响行车速度,所以也可将设计速度定义为："作为道路设计依据的汽车速度"。

汽车在道路上行驶时，驾驶员根据道路沿途的地形条件、道路条件、交通条件以及自身的驾驶技术，选择各自适应道路线形的驾驶速度。行驶速度与设计速度并非一致，在实际行驶过程中，驾驶员往往不是以设计速度行驶，而是选择各自适合的行驶速度驾驶汽车。在设计速度较低的路段，当路线本身几何要素超过安全行驶的需要，交通密度、地形、气候等外部条件又较好时，实际行驶速度常接近或超过设计速度，设计速度愈低，出现这种可能性的机率就愈高。考虑上述特点，同一等级的道路按不同的条件可以采用不同的设计速度。《标准》从工程难易、工程量大小及技术合理性的角度考虑，对各级公路规定了不同的设计速度，如表1-1-1所示。

高速公路作为国家及省属重要干线公路，或作为交通量大的国家及省属干线公路，或位于地形、地质良好的平原、丘陵地段时，设计速度宜采用120km/h或100km/h；当受地形等自然条件限制时，可选用80km/h；个别特殊困难地段因修建公路可能诱发病害时，经论证并报主管部门批准，其局部路段可采用60km/h的设计速度，但其长度不宜大于15km或仅限于相邻互通式立体交叉之间的路段。

一级公路作为国家及省属干线公路，且纵、横向干扰小时，其设计速度宜采用100km/h或80km/h，同时必须采取确保较高运行速度和安全的措施；当作为大中城市城乡结合部混合交通量大的集散公路时，应结合平面交叉的数量、安全措施等进行论证，其设计速度可采用80km/h或60km/h，且应设置相应设施确保通行能力和安全。

二级公路作为国家及省属干线公路或城市间的干线公路时，可选用80km/h；作为城乡结合部混合交通量大的集散公路或位于地形等条件受限制的路段时，其设计速度宜选用60km/h。

三级公路作为干线公路时可用40km/h；作为县乡公路或位于地形等条件限制路段宜选用30km/h。

四级公路设计速度采用20km/h。

城市道路与公路相比，具有功能多样、组成复杂、行人交通量大、车辆多、车速差异大、交叉口多的特点，平均行驶速度比公路低。《城规》规定的各类各级道路的设计速度见表1-1-2，条件许可时宜采用较大值。

三、交通量

1. 设计交通量

交通量是指单位时间内通过道路某一断面的车辆数，其普遍计量单位是年平均日交通量，用全年总交通量除以365而得。设计交通量是指拟建道路到预测年限时所能达到的年平均日交通量（辆/d）。其值根据历年交通观测资料预测求得，目前多按年平均增长率计算确定。

$$N_d = N_0(1 + \gamma)^{n-1} \tag{1-1-1}$$

式中：N_d——规划交通量（辆/d）；

N_0——起始年平均日交通量（辆/d）；

γ——年平均增长率（%）；

n——预测年限（年）。

设计交通量对确定道路等级、计算道路的计划费用或各项结构设计等有重要作用，但不宜直接用于道路几何设计。一年中的每月、每日、每小时交通量都在变化，在某些季节、某些时段可能高出年平均日交通量数倍,据此其不宜作为具体设计的依据。

2. 设计小时交通量

小时交通量(辆/h)是以小时为计算时段的交通量,是确定车道数和车道宽度或评价服务水平的依据。大量交通统计表明,在一天以及全年期间,每小时交通量的变化是相当大的。如果用一年中最大的高峰小时交通量作为设计依据,会造成浪费;但如果采用日平均小时交通量则不能满足交通需求,造成交通拥挤或阻塞。为使设计交通量的取值既保证交通安全畅通,又能使工程造价经济、合理,借助一年中每小时交通量的变化曲线来指导确定合乎设计使用的小时交通量。其方法如下:

将一年中所有8 760个小时交通量(双向)按其与年平均日交通量的百分数大小顺序排列起来并画成曲线,如图1-1-2所示。由图可知,在20~40位小时交通量附近,曲线急剧变化,其右侧曲线明显变缓,而左侧曲线坡度则较大。显然,设计小时交通量的合理取值范围应在第20~40位之内。如果以第30位小时交通量作为设计依据,意味着在一年中只有29个小时的交通量超过设计值,会发生拥挤,占全年小时数的0.33%;相反,全年99.67%的时间能够保证交通畅通。目前,包括我国在内的世界许多国家都采用第30位小时交通量作为设计的依据,也可根据当地调查结果采用第20~40位小时之间最为经济合理的时位。

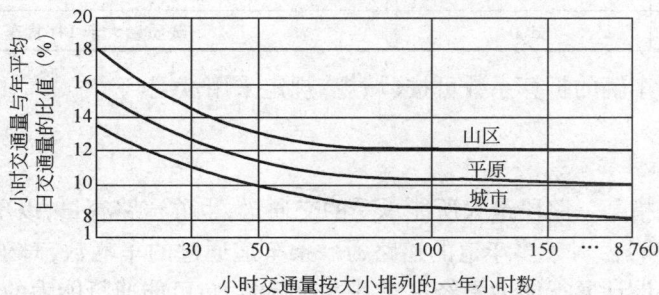

图1-1-2 年平均日交通量与小时交通量的关系曲线

在确定设计小时交通量时,应根据平时观测资料绘制各条路线交通量变化曲线,没有观测资料的路段可参考性质相似、交通情况相仿的其他道路观测资料确定。

设计小时交通量按下式计算:

$$N_h = N_d \times D \times k \tag{1-1-2}$$

式中:N_h——主要方向设计小时交通量(辆/h);

N_d——规划交通量(辆/d);

D——方向不均匀系数,一般取$D = 0.5 \sim 0.6$;

k——设计小时交通量系数(%)。当有观测资料时绘制图1-1-2求得k值,无资料时可根据气候分区按表1-1-4取值。

3. 交通量折算

道路上行驶的车辆种类较多,其速度、行驶规律以及占用道路的净空差异较大,但作为道路设计的交通量应折算成某一种标准车型。我国《标准》规定标准车型为小客车,用于道路规划与技术等级划分的机动车折算系数按表1-1-5采用。对于非机动车占较大比重的混合交通道路,自行车、行人、畜力车等作为横向干扰因素不再参与交通量折算。三、四级公路上行驶的拖拉机每辆折算为4辆小客车。

设计小时交通量系数（%） 表 1-1-4

公路环境及分类		华 北	东 北	华 东	中 南	西 南	西 北
		京、津、冀、晋、蒙	辽、吉、黑	沪、苏、浙、皖、闽、赣、鲁	豫、湘、鄂、粤、桂、琼	川、滇、黔、藏	陕、甘、青、宁、新
近郊	高速公路	8.0	9.5	8.5	8.5	9.0	9.5
	一级公路	9.5	11.0	10.0	10.0	10.5	11.0
	双车道公路	11.5	13.5	12.0	12.5	13.0	13.5
城间	高速公路	12.0	13.5	12.5	12.5	13.0	13.5
	一级公路	13.5	15.0	14.0	14.0	14.5	15.0
	双车道公路	15.5	17.5	16.0	16.5	17.0	17.5

各汽车代表车型与车辆折算系数 表 1-1-5

汽车代表车型	车辆折算系数	说 明
小客车	1.0	小于或等于 19 座的客车和载质量 ≤2t 的货车
中型车	1.5	大于 19 座的客车和载质量大于 2t 且小于或等于 7t 的货车
大型车	2.0	载质量大于 7t 且小于或等于 14t 货车
拖挂车	3.0	载质量大于 14t 货车

城市道路上各种车辆的折算系数可按《城规》规定采用。

四、通行能力

道路通行能力是指某一路段最大所能承受的交通量,也称道路容量,以单位时间内通过的最大车辆数表示(辆/h)。对于多车道的道路为一条车道通过的车辆数,对于双车道为往返车道合计车辆数。道路设计通行能力是经过对基本通行能力、可能通行能力的诸多修正后得到。

基本通行能力是指在理想条件下,单位时间内一个车道或一条道路某一路段可以通过小客车的最大数,是计算各种通行能力的基础。所谓理想条件包括道路本身和交通两个方面,即道路本身应在车道宽、侧向净宽有足够的宽度,平、纵线形及视距条件良好;交通方面车道上只有小客车行驶,没有其他车型混入且车速不受限制。现有的道路即使是高速道路,基本上没有合乎理想条件的,可能通过的车辆数一般都低于基本通行能力。基本通行能力的计算可采用"车头时距"或"车头间距"求得。车头时距是指连续两车通过车道或道路上同一地点的时间间隔,车头间距是指交通流中连续两车之间的距离。

可能通行能力是由于通常的道路和交通条件与理想条件有较大差距,考虑了影响通行能力的诸多因素如车道宽、侧向净宽和大型车混入后,对基本通行能力进行修正后的通行能力。

设计通行能力是道路交通的运行状态保持在某一设计的服务水平时,单位时间内道路上某一路段可以通过的最大车辆数。我国按照车流运行状态,把从小交通量的自由流至交通量达到可能状态的受限制流运行范围划分为四级服务水平,与每一级服务水平相应的交通量称为服务交通量。设计通行能力由可能通行能力乘以与该路服务水平相应的最大服务交通量和基本通行能力之比(V/C)得到。当 V/C 值小时,最大服务交通量小,车流运行条件好,相应地服务水平就高;V/C 值大时,服务交通量也大,车流运行条件差,服务水平也低;当设计小时交通量超过设计通行能力时,道路将发生堵塞。

各种通行能力的计算方法详见交通工程有关内容。

五、服务水平

道路服务水平是指在被规定的道路与交通条件下,根据交通量、车速、舒适、方便、经济和安全等指标,道路可向使用者(主要指汽车驾驶员)所能提供的综合效果。不同的效果反映不同的服务水平。服务水平所描述的范围是从驾驶员可自由选择行驶车速的最高服务水平起,直至路上车辆拥塞,迫使驾驶员不得不停停开开的最低服务水平为止的各种运行条件。所以,服务水平的高低可以反映出一定条件下,道路上不同车流状态和与之相应的通行能力以及驾驶员驾车的自由程度。

《标准》将公路的服务水平分为四级,各级公路设计采用的服务水平规定见表1-1-6。

各级公路设计采用的服务水平

表 1-1-6

公路等级	高速公路	一级公路	二级公路	三级公路	四级公路
服务水平	二级	二级	三级	三级	—

六、建筑限界

道路建筑限界又称净空,由净高和净宽两部分组成。它是为保证道路上各种车辆、人群的正常通行与安全,在一定高度和宽度范围内不允许有任何障碍物侵入的空间界线。道路建筑限界是横断面设计的重要依据,设计时应充分研究组成路幅要素的相互关系及道路各种设施的设置规划,在有限空间内做出合理的安排,绝对不允许桥台、桥墩以及照明灯柱、护栏、信号机、标志、行道树、电杆等设施侵入道路建筑限界以内。

净高即净空高度,是指道路在横断面范围内保证安全通行所必须满足的竖向高度。净高应考虑汽车装载高度、安全高度及路面铺装等因素确定。我国载重汽车的装载高度限制为4.0m,外加0.5m的安全高度,一般采用4.5m的净高。考虑到大型设备运输的发展、路面积雪和路面铺装在养护中的加厚等因素,规定高速公路和一级、二级公路的净高为5.0m,三、四级公路为4.5m。对于路面类型为中级或低级的三、四级公路,考虑到路面铺装的要求,其净高可预留20cm。一条公路应采用相同的净高。当构造物位于凹形竖曲线上方时,长大车辆通过会形成弦空而降低构造物下有效净高,设计时应保证有效净高的要求;公路下穿时,应保证公路距构造物底部任意点均应满足净高的需要。城市道路最小净高:各种汽车4.5m,无轨电车5.0m,有轨电车5.5m,自行车和行人2.5m,其他非机动车3.5m。

净宽是指道路在横断面范围内保证安全通行所必须满足的横向宽度。净宽包括行车带、路肩、中间带、绿化带等宽度。路肩宽度包括在净空范围之内,因此道路上各种设施(标志、护栏等)均应设置在右路肩以外的保护性路肩上,而且必须保证其伸入部分在净高以上。设于中间带和路肩上的桥墩或门式支柱不应紧靠建筑限界设置,应留有设置防护栏位置(不小于0.5m)的余地。

桥梁、隧道及高架道路的净空一般应与路段相同,有时为了降低造价需压缩净空,其压缩部分主要体现在侧向宽度上。但在桥梁、隧道中需设人行道,且当人行道宽度大于侧向宽度时,其增加的宽度应包括在净宽之内。人行道、自行车道、检修道与行车道分开设置时,其净高一般为2.5m。

各级公路建筑限界规定如图 1-1-3 所示。图中：W 为行车道宽度；L_1 为左侧硬路肩宽度；L_2 为右侧硬路肩或紧急停车带宽度；L 为侧向宽度，高速公路、一级公路的侧向宽度为硬路肩宽度 L_1 或 L_2，其他等级公路为路肩宽度减去 0.25m；C 为安全带宽度，当设计速度等于或大于 100km/h 时为 0.5m，小于 100km/h 时为 0.25m；S_1 为左侧路缘带宽度；S_2 为右侧路缘带宽度；M_1 为中间带宽度；M_2 为中央分隔带或交通岛宽度；E 为建筑限界顶角宽度，当 $L \leqslant 1m$ 时 $E = L$，当 $L > 1m$ 时 $E = 1m$；G 为设置路上设施的宽度；F 为人行道、自行车道宽度；H 为净空高度。

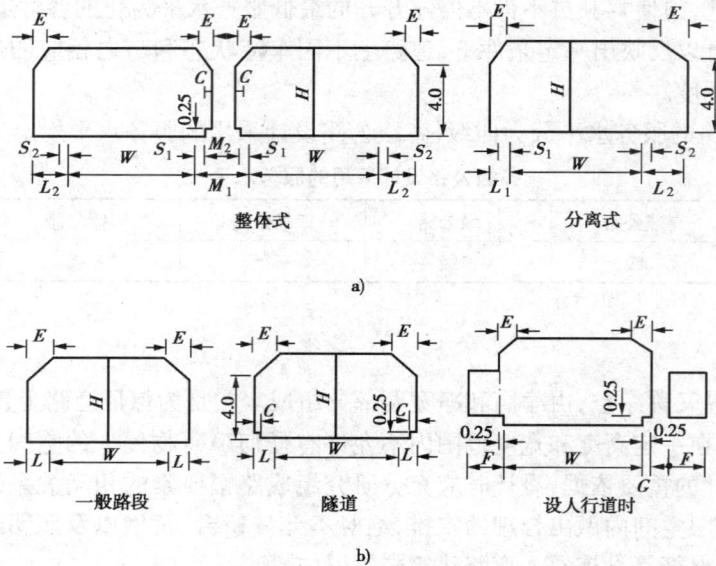

图 1-1-3　公路建筑限界（尺寸单位：m）

a）高速公路和一级公路建筑限界；b）其他各级公路建筑限界

城市道路建设限界规定如图 1-1-4 所示。图中：w_{sm} 为中间分车带宽度；w_{dm} 为中央分隔带宽度；w_e 为机动车行车道宽度或机动车与非机动车混合行驶的行车道宽度；w_1 为侧向净宽；w_{me} 为机动车道路缘带宽度；w_{mb} 为非机动车道路缘带宽度；w_{se} 为机动车行车道安全带宽度；w_b 为非机动车行车道宽度；w_a 为路侧带宽度；w_f 为设施带宽度；w_g 为绿化带宽度；w_p 为人行道宽度；h_b 为自行车道、人行道及其他非机动车行车道的最小净高；h_c 为机动车行车道最小净高；e 为顶角抹角宽度。

道路建筑限界的边界线规定如图 1-1-5 所示。对于一般路拱路段，上缘边界线为一条水平线，两侧边界线与水平线垂直；对于设置超高的路段，上缘边界线是与超高横坡平行的斜线，两侧边界线与超高横坡线垂直。

七、抗震

地震动峰值加速度系数小于或等于 0.05 地区的公路工程，除有特殊要求外，可采用简易设防。地震动峰值加速度系数等于 0.10、0.15、0.20、0.30 地区的公路工程，应进行抗震设计。地震动峰值加速度系数大于或等于 0.40 地区的公路工程，应进行专门的抗震研究和设计。做过地震小区划地区的公路工程，应按主管部门审批的地震动峰值加速度系数进行抗震设计。

除了满足上述设计的控制要素以外，道路设计还需要有以下资料或设计依据：

无中间带

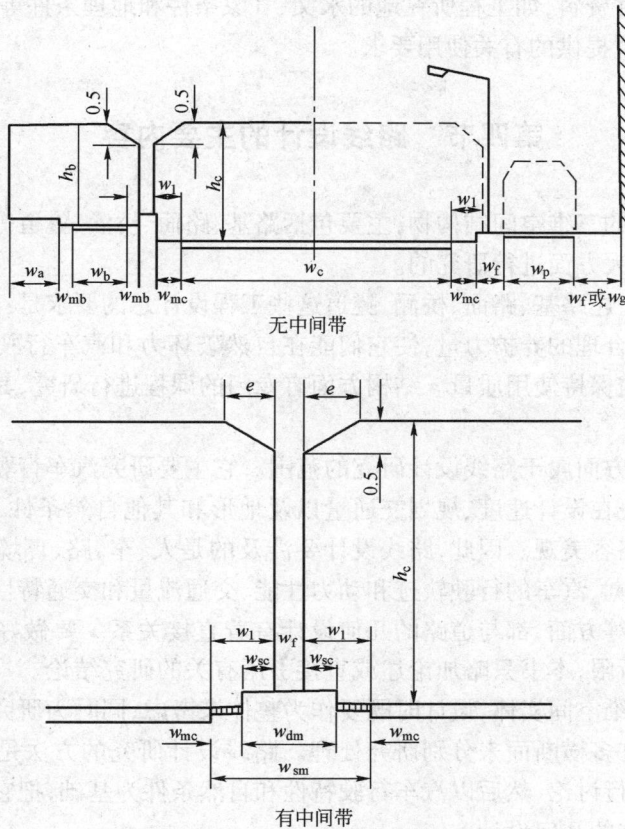

有中间带

图 1-1-4 城市道路建筑限界(尺寸单位:m)

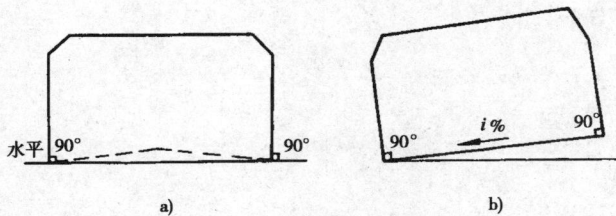

图 1-1-5 建筑限界的边界线

a)一般路拱路段;b)设置超高路段

(1)工程建设单位的设计委托书及工程勘察设计要求。

(2)经国家或行业主管部门批准的设计任务书。

(3)规划部门、国土部门批准的建设用地红线图。

(4)国家或行业的有关设计规范和标准,如《公路工程技术标准》(JTG B01—2003)、《公路路线设计规范》(JTG D20—2006)、《公路路基设计规范》(JTG D30—2004)、《公路沥青路面设计规范》(JTG D50—2006)、《公路水泥混凝土路面设计规范》(JTG D40—2002)、《公路排水设计规范》(JTJ 018—97)、《公路桥涵设计通用规范》(JTG D60—2004)等。

(5)地质部门提供的地质勘察资料,对工程建设地区的地质构造、岩土介质特性等的描述与说明。

（6）其他自然条件资料，如工程所在地的水文、气象条件和地理条件等。

（7）工程建设单位提供的有关使用要求。

第四节　路线设计的主要内容

道路是一种带状的三维空间结构物，主要包括路基、路面、桥涵、隧道等工程实体。道路设计是从几何和结构两大方面进行研究的。

在结构方面，对上述路基、路面、桥涵、隧道这些工程设计总的要求是：用最小的投资，尽可能少的外来材料以及合理的养护力量，使它们能在自然破坏力和汽车行驶所产生的各种力的作用下，在设计年限内保持使用质量。结构方面有专门的课程进行研究，其不属于路线设计的内容。

道路设计的几何方面属于路线设计研究的范围。它主要研究汽车行驶性能与道路各个几何元素的关系，以保证在设计速度、规划交通量以及地形和其他自然条件下，行车安全、快速、经济、旅客舒适以及路容美观。因此，路线设计要涉及的是人、车、路、环境的相互关系。驾驶员的心理和乘客的感觉、汽车的行驶轨迹和动力性能、交通流量和交通特性以及道路修建和汽车交通对环境的影响等方面，都与道路的几何设计有着直接关系。要做好道路设计必须研究这些问题，但因篇幅所限，本书只略加论述或直接引用有关的研究结论。

道路作为一种三维空间实体，设计时既要作为整体来考虑，同时为研究的方便也要把它剖解为平面、纵断面和许多横断面来分别研究处理。路线设计研究的方法是先对平、纵、横三个基本几何构成分别进行讨论，然后以汽车行驶特性和自然条件为基础，把它们组合成整体综合研究，以实现空间实体的几何设计。

第二章　总　体　设　计

第一节　总体设计的概念

所谓总体设计是指对高速公路和一级公路工程全线做出的总体布局,并在设计文件中以一定的形式表达出来。

与一般公路相比,高速和一级公路不但主体的平纵面线形指标很高,而且相应增加了路线的互通式立体交叉、分离式立体交叉、复杂的平面交叉以及沿线交通工程设施等诸多工程项目。这些工程项目无论设计或施工都较一般公路的工程项目复杂得多,因此,必须从技术上加强对这些工程的总体设计,以确保上述工程布局合理、相互协调。对于路线位置与各控制点、路线平纵线形与地形及各种构造物、路线交叉、各项沿线设施的设置位置、间距等的衔接、协调与横断面之间的关系等,以及公路工程对自然环境的保护和协调、分期修建的总体布局及实施方案等,应在统筹布局的指导下系统地做好各项设计。其目的是使设计成为配套的整体,克服现有工程设计中的不连贯、不协调、布局不合理、考虑不周全等弊端,以保证公路总体布局和设计的经济合理,使高速公路和一级公路的设计水平得以不断提高。

总体设计必须坚持以人为本,树立全面、协调、可持续的科学发展观,做到"六个坚持,六个树立",即:

(1)坚持以人为本,树立安全至上的理念。

(2)坚持人与自然和谐,树立尊重自然,保护环境的理念。

(3)坚持可持续发展,树立节约资源的理念。

(4)坚持质量第一,让公众满意的理念。

(5)坚持合理选用技术指标,树立设计创作的理念。

(6)坚持系统论的思想,树立全寿命周期成本的理念。

同时,参照交通运输部《公路勘察设计典型示范工程咨询要点》的精神,全面提升勘察设计理念。

第二节　总体设计的主要内容

一、路线方案

路线方案是根据指定的路线总方向(路线起终点和中间主要控制点)和公路网规划、公路功能、等级,结合其他运输体系的布局,考虑了社会、经济因素和复杂的自然条件等拟订的路线走向。路线方案是否合理将直接关系到公路本身的工程投资、运输效率和使用质量,还影响其在公路网中是否起到应有作用。因此,设计人员要在各种可能的方案中,通过调查分析、比选,确定出一条最优路线方案来。

路线起终点,指定必须连接的城镇以及指定的特大桥、特长隧道位置,为路线基本走向的控制点;大桥、隧道、互通式立体交叉、铁路交叉等的位置,原则上应服从路线基本走向,一般作为路线走向控制点;一般构造物及中小桥涵的位置应服从路线走向。

起终点应根据路网规划和城市规划方案结合起来综合考虑选定。重要城市、港站等是公路交通量的集中生成源,上下高速公路和一级公路的车辆期望以最短行程出入,城区车辆的集散应在相应的区域或路段内迅速完成。为此,高速公路和一级公路起终点位置宜靠近城市出入口或接于城市外环线上。

起终点除必须符合路网规划要求外,还应对起终点前后一定长度范围内的线形做出接线方案和近期实施的具体设计。

对于跨界公路,还应做好接线点位置的选择。目前,我国高速公路和一级公路建设的管理体制是分块由省、市、自治区立项建设和运营管理。对跨省、市、自治区的公路接线点,应在符合规划路线总方向的前提下全面考虑社会综合效益,由用路双方协商确定;并同时商定接界路段的建设规模、设计标准和建设时间,避免出现建设不一致性,从整体上影响社会综合效益的发挥。

二、主要技术标准、工程规模及主要工程方案的拟订

1. 确定设计速度

根据公路的功能(干线公路、集散公路),结合预测交通量拟订公路的等级,然后考虑地形、交通组成等因素,确定设计速度。

2. 确定车道数和标准横断面宽度

高速公路所需要的车道数和标准横断面宽度主要根据拟建公路的远景(或规划)设计年限的预测交通量、服务水平、设计通行能力,综合考虑拟建公路的功能、车辆组成、投资力量及工程艰巨程度等因素来确定。

3. 合理划定设计路段长度

同一条公路可能通过不同的地形分区,要注意根据地形特征,合理地确定地形类别、设计车速。设计车速不同的路段其过渡要均衡,不应出现突变。相邻设计路段的衔接点,应选择能使驾驶人员能够明显判断前方情况将发生显著变化而需要改变行车速度的地点,如村镇、桥梁、交叉口或地形变更等处。

高速公路行经地区的交通量变化较大时,可能出现车道数的变化。当出现这种分段时要选择好衔接地点(如互通式立交),处理好衔接前后的过渡段的线形设计。

4. 经过沿线城镇的路线布置

高速公路和一级公路是为起终点间直达快速交通运输服务的,这一性质决定了它与沿线一般城镇的关系。但其中有些城镇原本就是区域公路网中的重要结点,为吸引沿线交通量和促进地区发展,路线不宜离开城镇太远,应结合城镇发展规划,确定其连接方式(穿越、绕行或以支线连接)和地点。一般以距城镇规划区 2 ~ 5km 为宜,最大不要超过 8km。

5. 立体交叉位置及其形式

一条较长的高速公路和一级公路起终点之间会有与之相交的其他道路(包括与沿线重要城镇的连接支线),应根据相交公路的等级、使用任务和性质、交通条件、社会条件、自然条件

等决定交叉类型(分离式或互通式,一级公路可以是平面交叉)和相交位置。对互通式立体交叉位置的选择应考虑高速公路和一级公路本身立体交叉的整体布局、横向交通的便利以及相交道路的集散作用等。

6. 重大工程地质病害处理方案

调查沿线重大工程地质病害的范围、分布和严重程度,在此基础上,论证并确定绕避或整治方案。

7. 沿线设施

根据公路的功能、等级、交通量,研究确定拟建公路的安全设施、管理设施、服务设施以及监控、通信、照明等合理布局和建设规模,并检查与公路主体工程设计和环境的适应情况。收费公路应在论证收费制式的基础上,确定收费方式和收费站的布设位置。

8. 高速公路分期修建

对于分期修建高速公路,特别是半幅的高速公路,今后不再提倡。对于某些由于建设资金限制和沿途区域交通发展不平衡而确实需要分期的公路,应根据近、远期交通量、社会经济、自然条件以及建设资金等情况确定。

一项工程是否采用分期修建方式,要依据交通量情况和经济效益分析,以决定是否成立。《公路路线设计规范》(JTG D20—2006)(以下简称《规范》)规定初期修建双车道的交通量应不低于 3 000 ~ 4 500 辆/d(各种汽车折合成中型载重车),其所能适应的最大交通量为 8 500 ~ 10 000 辆/d,此交通量可作为初期修建双车道的参考。

分期修建在经济上是否成立,要从分期修建和全部一次建成的投资方面和效益方面考虑种种条件并加以研究之后而定,难以一概而论。现仅就工程费而言,由于分期修建需要增加后期施工时的工序重复费、保安措施费等附加费用,所以工程费总额比一次建成的费用高。但是把初期施工到后期追加施工这一期间内的利息考虑进去,如果折合为现时价值的工程费总额比一次建成的工程资总额少时,就可认为是经济的。计算式表示如下:

$$C > S_1 + S_2 \frac{1}{(1+\gamma)^n} \tag{1-2-1}$$

式中:C——一次建成总的工程费用;

　　S_1——初期工程费用;

　　S_2——后期工程费用;

　　γ——利率;

　　n——初期到后期建成的年限。

由上式可知,为使分期修建成立,必须:

(1)初期工程的费用(S_1)应尽量小一些。

(2)前期工程在后期要能充分利用,以减少重复或拆除工程,使后期工程费用尽可能小。

(3)经技术经济论证后确定的前期与后期工程之间的时间间隔n,应有适当长的年限,一般以 7 ~ 10 年为宜。

至于经济上是否合理可行,除应考虑全部一次建成与分期修建的投资及效益外,还要考虑社会要求、交通需求等多方因素,经综合分析后来判断是否采用分期修建,并据以确定分期修建的经济年数。

公路分期修建的种类、横向分期修建的方式各有多种，高速公路只宜采用横断面方向的分期修建方式，按全建成后规模（4车道或6车道）大小的不同，可分为初期修建2车道、后期建成4车道和初期修建4车道、后期建成6车道两类。按修建顺序和初期修建车道在道路中的平面位置，其又可分为三种修建方式：①初期修建路一侧的2个（或3个）车道；②初期修建路中间部分的2个（或4个）车道；③初期修建各侧靠外的2个车道。具体采用哪种方式，应从地形、经济及有利于后期施工考虑，一般情况下，以采用①种形式修建方式为宜。

初期修建的2车道，其平、纵线形技术指标应与规划的全幅路相同。在交通安全性方面，鉴于初期建成的双车道公路的功能、性质与建成后有所差异，存在一定的不安全因素，因此在总体设计时应采取措施，减少交通事故，最大限度地确保行车安全。

当修建方式已定，初期施工的侧位应在分期修建总体设计的基础上，根据地形、地质环境及施工条件等因素，结合前期费用、后期工程衔接、沿线排水条件、取土方式、筑路材料运输、后期工程施工干扰等做好统筹安排，原则上应选择初期投资率低，后期施工时不妨碍已建成部分的正常交通的一侧。半幅路段和全幅路段间应设置过渡段。

一般情况前期工程应能为后期所用。隧道、大中桥梁、涵洞及通道等的构造物应与规划的单幅宽度一致，被交线上跨桥梁考虑一次建成；互通式立体交叉按规划做出总体设计，然而以此制订实施方案。

除了上面的内容外，还要根据路线所在地区地形、地质的复杂程度，调查各种横断面形式对路基稳定、水土保持等带来的影响，并提出解决的技术方案；必要时，对修建隧道和架桥的方案进行比较，选择合理、可行的方案。

三、线形设计

公路线形系指由公路平、纵、横三个方面组成的立体形状。公路的基本形状是由选线工作定下来的，从这个意义上讲，选线时就已经开始了线形设计的工作。但是，此处所讲的线形设计是狭义的，仅指路线既定以后平纵面线形要素的组合问题。

线形设计应考虑车辆行驶的安全舒适、驾驶人员的视觉和心理反应，引导驾驶人员的视线，保持线形的连续性，注意与当地环境和景观协调。

公路是一个带状构造物，反映在驾驶人员眼里的是它的立体形状。研究或评价线形时，应以平面、纵断面组合的立体线形为主要对象。公路线形的好坏，从公路使用者的角度来看，可从经济性、快速性、安全性和舒适性四个方面来评判，其中又以安全性和舒适性的感受最为直接。为此，平、纵线形组合时，应注意如下基本原则：

（1）应在视觉上能自然地诱导驾驶员的视线，并保持视觉的连续性。

（2）平、纵面线形的技术指标应大小均衡，使视觉上、心理上保持协调。

（3）在保证有足够视距的前提下，驾驶员看到前方的弯曲一般不宜超过2个，立面上起伏不超过3个。

（4）选择组合得当的合成坡度，以利路面排水和行车安全。

四、公路环境保护设计

（1）公路环境保护设计应贯彻保护优先、预防为主、防治结合、综合治理的原则，在工程设计开始即主动考虑环境保护问题，通过设计上的努力，开发利用环境，尽可能地改善和提高公路环境质量。

（2）总体设计应充分考虑到交通量变化对环境所带来的影响，如噪声的影响；公路建设对沿线农田水利设施与水土保持的影响；开挖或填筑路基对自然植被的影响；处理工程地质病害、开挖隧道等改变水文情况对农作物的影响；路线对生态环境、行政区划、农业耕作区、水利排灌系统等现有设施造成分隔产生的影响；对城镇规划的影响；对文物、遗址、古迹、风景区及路域景观的影响；线位与环境敏感点的距离及其影响；施工期间对环境空气、声环境、水环境的影响等因素。设计人员应采取相应的措施及对策以防止或减缓这些影响。

五、公路景观设计

安全和舒适是高速公路路线设计阶段所要追求的重要目标之一。也就是说，这个期间的一切设计构思和措施都应围绕着这个目标进行。驾驶员或乘客的舒适感和安全感是通过视觉和运动感觉得到外界信息后，在身体上和心理上的综合反应。这些信息来自两个方面：一是公路内部的线形协调，二是公路与周围环境的外部协调。前者表现为线形设计，后者则属于景观设计的范围。各种调查结果显示，线形和景观对驾驶员舒适性影响的程度，大约各占一半。这说明高速公路重视景观设计是有充分理由的。

公路景观设计是使公路立体线形与桥梁、隧道、边坡、沿线设施等人工构造物构成同自然景观相协调的建筑群体，具体要求如下。

（1）通视良好：要求路线平、纵、横各组成部分的空间充裕，以保证必要的视距与视野，使驾驶员与乘客感到线形流畅、景观协调、行车安全舒适。

（2）诱导视线：各种设施所构成的视觉系统，应使驾驶员在视觉上能预知公路前方方向和路况的变化，并能有效地采取安全行驶的措施。

（3）景观协调：公路的各种构造物本身不仅造型美观，而且要同自然景观融为一体，尽可能减少和消除公路对自然景观的破坏。高速公路经过历史文化古迹时要注意保护古迹，并尽可能利用古迹创造景点。

（4）建设风格：要充分利用各种沿线设施和绿化手段，改善沿线景观，并在不同自然景观路段，形成各具特色的建筑风格。

第三节　技术标准的确定

技术标准的确定是一项科学性极强，涉及因素广泛的工作，是公路勘察设计的前提条件。技术标准主要依据公路网规划，从全局出发，按照公路的功能和远景交通量综合确定。对于山区高速公路，除考虑这些重要因素外，还要着重从路线走廊的地形、地质、水文条件和环境保护的要求等方面入手，从实际出发进行全面的分析论证。

一、技术标准确定依据的主要因素

1. 规划路网的层次对技术标准的影响

规划路网的层次对技术标准的拟订有较大的影响。在全国公路网中，国家级主骨架公路网占主导地位，网中的公路应采用高的技术标准；而省级及区域级主骨架公路网中公路的技术标准一般要低于国家级路网。但有时由于区域城镇布局、经济组团布局等因素的影响，这些公路也十分重要,技术标准应适当提高。

2. 公路的使用任务、功能对技术标准的影响

位于同一路网层次的公路,由于使用任务与功能的不同,其技术标准也不尽相同。高速公路按其使用任务、功能可分为四种:

(1)连接两个重要经济中心的公路;其往往是国家主骨架路网的组成部分,如是平原区高速公路,应采用高的技术标准;对于连接两个相距较远的重要经济中心的山区高速公路,其技术标准的定位不需过高。

(2)连接两条主骨架道路的高速公路:由于主骨架道路承担了主要方向的交通,拟建项目仅起到路网的连接作用,其技术标准可适当降低。

(3)连接区域内经济组团或位于中心城市外围的进出口公路:这类公路十分重要,应选择较高的技术标准。

(4)旅游或兼有旅游性质的高速公路:其应注意选择的技术标准对自然景观的影响。特别是山区高速公路,过高的技术标准会对自然景观产生破坏,较高的车速也不利于游客的观光,应选择适当的技术标准。

3. 设计远景交通对技术标准的影响

应根据拟建项目初拟的技术标准和公路的交通组成,分析其通行能力,结合预测的远景交通量选择合理的技术标准,特别是路基横断面各部分的尺寸,必要时可根据各特征年交通量的预测值加以详细分析。由于同一技术标准所适应的交通量有一个变化的范围,其与相邻技术标准所适应的交通量也有重叠范围,选用技术标准时应引起注意。

4. 路线走廊的选择对技术标准的影响

路线走廊不同,交通吸引能力可能也不同,因此路线走廊的选择会对技术标准的拟订产生一定的影响。对于这种影响,平原区高速公路一般比山区高速公路明显。在山区,由于公路所处的地理位置及所处路网的特殊性,一般情况下,不同路线走廊对交通的吸引能力差异不大,对技术标准拟定的波动性影响较弱;而路线走廊内复杂的自然条件是影响技术标准拟订的关键因素。因此,应充分了解和查明走廊内的地形、地质和水文条件,依据初拟的技术标准,按照相应的技术指标要求,对不同路线走廊进行布线,研究在不同技术标准条件下路线平纵面指标的变化情况和典型工程的分布情况,定量分析拟订标准的合理性。

5. 环境保护对技术标准的影响

环境保护是评价技术标准运用合理性的重要指标,因此应首先研究在拟订的技术标准前提下,路线布设对环境的影响程度。在山区,要重点分析生态环境和水环境,了解和掌握区域生态环境的特点和水资源的分布情况,结合路线布置情况,从定性和定量两方面综合论证技术标准的合理性。

6. 工程造价对技术标准的影响

较高的技术标准必然有较高的工程造价。有时采用不同的技术标准,其工程造价有较大的差异,但有时技术标准的波动对工程造价影响的量级不大。因此,应按照不同技术标准的工程造价,结合前述因素进行综合分析,根据建设项目资金筹措的方式和数量,从公路的建设需求和国家、地方的财政投入几方面综合考虑技术标准的合理性。

二、技术标准的变化

对于大型公路建设项目而言,技术标准并不是一成不变的,选择标准和指标应有区别。对于高速公路尤其是山区高速公路,应因地制宜,不同路段的技术标准可适当变化。合理的变化不仅不会影响公路的使用功能,相反会有利于环境保护,减小工程量,降低工程造价。为保证车辆的良好运营,《规范》对同一标准的最短设计路段作了规定:高速公路最小设计路段一般不宜小于15km,并且相邻设计路段的计算行车速度之差不宜超过20km/h。路线分段和技术标准的变化一般应从以下几方面入手:

1. 路段交通量的变化

交通量是拟订技术标准的基础条件。根据路网规划与现状、城镇布局等因素确定的路线结点,对结点间路段的交通量有一定影响,因此,技术标准可根据路段交通量的变化进行必要的调整。按照高速公路不同技术标准所适应的交通量,在考虑技术标准变化时,路段交通量的差异一般应在5 000 辆/d 以上。

2. 地形条件的变化

一条长的高速公路可能通过不同的地形分区,要注意根据地形特征,合理地确定地形类别、设计车速及技术标准。平原区高速公路的技术标准较高,而山岭区高速公路由于山区地形条件十分复杂,其技术标准较低。在山区高速公路与平原区高速公路连接时,在其起始路段可根据交通量的变化、地形条件等因素采用较高的技术标准,之后采用相对低的技术标准,使拟订的技术标准呈高、中、低变化,逐步改变驾驶员在驾驶操作中的心理活动,以适应山区复杂的自然环境。

3. 路基布置方式的变化

分离式路基是山区高速公路常用的布线方式。对于平面分离的分离式路基,两条路线所处的路线走廊或布设线位不同,其面对的自然环境会有所差异,可考虑采用不同的技术标准。一般情况下,上坡方向宜采用较高的技术标准,而下坡方向可采用相对低的技术标准。在具体掌握上可采用三种方式,一是完全不同的技术标准;二是技术标准相同,但路基宽度不同;三是路基宽度相同,在技术指标的掌握程度上不同。

第四节　车道数的确定

一、服务水平

根据公路的状况、交通条件及其所提供的服务质量,我国将公路服务水平分为四级。划分服务水平时,高速公路、一级公路以车流密度作为主要指标;双车道公路以延误率和平均运行速度作为主要指标;交叉口则用车辆延误来描述其服务水平。各级公路设计服务水平见表1-1-6所示。高速公路和一级公路应采用二级服务水平进行设计,一级公路作为集散公路时,可采用三级服务水平;二、三级双车道公路和无信号交叉口按三级服务水平进行设计。

用于公路规划和确定高速公路、一级公路交通量的路段服务水平分级规定分别见表 1-2-1

和表 1-2-2。

高速公路的服务水平分级表 表 1-2-1

服务水平等级	密度（pcu/km/h）	设计速度（km/h）								
		120			100			80		
		速度（km/h）	V/C	最大服务交通量（pcu/h/ln）	速度（km/h）	V/C	最大服务交通量（pcu/h/ln）	速度（km/h）	V/C	最大服务交通量（pcu/h/ln）
一	≤7	≥109	0.34	750	≥92	0.31	650	≥74	0.25	500
二	≤18	≥90	0.74	1 600	≥79	0.67	1 400	≥66	0.60	1 200
三	≤25	≥78	0.88	1 950	≥71	0.86	1 800	≥60	0.75	1 500
四	≤45 >45	≥48 <48	接近1.0 >1.0	<2 200 0~2 200	≥47 <47	接近1.0 >1.0	<2 100 0~2 100	≥45 <45	接近1.0 >1.0	<2 000 0~2 000

注：V/C 是在理想条件下，最大服务交通量与基本通行能力之比，基本通行能力是四级服务水平上半部的最大交通量。

一级公路的服务水平分级 表 1-2-2

服务水平等级	密度（pcu/km/h）	设计速度（km/h）								
		100			80			60		
		速度（km/h）	V/C	最大服务交通量（pcu/h/ln）	速度（km/h）	V/C	最大服务交通量（pcu/h/ln）	速度（km/h）	V/C	最大服务交通量（pcu/h/ln）
一	≤7	≥96	0.35	700	≥78	0.30	550	≥60	0.25	400
二	≤15	≥87	0.65	1 300	≥70	0.58	1 050	≥57	0.53	850
三	≤20	≥80	0.80	1 600	≥65	0.72	1 300	≥52	0.66	1 050
四	≤40 >40	≥50 <50	接近1.0 >1.0	<2 000 0~2 000	≥46 <46	接近1.0 >1.0	<1 800 0~1 300	≥40 <40	接近1.0 >1.0	<1 600 0~1 600

二、路段通行能力

高速公路和一级公路的基本路段是不受匝道、分合流和交织区影响的路段，其基本路段通行能力的定义为：在通常的道路和交通条件下，基本路段上某一断面所允许通过的单向单车道最大持续交通流。

影响基本路段通行能力的因素很多，主要是道路条件和交通条件，如公路等级、车道宽度、线形标准、交通组成、路肩宽度及交通控制等。理想的道路条件和交通条件是指：①车道宽度 3.75m；②左侧路缘带宽度 0.75m；③右侧路肩宽度 2.75m；④足够的视距、合格的线形；⑤路况良好；⑥车流中全部为连续小客车；⑦与理想道路条件相适应的车速行驶，交通为完全控制，无横向干扰。

路段通行能力有理想条件下的基本通行能力、设计通行能力及现实条件下的设计通行能力的三种概念。

基本通行能力是指理想的道路条件和交通条件下的通行能力；设计通行能力是指理想的道路条件和交通条件下，某级服务水平相应的每车道最大的服务交通量。

1. 设计通行能力

1) 高速公路

　　高速公路规划设计时,要保证提供的服务水平和车辆运行质量高,免通车不久就因交通量不适应造成交通阻塞,同时也要兼顾我国的经济水平和公路建设投资的力量。因此,二级服务水平作为高速公路通行能力的设计依据。高速公路每车道的基本通行能力与设计通行能力如表1-2-3所示。

高速公路的基本通行能力与设计通行能力

表1-2-3

设计速度(km/h)	120	100	80
基本通行能力(pcu/h/ln)	2 200	2 100	2 000
设计通行能力(pcu/h/ln)	1 600	1 400	1 200

2)一级公路

　　一级公路作为干线公路时,其路段的设计通行能力与相同设计速度的高速公路相近,而作为集散公路时,其主要差别在于未排除路侧干扰、侧向余宽不足等,运行质量不及干线公路。由于两者的交通流变化规律不同,反映在速度流量曲线上,集散公路要比干线公路陡,这说明在相同服务水平下,集散公路的运行速度要比干线公路低,通行能力和服务水平均有一定的折减,因此,具有集散功能的一级公路,其通行能力应以具干线功能的一级公路为基准,并计入侧向余宽、沿途条件和车道折减等因素进行修正,其公式如下:

$$C_{集散} = C_{干线} \times R_1 \times R_2 \times \sum K_i = (0.6 \sim 0.76)C_{干线} \times \sum K_i \qquad (1\text{-}2\text{-}2)$$

式中:$C_{干线}$——设计速度为60km/h、80km/h和100km/h的干线公路的设计通行能力,取值为850 ~ 1 300(pcu/h/ln);

　　$C_{集散}$——作为集散公路的每车道设计通行能力(pcu/h/ln);

　　R_1——侧向余宽修正系数,取0.90 ~ 0.95;

　　R_2——路侧干扰修正系数,取0.8 ~ 0.9;

　　K_i——各条车道的折减系数(第一车道1.0,第二车道0.9,第三车道0.8 ~ 0.9,第四车道0.7 ~ 0.8)。

按上述公式计算,取整后一级公路每车道的设计通行能力见表1-2-4。

一级公路的路段设计通行能力

表1-2-4

设计速度(km/h)	100	80	60
具干线功能的一级公路(pcu/h/ln)	1 400	1 200	900
具集散功能的一级公路(pcu/h/ln)	850 ~ 1 000	700 ~ 900	550 ~ 700

2. 现实条件下的设计通行能力

　　现实条件下的设计通行能力是考虑客观条件(如车道宽度和侧向净空、大型车混入率、横向干扰及驾驶人的特征等因素)的影响,通过修正后的设计通行能力。由于高速公路和一级公路的影响因素有所不同,下面分别介绍它们的计算公式。

1)高速公路

(1)高速公路路段的实际通行能力。高速公路路段的实际通行能力应按式(1-2-3)计算:

$$C_r = C_d \times f_{HV} \times f_N \times f_P \qquad (1\text{-}2\text{-}3)$$

式中:C_r——高速公路路段的实际通行能力[veh/(h·ln)];

　　C_d——与实际行驶速度相对应的高速公路路段设计通行能力;

　　f_{HV}——交通组成修正系数,按式(1-2-3)计算:

$$f_{HV} = \frac{1}{1 + \sum P_i(E_i - 1)} \tag{1-2-4}$$

P_i——中型车、大型车、拖挂车(i)交通量占总交通量的百分比；

E_i——中型车、大型车、拖挂车(i)车辆折算系数，按表1-2-5选取；

f_N——六车道及其以上高速公路的车道数修正系数，取0.98~0.99；

f_P——驾驶者总体特征修正系数，经调查确定，通常在0.95~1.00之间。

高速公路通行能力分析车辆折算系数　　　　表1-2-5

车　　型	交通量 [veh/(h·ln)]	实际行驶速度(km/h)		
		120	100	80
中型车	≤500	1.5	2	3
	500~1 000	2	3	4
	1 000~1 500	3.0	4	5
	≥1 500	1.5	2	3
大型车	≤500	2	2	3
	500~1 000	4	5	6
	1 000~1 500	5	6	7
	≥1 500	2	3	4
拖挂车 (含集装箱车)	≤500	3	4	6
	500~1 000	5	6	8
	1 000~1 500	6	7	10
	≥1 500	3	4	5

（2）互通式立体交叉的通行能力。互通式立体交叉的通行能力由匝道、匝道出入口端部和交织区的通行能力等确定；互通式立体交叉的匝道设置收费站时，其匝道通行能力由该收费站的通行能力所决定；互通式立体交叉的匝道不设收费站时，其匝道通行能力由匝道与被交公路连接处的平面交叉的通行能力所决定；互通式立体交叉的交织区通行能力，应根据主线设计速度、车道数、交织类型、交织流量比和交织段长度等确定。

2）一级公路

一级公路根据使用功能，具干线功能的一级公路根据需要而采用控制出入措施的标准路段，设计通行能力与同设计速度的高速公路相近；而具集散功能的一级公路由于未排除路侧干扰，车辆需要经常变换车道，侧向余宽不足，运行质量不如前者，其通行能力和服务水平均有一定的折减，因此，其通行能力以具干线功能的一级公路为基准，按车道数、交通组成、驾驶者总体特征、平面交叉、路侧干扰等因素进行修正。

根据实际的道路、交通条件，设计通行能力值按式(1-2-5)修正：

$$C = C_D \times f_{HV} \times f_N \times f_p \times f_j \times f_f \tag{1-2-5}$$

式中：C——实际条件下的设计通行能力（辆小客车/小时/车道）；

C_D——设计通行能力（辆小客车/小时/车道）；

f_{HV}——交通组成对通行能力的修正系数；

f_N——车道数修正系数，取0.95~0.97；

f_p——驾驶者总体特征修正系数,通过调查确定,取 0.95~1.00;

f_j——平面交叉修正系数。

(1)平交路口修正系数。一级公路不单独进行平面交叉通行能力分析时,平面交叉的修正系数可由表 1-2-6 确定。

平交路口修正系数　　　　　　　　　　　　表 1-2-6

平面交叉间距 (m)	设计速度 (km/h)	平面交叉平均停车延误(s)			
		15	30	40	50
2 000	100	0.60	0.53	0.51	0.48
	80	0.68	0.61	0.59	0.57
	60	0.77	0.70	0.68	0.66
1 000	100	0.42	0.36	0.34	0.32
	80	0.56	0.48	0.46	0.44
	60	0.63	0.54	0.51	0.48
500	100	0.28	0.23	0.20	0.18
	80	0.35	0.28	0.25	0.22
	60	0.46	0.37	0.33	0.30
300	100	0.18	0.15	0.13	0.12
	80	0.24	0.20	0.18	0.15
	60	0.35	0.26	0.23	0.20

(2)路侧干扰修正系数。根据路段实际或预测的路侧干扰等级,可按表 1-2-7 确定其对通行能力的修正系数。

一级公路横向干扰修正系数 f_{FRIC}　　　　　　　表 1-2-7

横向干扰度等级	等级描述	修正系数 f_{FRIC}
1	轻微	0.98
2	较轻	0.95
3	中等	0.90
4	严重	0.85
5	非常严重	0.80

(3)交通组成修正系数。根据实际或预测的交通组成,以及表 1-2-5 规定的车辆折算系数,按照式(1-2-3)计算交通组成对通行能力修正系数 f_{HV}。

特别地,对于城市出人口附近的具有集散功能的一级公路,因平面交叉较多,车流不能连续通行,交通特征已类似于快速路或主干线。因此,对其设计通行能力除应考虑路侧干扰、变换车道和侧向余宽不足等因素外,还应根据平面交叉间距与车辆停车延误予以修正。其修正系数计算公式如下:

$$f_j = \frac{3.6 \times S_C/v_D}{3.6 \times S_C/v_D + v_D/(7.2 \times A_m) + v_D/(7.2 \times D_m) + T_d} \qquad (1-2-6)$$

式中:f_j——平面交叉修正系数;

S_C——平面交叉间距(m);

v_D——设计速度（km/h）；

A_m——车辆启动时平均加速度，小客车采用 0.8m/s²；

D_m——车辆制动时平均减速度，小客车采用 1.7m/s²；

T_d——车辆在平面交叉处的平均停车延误时间（s）。

三、车道数的确定

高速公路、一级公路各路段的车道数应根据预测的交通量、设计速度、服务水平等确定。高速公路、一级公路的车道数最少为四个，当需要增加时，应按双数增加。

根据单车道的设计通行能力和预测得到的远景年限（或规划年限）的设计年平均日交通量，可以按下式确定高速公路的车道数：

$$N = \frac{AADT \times K \times D}{C_D} \qquad (1\text{-}2\text{-}7)$$

式中：N——单向车道数；

AADT——远景年限（或规划年限）的设计年平均日交通量（辆/d）；

C_D——单车道设计通行能力（小客车/每车道/小时）；

D——方向分布系数，根据公路所在地理位置和功能，D 值范围为 50/50 ~ 40/60；也可根据当地的交通量观测资料作适当调整；

K——设计小时交通量系数，根据公路所在位置、地区经济、气候特点等确定。K 值范围：近郊公路 0.085 ~ 0.11，公路 0.12 ~ 0.15；也可根据当地的交通量观测资料确定。新建公路的设计小时交通量系数，应选择道路功能、交通量、地区气候及地形等条件相似公路的预测数据来确定；缺乏资料地区，K 系数根据气候区按表 1-2-8 取值。

分地区的设计小时交通量系数（%） 　　　　　　　　表 1-2-8

公路环境及分类		华北	东北	华东	中南	西南	西北
		京、津、冀、晋、蒙	辽、吉、黑	沪、苏、浙、皖、闽、赣、鲁	豫、湘、鄂、粤、桂、琼	川、滇、黔、藏	陕、甘、青、宁、新
近郊	高速公路	8.0	9.5	8.5	8.5	9.0	9.5
	一级公路	9.5	11.0	10.0	10.0	10.5	11.0
城间	高速公路	12.0	13.5	12.5	12.5	13.0	13.5
	一级公路	13.5	15.0	14.0	14.0	14.5	15.0

第三章 路线平面设计

第一节 概 述

一、路线的平面、纵断面和横断面

道路是一个三维空间的实体，它是由路基、路面、桥梁、涵洞以及沿线设施等工程实体组成的线状构造物。路线是指道路中线的空间位置。路线在水平面上的投影称作路线的平面。沿中线竖直剖切再行展开则是路线的纵断面。中线上任一点法向切面是道路在该点的横断面。路线设计是指确定路线空间位置和各部分几何尺寸的工作。为研究的方便，把它分解为路线平面设计、路线纵断面设计和横断面设计，三者是相互关联的，既分别进行又综合考虑。

无论是公路还是城市道路，其路线位置受社会经济、自然条件和技术条件的制约。设计者的任务就是在调查研究、掌握大量材料的基础上，设计一条有一定技术标准、满足行车要求、工程费用经济的路线。在设计公路时，大致按下列顺序进行：在尽量顾及到纵、横断面平衡的前提下先定平面，沿着这个平面线形进行高程测量和横断面测量，取得地面线和地质、水文及其他必要的资料后，再设计纵断面和横断面；为求得线形的协调和土石方的节省，必要时再修改平面。这样经过几次反复，可望得到一个满意的结果。而在城市道路设计中，由于道路的平面位置和纵断面高程往往受城市规划的控制较严，变化余地不大，而横断面布置要考虑的因素较多，因此城市道路设计时，一般是先布置横断面，然后再进行平面和纵断面的设计。

二、汽车行驶轨迹与道路的平面线形要素

研究表明，行驶中的汽车其重心的轨迹在几何性质上有以下特征：
(1)这个轨迹是连续的而且是圆滑的。
(2)这个轨迹的曲率是连续的，即轨迹上任一点不出现两个曲率值。
(3)这个轨迹的曲率变化率是连续的，即轨迹上任一点不出两个曲率变化率值。

通过对汽车行驶轨迹的研究，能了解公路平面线形的几何构成。理想的公路平面线形是行车道的边缘能与汽车的前外轮和后内轮的轮迹线完全符合或相平行。随着汽车交通量的增加和行车速度的提高，研究发现早期由直线和圆曲线构成的道路平面线形仅符合汽车行驶轨迹特性的第(1)条，虽然满足了车辆的直行和转向要求，但在直线和圆弧相切处出现了曲率的不连续(直线上曲率为0，圆曲线上曲率为 $1/R$)，如图 1-3-1 所示。因路线与汽车行驶轨迹之间有较大偏离，于是现代道路在直线和圆曲线之间引入了一条曲率逐渐变化的"缓和曲线"，使整条线形符合汽车行驶轨迹特性的第(1)条和(2)条，保持了线形的曲率连续，如图 1-3-2 所示。

实践证明，道路特别是高级道路，由于设置了缓和曲线，在视觉上线形变得更加平顺，能更

好地诱导驾驶者的视线,路线也变得更容易被驾驶者跟踪了。因此,现代道路平面线形是由直线、圆曲线和缓和曲线构成的,称之为平面线形三要素。道路平面线形设计就是从线形的角度去研究三个要素的选用和相互间的组合等问题。

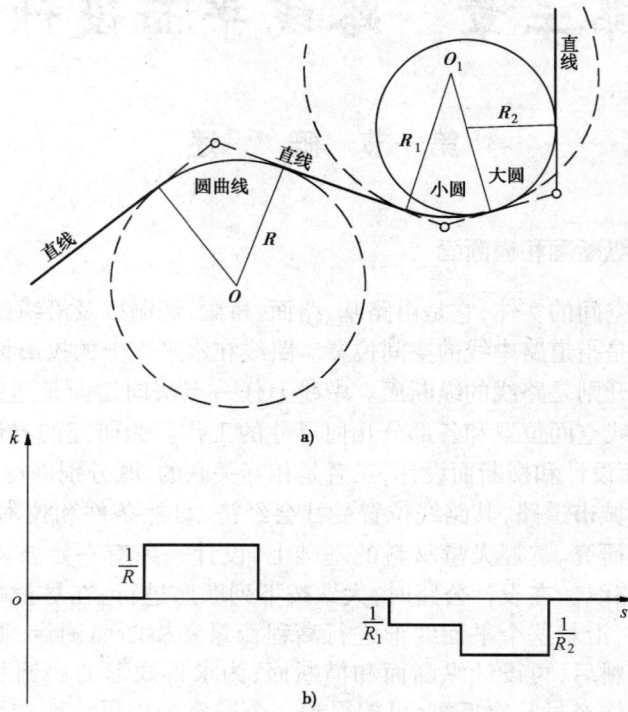

图 1-3-1　曲率不连续的路线
a)路线图;b)曲率图

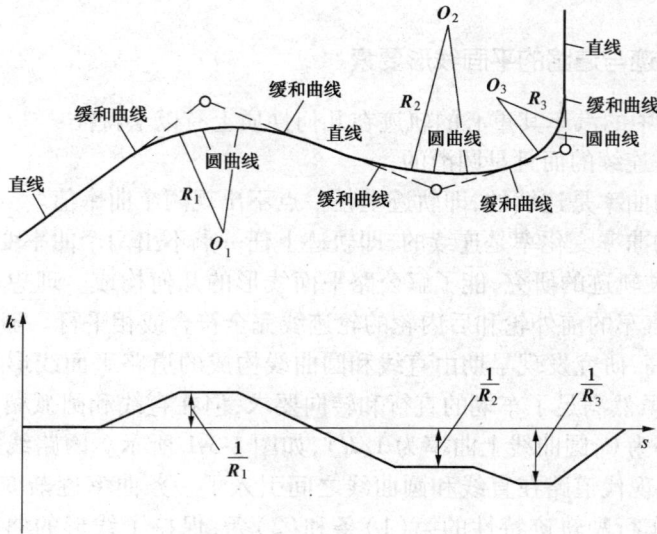

图 1-3-2　曲率连续的路线

第二节 直 线

一、直线的特点

作为平面线形要素之一的直线,在道路设计中被广泛采用。因为两点之间以直线为最短,一般在定线时,只要地势平坦、无大的地物障碍,加之笔直的道路给人以短捷、直达的良好印象,定线人员都首先考虑使用直线通过。汽车在直线上行驶受力简单,方向明确,驾驶操作简易。从测设上看,直线只需定出两点,就可方便地测定方向和距离。

但是,过长的直线并不好。在地形有较大起伏的地区,直线线形大多难于与地形相协调,易产生高填深挖路基,破坏自然景观;若长度运用不当,不仅破坏了线形的连续性,也不便达到线形设计自身的协调。过长的直线易使驾驶人员感到单调、疲倦,难以目测车间距离,容易超速而导致交通事故的发生。所以在线形设计时必须谨慎,不宜采用过长的直线。

二、直线的最大长度和最小长度

在道路平面线形设计时,一般应根据路线所处的地形、地物条件,驾驶员的视觉、心理感受以及行车安全等因素,合理地布设直线路段,对直线的最大与最小长度应有所限制。

1. 直线的最大长度

直线最大长度的量化是一个需要研究的课题。从理论上讲,合理的直线长度应根据驾驶员的心理反应和视觉效果来确定。各国普遍从经验出发,根据调查分析的结果来规定直线的最大长度。例如日本和德国,一般规定直线的最大长度(以 m 计)为$20v$(v为设计车速,以 km/h 计),前苏联为8km,美国则为3mile(约为4.83km)。我国地域辽阔,地形变化万千,对直线长度很难做出统一的规定。因此,我国现行的《标准》和《规范》中均未对直线的最大长度规定具体的数值。在实际工作中,设计人员可根据地形、地物、自然景观以及经验等来判断和决定直线的最大长度,既不强求长直线,也不硬性设置不必要的曲线。经过对不同路段,按100km/h的行驶车速对驾驶人员和乘客调查其心理反应和感受,有如下结果:

(1)位于城市附近的道路,作为城市干道的一部分,由于路旁高大建筑和多彩的城市风光,无论路基高低均被纳入视线范围,驾驶员和乘客均无直线过长希望驶出的不良反应。

(2)位于乡间平原区的公路,随季节和地区不同,驾乘人员有不同反应。北方的冬季,绿色枯萎,景色单调,太长的直线使人情绪受到影响;夏天稍许改善一些,但驾驶人员加速行驶希望尽快驶完直线的心理普遍存在。

(3)位于大戈壁、大草原的公路,直线长度可达数十公里,驾乘人员极度疲劳,车速超过设计速度的情况很多。但在这种特殊的地形条件下,除了直线别无其他选择,人为设置弯道不但不能改善其单调,反而增加路线长度。

由此看来,直线的最大长度,在城镇及其附近或其他景色有变化的地点大于$20v$是可以接受的,在景色单调的地点最好控制在$20v$以内;而在特殊的地理条件下应特殊处理,若作某种限制看来是不现实的。

但是必须强调,无论是高速公路还是低速路,在任何情况下都要避免追求长直线的错误倾向。

2. 直线的最小长度

考虑到线形的连续和驾驶的方便，相邻两曲线之间应有一定的直线长度。这个长度是指前一曲线的终点到后一曲线的起点之间的距离。

（1）同向曲线间的直线最小长度。同向曲线是指两个转向相同的相邻曲线之间连以直线而形成的平面线形，如图1-3-3a）所示。同向曲线间的直线较短时，容易破坏连续而圆滑的线形，所以不宜采用。因此，《规范》规定：当设计速度≥60km/h 时，同向曲线间的直线最小长度（以 m 计）以不小于设计速度（以 km/h 计）的6倍为宜。

而对于低速道路（$v \leqslant 40$km/h）则有所放宽，参考执行即可。在受到条件限制时，宜将同向曲线改为大半径曲线或将两曲线做成复曲线、卵形曲线或 C 形曲线。

（2）反向曲线间的直线最小长度。反向曲线是指两个转向相反的相邻曲线之间连以直线所形成的平面线形，如图1-3-3b）。由于两弯道转弯方向相反，考虑到超高和加宽设置的需要，以及驾驶人员操作的方便，其间的直线最小长度应予以限制。《规范》规定：当设计速度≥60km/h 时，反向曲线间直线最小长度（以 m 计）以不小于设计速度（以 km/h 计）的2倍为宜。若两反向曲线已设缓和曲线，在受到限制的地点也可将两反向曲线首尾相接，构成 S 形曲线，但被连接的两缓和曲线和圆曲线宜满足一定的条件。

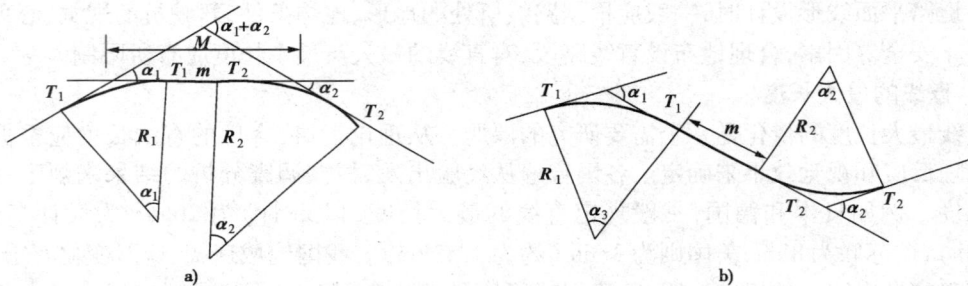

图1-3-3 曲线间的直线
a)同向曲线;b)反向曲线

三、直线的运用

道路平面线形当采用直线线形时必须注意线形与地形的关系，并应符合上述直线的最大长度和最小长度的要求。在运用直线线形并决定其长度时，必须慎重考虑，一般不宜采用长直线，但在下述路段上可采用直线：

（1）路线完全不受地形、地物限制的平坦地区或山间的宽阔河谷地带。

（2）城镇及其近郊道路，或以直线为主体进行规划的地区。

（3）长大桥梁、隧道等构造物路段。

（4）路线交叉点及其附近。

（5）双车道公路提供超车的路段。

当不得已而采用了长直线时，应注意其对应的纵坡不宜过大；若两侧地形过于空旷时，宜采取植不同树种或设置一定建筑物等技术措施予以改善；定线时，应注意把能引起兴趣的自然风景或建筑物纳入驾驶员的视线范围之内。在长直线尽头设置的平曲线，除曲线半径、超高、视距等必须符合规定要求外，还必须采取设置标志、增大路面抗滑能力等安全保护措施，以确保行车安全。

第三节 圆 曲 线

一、圆曲线的特点

各级公路和城市道路不论转角大小均应设置平曲线。圆曲线即为平曲线的重要组成部分。路线平面线形中常用的单曲线、复曲线、双交点或多交点曲线等一般均包含了圆曲线。一般认为,圆曲线作为公路平面线形,具有易与地形相适应、可循性好、线形美观、易于测设等优点,使用十分普遍。

二、圆曲线半径及圆曲线长度

行驶在曲线上的汽车由于受离心力作用其稳定性受到影响,而离心力的大小又与曲线半径密切相关。半径愈小愈不利,所以在选择平曲线半径时应尽可能采用较大的值,只有在地形或其他条件受到限制时才可使用较小的曲线半径。为了行车的安全与舒适,《标准》规定了圆曲线半径在不同情况下的最小值。

(一)公式与因素

根据汽车行驶在曲线上力的平衡式可得:

$$R = \frac{v^2}{127(\mu \pm i_h)} \tag{1-3-1}$$

式中:v——行车速度(km/h);

μ——横向力系数;

i_h——超高横坡度。

在指定车速 v 下,最小 R_{min} 决定于容许的最大横向力系数 μ_{max} 和该曲线的最大超高 $i_{h(max)}$。对这些因素,讨论如下。

1. 关于横向力系数 μ

横向力的存在对行车产生种种不利影响,μ 越大越不利,表现在以下几方面:

(1)危及行车安全:汽车能在曲线上行驶的基本前提是轮胎不在路面上滑移,这就要求横向力系数 μ 低于轮胎与路面之间所能提供的横向摩阻系数 φ_h:

$$\mu \leqslant \varphi_h \tag{1-3-2}$$

φ_h 与车速、路面种类及状态、轮胎状态等有关,一般在干燥路面上约为 $0.4 \sim 0.8$;在潮湿的黑色路面上汽车高速行驶时,降低到 $0.25 \sim 0.40$;路面结冰和积雪时,降到 0.2 以下;在光滑的冰面上可降到 0.06(不加防滑链)。

(2)增加驾驶操纵的困难:曲线上行驶的汽车,在横向力作用下,弹性的轮胎会产生横向变形,使轮胎的中间平面与轮迹前进方向形成一个横向偏移角(图 1-3-4)。其存在增加了汽车在方向操纵上的困难,特别是车速较高时,如果横向偏移角超过了 $5°$,一般驾驶员就不易保持驾驶方向上的稳定。

(3)增加燃料消耗和轮胎磨损:μ 的存在使车辆的燃油消耗和轮胎磨损增加,实测的结果如下:

横向力系数μ	燃料消耗(%)	轮胎磨损(%)
0	100	100
0.05	105	160
0.10	110	220
0.15	115	300
0.20	120	390

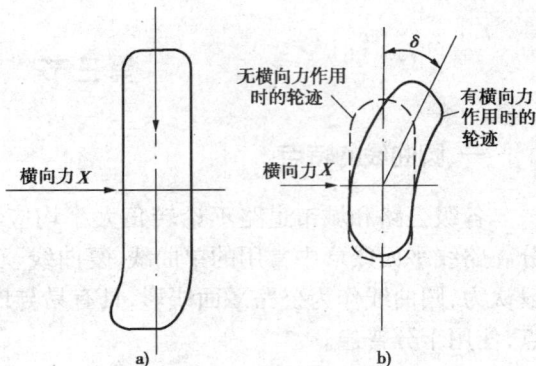

图1-3-4　汽车轮胎的横向偏移角
a)轮胎横向变形；b)轮迹的偏移角

（4）行旅不舒适：μ 值过大，汽车不仅不能连续稳定行驶，有时还需要减速。在曲线半径小的曲线上驾驶员要尽量大回转，使得汽车容易离开行车道发生事故。当 μ 超过一定数值时，驾驶员就要注意采用增加汽车稳定性的措施。这一切都增加了驾驶者在曲线行驶中的紧张。对于乘客来说，μ 值的增大，同样感到不舒适。据试验，乘客随 μ 的变化其心理反应如下：

当 μ < 0.10 时，不感到有曲线存在，很平稳；

当 μ = 0.15 时，稍感到有曲线存在，尚平稳；

当 μ = 0.20 时，已感到有曲线存在，稍感不稳定；

当 μ = 0.35 时，感到有曲线存在，不稳定；

当 μ ≥ 0.40 时，非常不稳定，有倾车的危险感。

综上所述，μ 值的采用关系到行车的安全、经济与舒适。为计算最小平曲线半径，应考虑各方面因素采用一个舒适的 μ 值。研究指出，μ 的舒适界限由 0.10 到 0.16 随行车速度而变化，设计中对高、低速路可取不同的数值。

2. 关于最大超高 $i_{h(max)}$

在车速较高的情况下，为了平衡离心力要用较大的超高。但道路上行驶车辆的速度并不一致，特别是在混合交通的道路上，不仅要照顾快车，也要考虑到慢车的安全。对于慢车乃至因故暂停在弯道上的车辆，如超高率过大，超出轮胎与路面间的横向摩阻系数，车辆有沿着路面最大合成坡度下滑的危险。因此，最大的超高率不应大于轮胎与路面间的横向摩阻系数。

$$i_{h(max)} \leqslant \varphi_w \qquad (1\text{-}3\text{-}3)$$

式中：φ_w——一年中气候恶劣季节路面的横向摩阻系数。

确定最大超高坡度 $i_{h(max)}$ 除根据道路所在地区的气候条件外，还必须给予驾驶者和乘客以心理上的安全感。对重山区、城市附近、交叉口以及有相当数量非机动车行驶的道路，最大超高还要比一般道路小些。

我国《标准》对各级公路的最大超高规定：一般地区的高速公路、一级公路为10%，二、三、四级公路为8%，积雪冰冻地区的各级公路均为6%。对于城市道路，当设计速度为80km/h，最大超高取6%；当设计速度为60km/h、50km/h 时，最大超高取4%；当设计速度为40km/h、30km/h、20km/h 时，最大超高取2%。

（二）最小半径的计算

根据前面所述，汽车在曲线段上行驶时保持稳定的必要条件是汽车所受横向力被车轮轮胎与路面之间的摩阻力抵消。若横向力大于摩阻力，则汽车出现横向滑移，因此，在设计时应

控制横向力系数 μ 不能超过摩阻系数 φ_h。

由此可知,横向力系数 μ 实际上是受摩阻系数 φ_h 约束的,即在不发生横向滑移前提下,μ 值不会超过 φ_h 值。因此,用 φ_h 代替 μ 值来计算平曲线的最小半径才更符合实际情况。现行《标准》采用摩阻系数 φ_h 作为计算平曲线最小半径的指标,即:

$$R = \frac{v^2}{127(\varphi_h + i_h)} \tag{1-3-4}$$

式中:R——圆曲线半径(m);

　　v——设计速度(km/h);

　　φ_h——路面与轮胎之间的横向摩阻系数;

　　i_h——超高横坡度(%)。

我国《标准》根据不同的 φ_h 值,对于不同等级的公路规定了三个最小半径,即极限最小半径、一般最小半径和不设超高的最小半径,见表1-3-1。城市道路圆曲线的最小半径见表1-3-2。

各级公路圆曲线最小半径　　　　　　　　　　　表1-3-1

设计速度(km/h)		120	100	80	60	40	30	20
极限最小半径(m)		650	400	250	125	60	30	15
一般最小半径(m)		1 000	700	400	200	100	65	30
不设超高的最小半径(m)	路拱≤2%	5 500	4 000	2 500	1 500	600	350	150
	路拱>2%	7 500	5 250	3 350	1 900	800	450	200

城市道路圆曲线最小半径　　　　　　　　　　　表1-3-2

设计速度(km/h)	80	60	50	40	30	20
设超高的最小半径(m)	250	150	100	70	40	20
设超高的推荐最小半径(m)	400	300	200	150	85	40
不设超高的最小半径(m)	1 000	600	400	300	150	70

1. 极限最小半径

极限最小半径是指各级公路在采用允许最大超高和允许的横向摩阻系数情况下,能保证汽车安全行驶的最小半径。《标准》中的极限最小半径就是在规定的设计速度时,$i_h = 8\%$,$\varphi_h = 0.1 \sim 0.16$ 按式(1-3-4)计算后得来的。

极限最小半径是路线设计中的极限值,是在特殊困难条件下不得已才使用的,一般不轻易采用。

2. 一般最小半径

一般最小半径是指各级公路在采用允许的超高和横向摩阻系数,能保证汽车以设计速度安全、舒适行驶的最小半径。《标准》中的一般最小半径值是按 $i_h = 6\% \sim 8\%$,$\varphi_h = 0.05 \sim 0.06$ 计算取整得来的。

一般最小半径是在通常情况下推荐采用的最小半径,一方面考虑了汽车在这种曲线上以设计速度或以接近设计速度行驶时,旅客有充分的舒适感;另一方面考虑到在地形比较复杂的情况下不会过多增加工程量。

3. 不设超高的最小半径

当平曲线半径较大时,离心力的影响就较小,路面摩阻力就可以保证汽车有足够的稳定性,这时就可以不设超高,而允许设置与直线段上相同的双向横坡的路拱形式。因此,不设超高最小半径就是指不必设置超高就能满足行驶稳定性的最小半径。从舒适和安全的角度考虑,φ_h 应取尽可能小的值,以使乘客行驶在曲线上与在直线上大致相同的感觉。《标准》中不设超高的最小半径取 $\varphi_h = 0.035, i_h = -0.015$ 和取 $\varphi_h = 0.04, i_h = -0.025$ 按式(1-3-4)计算取整得来的。

（三）圆曲线半径的运用

道路平面设计时,设计人员应根据沿线地形、地物等条件,尽量选用较大半径,以便于安全舒适行驶。选定半径时,既要满足技术合理,又要注意经济适用;既不能盲目采用高标准（大半径）而过分增加工程量,也不能仅考虑眼前通行要求而采用低标准。在运用平曲线半径的三个最小半径时,应遵循的一般原则是:在地形条件许可时,应力求使半径尽可能接近不设超高最小半径;一般情况下或地形有所限制时,应尽量采用大于一般最小半径;只有在地形特别困难不得已时,方可采用极限最小半径。

选用曲线半径时,最大半径值一般不应超过 10 000m 为宜。

（四）圆曲线的最小长度

汽车在曲线线形的道路上行驶时,如果曲线很短,则驾驶员操作转向盘频繁而紧张,这在高速行驶的情况下是危险的。在平面设计中,公路平曲线一般由前后缓和曲线和中间圆曲线三段曲线组成。为便于驾驶操作和行车安全与舒适,汽车在任何一段线形上行驶的时间都不应短于 3s,在曲线上行驶里程需要 9s。如果平曲线中间的圆曲线为零,即形成凸形曲线。凸形曲线中,两回旋曲线衔接,对行车不利,只有在受地形条件限制的山嘴或特殊困难情况下方可使用。因此,在平曲线设计时,圆曲线的最小长度一般要有 3s 行程。

第四节　缓　和　曲　线

缓和曲线是道路平曲线形要素之一,它是设置在直线与圆曲线之间或半径相差较大的两个转向相同的圆曲线之间的一种曲率连续变化的曲线。在现代高速公路上,有时缓和曲线所占的比例超过了直线和圆曲线,成为平面线形的主要组成部分。在城市道路中,缓和曲线也被广泛地使用。

一、缓和曲线的作用与性质

（一）缓和曲线的作用

1. 曲率连续变化,便于车辆遵循

汽车在转弯行驶的过程中,存在一条曲率连续变化的轨迹线。无论车速高低,这条轨迹线都是客观存在的。它的形式和长度则随行驶速度、曲率半径和驾驶员转动转向盘的快慢而定。在低速行驶时,驾驶员尚可利用路面的富余宽度,在一定程度上把汽车保持在车道范围之内,缓和曲线似乎没有必要。但在高速行驶时,汽车则有可能超越自己的车道驶出一条很长的过渡性的轨迹线。此时,从安全的角度出发,有必要设置一条驾驶者易于遵循的路线,使车辆在进入或离开圆曲线时不致侵入邻近的车道。

2. 离心加速度逐渐变化,旅客感觉舒适

汽车行驶在曲线上产生离心力,离心力的大小与曲线的曲率成正比。汽车由直线驶入圆曲线或由圆曲线驶入直线,由于曲率的突变会使乘客有不舒适的感觉。所以,应在曲率不同的两曲线之间设置一条过渡性的曲线,以缓和离心加速度的变化。

3. 超高横坡度及加宽逐渐变化,行车更加平稳

行车道从直线上的双坡断面过渡到圆曲线上的单坡断面,以及由直线上的正常宽度过渡到圆曲线上的加宽宽度,一般情况下都是在缓和曲线长度内完成的。为避免车辆在这一过渡行驶中急剧地左右摇摆,并保证路容的美观,设置一定长度的缓和曲线也是必要的。

4. 与圆曲线配合,增加线形美观

圆曲线与直线径相连接,在连接处曲率突变,在视觉上会有不平顺的感觉。设置缓和曲线以后,线形连续圆滑,增加线形的美观;同时从外观上看也感到安全,会收到显著效果(图1-3-5)。

图 1-3-5　直线与曲线连接效果图
a)不设缓和曲线感觉路线扭曲;b)设置缓和曲线后变得平顺美观

(二)缓和曲线的性质

考察汽车由直线进入圆曲线的行驶轨迹,先假定汽车是等速行驶,驾驶员匀速转动转向盘。当转向盘转动角度为 φ 时,前轮相应转动角度为 Φ,它们之间的关系为:

$$\Phi = k\varphi(\text{rad}) \tag{1-3-5}$$

其中,k 为小于 1 的系数。

$$\varphi = \omega t(\text{rad}) \tag{1-3-6}$$

式中:ω ——方向盘转动的角速度(rad/s);

t ——行驶时间(s)。

此时,汽车前轮的转向角为:

$$\Phi = k\omega t(\text{rad}) \tag{1-3-7}$$

设汽车前后轮轴距为 d,前轮转动 Φ 后,汽车的行驶轨迹曲线半径为 r,由图 1-3-6 可知:

$$r = \frac{d}{\tan\Phi} \quad (\text{m})$$

由于 Φ 很小,可以近似地认为:

$$r \approx \frac{d}{\Phi} = \frac{d}{k\omega t}(\text{m}) \tag{1-3-8}$$

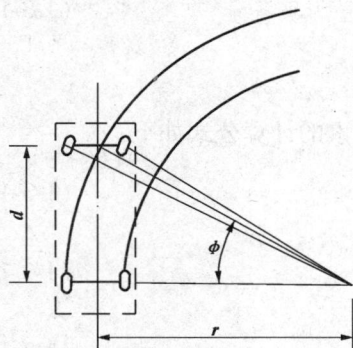

图 1-3-6　汽车的转弯行驶

汽车以 $v(\text{m/s})$ 等速行驶,经时间 $t(\text{s})$ 以后,其行驶距离

35

（弧长）l 为：

$$l = vt(\text{m})\qquad(1\text{-}3\text{-}9)$$

由式（1-3-7）知：$t = \dfrac{d}{k\omega r}$，将其代入式（1-3-8）得：

$$l \approx v\frac{d}{k\omega r}\qquad(1\text{-}3\text{-}10)$$

其中 v、d、k、ω 均为常数，令 $\dfrac{vd}{k\omega} = C$，则：

$$\left.\begin{array}{c} l = \dfrac{C}{r} \\[2mm] \text{或 } rl = C \end{array}\right\}\qquad(1\text{-}3\text{-}11)$$

式中：l——汽车自直线终点开始转弯，经 $t(\text{s})$ 后行驶的距离（m）；

r——汽车行驶 t 后在 l 处的曲率半径（m）；

C——常数。

式（1-3-11）即为汽车等速行驶，以不变角速度转动转向盘所产生的轨迹。此式说明汽车匀速从直线进入圆曲线（或相反）时，其行驶轨迹的弧长与曲线的曲率半径之乘积为一常数。这一性质与数学上的回旋线正好相符。

二、缓和曲线的形式

在我国公路设计中，缓和曲线采用回旋线。

1. 回旋线的基本方程

回旋线是曲率随着曲线长度呈比例变化的曲线。这一性质与前面讨论的驾驶员以匀速转动转向盘，汽车由直线驶入圆曲线或圆曲线驶入直线的轨迹线相符。其基本公式为：

$$rl = A^2\qquad(1\text{-}3\text{-}12)$$

式中：r——回旋线上某点的曲率半径（m）；

l——回旋线上其点到原点的曲线长（m）；

A——回旋线参数。

由于 $r \cdot l$ 的单位是长度的二次方（m^2），为使量纲一致，故令轨迹曲线式（1-3-11）中的常数 $C = A^2$，A 表征回旋线曲率变化的缓急程度，在回旋线的任意点上，r 是随 l 的变化而变化的，但在缓和曲线的终点处，$l = L_\text{S}$、$r = R$，则 $RL_\text{S} = A^2$，即：

$$A = \sqrt{RL_\text{S}}\qquad(1\text{-}3\text{-}13)$$

式中：R——回旋线所连接的圆曲线半径；

L_S——回旋线型的缓和曲线长度。

图 1-3-7 为按回旋线敷设缓和曲线的基本图式，其几何元素的计算公式如下：

$$q = \frac{L_\text{S}}{2} - \frac{L_\text{S}^3}{240R^2}\quad(\text{m})\qquad(1\text{-}3\text{-}14)$$

$$p = \frac{L_\text{S}^2}{24R} - \frac{L_\text{S}^4}{2\,384R^3}\quad(\text{m})\qquad(1\text{-}3\text{-}15)$$

$$\beta_0 = 28.647\,9\,\frac{L_\text{S}}{R}\quad(°)\qquad(1\text{-}3\text{-}16)$$

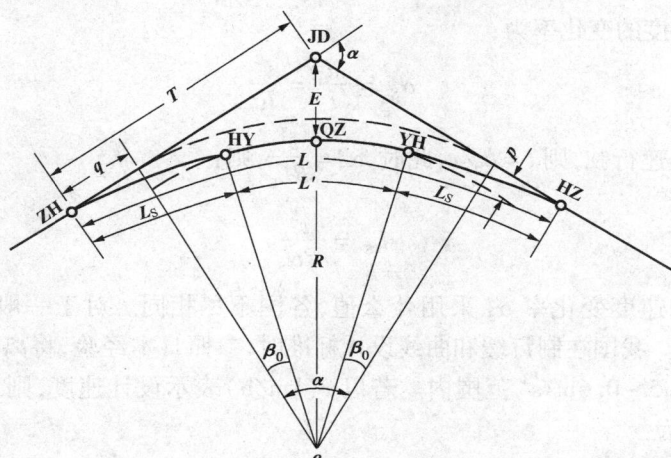

图 1-3-7 按回旋线敷设缓和曲线

$$T = (R + p)\tan\frac{\alpha}{2} + q \quad (\text{m}) \tag{1-3-17}$$

$$L = (\alpha - 2\beta_0)\frac{\pi}{180}R + 2L_\text{S} \quad (\text{m}) \tag{1-3-18}$$

$$E = (R + p)\sec\frac{\alpha}{2} - R \quad (\text{m}) \tag{1-3-19}$$

$$J = 2T - L \quad (\text{m}) \tag{1-3-20}$$

公式的推导和详细敷设方法参见《测量学》。

2. 回旋线的相似性

回旋线的曲率是连续变化的,而且其曲率的变化与曲线长度的变化呈线性关系。为此,可以认为回旋线的形状只有一种,只需改变参数 A 就能得到不同大小的回旋曲线。A 相当于回旋线的放大系数。回旋线的这种相似性对于简化其几何要素的计算和编制曲线表很有用处。

$A = 1$ 时的回旋曲线称单位回旋曲线。根据相似性,可由单位回旋曲线要素计算任意回旋曲线的要素。在各要素中,又分长度要素(如切线长、曲线长、内移植、直角坐标等)和非长度要素(如缓和曲线角、弦偏角等),它们的计算方法为:

$$\left.\begin{array}{l}\text{回旋线长度要素 = 单位回旋线长度要素} \times A\\ \text{回旋线非长度要素 = 单位回旋线非长度要素}\end{array}\right\} \tag{1-3-21}$$

三、缓和曲线的最小长度及参数

(一)缓和曲线的最小长度

由于车辆要在缓和曲线上完成不同曲率的过渡行驶,所以要求缓和曲线有足够的长度,以使驾驶员能从容地打转向盘、乘客感觉舒适、线形美观流畅,圆曲线上的超高和加宽的过渡也能在缓和曲线内完成。所以,设计中应规定缓和曲线的最小长度,可从以下几方面考虑:

1. 旅客感觉舒适

汽车在缓和曲线上行驶,其离心加速度随缓和曲线曲率的变化而变化,如果变化过快将会使乘客感受到横向的冲击。由离心力产生的离心加速度 $\alpha = v^2/r$,在 $t(\text{s})$ 时间内汽车从缓和曲线的起点到达缓和曲线终点,曲率半径 r 由 ∞ 均匀地变化到 R,离心加速度由零均匀地增加

到 v^2/R ，离心加速度的变化率为：

$$\alpha_S = \frac{a}{t} = \frac{v^2}{Rt} \qquad (1\text{-}3\text{-}22)$$

假定汽车做等速行驶，则 $t = L_S/v$，此时，$\alpha_S = \dfrac{v^3}{RL_S}$，则：

$$L_S = \frac{v^3}{R\alpha_S} \qquad (1\text{-}3\text{-}23)$$

式中的离心加速度变化率 α_S 采用什么值，各国不尽相同。对于一般高速路，英国采用 0.3，美国采用 0.6。我国在制订缓和曲线设计标准时，参照日本经验，将离心加速度的变化率取值一般控制在 $0.5 \sim 0.6\text{m/s}^3$ 范围内。若以 $v(\text{km/h})$ 表示设计速度，则最小缓和曲线长度 $L_{S(\min)}$ 的计算公式为：

$$L_{S(\min)} = 0.021\,4\,\frac{v^3}{R\alpha_S} \quad (\text{m}) \qquad (1\text{-}3\text{-}24)$$

2. 超高渐变率适中

由于在缓和曲线上设置有超高过渡段，如果过渡段太短则会因路面急剧地由双坡变为单坡而形成一种扭曲的面，对行车和路容均不利。

在超高过渡段上，路面外侧逐渐抬高，从而形成一个"附加坡度"。当圆曲线上的超高值一定时，这个附加坡度就取决于过渡段长度。附加坡度或称超高渐变率太大和太小都不好，太大会使行车左右剧烈摇摆影响行车安全，太小对排水不利。《规范》规定了适中的超高渐变率，由此可导出计算过渡段最小长度的公式为：

$$L_{S(\min)} = \frac{B\Delta i}{p}(\text{m}) \qquad (1\text{-}3\text{-}25)$$

式中：B——旋转轴至行车道（设路缘带时为路缘带）外侧边缘的宽度（m）；

　　Δi——超高坡度与路拱坡度代数差（%）；

　　p——超高渐变率。

上式的推导和关于 p 的规定详见本篇第五章。

3. 行驶时间不过短

缓和曲线不管其参数如何，都不可使车辆在缓和曲线上的行驶时间过短，过短会使驾驶员操作不便，甚至造成驾驶操纵的紧张和忙乱。一般认为汽车在缓和曲线上的行驶时间至少应有 3s，则：

$$L_{S(\min)} = \frac{v}{1.2}(\text{m}) \qquad (1\text{-}3\text{-}26)$$

式中：v——设计速度（km/h）。

考虑了上述影响缓和曲线长度的各项因素，《标准》制订了各级公路缓和曲线最小长度，见表 1-3-3。《城规》制订了城市道路的最小缓和曲线长度，见表 1-3-4。

各级公路缓和曲线最小长度　　　　　　　　　　　　　　　　　　　表 1-3-3

设计速度（km/h）		120	100	80	60	40	30	20
缓和曲线最小长度（m）	一般值	130	120	100	80	50	40	25
	最小值	100	85	70	60	40	30	20

城市道路缓和曲线最小长度 表 1-3-4

设计速度（km/h）	80	60	50	40	30	20
缓和曲线最小长度（m）	70	50	45	45	25	20

（二）缓和曲线参数 A 值

缓和曲线参数 A 值决定了回旋线曲率变化的缓急程度。作为公路缓和曲线设计参数之一的 A 值，其最小值应根据汽车在缓和曲线上缓和行驶的要求（即离心加速度变化率）、行驶时间要求以及允许的超高渐变率要求等决定。我国《标准》和《规范》规定了缓和曲线最小长度要求。由公式 $RL_S = A^2$ 可知，其相应地确定了缓和曲线最小参数 A 值。因此，在进行公路平面线形设计时，不仅可以选定缓和曲线长度，同样也可以采取选定缓和曲线参数 A 值的办法，来决定公路平面线形曲率变化的快慢程度。

经验认为，当使用回旋线作为缓和曲线时，回旋线参数 A 和与之连接的圆曲线之间只要保持 $R/3 \leqslant A \leqslant R$ 便可得到视觉上协调而又舒顺的线形。

上述关系只适用 R 在某种范围之间。经验证明，当 R 在 100m 左右时，通常取 $A = R$；如果 R 小于 100m，则选择 A 等于 R 或大于 R。反之，在圆曲线半径较大时，可选择 A 在 R/3 左右；如 R 超过了 3 000m，即使 A 小于 R/3，在视觉上也是没有问题的。

（三）缓和曲线的省略

在直线和圆曲线之间设置缓和曲线后，圆曲线产生了内移值 p，在 L_S 一定的情况下，p 与圆曲线半径成反比，当 R 大到一定程度时，p 值甚微，即使直线与圆曲线径相连接，汽车也能完成缓和曲线的行驶。因为，在路面的富余宽度中已经包含了这个内移值。所以《规范》规定，在下列情况下可不设缓和曲线：

（1）在直线与圆曲线间，当圆曲线半径大于或等于"不设超高的最小半径"时。

（2）半径不同的同向圆曲线间，当小圆半径大于或等于"不设超高的最小半径"时。

（3）小圆半径大于表 1-3-5 中所列临界曲线半径，且符合下列条件之一时：

临界曲线半径 表 1-3-5

设计速度（km/h）	120	100	80	60	40	30
临界曲线半径（m）	2 100	1 500	900	500	250	130

①小圆曲线按规定设置相当于最小缓和曲线长的回旋线时，其大圆与小圆的内移值之差不超过 0.10m；

②设计速度 ≥80km/h 时，大圆半径（R_1）与小圆半径（R_2）之比小于 1.5；

③设计速度 <80km/h 时，大圆半径（R_1）与小圆半径（R_2）之比小于 2。

《城规》所规定的不设缓和曲线的最小圆曲线半径见表 1-3-6。

城市道路不设缓和曲线的最小圆曲线半径 表 1-3-6

设计速度（km/h）	80	60	50	40
不设缓和曲线的最小圆曲线半径（m）	2 000	1 000	700	500

第五节　平面线形设计

一、平面线形设计一般原则

（一）平面线形应直捷、连续、顺适，并与地形、地物相适应，与周围环境相协调

在地势平坦开阔的平原微丘区，路线直捷舒顺，在平面线形三要素中直线所占比例较大。随着汽车车速的不断提高，对线形流畅性的要求在增加，曲线在整个公路平面线形中所占的比例越来越大，公路线形设计也逐渐趋向于以曲线为主。特别在地势有很大起伏的山岭和重丘区，路线则多弯曲，曲线所占比例则较大。如果在没有任何障碍物的开阔地区（如戈壁、草原）故意设置一些不必要的曲线，或者在高低起伏的山地硬拉长直线，这都将给人以不协调的感觉。路线要与地形相适应，这既是美学问题也是经济问题和保护生态环境的问题。直线、圆曲线、缓和曲线的选用与合理组合取决于地形地物等具体条件，片面强调路线要以直线为主或以曲线为主或人为规定三者的比例，都是错误的。

（二）保持平面线形的均衡与连贯

为使一条道路上的车辆尽量以均匀的速度行驶，应注意各线形要素保持连续性而不出现技术指标的突变。以下几点在设计时应充分注意：

（1）长直线尽头不能连接小半径曲线。长的直线和长的大半径曲线会导致较高的车速，若突然出现小半径曲线，会因减速不及而造成事故，特别是在下坡方向的尽头更要注意。若由于地形所限设小半径曲线难免时，中间应插入中等曲率的过渡性曲线，并使纵坡不要过大。

（2）高、低标准之间要有过渡。同一等级的道路，由于地形的变化在指标的采用上也会有变化，或同一条道路按不同设计速度的各设计路段之间也会形成技术标准的变化。遇有这种高、低标准变化的路段，除满足有关设计路段在长度和梯度上的要求外，还应结合地形的变化，使路线的平面线形指标逐渐过渡，避免出现突变。不同标准路段相互衔接的地点，应选在交通量发生变化处，或者驾驶者能够明显判断前方需要改变行车速度的地方。

（三）平曲线应有足够的长度

汽车在道路的曲线路段上行驶，如果曲线长度过短，驾驶员就必须很快地转动转向盘，这在高速行驶的情况下是非常危险的。同时，如不设置足够长度的曲线，使离心加速度变化率小于一定数值，从乘客的心理和生理感受来看也是不好的。当道路转角很小时，曲线长度就显得比实际短，容易引起曲线半径很小的错觉。因此，平曲线具有一定的长度是必要的。

为了解决上述问题，最小平曲线长度一般应考虑按下述条件确定：

1. 汽车驾驶员在操纵转向盘时不感到困难

平曲线一般由前后缓和曲线和中间圆曲线共三段曲线组成。根据经验，在每段曲线上驾驶员操作转向盘不感到困难至少需要3s的时间，全长需要9s；如果中间的圆曲线长度为零，形成凸形曲线，至少也需要6s的行程。因此，按6s的通过时间来设置最小平曲线长度是适宜的。如以这样的长度构成两个缓和曲线，就不会让人体感到不适。即使受条件限制，要求汽车在曲线上行驶的时间也不应少于3~4s。各级公路，平曲线最小长度不得小于表1-3-7规定的数值。

各级公路平曲线最小长度　　　　　　表 1-3-7

设计速度（km/h）	120	100	80	60	40	30	20
一般值（m）	1 000	850	700	500	350	250	200
最小值（m）	200	170	140	100	70	50	40

2. 使缓和曲线上离心加速度的变化率不超出定值

平曲线一般情况下应能设置缓和曲线（超高、加宽过渡段）和一段圆曲线。《标准》在规定最小缓和曲线时，已经考虑了离心加速度的变化率要求，因此，当平曲线是由两段缓和曲线组成的凸形曲线时，平曲线的最小长度应取该最小缓和曲线长度的两倍。

3. 转角 α 小于 7°时的平曲线长度

当道路转角小于或等于 7°时，为了使驾驶员感到这是和 7°以上转角同样程度的曲线，在视觉上不产生急弯的错觉，应设置较长的平曲线。设计计算时，当转角小于 7°时，平曲线仍按由两段回旋线组成的凸形曲线来考虑，使 $\alpha < 7°$ 的曲线外矢距 E 与 $\alpha = 7°$ 时曲线的 E 相等时的曲线长为最小平曲线长。此时，其长度应大于表 1-3-8 之规定。表中的 α 为公路转角值（°），当 $\alpha < 2°$ 时，按 $\alpha = 2°$ 计。

公路转角等于或小于 7°时的平曲线长度　　　　　表 1-3-8

设计速度（km/h）		120	100	80	60	40	30	20
平曲线最小长度（m）	一般值	$1\,400/\alpha$	$1\,200/\alpha$	$1\,000/\alpha$	$700/\alpha$	$500/\alpha$	$350/\alpha$	$280/\alpha$
	低限值	200	170	140	100	70	50	40

二、平面线形要素的组合类型

前面几节已对平面线形的几何要素（直线、圆曲线和缓和曲线）分别进行了介绍，由这三种基本线形要素可以得到很多种平面线形的组合形式。就公路平面线形设计而言，其主要有基本型、S 形、卵形、凸形、C 形和复合型等六种。下面对其构成及设计要求作扼要介绍。

1. 基本型

如图 1-3-8 所示，当平曲线按直线—回旋线（ A_1 ）—圆曲线—回旋线（ A_2 ）—直线的顺序组合而成时，称为基本型。当两回旋曲线的参数值相等，即 $A_1 = A_2$ 时，叫对称基本型；$A_1 \neq A_2$ 时，叫非对称基本型；当 $A_1 = A_2 = 0$（即不设缓和曲线）时，又称为简单型。

基本型设计时，为使线形协调，A 值的选择最好使回旋

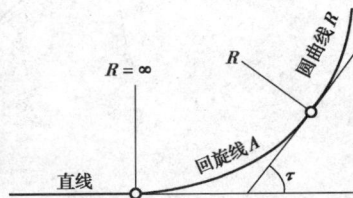

图 1-3-8　基本型

线、圆曲线、回旋线的长度之比为 1∶1∶1 ~ 1∶2∶1，并注意满足设置基本型曲线的几何条件：

$$2\beta \leqslant \alpha$$

式中：α——路线转角；

　　　β——缓和曲线角。

2. S 形

如图 1-3-9 所示，两个反向圆曲线用两段反向回旋线连接的组合形式，称为 S 形。从行驶力学和线形协调、超高过渡上考虑，S 形曲线相邻两个回旋线参数 A_1 和 A_2 值最好相等；若当采

用不同的参数时，A_1 与 A_2 之比应小于 2.0，有条件时以小于 1.5 为宜。

S 形的两个反向回旋线以径相连接为宜。当受地形或其他条件限制而不得不插入短直线时，其短直线的长度 L 应符合下式规定：

$$L \leqslant \frac{(A_1 + A_2)}{40}(\text{m}) \qquad (1\text{-}3\text{-}27)$$

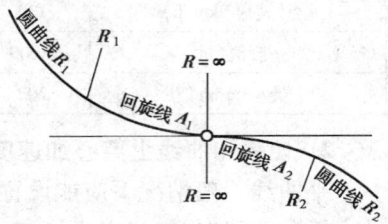

图 1-3-9　S 形

式中：A_1、A_2 ——分别为大、小圆的缓和曲线参数。

两圆曲线半径之比也不宜过大，以 $R_1/R_2 = 1 \sim 1/3$ 为宜（R_1、R_2 分别为大小圆半径）。

3. 卵形

如图 1-3-10 所示，两同向的平曲线，按直线—缓和曲线（A_1）—圆曲线（R_1）—缓和曲线（A）—圆曲线（R_2）—缓和曲线（A_2）—直线的顺序组合而成的线形，称为卵形。卵形曲线用一个回旋线连接两个圆曲线，其公用缓和曲线的参数 A 最好在 $R_2/2 \leqslant A \leqslant R_2$ 范围内（R_2 为小圆半径），两圆曲线半径之比以满足 $R_1/R_2 = 0.2 \sim 0.8$ 为宜，两圆曲线的间距以 $D/R_2 = 0.003 \sim 0.03$ 为宜（D 为两圆曲线间的最小间距）。

用一个回旋线连接两个圆曲线而构成卵形，要求大圆能完全包住小圆。如果大圆半径为无限大，那么它就是直线，属于基本型。所以卵形可以认为是具有基本形式的一般线形，只不过卵形的回旋曲线不是从原点开始，而是使用曲率从 $1/R_1$ 到 $1/R_2$ 这一段。

4. 凸形

如图 1-3-11 所示，两段同向缓和曲线之间不插入圆曲线而径相衔接的组合形式（圆曲线长度为零），称为凸形。凸形的回旋线最小参数及其连接点处的半径值，应分别符合容许最小回旋线参数（A 值）和圆曲线一般最小半径的规定。

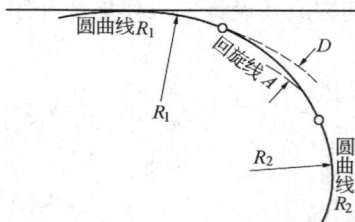

图 1-3-10　卵形

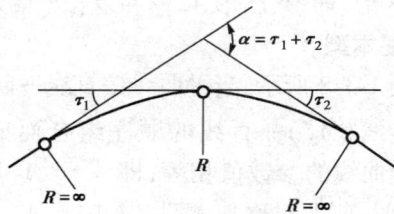

图 1-3-11　凸形

凸形在两回旋曲线衔接处，曲率发生突变，这意味着汽车方向盘在刚转到某值时，马上就得向相反的方向回转，这对行车是不利的。因此，在平面线形设计中，一般情况下最好不采用凸形，只有在路线受到地形条件限制的山嘴或特殊困难情况下才可考虑使用。

5. 复合型

如图 1-3-12 所示，将两个以上的同向回旋线在曲率相等处相互连接的线形，称为复合型。复合型的相邻两个回旋线参数之比以小于 1:1.5 为宜。复合型中的回旋线在中途是变化的，所以驾驶人员中途要变更速度以适应变化后的回旋线，因而这是行驶上所不希望的。除互通式立体交叉线形外，复合型仅在受地形或其他特殊原因限制时使用。

6. C 形

如图 1-3-13 所示,两同向回旋线在曲率为零处径相连接(即连接处曲率为 0,半径为 ∞)的组合线形称为 C 形。C 形曲线只有在特殊地形条件下方向采用,两个回旋线的参数可相等,也可以不相等。

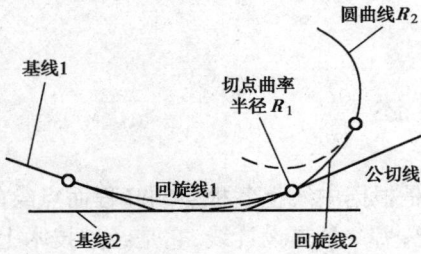

图 1-3-12 复合型

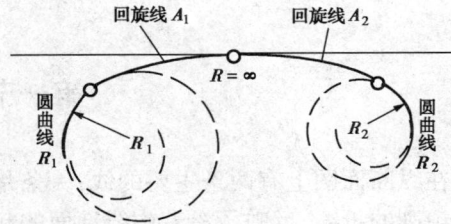

图 1-3-13 C 形

第四章 纵断面设计

第一节 概 述

在纵断面图上有两条主要的线：一条是地面线，它是根据中线上各桩点的高程而点绘的一条不规则的折线，反映了沿着中线地面的起伏变化情况；另一条是设计线，它是经过技术上、经济上以及美学上等多方面比较后由设计人员定出一条具有规则形状的几何线，反映了道路路线的起伏变化情况。纵断面设计线是由直线和竖曲线组成的。直线（即均匀坡度线）有上坡和下坡，是用坡度和水平长度表示的。直线的坡度和长度影响着汽车的行驶速度和运输的经济以及行车的安全，它们的一些临界值的确定和必要的限制，是以通行的汽车类型及行驶性能来决定的。

在直线的坡度转折处为平顺过渡要设置竖曲线，按坡度转折形式的不同，竖曲线有凹有凸，其大小用半径和水平长度表示。

路线纵断面图上的设计高程，即路基设计高程，《规范》规定如下：

（1）新建公路的路基设计高程：高速公路和一级公路采用中央分隔带的外侧边缘高程；二、三、四级公路采用路基边缘高程，在设置超高、加宽地段为设超高、加宽前该处边缘高程。

（2）改建公路的路基设计高程：一般按新建公路的规定办理，也可视具体情况而采用行车道中线处的高程。

纵断面设计的主要任务就是根据汽车的动力特性、道路等级、地形、地物、水文地质，综合考虑路基稳定、排水以及工程经济性等，研究纵坡的大小、长短、竖曲线半径以及与平面线形的组合关系，以便达到行车安全迅速、运输经济合理及乘客感觉舒适的目的。

第二节 纵 坡 设 计

一、最大纵坡

最大纵坡是指在纵坡设计时各级道路允许采用的最大坡度值。它是道路纵断面设计的重要控制指标。在地形起伏较大地区，其直接影响路线的长短、使用质量、运输成本及造价。

各级道路允许的最大纵坡是根据汽车的动力特性、道路等级、自然条件以及工程和运营经济等因素，通过综合分析，全面考虑，合理确定的。

1. 汽车的动力特性

不同类型的车辆具有不同的动力特性和制动性能，其上坡时的爬坡能力和下坡时的制动效能也各不相同。按照道路上行驶的车辆类型及其所具有的动力特性来确定汽车在规定速度下的爬坡能力和下坡的安全性，是确定道路最大纵坡的常用方法。

汽车沿陡坡行驶时，因克服升坡阻力和其他阻力需增大牵引力，车速便会降低，若陡坡过

44

长,将引起汽车水箱"开锅"、气阻等情况,严重时,还可能使发动机熄火,使驾驶条件恶化;若沿下坡行驶,因制动次数增多,制动器易发热而失效,驾驶员心理紧张,很容易引发事故,当道路泥泞时,情况更为严重。

2. 道路等级

不同的道路等级对应于不同的设计速度,等级高时通行能力大,要求的行车速度也快,相应地其纵坡要求小。因而不同等级、性质的道路,其最大纵坡的限制值也不一样。

3. 自然条件

公路所经地区的地形起伏情况、海拔高度、气温、降雨、冰雪等自然因素对汽车的行驶条件和爬坡能力都会产生影响。处于长期冰冻地区的道路就须避免采用陡坡,以防止行车下滑等不安全因素的产生。

确定最大纵坡时,不仅要考虑上述三个方面因素,还要考虑工程和运营的经济等方面。我国《标准》规定最大纵坡时,对汽车在坡道上行驶情况进行了大量调查、试验,并广泛征求了各有关方面特别是驾驶员的意见,同时考虑了汽车带一拖挂车及畜力车通行的状况,结合交通组成、汽车性能、工程费用和营运经济等,经综合分析研究后确定了最大纵坡值。各级公路最大纵坡的规定见表1-4-1。

各级公路最大纵坡 表1-4-1

设计速度(km/h)	120	100	80	60	40	30	20
最大坡度(%)	3	4	5	6	7	8	9

城市道路最大纵坡约相当于公路按设计速度计的最大纵坡减小1%。

高速公路受地形条件或其他特殊情况限制时,经技术经济论证合理,最大纵坡可增加1%。

位于海拔2 000m以上或严寒冰冻地区,四级公路山岭、重丘区的最大纵坡不应大于8%。

对桥上及桥头路线的最大纵坡:小桥与涵洞处纵坡应按路线规定采用;大、中桥上纵坡不宜大于4%,紧接大、中桥桥头两端的引道纵坡应与桥上纵坡相同。

隧道部分路线纵坡:隧道内纵坡不应大于3%,但独立明洞和短于50m的隧道其纵坡不受此限;紧接隧道洞口的路线纵坡应与隧道内纵坡相同。

在非机动车交通比例较大路段,为照顾其交通要求可根据具体情况将纵坡适当放缓:平原、微丘区一般不大于2%~3%,山岭、重丘区一般不大于4%~5%。

二、高原纵坡折减

在高海拔地区,因空气密度下降而使汽车发动机功率、汽车的驱动力以及空气阻力降低,导致汽车的爬坡能力下降;另外,汽车水箱中的水易于沸腾而破坏冷却系统。若汽车满载情况下,不同海拔高度H对应的海拔荷载修正系数λ值如表1-4-2所示。

满载λ与H的关系 表1-4-2

海拔高度H(m)	0	1 000	2 000	3 000	4 000	5 000
海拔荷载修正系数λ	1.00	0.89	0.78	0.69	0.61	0.53

《规范》规定:位于海拔3 000m以上的高原地区,各级公路的最大纵坡值应按表1-4-3的规定予以折减。折减后若小于4%,则仍采用4%。

高原纵坡折减值 表 1-4-3

海拔高度(m)	3 000 ~ 4 000	>4 000 ~ 5 000	>5 000
折减值(%)	1	2	3

三、最小纵坡

在挖方路段、设置边沟的低填方路段和其他横向排水不畅的路段,为了保证排水,防止水渗入路基而影响路基的稳定性,应设置不小于0.3%的纵坡(一般情况下以采用不小于0.5%为宜)。当然,对于干旱地区,以及横向排水良好、不产生路面积水的路段,也可不受此最小纵坡的限制。

四、坡长限制

坡长是纵断面上相邻两变坡点间的长度。坡长限制,主要是对较陡纵坡的最大长度和一般纵坡的最小长度加以限制。

1. 最小坡长

纵断面上若变坡点过多,从行车来看,纵向起伏变化频繁,会使车辆行驶颠簸频繁,车速愈高表现愈明显,影响了行车的舒适和安全;从线形几何构成来看,相邻变坡点之间的距离不宜过短,最短应不小于相邻竖曲线的切线长,以便插入适当的竖曲线来缓和纵坡的要求,同时也便于平纵面线形的合理组合与布置。因此,从行车的平顺性和线形几何的连续性都不宜是纵坡过短。

《标准》和《城规》规定了各级道路的最小坡长,分别见表 1-4-4 和表 1-4-5。

各级公路最小坡长(m) 表 1-4-4

设计速度(km/h)		120	100	80	60	40	30	20
最小坡长	一般值	400	350	250	200	160	130	80
	最小值	300	250	200	150	120	100	60

城市道路最小坡长 表 1-4-5

设计速度(km/h)	80	60	50	40	30	20
最小坡长(m)	290	170	140	110	85	60

2. 最大坡长

坡长太短对行车不利,而长距离的陡坡对汽车行驶也很不利,特别是当纵坡为5%以上时,汽车上坡时克服坡度阻力,将采用低速挡行驶,由于坡长过长,长时间使用低速挡行驶,使发动机过热,水箱沸腾,行驶无力;而下坡时,则因坡度过陡,坡段过长频繁制动,影响行车安全。在高速道路以及快慢车混合行驶的道路上坡度大、坡长过长会影响行车速度和通行能力,因此对纵坡长度也必须加以限制。《标准》及《城规》规定最大坡长,分别见表 1-4-6、表 1-4-7、表 1-4-8。

高速公路和一级公路纵坡及坡长的选用应充分考虑车辆运行质量的要求。对高速公路,即使纵坡为2%,其坡长也不宜过长;二级、三级、四级公路,当连续纵坡大于5%时,应在不大于表 1-4-6 所规定的长度处设置缓和坡段。缓和坡段的纵坡应不大于3%,其长度应符合表 1-4-4 所规定的最小坡长要求。

各级公路纵坡长度限制(m)　　　　表1-4-6

设计速度(km/h)		120	100	80	60	40	30	20
纵坡坡度(%)	3	900	1 000	1 100	1 200			
	4	700	800	900	1 000	1 100	1 100	1 200
	5		600	700	800	900	900	1 000
	6			500	600	700	700	800
	7					500	500	600
	8						300	400
	9							200

城市道路纵坡长度限制　　　　表1-4-7

设计速度(km/h)	80			60			50			40		
纵坡坡度(%)	5	5.5	6	6	6.5	7	6	6.5	7	6.5	7	8
纵坡长度限制(m)	600	500	400	400	350	300	350	300	250	200	250	300

城市道路非机动坡长限制(m)　　　　表1-4-8

纵坡坡度(%)	车　种	
	自行车	三轮车、板车
2.5	300	150
3	200	100
3.5	150	—

五、缓和坡段

在纵断面设计中,当陡坡的长度达到限制坡长时,应安排一段缓坡,用以恢复在陡坡上降低的速度。同时,从下坡安全考虑,缓坡也是需要的。在缓坡上汽车将加速行驶,理论上缓坡的长度应适应这个加速过程的需要,但实际设计中很难满足这个要求。《标准》规定缓和坡段的纵坡应不大于3%,其长度应不小于最小坡长。

缓和坡段的具体位置应结合纵向地形起伏情况,尽量减少填挖方工程数量,同时应考虑路线的平面线形要素。在一般情况下,缓和坡段宜设置在平面的直线或较大半径的平曲线上,以便充分发挥缓和坡段的作用,提高整条道路的使用质量。在必须设置缓和坡段而地形又困难地段,可以将缓和坡段设于半径比较小的平曲线上,但应适当增加缓和坡段的长度,以使缓和坡段端部的竖曲线位于小半径平曲线之外。这种要求对提高行驶质量,保证行车安全是完全必要的。

六、平均纵坡

平均纵坡(i_p)是指在一定长度路段内,路线在纵向所克服的高差值与该路段的距离之比,用百分率(%)表示。它是衡量纵面线形质量的一个重要指标。

$$i_p = \frac{H}{L} \tag{1-4-1}$$

式中:H——相对高差(m);

　　　L——路线长度(m)。

在路线纵坡设计时当地形困难，高差很大时，设计时可能不断交替地运用最大纵坡（并达到限制坡长）和缓和坡段（往往接近最短坡长），形成所谓的"台阶式"纵断面，该种设计不能保证使用质量。汽车在这样的坡段上行驶，上坡会长时间地使用二挡，造成发动机长时间发热，导致车辆水箱沸腾；下坡则频繁制动，驾驶员驾驶紧张，也易引起不良后果。因此，设计人员有必要从行车顺利和安全的角度来控制纵坡平均值。这样即可保证路线的平均纵坡不致过陡，也可以避免局部地段使用过大的平均纵坡。

为了合理地运用最大纵坡、坡长限制和缓和坡段的规定，保证纵坡均衡匀顺，确保行车安全和舒适，《标准》规定：二级、三级、四级公路越岭路线相对高差为 $200 \sim 500\text{m}$ 时，平均纵坡以接近 5.5% 为宜；越岭路段相对高差大于 500m 时，平均纵坡以接近 5.0% 为宜，并注意任何相连 3km 路段的平均纵坡不宜大于 5.5%。

七、合成坡度

合成坡度是指在设有超高的平曲线上，路线纵坡与超高横坡所组成的坡度，如图 1-4-1。计算公式为：

$$I = \sqrt{i^2 + i_\text{h}^2} \tag{1-4-2}$$

式中：I——合成坡度；

　　　i——路线纵坡度；

　　　i_h——超高横坡度。

由于合成坡度是由纵向坡度与横向坡度组合而成的，其坡度值比原路线纵坡大，汽车在设有超高的坡道上行驶时，不仅要受坡度阻力的影响，而且还要受离心力的影响。尤其是当纵坡大而平曲线半径小

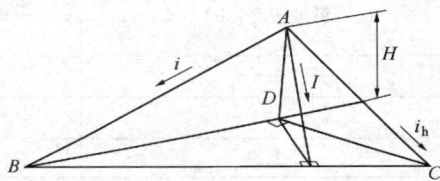

图 1-4-1　合成坡度

时，合成坡度大，由于合成坡度的影响而使汽车重心发生偏移，给汽车行驶带来危险。所以，当平曲线与坡度组合时，为了防止汽车沿合成坡度方向滑移，应将超高横坡与纵坡的组合控制在适当的范围以内。

实践证明，合成坡度对于控制急弯和陡坡组合的路段纵坡设计是非常必要的，在条件许可时，以采用较小的合成坡度为宜。

《标准》规定：在设有超高的平曲线上，超高与纵坡的合成坡度值不得超过表 1-4-9 的规定，在积雪或冰冻地区，合成坡度值不应大于 8%。

各级公路的合成坡度值　　　　　　　　　　　　表 1-4-9

设计速度（km/h）	120	100	80	60	40	30	20
合成坡度值（%）	10.0	10.0	10.5	10.0	10.0	10.0	10.0

为了保证路面排水，《规范》还规定各级公路的最小合成坡度不宜小于 0.5%；当合成坡度小于 0.5% 时，应采用综合排水措施，以保证路面排水畅通。

八、纵坡设计的一般要求

为使纵坡设计经济合理，必须在全面掌握勘测资料基础上，结合选（定）线的纵坡安排意图，经过综合分析、反复比较定出设计纵坡。纵坡设计的一般要求为：

（1）纵坡设计必须满足《标准》的各项规定。

（2）为保证车辆能以一定速度安全顺适地行驶，纵坡应具一定的平顺性，起伏不宜过大和过于频繁；尽量避免采用极限纵坡值，合理安排缓和坡段，不宜连续采用极限长度的陡坡夹最短长度的缓坡；连续上坡或下坡路段，应避免设置反坡段；越岭线哑口附近的纵坡应尽量缓一些。

（3）纵坡设计应对沿线地形、地下管线、地质、水文、气候和排水等综合考虑，视具体情况加以处理，以保证路基的稳定和道路通畅。

（4）一般情况下，纵坡设计应考虑填挖平衡，尽量使挖方运作就近路段填方，以减少借方和废方，降低造价和节省用地。

（5）平原微丘区地下水埋深较浅，或池塘、湖泊分布较广，纵坡除应满足最小纵坡要求外，还应满足最小填土高度要求，保证路基稳定。

（6）对连接段纵坡，如大、中桥引道及隧道两端接线等，纵坡应和缓，避免产生突变。

（7）在实地调查基础上，充分考虑通道、农田水利等方面的要求。

第三节　竖　曲　线

纵断面上两个坡段的转折处，为了行车安全、舒适以及视距的需要用一段曲线缓和，称为竖曲线。竖曲线的线形有用圆曲线的，也有用抛物线形的。通常在公路使用范围内，圆弧和抛物线几乎没有差别，但在设计和计算上，抛物线则比圆曲线方便得多，因此设计上一般采用二次抛物线作为竖曲线。

一、竖曲线要素的计算公式

竖曲线要素包括竖曲线半径、竖曲线切线长、竖曲线长度、竖曲线外距和竖曲线上任意点的竖距等，如图 1-4-2 所示。设变坡点相邻两直坡段坡度分别为 i_1 和 i_2，它们的代数差用 ω 表示，即 $\omega = i_2 - i_1$。当 ω 为" + "时，表示凹形竖曲线；ω 为" - "时，表示凸形竖曲线。

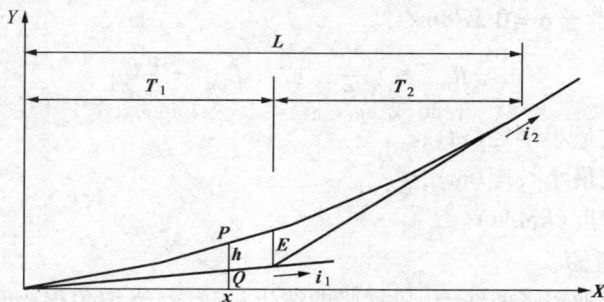

图 1-4-2　竖曲线要素示意图

各个要素的计算公式为：

竖曲线长度 L 或竖曲线半径 R

$$L = R\omega \quad 或 \quad R = \frac{L}{\omega} \tag{1-4-3}$$

竖曲线切线长 T

$$T = \frac{L}{2} = \frac{R\omega}{2}$$ (1-4-4)

竖曲线上任一点竖距 h

$$h = \frac{x^2}{2R}$$ (1-4-5)

竖曲线外距 E

$$E = \frac{T^2}{2R} \quad \text{或} \quad E = \frac{R\omega^2}{8} = \frac{L\omega}{8} = \frac{T\omega}{4}$$ (1-4-6)

二、竖曲线的最小半径

竖曲线的最小半径或最小长度受下列三个限制因素的限制。

1. 缓和冲击

汽车行驶在竖曲线上时，将产生径向离心力。这个力在凹形竖曲线上是增重的，在凸形竖曲线上是减重的。这种增重与减重达到某种程度时，旅客就有不舒适的感觉，同时对汽车的悬挂系统也有不利影响，所以确定竖曲线半径时，对离心加速度应加以控制。汽车在竖曲线上行驶时其离心加速度 α 为：

$$\alpha = \frac{v^2}{R}(\text{m/s}^2)$$ (1-4-7)

式中：v——汽车行驶速度（m/s）；

R——竖曲线半径（m）。

当 v 以 km/h 计时，式（1-4-7）整理得：

$$R = \frac{v^2}{13a}(\text{m})$$ (1-4-8)

根据试验，认为离心加速度 α 限制在 0.5~0.7m/s² 比较合适。但考虑到不因冲击而造成的不舒适感，以及视觉平顺等的要求，我国《标准》规定的凹形竖曲线最小半径值与式（1-4-9）计算结果极相近，相当于 $\alpha = 0.278\text{m/s}^2$。

$$R_{\min} = \frac{v^2}{3.6} \quad \text{或} \quad L_{\min} = \frac{v^2\omega}{3.6}$$ (1-4-9)

式中：$R_{\min}$——竖曲线最小半径（m）；

$L_{\min}$——竖曲线最小长度（m）；

v——设计速度（km/h）。

2. 时间行程不过短

汽车从直坡道行驶到竖曲线上，尽管竖曲线半径较大，当坡角很小时，竖曲线长度也很短。其长度过短，驾驶员将产生变坡很急的错觉，旅客也会感到不舒适。因此，应限制汽车在竖曲线上的行程时间不过短，最短应满足3s行程，即：

$$L_{\min} = \frac{v}{3.6}t = \frac{v}{1.2}$$ (1-4-10)

式中：v——设计速度（km/h）；

t——汽车行驶时间（s）。

3．满足视距的要求

汽车行驶在竖曲线上，若为凸形竖曲线，如果半径太小，会阻挡驾驶员的视线。若为凹形竖曲线上时，也同样存在视距问题。对地形起伏较大地区的道路，在夜间行车时，若竖曲线半径过小，前灯照射距离近，影响行车速度和安全；高速公路及城市道路跨线桥、门式交通标志及广告宣传牌等，如果它们正好处在凹形竖曲线上方，也会影响驾驶员的视线。因此，为了保证行车安全，对竖曲线的最小半径和最小长度应加以限制。

1）凸形竖曲线的最小半径和最小长度

凸形竖曲线最小长度应以满足停车视距要求为主，按竖曲线长度 L 和停车视距 S_T 的关系分为两种情况。

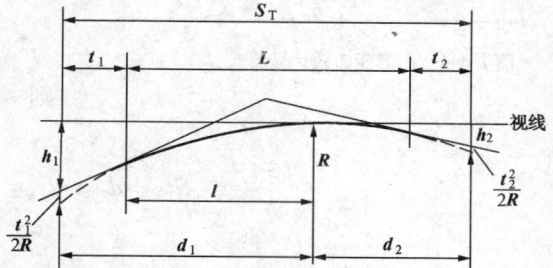

图 1-4-3　凸形竖曲线计算图式（$L < S_T$）

当 $L < S_T$ 时（图 1-4-3）：

$$h_1 = \frac{d_1^2}{2R} - \frac{t_1^2}{2R}$$

$$h_2 = \frac{d_2^2}{2R} - \frac{t_2^2}{2R}$$

则

$$\left. \begin{array}{l} d_1 = \sqrt{2Rh_1 + t_1^2} \\ d_2 = \sqrt{2Rh_2 + t_2^2} \end{array} \right\} \tag{1-4-11}$$

式中：R——竖曲线半径（m）；

h_1——驾驶员视线高，即目高 $h_1 = 1.2$ m；

h_2——障碍物高，即物高 $h_2 = 0.1$ m。

由 $t_1 = d_1 - l = \sqrt{2Rh_1 + t_1^2} - l$，得：

$$t_1 = \frac{Rh_1}{l} - \frac{l}{2}$$

由 $t_2 = d_2 - (L - l) = \sqrt{2Rh_2 + t_2^2} - (L - l)$，得：

$$t_2 = \frac{Rh_2}{L - l} - \frac{L - l}{2}$$

视距长度

$$S_T = t_1 + L + t_2 = \frac{Rh_1}{l} + \frac{L}{2} + \frac{Rh_2}{L - 1} \tag{1-4-12}$$

令 $\dfrac{\mathrm{d}S_T}{\mathrm{d}l} = 0$，解得 $l = \dfrac{\sqrt{h_1}}{\sqrt{h_1} + \sqrt{h_2}}L$，代入式（1-4-12）：

$$S_T = \frac{R}{L}(\sqrt{h_1} + \sqrt{h_2})^2 + \frac{L}{2} = \frac{(\sqrt{h_1} + \sqrt{h_2})^2}{\omega} + \frac{L}{2}$$

$$L_{\min} = 2S_T - \frac{2(\sqrt{h_1} + \sqrt{h_2})^2}{\omega} = 2S_T - \frac{4}{\omega} \tag{1-4-13}$$

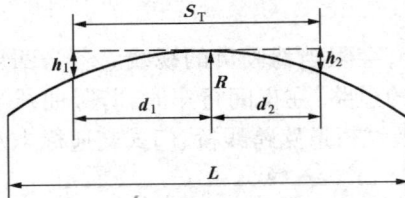

图 1-4-4　凸形竖曲线计算图式（$L \geqslant S_T$）

当 $L \geqslant S_T$（图 1-4-4）

$$h_1 = \frac{d_1^2}{2R}$$

$$h_2 = \frac{d_2^2}{2R}$$

则

$$\left.\begin{array}{l} d_1 = \sqrt{2Rh_1} \\ d_1 = \sqrt{2Rh_2} \end{array}\right\} \tag{1-4-14}$$

$$S_T = d_1 + d_2 = \sqrt{2R}(\sqrt{h_1} + \sqrt{h_2})$$

$$S_T = \sqrt{\frac{2L}{\omega}}(\sqrt{h_1} + \sqrt{h_2})$$

$$L_{min} = \frac{S_T^2 \omega}{2(\sqrt{h_1} + \sqrt{h_2})^2} = \frac{S_T^2 \omega}{4} \tag{1-4-15}$$

比较以上两种情况，显然式（1-4-15）计算结果大于式（1-4-13），应将式（1-4-15）作为有效的控制。

根据缓和冲击、行驶时间及视距要求三个限制因素，可计算出各设计速度时的凸形竖曲线最小半径和最小长度，如表 1-4-10 所示。《标准》规定的一般最小半径约为极限最小半径的 1.5～2.0 倍，在条件许可时应尽量采用大于一般最小半径的竖曲线为宜。竖曲线最小长度相当于各级道路设计速度的 3s 行程，即用公式（1-4-13）计算取整而得。

凸形竖曲线最小半径和最小长度　　　　　　　　　　　　　　表 1-4-10

行车速度（km/h）	停车视距 S_T(m)	缓和冲击 $L_{min} = \frac{v_1^2 \omega}{3.6}$ (m)	视距要求 $L_{min} = \frac{S_1^2 \omega}{4}$ (m)	《标准》规定值(m)			
				竖曲线半径		竖曲线最小长度	
				一般值	最小值	一般值	最小值
120	210	$4\,000\,\omega$	$11\,025\,\omega$	17 000	11 000	250	100
100	160	$2\,778\,\omega$	$6\,400\,\omega$	10 000	6 500	210	85
80	110	$1\,778\,\omega$	$3\,025\,\omega$	4 500	3 000	170	70
60	75	$1\,000\,\omega$	$1\,406\,\omega$	2 000	1 400	120	50
40	40	$444\,\omega$	$400\,\omega$	700	450	90	35
30	30	$250\,\omega$	$225\,\omega$	400	250	60	25
20	20	$111\,\omega$	$100\,\omega$	100	100	50	20

2）凹形竖曲线最小半径和最小长度

凹形竖曲线的最小长度，应满足两种视距的要求：一是保证夜间行车安全，前灯照明应有足够的距离；二是保证跨线桥下行车有足够的视距。

（1）夜间行车前灯照射距离要求

当 $L < S_T$（图 1-4-5）：

因 $S_T = L + l$，则 $l = S_T - L$

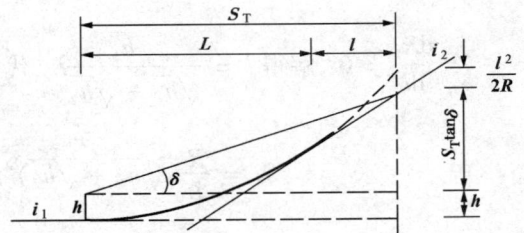

图 1-4-5　车前灯照射距离（$L < S_T$）

$$h + S_T\tan\delta = \frac{(L+l)^2}{2R} - \frac{l^2}{2R} = \frac{\omega(2S_T - L)}{2}$$

解得：
$$L_{min} = 2\left(S_T - \frac{h + S_T\tan\delta}{\omega}\right) \tag{1-4-16}$$

式中：S_T——停车视距（m）；

h——车前灯高度，$h = 0.75m$；

δ——车前灯光束扩散角，$\delta = 1.5°$。

将已知数据代入式（1-4-16），得：
$$L_{min} = 2\left(S_T - \frac{0.75 + 0.026S_T}{\omega}\right) \tag{1-4-17}$$

当 $L \geqslant S_T$（图1-4-6）：
$$h + S_T\tan\delta = \frac{S_T^2}{2R} = \frac{S_T^2\omega}{2L}$$

$$L_{min} = \frac{S_T^2\omega}{2(h + S_T\tan\delta)} \tag{1-4-18}$$

将已知数据代入式（1-4-18），得：
$$L_{min} = \frac{S_1^2\omega}{1.5 + 0.0524S_T} \tag{1-4-19}$$

显然，公式（1-4-19）计算结果大于式（1-4-17），应以式（1-4-19）作为有效控制。

（2）跨线桥下行车视距要求

当 $L < S_T$（图1-4-7）：

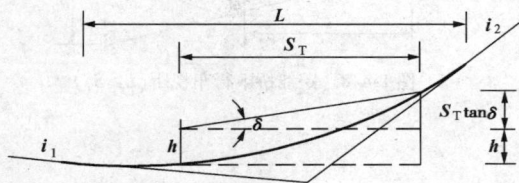

图1-4-6 车前灯照射距离（$L \geqslant S_T$）　　　　图1-4-7 跨线桥下行车视距（$L < S_T$）

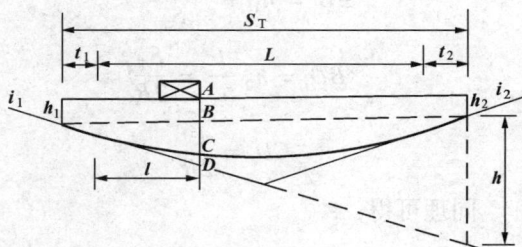

$$h_0 = \frac{(L+t_2)^2}{2R} - \frac{t_2^2}{2R}$$

$$AB = h_1 + \frac{h_2 - h_1}{2R}(t_1 + l)$$

$$BD = h_0\frac{t_1 + l}{S_T} = \left[\frac{(L+t_2)^2}{2R} - \frac{t_2^2}{2R}\right]\frac{t_1 + l}{S_T}$$

$$CD = \frac{l^2}{2R}$$

因 $S_T = t_1 + L + t_2$，则 $t_2 = S_T - t_1 - L$
$$h = AB + BD - CD$$
$$= h_1 + \frac{h_2 - h_1}{S_T}(t_1 + l) + \frac{L(t_1 + l)}{2RS_T}(2S_T - 2t_1 - L) - \frac{l^2}{2R} \tag{1-4-20}$$

由 $\mathrm{d}h/\mathrm{d}l = 0$ 解出 l，代入式(1-4-20)，整理得：

$$h_{max} = h_1 + \frac{1}{2RS_T^2}\Big[2S_T t_1 + R(h_2 - h_1) + \frac{L}{2}(2S_T - 2t_1 - L)\Big]\cdot$$

$$\Big[R(h_2 - h_1) + \frac{L}{2}(2S_T - 2t_1 - L)\Big] \tag{1-4-21}$$

由 $\mathrm{d}h_{max}/\mathrm{d}t_1 = 0$ 可解出 t_1，代入式(1-4-23)，得：

$$h_{max} = h_1 + \frac{[2R(h_2 - h_1) + (2S_T + L)]^2}{8RL(2S_T - L)}$$

解得：

$$L_{min} = 2S_T - \frac{4h_{max}}{\omega}\Big[1 - \frac{h_1 + h_2}{2h_{max}} + \sqrt{\Big(1 - \frac{h_1}{h_{max}}\Big)\cdot\Big(1 - \frac{h_2}{h_{max}}\Big)}\Big] \tag{1-4-22}$$

式中：h_{max}——桥下设计净空，$h_{max} = 4.5\mathrm{m}$；

$\quad\quad h_1$——驾驶员视线高度，$h_1 = 1.5\mathrm{m}$；

$\quad\quad h_2$——障碍物高度，$h_2 = 0.75\mathrm{m}$。

将已知数据代入式(1-4-22)，则：

$$L_{min} = 2S_T - \frac{26.92}{\omega} \tag{1-4-23}$$

当 $L \geqslant S_T$（图1-4-8）：

$$h_0 = \frac{S_T^2}{2R}$$

$$AB = h_1 + \frac{h_2 - h_1}{S_T}l$$

$$BD = h_0\frac{l}{S_T} = \frac{S_T}{2R}l$$

$$CD = \frac{l^2}{2R}$$

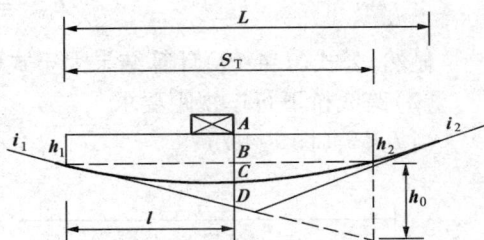

图1-4-8　跨线桥下行车视距($L \geqslant S_T$)

同理可得：

$$h = h_1 + \frac{h_2 - h_1}{S_T}l + \frac{S_T}{2R}l - \frac{l^2}{2R} \tag{1-4-24}$$

由 $\mathrm{d}h/\mathrm{d}l = 0$ 解出 l，代入式(1-4-23)并整理，得：

$$h_{max} = h_1 + \frac{1}{2R}\Big[\frac{R(h_2 - h_1)}{S_T} + \frac{S_T}{2}\Big]^2$$

$$L_{min} = \frac{S_1^2\omega}{[\sqrt{2(h_{max} - h_1)} + \sqrt{2(h_{max} - h_2)}]^2} \tag{1-4-25}$$

将已知数据代入式(1-4-24)，得：

$$L_{min} = \frac{S_T^2\omega}{26.92} \tag{1-4-26}$$

比较式(1-4-13)与式(1-4-25)，应以式(1-4-25)作为有效控制。

根据影响竖曲线最小半径三个限制因素，可计算出凹形竖曲线最小半径如表1-4-11所示。

凹形竖曲线最小半径 表 1-4-11

计算行车速度（km/h）	停车视距 S_T(m)	缓和冲击 $\dfrac{V^2\omega}{3.6}$	夜间行车照明 $\dfrac{S_1^2\omega}{1.5+0.0524S_T}$	桥下视距 $\dfrac{S_1^2\omega}{26.92}$	《标准》规定值	
					极限最小半径 R_{min}(m)	一般最小半径（m）
120	210	$4\,000\,\omega$	$3\,527\,\omega$	$1\,683\,\omega$	4 000	6 000
100	160	$2\,778\,\omega$	$2\,590\,\omega$	$951\,\omega$	3 000	4 500
80	110	$1\,778\,\omega$	$1\,666\,\omega$	$449\,\omega$	2 000	3 000
60	75	$1\,000\,\omega$	$1\,036\,\omega$	$209\,\omega$	1 000	1 500
40	40	$444\,\omega$	$445\,\omega$	$59\,\omega$	450	700
30	30	$250\,\omega$	$293\,\omega$	$33\,\omega$	250	400
20	20	$111\,\omega$	$157\,\omega$	$15\,\omega$	100	200

表中显示凹形竖曲线最不利的情况是径向离心力的冲击,故应以式(1-4-10)作为有效控制。《标准》规定的一般最小半径约为极限最小半径的 1.5～2.0 倍。凹形竖曲线最小长度同凸形竖曲线。

[例 1-4-1] 某山岭区二级公路,变坡点桩号 K5+030.00,高程为 427.68m, $i_1=+5\%$, $i_2=-4\%$,竖曲线半径 $R=2\,000$m。试计算竖曲线诸要素以及桩号为 K5+000.00 和 K5+100.00 处的设计高程。

解:(1)计算竖曲线要素

$\omega=i_2-i_1=-0.04-0.05=-0.09$,为凸形。

曲线长 $L=R\omega=2\,000\times0.09=180$(m)

切线长 $T=\dfrac{L}{2}=\dfrac{180}{2}=90$(m)

外距 $E=\dfrac{T^2}{2R}=\dfrac{90^2}{2\times2\,000}=2.03$(m)

(2)计算设计高程

竖曲线起点桩号 $=$(K5+030.00)$-90=$K4+940.00

竖曲线起点高程 $=427.68-90\times0.05=423.18$(m)

桩号 K5+000.00 处:

横距 $x_1=$(K5+000.00)$-$(K4+940.00)$=60$(m)

竖距 $h_1=\dfrac{x_1^2}{2R}=\dfrac{60^2}{2\times2\,000}=0.90$(m)

切线高程 $=423.18+60\times0.05=426.18$(m)

设计高程 $=426.18-0.90=425.28$(m)

桩号 K5+100.00 处:

横距 $x_2=$(K5+100.00)$-$(K4+940.00)$=160$(m)

竖距 $h_2=\dfrac{x_2^2}{2R}=\dfrac{160^2}{2\times2\,000}=6.40$(m)

切线高程 $=423.18+160\times0.05=431.18$(m)

设计高程 $=431.18-6.40=424.78$(m)

第四节　道路平、纵线形组合设计

道路线形设计是从道路选线、定线开始,最终以平、纵、横面所组成的立体线形反映于驾驶员的视觉上。平、纵线形组合是指在满足汽车运动学和力学要求前提下,研究如何满足视觉和心理方面的连续、舒适,与周围环境相协调的要求,并有良好的排水条件。尽管平、纵线形设计均按前述标准进行设计的,但若平、纵线组合不好,不仅有碍于其优点的发挥,而且会加剧两方面存在的缺点,造成行车上的危险,也就不可能获得最优的立体线形、平纵线形的合理组合。

平、纵线形组合设计的总要求为:对于设计速度≥60km/h 的道路,必须注意平、纵的合理组合,尽量做到线形连续、指标均衡、视觉良好、景观协调、安全舒适(设计速度愈高,线形设计可考虑的因素愈应周全);对于设计速度≤40km/h 的道路,首先应在保证行车安全的前提下,正确地运用线形要素指标,在条件允许的情况下力求做到各种线形要素的合理组合,并尽量避免和减轻不利的组合。

一、视觉分析

1. 视觉分析的概念和意义

汽车在道路上快速行驶时,驾驶员是通过视觉、运动感觉和时间变化感觉来判断线形的。道路的线形、周围的景观、标志以及其他有关信息,几乎都是通过驾驶员的视觉感受到的。因此,视觉是连接道路与汽车的重要媒介。

从视觉心理出发,对道路的空间线形及其与周围自然景观和沿线建筑的协调等进行研究分析,以保持视觉的连续性,使行车具有足够的舒适感和安全感的综合设计称为视觉分析。

驾驶员的视觉判断能力与车速密切相关,车速越高,其注视前方越远,而视角逐渐变小。研究表明:①驾驶员的注意力集中和心理紧张程度随车速的增加而增加;②注意力集中点和视野距离随车速而增大,高速行驶时,驾驶员对前景细节的视觉开始变得模糊不清;③视角随车速逐渐变窄,高速时驾驶员已无法顾及两侧景象。

由此可见,对于快速道路来说,驾驶员的主要集中力是观察视点较远路幅的线形状况,必须使驾驶员明白无误地了解前方线形变化,尽量避免由于判断错误而导致驾驶失误。

2. 视觉分析方法

所谓线形状况是指道路平面和纵面线形所组成的立体形状,在汽车快速行驶中给驾驶员提供的连续不断的视觉印象。该视觉印象的优劣,除依靠设计者对三维空间的想像判断之外,比较好的方法是利用视觉印象随时间变化的道路透视图来评价。它是按照汽车在道路上的行驶位置,根据线形的几何状况确定的视轴方向以及由车速确定的视轴长度,利用坐标透视的原理绘制的。透视图不仅可以判断平面线形和纵面线形以及公路和风景是否协调,而且小至超高过渡段的连接,大至构造物的设计,差不多在公路几何设计的所有领域中都可以利用。在设计中用透视图检查出存在缺陷的路段可随时修改,然后再绘制透视图分析研究,因此,绘制透视图是视觉分析的最好方法。

二、道路平、纵线形组合设计

（一）道路平、纵线形组合设计原则

（1）应在视觉上能自然地引导驾驶员的视线，并保持视觉的连续性。任何使驾驶员感到茫然、迷惑和判断失误的线形，必须尽力避免。在视觉上能自然地诱导视线，是衡量平、纵线形组合最基本问题。

（2）注意保持平、纵线形的技术指标大小应均衡。它不仅影响线形的平顺性，而且与工程费用相关。对纵面线形反复起伏，在平面上采用高标准的线形是无意义的，反之亦然。

（3）选择组合得当的合成坡度，以利于路面排水和行车安全。

（4）注意与道路周围环境的配合。它可以减轻驾驶员的疲劳和紧张程度，并可起到引导视线的作用。

（二）线形组合的形式

通过分解立体线形要素，可得出平、纵线形有以下六种组合形式，如图1-4-9所示。

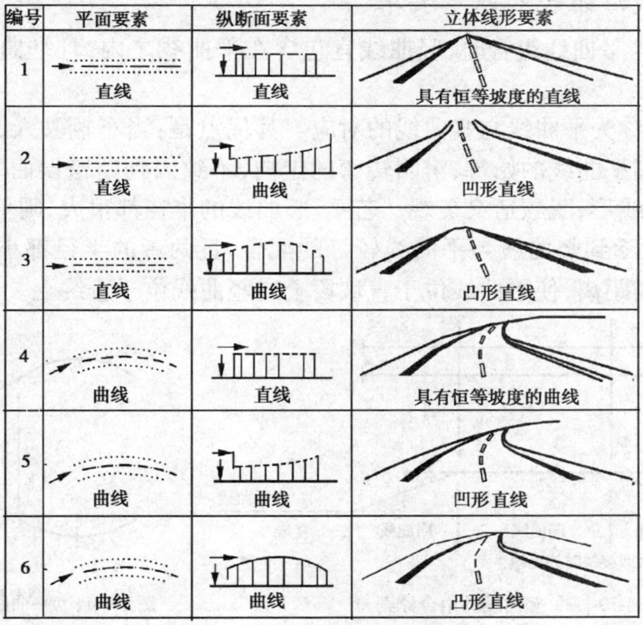

编号	平面要素	纵断面要素	立体线形要素
1	直线	直线	具有恒等坡度的直线
2	直线	曲线	凹形直线
3	直线	曲线	凸形直线
4	曲线	直线	具有恒等坡度的曲线
5	曲线	曲线	凹形直线
6	曲线	曲线	凸形直线

图1-4-9 空间线形要素

（1）平面上为直线，纵面也是直线——构成具有恒等坡度的直线。

（2）平面上为直线，纵面上是凹形竖曲线——构成凹下去的直线。

（3）平面上为直线，纵面上是凸形竖曲线——构成凸起的直线。

（4）平面上为曲线，纵面上为直线——构成具有恒等坡度的平曲线。

（5）平面上为曲线，纵面上为凹形竖曲线——构成凹下去的平曲线。

（6）平面上为曲线，纵面上为凸形竖曲线——构成凸起的平曲线。

上述（1）～（3）是在垂直平面内的线形类，（4）～（6）是立体曲线。从视觉、心理分析来看，它们各有优势和不足：

（1）组合往往线形单调、枯燥,行车过程中视景缺乏变化,容易使驾驶员产生疲劳和频繁超车。设计时应采用画车道线、设标志、绿化,并与路侧设施配合等方法来调节单调的视觉,增进视线诱导。

（2）组合具有较好的视距条件,能给驾驶员以动的视觉效果,行车条件较好。设计时要注意避免采用较短的凹形竖曲线,尤其在两个凹形竖曲线间注意不要插入短的直坡段;在长直线末端不宜插入小半径的凹形竖曲线。

（3）组合视距条件差,线形单调,应注意避免,无法避免时应采用较大的竖曲线半径;若与（2）组合时,应注意克服"驼峰"、"暗凹"和"浪形"等不良视觉现象出现。

（4）组合一般说来只要平曲线半径选择适当,纵坡不太陡,即可获得较好的视觉和心理感受。设计时须注意检查合成坡度是否超限。

（5）、（6）组合设计是常见的又比较复杂的组合形式。如果平、纵面线形几何要素的大小适宜,位置适当,均衡协调,可以获得视觉舒顺、视线诱导良好的立体线形;相反,则会出现一些不良的后果,设计时应引起特别重视。

（三）平、纵线形组合的基本要求

（1）当竖曲线与平曲线组合时,竖曲线宜包含在平曲线之内,且平曲线应稍长于竖曲线,如图 1-4-10 所示。

这种布置通常称为平曲线与竖曲线的对应。其优点是:当车辆驶入凸形竖曲线的顶点之前,即能清楚地看到平曲线的始端,辨明转弯的走向,不致因判断错误而发生事故。图 1-4-11 是按此要求设计的线形,既顺适又美观。若平、竖曲线的半径都很大,则平、竖曲线的位置可不受上述限制。若做不到竖曲线与平曲线较好的配合,且两者的半径都小于某限度时,宁可把平、竖曲线拉开相当距离,使平曲线位于直坡段上或竖曲线位于直线上。

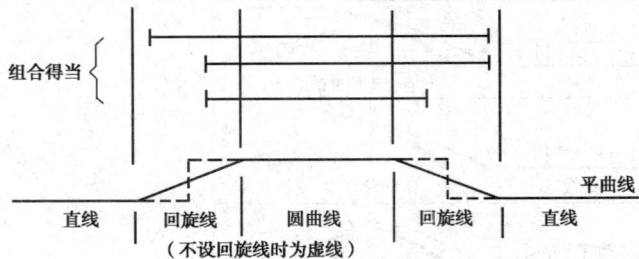

图 1-4-10　平、竖曲线的组合原则

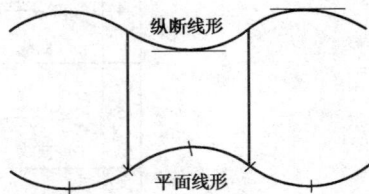

图 1-4-11　平曲线与竖曲线组合良好的线形

（2）要保持平曲线与竖曲线大小的均衡。平曲线与竖曲线的大小如果不均衡,会给人以不愉快的感觉,失去了视觉上的均衡性。根据经验,平曲线半径如果不大于 1 000m,竖曲线的半径为平面线的 10～20 倍,便可达到线形的均衡性。表 1-4-12 为德国经验值,可供设计时参考。

平、竖曲线半径的均衡

表 1-4-12

平曲线半径(m)	竖曲线半径(m)	平曲线半径(m)	竖曲线半径(m)
500	10 000	1 100	30 000
700	12 000	1 200	40 000
800	16 000	1 500	60 000
900	20 000	2 000	100 000
1 000	25 000		

（3）当平曲线缓而长、纵断面坡差较小时，可不要求平、竖曲线一一对应，平曲线中可包含多个竖曲线或竖曲线略长于平曲线。这对平坦地区的高速公路设计是重要的。

（4）要选择适当的合成坡度。

合成坡度过大对行车不利，特别是在冬季结冰期更危险；合成坡度过小对排水不利也影响行车，车辆行驶时有溅水干扰。虽然《标准》对合成坡度的最大允许值作了规定，但在进行平、纵面线形组合时，如条件可能，最好使合成坡度小于8%，最小合成坡度不应小于0.5%。

（四）平、纵线形设计中应注意避免的组合

（1）避免竖曲线的顶、底部插入小半径的平曲线。

如果在凸形竖曲线的顶部有小半径的平曲线，不仅不能引导视线而且急转转向盘致使行车危险。在凹形竖曲线的底部有小半径的平曲线，便会出现汽车加速而急转弯，同样可能发生危险。

（2）避免将小半径的平曲线起讫点设在或接近竖曲线的顶部或底部。

若将凸形竖曲线的顶部设在小半径平曲线的起点，如图1-4-12b)所示，产生不连续的线形，失去了视线引导作用。而将凹形竖曲线的底部设在小半径平平曲线的起点，除了视觉上扭曲外，产生下坡尽头接急弯的不安全组合。

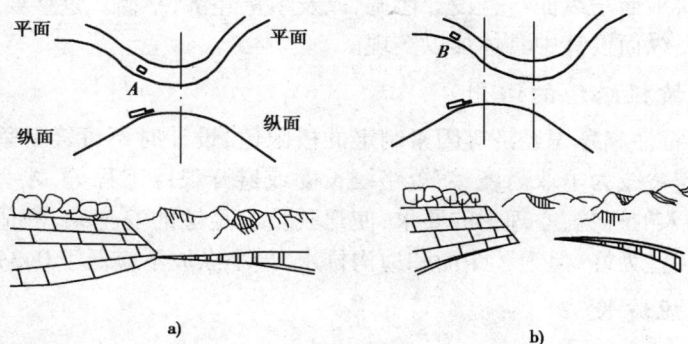

图1-4-12 平、竖曲线的重合与借位
a)平竖曲线重合；b)平竖曲线错位

（3）避免使竖曲线顶、底部与反向平曲线的拐点重合。

此类组合都存在不同程度的扭曲外观：前者不能正确引导视线，会使驾驶员操作失误；后者路面排水不畅，积水影响行车安全。

（4）避免出现驼峰、暗凹、跳跃、断背、折曲等使驾驶员视线中断的线形。

（5）避免在长直线上设置陡坡或曲线长度短、半径小的凹形竖曲线。

前者易超速行驶，危及行车安全；后者使驾驶员产生坡底道路变窄的错觉，导致高速行驶中的制动操作，影响行车安全。

（6）避免急弯与陡坡的不利组合。

（7）应避免小半径的竖曲线与缓和曲线的重合。

该不良组合，对凸形竖曲线诱导性差，事故率较高；对凹形竖曲线路面排水不良，影响行车安全。

（五）道路线形与景观的协调与配合

道路作为一种人工构造物,应将其视为景观的对象来研究。修建道路会对自然景观产生影响,有时产生一定破坏作用。而道路两侧的自然景观反过来又会影响道路上汽车的行驶,特别是对驾驶员的视觉、心理以及驾驶操作等都有很大影响。

平、纵线形组合必须是在充分与道路所经地区的景观相配合的基础上进行;否则,即使线形组合符合有关规定也不一定是良好设计。对于驾驶员来说,只有看上去具有优美的线形和景观,才能称为舒适和安全的道路。对设计速度高的道路,平、纵线形组合设计与周围景观配合尤为重要。

第五节　纵断面设计方法及纵断面图

一、纵断面设计要点

纵断面设计的主要内容是根据道路等级、沿线自然条件和构造物控制高程等,确定路线合适的高程、各坡段的纵坡度和坡长,并设计竖曲线。基本要求是纵坡均匀平顺、起伏和缓、坡长和竖曲线长短适当、平面与纵面组合设计协调,以及填挖经济、平衡。这些要求虽在选、定线阶段有所考虑,但要在纵面设计中具体加以实现。

（一）关于纵坡极限值的运用

根据汽车动力特性和考虑经济等因素制定的极限值,设计时不可轻易采用,应留有余地;在受限制较严,如越岭线为争取高度、缩短路线长度或避开艰巨工程等,才有条件地采用。好的设计应尽量考虑人的视觉、心理上的要求,使驾驶员有足够的安全感、舒适感和视觉上的美感。一般讲,纵坡缓些为好,但为了路面和边沟排水,最小纵坡不应低于 0.3% ~0.5%。

（二）关于最短坡长

坡长是指纵断面两变坡点之间的水平距离,坡长不宜过短,以不小于设计速度 9s 的行程为宜。对连续起伏的路段,坡度应尽量小,坡长和竖曲线应争取到极限值的 1 倍或 2 倍以上,避免锯齿形的纵断面,以使增重与减重变化不致太频繁,从路容美观方面也应以此设计为宜。

（三）各种地形条件下的纵坡设计

（1）平原、微丘地形的纵坡应均匀平缓,注意保证最小填土高度和最小纵坡的要求。丘陵地形应避免过分迁就地形而起伏过大,注意纵坡应顺适不产生突变。

（2）山岭、重丘地形的沿河线应尽量采用平缓纵坡、坡长不应超过限制长度,纵坡不宜大于 6% ,注意路基控制高程的要求。

（3）越岭线的纵坡力求均匀,尽量不采用极限或接近极限的坡度,更不宜在连续采用极限长度的陡坡之间夹短的缓和坡段;越岭路一般不应设置反坡;满足平均坡度的要求。

（4）山脊线和山腰线除结合地形不得已采用较大纵坡外,在可能条件下纵坡应缓些。

（四）关于竖曲线半径的选用

竖曲线应选用较大半径为宜,当受限制时可采用一般最小值,特殊困难方可用极限最小值。坡差小时应尽量采用大的竖曲线半径。当有条件时,宜按表 1-4-13 的规定进行设计。

视觉要求的最小竖曲线半径值 表 1-4-13

设计速度(km/h)	竖曲线半径(m)		设计速度(km/h)	竖曲线半径(m)	
	凸形	凹形		凸形	凹形
120	20 000	12 000	60	9 000	6 000
100	16 000	10 000	40	3 000	2 000
80	12 000	8 000			

（五）关于相邻竖曲线的衔接

相邻两个同向凹形或凸形竖曲线,特别是同向凹形竖曲线之间,如直坡段不长应合并为单曲线或复曲线,避免出现断背线,这样要求对行车是有利的,如图 1-4-13a)所示。

相邻反向竖曲线之间,为使增重与减重间和缓过渡,中间最好插入一段直坡段。若两竖曲线半径接近极限值时,这段直坡段至少应为设计速度的 3s 行程;当半径比较大时,也可直接连接,如图 1-4-13b)。

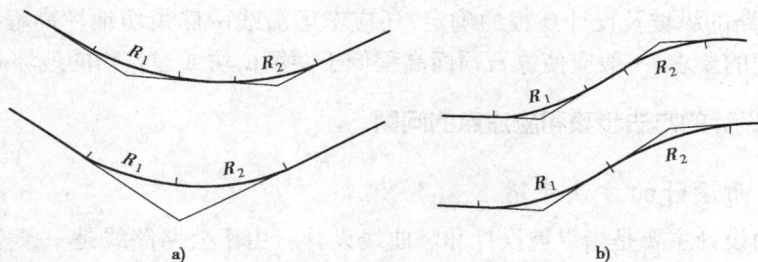

图 1-4-13 相邻竖曲线的衔接

二、纵断面设计的一般原则

进行道路纵坡设计时,一般应遵循以下原则:

(1)应满足纵坡及竖曲线的各项规定(最大纵坡、最小纵坡、坡长限制、坡段最小长度、竖曲线最小半径及竖曲线最小长度等)。

(2)纵坡应均匀平顺。纵坡尽量平缓,起伏不宜过大和频繁;变坡点尽量设置大半径竖曲线,尽量避免极限纵坡值;缓和坡段配合地形布设;垭口处纵坡尽量放缓;越岭线应尽量避免设置反坡段(升坡段中的下坡损失)。

城市道路还应考虑非机动车及自行车的行驶,纵坡宜不大于 3%。

(3)设计高程的确定应结合沿线自然条件如地形、土壤、水文、气候等因素综合;沿河线路线高程应在设计洪水位 0.5m 以上,并计入壅水高度及浪高的影响;稻田低湿路段还应有最小填土高度的保证。

路基设计高程一般应高出表 1-4-14 所规定的洪水频率计算水位 0.5m 以上;对于桥涵高程,应在桥涵设计洪水频率洪水位以上,设计洪水频率按表 1-4-15 确定。

路基设计洪水频率 表 1-4-14

公路等级	高速公路	一	二	三	四
设计洪水频率	1/100	1/100	1/50	1/25	按具体情况确定

桥涵设计洪水频率　　　　　　　　　表 1-4-15

构造物名称	公 路 等 级				
	高速公路	一	二	三	四
特大桥	1/300	1/100	1/100	1/100	1/100
大、中桥	1/100	1/100	1/100	1/50	1/50
小桥	1/100	1/50	1/50	1/25	1/25
涵洞及小型排水构造物	1/100	1/50	1/50	1/25	不作规定

注：通航河流，桥梁高程应在通航水位及通航净空高度以上。

（4）纵断面设计应与平面线形和周围地形景观相协调，应考虑人体视觉心理上的要求。按照平竖曲线相协调及半径的均衡来确定纵面的设计线。

（5）应争取填挖平衡，尽量移挖作填，以节省土石方量，降低工程造价。

（6）依路线的性质要求，适当照顾当地民间运输工具、农业机械、农田水利等方面的要求。

（7）城市道路的纵坡及设计高程的确定，还应考虑沿线两侧街坊地坪高程及保证地下管线最小覆土厚度的要求，一般应使缘石顶面高程低于两侧街坊或建筑物的地坪高程。

三、纵断面设计的方法步骤和应注意的问题

（一）纵断面设计的方法步骤

路线纵断面设计主要是指纵坡设计和竖曲线设计。由于公路路线是一条空间带状曲线，路线的平面、纵断面和横断面相互影响，因而在纵断面设计之前的选（定）线阶段，设计人员实际上已对纵坡设计的部分内容进行过考虑。在室内进行纵断面设计时，设计人员一般要根据实地选（定）线时的意图，以及桥涵、地质等方面对路线纵断面设计的要求，综合考虑工程技术与工程经济因素，定出路线的纵坡，再选择合适的竖曲线半径，最后才计算出各桩号的设计高程和填挖值。其方法和步骤可归纳为以下几点：

1. 拉坡前的准备工作

内业设计人员在熟悉有关设计标准的基础上，首先在纵断面图上点绘出每个中桩的位置、平曲线示意图（起讫点位和半径等），写出每个中桩的地面高程，并绘出地面线。

2. 标注控制点位置

所谓控制点，是指影响路线纵坡设计的高程控制点。如路线起讫点的接线高程，越岭垭口、大中桥涵、地质不良地段的最小填土高度和最大挖方深度，沿溪线的洪水位，隧道进、出口，路线交叉点，重要城镇通过点，以及其他路线高程必须通过的控制点位等，都应作为纵断面设计的控制依据。

此外，对于山区公路，还应根据路基填挖平衡要求来选择控制路中心处填挖的高程点，称之为"经济点"。其含义是：如果纵坡设计线刚好通过该点，则在相应的横断面上将形成填挖面积大致相等的纵坡设计。

"经济点"通常可用路基断面透明模板在绘有地面线的横断面图上确定下来。图 1-4-14 是这种自制路基断面透明模板的样式。模板可用透明描图纸胶片制成。其上按横断面测图的比例绘出路基宽度 B（挖方地段还要包括两侧边沟所占宽度）和各种不同坡度的边坡线。使

用时将模板扣在有关中桩的横断面上,使两者的中线重合,然后上下移动模板,直到能使填、挖面积大致相等时,则停止移动。此时模板上的路基顶面与该中桩的地面高之间的差值就是经济填挖值,再将此差值的大小按比例点绘到纵断面图的相应中桩位置上,即为该断面经济点的位置。

3.试坡

试坡主要是在已标出"控制点"和"经济点"的纵断面图上,根据技术标准、选线意图,结合地面起伏情况,本着以"控制点"为依据,照顾多数"经济点"的原则,在这些点位间进行穿插和裁弯取直,试定出若干坡度线。经过对各种可能的坡度线方案进行反复比较,最后选出既符合技术标准,又能满足控制点要求,而且土石方数量较省的设计线作为初定坡度线;再将前后坡度线延长交会,即可定出各变坡点的初步位置。

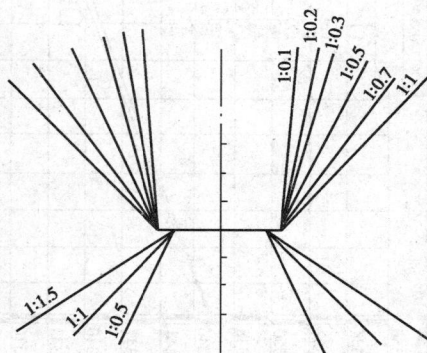

4.调整

试定纵坡后,首先将所定的坡度与选(定)线时考虑

图 1-4-14 路基横断面透明模板

的坡度进行比较,两者应基本符合。若有较大差异,则应全面分析,找出原因。然后对照《标准》检查设计的最大纵坡、合成坡度、坡长限制等是否超过规定限值,以及平面线形与纵面线形的配合是否适宜等。若发现有问题,应进行调整。

调整时,设计人员应以少脱离控制点、少变动填挖值为原则,以使调整后的纵坡与试定期纵坡变化不太大。

5.核对

根据调整后的坡度线,选择有控制意义的重点横断面,如高填深挖、陡峭山坡路基、挡土墙、重要桥涵等断面,在纵断面图上直接读出对应中桩的填(挖)高度,然后按该填(挖)值用模板在横断面图上戴帽子,检查是否有填挖过大、坡脚落空或挡土墙工程过大等情况。若发现有问题,应及时调整纵坡。

6.定坡

纵坡设计在经调整核对无误后即可定坡。所谓定坡,就是逐段把坡度线的坡度值、变坡点位置(桩号)和高程确定下来。变坡点一般要调整到10m整桩位上。变坡点的高程则是根据坡度、坡长依次计算确定的。

(二)设计纵坡时应注意的问题

(1)在回头曲线路段,路线纵坡有特殊规定,因此应先定出回头曲线部分的纵坡,然后再从两端接坡;同时应注意在回头曲线地段不宜设竖曲线。

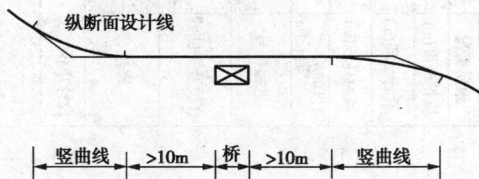

图 1-4-15 桥上纵坡设置要求

图 1-4-16 "驼峰式"纵坡

63

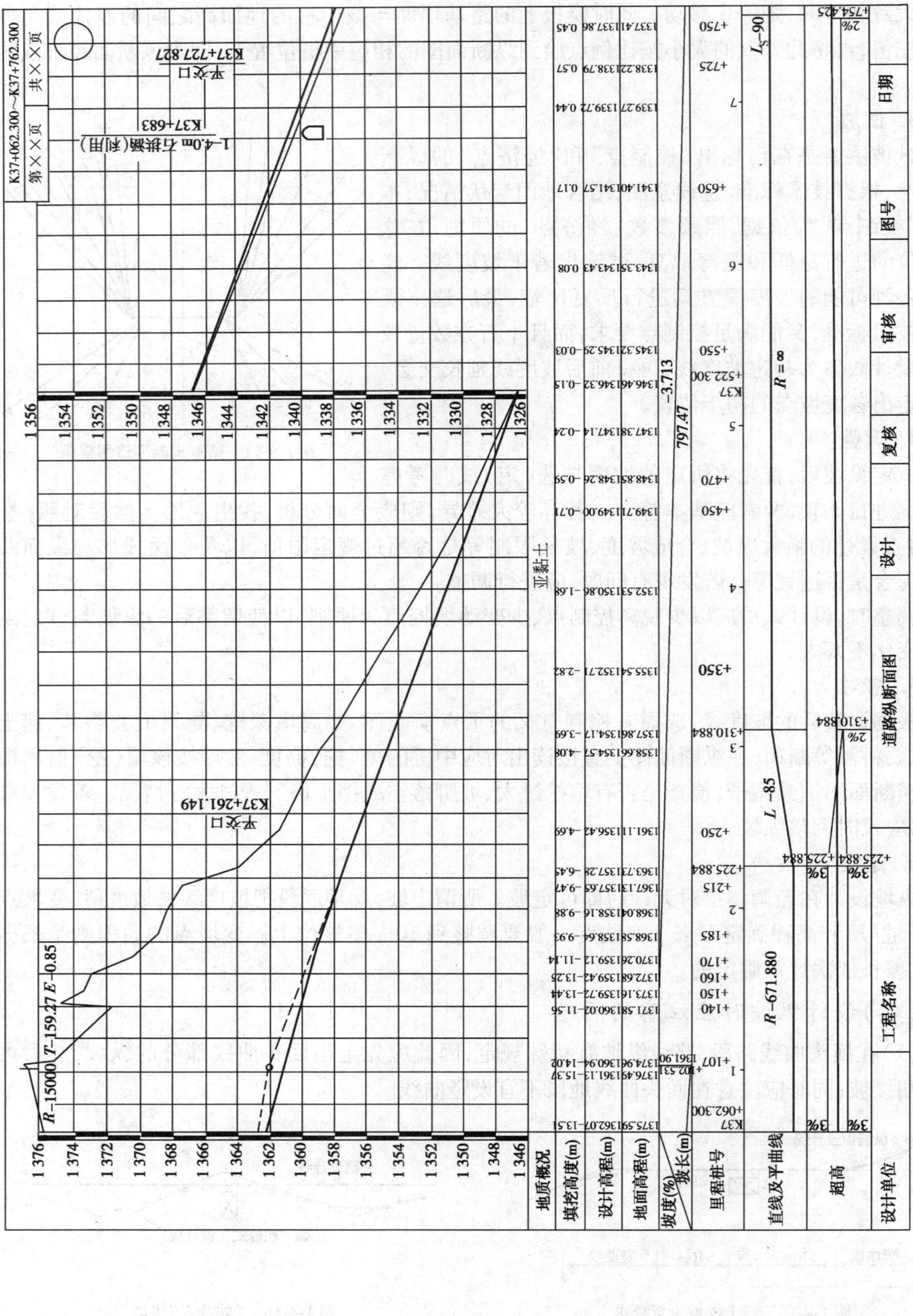

图 1-4-17　公路路线纵断面图

H 1:1 000　V 1:100

原地面线

设计路面线

设计路距离

丰登路 K0+459.856

0+650.300
401.4600　0+620.000
0+589.700

R=10000.000
T=30.300
E=0.046

0.300%　275.000
−0.306%　200.000

桩号	路面高程	原地面高程	填(+)挖(−)高
0+400.000	401.200	400.800	−0.400
0+420.000	400.860	400.906	−0.046
0+440.000	400.920	401.141	−0.221
0+459.896	400.980	400.815	0.165
0+480.000	401.040	400.863	0.177
0+500.000	401.100	401.052	0.048
0+520.000	401.160	401.232	−0.072
0+540.000	401.220	401.300	−0.080
0+560.000	401.280	401.181	0.099
0+580.000	401.340	401.421	−0.081
0+600.000	401.395	401.700	−0.305
0+620.000	401.414	402.023	−0.609
0+640.000	401.393	402.068	−0.674
0+660.000	401.338	401.859	−0.522
0+680.000	401.276	401.520	−0.244
0+700.000	401.215	401.434	0.219

行标题（自上而下）：设计路中心线（坡度及距离、路面高程）、原地面高程、填(+)挖(−)高、桩号、直线及平曲线

标高刻度：405.000　404.000　403.000　402.000　401.000　400.000　399.000　398.000　397.000　396.000　395.000

题签栏：工程名称　设计单位　纵断面图（二）　审定　审核　项目负责　工种负责　校核　设计　工程号　阶段　图号　日期　施工图

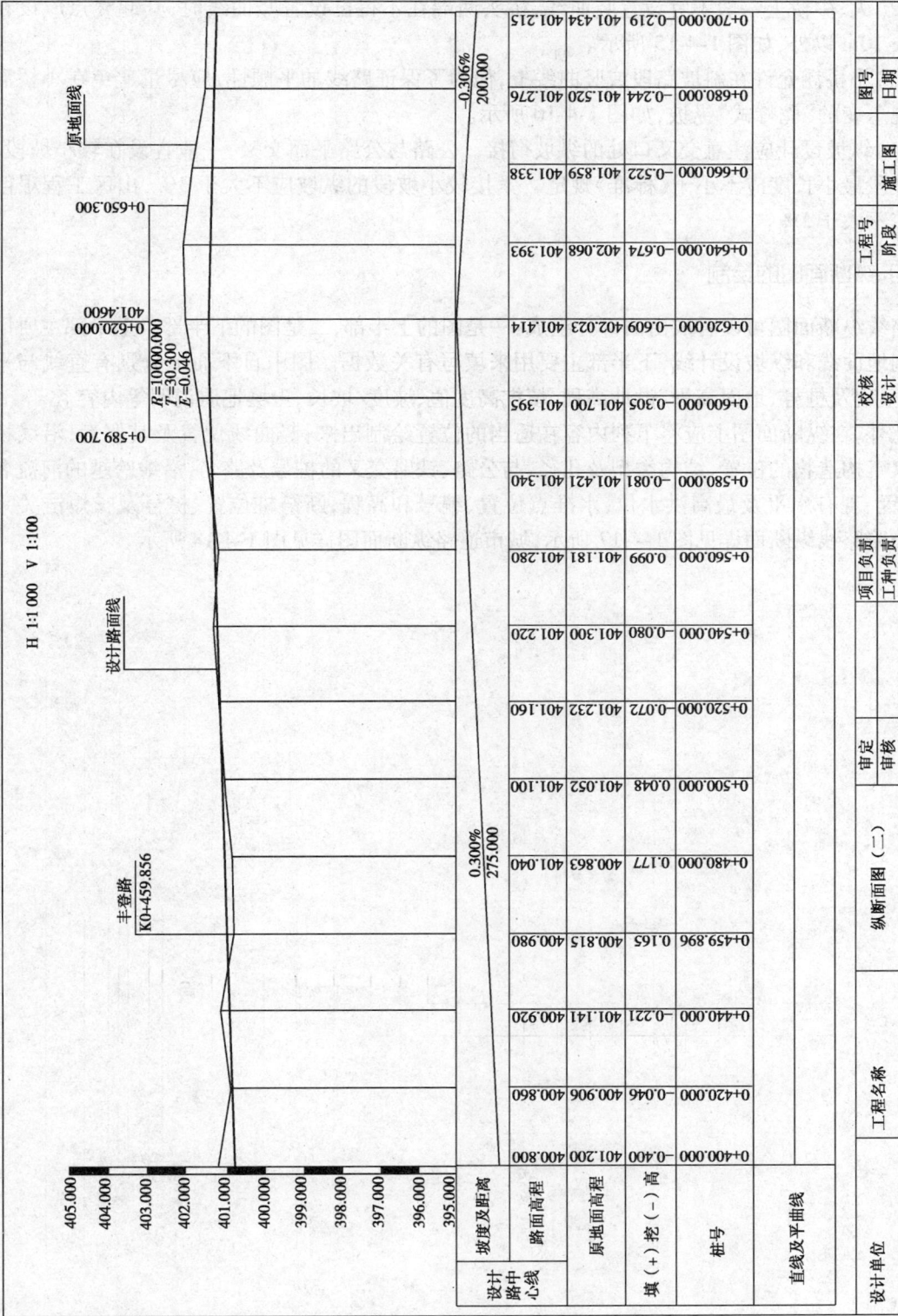

图1-4-18　城市道路纵断面图

（2）大、中桥上一般不宜设置竖曲线，桥头两端在不得已设置竖曲线时，其起终点应设在距桥头 10m 以外，如图 1-4-15 所示。

（3）小桥涵允许在斜坡路段或竖曲线上，但为了保证路线的平顺性，应尽量避免在小桥涵处出现急变的"驼峰式"纵坡，如图 1-4-16 所示。

（4）纵坡设计应注意交叉口处的纵坡衔接。公路与公路平面交叉，一般宜设在较小坡段，较小坡段最小长度应不小于《标准》规定。紧接较小坡段的纵坡应不大于 3%，山区工程艰巨地段应不大于 5%。

四、纵断面图的绘制

路线纵断面图可以看成由两部分组成：一是图的上半部，二是图的下半部。上半部主要用来绘制地面线和纵坡设计线，下半部主要用来填写有关数据。图中自下而上分别有直线与平曲线、里程及桩号、地面高程、设计高程、填挖高度值、坡度/坡长、土壤地质说明等内容。

此外，在纵断面图上应将下列内容在适当的位置绘制出来：竖曲线位置及其要素，沿线桥涵及人工构造物的位置、结构类型及孔径，与公路、铁路交叉的桩号及路名，沿线跨越的河流名称、位置、现有水平及最高洪水位，水准点位置、编号和高程，断链桩位置、桩号及长短链关系等。公路路线纵断面详见图 1-4-17 所示，城市道路纵断面图详见图 1-4-18 所示。

第五章 横断面设计

第一节 横断面组成及类型

道路横断面是指中线上各点沿法向的垂直剖面,它是由横断面设计线和地面线所组成的。其中横断面设计线包括行车道、路肩、分隔带、边沟、边坡、截水沟、护坡道以及取土坑、弃土堆、环境保护设施等。城市道路的横断面组成中包括机动车道、非机动车道、人行道、绿带、分车带等。高速公路、一级公路和二级公路还有爬坡车道、避险车道;高速公路、一级公路的出入口处还有变速车道等。横断面图中的地面线是表征地面起伏变化的线,它是通过现场实测或由大比例尺地形图、航测像片、数字地面模型等途径获得的。路线设计中所讨论的横断面设计只限于与行车直接有关的部分,即两侧路肩外缘之间各组成部分的宽度、横向坡度等问题。

一、公路横断面组成及类型

公路横断面的组成和各部分的尺寸要根据规划交通量、交通组成、设计车速、地形条件等因素确定。在保证必要的通行能力和交通安全与畅通的前提下,尽量做到用地省、投资少,使道路发挥其最大的经济效益与社会效益。

(一)公路横断面组成

公路的典型横断面组成如图 1-5-1 所示。

公路在直线段和小半径曲线段路基宽度有所不同,在小半径曲线上,路基宽度还包括行车道加宽的宽度。

为了迅速排除路面和路肩上的降水,将路面和路肩做成有一定横坡的斜面。直线路段路面横断面形式为中间高、两边低,呈双向倾斜,称作路拱。小半径曲线上为了抵消离心力,路面做成向弯道内侧倾斜的单一横坡,称作超高。

(二)公路横断面的类型

1. 单幅双车道

单幅双车道公路指的是整体式的供双向行车的双车道公路。这类公路在我国公路总里程中占的比重最大。二级、三级公路和一部分四级公路均属这一类。这类公路适应的交通量范围大,最高达 15 000 小客车/昼夜,行车速度可从 20km/h 至 80km/h。在这种公路上行车,只要各行其道、视距良好,车速一般都不会受影响。但当交通量很大,非机动车混入率高、视距条件又差时,其车速和通行能力则大大降低。所以对混合行驶相互干扰较大的路段,可专设非机动车道和人行道,与机动车分离行驶。

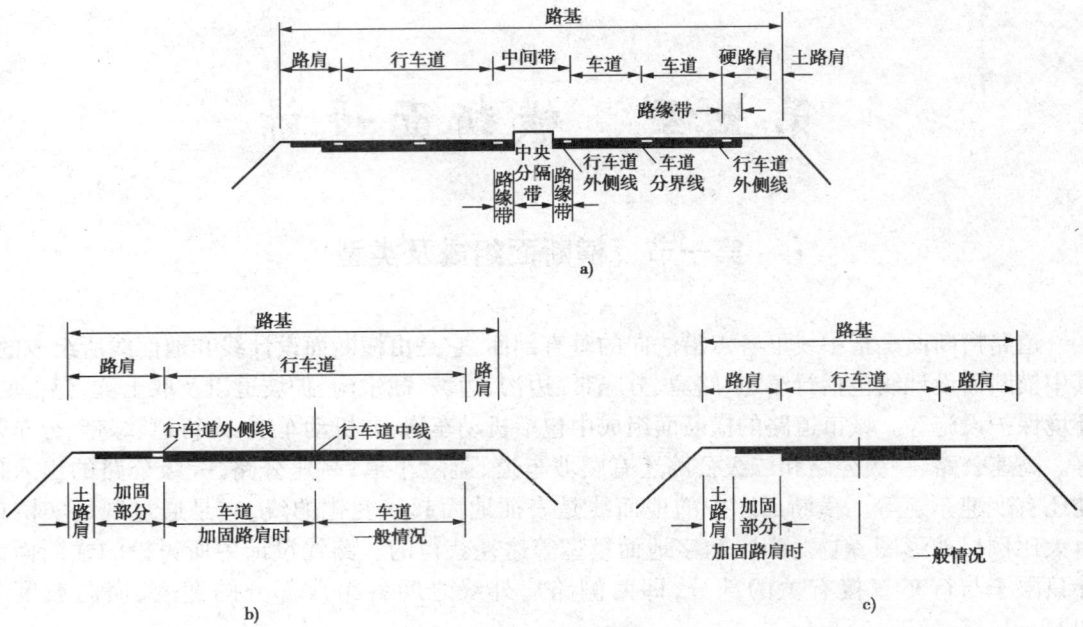

图 1-5-1　公路横断面的组成
a)高速公路、一级公路路基标准横断面;b)二、三级公路路基标准横断面;c)四级公路标准横断面

2. 双幅多车道

四车道、六车道和八车道的公路,中间一般都设分隔带或做成分离式路基而构成"双幅"路。有些分离式路基为了利用地形或处于风景区等原因,甚至做成两条独立的单向行车的公路(图 1-5-2)。

图 1-5-2　两条独立的单向行车的公路

这种类型的公路适应车速高、能行能力大,每条车道能担负的交通量比一条双车道公路还多,而且行车顺适、事故率低。《标准》中的高速公路和一级公路即属此类。

3．单车道

对交通量小、地形复杂、工程艰巨的山区公路或地方性道路，可采用单车道，《标准》中的四级公路路基宽度为 4.50m、路面宽度为 3.50m 就属于此类。此类公路虽然交通量很小，但仍然会出现错车和超车。为此，应在不大于 300m 的距离内选择有利地点设置错车道，使驾驶人员能够看到相邻两错车道之间的车辆。错车道处的路基宽度≥6.5m，有效长度≥20m，错车道的尺寸规定如图 1-5-3 所示。

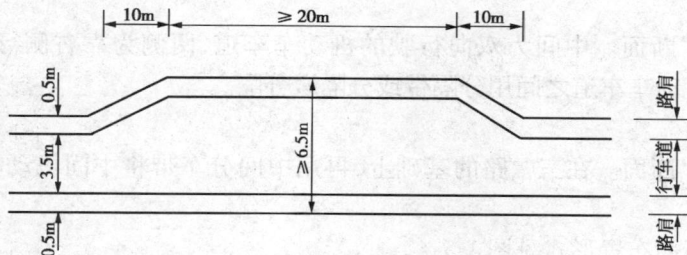

图 1-5-3 错车道布置

二、城市道路横断面组成及类型

（一）城市道路横断面组成

城市道路的交通性质和组成比较复杂，尤其表现在行人和各种非机动车较多，各种交通工具及行人的交通问题都需要在横断面设计中综合考虑予以解决，所以城市道路路线设计中，横断面设计是矛盾的主要方面。

城市道路上供各种车辆行驶的部分统称为行车道。在行车道断面上，供汽车、无轨电车、摩托车等机动车行驶的部分称为机动车道；供自行车、三轮车、板车等非机动车行驶的部分称作非机动车道；此外，还有供行人步行使用的人行道和分隔各种车道（或人行道）的分隔带及绿化带。

城市道路各组成部分相互联系和影响，其位置的安排和宽度的确定必须首先保证车辆和行人的安全畅通，同时要与道路两侧的各种建筑物及自然景观相协调，并能满足地面、地下排水和各种管线埋设的要求。横断面设计应注意近期与远期相结合，使近期工程成为远期工程的组成部分，并预留管线位置。路面宽度及高度等均应有发展余地。

（二）城市道路横断面布置类型

城市道路常见的几种断面形式：

1．单幅路

俗称"一块板"断面。各种车辆在行车道上混合行驶。在交通组织上可以有以下几种方式：

（1）画出快、慢车行驶分车线，快车和机动车辆在中间行驶，慢车和非机车靠两侧行驶。

（2）不画分车线，可以在不影响安全的条件下调剂使用。在一般情况下，快车靠中线行驶，慢车靠外侧行驶。当外侧车道有临时停车或公交车辆进站时，慢车可临时占用靠中线车道，快车减速通过或临时占用对向车道。另外还可以调整交通组织，如只允许机动车辆沿同一方向行驶的"单行道"；限制载重汽车和非机动车行驶，只允许小客车和公共汽车通行的街道；限制各种机动车辆，只允许行人通行的"步行道"等。上述措施，可以是相对不变的，也可以按规定周期变换。

2. 双幅路

俗称"两块板"断面。在车道中心用分隔带或分隔墩将行车道分为两部分，上下行车辆分向行驶，各自再根据需要决定是否划分快、慢车道。

3. 三幅路

俗称"三块板"断面。中间为双向行驶的机动车车道，两侧为靠右侧行驶的非机动车车道。机动车和非机动车车道之间用分隔带或分隔墩分隔。

4. 四幅路

俗称"四块板"断面。在三幅路的基础上，再用中间分车带将中间机动车车道分隔为二，分向行驶。

上述四种横断面布置形式见图 1-5-4。

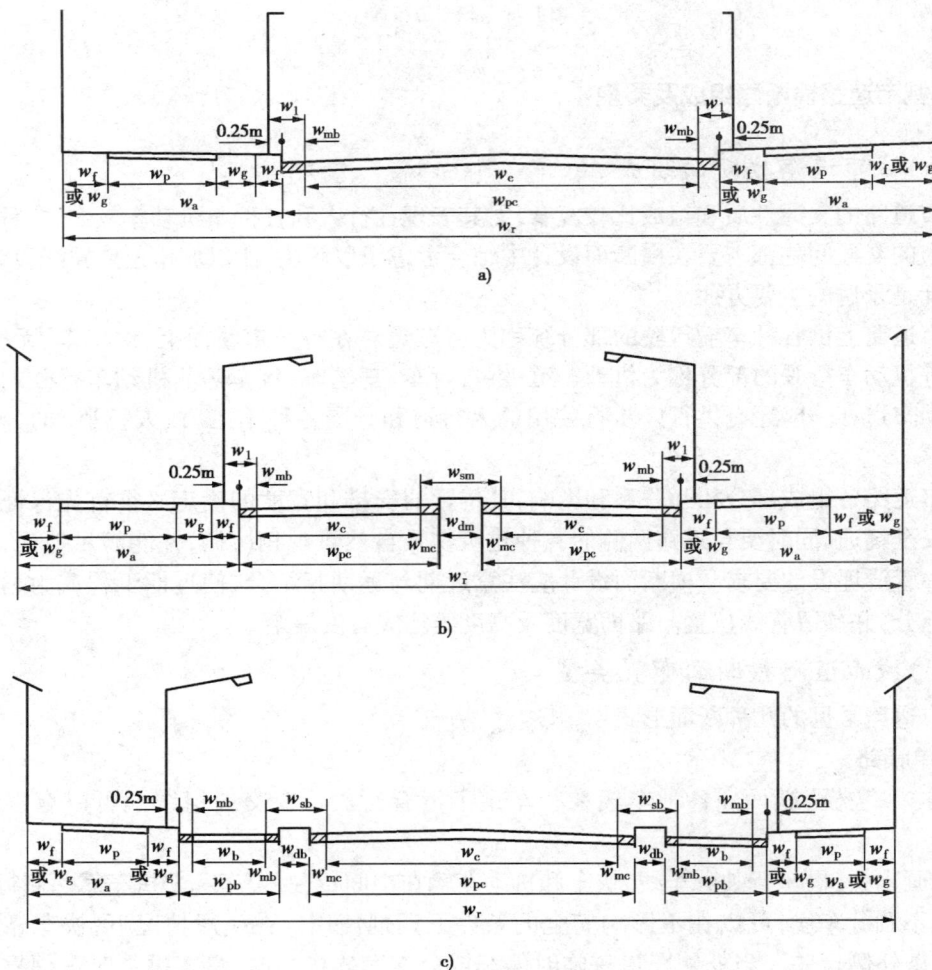

图 1-5-4

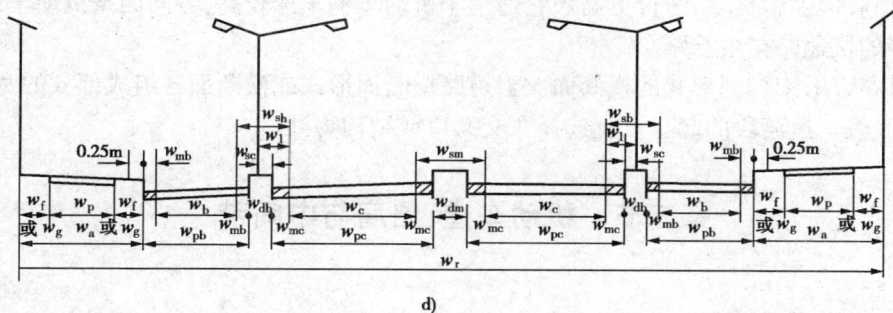

d)

图 1-5-4　城市道路横断面布置基本形式
a)单幅路;b)双幅路;c)三幅路;d)四幅路

w_r——红线宽度(m);

w_e——机动车行车道宽度或机动车与非机动车混合行驶的行车道宽度(m);

w_b——非机动车车道宽度(m);

w_{pe}——机动车道路面宽度或机动车与非机动车混合行驶的路面宽度(m);

w_{pb}——非机动车道路面宽度(m);

w_{mc}——机动车道路缘带宽度(m);

w_{mb}——非机动车道路缘带宽度(m);

w_1——侧向净宽(m);

w_{dm}——中央分隔带宽度(m);

w_{sm}——中央分车带宽度(m);

w_{db}——两侧分隔带宽度(m);

w_{sb}——两侧分车带宽度(m);

w_a——路侧带宽度(m);

w_p——人行道宽度(m);

w_g——绿化带宽度(m);

w_f——设施带宽度(m);

w_s——路肩宽度(m);

w_{sh}——硬路肩宽度(m);

w_{sp}——保护性路肩宽度(m)。

(三)横断面形式的选用

单幅路占地少,投资省,但各种车辆混合行驶,于交通安全不利,仅适用于机动车交通量不大且非机动车较少的次干路、支路以及用地不足拆迁困难的旧城改建的城市道路上。

双幅路断面将对向行驶的车辆分开,减少了对向行车干扰,提高了车速,分隔带上还可以用作绿化、布置照明和敷设管线,但各种车辆单向混合行驶干扰较大。其主要用于各向至少具有两条机动车道,非机动车较少的道路;有平行道路可供非机动车通行的快速路和郊区道路以及横向高差大或地形特殊的路段也可采用。

三幅路将机动车与非机动车分开,对交通安全有利;在分隔带上可以布置绿带,有利于夏天遮阳防晒、布置照明和减少噪声等。对于机动车交通量大、非机动车多的城市道路上宜优先考虑采用。但三幅式断面占地较多,只有当红线宽度等于或大于 40m 时才能满足车道布置的要求。

四幅路不但将机动车和非机动车分开,还将对向行驶的机动车分开,对于安全和车速较三幅路更为有利,但占地更多,造价更高。它适用于机动车辆车速较高,各向两条机动车道以上,非机动车多的快速路与主干路。

一条道路宜采用相同形式的横断面。当道路横断面形式或横断面各组成部分的宽度变化时,应设过渡段。过渡段的起止点宜选择在交叉口或结构物处。

第二节 机动车道、路肩与中间带

一、机动车道行车道宽度

机动车道包括快车道和慢车道,其宽度是根据设计车辆宽度、规划交通量、交通组成和汽车行驶速度来确定的。公路的一条行车道内一般包括两条以上的车道。高速公路和一级公路有四条以上的车道,每侧再划分快车道和慢车道或超车道与主车道。城市道路的横断面布置与公路有较大区别。下面取两者有代表性的交通状况加以分析,探讨机动车道行车道宽度的确定方法。

（一）一般双车道公路行车道宽度的确定

双车道公路有两条车道,行车道宽度包括汽车宽度和富余宽度。汽车宽度取载重汽车车箱的总宽度,为 2.5m。富余宽度是指对向行驶时两车箱之间的安全间隙、汽车轮胎至路面边缘的安全距离,如图 1-5-5 所示。双车道公路每一条单向行驶的车道宽度可用下式计算。

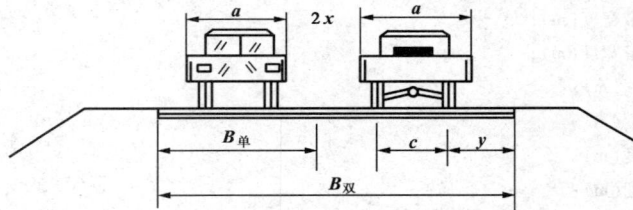

图 1-5-5 双车道公路的行车道宽度

单车道:

$$B_{\text{单}} = \frac{a+c}{2} + x + y \tag{1-5-1}$$

双车道:

$$B_{\text{双}} = a + c + 2x + 2y \tag{1-5-2}$$

式中：a ——车箱宽度（m）；

c ——汽车轮距（m）；

$2x$ ——两车箱安全间隙（m）；

y ——轮胎与路面边缘之间的安全距离（m）。

根据大量试验观测,得出计算 x、y 的经验公式为：

$$x = y = 0.50 + 0.005v \tag{1-5-3}$$

式中：v ——行车速度（km/h）。

从式(1-5-3)可知,行车道的富余宽度与车速有关,此外还与路侧环境、驾驶员心理、车辆状况等有关。当双车道公路设计速度为 80km/h 时,取一条车道的宽度为 3.75m 是合适的。对车速较低、交通量不大的公路可取较小的宽度,双车道公路行车道宽度视设计速度一般取 7.5m、7.0m、6.5m、6.0m,见表 1-5-1。

(二)有中央分隔带的行车道宽度

高速公路、一级公路有四条以上的车道,一般设置中央分隔带。分隔带两侧的行车道只有同向行驶的汽车,如图 1-5-6 所示。

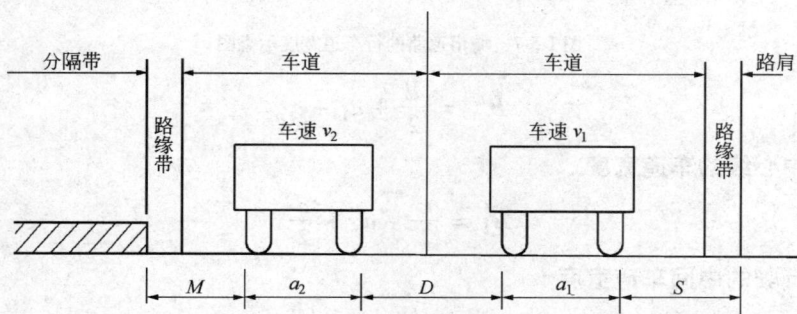

图 1-5-6　有中央分隔带的行车道宽度

车速、交通组成和大型车的混入率对行车道宽度的确定有较大的影响。根据实地观测,得出下列关系式:

$$S = 0.0103v_1 + 0.56 \tag{1-5-4}$$

$$D = 0.000\,066(v_2^2 - v_1^2) + 1.49 \tag{1-5-5}$$

$$M = 0.010\,3v_2 + 0.46 \tag{1-5-6}$$

式中: S ——后轮外缘与车道外侧之间的安全间隔(m);

D ——两汽车后轮外缘之间的安全间隙(m);

M ——后轮外缘与车道内侧之间的安全间隙(m);

v_1 、v_2 ——分别为被超车与超车的车速(km/h)。

则单侧行车带道宽度:

$$B = S + D + M + a_1 + a_2 \tag{1-5-7}$$

式中: a_1 , a_2 ——汽车后轮外缘间距(m)。

根据计算结果得出下列结论:设计速度 $v=120$ km/h 时,每条车道的宽度均采用 3.75m;当 $v=100$ km/h,且交通量大和大型车混入率高时,内侧车道应为 3.75m,外侧车道可采用 3.75m 或 3.50m。

当高速公路的交通量超过四个车道的容量时,其车道数可按双数增加。

(三)城市道路的行车道宽度

1. 靠路边的车道宽

(1)一侧靠边,另一侧为反向行驶的车道(图 1-5-7),其车道宽度:

$$B_1 = \frac{x}{2} + a_1 + c \tag{1-5-8}$$

(2)一侧靠边,另一侧为同向行驶的车道:

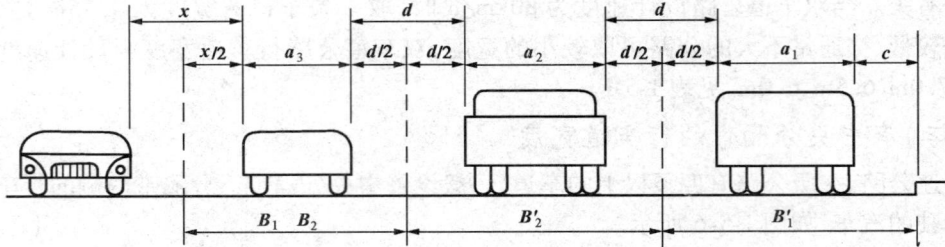

图 1-5-7　城市道路的行车道宽度示意图

$$B'_1 = \frac{d}{2} + a_1 + c \qquad (1\text{-}5\text{-}9)$$

2. 靠路中心线的车道宽度

$$B_2 = \frac{x}{2} + a_3 + \frac{d}{2} \qquad (1\text{-}5\text{-}10)$$

3. 同向行驶的中间车道宽度

$$B'_2 = \frac{d}{2} + a_2 + \frac{d}{2} \qquad (1\text{-}5\text{-}11)$$

式中：a_1，a_2，a_3 ——车箱全宽（m）；

x ——反向行驶汽车间的安全间隙（m）；

d ——同向行驶汽车间的安全间隙（m）；

c ——车身边缘与缘路石间的横向安全距离（m）。

根据实验观测得出 x、d、c 与车速之间的关系式为：

$$c = 0.4 + 0.02v^{\frac{3}{4}} (\text{m}) \qquad (1\text{-}5\text{-}12)$$

$$d = 0.7 + 0.02v^{\frac{3}{4}} (\text{m}) \qquad (1\text{-}5\text{-}13)$$

$$x = 0.7 + 0.02(v_1 + v_2)^{\frac{3}{4}} (\text{m}) \qquad (1\text{-}5\text{-}14)$$

v 是以 km/h 为单位的实际车速。

上列诸式表明，车道宽 B 是车速 v 的函数，依车速的变化一般在 3.40～3.80m 之间。考虑到城市道路上行驶的车辆各异，且车道还需调剂使用，故一条车道的平均宽度取 3.50m 即可，当车速 $v > 40$km/h 时，可取 3.75m。

公路和城市道路的车道宽度规定分别见表 1-5-1 和表 1-5-2。

各级公路行车道宽度　　　　　　　　　　　　　表 1-5-1

公路等级	高速公路、一级公路					
设计速度（km/h）	120、100			80		60
车道数	8	6	4	6	4	4
行车道宽度（m）	2×15.0	2×11.25	2×7.5	2×11.25	2×7.5	2×7.0
公路等级	二、三、四级公路					
设计速度（km/h）	80	60	40	30	20	
车道数	2	2	2	2	1 或 2	
行车道宽度（m）	7.5	7.0	7.0	6.5	3.5 或 6.0	

城市道路机动车车道宽度 表 1-5-2

车型及行驶状态	设计速度（km/h）	车道宽度（m）	车型及行驶状态	设计速度（km/h）	车道宽度（m）
大型汽车或大、小汽车混行	≥40	3.75	小型汽车专用线		3.50
	<40	3.50	公路汽车停靠站		3.00

二、路肩的作用及其宽度

行车道外缘至路基边缘之间的带状部分称为路肩。各级公路都要设置路肩,其作用是:

(1)由于路肩紧靠在路面的两侧设置,具有保护及支撑路面结构的作用。

(2)供发生故障的车辆临时停放之用,有利于防止交通事故和避免交通紊乱。

(3)作为侧向余宽的一部分,能增加驾驶的安全和舒适感。这对保证设计车速是必要的,尤其在挖方路段,还可以增加弯道视距,减少行车事故。

(4)提供道路养护作业、埋设地下管线的场地。对未设人行道的道路,可供行人及非机动车使用。

(5)精心养护的路肩,能增加公路的美观,并起引导视线的作用。

路肩从构造上又可分为硬路肩、土路肩。硬路肩是指进行了铺装的路肩,它可以承受汽车荷载的作用力,在混合交通的公路上便于非机动车、行人通行。在填方路段,如果采用集中排水方式,为使路肩能汇集路面积水,在路肩边缘应设置缘石。土路肩是指不加铺装的土质路肩,它起保护路面和路基的作用,并提供侧向余宽。

高速公路、一级公路当采用分离式断面时,行车道左侧应设硬路肩。高速公路、一级公路,有条件时宜采用≥2.50m 的右侧硬路肩。当右侧硬路肩的宽度小于 2.50m 时,应设紧急停车带。紧急停车带的设置间距不宜大于 500m,宽度包括硬路肩在内为 3.5m,有效长度≥30m。从干线进入和驶出紧急停车带应设缓和过渡段,一般长为 20m。

城市道路一般设有阴井排水,两侧设人行道。如采用边沟排水则应在路面外侧设置路肩,与公路一样,分硬路肩和保护性路肩。城市道路的设计速度大于或等于 40km/h 时,应设置硬路肩。保护性路肩一般为土质或简易铺装,其作用是为城市道路的某些交通设施,如护栏、栏杆、交通标志牌等的设置提供场地,最小宽度为 0.5m。双幅路或四幅路中间具有排水沟的断面,应设置左侧路肩。

其他各级公路和城市道路的路肩宽度,根据条件可采用 2.25m、2.0m、1.75m、1.50m、1.00m、0.75m,最窄不能小于 0.50m。

三、路拱横坡

为了利于路面横向排水,将路面做成由中央向两侧倾斜的拱形,称为路拱。其倾斜的大小以百分率表示。

路拱对排水有利,但对行车不利。路拱坡度所产生的水平分力增加了行车的不平稳性,同时也给乘客以不舒适的感觉。当车辆在有水或潮湿的路面上制动时,由于路拱坡度的存在还会增加侧向滑移的危险。为此,对路拱大小的采用及形状的设计应兼顾两方面的影响。对于不同类型的路面,由于其表面的平整度和透水性不同,再考虑当地的自然条件可选用不同的路拱坡度,见表 1-5-3 规定的数值。

路 拱 横 坡 坡 度   表 1-5-3

路 面 类 型	路拱横坡度（%）	路 面 类 型	路拱横坡度（%）
水泥混凝土路面、沥青混凝土路面	1.0 ~ 2.0	碎、砾石等粒料路面	2.5 ~ 3.5
其他黑色路面、整齐石块	1.5 ~ 2.5	低级路面	3.0 ~ 4.0
半整齐石块、不整齐石块	2.0 ~ 3.0		

对于高速公路和一级公路，由于其路面较宽，迅速排除路面降水尤为重要。所以当此种公路处于降雨强度较大的地区时应采用高值。

对于分离式路基，每侧行车道可设置双向路拱，这样对排除路面积水有利。在降水量不大的地区，设计也可采用单向横坡，并向路基外侧倾斜；但在积雪冻融地区，应设置双向路拱。

路拱的形式有抛物线形、直线接抛物线形、折线形等，可根据路面宽度及路面类型采用：低等级公路可采用抛物线形路拱，高等级公路一般采用直线接抛物线形路拱，多车道的水泥混凝土路面可采用折线形路拱。

土路肩的排水性远低于路面，其横坡度较路面宜增大 1.0% ~ 2.0% 。硬路肩视具体情况（材料、宽度）可与路面采用同一横坡，也可稍大于路面。

非机动车车道路拱坡度可根据路面面层类型参考表 1-5-3 选用。

人行道横坡宜采用单面坡，坡度为 1% ~ 2% 。路缘带横坡与路面相同。

四、中间带

四条和四条以上车道的公路应设置中间带。中间带由两条左侧路缘带和中央分隔带组成。其作用是：

（1）将上下行车流分开，既可防止因快车驶入对向行车道造成车祸，又能减少公路中心线附近的交通阻力，从而提高通行能力。

（2）可作为设置公路标志牌及其他交通管理设施的场地，也可作为行人的安全岛使用。

（3）设置一定宽度的中间带并种植花草灌木或设置防眩网，可防止对向车辆灯光眩目，还可起到美化路容和环境的作用。

（4）设于分隔带两侧的路缘带，由于有一定宽度且颜色醒目，既引导驾驶员视线，又增加行车所必须的侧向余宽，从而提高行车的安全性和舒适性。

中间带的宽度是根据行车道以外的侧向余宽、防止驶入对向行车道的护栏、种植、防眩网、被交公路的桥墩等所需的设置带宽度而定的。其愈宽作用愈明显，同时也便于养护作业。但对土地资源十分宝贵的地区要采用宽的中间带是有困难的，所以我国基本上采用窄的中间带。《标准》规定的最小中间带宽度随公路等级、地形条件变化在 2.00 ~ 4.50m 之间，城市道路规定与公路大致相同。左侧路缘带常用宽度为 0.50m 或 0.75m。

中间带的宽度一般情况下应保持等宽，若需要变宽时，在宽度变化的地点，应设置过渡段。过渡段以设在回旋线范围内为宜，其长度应与回旋线长度相等。宽度大于 4.50m 的中间带过渡段以设在半径较大的平曲线路段为宜。图 1-5-8 为几种变宽过渡设计的例子。

为了便于养护作业、临时调整行车方向和某些车辆在必要时掉头，中央分隔带应按一定距离设置开口部。开口部一般情况下以每 2km 的间距设置为宜，太密将会造成交通的紊乱。城市道路可根据横向交通(车辆和行人)的需要设置。

中央分隔带的开口应设置在通视良好的路段,若在曲线上开口,其曲线半径宜大于700m。在互通式立体交叉、隧道、特大桥、服务区等设施的前后必须设置开口。分离式路基应在适当位置设置横向连接道,以供维修或抢险时使用。

开口端部的形状,常用的有半圆形和弹头形两种。对于窄的分隔带($M < 3.0\text{m}$)可用半圆形,宽的($M \geqslant 3.0\text{m}$)可用弹头形。弹头形状如图1-5-9所示。图中R、R_1和R_2为控制设计半径。R和R_1足够大时,才能保证汽车以容许的速度驶离主车道进行左转弯,一般采用$R_1 = 25 \sim 120\text{m}$。$R$切于开口中心线,其值取决于开口的大小。为了避免过大的开口并方便行车,一般R采用的最小值为15m。弹头尖端圆弧半径R_2可采用分隔带宽度的1/5,这样从外观上看比较悦目。

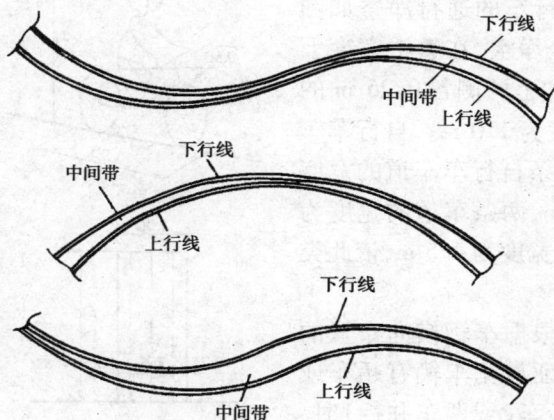

图1-5-8 宽度大于4.5m的中间带变宽过渡

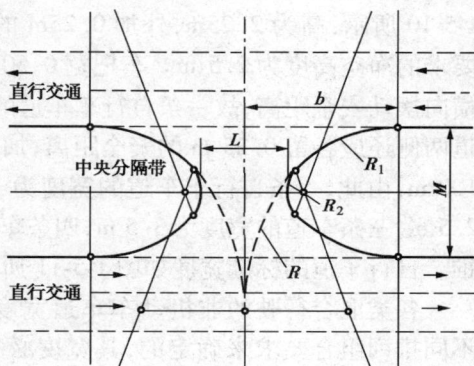

图1-5-9 中间带开口

中央分隔带的表面形式有凹形和凸形两种,前者用于宽度大于4.5m的中间带,后者用于宽度小于或等于4.5m的中间带。宽度大于4.5m的中间带一般植草皮、栽灌木;宽度小于或等于4.5m的,可铺面封闭。

第三节 非机动车道、人行道与路缘石

一、非机动车道

非机动车道是专供自行车、三轮车、平板车及兽力车等行驶的车道。在我国的城市道路上,有很多非机动车在行驶,其中以自行车的数量为最多,而且有继续增长的趋势。因此,对非机动车道的设计应给予足够的重视。在城市规划设计中,宜考虑设置专用的非机动车道路系统;交通组织和横断面布置应尽可能机非分离行驶;非机动车道设计应"宁宽勿窄",要适当留有余地。

非机动车的单一车道宽度根据车身宽度和车身两侧所需的横向安全距离而定。非机动车的通行能力,可根据"车头间距"或"车头时距"的理论进行计算。根据调查,各种非机动车特性及所需车道宽度如表1-5-4。

各种非机动车特性及所需车道宽度 表 1-5-4

车 辆 种 类	自行车	三轮车	大板车	小板车	兽力车
长（m）	1.90	2.60	6.00	2.60	4.20
宽（m）	0.50	1.20	2.00	0.90	1.60
高（m）	2.25	2.50	2.50	2.50	2.50
最小纵向间距（m）	1.0～1.5	1.0	0.6	0.6	1.5
单车道通行能力（辆/h）	800～1 000	300	200	380	150
所需车道宽度（m）	1.5	2.0	2.8	1.6	2.6

在非机动车道上行驶的车辆，绝大多数是自行车，故在考虑非机动车道宽度时，应以自行车为主。人骑自行车的通行净空如图 1-5-10 所示，高为 2.25m，外加 0.25m 的安全净空，在整个宽度上要求的净空高度为 2.5 m。车把宽 0.50 m，加上两侧各 0.25 m 的横向摆动安全距离，故一条自行车车道的宽度为 1.0 m。自行车车道两侧还应各留 0.25 m 的安全距离，加上每条自行车车道的宽度 1.0 m，由此，一条自行车车道的宽度为 1.5 m，两条车道的宽度为 2.5 m，三条车道的宽度为 3.5 m，四条车道的宽度为 4.5 m，依此类推。自行车道的标准宽度如图 1-5-11 所示。

各类混合行驶的非机动车车道宽度，是根据车辆横向布置的不同排列组合要求来确定的，其宽度必须保证最宽车辆有超车或并行的可能。例如，一辆三轮车超越一辆大板车（或两车并行）时，其宽度至少应为 4.5～5.0m，这样，同时也能满足一辆三轮车和一辆马车通行的要求，以及一辆板车沿路边停歇，一辆三轮车行驶与一辆自行车超车的要求，也可满足四辆自行车并列行驶的要求。

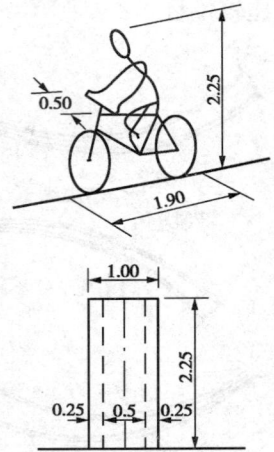

图 1-5-10 自行车的通行净空
（尺寸单位：m）

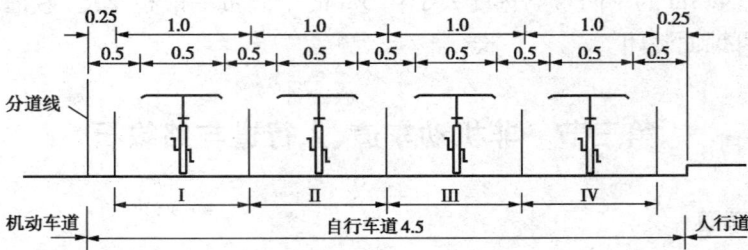

图 1-5-11 自行车道的标准宽度（尺寸单位：m）

根据各城市对非机动车行车道宽度的设计和使用经验，其基本宽度推荐采用 5.0m（或 4.5m），6.5m（或 6.0m），8.0m（或 7.5m）。根据非机动车交通仍有继续增长的发展趋势，在规划、设计非机动车行车道宽度时，特别是与机动车分流的非机动车道，宜适当留有余地，一般不宜小于以上推荐的最小值。当机、非混行的道路断面上借画线分流时，非机动车道宽度不得小于 2.5m。只有当交通量不大，考虑到机动车道和非机动车道之间有可能互相调剂使用时，其宽度才宜于适量酌减。

二、人行道

人行道主要是供行人步行之用,同时也是植树、立杆的场地,其地下空间还可埋设管线等。

(一)人行道宽度

人行道的宽度包括行人步行道宽度和种植带、设施带的宽度,应根据道路类别、功能、行人流量、绿化、沿街道建筑性质及布设公用设施要求等确定。

1. 步行道宽度

步行道宽度必须满足行人通行的安全和顺畅,可由下式计算:

$$w_p = N_w / N_{w1} \tag{1-5-15}$$

式中:w_p——步行道宽度(m);

N_w——人行道高峰小时行人流量(P/h);

N_{w1}——1m 宽步行道的设计行人通行能力[P/(h·m)]。

一个步行的人所占用宽度与人手中携带物品的大小和携带方式有关,变化在 0.60 ~ 0.90m 之间。车站、码头、大型商场附近的道路以及全市性的干道上,一条步行带宽度取 0.90m,其余情况取 0.75m。一条步行带的通行能力,可用下式计算:

$$N_p = \frac{1\,000v}{L} \quad (P/h) \tag{1-5-16}$$

式中:N_p—— 一条步行带的通行能力(P/h);

v——行人步行速度(km/h);

L——行人间距(m)。

也可用下式计算:

$$N_p = 3\,600 \cdot w_p \cdot v \cdot \rho \quad (P/h) \tag{1-5-17}$$

式中:w_p——步行道宽度(m);

v——步行速度(m/s);

ρ——人群密度(P/m²)。

根据观察和计算,不同性质道路的人行道上一条步行带的通行能力如表1-5-5。

一条步行带的行能力表 　　　　　　　　　　　　　　表 1-5-5

不同性质的人行道	步行速度 v (km/h)	行人间距 L (m)	一条步行带的通行能力 N_p (P/h)
一般道路	3 ~ 4	3 ~ 4	800 ~ 1 000
闹市及游览区道路	2 ~ 3	3 ~ 4	600 ~ 700
供散步、休息的道路	1 ~ 2	3 ~ 4	300 ~ 500
运动场、影剧院散场	4 ~ 5	3 ~ 4	1 000 ~ 1 200

根据我国部分城市的调查资料:大城市现有单侧步行道宽度为 3 ~ 10m,中等城市为2.5 ~ 8m,小城市为 2 ~ 6m。表 1-5-6 列出了单侧步行道的最小宽度。

2. 种植带宽度

人行道上靠行车道一侧一般种植行道树。行道树的株距一般为 4 ~ 6m,树池采用 1.5m 的正方形或 1.2m × 1.8m 的矩形。

单侧步行道的最小宽度

表 1-5-6

项 目	步行道最小宽度（m）	
	大城市	中、小城市
各级道路	3	2
商业区、文化中心区以及大型商店、大型公共文化机构集中路段	5	3
火车站、码头附近路段	5	4
长途汽车站	4	4

3．设施带宽度

设施带宽度包括设置行人护栏、照明灯柱、标志牌、信号灯等的宽度。红线宽度较窄及条件困难时，设施带可与种植带合并，但应避免各种设施与树木间的干扰。常用宽度为：护栏0.25～0.50m，杆柱1.0m～1.5m。

按上述所求得的步行道宽、绿化带宽与设施带宽之和即为人行道宽。此外，还要考虑人行道下面埋设管线所需要的宽度。为了使街道各部分宽度相互协调，符合视觉上的正常比例，再将计算的人行道宽度与整个街道宽度相比较。一般认为街道宽与单侧人行道宽之比在5:1～7:1的范围内是比较合理的。

（二）人行道的布置

人行道通常对称布置在道路两侧，受地形、地物限制时，可不等宽或不在一个平面上。常见的人行道布置形式见图1-5-12。

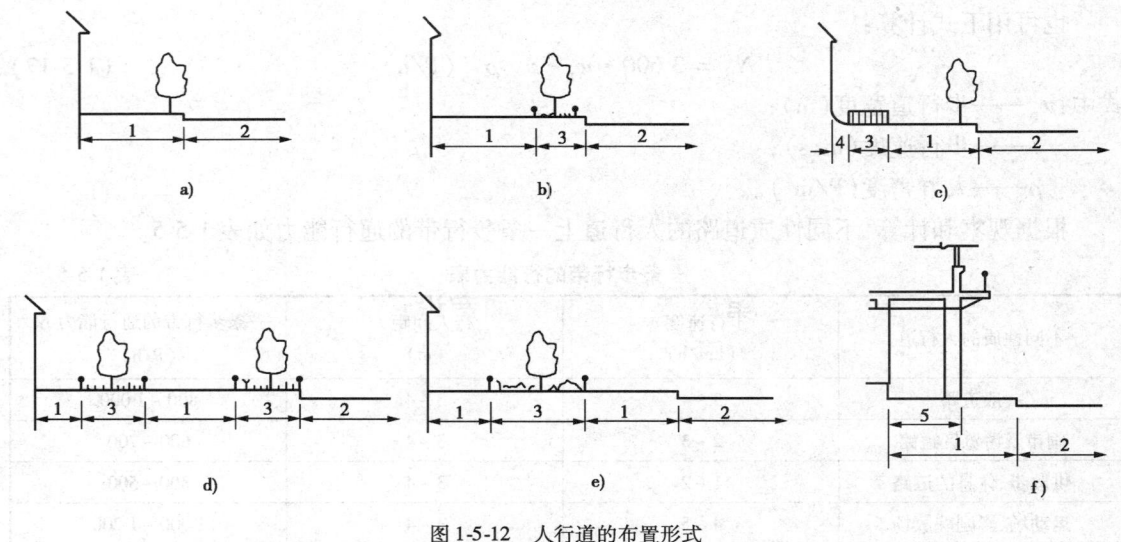

图 1-5-12 人行道的布置形式

1-步行道；2-车行道；3-绿带；4-散水；5-骑楼

图1-5-12a)中，仅在小圆穴（或小方穴）中种植单行树。这种形式适用于人行道宽度受限制或两侧有商业、公共文化设施而用地不足的路段。

图1-5-12b)中，行人与车行道之间用绿化带（草地或灌木）隔开，在人行横道处将绿化带断开。这种形式适用于过街行人密度大，行车密度高的路段。这种布置有利于行人的交通安

全和提高车行道的通行能力,有利于交通组织。

图 1-5-12c)中,绿化带布置在建筑物前面。该种形式适用于住宅区街道。为了防止积水影响房屋基础稳定,须沿房屋墙脚砌筑护坡以利排水。

图 1-5-12d)中,绿化带将人行道划分成两个部分,靠近建筑物的人行道供进出商店的行人使用,另一条供过路行人使用。该种形式适用于城市中心商业区或公共建筑物多的街道上。

图 1-5-12e)为骑楼式人行道,为拓宽路幅将沿街两旁的房屋底层改建为骑楼。该种形式适用于旧城原行车道和人行道均显狭窄的道路上。

三、路缘石

路缘石是设置在路面与其他构造物之间的标石。在分隔带与路面之间,人行道与路面之间一般都需要设置路缘石。

路缘石的形状有立式、斜式和曲线式等几种(图 1-5-13)。

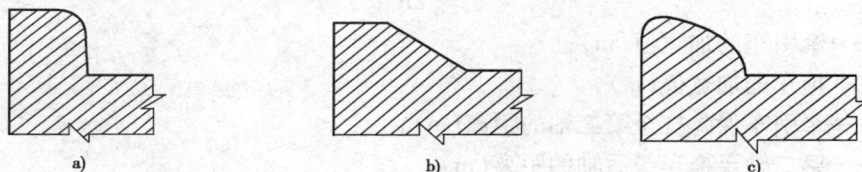

图 1-5-13 路缘石
a)立式;b)斜式;c)曲线式

高速公路和一级公路中央分隔带上的路缘石起导向、连接和便于排水的作用。其高度不宜太高,因为高的路缘石(高度 >20cm)会使高速行驶的汽车一旦驶入将产生飞跃甚至翻车的副作用。所以,当高速公路的分隔带因排水必须设置路缘石时,应使用低矮光滑的斜式或曲线式的路缘石,高度宜小于 12cm。

城市道路的人行道及人行横道宽度范围内路缘石宜做成低矮的,而且坡面较为平缓的斜式,便于儿童车、轮椅及残疾人通行。在分隔带端头或交叉口的小半径处,缘石宜做成曲线式。

路缘石宜高出路面 10~20cm,隧道内线形弯曲段或陡峻路段等处,可高出 25~40cm,并应有足够的埋置深度,以保证稳定。缘石宽度宜为 10~15cm。

第四节　平曲线加宽设计

一、加宽值的计算

汽车行驶在曲线上,各轮迹半径不同,其中后内轮轨迹半径最小,且偏向曲线内侧,故曲线内侧应增加路面宽度,以确保曲线上行车的顺适与安全。

普通汽车的加宽值可由图 1-5-14 所示的几何关系求得:

$$b = R - (R_1 + B)$$

而

$$R_1 + B = \sqrt{R^2 - A^2} = R - \frac{A^2}{2R} - \frac{A^4}{8R^3} - A$$

故

$$b = \frac{A^2}{2R} + \frac{A^4}{8R^3} + A \tag{1-5-18}$$

式(1-5-18)第二项以后的数值极小,可省略不计,故一条车道的加宽:

$$b_{单} = \frac{A^2}{2R} \tag{1-5-19}$$

式中:A——汽车后轴至前保险杠的距离(m);

R——圆曲线半径(m)。

对于有 N 个车道的行车道:

$$b = \frac{NA^2}{2R} \tag{1-5-20}$$

半挂车的加宽值由图 1-5-15 的几何关系求得:

$$\left. \begin{array}{l} b_1 = \dfrac{A_1^2}{2R} \\[2mm] b_2 = \dfrac{A_2^2}{2R'} \end{array} \right\} \tag{1-5-21}$$

式中: b_1 ——牵引车的加宽值(m);

b_2 ——拖车的加宽值(m);

A_1 ——牵引车保险杠至第二轴的距离(m);

A_2 ——第二轴至拖车最后轴的距离(m);

其余符号见图 1-5-15。

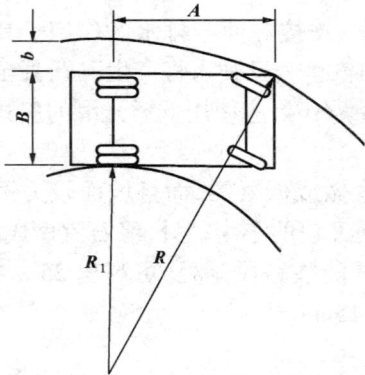

图 1-5-14　普通汽车的加宽　　　　　　　图 1-5-15　半挂车的加宽

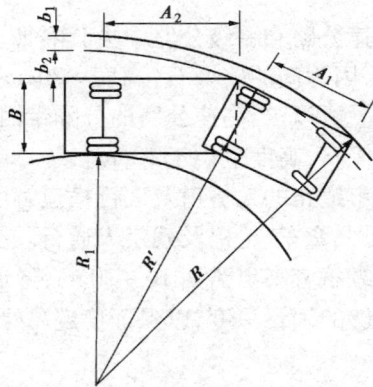

由于 $R' = R - b_1$,而 b_1 与 R 相比甚微,可取 $R' \approx R$,于是半挂车的加宽值:

$$b = b_1 + b_2 = \frac{A_1^2 + A_2^2}{2R} \tag{1-5-22}$$

令 $A_1^2 + A_2^2 = A^2$,式(1-5-22)仍归纳成为式(1-5-20)。

据实测,汽车转弯加宽还与车速有关,一个车道摆动加宽值 b' 计算的经验公式为:

$$b' = \frac{0.05v}{\sqrt{R}} \tag{1-5-23}$$

式中:v——汽车转弯时车速(km/h)。

考虑车速的影响,曲线上路面的加宽值按式(1-5-24)计算:

$$b = N\left(\frac{A^2}{2R} + \frac{0.05v}{\sqrt{R}}\right) \quad (1\text{-}5\text{-}24)$$

根据三种标准车型轴距的不同,其轴距加前悬的长度分别为 5m、8m 和 5.2m + 8.8m,分别计算并对结果进行整理,可得出不同半径所对应的三类加宽值。《标准》规定的双车道路面加宽值见表 1-5-7,城市道路圆曲线每条车道的加宽值见表 1-5-8。

双车道公路平曲线加宽值　　　　　　　　　　　　　　表 1-5-7

加宽类型	加宽值（m） 汽车轴距加前悬（m）	平曲线半径（m） 250～200	<200～150	<150～100	<100～70	<70～50	<50～30	<30～25	<25～20	<20～15
1	5	0.4	0.6	0.8	1.0	1.2	1.4	1.8	2.2	2.5
2	8	0.6	0.7	0.9	1.2	1.5	2.0			
3	5.2 + 8.8	0.8	1.0	1.5	2.0	2.5				

城市道路圆曲线每条车道的加宽值（m）　　　　　　　　表 1-5-8

圆曲线半径（m） 车型	200＜R≤250	150＜R≤200	100＜R≤150	60＜R≤100	50＜R≤60	40＜R≤50	30＜R≤40	20＜R≤30	15＜R≤20
小型汽车	0.28	0.30	0.32	0.35	0.39	0.40	0.45	0.60	0.70
普通汽车	0.40	0.45	0.60	0.70	0.90	1.00	1.30	1.80	2.40
铰接车	0.45	0.55	0.75	0.95	1.25	1.50	1.90	2.80	3.50

四级公路和设计速度为 30km/h 的三级公路采用第 1 类加宽值;其余各级公路采用第 3 类加宽值。对不经常通行集装箱运输半挂车的公路,可采用第 2 类加宽值。

对于 R > 250m 的圆曲线,由于其加宽值甚小,可以不加宽。由三条以上车道构成的行车道,其加宽值应另行计算。各级公路的路面加宽后,路基也应相应加宽。四级公路路基采用 6.5m 以上宽度时,当路面加宽后剩余的路肩宽度不小于 0.5m 时,则路基可不予加宽;小于 0.5m 时,则应加宽路基以保证路肩宽度不小于 0.5m。

分道行驶公路,当圆曲线半径较小时,其内侧车道的加宽值应大于外侧车道的加宽值,设计时应通过计算确定其差值。

二、加宽的过渡

为了使路面由直线上的正常宽度过渡到曲线上设置加宽的宽度,需设置加宽过渡段。在加宽过渡段上,路面具有逐渐变化的宽度。加宽过渡的设置根据道路性质和等级可采用不同的方法。

1. 比例过渡

在加宽过渡段全长范围内按其长度成比例逐渐加宽,如图 1-5-16 所示。加宽过渡段内任意点的加宽值为:

$$b_x = \frac{L_x}{L}b \quad (1\text{-}5\text{-}25)$$

式中:L_x——任意点距过渡段起点的距离（m）;

　　　L——加宽过渡段长（m）;

b——圆曲线上的全加宽(m)。

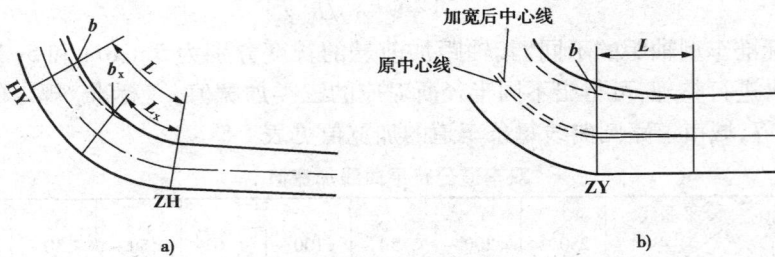

图 1-5-16　加宽的过渡

a)设缓和曲线的弯道比例过渡;b)不设缓和曲线的弯道比例过渡

比例过渡简单易作,但经加宽以后的路面内侧与行车轨道不符,过渡段的起终点出现破折,于路容也不美观。这种方法可用于二、三、四级公路。

2. 高次抛物线过渡

在加宽过渡段上插入一条高次抛物线,抛物线上任意点的加宽值为:

$$b_x = (4k^3 - 3k^4)b \tag{1-5-26}$$

式中:$k = \dfrac{L_x}{L}$。

用这种方法处理以后的路面内侧边缘圆滑、美观,适用于对路容有一定要求的高速公路和一级公路。

3. 回旋线过渡

在过渡段上插入回旋线,这样不但中线上有回旋线,而且加宽以后的路面边线也是回旋线,与行车轨迹相符,保证了行车的顺适与线形的美观。适用于高速公路和一、二级公路的下列路段:

(1)位于大城市近郊的路段。

(2)桥梁、高架桥、挡土墙、隧道等构造物处。

(3)设置各种安全防护设施的路段。

4. 直线与圆弧相切过渡

四级公路不设缓和曲线,其加宽过渡在直线上进行。在人工构造物处,因设置加宽过渡段而在圆曲线起、终点内侧边缘产生明显转折时,可采用路面加宽边缘线与圆曲线上路面加宽后的边缘线圆弧相切的方法予以消除,如图 1-5-17 所示。

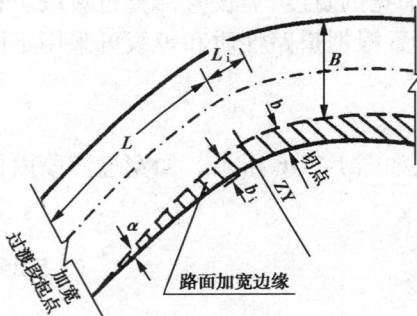

其近似公式为:

$$\alpha = \frac{-L + \sqrt{L^2 + 2(R-B)b}}{R-B}$$
$$L_i = R \cdot \alpha$$
$$b_i = L \cdot \tan\alpha \tag{1-5-27}$$

式中:L_i——圆曲线起终点至切点的距离(m);

b_i——修正后圆曲线起、终点处路面加宽值(m);

R——圆曲线半径(m);

L——加宽过渡段长度(m);

图 1-5-17　加宽过渡段内侧边缘转折的消除

84

B——未加宽前路面宽度(m);

b——圆曲线段路面加宽值(m);

α——路面加宽边缘线与未加宽路面边缘线的夹角(rad)。

上面介绍的诸多方法中,有的是对线形顺滑美观有利,但计算和测设比较烦琐,而另外一些则相反。强调高等级公路和人工构造物的地段应尽量采用于线形有利的方法,这是因为这些地方即使增加计算的工作量也是值得的。尤其是当今计算机和光电类测量仪器普遍地使用,使得测设计算变得容易,故不但在高等级公路上,即使在一般公路上都宜优先考虑采用有利于线形的加宽过渡方法。

三、加宽过渡段的长度

对于设置有缓和曲线的平曲线,加宽过渡段应采用与缓和曲线相同的长度。对于不设缓和曲线,但设置有超高过渡段的平曲线,可采用与超高过渡段相同的长度。若既不设缓和曲线又不设超高的平曲线,加宽过渡段应按渐变率为1:15且长度不小于10m的要求设置。对于复曲线的大圆和小圆之间设有缓和曲线的加宽过渡段,均可以按上述方法处理。

第五节 平曲线超高设计

一、超高及其作用

为抵消车辆在平曲线路段上行驶时所产生的离心力,将路面做成外侧高内侧低的单向横坡形式,称为平曲线超高。合理地设置超高,可以全部或部分抵消离心力,提高汽车在曲线上行驶的稳定性与舒适性。当汽车等速行驶时,圆曲线上所产生的离心力是常数,超高横坡度应是与圆曲线半径相适应的全超高。而在缓和曲线上曲率是变化的,其离心力也是变化的,因此,在缓和曲线上应是逐渐变化的超高。这段从直线上的双向横坡渐变到圆曲线上单向横坡的路段,称作超高过渡段。四级公路不设缓和曲线,但曲线上若设有超高,从构造的角度也应有超高过渡段。

二、超高率的计算

极限最小半径($R_{\min}$)是与最大超高率($i_{h\max}$)相对应的,现在讨论任一半径的曲线超高率 i_h 的确定。由汽车在曲线上行驶的力的平衡方程式,可得:

$$i_h + \mu = \frac{v^2}{127R} \tag{1-5-28}$$

式中:i_h——超高率;

$\quad\mu$——横向力系数;

$\quad v$——设计速度(km/h);

$\quad R$——曲线半径(m)。

式中右边是汽车行驶在曲线上所产生的离心加速度,只要代入相应的车速 v 和半径 R 即可求得。等式左边是抵抗该加速度的路面超高 i_h 和横向力系数 μ。该 μ 是由路面与轮胎之间的摩阻力提供的,并与乘客感受到的横向力相抗衡。要计算 i_h 的值,必须首先明确 i_h 和 μ 各分配多少才是合理的。

对于某一既定的设计速度 v，$(i_h + \mu)$ 与 $1/R$ 呈线性关系。其中，i_h 和 μ 可以有以下四种分配方式，其关系如图 1-5-18 所示。

（1）在未达到 $i_h = i_{hmax}$ 之前，离心力完全由超高所抵消。当曲率再大时，i_{hmax} 保持不变，其增加的离心力部分由横向摩阻力来抵消。

（2）方法与（1）基本相同，区别在于：（2）采用设计速度，这里采用行驶速度。

（3）超高和曲率成正比，即 $i_h = 0$ 与 $i_h = i_{hmax}$ 之间为一直线关系。

（4）超高和曲率成曲线关系，其值介于（2）和（3）之间。

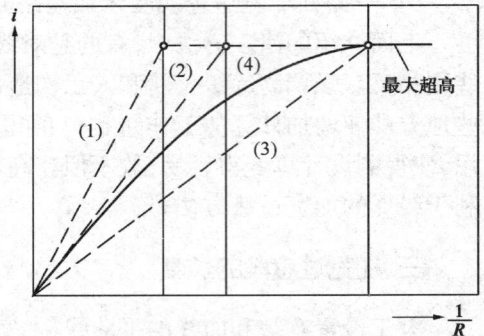

图 1-5-18　超高与横向摩阻力的分配方法

横向力 μ 的存在对于驾驶操纵的稳定、行旅的舒适及燃料、轮胎的消耗都有不利影响。因此，把大多数车辆的 μ 值减到最低限度，应是 i_h 和 μ 分配的主要原则。根据调查研究，车辆实际行驶速度是驾驶员根据路况和环境情况的判断而采用的。在现代道路上，85% ~ 90% 的车辆低于设计车速，15% ~ 10% 的车辆超出设计车速。在设计速度低的路上，实际车速超出的更多些（表 1-5-9），所以方式（2）采用行驶速度，比（1）采用设计速度所计算出的超高更符合大多数车辆的要求。

行驶车速与设计车速的比较表　　　　　　　表 1-5-9

设计车速 v_d（km/h）	120	100	80	60	50	40	30	20
行驶车速 v_a（km/h）	81	74	64	52	45	37	28	19

车辆在曲线上行驶时，其速度会因曲率不同而变化。当曲率大时车速较低，当曲率较小时车速较高。方式（2）在所有曲率半径上均采用统一的行驶速度，对于大半径曲线，其超高比较符合实际；而对于小半径曲线，其超高就显得偏大。

方式（3）中超高和曲率成正比，当半径较大时，采用方式（3）所计算出的超高远比最大超高要小，而 μ 仍然存在，将对车辆行驶产生不利影响，宜适当增大超高值以减小 μ。尤其是在大半径曲线上，车辆将采用较快的车速，故应将超高规定得比采用方式（3）所计算出的超高要大些。

方式（4）中超高和曲率成曲线关系，当平曲线半径较大时，其超高值接近方式（2），由适当的超高抵消横向力。随着半径的减小，则以接近最大超高的方式设置超高。这样，在超高设置上兼顾了大半径和小半径曲线，在一定程度上避免了上述几种方法的缺点，但对大半径曲线更加有利。

按上述原则可以计算出不同设计速度下，不同半径所对应的超高。在实际应用时，可直接查《规范》取值。

三、超高过渡方式

1. 无中间带道路的超高过渡

若超高横坡度等于路拱坡度，路面由直线上双向倾斜路拱形式过渡到曲线上具有超高的单向倾斜形式，只需行车道外侧绕中线逐渐抬高，直至与内侧横坡相等为止，如图 1-5-19 所示。

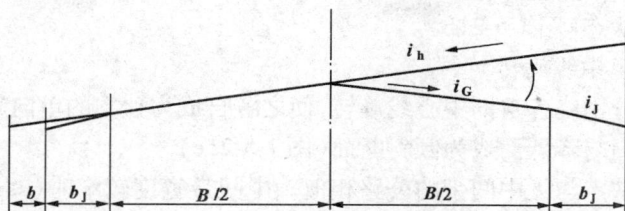

图 1-5-19　超高值等于路拱时的过渡

当超高坡度大于路拱坡度时,可分别采用以下三种过渡方式:

1)绕内边线旋转

先将外侧车道绕路中线旋转,待达到与内侧车道构成单向横坡后,整个断面再绕未加宽前的内侧车道边线旋转,直至超高横坡值(图 1-5-20a)。

2)绕中线旋转

先将外侧车道绕路中线旋转,待达到与内侧车道构成单向横坡后,整个断面绕中线旋转,直至超高横坡度(图 1-5-20b)。

3)绕外边缘旋转

先将外侧车道绕外边缘旋转,与此同时,内侧车道随中线的降低而相应降低,待达到单向横坡后,整个断面仍绕外侧车道边缘旋转,直至超高横坡度(图 1-5-20c)。

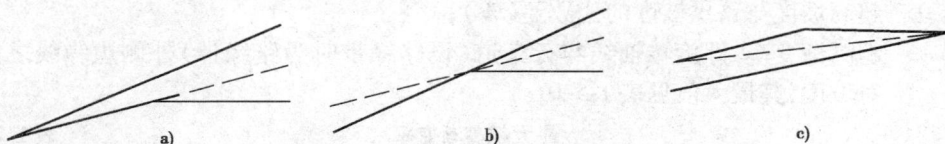

图 1-5-20　无中间带道路超高的过渡方式
a)绕内侧边缘旋转;b)绕中线旋转;c)绕外侧边缘旋转

上述各种方法,绕内边线旋转由于行车道内侧不降低,有利于路基纵向排水,一般新建工程多用此法。绕中线旋转可保持中线高程不变,且在超高坡度一定的情况下,外侧边缘的抬高值较小,多用于旧路改建工程。而绕外侧边线旋转是一种比较特殊的设计,仅用于某些改善路容的地点。

2. 有中间带公路的超高过渡

1)绕中间带的中心线旋转

先将外侧行车道绕中央分隔带边缘旋转,待达到与内侧行车道构成单向横坡后,整个断面一同绕中心线旋转,直至超高横坡度值。此时中央分隔带呈倾斜状(图 1-5-21a)。

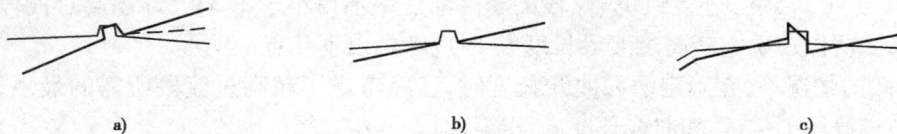

图 1-5-21　有中间带道路超高的过渡方式
a)绕中间带的中心线旋转;b)绕中央分隔带边缘旋转;c)绕各自行车道中线旋转

2)绕中央分隔带边缘旋转

将两侧行车道分别绕中央分隔带边缘旋转,使之各自成为独立的单向超高断面,此时中央

87

分隔带维持原水平状态（图 1-5-21b）。

　　3）绕各自行车道中线旋转

　　将两侧行车道分别绕各自的中心线旋转，使之各自成为独立的单向超高断面，此时中央分隔带两边缘分别升高与降低而成为倾斜断面（图 1-5-21c）。

　　三种方式的优缺点与无中间带的公路相似。中间带宽度较窄时（≤4.5m）可采用（1）法；各种宽度的中间带都可以用（2）法；对于车道数大于 4 条的公路可采用（3）法。城市道路的超高过渡方式与公路相同。分离式断面的道路由于上、下行车道是各自独立的，其超高的设置及其过渡可按两条无分隔带的道路分别处理。

四、超高过渡段长度

　　为了行车的舒适、路容的美观和排水的通畅，必须设置一定长度的超高过渡段。超高的过渡则是在超高过渡段全长范围内进行的。双车道公路最小超高过渡段长度按下式计算：

$$L_c = \frac{B\Delta_i}{p} \tag{1-5-29}$$

式中：L_c——最小超高过渡段长度（m）；

　　B——旋转轴至行车道（设路缘带时为路缘带）外侧边缘的宽度（m）；

　　Δ_i——超高坡度与路拱坡度的代数差（%）；

　　p——超高渐变率，即旋转轴线与行车道（设路缘带时为路缘带）外侧边缘线之间的相对坡度，其最大值见表 1-5-10。

最大超高渐变率　　　　　　　　　　　　　　　　　　表 1-5-10

设计速度（km/h）	超高旋转轴位置		设计速度（km/h）	超高旋转轴位置	
	中　线	边　线		中　线	边　线
120	1/250	1/200	40	1/150	1/100
100	1/225	1/175	30	1/125	1/75
80	1/200	1/150	20	1/100	1/50
60	1/175	1/125			

　　根据式（1-5-28）计算的超高过渡段长度，应凑成 5m 的整倍数，并不小于 10m 的长度。

　　为了行车的舒适，超高过渡段应不小于按上式计算的长度。但从利于排除路面降水考虑，横坡度由 2%（或 1.5%）过渡到 0% 路段的超高渐变率不得小于 1/330，即超高过渡段又不能设置得太长。所以在确定超高过渡段长度 L_c 时应考虑以下几点：

　　（1）一般的情况下，在确定缓和曲线长度时，已经考虑了超高过渡段所需的最短长度，故一般取超高过渡段 L_c 与缓和曲线长度 L_S 相等，即 $L_c = L_S$。

　　（2）若计算出的 $L_c > L_S$，此时应修改平面线形，使 $L_S \geq L_c$。当平面线形无法修改时，可将超高过渡起点前移，即超高过渡在缓和曲线起点前的直线路段开始，路面外侧以适当的超高渐变率逐渐抬高，使横断面在 ZH（或 HZ 点）渐变为向内倾斜的单向路拱横坡（临界断面）。

　　（3）若 $L_S >$ 计算出的 L_c，但只要超高渐变率 $P \geq 1/330$，仍取 $L_c = L_S$。

（4）在高等级公路设计中，因照顾线形的协调性，在平曲线中一般配置较长的缓和曲线。为了避免在缓和曲线全长范围内均匀过渡超高而造成路面横向排水不畅，超高过渡可采取以下措施：①超高的过渡仅在缓和曲线的某一区段内进行。即超高过渡起点可从缓和曲线起点（$R=\infty$）至缓和曲线上不设超高的最小半径之间的任一点开始，至缓和曲线终点结束。②超高过渡在缓和曲线全长范围内按两种超高渐变率分段进行。即第一段从缓和曲线起点由双向路拱坡以超高渐变率 1/330 过渡到单向路拱横坡，第二段由单向路拱横坡过渡到缓和曲线终点处的超高横坡。

（5）四级公路不设缓和曲线，但若圆曲线上设有超高，则应设置超高过渡段，超高过渡段在直线和圆曲线上各分配一半。

五、横断面超高值的计算

平曲线上设置超高以后，道路中线和内、外侧边线与设计高程之差 h，应予以计算并列于"路基设计表"中，以便于施工。

（一）不设中间带的公路

不设中间带的公路超高值的计算公式列于表 1-5-11 和表 1-5-12，可参看图 1-5-22。

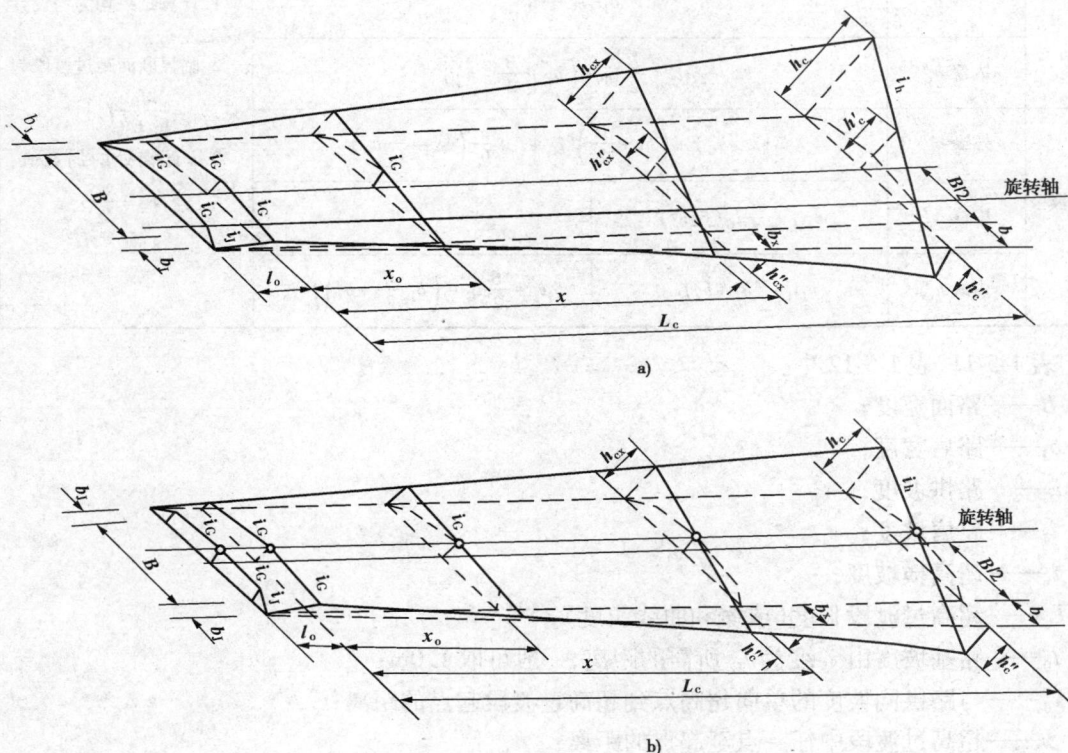

图 1-5-22　超高过渡方式图
a）绕边线旋转；b）线中线旋转

绕内边线旋转超高值计算公式　　　　　　　　表 1-5-11

超 高 位 置		计 算 公 式		备　注
		$x \leqslant x_0$	$x > x_0$	
圆曲线上	外缘 h_c	$b_J i_J + (b_J + B) i_h$		1. 计算结果均为与设计高之差；
	中线 h_c'	$b_J i_J + \dfrac{B}{2} i_h$		2. 临界断面距过渡段起点：$x_0 = \dfrac{i_G}{i_h} L_c$；
	内缘 h_c''	$b_J i_J - (b_J + b) i_h$		3. x 距离处的加宽值：
过渡段上	外缘 h_{ex}	$b_J(i_J - i_G) + \left[b_J i_G + (b_J + B) i_h \right] \dfrac{x}{L_c}$（或 $\approx \dfrac{x}{L_c} h_c$）		$b_x = \dfrac{x}{L_c} b$
	中线 h_{ex}'	$b_J i_J + \dfrac{B}{2} i_G$	$b_J i_J + \dfrac{B}{2} \cdot \dfrac{x}{L_c} i_h$	
	内缘 h_{ex}''	$b_J i_J - (b_J + b_x) i_G$	$b_J i_J - (b_J + b_x) \dfrac{x}{L_c} i_h$	

绕中线旋转超高值计算公式　　　　　　　　表 1-5-12

超 高 位 置		计 算 公 式		备　注
		$x \leqslant x_0$	$x > x_0$	
圆曲线上	外缘 h_c	$b_J(i_J - i_G) + \left(b_J + \dfrac{B}{2} \right)(i_G + i_h)$		1. 计算结果均为与设计高之差；
	中线 h_c'	$b_J i_J + \dfrac{B}{2} i_G$		2. 临界断面距过渡段起点：$x_0 = \dfrac{2 i_G}{i_G + i_h} L_c$；
	内缘 h_c''	$b_J i_J + \dfrac{B}{2} i_G - \left(b_J + \dfrac{B}{2} + b \right) i_h$		3. x 距离处的加宽值：
过渡段上	外缘 h_{ex}	$b_J(i_J - i_G) + \left(b_J + \dfrac{B}{2} \right)(i_G + i_h) \dfrac{x}{L_c}$（或 $\approx \dfrac{x}{L_c} h_c$）		$b_x = \dfrac{x}{L_c} b$
	中线 h_{ex}'	$b_J i_J + \dfrac{B}{2} i_G$（定值）		
	内缘 h_{ex}''	$b_J i_J - (b_J + b_x) i_G$	$b_J i_J + \dfrac{B}{2} i_G - \left(b_J \dfrac{B}{2} + b_x \right) \dfrac{x}{L_c} i_h$	

表 1-5-11、表 1-5-12 中：

B——路面宽度；

b_J——路肩宽度；

i_G——路拱坡度；

i_J——路肩坡度；

i_h——超高横坡度；

L_c——超高过渡段长度（或缓和曲线长度）；

l_0——路基坡度由 i_J 变为 i_G 所需的距离，一般可取 1.0m；

x_0——与路拱同坡度的单向超高点到超高过渡段起点的距离；

x——超高过渡段中任一点至起点的距离；

h_c——路肩外缘最大抬高值；

h_c'——路中线最大抬高值；

h_c''——路基内缘最大降低值；

h_{cx}——x 距离处路基外缘抬高值;

h'_{cx}——x 距离处路基中线抬高值;

h''_{cx}——x 距离处路基内缘降低值;

b——圆曲线加宽值;

b_x——x 距离处路基加宽值。

以上长度单位均为 m。

(二)设有中间带的公路

设有中间带公路的超高方式有三种:①绕中央分隔带边缘旋转;②绕各自行车道中心旋转;③绕中间带中心旋转。在实际的设计中应用较多的是第一种和第二种方法,在超高过程中,内外侧同时从超高缓和段起点开始绕各自旋转轴旋转,外侧逐渐抬高,内侧逐渐降低,直到 HY(或 YH)点达到全超高。计算公式列于表 1-5-13 和表 1-5-14,可参看图 1-5-23 和图 1-5-24。

绕中央分隔带边缘旋转超高值计算公式　　　　　　　　表 1-5-13

超高位置		计 算 公 式	x 距离处行车道横坡值	备　　注
外侧	C	$(b_1 + B + b_2) i_x$	$i_x = \dfrac{i_G + i_h}{L_c} x - i_G$	1. 计算结果为与设计高之高差; 2. 设计高程为中央分隔带外侧边缘的高程;
	D	0		
内侧	D	0	$i_x = \dfrac{i_h - i_G}{L_c} x + i_G$	3. 加宽值 b_x 按加宽计算公式计算; 4. 当 $x = L_c$ 时,为圆曲线上的超高值
	C	$-(b_1 + B + b_x + b_2) i_x$		

绕各自行车道中心旋转超高值计算公式　　　　　　　　表 1-5-14

超高位置		计 算 公 式	x 距离处行车道横坡值	备　　注
外侧	C	$\left(\dfrac{B}{2} + b_2\right) i_x - \left(\dfrac{B}{2} + b_1\right) i_z$	$i_x = \dfrac{i_G + i_h}{L_c} x - i_G$	1. 计算结果为与设计高之高差; 2. 设计高程为中央分隔带外侧边缘的高程;
	D	$-\left(\dfrac{B}{2} + b_1\right)(i_x + i_z)$		
内侧	D	$\left(\dfrac{B}{2} + b_1\right)(i_x - i_z)$	$i_x = \dfrac{i_h - i_G}{L_c} x + i_G$	3. 加宽值 b_x 按加宽计算公式计算; 4. 当 $x = L_c$ 时,为圆曲线上的超高值
	C	$-\left(\dfrac{B}{2} + b_x + b_2\right) i_x - \left(\dfrac{B}{2} + b_1\right) i_z$		

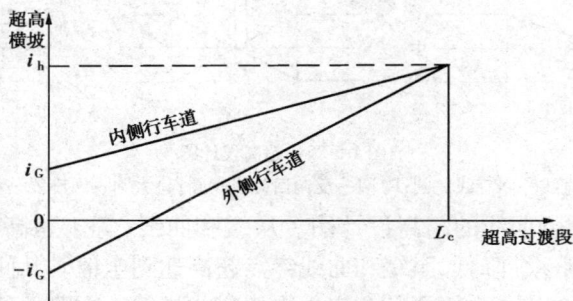

图 1-5-23　行车道超高横坡变化图

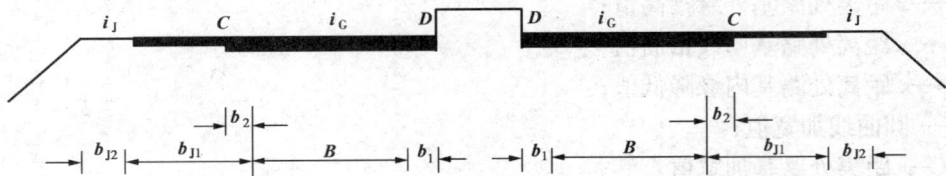

图 1-5-24　超高计算点位置图

表 1-5-13、表 1-5-14 中：

B——左侧（或右侧）行车道宽度（m）；

b_1——左侧路缘带宽度（m）；

b_2——右侧路缘带宽度（m）；

b_x——x 距离处路基加宽值（m）；

i_h——超高横坡度；

i_G——路拱横坡度；

x——超高缓和段中任意一点至超高缓和段起点的距离（m）。

表中仅列出了行车道外侧边缘和中央分隔带边缘的超高计算，硬路肩外侧边缘、路基边缘的超高可根据路肩横坡和路肩宽度从行车道外侧边缘推算。

六、超高设计图

前述的弯道超高设计都是针对一个弯道而言的。两个或两个以上弯道，其间距离又不太长，除考虑单一弯道的超高设计外，还需研究两个弯道间的超高过渡问题。解决这个问题，需要用所谓"超高设计图"，见图 1-5-25。这是简化了的超高过渡的纵断面图，该图是以旋转轴为横坐标轴，纵坐标是相对高程。为使超高更加清晰，纵坐标是夸大了的。

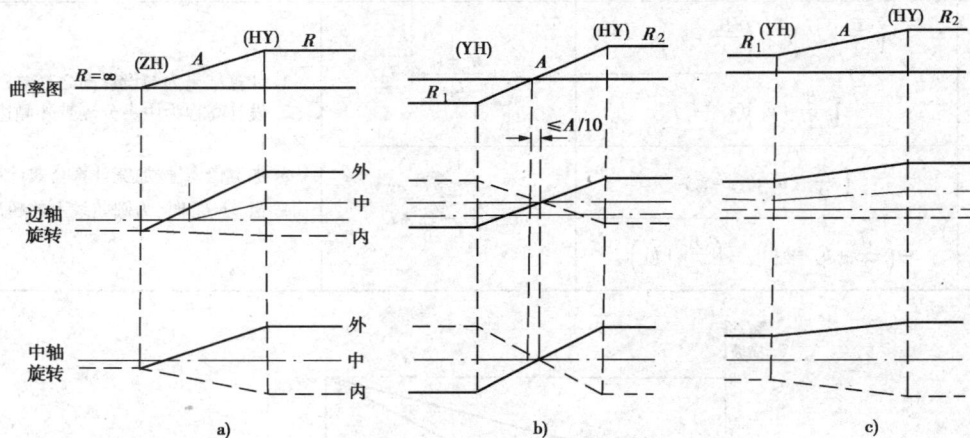

图 1-5-25　超高设计图

a）直线—回旋线—圆；b）圆—反向回旋线—圆；c）大圆—回旋线—小圆

图 1-5-25a）是基本型曲线的超高设计图。从缓和曲线（等于超高渐变段长）起点开始超高，外侧逐渐抬高，内侧逐渐降低，至缓和曲线终点超高达到全值。其间变化是直线的，这符合缓和曲线上的曲率变化规律，也符合行车离心力的变化规律。在路面外侧边线抬高过程中，与中线相交一次，说明此点路面外侧横坡为 0，于横向排水不利。

图 1-5-25b)两相邻曲线是反向的。如按图 1-5-25a)处理,即路面要由单坡断面变为双坡断面,又要由双坡断面变为单坡断面,则路面外侧边线要与中线相交两次,于排水和路容都不利。可改为按图 1-5-25b)处理,即由一个曲线的全超高过渡到另一个曲线的反方向全超高,中间是面到面的过渡。在整个过渡过程中,横断面始终是单坡断面,没有固定旋转轴。这样处理后,只出现一次零坡断面,于排水和路容都有利。

图 1-5-25c)两相邻曲线是同向的。如按图 1-5-25a)处理,则路面外侧边线要与中线相交两次,于排水和路容都不利,而且对曲线外侧汽车的舒适性影响很大。改为按图 1-5-25c)处理,即由一个曲线的全超高过渡到另一个曲线的同方向全超高,中间是面到面的过渡。在整个过渡过程中,外侧路面始终向内倾斜,与内侧路面构成单坡断面。这样处理后,不出现零坡断面,于排水、路容和行车都有利。

第六节　爬坡车道与避险车道

爬坡车道是陡坡路段正线行车道上坡方向右侧增设的供载重车行驶的专用车道。避险车道是在长陡坡路段正线行车道下坡方向右侧为失控车辆增设的专用车道。

一般讲,通过精选路线,最理想的路线纵断面本身应按不需设置爬坡车道或避险车道来设计,但这样往往会造成路线迂回或路基高填深挖而增大工程费用。在某些情况下,采用稍大的坡度值而增设爬坡车道或避险车道会产生既经济又安全的效果。

一、设置爬坡车道的条件

在道路纵坡较大的路段上,载重车爬坡时需克服较大的坡度阻力,使输出功率与车重之比值降低,车速下降,载重车与小客汽车的速差变大,超车频率增加,对行车安全不利。速差较大的车辆混合行驶,必将减小快车的行驶自由度,导致通行能力降低。为了消除上述种种不利影响,宜在陡坡段增设爬坡车道,把载重车从正线车流中分离出去,可提高小客车行驶的自由度,确保行车安全,增加路段的通行能力。

高速公路、一级公路及双车道二级公路纵坡长度受限制的路段,应对载重汽车上坡行驶速度的降低值和通行能力进行验算,符合下列情况之一者,可在上坡方向车道右侧设置爬坡车道:

(1)沿上坡方向载重汽车的行驶速度降低到表 1-5-15 的允许最低速度以下时,可设置爬坡车道。

上坡方向容许最低速度　　　　　　　　表 1-5-15

设计速度(km/h)	120	100	80	60
容许最低速度(km/h)	60	55	50	40

(2)上坡路段的设计通行能力小于设计小时交通量时,应设置爬坡车道。

爬坡车道设计通行能力的计算方法与正线的通行能力计算方法相同。

对需设置爬坡车道的路段,应与改善正线纵坡不设爬坡车道的方案进行技术经济比较;对隧道、大桥、高架构造物及深挖路段,当因设置爬坡车道使工程费用增加很大时,经论证爬坡车道可以缩短或不设。

对于山岭地区的高速公路,由于地形复杂,纵坡设计控制因素较多,在这种路段上,计算行车速度一般在 80km/h 以下,是否设置爬坡车道,必须在上述基本条件下,从公路建设的目的、服务水平、工程建设投资规模等综合分析比较后确定。

二、爬坡车道的设计

1．横断面组成

爬坡车道设于上坡方向正线行车道右侧,宽度一般为 3.5m,包括设于其左侧路缘带的宽度 0.5m,如图 1-5-26 所示。

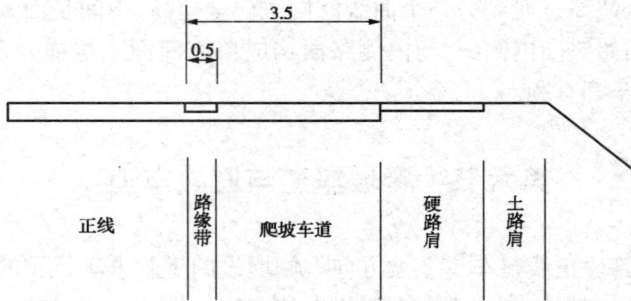

图 1-5-26　爬坡车道横断面组成(尺寸单位:m)

高速公路的爬坡车道可以占用原有的硬路肩宽度,爬坡车道的外侧可只设土路肩(图1-5-27a)。

一级公路、二级公路的爬坡车道紧靠行车道外侧设置,原来硬路肩部分移至爬坡车道的外侧,供混合车辆行驶(图 1-5-27b、c)。

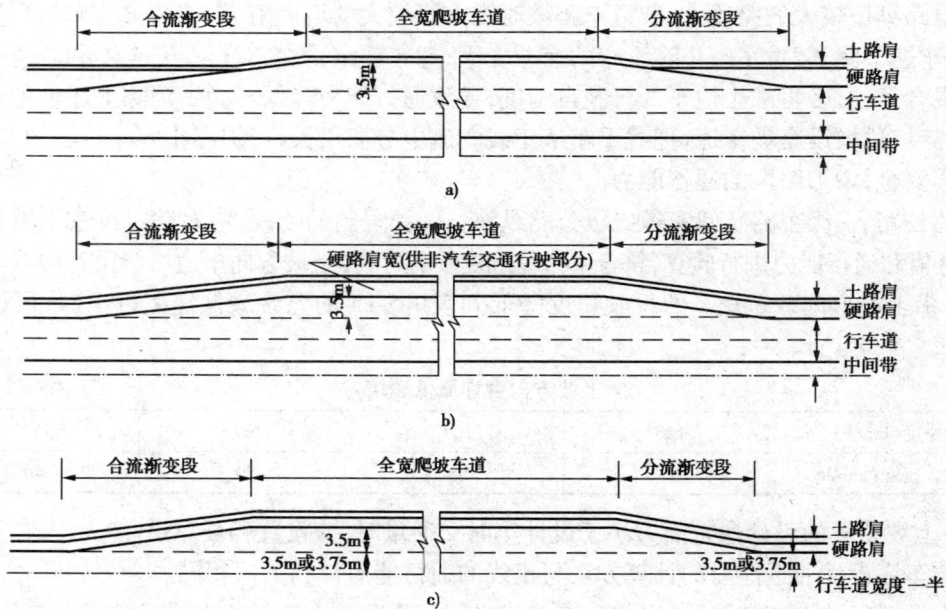

图 1-5-27　爬坡车道的平面布置

a)高速公路;b)一级公路;c)二级公路

窄路肩不能提供停车使用,在长而连续的爬坡车道路段上,其右侧应按规定设置紧急停车带。

2. 横坡度

因为爬坡车道的行车速度比正线低,为了行车安全起见,正线超高坡度与爬坡车道的超高坡度之间的对应关系见表1-5-16。

爬坡车道的超高坡度 表 1-5-16

正线的超高坡度(%)	10	9	8	7	6	5	4	3	2
爬坡车道的超高坡度(%)	5		4					3	2

超高坡度的旋转轴为爬坡车道内侧边缘线。

若爬坡车道位于直线路段时,其横坡度的大小同正线路拱坡度,采用直线式横坡,坡向向外。另外,爬坡车道右侧路肩的横坡度大小和坡向参照正线与右侧路肩之间关系的有关规定确定。

3. 平面布置与长度

爬坡车道的平面布置如图1-5-27所示。其总长度由分流渐变段长度、爬坡车道长度和合流渐变段长度组成。

爬坡车道的长度一般应根据所设计的纵断面线形,通过加、减速行程图绘制出载重车行驶速度曲线,找出小于允许最低速度的路段,从而得到需设爬坡车道的长度。

分流渐变段长度用来使正线车辆驶离正线而进入爬坡车道,合流渐变段长度用来使车辆驶离爬坡车道而进入正线,其长度见表1-5-17规定。

渐 变 段 长 度 表 1-5-17

公 路 等 级	分流渐变段长度(m)	合流渐变段长度(m)
高速公路、一级公路	100	150～200
二级公路	50	90

爬坡车道起终点的具体位置除按上述方法确定外,还应考虑与线形的关系,通常应设在通视条件良好、容易辨认并与正线连接顺适的地点。

三、避险车道的设计

为防止连续长、陡下坡车辆在行驶中速度失控而造成事故,应考虑在山岭地区长、陡下坡路段的右侧山坡上的适当位置设置避险车道。避险车道为大上坡断头路,其位置如图1-5-28所示。避险车道的长度根据主线下坡行驶速度、避险车道纵坡和坡床集料而定,其规定见表1-5-18。

避 险 车 道 长 度 表 1-5-18

正线驶出车速 (km/h)	制动坡床纵坡 $G(\%)$	坡床集料	坡床长度 (m)	强制减弱装置堆砌高度 (m)
100	10	碎砾石	239	1.5
		砾石	179	1.5
		砂	143	1.5
		豆砾石	102	1.5

续上表

正线驶出车速 （km/h）	制动坡床纵坡 G(%)	坡床集料	坡床长度 （m）	强制减弱装置堆砌高度 （m）
100	15	碎砾石	179	1.2
		砾石	143	1.2
		砂	119	1.2
		豆砾石	90	1.2
110	15	碎砾石	220	1.5
		砾石	176	1.5
		砂	147	1.5
		豆砾石	110	1.5
110	20	碎砾石	176	1.2
		砾石	147	1.2
		砂	126	1.2
		豆砾石	98	1.2

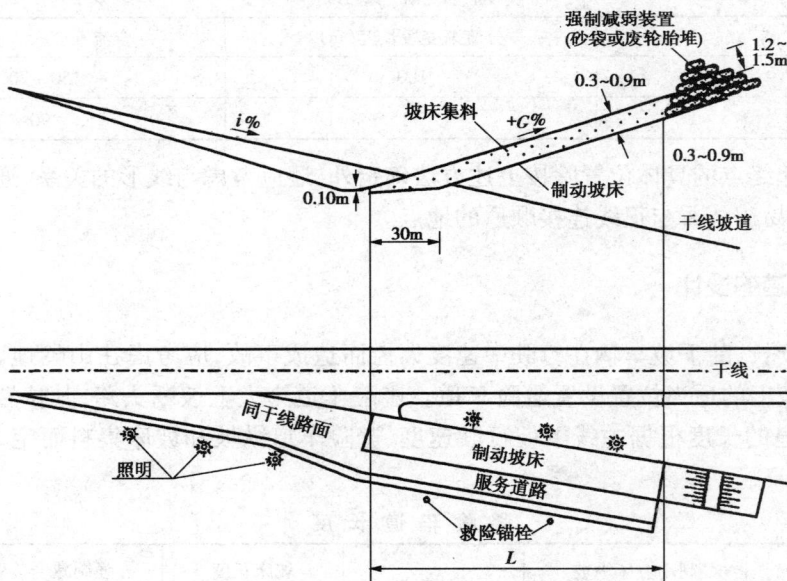

图 1-5-28　避险车道

避险车道应布置在直线上，为使车辆能高速安全驶入，入口前应保证足够视距。避险车道（制动坡床）起点采用0.1m厚，以30m长度渐变至坡床集料总厚度。坡床集料可采用碎砾石、砾石、砂、豆砾石等松散材料，厚度为0.3～0.9m。制动坡床宽度不小于4.5m，服务道路宽度不小于3.5m。救险锚栓间隔不宜大于90m。强制减弱装置可采用砂袋或废轮胎堆砌，高度为1.2～1.5m。

第七节　行车视距及其保证

一、视距的类型

为了行车安全,驾驶人员应能随时看到汽车前面相当远的一段路程,一旦发现前方路面上有障碍物或迎面来车,能及时采取措施,避免相撞,这一必需的最短距离称为行车视距。行车视距是否充分,直接关系到行车的安全与迅速,它是道路使用质量的重要指标之一。在道路平面上的暗弯(处于挖方路段的曲线和内侧有障碍物的曲线)、纵断面上的凸形竖曲线以及下穿式立体交叉的凹形竖曲线上都有可能存在视距不足的问题,如图 1-5-29 所示。

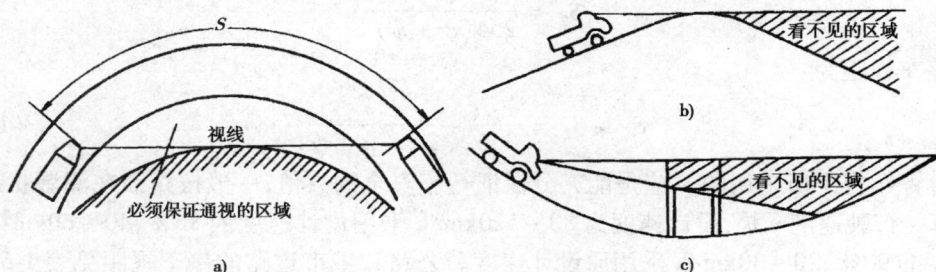

图 1-5-29　影响行车视距的地点

驾驶员发现障碍物或迎面来车,根据其采取措施的不同,行车视距可分为以下几种类型:

(1)停车视距。汽车行驶时,自驾驶人员看到前方障碍物时起,至到达障碍物前安全停止,所需的最短距离。

(2)会车视距。在同一车道上两对向汽车相遇,从相互发现时起,至同时采取制动措施使两车安全停止,所需的最短距离。

(3)错车视距。在没有明确划分车道线的双车道道路上,两对向行驶汽车相遇,发现后即采取减速避让措施安全错车所需的最短距离。

(4)超车视距。在双车道道路上,后车超越前车时,从开始驶离原车道处起,至可见逆行车并能超车后安全驶回原车道所需的最短距离。

上述四种视距中,前三种属于对向行驶,第四种属于同向行驶。第四种需要距离最长,须单独研究。而前三种中,以会车视距最长,只要道路能保证会车视距,停车视距和错车视距也就可以得到保证了。根据计算分析得知,会车视距约等于停车视距的 2 倍,故只需计算出停车视距就可以了。

二、视距计算

计算视距首先得明确"目高"和"物高"。"目高"是指驾驶人员眼睛距地面的高度,规定以车体较低的小客车为标准,据实测采用 1.2m。"物高"指障碍物的高度,采用 0.10m。

(一)停车视距

停车视距可分解为反应距离和制动距离两部分来研究。

反应距离是当驾驶人员发现前方的阻碍物,经过判断决定采取制动措施的那一瞬间到制动器真正开始起作用的那一瞬间汽车所行驶的距离。这段时间又可分为"感觉时间"和"反应时间"。感觉时间在很大程度上取决于物体的外形、颜色、驾驶员的视力和机敏度以及大气的可见度等。在高速行车时的感觉时间要比低速时短一些，这是由于高速行驶时警惕性会更高的缘故。根据实测资料，设计上采用感觉时间为 1.5s，制动反应时间取 1.0s 是较适当的。感觉和制动反应的总时间 $t = 2.5s$，在这个时间内汽车行驶的距离（S_1）为：

$$S_1 = \frac{v}{3.6} \cdot t \tag{1-5-30}$$

式中：v——汽车行驶速度（km/h）。

制动距离是指汽车从制动生效到汽车完全停住，这段时间内所走的距离（S_2）。根据第二章相关内容，它应为：

$$S_2 = \frac{v^2}{254(\varphi + \psi)}$$

故停车视距为：

$$S_T = S_1 + S_2 = \frac{v \cdot t}{3.6} + \frac{v^2}{254(\varphi + \psi)} (m) \tag{1-5-31}$$

计算停车视距所采用的 φ 应是能充分保证行车安全的数值，一般按路面在潮湿状态下的 φ 值计算。行驶速度 v 是：设计速度为 80 ~ 120km/h 采用设计速度的 85%，40 ~ 60km/h 采用设计速度的 90%，20 ~ 30km/h 采用原设计速度。公路和城市道路的停车视距见表1-5-19、表1-5-20。

公 路 停 车 视 距 表 1-5-19

设计车速（km/h）	120	100	80	60	40	30	20
停车视距（m）	210	160	110	75	40	30	20

城市道路停车视距 表 1-5-20

设计车速（km/h）	80	60	50	45	40	35	30	25	20	15	10
停车视距（m）	110	70	60	45	40	35	30	25	20	15	10

（二）超车视距

在一般双车道公路上行驶着各种不同速度的车辆，当快速车追上慢速车以后，需要占用供对向汽车行驶的车道进行超车。为了超车时的安全，驾驶员必须能看到前面足够长度的车流空隙，以便在相邻车道上没有出现对向驶来的汽车之前完成超车而不阻碍对向汽车的行驶，见图1-5-30。

超车视距的全程可分为四个阶段：

1. 加速行驶距离 S_1

当超车汽车经判断认为有超车的可能，于是加速行驶移向对向车道，在进入该车道之前的行驶距离为 S_1：

$$S_1 = \frac{v_0}{3.6} \cdot t_1 + \frac{1}{2} a \cdot t_1 \tag{1-5-32}$$

式中：v_0——被超汽车的速度（km/h）；

t_1——加速时间（s）；

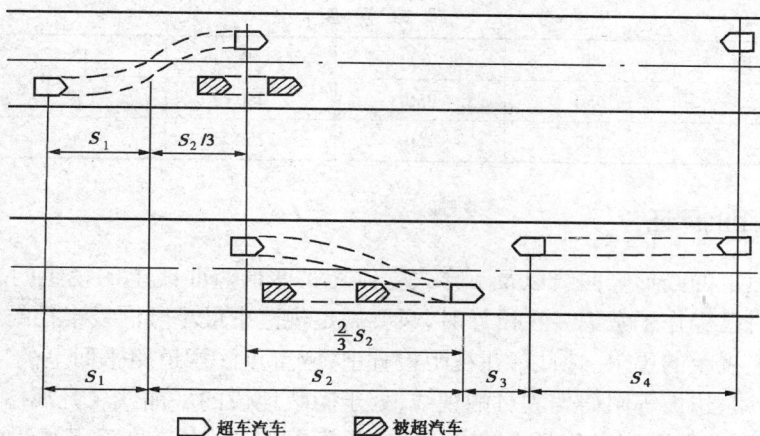

图 1-5-30 超车视距图示

a——平均加速度$(\mathrm{m/s^2})$。

2. 超车汽车在对向车道上行驶的距离 S_2

$$S_2 = \frac{v}{3.6} \cdot t_2 \qquad (1\text{-}5\text{-}33)$$

式中:v——超车汽车的速度$(\mathrm{km/h})$;

t_2——在对向车道上的行驶时间(s)。

3. 超车完了时,超车汽车与对向汽车之间的安全距离 S_3

这个距离视超车汽车和对向汽车的行驶速度不同采用不同的数值,一般取:

$$S_3 = 15 \sim 100\mathrm{m} \qquad (1\text{-}5\text{-}34)$$

4. 超车汽车从开始加速到超车完了时对向汽车的行驶距离 S_4

$$S_4 = \frac{v}{3.6} \cdot (t_1 + t_2) \qquad (1\text{-}5\text{-}35)$$

以上四个距离之和是比较理想的全超车过程,但距离较长,在地形比较复杂的地点很难实现。实际上在计算 S_4 所需的时间时,只考虑超车汽车从完全进入对向车道到超车完了所行驶的时间就可保证安全了。因为,尾随在慢车后面的快车驾驶员往往在未看到前面的安全区段就开始了超车作业,如果进入对向车道之后发现迎面有汽车开来而距离不足时还来得及返回自己的车道。因此,对向汽车行驶时间大致为 t_2 的 2/3 就足够了,即:

$$S_4' = \frac{2}{3} \cdot S_2 = \frac{2}{3} \cdot \frac{v}{3.6} \cdot t_2 = \frac{v}{5.4} \cdot t_2 \qquad (1\text{-}5\text{-}36)$$

于是,最小必要超车视距为:

$$S_c = S_1 + S_2 + S_3 + S_4' \qquad (1\text{-}5\text{-}37)$$

在地形困难或其他原因不得已时,可采用:

$$S_c = \frac{2}{3} \cdot S_2 + S_3 + S_4' \qquad (1\text{-}5\text{-}38)$$

v 采用设计速度,设超车汽车和对向汽车都按设计速度行驶,被超汽车的速度 v_0 较设计速度低 $5 \sim 20\mathrm{km/h}$,各阶段的行驶时间据实测大致为:$t_1 = 2.9 \sim 4.5\mathrm{s}$,$t_2 = 9.3 \sim 10.4\mathrm{s}$。以此进行计算的超车视距经整理见表 1-5-21。

超 车 视 距 表 1-5-21

设计车速(km/h)	80	60	40	30	20
一般值	550	350	200	150	100
低限值	350	250	150	100	70

三、行车视距的保证

对于纵断面上的凸形竖曲线以及下穿式立体交叉凹形竖曲线上的视距问题,在规定竖曲线的最小半径时已经作了考虑。在设计时,只要满足规范中最小竖曲线半径的要求,也就同时满足了竖曲线上视距的要求。所以,在视距检查中,应重点注意道路平面上的"暗弯",即曲线内侧有树林、房屋、边坡等阻碍驾驶员的视线,处于隐蔽地段的平曲线。凡属"暗弯"都应该进行视距检查,若不能保证该级公路或城市道路的最短视距,则应该将阻碍视线的障碍物清除。如果是因曲线内侧及中间带设置护栏及其他人工构造物等而不能保证视距时,可采取加宽中间带、加宽路肩或将构造物后移等措施予以处理;如果是因挖方边坡妨碍了视线,则应按所需净距绘制包络线(或称"视距曲线")开挖视距台,如图 1-5-31 所示。图中,驾驶员视点离地面1.2m;切除计算起点为汽车行驶轨迹线,距离未加宽路面内侧边缘 1.5m。

(一)视距曲线

如图 1-5-32 所示,AB 是行车轨迹线,从汽车行驶轨迹线上的不同位置(图中的 1、2、3…各点)引出一系列视线(图中的 1-1′、1-2′、3-3′…),它们的弧长都等于视距 S,与这些线相切的曲线(包络线)称为视距曲线。在视距曲线与轨迹线之间的空间范围,是应保证通视的区域,在这个区域内如有障碍物则要予以清除。

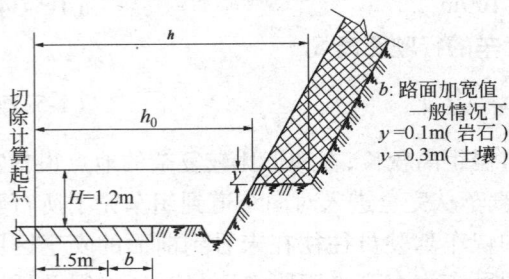

图 1-5-31　开挖视距台断面

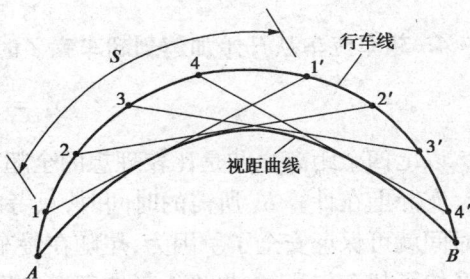

图 1-5-32　弯道内侧应保证通视的区域

(二)横净距及其计算

在弯道各点的横断面上,汽车轨迹线与视距曲线之间的距离叫横净距,用 h 表示。h 可根据视距 S 和弯道的曲线长 L、行车轨迹曲线半径 R_S 算出。

1. 不设缓和曲线的横净距计算

1)$L > S$(图 1-5-33)

$$h = R_S - R_S \cos \frac{\gamma}{2} = R_S \left(1 - \cos \frac{\gamma}{2} \right) \qquad (1-5-39)$$

式中:$\gamma = \dfrac{180S}{\pi R_S}$。

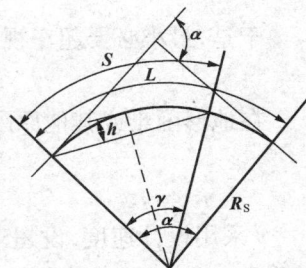

图 1-5-33　不设缓和曲线时横净距计算图 $L > S$

2）$L < S$（图1-5-34）

$$\eta = \eta_1 + \eta_2$$

其中

$$h_1 = R_s - R_s \cos\frac{\alpha}{2}$$

$$h_2 = \frac{S - L}{2} \cdot \sin\frac{\alpha}{2}$$

于是

$$h = R_s\left(1 - \cos\frac{\alpha}{2}\right) + \frac{1}{2}(S - L)\sin\frac{\alpha}{2} \qquad (1\text{-}5\text{-}40)$$

式中：$L = \dfrac{\pi}{180}\alpha R_s$。

2. 设缓和曲线的横净距计算

1）$L' > S$（图1-5-33）

同式（1-5-38）：

$$h = R_s\left(1 - \cos\frac{\gamma}{2}\right) \qquad (1\text{-}5\text{-}41)$$

式中：$\gamma = \dfrac{180S}{\pi R_s}$。

2）$L > S > L'$（图1-5-35）

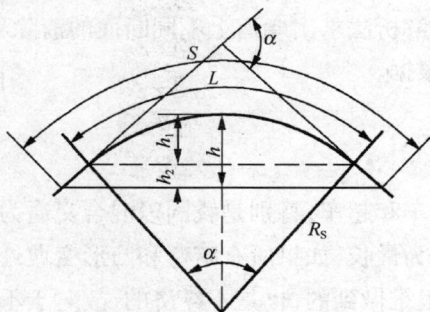

图1-5-34　不设缓和曲线时横净距计算图 $L < S$　　　　　图1-5-35　设缓和曲线时横净距计算图（$L > S > L'$）

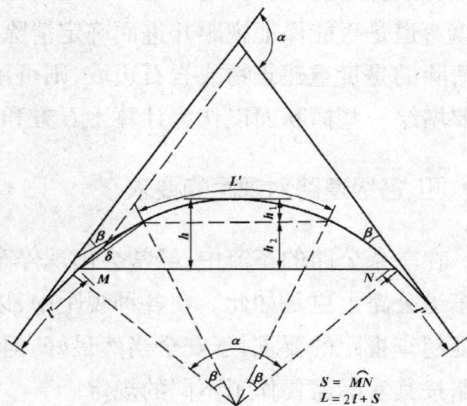

$$h = R_s\left(1 - \cos\frac{\alpha - 2\beta}{2}\right) + \sin\left(\frac{\alpha}{2} - \delta\right)(l - l') \qquad (1\text{-}5\text{-}42)$$

式中：$\delta = \arctan\left\{\dfrac{l}{6R_s}\left[1 + \dfrac{l'}{l} + \left(\dfrac{l'}{l}\right)^2\right]\right\}$；

$\quad l' = \dfrac{1}{2}(L - S)$。

3）$L < S$（图1-5-36）

$$h = R_s\left(1 - \cos\frac{\alpha - 2\beta}{2}\right) + \sin\left(\frac{\alpha}{2} - \delta\right)l + \sin\frac{\alpha}{2}\frac{S - L}{2} \qquad (1\text{-}5\text{-}43)$$

式中：$\delta = \arctan\dfrac{l}{6R_s}$。

以上式中,曲线长度均为内侧行驶轨迹的
长度:

h ——最大横净距(m);

S ——视距(m);

L ——曲线长度(m);

L' ——圆曲线长度(m);

l ——缓和曲线长度(m);

R_s ——曲线内侧行驶轨迹的半径(m),其值
　　为未加宽前路面内缘的半径加上
　　$1.5m$,即 $R_s = R - \dfrac{B}{2} + 1.5$,$B$ 为路面宽
　　度(m);

α ——曲线转角(°);

γ ——视距线所对应的圆心角(°);

β ——道路中线缓和曲线全长所对应的回旋
　　线转角(°)。

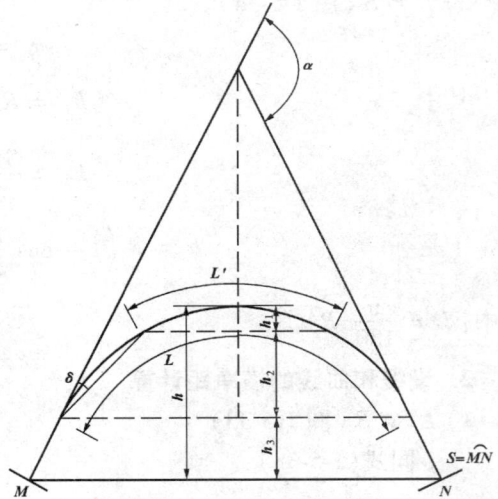

图 1-5-36　设缓和曲线时横净距计算图($L < S$)

将按上述公式计算之 h 值与弯道内侧的障碍物与行车线之间的距离 h_0 加以比较,则可知道该弯道是否能保证视距并进而确定清除范围,但 h 是曲线上须清除的最大横净距。对于需要清除的是贵重建筑物或岩石边坡,则可用图解法或解析法求出弯道上不同断面的清除界线,并要增绘一些横断面以作为计算土石方和施工时的根据。

四、各级道路对视距的要求

在一条公路的车流中,经常会出现停车、错车、会车和超车,特别是我国以混合交通为主的双车道公路上更是如此。在各种视距中,以超车视距为最长,如果所有暗弯和凸形变坡处都能保证超车视距的要求,于安全当然最好,但事实上是很难做到的,也是不经济的,故对于不同的公路按其实际需要作了不同的规定。

停车视距是最基本的要求,无论是单车道、双车道,有分隔带或无分隔带,各级公路都是应保证的。对于快、慢车分道行驶的多车道公路可不要求超车视距。有中央分隔带的公路不存在错车和会车问题,在路中央画线,严格实行分道行驶的双车道公路有停车视距也就够了。但是,我国目前绝大多数双车道公路中央都不画线,且有众多的非机动车干扰,汽车多在路中间行驶,当发现对面有汽车驶来时,方回到自己的车道上。若避让不及有时还得双双停下,所以我国《标准》规定二、三、四级公路的视距不得小于停车视距的 2 倍,对向行驶的双车道公路要求有一定比例的路段保证超车视距。

为保证必要的视距有时需做大量的开挖和拆迁工作,在交通量不大的低等级公路上,对于不能保证会车视距的路段,也可以采取其他措施以防止碰车事故的发生。如在路中心画线或设置高出路面的明显标志带,强调"各行其道"、"靠右行"、"转弯鸣号"等。

城市道路平曲线路段的视距要求与公路规定相同。交叉口的视距由视距三角形保证。

第八节 路基横断面设计与计算

一、公路横断面

(一)公路横断面设计要求

公路横断面的组成除包括与行车有关的路幅外,还包括与路基工程、排水工程、环保工程有关的各种设施。

这些设施的位置和尺寸均应在横断面设计中有所体现。路基横断面形式和尺寸实际上在确定路线平面位置时就已经有了考虑,在纵断面设计中又根据路线标准和地形条件对路基的合理高度,特别是工程艰巨路段已仔细作了分析研究,拟订了横断面方案。因此,施工图设计阶段的横断面设计是在总结上述工作的基础上把它具体化,绘制横断面设计图纸,作为计算土石方数量和日后施工的依据。

横断面设计,必须结合地形、地质、水文等条件,本着节约用地的原则,选用合理的断面形式,以满足行车顺适、工程经济、路基稳定且便于施工和养护的要求。

(二)路基标准横断面

在具体设计每个横断面之前,先确定路基的标准横断面(或称"典型横断面")。在标准横断面图中,一般要包括路堤、路堑、半填半挖、护肩路基、挡土墙路基、砌石路基等。断面中的边坡坡率、边沟尺寸、挡墙断面等必须按现行《公路路基设计规范》(JTJ D30—2004)的规定确定,对于高填、深挖、特殊地质、浸水路堤等应单独设计,详见《路基路面工程》。

(三)横断面设计方法

(1)在计算纸上绘制横断面的地面线。地面线是在现场测绘的,若是纸上定线,可从大比例尺的地形图上内插获得。在计算机辅助设计中,可通过数字化仪或数字地面模型自动获得。横断面图的比例一般是1:200。

(2)从"路基设计表"中抄入路基中心填挖高度,对于有超高和加宽的曲线路段,还应抄入"左高"、"右高"、"左宽"、"右宽"等数据。

(3)根据现场调查所得来的"土壤、地质、水文资料",参照"标准横断面图",画出路幅宽度,填或挖的边坡坡线,在需要设置各种支挡工程和防护工程的地方画出该工程结构的断面示意图。

(4)根据综合排水设计,画出路基边沟、截水沟、排灌渠等的位置和断面形式。必要时须注明各部分尺寸。此外,对于取土坑、弃土堆、绿化等也尽可能画出。经检查无误后,修饰描绘,参见图1-5-37。

对于分离式断面的公路和具有变速车道、爬坡车道、避险车道、紧急停车道的断面,可参照上述步骤绘制。

一条道路的横断面图数量极大,为提高手工绘制的工作效率,可事先制作若干透明模板。但根本的解决办法是"路线CAD",它不但能准确自动绘制横断面图,而且能自动解算横断面面积。

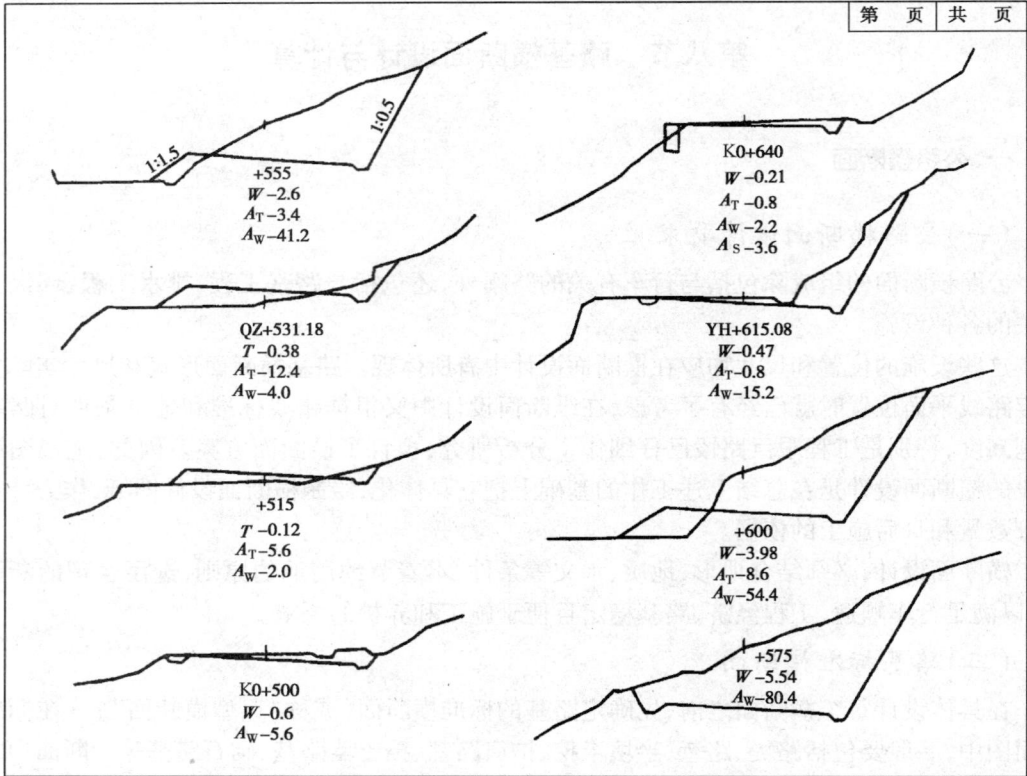

图 1-5-37　公路路基横断面设计图

　　上面所介绍的横断面设计方法，仅限于在"标准横断面图"范围以内的那些断面，其操作比较机械，所以形象化地称之为"戴帽子"。对特殊情况下的横断面，则必须按照路基课程中所讲述的原理和方法进行特殊设计，绘图比例尺也应按需要采用。

二、城市道路横断面

（一）横断面设计图

　　当按照城市道路的交通性质、地形条件以及近期与远期相结合的原则确定了横断面组成和宽度以后，即可绘制横断面设计图。城市道路的横断面设计图与公路横断面图的作用是相同的，即指导施工和计算土石方数量。

　　城市道路横断面设计图一般要用的比例尺为 1:100 或 1:200，在图上应绘出红线宽度、行车道、人行道、绿化带、照明、新建或改建的地下管道等各组成部分的位置和宽度，以及排水方向、路面横坡等，见图 1-5-38。

（二）横断面现状图

　　沿道路中线每隔一定距离绘制横断面地面线。若属旧街道的改建，实际上就是横断面的现状图。图中包括地形、地物、原街道的各组成部分、边沟、路侧建筑等。比例尺为 1:100 或 1:200。有时为了更明显地表现地形和地物高度的变化，也可采用纵、横不同的比例尺绘制。

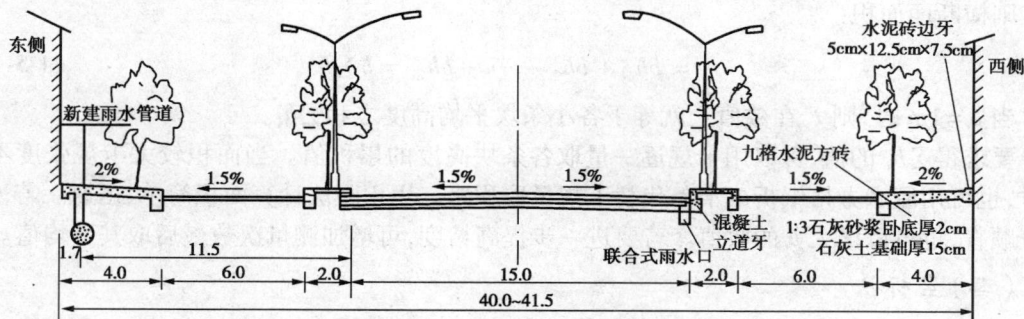

图 1-5-38　城市道路横断面设计图(尺寸单位:m)

(三)横断面施工图

在完成道路纵断面设计之后,各中线上的填挖高度则为已知。将这一高度点绘在相应的横断面现状图上,然后将横断面设计图以相同的比例尺画于其上。此图反映了各断面上的填、挖和拆迁界线,是施工时的主要根据,见图 1-5-39。

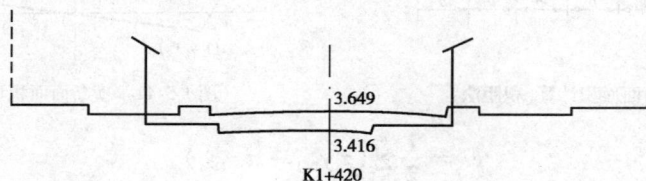

图 1-5-39　施工横断面图(尺寸单位:m)

第九节　路基土石方数量计算与调配

路基土石方是公路工程的一项主要工程量,在公路设计和路线方案比较中,路基土石方的数量是评价公路测设质量的主要技术经济指标之一。在编制公路施工组织计划和工程概预算时,还需要确定分段和全线的路基土石方数量。

由于地面形状很复杂,填挖方不是简单的几何体,所以其计算只能是近似的,计算的精确度取决于中桩间距、测绘横断面时采点的密度和计算公式与实际情况的接近程度等。计算时一般应按工程的要求,在保证使用的前提下力求简化。

一、横断面面积计算

路基填挖的断面积,是指断面图中原地面线与路基设计线所包围面积,高于地面线者为填方,低于地面线者为挖方,两者应分别计算。下面介绍几种常用的面积计算方法。

(一)积距法

如图 1-5-40,将断面按单位横宽划分为若干个梯形与三角形条块,每个小块的近似面积为:

$$F_i = bh_i$$

则横断面面积：

$$F = bh_1 + bh_2 + \cdots + bh_n = b\sum_{i=1}^{n} h_i \tag{1-5-44}$$

当 $b = 1\text{m}$ 时，则 F 在数值上就等于各小条块平均高度之和 $\sum h_i$。

要求得 $\sum h_i$ 的值，可以用卡规逐一量取各条块高度的累积值。当面积较大卡规张度不够用时，也可用厘米方格纸折成窄条代替卡规量取积距。用积距法计算面积简单、迅速。若地面线较顺直，也可以增大 b 的数值。若要进一步提高精度，可增加测量次数最后取其平均值。

（二）坐标法

如图 1-5-41，已知断面图上各转折点坐标 (x_i, y_i)，则断面面积为：

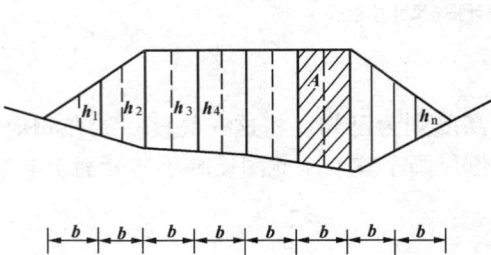

图 1-5-40　横断面面积计算（积距法）　　　图 1-5-41　横断面面积计算（坐标法）

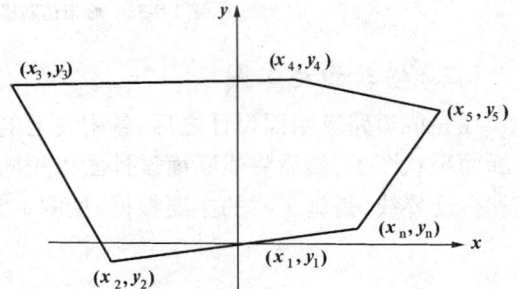

$$F = \frac{1}{2}\sum_{i=1}^{n} (x_i y_{i+1} - x_{i+1} y_i) \tag{1-5-45}$$

坐标法的精度较高，适宜于用计算机计算。

计算横断面面积还有几何图形法、数方格法、求积仪法等，不一一介绍。

二、土石方数量计算

（1）若相邻两断面均为填方或均为挖方且面积大小相近，则可假定断面之间为一棱柱体（图 1-5-42），其体积的计算公式为：

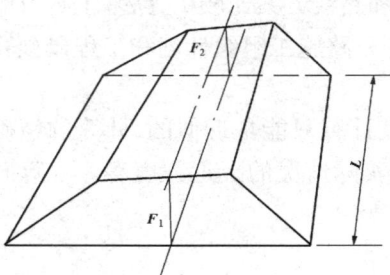

$$V = \frac{1}{2}(F_1 + F_2)L \tag{1-5-46}$$

式中：V——体积，即土石方数量（m^3）；

F_1、F_2——分别为相邻两断面的面积（m^2）；

L——相邻断面之间的距离（m）。

（2）此法计算简易，较为常用，一般称之为"平均断面法"。

图 1-5-42　体积计算

若 F_1 和 F_2 相差甚大，则与棱台更为接近。其计算公式为：

$$V = \frac{1}{3}(F_1 + F_2)L\left(1 + \frac{\sqrt{m}}{1 + m}\right) \tag{1-5-47}$$

式中：$m = \dfrac{F_1}{F_2}$，其中 $F_2 > F_1$。

第二种方法的精度较高，应尽量采用，特别是用计算机计算时。

用上述方法计算的土石方体积中,是包含了路面体积的。若所设计的纵断面有填有挖且基本平衡,则填方断面中多计的路面面积与挖方断面中少计的路面面积相互抵消,其总体积与实施体积相差不大。但若路基是以填方为主或以挖方为主,则最好是在计算断面面积时将路面部分计入,也就是填方要扣除、挖方要增加路面所占的那一部分面积。特别是路面厚度较大时更不能忽略。

三、路基土石方调配

土石方调配的目的是确定填方用土的来源、挖方弃土的去向,以及计价土石方的数量和运量等。通过调配,合理地解决各路段土石方平衡与利用问题,使从路堑挖出的土石方,在经济合理的调运条件下移挖作填,达到填方有所"取",挖方有所"用",避免不必要的路外借土和弃土,以减少耕地占用,降低公路造价,减轻对环境的破坏。

(一)土石方调配原则

(1)在半填半挖断面中,应首先考虑在本路段内移挖作填进行横向平衡,然后再作纵向调配,以减少总的运输量。

(2)土石方调配应考虑桥涵位置对施工运输的影响,一般大沟不作跨越调运,同时尚应注意施工的可能与方便,尽可能避免和减少上坡运土。

(3)为使调配合理,必须根据地形情况和施工条件,选用适当的运输方式,确定合理的经济运距,用以分析工程用土是调运还是外借。

(4)土方调配"移挖作填"固然要考虑经济运距问题,但这不是唯一的指标,还要综合考虑弃方或借方占地、赔偿青苗损失及对农业生产的影响等。有时移挖作填虽然运距超出一些,运输费用可能稍高一些,但如能少占地,少影响农业生产,对整体来说也未必是不经济的。

(5)不同的土方和石方应根据工程需要分别进行调配,以保证路基稳定和人工构造物的材料供应。

(6)位于山坡的回头曲线路段,要优先考虑上下线的土方竖向调运。

(7)土方调配对于借土和弃土应事先同地方商量,妥善处理。借土应结合地形、农田规划等选择借土地点,并综合考虑借土还田、整地造田等措施。弃土应不占或少占耕地,在可能条件下宜将弃土平整为可耕地,防止乱弃乱堆,或堵塞河流,损坏农田。

(二)土石方调配方法

土石方调配方法有多种,如累积曲线法、调配图法及土石方计算表调配法等。目前生产上多采用土石方计算表调配法,该法不需绘制累积曲线图与调配图,直接可在土石方表上进行调配,其优点是方法简捷,调配清晰,精度符合要求。该表也可由计算机自动完成。具体调配步骤是:

(1)土石方调配是在土石方数量计算与复核完毕的基础上进行的,调配前应将可能影响运输调配的桥涵位置、陡坡、大沟等注在表旁,供调配时参考。

(2)弄清各桩号间路基填挖方情况并作横向平衡,明确利用、填缺与挖余数量。

(3)在作纵向调配前,应根据施工方法及可能采取的运输方式定出合理的经济运距,供土石方调配时参考。

(4)根据填缺挖余分布情况,结合路线纵坡和自然条件,本着技术经济和支农的原则,具体拟定调配方案。方法是逐桩逐段地将毗邻路段的挖余就近纵向调运到填缺内加以利用，并把具体调运方向和数量用箭头标明在纵向利用调配栏中。

（5）经过纵向调配，如果仍有填缺或挖余，则应会同当地政府协商确定借土或弃土地点，然后将借土或弃土的数量和运距分别填注到借方或废方栏内。

（6）土石方调配后，应按下式进行复核检查：

$$横向调运 + 纵向调运 + 借方 = 填方$$

$$横向调运 + 纵向调运 + 弃方 = 挖方$$

$$挖方 + 借方 = 填方 + 弃方$$

以上检查一般是逐页进行复核的，如有跨页调配，须将其数量考虑在内，通过复核可以发现调配与计算过程有无错误。经核证无误后，即可分别计算计价土石方数量、运量和运距等，为编制施工预算提供土石方工程数量。

（三）关于调配计算的几个问题

1. 经济运距

填方用土来源，一是路上纵向调运，二是就近路外借土。一般情况调运路堑挖方来填筑距离较近的路堤还是比较经济的。但如调运的距离过长，以致运价超过了在填方附近借土所需的费用时，移挖作填就不如在路堤附近就地借土经济。因此，采取"调"还是"借"，有个限度距离问题，这个限度距离即所谓"经济运距"，其值按下式计算：

经济运距 $$L_经 = \frac{B}{T} + L_免 \tag{1-5-48}$$

式中：B——借土单价（元/m^3）；

　　T——远运运费单价[元/（$m^3 \cdot km$）]；

　　$L_免$——免费运距（km）。

由上可知，经济运距是确定借土或调运的限界，当调运距离小于经济运距时，采取纵向调运是经济的；反之，则可考虑就近借土。

2. 平均运距

土方调配的运距，是指从挖方体积的重心到填方体积的重心之间的距离。在路线工程中为简化计算起见，这个距离可简单地按挖方断面间距中心至填方断面间距中心的距离计算，称平均运距。

在纵向调配时，当其平均运距超过定额规定的免费运距，应按其超运运距计算土石方运量。

3. 运量

土石方运量为平均运距与土石方调配数量的乘积。

在生产中，工程定额是将平均运距每 10m 划为一个运输单位，称之为"级"，20m 为两个运输单位，称为二级，余类推。在土方计算表内可用符号①、②表示，不足 10m 时，仍按一级计算或四舍五入。于是：

$$总运量 = 调配（土石方）方数 \times n$$

式中：n——平均运距单位（级），其值为：

$$n = \frac{L - L_免}{10} \tag{1-5-49}$$

其中：L——平均运距(m)；

　　$L_免$——免费运距(m)。

在土石方调配中，所有挖方无论是"弃"或"调"，都应予以计价。但对于填方则不然，要根据用土来源来决定是否计价。如果是路外借土，那当然要计价，倘若是移挖作填调配利用，则不应再计价，否则形成双重计价。因此计价土石方必须通过土石方调配表来确定其数量为：

$$计价土石方数量 = 挖方数量 + 借方数量$$

一般工程上所说的土石方总量，实际上是指计价土石方数量。一条公路的土石方总量，一般包括路基工程、排水工程、临时工程、小桥涵工程等项目的土石方数量。对于独立大、中桥梁、长隧道的土石方数量应另外计算。

第六章 选 线

第一节 概 述

选线是在规划道路的起终点之间选定一条技术上可行，经济上合理，又能符合使用要求的道路中心线的工作。它是道路建设的基础工作，面对的是一个十分复杂的自然环境和社会经济条件，需要综合考虑多方面因素。为了保证选线和勘测设计质量，降低工程造价，必须全面考虑，由粗到细，由轮廓到具体，逐步深入，分阶段分步骤地加以分析比较，进行多方案比选，才能定出最合理的路线。

本章内容主要适用于公路选线，城市道路路线则主要取决于城市干道网及红线规划。

一、道路选线的一般原则

路线是道路的骨架，它的优劣关系到道路本身功能的发挥和在路网中是否能起到应有的作用。正如第一章所述，路线设计除受自然条件影响外，尚受诸多社会因素的制约。选线要综合考虑多种因素，妥善处理好各方面的关系，其基本原则如下：

(1)在道路设计的各个阶段，应运用各种先进手段对路线方案作深入、细致的研究，在多方案论证、比选的基础上，选定最优路线方案。

(2)路线设计应在保证行车安全、舒适、迅速的前提下，做到工程量小、造价低、营运费用省、效益好，并有利于施工和养护。路线设计应注意立体线形设计中平、纵、横面的舒顺、合理配合。在工程量增加不大时，平、纵面应尽量采用较高的技术指标。不要轻易采用最小指标或极限指标，也不应不顾工程量的大幅增加而片面追求高指标。

(3)选线应注意同农田基本建设相配合，做到少占田地，并应尽量不占高产田、经济作物田或穿过经济林园(如橡胶林、茶林、果园)等。对沿线必须占用的田地，应按国家有关法规，做好造地还田等规划和必要的设计。

(4)通过名胜、风景、古迹地区的道路，应注意保护原有自然状态，其人工构造物应与周围环境、景观相协调，处理好重要历史文物遗址。

(5)选线时应对工程地质和水文地质进行深入勘测调查，弄清它们对道路工程的影响。对严重不良地质路段，如滑坡、崩坍、泥石流、岩溶、泥沼等地段和沙漠、多年冻土等特殊地区，应慎重对待，一般情况下路线应设法绕避。当必须穿过时，应选择合适位置，缩小穿越范围，并采取必要的工程措施。对于高填深挖路基地段，应做好路基边坡岩土情况的勘测工作，查清边坡及基底情况，据此进行填(挖)边坡的稳定性计算，必要时采取切实可行及安全可靠的防护措施。

(6)选线应重视环境保护，注意由于修建道路及汽车运行所产生的影响和污染等问题，具体应注意以下几个方面：

①平原微丘区公路选线应着重论证以下影响因素：

a. 填方、取土、弃土对农业资源、土壤耕作条件的影响；

b. 对农田水利排灌系统的影响；

c. 路面径流对养殖业水体的影响。

②山岭重丘区公路选线应着重论证以下影响因素：

a. 高填、深挖对自然景观、植被的影响；

b. 公路的分隔与隔阻对珍稀动植物资源的影响；

c. 对水土流失的影响；

d. 开挖、弃方堆砌、爆破作业等诱发地质灾害的影响。

③绕城线或城市出入口的公路选线应着重论证以下影响因素：

a. 拆迁的影响；

b. 阻隔出行、交往的影响；

c. 交通噪声的影响；

d. 环境空气污染的影响；

e. 与环境敏感点距离的影响。

（7）对于高速公路和一级公路，由于其路幅宽，可根据通过地区的地形、地物、自然环境等条件，利用其上下行车道分离的特点，本着因地制宜的原则，合理采用上下行车道分离的形式设线。

上述选线原则，对于各级道路都是适用的。但在掌握这些原则上，不同等级的道路，会有不同的侧重。如高速公路和一级公路主要是为起终点及中间重要控制点间快速直达交通服务的，该功能决定了它的基本方向不应偏离总方向太远，需要与沿线城镇连接时，宜用支线连接。对于等级低的地方道路主要是为地方交通服务，在合理的范围内，多联系一些城镇是无可非议的。

二、选线的步骤和方法

一条路线的起、终点确定以后，它们之间有很多走法。选线的任务就是在这众多的方案中选出一条符合设计要求、经济合理的最优方案。因为影响选线的因素很多，这些因素有的互相矛盾，有的又相互制约，各因素在不同场合的重要程度也不相同，不可能一次就找出理想方案来。最有效的做法是通过分阶段、由粗到细反复比选来求最佳解。选线一般按工作内容分三步进行。

1. 路线方案选择

路线方案选择主要是解决起、终点间路线基本走向问题。此项工作通常是先在小比例尺（1:2.5 万～1:10 万）地形图上从较大面积范围内找出各种可能的方案，收集各可能方案的有关资料，进行初步评选，确定数条有进一步比较价值的方案；然后进行现场勘察，通过多方案的比选得出一个最佳方案。当没有地形图时，可采用调查或踏勘方法现场收集资料，进行方案评选。当地形复杂或地区范围很大时，可以通过航空视察，或用遥感与航摄资料进行选线。

2. 路线带选择

在路线基本方向选定的基础上，按地形、地质、水文等自然条件选定出一些细部控制点，连接这些控制点，即构成路线带，也称路线布局。这些细部控制点的取舍，自然仍是通过比选的办法来确定的。路线布局一般应该在 1:1 000～1:5 000 比例尺的地形图上进行。只有在地形简单、方案明确的路段，才可以现场直接选定。

3. 具体定线

经过上述两步的工作,路线雏形已经明显勾画出来。定线就是根据技术标准和路线方案,结合有关条件在有利的定线带内进行平、纵、横综合设计,具体定出道路中线的工作。

本章主要讲述路线方案选择和路线布局两项工作的要点,具体定线则在第七章讲述。

第二节 路线方案选择

一、路线方案的拟定

路线方案是根据指定的路线总方向和设计道路的性质任务及其在公路网中的作用,考虑了社会、经济因素和复杂的自然条件等拟定的路线走向。路线方案的选择是路线设计中最根本的问题,目的是合理地解决设计道路的起讫点和走向。在一般情况下,新建公路的走向,已在国家或当地路网规划中有了初步轮廓。由于我国社会主义建设事业的飞速发展,工矿资源的不断发现和开发,国家对公路建设不断提出新的要求,因此在勘测设计过程中,要结合路线的性质及其在路网中的作用、政治经济控制点、近远期交通量、主要技术标准、自然条件等因素,进一步认真研究落实。

一条路线的起终点及中间必须经过的重要城镇或地点,通常是由公路网规划所规定或根据国家或地方经济建设需要指定的。这些指定的点称为"据点",把据点连接成线,就是路线的总方向或称大走向。两个据点之间常有若干可供选择的不同走向,有的可能沿某河、越某岭,也可能沿某几条河,翻某几个岭;可能走某河的这一岸,靠近某城镇;也可能走对岸,避开某城镇等等。图 1-6-1 中的 A、C 为规划路线的起终点,B 为必须经过的经济据点。若将线路起终点和必须经过的经济据点直接连接,路线虽短捷,但多次跨越大河,直穿较高的山岭和不良地质地段,不仅投资多,而且工程质量差、隐患大。为了降低工程造价,消除隐患,可根据自然条件选择有利地点通过,如特大桥或复杂大桥的合适桥址 D、E,绕避不良地质的 F、G,垭口 H、I,这些点称为控制点。这样,据点 A、B 之间就有 ADFB 和 AGEB 两个可能走法,而据点 BC 之间也有 BHC 和 BIC 两个可能走法,这些每一种可能的走法就是一个大的路线方案。作为选线工作的第一步就是要在各种可能的方案中,在深入调查的基础上,通过方案的比选,选择最合理的路线方案作为进一步设计的依据。

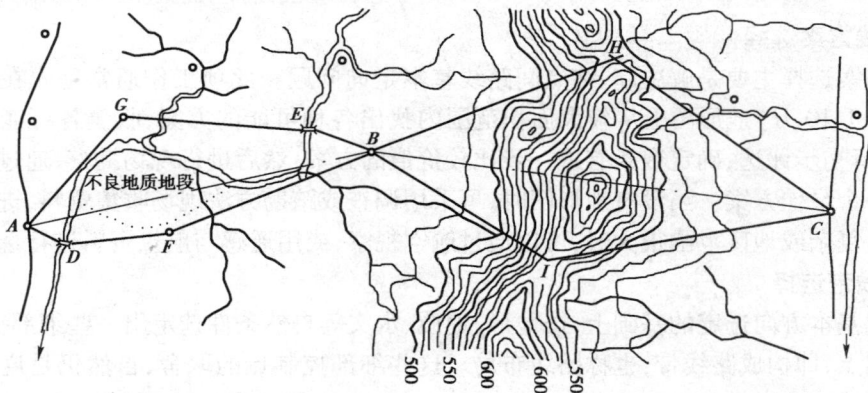

图 1-6-1 路线方案拟订

路线方案是否合理,不但直接关系到公路本身的工程投资和运输效率,更重要的是影响到路线在公路网中是否起到应有作用,即是否满足国家的政治、经济、国防的要求和长远利益。长的干线公路尤其如此,所以,路线方案的选择,要从大面着手。

二、影响路线方案选择的主要因素

由上述路线方案拟订的过程可以看出,路线方案选择的因素很多,应综合考虑以下主要因素:

(1)路线在政治、经济、国防上的意义,国家或地方建设对路线使用任务、性质的要求,改革开放、综合利用等重要方针的体现。

高速公路和一级公路的任务主要是解决起终点间繁重的直达客货运输。因此,路线除必须经过的控制点外,一般对沿线城镇不易过多靠近,路线的走向应力求顺直,不可过多偏离路线总方向,以缩短直通客货运输的距离和时间。对有些政治、经济控制点,路线经过有困难时,应做出与支线连接的方案比较。对于地方公路则宜靠近城镇和工矿区,以满足当地客货运输的需要。

(2)路线在铁路、公路、水运、航空等综合交通运输系统中的作用,与沿线工矿、城镇等规划的关系,以及与沿线农田水利等建设的配合及用地情况。

(3)沿线自然条件的影响。地形、地质、水文、气象等自然条件,决定了工程难易和运营质量,对选择路线走向有直接的影响。对于严重不良地质的地区、缺水地区、高烈度地震区以及高大山岭、困难峡谷等自然障碍,选线时宜考虑绕避。

(4)设计道路主要技术标准和施工条件的影响。设计道路的主要技术标准如最大纵坡在一定程度上影响路线走向的选择。例如,同一条三级公路,在翻越垭口时,若采用的最大坡度不同,路线的走向是不同的。采用较大的路线纵坡,可使路线更靠近短直方向。

施工期限、施工技术水平等,对困难山区的路线方向选择具有重大影响,有时甚至成为决定性的因素。

(5)其他如与沿线旅游景点、历史文物、风景名胜的联系等。

影响路线方案选择的因素是多方面的,各种因素又多是互相联系和互相影响的。路线应在满足使用任务和性质要求的前提下,综合考虑自然条件、技术标准和技术指标、工程投资、施工期限和施工设备等因素,通过多方案的比较,精心选择,提出合理的推荐方案。

三、路线方案选择的方法和步骤

路线方案是通过许多方案的比较淘汰而确定的。指定的两个据点之间的自然情况越复杂、距离越长,可能的比较方案就越多,需要淘汰的方案也就越多。受现有设计手段以及自然环境的限制,不可能每条路线都通过实地勘查,因而要尽可能收集已有资料,先在室内进行研究筛选,然后就最佳的、而且优劣难辨的有限方案进行调查或踏勘。

路线方案选择的做法通常是:

1. 收集资料

为了做好公路选线工作,必须尽可能收集现有资料,以减少勘测调查的工作量。要收集的主要资料有:

(1)各种比例尺的地形图、卫星像片、航摄像片和以往的勘测设计资料。

（2）交通量及交通组成等交通调查资料。

（3）相邻道路的主要技术标准、平面与纵断面图、交通量以及设计、施工和运营资料。

（4）路线行经地区的地质、水文、气候等自然条件方面的有关资料。

（5）路线行经地区的城镇、工矿、铁路、航空、水利建设和规划资料。

（6）与路线方案有关的统计资料。

2. 初步研究路线走向

根据确定了的路线总方向和公路等级，先在小比例尺（1:50 000 或 1:100 000）的地形图上，结合收集的资料，初步研究各种可能的路线走向。研究重点应放在地形、地质、地物复杂、外界干扰多和牵涉面大的段落。比如可能沿哪些溪沟，越哪些垭口，路线经城镇或工矿区时，是穿过、靠近、还是避开而以支线连接等。要进行多种方案的比选，提出哪些方案应进行实地踏勘。

3. 实地调查

按室内初步研究提出的方案进行实地调查，连同野外调查中发现的新方案，都必须坚持跑到、看到、调查到，不遗漏一个可能的方案。

野外调查要求做到以下几点：

（1）初步落实各据点的具体位置，路网规划所指定的控制点如确因干扰或技术上有很大困难或发现不合理必须变动，应及时反映，并经过分析论证提出变动的理由，报有关部门审定。

（2）对路线、大桥、隧道均应提出推荐方案。对于确因限于调查条件不能肯定取舍的比较方案，应提出进一步勘测比较的范围和方法。

（3）分段提出采用技术标准和主要技术指标的意见。

（4）在深入调查的基础上，通过比较，选定路线必经的控制点，如越岭的垭口、跨较大河流的桥位、与铁路或其他公路交叉地点，以及应绕避的城镇及大型的不良地质地段等。对于地形、地质、地物情况复杂的地区，应提出路线具体布局的意见。

（5）分段估算各种工程量。如路基土石方数量，路面工程量，桥梁、涵洞、隧道、挡土墙等的长度、类型、式样和工程数量等。

（6）筑路材料调查。调查当地出产材料如砂石材料、石灰等和外购材料如钢筋、水泥、木材等的规格、价格、运距、运输方式、供应数量等情况。

（7）其他如沿线民族习惯、居住、生活供应、水源、运输条件、气候特征、沿线林木覆盖、地形险阻等情况也应进行调查，为下一步勘测提供情况。

4. 汇总调查成果

分项整理汇总调查成果，编写工程可行性研究报告，为上级编制或补充修改设计任务书提供依据。

第三节　平原区选线

一、平原区路线特点

平原地区地形平坦，坡度平缓，除草原、戈壁外，一般人烟稠密，农业发达。村镇、农田、河流、湖泊、水塘、沼泽、盐渍土等为平原地区较常遇到的自然障碍。所以，平原地区选线的主要特征是克服平面障碍。

平原区地形对路线的限制不大，路线的基本线形应是短捷顺直。两控制点之间，如无地物、地质等障碍和应趋就的风景、文物及居民点等，则与两点直接连线相吻合的路线是最理想的。但这只有在戈壁滩里和大草原上，才有此可能。而在一般地区，农田密布，灌溉渠道网纵横交错，城镇、工业区较多，居民点也较稠密。按照公路的使用任务和性质，有的需要靠近它，有的需要绕避，从而产生了路线的转折，虽增长了距离，但这是必要的。因此，平原区选线，先是把路线总方向内所规定经过的地点如城市、工厂、农场和乡镇以及文物风景地点作为大控制点；然后在大控制点之间进行实地勘察，了解农田优劣及地物分布情况，确定哪些可穿？哪些该绕以及怎样绕避，从而建立起一系列中间控制点。路线一般应由一个控制点直达另一个控制点，不做任意的扭曲。为了增进路容的美观，需要把路线的平、纵面配合好。在坡度转折处设置适当的竖曲线也是必要的。

平原区路线要充分考虑近期和远期相结合，在平、纵面线形上要尽量采用较高标准，以便将来提高公路等级时能充分利用原路基、桥涵等工程。

二、平原区路线选线要点

平原区路线，因地形平坦开阔，起伏不大，选线时没有高程障碍，路线走向可自由选择，因此路线的平面线形应采用较高的技术指标，尽量避免采用长直线或小偏角，尤其不应为避免长直线而随意转弯。由于平原地区城镇较多，居民集中，经济、文化较为发达，人文环境丰富，选线时不论通过或绕避，都要注意与当地处理好关系，注意技术上的合理性。在平原河网地区，除应注意尽量避开软土地基外，还应注意根据干、支河流及通航情况，选择适当地点用较高的技术指标通过，并使跨干、支流交角适当，平、纵线形组合良好，跨河构造物最少。

综合平原地区的特点，选线应注意如下要点：

1. 正确处理道路与农业的关系

平原区农田成片，渠道纵横交错，选线应从支援农业着眼，处理好以下问题：

（1）平原区新建公路要占用一些农田，这是不可避免的，但要尽量做到少占和不占高产田。布线要从路线对国民经济的作用、对支农运输的效果、地形条件、工程数量、交通运输费用等方面全面分析比较，既不能片面求直、占用大片良田，也不能片面强调不占某块田，使路线弯弯曲曲，造成行车条件恶化。如图1-6-2，公路通过某河附近时，如按虚线方案走田中间穿过，路线短，线形好，但多占好田，填筑路基取土困难；如将路线移向坡脚（实线），里程虽略有增长，但避开了大片高产田，而且沿坡脚布线，路基可为半填半挖，既节省了土方，又避免了填方借土的远运。

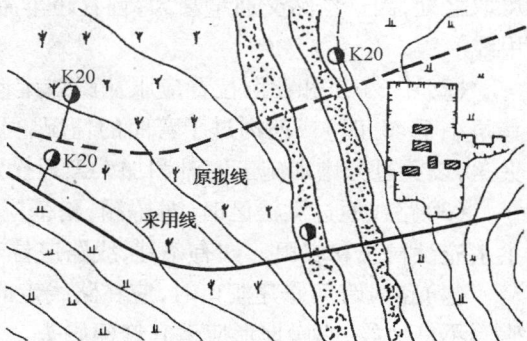

图1-6-2 跨河路线方案比较

（2）路线应与农田水利建设相配合，有利农田灌溉，尽可能少和灌溉渠道相交，把路线布置在渠道上方非灌溉的一侧或渠道尾部。当路线走向与渠道方向基本一致时，可沿渠（河）堤布线，堤路结合，桥闸结合，以减少占田和便利灌溉。路线必须跨水塘时，可考虑设在水塘的一侧,并拓宽水塘取土填筑路堤,使水塘面积不致缩小。

(3)当路线靠近河边低洼的村庄或田地通过时,应争取靠河岸布线,利用公路的防护措施,兼作保村保田之用。

2. 合理考虑路线与城镇的联系

平原区有较多的城镇村庄、工业及其他设施,选线应以绕避为主,尽量不破坏或少破坏,并采用较高的技术指标通过。在避让局部障碍时,要注意线形的连续舒顺。

(1)国防公路和高等级公路,应尽量避免穿越城镇、工矿区及较密集的居民点。但又要考虑到便利支农运输,便利群众,便利与工矿的联系,路线不宜离开太远,必要时还可修建支线联系,做到"靠村不进村,利民不扰民",既方便运输又保证安全。

(2)一般沟通县、乡、村直接为农业运输服务的公路,经地方同意也可穿越城镇,但应有足够的路基宽和行车视距,以保证行人、行车的安全。

(3)路线应尽量避开重要的电力、电讯设施。当必须靠近或穿越时,应保持足够的距离和净空,尽量不拆或少拆各种电力、电讯设施。

3. 处理好路线与桥位的关系

(1)特大桥是路线基本走向的控制点,大桥原则上应服从路线总方向并满足桥头接线的要求,桥路综合考虑。一般情况下,桥位中线应尽可能与洪水的主流流向正交,桥梁和引道最好都在直线上。位于直线上的桥梁,如两端引道必须设置曲线时,首先应考虑桥梁及其引道的位置对线形设计的影响,要使桥梁与线形的配合视野开阔,视线诱导良好。当条件受限制时,也可设置斜桥或曲线桥。要注意防止两种偏向:一种是单纯强调桥位,造成路线过多地迁绕,或过分强调正交桥位,出现桥头急弯影响行车安全;另一种只顾线形顺直,不顾桥位,造成桥位不合适或斜交过大,增加建桥困难。如图1-6-3,路线跨河有三个方案:就桥梁而言,乙线较好,但路线较长;就路线而言,甲线里程最短,但桥梁多,且都为斜交;丙线则各桥都近于正交,线形也较舒顺美观。三个方案都有可取之处,因这条路交通量甚大,且有超车需要,故采用甲线。

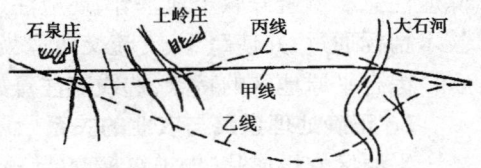

图1-6-3　路线与桥位的关系

(2)中、小桥和涵洞位置应服从路线走向,但遇到斜交过大(一般在桥轴线与洪水流向的夹角小于45°时)或河沟过于弯曲的情况,可采取改河措施或改移路线,调整桥轴线与流向的夹角,以免过分增加施工困难和加大工程投资,选线时应全面比较确定。

(3)路线通过洪泛区时,对桥涵、路基应根据水文资料留有足够的孔跨和高度,以免造成洪水淹没村庄和农田。如有条件,线路应位于洪水泛滥线以外。

(4)路线跨河修建渡口时,应在路线走向基本确定后选择渡口位置。渡口要避开浅滩、暗礁等不良地段,两岸地形应适宜修建码头。

4. 注意土壤水文条件

平原地区的土壤水文条件较差,特别是河网湖区,地势低平,地下水位高,使路基稳定性差,因此应尽可能沿接近分水岭的地势较高处布线。当路线遇到面积较大的湖塘、泥沼和洼地时,一般应绕避;如需要穿越时,应选择最窄最浅和基底坡面较平缓的地方通过,并采取有效措施,保证路基的稳定。

5. 正确处理新、旧路的关系

平原地区通常有较宽的人行大路或等级不高的公路,当设计交通量很大,需要新建公路时,应分别情况处理好新、旧路的关系。

6. 尽量靠近建筑材料产地

平原地区一般缺乏砂石建筑材料,路线应尽可能靠近建筑材料产地,以减少施工、养护材料运输费用。

第四节 山岭区选线

山岭地区,山高谷深,坡陡流急,地形复杂;但山脉水系清晰,这就给山区选线指明了方向,不是顺山沿水,就是横越山岭。顺山沿水的路线按行经地带的部位又可分为沿河(溪)、山腰、山脊等。由于各种线形所处的部位不同,地形特征、地质条件决定了选线过程中要解决的主要问题也不一样。本节只重点叙述沿河(溪)线、越岭线、山脊线三种路线的选线布局。至于山腰线,由于沿河(溪)的高线和越岭线、山脊线的大部分路线都处于山腰,已涉及山腰线的内容,为避免重复,不再单独论述。

一、沿河(溪)线

沿河(溪)线是沿着河(溪)岸布置的路线,如图1-6-4所示。

山区河流,谷底一般不宽,两岸台地较窄,谷坡时缓时陡,间或为浅滩和悬崖峭壁。河流多具有弯曲的特点,凹岸较陡而凸岸较缓,如沿一侧而行,常常是陡岸缓岸相间出现。两岸均为陡崖处即为峡谷,开阔处常有较宽台地,多是山区仅有的良好耕地。

河谷地质情况复杂,常有滑坍、岩堆、泥石流等病害存在。寒冷地区的峡谷因日照少,常有积雪、雪崩和涎流冰等现象。

山区河流,平时流量不大,但一遇暴雨,山洪暴发,洪流常夹带泥沙、砾石、树木等急速下泄,冲刷河岸,毁坏桥涵,淹没田园,危害甚大。

上述自然条件会给选线工作造成一些困难,但和山区其他线形相比较,沿河(溪)线平、纵线形是最好的,而且便于为分布在溪河两岸的居民点及工农业生产服务,有丰富的砾石、石料以及充足的水源,可供施工、养护使用。沿河设线,只要善于利用有利地形,克服不良的地质、水文等不利因素,在路线标准、工程造价等方面都有可能胜于其他线形。因此山区选线,往往把沿河(溪)线作为优先考虑的方案。利用山区河谷选定合理的线路位置,需处理好如下几方面的问题。

图1-6-4 沿河(溪)线

（一）路线布局

沿河（溪）线的路线布局,主要的问题是:路线选择走河流的哪一岸;线位放在什么高度和在什么地点跨河。这三个问题往往是互相联系和互相影响的,选线时要抓主要矛盾,结合路线性质、等级标准,因地制宜地去解决。

1. 河岸选择

由于河谷两岸情况各有利弊,选线时应调查了解,掌握路线所经河谷地区的自然特征和村镇的分布情况,充分利用有利的一岸,在适当情况下跨河,绕避因地形、地质和水文条件造成的复杂艰巨的工程,这是河岸选择的一个基本原则。当建桥工程不复杂时,为了避开不利地形和不良地质地带,或为了争取缩短里程,提高线形标准,可考虑跨河换岸设线;但河流越大,建桥工程也越大,跨河换岸就越要慎重考虑。河岸的选择一般应结合下列主要因素经过技术经济比较决定:

（1）地形、地质和水文条件。这是影响河岸选择的主要因素。要深入调查,摸清其特点和规律,使路线处于既稳妥安全,工程运营费又最省的位置。

路线应选在地形宽坦,有台地可利用,支沟较少、较小,地质条件良好,不易被水流冲刷或冲刷较轻的一岸。需要展线时,应选在支沟较大、利于展线的一岸。这些有利的条件常交错出现在河流的两岸,选线时应深入调查,综合比较,全面权衡,决定取舍。如图1-6-5,乙方案为避让河左岸的两处断续陡崖,跨河利用右岸的较好地形,但过夏村后,右岸出现更陡更长悬崖,路线又须跨回左岸,在3km内,两次跨河,须建中桥两座。甲方案一直走左岸,虽要集中开挖一段石方,但较建两座中桥经济得多,因此不宜跨河换岸。

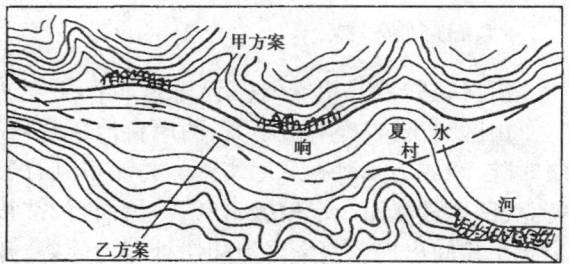

图1-6-5　跨河换岸比较线

对区域性地质构造、滑坡、岩堆、崩塌、泥石流、岩溶等严重不良地质地段,应认真调查清楚其特征、范围及对路线的影响。如不易处理时,应跨河绕避。

（2）积雪和冰冻地区的选岸。积雪和冰冻地区的阳坡和阴坡,迎风面和背风面的气候差异很大,在不影响路线整体布局的前提下,尽可能选择阳坡和迎风的一岸,以减少积雪、涎流冰等病害。有时即使阳坡工程大些,也应当从延长通车时间和保证行车安全着眼,选择阳坡方案。

（3）考虑居民点分布、城乡建设、工农业发展和其他交通、水利设施相配合。除国防公路、高速公路、一级公路外,路线一般应尽可能选择在村镇较多、人口较密、工矿企业所在的一岸,以方便群众。但有时为了避免大量拆迁民房和妨碍城镇发展,也应跨河绕避,选线时应根据具体情况进行比选。

根据两岸农田情况,尽量做到少占农田。在少占农田和选择有利地形有矛盾时,要深入调查,征求地方意见,综合比选,慎重取舍。

当公路与铁路频繁干扰,应根据具体情况,考虑分设两岸。

河谷中遇有灌溉干渠与路线平行时,公路最好位于干渠上方,并离开适当距离,以免互相干扰。如不易妥善处理,且河谷两岸地形、地质类似时,宜尽量使公路与干渠各走一岸。

2. 路线高度

沿河线按路线高度与设计洪水位的关系,有低线和高线两种。

低线一般是指高出设计水位(包括浪高加安全高度)不多,路基临水一侧边坡常受洪水威胁的路线。低线的优点是平、纵面线形比较顺直、平缓,易争取到较高标准,路基土石方工程也较省,边坡低,易稳定;路线活动范围较大,便于利用有利地形和避让不良的地形、地质;便于在沟口直跨支流,必须跨越主流时也较易处理。最大缺点是受洪水威胁,防护工程较多。

高线是指高出设计水位较多,基本不受洪水威胁的路线,一般多用在利用大段较高台地,或傍山临河低线易被积雪掩埋以及为避让艰巨工程而提高线位等情况。它的优点是不受洪水侵袭,废方较易处理。但由于高线一般位于山坡上,路线必然随山势曲折弯曲,线形差,工程大;遇缺口时,常需设置较高的挡土墙或其他构造物;此外如避让不良地质和路线跨河,都较低线困难。

沿河(溪)线的线位高低,是根据两岸地形、地质条件以及水流情况,结合路线等级和工程经济来选定的。沿河线的路肩设计高程既要保证路肩高程高出规定洪水频率的设计水位,又要避免路线高悬于山坡之上,造成跨河困难,不能灵活选择线路位置和充分利用两岸的有利地形和地质条件。路线一般以低线位为主,但必须做好洪水位的调查,以保证路基稳定和安全。

要做好线路高程位置的选择,需全面掌握河谷特征,统筹规划纵断面设计的原则。

(1)坡度受限地段应根据路线坡度,尽量利用旁沟侧谷和其他有利的地形、地质条件适当展线。一般是"晚展不如早展",使路线高程尽早降低至河谷的低台地上,以便尽量利用下游平缓的河段,减少路基、桥隧工程,并使路线便于跨河选择有利的河岸。

(2)自由坡度地段可结合地形、水文及工程的需要,使路线适当起伏。路基最低高程应在设计洪水位(包括波浪侵袭高加0.5m)以上,但不宜过高,以减小桥涵工程,便于河岸选择。

如图1-6-6,原线为避让沿河1.7km的断续陡崖,采用了高线方案。由低线过渡到高线的升坡段很长,且弯急坡陡,行车不安全,经局部改线,坡度虽有所改善,但增加了小半径曲线,线形更加弯曲,最后改走低线直穿陡崖,路线平、纵标准显著改善,还缩短760m,行车顺畅,说明不应当采用高线。

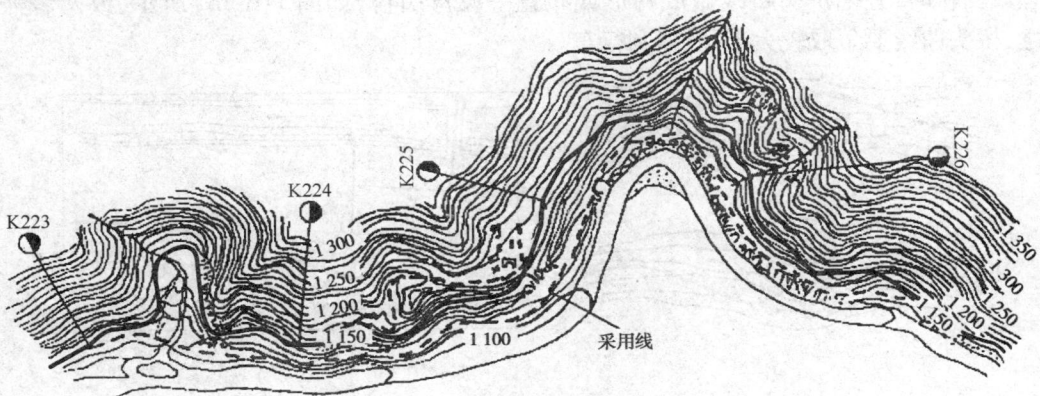

图1-6-6　峡谷路线的低线和高线

3. 桥位选择

按路线与河流的关系,有跨支流和跨主流两类桥位。跨支流的桥位选择,一般属于局部方案问题,而跨主河的桥位选择多属于路线布局的问题。跨主河的桥位往往是确定路线走向的控制点，它与河岸选择互相依存，互相影响，进行河岸选择的同时要认真研究好跨河桥位的选择。当路线由于地形、地质原因需要换岸布线时，如果桥位选择不好，勉强跨河，不是造成桥头线形差，就是增大桥梁工程。因此在选择河岸的同时，要研究处理好桥位及桥头路线的布设问题。

路线跨越主河，由于路线与河流接近平行，桥头布线一般比较困难，因此，在选择桥位时除应考虑桥位本身水文、地质条件外，还要注意桥头路线的舒顺，处理好桥位与路线的关系。常见有以下几种情况：

（1）在"S"形河段腰部跨河，以争取桥轴线与河流成较大交角，如图1-6-7。本例是个中小桥，采用斜桥方案，则更有利于路桥配合。

（2）在河弯附近选择有利位置跨越，如图1-6-8。但应注意河弯水流对桥的影响，采取防护措施。

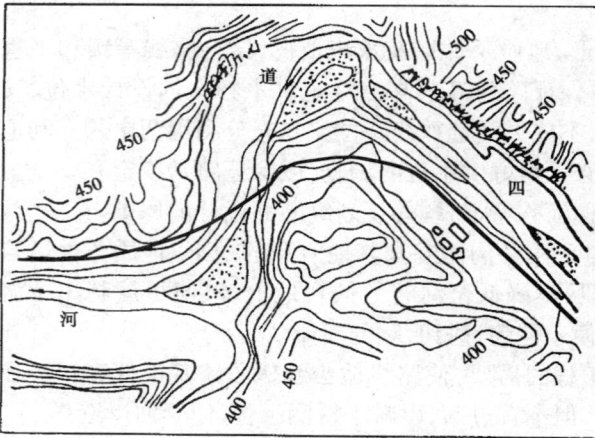

图1-6-7　在"S"形河的腰部跨河

图1-6-8　在河弯附近跨河

（3）在与路线接近平行的顺直河段上跨河，桥头引道难以舒顺。如图1-6-9a）所示桥位应尽量避免。当必须在这种河段跨越时，中、小桥可考虑设置斜桥以改善桥头线形；如为大桥，当不宜设斜桥时，宜把桥头路线做成构形或布置一段弯引桥，如图1-6-9b）所示，或两者兼用。总之，桥头曲线要争取较大半径，以利行车。

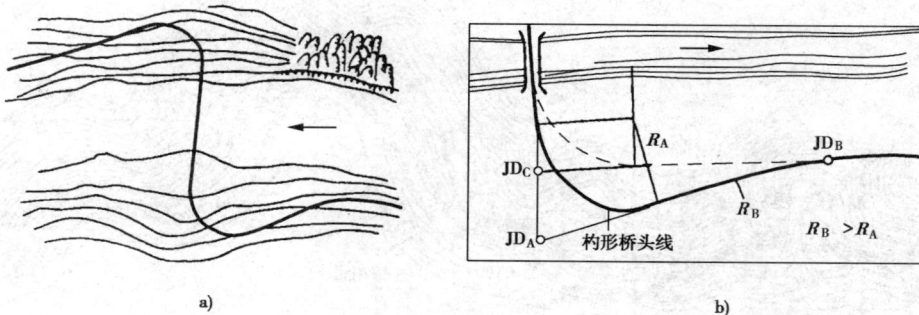

图1-6-9　桥头线形处理

路线跨支流的桥位，有从支河（沟）口直跨和绕进支沟上游跨越两种方案，如图1-6-10。采用何者为宜，要根据路线等级和桥位处的地质、地形条件，经过技术经济比较确定，不可不加比较而轻率决定。

（二）几种河谷地形条件下的选线

1. 开阔河谷

这种河谷谷底地形简单、平缓,河岸与山坡之间有较宽的台地,且多为农田,如图1-6-11,这类地形的路线有三种走法。

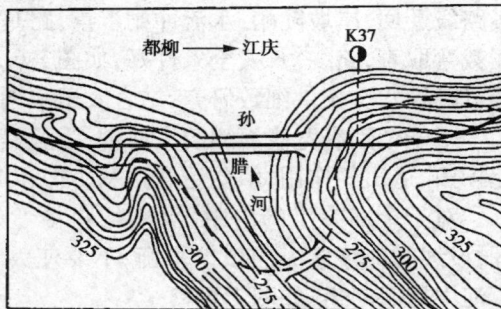

图1-6-10 跨支流桥位

（1）沿河岸,如图1-6-11a)中虚线所示,坡度均匀平缓,线形好,临河一侧受洪水威胁,须做防护工程。

（2）靠山脚,如图1-6-11a)中实线所示,路线略有增长,纵面会有起伏,但可不占或少占良田,是常采用的一种布线方案。

（3）直穿田间,线形标准高,但在稻田地区占田最多,为使路基稳定,有时还需换土,除高速公路和一级公路外,一般不宜采用。

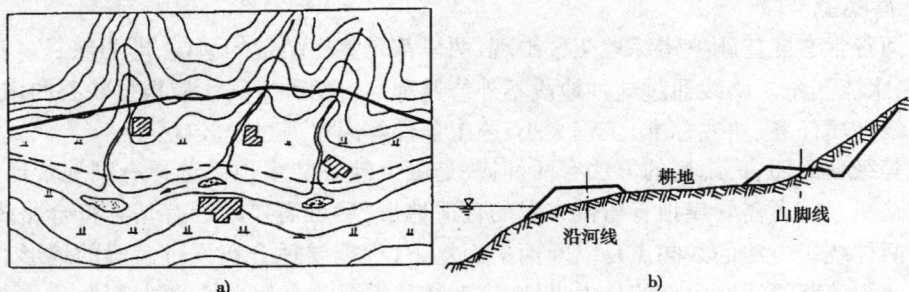

图1-6-11 开阔河谷路线方案
a)沿河与山脚线平面示意;b)沿河与山脚线横断面示意

2. 山嘴或河弯

选线时应做沿河绕行线和取直路线的比选。

路线遇到山嘴时,有以下两种布线方式,如图1-6-12a)。

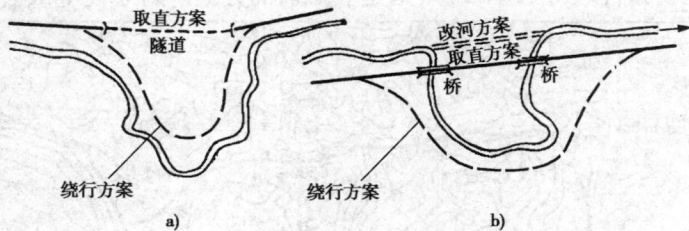

图1-6-12 山嘴、河弯路线方案示意图
a)山嘴;b)河弯

（1）沿山嘴自然地形绕行。这种路线由于线路展长,在坡度受限地段有利于争取高度(隧道情况除外),但易受不良地质的危害和河流冲刷的威胁,路线安全条件较差。

（2）以路堑或隧道取直通过。这种布线方式路线短而顺直,安全条件较好,但隧道较长时,工程费较大,应全面分析,综合进行比选。一般当取直方案与绕行方案工程量相等或接近的情况下,以采用取直方案为宜。

路线遇到河弯时,有沿河绕行、建桥跨河和改移河道三种方案。一般情况下,沿河绕行方案路线迂回,岸坡陡峭,水流冲刷严重,路基防护工程大,路线安全条件差;建桥跨河和改河方案裁弯取直,路线短,安全条件好,如图1-6-12b)所示。无论改河或建桥跨河方案,均应根据地形、地质、水文条件细致研究,结合农田水利建设一并考虑。

对于个别有宽浅河滩的大河弯,为了提高路线标准,可在河滩布线。只要处理得当,还可起护田、造田的作用,但要注意路基防护和加固,防止水流对路基的冲刷破坏。

对于个别突出的山咀,可用切咀填弯的办法处理,设线时应注意纵向填挖平衡,不要使大量废方弃置河中堵塞河道,如图1-6-13。

另外,遇山咀或河弯地形是采用绕行还是取直方案,应与道路等级结合考虑。等级较高的道路宜取直以争取较好的线形指标,等级较低的道路采用哪种方案应根据技术和经济条件比较确定。

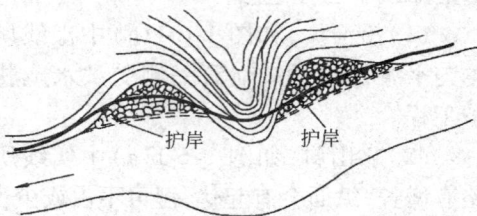

图 1-6-13　切山咀填河弯的路线布置

3. 陡崖峭壁河段

山区河谷常有陡崖峭壁错综地交替出现,两岸都是陡崖峭壁的河段,即为峡谷。峡谷一般河床狭窄,水流湍急。路线通过这种地段不外绕避和穿过两种方案。应根据峡谷的水文、地质条件和路线性质任务、路线标准、工程大小、施工条件等因素通过比较确定。

对低等级公路而言,绕避的方法有两种:一是翻上峡谷陡崖顶部选择有利地带通过;二是另找越岭路线。前者需要崖顶有可供布线的合适地形,后者需要附近有基本符合路线走向的低垭口。两种绕避方法的共同点是纵断面上而复下,都需要适合布设过渡段的地形。过渡段的纵坡应缓于该路等级所允许的最大纵坡,这就往往需要一个相当长的过渡段,上下线位高差越大,就越长,而且过渡段的工程一般又多比较集中。因此,崖顶过高,就不宜翻崖顶绕避;峡谷不长,只要不是无法通过,两种绕避方法(翻越崖顶和越岭绕避)均不宜采用。图1-6-6的高线即系绕避不当的例子。但当峡谷较长,且地形困难、工程艰巨、有条件绕避时,则应予考虑。如图1-6-14,河谷曲折迂回,且有近5km长的陡崖,布线困难;而越岭线的瓦窑垭口,方向很顺,且两侧地形、地质条件较好,越岭绕避则是一可取的方案。对于高等级公路,因线形指标较

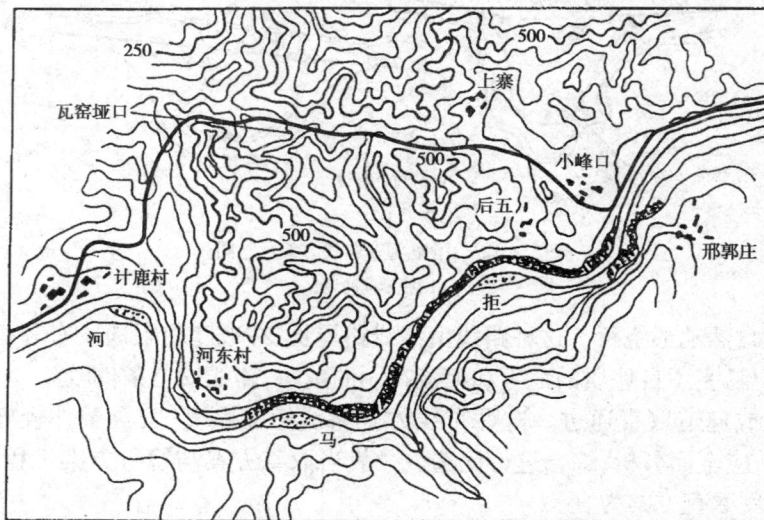

图 1-6-14　越岭绕避峡谷的路线

高,路线的位置可考虑与向山体内移建隧道或向外移设桥的方案进行比选。

直穿陡崖峭壁河段和峡谷的路线,其平、纵面受岸壁形状和洪水位限制,活动余地不大。路线的线位主要根据河床宣泄洪水情况而拟定的合理的横断面而定。路线一般以低线为宜,如洪水位过高或有严重积雪的情况,则不宜采用这种方案。

直穿峡谷的路线,可根据河床宽窄、水文状况、岸壁陡缓等不同因素采用以下方法通过。

1)与河争路,侵占部分河床

当河床较宽,水流不深,压缩部分河床不致引起洪水位抬高过多时,路线可在崖脚下按低线设计通过。根据河床可能压缩的程度,有以下两种情况:

(1)河床宽阔,压缩后洪水位抬高不多,路基可全部或大部分设在紧靠崖脚的水中或滩地上,借石或开小部分石崖填筑,路基临水一侧应做防护工程。

(2)河床狭窄,压缩后,将使洪水位有较大的抬高时,采取筑路与沿河相结合的办法。路基也可部分占用河床,"开"、"砌"结合,以砌为主。开的是对岸突出的山咀,砌的材料主要取自清理河床的漂石及削除对岸突出山咀的石料。这样就使路基占用河床的泄水面积能从清理河床中得到补偿,如图1-6-15。

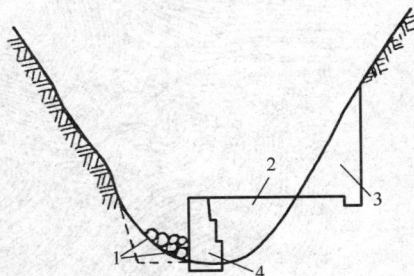

图1-6-15 路基部分占用河床
1-河床;2-路面;3-挖方部分;4-支挡结构

2)硬开石壁

当两岸峭壁逼近,河床很窄,不能容纳并行的河与路时,可硬开石壁通过,如图1-6-16a)。措施如下:

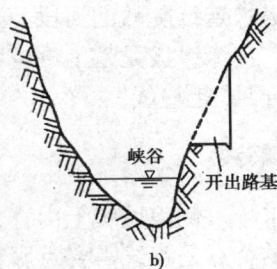

图1-6-16 石壁上硬开路基

(1)在石壁上硬开路基如图1-6-16b),造成的大量废方,必须妥善处理,尽可能将大部分废方利用到附近路段,同时要考虑散失在河中的废方对水位的影响,适当提高线位或清除河道。

(2)岸壁石质良好,可开凿半隧道,以减少石方和废方,如图1-6-16c)。

（3）硬开石壁的路基，对个别缺口或短段不够宽的路段，可用半边桥或悬出路台处理。

（4）当两岸石壁十分逼近（有时仅几米宽），不宜硬开路基时，可建顺水桥通过。

4. 河床纵坡陡峻的河段

在急流、跌水河段，河床纵断面在短距离内突然下落几米以至几十米，形成急流或跌水。路线由急流、跌水的上游延伸到其下游时，线位就高出谷底很多，为了尽快降低线位，避免继续走陡峻的山腰线，可利用急流、跌水下游的支沟或平缓的山坡展线下降，如图1-6-17。

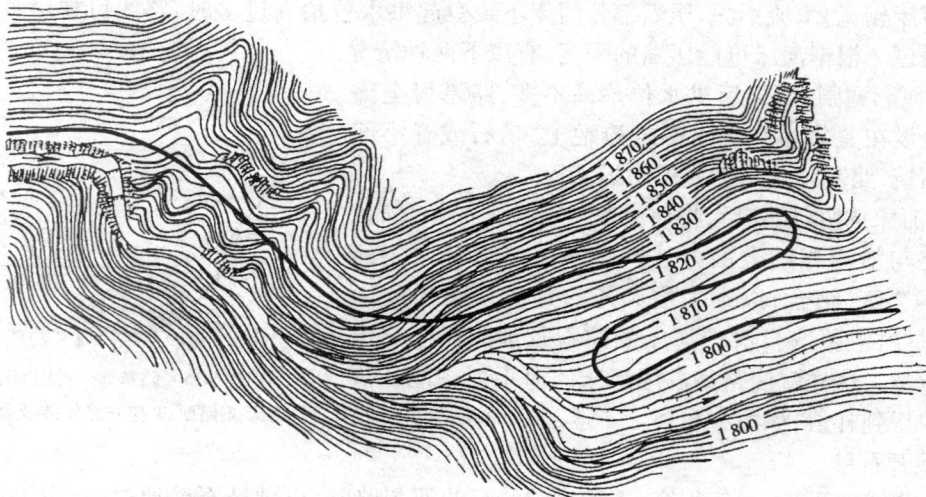

图1-6-17　急流河段展线

河床纵坡连续陡峻的河段。这类河段多出现在山区河流的上游，是沿溪线和越岭线之间的过渡段。河床纵坡是越上溯越陡，当陡到路线技术标准不允许的程度时，就需要进行展线，选线要点详见"越岭线"。

二、越岭线

沿分水岭一侧山坡爬上山脊，在适当地点穿过垭口，再沿另一侧山坡下降的路线，称为越岭线。它的特点是路线需要克服很大的高差，地形、地质条件复杂，工程艰巨、集中，路线的长度和平面位置主要取决于路线纵坡的安排，因此，在越岭线的选线中，须以路线纵断面为主导。

越岭线选线主要应解决的问题是：垭口选择、过岭标高选择和垭口两侧路线展线的拟定，它们是相互联系，相互影响的。布局时应结合水文及地质情况，处理好三者的关系。对于山岭海拔较高、气候恶劣、雾雪严重的越岭路线选线，应结合公路的使用任务及功能区别对待，要求常年保持畅通的主要干线公路，应与在雪线以下或气候较好的地区，以隧道方案通过进行比较。高速、一级公路因纵坡控制较严，路线要求短捷，越岭路线必须根据地形、地质情况，以越岭隧道与越岭展线进行详细的技术、经济比较。

（一）垭口选择

垭口是体现越岭线方案的重要控制点，应在基本符合路线走向的较大范围内选择，要全面考虑垭口的位置、高程、地形、地质条件和展线条件等。

1. 垭口位置选择

垭口位置在基本符合路线走向的前提下，与两侧山坡展线方案结合一起考虑。首先考虑高差较小,而且展线降坡后能与山下控制点直捷地衔接,不需无效延长路线。其次再考虑稍微偏离路线方向,但接线较顺,且不致过于增长里程的其他垭口。

2. 垭口高程选择

垭口海拔高低及其与山下控制点的高差,对路线长短、工程量大小和运营条件有直接的影响,一般应选择高程较低的垭口。在高寒地区,特别是积雪、结冰地区,海拔高的路线对行车很不利。因此,有时为了走低垭口,即使方向有些偏离,距离有些绕远,也应注意比较。但如积雪、结冰不是太严重,对于基本符合路线走向,展线条件较好,接线方向较顺,地质条件较好的垭口,即使稍高,也不应轻易放弃。

3. 垭口展线条件选择

山坡线是越岭线的主要组成部分。而山坡坡面的曲折程度、横坡陡缓、地质好坏等情况,与线形标准和工程大小有直接关系。因此,选择垭口必须结合山坡展线条件一起考虑。如有地质较好、地形平缓、利于展线降坡的山坡,即使垭口位置略偏或较高,也应比较,不要轻易放弃。

4. 垭口的地质条件选择

垭口一般地质构造薄弱,常有不良地质存在,应深入调查研究其地层构造(图1-6-18),摸清其性质和对公路的影响。对软弱层型、构造型和松软土侵蚀型的垭口,只要注意到岩层产状及水的影响,路线通过一般问题不大。对断层破碎带型及断层陷落型垭口,一般应尽量避开;必须通过时,应查清破碎带的大小及程度,选择有利部位通过,并采取可靠的工程措施(如设置挡土墙、明峒)以保证路基稳定。对地质条件恶劣的垭口,局部移动路线或采取工程措施亦不解决问题时,应予放弃。

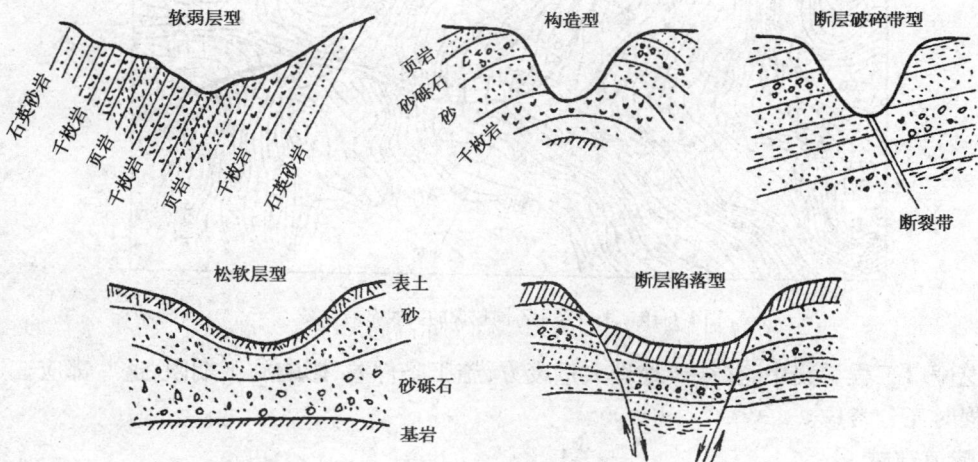

图1-6-18　垭口的地层构造

(二)过岭高程的选择

路线过岭,不外采用路堑或隧道通过。过岭高程越低,路线就越短,但路堑或隧道就越深、越长,工程量也越大。因此过岭高程应结合路线等级、越岭地段的地形、地质以及两侧展线方案、过岭方式等因素经过技术经济比较来选定,这些因素是互相影响的,必须全面分析研究各种可能的比较方案,做出合理的选择。过岭方式主要有如下几种:

1. 浅挖低填

遇到过岭地段山坡平缓,垭口宽而厚(有的达到1~2km,有时还有沼泽出现)的地形,展线容易,只宜采用浅挖低填的方式过岭,过岭高程基本上就是垭口高程。

2. 深挖垭口

当垭口比较瘦削时,常用深挖的方式过岭。深挖垭口,虽土石方工程较集中,但由于降低了过岭高程,相应缩短了展线长度,总工程量并不一定增加。即使有所增加,也可从改善行车条件,节约运营费中得到补偿。至于深挖程度,应视地形、地质、气象条件以及展线对垭口高程的要求等因素而定。一般挖深在30m以内,地质情况良好时,还可深些。垭口越瘦,越宜深挖。但垭口通常地质条件较差,挖深应以不致危及路基稳定为度。否则应采取有效措施,以防止遗留病害。有条件时,可采用隧道通过。

过岭高程是越岭线布局的重要控制因素,不同的过岭高程就有不同的展线方案。如图1-6-19,路线通过垭口,由于选用不同的挖深出现了三个可能方案。甲方案挖深9m,需要设两个回头曲线;乙方案挖深13m,需一个回头曲线;丙方案挖深20m,即可顺山势布线,不需回头曲线。丙方案线形好,路线最短,有利于行车和节约运营费用。

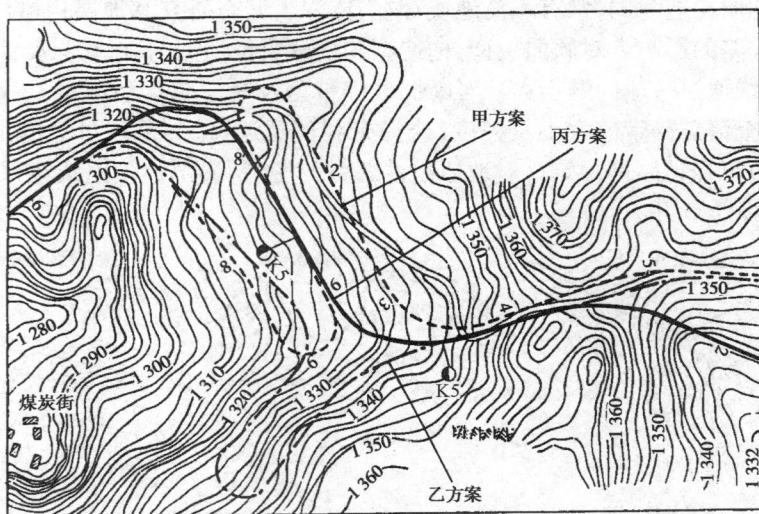

图1-6-19 垭口采用不同挖深的展线布局方案

深挖垭口工程量集中,往往要处理大量废方,施工条件差,影响施工期限,这些都应在选定过岭高程时充分考虑。

3. 隧道穿越

当垭口挖深在30m以上时,应与隧道方案进行比较。特别是垭口瘦薄时,采用不长的隧道能大大降低路线爬升高度,缩短里程,提高路线线形指标,在经济上非常合算。另外,为了避让严重不良地质以及减轻或消除高山严重积雪、结冰对公路的不良影响时,也应考虑采用隧道方案。采用隧道通过的方案,也应结合施工条件及施工期限。

一般情况,隧道高程越低,路线越短,技术指标越易提高,对运营也越有利。但高程低,隧道就长,造价就高,工期也长。因此,隧道高程的选定通常根据越岭地段的地质条件,并以临界高程作为研究的基础。临界高程就是隧道造价和路线造价总和最小的过岭高程。设计高程如高于临界高程,则路线展长费用将多于隧道缩短的费用,设计高程如低于临界高程,则隧道加长费用将多于路线缩短费用。如设计高程降低,可节约运营费用,这对交通量大的路线意义更大,也应作为比选的因素。

隧道高程的选定不能单纯着眼于经济一方面,还应考虑以下因素:

(1)地质和水文地质条件是选择高程有决定意义的因素,要尽可能把隧道放在较好的地层中。

(2)隧道高程应设在常年冰冻线和常年积雪线以下,以保证施工和行车安全。

(3)隧道长度要考虑施工期限和施工技术条件等。

(4)在不过多增加工程造价的情况下,要适当考虑远景的发展,尽可能把隧道高程降低一些。

(三)垭口两侧路线的展线

1. 展线布局

越岭线的高程主要是通过垭口两侧山坡上的展线来克服的。虽然山坡地形千差万别,线形多种多样,但路线的布局首先要以纵坡为指引,即平、纵、横三个面的结合要以纵断面为主导。越岭线利用有利地形、地质,避让不良地形、地质,是通过合理调整坡度和设置必要的回头线来实现的,而回头线的布置,也要根据纵坡来选定。只有符合纵坡标准的路线方案,才能成立。因此,展线布局必须从纵坡的安排开始,其工作步骤如下:

(1)拟定路线大致走法。在调查或踏勘阶段确定的主要控制点间,进行广泛勘察,调查周围地形及地质情况,以带角手水准粗略勘定坡度作为指引,注意利用有利地形、地质,拟定路线可能的大致走法。

(2)试坡布线。试坡的目的是进一步落实初步拟定的路线走法的可能性;发现和加密中间控制点,发现局部比较方案,拟定路线布局。

试坡由已定的控制点开始。越岭线通常先固定垭口,由上而下,视野开阔,便于争取有利地形。因此,一般多由垭口向下试坡。试坡选用的平均坡度,应根据标准的规定,地形曲折,小半径曲线多的地段,可略低于规定值。在试坡过程中,遇到必须避让的地物、工程艰巨及地质不良地段,以及拟用作回头的地点,要把路线最适宜通过的位置,暂时作为一个中间控制点。如果它和试坡线接近,并与前面一个暂定控制点之间的坡度不致超过最大坡度或过于平缓,就把这个点大致的里程、高程以及可活动的范围记录下来,供以后调整落实时参考。如果这个点和试坡线的高差较大,则应返回重新试坡,或修改前面的暂定控制点,认为合适后再向前试坡。如经过修改后的路线纵断面或路线行经地带不够理想,应另寻比较路线。这就是通过试坡发现控制点和局部比较线的大致过程,当一系列中间控制点暂定下来后,路线布局大体就有了个轮廓。

主要控制点间可能有几个方案,要经过比选,剩下一、两个较好的方案,据以进行下一步工作。

(3)分析、落实控制点,决定布局方案。控制点有固定和活动之分:一种是位置和高程都不能改变,如工程特别艰巨地点的路线和某些受限制很严的回头地点,必须利用的桥梁,必须通过的街道等;另一种是位置固定,高程可以活动,如垭口、重要桥位等;第三种是位置、高程都有活动余地的,如侧沟展线的跨沟地点,宽阔平缓山坡的回头地点等。

第一种情况较少,第二、三种情况居多。也就是说控制点大多是有活动余地的,但活动范围有大有小。对活动范围小的控制点，可视为固定控制点，把位置、高程确定下来。然后再去研究固定控制点之间的、活动范围较大的那些控制点，以便通过适当调整，达到既不增大工程而又能使线形更加合理的目的。

活动控制点的调整落实，有下面两种情况和做法：

①活动性较大的回头地点，可从前后两个固定控制点以适当的坡度分头放坡交会得出。

②两固定控制点间非回头的活控制点，应在其可活动的范围内调整，以使固定控制点间的坡度尽量均匀些。

2. 展线方式

越岭线的展线方式主要有自然展线、回头展线、螺旋展线三种。

1）自然展线

自然展线是以适当的坡度，顺着自然地形，绕山咀、侧沟来延展距离、克服高差。自然展线的优点是走向符合路线基本方向，行程与升降统一，路线最短。与回头展线相比，线形简单，技术指标一般也较高，特别是路线不重叠，对行车、施工、养护均有利。如路线所经地带地质稳定，无割裂地形阻碍，布线应尽可能采用这种方案。缺点是避让艰巨工程或不良地质的自由度不大，只有调整坡度这一途径。如遇到高崖、深谷或大面积地质病害很难避开，而不得不采取其他展线方式。

2）回头展线

当控制点间的高差大，靠自然展线无法取得需要的距离以克服高差，或因地形、地质条件限制，不宜采用自然展线时，路线可利用有利地形设置回头曲线进行展线，如图 1-6-20。

图 1-6-20 利用狭窄山坡回头展线的不良示例

回头展线的缺点是在同一坡面上，上、下线重叠，尤其是靠近回头曲线前后的上、下线相距很近，对于行车、施工、养护都不利，因此不得已时方可采用这种展线方式。回头展线的优点是便于利用有利地形，避让不良地形、地质和难点工程。

回头地点对于回头曲线工程大小和使用质量关系很大，应慎重选择。回头曲线的形状取决于回头地点的地形，一般利用以下三种地形设置：

（1）直径较大、横坡较缓、相邻有较低鞍部的山包或平坦的山脊，如图 1-6-21a）、b）。

（2）地质、水文地质良好的平缓山坡，如图 1-6-21c）。

（3）地形开阔、横坡较缓的山沟或山坳，如图 1-6-21d）、e）。

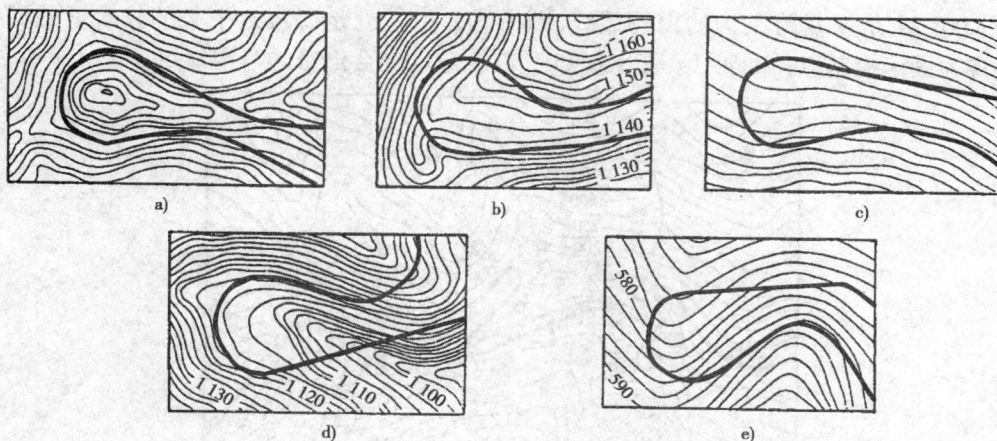

图 1-6-21 适宜设回头曲线的有利地形

a)利用山包回头；b)利用山脊平台回头；c)利用缓坡回头；d)利用山沟回头；e)利用山坳回头

为了尽可能消除或减轻回头展线对于行车、施工、养护不利的影响，要尽量把回头曲线间的距离拉长，以分散回头曲线、减少回头个数。回头展线对不良地形、地质的避让有较大的自由度，但不要遇见难点工程，不分困难大小和能否克服就轻易回头，致使路线在小范围内重叠盘绕。对障碍要进行具体分析，当突破一点而有利于全局时，就要做些工程予以突破。

3）螺旋展线

当路线受到限制，需要在某处集中地提高或降低某一高度才能充分利用前后有利地形时，可考虑采用螺旋展线。螺旋展线一般多在山脊利用山包盘旋，以旱桥或隧道跨线，如图 1-6-22 实线所示；也有的在峡谷内路线就地迂回，利用建桥跨沟跨线，图 1-6-23 实线所示。

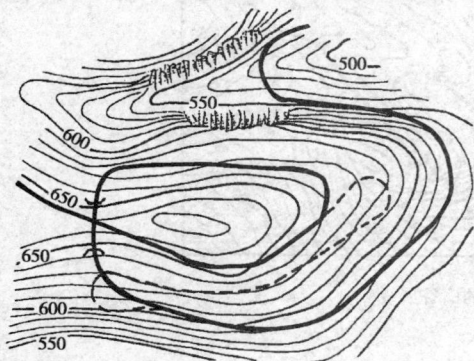

图 1-6-22 山脊螺旋线

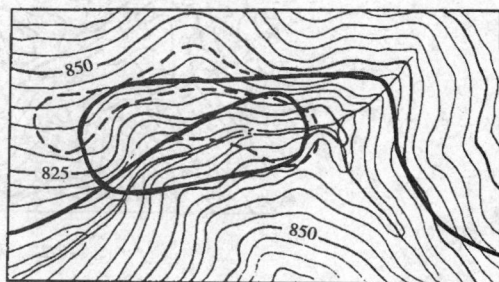

图 1-6-23 山谷螺旋线

螺旋展线目前在公路选线上还未被用为重要的展线方式，而仅视为回头展线的一种变革，在某种地形条件下用以代替一组回头曲线（如前两图中虚线所示）。它虽比回头线具有线形较好、避免路线重叠的优点，但因需建隧道或高桥、长桥，造价很高，因而较少采用。必须采用时，应根据路线性质和任务，与回头展线的方案作详细比较。

3. 展线示例

越岭线展线布局的基本形式是利用山谷与山脊展线。

1）利用山谷展线

图 1-6-24 是反复跨主沟的山谷展线，图中③、⑤、⑦处是试坡定下来的较合适的回头地点，可视为固定控制点；②、④、⑥是由①、③、⑤、⑦分别交会出来的跨沟地点。

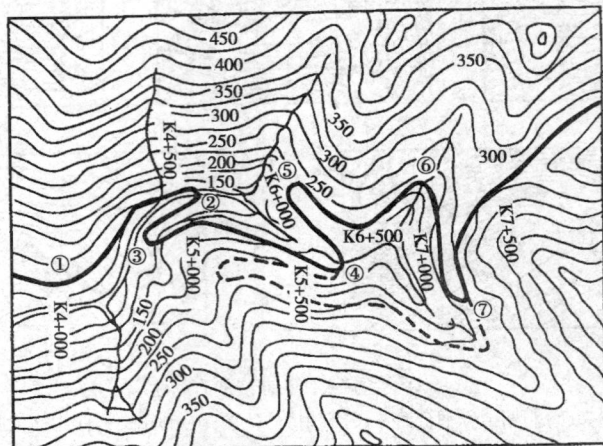

图 1-6-24　反复跨主沟的山谷展线

图 1-6-25 是利用侧沟的山谷展线，图中③、⑤、⑦为山咀，受限制较严，可视为固定控制点，②、⑥及侧坡上④点，有较大活动范围，布线时可分别由两端放坡交会而定。

图 1-6-25　利用侧沟的山谷展线

2）利用山脊展线

图 1-6-26 是利用支脉山脊展线。经试坡分析，①受高程控制较严，③、⑤点下方横坡陡峻，路线不宜再低，视为固定控制点，②、④能稍许活动，布线时分别由①、③、⑤交会出来。采用这种方式布线，要求选择宽肥的山脊或山咀，否则路线重叠次数很多。有条件时，应选择适当地点突破右侧山沟，将路线引向其他坡面去布设。

3）利用山坡展线

利用一面山坡往返盘绕，往往叠线过多，一般应尽量避免。但在受地形限制，无其他方案时,可选择横坡平缓、地质条件好、布线范围较大的山坡设线。布线时注意尽可能突破难点,扩大布线范围和避免上、下两个回头曲线并头。图 1-6-27 是一个路线布局不好的例子,路线未充分利用地形尽量拉长回头曲线间的距离,致使叠线多达 5~6 次,并多次出现上、下线并头的现象。

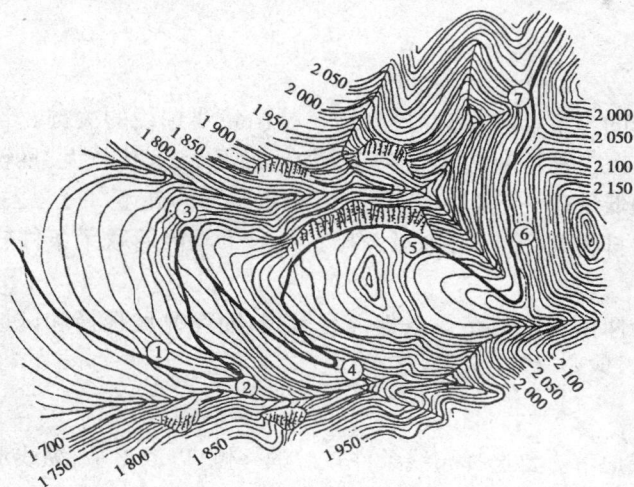

图 1-6-26 利用支脉山脊展线

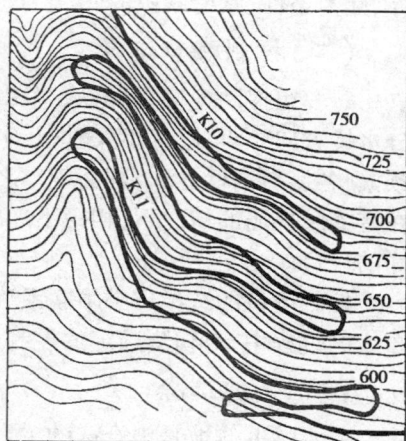

图 1-6-27 山坡展线

一条较长的越岭线,由于地形的变化,常常是各种展线方式的综合运用,布线时要抓住地形特点因地制宜选用展线方式,充分发挥其优点,把路线布局工作做好。

三、山脊线

(一)山脊线的特点及选择条件

大体上沿分水岭布设的路线,称为山脊线。分水线顺直平缓,起伏不大,岭脊肥厚的分水岭是布设山脊线的理想地形,路线可大部或全部设在分水岭上。但高山地区的分水岭常常是峰峦、垭口相间排列,有时相对高差很大。这种地形的山脊线,则为一些较低垭口所控制,路线须沿分水岭的侧坡在垭口之间穿行,线位大部分设在山腰上。山脊线,一般线形大多起伏、曲折,其起伏和曲折程度则视分水岭的形状、控制垭口间的高差和具体地形而异。

山脊线一般具有土石方工程小、水文和地质情况好、桥涵构造物较少等优点。山脊线方案主要应考虑以下条件决定取舍:

(1)分水岭的方向不能偏离路线总方向过远。

(2)分水岭平面不能过于迂回曲折,纵面上各垭口间的高差不过于悬殊。

(3)控制垭口间山坡的地质情况较好,地形不过于陡峻零乱。

(4)上下山脊的引线要有合适的地形可以利用,这是能否采用山脊线的主要条件之一,往往山脊本身条件很好,但上下引线条件差而不得不放弃。

由于完全具备上述条件的分水岭不多,所以很长的山脊线比较少见,而往往是作为沿河线或山腰线的局部比较线及越岭线的两侧路线的连接段而出现。

山脊线线位较高,一般远离居民点,不便于为沿线工农业生产服务;有时筑路材料及水源缺乏,增加施工困难;另外地势较高,空气稀薄,有云雾、积雪、结冰等对行车和养护不利等缺点。这些都应在与其他路线方案作比较时予以充分考虑。

当决定采用山脊线方案以后,剩下要解决的是山脊线的布设问题。由于山脊线基本沿分水岭而行,大的走向已经明确,布线主要解决以下三个问题:即选定控制垭口;在控制垭口间,决定路线走分水岭的哪一侧;决定路线的具体布设(包括选择中间控制点)。三者是互相依存、互为条件、紧密联系的。

（二）控制垭口选择

每一组控制垭口代表着一个山脊线的方案,因此选择控制垭口是山脊线选线的关键。当分水岭方向顺直、起伏不大时,几乎每个垭口都可暂定为控制点。如地形复杂,起伏较大,且较频繁,各垭口高低悬殊,则高垭口之间的低垭口一般即为路线的控制点,突出的高垭口可舍去;在有支脉横隔的情况下,相距不远的、并排的几个垭口,则只选择其中一个与前后联系条件较好的垭口。

控制垭口的选择还必须联系分水岭两侧山坡的布线条件综合考虑,而在侧坡选择和试坡布线的过程中,对初步选定的控制点加以取舍、修正,最后落实。

（三）侧坡选择

分水岭的侧坡是山脊线的主要布线地带。要选择布线条件较好的一侧,以取得平、纵线形好、工程量小和路基稳定的效果。坡面整齐、横坡平缓、地质情况好、无支脉横隔的向阳山坡较为理想。除两个侧坡优劣十分明显的情况外,两侧都要作比较以定取舍。同一侧坡也还可能有不同的路线方案,可通过试坡布线决定。多数初选的控制垭口,在侧坡选择过程中即可决定取舍,少数则需在试坡布线中落实。

如图 1-6-28,A、D 两垭口是由前后路线所决定的固定控制点,其间 B、C、E 等垭口,哪个选为中间控制点,首先取决于路线布设在分水岭的哪一侧。显然,位于左侧的甲线应舍 C、E 而取 B,位于右侧的乙线应舍 B 而取 C 或 E。至于 C、E 的取舍以及甲、乙方案的比选问题,则有待于试坡布线时解决。

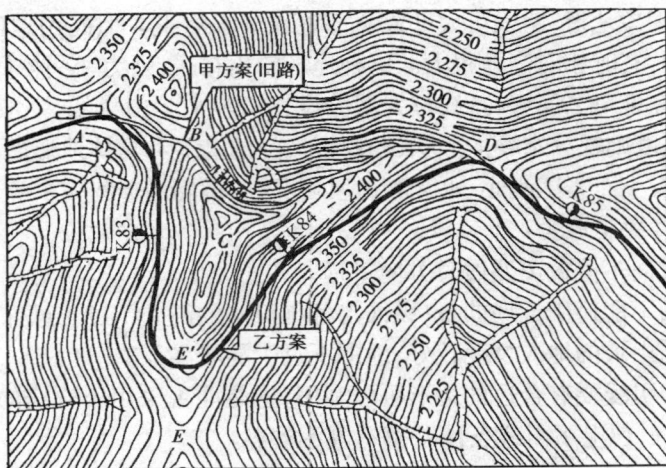

图 1-6-28　山脊线布局比较示意图

（四）试坡布线

在两固定控制点间布线,应力求距离短捷,坡度和缓。山脊线有时因控制点间高差很大,需要展线,也有时为避免路线过于迂绕,要采用起伏坡,以缩短距离。从总体看,山脊线难免有曲折、起伏,但不可使其过于急促、频繁,平、竖曲线和视距等指标也要掌握得高些,以利行车。

山脊布线常见有三种情况:

1. 控制垭口间平均坡度不超过规定

如两控制垭口中间,地形、地质方面没有太大障碍,应以均匀坡度沿侧坡布线。如控制垭口间平均坡度较缓,而其间遇有障碍或难点工程时,可加设中间控制点,调整坡度来避让,中间控制点和各垭口之间仍应以均匀坡度布线。如图 1-6-28 的甲线,AB、BD 两段,地面自然坡度一上一下已经很陡,当适当挖深垭口 B 后,才分别获得 +5.5% 和 −5% 较合理的坡度;BD 段两次跨冲沟,需要防治,工程稍大。如欲减小防治工程,要在冲沟头上方加设中间控制点,这将使 B 到 D 的一段纵坡过陡,不宜采用。

2. 控制垭口间有支脉横隔

路线穿过支脉,要在支脉上选择合适垭口作为中间控制点。该垭口应不致使路线过于迂绕,合理深挖后两翼路线坡度都不超过规定,并使路线能在较好的地形、地质地带通过。有时在支脉上选择的控制垭口虽能满足纵坡要求,但线形过于迂绕,为了缩短距离,控制点就不一定恰好设在垭口上。

如图 1-6-28 中的乙线是穿支脉的路线,支脉上有 C、E 两个垭口,选中间控制点时,首先考虑 C,因其位置过高,合理深挖后两翼路线坡度仍超过规定,只好放弃而选择垭口 E。E 的两翼自然纵坡均低于规定值,为了既保证坡度符合要求,又能尽量缩短距离,从低垭口 D 以 5% ~ 5.5% 的坡度沿山坡向垭口 E 试坡,定出控制点具体位置 E',使乙线得到合理的最短长度。AE' 之间则按均匀坡度(约 3%)布线。乙线虽较甲线长 740m,但工程小,施工较易,当交通量小时,宜予采用。

3. 控制垭口间平均坡度超过规定

根据具体地形、地质条件,采用填挖、旱桥、隧道等工程措施来提高低垭口,降低高垭口,也可利用侧坡、山脊有利地形设置回头展线或螺旋展线,如图 1-6-29。选线方法详见本节越岭线。

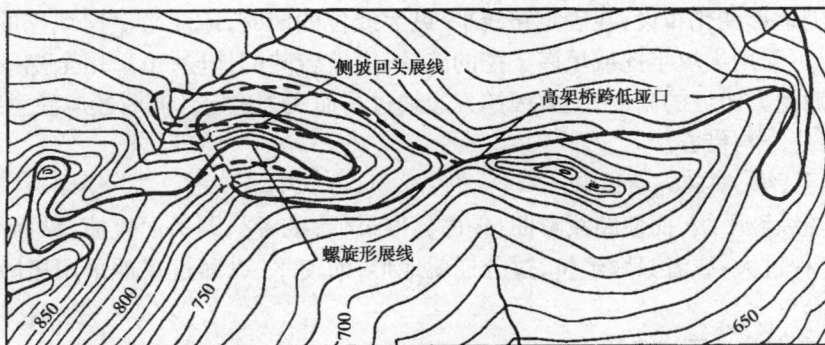

图 1-6-29　山脊展线示意图

第五节　丘陵区选线

与山岭区相比,丘陵区的地貌特点是:山丘连绵,岗坳交错,此起彼伏,山形迂回曲折,岭低脊宽,山坡较缓,丘谷相对高差不大。重丘区与山区不易划出明确界线,就如同一般山区与重山区不易划出明确界线一样,微丘区与平原区也同样难以区别,可见丘陵区包括了缓峻颇为悬殊的地形。

丘陵区的地形决定了通过丘陵区的路线特点是:局部方案多,且为了充分适应地形,路线纵断面将会有起伏,路线平面也必将是以曲线为主体,如图1-6-30。

图1-6-30　丘陵区路线

一、丘陵区路线布设原则

丘陵地区选线,要根据丘陵地区地形起伏、丘岗连绵、相对高差不大的特点,摸清地形、地质和水文条件,选出方向顺直、工程量少的路线方案。

微丘区选线应充分利用地形,处理好平、纵线形的组合。不应迁就微小地形,造成线形迂回曲折,也不宜采用长直线,造成纵面线形起伏。

重丘区选线应注意:

1.注意利用有利条件减少工程量

路线应随地形变化布设,在确定路线平、纵面线位的同时,应注意横向填挖的平衡。横坡较缓的地段,可采用半填半挖或填多于挖的路基;横坡较陡的地段,可采用全挖或挖多于填的路基。应注意挖方边坡的高度,不致因挖方边坡过高而失去稳定。同时还应注意纵向土、石方平衡,以减少废方与借方。

2.注意平、纵、横应综合设计

不应只顾纵坡平缓,而使路线弯曲,平面标准过低;或者只顾平面直捷,纵面平缓,而造成高填深挖,工程过大;或者只顾经济,过分迁就地形,而使平、纵面过多地采用极限或接近极限的指标。

3.注意少占耕地不占良田

(1)线路宜靠近山坡,以少占耕地不占良田,但应避免因靠近山坡增大工程,要做出不同方案,征求地方意见后选定。

(2)当线路通过个别高台地或山鞍时,应结合地质、水文条件,做深挖与隧道方案的比选,以节约耕地或避免病害。

(3)当线路跨越宽阔沟谷或洼地时,应结合节约用地的要求做旱桥与高填方案的比选。

(4)应结合灌溉系统及流量要求,修建相应的桥涵,注意避免引起水害,冲毁或淹没农田。

另外,遇到冲沟比较发育的地段时,高速、一级和二级公路可采用高路堤或高架桥的直穿方案;三、四级公路则宜采用绕避方案。遇到地质不良地段,应考虑绕避通过,不得已时,应尽量调整平、纵线形,恰当掌握标准,以尽量少扰动的方式通过,并采取必要的工程防护措施及排水设施,确保边坡及路基稳定。

二、路线布设方式

丘陵区地形复杂,布线方法应随路线行经地带的具体地形而采用不同的布线方式。根据选线实践经验,可概括为三类地形地带和相应的三种布线方式。

1. 平坦地带——走直线

两个已知控制点间,地势平坦,应按平原区以方向为主导的原则布设。如其间无地物、地质障碍或应趋就的风景、文物以及居民点,路线应走直线;如有障碍或应趋就的地点,则加设中间控制点,相邻控制点间仍以直线相连,路线转折处设长而缓的曲线。这样的路线是平坦地形上平、纵、横三面最好的统一体,如果无故拐弯,就成为不合理的了。

2. 具有较陡横坡的地带——沿匀坡线布线

"匀坡线"是两点之间,顺自然地形,以均匀坡度定的地面点的连线,如图 1-6-31 所示。这种坡线常须多次试放才能求得。

在具有较陡横坡的地带,两个已定控制点间,如无地物、地形、地质上的障碍,路线应沿匀坡线布线;如有障碍,则在障碍处加设控制点,相邻控制点间仍沿匀坡线布线。

上述两类地带的布线方式,与前已论述的平原

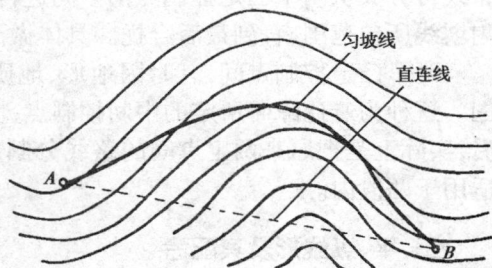

图 1-6-31　匀坡线示意图

和山岭区并无明显区别,只在此加以总括,不再详述。唯有起伏地带是丘陵区所特有,下面对其布线原则和方法,作重点讨论。

3. 起伏地带——走直连线和匀坡线之间

起伏地带也属于具有横坡的地带,特点是地面横坡较缓,匀坡线很迂回。其布线原则和方法按起伏多少分述如下。

1)两个已定控制点间包括一组起伏时

就是说路线要交替跨越丘梁和坳谷,在两个相邻的梁顶(或谷底)之间,即出现一组起伏。在这种地形上布设路线,如沿直连线走,路线最短,但起伏很大。为了减缓起伏,将出现高填深挖,增大工程;如沿匀坡线走,坡度最好,但路线绕长太多,工程一般也不会省。这种"硬拉直线"和"弯曲求平"的做法,都是不正确的。

如果路线走在直连线和匀坡线之间,比直连线的起伏小,比匀坡线的距离短,而工程一般将是节省的。总的说,使用质量有所提高,工程造价有所降低,故在起伏地带应在直连线与匀坡线之间寻找最合理的路线方案。至于路线在平面上的具体位置,应根据路线等级结合地形作具体分析,做到路线平、纵、横三面最恰当的结合。

对于较小的起伏,首先要坡度和缓。在这个前提下,再考虑平面与横断面之间的关系。大体说,低等级路工程宜小,平面上稍多迂回增长些距离是可以的,即路线可离直连线远些;高级路则宁可多做些工程,尽可能减短一些距离,把路线定得离直连线近些。

在较大的起伏地带，两侧的高差常不相同，高差大的一侧的坡度常常成为决定因素，要根据应采用的合理坡度并结合梁顶的挖深和谷底的填高来确定路线的平面位置。如图 1-6-31 中，E、G 间的路线主要受 FG 段的控制，当选用不同的坡度或 G 处采用不同的挖深，都会得出不同的路线方案，应根据路线等级予以比较选定。关于纵坡度，《公路工程技术标准》有所规定，但当距离增长不多或切梁填谷增加工程不大，而能显著改善纵坡时，宜用得缓和些。

直连线和匀坡线给起伏地带指出一个布线范围，但不需实地放出。因为确知梁顶处匀坡线是在直连线下方，谷底处匀坡线则在直连线上方；而且在梁顶应是暗弯和凸曲线，在谷底应是明弯和凹曲线，否则，路线就是越出了直连线和匀坡线范围，成为明显不合理的路线。

2）两个已定控制点间有多组起伏时

两个已定控制点间有多组起伏时，需要在每个梁顶（或每个谷底）都定出控制点，然后按上述方法处理各组起伏。如何选定这些控制点要考虑许多因素，上述"起伏地带路线走直连线和匀坡线之间"的原则，可以为寻找这些控制点提供一个线索。

已定控制点间包括的起伏组数越多，直连线和匀坡线所包范围越大，路线的方案也越多。布线可分头从两个已定控制点向中间进行，逐步减少包括的起伏组数，因而也缩小了直连线和匀坡线所包范围，直到最后合拢。具体做法参见下边选线的步骤和示例加密控制点的解说。

两个已定控制点间，有时因地形、地质、地物上的障碍，路线会突破直连线与匀坡线的范围。这种为避让障碍所定的中间控制点，应视为又增加一个已定控制点，即这一控制点定下来后，实际上是把原来两定点间的路线分割成两段，上述"走直连线和匀坡线中间"的原则分别适用于两段内。

三、平、纵线形及其配合

丘陵区具体定线时还应注意平、纵线形及其配合。总结丘陵区选线的实践经验，应注意以下几点：

1. 平面

平面上不强拉长直线，而要尽量利用与地形协调的长缓平曲线，路线转折不要过于零碎频繁，相距不远的同向曲线尽可能并为一个单曲线或复曲线，反向曲线间应有一定长度的直线段，否则，可设计成"S"形。

2. 纵断面

起伏地区路线采用起伏坡形是缩短里程或节省工程的有效方法。但起伏切忌太频繁，太急剧，坡长要放长些，坡度要用得缓些，避免形成锯齿坡形和短距离的"驼峰"和"陷洼"；陡而长的坡道中间要利用地形插设缓坡段。竖曲线也应像平曲线那样，要长而缓，相离不远的同向曲线尽量连接起来，反向曲线间最好有一段匀坡。

3. 平、纵面的配合

长陡下坡尽头避免设小半径平曲线。平、竖曲线的位置，在两者半径很大的情况下，各设在什么地方对行车并无太大影响；但在起伏地形如梁顶、沟底等处，使暗弯与凸竖曲线，明弯与凹竖曲线结合起来，则能增进行车安全感和路容的美观。但要注意两者的半径都应尽可能大些，特别是明弯与凹曲线重合处，因为这种地点，车速一般都比较高，半径太小会增加驾驶困难。最不好的情况是凸竖曲线与一个小半径平曲线相隔很近，因为凸竖曲线阻碍视线，驾驶者不能预先看到前方的平曲线，以早做转弯准备，可能措手不及导致发生事故。为避免这种情况，要把平、竖曲线重合起来，即使多费些工程也是应该的，见图 1-6-32 中 C、E、G 处。

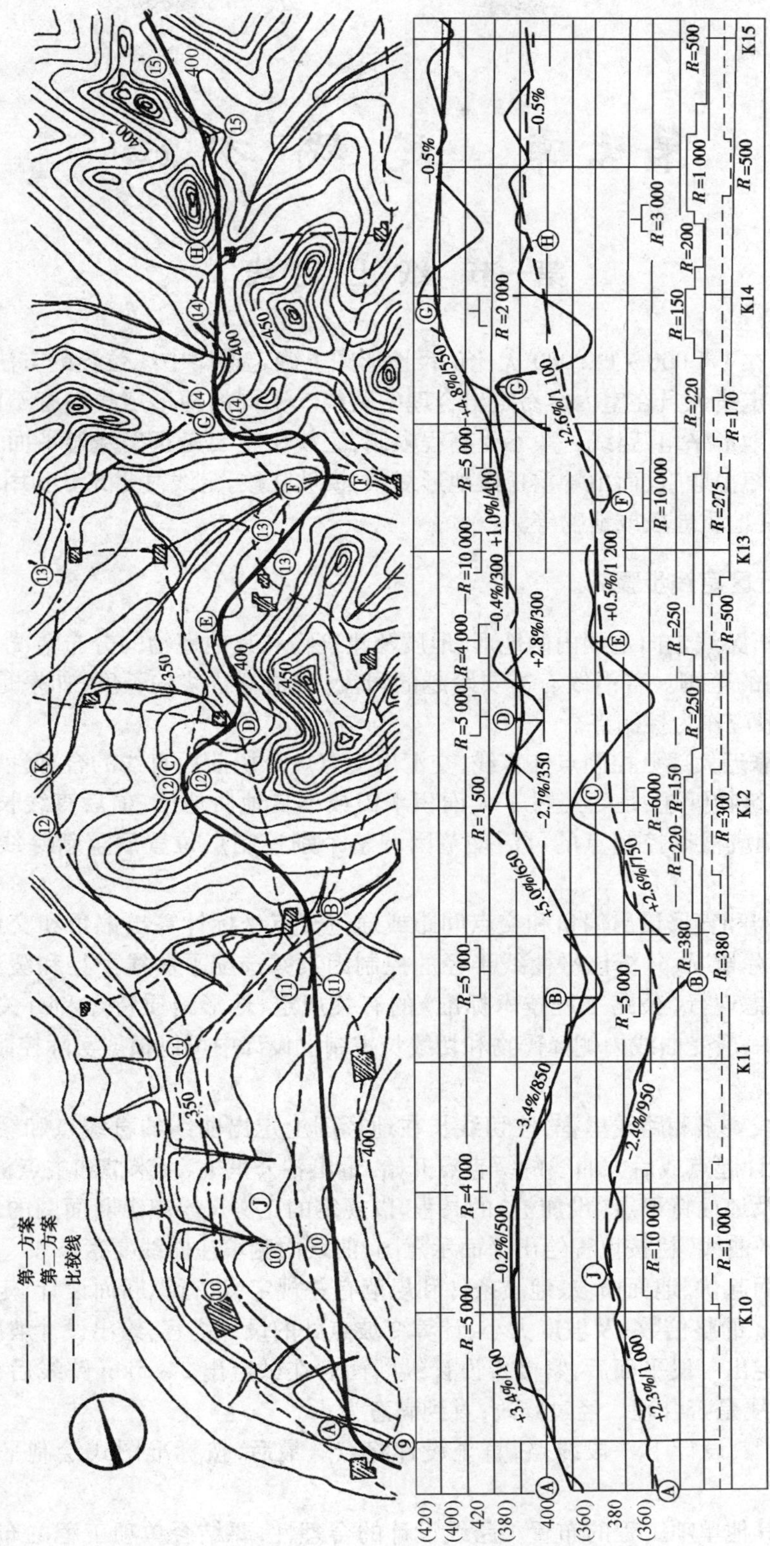

图 1-6-32 丘陵区路线平、纵面图

第七章 定 线 方 法

第一节 纸 上 定 线

纸上定线是在 1:1 000 ～ 1:2 000 大比例尺地形图上确定道路中线位置的方法。地形图范围大、视野开阔,定线人员在室内容易定出合理的路线。不同的地形定线中有不同的侧重点,比如平原微丘区地形平坦,路线一般不受高程限制,定线中主要是正确绕避平面上的障碍,力争控制点间路线短捷顺直;而山岭重丘区地形复杂,横坡陡峻,定线时要充分利用有利地形,避让艰巨工程、不良地质地段或地物等。

一、平原微丘区定线步骤

（1）认真分析路线走向范围内的地形、地质及建筑物和其他地物的分布情况,确定中间控制点及其可活动的范围。若沿线有需要跨越的河流,应估算桥梁的长度,如果是大桥或特大桥,跨河位置一般应作为控制点。

（2）通过或靠近大部分控制点连直线,交汇出交点。分析前后直线的合理性,如该直线是否会引起大量建筑物拆迁、是否经过了大面积水田或不良地质地区、前后直线长度是否过短等。若不合理,则应根据控制点的可活动范围调整个别控制点位置后重新穿线或调整穿线方案。

（3）用量角器和直尺量出偏角和交点间距或通过交点坐标计算出偏角和交点间距,根据交点位置处的实际情况,分析该平曲线半径的控制因素并选配平曲线半径和缓和曲线长度。推荐半径时应考虑现行《公路工程技术标准》的有关规定、地形地质特点和有关技术经济要求。平曲线半径一般受曲线内侧障碍物和切线长控制。设计中可以根据实际控制因素反算平曲线半径。

（4）计算曲线要素和路线里程,按切线长在地形图上定出曲线的直缓点和缓直点并画出整个曲线。由设计起点或后方曲线的缓直点开始,量出各公里桩、百米桩和主点桩。

（5）按里程及地面特征点（设加桩）的高程,以规定的比例尺绘出纵断面图的地面线,在纵断面图"直线及平曲线"栏按里程绘出平面示意图,曲线内侧填注曲线要素。

（6）根据地面起伏、地面横坡、地质条件和规范有关规定,进行纵断面设计,定出各个坡段长度（一般取 50m 的整倍数）及坡度大小,计算变坡点处的设计高程,绘出设计坡度线。

（7）通常在定出一段平面后,紧接着设计纵断面。在试定出 3 ～ 5km 路线后,进行全面的检查、分析,看路线是否合理。经过修改,直到满意为止。

重复以上步骤,设计下一段线路,直至设计终点。最后,按标准图式绘制平面图与纵断面图。

（8）桥涵及其他单项工程的布置。路线设计的合理性,要结合单项工程的布置与设计综合考虑,并应进行桥梁、涵洞的分布,流量与孔径的计算,确定交叉口的位置及形式,以及布置挡土墙等。这些工作应由有关的专业技术人员配合进行,综合反映到平、纵断面设计中。

二、山岭重丘区定线步骤

1. 判断是否需要展线

若连续 3km 以上的地面平均自然坡度大于设计道路的平均纵坡(5% ~ 5.5%),则考虑展线,否则不需要展线或只有局部地段需要展线。

2. 定导向线

1)分析地形,找出各种可能的走法

在地形图上仔细研究路线布局阶段选定的主要控制点间的地形、地质情况,选择有利地形如平缓顺直的山坡、开阔的侧沟、利于回头的地点等,拟定路线各种可能的走法。如图 1-7-1,图左侧地形较陡,图右侧地形较缓,A、D 为两控制点,B 为可利用的山脊平台,C 为应避让的陡崖,则 $A-B-C-D$ 为路线的一种可能走法,须由放坡试定。

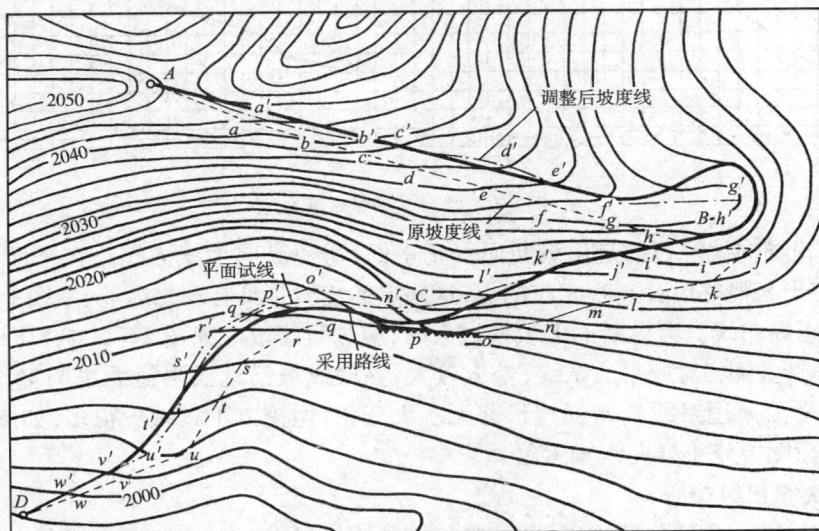

图 1-7-1 纸上定线平面图

2)求平距 a,定坡度线

由等高线间距 h 和选用的平均纵坡 $i_均$(5.0% ~ 5.5%,视地形曲折程度和高差而定),按 $a = h/i_均$ 计算等高线间平距 a,使两脚规的张开度等于 a(按地形图比例尺),从某一固定点如 A 点开始,沿拟定走法依次截取每根等高线得 a、b、c……等点,在 B 附近回头(如图中 j 点)后再向 D 点截取,当最后一点的位置和高程都与 D 点接近时,说明该方案成立,否则应修改走法(如改变回头位置)或调整 $i_均$(在 5.0% ~ 5.5% 内),重新试坡至方案成立为止。

连线 Aab……D 为具有平均纵坡的折线,称为坡度线,它验证了一种走法的成立,并可发现一些中间控制点为下一步工作提供依据。

3)确定中间控制点,分段调整纵坡,定导向线

分析坡度线利用地形、避让地物或不良地质情况,找出应穿或应避的中间控制点。如图在 B 处利于回头的地点未能利用,在 C 处的陡崖未能避让,若调整 B、C 前后的纵坡(可在最大和最小纵坡间选用,但不轻易采用极限值且不出现反坡),就能避开陡崖和利用有利回头地点,因此将 B、C 定为中间控制点。然后再仿照上法分段调整纵坡试定匀坡线,各段匀坡线的连线

Aa'b'……D 为具有分段安排纵坡的折线，称为导向线，它利用了有利地形，避开了不利障碍，示出了路线将经过的部位。

3. 修正导向线

（1）试定平面和纵断面。参照导向线定出直线和平曲线即平面试线，按地形变化特征点量出或读取桩号及地面高程，点绘纵断面图的地面线，参考地面线和前面分段安排的纵坡设计理想纵坡如图 1-7-2 所示，量出或读取各桩的概略设计高程。

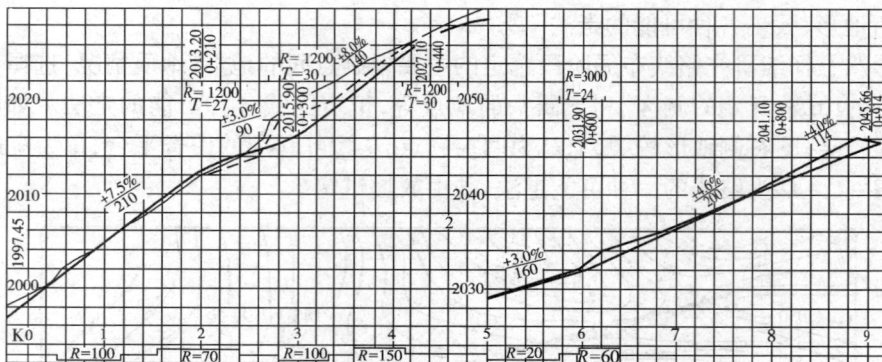

图 1-7-2 纸上定线纵断面图

（2）定修正导向线。目的是用纵断面修正平面，避免纵向大填大挖。在平面试线各桩的横断方向上点出与概略设计高程相应的点，这些点的连线是具有理想纵坡、中线上不填不挖的折线，称为修正导向线。当纵断面上填挖过大时，应进行修改。如图 1-7-2 中 K0 + 200 ~ K0 + 400 之间，实线地面线（对应平面试线）挖方较大，该段纵坡已近极限值无法调整，如将路线移到崖顶通过（平面采用路线），平面线形并无多大变化，但挖方工程减少很多，如图 1-7-2 中虚线地面线（平面图中修正导向线未示出）。

4. 定二次修正导向线

目的是用横断面最佳位置修正平面，避免横向填挖过大。对修正导向线各点绘制横断面图，用路基模板逐点找出最经济或起控制作用的最佳中线位置及其可移动范围，如图 1-7-3 中的②、③。根据最佳位置的性质分别用不同符号点回到平面图上，这些点的连线是具有理想纵坡、横向位置最佳的折线，称为二次修正导向线（小比例尺地形图上显示不出最佳位置时可不做）。

5. 定线

定线是在二次修正导向线的基础上进行的。二次修正导向线是一条平面折线，显然不满足技术标准的要求，为此必须适当取直，并用平曲线连接，定出中线的确切位置。定线必须按照二次修正导向线上各特征点的性质和可活动范围，经过反复试线才能定出满足要求的中线。纸上定线的具体操作一般有直线型定线方法和曲线型定线方法两种，具体方法详见后述。

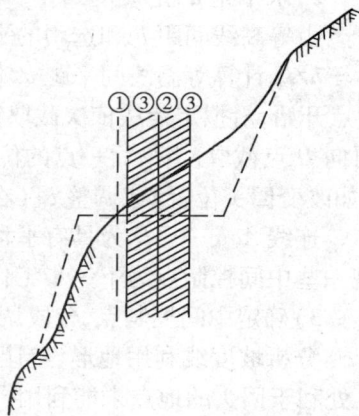

图 1-7-3 横断面最佳位置

纸上定线是一个反复试线修改的过程,操作中是修改纵坡还是改移中线位置或两者都改,应对平、纵、横三方面充分研究后确定。在一定程度上,试线越多,最后的成品就越好,直到无论修改哪一方都不能显著节省工程或增进美观时,才可认为纸上定线工作结束。中线定出以后就可以进行纵断面、横断面以及相关内容设计。

第二节 纸上定线的操作方法

一、直线型定线方法

直线型定线方法是根据控制点或导向线和相应的技术指标,试穿出一系列与地形相适应的直线作为基本线形单元,然后在两直线转折处用曲线予以连接的定线方法,即传统的以直线为主的穿线交点定线法。路线上每一条直线的方向,平原微丘区应以布局确定的控制点为依据,山岭重丘区应参照导向线试定,最终路线要经过多方面分析比较才能确定。一般适用于地形简易的平原微丘地区。

(一)路线标定

道路中线确定后,为标定路线需根据选定的圆曲线半径及缓和曲线计算平曲线要素、曲线主点桩和加桩里程等。若不需要逐桩坐标时,可按传统方法计算要求的设计成果。若需要计算逐桩坐标时,则应采集各交点的坐标。通常交点坐标的采集方法有两种:

1. 直接采集法

在绘有格网的地形图上读取各交点的坐标,一般只能估读到米,适用于交点前后直线方向和位置限制不严的情况。

2. 定前后直线间接推算法

在绘有格网地形图上先固定交点前后的直线(即在直线上读取两个点的坐标),再用相邻直线相交的解析法计算交点坐标,一般适用于交点前后直线方向和位置限制较严的情况。

当已知交点前直线上两点的坐标(X_1,Y_1)和(X_2,Y_2)、后直线上两点(X_3,Y_3)和(X_4,Y_4),则交点坐标(X,Y)可由式(1-7-1)计算。

$$\left.\begin{aligned} k_1 &= \frac{(Y_2 - Y_1)}{(X_2 - X_1)},k_2 = \frac{(Y_4 - Y_3)}{(X_4 - X_3)} \\ X &= \frac{k_1 X_1 - k_2 X_3 - Y_1 + Y_3}{(k_1 - k_2)} \\ Y &= k_1(X - X_1) + Y_1 \end{aligned}\right\} \qquad (1\text{-}7\text{-}1)$$

当$X_1 = X_2$时:

$$X = X_1 = X_2$$
$$Y = k_2(X - X_3) + Y_3$$

当$X_3 = X_4$时:

$$X = X_3 = X_4$$
$$Y = k_1(X - X_1) + Y_1$$

(二)曲线设置

曲线设置是在定出直线和交点组成的路线导线后进行,主要工作任务是确定圆曲线半径

R 及缓和曲线长度 L_s。曲线设置主要是根据技术标准和地形条件,通过试算或反算的办法确定。试算是根据经验先初定 R 和 L_s,计算曲线要素切线长 T、外距 E 和平曲线长度 L,检查线形是否满足技术标准和线位是否适应地形条件,当不满足时应调整 R 或 L_s 或二者都调整,直至满足为止。反算是根据控制较严的切线长 T(或外距 E)和试定的 L_s 计算半径 R,取整并判断 R 是否满足标准要求,否则应进行调整。试算或反算的结果经调整后仍然不能满足技术标准时,应调整路线导线。以下公式中当平曲线不设缓和曲线时,只要令 $L_s = 0$ 即可。

1. 单交点曲线

1）已知切线长 T 反算半径 R

测算出路线导线转角 α 和控制切线长 T,根据缓和曲线的要求试定 L_s,取 $p \approx L_s^2/24$、$q \approx L_s/2$,用式(1-7-2)解算半径 R。

$$\tan \frac{\alpha}{2} R^2 + \left(\frac{L_s}{2} - T \right) R + \frac{L_s^2}{24} \tan \frac{\alpha}{2} = 0 \tag{1-7-2}$$

对反算出的半径 R 应根据控制切线长 T 取整,当 T 为最大控制时 R 向小取整,T 为最小控制时 R 向大取整,取整后再由第三章的精确计算公式计算曲线要素。另外,当 T 为一个严格控制值时,不宜用上式反算 R,应取 p 和 q 的更精确值,采用牛顿求根法解算高次方程求得半径 R。

2）已知外距 E 反算半径 R

根据转角 α、控制外距 E 和试定的 L_s,取 $p \approx L_s^2/24$,用式(1-7-3)解算半径 R。

$$\left(\sec \frac{\alpha}{2} - 1 \right) R^2 - ER + \frac{L_s^2}{24} \sec \frac{\alpha}{2} = 0 \tag{1-7-3}$$

同理,仿照由 T 反算 R 的思路,对由 E 反算出的 R 取整或精确计算。

2. 双交点曲线

双交点曲线实际上是虚交点曲线的特例。双交点适用于转角较大、交点过远或交点处难以安置仪器(如河中、建筑物或陡坡上)的情况,直接定线常采用这种曲线,而纸上定线一般采用较少。只有当设置回头曲线或因交点过远和难以安置仪器而使实地放线困难时采用双交点曲线。当然,虚交点曲线也具有这种作用,但从控制线位和推算合适半径考虑,采用双交点曲线反算半径更准确一些。

如图 1-7-4,已知基线长 AB、转角 α_A 和 α_B,试定 L_s,则由式(1-7-4)解算半径 R。

$$R^2 - \frac{AB}{\left(\tan \frac{\alpha_A}{2} + \tan \frac{\alpha_B}{2} \right)} R + \frac{L_s^2}{24} = 0 \tag{1-7-4}$$

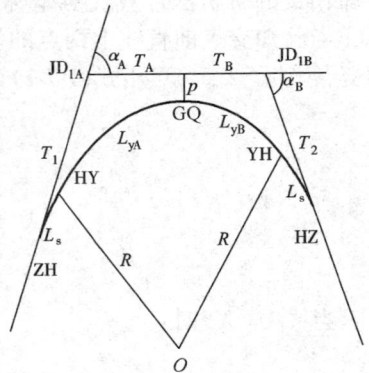

图 1-7-4 双交点曲线

解算出的半径 R,若为双交点曲线不取整,若为虚交点曲线则可取整。检查各曲线要素和平曲线指标是否满足规定,否则应进行调整。虚交点曲线元素计算比较简单,只要解算出基线三角形后按单交点曲线计算即可,而双交点曲线计算相对复杂,计算公式如下:

$$p = \frac{L_s^2}{24R} \quad q = \frac{L_s}{2} - \frac{L_s^3}{240R^2} \quad AB = T_A + T_B \quad \beta_0 = 28.6479 \frac{L_s}{R} (\text{度})$$

$$T_A = (R + p)\tan\frac{\alpha_A}{2}, \quad T_B = (R + p)\tan\frac{\alpha_B}{2}$$

$$T_1 = T_A + q, \quad T_2 = T_B + q$$

$$L_{yA} = (\alpha_A - 2\beta_0)\frac{\pi}{180}R + \frac{L_s}{2}, \quad L_{yB} = (\alpha_B - 2\beta_0)\frac{\pi}{180}R + \frac{L_s}{2}$$

3. 复曲线

复曲线有两圆曲线间直接衔接和用缓和曲线段衔接两种情况,其中后者计算复杂,道路路线中使用不多,下面以直接衔接为例介绍曲线设置方法。

如图 1-7-5,曲线两端分别设有缓和曲线 L_{s1} 和 L_{s2},为使两圆曲线 R_1 和 R_2 在公切点(GQ)直接衔接,两缓和曲线的内移值必须相等,即 $p_1 = p_2 = p$,则有式(1-7-5)成立:

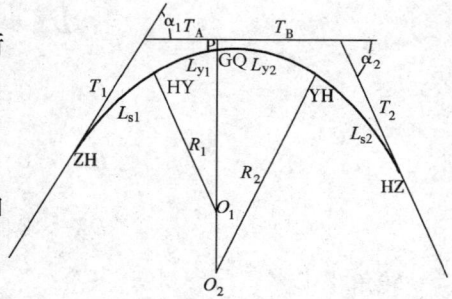

图 1-7-5 复曲线(直接衔接)

$$\frac{L_{s1}^2}{R_1} = \frac{L_{s2}^2}{R_2} \tag{1-7-5}$$

若 $R_1 > R_2$,一般应先选定 L_{s2} 和 R_2,则:

$$R_1 = \frac{AB - T_B}{\tan\dfrac{\alpha_1}{2}} - p_1 = \frac{AB - \left(R_2 + \dfrac{L_{s2}^2}{24R_2}\right)\tan\dfrac{\alpha_2}{2}}{\tan\dfrac{\alpha_1}{2}} - \frac{L_{s2}^2}{24R_2}$$

$$L_{s1} = L_{s2}\sqrt{\frac{R_1}{R_2}}$$

按此推算出的 R_1 和 L_{s1} 不能取整,检查 R_1、R_2、L_{s1}、L_{s2} 的规定及其他曲线要素,若不满足时应重新选定并试算,必要时应调整路线导线。

4. 回头曲线

回头曲线的圆曲线半径 R 和缓和曲线 L_s 一般都是已知的,而且线位控制较严,可参照双交点设置回头曲线。如图 1-7-4,当 R、L_s、α_A 和 α_B 已知时,可由式(1-7-6)计算基线长 AB。

$$AB = \left(R + \frac{L_s^2}{24R}\right)\left(\tan\frac{\alpha_A}{2} + \tan\frac{\alpha_B}{2}\right) \tag{1-7-6}$$

求得 AB 后,平行移动 T_1 或 T_2 直线或二者都平移(即保持 α_A、α_B 不变),使 JD_{1A} 和 JD_{1B} 间的距离等于 AB,则回头曲线位置确定,检查回头曲线与其前、后平曲线的配合。若满足要求则按双交点曲线公式计算回头曲线的曲线要素,否则应对路线导线调整后重新设置回头曲线。具体设置方法可参见直接定线的曲线插设。

(三)坐标计算

先建立一个贯穿全线统一的坐标系,一般采用国家坐标系统。根据路线地理位置和几何关系计算出道路中线上各桩点的统一坐标,编制逐桩坐标表,然后根据逐桩坐标实地放线。

1. 路线转角、交点间距、曲线要素及主点桩计算

设起点坐标 $JD_0(XJ_0, YJ_0)$,第 i 个交点坐标为 $JD_i(XJ_i, YJ_i)$,$i = 1, 2, \cdots, n$,则:

坐标增量
$$DX = XJ_i - XJ_{i-1}$$

$$DY = YJ_i - YJ_{i-1}$$

交点间距
$$S = \sqrt{(DX)^2 + (DY)^2}$$

象限角
$$\theta = \arctan\left|\frac{DY}{DX}\right|$$

计算方位角 A

$$DX > 0, DY > 0, \qquad A = \theta$$

$$DX < 0, DY > 0, \qquad A = 180 - \theta$$

$$DX < 0, DY < 0, \qquad A = 180 + \theta$$

$$DX > 0, DY < 0, \qquad A = 360 - \theta$$

转角
$$\alpha_i = A_i - A_{i-1}$$

α_i 为"+"路线右转，α_i 为"-"路线左转。

曲线要素及主点桩号计算公式与传统方法相同。对于高速公路和一级公路，由于精度要求较高，在应用传统公式时，必须注意取舍误差，否则会影响计算精度。如 p、q、x、y 等均为级数展开式，应增大项数。

2. 直线上中桩坐标计算

如图 1-7-6，设交点坐标为 JD (X_J, Y_J)，交点相邻直线的方位角分别为 A_1 和 A_2。则 ZH（或ZY）点坐标：

图 1-7-6　中桩坐标计算示意图

$$\left.\begin{array}{l} X_{ZH} = X_J + T\cos(A_1 + 180) \\ Y_{ZH} = Y_J + T\sin(A_1 + 180) \end{array}\right\} \tag{1-7-7}$$

HZ（或 YZ）点坐标：

$$\left.\begin{array}{l} X_{HZ} = X_J + T\cos A_2 \\ Y_{HZ} = Y_J + T\sin A_2 \end{array}\right\} \tag{1-7-8}$$

设直线上加桩里程为 L，ZH、HZ 表示曲线起、终点里程，则前直线上任意点坐标（$L \leqslant$ ZH）：

$$\left.\begin{array}{l} X = X_J + (T + ZH - L) \cdot \cos(A_1 + 180) \\ Y = Y_J + (T + ZH - L) \cdot \sin(A_1 + 180) \end{array}\right\} \tag{1-7-9}$$

后直线上任意点坐标（$L >$ HZ）：

$$\left.\begin{array}{l} X = X_J + (T + L - HZ) \cdot \cos A_2 \\ Y = Y_J + (T + L - HZ) \cdot \sin A_2 \end{array}\right\} \tag{1-7-10}$$

3. 单曲线内中桩坐标计算

1）不设缓和曲线的单曲线

曲线起终点坐标按式（1-7-7）、（1-7-8）计算，设其坐标分别为 ZY (X_{zy}, Y_{zy})，YZ (X_{yz}, Y_{yz})，则圆曲线上坐标为：

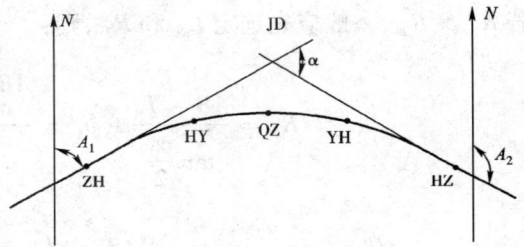

$$
\left.\begin{array}{l}
X = X_{\text{zy}} + 2R\sin\left(\dfrac{90l}{\pi R}\right)\cdot\cos\left(A_1 + \xi\,\dfrac{90l}{\pi R}\right)\\[3mm]
Y = Y_{\text{zy}} + 2R\sin\left(\dfrac{90l}{\pi R}\right)\cdot\sin\left(A_1 + \xi\,\dfrac{90l}{\pi R}\right)
\end{array}\right\}
\tag{1-7-11}
$$

式中：l——圆曲线内任意点至 ZY 点的曲线长；

$\quad\ R$——圆曲线半径；

$\quad\ \xi$——转角符号，右转为"$+$"，左转为"$-$"，下同。

2）设缓和曲线的单曲线

缓和曲线上任意点的切线横距：

$$
x = l - \frac{l^5}{40R^2L_s^2} + \frac{l^9}{3\,456R^4L_s^4} - \frac{l^{13}}{599\,040R^6L_s^6} + \cdots
\tag{1-7-12}
$$

式中：l——缓和曲线上任意点至 ZH（或 HZ）点的曲线长；

$\quad\ L_s$——缓和曲线长度。

（1）第一缓和曲线（ZH ~ HY）任意点坐标

$$
\left.\begin{array}{l}
X = X_{\text{ZH}} + x/\cos\left(\dfrac{30l^2}{\pi RL_s}\right)\cdot\cos\left(A_1 + \xi\,\dfrac{30l^2}{\pi RL_s}\right)\\[3mm]
Y = Y_{\text{ZH}} + x/\cos\left(\dfrac{30l^2}{\pi RL_s}\right)\cdot\sin\left(A_1 + \xi\,\dfrac{30l^2}{\pi RL_s}\right)
\end{array}\right\}
\tag{1-7-13}
$$

（2）圆曲线内任意点坐标

① 由 HY ~ YH 时

$$
\left.\begin{array}{l}
X = X_{\text{HY}} + 2R\sin\left(\dfrac{90l}{\pi R}\right)\cdot\cos\left[A_1 + \xi\,\dfrac{90(l+L_s)}{\pi R}\right]\\[3mm]
Y = Y_{\text{HY}} + 2R\sin\left(\dfrac{90l}{\pi R}\right)\cdot\sin\left[A_1 + \xi\,\dfrac{90(l+L_s)}{\pi R}\right]
\end{array}\right\}
\tag{1-7-14}
$$

式中：　l——圆曲线内任意点至 HY 点的曲线长；

$\ X_{\text{HY}}$、Y_{HY}——HY 点的坐标，由式（1-7-13）计算而来。

② 由 YH ~ HY 时

$$
\left.\begin{array}{l}
X = X_{\text{YH}} + 2R\sin\left(\dfrac{90l}{\pi R}\right)\cdot\cos\left[A_2 + 180 - \xi\,\dfrac{90(l+L_s)}{\pi R}\right]\\[3mm]
Y = Y_{\text{YH}} + 2R\sin\left(\dfrac{90l}{\pi R}\right)\cdot\sin\left[A_2 + 180 - \xi\,\dfrac{90(l+L_s)}{\pi R}\right]
\end{array}\right\}
\tag{1-7-15}
$$

式中：l——圆曲线内任意点至 YH 点的曲线长。

（3）第二缓和曲线（HZ ~ YH）内任意点坐标

$$
\left.\begin{array}{l}
X = X_{\text{HZ}} + x/\cos\left(\dfrac{30l^2}{\pi RL_s}\right)\cdot\cos\left(A_2 + 180 - \xi\,\dfrac{30l^2}{\pi RL_s}\right)\\[3mm]
Y = Y_{\text{HZ}} + x/\cos\left(\dfrac{30l^2}{\pi RL_s}\right)\cdot\sin\left(A_2 + 180 - \xi\,\dfrac{30l^2}{\pi RL_s}\right)
\end{array}\right\}
\tag{1-7-16}
$$

式中：l——第二缓和曲线内任意点至 HZ 点的曲线长。

4. 复曲线坐标计算

1）复曲线中间缓和曲线 L_F 上任意点坐标

复曲线中间有设缓和曲线和不设缓和曲线两种情况，设缓和曲线时即构成卵形曲线。该缓和曲线仍然采用回旋线，但它曲率不是从零开始，而是截取曲率 $\dfrac{1}{R_1} \sim \dfrac{1}{R_2}$ 这一段作为缓和曲线。

如图 1-7-7，缓和曲线 AB 的长度为 L_F，A、B 点的曲率半径分别为 R_1、R_2，M 为缓和曲线 AB 上曲率为零的点，AB 段内任意点的坐标从 M 点推算。

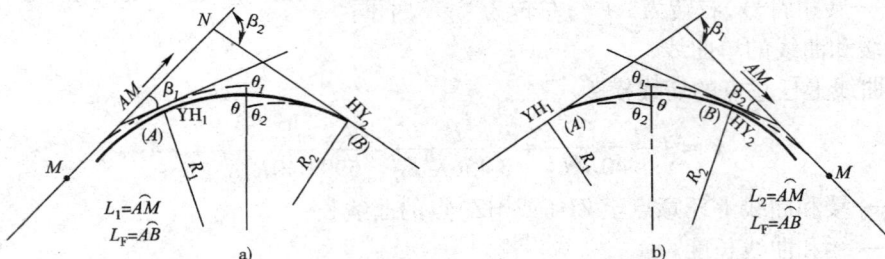

图 1-7-7　复曲线坐标计算示意图

根据回旋线几何关系：

因

$$L_F = \sqrt{\frac{24R_1R_2P_F}{R_1 - R_2}}$$

而

$$P_F = p_2 - p_1 = \frac{L_{s2}^2}{24R_2} - \frac{L_{s1}^2}{24R_1}$$

故

$$L_F = \sqrt{\frac{|R_2L_{s1}^2 - R_1L_{s2}^2|}{|R_1 - R_2|}} \tag{1-7-17}$$

式中：L_{s1}、L_{s2}——第一、第二缓和曲线长度；

R_1、R_2——L_F 两端的圆曲线半径。

（1）当 $R_1 > R_2$ 时

如图 1-7-7a)，设 A 点（YH_1）的坐标为（X_A，Y_A），由式（1-7-14）计算得到，切线方位角 A_A 用下式计算：

$$A_A = A_1 + \xi\left[\frac{90(L_{s1} + 2l)}{\pi R_1}\right] \tag{1-7-18}$$

式中：l——半径为 R_1 的平曲线 HY_1 至 YH_1 的曲线长。

M 点的坐标（X_M，Y_M）为：

$$\left.\begin{aligned}
X_M &= X_A + \left(l_1 - \frac{l_1^3}{40R_1^2}\right)\Big/\cos\left(\frac{30l_1}{\pi R_1}\right) \cdot \cos\left(A_A + 180 - \xi\frac{2}{3}\beta_1\right) \\
Y_M &= Y_A + \left(l_1 - \frac{l_1^3}{40R_1^2}\right)\Big/\cos\left(\frac{30l_1}{\pi R_1}\right) \cdot \sin\left(A_A + 180 - \xi\frac{2}{3}\beta_1\right)
\end{aligned}\right\} \tag{1-7-19}$$

式中：$l_1 = \dfrac{R_2L_F}{R_1 - R_2}$，$\beta_1 = \dfrac{90l_1}{\pi R_1}$

M 点的切线方位角　　　　　　$A_M = A_A - \xi\beta_1$

（2）当 $R_1 < R_2$ 时

如图 1-7-7b)，M 点的坐标：

146

$$X_M = X_A + \left(l_2 - \frac{l_2^3}{40R_1^2}\right)\bigg/\cos\left(\frac{30l_2}{\pi R_1}\right)\cdot\cos\left(A_A + \xi\frac{2}{3}\beta_1\right)$$

$$Y_M = Y_A + \left(l_2 - \frac{l_2^3}{40R_1^2}\right)\bigg/\cos\left(\frac{30l_2}{\pi R_1}\right)\cdot\sin\left(A_A + \xi\frac{2}{3}\beta_1\right)$$

$$(1\text{-}7\text{-}20)$$

式中：$l_2 = \dfrac{R_2 L_F}{R_2 - R_1}$，$\beta_1 = \dfrac{90l_2}{\pi R_1}$；

　　M 点的切线方位角 $A_M = A_A + \xi\beta_1$。

（3）L_F 内任意点坐标

计算出 M 点的坐标及切线方位角后，当 $R_1 > R_2$ 时，用式（1-7-13）计算 L_F 上任意点坐标；$R_1 < R_2$ 时，用式（1-7-16）计算。应注意的是，式中的 l 应为中间缓和曲线上计算点至 M 点的曲线长，A_1、A_2 相应换成 A_M。

2）复曲线内 L_F 段以外的任意点坐标

复曲线内除 L_F 段外其他部位上任意点坐标计算公式同式（1-7-12）～式（1-7-16）。

二、曲线型定线方法

曲线型定线方法是根据导向线和地形条件及相应技术指标，先试定出合适的圆曲线单元，然后将这些圆曲线用适当的直线和缓和曲线连接的定线方法，即与传统的先定直线后定曲线相反的以曲线为主的定线法。当相邻圆曲线之间相距较远时，可插设适当的直线段。一般宜用于地形复杂的山岭重丘地区。

（一）定线步骤

（1）参照导向线或控制点，待手画出线形顺适、平缓并与地形相适应的概略线位。

（2）用直尺或不同半径的圆曲线弯尺拟合徒手线位，形成一条由圆弧和直线组成的具有错位（即设缓和曲线后圆曲线的内移值）的间断线形。

（3）在圆弧和直线上各采集两点坐标固定位置，通过试定或试算，用合适的缓和曲线将它们顺滑连接，形成连续的平面线形。

（二）确定回旋线参数

曲线型定线法的缓和曲线仍然采用回旋线，确定回旋线参数 A 值是采用曲线型定线法的关键。过去多采用回旋曲线尺或表法，即用不同整数的回旋线参数 A 值制作回旋线长度与曲率半径对应关系的尺或表，供使用时查对。随着计算工具的发展，目前常用计算的方法确定 A 值。

1. 近似计算法

回旋线参数 A 的近似计算公式为

$$A = \sqrt[4]{24DR^3} \tag{1-7-21}$$

式中：D——基本型曲线时的内移值 p，S 形和卵形曲线（图1-7-8）时为圆弧之间距离；

　　R——基本型为单圆曲线半径，S 形和卵形为换算半径，分别按下式计算：

S 形曲线换算半径
$$R = \frac{R_1 R_2}{R_1 + R_2}$$

卵形曲线换算半径
$$R = \frac{R_1 R_2}{R_1 - R_2}$$

R_1 为大圆半径，R_2 为小圆半径。

计算出 A 值后，应检查其大小是否满足 $A \geqslant A_{\min}$ 或 $R/3 \leqslant A \leqslant R$ 的要求，不满足时可调整圆弧位置，使 D 值变化后重新计算 A 值，直到满意为止。S 形曲线是由两条回旋线构成的，为了计算简便宜采用等参数 A 的回旋线，对于两上不等参数的 S 形曲线计算比较复杂，一般很少使用。

2. 解析计算法

解析计算法是根据几何关系，建立含有参数 A 的方程式，通过精确计算确定 A 值的过程。下面分三种连接情况介绍。

1）直线与圆曲线连接

如图 1-7-9，已知直线上两点 $D_1 (X_{D1}, Y_{D1})$、$D_2 (X_{D2}, Y_{D2})$ 和圆上两点 $C_1 (X_{C1}, Y_{C1})$、$C_2 (X_{C2}, Y_{C2})$ 以及圆曲线半径 R。

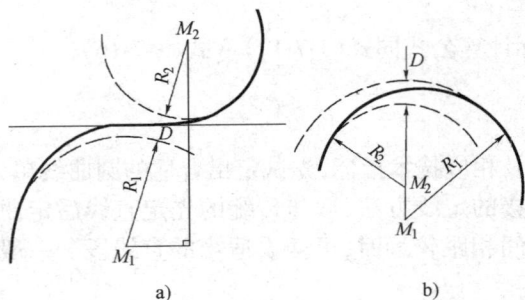

图 1-7-8　S 形和卵形曲线计算图

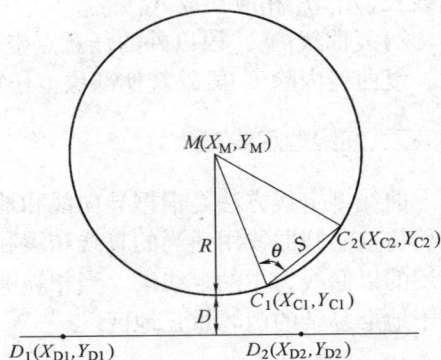

图 1-7-9　直线与圆曲线连接计算图

（1）圆心坐标

由图得：
$$\theta = \cos^{-1} \frac{S}{2R}$$

C_1M 方位角 $\alpha_m = \alpha_c + \xi\theta$

式中：α_c —— $C_1 C_2$ 的方位角。

圆心坐标为：
$$\left. \begin{array}{l} X_M = X_{C1} + R\cos\alpha_m \\ Y_M = Y_{C1} + R\sin\alpha_m \end{array} \right\} \tag{1-7-22}$$

式中：$R = |R|$，下同。

（2）直线与圆曲线间距 D

令
$$k = \frac{Y_{D2} - Y_{D1}}{X_{D2} - X_{D1}}$$

则
$$D = \frac{|k(X_M - X_{D1}) - (Y_M - Y_{D1})|}{\sqrt{1 + k^2}} - R \tag{1-7-23}$$

（3）回旋线参数 A 及长度 L_s

由回旋线的几何关系得：
$$p = y + R\cos\tau - R \tag{1-7-24}$$

式中：$y = \dfrac{L_s^2}{6R}\left(1 - \dfrac{L_s^2}{56R^2} + \dfrac{L_s^4}{7\,040R^4} - \cdots\right)$;

148

$$\tau = \frac{L_s}{2R} \circ$$

因 $p = D$,故式(1-7-24)只含未知数 L_s ,可采用牛顿求根法解出 L_s ,一般精确到 10^{-4}。则参数 A 值计算公式为:

$$A = \sqrt{L_s R} \tag{1-7-25}$$

2)两反向曲线连接

如图 1-7-8a),已知两圆曲线上各两点坐标及相应半径 R_1 和 R_2 ,用上述方法可算出圆心坐标为 M_1 (X_{M1} , Y_{M1})和 M_2 (X_{M2} , Y_{M2})。

(1)计算两圆间距 D

$$M_1 M_2 = R_1 + R_2 + D = \sqrt{(X_{M2} - X_{M1})^2 + (Y_{M2} - Y_{M1})^2} \tag{1-7-26}$$

则 $\quad D = |M_1 M_2 - R_1 - R_2| = \left| \sqrt{(X_{M2} - X_{M1})^2 + (Y_{M2} - Y_{M1})^2} - R_1 - R_2 \right|$

式中: $R_1 = |R_1|$, $R_2 = |R_2|$,下同。

(2)计算回旋线参数 A

S 形两个回旋线参数 A_1 与 A_2 宜相等,当采用不同参数时, A_1 与 A_2 之比宜小于2.0,有条件时以小于1.5为宜。用 $k = A_1 / A_2$ 表示回旋线参数的比值,则由几何关系知:

$$M_1 M_2 = \sqrt{(R_1 + R_2 + p_1 + p_2)^2 + (q_1 + q_2)^2} \tag{1-7-27}$$

式中: $p_i = y_i + R_i \cos \tau_i - R_i \qquad (i = 1,2)$

$q_i = x_i - R_i \sin \tau_i$

$x_i = 2 R_i \tau_i \left(1 - \frac{\tau_i^2}{10} + \frac{\tau_i^4}{216} - \frac{\tau_i^6}{9\,360} + \cdots \right)$

$y_i = \frac{2}{3} R_i \tau_i^2 \left(1 - \frac{\tau_i^2}{14} + \frac{\tau_i^4}{440} - \frac{\tau_i^6}{25\,200} + \cdots \right)$

$\tau_i = \frac{1}{k^2} \left(\frac{R_1}{R_2} \right)^2 \tau_1$

由式(1-7-26)和式(1-7-27)可建立含 τ_1 的方程 $F(\tau_1) = 0$,解算出 τ_1 并求得 τ_2 后按下式计算参数:

$$A_1 = R_1 \sqrt{2 \tau_1} \qquad A_2 = R_2 \sqrt{2 \tau_2} \tag{1-7-28}$$

3)两同向曲线连接

如图 1-7-8b),求得圆心 M_1 和 M_2 的坐标后:

$$D = |R_1 - R_2 - M_1 M_2|$$

$$M_1 M_2 = \sqrt{(R_1 + p_1 - R_2 - p_2)^2 + (q_2 - q_1)^2}$$

同样可建立含 τ_1 的方程,解出 τ_1 后按下式计算 τ_2 和 A :

$$\tau_2 = \left(\frac{R_1}{R_2} \right)^2 \tau_1 \qquad A = R_1 \sqrt{2 \tau_1} \tag{1-7-29}$$

定线操作是一个由粗到细的工作过程。因近似法计算中只保留了级数展开式中的第一项,所以计算简单但精度不高,适用于初定线位或精度要求不高的定线。解析法精度较高但计算复杂,需在计算机上计算,适用于精细定线。

（三）坐标计算

采用曲线型定线法定出的路线平面线形仍然是由直线、圆曲线和回旋线三种线形元素所组成的。当各线形元衔接点的坐标一经确定,路线平面线形的形状和位置便完全确定了。下面就各种组合线形线元衔接点的坐标和线形元上任意点坐标计算分别进行介绍。

1. 各线形元衔接点坐标计算

1）直线与圆曲线的连接

如图 1-7-10, ZH、HZ 点到圆心 M 的方位角为:

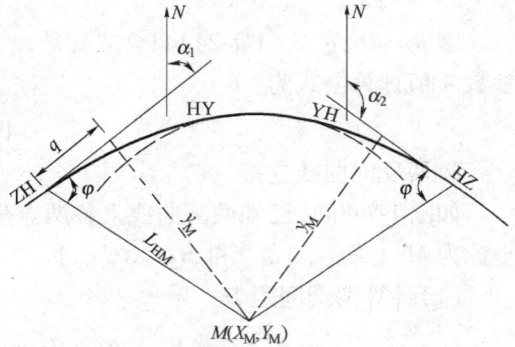

图 1-7-10　直线与圆连接

$$\alpha_{ZM} = \alpha_1 + \xi\varphi$$
$$\alpha_{HM} = \alpha_2 + 180 - \xi\varphi$$

式中: $\varphi = \arctan\left(\dfrac{Y_M}{q}\right), Y_M = |R| + p, q = x - |R|\sin\tau, \tau = \dfrac{90L_s}{\pi R}$。

各衔接点坐标计算式为:

$$
\begin{cases}
X_{ZH(HZ)} = X_M + L_{HM} \cdot \cos(\alpha_{ZM(HM)} + 180) \\
Y_{ZH(HZ)} = Y_M + L_{HM} \cdot \sin(\alpha_{ZM(HM)} + 180)
\end{cases}
$$
$$
\begin{cases}
X_{HY} = X_{ZH} + x\cos\alpha_1 - \xi y\sin\alpha_1 \\
Y_{HY} = Y_{ZH} + x\sin\alpha_1 + \xi y\cos\alpha_1
\end{cases}
$$
$$
\begin{cases}
X_{YH} = X_{HZ} - x\cos\alpha_2 - \xi y\sin\alpha_2 \\
Y_{YH} = Y_{HZ} - x\sin\alpha_2 + \xi y\cos\alpha_2
\end{cases}
\tag{1-7-30}
$$

式中: $L_{HM} = \sqrt{q^2 + Y_M^2}$

$$
x = L_s\left(1 - \frac{L_s^2}{40R^2} + \frac{L_s^4}{3\,456R^4} - \frac{L_s^6}{599\,040R^6} + \cdots\right)
$$
$$
y = \frac{L_s^2}{6|R|}\left(1 - \frac{L_s^2}{56R^2} + \frac{L_s^4}{7\,040R^4} - \cdots\right)
\tag{1-7-31}
$$

各衔接点的桩号:
$$S_{ZH} = S_0 + 起点至 ZH 点的距离$$
$$S_{HY} = S_{ZH} + L_s$$
$$S_{YH} = S_{HY} + L_c$$
$$S_{HZ} = S_{YH} + L_s$$

式中: L_c ——HY 点至 YH 点的圆弧长度。

2）两反向曲线的连接

如图 1-7-11 的几何关系得:

$$\tan\varepsilon = \frac{q_1 + q_2}{R_1 + R_2 + p_1 + p_2}$$

150

则公切线 $Q_1 Q_2$ 的方位角：　　　$\alpha_Q = \alpha_M + \xi(90 - \varepsilon)$

式中：$\xi = \operatorname{sgn}(R_1)$。

衔接点 D_1、D_2、D_3 坐标计算

D_2 到 M_1 的方位角：　　　$\alpha_{D2M1} = \alpha_Q + 180 - \xi\theta$

式中：$\xi = \operatorname{sgn}(R_1)$，$\theta = \arctan\left(\dfrac{Y_{M1}}{q_1}\right)$，$Y_{M1} = |R_1| + p_1$。

D_2 点的坐标：

$$\left.\begin{array}{l} X_{D2} = X_{M1} + L_D \cos(\alpha_{D2M1} + 180) \\ Y_{D2} = Y_{M1} + L_D \sin(\alpha_{D2M1} + 180) \end{array}\right\} \qquad (1\text{-}7\text{-}32)$$

式中：$L_D = \sqrt{q_1^2 + Y_{M1}^2}$。

D_1 点的坐标：

$$\left.\begin{array}{l} X_{D1} = X_{D2} - x\cos\alpha_Q - \xi y\sin\alpha_Q \\ Y_{D1} = Y_{D2} - x\sin\alpha_Q + \xi y\cos\alpha_Q \end{array}\right\} \qquad (1\text{-}7\text{-}33)$$

式中：$\xi = \operatorname{sgn}(R_1)$。

D_3 点的坐标：

$$\left.\begin{array}{l} X_{D3} = X_{D2} + x\cos\alpha_Q - \xi y\sin\alpha_Q \\ Y_{D3} = Y_{D2} + x\sin\alpha_Q + \xi y\cos\alpha_Q \end{array}\right\} \qquad (1\text{-}7\text{-}34)$$

式中：$\xi = \operatorname{sgn}(R_2)$，$x$、$y$ 由式(1-7-31)计算。

3）同向圆曲线的连接

由图 1-7-12 可知（$R_1 > R_2$）

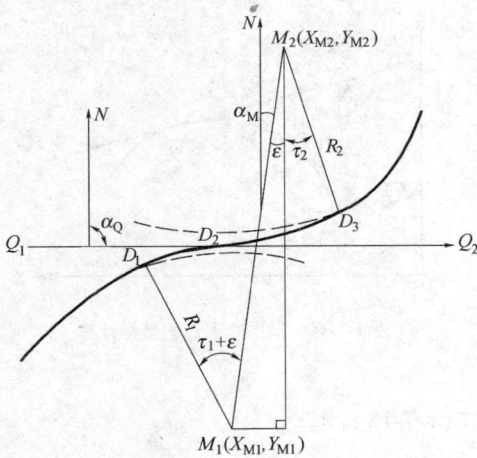

图 1-7-11　两反向曲线的连接　　　　图 1-7-12　同向圆曲线的连接

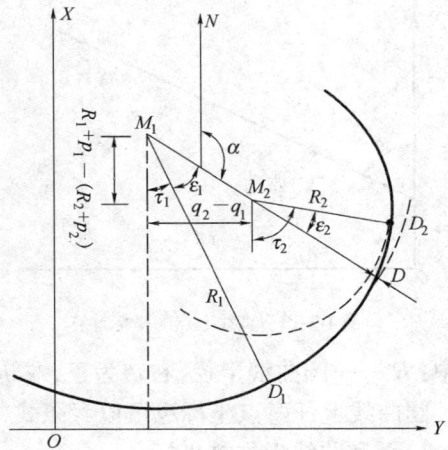

$$\tan\alpha_0 = \tan(\varepsilon_1 + \tau_1) = \frac{q_2 - q_1}{R_1 + p_1 - R_2 - p_2}$$

$$\varepsilon_1 = \alpha_0 - \tau_1,\ \varepsilon_2 = \alpha_0 - \tau_2$$

若从大圆过渡到小圆时方位角：$\alpha_{M1D1} = \alpha - \xi_1\varepsilon_1$

$$\alpha_{M2D2} = \alpha + \xi_2\varepsilon_2$$

若从小圆过渡到大圆时方位角：$\alpha_{M1D1} = \alpha + 180 - \xi_1\varepsilon_1$

$$\alpha_{M2D2} = \alpha + 180 + \xi_2\varepsilon_2$$

式中：$\xi_1 = \operatorname{sgn}(R_1)$，$\xi_2 = \operatorname{sgn}(R_2)$，$\alpha$ 为 $M_1 M_2$ 的方位角。

则衔接点 D_1 和 D_2 的坐标计算公式为（ $i = 1,2$ ）：

$$\left.\begin{aligned} X_{\mathrm{Di}} &= X_{\mathrm{Mi}} + \left|R_{\mathrm{i}}\right|\cos\alpha_{\mathrm{MiDi}} \\[1em] Y_{\mathrm{Di}} &= Y_{\mathrm{Mi}} + \left|R_{\mathrm{i}}\right|\sin\alpha_{\mathrm{MiDi}} \end{aligned}\right\} \tag{1-7-35}$$

2. 各线形元上加桩坐标计算

1）直线上加桩坐标

如图 1-7-13，设 $S_0(X_0,Y_0)$ 为直线上已知点，S 为任意点桩号，α 为该直线的方位角，则：

$$\left.\begin{aligned} X &= X_0 + (S - S_0)\cos\alpha \\[1em] Y &= Y_0 + (S - S_0)\sin\alpha \end{aligned}\right\} \tag{1-7-36}$$

2）圆曲线上加桩坐标

如图 1-7-14，α_0 为 S_0 点的切线方位角，α 为 S 点的切线方位角，则：

$$\left.\begin{aligned} X &= X_0 + R\left[\sin\left(\alpha_0 + \frac{S - S_0}{R} \cdot \frac{180}{\pi}\right) - \sin\alpha_0\right] \\[1em] Y &= Y_0 + R\left[\cos\left(\alpha_0 + \frac{S - S_0}{R} \cdot \frac{180}{\pi}\right) - \cos\alpha_0\right] \end{aligned}\right\} \tag{1-7-37}$$

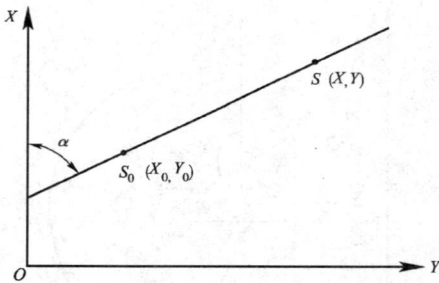

图 1-7-13　直线上点的坐标计算　　　　图 1-7-14　圆曲线上点的坐标计算

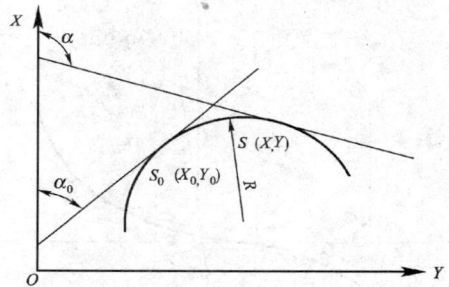

式中：R——圆曲线半径，右转为正，左转为负。

圆曲线上任意点坐标也可以参照式（1-7-11）、式（1-7-15）计算。

3）缓和曲线上加桩坐标

（1）直线与圆曲线连接时

如图 1-7-10 和式（1-7-30）可得：

以 **ZH** 为局部坐标原点时：

$$\left.\begin{aligned} X &= X_{\mathrm{ZH}} + x\cos\alpha_1 - \xi y\sin\alpha_1 \\ Y &= Y_{\mathrm{ZH}} + x\sin\alpha_1 + \xi y\cos\alpha_1 \end{aligned}\right\} \tag{1-7-38}$$

以 **HZ** 为局部坐标原点时：

$$\left.\begin{aligned} X &= X_{\mathrm{HZ}} - x\cos\alpha_2 - \xi y\sin\alpha_2 \\ Y &= Y_{\mathrm{HZ}} - x\sin\alpha_2 + \xi y\cos\alpha_2 \end{aligned}\right\} \tag{1-7-39}$$

$$x = l\left(1 - \frac{l^4}{40R^2L_s^2} + \frac{l^8}{3\,456R^4L_s^4} - \cdots\right)$$

式中:

$$y = \frac{l^3}{6\,|\,R\,|\,L_s}\left(1 - \frac{l^4}{56R^2L_s^2} + \frac{l^8}{7\,040R^4L_s^4} - \cdots\right)$$

(1-7-40)

$$\xi = \text{SGN}(R)$$

l ——缓和曲线上任意点至 ZH 或 HZ 点的曲线长。

同样,直线与圆曲线之间的回旋线上任意点坐标也可用式(1-7-13)和式(1-7-16)计算。

(2)反向曲线连接时

对于反向圆曲线之间的回旋线如图 1-7-11,当公切线方位角 α_Q 以及拐点 $D_2(X_{D2}, Y_{D2})$ 确定以后,回旋线上任意点的坐标可参照直线型定线法有关公式计算。下面介绍另一种计算方法,由式(1-7-33)和式(1-7-34)得:

由 D_2 过渡到 D_1
$$\left.\begin{array}{l} X = X_{D2} - x\cos\alpha_Q - \xi_1 y\sin\alpha_Q \\ Y = Y_{D2} - x\sin\alpha_Q + \xi_1 y\cos\alpha_Q \end{array}\right\}$$
(1-7-41)

由 D_2 过渡到 D_3
$$\left.\begin{array}{l} X = X_{D2} + x\cos\alpha_Q - \xi_2 y\sin\alpha_Q \\ Y = Y_{D2} + x\sin\alpha_Q + \xi_2 y\cos\alpha_Q \end{array}\right\}$$
(1-7-42)

式中:$\xi_1 = \text{SGN}(R_1)$,$\xi_2 = \text{SGN}(R_2)$,x、y 由式(1-7-40)计算。

(3)同向曲线连接时

由几何关系得知同向曲线间回旋线长度:

$$L_F = \sqrt{\left|\frac{24R_1R_2D}{R_1 - R_2}\right|}$$

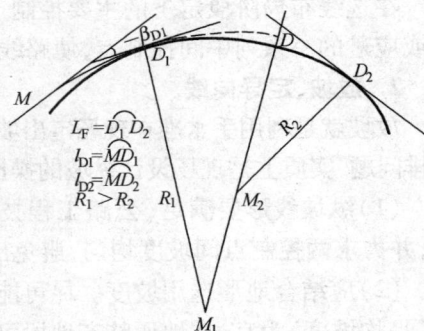

图 1-7-15　同向圆曲线之间的回旋线上点坐标计算

①当 $R_1 > R_2$,如图 1-7-15, M_1 、M_2 以及 D_1 、D_2 的坐标已知,M_1D_1 的方位角为 α_{M1D1} ,若 D_1 点的切线方位角用 α_{D1} 表示,则:

$$\alpha_{D1} = \alpha_{M1D1} + \xi \cdot 90$$

回旋线起点 M 的切线方位角:

$$\alpha_M = \alpha_{D_1} - \xi\beta_{D_1}$$

式中:$\beta_{D1} = \dfrac{90l_{D1}}{\pi R_1}$, $l_{D1} = \dfrac{L_F R_2}{R_1 - R_2}$ 。

M 点的坐标为:

$$\left.\begin{array}{l} X_M = X_{D1} + \left(l_{D1} - \dfrac{l_{D1}^3}{40R_1^2}\right)\Big/\cos\left(\dfrac{30l_{D1}}{\pi R_1}\right)\cdot\cos\left(\alpha_{D1} + 180 - \xi\dfrac{2}{3}\beta_{D1}\right) \\[4mm] Y_M = Y_{D1} + \left(l_{D1} - \dfrac{l_{D1}^3}{40R_1^2}\right)\Big/\cos\left(\dfrac{30l_{D1}}{\pi R_1}\right)\cdot\sin\left(\alpha_{D1} + 180 - \xi\dfrac{2}{3}\beta_{D1}\right) \end{array}\right\}$$
(1-7-43)

②当 $R_1 < R_2$,参见图 1-7-7b),M 点的切线方位角:

$$\alpha_M = \alpha_{D1} + \xi\beta_{D1}$$

式中:$\beta_{D1} = \dfrac{90l_{D2}}{\pi R_1}$,$l_{D2} = \dfrac{L_F R_2}{R_2 - R_1}$ 。

$$X_M = X_{D1} + \left(l_{D2} - \frac{l_{D2}^3}{40R_1^2} \right) \Big/ \cos\left(\frac{30l_{D2}}{\pi R_1} \right) \cdot \cos\left(\alpha_{D1} + \xi \frac{2}{3}\beta_{D1} \right)$$

$$Y_M = Y_{D1} + \left(l_{D2} - \frac{l_{D2}^3}{40R_1^2} \right) \Big/ \cos\left(\frac{30l_{D2}}{\pi R_1} \right) \cdot \sin\left(\alpha_{D1} + \xi \frac{2}{3}\beta_{D1} \right)$$

$$(1\text{-}7\text{-}44)$$

计算出 M 点的坐标和切线方位角后，当 $R_1 > R_2$ 时，用式(1-7-38)计算 L_F 上计算点坐标，当 $R_1 < R_2$，用式(1-7-39)计算。

上述直线型和曲线型两种定线方法，在本质上并无区别，定线成果都是直、缓、圆组成的中线，但在定线手法上二者正好相反。另外，直线型定线法可用于纸上定线也可用于现场直接定线，而曲线型只能用于纸上定线。

第三节　直　接　定　线

一、直接定线的工作步骤

下面以山区越岭线为例说明直接定线的工作步骤。

1. 分段安排路线

在选线布局阶段定下的主要控制点之间，沿拟定方向用试坡的方法，逐段粗略定出沿线应穿或应避的一系列中间控制点，使路线方案更加明确。

2. 放坡、定导向线

放坡就是利用手水准在现场定出坡度点的作业过程，其目的是要解决控制点间纵坡的合理安排问题，实质上是现场设计纵坡的操作。在纵坡安排和选择坡度值时应考虑以下几点要求：

（1）纵坡线形要满足《公路工程技术标准》要求。如坡长限制、设置缓坡、合成坡度等要求，并力求两控制点间坡度均匀，避免出现反坡。

（2）应结合地形选用坡度。尽可能不用最大纵坡，但也不宜太缓，以接近两控制点间匀坡线（平均坡度）为宜，在地形整齐地段可稍大些，曲折多变处宜稍缓些。

放坡由受限较严的控制点开始，按手水准的第二种用法，一人持手水准对好选用纵坡相当的角度，立于控制点处指挥另一持花杆的人在山咀或山坳等地形变化处、计划变坡处以及顺直山坡每隔一定距离处上下横向移动，找到二人距地面同高点后定点，插上坡度旗或在地面做标记，以该点为固定点继续向前放坡。如果一边放坡一边进行后续工作，应先放完一定长度（一般不应小于 4～5 条导线边长）的坡度点后，利用返程进行下一步操作。通过放坡定出的这些坡度点的连线（如图1-7-16 中的 $A_0A_1A_2\cdots\cdots$）相当于纸上定线的修正导向线，起到指引路线方向的作用，称其为导向线。

放坡时前找点人应能估计平曲线的大概位置和半径，对因标准限制路线不可能自然绕过的窄沟或山咀应"跳"过去，而当能够绕行时坡度要放缓，以便坡度折减。

3. 修正导向线

坡度点就是概略的路基设计标高，由于各点的地面横向坡度陡缓不一，平面线位横向移动对路基的稳定和填挖工程量影响很大，故应根据路基设计要求，在各坡度点的横断方向上选定最佳中线位置，插上标记，如图1-7-17 所示，这些点的连线 $B_0B_1B_2\cdots\cdots$ 称为修正导向线，相当于纸上定线的二次修正导向线。

154

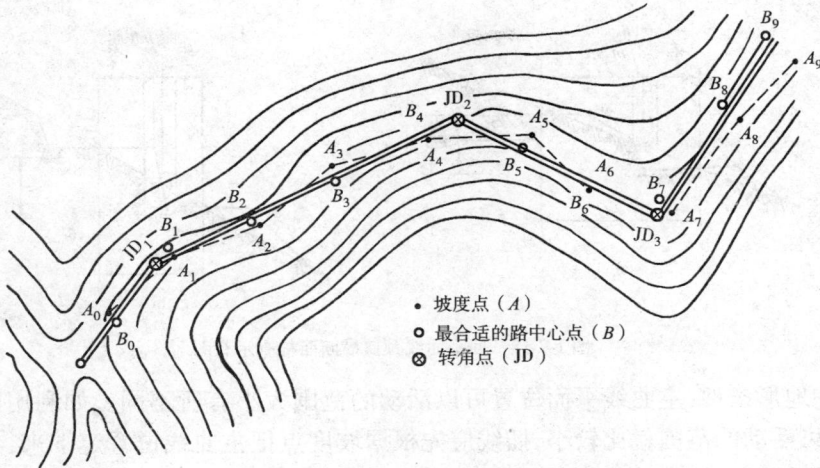

图 1-7-16　放坡定线示意图

坡度点（*A*）
最合适的路中心点（*B*）
转角点（JD）

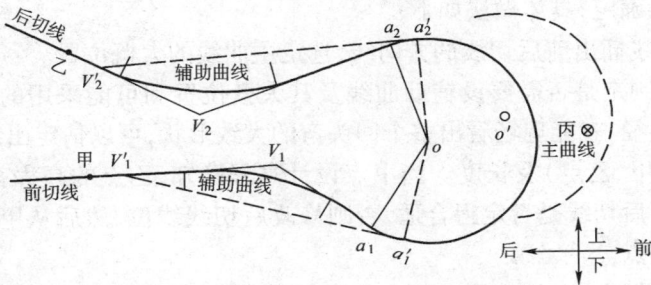

图 1-7-17　回头曲线插法示意图

4. 穿线交点

修正导向线是具有合理纵坡、横断面上位置最佳的一条折线。穿线工作就是根据修正导向线确定平面线形直线的位置和长度、定出路线导线并考虑平纵组合问题。所穿直线应尽可能多地靠近或穿过修正导向线上的坡度点，特别要满足控制较严的点子，适当裁折取直，使平、纵、横三面合理组合，试穿出与地形相适应的若干直线，延长这些直线交汇出交点，即为路线导线，如图 1-7-17 中 JD$_1$ – JD$_2$ – JD$_3$……穿线工作需要定线人员反复试穿和修改才能定出合理的路线。

5. 插设曲线

直接定线面对自然地形的曲线插设，要比纸上定线面对地形图的曲线插设困难得多。地形复杂的山区道路，曲线在路线总长中占很大比重，且常常是在地形困难处，正是需要设置曲线的地方。对于单交点、双交点或虚交点曲线，其曲线插设和调整相对简单，曲线插设方法与纸上定线方法相同。但回头曲线在现场插设比较复杂，应按一定的步骤插设，以免造成外业返工过多。

凡设回头曲线的地方，地形对路线都带有强制性。如图 1-7-18，主曲线和前后的辅助曲线的纵面、平面相互约束很严，稍有不慎，不是线形受影响，就是造成大量的填挖方，插线必须反复试插试算，才能得到满意的结果。

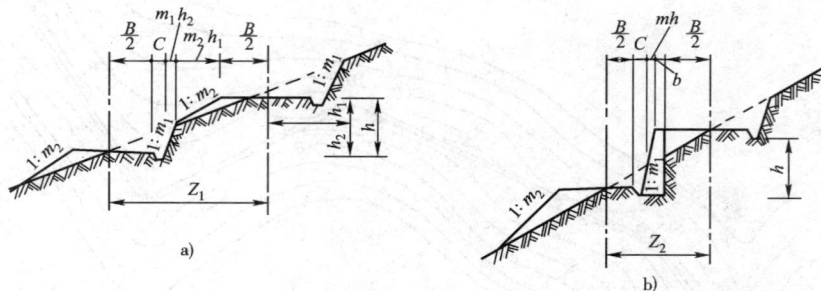

图 1-7-18　回头曲线颈口横断面检查示意图

不同的地形条件，主曲线平面位置可以活动的范围大小有所不同。如利用山包或山脊平台回头时，可活动的范围就比较小，插线应先根据坡度点把主曲线位置定下来，然后定前后切线线位及辅助曲线，插法视具体地形选用虚交、双交点或多交点形式均可。当利用山坳、山坡回头时，主曲线位置一般有较大活动余地，其大体位置参照导向线选定，确切线位要根据纵坡估算填挖工程量来确定，具体做法如下：

（1）根据导向线插出前后切线的方向线，选定主曲线的大概位置。

（2）根据地形判定是否需要设辅助曲线及其大概位置和可能采用的半径。有了主、辅曲线的大概位置及半径，就能现场看出整个回头弯的大致形状，可以估定出纵坡折减的起讫点位置（如图 1-7-17 中甲、乙点）及长度。当甲点设计高程已知，乙点的高程就可以估算出来。用此高程先检查一下后切线是否定得合适，否则修改后切线线位，然后从甲、乙两点用折减后的坡度放坡交会出丙点。

（3）确定主曲线圆心位置。甲—丙—乙这条坡度线（折线，图中未示出），显然比由甲沿路线至乙的距离要短，因此主曲线线位向前不应超过丙点（主曲线受地形限制的情况例外），向后不应退到比甲—丙—乙折线还短的位置，从而大致确定了圆心前后的位置。地面高程低于甲—丙坡度线的是填，高于丙—乙坡度线的是挖，据此可以估算出全曲线的填挖数量，如挖多于填，线位应下移，反之应上移，经过这样多次试插试算，最后把圆心用木桩固定下来。

（4）以 O 为圆心，用选定的半径在曲线起终点附近画圆弧，在弧上选若干个 a 点，置简单测角仪器于这些点，后视圆心，转 $90°$ 角与前后切线交得若干个 V 点，最后选择一组既满足路线平面要求又符合实际地形的 a 及 V，用木桩标定。若回头曲线设缓和曲线时，应以 $R+p$ 为半径画起终点附近的圆弧。

由于插线使用的是简单仪器，路线精确位置尚待用精密仪器来标定。为了控制主曲线位置不因测角、量距等误差而发生较大的移动，无论采用哪种形式插线，都应指定一个固定点，固定点选在受地形限制最严处，可以是圆心，也可以是主曲线的起（终）点。

（5）检查上、下线间的最小横距。回头曲线上下线间必需的最小横距，如图 1-7-18 所示，分别为：

$$Z_1 = B + C + m_1h_2 + m_2h_1$$

及
$$Z_2 = B + C + m_1h + b$$

检查时，在上下线最窄处取能包括上下两个路基宽的横断图，计算需要的最小横距 Z_1 或 Z_2，并量实际距离 Z。

若 $Z > Z_1$，横距够用。

若 $Z_1 > Z > Z_2$，须考虑按图 1-7-18b）的形式，上下路基之间采用挡土墙分隔；

若 $Z < Z_2$，表示路基将部分重叠，需要修改。

（6）路线完全插定后，定线人应沿线查对一遍，记录特征地点适宜的填挖高度和对人工构造物的处理意见，供内业设计时参考。

直接定线的纵坡设计，一般都是在对平面线形做了某种程度的肯定之后进行的。要求设计纵坡不仅满足工程经济和技术标准的规定，还应考虑平、纵面线形配合的问题。因此必须反复试验修改，才能做出满意的结果。检查修改时应注意以下几点：

（1）只须调整纵坡即能满足要求时，按需要调整纵坡线形。

（2）靠调整纵坡的方法无法满足需要时，应综合考虑决定调整方案，平面线形可采用纸上移线办法解决。

（3）工程经济与平、纵配合矛盾很大时，应结合路线等级、工程量大小等因素具体分析，确定调整方案。

二、局部移线

直接定线因地形复杂、定线人员视野受到限制和可能产生错觉，难免出现个别路段线位不当，利用地形图进行路线的局部移线是有效的办法，因此直接定线的局部移线也称为纸上移线。

1. 移线条件

（1）路线平面技术标准前后不协调，需要调整交点位置和改变半径，或室内纵断面定坡后发现局部地段工程量过大时。

（2）路线位置过于靠山使挖方过大，或过于靠外使挡土墙较高时。

（3）增加工程量不大，但能显著提高平、纵线形标准时。

2. 方法步骤

（1）绘制移线地段的大比例尺（一般用 1：200～1：500）路线图，标注导线交点和平曲线各桩桩位，如图 1-7-19 中实线所示。

（2）依据移线目的，在纵断面图上试定出合理纵坡，读取各桩填挖值。

（3）根据各桩的填挖值，用路基模板在横断面图上找出最经济或控制性的路基中线位置，量出偏离原中线的距离即移距，分别用不同符号点在路线图上。参照这些标记，在保证重点照顾多数的原则下，经多次反复试定修改，直到定出满足移线要求、线形合理的移改导线，如图中虚线所示。

（4）用正切法量算各交点转角，移线与原线角度要闭合，否则应进行调整。先应调整短边和角度值小的转角，拟定半径，计算曲线元素并绘出平曲线。

（5）测量原线各相邻桩横断方向线切割移线的实际长度，推算移线上的桩号，量原线各桩移距，与新老桩号一并记入移距表。算出断链长度，记于接线桩号处。

（6）按各桩移距，在横断面图上读取新老桩比高，据此用虚线在原纵断面图上点绘出移线的地面线和平曲线，重新设计纵坡和竖曲线。

纸上移线后如果随即进行现场改线，可只做（1）～（4）步工作。纸上移线的主要数据资料是从原线横断面图上获得，而一般横断面施测范围有限，且离中线越远精度越低，故移距不能

原曲线表

JD	α_z	α_y	R	T	L	E
175		68°49′	25	17.12	30.03	5.30
176		21°44′	100	19.20	37.93	1.83

移线曲线表

JD	α_z	α_y	R	T	L	E
175		68°49′	25	17.12	30.03	5.30
176		21°44′	100	19.20	37.93	1.83

移距表 (m)

桩号	移距 左	右
+311.88	0	0
+326.89	2.7	
+341.89	4.9	
+360	5.0	
+380	4.8	
+386.84	4.2	
+400	2.4	
+405.80	1.8	
+424.77	0	0

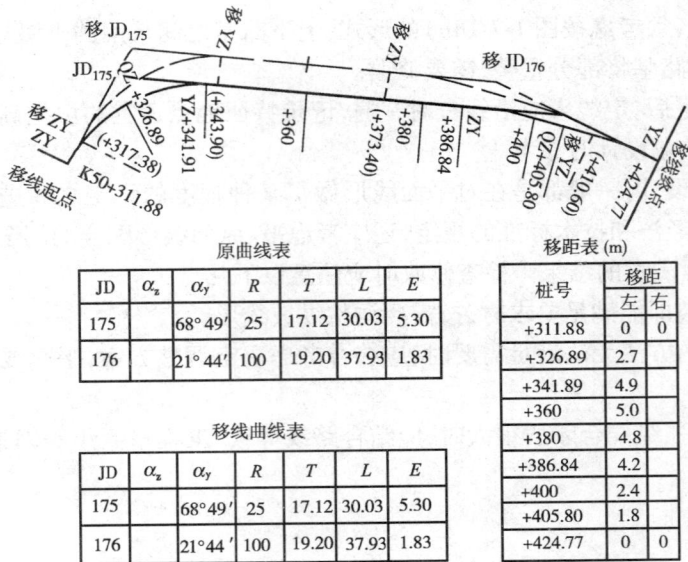

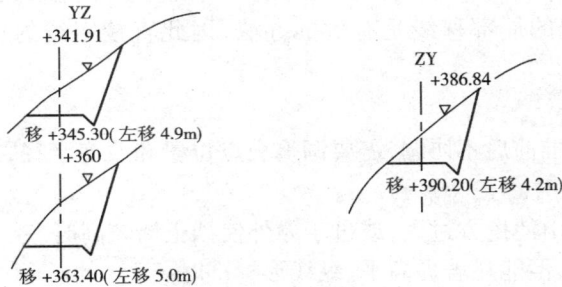

图 1-7-19　纸上移线图

过大,一般以小于 5m 为宜。当移距很大时,应在定出改移导线后实地放线重测。纸上移线具有一定的作用,但移线后对外业勘测、内业设计以及施工等都带来不便,因此,纸上移线只是一种不得已时的补救措施,不应该依赖纸上移线解决问题,而应在直接定线中深入调查研究,全面分析比较,把问题在现场解决,尽量避免纸上移线。

三、直接定线与纸上定线的比较

直接定线面对现场地形、地物、地质及水文等实际条件,只要定线人员具有一定的选线经验,肯多跑、多看,不怕麻烦,经过反复试线,多次改进,也能在现场定出比较合适的路线。

经过多次试验修改后的路线,应该说已具有较好质量。但是直接定线有两个根本弱点:

1. 研究利用地形的不彻底性

直接定线时,定线人员对地形、地质、水文等情况的了解,全靠自己去跑、去调查。而现场的工作条件不允许对每一处的自然状况都深入研究;再由于视野受到限制,定线时难免顾此失彼,虽经过多次试验,但毕竟还是有限的。

2. 平、纵面线配合问题难以彻底解决

直接定线的平面设计是在现场进行的，而纵断面的精细设计则在室内，尽管设计路线平面时，已充分考虑了纵断面，但那毕竟是粗略的。从分析纵坡中常可以发现，如果平面上略加调整，就有可能使路线更加适应地形，或者平、纵面配合得更好。但是因为修改平面要重新钉桩，纵断面也要重做。定线者往往不愿承担"返工"的压力而勉强接受原方案。所以直接定线就其性质来讲，基本上是要求"一次成功"的定线，它与选线者的实际工作经验有直接关系，这显然是不能确保质量的。采用局部纸上移线的办法，对此会有所补救。

纸上定线是在定线过程中采用的一种重要的中间步骤，代替直接在实地定线。定线者或定线组先要取得"定线走廊"范围内的大比例尺地形图。从图上，可以俯视较大范围内的地形，可以较容易地找出所有控制地形的特征点，从而定出平面试线和试线的纵坡设计线，经过平、纵面反复试验修改，直至自己认为再修改也得不到显著效果时为止。

由于纸上定线不受野外因素的限制，定线者在室内想做多少就做多少修改工作，能使节省工程和平、纵面线形的配合做得尽善尽美。纸上定线有利于发挥定线组的集体作用，其他专业人员的有益观点都能反映到方案中来，不像直接定线，大量的工作都依靠个别定线者现场的简单判断与技术能力。自从电子计算机引进道路勘测设计以后，过去一向被认为繁琐而耗时的工作如土石方计算、绘透视图等已轻而易举，这为利用地形图进行定线和方案优选开辟了更加美好的前景。

直接定线虽有其不足之处，但在一定的条件下，如地形障碍不多的平坦地区或路线等级不高时，只要定线人员肯下功夫，用比较的办法也能定出比较满意的路线。直接定线目前是我国常用的一种方法，在今后一个相当长的时期内，也仍将是地方道路一个重要的定线方法。

第八章 道路交通设施

交通设施的作用在于组织、管理、指导交通的运行，为驾驶人指示运行路线的环境条件，指示在具体情况下对运行操纵状态的限制，以保障交通安全、通畅、迅速地行驶。

交通设施包括两类，一类是交通安全设施，系以工程手段保障交通安全，疏导车流或人流的设施；另一类是交通管理设施，用以体现交通管理规章，控制行车或行人的标志。需要指出，交通管理的目的，在于保障安全，鉴于各类设施的内容及构造方式难以区别归属，故现在通常将这两种设施通称为交通安全设施。

第一节 交通安全设施

一、护栏

1. 护栏的分类

护栏的结构要求坚固（能经得起碰撞、最大限度地减少车辆损失和恢复正常行驶）、经济美观以及有良好的视线诱导功能，并使驾驶人能得到行驶的安全感、瞭望的舒适性，与周围环境相协调。

（1）刚性护栏：多用混凝土、石料等制成防护壁形式。

混凝土护栏 刚性强，防止车辆驶出路外的功能较好，但对乘客安全性和瞭望舒适性较差，有较强的行驶压迫感，不受腐蚀性影响；

箱形梁护栏 刚性强的连续箱形梁，用于窄分隔带处，车辆冲撞后凹陷较小，诱导性也好。

（2）柔性护栏：钢导轨、钢缆等，既拦挡车辆，又能对车辆冲撞有缓冲作用。

波形梁护栏 用支柱支承连续的横导轨，具有一定的刚性和韧性，车辆冲撞变形较大，有利视线诱导，易于修复；

缆索护栏 用支柱支撑钢缆，缓冲能力大，缆性强，可以重复使用，连续设置也美观舒适，对行驶无压迫感，但视线诱导差。

护栏设置高度，一般为 0.70~0.95m。路基两侧设置时，横向应距路基边缘 0.3m 以上。

图 1-8-1 所示为波形梁护栏（或称栏式护栏）。GW 31085 型及 GW 35075 型均为长 6~9m 的波形梁，其中 GW 31085 型用钢量比 GW 35075 型节省 30% 左右，且碰撞性能较优。

2. 护栏的功能和设置

用于保证车辆安全的护栏，要求具有如下功能：

（1）对交通有引导视线的作用。

（2）能够防止车辆驶出路外。

（3）冲撞时产生的减速度达到使乘客尽量不受损伤的程度。

（4）汽车冲撞后能使之回到原车道，同时对其他交通不产生影响。

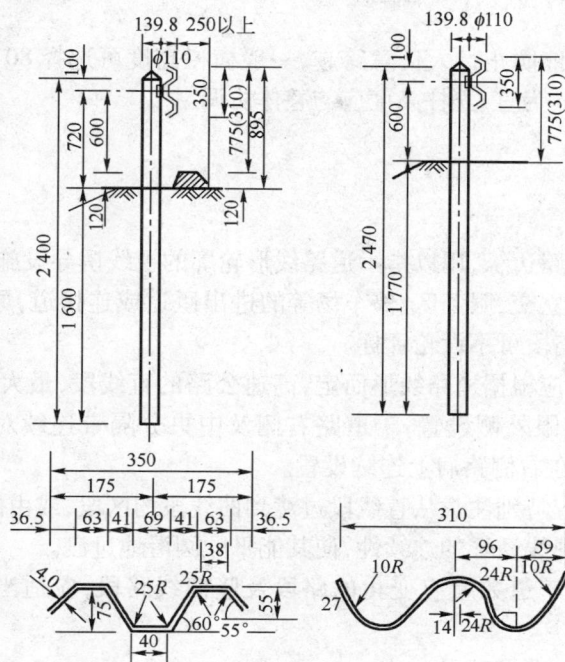

图 1-8-1　波形梁护栏(单位:cm)

　　从对护栏的功能要求可以看出,为防止车辆越出或冲断护栏,护栏应具有较高的力学强度和较大的刚度,从而能抵挡车辆的冲撞。但从保护乘员免受伤害或减轻伤害程序考虑,又希望护栏的刚度不要太大,要具有良好的柔性。在设计护栏时应找出两者间矛盾的调和点。

　　各种护栏的构造可以满足全部或部分功能的要求,以满足不同情况的需要。不同功能的道路亦应选择适宜的护栏种类。

　　为满足上述(3)、(4)两项功能的要求,可以采用钢板条或钢索制成的护栏。当车辆驶出车道冲撞护栏时,由于钢板条或钢索受外力而变形,从而缓和冲击力量,并由于呈曲线变形及反弹力引导车辆回到车道上。但这种设施经受冲击后,往往需要加以修复或更换。

　　护栏作为道路上的基本安全设施,对保证道路上的交通安全意义重大,但护栏本身也是一种障碍物,它的设置是有条件的。

　　通常将设置护栏前后的相对危险性进行比较作为设置护栏的依据,失控车辆越出路外产生的后果与失控车辆碰撞护栏产生的后果进行比较,能减少事故严重度的场所,被认为是需要设置护栏的场所。道路上是否设置护栏受许多因素的影响,包括适用性、安全性、经济性、环境条件及交通管理状况等,对所有这些因素均需进行全面比较分析。护栏的设置原则参见《高速公路交通安全设施设计及施工技术规范》(JTJ 074—94)。

　　在城市道路的交叉口处,为使行人安全地沿人行横道位置横过道路,防止由于任意在车道范围内通过路口而导致车祸,在交叉口范围内,各相交道路的人行横道之间,沿路缘石设立栏杆或金属链、网等护栏,用以限制行人任意穿行。护栏的设置范围可根据实际情况确定。滨河环湖道路临水侧若为垂直岸壁时,应设立护栏以防止行人失坠。为坡岸时应视坡度缓急及高度考虑是否需要设立。护栏的形式亦应视需要做成起拦阻作用或只起提示警惕作用。

　　行人护栏的形式可根据不同材料及要求效果,做成各种式样,并需要兼顾效果及适合环境美观协调的式样及色彩。

行人护栏的高度应能防止行人任意跨越，一般横栏高度可选择 80～100cm。悬链式的最低点距步道不少于 70cm 为宜，立柱高度应与整体协调。

二、视线诱导设施

1. 轮廓标

轮廓标是设置于道路边缘，用以指示道路线形轮廓的视线诱导设施。

高速公路以及互通立交、服务区、停车场等的进出匝道或连接道，原则上应连续设置轮廓标，但对有道路照明的路段可不设轮廓标。

轮廓标的设置间隔应根据道路线形而定，高速公路的直线段，最大设置间隔不超过 50m。轮廓标一般紧靠建筑界限外侧设置，于道路右侧及中央分隔带连续对称布置。分离式断面（无中央分隔带）时，则在右侧路肩上连续设置。

在布设轮廓标时，应特别注意从直线段过渡到曲线段的区段，或由曲线段过渡到直线段的区段，要处理好轮廓标视线诱导的连续性，使其能平顺圆滑地过渡。

另外，在路基宽度、车道数量有变化的路段及竖曲线路段，应适当加大或减小轮廓标的间隔。

2. 路钮

路钮是一种粘贴或锚固在路面上，用来警告、诱导或告知驾驶员道路轮廓或道路前进方向的装置，可分为反光路钮和不反光路钮两大类。

在不良气候和环境下，路钮能有效保证驾驶人的视认性。在国外，路钮被广泛应用于一些冬季不积雪的公路，已证明它是一种廉价且提高安全能力显著的交通安全设施，是驾驶人夜间行车不可缺少的附属设施。

3. 分流、合流诱导标

分流、合流诱导标是设置于交通分流或交通汇合区段的诱导设施，目的是唤起驾驶人对进、出口匝道附近车辆交织运行的注意。

分流、合流诱导标是用反射器制作的粘贴在高挂横板上的诱导指示标志。高速公路诱导标的底为绿色，其他公路为蓝色，诱导标的符号均为白色。汽车在高速行驶时，在分、合流标志的诱导下，无论白天还是黑夜，驾驶人员均可非常清楚地辨认交通流的分、合流情况。

4. 线形诱导标

线形诱导标是设置于急弯或视距不良路段，用来指示道路改变方向，或设置于施工、维修作业路段，用来警告驾驶员注意改变行驶方向的视线诱导设施。设在急弯或视距不良路段的线形诱导标为指示性线形诱导标，设置于施工、维修作业路段的为警告性线形诱导标。

三、防眩设施

防眩设施是在夜间行车时，为防止驾驶人受到对面来车前照灯眩目而采用的设施。设置在区分上下行车道的中央分车带上，多用于有四条以上车道的高速公路、一级公路和城市快速路。设置路段多为高架桥、填方路段，此外亦结合道路的设计速度、线形等的需要而采用。在中央分隔带较宽（日本经验为超过 7m）、上下行车道中心线的高度差大于 2m 及有连续照明的路段均不需要设置。

防眩设施既要有效地遮挡对向车辆前照灯的眩光,又要满足横向通视好、能看到斜前方并对驾驶人心理影响小的要求。如采用完全遮光,反而缩小了驾驶人的视野,且对驾驶产生压迫感。同时,无论白天或黑夜,对向车道的交通情况是行车的重要参照系,其中很重要的一点是驾驶人在夜间能通过对向车辆前照灯的光线判断两车的纵向距离,使其注意调整行驶状态。另外,防眩设施不需要很大的遮光角也可获得良好的遮光效果。所以,防眩设施不一定要把对向车灯的光线全部遮挡,而采用部分遮光,即允许部分车灯光穿过防眩设施。

道路上设置的防眩设施形式多种多样,总的来说,有网格状的或栅栏式的防眩网、扇面式的防眩栅、板条式的防眩板及植树防眩等。

1. 植树防眩

中央分隔带的宽度满足植树需要时,可采用植树作为防眩设施,一般有间距型和密集型两种栽植方式。分隔带宽度须大于3m,一般采用间距型栽植,间距6m(种三棵,树冠宽1.2m)或2m(种一株,树冠宽0.6m),树高1.5m。灌木丛也具有遮光防眩作用。

北京市试验观测结果表明,树距1.7m时遮光效果良好,无眩光感;树距2.5m时树挡间有瞬间眩光。故完全植树时,间距以小于2m,树干填径大于20cm为宜。植树间距5m时,就在树间植常青树丛两丛,可起防眩作用。若树种为落地松,树冠直径不小于1.5m,则树间不种植被丛也可有一定防眩效果。

2. 防眩栅(网)

防眩栅系以条状板材两端固定于横梁上,排列如百叶窗状,板条面倾斜迎向行车方向。根据有关试验测定,以与道路成45°角时遮光效果最好。防眩网系以金属薄板切拉成具有菱形格状的网片,四周固定于边框上。

防眩栅(网)设置于分车带中心位置,应油饰为深色,以利于吸收汽车前灯灯光。设于中心带一侧时应考虑保证视距,并考虑两侧行道的高度、超高的影响等,决定设于某一侧。为防止汽车冲撞,在起止两端的立柱上应贴红色或银白色反光标志,中间立柱顶上也需有银白色反光标志。中央分隔带很窄时,应防止防眩栅(网)倾倒对行车的影响,故应考虑立柱间隔、采用的形式、柱基构造等,保证稳定安全,必要时应考虑风载的影响。设有防护栏的分车带防眩栅(网)可与护栏结合设计,上部为防眩设施,下部为防护栏,护栏部分须油饰为明显的颜色,以引起驾驶人注意。

3. 防眩板

防眩板是以方形型钢作为纵向骨架,把一定厚度、宽度的板条按一定间隔固定在方形型钢上而形成的一种防眩结构。

四、照明设施

1. 照明标准

照明标准是以水平照度和不均匀度来衡量的。水平照度是指受光面为水平面的照度,以lx表示[1lx为每平方米上有1lm的光通量(引起视觉作用的光能强度)]。

不均匀度是表示受光物体表面照度的均匀性系数,即:

$$不均匀度 = \frac{最高水平照度}{最低水平照度}$$

照度标准应依道路等级、交通量大小、路面类型等而定。对高速公路及快速路,建议车道水平照度最低为25lx,具体指标参见表1-8-1。

公路照明标准推荐值

表1-8-1

照明区域		亮　度			照　度	眩光限制	诱导性
		平均路面亮度 L_{av} (cd/m²)	总均匀度 L_{min}/L_{av}	纵向均匀度 L_{min}/L_{max}	平均照度 E_{av} (lx)		
特殊部位	路段 高速公路	1.5 ~ 2	0.3	0.7	20 ~ 30	6	很好
	路段 一级公路	1.5 ~ 2	0.4	0.6	20 ~ 30	5	好
	立体交叉口	主路2 匝道1	0.5	0.7 0.7	主路30 匝道15	5	好
	平面交叉口	1.5 ~ 2	0.3	0.6	20 ~ 30	6	很好
	特大型桥梁	1.5 ~ 3.5	0.5 ~ 0.7	0.7	15 ~ 50	5	很好
	收费站广场	2 ~ 5	0.4	0.6	20 ~ 50	5	好
	进出口	0.5 ~ 2	0.3	0.6	10 ~ 30	5	好
相关场所	服务区	0.5 ~ 1.5	0.3	0.5	10 ~ 20	5	好
	养护区	0.5 ~ 1.5	0.3	0.5	10 ~ 20	5	好
	停车场	0.5 ~ 1.5	0.3	0.5	10 ~ 20	5	一般

2. 照明布局

应注意照明的配光特性,以取得较高的路面亮度,满意的均匀度,并注意尽量减少眩光,以提高行车的可见度和视觉的舒适感。

如图1-8-2,照明器的安装高度 h、纵向间距 L 和配光特性三者间的关系为:

$$E_A = \frac{I_2\cos\alpha}{r} = \frac{I_2\cos^3\alpha}{h^2}$$

式中:E_A——路面上任意点 A 的水平照度(lx);

　　　I_2——光源 O 在 α 方向的发光强度(烛光);

　　　r——O 至 A 点的距离(m);

　　　h——光源 O 的高度(m);

　　　α——光源 O 至 A 的连线与路面垂直方向的夹角(°)。

布置可两侧对称或两侧交错,纵向间距一般为30 ~ 50m,照明灯光度达1 000W,灯柱高为12 ~ 15m。

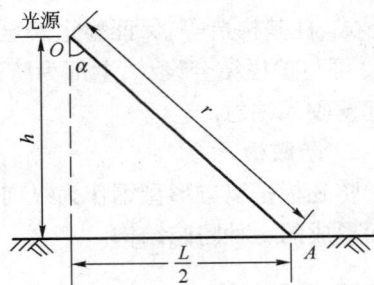

图1-8-2　照明布置关系

五、隔离设施

隔离设施按构造形式可分为金属网、钢板网、刺铁丝网和常青绿篱四大类,金属网又可分为编织网、焊接网、拧花网等多种。

1. 金属网型和钢板网型

金属网型和钢板网型隔离设施是一种结构合理、美观大方的结构形式,但单位造价较高,主要适用于以下路段:

（1）靠近城镇人烟稠密地区和担心有人、畜等进入的路段。

（2）配合道路景观，要求选择美观大方的隔离形式，如风景区、旅游区、著名地点等路段。

（3）简单立交、通道的两侧。

另外，金属网型比较适合于地形起伏不平的路段，钢板网型则比较适合于地形平坦地段。

2. 刺铁丝网型

刺铁丝网型隔离设施是一种比较经济适用的结构形式，但美观性较差，一般适用以下地点：

（1）人烟稀少的地带，山岭地区。

（2）郊外地区的道路保留地。

（3）郊外地区高架构造物的下面。

（4）跨越沟渠而需封闭的地方。

3. 其他

在互通式立体交叉范围内以及服务区、停车区、收费站、管理所等处，隔离设施可考虑与绿化相配合，宜选择合适的小乔木或灌木，在管辖地界范围内与刺铁丝配合形成绿篱，可有效地增强该区域的景观。

隔离设施的形式选择必须考虑各种类型隔离设施的性能、经济性、美观，与道路周围环境的协调，以及施工条件、养护维修条件等因素。

六、防噪声设施

噪声损害听觉，危及健康，影响正常工作和生活，并对建筑物、仪器也产生损害。因此，控制及减少噪声的危害，是高速公路设计的任务之一。

国际标准组织（ISO）规定室外噪声标准见表1-8-2。使用 A 声级作为评价标准，是因为 A 声级容易测定，但由于不同频率的噪声可以是同一 A 声级值，因而应采用"噪声评价曲线"将不同频率的声级换算成统一的评价 N 值。

室外噪声标准 　　　　　　　　　　　　　　　　表1-8-2

区　　域	时　　间	A 声级（dB）	噪声等级评价数 N（dB）
住宅和医院	白天	54	45
	夜晚	46	35
混合区	白天	58	50
	夜晚	50	40
工业区	白天	62	55
	夜晚	54	45

我国城市区域环境噪声标准值见表1-8-3。我国《机动车辆噪声标准》也规定出厂各种车辆应达到的噪声强度要求。

一般规定路上噪声不超过 60dB，并限制住宅区噪声白天不大于 45dB（也不应低于 15dB），晚上不大于 35dB。为限制噪声，应有相应的管理措施，如规定鸣号级别时间，设置路障分流行驶等，并应有交通噪声管理条例。

通常采用的防噪措施，可有如下三类：

我国城市区域环境噪声标准值（GB 3096—93）[等效声级 dB（A）]　　表 1-8-3

类　别	昼　间	夜　间	类　别	昼　间	夜　间
0	50	40	3	65	55
1	55	45	4	70	55
2	60	50			

注:0 类标准适用于需特别安静的区域;1 类标准适用于居住、文教机关为主的区域;2 类标准适用于居住、商业、工业混合区;3 类标准适用于工业;4 类标准适用于交通干线两侧。

（1）隔声墙（或称声屏障）。通常墙高 3 ~ 5m，多用隔声水泥板或混凝土组合托架，其设置应使受音点（如住宅）符合噪声要求，见图 1-8-3 所示。

（2）隔音堤。路两旁埋土堤，便于绿化。遮音堤两侧坡度为 1∶2，顶宽 2 ~ 3m，高度以能挡住最高受音点为宜，堤坝进行绿化（图 1-8-4）。

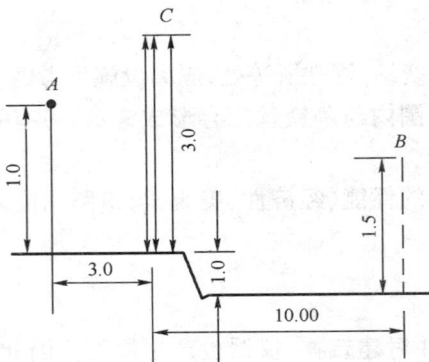

图 1-8-3　隔声墙防噪声示意图（尺寸单位:m）

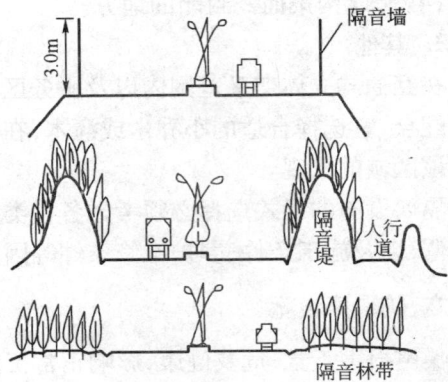

图 1-8-4　防噪措施（尺寸单位:m）

（3）隔音林带。植树林带一般为 10 ~ 20m，隔音效果好，一般可降低 5 ~ 8dB（高的可达 10dB），但占地较多。

此外，还可采用修建低噪声路面（可降低轮胎噪声 2 ~ 8dB）、种植绿化带等措施。

七、其他安全设施

1. 人行横道

人行横道表示准许行人横穿车行道的位置，其颜色为白色。

1）人行横道的作用

行人需要过街时，若随意穿行，必然会与街上的车辆发生冲突，危及行人安全，同时也会影响车辆的正常行驶。行人在各种不同地方过街的相对危险程度统计见表 1-8-4。由表中数据可知，在有人行横道线的地方通行，比没有横道线的地方更安全;人行过街管理设施越完善，危险性越小。人行横道的设置对于保障交通安全与整治交通秩序具有明显的作用。

行人过街的相对危险程度　　表 1-8-4

过街的地点	危　险　程　度	过街的地点	危　险　程　度
无人行横道、无交通信号	1.00	有人行横道标线、交通信号控制	0.53
有人行横道标线、无管理规则	0.89	有人行横道标线、交通信号控制、安全岛	0.36

人行道线的设置,应根据行人横穿道路的实际需要确定。

2)平面交叉口处人行横道的布设

(1)人行横道尽量与自然的人流一致,避免迂回;应与行车道呈直角,以缩短穿越时间;应接近交叉路口,位于驾驶人辨认处。

(2)横道长度以 15m 以下为宜,如超过应在其间设安全岛,安全岛宽度最好有 2m。横道宽度应根据高峰小时的设计人流量确定,通常城市主干道之间的路口处,人行横道宽约 4m,按人流量以 1m 为单位增减其宽度。

(3)交叉口人行横道最好向交叉口外侧移一段距离,使之不占用街道拐角,剩出空间给右转车辆等候行人过街用。这段距离需视转角半径大小而定,一般从右侧延长线外移不小于 5m,且应考虑避开雨水口。这可保证等待过横道者的安全空间,防止被挤到行车道上;同时,也提供了交通信号等安全设施的安装空间。

(4)为使人、车各行其道,在平交路口还可根据交通量的需要,采用人行天桥、地下横道等。

3)两交叉口间距离中人行横道的设置

干道上两交口间距不太远,中间最好不加设人行横道;在车流量不太大的次要道路上,可考虑在两交叉间居中位置加设人行横道;交叉口间距特别大(1 000m 以上),中间须加设几条人行横道时,考虑在人流最集中的地点加设。

在公共交通的重要转车站,人行横道的设置应与站点位置统一考虑,便于转车行人过街。视距受限的路段、急弯、陡坡等危险的路段和行车道宽度渐变路段,不应设置人行横道线。

4)不宜设置人行横道的地段

为确保行人安全,在下列地段不宜设置人行横道:

(1)弯道或纵坡变化路段,视距不足处。英国规定车辆驾驶员对人行横道的最小视距应符合表 1-8-5 的规定。如果设置人行横道的地点、视距不能满足该规定,必要时只能设置加信号控制的人行横道。

人行横道的最小视距 表 1-8-5

平均车速(km/h)	48	65	80
视距(m)	70	90	150

(2)信号交叉口附近不宜设置条纹式人行横道,只能设置由信号灯控制的人行横道。信号灯必须有交叉口的信号控制机控制,与交叉口信号取得协调。

(3)在瓶颈路段、公共汽车停靠站上游、车辆进出口附近以及转弯车辆特别多的地方,为安全起见,最好不设人行道。

2. 交通岛

交通岛又称导流岛及导向岛,其作用在于引导车辆按一定的运行路线方向行驶,以便有秩序地组织车辆运行,防止交通事故。交通岛的设置位置为交叉路口及其他车辆需要改变行驶方向的地点,在车辆自然运行轨迹的死区及限定各方向车辆行驶路线以外的空白部分设置交通岛。路口与路段上根据需要都可设置交通岛,交通岛的形状呈三角形、月牙形、带状或不规则的形状。

交通岛的设置应明显,为提高交通岛的视认性,可采取增强照明亮度、岛上绿化、设道牙及视线引导装置等措施。

3. 隔离墩

隔离墩是区分路面各部分使用界限的设施，与许多种路面标线的意义和作用相同。但在效果上较标线更具有强制作用，一般用于隔离上下行交通、机动车与非机动力。隔离墩用混凝土或花岗石制成，悬以铁链或用钢管、钢筋等连接，可按需要移动位置。

第二节 交通管理设施

一、道路交通标志

1. 种类

《道路交通标志和标线》（GB 5768—1999）规定的我国道路交通标志的种类见表1-8-6。

道路交通标志分类 表1-8-6

名 称		用 途
主标志	警告标志	警告驾驶人道路前方有危险路段
	禁令标志	禁止某些车辆通行一定的路段或限制行人进入的地区
	指示标志	指示行人或车辆行进或停止
	指路标志	指明道路通往的地点、方向及距离，明确市县辖界
辅助标志		对主标志加以文字说明

以上各种标志牌，牌面内容的表示方法均采用定型图像、符号及文字三种方式。指示、禁令、警告三种标志牌一般用简单明显的象形图案、符号或单字表示标志的内容，并由交通管理部门统一规定。指路标志用方向标及文字表明道路通往的地点及距离。运行路线标志须用不同颜色绘明指示运地路线范围内的道路或立体交叉的布置状况及车辆运行的路线，均须按具体情况绘制。统一规定的牌面图案不足以明确表达标志的目的时，在主标志下面，附加辅助标志，作为对主标志的补充，一般均为简单的文字说明。禁止停车或禁止通行标志可利用辅助标志表明所禁止的范围、时间、车辆种类等，以明确禁令的具体内容。主标志的安装形式为柱式时，辅助标志可绘写于标牌柱上，不再另设辅助标志牌面。

2. 交通标志的三要素

标志的颜色、形状和符号被称为交通标志的三要素。

1）交通标志的颜色

颜色可分为彩色和非彩色两类。黑、白色系列称为非彩色，黑、白色系列以外的各种颜色均为彩色。不同颜色有不同的光学特性，我国的安全色国家标准和国际安全色标准都规定：红、蓝、黄、绿四种颜色为安全色，见表1-8-5，并规定黑、白两种颜色为对比色。

所谓安全色，是表达安全信息以及表示禁止、警告、指令、提示等的颜色。在交通标志中，一般是以安全色为主，以对比色为辅按规定配合使用。其中，黑色用于安全标志的图案、文字和符号以及警告标志的几何图形；白色作为安全标志红、蓝、绿色的背景色，也可用于安全标志的文字和图形符号。

2）交通标志的形状

交通标志上要记载各种文字和符号，故应选择比较简单的形状。

根据研究，同等面积的几何体其视认性随着几何形状的变化而不同。在一般情况下，具有锐角的物体外形容易辨认。在同等面积、同样距离、同样照明条件下，容易识别的外形顺序是：三角形、长方形、圆形、正方表、五边形、六边形，安全标志的图案及其含义见表1-8-7、表1-8-8。交通标志的基本形状就是按此顺序选用的三角形、长方形和圆形。

我国国家标准安全色的含义及用途　　表1-8-7

颜色	含义	用途举例
红色	禁停、禁止	禁止标志；停止信号；机器车辆上的紧急停止手柄或按钮，以及禁止人行触动的部位
	红色也表示防火	
蓝色	指令①，必须遵守的规定	指令标志；必须佩戴的个人防护工具；交通上指引车辆和行人行驶方向②
黄色	警告，注意	警告标志；警戒标志；如厂内危险机器、坑池边周围的警戒线；行车道中线；安全帽；机械上齿轮箱内部
绿色	提示②，安全状态，通行	提示标志；车间内安全行道；行人和车辆通行标志；消防设备和其他安装防护设备的位置

注：①蓝色只有与几何图形同时使用时，才表示指令。

②为了不与道路两旁绿色树木相混淆，交通上用的指示标志为蓝色。

安全标志的图案及其含义　　表1-8-8

图形	含义	图形	含义
圆加斜线	禁止	圆	指令
三角形	警告	方形和矩形	提示

3）交通标志的符号

交通标志的具体含义，即规定的具体内容，最终要由图案符号或文字来表达。

（1）图案

图案设计要简单明了，与客观事物尽可能相似。同时表示不同客观事物的图案要有明显区别，以便于驾驶人员在车速快、辨认时间极短情况下能迅速识别。投影图案具有简单、清晰、逼真的特点，从远处观察视认性好，所以交通标志图案一般使用投影图案。

（2）符号

交通标志所用的符号必须具有简单、易认、意义明确和不受文化程度局限等特点。在规定符号所代表的意义时，要考虑其直观性和符号的单义性，要符合人们在日常生活中的思维习惯，使人们容易理解。例如，“↑”代表直行，“↶”代表调头，使人见到符号就能理解其意义。

（3）文字和数字

在同一视觉条件下，图案符号信息比相同大小的文字信息传递更为准确和迅速，易为人们理解和识别，因而交通标志中应尽可能考虑采用图案和符号。但是图案和符号毕竟是抽象的东西，有些内容也不可能用图案和符号来表达，如“停车”只能用一个“停”字来表达，停车的“时间”和“范围”则必须用数字来表达，所以文字和数字在某些交通标志上也是一种必要的表达方式。使用文字表达应尽可能简明扼要，一般不宜超过两个字。使用的单位要符合国家法定计量单位,如高度和距离用 m、质量用 t、车速用 km/h 等。

3. 交通标志的构造与设置

1）交通标志的构造

交通标志的构造按安装形式一般可分为路侧式（单柱式和双柱式）、悬壁式、门式与附着式四种。

为使夜晚辨认清楚,标志牌可用反光材料,或标志框有照明设备,还有太阳能光电标志等。标志底板可用钢板、合成树脂板、铝合金板等制成,其厚度见表 1-8-9。标志板背面应选用美观大方的颜色,铝合金板可采用原色。

标 志 板 厚 度　　　　　　表 1-8-9

标 志 名 称		铝合金板（mm）	合成树脂（mm）	钢板（mm）
指示标志	小型	1.5	3	1.2
	大型	2.0	4	1.6,2.0
警告标志	小型	1.5	3	1.2
	大型	2.0	4	1.6,2.0
禁令标志	小型	1.5	3	1.2
	大型	2.0	4	1.6,2.0
指路标志	小型	2.0~3.0	4	1.2
	大型	3.0~3.5	5	1.6,2.0
辅助标志		1.5	3	1.2

标志板和立柱的连接可采用多种方法。在设计连接部件时,应考虑安装方便、连接牢固。

标志牌的堤深,须保证标志牌的稳定,在冰冻地带应不小于冻深,支撑标志牌的支柱与基础的强度,主要由暴风时所承受的风压而定。

2）设置标志

指路标志及警告、限制行车方向及路线的标志应设在距路口、危险点前一定距离的位置上,以便驾驶者按照标志内容减速、改变行驶车道或采取其他必要措施,具备足够的时间。

（1）指路标志

指路标志设置高度约为 5.0m。驾驶员了解交叉路口前的指路标志后,应有减速时间。一般道路标志设于路口前 30~50m 处,设于重要地名等约 300m 以内。具体地决定标志与交叉路口间的距离,即"前置距离",应考虑路况、汽车行驶速度、认读距离等。

指路标志的汉字高度与道路计算行车速度有关,其大小见表 1-8-10。

汉字高度与计算行车速度的关系　　　　　　表 1-8-10

计算行车速度（km/h）	100~120	71~99	40~70	<40
汉字高度（cm）	60~70	50~60	40~50	25~30

还有一些指路标志,如百米桩、里程牌及公路界碑等其设置应参考国标中的相应规定。

（2）警告标志

警告标志应分别设置在进入平面交叉及环行交叉之前,急弯、陡坡、反向曲线起终点、傍山险路、窄桥、铁路道口、隧道、交通事故多发路段等危险地点前,同一路段不要连续设置几种警告标志。

警告标志到危险点的距离可参考表1-8-11。

警告标志到危险点的距离　　　　　　　表1-8-11

计算行车速度(km/h)	100～120	71～99	70～40	<40
标志到危险点的距离(m)	200～250	100～200	50～100	20～50

警告标志的尺寸依据道路设计速度选取,见表1-8-12。

警告标志尺寸与计算行车速度的关系　　　　　　表1-8-12

计算行车速度(km/h)	100～20	71～99	40～70	<40
三角形边长(cm)	130	110	90	70
黑边宽度(cm)	9	8	6.5	5
黑边圆角半径(cm)	6	5	4	3
衬底边宽度(cm)	1.0	0.8	0.6	0.4

（3）其他标志

禁令标志设置在限制车速、限制轴载、限制宽度、禁止鸣笛等处。指示标志设置交叉口进口道前,以指示行驶方向、车道类别,以及人行横道、准许试刹车、准许掉头的路段上。禁令标志尺寸与计算行车速度的关系见表1-8-13。

禁令标志尺寸与计算行车速度的关系　　　　　　表1-8-13

	计算行车速度(km/h)	100～120	71～99	40～70	<40
圆形标志	标志外径(cm)	120	100	80	60
	红边宽度(cm)	12	10	8	6
	红杆宽度(cm)	9	7.5	6	4.5
	衬边宽度(cm)	1.0	0.8	0.6	0.4
三角形标志	三角形边长(cm)			90	70
	红边宽度(cm)			9	7
	衬边宽度(cm)			0.6	0.4

标志牌一般垂直于地面设置,但大雪地区为避免雪花覆盖牌面,可向下倾斜约15°或根据风向设不同角度的若干个。路侧标志应减少标志板对驾驶员的眩光,板面应与道路中线垂直或成一定角度。指路和警告标志为0°～10°,禁令标志为0°～45°。

二、道路交通标线

1. 种类

路面标线是道路交通标线中最主要的一种,用来表示道路的几何中心、车道界限、人行横道位置、停车线以及导流等内容。标线有连续实线、间断线、箭头指示线等,路面标线一般为白色或黄色,以白色为主。

除上述外,还有立面标线和路缘石标线及突起路标等。

立面标线涂绘于高架桥桥墩、道牙等垂直面上,或渠化交叉口内安全岛、导向岛的立面上等位置,用以引起驾驶人的注意。立面标线采用黑白、黑黄或黄红相间的条纹。

突起路标作为路面标线的补充,起辅助作用,进一步提高驾驶人的注意。它是固定于路面上的突起标记块,具有定向反射性能,一般路段上采用白色,危险路段采用红色或黄色。

2. 标线材料

标线材料分类如表1-8-14。

路面标线材料分类

表1-8-14

序　号	分　类		施　工　条　件
1	标线涂料	溶剂型 常温涂料	常温
		溶剂型 加热涂料	加热
		熔融型 热熔涂料	熔融
2	贴附涂料	贴附成型标带	粘贴
		热熔成型标带	加热
		铝箔标带	粘热
3	标线器	突起路标	粘贴或埋入
		分离器	螺栓固定

路面标线材料要求具有下述性能,即:

(1)有良好的认识性,昼、夜与降雨时均能清楚地显示,受尘埃污染小。

(2)使用寿命长,有良好的耐久性,与路面粘结牢固不宜脱落,耐磨损,不同气候条件下对颜色的变化影响小。

(3)表面不滑,车辆及行人运行安全。

(4)施工简单迅速,开放交通时间短,具有施工后速凝、经济安全等性能。

3. 主要道路交通标线

我国主要的路面标线式样如表1-8-15所示。

我国主要标线式样

表1-8-15

项　目		简图(尺寸单位:cm)	GB 5768—99 有关规定
车行道中心线	中心虚线	400　600　15	在保证安全的情况下,车辆在超车和向左转弯时,可以越线行驶(双车道上)
	中心单实线	15	不准跨越超车或压线行驶(四车道行车带上)
	中心双实线	15 15~30 15	两条平行的实线。严格禁止车辆跨线超车或压线行驶。四车道以上没有中央分隔带的道路应画中心双实线

项　目		简图(尺寸单位:cm)	GB 5768—99 有关规定
车行道中心线	中心虚实线	15 15～30 900　600	实线一侧禁止车辆越线超车向左转弯,虚线一侧准许车辆越线超车或向左转弯
			双向通行的三条机动车道道路,以及需要实行单侧禁止超越的路段,应画中心虚实线
车道分界线	高速、一级公路	600　900 10(15)	凡同一行驶方向的车行道上有两条或两条以上车道时应画车道分界线(一条白色虚线),用来分隔同向行驶的交通流。 画有导向车道的平面交叉口,导向车道线为白色、黄色单实线。导向车道线表示不准车辆变更车道,线宽为 10～15cm
	其他道路	200　400 10(15)	
车行道边缘线	高速、一级公路	15(20)　15(20) 路肩边坡　路肩　路缘带　车行道　车行道　路缘带　中央分隔带 车行道边缘线	应在路缘带内侧面实线边缘线(线宽 10～15cm)。车行道边缘线的颜色为白色
	二级公路	15(20)　15(20) 路肩边坡　路肩　路缘带　车行道　路肩边坡　路肩　路缘带　车行道 400　600 车行道边缘线 a)　　b)	二级公路视线受限制的路段和画有中心单实线的路段,应画实线边缘线。其他路段可不画,或画虚线边缘线

续上表

项　目		简图(尺寸单位：cm)	GB 5768—99 有关规定
接近障碍物路面标线	双向行驶的两条车道的道路，障碍物在车行道中间时	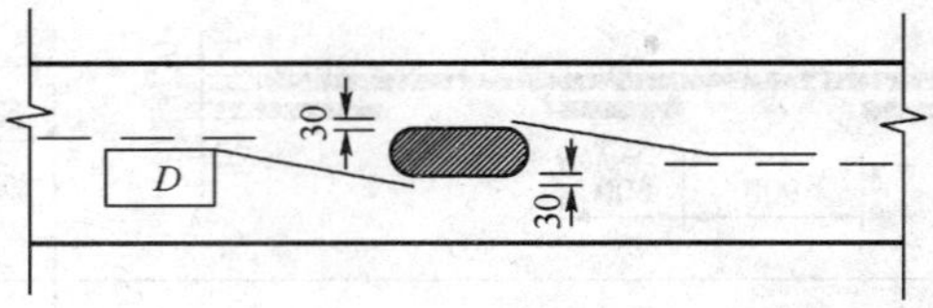	接近路面障碍物标线的颜色，应根据障碍物所在的位置，与中心线或车道分界线的颜色一致。障碍物两边倾斜线应宽出30cm（左图所示），在高速、一级公路上，倾斜线的斜度宜采用1/50，D=40m；其他道路上，倾斜线的斜度宜采用1/20，D=20m
	双向行驶的四车道道路，障碍物在车行道中间时		
	路面障碍物位于同一行驶方向的二条车道中间时的路面标线		
车行道渐变段标线示例	渐变段标线示例图	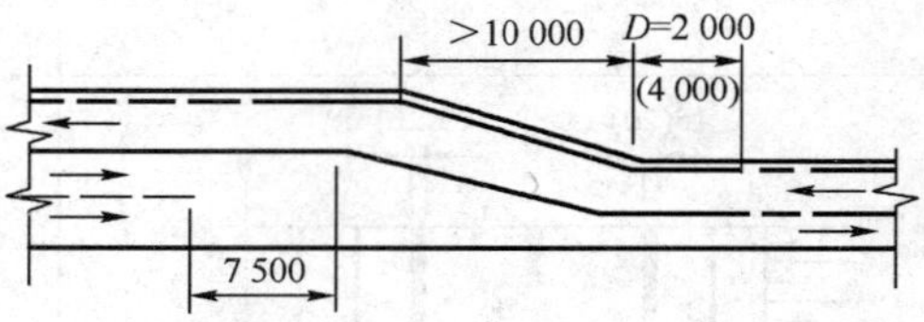	车行道宽度渐变段标线表示车行道宽度变化，车道数增减。标线颜色应与中心线的颜色一致。 渐变段的长度一般应由设计时确定。渐变段前的一段中心线应画实线，其长度 D；高速、一级公路为40m，其他道路为20m。在靠宽度缩窄的一侧需画实线边缘线，如左图所示

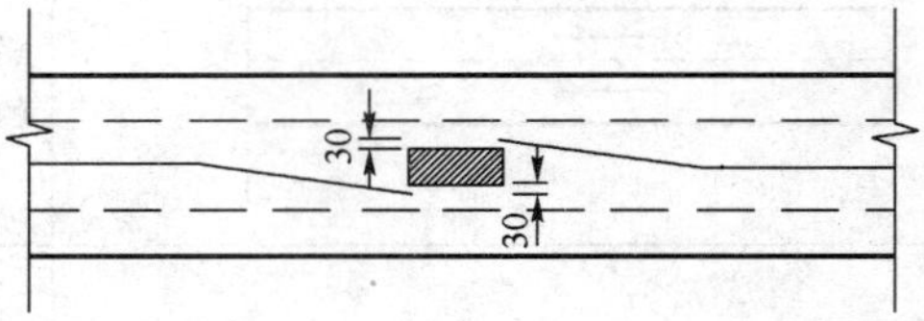

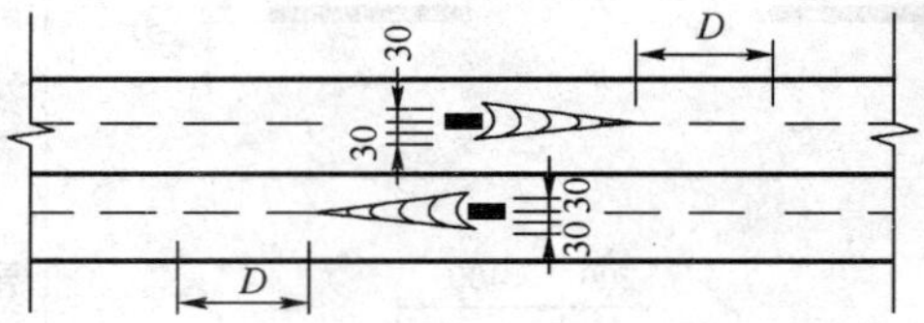

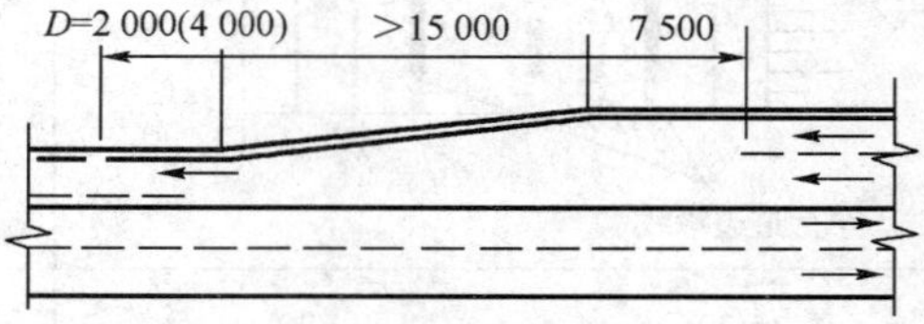

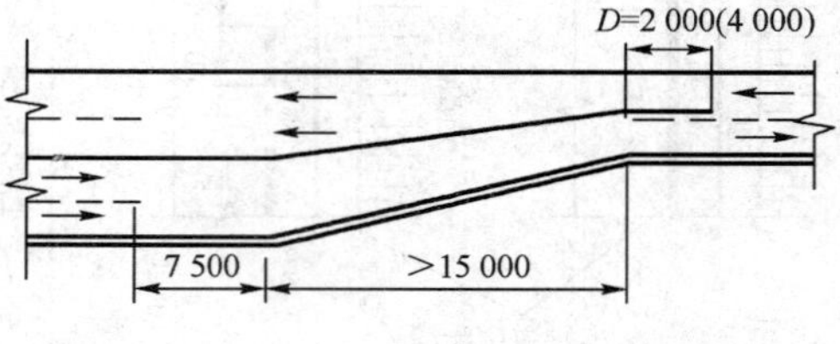

续上表

项　目		简图(尺寸单位:cm)	GB 5768—99 有关规定
车行道渐变段标线示例	渐变段用斑马线过渡示例图	7 500　>10 000　>10 000　7 500 D=2 000(4 000)　>10 000　>10 000　7 500	车行道的宽度渐变段需用斑马线过渡时,斑马线为倾斜的平行粗实线。线宽45cm,间隔100cm,倾斜角度为45°
(设变速车道)出入口标线	出口标线　平行式	中央分隔带 边缘线　300　300　驶出匝道	
	入口标线　直接式	中央分隔带 驶出匝道　300　300　边缘线	
	平行式	中央分隔带　边缘线 驶入匝道　300　300	

三、交通信号

1. 信号灯

信号灯是用手动、电动或电子计算机操作,以信号灯光指挥交通,在道路交叉口分配车辆通行权的设施。交通信号的作用是在时间上将互相冲突的交通流进行分离,使之能安全、迅速地通过交通口。

信号灯以绿、黄、红三色变化抽象指示车辆行驶或停止。我国公安部1979年规定:绿灯亮时,准许机动车道直行、右转,在不妨碍上行的前提下也允许车辆左转,红灯亮时禁止车辆通行,但在不妨碍绿灯放行车辆行驶时,准许右转。黄灯亮时,禁止车辆通行,如已越过停车线时可继续前进。

设置信号灯主要依据交叉口交通量大小，以期车流安全、畅通；假如设置不当可能产生逆效果，因此在安装前应进行论证。

2. 种类与组成

信号灯的种类与组成如表1-8-16。

交通信号灯的种类与组成 表1-8-16

序号	种 类	组 成	
1	用途	车辆交通信号灯	
		行人交通信号灯	
		特种交通信号灯	方向交通信号灯
			车道交通信号灯
			吊桥、窄桥、隧道交通信号灯
			道路、铁路平交道口信号灯
			闪光警告信号灯
2	操作方式	定周期控制信号灯	
		感应式控制信号灯	半感应式控制
			全感应式控制
3	控制范围	单个交叉的交通控制（点控制）	
		干道交通信号联动控制（线控制）	有电缆线控
			无电缆线控
		区域交通信号控制系统（面控制）	
4	显示方式	红灯、绿灯、黄灯、箭头信号灯及闪烁灯	

3. 信号的基本参数

无论单点控制、线控制、面控制，各交叉口的信号显示均应有下列基本控制参数。

1）信号相位

简称为相，它是信号轮流给某些方向的车或人以通行权的次序。例如，我国十字路口常用的两相位信号，东西方向绿灯亮称为东西相或第一相；南北绿灯亮，则称为南北相或第二相。相位用向量表示，其方向与车辆行驶方向一致。相位超过二个的信号统称为多相位信号。

2）周期

信号灯表示绿、黄、红一个循环所需的时间称为一个周期，以 s 为单位表示。一般说来，交叉口的饱和度越高则周期越长，饱和度越低则周期越短。

3）绿信比

在一个周期中，绿灯时间占周期时间的比率称为绿信比，通常用百分数表示，绿信比选择不当会降低交叉口的通行能力。

上述的相位、周期、绿信比是单点控制的三个参数。在信号系统控制中，除三参数外还有一个重要的参数，即相位差。一条干道上相邻交叉口交通信号的联动控制，简称为线控制，其关键参数是相位差。

以某一交叉口的起始绿灯信号为准，与相邻信号交叉口的绿灯启亮的时间之差称为相位差；也称为时差。

四、交通信息系统

1. 交通信息系统基本构成

交通信息也称为交通情报。随着交通工程的发展,交通信息系统已成为现代化道路交通系统中必不可少的交通工程设施,可以使道路使用者方便地获得必要的交通情报。从信息流的观点来看,它们所遵循的信息处理过程基本是一致的,即将采集到的原始数据,如道路现状、交通流现状等,进行综合分析和处理,最后向道路使用者提供合适的信息,影响出行者对出行路线、出行方式的选择,以疏导交通流,保持最佳通行能力及提高安全度,从而最终提高社会与经济效益。

2. 先进交通信息系统概况介绍

根据信息流三要素:信息采集、信息处理与信息传送的集成程度以及系统功能分配的不同,先进的信息系统可分为自动导航系统、单向通信系统和双向通信系统。

自动导航系统融信息流三要素于一体,能对行驶中的车辆进行实时导航,如在车辆内能显示包括目的地地图、确定车辆位置等。它是在车辆上装备有定位仪器和历史地图数据库的静态系统,车辆不同信息中心发生通信,使用一个独立记录着过去交通状况、路网信息的数据库。由于该系统与交通信息中心无任何联系,只是独立运作,这样它不能提供基于当前交通状况的自动路线导航,不能向交通控制中心报告路段通行时间等。

单向通信系统。这种通信系统由交通信息中心和车载信息接收处理设备组成。交通信息中心将采集到的道路交通信息经处理后定时发送给各路段信号发射系统,在路网上各路段中行驶的车辆驾驶路线。该系统比自动导航系统要先进许多。

单向交通信息系统的弱点表现在:交通信息中心仅仅单方面向道路使用者提供实时处理的信息,却不能收到出行者反馈回来的信息,等信息中心通过监测系统采集到新的信息并出发时,拥堵可能已经发生。

双向通信系统。双向通信系统在信息中心和出行者之间实现双向信息交换,可以达到动态交通流分配、动态交通监控以及实现交通预测的目的,是真正意义上的先进的交通信息系统。

3. 交通信息系统信息服务功能

通过建立交通运输信息数据库,信息中心可以提供以下一些信息服务功能。

(1)提供出发前的出行信息。

(2)提供目的地相关信息。

(3)提供公交信息。

(4)提供在途交通与道路状况信息。

(5)提供行驶路线导航信息。

实时交通运输信息数据库是先进的交通信息系统得以实现的核心,也是先进的交通管理系统得以实现的基础。

五、服务设施

服务设施包括服务区(加油站、休息室、小卖部、食堂、厕所)、停车场(停车场、电话)、辅助设施(养路站、园地)以及公共汽车停靠站等。

1. 服务区

高速公路一般规定:服务区间距为 50(标准)~60km(最大),对于旅游及交通量大的公路、服务设施齐全时可间隔 100km 设置。休息设施(包括停车区在内)间距为 15(标准)~25km(最大)。并规定每公里设有紧急电话,每 500m 间要有常备电话。高速公路服务区的基本布置形式为分离式外向型(见图 1-8-5)。分离式是将停车场布置在主线的两侧,与主线分离,而不是集中布置在主线一侧或两车行道的中央,后者为集中式。另根据食堂是紧靠车道的内侧还是外侧,而划分为内向及外向型。如图 1-8-6 所示为日本东名高速公路立交处的分离式内向型服务区。

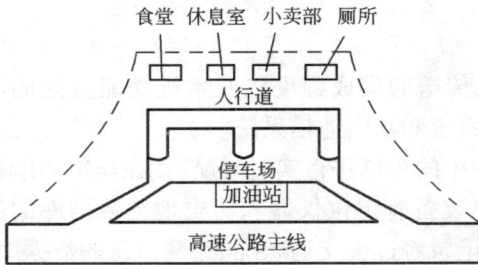

图 1-8-5 分离式外向型服务区

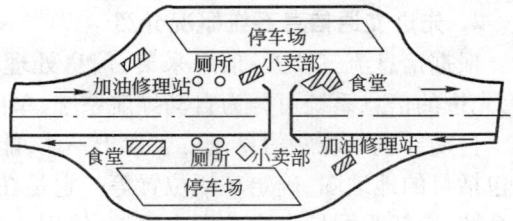

图 1-8-6 分离式内向型服务区

休息服务设施设计时,应对人和汽车交通的安全舒适作充分的研究,务使各设施之间能有机而有效地相互配合。通常可分为车辆服务设施和乘客服务设施两类:①车辆服务设施,指加油站、修理所、停车场等;②乘客服务设施,指食堂、小卖部、厕所、休息处、公用电话、园地、广场、人行道等。

2. 收费广场

高速公路互通式立体交叉处,常设置收费站,为此,设计收费广场时宜按下述要求进行:

(1)收费广场位于主线上时,即主线收费站,平面线形要求与立交主线线形一致。收费广场设于匝道系统或连接线上时,即互通立交收费站,其平曲线半径不得小于 200m。从安全考虑,高速公路除起终点外,一般不应在主线上设置收费口。

(2)收费广场平面形式见图 1-8-7 所示。图中 $L/S = 3$, $l = 5~20m$(一般采用 10m)。从收费广场到标准宽度区段应设过渡段。图中 L_0 为收费岛中心线至过渡段起点的距离,对互通立交收费站为 20~25m,对主线收费站为 40~50m。

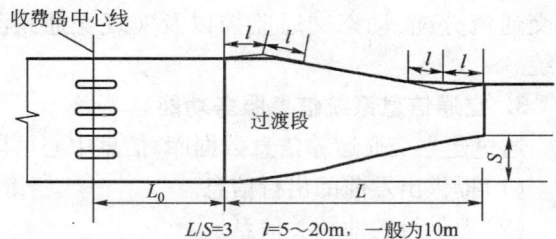

图 1-8-7 收费广场平面

互通立交收费广场,从中心点至匝道分岔点的距离不得小于 75m,至被交叉公路平交点不应小于 150m,不能满足时,应在被交叉公路上增设停留车道。

(3)收费广场纵坡一般应小于 2%(特殊可小于 3%)。收费广场处的竖曲线半径:收费广场设在主线上时,应与互通式立体交叉的主线标准一致;设在匝道或连接线上时,竖曲线半径应大于 800m。收费广场横坡为 1.5%~2.0%(为保证路面平整度以 1.5% 为宜)。

(4)收费岛间的车道宽度为 3.0~3.2m,边车道宽度为 3.5~4.0m。收费岛宽度为 2.0~

2.2m,长度为 20~25m,具体设计应根据收费设备情况而定。岛的端部应具有一定高度并收敛成楔形,端部应有醒目的标记。

（5）收费岛前后一定长度内应铺筑水泥混凝土路面,此长度规定见表 1-8-17。

收费岛前后水泥混凝土路面的长度(L_0)　　　　　　　表 1-8-17

收 费 方 式	互通立交收费站（m）	主线收费站（m）
单项付款式	25	50
双项付款式	20	40

（6）收费站门架或遮雨棚连同收费岛应保证图 1-8-8 所示的车道净空界限。

3. 收费站的过渡

收费站横向较宽,应逐渐过渡到所在匝道的正常横断面:

（1）对三角过渡段处于直线段部分,满足一定的过渡比例要求,并在三角段斜边两端用圆线舒顺(切线 $T=10\text{m}$ 左右)。

（2）对三角过渡段处于曲线段上,宜用高次抛物线过渡,如图 1-8-9 所示。

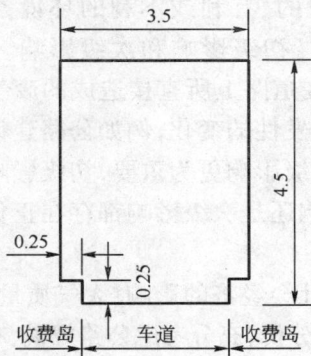

图 1-8-8　收费车道的净空界限(尺寸单位:m)

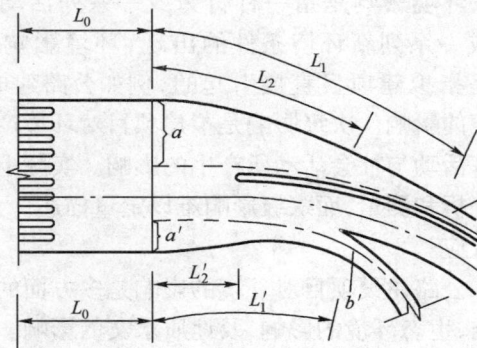

图 1-8-9　收费广场的过渡
L_0-收费广场中心的一侧规定长;L, L_1'-过渡长度;L_2,L_2'-外测匝道延伸长度;a, a'-过渡段起始宽;b, b'-过渡段终点宽

第九章　环境保护与景观设计

　　环境是人类生存和发展的基础,开发建设活动是人类维持生存争取发展的手段,人类通过开发建设活动对环境产生影响,所以环境问题是伴随着人类的开发建设活动而产生的。进行环境保护与景观设计的目的在于通过合理的公路设计,尽量减少公路建设对环境的影响,实现公路的可持续发展。

第一节　道路工程环境影响分析

　　环境影响是指一种行为或一系列活动而产生或诱发的、有利或不利的环境条件的变化或一系列新环境条件的出现,环境影响一般分为两类:初级影响和次级影响。初级影响是指拟建项目直接引起的,例如公路建成后汽车行驶在道路上所直接造成的废气排放和噪声的影响。次级影响是拟建项目对环境产生间接的或诱发性的变化,例如公路建设对地区经济活动与社会活动所产生的影响。实际上次级影响比初级影响更为重要,初级影响一般易于分析和测量,而次级影响难以定量描述。无论是初级影响还是次级影响都存在正负两方面的效应。

　　公路建设项目对环境的影响是多方面的,主要表现为社会经济的影响,大气质量、噪声的影响,生态环境的影响,及地质水文的影响。通过环境影响分析,充分考虑公路规模、布局及环境保护的要求,以保证在项目实施后,把对环境造成的影响限制在不至于引起严重后果的范围内。

一、公路的社会影响

1. 路线走向影响分析

1）起点、终点位置分析

　　分析起点、终点的位置是处于城镇、还是乡村,起终点与其他交通的连接情况,是否方便地方居民出行,是否会由于公路修建吸引的大量交通量给起、终点带来交通拥挤问题,起、终点安全设施如何,是否会增加本地区的交通事故。

2）路线走向主要控制点的分析

　　对主要控制点的乡镇,是否会为道路使用者提供更多的便利条件。由于路线经过地区存在各种交通运输方式,是否会存在拟建公路修建之后的干扰问题,公路建设是否割裂了土地的单一利用和地区资源问题。

2. 土地资源的利用与地区资源的开发

1）建设用地分析

　　公路建设必然要占用土地,改变原有农业用地的功能。农业用地的产值可根据现有的种植状况计算出每年的产值,并在公路用地使用期内计算所有被征用土地的产值现值。对公路用地的产值可根据使用期内收费收入来计算每亩土地的产值,比较公路用地产值是否会高于农业用地。

2)地区资源开发分析

公路修建后的交通便利会使沿线各地区的土地功能发生巨大的变化,使沿线土地增值,同时改变原有的单一种植形式,有利于土地资源开发,使未被利用的土地发挥其利用功能。特别是会促使农村第三产业的开发,交通条件的改善也使原有的历史遗址、自然风景区得到开发,改变了旅游环境。

3. 居民生活环境的分析

1)拆迁及安置分析

公路修建会造成一定数量的拆迁,可能会增加搬迁居民的负担,搬迁居民与以前邻居联系减少,存在学生上学及居民就业问题。随着居民安置后居住条件的改善,为其生活条件改善奠定了基础。

2)人口分布特征

公路建设对地方经济产生的影响,会使人口的结构及需求发生改变。随着人口数量及人员结构的变化,使居民收入水平发生变化,促进地区的基础经济发展。

3)居民生活的影响

公路修建形成了一种天然隔阂,也许会改变原有居民间的交往方式,对居民的生产活动会造成一定影响。但由于交通的便利条件可以推动区域经济布局及产业结构的影响和信息、物资及人员的流动,提高了当地居民的整体素质,改善居民的生活环境。

4. 区域经济布局及产业结构的影响

公路提供了良好的交通运输条件,为沿线区域的资源开发和经济发展奠定了坚实基础,形成了区位优势。公路对区域经济的影响体现在以下几个方面:

(1)促进地区农业产品的发展。

(2)促进经济(工业)小区的兴起和建设。

(3)促使沿线商业的繁荣。

(4)促使沿线产业结构优化。

二、噪声、废气影响

1. 噪声影响分析

噪声是现代生活方式中产生的对人们的生活、工作及心理、生理上有不利影响的声音。对于公路建设项目而言,存在建设期和营运期两个阶段的噪声影响,影响区域主要是敏感地区(学校、住宅区、商、业区、公园等),其影响程度通过分贝值来描述。

1)公路建设期的噪声影响

公路工程施工过程中大量使用施工机械,如大型挖掘机、压路机、拌和机、摊铺机等,同时由于运输工具频繁行驶,产生工程施工噪声。工程施工噪声影响虽是短期的,但对环境影响不可忽略,特别是施工机械的声功率比较大,施工机械设备的型号、新旧程度不一,使其噪声值不同,需对通常用的机械设备进行噪声测量。测量方法按 GB 12524—90 进行。通过分析不同施工阶段施工机械噪声衰减特性及影响范围,从而确定对居民是否会带来影响。不同施工阶段作业噪声限值如表 1-9-1 所列。

不同施工阶段作业噪声限值　　　　　　表 1-9-1

施 工 阶 段	主要噪声源	噪声限值(dB)	
		昼	夜
土石方	推土机、挖掘机、装载机	75	55
打桩	各种打桩机	80	禁止施工
结构	混凝土搅拌机、振捣棒、电锯等	70	55
装修	吊车、升降机等	65	55

2）营运期的噪声影响

公路营运期的交通噪声是指汽车行驶在公路上的车体振动、发动机运转、轮胎与地面间的摩擦等产生的声音,营运期噪声影响的程度直接与汽车类型、汽车行驶状态及交通量密切相关。为了分析营运期噪声影响的程度,可在背景噪声调查的基础上,通过对营运期各年度交通噪声的影响预测,来反映公路建成后的噪声影响程度。

（1）交通噪声影响预测

我国公路交通噪声预测模式是在美国 FHWA 公路交通噪声预测模式基础上,根据我国国情对其中一些参数作了相应的修正,形成了我国目前广泛使用的交通噪声预测模型。

① 第 i 类车交通噪声计算

$$(L_{Aeq_i})_i = L_{w,i} + 10\lg\left(\frac{N_i}{v_i T}\right) - \Delta L_{距离} + \Delta L_{纵坡} + \Delta L_{路面} - 13 \tag{1-9-1}$$

式中：$(L_{Aeq_i})_i$——i 型车辆行驶于昼间或夜间,预测点接收到的小时交通噪声值(dB)；

　　　$L_{w,i}$——第 i 型车辆的平均辐射声级(dB)；

　　　N_i——第 i 型车辆的昼间或夜间的平均小时交通量(辆/h)；

　　　v_i——i 型车辆的平均行驶速度(km/h)；

　　　T——L_{Aeq} 的预测时间,在此取 1h；

　　　$\Delta L_{距离}$——第 i 型车辆行驶噪声,昼间或夜间在距噪声等效行车线距离为 r 的预测点处的距离衰减量(dB)；

　　　$\Delta L_{纵坡}$——公路纵坡引起的交通噪声修正量(dB)；

　　　$\Delta L_{路面}$——公路路面引起的交通噪声修正量(dB)。

② 各类车辆在预测点产生的交通噪声值

$$(L_{Aeq})_交 = 10\lg\left[10^{0.1(L_{Aeq})_L} + 10^{0.1(L_{Aeq})_M} + 10^{0.1(L_{Aeq})_S}\right] - \Delta L_1 - \Delta L_2 \tag{1-9-2}$$

式中：$(L_{Aeq})_L$、$(L_{Aeq})_M$、$(L_{Aeq})_S$——分别为大、中、小型车辆昼间或夜间预测点接收到的交通噪声值(dB)；

　　　　　　　$(L_{Aeq})_交$——预测点接收到的昼间或夜间的交通噪声值(dB)；

　　　　　　　ΔL_1——公路曲线或有限长路段引起的交通噪声修正值(dB)；

　　　　　　　ΔL_2——公路与预测点间的障碍物引起的交通噪声修正值(dB)。

③ 环境噪声预测值

$$(L_{Aeq})_预 = 10\lg\left[10^{0.1(L_{Aeq})_交} + 20^{0.1(L_{Aeq})_背}\right] \tag{1-9-3}$$

式中：$(L_{Aeq})_预$——预测点昼间或夜间环境噪声预测值(dB)；

　　　$(L_{Aeq})_背$——预测点预测时的环境噪声背景值(dB)。

模型中相关参数的确定可参见有关规范,限于篇幅,不赘述。

（2）交通噪声影响分析

无论是施工造成的短期影响,还是车辆运行造成的永久性影响,都可以通过噪声分贝值反映,对其影响程度测算可以通过噪声影响人数的百分比或噪声影响指数来描述。

①噪声影响人数的百分比

$$噪声影响人数的百分比 = \frac{项目建设后受某噪声级影响人数 - 项目建设前受某噪声级影响的人数}{项目建设前受某噪声级影响的人数} \tag{1-9-4}$$

用此指标来反映噪声影响范围和区域。

②噪声影响指数

$$TWP = \sum_i W_i P_i \tag{1-9-5}$$

式中：TWP——受噪声冲击的总计人口数;

P_i——全年或某段时间内受某昼夜等效影响的人口数;

W_i——某噪声级的权重,一般取值可参见有 1-9-2 所列。

不同噪声级范围的 W_i 值　　　　表 1-9-2

噪声范围(dB)	35~40	40~45	45~50	50~55	55~60	60~65	65~70	70~75	75~80	80~85	85~90
W_i	0.01	0.02	0.05	0.09	0.18	0.32	0.54	0.83	1.20	1.70	2.31

$$NII = \frac{TWP}{\sum_i P_i} \tag{1-9-6}$$

式中：NII——噪声影响指数,即平均每人受到的污染量。

分析噪声对环境的影响,除噪声级分布外,还应考虑受某一声级影响人口数。人口密度越高,噪声影响越大,对密集住宅区应做出详细分析。

2. 废气的影响

汽车尾气排放的污染物主要有一氧化碳、氮氧化物、碳氢化合物、醛及含铅颗粒物,在一定程度上对人及动物产生不良影响。汽车废气排放量与汽车行驶状态有关,随着行车速度的提高,一氧化碳和碳氢化合物的排放量减少,氮氧化物的排放量相对增加。废气排放对环境的影响除了与排放量有关,还与气象条件密切相关,气象条件决定了污染物扩散和稀释程度。描述废气对环境影响的指标是各类型车辆的污染物排放量基础上,在一定气象条件下所形成污染物的浓度分布。

1）大气污染度估算

（1）高斯扩散模式

高斯扩散模式是在污染物浓度符合正态分布前提下得到的,以 k 扩散理论和实验研究为基础,将各种大气污染源、气象条件和下垫面条件下的大气扩散过程模式化,以模式计算出污染物的时空变化规律。高斯模式是目前被广泛应用的大气扩散模式。

在一条平直的公路上,车辆尾气的扩散可视为一条连续线源,其浓度场是所有点源浓度贡献之和,连续线源相当于连续点源沿着线源长度的积分。设线源长度为 L,源强为 Q,则线源扩散的高斯模式为：

$$C = \frac{Q}{\bar{u}}\int_0^L \frac{1}{2\pi\sigma_y\sigma_z}\left(-\frac{y^2}{2\sigma_y^2}\right)\left\{\exp\left[-\frac{(z+h)^2}{2\sigma_z^2}\right]+\exp\left[-\frac{(z-h)^2}{2\sigma_z^2}\right]\right\}\mathrm{d}l \tag{1-9-7}$$

式中：$\bar{u}$——预测路段地面平均风速(m/s)；

σ_y、σ_z——分别为水平向和垂直方向扩散参数(m)；

z——采样点高度(m)；

h——线源排放源强高度(m)，一般 $h=0.5$m。

具体参数确定可参见有关规范和文献。

对于线源与风向存在夹角和长度问题，在线源计算时将线源与风向的关系分为相互垂直、相互平行、相互呈任意夹角三种情形，将线源长度分为有限长线源和无限长线源。

①风向与线源垂直：

$$C(x,y,z,h) = \frac{Q}{2\sqrt{2\pi}\sigma_z\bar{u}}\left\{\exp\left[-\frac{(z+h)^2}{2\sigma_z^2}\right]+\exp\left[-\frac{(z-h)^2}{2\sigma_z^2}\right]\times\left[\mathrm{erf}\left(\frac{y+y_0}{\sqrt{2}\sigma_y}\right)-\mathrm{erf}\left(\frac{y-y_0}{\sqrt{2}\sigma_y}\right)\right]\right\} \tag{1-9-8}$$

式中：$\mathrm{erf}(\xi) = \frac{2}{\sqrt{x}}\int_0^L e^{-t^2}\mathrm{d}t$ 中误差函数。

令 $y_0\to\infty$，得无限长线源公式：

$$C(x,z,h) = \left(\frac{2}{\pi}\right)^{\frac{1}{2}}\frac{Q}{\bar{u}\sigma_z}\left\{\exp\left[-\frac{(z+h)^2}{2\sigma_z^2}\right]+\exp\left[-\frac{(z-h)^2}{2\sigma_z^2}\right]\right\} \tag{1-9-9}$$

②风向与线源平行：

$$C(x,y,z) = \frac{Q}{\sqrt{2\pi}\sigma_z(r)\bar{u}}\left\{\mathrm{erf}\left[\frac{r}{\sqrt{2}\sigma_y(x-x_0)}\right]-\mathrm{erf}\left[\frac{r}{\sqrt{2}\sigma_y(x+x_0)}\right]\right\} \tag{1-9-10}$$

式中：$r^2 = y^2 + z^2(\sigma_2/\sigma_y)^2$。

令 $x_0\to\infty$，得无限长线源公式：

$$C(y,z,o) = Q/\sqrt{2\pi}\sigma_z(r)\bar{u} \tag{1-9-11}$$

③风向与线源呈任意角，且为无限长线源：

$$C(x,y,z,h) = \left(\frac{2}{\pi}\right)^{\frac{1}{2}}\frac{Q}{\bar{u}\theta\sigma_z}\left\{\exp\left[-\frac{(z+h)^2}{2\sigma_z^2}\right]+\exp\left[-\frac{(z-h)^2}{2\sigma_z^2}\right]\right\} \tag{1-9-12}$$

(2)源强的预测

①气态污染物源强预测

$$Q_j = \sum_{i=1}^3 3600^{-1}N_i E_{ij} \tag{1-9-13}$$

式中：Q_j——车辆排放 j 类污染物总量(mg/s·m)；

N_i——预测年 i 型车年平均小时交通量(辆/h)；

E_{ij}——汽车专用公路运行工况下，i 型车 j 类排放物在预测年内的单车排放因子(mg/辆·m)。

②铅尘源强预测

$$Q_i = 0.8\sum_{i=1}^n V_i Pb_i \cdot J_i \tag{1-9-14}$$

式中: Pb_i——汽油中添中铅化物数量(mg/kg);

　　J_i——i 型车辆耗油量[kg/(辆·km)]。

2)废气影响分析

汽车行驶过程排放的废气污染物,在一定气象条件下产生扩散迁移,废气排放的影响分析用污染物的浓度与相应污染物浓度标准值差异程度来表示,其预测点的大气污染物浓度是现状值浓度与预测点扩散计算浓度的叠加值。废气对环境的影响可以用污染指数和受曝露的污染物浓度频率分布来描述。

(1)污染指数 I_i

污染指数反映某一污染物对环境产生等效影响的程度,它是环境污染物的实测浓度 C_i 与该项污染物在环境中允许浓度(评价标)C_{si} 的比值,即:

$$I_i = C_i / C_{si} \tag{1-9-15}$$

(2)废气影响频率分布

$$废气影响高峰时段频率 = \frac{高峰小时废气所影响的时段}{24} \tag{1-9-16}$$

$$废气影响人数(面积)分布 = \frac{在某时段受废气影响的人数(面积)}{该区域的总人数(总面积)} \tag{1-9-17}$$

通过该项指标反映高污染浓度分布时段,及在该时段内受污染的面积和人数,便于掌握最大影响程度。

三、工程地质水文影响

公路建设中深挖路堑、高填路堤和处理水文地质不良路段,可能会引起塌方、滑坡等现象,造成水土流失、土壤质量和地质条件的不稳定。为了分析公路建设对工程水文地质带来的影响程度,需通过对地形、地貌、地质、水文等现状进行调查,分析工程对水质、土壤质量及地质环境的影响。

1. 水质的环境影响

公路对水质的影响主要发生在施工阶段,公路施工期土地面积裸露,增加水土的冲刷量,造成河流浊度增加及排水系统的沉积。同时由于公路修建截断了丘陵和山地地区的浅水层,影响了地表水和地下水,主要表现为以下几点:

(1)工程项目的用水量增加对地区资源的影响。在水源丰富地区一般不会因项目用水对当地水资源供需平衡产生显著影响,但在我国北方地区水资源供需矛盾较为突出,会产生一定影响。

(2)对天然水循环时空变化的影响。公路修建会形成对原有水分循环路径的阻隔,可能造成下游地区来水减少,引起下游生态环境的改变。

(3)对河道冲淤的影响。路线经过的河道可能形成上游冲刷、下游淤积,或积水、漫淹、损害农田。

(4)对水质改变的影响。汽车排出的污染物进入大气后沉降或随雨水冲刷到当地水源,造成水质变化的影响,装载石油产品及其他化学品的卡车的溢出物所形成的潜在影响。

2. 土壤环境的影响

公路建设项目对土壤污染的途径有：大气的迁移与扩散，水迁移及机械迁移，这些迁移变化引起土壤质量下降。土壤环境影响分析是建立在建设项目污染物排放种类、数量及方式的研究基础上，主要分析土壤理化特性、净化能力、环境容量及环境标准，以及铅在土壤环境中迁移、转化与累积规律。

1）土壤中铅的累计预测

$$W_m = B_0 K^m + K \sum_{n=1}^{m} R_s K^{m-n} \tag{1-9-18}$$

式中：W_m——预测 m 年土壤中的铅累积量（mg/kg）；

B_0——区域土壤铅含量背景值（mg/kg）；

K——铅在土壤中的年残留率（%），$K = 0.95$；

R_s——土壤中铅的年输入量（mg/kg）。

2）土壤环境容量的计算

$$Q = (CK - B_0 - C_P) \times \frac{G}{1\,000} \tag{1-9-19}$$

式中：Q——土壤环境容量（g/公顷）；

CK——土壤环境标准（mg/kg）；

C_p——铅的输入增量（mg/kg）；

G——每公顷耕土层的质量（kg/公顷）。

3）土壤退化影响分析

土壤退化主要原因是水土流失，而造成肥沃表土层或心土层被侵蚀，土层厚度变薄，质地变粗，从而形成土壤沙化。

土壤侵蚀预测：

$$E = R \cdot K \cdot LS \cdot P \tag{1-9-20}$$

式中：E——水土流失侵蚀模数；

R——降雨因子；

K——土壤侵蚀因子；

LS——地形因子；

P——植被因子。

4）土壤面积的影响分析

公路建设项目直接占用土地造成对土地使用面积的影响，由此而引起对不宜开垦土地的开发和水土流失加剧的影响。

铅对土壤环境影响程度可以用污染指数描述：

$$P = C/C_i \tag{1-9-21}$$

式中：C——铅的预测值（mg/kg）；

C_i——铅的排放值（mg/kg）。

3. 工程地质的影响

通过调查研究深挖路堑路段地形、地貌、地质、水文现状，推断发生塌方和滑坡等地质病害的可能性，推断其影响范围，判断地质病害对环境造成的影响。

调查研究高填路堤和软土路段的地质水文现状,推断路堤和软土带的沉降量,分析形成路基两侧积水或软土层滑移的影响。

四、生态影响

工程项目主要通过两条途径影响生态系统,第一条途径是施工活动对自然环境造成非污染性破坏,使环境发生物理变化而对生物产生影响;第二条途径是由于排放的污染物通过大气、水体、土壤等环境介质,进入生物体产生危害。公路建设对生态造成的影响应综合上述两条途径进行分析。

1. 生态系统的影响分析

生态系统的演变是一个漫长的过程,存在过去、现在及未来的联系,动植物的存在环境是一个复杂的系统,与气候、生物链、其他环境有关。公路从建设之日开始,就会因为施工机械使用、大量的开挖取土破坏土体的原有自然结构,使当地水循环被干扰,相应的生物链随之改变,也就是改变了动植物的生存环境,影响其生长活动规律,对生态系统的漫延造成障碍,特别是某些珍稀动植物可能会由此而绝迹。公路营运后,由于汽车排放废气、产生噪声影响及路体本身分割所在地生物数代生存的空间,影响种群繁衍。其影响主要表现在以下几个方面。

1)建设项目对植物的影响

(1)大气污染对植物的影响

大气污染对植物产生不良影响的主要途径是通过叶部发生作用,也可通过土壤、水体污染后间接影响植物。主要表现为植物生育不良以致减产和降低对病虫害的抵抗能力。

(2)水污染对植物的影响

污水中含有重金属铅,植物通过根部吸收导致农作物污染。由于土壤侵蚀结果,降低土壤渗透性,影响作物的根系生长,使产量降低。

2)建设项目对野生动物及家畜的影响

由于公路建设项目实施,可能会改变动物的栖息环境,而使野生动物及家畜受到影响。

(1)自然环境非污染性破坏的影响

自然环境非污染性破坏主要是指公路施工期,由于公路建设使自然景观在短期内发生变化,从而对野生动物的种群数量产生影响。

(2)环境污染的影响

环境污染使野生动物的栖息发生变化。动物直接摄入较高浓度的污染物,会影响其正常的生长、繁殖机能,产生疾病甚至死亡。由于一种动物数量减少,可能会涉及到整个生物群落的改变。

2. 生态系统影响的预测方法

生态系统是一个由生物群落及其环境所构成的一个复杂系统。对于一个系统的动态关系和功能,单靠直接的观察是无法了解的,为了认识生态系统的全部过程,需通过定性与定量方法相结合。

1)描述性影响分析

描述性影响分析是根据所收集到的有关资料、现状调查的数据,经过整理、分析或专家评议,由此及彼对生态系统的生存环境、种群、数量的影响做出判断和预测。

2)数学模型预测法

建立数学模型,对工程建设对生态的影响进行判断与预测。

3）分室系统法

建立分室模型主要是为了考察系统中能量流动或物质循环的总动态。根据预定的模型目标，确定系统的若干基本成分（分室），通过野外观测和实验研究，建立整个系统数学模型。

4）实验成分法

实验成分法是将所研究的生态学过程分成简单的子过程或实验成分，对每个成分进行实验考察，并用一个简单的方程式或方程组来描述，最后利用计算机把这些基本成分模型合并为全过程模型。

第二节　环境保护技术

一、环境保护途径

公路建设必然会对环境产生不利影响，这些不利影响并不是不可避免的，通过一些技术、政策会使其不利的影响程度降到最低限度。目前的环保技术主要有以下几种：

1. 完善环境保护法规及政策

1993 年交通部发布"交通行业环境保护管理规定"，公路建设自此有了环境保护法规。目前具体操作规范也已颁布。这些法规及政策提高了公路建设决策者的环境保护意识，使环境保护问题提到应有的地位。

2. 高速公路网规划与环境协调

汽车行驶在公路上产生的污染物质在一定的条件下将会产生环境污染，一般情况下，自然环境本身具有自净能力。若公路规划与环境协调一致，将会使不利环境影响降到最低，特别是对生态环境的影响。实现公路规划与环境协调的技术体现在以下几个方面。

1）通过交通土地使用规划降低污染

交通规划与土地使用规划有着密切的关系，不同的土地利用形态产生不同的交通需求，通过协调交通与土地使用关系，降低敏感区域内交通需求，减少污染产生的基础，将交通产生的不利影响降到最低。

2）路线走向与环境的协调

在规划区域内，进行空间敏感性调查，按照其生态环境划分敏感区域。根据各敏感区域在生态环境中的保护价值确定其敏感程度。通过各区域敏感度的叠加，获得规划区域敏感等级分布图，使规划的路线走向尽量避免敏感等级高的地区，从而避免对生态系统的过大影响。

3）公路网规划方案的优化

不同的规划网络对环境影响程度不同，随着不同等级结构，不同的布局，其对环境影响程度不同。高速公路相对一般公路具有降低污染、改善景观环境的优势。高速公路网的格局与营运期汽车污染物排放密切相关，高速公路间应保持合适的距离。据美国调查，内环与放射状相连的高速公路网的格局的环境效果较好。

3. 公路设计与环境设计协调

在公路选线时，由于受地理环境约束，出现难以避免的一些生态走廊。为了避免和减少污染的程度，需采取环境设计与公路设计协调。其主要措施如下：

1）避免和减少侵害

通过调查路线线位和高程,改善构造物结构或位置及修建隔音墙,保持土体原有的面层结构以减少对环境的影响。

2）平衡生态系统

在公路征用地范围内栽种或养殖数量相当的同类物种,保持环境的生态平衡。例如绿地的恢复和平衡,水面的保持和恢复等。

3）补偿损失

公路建设用地对非原有物类造成影响,需采用一定措施进行补偿。例如通过新开池塘补偿被路体占压的低湿软土地带。

4. 汽车内燃机的改进

公路营运期污染期限最长,其直接影响来自于汽车燃油。柴油车与汽油车的污染排放差异较大,柴油车污染较低,另外燃烧室的燃烧程度也与排放物密切相关。

二、生物防护技术

1. 生物防护技术的工程途径

1）边坡防护植物的选择

根据公路边坡的立地条件,路域护坡植物必须满足以下条件:

(1)适应当地的气候条件。

(2)适应当地的土壤条件(水分、pH 值、土壤性质等)。

(3)抗逆性强(包括抗旱性、抗热性、抗寒性、抗贫瘠性、抗病虫害性等)。

(4)地上部较矮,根系发达,生长迅速,能在短期内覆盖坡面。

(5)越年生或多年生。

(6)适应粗放管理,能产生适量种子。

(7)种子易得且成本合理。

理想的防护形式是小乔木＋灌木＋草本植物混种,这样可以充分发挥各自的特性,弥补单一植被的不足,从而大大增加植被的适应能力,其防护性能和效果更好。生长快与生长慢的植物相结合,匍匐型与丛生型相结合,暖季型与冷季型相结合,禾本科与豆科相结合,能取长补短,增加气候、土壤的适应性。为了更好地增加边坡的稳定性和安全性,这些植物多与网格骨架、挂网喷锚等工程措施相结合。

2）土壤改良和种植工艺的选择

由于地形及地质的影响,形成了不同形状、坡度、高度、土质和稳定性的边坡,即使在同一边坡其表层土壤与下部深层土壤也完全不同,这就需要根据不同的边坡条件采用不同的种植工艺,以保证植物的生长,起到护坡作用。许多开挖、填筑后形成的新边坡,坡度大,土壤贫瘠,有的土壤坚硬、致密,植物在这种条件下难以生长,必须要先对土壤进行改良处理,再用较合适的工艺来进行种植。

对陡坡硬质土、风化页岩、泥岩,可采用挖沟、挖穴播种、喷播;对缓坡土质,土壤疏松的采用撒播、植生带、喷播、穴播、沟播;对砂质土壤采用喷播、撒播或胶固播种;对风化碎石等贫瘠、不保水边坡松土施肥改良后,再挖沟、挖穴播种。

从防护的角度来看,植被种植宜早不宜迟,植被越早覆盖坡面,就能越早起到防护效果。

另外,对需选择合适的种植工艺及需进行改良土壤地段,如需挖沟、挖穴种植,可利用土方工程完工后,在人工清理和修整边坡时一次性挖成沟穴,即可播种,不必二次使用人工,造成浪费。

3）生物防护与工程防护相结合

植被防护能保持土壤温度和水分的相对稳定,缓和雨水的冲击作用,减少径流量和降低流速,根系、匍匐茎能够束缚土壤颗粒,使土壤不易流失。植物的生长使边坡表面土壤成为一个整体,是一种柔性结构。但植被防护的作用也有其局限性,由于植物根系较浅,只能防止坡面冲蚀和表面溜塌,在边坡本身不稳定或存在集中水流情况下,仍可能发生滑坍和水毁现象。

植被防护必须在边坡基本稳定的基础上使用,在边坡不够稳定地段,需要与工程防护相结合,采取综合治理措施。在清理危岩、危石,处理滑坡、塌方,修筑护坡、挡墙、护脚及疏通,修筑汇水沟、天沟、截水沟、跌水槽、沉沙池、井、挡水坝等工程措施条件下,加上植被防护,刚柔相济,能够起到有效的防护效果。

4）生物防护技术的推广

通过高速公路大面积生物防护代替浆砌片石、混凝土等对路基边坡进行防护的实践来看,可以节省一些工程费用,但最主要的是,采用植被对高速公路边坡进行大面积防护,可防止降水及大气因素对坡面的冲刷和风化作用,从根本上解决路基边坡的水土保持问题,使路基边坡水毁现象减少30%～50%,同时可以确保公路畅通,提高公路运输的经济和社会效益。

生物防护投资省、工期短、见效快、工艺简单、绿化效果好,具有保护公路生态环境、净化空气、防止水土流失、美化路容景观等作用,还可以促进公路养护形成良性循环。在山区新建的高速公路有大面积的边坡需要进行防护和加固,因此具有广阔的推广应用前景。

2. 湿式喷播技术

湿式喷播技术（也称液压喷播技术）采用专门的喷播设备施工,施工时只需将植物种子、土壤稳定剂、肥料、覆盖料、添加剂和水等材料按一定的配比加入到喷播机内,充分搅拌混合,然后用喷枪将混合物均匀喷射到土壤表面即可。喷播后混合物在土壤表面形成一层膜状结构,能有效地防止雨水冲刷,经过一段时间后即可均匀出苗,建立植被。湿式喷播技术与其他传统的种植方法相比具有以下优点:

（1）由于采用了覆盖料、土壤定剂和专用肥料等,它能在没有表土的地段即底土上直接建立植被,不必覆盖或更换表土。因此,它适用范围广,不仅能够在土质较好地段如路堤建立很好的植被,而且能够在路堑、碎石斜坡等贫瘠的地带应用。

（2）对土壤的平整度没有要求,特别适合在凹凸不平的地方如土夹石边坡种植。

（3）覆盖料和土壤稳定剂的共同作用能够有效地防止雨水冲刷、避免种子流失,因此所建立的植被均匀整齐,防护和绿化效果显著。

（4）喷播法施工效率高,每天可喷播上万平方米,可满足大面积快速绿化的需要。

（5）喷播后可以在人工种植方法难以实现的、既高又陡的路堑上种植物。

（6）喷播后在水分充足的条件下,一般一周左右即可出苗,两个月植被可以完成覆盖坡面。植物出苗快、均匀,生长良好,防护效果好。

路堤和路堑边坡喷播植草后,植被覆盖坡面,防护效果明显,除局部地方因集中水流或涌水造成一定的破坏外,多数边坡不发生冲刷、塌方和落石等现象。疏松的土壤、土夹石和碎石等类型的边坡植物出苗齐,生长良好,几乎完全覆盖坡面。风化岩和硬实的红黏土等类型的边坡尽管植物覆盖率较低,但防护效果明显。由于坚硬的地段植物生长困难,但本身稳定,而易冲刷的地段则植物生长良好,起到了固土护坡的作用。

3. 客土喷播技术

客土喷播是一种部分替代传统工程防护(浆砌片石护面墙、喷锚及锚杆钢筋网喷锚等)的生态防护技术,并应用于稳定的岩土边坡。边坡开挖后裸露的岩石边坡需要尽快恢复植被,从而达到预防和治理水土流失,加强边坡稳定性及防止边坡崩塌的目的。客土喷播是以在岩土边坡恢复植被为目标,使用专门的设备,将植被种子、保水材料、稳定材料、疏松材料及适合植物生长的富含有机质的客土和缓释长效、速效肥料按配比充分混合,再通过压缩空气,将混合料斜喷置于立地条件差的区域(如岩土边坡),使客土在稳定的状态下形成表土,为植物生长提供基础,创造出不仅是植物,而且微生物也能适合的初级生态平衡环境。

客土喷播技术有以下特点:

(1)施工效率高:开挖的边坡经过初步平整后即可施工,一套设备一天可完成施工面积 $500 \sim 600m^2$,从施工至养护成坪只需 $30 \sim 45d$。

(2)成本低:造价约为浆砌片石的 $1/3 \sim 1/2$。

(3)生态效益:犹如天然的过滤器一样,吸收二氧化碳,制造氧气,净化空气,改善区域环境。

(4)美观性:在极恶劣的条件下营造绿化环境,创造与周围景观相协调一致、美观的道路空间。

(5)客土喷播是一种柔性护坡技术,暴雨时,借助土壤的渗透和植被的缓冲,有效降低地表径流对坡面的冲刷。高温暴晒下,植被能形成一个湿润的环境,有效降低地表温度,防止坡面开裂,风化剥落造成不安全因素。

客土喷播技术特别适用于风化岩、土壤较少的软岩及土壤硬度较大的土壤边坡,对于坡度大、石质成片的坡面可借鉴锚杆钢筋喷锚的工艺,通过打锚杆、挂镀锌铁网后再喷播,同样可以达到绿化美化的目的。

4. 三维网植草技术

三维网植草是以高强度、长寿命、无污染的树脂三维网,经坡面平整、挂网固定,覆土盖网,采用常规的湿式技术喷播草籽,最终养护成型的生物防护技术。

在边坡防护中使用三维网能有效地保护坡面,免受风、雨、洪水的侵蚀。在多雨的季节,往往一场暴雨就能将成型的路基边坡冲刷得支离破碎,而一旦挂上三维网,即使未完全成坪,其先期保护效果也相当不错。三维网的初始功能就是有利于草坪植被的生长,随着草坪的形成,三维网的主要功能表现为:一是草的生长区(含花穗、叶片、茎)和腐质层(落叶、枯叶等)通过自身致密的覆盖防止坡表土壤直接受雨水、泥沙流的冲蚀,有效降低冲刷时的能量,降低坡面径流速度,减少土粒的流失。二是由于三维网的存在,草的庞大根系与三维网的网筋结合在一起,形成一个板结构(相当于坡表土壤的加筋),从而增加防护层的抗张、抗剪强度,提高坡面的机械稳定性。

三维网植草有以下特点:

(1)施工效率高:一个工人一天约能完成 $30m^2$ 的工作量,施工至养护成坪约需 $25 \sim 30d$。

(2)节约造价:据测得其造价约为拱形骨架防护的 $1/2$。

(3)减少水土流失造成对周边环境的危害。

(4)双重防护体现良好的生态效益,美化、绿化环境。

三维网植草适用于各种边坡,如一般土质边坡、煤渣边坡、风化岩石边坡等,尤以在路基填方边坡使用效果最佳。三维网植草是一种坡体浅层防护,因此,坡面本身的稳定是三维网植草防护的基础。

5. 岩土边坡植被护坡绿化技术

岩土边坡植被护坡绿化技术(也称喷混植草技术)是采用喷射机把由绿化基材、植壤土、秸秆纤维和水等组成的基材混合料与植物种子,按照设计均匀喷射到需要防护的工程坡面,并与工程防护措施相配合,以绿化岩石坡面和防止岩石坡面风化剥落为目的的综合防护技术。

护坡功能通过锚杆、复合材料网、植物根系的力学加固和坡面植物的水文效应实现,实现了坡面"植被—基材—母岩"的有机融合,达到边坡防护和坡面植被持续稳定生长的效果。

岩土边坡植被护坡绿化具有以下特点:

(1)应用面广,施工快。

(2)护坡绿化为一体,具有很高的社会效益和生态环境效应。

(3)与传统的护坡技术相比,可降低工程成本20%~30%,经济效益十分显著。

岩土边坡植被护坡绿化适用于年平均降雨量大于600mm,非高寒地区的坡度不陡于1:0.3的岩石边坡、土石混合边坡的护坡绿化以及片石面、混凝土面的人工绿化。其不仅成本低、施工迅速,而且具有浆砌片石、挂网喷混凝土的防止坡面水土流失和风化剥落的作用,岩石边坡工程防护、绿化应优先采用。

第三节 景 观 设 计

一、道路景观组成与要求

道路景观可分为内部景观和外部景观两部分。内部景观是指行驶在道路上的驾驶人看到的景观以及在停车场、服务区等休息设施散步时所看到的景观。它是动景观,不注重构造物的细部,而注重运动状态下道路本身及其与周围环境协调的程度,以及线形对视觉的诱导作用。线形设计是内部景观设计的主体,直接影响道路景观设计的成败。此外,沿线的绿化、标志标线、边坡处理、沿线景点的造型与设计、道路的色彩等对道路景观的设计也有很大影响。外部景观是指从沿线居民及其他道路上看到的道路景观,它是静景观,强调道路的整体印象,是从道路外部审视道路与环境的一致性。外部景观要求道路及沿线构造物与环境融为一体,协调一致,成为环境的一部分。

此外,道路景观还有景点景观和变迁景观之分,如在景致优美之处建造的休息或独立景点以及造型独特、气势宏伟的互通式立体交叉等设施称为景点景观,而称道路沿途不断变换的边坡及植被等景观为变迁景观。

二、道路景观设计的基本要求

道路景观设计应力争使自然景观与道路工程结构物达到尽可能的协调,应从使用者的视觉、心理出发,使道路具有功能、美观及经济的一致性。

(1)根据工程及沿线区域环境特征或行政区划等,宜将道路划分为若干景观设计路段。在各景观设计路段中宜选择大型构造物和沿线有特色的景物作为设计景点。道路景观设计尽可能做到点、线、面兼顾,整体统一,使道路与沿线景观相协调。

（2）道路上的各种人工构造物的造型与色彩应考虑景观效果和驾驶者的视觉效果,尽可能减少或消除各种构造物对自然景观的不利影响。

（3）有条件时,应充分利用各种人工构造物和绿化来补偿、改善道路沿线景观,并结合不同路段的区域环境特征形成其特有的风格。

（4）应合理组合路线的平、纵、横断面,保证线形流畅、视野开阔,并与自然地形相适应,避免大的切割自然地形。

（5）应利用道路沿线设施和各种人工构造物,诱导驾驶者视线,预告道路前方路况的变化,以适时采取安全行驶措施。

三、景观造型要点

道路路线及其结构物景观造型的目的是为了平衡道路对自然和景观的影响,使道路和景观联系在一起。道路的新建和改造,必须尽量减少对自然和景观的影响,这是道路景观造型中最基本的原则。

1. 道路平面造型

道路平面应与环境相协调,尽量避开受保护的景观空间,如自然保护区和文物古迹等。在平原、沙漠和戈壁滩,路线以方向为主导,线形应以直线为主;在山岭地区,路线以纵坡为主导,线形则应以曲线为主。在设计中,线形应顺畅连续,具有诱导性和可预知性,避免割断生态景观空间或视觉景观空间的错误做法。

种植树木是补救景观的有效措施。在曲线外侧,种植树木可以使曲线变化看起来非常明显。从路堤到结构物的过渡段,通过植树既可以增强识别特征,又能使造型与景观恰当地配合。由路堤到路堑的变化段,通过植树可以防止光线明暗急剧变化,对驾驶者视线起过渡作用。

2. 道路立面造型

为了减少对自然和景观的影响,在满足控制点和规范要求的前提下,道路的坡度应与地面坡度接近。当路线跨越山谷,穿过垭口时,什么条件下可用桥梁结构物来代替高路堤,什么条件下可用隧道来代替深路堑,需要作专门的调查分析。在分析过程中,不仅要从经济方面进行考虑,还要综合考虑视距、景观和生态等方面。

3. 道路横断面造型

道路横断面造型的重点是路基边坡,目的是使路基尽量与自然地形、现有地带的地貌相适应,与沿线的植被绿化相协调。对于有中央分隔带的双幅公路,可以将上下行道路分别布置,使中央分隔带不同宽或者上下行道路不同高,这样有利于保护珍贵的地物和植物,通常可以减少工程量,对景观造型和经济都有利。

4. 交叉口造型

交叉口造型的目的是为了节约用地和获得良好的地面结构造型效果,提高交叉口的识别能力。任何情况下,交叉口造型都不能影响交叉口的明显性,不容许在视距三角形内种植,只容许在要求的视野范围外种植小丛林。如果交叉口布置合理并适当绿化,反而可以提高对交叉口的识别能力。

5. 结构物景观造型

结构物造型的主要对象为桥梁、隧道、挡土墙、防噪声设施、中央分隔带等,在设计时不仅要考虑有关工程技术和经济问题,而且要仔细考虑其造型与周围环境的充分协调。比如一座设计较好的桥梁,不仅要有与其功能相适应的外形和比例,而且要有新颖、优美的形式,简洁明快、朴素大方的线条,强度牢固、基础稳定的结构并有强烈的时代感和风土气息。隧道洞口应具有醒目的特点,要与周围群山协调,因地制宜进行绿化,将自然景观的破坏降低至最低程度。声障墙应采用与地区、桥梁相协调的色彩来搭配,在适当的路段设置透明声障墙,以充分利用丰富的外部景观,避免使驾驶人产生封闭感和压抑感。

6. 附属设施的景观造型

附属设施主要是指为驾驶人和乘客提供服务和休息的商业性建筑物,如餐馆、旅店、购物场所、加油站、汽车修理店、收费站和交通控制中心等。这些建筑物的造型设计不仅在结构尺寸、形状、色彩上要考虑对称均衡、协调和谐,而且与路线结构物之间彼此都要前后呼应,整齐统一,给人以美的享受。

四、绿化功效及绿化设计

公路建设必然会造成环境质量的下降,为了尽量减小由此而产生的影响,应采取妥善的补救措施,包括水土保持、降低空气污染、噪声干扰等,以调节周围环境,达到美化的目的。

植物树冠及草皮可防雨水的冲蚀,浓密的枝叶可以遮阳,叶面的绒毛或气孔可以帮助净化空气,植物的各部分更可将声音吸收、折射偏向。所以上述环境上的问题可以用植栽的方法控制,而且采用植栽方式不仅能增进环境调和,恢复自然生态,有时比工程方法更为持久或随时间增强。所以植物在环境设计上及生态系统中,都扮演了最重要的角色,公路工程建设更不能忽视,公路的绿化成为公路工程的要务之一。

1. 交通安全

1）诱导栽植

视线诱导:适当规划安排花木栽植的位置,非但不会遮挡驾驶人的视线,更有助于引导其视线,集中驾驶人的注意力。在小半径竖曲线顶部且平曲线的外侧,以行植方式栽植中树或高树,可以起到很好的诱导视线作用。

线形预告:借助公路沿途连续性的花木绿带,可以显示出公路线形变化情形,提供驾驶人预判前方线形走向,避免突现的弯道造成驾驶人反应不及而发生事故。尤其是山区道路,急弯及连续弯道较多,适当地布设路弯绿带可以收到预警公路线形变化的效果。

2）防止事故

遮光过渡:在道路中央分隔带主线与辅道或平行的铁路之间栽植花木绿带,可以遮挡对向迎面的车光,避免眩光效应;在隧道洞口外两端光线明暗急剧变化段栽植高大乔木予以过渡;在路旁的行道树也可以遮挡刺眼的阳光。这些均有助于减少交通事故。

隔离进出:密集连续的路旁花木绿带,栽植刺藜、常绿灌木及攀援植物,可以限制人或动物随意进出行车道,影响车辆的正常行驶,避免发生事故。

缓冲功能:公路上经常发生事故的地方,可考虑栽植具柔韧性强、耐冲撞的矮树丛或绿墙,提供事故发生失控车辆冲撞的缓冲地带,有助于降低伤亡程度。值得注意的是,如果花木栽植的位置不当,或树木过于坚实,不但可能起不到缓冲作用,反而会造成更大伤害。

3）协助休憩

形成绿阴:在炎热的季节,路面经常被暴晒成一条热带,车辆长驶其中,驾驶人及乘客均苦不堪言。路旁行道树不但可以吸收部分热气,更可造成绿阴,遮挡阳光,达到消除暑气的功效。

提供休憩:路旁绿阴处,或经常特别规划设计的路边绿地,均成为供人、车暂停休憩的场所。

2. 改善环境

1)调整景观

遮蔽功能:路旁一些不雅观的景物,可借助密集连续的绿墙予以遮掩,达到美化路容的效果。

调和景观:公路灰暗的附属设施,"唐突"地伸入绿意盎然的原野中,经常形成不协调的景致,并会造成景观的阻隔与不连贯。因此适当规划公路植被绿化,不但可降低公路所造成的不协调性,更可将公路融入当地景观中,加强景致特色。

2)表现景观

强化功能:公路设施会造成原来自然景观的不调和感觉,因此公路绿化除考虑消极达到调和景观外,更积极要求达到强化景观的目标。

眺望功能:路旁一长串高大而密集的行道树,经常造成一种密蔽树墙的感觉,而给驾驶人压迫感。因此,无论是新栽植行道树,或原来路旁即有的树木,均须考虑其密度,余留适当的眺望空间,提供驾驶人或乘客浏览沿途风光。

提示功能:适当安排路旁花木栽植位置,可以引导驾驶人或乘客的视线汇集于路旁或远方的特殊景物上,达到提示的功能。

3. 环境保护

1)防止灾害

减缓灾害:公路的兴建经常会破坏沿线地区自然环境的平衡状态,加强公路植被可以减缓此种不良冲击,减少灾害的发生。

边坡保护:公路建成后,经常会出现边坡崩塌的问题。以往的观念认为边坡植被是不必要的,裸露边坡可任其自然地复原,但公路边坡如果任其自然生长来复原,其时间常须长达数十年才能恢复到稳定植被,而这些遭冲蚀的新边坡在植被覆盖前需要较多的养护,边沟也需经常疏浚,因而增加了公路养护的困难。边坡植被可达到水土保持、稳定边坡的目的。

2)环境调和

自然环境调和:通过适当规划公路植被绿化,可解决破坏当地自然生态平衡及与自然环境不调和的感觉,使公路融于自然环境之中,达到相得益彰之效。

生活环境调和:人类大肆地开发利用绿地,已使生活环境的绿色资源渐趋减少。公路绿化除可为单调的道路平添绿意,也具有减弱车辆所造成的噪声、吸收车辆排放的废气、净化生活环境的作用。

第二篇 路基工程

第一章 总 论

第一节 概 述

一、路基特点

路基是按照路线位置和一定技术要求修筑的带状构造物，是路面的基础，承受由路面传递下来的行车荷载。它贯穿公路全线，与桥梁、隧道相连，构成公路的整体。路基工程是关于路基及其防护、支挡、排水设计、施工和质量控制与检测的科学。

作为公路建筑的主体，路基具有工程数量大、耗费劳力多、涉及面广、投资高等特点。以平原微丘区三级公路为例，每公里土石方数量约 8 000～16 000m³，而山岭重丘区三级公路每公里土石方数量可达 20 000～60 000m³ 以上，一般公路的路基修建投资占公路总投资的 25%～45%，个别山区公路可达 65%。

路基是带状的土工建筑，其施工改变了原有地面的自然状态，挖、填、借、弃土涉及当地生态平衡、水土保持和农田水利等自然环境。因此，路基设计和施工必须与当地农田水利建设和环境保护相配合。路基工程对工期影响大，在工程地质和水文条件复杂的路段，不但工程技术问题多，施工难度大，增加工程投资，而且常成为影响全线工期的关键。路基工程质量对公路的质量和运营具有十分重要的影响，路基质量差，将引起路面沉降变形和破坏，增加养护维修费用，影响行车舒适、安全和道路的服务水平。因此，对路基的设计和施工质量必须予以重视，确保路基工程质量。

二、路基设计的一般要求

路基除断面尺寸应符合设计标准要求外，还应满足下列基本要求。

（1）具有足够的整体稳定性。路基是直接在地面上填筑或挖去一部分地面建成的。路基建成后，改变了原地面的天然平衡状态。在工程地质不良地区，修建路基则可能加剧原地面的不平衡状态；开挖路堑使两侧边坡土体失去支承力，可能导致边坡坍塌或滑坡；天然坡面特别是陡坡面上的填方路堤，可能因自重而下滑。对于上述种种情况，都必须因地制宜地采取一定措施来保证路基的整体稳定性。

（2）具有足够的强度。公路上的行车荷载，通过路面传递给路基，对其产生一定压力，路基自重及路面的重力也给予路基和地基一定压力。这些压力都可使路基产生一定的变形,使路面变形而遭到破坏,直接影响路面的使用品质。因此,要求路基应具有足够的强度,以保证在外力作用下,不致产生超过容许范围的变形。

(3)具有足够的水温稳定性与耐久性。路基在地面水和地下水作用下,其强度将显著地降低。特别是在季节性冰冻地区,由于水温状况(湿度与温度状况)的变化,路基将发生周期性冻融作用,使路基强度急剧下降。因此,对路基不仅要求其具有足够的强度,而且还应保证在最不利的水温状况下,强度不至于显著地降低,以使路面处于正常稳定状态,亦即要求路基具有足够的水温稳定性与耐久性。

(4)应符合环境保护要求,避免引发地质灾害,减少对生态环境的影响。

三、路基设计与施工的基本内容

为了做好路基工程,消除病害,路基设计与施工必须做到严格掌握技术标准,精心设计,精心施工,确保工程质量。其具体内容应包括以下几个主要方面。

1. 设计

(1)做好沿线自然情况的勘察工作,收集必要的设计资料,作为路基设计的依据。

(2)根据路线纵断面设计确定的填挖高度,结合沿线地质、水文调查资料,进行路基主体工程(路堤、路堑、半挖半填路基及有关工程等)设计。一般路基,可根据规范规定,按路基标准断面直接绘制路基横断面图。对下列情况须进行单独设计:工程地质、水文条件复杂或边坡高度超过规范规定高度的路基;修筑在陡坡上的路堤;在各种特殊条件下的路基,如浸水路堤,采用大爆破施工的路基及软土或震害严重地区的路基等。

(3)根据沿线地面水流及地下水埋藏情况,进行路基排水系统的总体布置,以及地面和地下排水结构物的设计与计算。

(4)路基防护与加固设计,包括坡面防护、沿河路基防护与支挡结构物等的布置与计算。

(5)路基工程其他设施的设计,包括取土坑、弃土堆、护坡道、碎落台及辅道等的布设与计算。

2. 施工

(1)进行现场调查,研究和核对设计文件。编制实施性施工组织计划,确定施工方案,选择施工方法,安排施工进度。完成施工前的组织、物质和技术准备工作。

(2)开挖路堑,填筑路堤,修建排水及防护加固结构物,进行路基主体工程及其他工程的施工。

(3)按照设计要求,对各项工程进行检查验收,绘制路基施工竣工图。

第二节 土基的力学强度特性

一、路基的受力与路基工作区

1. 路基的受力

路基在工作过程中,同时受到由路面上传递下来的行车荷载,以及路基和路面的自重作用，图 2-1-1 为土质路基（以下简称"土基"）受力时，不同深度 Z 范围内的应力分布图。

其中，σ_1 为车轮荷载在土基内部任一点产生的竖向压应力，把车轮荷载简化为集中荷载时，σ_1 可按布辛奈斯克（J. Boussinesq）公式进行计算，即：

$$\sigma_1 = \frac{P}{Z^2} \cdot \frac{3}{2\pi\left[1 + \left(\frac{\gamma}{Z}\right)^2\right]^{5/2}} \quad (2\text{-}1\text{-}1)$$

为使用方便，式（2-1-1）可简化为：

$$\sigma_1 = K \cdot \frac{P}{Z^2} \quad (2\text{-}1\text{-}2)$$

式中：P——车辆荷载（kN）；

　　Z——荷载下的垂直深度（m）；

　　K——应力系数，$K = \dfrac{3}{2\pi\left[1 + \left(\frac{\gamma}{Z}\right)^2\right]^{5/2}}$

土基自重引起的压应力 σ_2 用下式计算：

$$\sigma_2 = \gamma \cdot Z \quad (2\text{-}1\text{-}3)$$

式中：γ——土的容重（kN/m³）。

因此，土基中任一点受到的竖向压应力 σ_z 为：

$$\sigma_z = \sigma_1 + \sigma_2 = K \cdot \frac{P}{Z^2} + \gamma Z$$

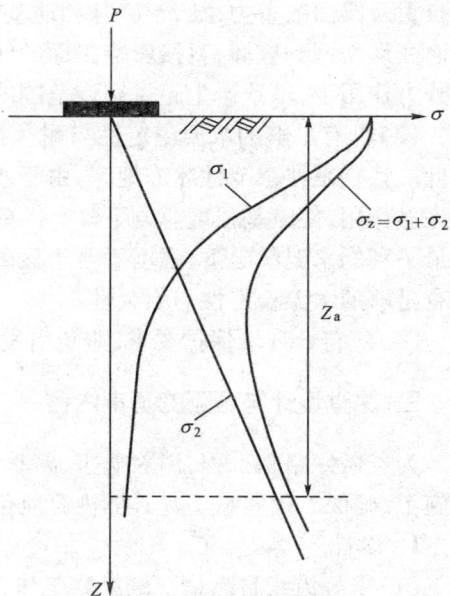

图 2-1-1　土基中沿深度的应力分布示意图
σ_1-车辆荷载引起的应力；σ_2-土基自重引起的应力；σ_z-应力之和

2. 路基工作区

由式（2-1-2）、式（2-1-3）可见，车辆荷载产生的垂直应力 σ_1 随深度的增加而减小，自重应力 σ_2 则随深度的增加而增大，因此，车轮荷载在土基中产生的应力与土基自重应力比 $\dfrac{\sigma_1}{\sigma_2}$ 亦随之急剧变小。如果此比值减小到一定数值，例如 $\dfrac{\sigma_1}{\sigma_2} = 0.1 \sim 0.2$，即在某一深度 Z_a 处，行车荷载在土基中产生的应力仅为土基自重应力的 $\dfrac{1}{5} \sim \dfrac{1}{10}$，与土基自重引起的应力 σ_2 相比，车辆荷载在 Z_a 以下土基中产生的应力已经很小，可忽略不计。把车辆荷载在土基中产生应力作用的这一深度范围叫路基工作区。

据此可以得到路基工作区深度 Z_a 的计算式：

$$\sigma_1 = \frac{1}{n}\sigma_2$$

或

$$K \cdot \frac{P}{Z_a^2} = \frac{1}{n}\gamma \cdot Z_a$$

$$Z_a = \sqrt[3]{\frac{KnP}{\gamma}} \quad (2\text{-}1\text{-}4)$$

表 2-1-1 是用式（2-1-4）计算的几种国产车型的 Z_a 值，其中 $\gamma = 18\text{kN/m}^3$，$\dfrac{1}{n} = \dfrac{1}{5} \sim \dfrac{1}{10}$。

车　型	$P = \dfrac{1}{2}$ 后轴重(kN)	工作区深度 Z_a(m)	
		$1/n = 1/5$	$1/n = 1/10$
黄河 JN—150	$\dfrac{1}{2}(101.60)$	1.9	2.4
解放 CA—10B	$\dfrac{1}{2}(60.85)$	1.6	2.0
交通 SH—141	$\dfrac{1}{2}(55.1)$	1.6	2.0
跃进 NJ—130	$\dfrac{1}{2}(38.3)$	1.4	1.7
北京 BJ—130	$\dfrac{1}{2}(27.18)$	1.2	1.6
上海 SH—130	$\dfrac{1}{2}(23.00)$	1.2	1.5
红旗 CA—773	$\dfrac{1}{2}(15.75)$	1.0	1.3
天津 TJ—620	$\dfrac{1}{2}(12.5)$	1.0	1.2

由于路基、路面材料的不同,路面材料的强度和刚度及重度比土基大,路基工作区的实际深度随路面强度和厚度的增加而减小。因此,要精确计算 Z_a,须将路面折算为与路基性质的当量厚度的整体后再进行计算。

根据上述路基工作区的概念,当路堤填筑高度 $H > Z_a$(图 2-1-2a)时,车辆荷载作用深度位于填筑高度内,路堤应按规定要

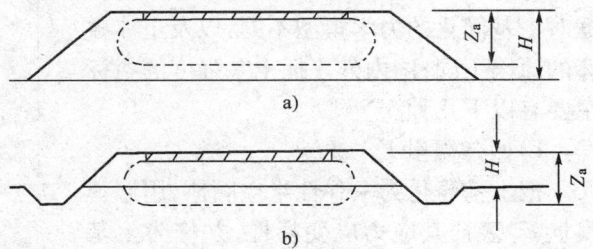

图 2-1-2 路堤高度与应力作用区深度的关系示意图
a)$H > Z_a$;b)$H < Z_a$

求分层填筑与压实,Z_a 内尤其应注意填筑质量;对于 $H < Z_a$(图 2-1-2b)的矮路堤,此时不但要对填土充分压实,而且要保证工作区内原地面下部土层具有足够的强度和稳定性,采取必要的措施,使天然地基下部土层和路堤同时满足路基工作区的设计要求。

二、土基的强度指标

土基是路面结构的支承体,车轮荷载通过路面传到土基。因此土基的强度和变形特性对路面结构的整体强度和刚度有很大影响。在路面结构的总变形中,土基的变形占很大部分,为 70% ~95%。路面结构的破坏,除其本身的原因外,也主要由于土基过大变形所引起。因此,研究土基的强度和变形特性对路面设计具有重要意义。

1. 土基的应力—应变特性

在一定应力范围内,理想线弹性体的应力与应变关系呈线性特性。当应力消失时,应变亦随之消失,恢复到初始状态。由于路基土的内部结构非常复杂,包括固相、液相和气相。固相又由不同矿物成分、不同粒径的颗粒组成。因此路基土在应力作用下的变形特性同理想线弹

性材料有很大区别。

图 2-1-3 是用压入承载板试验所得的土基竖向变形 l 与压强 p 之间的关系曲线,图中的曲线变化大致可分 3 个阶段。

Ⅰ阶段——弹性变形阶段。在此阶段内,卸载后,变形可以恢复,土基受到弹性压缩,应力与应变的关系呈近似直线关系。

Ⅱ阶段——塑性变形阶段。在此阶段内,外力增大,变形发展较快,卸载后,变形不能完全恢复。其中,能够恢复的变形,叫弹性变形;不能恢复的变形,叫塑性变形(或残余变形)。在此阶段范围内,应力与应变的关系呈曲线关系。

Ⅲ阶段——破坏阶段。应力继续增大,变形急剧增大,土体已失去抵抗变形的能力,表明土体已破坏。

土基在外力作用下表现出的这种应力应变特性叫土基的非线性。非线弹性体的土基的弹性模量 E 并不是一个常数。在重复荷载作用下土基将产生变形累积,使路面产生变形和破坏。

2. 表征土基强度的指标

路基在外力作用下将产生变形,路基强度是指路基抵抗外力作用的能力,亦即抵抗变形的能力。在一定应力作用下,变形愈大,土基强度愈低;反之,则表明土基强度愈高。根据对土基简化的力学模型不同,以及土体破坏的原因不同,国内外表征土基强度的指标主要有以下几种。

1)回弹模量 E_0

把土基简化为一弹性半空间体,用回弹模量 E_0 表征其应力应变特性,并作为土基的强度指标。为模拟车轮印迹的作用,通常以圆形刚性承载板压入土基的方法测定其回弹模量 E_0(图 2-1-3)。

根据弹性力学原理,用圆形刚性承载板测试计算土基回弹模量的公式为:

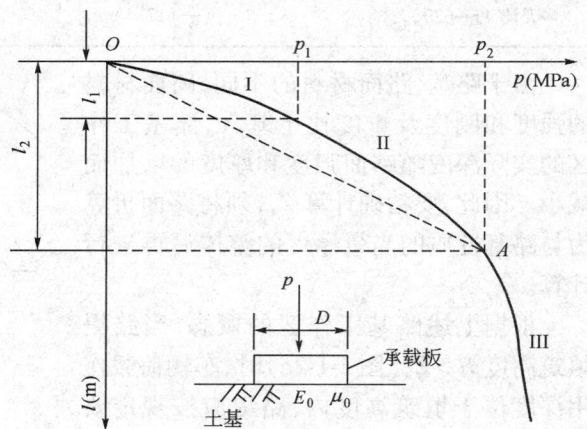

图 2-1-3　土基的应力—应变关系曲线

$$E_0 = \frac{\pi}{4} \frac{pD}{l}(1 - \mu_0^2) \tag{2-1-5}$$

式中: E_0——土基的回弹模量(MPa);

l——承载板下的土基回弹变形值(m);

D——载板的直径(m);

μ_0——土的泊松比,一般取 0.35;

p——承载板压强(MPa)。

设计中以此回弹模量作为设计标准。但由于承载板测试回弹模量的野外测试速度较慢,因此工程中常用标准汽车作前进卸载试验,根据测得的回弹变形(回弹弯沉 l_0)计算土基回弹模量值:

$$E'_0 = \frac{pd}{l_0}(1 - \mu_0^2) \times 0.712 \tag{2-1-6}$$

式中：p——标准试验车的轮胎压力（MPa）；

$\quad d$——试验车轮迹当量圆直径（cm）；

$\quad \mu_0$——土基的泊松比，取 0.35；

$\quad l_0$——土基不利季节的计算弯沉值（cm），取平均值加两倍方差。

与用承载板作加载测试相比，两者结果相差不大，但后者测试工作大为简化，且两个回弹模量之间可以建立关系进行换算，也可根据下列经验公式直接计算承载板标准回弹模量：

$$E_0 = 2\,430\, l_0^{-0.7} \tag{2-1-7}$$

式中：l_0——意义同上，此时其单位为 0.01mm。

2）CBR（California Bearing Ratio）值（加州承载比）

加州承载比是早年由美国加利福尼亚州提出的一种评定土基及其他路面材料承载力的指标。承载能力以材料抵抗局部荷载压入变形的能力表征，并采用高质量标准碎石为标准，它们的相对比值即为 CBR 值。

试验时，用一个端部面积为 19.35cm^2 的标准压头，以 0.127cm/min 的速度压入土中。记录每贯入 0.254cm（0.1in）时的单位压力，直到总深度达到 1.27cm 为止，此时的贯入单位压力与达到该贯入深度时的标准压力之比即得土基的 CBR 值，即：

$$CBR = \frac{p}{p_s} \times 100 \tag{2-1-8}$$

式中：p——对应于某一贯入深度的土基单位压力（MPa）；

$\quad p_s$——与土基贯入深度相同的标准单位压力（MPa），见表 2-1-2。

标 准 压 力 值　　　　　　　　　　　　　　　表 2-1-2

贯入度（cm）	0.254	0.508	0.762	1.016	1.270
标准压力（MPa）	7.03	10.55	13.36	16.17	18.23

CBR 试验设备有室内试验与室外试验两种。室内 CBR 试验装置如图 2-1-4 所示。试件按路基施工时的含水率及压实度要求在试筒内制备，并在加载前浸泡在水中饱水 4d。为模拟路面结构对土基的附加应力，在浸水过程中及压入试验时，在试件顶面施加环形砝码，其重量根据预计的路面结构重量确定，但不得小于 45.3N。试件浸水至少淹没顶部 2.54cm。CBR 值的野外试验方法基本与室内试验相同，但其压入试验直接在土基顶面进行。

以上三项指标，都表征特定力学模型下土基的应力与应变关系。但由于土基是非线弹性体，其强度还随土质、密实度、湿度与温度状况及自然条件而变，因此，在应用各项指标进行路面设计和对土基强度进行评价时，必须与路面结构设计方法相配合，把路基路面的设计力学模型与具体条件和要求联系起来。

3）土基反应模量 K_0

在刚性路面设计中，除用弹性模量表征土基强度（刚度）外，亦常用土基反应模量 K_0 作为指标。该力学模型假设地基上任一点的反力与该点的挠度成正比，而与其他点无关，即土基相当于由互不联系的弹簧组成（图 2-1-5）。这种地基力学模型首先由捷克工程师文克勒（E. Winkler）提出，因此，又叫文克勒地基。地基反应模量 K_0 为压力 p 与沉降 l 之比，即：

$$K_0 = \frac{p}{l}(\text{N/cm}^3) \tag{2-1-9}$$

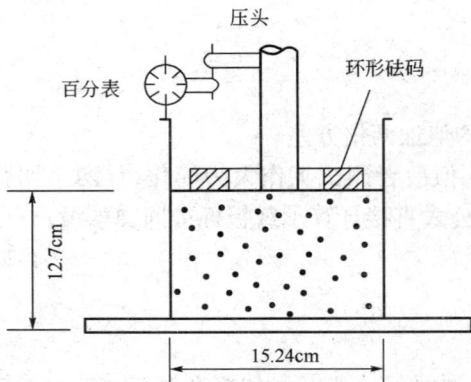

图 2-1-4　CBR 试验装置示意图

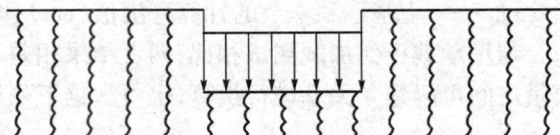

图 2-1-5　文克勒地基力学模型

地基反应模量 K_0 值，用承载板试验确定。承载板的直径规定为 76cm。测试方法与回弹模量测试方法相类似，但采用一次加载法，施加的最大荷载由两种方法控制：当地基较为软弱时，用 0.127cm 的沉降控制承载板的荷载；若地基较为坚硬，沉降难以达到 0.127cm 时，以单位压力 $p = 70$kPa 控制承载板的荷载。

第三节　路基的破坏形式与原因分析

路基在各种自然因素及行车荷载作用下，常发生变形，最后导致破坏。其破坏形式多种多样，原因也错综复杂。常见的破坏形式主要有以下几种。

（1）路堤的变形破坏，包括：①路堤沉陷；②边坡溜方及滑坡；③路堤沿地基滑动。

（2）路堑的变形破坏，包括：①边坡剥落和碎落；②边坡滑坍和崩塌。

（3）特殊地质水文条件下的破坏。

一、路堤的变形破坏

1. 路堤沉陷

路堤沉陷的特征是路基表面作竖向位移。路基因填料选择不当，填筑方法不合理，压实不足时，在荷载和水、温度的综合作用下，路基将产生堤身向下沉陷的变形破坏，如图 2-1-6 所示。路堤的这类不均匀沉陷，将导致路面变形破坏影响道路的正常运营。

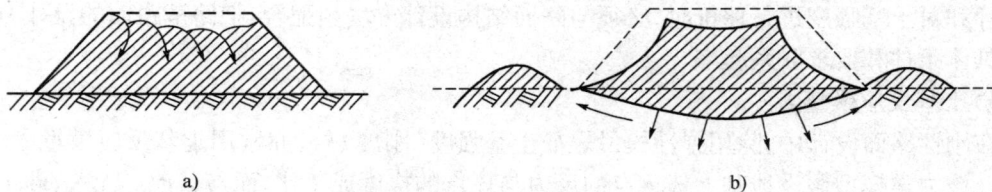

a)

b)

图 2-1-6　路堤沉陷示意图

a)堤身下陷；b)地基下陷

2. 边坡溜方及滑坡

溜方是指边坡上薄的表层土,被水浸泡后沿边坡向下滑移的破坏现象。它是由于水流冲刷边坡等主要原因引起的(图 2-1-7)。

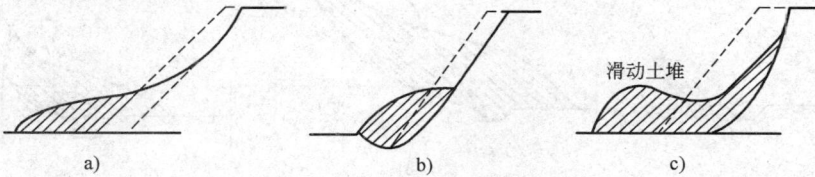

图 2-1-7　路堤边坡的破坏
a)、b)溜方;c)滑坡

滑坡是路堤边坡土体在重力作用下沿某个滑动面发生剪切破坏的现象。其主要原因有以下几方面:

(1)边坡过陡;

(2)不正确地应用倾斜层次的方法填筑;

(3)含水率过大,土体黏聚力和内摩阻力降低;

(4)坡脚被水冲刷。

3. 路堤沿山坡滑动

在较陡的山坡上填筑路基,如果原地面未经清除杂草、凿毛或人工挖台阶,坡脚又未进行必要的支撑,特别是受水的润滑时,填方与原地面之间的抗剪力很小,在自重和荷载作用下,路基整体或局部有可能沿原地面向下移动

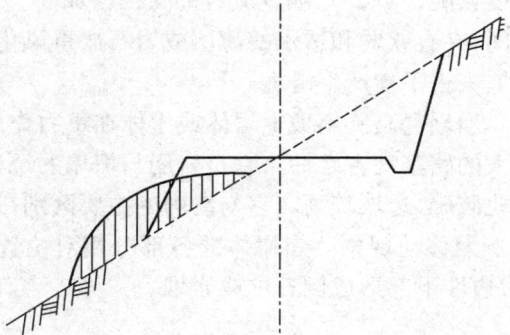

图 2-1-8　路堤沿山坡滑动示意图

(图 2-1-8)。此种破坏虽不普遍,但亦不应忽视,如果不针对其产生破坏原因采取措施,路基稳定性就得不到保证,导致路基的破坏。

二、路堑的变形破坏

1. 边坡剥落和碎落

剥落是指路堑边坡表土层和风化岩层表面,在大气的干湿或冷热循环作用下,表面发生胀缩,使零碎薄层成片状从坡面上剥落下来的风化现象(图 2-1-9),而且老的脱落后,新的又不断产生。泥质页岩、绿泥岩等松软岩层的路堑边坡易发生这种破坏。路堑边坡剥落的碎石堆积在坡脚下,堵塞边沟,影响路基稳定和妨碍交通。

碎落是一种岩石碎块的剥落现象,其规模与危害程度比剥落严重。产生碎落的主要原因是路堑边坡较陡(大于 45°),岩石破碎,风化严重,在胀缩、震动及水的浸蚀与冲刷作用下,块状碎石沿坡面向下滚落。如果落下的岩块较大(直径 >40cm),以单个或多块落下,此种碎落现象称为落石或坠落。落石的石块较大,降落速度极快,所产生的冲击力可使路基结构物遭到破坏,亦会威胁到行人和行车的安全,有时还会引起其他路基病害。

2. 边坡滑坍和崩塌

滑坍是指路基边坡土体或岩石,沿着一定滑动面整体向下滑动,其规模与危害程度,较碎

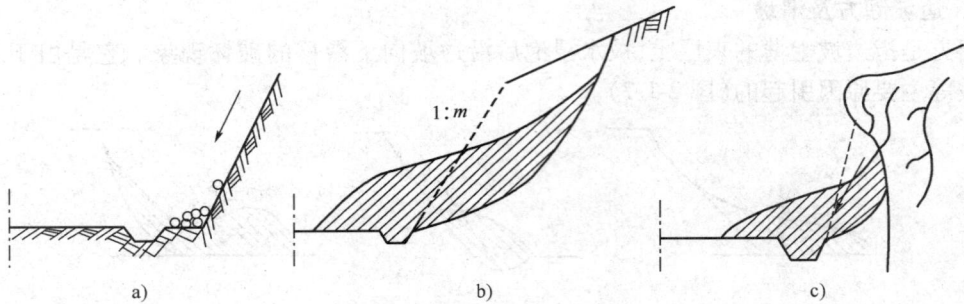

图 2-1-9 路堑边坡破坏示意图
a)碎落;b)滑坍;c)崩塌

落更为严重,有时滑动体可达数百方以上,造成严重堵车。产生滑坍的主要原因是边坡较高,坡度较陡(>50°),缺少应有的支挡与加固。挖方岩层对公路成顺向坡,岩层倾角在 50°~75°之间,夹有软弱和透水的薄层或岩石严重风化等,在水的浸蚀和冲刷作用下,形成滑动面致使边坡失去平衡产生滑坍。

崩塌是高陡斜坡上岩体或土体在重力作用下倒塌、倾倒或坠落的现象,是比较常见且危害较大的路基病害之一。它是岩崩与坍塌的统称,包含错落、坍塌、危岩等。其主要原因是岩体风化破碎,边坡较高。它与滑坍的主要区别在于崩塌无固定滑动面,亦无下挫现象,即坡脚线以下无移动现象。崩塌体的各部分相对位置,在移动过程中完全打乱,其中较大石块翻滚较远,边坡下部形成倒石堆或岩堆。

三、特殊地质水文条件下的破坏

公路通过不良地质和水文地带,或遇较大自然灾害,如滑坡、岩堆、泥石流、雪崩、岩溶(即喀斯特地区)、地震及特大暴雨和严重冰冻等,均能导致路基结构的严重破坏。

四、路基破坏原因综合分析

由上面路基变形破坏形式及原因分析可知,路基破坏的原因是多方面的,各种变形破坏既有各自特点,又往往具有共同原因,大致可归纳为以下几个方面。

(1)不良的工程地质和水文地质条件,如地质构造复杂,岩层走向及倾角不利,岩性松软,风化严重,土质较差,地下水位较高以及其他特殊不良地质灾害等。

(2)不利的水文与气候因素,如降雨量大,洪水猛烈、干旱、冰冻、积雪或温差特大等。

(3)设计不合理,如断面尺寸不符合设计标准要求,包括边坡取值不当,挖填布置不合要求,最小填土高度不足,未进行合理的防护、加固和排水设计等。

(4)施工不符合规范要求,如填筑顺序不当,土基压实不足,盲目采用大型爆破以及不按设计要求和操作规程施工,工程质量不满足标准等。

上述原因中,地质条件是影响路基工程质量和产生病害的基本前提,水是造成路基病害的主要原因。为此,必须强调设计前应详细地进行地质与水文的勘察工作,针对具体条件及各种因素的综合作用,采取正确的设计方案与施工方法,消除和尽可能减少路基病害,确保路基工程达到规定的质量要求。

第四节 公路自然区划与土基干湿类型

一、公路自然区划

由于我国地幅辽阔,各地气候、地形、地貌、水文地质条件等相差很大,而自然条件与公路建设密切相关,各种自然因素对公路构造物产生的影响和造成的病害也各不相同,因此,在不同地区的公路设计中应考虑的问题亦各有侧重,例如,季节性冰冻地区的道路病害主要是冻胀和翻浆;而干旱地区的主要病害则是路基的干稳性问题。因此,如何根据各地自然条件特点对路线勘测、路基路面的设计、筑路材料选择、施工方案的拟定等问题进行综合考虑是十分必要的。根据我国各地自然条件及其对公路建筑影响的主要特征,制定《公路自然区划标准》,相应地列出了不同地理区域自然条件对公路工程影响的差异性,并在路基、路面的设计、施工和养护中采取适当的技术措施和设计参数。

根据影响公路工程的地理、地貌及气候的差异特点,公路自然区划按以下三项原则进行划分。

(1)道路工程特征相似性原则。即在同一区划内,在同样自然条件下筑路具有相似性,例如,北方不利季节主要是春融时期,有翻浆病害;南方不利季节在雨季,有冲刷、水毁等病害。

(2)地表气候区域差异性原则。即地表气候是地带性差异与非地带性差异的综合结果。通常,地表气候随当地纬度而变,如北半球,北方寒冷,南方温暖,这称为地带性差异。除此之外,还与高程变化有关,即沿垂直方向变化,如青藏高原,由于海拔高,与纬度相同的其他地区相比,气候更加寒冷,称为非地带性差异。

(3)自然气候因素的综合性和主导性相结合的原则。即自然气候的变化是各种因素综合作用的结果,但其中又有某种因素起主导作用。例如,道路冻害是水和热综合作用的结果,但在南方,有水而没有寒冷气候的影响,不会有冻害,说明温度起主导作用;西北干旱地区与东北潮湿区,同样都有负温,但前者冻害轻于后者,说明水起主导作用。

根据《公路自然区划标准》(JTJ 003—86)的规定,我国公路自然区划分为三个等级。

一级区划首先将全国划分为多年冻土、季节冻土和全年不冻土三大地带,再根据水热平衡和地理位置,划分为冻土、湿润、干湿过渡、湿热、潮暖、干旱和高寒七个一级区域。二级区划是在一级区划基础上以潮湿系数为主进一步划分。三级区划是在二级区划内划分更低一级的区域或类型单元。一、二级区划的具体位置与界限,见图2-1-10所示的公路自然区划图。

1)一级自然区划

根据不同地理、气候、构造、地貌界线的交错和叠合,全国分为七个一级自然区的代号与名称为:

Ⅰ——北部多年冻土区;

Ⅱ——东部湿润季冻区;

Ⅲ——黄土高原干湿过渡区;

Ⅳ——东南湿热区;

Ⅴ——西南潮暖区;

Ⅵ——西北干旱区;

Ⅶ——青藏高寒区。

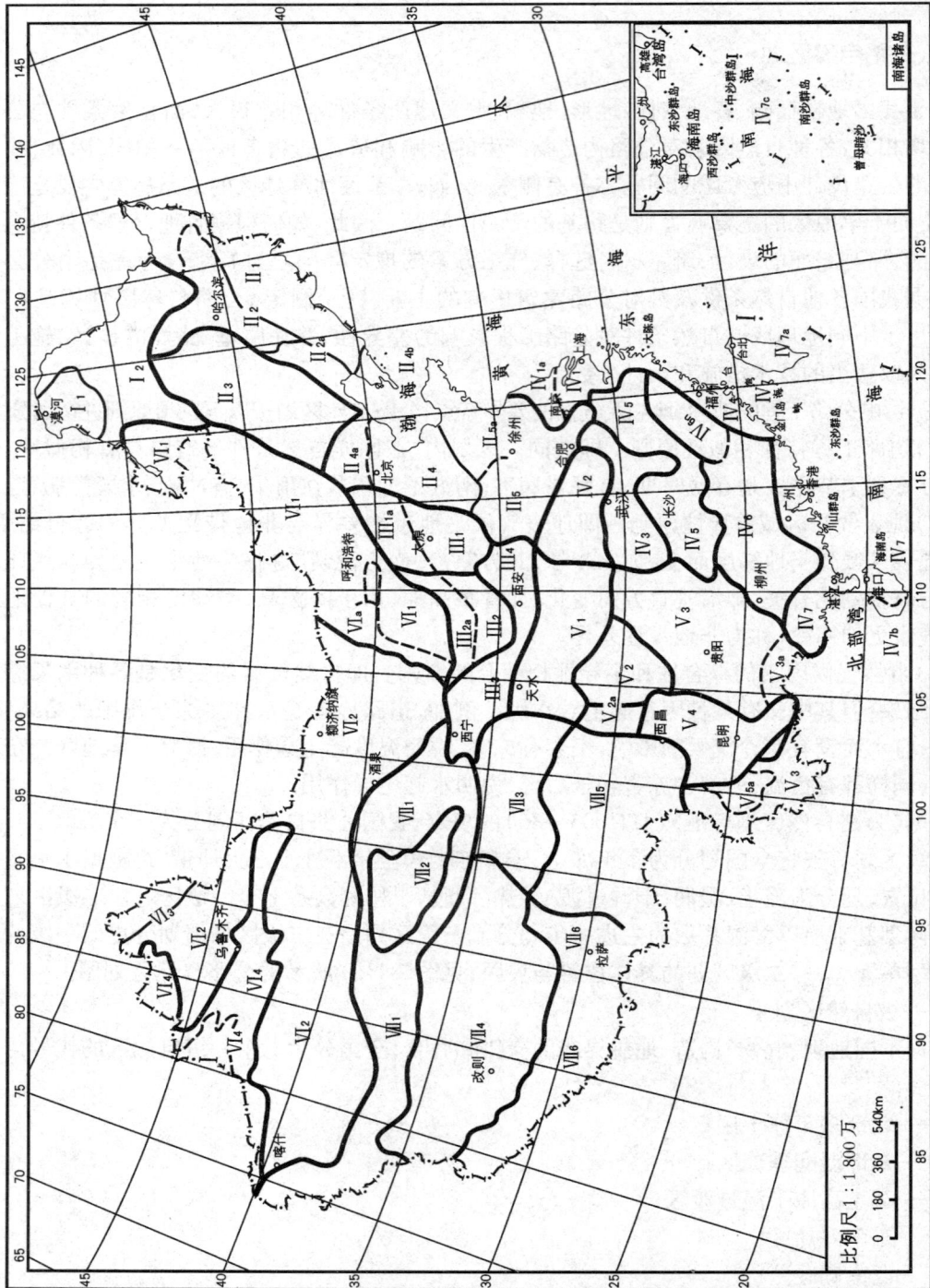

图 2-1-10 公路自然区划图

2)二级自然区划

二级区划是在一级区划范围内进一步划分,其主要依据是潮湿系数 K。所谓潮湿系数是指年降水量 R 与年蒸发量 Z 之比,即 $K = R/Z$,据此划分为 6 个潮湿等级:

过湿区	$K > 2.0$
中湿区	$2.0 \geqslant K > 1.5$
润湿区	$1.5 \geqslant K > 1.0$
润干区	$1.0 \geqslant K > 0.5$
中干区	$0.5 \geqslant K > 0.25$
过干区	$K < 0.25$

根据二级区划的主要因素与标志,在全国七个一级自然区内又分为 33 个二级区和 19 个二级副区(亚区),共有 52 个二级自然区。

全国公路自然区划一、二级区名称见表 2-1-3。

公路自然区划名称表　　　　　　　　　　表 2-1-3

I 北部多年冻土区	IV₇ 华南沿海台风区
I₁ 连续多年冻土区	IV₇ₐ 台湾山地副区
I₂ 岛状多年冻土区	IV₇ᵦ 海南岛西部润干副区
II 东部湿润季冻区	IV₇ᵪ 南海诸岛副区
II₁ 东北东部山地湿冻区	V 西南潮暖区
II₁ₐ 三江平原副区	V₁ 秦巴山地润湿区
II₂ 东北中部山前平原重冻区	V₂ 四川盆地中湿区
II₂ₐ 辽河平原冻融交替副区	V₂ₐ 雅安、乐山过湿副区
II₃ 东北西部润干冻区	V₃ 三西、贵州山地过湿区
II₄ 海滦中冻区	V₃ₐ 滇南、桂西润湿副区
II₄ₐ 冀北山地副区	V₄ 川、滇、黔高原干湿交替区
II₄ᵦ 旅大丘陵副区	V₅ 滇西横断山地区
II₅ 鲁豫轻冻区	V₅ₐ 大理副区
II₅ₐ 山东丘陵副区	VI 西北干旱区
III 黄土高原干湿过渡区	VI₁ 内蒙草原中干区
III₁ 山西山地、盆地中冻区	VI₁ₐ 河套副区
III₁ₐ 雁北张宣副区	VI₂ 绿洲—荒漠区
III₂ 陕北典型黄土高原中冻区	VI₃ 阿尔泰山地冻土区
III₂ₐ 榆林副区	VI₄ 天山—界山山地区
III₃ 甘东黄土山地区	VI₄ₐ 塔城副区
III₄ 黄渭间山地、盆地轻冻区	VI₄ᵦ 伊犁河谷副区
IV 东南湿热区	VII 青藏高寒区
IV₁ 长江下游平原润湿区	VII₁ 祁连—昆仑山地区
IV₁ₐ 盐城副区	VII₂ 柴达木荒漠区
IV₂ 江淮丘陵山地润湿区	VII₃ 河源山原草甸区
IV₃ 长江中游平原中湿区	VII₄ 羌塘高原冻土区
IV₄ 浙闽沿海山地中湿区	VII₅ 川藏高山峡谷区
IV₅ 江南丘陵过湿区	VII₆ 藏南高山台地区
IV₆ 武夷岭岭山地过湿区	VII₆ₐ 拉萨副区
IV₆ₐ 武夷副区	

3）三级区划

划分方法有两种：一是以水文、地理和地貌为标志，将二级区划细分为若干个具有相似性的区域单元；另一种是以地貌、水文和土质类型为依据，分为若干个类型单元。三级区划未列入全国性的区划中，由各省区结合当地自然情况自行划分。

各级区划的范围不同，在公路工程中的应用亦各有侧重，一级区划主要为全国性的公路总体规划和设计服务；二级区划主要为各地的公路路基路面设计、施工、养护提供较全面的地理、气候依据和有关参数，如土基和路面材料的回弹模量、路基临界高度、土基压实标准等。

二、路基干湿类型划分

1. 路基潮湿的来源

引起路基湿度变化的水源主要有（图2-1-11）：①大气降水，通过路面、路肩和边坡渗入路基；②边沟水及排水不良时的地表积水，以毛细水的形式渗入路基；③靠近地面的地下水，借助毛细作用上升到路基内部；④在土粒空隙中流动的水汽凝结成的水分。

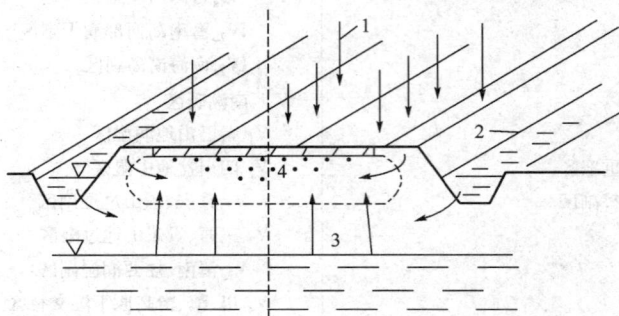

图 2-1-11　路基潮湿来源示意图
1-大气降水；2-地面水；3-由地下水上升的毛细水；4-水蒸气凝结的水

各种水源对路基的影响，因路基所在地的地形、地质与水文等具体条件而不同，同时亦随路基结构、断面尺寸、排水设施及施工方法而变化。

2. 路基干湿类型划分

路基的强度与稳定性不但与土质有关，而且与干湿状态密切相关，并在很大程度上影响路面结构及厚度的确定。因此，路基干湿类型确定对路面结构设计具有重要意义。

在路基路面设计中，把路基干湿类型划分为四类：干燥、中湿、潮湿和过湿。由于土的稠度较准确地表示了土的各种形态与湿度的关系，稠度指标综合了土的塑性特性，包含了液限与塑限，全面直观地反映了土的软硬程度，物理概念明确，因此，用稠度作为划分土质路基干湿类型的指标。

土的平均稠度 $\overline{w_c}$ 按下式计算：

$$\overline{w_c} = \frac{w_1 - w_m}{w_1 - w_p} \tag{2-1-10}$$

式中：w_1——土的液限含水率（%）；

w_p——土的塑限含水率（%）；

w_m——在最不利季节，路床土（路面底以下80cm深度内土）的平均含水率（%）。

208

表2-1-4 为路床土平均稠度 $\bar{w_c}$ 与路基干湿类型的关系。表2-1-5 为各自然区划的路基干湿类型分界稠度。在应用中，可根据求得的路床土平均稠度 $\bar{w_c}$，并与表2-1-5 进行比较，并结合表2-1-4 即可确定路基的干湿类型。

路 基 干 湿 类 型

表 2-1-4

路基干湿类型	路床土平均稠度 $\bar{w_c}$ 与分界相对稠度的关系	一 般 特 性
干 燥	$\bar{w_c} < w_{c1}$	路基干燥稳定，路面强度和稳定性不受地下水和地表积水影响，路基高度 $H > H_1$
中 湿	$w_{c1} \leqslant \bar{w_c} < w_{c2}$	路基上部土层处于地下水或地表积水影响的过渡带区内，路基高度 $H_2 < H \leqslant H_1$
潮 湿	$w_{c2} \leqslant \bar{w_c} < w_{c3}$	路基上部土层处于地下水或地表积水毛细影响区内，路基高度 $H_3 < H \geqslant H_2$
过 湿	$\bar{w_c} \geqslant w_{c3}$	路基极不稳定，季节性冰冻区春融翻浆，路基经处理后方可铺筑路面，路基高度 $H < H_3$

注：①H 为不利季节路床表面距地下水或地表积水位的高度。路床是指路面底面以下80cm范围内的路基部分。

②地表积水指不利季节积水20d以上。

③H_1、H_2、H_3 分别为干燥、中湿和潮湿状态的路基临界高度，见表2-1-6。

各自然区划路基干湿类型分界稠度

表 2-1-5

土组 / 分界稠度 / 自然区划	砂 性 土				黏 性 土				粉 性 土				附 注
	w_{c0}	w_{c1}	w_{c2}	w_{c3}	w_{c0}	w_{c1}	w_{c2}	w_{c3}	w_{c0}	w_{c1}	w_{c2}	w_{c3}	
$II_{1,2,3}$ II_{1a}、II_{2a}	1.87	1.91	1.05	0.91	1.29 / 1.20	1.20 / 1.12	1.03 / 0.94	0.86 / 0.77	1.12	1.04 / 0.96	0.96 / 0.89	0.81 / 0.73	黏性土：分母适用于 $II_{1,2}$ 区；粉性土：分母适用于 II_{2a} 区
II_4、II_5	1.87	1.05	0.91	0.78	1.29	1.20	1.03	0.86	1.12	1.04	0.89	0.73	
III	2.00	1.19	0.97	0.79					1.20	1.12 / 1.04	0.96 / 0.89	0.81 / 0.73	分子适用于粉土地区；分母适用于粉质亚黏土地区
IV	1.73	2.32	1.05	0.91	1.20	1.03	0.94	0.77	1.04	0.96	0.89	0.73	
V					1.20	1.08	0.86	0.77	1.04	0.96	0.81	0.73	
VI	2.00	1.19	0.97	0.78	1.29	1.12	0.98	0.86	1.04	0.96	0.89	0.73	
VII	2.00	1.32	1.10	0.91	1.29	1.12	0.98	0.86	1.20	1.04	0.89	0.73	

注： w_{c0} ——干燥状态路基常见下限稠度。

w_{c1}、w_{c2}、w_{c3} ——分别为中湿、潮湿和过湿状态的分界稠度。

对于新建道路，路基尚未建成，不能得到路床土的平均含水率，这时土基的干湿类型可用路基临界高度为标准来确定。

路基临界高度是指在最不利季节，当路基分别处于干燥、中湿或潮湿状态时，路面底距地下水位或长期地表积水水位的最小高度（图2-1-12）。若以 H 表示路面底距地下水位的高度，当路基的高度 H 变化时，平均含水率 w_m 将变化，土的平均稠度亦随之改变，路基的干湿状态相应地变化。路基高度、临界高度、土的平均稠度 $\overline{w}_c$ 与路基干湿类型的关系如表2-1-4所示。

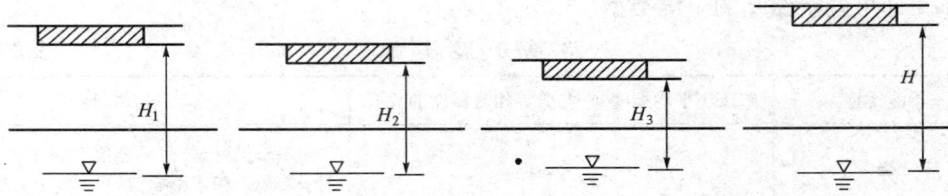

图 2-1-12　路基临界高度（相对于地下水）与路基干湿类型关系示意图

H-最不利季节路面底距地下水位的高度；H_1、H_2、H_3-分别为路基分别处于干燥、中湿、潮湿状态时的临界高度（m）

路基临界高度与当地气候（温度、湿度、日照等）、土质及对土基状态的要求密切相关。根据各地区多年调查资料，经综合评比得到。当应用中缺乏实际资料时，可参考表2-1-6中的路基临界设计高度（H_1、H_2、H_3）确定土基干湿类型。

路基临界高度参考值　　　　　　　　　　　　　　　　　　表2-1-6a

公路自然区划	砂　性　土			黏　性　土			粉　性　土		
	H_1	H_2	H_3	H_1	H_2	H_3	H_1	H_2	H_3
II									
III$_{1,4}$									
III$_{2,3}$	1.1~1.3	0.9~1.1	0.6~0.9	1.6~2.2	1.2~1.6	0.9~1.2	1.8~2.4	1.4~1.8	1.0~1.4
IV$_3$				0.8~0.9	0.5~0.6	0.3~0.4	0.9~1.0	0.6~0.7	0.3~0.4
IV$_{5,6}$				0.9~1.1	0.5~0.7	0.3~0.4			
V$_1$	1.1~1.3	0.9~1.1	0.6~0.9	1.6~2.0	1.2~1.6	0.8~1.2	1.7~2.2	1.3~1.7	0.9~1.3
V$_{2,3,4,5}$									
VI$_{1,3,4}$	1.6~1.9	1.2~1.5	0.9~1.2	1.9~2.1	1.4~1.7	1.1~1.4	2.1~2.4	1.6~1.9	1.1~1.4
VI$_2$	1.1~1.4	0.9~1.1	0.6~0.9	1.6~2.2	1.2~1.6	0.7~1.2	1.8~2.3	1.4~1.8	0.9~1.4
VII$_{1,4}$	1.8~2.1	1.4~1.6	1.0~1.3	1.8~2.1	1.4~1.6	1.1~1.2	2.1~2.4	1.6~1.8	1.1~1.3
VII$_{2,6}$				1.8~2.5	1.4~1.8	1.1~1.4	2.2~2.7	1.6~2.1	1.1~1.5
VII$_3$	1.2~1.5	0.9~1.2	0.6~0.9	1.7~2.3	1.3~1.7	0.7~1.3	2.0~2.4	1.6~1.9	1.0~1.6
VII$_5$	2.2~2.6	1.8~2.2	1.4~1.8	2.2~2.6	1.8~2.2	1.4~1.8	2.7~3.1	2.0~2.4	1.3~1.7

注：表中数值为距地表长期积水位的临界高度。

路基临界高度参考值　　　　　　　　　　　　　　　　　　表2-1-6b

公路自然区划	砂　性　土			黏　性　土			粉　性　土		
	H_1	H_2	H_3	H_1	H_2	H_3	H_1	H_2	H_3
II$_{1,2}$				2.7~3.9	2.0~2.2		3.4~3.8	2.6~3.0	1.9~2.2
III$_3$	1.9~2.2	1.3~1.6		2.3~2.7	1.6~2.0		2.8~3.2	2.0~2.4	1.4~1.8

公路自然区划	砂　性　土			黏　性　土			粉　性　土		
	H_1	H_2	H_3	H_1	H_2	H_3	H_1	H_2	H_3
II$_4$				2.4~2.6	1.9~2.1	1.2~1.4	2.6~2.8	2.1~2.3	1.4~1.6
II$_5$	1.1~1.5	0.7~1.1		2.1~2.5	1.6~2.0		2.4~2.9	1.8~2.3	
III$_{1,4}$							2.4~3.0	1.7~2.4	
III$_{2,3}$	1.3~1.7	1.1~1.3	0.9~1.1	2.1~2.7	1.6~2.1	1.2~1.6	2.4~2.8	1.8~2.4	1.4~1.8
IV$_{1,2,3,5}$				1.5~1.9	1.1~1.4	0.8~1.0	1.7~2.1	1.2~1.5	0.8~1.1
IV$_4$	1.0~1.1	0.7~0.8		1.7~1.8	1.0~1.2	0.8~1.0			
IV$_6$	1.0~1.1	0.7~0.8		1.6~2.0	1.1~1.5	0.7~1.1	1.8~2.2	1.3~1.6	0.9~1.1
IV$_7$				1.7~1.8	1.4~1.5	1.1~1.2			
V$_1$	1.3~1.6	1.1~1.3	0.9~1.1	2.0~2.4	1.6~2.0	1.2~1.6	2.2~2.6	1.7~2.2	1.3~1.7
V$_{2,3,4,5}$				1.7~2.2	0.7~1.1	0.3~0.6	1.9~2.5	1.3~1.6	0.5~0.7
VI$_{1,3,4}$	1.9~2.2	1.5~1.8	1.1~1.4	2.2~2.4	1.7~2.0	1.4~1.6	2.4~2.6	1.9~2.2	1.4~1.6
VI$_2$	1.4~1.7	1.1~1.4	0.9~1.1	2.2~2.7	2.2~2.6	1.2~1.6	2.3~2.7	1.8~2.3	1.4~1.8
VII$_{1,4}$	2.1~2.2	1.6~1.9	1.3~1.6	2.1~2.2	1.6~1.9	1.3~1.6	2.3~2.5	1.8~2.0	1.3~1.5
VII$_{2,6}$				2.3~2.8	1.9~2.2	1.6~1.9	2.5~2.9	2.1~2.5	1.6~1.9
VII$_3$	1.5~1.8	1.2~1.5	0.9~1.2	2.3~2.8	1.7~2.3	1.3~1.7	2.4~3.1	2.0~2.4	1.6~2.0
VII$_5$	2.8~3.2	2.2~2.6	1.7~2.1	3.1~3.5	2.4~2.8	1.9~2.3	3.6~4.0	2.0~2.4	1.4~1.8

注:表中数值为距地下水位的临界高度(m)。

在确定新建公路路基干湿类型时,通常要根据路床土的平均稠度、路基高度、有无地下水、地表积水影响等因素,综合论证来确定。

三、路基水、温状况及对路基稳定性的影响

路基稳定性指路基在各种外界因素作用下保持其强度的性质。土基在水的作用下保持其强度的性质叫水稳性,在温度作用下保持其强度的性质叫温度稳定性。路基稳定性包括两种含义:一是指路基整体在车辆荷载及自然因素作用下,不致产生过大的变形和破坏,称为路基整体稳定性;二是指路基在水、温等自然因素的长期作用下保持其强度,称为路基的强度稳定性。

路基的整体稳定性,一方面取决于路基土的强度,另一方面还取决于路基与基底的结合情况(路堤),或边坡岩层的稳定性(路堑)。

气候的变化使土基内的温度和湿度产生坡差,从而引起水分迁移。由于气候有季节性变化,土基内水分的变迁有明显的季节性,使土基的湿度、密实度和强度在一年内亦发生季节性变化。把土基强度最低的季节,称为最不利季节。

我国南方地区,气候因素的变化幅度不如北方大,且自然水系的农田灌溉沟渠密布,土基

的湿度在一年内的季节性变化并不突出。一般情况下，其最不利季节为雨季。

北方地区，由于负温差的影响，土基下层较暖的水分将向上层较冷的土层移动，产生积聚和冻结，引起冻胀。春融时，冻结的水分融化，土基又因为过湿而发生翻浆。因此，土的湿度、密实度和强度在一年内出现极为显著的季节性变化。其最不利季节为春融季节。

根据水温状况对路基强度的影响，在进行路基设计时，必须充分考虑当地的自然环境条件，采取有效措施，保证路基在各种气候条件下具有足够的强度和稳定性。

四、保证路基强度和稳定性的措施

为保证路基强度和稳定性，必须深入进行调查研究，细致分析各种自然因素与路基之间的关系，抓住主要问题，采取有效措施。一般措施如下：

（1）合理选择路基断面形式，正确确定边坡坡度。

（2）选择强度和水、温稳定性良好的土填筑路堤，并采取正确的施工方法。

（3）充分压实土基，提高土基的强度和水稳定性。

（4）搞好地面排水，保证水流畅通，防止路基过湿或水毁。

（5）保证路基有足够高度，使路基工作区保持干燥状态。

（6）设置隔离层或隔温层，切断毛细水上升，阻止水分迁移，减少负温差的不利影响。

（7）采取边坡加固与防护措施，以及修筑支挡结构物。

第五节　路基土的分类与工程性质

一、路基土的分类

我国公路用土依据土的颗粒组成特征，土的塑性指标和土中有机质存在的情况，分为巨粒土、粗粒土、细粒土和特殊土四类。土的颗粒组成特征用不同粒径粒组在土中的百分含量表示。不同粒组的划分界限及范围见表 2-1-7 所列。土分类总体系包括四类并且细分为 12 种，如图 2-1-13 所示。

粒 组 划 分 表　　　　　　　　　　　　　　　表 2-1-7

粒径	200	60	20	5	2	0.5	0.25	0.074	0.002（mm）
巨粒组		粗粒组							细粒组
漂石（块石）	卵石（小块石）	砾（角砾）			砂			粉粒	黏粒
		粗	中	细	粗	中	细		

巨粒组质量多于总质量 50% 的土称为巨粒土。巨粒土又分为漂石土和卵石土。

粗粒土分砾类土和砂类土两种。粗粒土中砾粒组质量多于砂粒组质量的土称为砾类土。粗粒土中砾粒组质量小于或等于砂粒组质量的土称为砂类土。

细粒组土粒质量多于或等于总质量 50% 的土称为细粒土。细粒土中粗粒组质量小于总质量 25% 的土称为粉质土或黏质土。粗粒组质量为总质量 25% ~ 50% 的土称为含粗粒的粉质土或含粗粒的黏质土。有机质含量多于或等于总质量的 5%，且少于总质量 10% 的土称为有机质土。

```
                              土
      ┌──────────┬──────────┼──────────────────┐
    巨粒土      粗粒土      细粒土             特殊土
   ┌───┴───┐  ┌───┴───┐  ┌───┼───┐    ┌────┬────┬────┬────┐
  漂  卵   砾  砂    粉  黏  有     黄  膨  红  盐  冻
  石  石   类  类    质  质  机     土  胀  黏  渍  土
  土  土   土  土    土  土  质          土  土  土
                              土
```

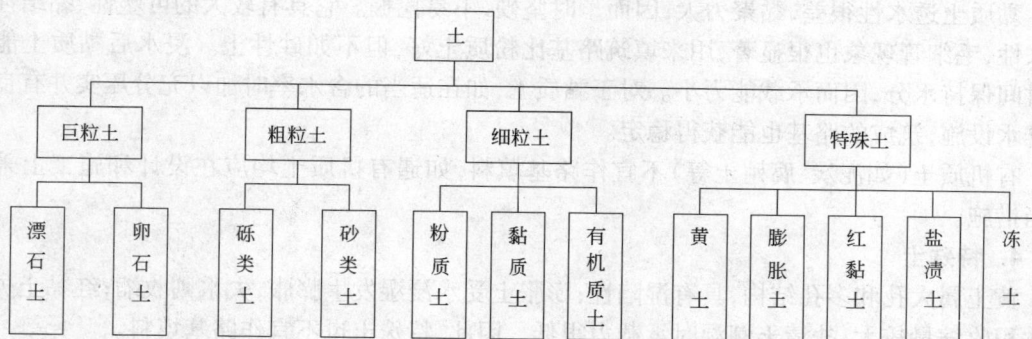

图 2-1-13　土分类总体系

特殊土主要包括黄土、膨胀土、红黏土和盐渍土。黄土、膨胀土、红黏土按塑性指数和液限划分,据特殊塑性图上的位置定名。黄土属低液限黏土, $w_L < 40\%$;膨胀土属高液限黏土, $w_L > 50\%$;红黏土属高液限粉土, $w_L > 55\%$ 。盐渍土按照土层中所含盐的种类和质量百分率进行分类,分为弱盐渍土、中盐渍土、强盐渍土、过盐渍土。

二、路基土的工程性质

公路用土具有不同的工程性质,在选择路基填筑材料,以及修筑稳定土路面结构层时,应根据不同的土类分别采取不同的工程技术措施。

1. 巨粒土

巨粒土有很高的强度及稳定性,是填筑路基的很好材料。对于漂石土,在码砌边坡时,应正确选用边坡值,以保证路基稳定。对于卵石土,填筑时应保证有足够的密实度。

2. 粗粒土

砾类土由于粒径较大,内摩擦力亦大,因而强度和稳定性均能满足要求。级配良好的砾类土混合料,密实度好。对于级配不良的砾类土混合料,填筑时应保证密实度,防止由于空隙大而造成路基积水、不均匀沉陷或表面松散等病害。

砂类土又可分为砂、含细粒土砂(或称砂土)和细粒土质砂(或称砂性土)三种。

砂和砂土无塑性,透水性强,毛细上升高度很小,具有较大的摩擦系数,强度和水稳定性均较好。但由于黏性小,易松散,压实困难,需要振动法或灌水法才能压实。为克服这一缺点,可添加一些黏质土,以改善其使用质量。

砂类土既含有一定数量的粗颗粒,使路基具有足够的强度和水稳性,又含有一定数量的细粒土,使其具有一定的黏性,不致过分松散。一般遇水干得快,不膨胀,干时有足够的黏结性,扬尘少,容易被压实。因此,砂性土是修筑路基的良好材料。

3. 细粒土

粉质土为最差的筑路材料。它含有较多的粉土粒,干时稍有黏性,但易被压碎,扬尘性大,浸水时很快被湿透,易成稀泥。粉质土的毛细作用强烈,上升高度快,毛细上升高度一般可达 $0.9 \sim 1.5\mathrm{m}$,在季节性冰冻地区,水分积聚现象严重,造成严重的冬季冻胀,春融期间出现翻浆,固又称翻浆土。如遇粉质土,特别是在水文条件不良时,应采取一定的措施,改善其工程性质。

黏质土透水性很差，黏聚力大，因而干时坚硬，不易挖掘。它具有较大的可塑性、黏结性和膨胀性，毛细管现象也很显著，用来填筑路基比粉质土好，但不如砂性土。浸水后黏质土能较长时间保持水分，因而承载能力小。对于黏质土，如在适当的含水率时加以充分压实并有良好的排水设施，筑成的路基也能获得稳定。

有机质土（如泥炭、腐殖土等）不宜作路基填料，如遇有机质土均应在设计和施工上采取适当措施。

4. 特殊土

黄土属大孔和多孔结构，具有湿陷性；膨胀土受水浸湿发生膨胀，失水则收缩；红黏土失水后体积收缩量较大；盐渍土潮湿时承载力很低。因此，特殊土也不宜作路基填料。

第二章 一般路基设计

一般路基指在良好的水文地质等条件下,填方边坡高度不超过20m、土质路堑边坡高度不大于20m、岩质路堑边坡高度不超过30m,并可以结合当地的地形、地质情况直接选用长期生产实践和科学研究总结拟定的典型横断面图或设计规范进行设计,而不必进行个别论证和验算的路基。对于超过规范规定高度的高填、深挖路基,以及特殊水文地质条件下的路基,即特殊路基,必须进行个别设计和验算,合理地选择路基断面形式,正确确定边坡坡度,以及相应的防护和加固结构措施。

为了确保路基的强度与稳定性,使路基在各种外界因素作用下,不致产生不允许的变形,路基的整体结构设计中还必须包括路基排水、路基防护与加固,以及与路基工程直接相关的附属设施(如弃土堆、取土坑、护坡道、碎落台、堆料坪和错车道等)的设计。因此,路基设计的内容一般包括以下几个方面。

(1)路基主体工程。路基主体设计包括选择路基横断面形式,确定路基宽度、路基高度、路基边坡坡度,选择路堤填料与压实标准等。

(2)路基排水。根据沿线地表水流及地下水埋藏情况,进行沿线排水系统的总体布置,以及地面排水设施和地下排水设施的设计。

(3)路基防护与加固。防护与加固设计内容有坡面防护、沿河路基防护及支挡结构物的布置、构造设计与计算等。

(4)路基工程的附属设施。包括取土坑与弃土堆、护坡道与碎落台、堆料坪与错车道等的布置与计算。

第一节 路基标准横断面

公路路线设计确定的路基高程与天然地面高程通常是不同的,路基设计高程低于天然地面时,需要开挖;路基设计高程高于天然地面时,需要填筑。由于填挖情况的不同,路基标准横断面形式可归纳为路堤、路堑、填挖结合及不填不挖四种形式。路堤是指高于原地面的填方路基,路堑是指低于原地面的挖方路基,此两者是路基的基本类型。当天然地面横坡大,且路基较宽,需一侧开挖而另一侧填筑时,称为填挖结合路基,也叫半填半挖路基。当原地面较平坦且与路基设计高程基本相同,基本不填不挖,构成零填零挖路基(或称不填不挖),这是一种特殊的路基形式。在丘陵或山岭地区的路线上,填挖结合路基是路基横断面的主要形式。

一、路堤

按填土高度不同,路堤可划分为矮路堤、一般路堤和高路堤。填方边坡高度小于1.0 ~ 1.5m者属于矮路堤;填方边坡高度在1.5 ~ 20m范围的路堤为一般路堤;填方边坡高度大于

20m 的路堤属于高路堤。根据路堤所处环境条件和加固类型的不同,还有浸水路堤、护脚路堤及挖沟填筑路堤等形式。图 2-2-1 为几种常见的路堤断面形式。

矮路堤通常在地形平坦地区,取土困难时选用。由于平坦地区地势低,水文条件较差,易受地下水和地表水的影响,设计时应满足最小填土高度要求,力求不低于干燥或中湿状态的路基临界高度,使路基处于干燥或中湿状态,并在路基的两侧设置边沟。由于矮路堤高度通常接近或小于路基工作区的深度,施工中,除填土本身要满足规定的压实度要求外,天然地面亦应进行压实,达到规定的压实度。必要时需采取清除基底、换土,设置隔离层,排除地下水或降低地下水位等措施,以保证路基路面的强度和稳定性。

填方高度在 1.5~20m 范围内的一般路堤,填方数量较少,全部填方或部分填方,可在两侧设置取土坑,使之与排水沟渠结合。为保护填方坡脚不受流水侵蚀,保证边坡稳定,可在坡脚与填方之间预留 1~2m 甚至 4m 以上宽度的护坡道(图 2-2-1b、c)。原地面倾斜的全填路堤,当地面横坡为 1:5~1:2.5 时,为防止填方路堤沿山波滑动,应将天然地面挖成台阶,台阶宽度不应小于 2.0m,向内倾斜 1%~2%,或将原地面凿毛(石质地面)。原地面横坡陡于 1:2.5,则宜设置石砌护脚等横断面形式(图 2-2-1d)。

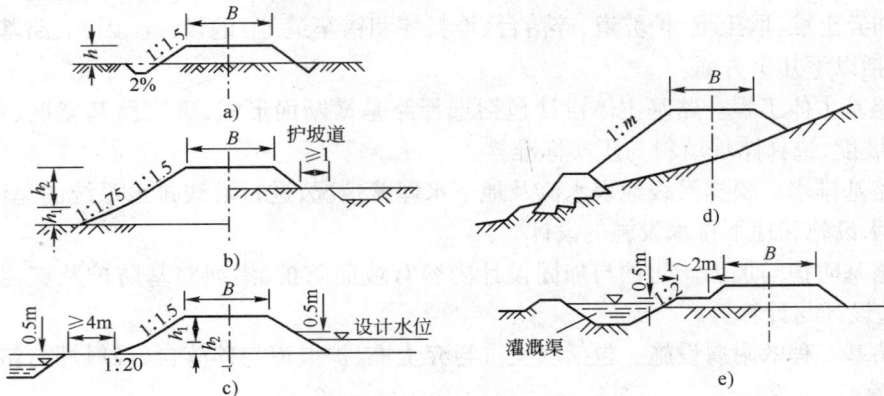

图 2-2-1　路堤的几种常用横断面形式
a)矮路堤；b)一般路堤；c)浸水路堤；d)护脚路堤；e)挖沟填筑路堤

一般路堤可不设边沟。沿河路堤浸水部分,其边坡应按规定放缓或采取防护与加固措施。

高路堤的填方数量大,占地多,为使路基稳定和断面经济合理,需进行个别设计。高路堤和浸水路堤的边坡可采用上陡下缓的折线式(图 2-2-1b)或台阶形式,如在边坡中部设置护坡道。为防止水流侵蚀和冲刷坡面,高路堤和浸水路堤的边坡,需采取适当的坡面防护和加固措施。

二、路堑

图 2-2-2 是路堑的几种常见断面形式,有全挖式、台口式和半山洞三种。

路堑开挖破坏了原地面的天然平衡状态,其稳定性主要取决于土壤地质与水文条件,以及边坡的高度和边坡坡度,因此路堑的设计需要根据土壤地质条件、水文条件和边坡高度,设置成直线式、折线式或台阶式边坡(图 2-2-2a),并选择合适的边坡坡度。

水文状况对路堑的影响较大,地质条件越差,水的破坏作用越明显。因此,路堑排水至关重要。挖方边坡的坡脚处必须设置边沟,以汇集和排除路基范围内的地表径流。为防止大量地表水流向路基,造成坡面冲刷和边沟溢流,路堑的上方应设置一道或多道截水沟(图 2-2-2a)。截水沟的弃土可堆放在其下方。若边坡坡面为易风化的岩石,在坡脚处(边沟外侧)应设置碎落台,其宽度不宜小于 1.0m,或对坡面采取防护措施。台阶式边坡中部应设置边坡平台,其宽度不宜小于 2.0m。

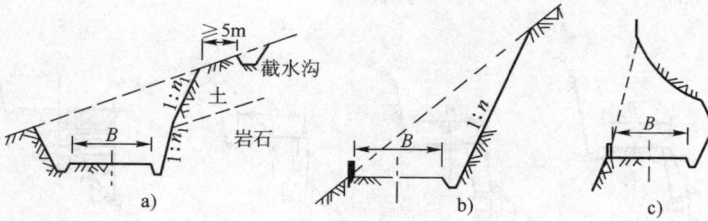

图 2-2-2 路堑的几种常用横断面形式
a)全挖路基;b)台口式路基;c)半山洞路基

陡峻山坡上的半路堑,路中线宜向内侧移动,尽量采用台口式路基(图 2-2-2b),避免路基外侧的少量填方。遇有整体性的坚硬岩层,为节约石方工程,可采用半山洞路基(图 2-2-2c)。

如挖方路基所处土层水文状况不良,经常发生水分积聚现象,可能会导致路面的破坏,在这种情况下,路堑以下的天然土基要人工压实至规定的密实程度,必要时还应翻挖、重新分层填筑或换土,或采取加铺隔离层,设置必要的地下排水设施等措施。

路堑由天然地层开挖而成,其构造取决于当地的自然条件,如岩土类型、地质构造、水文等。此外,路堑成巷道式,受排水、通风、日照影响,病害多于路堤,且行车视距差、行车条件和景观要求亦有所降低,施工难度大。所以设计时,应尽量少用很深的长路堑,必需时要选用合适的边坡率及边坡形式,以确保边坡的稳定可靠。同时加强排水,处治基底,保证基底不致产生水稳情况的恶化。

三、填挖结合路基

图 2-2-3 是几种填挖结合路基(半填半挖路基)常见的横断面形式。

位于山坡上的路基,通常取路中心的高程接近原地面高程,以减少土石方数量,避免高填深挖和保持土石方数量的横向填挖平衡。若处理得当,路基稳定可靠,是比较经济的路基横断面形式。

填挖结合路基兼有路堤和路堑两者的特点,因此均应满足前述路堤和路堑的设计要求。填方部分的原地面横坡为 1:5 ~ 1:2.5 时,土质地面应挖台阶或石质地面应凿毛(图 2-2-3a);填方部分的局部路段,如遇原地面的短缺口,可采用石砌护肩(图 2-2-3c)。如果填方量较大,可就近利用废弃石方砌筑护坡或护墙。砌石护坡和护墙相当于简易式挡土墙,承受一定的侧向压力,要求坚固稳定。有时为了保证路基的稳定,压缩用地宽度,可在填方部分设置路肩(或路堤)式挡土墙。石砌护肩、护坡与护墙,以及挡土墙等路基形式见图 2-2-3c) ~ f);如果填方部分悬空,而纵向又有埋深较浅的基岩,则可以沿路基纵向建成半山桥路基(图 2-2-3g)。

从路基稳定性需要考虑,陡坡路基一般应"宁挖勿填"或"多挖少填";在陡峭山坡上,尤其是沿溪路线,为减少石方的开挖数量,避免大量废方阻塞溪流,有时又需要少挖多填。因此,填

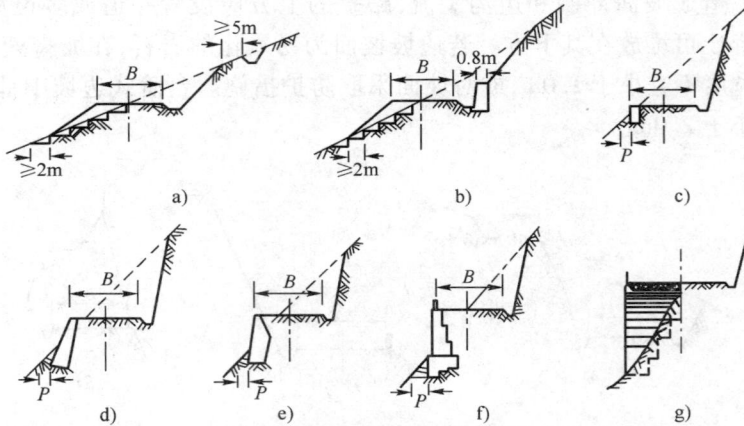

图 2-2-3 半填半挖路基的几种常用横断面形式

a)一般填挖路基;b)矮挡土墙路基;c)护肩路基;d)砌石护坡路基;e)砌石护墙路基;f)挡土墙路基;g)半山桥路基

挖结合的路基,在选定路线和线形设计时,应予统一安排,进行路线的平、纵、横三者综合设计,权衡利弊,择优而定。

当路线通过山岭区的山脊时,路基还有一种特殊形式,也就是出现零填挖的不填不挖路基。

第二节　路基的基本构造

路基本体由宽度、高度和边坡坡度三者构成。路基宽度取决于公路等级、设计速度与车道数;路基高度(包括路中心线的填挖深度,路基两侧的边坡高度)取决于路线的纵坡设计及地形;路基边坡坡度取决于土质、地质构造、水文条件及边坡高度,并由边坡稳定性和横断面经济性等因素比较确定。路基宽度、高度和边坡坡度是路基本体设计的基本要素,就路基稳定性和横断面经济性的要求而论,路基的边坡坡度及相应的防护、加固措施,是路基本体设计的基本内容。

一、路基宽度

路基宽度为车道宽度与路肩宽度之和,当设有中间带、加(减)速车道、爬坡车道、紧急停车带、错车道等时,应计入这些部分的宽度;城市道路路基宽度还包括人行道、非机动车道、绿化带的宽度,以及设置照明等设施所需宽度在内。

行车道供机动车行驶,两侧路肩可保护行车道稳定,并兼供临时停车及行人和非机动车通行。行车道宽度应满足车辆行驶需要,一般每个车道宽度为 3.0 ~ 3.75m。路肩分硬路肩与土路肩,土路肩最小宽度为 0.5m,硬路肩为 0.75m。城镇近郊行人与非机动车较集中,路肩宽度应尽可能增大,一般取 1 ~ 3m,并予以铺筑硬质面层,提高路肩利用率,保证路面行车不受干扰。中间带宽度应满足设置必要的安全、防眩和导向等设施的需要。

公路路基宽度组成如图 2-2-4 所示,各级公路的路基宽度的要求见表 2-2-1。公路路基宽度因技术等级及具体要求的不同。

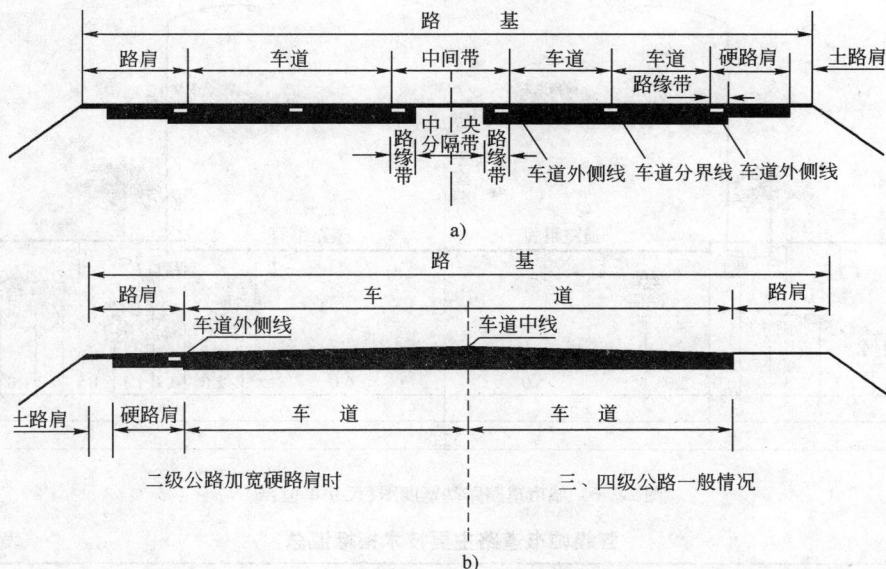

图 2-2-4 公路路基宽度图

a)高速公路和一级公路;b)二、三、四级公路

各级公路路基宽度 表 2-2-1

公 路 等 级		高速公路、一级公路								
设计速度(km/h)		120			100			80		60
车道数		8	6	4	8	6	4	6	4	4
路基宽度 (m)	一般值	45.0	34.5	28.0	44.0	33.5	26.0	32.0	24.5	23.0
	最小值	42.0	—	26.0	41.0	—	24.5	—	21.5	20.0
公 路 等 级		二级公路、三级公路、四级公路					
设计速度(km/h)		80	60	40	30	20	
车道数		2	2	2	2	2 或 1	
路基宽度 (m)	一般值	12.0	10.0	8.5	7.5	6.5 (双车道)	4.5 (单车道)
	最小值	10.0	8.5	—	—	—	

注:①"一般值"为正常情况下的采用值;"最小值"为条件受限制时可采用的值。

②八车道高速公路路基宽度"一般值"为设置左侧硬路肩、内侧车道采用3.50m时的宽度。

③八车道高速公路路基宽度"最小值"为不设置硬路肩、内侧车道宽度采用3.75m时的宽度。

城市道路路幅布置如图2-2-5所示,路基宽度与构造典型图示如图2-2-6所示,各级城市道路的横断面采用形式可参考表2-2-2。

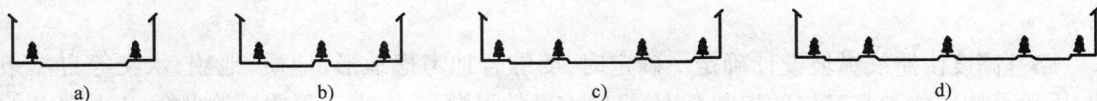

图 2-2-5 城市道路横断面布置形式

a)单幅路;b)双幅路;c)三幅路;d)四幅路

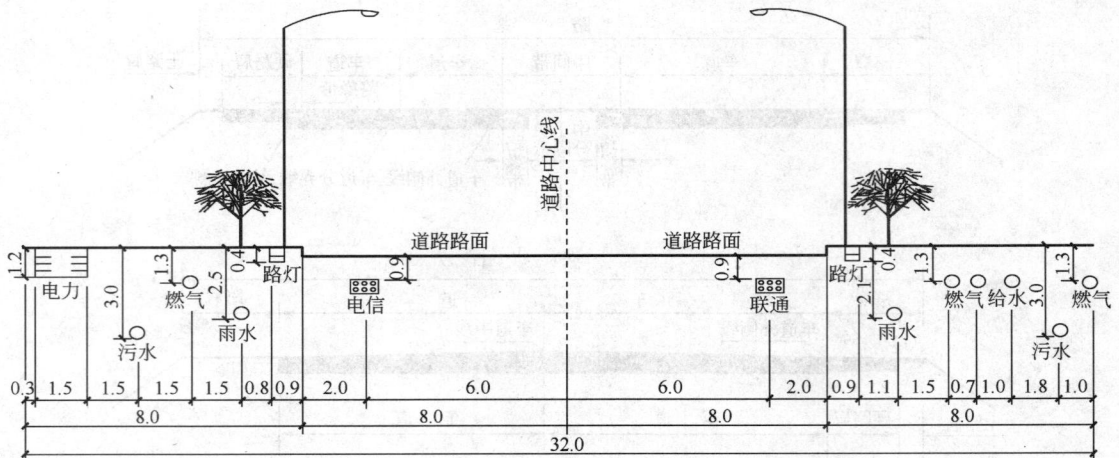

图 2-2-6　城市道路路基宽度图（尺寸单位：m）

各级城市道路主要技术指标汇总　　　　　表 2-2-2

项目 类别	级别	设计速度 （km/h）	双向机动车 车道数（条）	机动车道 宽度（m）	分隔带 设置	横断面采 用形式
快速路		60～80	≥4	3.75	必须设	双、四幅路
主干路	I	50～60	≥4	3.75	应设	单、双、三、四
	II	40～50	3～4	3.75	应设	单、双、三
	III	30～40	2～4	3.5～3.75	可设	单、双、三
次干路	I	40～50	2～4	3.75	可设	单、双、三
	II	30～40	2～4	3.5～3.75	不设	单
	III	20～30	2	3.5	不设	单
支路	I	30～40	2	3.5	不设	单
	II	20～30	2	3.5	不设	单
	III	20	2	3.5	不设	单

注：①各类道路依城市规模、交通量、地形分为 I、II、III 级，大城市采用 I 级，小城市采用 III 级；
　　②设计年限规定：快速路和主干路为 20 年；次干路 15 年；支路 10～15 年。

二、路基高度

路基高度指路基设计高程与路中线原地面高程之差（亦称为施工高度），即路堤的填筑厚度或路堑的开挖深度。路基设计高程通常以路基边缘为标准，在设置超高、加宽地段，则为设置超高、加宽前的路基边缘高程。边坡高度指填方坡脚或挖方坡顶高程与路基设计高程之差。当原地面平坦时，路基高度与边坡高度相等，而山坡地面上，两者不等，且两侧边坡高度亦不相等。

路基高度由路线纵坡设计确定。确定时，要综合地考虑地形、地质、地貌、水文等自然条件，桥涵等构造物与交叉口的控制高度，纵向坡度的平顺，土石方工程数量的平衡，以及路基的强度与稳定性等因素，以得出合理的路基高度。

挖方路基（深路堑）不仅挖方工程量大，施工面狭窄，行车条件差，且边坡稳定性差。而高填方路基(高路堤)占地面积大,工程量集中,且往往同桥涵等人工构造物连成一体,受水的浸蚀和冲刷较严重。因此,从路基稳定性出发,在填挖较大的路段,要认真考虑路基的高填与深挖的可行性,并进行单独设计。

路堤的最小填筑高度,应根据临界高度,并结合沿线具体条件和排水及防护措施,按照公路等级及有关的规定确定,一般应保证路基处于干燥或中湿状态。

沿河及受水浸淹的路基,其高度一般应根据《公路工程技术标准》(JTG B01—2003)所规定的设计洪水频率(表2-2-3)求得设计水位,再增加0.5m的安全高度;如果河道因路堤而压缩河床使上游有壅水,或河面宽阔而有风浪,那么还应增加壅水的高度和波浪冲上路堤的高度。沿河浸水路堤的高度,应高出上述各值之和,以保证路基不致被淹没,并据此进行路基的防护与加固。

路基设计洪水频率　　　　　　　　　表2-2-3

公 路 等 级	高 速 公 路	一	二	三	四
设计洪水频率	1/100	1/100	1/50	1/25	视具体情况而定

三、路基边坡坡度

确定路基边坡坡度是路基设计的基本任务。公路路基边坡的坡度,用边坡高度 H 与边坡宽度 b 之比值表示,并取 $H=1$,如图2-2-7所示,$H:b=1:0.5$(路堑边坡)或 $1:1.5$(路堤边坡),通常用 $1:n$ 或 $1:m$ 表示其比率(称为边坡坡率),图中 $n=0.5$,$m=1.5$。

路基的边坡坡度关系到路基的稳定和工程投资,尤其是陡坡地段的路堤及较深路堑的挖方边坡,不仅工程量大,施工难度高,而且是路基稳定性的关键所在。如果地质水文条件较差,往往病害严重,持续年限很长,在水作用下导致边坡坍塌破坏,影响道路的正常运营。因此确定路基边坡坡度,对路基稳定和断面经济至为重要,在设计时,要全面考虑,力求合理。

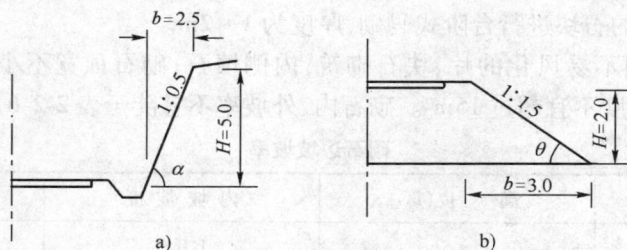

图2-2-7 路基边坡坡度示意图

1. 路堤边坡

路堤边坡的形式和坡率应根据路堤填料的物理力学性质、边坡高度和工程地质条件确定。根据路堤填料不同,分为土质和石质两种情况。

1)土质路堤边坡

当地质条件良好,土质路堤边坡高度不大于20m时,其边坡坡度不宜陡于表2-2-4的规定。对于边坡高度大于20m的路堤,其边坡形式宜采用阶梯形,坡率由稳定性分析计算确定,并应进行个别设计。

对于浸水路堤，设计水位以下部分视填料情况，边坡坡度不陡于1:1.75（水下部分采用1:1.75～1:2.0，在常水位以下部分可采用1:2～1:3），并视水流情况采取加固措施。

路堤边坡坡率　　　　　　　　表2-2-4

填料类别	边坡坡度	
	上部高度（$H \leq 8$ m）	下部高度（$H \leq 12$ m）
细粒土	1:1.5	1:1.75
粗粒土	1:1.5	1:1.75
巨粒土	1:1.3	1:1.5

2）填石路堤边坡

当公路沿线有大量天然石料或开挖路堑的废石方时，可以用来填筑路堤。填石路堤可采用与土质路堤相同的断面形式，填石路堤的边坡坡率应根据填石料的种类、边坡高度和基底的地质条件确定。易风化岩石与软质岩石用作填料时，应按土质路堤边坡设计。在路堤基底良好时，填石路堤边坡坡率不宜陡于表2-2-5的规定。

填石路堤边坡坡率　　　　　　　　表2-2-5

填石料种类	边坡坡度	
	上部高度（$H \leq 8$ m）	下部高度（$H \leq 12$ m）
硬质岩石	1:1.1	1:1.3
中硬岩石	1:1.3	1:1.5
软质岩石	1:1.5	1:1.75

注：填石料按单轴饱和抗压强度分为硬质岩石、中硬岩石和软质岩石，其单轴饱和抗压强度分别为大于60MPa、30～60 MPa和5～30 MPa。

填石路堤边坡较高时，可在边坡中部设边坡平台，平台宽度为1～3m。中硬和硬质岩石及以上填石路堤应进行边坡码砌，边坡码砌应采用强度大于30MPa的不易风化的石料，边坡坡面应选用大于25cm的石块进行台阶式码砌，厚度为1～2m。

砌石路基应选用不易风化的片、块石砌筑，内侧填石；砌石顶宽不小于0.8m，基底面以1:5向内倾斜，砌石高度不宜超过15m。砌石内、外坡率不宜陡于表2-2-6。

砌石边坡坡率　　　　　　　　表2-2-6

序　号	高　度(m)	内坡坡度	外坡坡度
1	≤ 5	1:0.3	1:0.5
2	≤ 10	1:0.5	1:0.67
3	≤ 15	1:0.6	1:0.75

2. 挖方路基（路堑）边坡

路堑是在天然地面上开挖后形成的路基结构形式。其边坡坡度与边坡的高度、坡体土石性质、地质构造特征、岩石的风化和破碎程度、地面水和地下水等因素有关。

1）土质路堑

土质（包括粗粒土）路堑边坡形式及坡率应根据工程地质与水文地质条件、边坡高度、排水措施、施工方法，并结合自然稳定山坡和人工边坡的调查及力学分析综合确定。边坡高度不大于20m时,边坡坡率不宜陡于表2-2-7的规定值。路堑高度大于20m时,其边坡形式及坡率应进行个别勘察设计。

土质路堑边坡坡率 表2-2-7

土 的 类 别		边 坡 坡 率
黏土、粉质黏土、塑性指数大于3的粉土		1:1
中密以上的中砂、粗砂、砾砂		1:1.5
卵石土、碎石土、圆砾土、角砾土	胶结和密实	1:0.75
	中密	1:1

注:①边坡较矮或土质比较干燥的路段,可采用较陡的边坡坡度;边坡较高或土质比较潮湿的路段,可采用较缓的边坡坡度。
②开挖后,密实程度很容易变松的砂类土及砾类土等路段,应采用较缓的边坡坡度。
③土的密实程度的划分见表2-2-8。

土的密实程度划分表 表2-2-8

分 级	试 坑 开 挖 情 况
较松	铁锹很容易铲入土中,试坑坑壁容易坍塌
中密	天然坡面不易陡立,试坑坑壁有掉块现象,部分需用镐开挖
密实	试坑坑壁稳定,开挖困难,土块用手使力才能破碎,从坑壁取出大颗粒处能保持凹面形状
胶结	细粒土密实度很高,粗颗粒之间呈弱胶结,试坑用镐开挖很困难,天然坡面可以陡立

2)岩质路堑

岩质路堑边坡形式及坡率应根据工程地质与水文地质条件、边坡高度、施工方法,结合自然稳定边坡和人工边坡的调查综合确定。必要时可采用稳定性分析方法予以检算。岩石的种类、风化和破碎程度及边坡的高度是决定坡率的主要因素,当岩质路堑边坡高度不大于30m时,无外倾软弱结构面的边坡可根据这些因素按表2-2-9a及表2-2-9b确定岩体类型,按表2-2-10确定边坡坡率。

岩质边坡岩体分类表 表2-2-9a

判定条件 / 边坡岩体类型	岩体完整程度	结构面结合程度	结构面产状	直立边坡自稳能力
I	完整	结构面结合良好或一般	外倾结构面或外倾不同结构面的组合线倾角大于75°或小于35°	30m高边坡长期稳定,偶有掉块
II	完整	结构面结合良好或一般	外倾结构面或外倾不同结构面的组合线倾角75°~35°	15m高的边坡稳定,15~30m高的边坡欠稳定
	完整	结构面结合差	外倾结构面或外倾不同结构面的组合线倾角大于75°或小于35°	
	较完整	结构面结合良好或一般或差	外倾结构面或外倾不同结构面的组合线倾角小于35°,有内倾结构面	边坡出现局部塌落

续上表

判定条件 边坡岩体类型	岩体完整程度	结构面结合程度	结构面产状	直立边坡自稳能力
III	完整	结构面结合差	外倾结构面或外倾不同结构面的组合线倾角35°～75°	8m高的边坡稳定，15m高的边坡欠稳定
	较完整	结构面结合良好或一般	外倾结构面或外倾不同结构面的组合线倾角75°～35°	
	较完整	结构面结合差	外倾结构面或外倾不同结构面的组合线倾角大于75°或小于35°	
	较完整 （碎裂镶嵌）	结构面结合良好或一般	结构面无明显规律	
IV	较完整	结构面结合差或很差	外倾结构面一层面为主，倾角多为35°～75°	8m高的边坡不坡稳
	不完整 （散体、碎裂）	碎块间结合很差		

注：①边坡岩体分类中未含由软弱结构面控制的边坡和倾倒崩塌型破坏的边坡。

②I类岩体为软岩、较软岩时，应降为II类岩体。

③当地下水发育时，II、III类岩体可视具体情况降低一档。

④强风化岩和极软岩可划为IV类岩体。

⑤表中外倾结构面系指倾向与坡向的夹角小于30°的结构面。

⑥岩体完整程度按表2-2-9b确定。

岩体完整程度划分　　　　　　　　　　　　　　　　表2-2-9b

岩体完整程度	结构面发育程度	结构类型	完整性系数 K_V
完整	结构面1～2组，以构造节理和层面为主，密闭型	巨块状整体结构	>0.75
较完整	结构面2～3组，以构造节理和层面为主，裂隙多呈密闭型，部分为微张型，少有充填物	块状结构、层状结构、镶嵌碎裂结构	0.35～0.75
不完整	结构面大于3组，在断层附近受构造作用影响较大，裂隙以张开型为主，多有填充物，厚度较大	碎裂状结构、散体结构	<0.35

注：①完整性系数 $K_V = \left(\dfrac{V_R}{V_P}\right)^2$，$V_R$——弹性纵波在岩体中的传播速度；$V_P$——弹性纵波在岩块中的传播速度。

②镶嵌碎裂结构为破碎结构中碎块较大且相互咬合、稳定性相对较好的一种结构。

岩质路堑边坡坡率　　　　　　　　　　　　　　　　表2-2-10

边坡岩体类型	风化程度	边坡坡率	
		$H < 15m$	$15m \leqslant H < 30m$
I类	未风化、微风化	1:0.1～1:0.3	1:0.1～1:0.3
	弱风化	1:0.1～1:0.3	1:0.3～1:0.5
II类	未风化、微风化	1:0.1～1:0.3	1:0.3～1:0.5
	弱风化	1:0.3～1:0.5	1:0.5～1:0.75

边坡岩体类型	风化程度	边 坡 坡 率	
		$H < 15m$	$15m \leqslant H < 30m$
III 类	未风化、微风化	1:0.3 ~ 1:0.5	
	弱风化	1:0.5 ~ 1:0.75	
IV 类	弱风化	1:0.5 ~ 1:1	
	强风化	1:0.75 ~ 1:1	

注:①有可靠的资料和经验时,可不受本表限制。
②IV 类强风化包括各类风化程度的极软岩。

边坡高度大于 20m 的软弱松散岩质路堑,宜采用分层开挖、分层防护和护脚与加固等技术措施。当挖方边坡较高,可根据不同的土质、岩石性质和稳定要求开挖成折线式或台阶式边坡,边沟外侧应设置碎落台,其宽度不宜小于 1.0m。台阶式边坡中部应设置边坡平台(护坡道),边坡平台的宽度不宜小于 2m。

由于地表岩层和自然条件,以及路基的构造要求与形式变化极大,岩质路堑边坡率难以定型,表列数值为一般条件下的经验值,运用时应结合当地的工程地质条件和水文条件,参考各地现有自然稳定山坡和人工成型稳定的山坡,加以对比选用。对于土质挖方边坡高度超过20m、岩质挖方边坡高度超过 30m 和不良地质地段的路堑边坡,应进行个别勘察设计和稳定性验算,以及采取排水、护坡与加固等技术措施。

第三节　路基附属设施简介

除路基本体结构及排水、防护与加固等主体工程外,与一般路基工程有关的附属设施有:取土坑、弃土堆、护坡道、碎落台、堆料坪及错车道等。这些设施是路基设计的组成部分,为保证路基的强度、稳定性和行车安全,正确合理地对其设计是十分重要的。

一、取土坑与弃土堆

路基土石方的挖填平衡,是公路路线设计的基本原则,但实际工程中往往难以做到完全平衡。土石方数量经过合理调配后,仍然会有部分借方和弃方(又称废方)。为了使土石的借弃不破坏周围环境和影响路基稳定,路基土石方的借弃,要合理选择地点,即合理确定取土坑或弃土堆的位置。选点时要兼顾土质、数量、用地及运输条件等因素,弃之无害。借弃所形成的坑或堆,要求尽量结合当地地形,充分加以利用,并注意外形规整,弃堆稳固。对高等级公路或位于城郊附近的干线公路尤应注意环境保护与景观绿化。

平坦地区,如果用土量较少,可以沿路两侧设置取土坑,并与路基排水和农田灌溉相结合。路旁取土坑,大致如图 2-2-8 所示,深度约 1.0m 或稍大一些,宽度依用土数量和用地允许而定。为防止坑内积水危害路基,当堤顶与坑底高差小于 2.0m 时,在路基坡脚与坑之间需设宽度 1.0m 的护坡平台,坑底设纵横排水坡及相应设施。

河水淹没地段的桥头引道近旁,一般不设取土坑,如设取土坑要距河流中水位边界 10m以外,并与导治结构物位置相适应。此类取土坑要求水流畅通,不得长期积水危及路基或构造物的稳定。

兼作排水的取土坑，应确保水流通畅排泄，其深度不宜超过该地区地下水水位，并应与桥涵进口高程相衔接；其纵坡不应小于0.2%，平坦地段也不应小于0.1%。

路基开挖的废方，应尽量加以利用，如用以加宽路基或加固路堤，填补坑洞或路旁洼地，亦可兼顾农田水利或基建等所需，做到变废为用，弃而不乱。

废方一般选择路边低洼地，就近弃堆。原地面倾斜坡度小于1:5时，路旁两侧均可设弃土堆，地面较陡时，宜设在路基下方。沿河路基爆破后的废石方，往往难以远运，条件许可时可以部分占用河道，但要注意河道压缩后，不致壅水危及上游路基及附近农田，或产生泥沙淤积，影响河道畅通。

图2-2-9所示为路旁弃土堆一例，要求堆弃整齐，顶面具有适当横坡，并设平台、三角土块及排水沟，宽度d与地面土质有关，最小为3.0m，最大可按路堑深度加5.0m，即$d \geq H + 5.0$m。积砂或积雪地段的弃土堆，宜有利于防沙防雪，可设在迎风面一侧，并具有足够距离。

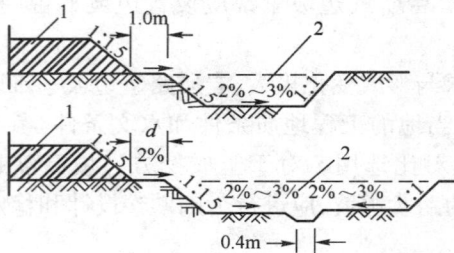

图2-2-8　路旁取土坑示意图
1-路堤；2-取土坑

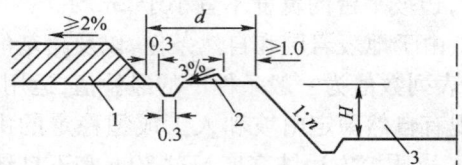

图2-2-9　路旁弃土堆示意图
1-弃土堆；2-平台与三角方块；3-路堑

二、护坡道与碎落台

护坡道是保护路基边坡稳定性的措施之一，设置目的是加宽边坡横向距离，减小边坡平均坡度，如图2-2-10所示。护坡道愈宽，愈有利于边坡稳定，宽度大，则工程数量亦随之增加，因此，确定护坡道的宽度要兼顾边坡稳定性与经济合理性。一般情况下，护坡道宽度不宜小于2m。

碎落台设于土质和石质挖方边坡的坡脚处（边沟外侧），主要供零星土石碎块下落时临时堆积，保护边沟不致阻塞，亦有护坡道的作用。碎落台宽度不宜小于1.0m，一般为1~3m。如兼有护坡作用，可适当放宽。碎落台上的堆积物应定期清理。

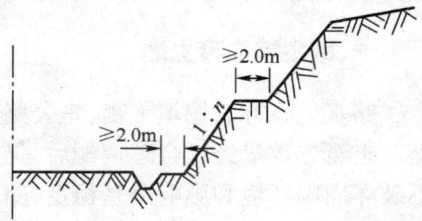

图2-2-10　碎落台与护坡道示意图

三、堆料坪与错车道

路面养护所用的矿质材料，可就近选择路旁适当地点堆置备用。亦可在路肩外缘设堆料坪，其面积可结合地形与材料数量而定，例如每隔50~100m设一个堆料坪，长5~8m，宽2m。高级路面或采用机械化养路的路段，可以不设，或另设集中备用料场，以维护公路外形的视觉平顺和景观优美。

单车道四级公路，由于双向行车会车和相互避让的需要，通常应在不大于300m的距离内选择有利地点设置错车道，使驾驶人员能看到相邻两错车道间驶来的车辆。错车道处路基宽度≥6.5m,有效长度≥20m,两端各有长度为10m的过渡段。错车道是单车道路基的一个组成部分,应与路基同时设计与施工。

第四节 路基压实与强度要求

一、土基压实

1. 土基压实机理

土是由固体土颗粒、颗粒之间孔隙和水组成的三相体。路基施工破坏了土体的原始天然结构,使土体呈松散状态。因此,为使路基具有足够的强度和稳定性,必须对土体进行人工压实以提高其密实程度。压实的机理在于使土颗粒重新组合,彼此挤紧,孔隙减少,土的单位重力提高,水渗入土体的渠道也减少形成密实的整体,内摩阻力和黏聚力大大增加,从而使土基强度增加、稳定性增强。

2. 影响路基压实效果的因素

路基压实的效果受很多因素影响,对具有塑性的细粒土,影响压实效果的因素有内因和外因两方面:内因主要是土质和含水率,外因主要是压实功能、压实机具和压实方法等。

(1)含水率对压实效果的影响。在路基压实过程中,如能控制工地含水率为最佳含水率,就能获得最好的压实效果。试验表明,一般塑性土的最佳含水率(按轻型击实标准)大致相当于该种土液限含水率的0.58~0.62倍,平均约0.6倍。

(2)土质对压实效果的影响。不同的土质,其压实效果不同。不同的土质具有不同的最佳含水率及最大干密度。分散性(液限、黏性)较高的土,其最佳含水率较高而最大干密度较低,这是由于土粒愈细,比面积愈大,土粒表面的水膜愈多,加之黏土中含有亲水性较高的胶体物质所致。对砂土,由于其颗粒粗并且呈松散状,水分易于散失,故最佳含水率对其没有更多的实际意义。

(3)压实功能对压实效果的影响。压实功能系指压实机具重量、碾压次数、作用时间等。压实功能是影响压实效果的又一重要因素。通常对同一种土,随着压实功能的增大,最佳含水率会随之减小,而最大干密度随之增加。因此,增大压实功能是提高土基密实度的又一种方法,然而这种方法有一定局限性,因为压实功能增加到一定程度后,土的密度增长就不明显了,因此最经济的办法是严格控制工地现场含水率,使碾压在接近最佳含水率时进行,这样便能容易地达到规定的压实度。

(4)压实工具和压实方法对压实效果的影响。不同的压实机具,其压力传布作用深度不同,因而压实效果也不同。通常夯击式作用深度最大,振动式次之,静力碾压式最浅。

不同压实厚度其压实效果也不同。通常情况下,夯击不宜超过20cm,8~12t光面碾不宜超过20~30cm。压实作用时间愈长,土密实度愈高,但随时间进一步加长,其密实度的增长幅度会逐渐减小,故压实时,要求压实机具以较低速度行驶,以便达到预期的压实效果。

3. 压实的质量要求

各级道路的路堤和路堑均应按规定进行压实并达到规定的密实度。试验证明:经过人工压实后的土体不仅强度提高、抗变形能力增强,而且由于压实使土体透水性明显减小、毛细水作用减弱和饱水量减小,从而使其水稳性也大大提高。因此土基压实是保证路基获得足够强度和稳定性的根本技术措施之一。很多道路的路面破坏都是源于路基的不均匀沉降,因此,路基压实度是衡量路基施工质量的一个重要指标。实压度 K 是指筑路材料压实后的干密度 γ 与标准最大干密度 γ_0 之比，以百分率表示，即：

$$K = \frac{\gamma}{\gamma_0} \times 100\% \tag{2-2-1}$$

显然，压实度是一个以 γ_0 为标准的相对值，意为压实的程度。

一般而言，路基土的压实应在该土的最佳含水率 ±2% 以内进行，而土的最佳含水率和最大干密度是在路基修筑半个月前，取其具有代表性的土进行标准击实试验而确定的。

路基的压实应分层进行，每一层均要检验其压实度，合格后才可以进行下一层的填筑。否则必须查明原因，采取措施进行补压。检验频率是每 2 000m² 检验 4 处。待土质路床顶面压实后，除进行压实度试验外，还应进行弯沉检验。必须两者全部满足规范要求，该路基压实方为合格。

二、路基的强度要求

1. 路床

路床是指路面底面以下 80cm 范围内的路基部分，其中 0～30cm 范围为上路床，30～80cm 范围为下路床。路床填料应均匀、密实，并符合表 2-2-11 的规定，路床填料的最大粒径应小于 10cm，路床顶面横坡应与路拱横坡一致。

路床土最小强度和压实度要求　　表 2-2-11

项目分类		路面底面以下深度（m）	路床土最小强度（CBR）（%）			压实度（%）		
			高速公路、一级公路	二级公路	三级公路、四级公路	高速公路、一级公路	二级公路	三级公路、四级公路
填方	上路床	0～0.30	8	6	5	≥96	≥95	≥94
	下路床	0.30～0.80	5	4	3	≥96	≥95	≥94
零填及挖方	上路床	0～0.30	8	6	5	≥96	≥95	≥94
	下路床	0.30～0.80	5	4	3	≥96	≥95	—

注：①表列数值以重型击实试验法为准。
　　②三、四级公路铺筑沥青混凝土或水泥混凝土路面时，其压实度应采用二级公路的规定值。

2. 路堤

高速公路、一级公路路堤填料最小 CBR 值（强度）要求和填料最大粒径应符合表 2-2-12 的规定，其他等级公路可参照表 2-2-12 采用。

路堤填料最小强度要求和填料最大粒径要求　　表 2-2-12

项目分类	路面底面以下深度（m）	填料最小强度（CBR）（%）			压实度（%）			填料最大粒径（cm）
		高速公路、一级公路	二级公路	三级公路、四级公路	高速公路、一级公路	二级公路	三级公路、四级公路	
上路堤	0.80～1.50	4	3	3	≥94	≥94	≥93	15
下路堤	1.50 以下	3	2	2	≥93	≥92	≥90	15

注：①当路床填料 CBR 值达不到表列要求时，可采用石灰或其他稳定材料处理。
　　②三、四级公路铺筑沥青混凝土或水泥混凝土路面时，其压实度应采用二级公路的规定值。
　　③路堤采用特殊填料或处于特殊气候地区时，压实度标准可根据试验路的论证在保证路基强度要求的前提下适当降低。
　　④粗粒土（填石）填料的最大粒径，不应超过压实层厚度的 2/3。

3. 路基的最低回弹模量要求

为了保证路面的强度与稳定性,除加强路基排水外,可采用低剂量石灰稳定路基土上层或加设粒料垫层等技术措施进行综合处理,以改善路基水温状况,并保证处理后土基回弹模量不小于25MPa,对于高速公路和一级公路的土基回弹模量值应大于30MPa。

土基回弹模量的测定方法一般采用压入承载板法测定。

三、填石路堤压实标准

填石路堤,包括分层填筑和倾填爆破石块的路堤,不能用土质路基的压实度来判定其密实程度。填石路堤的压实质量标准宜用孔隙率作为控制指标。

不同强度的石料,应分别采用不同的填筑层厚和压实控制标准。硬质石料、中硬石料、软质石料的压实质量控制标准分别见表2-2-13 ~ 表2-2-15。填石料按单轴饱和抗压强度分为硬质岩石、中硬岩石和软质岩石,其单轴饱和抗压强度分别为大于60MPa、30 ~ 60 MPa 和 5 ~ 30 MPa。

硬质石料压实质量控制标准　　　　　　　　　　　　　　　　表 2-2-13

分 区	路面底面以下深度(m)	摊铺厚度(mm)	最大粒径(mm)	压实干重度(kN/m³)	孔隙率(%)
上路堤	0.80 ~ 1.50	≤400	小于层厚2/3	由试验确定	≤23
下路堤	>1.50	≤600	小于层厚2/3	由试验确定	≤25

中硬石料压实质量控制标准　　　　　　　　　　　　　　　　表 2-2-14

分 区	路面底面以下深度(m)	摊铺厚度(mm)	最大粒径(mm)	压实干重度(kN/m³)	孔隙率(%)
上路堤	0.80 ~ 1.50	≤400	小于层厚2/3	由试验确定	≤22
下路堤	>1.50	≤500	小于层厚2/3	由试验确定	≤24

软质石料压实质量控制标准　　　　　　　　　　　　　　　　表 2-2-15

分 区	路面底面以下深度(m)	摊铺厚度(mm)	最大粒径(mm)	压实干重度(kN/m³)	孔隙率(%)
上路堤	0.80 ~ 1.50	≤300	小于层厚	由试验确定	≤20
下路堤	>1.50	≤400	小于层厚	由试验确定	≤22

第三章 路基稳定性分析

第一节 概 述

　　路基稳定性分析包括路堤堤身的稳定性、路堤和地基的整体稳定性、路堤沿倾斜地面（地基）或软弱层带滑动的稳定性等内容。通过稳定性分析与验算，以寻求安全可靠、经济合理的路基结构形式和稳定的边坡坡度值，或据以确定边坡与地基的加固措施，作出合理的路基结构设计。

一、影响路基边坡稳定性的因素

　　路基边坡滑坍是公路上常见的一种破坏现象，它影响到车辆的正常运营和安全，严重者甚至造成事故，中断交通。根据土力学原理，路基边坡滑坍是由于边坡土体中的剪应力超过其抗剪强度所产生的剪切破坏。因此，凡是使土体剪应力增加或抗剪强度降低的因素，都可能引起边坡滑坍。这些因素可归纳为以下几点。

　　（1）边坡的岩土性质。岩土的抗剪强度首先取决于岩土的性质，岩土性质不同则抗剪强度亦不同。对路堑边坡而言，除与土或岩石的性质有关外，还与岩石的风化破碎程度和形状有关。

　　（2）水的活动。水是影响边坡稳定性的主要因素，边坡的破坏总是或多或少地与水的活动有关。土体的含水率增加，既降低了土体的抗剪强度，又增加了土内的剪应力。在浸水情况下，还有浮力和动水压力作用，使边坡处于最不利状态。

　　（3）边坡的几何形状。边坡的高度、坡度等直接关系到边坡的稳定条件，高大、陡直的边坡，因重心高，稳定条件差，易发生滑坍或其他形式的破坏。

　　（4）地震及其他振动荷载。

二、边坡稳定性设计方法

　　路基边坡稳定性分析与验算的方法很多，归纳起来有力学验算法和工程地质比拟法两大类。力学验算法又叫极限平衡法，假定边坡沿某一形状滑动面破坏，按力学平衡原理进行计算。因此，根据滑动面形状的不同，又分为直线法、圆弧法和折线法3种。力学验算法的基本假定是：

　　（1）破裂面以上的不稳定土体沿破裂面作整体滑动，不考虑其内部的应力分布不均和局部移动；

　　（2）土的极限平衡状态只在破裂面上达到。

　　为简化计算，用力学验算法进行边坡稳定性分析时，通常都按平面问题来处理。

　　工程地质比拟法是根据已成不同土类或岩体边坡的大量经验数据，拟定出路基边坡稳定值参考表，供设计采用。

一般情况下,土质边坡的设计是先按力学验算法进行验算,再以工程地质比拟法予以校核。岩石或碎石土类边坡则主要采用工程地质比拟法,有条件时也以力学验算法进行校核。

三、路基边坡稳定性验算的数据

黏结力 c 和内摩阻角 φ 是决定土体抗剪强度的两个参数,亦即土的抗剪强度参数。在验算边坡稳定性时,c、φ 值及土体的重度 γ 应事先试验测定。公路路基设计规范规定,路堤填料的抗剪强度参数 c、φ 值采用直剪快剪或三轴不排水剪试验获得。

如边坡由多层土体组成,所采用的数值 c、φ、γ,可采用加权平均法求得,计算式为:

$$\left.\begin{array}{l} c = \dfrac{\sum\limits_{i=1}^{n} c_i h_i}{\sum\limits_{i=1}^{n} h_i} \\[4mm] \tan\varphi = \dfrac{\sum\limits_{i=1}^{n} h_i \tan\varphi_i}{\sum\limits_{i=1}^{n} h_i} \\[4mm] \gamma = \dfrac{\sum\limits_{i=1}^{n} \gamma_i h_i}{\sum\limits_{i=1}^{n} h_i} \end{array}\right\} \tag{2-3-1}$$

式中:c_i、φ_i、γ_i ——各分层土的黏聚力,内摩阻角和重度;

$\qquad h_i$ ——各土层厚度。

上式仅是近似的计算,计算中亦可以根据滑动面形状,采用精确方法验算多层土体组成的边坡的稳定性。

选用参数需力求与路基使用过程中的最不利的实际情况一致。因此,路堑边坡应取原状土作土样,测定其重度 γ 和抗剪强度参数 c、φ 值;路堤边坡应采用与将来实际压实后情况相符的土样重度 γ 及抗剪强度参数 c、φ 值。

四、荷载当量高度计算

路堤边坡除受自重作用外,同时承受行车荷载作用。在边坡稳定性验算时需要按车辆最不利情况排列(图 2-3-1),把车辆荷载换算成当量土柱高,即以相等压力的土层厚度来代替荷载,叫当量高度,用 h_0 表示。

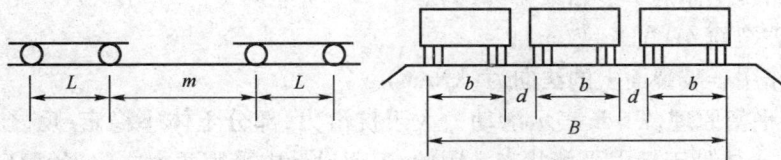

图 2-3-1 汽车荷载布置示意图

当量高度 h_0 的计算公式为:

$$h_0 = \frac{NQ}{LB\gamma} \tag{2-3-2}$$

式中：h_0 ——荷载当量高度（m）；

   N ——横向分布的车辆数；

   Q ——每一辆车的重力（kN）；

   L ——车辆前后轴距加上一个轮胎着地长度的总和（m）。公路—Ⅰ级和公路—Ⅱ级荷载均为12.8m；

   γ ——土的重度（kN/m³）；

   B ——横向分布车辆轮胎最外缘之间距离（m）；$B = Nb + (N-1)d$；

其中：b——每一辆车的轮胎外缘之间的距离（m）；

   d——相邻两车辆轮胎之间的净距（m）。

  关于荷载分布宽度，可分布在行车道（路面）范围内；亦可以认为路肩有可能停车（最不利的情况），则荷载分布于整个路基宽度（包括路肩、路面的宽度）。两者虽有差异，但计算结果相差不大。

第二节　直　线　法

  此方法适用于由砂土或砂性土组成，抗力以摩阻力为主，滑动面为平面的路堤或路堑边坡，以及原地面为单一倾斜的陡坡路堤的稳定性验算。

一、均质砂、砾类土路堤边坡

  如图2-3-2a）所示，填方边坡土楔体 ABD 沿破裂面 AD 滑动，则下滑力（或切向力）T 为：

$$T = Q\sin\omega$$

式中：Q ——土楔体 ABD 的重力，包括换算成土柱高的车辆荷载（kN/m）；

   ω ——破裂面对于水平面的倾角。

阻止土楔下滑的抗滑力 R 为：

$$R = N\tan\varphi + cL$$
$$= Q\cos\omega\tan\varphi + cL$$

式中：φ ——路堤土体的内摩阻角；

   c ——路堤土体的单位黏聚力（kPa）；

   L ——破裂面 AD 的长度（m）；

   N ——作用于破裂面上的法向力（kN/m）。

  根据静力平衡原理，$T > R$ 表示滑动力大于抗滑力，部分土体不稳定；反之，$T < R$ 表示稳定；$T = R$，表示土体处于极限平衡状态。因此，工程设计中采用两力之比 K（稳定系数）来表示边坡的稳定性，即：

$$K = \frac{抗滑力}{滑动力} = \frac{R}{T}$$
$$= \frac{Q\cos\omega\tan\varphi + cL}{Q\sin\omega} \tag{2-3-3}$$

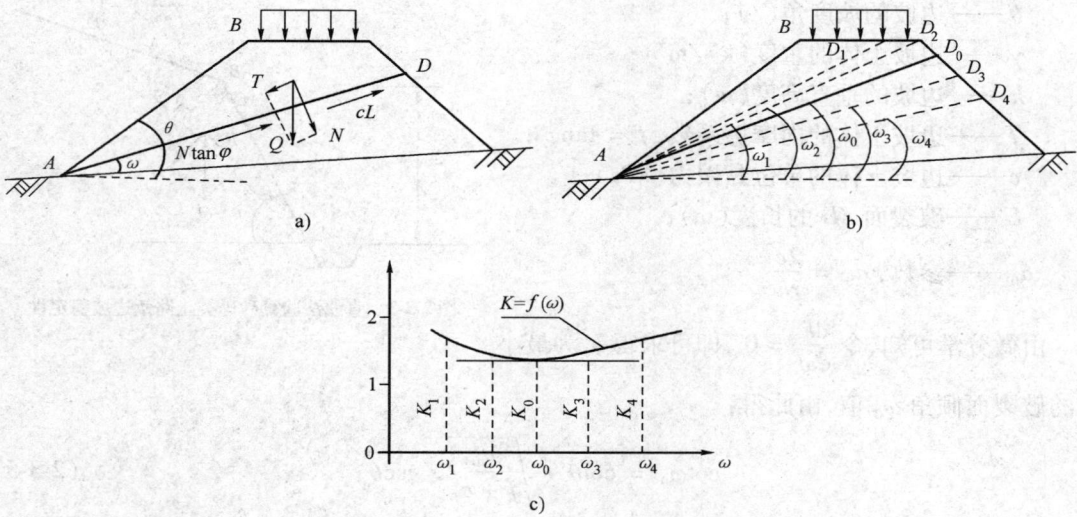

图 2-3-2 直线法验算砂、砾类土高路堤边坡稳定性

若 $K > 1$,则破裂面上的土楔体稳定;若 $K = 1$,则破裂面上土楔体达到极限平衡状态;若 $K < 1$,则破裂面上土楔体不稳定,而将向下滑动。

由于边坡稳定性分析方法均有一些概括性的假定,土工试验所得出的数据也有一定的局限性,施工中也不可能做到每一点都符合要求,每一点都考虑气候环境的影响,所以稳定系数 K 一般要求达到 $1.25 \sim 1.50$。过大,则认为工程不经济。

直线法验算边坡的稳定性时,可过坡角 A 点,假定 $3 \sim 4$ 个可能的破裂面,如图 2-3-2b),计算出 K_1、K_2、K_3、K_4 等值,并绘出 $K = f(\omega)$ 曲线及曲线最低点的水平切线,如图 2-3-2c),曲线的切点即为稳定边坡的最小稳定系数 $K_{\min}$ 值,其所对应的破裂角为最危险破裂面倾角 ω_0 值。若 $K_{\min} > F_s$($F_s = 1.25 \sim 1.50$),则边坡稳定。

二、均质砂砾类土路堑边坡

从式(2-3-3)可知,$K = f(\omega)$,即 K 是破裂面倾角 ω 的函数。因此,对路堑边坡或不计荷载的路堤边坡,可以直接导出 $K_{\min}$ 及 ω_0 的关系式,一次计算即可得出结论。

如图 2-3-3,假定土楔体 ABD 沿破裂面 AD 滑动,其稳定系数 K 按下式计算:

$$
\begin{aligned}
K = \frac{R}{T} &= \frac{fQ\cos\omega + cL}{Q\sin\omega} \\
&= f\cot\omega + \frac{cL}{Q\sin\omega} \\
&= f\cot\omega + \frac{cL}{\frac{1}{2}rhL\dfrac{\sin(\theta - \omega)\sin\omega}{\sin\theta}} \\
&= f\cot\omega + a_0\big[\cot\omega + \cot(\theta - \omega)\big] \\
&= (f + a_0)\cot\omega + a_0\cot(\theta - \omega)
\end{aligned}
\tag{2-3-4}
$$

式中:Q ——土楔体 ABD 的重力(kN),按 1m 长度计;

ω ——破裂面的倾角(°);

233

θ——边坡的坡度角（°）；

γ——边坡土体的重度（kN/m^3）；

h——边坡的垂直高度（m）；

f——边坡土体的内摩擦系数，$f = \tan\varphi$；

c——边坡土体的单位黏聚力（kPa）；

L——破裂面 AD 的长度（m）；

a_0——参数，$a_0 = \dfrac{2c}{rh}$。

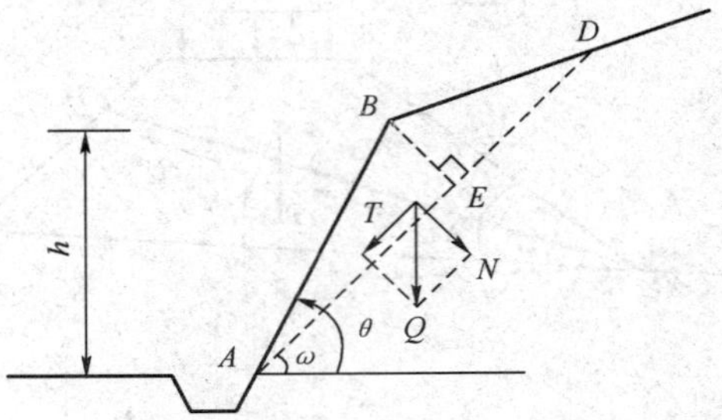

图 2-3-3　直线法验算砂砾类土路堑边坡稳定性

由微分学可知，令 $\dfrac{dk}{d\omega} = 0$，即可求得 K 为最小

时的破裂面倾角 ω_0 值，由此得：

$$\cot\omega_0 = \cot\theta + \sqrt{\frac{a_0}{f + a_0}} \cdot \csc\theta \tag{2-3-5}$$

将式（2-3-5）代入式（2-3-4），得最小稳定系数为

$$K_{\min} = (2a_0 + f)\cot\theta + 2\sqrt{a_0(f + a_0)} \cdot \csc\theta \tag{2-3-6}$$

式中的 γ、c、φ、h 及 θ 在计算前可以确定，因此，用式（2-3-6）可以一次求得边坡的最小稳定系数，从而大大简化边坡稳定性验算工作。

对于松散的砂砾类土，可取 $c = 0$，从式（2-3-3）可得：

$$K = \frac{\tan\varphi}{\tan\omega} \tag{2-3-7}$$

处于极限平衡状态时，$K = 1$，则 $\tan\omega = \tan\varphi$，或 $\omega = \varphi$，即砂砾类土的极限坡角等于内摩阻角，这个角亦称为天然休止角。对于砂砾类土是一个常数。

第三节　圆　弧　法

圆弧法适用于一般黏性土组成的路堤堤身边坡、路堤和地基的整体稳定性或路堑边坡的稳定性验算。假定条件为：①破裂面为圆柱面；②土坡稳定系数用破裂面上全部抗滑力矩与滑动力矩之比来定义。

一、确定滑动面圆心辅助线

在地基比较坚实的条件下，边坡的滑动圆弧线，可认为通过坡脚点，而且圆心大致沿着某条线作有规则的变动，此直线即为滑动面圆心辅助线。求得此圆心位置移动的辅助线后，在辅助线上选定某圆心，并通过坡脚作圆弧，即可确定滑动圆弧面。

确定圆心辅助线有两种方法：$4.5H$ 法和 $36°$ 法。图 2-3-4 为 $4.5H$ 法作圆心辅助线的方法，表 2-3-1 为作辅助线时的辅助角度数值表。具体做法是：连接坡脚 E 与坡顶 S，得边线 ES，其坡比为 $1:m$，根据坡比 $1:m$ 查表 2-3-1 得 β_1、β_2，过 SE 和坡顶水平线分别作角 β_1、β_2，两角线的交点为 I；过坡角 E 作垂线 $EF = H$（包括换算土柱高度 h_0），过 F 点作水平线 $FM = 4.5H$，M 点即为圆心辅助线的另一点；连接 IM 即得圆心辅助线。

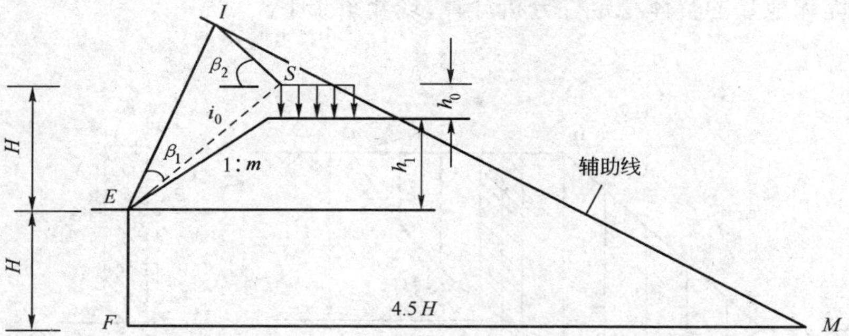

图 2-3-4 4.5H 法绘制圆心辅助线

破裂圆弧中心位置的有关角值（$\varphi = 0$ 黏土边坡）   表 2-3-1

边 坡 斜 度	边坡倾斜角 θ	a	ω	β_1	β_2
1:0.50	63°26′	33°15′	37°	29°30′	40°
1:0.75	53°18′	40°	32°15′	29°	39°
1:1	45°00′	45°	28°15′	28°	37°
1:1.25	38°40′	48°30′	25°	27°	35°30′
1:1.5	33°41′	51°15′	22°15′	26°	35°
1:1.75	29°45′	53°15′	20°	26°	35°
1:2	26°34′	55°	18°	25°	35°
1:2.25	23°58′	56°	16°30′	25°	35°
1:2.50	21°48′	57°	15°15′	25°	35°
1:3	18°26′	58°45′	13°15′	25°	35°
1:4	14°03′	60°45′	10°15′	25°	36°
1:5	11°19′	62°	8°15′	25°	37°

图 2-3-5 为用 36°法作圆心辅助线的方法。自 S 点作水平线,自 S 点和水平线作 36°角即得圆心辅助线 SF。

此两种方法,36°法较简便,但精确程度比 4.5H 法差些。对于 1:1 ~ 1:1.75 的边坡及滑动面通过坡脚者均适用。

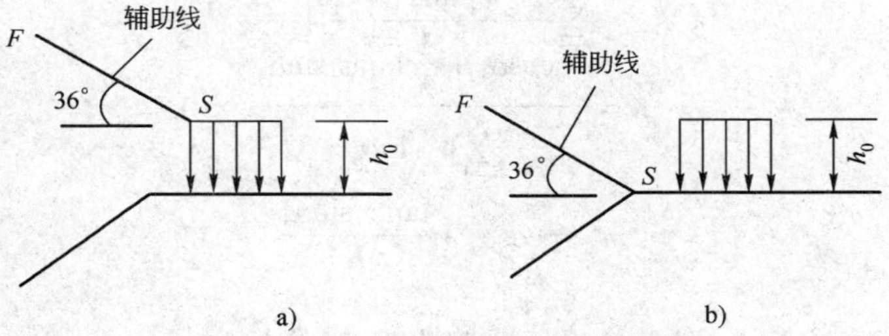

图 2-3-5 36°法绘辅助线

二、计算稳定系数

《公路路基设计规范》(JTG D30—2004)要求采用简化毕肖普（Bishop）法进行路堤的堤

身稳定性、路堤和地基的整体稳定性分析计算,现介绍于下。

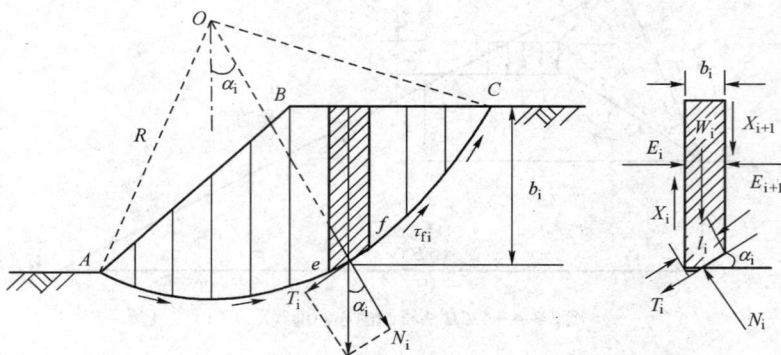

图 2-3-6　毕肖普(Bishop)计算图

如图 2-3-6 所示土坡,土条 i 上的作用力有 5 个为未知,毕肖普在求解时补充了两个假设条件:忽略土条间竖向剪力 X_{si} 及 X_{i+1} 作用;对滑动面上的切向力 T_i 的大小做了规定。

根据土条 i 的竖向平衡条件可得:

$$W_i - T_i \sin\alpha_i - N_i \cos\alpha_i = 0 \tag{2-3-8}$$

若土坡稳定系数为 K,则土条 i 滑动面上的抗剪强度只发挥了一部分,毕肖普假设滑动面上抗剪强度与切向力相平衡,即:

$$T_i = \frac{1}{K}(N_i \tan\varphi_i + c_i l_i) \tag{2-3-9}$$

将式(2-3-9)代入式(2-3-8)得:

$$N_i = \frac{W_i - \dfrac{c_i l_i}{K}\sin\alpha_i}{\cos\alpha_i + \dfrac{1}{K}\tan\varphi_i \sin\alpha_i} \tag{2-3-10}$$

由前述圆弧法边坡稳定系数含义及 $b_i = l_i \cos\alpha_i$ 得边坡稳定系数 K:

$$K = \frac{\displaystyle\sum_{i=1}^{n} \dfrac{W_i \tan\varphi_i + c_i b_i}{\cos\alpha_i + \dfrac{1}{K}\tan\varphi_i \sin\alpha_i}}{\displaystyle\sum_{i=1}^{n} W_i \sin\alpha_i} \tag{2-3-11}$$

取

$$m_{ai} = \cos\alpha_i + \frac{\tan\varphi_i \sin\alpha_i}{K} \tag{2-3-12}$$

则

$$K = \frac{\displaystyle\sum_{i=1}^{n} \dfrac{1}{m_{ai}}(W_i \tan\varphi_i + c_i b_i)}{\displaystyle\sum_{i=1}^{n} W_i \sin\alpha_i} \tag{2-3-13}$$

式中:l_i——第 i 土条滑弧长(m);

　　　b_i——第 i 土条宽度(m);

　　W_i——第 i 土条竖向力(kN),包括土条重力及竖向外力。按以下方法计算:

①当土条滑弧位于地基中时：$W_i = W_{di} + U(W_{ti} + Q_i)$，此时式（2-3-12）和式（2-3-13）中的 $c_i = c_{di}$、$\varphi_i = \varphi_{di}$。

②当土条滑弧位于路堤中时：$W_i = W_{ti} + Q_i$，此时式（2-3-12）和式（2-3-13）中的 $c_i = c_{ti}$、$\varphi_i = \varphi_{ti}$。

其中：W_{di}——i 土条地基部分的重力；

    U——地基平均固结度；

    W_{ti}——i 土条路堤部分的重力；

    Q_i——i 土条竖向外力；

c_{di}、φ_{di}——第 i 土条滑弧所在地基土层的黏结力和内摩擦角；

c_{ti}、φ_{ti}——第 i 土条滑弧所在路堤土的黏结力和内摩擦角。

由于稳定系数 K 式中包含系数 m_{ai}，而 m_{ai} 中也包含 K，所以须用迭代法求解，即先假定一个 K 值，求得一个 m_{ai} 值，代入式（2-3-13）求得 K 值，若此 K 值与假定不符，则以此 K 值重新计算 m_{ai} 值，再求得 K 值，如此反复迭代，直至假定 K 值与计算 K 值接近或相等为止。

最后得到的稳定系数 K 不得小于规范要求的稳定安全系数 F_s。稳定安全系数 F_s 的取值涉及技术经济因素，要确定出完全合理的稳定安全系数非困难。规范在综合分析稳定计算方法、边坡与地基强度指标试验方法和地基土条件的基础上，提出 $F_s = 1.20 \sim 1.45$。

第四节 折 线 法

折线法适用于滑动面为折线或其他形状的边坡稳定性验算。修筑在原地面为折线形的陡坡上的路堤、某些特殊条件下的路基边坡（如黄土及层状构造的岩土层）及滑坡等，沿固定滑动面滑动，且滑动面形状为折面，均可用折线法进行稳定性验算。滑动面形状为直线（单坡）的陡坡路堤的稳定性可用前述直线法验算。

折线法的验算原理是利用力的极限平衡条件（也称不平衡推法），但稳定性的表达式不同。稳定性指标为剩余下滑力，所谓剩余下滑力 E 是指土坡滑动力 T 与抗滑力 R 之差值，并计入安全系数 F_s，即

$$E = T - \frac{R}{F_s} \tag{2-3-14}$$

根据 E 的正负判断土坡的稳定性。其验算方法如下。

（1）按地面变坡点将土体垂直分成若干土块，如图 2-3-7a）所示。

（2）自上而下分别计算各土块的剩余下滑力。

第一块土体的剩余下滑力 E_1 为

$$E_1 = T_1 - \frac{R_1}{F_s} = Q_1 \sin\alpha_1 - \frac{1}{F_s}(Q_1 \cos\alpha_1 \tan\varphi_1 + c_1 l_1) \tag{2-3-15}$$

第二块土体如图 2-3-7b）所示，自第二块土体开始，均需计入上一块土体剩余下滑力对本块土体的作用，把其当作一作用于本土块的外力，方向平行于上一块土体的滑动面。由此得第二块土体剩余下滑力 E_2 为：

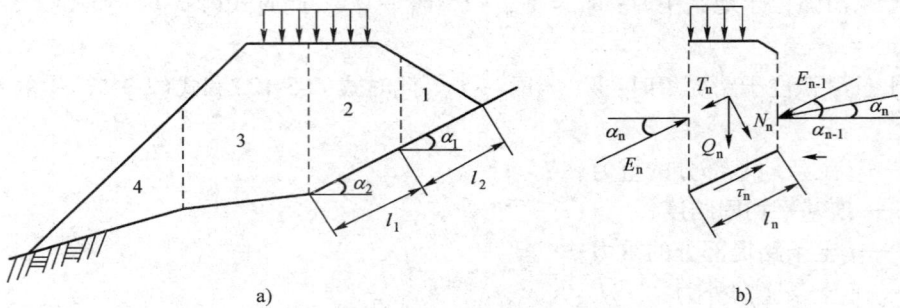

图 2-3-7 折线法边坡稳定性分析图示

$$E_2 = T_2 - \frac{R_2}{F_s} = \left[Q_2\sin\alpha_2 + E_1\cos(\alpha_1 - \alpha_2) \right]$$

$$- \frac{1}{F_s}\{ \left[Q_2\cos\alpha_2 + E_1\sin(\alpha_1 - \alpha_2) \right]\tan\varphi_2 + c_2 l_2 \} \tag{2-3-16}$$

同理，第 n 块土体的剩余下滑力 E_n 为

$$E_n = \left[Q_n\sin\alpha_n + E_{n-1}\cos(\alpha_{n-1} - \alpha_n) \right] - \frac{1}{F_s}\{ Q_n\cos\alpha_n + E_{n-1}\sin(\alpha_{n-1} - \alpha_n)\tan\varphi_n + c_n l_n \}$$

$$= Q_n\sin\alpha_n - \frac{1}{F_s}(Q_n\cos\alpha_n\tan\varphi_n + c_n l_n) + E_{n-1}\left[\cos(\alpha_{n-1} - \beta\alpha_n) - \frac{1}{F_s}\sin(\alpha_{n-1} - \alpha_n)\tan\varphi_n \right]$$

$$= Q_n\sin\alpha_n - \frac{1}{F_s}(Q_n\cos\alpha_n\tan\varphi_n + c_n l_n) + E_{n-1}\psi_{n-1} \tag{2-3-17}$$

式中：$E_1, E_2, \cdots, E_n$ ——分别为各块土体的剩余下滑力（kN/m）；

ψ_{n-1} ——传递系数，$\psi_{n-1} = \cos(\alpha_{n-1} - \alpha_n) - \dfrac{1}{F_s}\sin(\alpha_{n-1} - \alpha_n)\tan\varphi_n$；

$Q_1, Q_2, \cdots, Q_{n-1}, Q_n$ ——分别为各块土体的重力与外加竖向荷载之和（kN/m）；

$\alpha_1, \alpha_2, \cdots \alpha_{n-1}, \alpha_n$ ——分别为各块土体滑动面的倾角（°）；

$\varphi_1, \varphi_2, \cdots \varphi_{n-1}, \varphi_n$ ——分别为各块土体与基底接触面的内摩阻角（对均质土一律取 φ）（°）；

$c_1, c_2, \cdots c_{n-1}, c_n$ ——分别为各块土体与基底接触面间的黏聚力（对均质土一律取 c）（kPa）；

$l_1, l_2, \cdots l_{n-1}, l_n$ ——分别为各块土体滑动面的长度（m）；

F_s ——安全系数。

计算中，当某一块土体剩余下滑力为负时，表明无剩余下滑力向下传递，该土块及其上土块稳定，计算从下一块开始，用式（2-3-17）计算时，式中 E_{n-1} 为 0，n 取 1。

（3）判定稳定性。现行规范规定用式（2-3-17）逐条计算，直至第 n 条（最后一块土体）的剩余推力为零，由此确定稳定性安全系数 F_s，所得到的 F_s 不得小于 1.30。

传统的判定方法是取 $F_s = 1.30$，如果到最后一块土体的剩余下滑力 $E_n \leq 0$，则整个土坡稳定；如 $E_n > 0$，则不稳定，应采取稳定或加固措施。

第四章 路基排水设计

第一节 路基排水设计的目的与一般原则

一、路基排水设计的目的

水是危害公路的主要自然因素。路基的沉陷、冲刷、坍塌、翻浆,沥青路面的剥落、龟裂、松散,水泥路面的唧泥、错台、断裂等病害,都不同程度地与路面渗水以及地表积水和地下水对路基的浸蚀有关。水的作用加剧了路基和路面结构的破坏,使路面使用性能迅速恶化,缩短了它们的使用寿命。

路基排水设计的目的,就是通过设置相应的排水设施,采取拦截、隔断、疏干等措施,把影响路基强度和稳定性的地表水和地下水排放到路基范围以外的适当地点,从而降低路基土的湿度,使路基常年处于干燥状态,确保路基路面具有足够的强度和稳定性。

二、路基排水设计的一般原则

(1)路基排水设计应防、排、疏结合,全面规划,并与路面排水、路基防护、地基处理以及特殊路基地区(段)的其他处治措施相互协调,形成完善的排水系统。

(2)路基排水设计应遵循总体规划、合理布局、少占农田、环境保护的原则,并与当地排灌系统协调,有利农田灌溉。

(3)重点路段应做好路基排水的综合整治。排水困难地段,可采取降低地下水位、设置隔离层等措施,使路基处于干燥、中湿状态。

(4)施工场地的临时性排水设施,应尽可能与永久性排水设施相结合。各类排水设施的设计应满足使用功能要求,结构安全可靠,便于施工、检查和养护维修。

第二节 地 表 排 水

一、地表排水设施的作用和适用条件

路基地表排水设施设计中,对于降雨的重现期:高速公路、一级公路应采用 15 年,其他公路应采用 10 年。各类地表排水设施的断面尺寸应满足设计排水流量的要求,沟顶应高出沟内设计水面 0.2m 以上。

路基的地表排水设施有边沟、截水沟、排水沟、跌水与急流槽、蒸发池、油水分离池、排水泵站等。

边沟分为路堑边沟和路堤边沟,位于路肩或护坡道外侧。用来汇集和排除路面、路肩及边坡范围的地表水。即在挖方路基的路肩外侧,矮路堤的边坡外侧均应设置边沟,边沟的走向通

常与路线一致。

截水沟根据路基填挖情况和所处位置可以分为路堤截水沟、堑顶截水沟和边坡平台截水沟。截水沟用来拦截和排除路基横断面上方流向路基的地表水，确保边坡不受来自于边坡或山坡上方的地表流水冲刷，并减少边沟的水流。截水沟一般设置在路堑边坡坡顶以外或山坡路堤上方的适当位置，并沿自然山坡等高的走向布置。在多雨地区，视实际情况，可设置一道或多道截水沟。

排水沟是将边沟、截水沟、取（弃）土坑和路基附近低洼处汇集的水引离路基，排入附近的天然沟谷、河道或桥涵，以形成完整的路基排水系统。排水沟应尽可能远离路基，平面顺直，转弯处应为圆滑的弧形，使排水畅通。

水流通过坡度大于10%，水头高差大于1.0m的陡坡地段或特殊的陡坎地段时，宜设置跌水或急流槽，由于纵坡陡、水流冲刷力强，跌水与急流槽的结构必须稳固，并设置相应的防护与加固设施。急流槽底纵坡应与地形结合，进水口应予防护加固，出水口应采取消能措施，防止冲刷。

蒸发池仅适用于我国北方气候干旱、蒸发量大且排水困难的地段。

二、边沟的构造

边沟断面形式及尺寸应根据地形地质条件、边坡高度及汇水面积等确定。

边沟的断面形式有梯形、矩形、三角形和流线型四种，如图2-4-1。梯形边沟是最常用的一种形式，底宽与深度一般不小于0.4m，沟壁内侧边坡1:1～1:1.5，外侧边坡通常与路基挖方边坡一致。矩形边沟用于人工施工的坚硬岩石路堑地段。三角形边沟用于机械化施工的土质边沟，沟壁内侧边坡1:2～1:3，外侧边坡1:1～1:2。流线型边沟用于沙漠、雪害地区。近年来，为了交通安全和环境景观要求，部分高速公路设计还采用了新型的带碟形盖板的边沟。

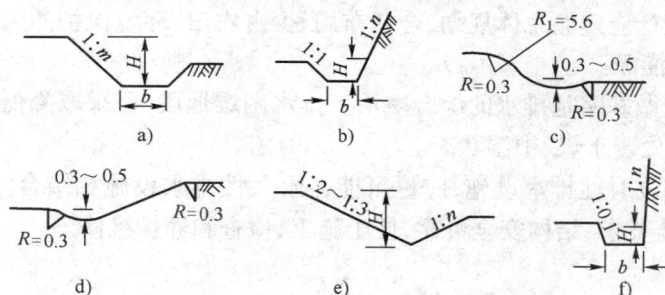

图2-4-1　边沟的横断面形式示意图（单位：m）
a)、b)梯形；c)、d)流线型；e)三角形；f)矩形

边沟水流不应滞留在沟内，必须尽快排除，使水流不危害路基。边沟沟底纵坡宜与路线纵坡一致，并不宜小于0.3%。困难情况下，可减小至0.1%。边沟有可能产生冲刷时应进行防护。路线纵断面设计时，为兼顾边沟的设置，在横向排水不畅路段及各级公路的长路堑路段，均应采用不小于0.3%的纵坡。

为有利于边沟排水，边沟的连续长度一般不宜超过500m，多雨地区不超过300m，三角形边沟不超过200m。边沟水流通过出水口引向路基范围以外或排入天然河道。边沟的纵坡通常与路线纵坡一致，但在路线纵坡小于最小排水纵坡路段、设置超高的平曲线路段、凹形竖曲线等处，要对边沟的排水纵坡进行检算。

三、截水沟的构造

设置在挖方路基边坡坡顶以外或山坡路堤上方的适当位置,用以拦截路基上方流向路基的地表水,减轻边沟的水流负担,保护挖方边坡和填方坡脚不受水流冲刷和损害的人工沟渠,称为截水沟(又称天沟)。它是多雨地区、山岭和丘陵地区路基排水的重要设施之一。

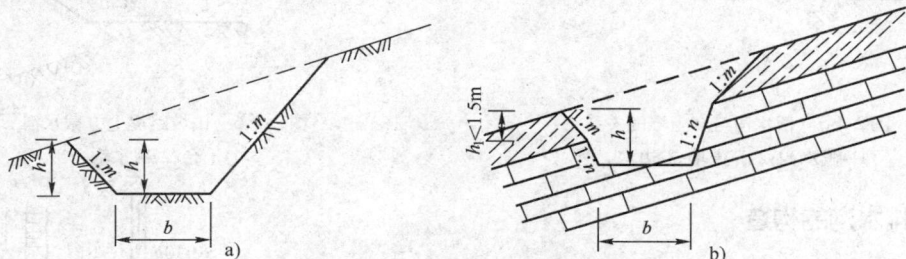

图 2-4-2　截水沟的横断面图例
a)土质截水沟;b)石质截水沟

截水沟的断面形式应结合设置位置、排水量、地形及边坡情况确定,一般采用梯形断面,底宽不小于 0.5m,深度通过设计流量确定,同时不小于 0.5m,沟壁边坡坡度视土质而定,如图 2-4-2。当山坡覆盖层较薄而又松散时,截水沟的沟底应设置在基岩或稳定土层上。若山体横坡较陡,截水沟最低一侧边缘的开挖深度不能满足设计要求时,可培筑土埝。土埝顶宽 1~2m,背水面坡 1:1~1:1.5,若土埝基底横坡较陡,可将地表开挖成 0.5~1.0m 宽的台阶,如图 2-4-3 所示。在地形陡峭的个别地段,设置一般截水沟将导致开挖破坏范围太大,或地质条件不良时,可用浆砌片石或混凝土预制截水沟,如图 2-4-4 所示。

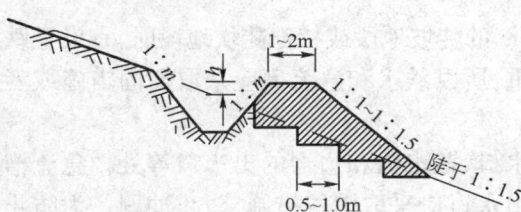

图 2-4-3　培土埝的截水沟

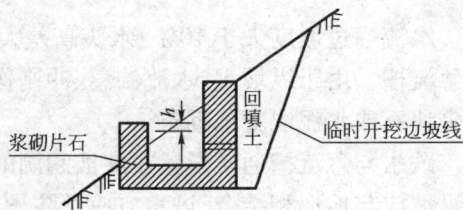

图 2-4-4　浆砌或混凝土预制截水沟

挖方路基的堑顶截水沟应设置在坡口 5m 以外,并宜结合地形进行布设。在软弱地层(如松散土层,破碎岩层)路段还应考虑挖方边坡的高度,即该距离为边坡高度值再加 5m,同时不小于 10m。若路堑坡顶有弃土堆时,截水沟边缘应距弃土堆坡脚 1~5m,弃土堆坡脚离路堑坡顶不小于 10m,如图 2-4-5 所示。对于降雨量较大的深挖方路堑,还应在路堑边坡平台内侧设置截水沟。

填方路堤上侧的截水沟距填方坡脚的距离应不小于 2 m,路堤与截水沟之间的空隙用开挖截水沟的弃土填筑,并将顶面作成向截水沟倾斜 2% 的横坡(如图 2-4-6)。

一般情况下,截水沟沟底纵坡不宜小于 0.3%,连续长度一般不宜超过 500m。截水沟的水流通过出水口排入自然山沟或直接引到桥涵进口处。截水沟的出水口应与其他排水设施平顺衔接,必要时可设置跌水或急流槽。

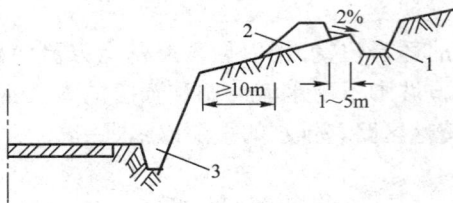

图 2-4-5　截水沟与弃土堆的关系
1-截水沟;2-弃土堆;3-边沟

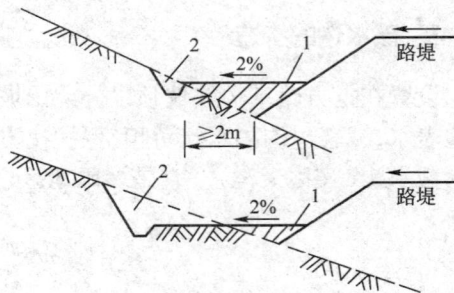

图 2-4-6　山坡路堤上方截水沟
1-土台;2-截水沟

四、排水沟的构造

排水沟的断面形式应结合地形、地质条件确定,一般采用梯形断面,深度与底宽均不应小于 0.5m。排水沟的沟壁坡率视土质而定,一般土层为 1:1 ~ 1:1.5。排水沟的长度不宜大于 500m。

排水沟的沟底纵坡不宜小于 0.3%,与其他排水设施的连接应顺畅。水流排入河道或沟渠时,为防止对原水道产生冲刷或淤积,两者水流流向应成小于 45°的锐角相交,并设半径为 10 倍排水沟顶宽的圆弧,如图 2-4-7。

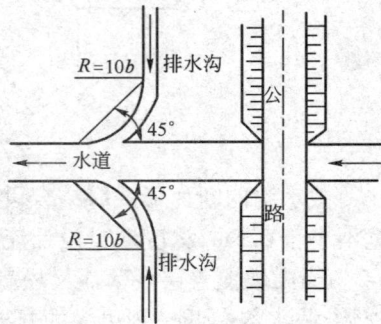

图 2-4-7　排水沟与水道的连接

五、跌水与急流槽的构造

水流通过坡度大于 10%、水头高差大于 1.0m 的陡坡地段或特殊陡坎地段时,宜设置跌水或急流槽。由于纵坡大、水流湍急、冲刷作用严重,所以跌水和急流槽应采取加固措施或者用浆砌块石或水泥混凝土砌筑。

跌水与急流槽通常设置在陡坡涵洞的进出水口、截水沟和边沟的出水口等处。急流槽底的纵坡应与地形相结合,进水口应予防护加固,出水口应采取消能措施,防止冲刷。为防止基底滑动,急流槽底可设置防滑平台,或设置凸榫嵌入基底中。

六、蒸发池

路线穿越平坦地区、气候干燥且排水困难地段,可利用沿线的取土坑或专门设置蒸发池汇集地表水,依靠自然蒸发或下渗将水排除。蒸发池的容积一般按汇水量决定,深可达 1.5 ~ 2.0m。池周围可用土埂围护,防止其他水流进入池内,如图 2-4-8 所示。蒸发池边沿距路基边沟外缘的距离以保证路基的稳定和安全为原则,并不小于 5m。

七、油水分离池

路基排水沟出口位于水质敏感区,且所排污水水质不满足《污水综合排放标准》(GB 8978—1996)中的规定时,可设置油水分离池。

油水分离池的大小应根据所在路段排水沟汇入水量确定,并保证流入分离池的油水能有

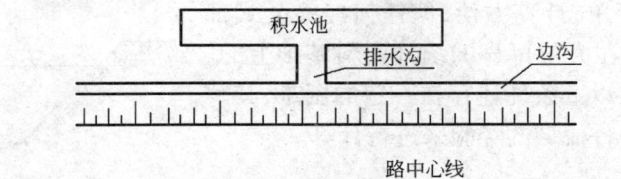

图 2-4-8 蒸发池平面布置

足够的时间分离或过滤净化。污水进入油水分离池前,应通过格栅和沉淀池进行沉淀处理。

八、排水泵站

路基汇水无法自流排出时,可设置排水泵站。排水泵站包括集水池和泵房。集水池的布置,应考虑改善水泵吸水管的水力条件,减少滞流或涡流。集水池的容积,应根据汇水量、水泵能力和水泵工作情况等因素确定。排水泵站抽出的水应排出公路用地范围之外。

九、排水明渠计算原理

1. 排水明渠计算内容

排水明渠计算包括流量计算和水力计算两部分。

2. 流量计算

路基排水明渠流量计算有推理公式与经验公式。

1)推理公式

流量计算的推理公式为

$$Q_m = 0.278 \left(\frac{S_p}{\tau^n} - \mu \right) F \tag{2-4-1}$$

式中:Q_m——最大洪峰流量(m^3/s);

S_p——某频率的雨力,可从各地区水文手册或暴雨分区图查用(mm/h);

τ——汇流时间(h);

n——暴雨递减指数,与土质类别和植物覆盖情况有关;

F——流域面积(km^2);

μ——损失参数(mm/h),与地形和气候特征,以及地理位置有关。

2)经验公式

流量计算有两个经验公式

$$Q_m = \varphi (S_p - \mu)^m F^{\lambda_2} \tag{2-4-2}$$

和

$$Q_m = CS_p \beta F^{\lambda_3} \tag{2-4-3}$$

式中:Q_m、S_p、F——符号意义同式(2-4-1);

φ、m、λ_2——分别为式(2-4-2)的系数和指数,与地形、地貌及省区位置有关;

C、β、λ_3——分别为式(2-4-3)的系数和指数,与地形、地貌及省区位置有关。

经验公式结构简单，计算方便，但任何经验公式都是成因分析，是建立在大量可靠的统计资料基础上的。对小流域面积要满足以上条件还存在一定的困难，其解决办法是借用相同条件流域的经验来进行计算。

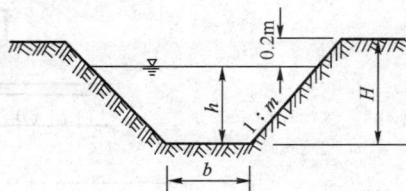

图2-4-9　梯形断面沟渠

3. 水力计算

路基排水明渠通常采用梯形断面，如图2-4-9所示，梯形断面沟渠的水力计算采用下列公式：

1）流量 Q

$$Q = \omega v \tag{2-4-4}$$

2）过水断面面积 ω

$$\omega = bh + mh^2 \tag{2-4-5}$$

3）湿周 P

$$P = b + kh \tag{2-4-6}$$

4）水力半径 R

$$R = \omega / P \tag{2-4-7}$$

5）等速流的流速 v

$$v = C(Ri)^{1/2} \tag{2-4-8}$$

6）水力最佳时的断面面积 $\omega_{佳}$

$$\omega_{佳} = (nQ / \alpha^{y+0.5} \times c^{0.5})^{1/(0.5y+1.25)} \tag{2-4-9}$$

7）水力最佳时的水力半径 $R_{佳}$

$$R_{佳} \approx h/2 \tag{2-4-10}$$

式（2-4-4）～式（2-4-10）中各符号的意义：b、h、m 见图2-4-9；k 为与 m 有关的系数；C 为流速系数；i 为沟底纵坡，以小数表示；n 为沟渠断面粗糙系数；y 为与 R 和 n 有关的指数；α 为与 k、m 有关的系数。

水力最佳条件下的排水沟宽深比（b/h）见表2-4-1。

水力最佳断面的宽深比　　　　　　表2-4-1

边坡率 m	0	0.25	0.50	0.75	1.00	1.25	1.50	1.75	2.00	3.00
b/h	2.00	1.56	1.24	1.00	0.83	0.70	0.61	0.53	0.47	0.32

十、沟渠加固类型

当沟渠纵坡较大，为防止水流冲刷或防渗要求较高时，应对沟底和沟壁进行防护加固。路基排水沟渠的防护加固类型很多，可综合考虑沟渠土质、水流速度、沟底纵坡等条件，参照表2-4-2 和表2-4-3 选用。

土质沟渠加固类型　　　　　表 2-4-2

加固类型		名　称	铺砌厚度(cm)
简易式	草皮式	平铺草皮	单层
		竖铺草皮	叠铺
	筑捣式	沟底沟壁夯实	
		水泥砂浆抹平层	2～3
		石灰三合土抹平层	3～5
		黏土碎(砾)石加固层	10～15
		石灰三合土碎(砾)石加固层	10～15
干砌式		干砌片石	15～25
		干砌片石砂浆勾缝	15～25
		干砌片石砂浆抹平	20～25
浆砌式		浆砌片石	20～25
		混凝土预制块	6～10
		砖砌水槽	沟底两层砖

加固类型与沟底纵坡关系　　　　　表 2-4-3

纵坡(%)	<1	1～3	3～5	5～7	>7
加固类型	不加固	1. 土质好,不加固 2. 土质不好,简易加固	简易加固或干砌式加固	干砌式或浆砌式加固	浆砌式加固或改用跌水

第三节　地　下　排　水

路基地下排水设施,按其作用与使用条件的不同,主要有暗沟(管)、渗沟、渗井、渗水隧洞、仰斜式排水孔和检查疏通井等。地下排水设施的类型、位置及尺寸应根据工程地质和水文地质条件确定,并与地表排水设施相协调。

一、暗沟(管)

暗沟(管)是设置在地表以下引导水流的沟渠,用于排除路基范围内出露的泉水或地下集中水流。暗沟无渗水和汇水作用,因此暗沟也称为盲沟。

暗沟应在路基填土前或开挖后,按照泉眼范围及流量的大小或渗沟汇集的水流情况,确定断面尺寸,如图 2-4-10 所示。

高速公路中央分隔带的排水设计也可采用暗沟或暗管。

暗沟沟底的纵坡不宜小于1%,条件困难时亦不得小于0.5%,出口处应加大纵坡,沟底应高出地表排水沟常水位 0.2m 以上,不容许出现倒灌现象。寒冷地区的暗沟应作防冻保温处理。施工时宜由下游向上游施工,并应随挖、随撑、随填。在冬季为防止冻结,要求冰冻地区暗沟的埋置深度应大于当地的冰冻深度,以保证一年四季排水畅通。

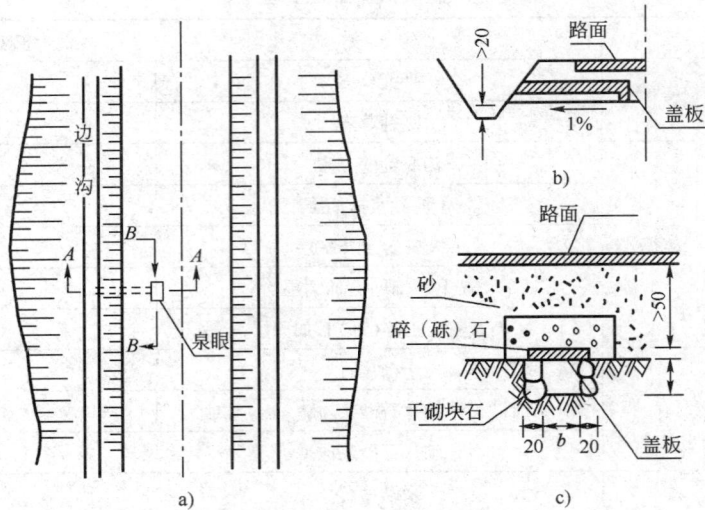

图 2-4-10　暗沟结构示意图　（尺寸单位：m）
a）平面；b）剖面 A—A；c）剖面 B—B

二、渗沟（井）

渗沟、渗水隧洞及渗井用于降低地下水位或拦截地下水，并将其排到路基范围以外，使路基处于干燥或中湿状态，消除地下水对路基的危害。当地下水埋藏较浅或无固定含水层时，宜采用渗沟。当地下水埋藏较深或有固定含水层时，宜采用渗水隧洞、渗井。地下水位较高、水量较大的填挖交界路段和低填方路段应设置渗沟。

渗沟、渗水隧洞及渗井的断面尺寸，应根据构造类型、埋设位置、渗水量、施工和维修条件等确定。渗沟侧壁及顶部应设置反滤层，底部应设置封闭层。渗水隧洞衬砌结构尺寸由计算确定。渗沟及渗水隧洞迎水侧可采用砂砾石、无砂混凝土、渗水土工织物作为反滤层。

按构造的不同，渗沟有三种基本形式：填石渗沟、管式渗沟和洞式渗沟。三种形式的渗沟均由排水层（石缝或管、洞）、反滤层和封闭层所组成，见图 2-4-11 所示。

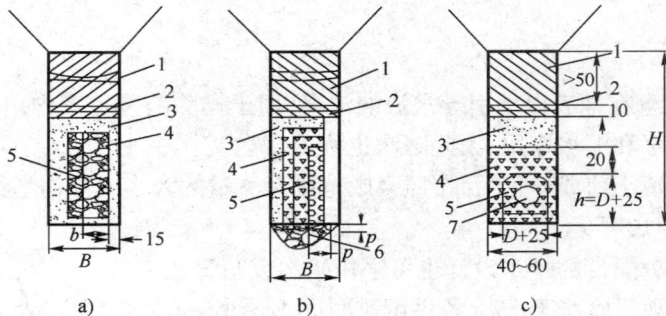

图 2-4-11　渗沟结构图示
a）盲沟式；b）洞式；c）管式
1-黏土夯实；2-双层反铺草皮；3-粗砂；4-石屑；5-碎石；6-浆砌片石沟洞；7-预制混凝土管

1. 填石渗沟

填石渗沟也称盲沟式渗沟，一般用于流量不大、渗沟较短的地段，是目前公路上常用的一种渗沟形式，设计时应考虑淤塞失效问题。由于排水层阻力较大，其纵坡不宜小于1%。

2. 管式渗沟

管式渗沟，一般设于地下引水较长的地段，但渗沟过长时，应加设横向泄水管，将渗沟内的水流分段排除。沟底最小纵坡不宜小于0.5%，以免淤积。最大流速一般以不大于1.0m/s为宜。

3. 洞式渗沟

洞式渗沟用于地下水流量较大，或缺乏水管时。即在沟底设置石砌涵洞，洞口大小依设计流量而定。沟底最小纵坡为0.5%，有条件时适当采用较大纵坡，以利排水。

渗沟的埋置深度按地下水位的高程、地下水位需下降的深度以及含水层介质的渗透系数等因素考虑确定。渗沟的排水孔（管），应设在冻结深度以下不小于0.25m处。截水渗沟的基底宜埋入隔水层内不小于0.5m。

边坡渗沟、支撑渗沟应垂直嵌入边坡坡体，平面形状宜采用条带形布置；对于范围较大的潮湿坡体。可采用增设支沟的分岔形式布置或拱形布置；其基底，宜设置在含水层以下较坚实的土层上。

渗沟出水口段宜加大纵坡，出口处宜设置栅板或端墙，出水口应高出地表排水沟槽常水位0.2m以上。寒冷地区的渗沟出口，应采取防冻措施。

渗井按其渗水方向不同，可分为排水渗井与集水渗井两类，公路工程中常用排水渗井，如图2-4-12所示。排水渗井的作用是将地下含水层中的水或地表水通过竖井，渗入地下透水层中排除，从而降低地下水位或疏干地表水。

公路穿过降雨量稀少地区的村落或集市，路线高度与原地面相仿，因某种障碍不能贯通边沟，而距地表不深处又有渗透性土层，且地下水流向背离路基，地表水流量不大，此时可以修筑渗井将边沟水流分散到地表1.5m以下的透水层中，使之不致影响路基稳定。

高速公路或城市道路立交桥的下穿通道，路线为凹形竖曲线时，如通道路基下层有良好的渗水性土层，则可在凹形的最低部位设置渗井。这种构造远比采用涵管排除或水泵排除更经济、简单。

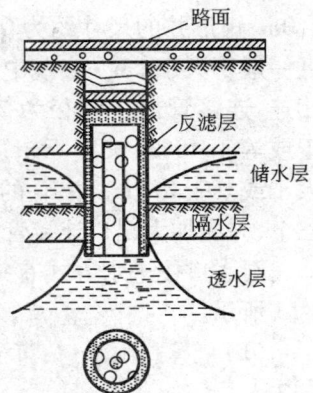

图2-4-12 渗井结构与布置图例

三、仰斜式排水孔

仰斜式排水孔是引排挖方路基边坡内地下水的有效措施，当坡面上有集中地下水时，采用成群布置的仰斜式排水孔。

仰斜式排水孔钻孔直径一般为75~150mm，仰角不宜小于6°，长度应伸至地下水富集部位或潜在滑动面层。孔内透水管直径一般为50~100mm。透水管应外包1~2层渗水土工布，防止泥土将渗水孔堵塞，管体四周宜用透水土工布作为反滤层。

仰斜式排水孔排除的水宜引入路堑边沟排除。

第四节　城市道路排水

城区道路排水一般采用管渠排水形式,其设计包括偏沟(街沟)、雨水口和连接管的布设。

郊区道路排水与一般公路并无差异,其设计内容包括路拱排水、边沟、排水沟与涵洞等内容。设计流量可按当地水文公式计算,并处理好与农田排灌的关系。

城区道路雨水沿横坡从路面上和相邻的地面上,流到车行道两侧的街沟,然后沿街沟的纵坡流进雨水口,再经雨水支管、干管排至天然水系。

街沟是排水系统的一部分。街沟的侧面利用了车行道的侧石(缘石),底面利用了车行道靠边的路面部分或沿路面边缘铺的平石。缘石宜控制在 10 ~ 20cm 的高度。当道路的纵坡等于零,或小于2‰ ~ 3‰,纵向排水发生困难时,可考虑将雨水口前后街沟都以大于最小排水纵坡的坡度斜向雨水口。如此连续起来,则街沟纵坡成锯齿状,即俗称锯齿形街沟。

雨水口是道路上的雨水进入雨水管的孔口,其设置位置,应根据路面种类、道路纵坡、沿路建筑与排水情况以及汇水面积所形成的流量及进水口的泄水能力而定。计算道路雨水口流量时,街沟水深不宜大于缘石高度的2/3。道路汇水点、人行横街上游、沿街单位出入口上游、常有地面径流的街坊或庭院出水口等处均应设置雨水口。道路低洼和易积水地段应根据需要适当增加雨水口。雨水口的间距宜为 25 ~ 50m。

雨水口是一个带有进水箅子(铁箅或水泥混凝土制品)的井,包括进水箅子、井筒和连接管三部分。断面大小按泄水量确定。井的形状分圆形和方形两种,圆形井的直径为 0.7 ~ 1.0m,矩形井的尺寸约为 0.6m × 0.9m。井筒可以用砖砌或用水泥混凝土筑成。雨水口的深度一般不大于1m。实践中多不设沉泥槽。雨水口底部用连接管与城市排水管线上的检查井相连,连接管最小管径为 200mm,坡度宜大于或等于 10%,长度不超过 25m,覆土厚度大于或等于 0.7m。串联的雨水口不宜超过三个,并应加大出口连接管管径。

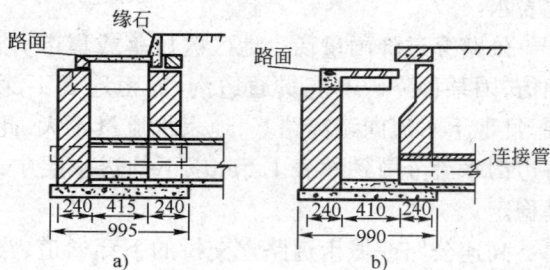

图 2-4-13　雨水口(尺寸单位:mm)

雨水口按进水方式有三种类型,如图 2-4-13 所示。

(1)平箅式雨水口:箅子水平放置(图 2-4-13a)。

(2)竖式雨水口:进水口与街沟垂直,有立孔式和立蓖式,适用于有缘石的道路。其中立孔式适用于箅隙容易被杂物堵塞的地方。

(3)联合式雨水口:在街沟和缘石上都设有进水口。适用于路面较宽、有缘石、径流量较集中且有杂物处(图 2-4-13b)。

第五节　排水系统的综合设计

一、综合设计的意义

前述各种排水设施,均针对某一水源,为满足某一方面的要求而设置。在实际工程中,由于自然条件、路线布置及其他人为因素的不同,情况往往比较复杂,对于某些重点路段则需要进行路基排水的综合设计,以提高排水效果,发挥各类排水设施的优点,降低工程费用。

实践经验证明,排水系统综合设计的好坏,对路基稳定性的影响很大。特别是在多雨的山区、黄土高原地区、寒冷潮湿地带,水网密布、地基软弱的平原区,以及水文地质条件不良等情况下,修建高等级道路时,更应重视路基排水的综合设计。

综合设计的含义,应包括地表排水与地下排水设施的协调配合,路基排水设施与桥涵等泄水结构物的合理布置,排水工程与防护加固工程的相互配合,以及路基排水与沿线农田水利规划及有关其他基本建设项目之间的联系,但主要目的在于确保路基的强度与稳定性。

二、综合排水设计的基本要求

(1)流向路基的地表水和地下水,需在路基范围以外的适当地点,设置截水沟、排水沟或渗沟进行拦截,并引至指定地点。路基范围内的水源,分别采用边沟、渗沟、渗井与排水沟予以排除。路基排水一般向低洼一侧排除,必须横跨路基时,尽量利用拟设的桥涵,必要时增设涵洞。水流落差较大时,应设置跌水或急流槽。总之,因地制宜和综合治理,是路基排水综合设计的基本要求之一。

(2)对于明显的天然沟槽,宜依沟设涵,不必勉强改沟与合并。对于沟槽不明显的漫流,应在上游设置束流设施,加以调节,汇集成沟,导流排除。对于较大水流,注意因势利导,不可轻易改变流向,必要时配以防护加固工程,进行分流或束流。

(3)为了提高截流效果,减少工程量,地表沟渠宜大体沿等高线布置,尽可能使沟渠垂直于流水方向,且应力求短捷,水流通畅。沟渠转弯处要求以圆曲线相接,以减小水流的阻力。

(4)各种排水设施,必须地基稳固,不得渗漏或滞留,并具有适当纵坡,以控制与保持适当的流速。沟槽的基底与沟底及沟壁,必要时应予加固,不得溢水渗水,防止损害路基,引起水土流失。

(5)路基排水综合设计,必须事先做好调查研究工作,查明水源和有关现状,测绘现场地形图,进行必要的水文水力计算,作出总体规划,提出总体布置方案,逐段逐项进行细部设计计算,并进行效益分析与经济核算。

三、路基综合排水设计的内容

路基排水系统综合设计的成果用路基、路面排水系统布置图表示。

路基、路面排水系统布置图一般公路排水困难地段应绘制本图。比例尺根据需要确定。高速公路、一级公路绘在路线平面总体设计图内。

路基、路面排水系统布置图的主要内容:

(1)绘出路堤坡脚线和路堑坡顶线;

(2)桥涵位置、中心里程、水流方向、进出口沟底高程及其附属工程等;

(3)取土坑、弃土堆的位置;

(4)其他有关工程的平面布置,如交叉道口、灌溉渠道等;

(5)各种路基排水设施(如边沟、截水沟、跌水、急流槽等)的平面布置,以及沟渠长度、排水方向、排水纵坡、出水

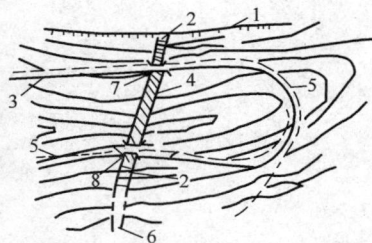

图2-4-14 回头曲线路段综合排水图例
1-截水沟;2-跌水;3-路线;4-急流槽;5-边沟;6-排水沟;7-上线涵洞;8-下线涵洞

口与分界点的位置等。

图 2-4-14～图 2-4-16 是路基排水的三个综合设计简例。

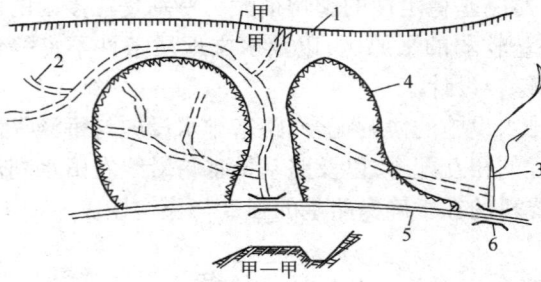

图 2-4-15　滑坡路段综合排水图例

1-截水沟;2-排水沟;3-自然沟;4-滑坡土体边界;5-路线;
6-涵洞

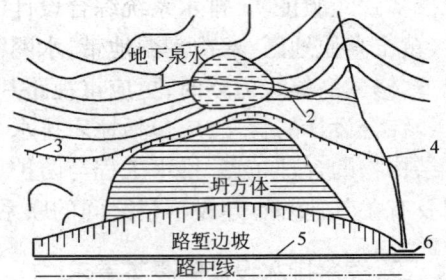

图 2-4-16　边坡塌方路段综合排水图例

1-渗沟;2-排水沟;3-截水沟;4-自然沟;5-边沟;
6-涵洞

图 2-4-17 为某路段路基排水系统综合设计平面布置图。

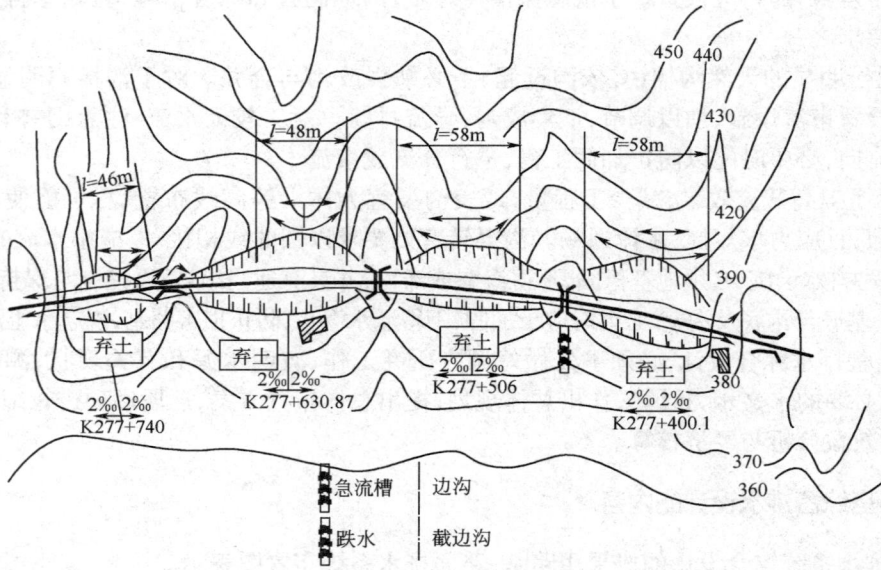

图 2-4-17　路基排水综合设计平面布置图例

第五章 路基防护加固与支挡结构设计

第一节 路基主要防护设施

一、路基防护和加固的目的与要求

路基在水、风、气温等自然因素的长期作用下,将发生变形和破坏,若不及时加以防治,就会引起严重的病害。为保证路基的稳定性,除做好路基防排水外,必须做好路基防护与加固设计。一般,防护与加固的重点是路基边坡,特别是不良地质与水文地段及沿河路基的边坡。有时,对附近可能危害路基的河流和山坡也应进行必要的防护,以保证防护加固工程能正常地工作。

防护与加固工程是路基工程的一个组成部分,除专门用来支挡路基的结构物外,一般防护工程承受外力的能力很小,有的则完全不能承受外力的作用。因此,要求路基边坡本身基本稳定,否则不但路基得不到防护,而且连防护工程也会遭到破坏。

随着公路等级的提高,为维护正常的汽车运输,确保行车安全,以及保持公路与自然环境协调,做好路基的防护与加固,具有重要意义。因此,《公路路基设计规范》(JTG D30—2004)要求各级公路应根据当地气候、水文、地形、地质条件及筑路材料分布情况,采取工程防护和植物防护相结合的综合措施,防治路基病害,保证路基稳定,并与周围环境景观相协调。

二、防护与加固工程的分类

路基边坡的防护与加固工程,按其作用不同,分为坡面防护、沿河路基防护、挡土墙、边坡锚固、土钉支护及抗滑桩六大类。坡面防护用于防护易受自然因素影响而破坏的土质与岩质边坡。沿河路基防护用于防止水流对路基的冲刷与淘刷。挡土墙、边坡锚固、土钉支护及抗滑桩用于防止路基变形或支挡路基土体,以保证路基的稳定性。

为使概念明确,一般把防止冲刷和风化,主要起隔离作用的工程措施称为防护工程;把防止路基或山体因重力作用而坍滑,主要起支承作用的支挡结构物称为加固工程。事实上,它们除了具有其主要作用外,往往还兼有其他作用。如石砌护坡,主要是防止水流冲刷路基边坡,但也具有一定的加固作用;挡土墙主要是支挡路基或山体,但同样亦可以防止水流冲刷。因此,实际应用时,很难截然分开,应根据具体的地质、水文条件、路基稳定性要求及环境条件等确定。

三、坡面防护

路基坡面防护工程应在稳定的边坡上设置,防护类型的选择应综合考虑工程地质、水文地质、边坡高度、环境条件、施工条件和工期等因素的影响,对于路基稳定性不足和存在不良地质因素的路段,应注意路基边坡防护与支挡加固的综合设计。

坡面防护工程常用植被防护、骨架植物防护、圬工防护及封面、捶面等防护措施。

1. 植物防护

植物防护的方法有植被防护、三维植被网防护、湿法喷播和客土喷播等。采用植物覆盖层对坡面进行防护，可以减缓地面水流速度，美化路容，协调环境。

1）植被防护

种草适用于边坡稳定，不浸水或短期浸水、冲刷轻微的路堤与路堑边坡。草种选用应根据防护目的、气候、土质、施工季节等确定，宜采用易成活、生长快、根系发达、叶茎矮或有匍匐茎的多年生草种。种子的配合、播种量等的设计应根据选用植物的生长特点、防护地点及施工方法确定。

铺草皮用于需要快速绿化且坡率缓于1:1的土质边坡和严重风化的软质岩石边坡。草皮应选择根系发达、茎矮叶茂耐旱草种，不宜采用喜水草种，严禁采用生长在泥沼地的草皮。

植树适用于坡率缓于1:1.5的边坡防护，或在边坡以外的堤岸及河漫滩外，用以降低流速。多排林带还可改变水流方向，在沙漠与雪害地区，可起到阻沙防雪的作用。树种应选用能迅速生长且根深枝密的低矮灌木类。公路弯道内侧边坡严禁栽植高大树木。

2）三维植被网防护

三维植被网防护适用于砂性土、土夹石及风化岩石边坡，且坡率缓于1:0.75的边坡防护。三维植被网中的回填土采用客土或土、肥料及含腐殖质土的混合物。

3）湿法喷播

湿法喷播适用于土质边坡、土夹石边坡、严重风化岩石且坡率缓于1:0.5的路堑和路堤边坡，以及中央分隔带、立交区、服务区和弃土堆绿化防护。

4）客土喷播

客土喷播适用于风化岩石、土壤较少的软质岩石、养分较少的土壤、硬质土壤、植物立地条件差的高大陡坡面和受侵蚀显著的坡面。当坡率陡于1:1时，宜设置挂网或混凝土框架。

2. 骨架植物防护

骨架植物防护是指对于无法直接采用植物防护的路基边坡，采用浆砌片石或钢筋混凝土在坡面上形成框架，并结合铺草皮、三维植被网、土工格栅、喷播植草、栽植苗木等方法形成的一种护坡技术。骨架植物防护适用于土质或风化岩石边坡的防护。目前主要有以下几个类型。

1）浆砌片石或水泥混凝土骨架植草护坡

适用于缓于1:0.75的土质和全风化岩石边坡。当坡面受雨水冲刷严重或潮湿时，坡度应缓于1:1。骨架的形式有方格形、拱形、人字形等（如图2-5-1～图2-5-3所示），应视边坡坡率、土质和当地情况确定骨架形式，并与周围景观相协调。骨架防护可采用混凝土、浆砌片（块）石、卵（砾）石等做骨架，骨架内应采用植物或其他辅助防护措施。当降雨量较大且集中的地区，骨架宜做成截水沟型。截水沟断面尺寸由降雨强度计算确定。

2）多边形水泥混凝土空心块植物护坡

适用于坡度缓于1:0.75的土质边坡和全风化、强风化的岩石路堑边坡，并视需要设置浆砌片石或混凝土骨架。多边形空心预制块的混凝土强度不应低于C20，厚度不应小于150mm，如图2-5-4所示。空心预制块内应填充种植土，喷播植草。

3）锚杆混凝土框架植物护坡

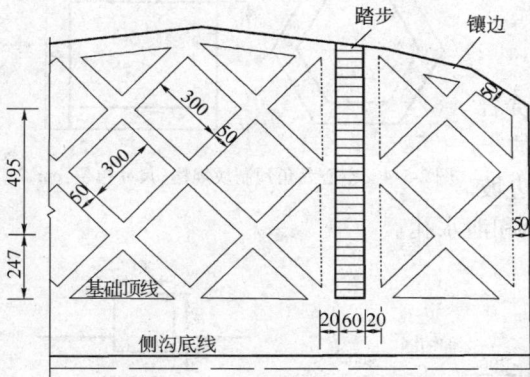

图 2-5-1 方格形浆砌片石骨架(尺寸单位:cm)

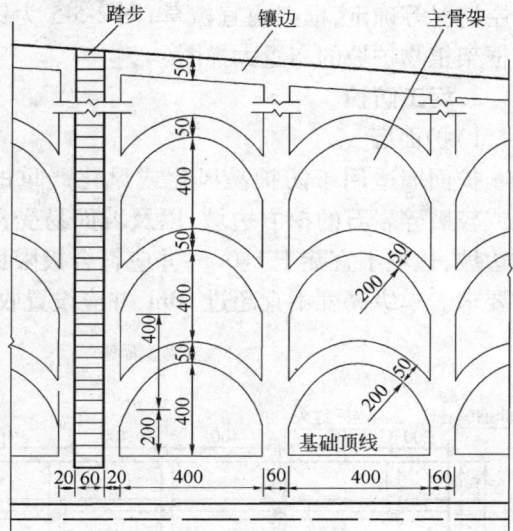

图 2-5-2 拱形浆砌片石骨架(尺寸单位:cm)

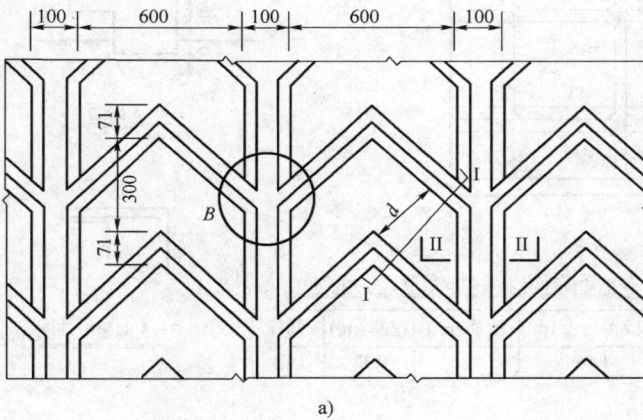

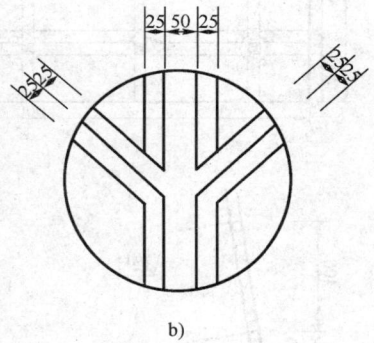

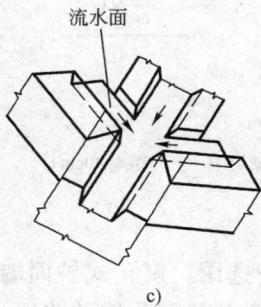

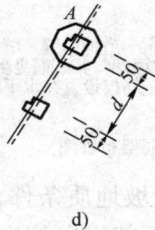

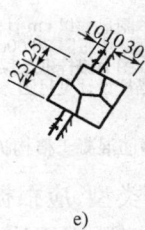

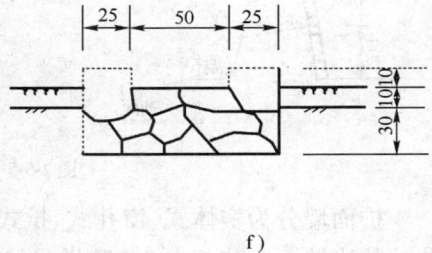

图 2-5-3 人字形截水型浆砌片石骨架(尺寸单位:cm)

a)正视图;b)节点 B 放大图;c)节点 B 轴侧投影图;d)Ⅰ—Ⅰ剖面;e)A 放大图;f)Ⅱ—Ⅱ剖面

适用于土质边坡和坡体中无不良结构面、风化破碎的岩石路堑边坡。锚杆采用非预应力的全长黏结型锚杆,锚杆间距、长度应根据边坡地质情况确定。锚杆保护层厚度不应小于20mm。框架应采用钢筋混凝土,混凝土强度不应低于 C25,框架几何尺寸应根据边坡高度和地层情况等确定,框架内宜植草,图 2-5-5 为钢筋混凝土框架植物护坡的布置大样图。

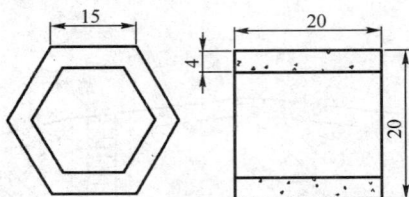

图 2-5-4　空心六角预制块规格(尺寸单位:cm)

3.圬工防护

1)护面墙

护面墙适用于防护易风化或风化严重的软质岩石或较破碎岩石的挖方边坡,以及坡面易受侵蚀的土质边坡,边坡不宜陡于 1:0.5,并应符合极限稳定边坡的要求。单级高度不宜超过 10m,并应设置收缩缝和泄水孔。

锚杆框架梁立面图

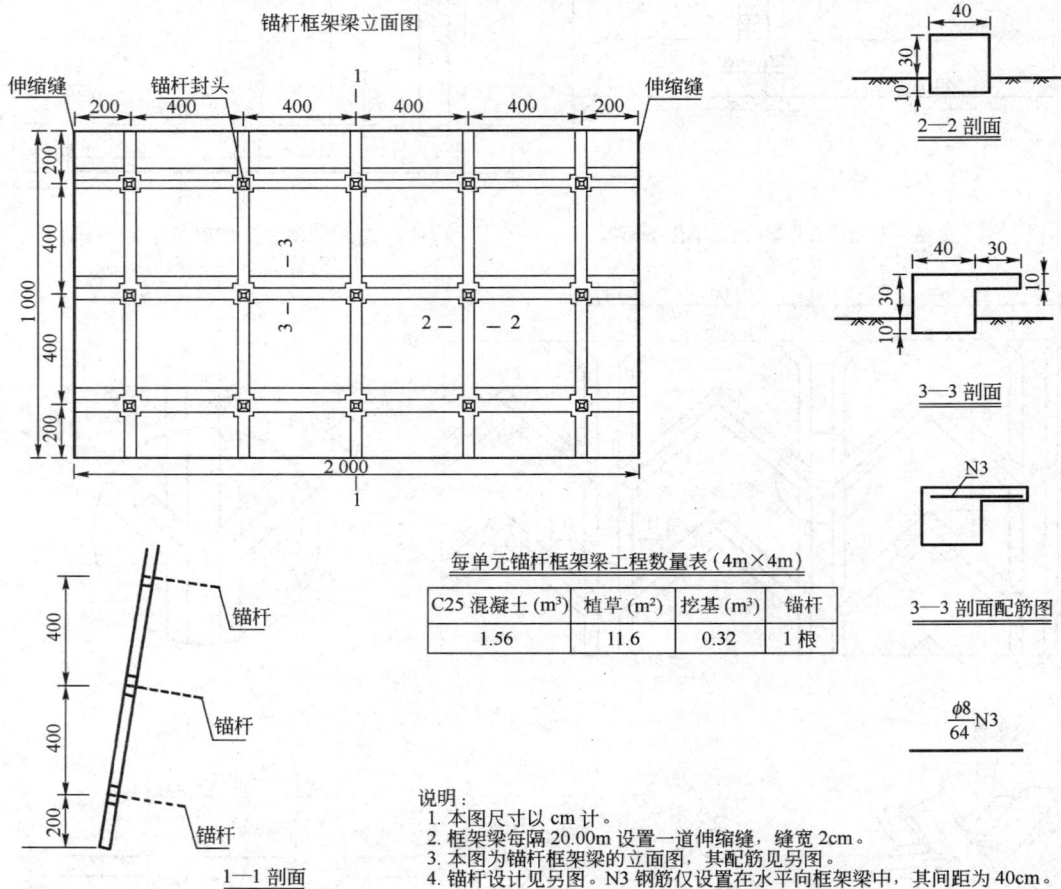

每单元锚杆框架梁工程数量表(4m×4m)			
C25 混凝土(m³)	植草(m²)	挖基(m³)	锚杆
1.56	11.6	0.32	1 根

说明:
1. 本图尺寸以 cm 计。
2. 框架梁每隔 20.00m 设置一道伸缩缝,缝宽 2cm。
3. 本图为锚杆框架梁的立面图,其配筋见另图。
4. 锚杆设计见另图。N3 钢筋仅设置在水平向框架梁中,其间距为 40cm。

图 2-5-5　钢筋混凝土格构护坡框架布置图

护面墙分为实体式、窗孔式、拱式等类型,应根据边坡地质条件合理选用。窗孔式护面墙防护的边坡不应陡于 1:0.75;拱式护面墙适用于边坡下部岩层较完整而上部需防护的路段,边坡应缓于 1:0.5。

护面墙基础应设置在稳定的地基上,埋置深度应根据地质条件确定;冰冻地区,应埋置在冰冻深度以下不小于 250mm;若为软基,可设拱形结构物跨过;护面墙前趾应低于边沟铺砌的底面。如图 2-5-6 所示。表 2-5-1 为护面墙常用尺寸表。

墙体纵向每隔 10～15m 设缝宽 2cm 的伸缩缝一道,缝内用沥青麻筋填塞。墙身上下左右

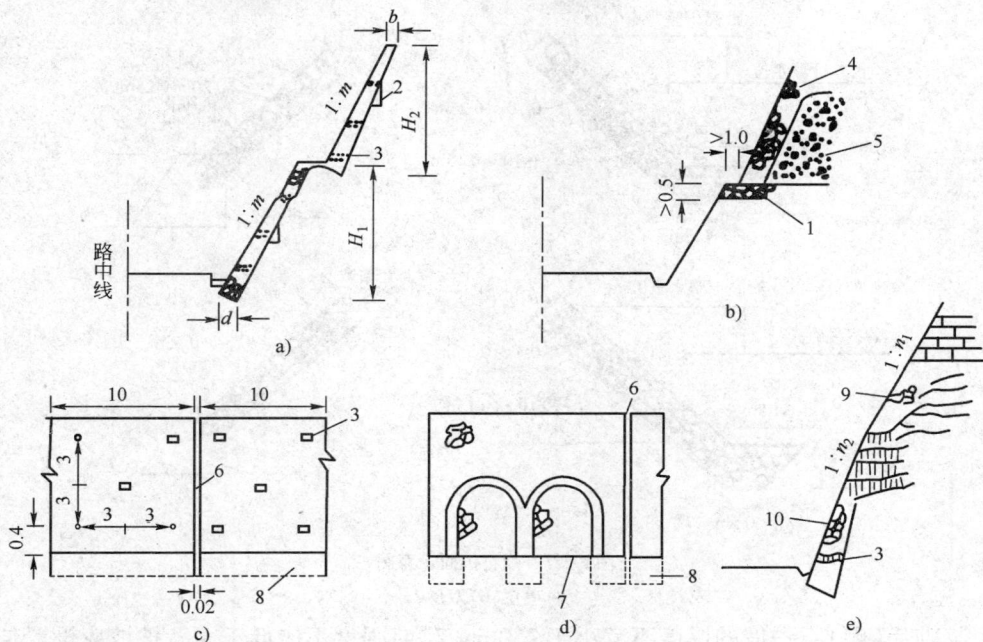

图 2-5-6 护面墙示意图(尺寸单位:m)
a)双层式;b)单层式;c)墙面;d)拱式;e)混合式
1-平台;2-耳端;3-泄水孔;4-封顶;5-松散夹层;6-伸缩缝;7-软地基;8-基础;9-支补墙;10-护面墙

每隔 2 ~ 3m 设 10cm × 10cm 方形或直径为 10cm 圆形泄水孔,孔后设砂砾反滤层。为增加墙体稳定性,墙背每 3 ~ 6m 高设一宽度为 0.5 ~ 1.0m 耳墙。根据边坡基岩或土质的好坏,每 6 ~ 10m 高为一级,设宽度不小于 1.0m 的平台。在缺乏石料地区,墙身可采用片石铺砌成方格或拱式边框、方格或框内用石灰炉渣、三合土或四合土等混合料抹面。

护面墙的厚度参考表 表 2-5-1

护面墙高度 H	路堑边坡	护面墙厚度(m)	
		顶宽 b	底宽 d
≤2	1:0.5	0.40	0.04
≤6	>1:0.5	0.40	0.04 + H/10
6 < H ≤ 10	1:0.5 ~ 1:0.75	0.40	0.40 + H/20
10 < H ≤ 16	1:0.75 ~ 1:1	0.60	0.60 + H/20

2)锚杆挂网喷浆(混凝土)

适用于坡面为碎裂结构的硬质岩石或层状结构的不连续地层以及坡面岩石与基岩分开并有可能下滑的挖方边坡。锚杆应嵌入稳固基岩内,锚固深度应根据岩体性质确定。钢筋网喷射混凝土支护厚度不应小于 100mm,亦不应大于 250mm。钢筋保护层厚度不应小于 20mm。

3)石砌护坡

如图 2-5-7 所示,干砌片石护坡适用于坡度缓于 1:1.25 的土(石)质路堑边坡。干砌片石护坡厚度不宜小于 250mm。浆砌片(卵)石护坡适用于坡度缓于 1:1 的易风化岩石和土质路堑

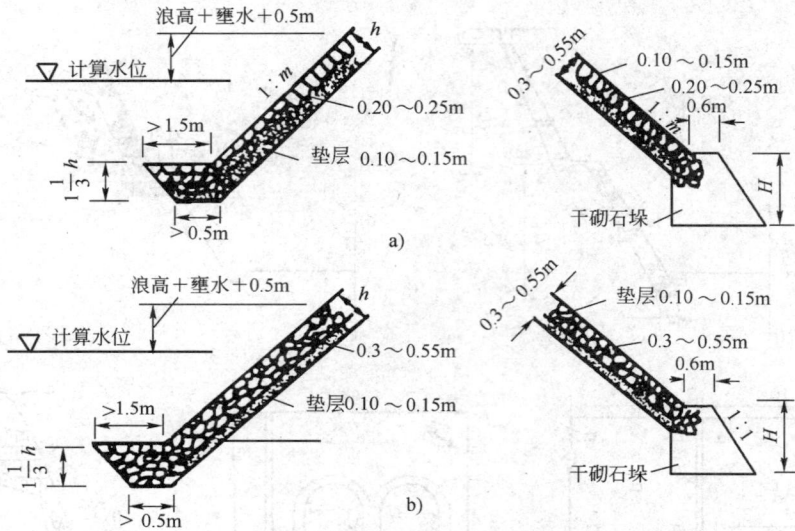

图 2-5-7 片石护面示意图
a）单层；b）双层

边坡。浆砌片（卵）石护坡的厚度不宜小于 250mm，砂浆强度不应低于 M5，护坡应设置伸缩缝和泄水孔。

水泥混凝土预制块护坡适用于石料缺乏地区的路基边坡防护。预制块的混凝土强度不应低于 C15，在严寒地区不应低于 C20。铺砌层下应设置碎石或砂砾垫层，厚度不宜小于 100mm。

4）喷护

喷浆防护包括喷浆和喷射混凝土防护适用于坡率缓于 1:0.5 的易风化但未遭强风化的岩石边坡；喷浆防护厚度不宜小于 50mm，砂浆强度不应低于 M10；喷射混凝土防护厚度不宜小于 80mm，混凝土强度不应低于 C15；喷护坡面应设置泄水孔和伸缩缝。

4. 封面、捶面

封面防护适用于坡面较干燥、未经严重风化的各种易风化岩石边坡，但不适用于由煤系岩层及成岩作用很差的红色黏土岩组成的边坡。抹面防护使用年限为 8 ~ 10 年，高速公路路基边坡不宜采用抹面防护。封面厚度不宜小于 30mm，表层可涂软化点稍高于当地气温的沥青保护层。

捶面防护适用于边坡坡率缓于 1:0.5、易受冲刷的土质边坡或易风化剥落的岩石边坡，使用年限为 10 ~ 15 年。高速公路路基边坡不宜采用捶面防护。捶面宜采用等厚截面，其厚度不宜小于 100mm。

四、沿河路基防护

沿河地段路基当受水流冲刷时，应根据河流特性、水流性质、河道地貌、地质等因素，结合路基位置，选用适宜的防护工程、导流或改河工程。

沿河路基防护的常用类型有植物防护、砌石或混凝土护坡、护坦、抛石、石笼、浸水挡土墙、土工膜袋、丁坝、顺坝及改移河道等。

沿河路基防护工程顶面高程，应为设计水位加上波浪侵袭、壅水高度及安全高度。基底埋设在冲刷深度以下不小于 1m 或嵌入基岩内。当冲刷深度较深、水下施工困难时,可采用桩基、沉井基础或适宜的平面防护。

1. 植物防护

植物防护适用于允许流速小于 1.2 ~ 1.8m/s 的季节性水流冲刷,用于冲刷防护的植物防护的要求与坡面防护的要求相同。经常浸水或长期浸水的路堤边坡,不宜采用种草防护。

在沿河路基外的河滩上植造防护林带,树种应具有喜水性。

2. 砌石或混凝土护坡

砌石或混凝土护坡适用于允许流速为 2 ~ 8m/s 的路堤边坡。用于冲刷防护的干(浆)砌片石(混凝土块)护坡的有关要求(规定)与坡面防护的要求相同。

浆砌片(卵)石护坡厚度应按流速和波浪的大小等因素确定,并应不小于 350mm。护坡底面应设厚度不小于 100mm 的反滤层。

3. 护坦

护坦防护适用于沿河路基挡土墙或护坡的局部冲刷深度过大、深基础施工不便的路段。

4. 抛石

抛石适用于经常浸水且水深较大的路基边坡或坡脚,以及挡土墙、护坡的基础防护。抛石一般多用于抢修工程。抛石边坡坡度和选用石料粒径应根据水深、流速和波浪情况确定,石料粒径应大于 300mm ~ 500mm,坡度不应陡于所抛石料浸水后的天然休止角,厚度不应小于所用最小石料粒径的两倍。

抛石防护,类似于在坡脚处设置护脚,亦称抛石垛,如图 2-5-8 所示。抛石垛的边坡坡度不应大于浸水后的天然休止角,边坡率 m_1 一般为 1.5 ~ 2.0,m_2 为 1.25 ~ 2.0。

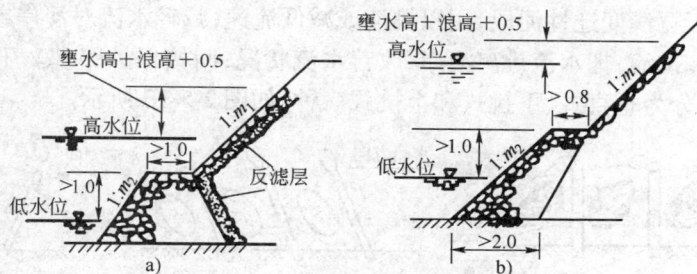

图 2-5-8 抛石防护示意图(尺寸单位:m)
a)新堤石垛;b)旧堤石垛

5. 石笼

石笼防护适用于受水流冲刷和风浪侵袭,且防护工程基础不易处理或沿河挡土墙、护坡基础局部冲刷深度过大的沿河路堤坡脚或河岸,如图 2-5-9。

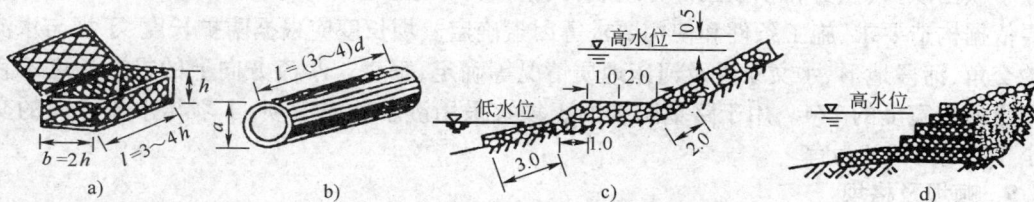

图 2-5-9 石笼防护示意图(尺寸单位:m)
a)箱形笼;b)圆柱形笼;c)防止淘底;d)防护岸坡

石笼内所填石料,应采用重度大、浸水不崩解、坚硬且未风化石块,石料粒径大于石笼的网孔,其最小不小于4.0cm,一般为5～20cm,外层用大且棱角突出的石料,内层可用较小石块填充。

石笼用于防止冲刷淘底时,在坡脚处的排列应平铺并与坡脚线垂直,且堤岸一端固定,另一端可不固定,淘刷后可以向下沉落贴于底面。用于防止堤岸边坡冲刷时,则垒码平铺成梯形,如图2-5-9c)和图2-5-9d)所示。单个石笼的大小,以不被相应速度的水流冲动为宜,铺设时须用碎(砾)石垫层铺平,底层各角可用铁棒固定于基底。

目前常用的石笼有两种:铁丝石笼和钢筋混凝土框架石笼。铁丝石笼,多用于抢修或临时工程,不得用于急流滚石河段,必要时对铁丝笼灌注小石子水泥混凝土;铁丝笼一般可承受容许流速4～5m/s的水流冲刷。钢筋混凝土框架石笼,可用于急流滚石河段。

近年来,也有不少工程用土工格栅等新型土工合成材料编制成圆柱形石笼用于边坡冲刷防护。

6. 浸水挡土墙

浸水挡土墙适用于允许流速为5～8m/s的峡谷急流和水流冲刷严重的河段。浸水挡土墙设计应符合挡土墙有关规定,并应注意浸水挡土墙和岸坡的衔接。

7. 土工膜袋

土工织物软体沉排、土工膜袋适用于允许流速为2～3m/s的沿河路基冲刷防护。土工膜袋可用于替代干砌块石、砂浆块石等修建堤坡、堤脚,构筑丁坝、堤坝主体,还可以用于堤坝崩塌、江河崩岸险情的抢护。

8. 丁坝

丁坝适用于宽浅变迁性河段,用以挑流或减低流速,减轻水流对河岸或路基的冲刷。丁坝的作用是导流和挑流,把水流挑离河岸,改善水流状况,间接保护路基。丁坝的轴线与水流方向的关系不同,分为垂直式、下挑式和上挑式三种,如图2-5-10所示。

图2-5-10　不同布置形式的丁坝及冲淤情况示意图
a)垂直式;b)下挑式;c)上挑式

丁坝的布置,要慎重考虑对岸的情况,如对岸为农田、住房、土堤时,宜多导少挑,若对岸为岩石,要注意被挑过去的水流,在对岸折回后对下游的冲刷。

丁坝由坝头、坝身和坝根三部分组成,其断面为梯形。丁坝所受的外力较小,其断面尺寸主要依据构造要求、施工条件和使用要求等因素确定。坝长度应根据防护长度、丁坝与水流方向的交角、河段地形、水文条件及河床地质情况等确定,垂直于水流方向上的投影长度不宜超过稳定河床宽度的1/4。用于路基防护的丁坝宜采用漫水坝或潜坝,丁坝与水流方向的交角以小于或等于90°为宜。

9. 顺坝及格坝

适用于河床断面较窄、基础地质条件较差的河岸或沿河路基防护,调整流水曲度和改善流态。因此,顺坝的作用是导流,基本上不改变原有水流的流态。当河床断面窄小,不允许过多侵占或地质条件不宜修筑丁坝时,可以采用顺坝。布置顺坝前,必须先有一个合理的导治线,顺坝与上下游河岸的衔接必须协调,坝的起点应选在水流匀顺的过渡地段,以免强烈冲刷,终点可与河岸连在一块。顺坝的构造与丁坝相似,分为坝头、坝身和坝根三部分,坝身断面形状为梯形,结构要求大体与丁坝相同。坝顶宽度应根据稳定计算确定,坝根应嵌入稳定河岸内不小于3m。

格坝在平面上成网格状,设于顺坝与堤岸之间,防止高水位时水流溢入冲刷坝内岸坡和坡角,并促进格间的淤积。

顺坝常与格坝联合使用,如常在漫溢式顺坝后设置格坝,其布置形式如图 2-5-11 所示。

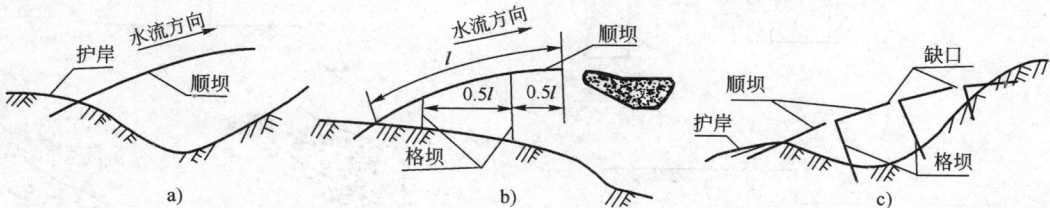

图 2-5-11 顺坝及格坝布置图

10. 改移河道

沿河路基受水流冲刷严重,或防护工程艰巨,以及路线在短距离内多次跨越弯曲河道时可改移河道,使路基不受河水冲刷的影响。对主河槽改动频繁的变迁性河流或支流较多的河段不宜改河。

第二节 重力式挡土墙设计

一、挡土墙的类型与使用范围

1. 挡土墙的类型

挡土墙按照设墙的位置、材料、结构形式可划分为以下几种类型。

(1)按照设墙的位置,挡土墙可分为:路堑墙、路堤墙、路肩墙和山坡墙等类型,如图 2-5-12。

(2)按照墙体材料,挡土墙可分为:石砌挡土墙、混凝土挡土墙、钢筋混凝土挡土墙和加筋土挡土墙等类型。

(3)按照墙体的结构形式,挡土墙可分为:重力式、衡重式、半重力式、加筋土挡墙、悬臂式、扶壁式锚杆式、柱板式和垛式等类型。

2. 各种挡土墙的特点与使用范围

不同结构形式挡土墙的主要特点和适用范围如下。

1)石砌重力式

特点:依靠墙身自重抵抗土压力的作用;形式简单,取材容易,施工简易。

适用范围:产砂石地区;浆砌挡土墙墙高不宜超过 12m,干砌挡土墙墙高不宜超过 6m;地基良好,非地震区和沿河受水冲刷时的一般公路可采用干砌;其他情况,宜用浆砌。

2)石砌衡重式

特点:利用衡重台上部填土的下压作用和全墙重心的后移,增加墙身稳定,节约断面尺寸;

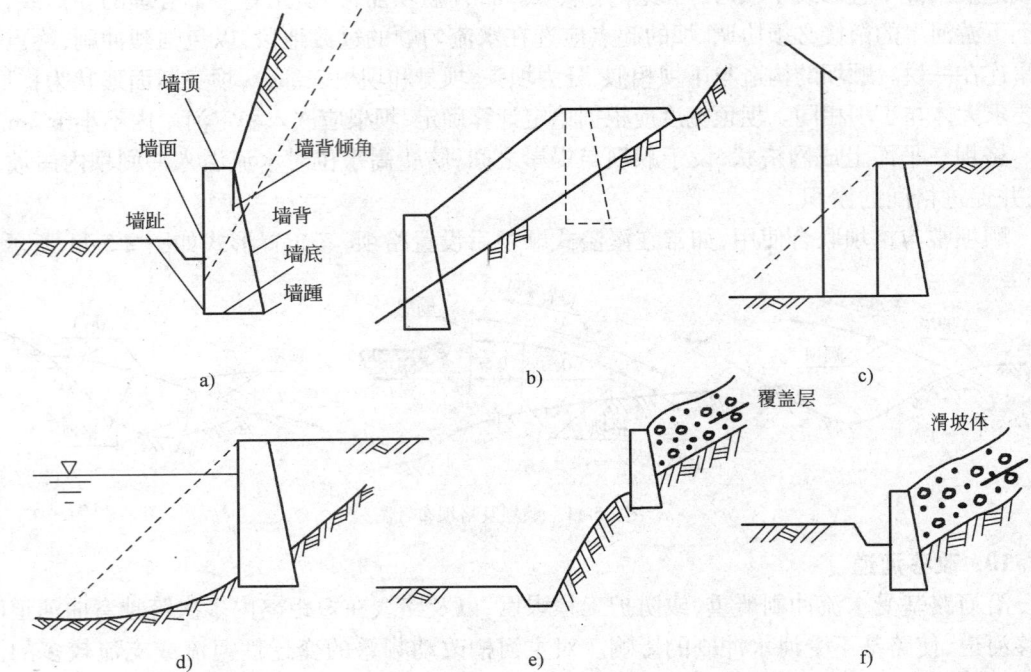

图 2-5-12 设置挡土墙的位置

a)路堑墙;b)路堤墙;c)路肩墙;d)驳岸（路肩墙）;e)山坡挡土墙;f)抗滑挡土墙

注:图中虚线表示不设挡土墙时的路基边坡。

墙面陡直,下墙墙背仰斜,可降低墙高,减少基础开挖。

适用范围:产砂石地区的较高挡土墙;山区、地面横坡陡峻的路肩墙;也可用于路堑墙,兼有拦挡坠石作用;亦可用于路堤墙。

3)混凝土半重力式

特点:采用素混凝土浇注,或在墙背加入少量钢筋,以减薄墙身,节省圬工;墙趾较宽,以保证基底宽度,必要时在墙趾处设少量钢筋。

适用范围:缺乏石料地区;不宜采用重力式挡土墙的地下水位较高或教软弱的地基上,墙高不宜超过 8m。

4)锚杆式

特点:由立柱、挡板和锚杆三部分组成,靠锚杆锚固在山体内拉住立柱;断面尺寸小;立柱、挡板可预制。

适用范围:高挡土墙;施工应备有钻岩机,压浆机等设备;宜用于墙高较大的岩质路堑地段,可用作抗滑挡土墙;可采用肋柱式或板壁式单级或多级墙,每级墙高不宜大于 8m;多级墙的上、下级墙体之间应设置宽度不小于 2m 的平台。

5)锚定板式

特点:由立柱、挡土板、锚定板、拉杆四部分组成;锚定板埋入墙后填料内部的稳定层中,依靠锚定板产生的抗拔力抵抗土压力,保持墙身稳定;构件断面小,工程量省;不受地基承载力限制。

260

适用范围:缺乏石料地区;宜用于路堤墙和路肩墙;不应建筑于滑坡、坍塌、软土及膨胀土地区;可采用肋柱式或板壁式,墙高不宜超过 10m,肋柱式可采用单级或多级墙,每级墙高不宜大于 6m。

6)桩板式

特点:主要由桩与桩间的挡板组成;基础开挖较悬臂式和扶壁式少;断面尺寸小;桩顶处可能产生较大的水平位移或转动;挡土板可预制拼装,快速施工。

适用范围:适用于土压力大,墙高超过一般挡墙的情况;多用于表土及强风化层较薄的均匀岩石地基;也可用于地震区的路堑或路堤支挡或滑坡等特殊地段的治理。

7)钢筋混凝土悬臂式

特点:由立壁、墙趾板和墙踵板三个悬臂梁组成,断面尺寸较小;墙高时,立壁下部的弯矩大,需用较多的钢筋,不经济。

适用范围:缺乏石料地区;地基承载力较低的填方路段:墙高不宜超过 5m。

8)钢筋混凝土扶壁式

特点:沿悬臂式墙的墙长,隔一定距离加一道扶壁,使立壁与墙踵板连接起来,减小立壁下部的弯矩,受力更有利。当墙高增加时较悬臂式经济。

适用范围:墙高不宜超过 15m。其余同悬臂式挡土墙。

9)加筋土挡土墙

特点:由加筋带、墙面板和填土三部分组成,借加筋带与填料之间的摩擦力保持墙身稳定;施工简便,造型美观;对地基的适应性强,占地少。

适用范围:缺乏石料地区;适用于一般地区的路肩墙或路堤墙;高速公路、一级公路墙高不宜大于 12m,二级及二级以下公路墙高不宜大于 20m。多级墙的每级墙高不宜大于 10m,上、下级墙体之间应设置宽度不小于 2m 的平台。

二、挡土墙的构造

以常用的重力式挡土墙为例,其一般由墙身、基础、排水设施和伸缩缝等几部分构成。

1. 墙身构造

1)墙身断面形式及其特点

重力式挡土墙的墙身断面形式,按墙背的形状不同可分为仰斜式、垂直式、俯斜式、凸形折线式和衡重式几种,如图 2-5-13 所示。

在其他条件相同时,仰斜墙背所承受的土压力比俯斜墙背小,故其墙身断面亦较俯斜墙背经济。同时,由于仰斜墙背的倾斜方向与开挖面边坡方向一致,故开挖量和回填量均比俯斜墙背小。然而,由于仰斜式挡土墙的基础外移,当墙趾处地面横坡较陡时,会使墙身增高,断面增大。因此,仰斜式挡墙适用于作路堑墙及墙趾处地面平坦的路堤墙或路肩墙。

俯斜墙背所承受的土压力较大。在地面横坡陡峻时,俯斜式挡土墙可用陡直的墙面,以减小墙高。俯斜墙背亦可做成台阶形,以增加墙背与填料间的摩阻力。

垂直墙背的特点介于仰斜和俯斜墙背之间。

若将仰斜式挡土墙的上部墙背改为俯斜,即构成凸形折线形。与仰斜式比较,其上部尺寸有所减少,故断面亦较节省。多用于路堑墙,也可用于路肩墙。

若在凸形折线式的上下墙之间增设一平台,并采用陡直墙面,即为衡重式断面。在其他条

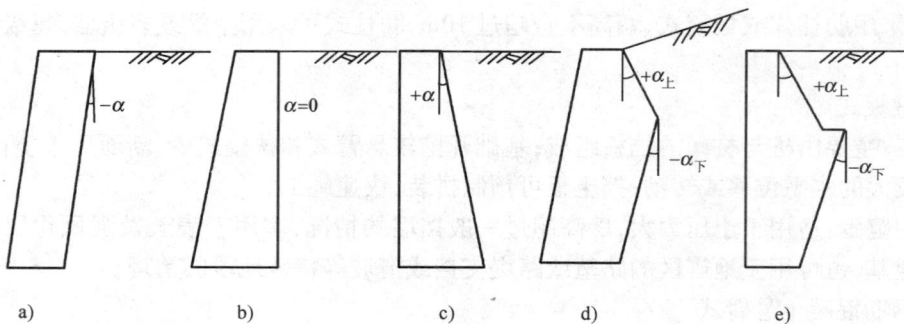

图 2-5-13　重力式挡土墙的断面形式

a)仰斜；b)垂直；c)俯斜；d)凸形折线式；e)衡重式

件相同时，衡重式的断面积比俯斜式小而比仰斜式大，但其基底应力较大，故对地基承载力要求相对较高。

2)墙身断面尺寸

（1）墙背坡度。俯斜式墙背坡度一般为 1:0.15～1:0.4（即 $\alpha = +8°32'～+21°48'$）。仰斜式墙背坡度一般采用 1:0.25（即 $\alpha = -14°02'$）。衡重式之上墙墙背坡度一般为 1:0.25～1:0.45（即 $\alpha_上 = +14°02'～+24°14'$），下墙墙背坡度在 1:0.25（$\alpha_下 = -14°02'$）左右，上下墙高比一般采用 2:3。

（2）墙面。墙面应根据公路线形布置，墙面坡度除应与墙背坡度相协调外，还应根据挡土墙类型及墙高合理选择。一般认为，地面横坡较陡时，宜采用垂直墙面或仰斜 1:0.05～1:0.20，地面横坡较缓时，可放得更缓些，但不宜缓于 1:0.40。

（3）墙顶。墙顶最小宽度，当墙身为混凝土浇筑时，不应小于 0.4m；当墙身为浆砌圬工时，不宜小于 0.5m；当墙身为干砌圬工时，不应小于 0.6m。浆砌路肩墙墙顶一般宜采用粗料石或低强度等级混凝土做成顶帽，顶帽厚约 0.4m。如不做顶帽，墙顶应以较大块石砌筑，并用砂浆勾缝，或用 M5 砂浆抹平顶面，砂浆厚约 2cm。干砌挡墙墙顶 0.5m 高度内，用 M5 砂浆砌筑。

（4）护栏。为保证交通安全，在地形险峻地段，或过高过长的路肩墙，需在墙顶设置护栏。为保持路肩宽度，护栏内侧边缘距路面边缘的距离，二、三级路不小于 0.75m，四级路不小于 0.5m。

2. 基础

在实际工程中，挡土墙的破坏在多数情况下，都是由于地基不良和基础处理不当引起的。因此，基础设计是挡土墙设计的重要内容，必须予以充分重视。

基础设计，包括选择基础类型和确定基础埋置深度两项主要内容。

1)基础形式

大多数挡土墙都是直接砌筑在天然地基上的（图 2-5-14）。当地基承载力不足且墙趾处地形平坦时，为减小基底应力和增加抗倾覆稳定性，常采用扩大基础（图 2-5-14a、b）；当地面陡峻而地基为完整坚实的岩石时，为节省圬工和基础开挖数量，可采用切割台阶基础（图 2-5-14c）；如局部地基软弱，挖基困难或需跨越沟洞时，可采用拱形基础（图 2-5-14d）跨过。

扩大基础是将墙趾或墙踵部分加宽成台阶，也可同时将两侧加宽，以增大承压面积，减小

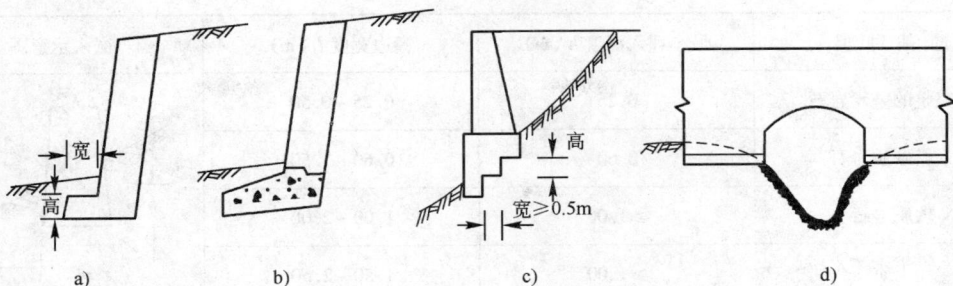

图 2-5-14 挡土墙的基础形式

a)加宽墙趾;b)钢筋混凝土底板;c)台阶基础;d)拱形基础

基底应力。台阶的宽度视基底应力需要减小的程度和加宽后的合力偏心距大小而定,一般不宜小于 0.2m。台阶高度按加宽部分的抗剪、抗弯和基础材料的扩散角(刚性角)要求确定。高宽比可采用 3:2 或 2:1。

当基底应力超出地基容许承载力过多时,基底需加宽的数值较大,台阶高度亦随之增加。为减小台阶高度,基础可改为钢筋混凝土底板。底板高度根据剪应力和主拉应力的要求确定。

切割台阶基础,每一台阶的宽度需要根据地形和地质条件而定,高宽比不宜大于 2:1。最下一个台阶的底宽应满足偏心距的有关规定,一般不宜小于 1.5 ~ 2.0m。其余台阶的宽度不宜小于 0.5m,高度一般约为 1.0m。

2)基础埋置深度

为保证挡土墙的稳定性,必须根据下列原则与要求,将基础埋入地面以下适当深度。

(1)应保证基底土层的容许承载力大于基底可能出现的最大应力。不同深度的土层具有不同的承载力。基底应力分布因基础埋置深度不同而有所差异,埋入土中的基础,基底应力分布比置于地面的均匀。所以,将基础置于具有足够承载力的土层上,以避免地基产生剪切破坏,保证基础稳定。

(2)应保证基础不受冲刷。在墙前地基受水冲刷地段,如未采取专门的防冲刷措施,应将基础埋到冲刷线以下,以免基底和墙趾前的土层被水淘蚀。

(3)在季节性冰冻地区,应将基础埋置到冰冻线以下,以防止地基因冻融而破坏。

对于上述要求,公路挡土墙设计的一般规定是:

(1)在风化层不厚的硬质岩石地基上,基底一般应置于岩石表面风化层以下;在土质地基及软质岩石地基上,基底最小埋置深度不小于 1.0m;墙趾前地面横坡较陡时,为防止地基剪切破坏,基底埋深应满足墙趾前的安全襟边宽度(L)要求,见表 2-5-2;

(2)路堑式挡土墙基础顶面应低于路堑边沟底面不小于 0.5m;

(3)当冻结深度小于或等于 1.0m 时,基底应在冻结线以下不小于 0.25m,并应符合基础最小埋置深度不小于 1.0m 的要求;

(4)当冻结深度超过 1.0m 时,基底最小埋置深度不小于 1.25m,还应将基底至冻结线以下 0.25m 深度范围的地基土换填为弱冻胀材料;

(5)受水流冲刷时,应按路基设计洪水频率计算冲刷深度,基底应置于局部冲刷线以下不小于 1.0m。

挡墙基础安全襟边宽度表　　　　　　　　　　表 2-5-2

地 基 种 类	最小埋入深度 h（m）	襟边宽度 L（m）	嵌入示意图
较完整的坚硬岩石	0.25	0.25～0.50	
一般硬质岩石	0.60	0.60～1.50	
软质岩石	≥1.00	1.00～2.00	
土质	≥1.00	1.50～2.50	

在挡土墙位于地质不良地段，地基内可能出现滑动面时，应进行地基抗滑稳定性验算，将基底埋置在滑动面以下，或采用其他措施，防止挡土墙滑动。

3. 排水设施

挡土墙设计一般都以天然地基容许承载力和自然状态下的墙背土体的土压力为依据的。如排水不良，地基和墙背土体将由于水分增加而改变原来的状态，导致地基承载力降低和土压力增加。同时，土体内水分过多时，将产生静水压力；在冰冻地区，还将产生冻胀压力；对黏性土，水分增加时将产生膨胀压力。显然，当附加的压力过大以致超出设计计算土压力，或地基承载力过分降低以致低于设计基底应力时，挡土墙的稳定性和强度难以保证。因此，设置有效排水设施对保证挡土墙稳定性和强度具有重要的意义。

挡土墙常用的排水设施可分为地面排水和墙身排水两部分。

地面排水主要是防止地表水渗入墙背土体或地基。主要措施包括：在墙后地面设置排水沟、夯实地表松土，必要时采取封闭处理；对路堑挡土墙墙趾前的边沟予以铺砌加固等。

墙身排水主要是为了迅速排除土内积水。墙身排水可沿墙高和墙长设置泄水孔（图 2-5-15）。泄水孔孔距为 2～3m，上下左右交错布置；干旱地区可适当增大间距，渗水量大时可适当加密。泄水孔尺寸一般采用直径 5～10cm 的圆形孔或者 5cm×10cm，10cm×10cm，15cm×20cm 的矩形孔。为保证顺利泄水和避免墙外水流倒灌，泄水孔应向外侧倾斜，最下一排泄水孔出口应高出地面或边沟、排水沟及积水地区的常水位 0.3m。为防止水分渗入地基，最下一排的底部需铺设 30cm 厚的黏土隔水层。泄水孔的进水口附近应设置粗粒料反滤层，以免孔道阻塞。当墙背透水性差或可能发生冻胀时，应在最低一排泄水孔至墙顶以下 0.5m 高度范围内铺设砂卵石排水层（图 2-5-15c）。

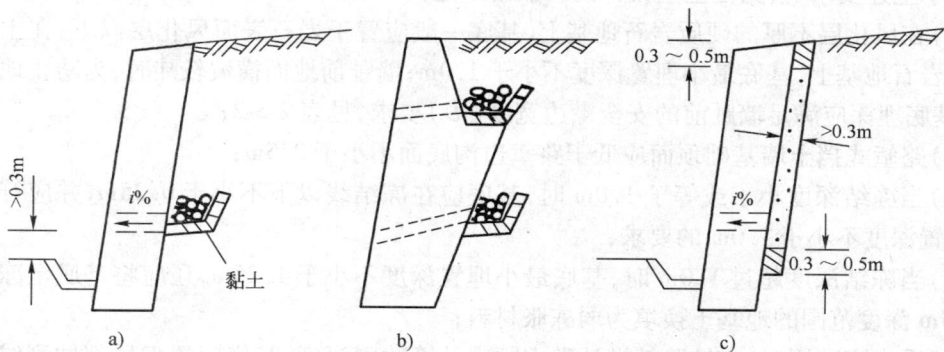

图 2-5-15　挡墙排水孔及反滤层的构造

4. 沉降缝与伸缩缝

为防止墙身因地基不均匀沉降而引起断裂,需根据地基地质条件和墙高、墙身断面变化情况,设置沉降缝。为防止墙身因圬工砌体硬化收缩,或温度变化所产生的温度应力引起开裂,需设置伸缩缝。

设计时,一般将沉降缝和伸缩缝合并设置,统称为伸缩缝,沿路线方向每隔 10 ~ 15m 设一道,缝宽 2 ~ 3cm。缝内沿墙的内、外、顶三边填塞沥青麻筋或沥青木板,填塞深度不小于 15cm。当墙背为填石且冻害不严重时可不填缝。

干砌挡土墙可不设置伸缩缝与沉降缝。

三、土压力计算

1. 作用在挡土墙的力系(荷载)

确定作用于挡墙上的力系是挡土墙设计的关键,其中主要是确定土压力。

作用在挡土墙上的力系,按其作用性质分为永久作用(主要力系)、可变作用(附加力系)和偶然作用(特殊力)。

主要力系(永久作用)是经常作用于挡土墙的各种力,如图 2-5-16 所示,它包括:

(1)挡土墙自重 G 及位于墙上的恒载;

(2)墙后土体的主动土压力 E_a(包括作用在墙后填料破裂棱体上的荷载,简称超载);

(3)基底的法向力 N 和摩擦力 T;

(4)墙前土体的被动土压力 E_p;

(5)预加力、混凝土收缩及徐变、基础变形影响力等。

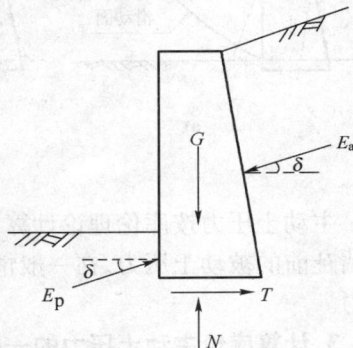

图 2-5-16 作用在挡土墙上的主要力系

对于浸水挡墙而言,永久作用(主要力系)中尚应包括常水位时的静水压力和浮力。

可变作用(附加力系)是指车辆荷载引起的土侧压力、人群荷载与人群荷载引起的土侧压力、施工荷载、温度应力,以及季节性地作用于挡土墙的各种力,例如洪水时的静水压力和浮力、动力压力、波浪冲击力,以及冻胀压力等。

偶然作用(特殊力)是偶然出现的各种荷载力。例如地震力、水流漂浮物的撞击力、滑坡与泥石流作用力,以及作用于墙顶栏杆上的车辆碰撞力等。

在一般地区,挡土墙设计仅考虑永久作用(荷载)和基本可变作用(人群和车辆荷载);在浸水地区、地震动峰值加速度值为 0.2g 及以上的地区、产生冻胀力的地区,还应计算其他可变作用和偶然作用。各种作用(荷载)的取舍,应根据挡土墙所处的具体工作条件,按最不利组合作为设计的依据,如表 2-5-3。

常用作用(或荷载)组合   表 2-5-3

组　　合	作用(或荷载)名称
I	挡土墙结构重力、墙顶上的有效永久荷载、填土重力、填土侧压力及其他永久荷载组合
II	组合 I 与基本可变荷载相组合
III	组合 II 与其他可变荷载、偶然荷载相组合

注:①洪水与地震力不同时考虑。

②冻胀力、冰压力与流水压力或波浪压力不同时考虑。

③车辆荷载与地震力不同时考虑。

2. 作用于挡土墙的土压力类型

土压力是挡土墙承受的主要荷载。挡土墙的位移情况不同，可以形成不同性质的土压力。如图 2-5-17，当挡土墙向外移动（位移或倾覆）时，土压力随之减小，直到墙后土体沿破裂面下滑而处于极限平衡状态，此时作用于墙背的土压力称为主动土压力；当挡土墙向墙后土体方向挤压移动，土压力随之增大，土体被推移向上滑动处于极限平衡状态，此时土体对挡土墙的抗力称为被动土压力；挡土墙处于原来位置不动时，土压力介于两者之间，称为静止土压力。采用哪种性质的土压力作为挡土墙设计荷载，要根据挡土墙的具体条件而定。

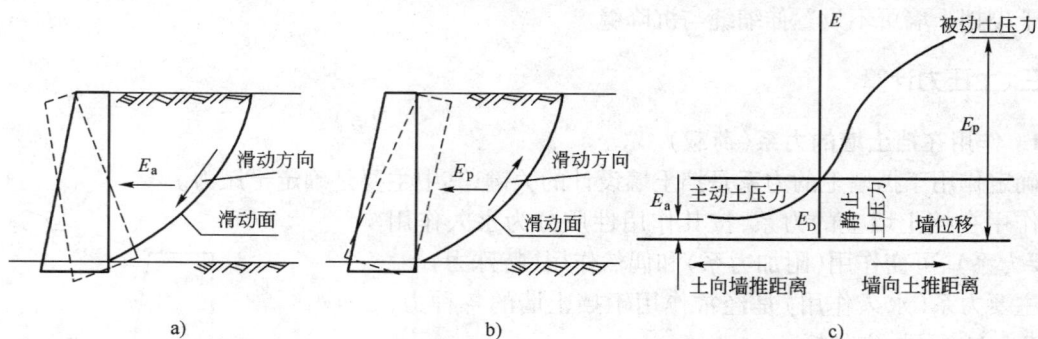

图 2-5-17　三种不同性质的土压力

主动土压力按库伦理论计算，是挡土墙承受的主要荷载，设计时应取一定的安全系数。对于墙趾前的被动土压力，在一般情况下不予考虑，以策安全；有时可部分考虑墙趾前的被动土压力。

3. 计算库伦主动土压力的一般公式

库伦理论的基本假定为：

（1）当挡土墙向前滑移时（如图 2-5-18），墙后土体将形成一个沿墙背和破裂平面向下滑动的棱体（或称土楔），此时土楔处于主动应力状态。

（2）墙后土体为均质松散颗粒，粒间仅有摩阻力而无黏结力存在。挡土墙和土楔都是无压缩或拉伸变形的刚体。

（3）土楔刚形成时，土楔在自重与墙背反力，及破裂面反力的作用下保持静力平衡，故土体处于极限平衡状态。

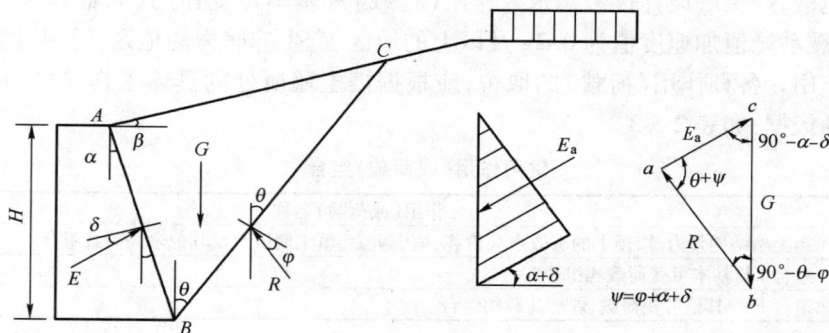

图 2-5-18　库仑主动土压力计算

根据静力平衡原理,作用于挡土墙墙背的最大主动土压力按式(2-5-1)计算。

$$E_a = \frac{1}{2}\gamma H^2 K_a \qquad (2\text{-}5\text{-}1)$$

式中:E_a——每米墙长的主动土压力(kN);

  γ——墙后填土的重度(kN/m³);

  H——挡土墙的高度(m);

  K_a——主动土压力系数,其大小取决于边界条件。

土压力的水平分力和垂直分力按式(2-5-2)计算。

$$\left.\begin{array}{l} E_x = E_a \cdot \cos(\alpha + \delta) \\ E_y = E_a \cdot \sin(\alpha + \delta) \end{array}\right\} \qquad (2\text{-}5\text{-}2)$$

式中:E_x、E_y——分别为土压力的水平分力和垂直分力(kN);

  α——墙背倾斜角,俯斜墙背为正,仰斜墙背为负;

  δ——墙背与填土间的摩擦角,即外摩擦角。

因路基形式和荷载分布的不同,土压力有多种计算图式,一种计算图示即为一种边界条件。按照荷载横向分布与破裂棱体相对位置的不同,有 3 种情况:即局部荷载位于破裂棱体上,全部荷载位于破裂棱体上和破裂棱体上无荷载。如果以填方路基的路堤墙为准,路肩墙又是路堤墙的变换。这些不同边界条件下的挡土墙的主动土压力,可用上述类似的方法求得。表 2-5-4 列出了几种边界条件下的土压力计算公式供参考。

在用不同边界条件下土压力公式计算某一边界条件下的挡土墙土压力 E_a 时,先要求出破裂角 θ,即首先确定产生最大土压力的破裂面。这一破裂面将按哪一种边界条件出现,事先并不知道,因此必须试算。计算时可先假定破裂面交于路基的位置(一般是先假定交于荷载中部),按此图式及选择其相应的计算公式算出 θ 角,再与原假定的破裂面位置(边界条件)相比较,看是否相符。如与假定不符,根据计算的 θ 角重新假定破裂面位置,按相应的公式重复上述计算,直至相符为止。最后根据此破裂角计算最大主动土压力。在个别情况下,可能出现验证与假定不符,改变图式后仍然不符,此时可假定破裂面交于两种边界条件的分界点(例如交于荷载边缘)来计算破裂角。

4. 特殊条件下的主动土压力计算方法

下列情况的挡土墙与库伦理论的基本假定不完全吻合,仍以主动土压力的一般公式为基础,分别按不同情况进行计算。

1)大俯角墙背的土压力计算

当出现第二破裂面时,应按出现第二破裂面的库伦公式计算土压力。不出现第二破裂面时,按一般库伦土压力公式,即式(2-5-1)计算土压力。

出现第二破裂面的条件是:墙背或假想墙背的倾角大于第二破裂面的倾角;墙背或假想墙背产生的抗滑力大于其下滑力。

2)黏性土的土压力计算

有两种近似计算方法:等效内摩阻角法和力多边形法。

等效内摩阻角法,将黏性土的内摩阻角 φ 与单位黏聚力 c,按土的抗剪强度相等或土压力相等的原则,换算成比实际值大的"等效内摩阻角"φ_D,然后接一般库伦土压力公式计算土压力。

表 2-5-4

主动土压力计算公式

编号	类型	计算图式及土压应力分布图形	计 算 公 式
1	路堑墙或路堤墙墙后填土表面为平面，无荷载		破裂角：$\theta = 90° - \varphi - \varepsilon$ $\tan\varepsilon = \dfrac{\sqrt{\tan(\varphi-\beta)\left[\tan(\varphi-\beta)+\cot(\varphi-\alpha)\right]\left[1+\tan(\varphi-\delta)\cot(\varphi-\alpha)\right]} - \tan(\varphi-\beta)}{1+\tan(\varphi-\delta)+\cot(\varphi-\alpha)}$ 主动土压力：$E = \dfrac{1}{2}\gamma H^2 K$，$E_x = E\cos(\alpha+\delta)$，$E_y = E\sin(\alpha+\delta)$ 主动土压力系数：$K = \dfrac{\cos^2(\varphi-\alpha)}{\cos^2\alpha\cos(\alpha+\delta)\left[1+\sqrt{\dfrac{\sin(\varphi+\delta)\sin(\varphi-\delta)}{\cos(\alpha+\delta)\cos(\alpha-\beta)}}\right]^2}$ 土压力作用点：$Z_y = \dfrac{1}{3}H$，$Z_x = B - Z_y\tan\alpha$
2	墙后填土表面为折面，破裂面交于路肩		$\tan\theta = -\tan\psi \pm \sqrt{(\cot\varphi+\tan\psi)(\tan\psi+A)}$，$\psi = \varphi+\alpha+\delta$，$A = \dfrac{ab-H(H+2a)\tan\alpha}{(H+a)^2}$ $E = \dfrac{1}{2}\gamma H^2 KK_1$，$E_x = E\cos(\alpha+\delta)$，$E_y = E\sin(\alpha+\delta)$，$K_1 = 1+\dfrac{2a}{H}\left(1-\dfrac{h_3}{2H}\right)$ $K = \dfrac{\cos(\theta+\varphi)}{\sin(\theta+\psi)}(\tan\theta+\tan\alpha)$，$K_1 = 1+\dfrac{a(H-h_3)^2}{3H^2K_1}$ $h_3 = \dfrac{b-a\tan\theta}{\tan\theta+\tan\alpha}$；$Z_y = \dfrac{H}{3}+\dfrac{a}{H}\left(1-\dfrac{h_3}{2H}\right)$，$Z_x = B - Z_y\tan\alpha$

续上表

编号	类型	计算图式及土压应力分布图形	计算公式
3	墙后填土表面为折面，破裂面交于荷载内		$\tan\theta = -\tan\psi \pm \sqrt{(\cot\varphi + \tan\psi)(\tan\psi + A)},\ \psi = \varphi + \alpha + \delta$ $A = \dfrac{ab + 2h_0(b+d) - H(H + 2a + 2h_0)\tan\alpha}{(H+a)(H + a + 2h_0)}$ $E = \dfrac{1}{2}\gamma H^2 KK_1,\ E_x = E\cos(\alpha+\delta),\ E_y = E\sin(\alpha+\delta)$ $K = \dfrac{\cos(\theta+\varphi)}{\sin(\theta+\psi)}(\tan\theta + \tan\alpha),\ K_1 = 1 + \dfrac{2a}{H}\left(1 - \dfrac{h_3}{2H}\right) + \dfrac{2h_0 h_4}{H^2}$ $h_1 = \dfrac{d}{\tan\theta + \tan\alpha},\ h_3 = \dfrac{b - a\tan\theta}{\tan\theta + \tan\alpha},\ h_4 = H - h_1 - h_3$ $Z_y = \dfrac{H}{3} + \dfrac{a(H - h_3)^2 + h_0 h_4(3h_4 - 2H)}{3H^2 K_1},\ Z_x = B - Z_y\tan\alpha$
4	墙后填土表面为折面，破裂面交于荷载外		$\tan\theta = -\tan\psi \pm \sqrt{(\cot\varphi + \tan\psi)(\tan\psi + A)},\ \psi = \varphi + \alpha + \delta$ $A = \dfrac{ab - 2b_0 h_0 - H(H + 2a)\tan\alpha}{(H+a)^2}$ $E = \dfrac{1}{2}\gamma H^2 KK_1,\ E_x = E\cos(\alpha+\delta),\ E_y = E\sin(\alpha+\delta)$ $K = \dfrac{\cos(\theta+\varphi)}{\sin(\theta+\psi)}(\tan\theta + \tan\alpha),\ K_1 = 1 + \dfrac{2a}{H}\left(1 - \dfrac{h_3}{2H}\right) + \dfrac{2h_0 h_2}{H^2}$ $h_1 = \dfrac{d}{\tan\theta + \tan\alpha},\ h_2 = \dfrac{b_0}{\tan\theta + \tan\alpha},\ h_3 = \dfrac{b - a\tan\theta}{\tan\theta + \tan\alpha},\ h_4 = H - h_1 - h_2 - h_3$ $Z_y = \dfrac{H}{3} + \dfrac{a(H - h_3)^2 + h_0 h_2(3h_2 + 6h_4 - 2H)}{3H^2 K_1},\ Z_x = B - Z_y\tan\alpha$

注：①在第2、3、4三种情况中取 $a=0$，可得路肩有墙的计算式。

②应用本表各式时，仰斜墙背，α 取负值；俯斜墙背，α 取正值；垂直墙背，$\alpha=0$；

③破裂角公式中的 $\pm\sqrt{(\cot\varphi + \tan\psi)(\tan\psi + A)}$ 项，$\psi < 90°$时，取正号，$\psi > 90°$时，取负号。

力多边形法，在主动极限平衡状态下，破裂棱体在自重、墙背反力、破裂面反力、破裂面黏聚力等作用下，保持静力平衡，即这 4 个力构成矢量多边形，据此得出计算土压力的公式。

3）折线形墙背的土压力计算

对于衡重式和凸形折线式挡墙的折线形墙背所承受的土压力计算，采取计算上墙土压力时不考虑下墙的影响，直接按俯斜墙背计算土压力的方法进行分析。出现第二破裂面时，按出现第二破裂面的土压力公式计算上墙土压力。

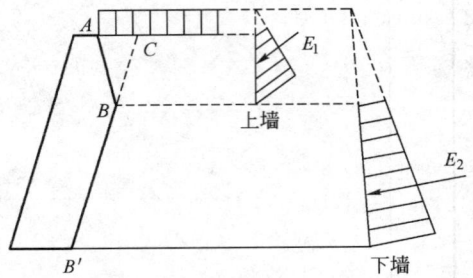

图 2-5-19　延长墙背法

下墙土压力计算较复杂，最常用的有延长墙背法和力多边形法。

延长墙背法——向上延长下墙墙背使之交于填土表面，根据墙背延长后的边界条件用相应的库伦土压力公式计算土压力，并绘墙背土压力分布图，从中截取下墙实际高度部分的应力图计算下墙土压力。将上墙和下墙的应力图叠加，即为全墙土压力，如图 2-5-19 所示。

力多边形法——作用于破裂棱体上的力系，处于极限平衡状态时应构成闭合的矢量多边形。因此，在求出上墙土压力后，就可绘出下墙任一破裂棱体的力多边形，从而推求出下墙土压力。图 2-5-20 是力多边形法的基本原理。

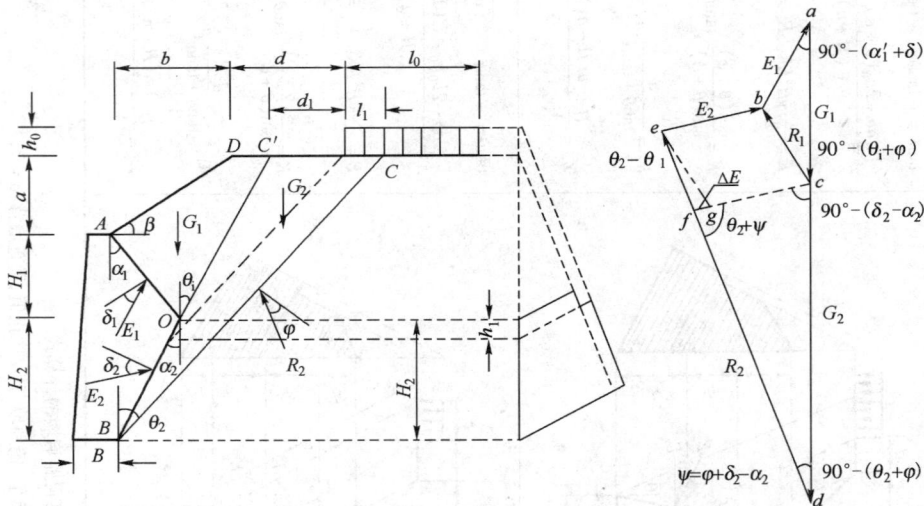

图 2-5-20　力多边形法求下墙土压力

4）有限范围填土的土压力计算

如图 2-5-21，修筑在陡峻山坡上的挡土墙（如修筑在陡山坡上的半填半挖路基或山坡土体内有倾向路基的层面等），墙后存在已知坡面或潜在滑动面，其倾角陡于由计算求得的破裂面倾角时，墙后填料将沿着已知陡坡面或潜在滑动面下滑，而不是沿着计算破裂面下滑。计算主动土压力时，应将已知坡面式潜在滑动面的倾角作为破裂面的倾角进行计算。

5. 等代均布土层厚度

《公路路基设计规范》（JTG　D30—2004）规定采用式（2-5-3）计算：

$$h_0 = \frac{q}{\gamma} \tag{2-5-3}$$

式中：h_0——等代均布土层厚度（换算土层厚度）（m）；

q——车辆荷载附加荷载强度，墙高小于 2m 取 q 为 20kN/m²；墙高大于 10m 取 q 为 10kN/m²；墙高在 2～10m 之间时，q 值按直线内插法计算。

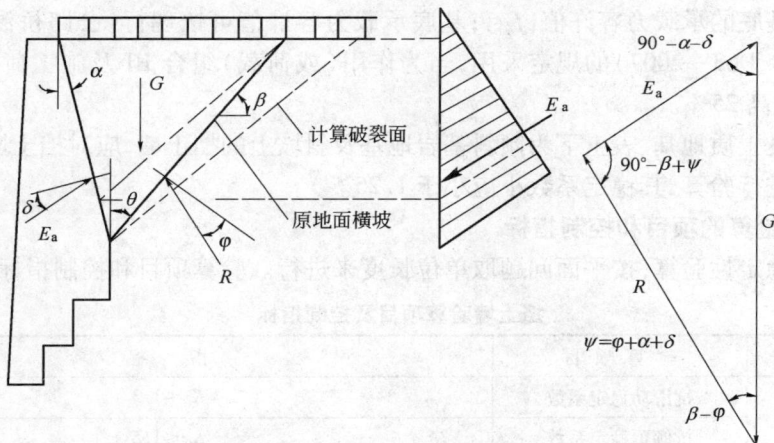

图 2-5-21　有限范围内填土的土压力计算

另外，《公路路基设计规范》（JTG D30—2004）对人群荷载采用以下规定，即作用于墙顶或墙后填土上的人群荷载强度规定为 3kN/m²，作用于挡墙栏杆顶的水平推力采用 0.75kN/m，作用于栏杆扶手上的竖向力采用 1kN/m。

四、挡土墙的基础设计与稳定性验算

1. 基础设计

基底合力的偏心距 e_0 可按下式计算：

$$e_0 = \frac{M_d}{N_d} \tag{2-5-4}$$

式中：N_d——作用于基底上的垂直力组合设计值（kN/m）；

M_d——作用于基底形心的弯矩组合设计值（MPa）。

计算挡土墙地基时，各类作用（或荷载）组合下，作用效应组合设计值计算式中的作用分项系数，除被动土压力分项系数 $\gamma_{Q2} = 0.3$ 外，其余作用（或荷载）的分项系数规定均为 1。

基底压应力 σ 应按下列公式计算

$$|e| \leqslant \frac{B}{6} \text{ 时}, \sigma_{1,2} = \frac{N_d}{A}\left(1 \pm \frac{6e}{B}\right) \tag{2-5-5}$$

位于岩石地基上的挡土墙

$$e > \frac{B}{6} \text{ 时}, \sigma_1 = \frac{2N_d}{3\alpha_1}, \sigma_2 = 0 \tag{2-5-6}$$

$$\alpha_1 = \frac{B}{2} - e_0 \tag{2-5-7}$$

式中：σ_1——挡土墙趾部的压应力（kPa）；

σ_2——挡土墙踵部的压应力(kPa)；

　B——基底宽度(m)，倾斜基底为其斜宽；

　A——基础底面每延米的面积，矩形基础为基础宽度 $B \times 1$(m^2)；

其余符合意义同前。

基底合力的偏心距 e_0，对于土质地基不应大于 $B/6$；对于岩石地基不应大于 $B/4$。基底压应力不应大于基底的承载力容许值[f_{a0}]；基底承载力容许值可按现行《公路桥涵地基与基础设计规范》（JTG D63—2007）的规定采用，当为作用（或荷载）组合 III 及施工荷载，且[f_{a0}] > 150kPa 时，可提高 25%。

设置于不良土质地基、表土下为倾斜基岩地基及斜坡上的挡土墙，应对挡土墙地基及填土的整体稳定性进行验算，其稳定系数小应小于 1.25。

2. 稳定性验算的项目和控制指标

挡土墙的稳定性验算，按平面问题取单位长度来进行。验算项目和控制指标见表 2-5-5。

挡土墙验算项目及控制指标

表 2-5-5

荷载情况	验算项目	指　标
荷载组合 I、II	抗滑动稳定系数	$K_c \leqslant 1.3$
	抗倾覆稳定系数	$K_0 \leqslant 1.5$
荷载组合 III	抗滑动稳定系数	$K_c \leqslant 1.3$
	抗倾覆稳定系数	$K_0 \leqslant 1.3$
施工阶段验算	抗滑动稳定系数	$K_c \leqslant 1.2$
	抗倾覆稳定系数	$K_0 \leqslant 1.2$
	基底合力偏心距	土质地基 $e_0 \leqslant B/6$　　岩石地基 $e_0 \leqslant B/4$
	基底应力	基底最大压应力小于基底承载力容许值 $\sigma_{max} \leqslant$ [f_{a0}]
	墙身断面强度	墙身断面压应力和剪应力 按极限状态（见注③） 按容许应力： 最大压应力 $\leqslant$ [σ_a] 最大剪应力 $\leqslant$ [τ]

注：①基底承载力容许值按现行《公路桥涵地基与基础设计规范》（JTG D63—2007）的规定采用，当为作用（或荷载）组合 III 及施工荷载，且[f_{a0}] > 150kPa 时，可提高 25%。

②重力式挡墙、半重力式挡墙的强身材料强度可按《公路圬工桥涵设计规范》（JTG D61—2005）的规定采用，必要时应做墙身的剪应力验算。

③按极限状态检算墙身断面应力见《公路圬工桥涵设计规范》（JTG D60—2005）和《公路路基设计规范》（JTG D30—2004）。

(1)挡土墙的滑动稳定方程与抗滑稳定系数按下列公式计算：

滑动稳定方程：

$$[1.1G + \gamma_{Q1}(E_y + E_x\tan\alpha_0) - \gamma_{Q2}E_p\tan\alpha_0]\mu + (1.1G + \gamma_{Q1}E_y)\tan\alpha_0 -$$

$$\gamma_{Q1}E_x + \gamma_{Q2}E_p > 0 \tag{2-5-8}$$

式中：G——作用于基底以上的重力(kN)，浸水挡土墙的浸水部分应计入浮力；

　E_y——墙后主动土压力的竖向分量(kN)；

E_x——墙后主动土压力的水平分量(kN);

E_p——墙前被动土压力的水平分量(kN),当为浸水挡土墙时,$E_p = 0$;

α_0——基底倾斜角(°),基底为水平时,$\alpha_0 = 0$;

γ_{Q1},γ_{Q2}——主动土压力分项系数、墙前被动土压力分项系数,可按表2-5-6的规定选用。

μ——基底与地基间的摩擦系数。

抗滑动稳定系数 K_c 按下式计算:

$$K_c = \frac{[N + (E_x - E'_p)\tan\alpha_0]\mu + E'_p}{E_x - N\tan\alpha_0} \qquad (2\text{-}5\text{-}9)$$

式中:N——作用于基底上合力的竖向分力(kN),浸水挡土墙应计浸水部分的浮力;

E'_p——墙前被动土压力水平分量的0.3倍(kN);

其余符合意义同前。

承载能力极限状态作用(或荷载)分项系数   表2-5-6

情　况	荷载增大对挡土墙结构起有利作用时		荷载增大对挡土墙结构起不利作用时	
组合	I,II	III	I,II	III
垂直恒载 γ_G	0.90		1.20	
恒载或车辆荷载、人群荷载的主动土压力 γ_{Q1}	1.00	0.95	1.40	1.30
被动土压力 γ_{Q2}	0.30		0.50	
水浮力 γ_{Q3}	0.95		1.10	
静水压力 γ_{Q4}	0.95		1.05	
动水压力 γ_{Q5}	0.95		1.20	

(2)挡土墙的倾覆稳定方程与抗倾覆稳定系数按下列公式计算:

倾覆稳定方程:

$$0.8GZ_G + \gamma_{Q1}(E_y Z_x - E_x Z_y) + \gamma_{Q2}E_p Z_p > 0 \qquad (2\text{-}5\text{-}10)$$

式中:Z_G——墙身重力、基础重力、基础上填土的重力及作用于墙顶的其他荷载的竖向力合力重心到墙趾的距离(m);

Z_x——墙后主动土压力的竖向分量到墙趾的距离(m);

Z_y——墙后主动土压力的水平分量到墙趾的距离(m);

Z_p——墙前被动工压力的水平分量到墙趾的距离(m);

其余符号意义同前。

抗倾覆稳定系数 K_0 按下式计算:

$$K_0 = \frac{GZ_G + E_y Z_x + E'_p Z_p}{E_x Z_y} \qquad (2\text{-}5\text{-}11)$$

式中:符号意义同前。

3. 增加抗滑稳定性的方法

1)采用倾斜基底

采用向内倾斜的基底,可以增加抗滑力和减小滑动力,从而增加挡土墙抗滑稳定性,这是增加挡土墙抗滑稳定性的常用方法。

2)采用凸榫基础

在挡土墙底部设置混凝土凸榫基础的作用在于利用凸榫前的被动土压力,增加其抗滑力,从而提高挡土墙的抗滑稳定性。

3）采用人工基础

采用换土的办法,增加墙底与地基之间的摩阻系数,从而加大抗滑力,增加挡墙的抗滑稳定性。

4. 增加抗倾覆稳定性的方法

1）展宽墙趾

展宽墙趾的作用是增大抗倾覆力矩的力臂,从而增加其抗倾覆的稳定性,是挡土墙抗倾覆稳定性的常用方法。但是,当墙趾前地面较陡时,墙趾展宽过多,将导致墙高和圬工体积显著增加。

2）改变墙面及墙背坡度

改陡墙背坡度可减小土压力,改缓墙面坡度可加大抗倾覆力矩的力臂,从而增加挡土墙的抗倾覆稳定性。但是,若墙趾前地面较陡,改缓面坡将引起基础外移,使墙高增加。

3）改变墙身断面形式

就抗倾覆而言,衡重式优于仰斜式。

5. 提高地基承载力或减小基底应力的方法

1）采用人工基础

通过换土或人工加固地基的办法来扩散地基应力或提高地基承载力。

2）采用扩大基础

扩大基础的目的是加大承压面积,以减小基底应力。

五、墙身截面强度验算

为保证墙身具有足够的强度,应根据经验选择 $1 \sim 2$ 个控制性截面进行验算。验算截面,一般可选择在距墙身底部二分之一墙高位置和截面急剧变化处。

1. 容许应力法

1）法向应力验算

如图 2-5-22 选择 Ⅰ—Ⅰ 截面为验算截面。若作用在此截面以上墙背的主动土压力为 E_1,墙身自重为 G_1,二者之合力为 R_1,则将 R_1 分解为 N_1 和 T_1。验算截面的法向应力,视偏心距大小,分别按下式计算:

当 $e_1 = \dfrac{B_1}{2} - \dfrac{G_1 \cdot Z_{G1} + E_{1y} \cdot Z_{1y} - E_{1x} \cdot Z_{1x}}{G_1 + E_{1y}} \leqslant \dfrac{B_1}{6}$ 时

$$\frac{\sigma_{max}}{\sigma_{min}} = \frac{G_1 + E_{1y}}{B_1}\left(1 \pm \frac{6e_1}{B_1}\right) \leqslant [\sigma_a] \qquad (2\text{-}5\text{-}12)$$

图 2-5-22　墙身法向应力

当 $e_1 > \dfrac{B_1}{6}$ 时,法向应力将重分布:

$$\sigma_{max} = \frac{2(G_1 + E_{1y})}{3\left(\dfrac{B_1}{2} - e_1\right)} \leqslant [\sigma_a] \qquad (2\text{-}5\text{-}13)$$

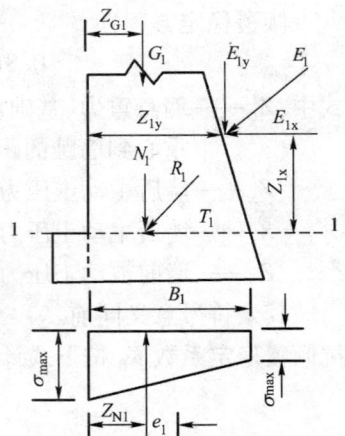

式中： B_1——验算截面宽度。

σ_{max}，σ_{min}——验算截面的最大、最小法向应力；

$[\sigma_a]$——圬工砌体的容许压应力。

其余符号意义同前。

2）剪应力验算

对于重力式挡土墙，一般只进行墙身水平截面的剪应力验算；对折线式和衡重式，除验算水平截面外还应验算墙背转折处倾斜截面的剪应力。

水平截面的剪应力为

$$\tau = \frac{T_1}{A_1} = \frac{E_{1x}}{B_1} \leqslant [\tau] \tag{2-5-14}$$

式中：A_1——受剪面积，$A_1 = B_1 \times 1$；

$[\tau]$——圬工砌体容许剪应力；

其余符号意义同前。

当墙身截面出现拉应力时，应考虑裂缝对受剪面积的折减。

2．极限状态方法

（1）重力式挡土墙按承载能力极限状态设计时，在某一类作用（或荷载）效应组合下，作用（或荷载）效应的组合设计值，可按式（2-5-15）计算。圬工构件或材料的抗力分项系数 γ_f，按表2-5-7采用。

$$S = \psi_{ZL}\left(\gamma_G \sum S_{Gik} + \sum \gamma_{Qi} S_{Qik}\right) \tag{2-5-15}$$

式中：S——作用（或荷载）效应的组合设计值；

γ_G、γ_{Qi}——作用（或荷载）的分项系数，按表2-5-6采用；

S_{Gik}——第 i 个垂直恒载的标准值效应；

S_{Qik}——土侧压力、水浮力、静水压力、其他可变作用（或荷载）的标准值效应。

ψ_{ZL}——荷载效应组合系数，按表2-5-8采用。

圬工构件或材料的抗力分项系数 γ_f　　　　表 2-5-7

圬 工 种 类	受 力 情 况	
	受　　压	受弯、剪、拉
石料	1.85	2.31
片石砌体、片石混凝土砌体	2.31	2.31
块石、粗料石、混凝土预制块、砖砌体	1.92	2.31
混凝土	1.54	2.31

荷载效应组合系数 ψ_{ZL} 值　　　　表 2-5-8

荷 载 组 合	ψ_{ZL}	荷 载 组 合	ψ_{ZL}	荷 载 组 合	ψ_{ZL}
I、II	1.0	施工荷载	0.7	III	0.8

（2）挡土墙构件轴心或偏心受压时，正截面强度和稳定按下式计算。

计算强度时：

$$\gamma_0 N_d \leqslant \frac{a_K A R_a}{\gamma_f} \tag{2-5-16}$$

计算稳定时：

$$\gamma_0 N_d \leqslant \frac{\psi_K a_K A R_a}{\gamma_f} \tag{2-5-17}$$

式中：N_d——验算截面上的轴向力组合设计值（kN）；

γ_0——重要性系数；

γ_f——圬工构件或材料的抗力分项系数，按表2-5-7取用；

R_a——材料抗压极限强度（kN）；

A——挡土墙构件的计算截面面积（m^2）；

a_K——轴向力偏心影响系数，按式（2-5-18）计算；

ψ_K——偏心受压构件在弯曲平面内的纵向弯曲系数，按式（2-5-20）计算确定；轴心受压构件的纵向弯曲系数，采用表2-5-10的规定。

$$a_K = \frac{1 - 256\left(\dfrac{e_0}{B}\right)^8}{1 + 12\left(\dfrac{e_0}{B}\right)^2} \tag{2-5-18}$$

式中：e_0——轴向力的偏心距（m），由式（2-5-19）计算确定；

B——挡土墙计算截面宽度（m）。

挡土墙墙身或基础为圬工截面时，其轴向力的偏心距 e_0 应符合表2-5-11的规定。

$$e_0 = \left|\frac{M_0}{N_0}\right| \tag{2-5-19}$$

式中：M_0——在某一类作用（或荷载）组合下，作用（或荷载）对计算截面形心的总力矩（kN·m）；

N_0——某一类作用（或荷载）组合下，作用于计算截面上的轴向力的合力（kN）。

$$\psi_K = \frac{1}{1 + a_s \beta_s (\beta_s - 3)\left[1 + 16\left(\dfrac{e_0}{B}\right)^2\right]} \tag{2-5-20}$$

$$\beta_s = \frac{2H}{B} \tag{2-5-21}$$

式中：H——墙高（m）；

a_s——与材料有关的系数，按表2-5-9采用；

其余符号意义同前。

a_s 取 值　　　　　　　　　　表2-5-9

圬 工 名 称	浆砌砌体采用以下砂浆强度等级			混凝土
	M10、M7.5、M5	M2.5	M1	
a_s 值	0.002	0.002 5	0.004	0.002

轴心受压构件纵向弯曲系数 ψ_K　　　　表 2-5-10

$2H/B$	混凝土构件	砌体砂浆强度等级	
		M10、M7.5、M5	M2.5
≤3	1.00	1.00	1.00
4	0.99	0.99	0.99
6	0.96	0.96	0.96
8	0.93	0.93	0.91
10	0.88	0.88	0.85
12	0.82	0.82	0.79
14	0.76	0.76	0.72
16	0.71	0.71	0.66
18	0.65	0.65	0.60
20	0.60	0.60	0.54
22	0.54	0.54	0.49
24	0.50	0.50	0.44
26	0.46	0.46	0.40
28	0.42	0.42	0.36
30	0.38	0.38	0.33

偏心受压构件除验算弯曲平面内的纵向稳定外,还应按轴心受压构件验算非弯曲平面内的稳定。

(3)重力式挡土墙轴向力的偏心距 e_0 应符合表 2-5-11 的规定。

圬工结构轴向力合力的容许偏心距 e_0　　　　表 2-5-11

荷 载 组 合	容许偏心距	荷 载 组 合	容许偏心距
I、II	$0.25B$	施工荷载	$0.33B$
III	$0.3B$		

注:B 为沿力矩转动方向的矩形计算截面宽度。

(4)混凝土截面在受拉一侧配有不小于截面面积 0.05% 的纵向钢筋时,表 2-5-11 中的容许规定值可增加 $0.05B$;当截面配筋率大于表 2-5-12 的规定时,按钢筋混凝土构件计算,偏心距不受限制。

按钢筋混凝土构件计算的受拉钢筋最小配筋率　　　　表 2-5-12

钢筋牌号(种类)	钢筋最小配筋率(%)	
	截面一侧钢筋	全截面钢筋
Q235 钢筋(I 级)	0.20	0.50
HRB335、HRB400 钢筋(II、III 级)	0.20	0.50

注:钢筋最小配筋率按构件的全截面计算。

第三节　加筋土挡土墙设计

一、加筋土挡土墙的构造

1. 加筋体的横断面形式

加筋土挡墙与传统重力式挡墙在概念上与构造上都是完全不同的,如图 2-5-23 所示。重力式挡墙是依靠其自重 G 以抵抗墙后滑裂体的侧向土压力 E_a。而加筋土挡墙则是通过埋入拉筋把土体分成若干子区,通过摩擦作用把各子区土的侧向土压力通过加筋材料传递给稳定区土体,防止土体产生滑裂,故而稳定了土体。由于拉筋层以上填土及外荷载的作用,密实的填土将产生侧向膨胀,因侧向膨胀比竖向变形大得多,犹如施加了一侧向荷载 $K_a \cdot \sigma_v$。若填土中安置了拉筋,由于拉筋的弹性模量比土体的大,相对来说拉筋是不膨胀的,通过拉筋与土粒之间的摩擦作用阻止土体侧向膨胀,于是拉筋产生了拉力,也就是土压力所做的功转变为拉筋的弹性能储藏在拉筋内。拉筋与土颗粒相互作用改善了土的物理力学性能,可以使几乎没有抗剪能力的松散介质(土)变得具有某种"黏聚力",使得土体保持稳定。

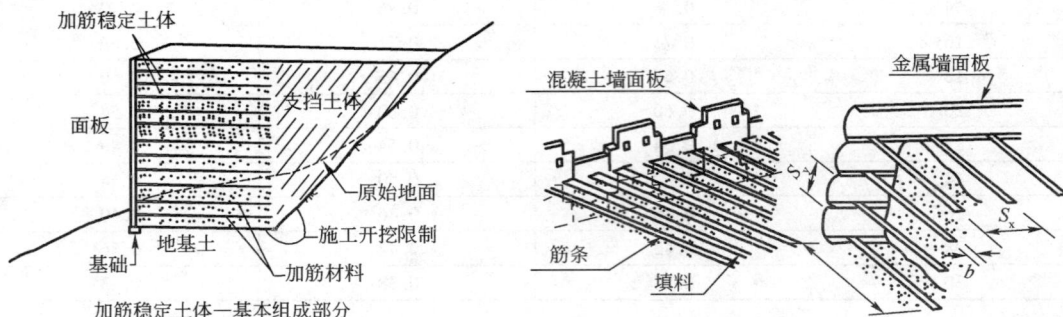

图 2-5-23　加筋土挡墙结构示意图

断面形式有四种基本形式,如图 2-5-24 所示。一般情况下宜用矩形断面(图 2-5-24a);斜坡地段由于地形条件限制可采用倒梯形断面(图 2-5-24b);在宽敞的填方地段亦可用正梯形断面(图 2-5-24c);特殊条件下也可采用锯齿形加筋断面(图 2-5-24d)。

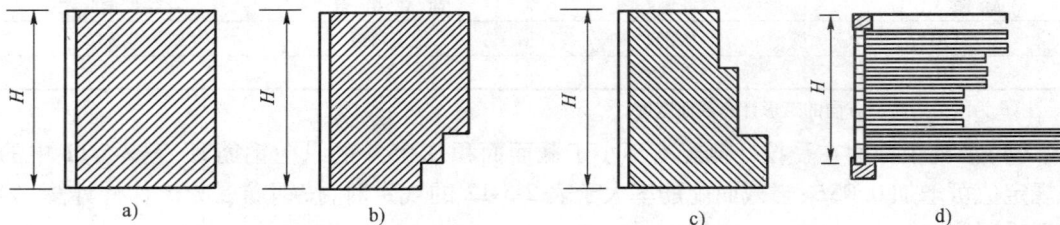

图 2-5-24　加筋体横断面形式

a) 矩形断面;b) 倒梯形断面;c) 正梯形断面 d) 锯齿形加筋断面

墙高大于 3.0m 时,筋带最小长度宜大于 0.8 倍墙高,且不小 5.0m;当采用不等长的筋带时,同等长度筋带的墙段高度应大于 3.0m;相邻不等长筋带的长度不宜小于 1.0m。墙高小于 3.0m 时,筋带最小长度不应小于 3.0m,且采用等长筋带(矩形断面面)。另外,采用预制钢筋混凝土带时,每节长度不宜大于 2.0m。

对于墙高大于 12m 的加筋土挡墙,除填料应慎重选择外,尚应在墙高中间适当部位设置宽度不小于 2.0m 的错台,其横断面形式如图 2-5-25 所示。错台顶部宜设 2% 的排水横坡,并用厚度不小于 0.15m 的 C15 混凝土板防护;当采用细粒填料时,上级墙的面板基础下宜设置宽度不小于 1.0m,高度不小于 0.5m 的砂砾或稳定土垫层。

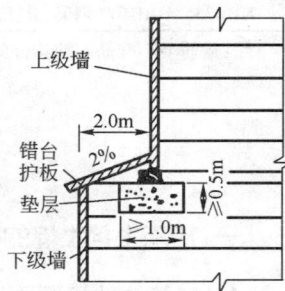

图 2-5-25　错台与垫层横断面

墙高大于 20 m 时,应进行特殊设计。

2. 填料

填料是加筋体的主体材料,由它与筋带产生摩擦力。对填料的一般要求是:①易于填筑与压实;②能与拉筋产生足够的摩擦力;③水稳性好;④满足化学和电化学标准。

填料选择时,有一定级配的砾类土、砂类土应优先采用,碎石土、黄土、中低液限黏性土、稳定土及满足质量要求的工业废渣也可采用。

3. 筋带

筋带的作用是承受垂直荷载和水平拉力,并与填料产生摩擦力。筋带材料必须具有的特性是:①抗拉能力强,延伸率小,蠕变小,不易产生脆性破坏;②与填料之间具有足够的摩擦力;③抗腐蚀和耐久性好;④具有一定的柔性,加工容易,接长及与墙面板的连接简单;⑤使用寿命长,施工简便。

筋带可采用聚丙烯土工带、钢塑复合带、钢筋混凝土板带、Q223 扁钢带、土工格栅等材料。对于高速公路和一级公路应用钢带、钢塑复合带或钢筋混凝土板带。

4. 墙面板

墙面板的作用是防止填土侧向挤出和传递土压力,以及便于筋带固定布设和保证填料、筋带与墙面板构成具有一定形状的整体。墙面板不仅要有一定的强度,而且要有足够的刚度。墙面板的设计应满足坚固、美观及运输与安装方便等要求。

加筋土挡土墙的混凝土或钢筋混凝土墙面板宜采用预制构件,其强度等级不宜低于 C20,厚度不应小于 80mm。面板的形式有十字形、槽形、六角形、L 形、矩形等。

5. 基础

加筋土挡土墙的基础一般情况下只在墙面板下应设置宽不小于 0.4m,厚度不小于 0.2m 的混凝土条形基础。基础埋置深度,对于土质地基不应小于 0.6m。地基承载力不足时,应进行处理。

浸水加筋土挡墙的基础应埋置在冲刷线以下 1m,并要防止墙面板后填料的渗漏。非浸水加筋土挡墙,当基础埋深小于 1.25m 时,宜在墙面地表处设置宽度为 1.0m,厚度大于 0.25m 时的混凝土预制块或浆砌片石防护层,其表面宜做成向外倾斜 3% ~5% 的排水横坡。

季节性冰冻地区,当基础埋置深度小于冻结线时,为防止地基冻胀的危害,对基底至冻结线范围内的土,应换填为非冻胀性的中砂、粗砂、砾石等粗粒土,其中粉、黏土粒含量应不大于 15%。

斜坡上的加筋土挡墙应设宽度不小于 1m 的护脚,以防止前沿土体在加筋土体水平推力作用下剪切破坏,导致加筋土结构丧失稳定。加筋土挡墙面板基础设置深度从护脚顶面算起,如图 2-5-26。

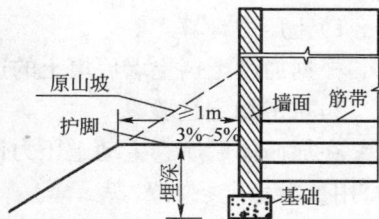

图 2-5-26 护脚横断面图

加筋土挡墙的墙面基底沿路线方向有纵坡度时,一般采用纵向台阶,在错台处要保证最小埋置深度。基础的台阶长度要满足面板模数要求。

二、加筋土挡墙设计计算的内容

加筋土挡土墙设计计算的内容包括加筋体本身的内部稳定性计算和在土压力作用下的外部稳定性计算两大部分。

计算时,加筋体活动区与稳定区的分界面可采用简化破裂面,简化破裂面的垂直部分与墙面板背面的距离为墙高的 0.3 倍,倾斜部分与水平面的夹角为 $45° + \varphi/2$,φ 为填料的内摩阻角。

浸水加筋土挡土墙设计应考虑水的浮力。

1．内部稳定性分析

加筋土挡土墙的内部稳定性，一般可按局部平衡法计算，主要有以下项目。

1）作用于墙面板上的水平土压力计算

包括加筋土填料、车辆（或人群）附加荷载及加筋体顶面以上填土引起的水平土压力。

2）筋带截面计算

确定一个加筋单元体所分担的作用外力。通过筋带截面的抗拉强度验算，确定不超过筋带材料强度标准值条件下的筋带有效净截面面积。计算时应考虑车辆、人群附加荷载引起的拉力。

3）筋带锚固长度计算

通过单个筋带结点的抗拔稳定性验算，确定筋带所提供的抗拔力等于或大于筋带所承受的水平拉力设计值条件下的筋带有效锚固长度。计算时，只考虑永久荷载重力作用，不计附加荷载引起的抗拔力。

4）全墙抗拔稳定性验算

各层拉筋与填料之间产生的摩擦力总和应等于或大于土压力作用产生的水平拉力总和的2倍。

2．外部稳定性计算

加筋土挡土墙的破坏形式如图 2-5-27 所示，因此其外部稳定性计算应符合挡土墙基础设计与稳定性计算的要求，包含以下项目。

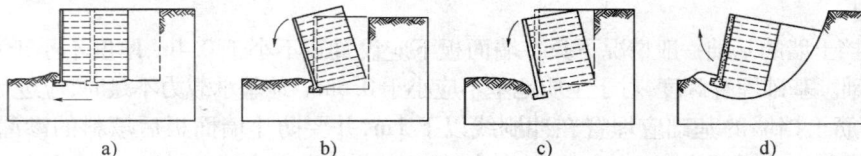

图 2-5-27　加筋土挡土墙破坏形式
a)滑移；b)倾覆；c)倾斜；d)整体滑动

1）土压力计算

根据加筋土挡土墙后填土的边界条件，采用库伦理论计算作用于加筋体后的主动土压力。

2）抗滑稳定性验算

在加筋体后库仑主动土压力作用下，加筋体与地基间产生摩阻力抵抗加筋墙体滑移的能力，用抗滑稳定系数 K_c 表示。

3）抗倾覆稳定性验算

在加筋体后库仑主动土压力作用下，加筋土挡土墙不发生绕墙趾向外转动而倾覆的能力，用抗倾覆稳定系数 K_0 表示。

4）地基承载力验算

在竖向力作用下，基底应力应小于或等于地基容许承载力。

5）整体滑动稳定性验算

地基下可能存在深层滑动时，应作加筋体与地基整体滑动稳定性验算。计算穿过地基及墙后填土滑动面的滑动安全系数，如图 2-5-28 所示。

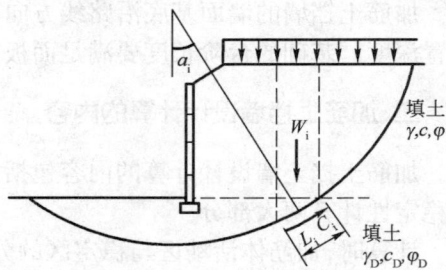

图 2-5-28　加筋土挡墙整体抗滑稳定性

6）地基沉降计算

建于软土地基上的加筋土挡墙应作地基沉降计算。

第四节 轻型挡土墙的构造与布置

一、锚杆挡土墙

锚杆挡土墙由钢筋混凝土墙面和钢锚杆组成,靠锚固在稳定地层内的锚杆对墙面的水平拉力保持墙身的稳定,如图2-5-29所示。

锚杆有楔缝式锚杆和灌浆锚杆两种。楔缝式锚杆多用于岩石边坡的防护与加固工程;灌浆锚杆一般多用于路堑挡土墙。

（1）楔缝式锚杆,俗称小锚杆,对锚杆施加一定压力后,使杆端楔缝的楔子张开,从而将锚杆卡紧在岩石中。锚孔直径一般为38～50mm,深度3～5m。孔内压注水泥砂浆。以防锈和提高锚杆抗拔能力。

（2）灌浆锚杆,又称大锚杆,用钻机钻孔,锚孔直径一般100～150mm,锚杆插入锚孔后再灌注水泥砂浆。当用于土层时,由于土层与锚杆间的锚固能力较差,尚需采用加压灌浆或内部扩孔方法来提高其抗拔力。

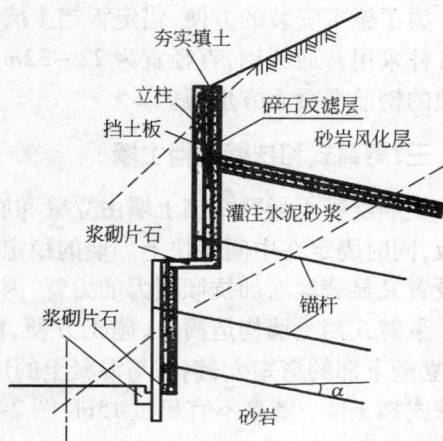

图2-5-29 锚杆挡墙

当锚杆挡土墙较高时,应布置成两级或两级以上,两级之间设宽度不小于2m的平台,平台用厚度不小于0.15m的C15混凝土封闭,并设置向墙外倾斜2%的横坡度。每级挡土墙的高度不宜大于8m。为便于立柱及挡土板的安装,以竖直墙背为多。

确定立柱间距应考虑工地的起吊能力和锚杆的抗拔能力,宜为2.0～3.0m。柱上锚杆层数,可设计为双层或多层,锚杆层的间距不小于2.0m,受力钢筋直径不应小于12mm。同时,锚杆层间距不小于2.0m,与水平面的夹角宜控制在15°～20°之间。

挡土板宜采用矩形或槽形等厚板,板厚不得小于0.3m。挡土板的长度比立柱间距短10cm左右,以便留出锚杆位置。墙后应回填砂卵石等透水材料,由下部泄水孔将水排入边沟内。

柱与墙面板的混凝土强度等级不应低于C20。

二、锚定板挡土墙

锚定板挡土墙是由钢筋混凝土墙面、钢拉杆、锚定板以及其间的填土共同形成的一种组合挡土结构,如图2-5-30所示。

锚定板挡土墙的结构形式和受力状态与锚杆挡土墙基本相同,都是依靠钢拉杆的抗拔力来保持墙身的稳定。它们的主要区别是:锚杆挡土墙的锚杆系插入稳定地层的钻孔中,抗拔力来源于灌浆锚杆与孔壁地层之间的黏结强度,而锚定板挡土墙的钢拉杆及其端部的锚定板都埋设在人工填土当中,抗拔力主要来源于锚定板前的填土的被动抗力。

锚定板挡土墙的墙面是由挡土板和立柱组成。挡土板通常为钢筋混凝土矩形板或槽形板，混凝土强度等级不应低于 C20，有时也可为混凝土拱板。立柱为钢筋混凝土矩形截面柱；当墙面采用拱板时，立柱应具有六边形截面。立柱长度可依据施工吊装能力决定。在墙高范围内，立柱可设一级或多级。当采用多级立柱时，相邻立柱间可以顺接，也可以错台。立柱间距宜为 1.5 ~ 2.5m，每级柱高宜采用 3 ~ 5m。根据立柱的长度和土压力的大小，每根立柱上可布置单根、双根或多根钢拉杆。

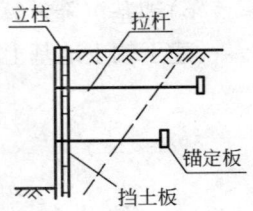

图 2-5-30 锚定板挡土墙

肋柱下端应设置混凝土条形基础，混凝土强度等级不应低于 C15；基础厚度不宜小于 0.5m，襟边宽度不宜小于 0.1m。

为了施工安装的方便，锚定板挡土墙一般采用竖直墙面，每块墙面板至少连接一根拉杆。钢拉杆采用普通圆钢，直径宜为 22 ~ 32mm，外设防锈保护层。每根拉杆端部的锚定板通常为单独的钢筋混凝土方形板。

三、悬臂式和扶壁式挡土墙

钢筋混凝土悬臂式挡土墙由立壁和底板组成（图 2-5-31），具有 3 个悬臂，即立壁、趾板和踵板，同时固定在中间夹块上。墙的稳定性依靠墙身自重和墙踵板上的填土重来保证，而趾板的设置又显著地增加抗倾覆力的力臂，因此结构形式比较经济。

悬臂式挡土墙构造简单，施工方便，能适应较松软的地基，墙高不宜超过 5m。当墙较高时，立壁下部的弯矩大，钢筋与混凝土的用量剧增，影响这种结构形式的经济效果，此时可采用扶壁式挡土墙，墙高不宜超过 15m（图 2-5-32）。

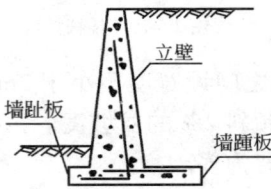

图 2-5-31 悬臂式挡墙

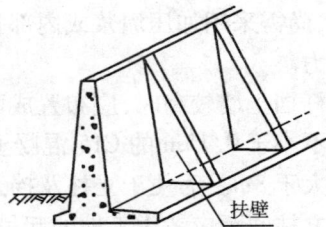

图 2-5-32 扶壁式挡墙

悬臂式挡土墙的底板宽度由为三部分组成：墙趾板宽度、立壁厚度和墙踵板宽度。墙踵板宽度，根据抗滑稳定性要求确定。

墙趾板宽度按地基应力或偏心距确定，墙较高时受抗倾覆稳定系数 K_0 控制。立壁厚度取决于结构要求和强度要求。立壁顶宽不得小于 0.2m，底板厚度不应小于 0.3m。壁面坡率为 1:0.02 ~ 1:0.05，一般不采用垂直坡面。墙趾板和墙踵板的顶部厚度不宜小于 0.3m。

扶壁的间距通常为墙高的 1/3 ~ 1/2，扶壁的厚度约为扶壁净间距的 1/8 ~ 1/6，但不应小于 30cm。

扶壁式挡土墙混凝土的强度等级不应低于 C20，配置于墙中主筋直径不宜小于 12mm，分段长度不宜超过 20m。

第六章　特殊路基工程

第一节　软土地区路基

一、软土的工程特性

软土是天然含水率高、压缩性大、抗剪强度低的细粒土。软土地基的共同特性是:天然含水率高(最小为 30% ~40%,最大可达 200%)、孔隙比大(最小为 0.8 ~1.2,最大可达 5)、快剪内摩擦角小(最大为 5°~15°,最小可接近 0°)、黏聚力小(最大为 12 ~20kPa,最小为 2kPa)、压缩系数大(一般大于 0.3 ~0.5MPa^{-1})、渗透系数小、灵敏度高。修建在软土地基上的路堤,主要是考虑稳定和沉降两方面的问题。

二、软土的鉴别

软土地基工程地质勘察应按表 2-6-1 的特征指标综合鉴别,并查明软土及与之相间存在的一般土层的成因、类别、分布范围、物理力学性质以及必需的水理、化学性质指标,特别是对修建道路以后的软土地基的发展趋势、危害程度以及道路的工程性质作出评价,并提出有效的处理措施。

软土鉴别指标表　　　　　　　　　　　　　　　　　　表 2-6-1

土　　类	天然含水率 (%)	天然 孔隙比	直剪内摩擦角 (°)	十字板剪切强度 (kPa)	压缩系数 $a_{0.1~0.2}$ (MPa^{-1})
黏质土、有机质土	≥35	≥液限	≥1.0	宜小于 5	<35	宜大于 0.5
粉质土	≥30		≥0.90	宜小于 8		宜大于 0.3

三、设计原则

1. 选线原则

(1)尽可能选择软土分布范围最窄、软土层最薄的地段通过;

(2)尽量选择靠近山丘、地势较高以及取土条件较好的地段通过;

(3)在宽阔的软土平原上,路线应尽量远离河流、渠道或湖塘;

(4)路线沿古盆地或河谷软土地带行进时,应避免从中部通过;

(5)在低缓丘陵地区,路线不宜通过封闭或半封闭洼地;

(6)路线行经山间谷地软土时,应尽量避免从基底横向坡度较陡处通过;

(7)纵断面设计要综合考虑软土地基、地下水位、桥涵最小高度以及路基的极限高度,避免过高或过低的路堤。

2. 软土地区的路堤设计原则

(1)路堤在施工期间和完工后使用期间应是稳定的,不因填筑荷载或施工机械和交通荷载的作用而引起破坏,也不应给桥台、涵洞、挡土墙等构造物及沿线各种设施带来过大的变形。

（2）为避免路基沉降给涵洞、挡土墙等构造物造成变形破坏,应首先考虑提前填筑路堤,在其充分沉降后再修筑构造物的方案。如同时施工,则须设置达到持力层的基础,以防止过大的位移和沉降。

（3）为避免路面的变形破坏,以及避免连接桥梁、涵洞等构造物的路堤产生不均匀沉降,高等级公路应严格控制在设计年限内的工后残余沉降量。当路面设计使用年限（沥青路面15 年、水泥路面30 年）内的残余沉降（简称工后沉降）不满足表 2-6-2 要求时,应针对沉降进行处治设计（即软土地基沉降处治设计）。

容 许 工 后 沉 降 表 2-6-2

工程位置 公路等级	桥台与路堤相邻处	涵洞、通道处	一 般 路 段
高速公路、一级公路	≤0.10m	≤0.20m	≤0.30m
二级公路	≤0.20m	≤0.30m	≤0.50m

（4）在软土层厚且长期发生较大沉降的地区以及大范围的软土地区,有时很难使工后残余沉降量控制在要求的标准内,或者虽能控制但极不经济时,则应考虑设置桥头搭板、铺筑临时性路面、加强养护的分期修建方案。

（5）在没有一定厚度硬壳层的软土地基上,不宜修筑填土高度小于 2.5m 的路堤。这种低路堤在交通荷载作用下,可使路面发生较大的不均匀沉降,特别是当软土地基不均匀,重型车辆交通量较大时,更加明显。

（6）为保证路堤稳定或控制工后残余沉降,均需采取相应的处理措施。在选择处理措施时,应考虑地基条件、公路条件及施工条件,尤其要考虑处理措施的特点、对地基的适用性和效果,以确定符合目的要求的处理措施。

（7）软土地基上路堤宜结合工程实际,选择有代表性的地段提前填筑试验路堤。并对试验路堤的稳定和沉降情况进行观测,以便根据观测结果选择适当的处理措施,或对原来的处理方案进行必要的修正。

四、软土地基上路堤极限高度和稳定性分析

1. 路堤的极限高度

在天然的软土地基上,基底不作特殊加固处理,用快速施工方法（即不控制填土速度）修筑路堤所能填筑的最大高度,称为极限高度。当路堤的设计高度超过此极限高度时,路堤或地基必须采取加固或处理措施,以保证路堤的安全填筑和正常使用。

极限高度的大小,取决于地基的特性（软土的性质和成层情况,硬壳的厚度和性质）及填料的性质等,可按稳定性分析的结果确定。在施工条件允许时,也可在工地进行填筑试验确定,这是解决路堤极限高度的最可靠方法。

一般软土地区路堤的极限高度,通常为 3～5m 左右。

2. 路堤的稳定性分析

软土地基上的路堤稳定性分析,目的是通过计算路堤在修筑过程中和完工后的稳定情况,选择合理的填筑速度和稳定加固措施,从而保证路堤在施工过程中和完工后的稳定。

软土地基上路堤的稳定性分析,应考虑在路堤施工过程中软土抗剪强度由于固结而增长

以及高灵敏度软土由于扰动而降低等情况,通常采用瑞典圆弧滑动法中的固结有效应力法、改进总强度法,有条件时也可采用简化 Bishop 法或 Janbu 普通条分法。验算时按施工期和运营期的荷载分别计算稳定安全系数。施工期的荷载只考虑路堤自重,运营期的荷载包括路堤自重、路面的增重及行车荷载。

当计算的稳定安全系数小于表 2-6-3 的要求时,应针对稳定性进行软土地基处治设计(即软土地基稳定处治设计)。

稳 定 安 全 系 数

表 2-6-3

方 法 安全系数 指标	固结有效应力法		改进总强度法		简化 Bishop 法、Janbu 法
	不考虑固结	考虑固结	不考虑固结	考虑固结	
直接快剪	1.1	1.2			
静力触探、十字板快剪			1.2	1.3	
三轴有效剪切指标					1.4

五、软土地基的沉降计算

对于以沉降为控制条件需进行预压处理的工程,沉降计算的目的在于估算堆载预压期间沉降的发展情况、预压时间、超载大小以及卸载后所剩余的沉降量,以便调整排水系统和加压系统的设计。对于以稳定为控制的工程,通过沉降计算,可以估计施工期间因地基沉降而增加的土石方量,估计工程完工后尚未完成的沉降量,以便确定预留高度和宽度。由此可知,沉降计算有两个目的:

(1)估算路堤在施工期间和工后由于地基沉降而增加的土石方量;

(2)推算沉降量与时间的关系,作为加固地基应采取措施的依据,以控制铺筑路面后的剩余沉降量要求。

主固结沉降 S_c 采用分层总合法计算,总沉降宜采用沉降系数与主固结沉降计算:

$$S = m_s S_c \tag{2-6-1}$$

沉降系数 m_s 为经验系数,与地基条件、荷载强度、加荷速率等因素有关,其范围为 1.1 ~ 1.7,应根据现场沉降观测资料确定,也可采用下面的经验公式估算:

$$m_s = 0.123 \gamma^{0.7} (\theta H^{0.2} + VH) + Y \tag{2-6-2}$$

式中:θ——地基处理类型系数,地基用塑料排水板处理时取 0.95 ~ 1.1,用粉体搅拌桩处理时取 0.85,一般预压时取 0.90;

　　　H——路基中心高度(m);

　　　γ——填料重度(kN/m³);

　　　V——填土速率修正系数,填土速率在 0.02 ~ 0.07m/d 之间时,取 0.025;

　　　Y——地质因素修正系数,满足软土层不排水抗剪强度小于 25kPa、软土层的厚度大于 5m、硬壳层厚度小于 2.5m 三个条件时,$Y = 0$,其他情况下可取 $Y = -0.1$。

总沉降还可以由瞬时沉降 S_d、主固结沉降 S_c 及次固结沉降 S_s 之和计算,即

$$S = S_d + S_c + S_s \tag{2-6-3}$$

任意时刻的地基沉降量,考虑主固结随时间的变化过程,按下式计算:

$$S_t = (m_s - 1 + U_t) S_c \tag{2-6-4}$$

或
$$S_t = S_d + S_c U_t + S_s \qquad (2\text{-}6\text{-}5)$$

上式中,地基平均固结度 U_t 采用太沙基一维固结理论解计算,对于砂井、塑料排水板等竖向排水体处理的地基,固结度按巴隆给出的太沙基—伦杜立克固结理论轴对称条件固结方程在等应变条件下的解计算。

六、常用的软土地基处理方法

软土地基加固措施有许多可行的方法,公路部门对软土地基的加固方法主要有排水固结法、粒料桩法、加固土桩法和强夯法等,对于软土深度较浅的地基也可直接采用换填方式。

1. 开挖换填法

全部或部分挖除软土或泥炭类土,换填以砂、砾、卵石、片石等渗水性材料或强度较高的黏性土。当软土层厚度小于 3m 且软土层在表层时,可采用生石灰等浅层拌和、换填、抛石等方法进行浅层处治;对厚度大于 3m 的情况,通常采取部分挖除换填法。全部挖除换填从根本上改善了地基,不留后患,效果最佳,是最为彻底的改善方法。

2. 抛石挤淤法

在路基底部抛投一定数量的片石,将淤泥挤出基底范围,以提高地基的强度。这种方法施工简单、迅速、方便,适用于常年积水的洼地,排水困难,淤泥呈流动状态,厚度较薄,表层无硬壳,片石能沉达底部的泥沼或厚度为 3～4m 的软土。

抛投的片石大小,随淤泥的稠度而定,对容易流动的淤泥,片石可小些,但一般不宜小于 30 cm。抛投的顺序,应先从路堤中部开始,中部向前突进后,再渐次向两侧扩展,以使淤泥向两侧挤出。当软土或淤泥底面有较大的横坡时,抛石应从高的一侧向低的一侧扩展,并在低的一侧多抛填一些。片石露出水面后,应用重型压路机或载重汽车反复碾压,以使填石压密,然后在其上铺设反滤层,再行填土。图 2-6-1 为抛石挤淤典型横断面图。

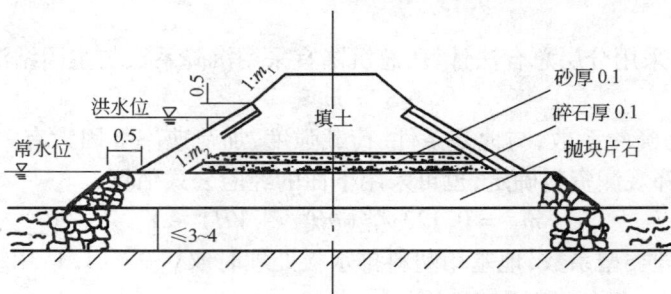

图 2-6-1 抛石挤淤典型横断面图(单位:m)

3. 爆破排淤法

将炸药放在淤泥中爆炸,利用爆炸时的张力作用,把淤泥扬弃,然后回填以强度较高的渗水性土。爆破挤淤是换填的一种施工方法,较一般方法换填的深度大,工效高。当淤泥层较厚、稠度大、路堤较高和工期紧迫时,可采用爆破挤淤法换土。

4. 反压护道法

在路堤一侧或两侧填筑一定宽度和高度的护道,使路堤下的淤泥向两侧隆起的趋势得到平衡,从而保证路堤的稳定性。该方法适用于路堤高度不大于 5/3～2 倍的极限高度的非耕作区和取土不困难的地区。反压护道的高度宜为路堤高度的 1/2,为保护护道本身的稳定,其高度不得超过天然地基所容许的极限高度。反压护道的宽度采用圆弧稳定分析法通过稳定性验算确定。两侧反压护道应与路堤同时填筑。

当软土层较薄,且其下卧硬层具有明显的横向坡度时,应采用两侧不同宽的反压护道,横坡下方的护道应较横坡上方的护道宽些。图 2-6-2 为反压护道典型横断面图。

图 2-6-2 反压护道典型横断面图示意图

5. 砂垫层法

软土地基上修筑的路堤底部均宜设置透水性水平垫层,宽度每侧比路堤底部宽 0.5 ~ 1.0m,厚度以 0.5m 为宜,以增加排水面,使软土地基在填土荷载的作用下加速排水固结,提高其强度,满足稳定性的需要。这种砂层对于基底应力的分布和沉降量的大小无显著的影响,但可以加速沉降的发展,缩短固结的过程。

砂垫层法适用于路堤高度小于两倍极限高度,软土表面无透水性低的硬壳,软土层不是很厚或虽稍厚但具有双面排水条件,且当地有砂,运距又不太远、工期不甚紧迫的情况。采用砂垫层时,路堤填筑的速度应合理安排,使加荷的速率与地基的承载力增加的速率相适应,以保证地基在路堤填筑的过程中不会发生破坏。砂垫层的材料应采用粗砂或中砂,不许掺有细砂和粉砂,且含泥量不得过多。

6. 砂井排水法

在软土地基中,钻一定直径的孔眼,灌以粗砂或中砂,利用上部荷载作用,加速软土的排水固结。砂井顶部要用砂沟或砂垫层连通,构成排水系统,在路堤荷载的作用下加速排水固结,从而提高地基强度,保证路堤的稳定性。砂沟布置如图 2-6-3 所示。砂井排水法适用于软土层较厚、路堤较高的情况,特别是当天然土层的水平排水性能较垂直向大或软土层中有薄层粉细砂夹层时,采用砂井排水的效果更佳。采用砂井排水法在设计和施工时应注意砂井的直径、间距、长度的选择,应满足在较短的时间内达到一定的固结度。

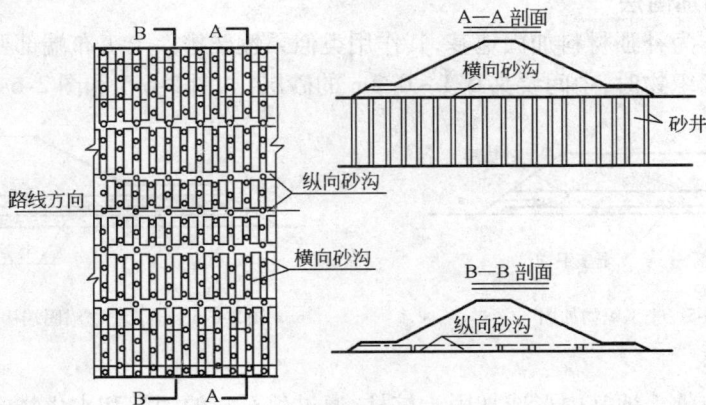

图 2-6-3 砂沟布置图

7. 袋装砂井法

袋装砂井法是事先把砂装入长条形透水性好的编织袋内,然后用专门的机具设备,打入软土地基内,代替普通大直径砂井。袋装砂井既有大直径砂井的作用,又可以保证砂井的连续性,避免缩颈的现象。此外,由于袋装砂井的直径小,材料消耗小,工程造价低,施工速度快,设备轻型,更适应在软弱地基上施工。适用范围与普通砂井相同,特别是当地基土水平位移较大时,袋装砂井更具有优越性。

8. 塑料排水板

塑料排水板法的特点是:单孔过水断面大,排水畅通,质量轻,强度高,耐久性好。塑料排水板由芯板和滤膜组成。芯板由聚丙烯和聚乙烯塑料加工而成,两面有间隔沟槽的板条,土层中孔隙水通过滤膜渗入到沟槽内,并沿沟槽竖向排入地面的砂垫层内,塑料排水板的典型结构如图 2-6-4 所示。其适用范围与砂井的适用范围相同。

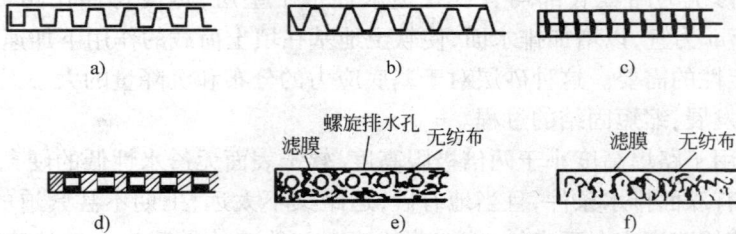

图 2-6-4　塑料排水板的典型结构

9. 路堤荷载压重法

路堤荷载压重法是以路堤荷载增加作用于地基上的总应力,加速固结沉降,同时提高地基强度的方法。为保证路堤在填筑过程中不致失稳,一般采用慢速加载法。经常与垂直排水法并用。根据压重的不同目的,通常把超过最后设计荷载的压重,叫做超载压重法;把预先加载使地基固结沉降,然后卸载,再修构造物的,叫预压法。在压缩性大、透水性好的泥炭地基上,最适宜采用路堤荷载压重法。在压缩性大、透水性差的软土地基上,单独采用路堤荷载压重法,一般需要相当长的固结沉降时间,故对于施工期长的工程比较适用,而对于施工期短的工程,则需要与垂直排水法并用,以加速固结沉降。

10. 土工织物加固法

以土工织物作为补强材料加固地基,其作用类似柔性柴排。土工布端部要折铺一段锚固,铺设两层以上土工织物时,中间要夹 0.1 ~ 0.2m 的砂层,如图 2-6-5 和图 2-6-6 所示。

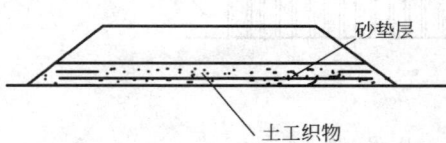

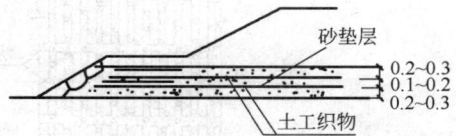

图 2-6-5　土工织物加固　　　　　图 2-6-6　土工织物锚固端构造(单位:m)

11. 加固土桩

用生石灰等在软土地基内形成加固土桩柱,通过生石灰的消解和水化物的生成,以降低土中的含水率,提高地基强度,减小沉降量。除单独使用生石灰外,也可采用与砂并用的石灰砂桩。该方法的优点是不需要上置荷载,能在较短的时间内发挥作用。适用于含砂量低、没有滞水砂层的软土地基。采用深层拌和法加固软土地基的十字板抗剪强度不宜小于 10kPa。采用粉喷桩法加固软土地基时,深度不应超过 15m。

加固土桩的直径及设置深度、间距应经稳定验算并应满足工后沉降的要求。相邻桩净距不应大于 4 倍桩径。

12. 粒料桩

振冲粒料桩适用于十字板抗剪强度大于 15kPa 的地基土;沉管粒料桩适用于十字板抗剪强度大于 10kPa 的地基土。

粒料桩的直径及设置深度、间距应经稳定、沉降验算后确定,相邻桩净距不应大于 4 倍桩径。

13. 强夯

对软土地基加固,在重锤夯实的基础上,20 世纪 60 年代以来研制出现了强夯法。它的夯锤重达 8 ~ 12t(甚至 200t),自由落差 8 ~ 20m(最高达 40m)。经过对土基的强力夯击,利用冲击波和动应力,使地基土密实,达到土基加固的目的,可显著地提高承载力(2 ~ 5 倍),降低压缩性(2 ~ 10 倍),加固厚度达 10 ~ 20m。

饱和软黏土地基中夹有多层粉砂或采用在夯坑中回填块石、碎砾石、卵石等粒料进行强夯置换时可以采用强夯法处理。强夯前,必须在施工现场选择有代表性的路段进行试夯(有效加固深度、夯点布置以及夯击遍数等),以指导大面积施工。

第二节 湿陷性黄土地区路基

一、黄土的工程特性

黄土是第四纪的一种特殊堆积物。其主要特征为:颜色以黄色为主,有灰黄、褐黄等色;含有大量粉粒,一般在 55% 以上;具有肉眼可见的大孔隙,孔隙比在 1 左右;富含碳酸钙成分及其结核;无层理,垂直节理发育;具有湿陷性和易溶蚀、易冲刷、各向异性等工程特性。上述特征和特性,导致黄土地区的路基容易产生多种特有的问题和病害。

二、湿陷性黄土地基的处理方法

黄土地区场地的湿陷类型按实测自重湿陷量或室内压缩试验累积的计算自重湿陷量判定。当实测或计算自重湿陷量不超过 70mm 时,应定为非自重湿陷性黄土场地;当实测或计算自重湿陷量超过 70mm 时,应定为自重湿陷性黄土场地。

湿陷性黄土地基的湿陷等级,根据基底下各层累计的总湿陷量和计算自重湿陷量的大小分为 I(轻微)、II(中等)、III(严重)、IV(很严重)四个等级。

高速公路和一级公路通过湿陷性黄土和压缩性很高的黄土地段时,可根据路堤填高、受水湿浸的可能性及湿陷后的危害程度和修复的难易程度,按表 2-6-4 确定湿陷性黄土地基的处理深度。

湿陷性黄土地基处理深度 表 2-6-4

湿陷等级与特征 路堤高度	经常流水(或浸湿可能性大)				季节性流水(或浸湿可能性小)			
	I	II	III	IV	I	II	III	IV
高路堤(>4m)	2 ~ 3	3 ~ 5	4 ~ 6	6	0.8 ~ 1	1 ~ 2	2 ~ 3	5
低路堤(≤4m)	0.8 ~ 1.2	1 ~ 1.5	1.5 ~ 2	3	0.5 ~ 1.0	0.8 ~ 1.2	1.2 ~ 2.0	2

注:与桥台相邻的路基、高挡土墙路基(墙高大于 6m),应消除地基的全部湿陷量或穿透全部湿陷性土层。

湿陷性黄土地基的处理应根据公路等级、黄土湿陷等级、处理深度要求、施工条件及材料来源，并经技术经济比较后确定。对于湿陷等级为 I～II 级非自重湿陷性黄土和 I 级自重湿陷性黄土，可采用重锤夯实或冲击碾压；II 级以上自重湿陷性黄土，可采用强夯、挤密桩（石灰桩、灰土桩、碎石桩）或孔内深层强夯等方法进行压密、加固处理。农田灌溉可能造成黄土地基湿陷时，可对路堤两侧坡脚外 5～10m 范围内作表层加固防渗处理或设侧向防渗墙。

湿陷性黄土地基应采取拦截排除地表水的措施，防止地表水下渗。为防路侧积水，在路基坡脚外 20～30cm 范围内，要仔细整平地表，不使积水；对积水洼地和地表裂缝要填平、夯实。为防雨水下渗，路侧排水沟渠均须进行防渗加固。在重要路段，单采用防水措施不够时，可以采用预浸水法、强夯法或灰土挤密法对路堤基底及坡脚外 3～10m 范围内的湿陷性黄土地基进行处理。

三、黄土陷穴的处理方法

1. 黄土陷穴的预防

黄土陷穴预防主要是防水，可以采用拦截引排地面水、对堑顶的裂缝和积水洼地填平夯实，防止雨水下渗、对斜坡上的路堤做好上侧的排水工程、夯实地表土层或铺盖不透水黏土及坡面绿化等方法进行处理。

2. 地基陷穴处理方法

对已形成的陷穴、暗穴，可以根据陷穴的大小及埋藏深浅，采用回填夯实、明挖回填夯实、支撑开挖回填夯实、灌砂、灌浆等方法进行处理。

第三节　膨胀土地区路基

一、膨胀土的工程特性

膨胀土系指黏粒成分含量很高，主要由强亲水性矿物（蒙脱石、伊利石或伊利石－蒙脱石）组成，具有显著湿胀干缩和反复湿胀干缩性质的特殊黏土。膨胀土的液限大于 40%，塑性指数大于 15，多数在 22～35 之间，自由膨胀率一般超过 40%。膨胀土的详细判定应采用自由膨胀率、标准吸湿含水率和塑性指数三项指标，可参考见表 2-6-5 进行。

膨胀潜势的分级　　　　表 2-6-5

级别 / 分级指标	非膨胀土	弱膨胀土	中等膨胀土	强膨胀土
自由膨胀率 F_s(%)	$F_s<40$	$40\leq F_s<60$	$60\leq F_s<90$	$F_s\geq90$
标准吸湿含水率 ω_f(%)	$\omega_f<2.5$	$2.5\leq\omega_f<4.8$	$4.8\leq\omega_f<6.8$	$\omega_f\geq6.8$
塑性指数 I_p	$I_p<15$	$15\leq I_p<28$	$28\leq I_p<40$	$I_p\geq40$

注：非膨胀土是指土的膨胀特性未达到定义为膨胀土的程度。

膨胀土的工程性质主要表现在以下几个方面。

1. 胀缩性

膨胀土吸水体积膨胀,失水体积收缩。土中有效蒙脱石含量越多,胀缩潜势越大,膨胀力越大。土的初始含水率越低,膨胀量与膨胀力越大。击实土的膨胀性远比原状土为大,密实度越高,膨胀量和膨胀力越大,这是在膨胀土路基设计中特别值得注意的问题。

2. 快速崩解性

膨胀土浸水后体积膨胀,在无侧限条件下则发生吸水湿化。强膨胀土浸入水中后几分钟内就完全崩解,弱膨胀土浸入水中后,则需经过较长时间才逐步崩解,且有的崩解不完全。

3. 多裂隙性

膨胀土具有多裂隙性,这些裂隙将土体层层分割成具有一定几何形状的块体,破坏了土体的完整性。膨胀土路基边坡的破坏,大多与土中的裂隙有关。

4. 超固结性

膨胀土大多具有超固结性,天然孔隙比小,干密度较大,初始结构强度较高。超固结膨胀土路基开挖后,将产生土体超固结应力释放,边坡与路基出现卸荷膨胀,并常在坡脚形成应力集中区和较大的塑性区,使边坡容易破坏。

5. 风化特性

膨胀土受气候因素影响,极易产生风化破坏作用。路基开挖后,土体在风化营力作用下,很快会产生破碎、剥落和泥化等现象,使土体结构破坏,强度降低。

6. 强度衰减性

膨胀土的抗剪强度为典型的变动强度,具有峰值强度极高、残余强度极低的特性。由于膨胀土的超固结性,其初期强度极高,现场开挖困难。然而随着土受胀缩效应和风化作用的时间的增加,土的抗剪强度大幅衰减。这一衰减过程有的是急剧的,有的是缓慢的,因而,有的膨胀土边坡开挖后,很快就出现滑动变形,有的边坡则要几年乃至几十年后才发生滑动。

二、膨胀土地区路基设计的一般规定

(1)膨胀土地区路基设计,应查明膨胀土分布范围、成因类型、土体的结构层次、地下水分布及埋藏条件和膨胀土的矿物成分、物理、力学性质及膨胀特性等资料。

(2)路基设计应综合考虑膨胀土类型、土体结构与工程特性、环境地质条件与风化深度等因素,保证路基稳定,满足路用要求。

(3)路基设计应避免大填大挖,以浅路堑、低路堤通过为宜。当路基填挖大、工程艰巨及稳定性差时,应与桥隧方案比选确定。以路基通过时,必须有保证路基稳定的措施。

(4)公路通过膨胀土路段时,路基设计应以防水、保湿、防风化为主,结合坡面防护,降低边坡高度,连续施工,及时封闭路床和坡面。

(5)边坡防护加固应遵循下列规定:

①可能发生浅层破坏时,宜采用半封闭的相对保湿防渗措施;

②可能发生深层破坏时,应先解决整体边坡的长期稳定,并采取防止浅层破坏的措施;

③膨胀土强度指标应采用低于峰值强度值,可采用反算和经验指标;

④支挡结构基础埋深应大于气候影响层深度,反滤层应适当加厚。

三、膨胀土地区路基的设计与施工要求

膨胀土地区路基施工应避开雨季作业,加强现场排水,保证地基和已填筑的路基不被水浸泡。

1．膨胀土路堤填筑技术

（1）高速公路及一、二级公路路基填土高度小于路面与路床的总厚度,基底为膨胀土时,宜挖除地表 0.3～0.6m 的膨胀土,并将路床换填非膨胀土或掺灰处理。

（2）强膨胀土稳定性差,不应作为路堤填料。

（3）高速公路及一、二级公路采用中等膨胀土作为路堤填料时应经改性处理后方可填筑。弱膨胀土作为路堤填料时,若胀缩总率不超过 0.7%,可直接填筑,并采取防水、保温、封闭、坡面防护等措施;否则,应按公路等级、气候、水文特点、填土层位等具体情况,结合实际经验进行处治。

（4）当填至路床底面时,应停止填筑,改用符合规范规定的非膨胀土或改性处理的膨胀土填至路床顶面设计高程并严格压实。

2．膨胀土路基碾压

根据膨胀土自由膨胀率的大小,选用工作质量适宜的碾压机具,在确定路堤填筑的最佳含水率和最大干密度时,宜采用湿土法重型击实试验。压实土层松铺厚度不得大于 30cm;土块应击碎至粒径 5cm 以下。

3．膨胀土路堑设计与开挖

膨胀土地区的路堑边坡设计应遵循"缓坡率、宽平台、固坡脚"的原则。

（1）膨胀土地区路堑开挖,挖方边坡不要一次挖到设计线,沿边坡预留厚度 30cm～50cm 的一层,待路堑挖完时,再削去边坡预留部分,并立即用浆砌护坡封闭。

（2）应对路堑路床 0.80m 范围内的膨胀土超挖,换填符合规定的填料或改良土性（比如掺石灰处治）或其他适宜的加固措施。改性处理后要求胀缩总率不超过 0.7% 为宜。

（3）对强膨胀土、地下水发育、运营中处理困难的路堑、路床的换填深度应加深至 1.0～1.5m,并应采取地下排水措施。

（4）边坡应设置完善排水系统,及时引排地面水和地下水。

（5）边坡开挖后应及时防护封闭。

膨胀土路堑边坡的设计是一个较为复杂的工程地质问题。根据目前的调查结果看,一般采用 1:2～1:3 的坡率,但也会出现不稳定,特别是有软弱夹层时,边坡采用 1:5～1:8 也不一定稳定。边坡的坡率大小不是唯一因素,即用常规土力学分析方法并不能妥善解决膨胀土路堑的边坡稳定问题。

第四节　盐渍土地区路基

一、盐渍土的工程特性

地表 1m 内易溶盐的含量超过 0.3% 时,即属盐渍土。根据土中易溶盐的种类可分为氯盐渍土、硫酸盐渍土、碳酸盐渍土。

盐渍土的基本工程性质如表2-6-6。

盐渍土的基本工程性质 表2-6-6

盐渍土的种类	基本工程性质			
	密度	液限与塑限	强度与水稳性	盐胀与膨胀
氯盐渍土	盐类晶体填充在土的孔隙中,能使土的密度"增加",但这种"增加"是不稳定的,土湿化后,盐类被溶解,土的密度降低	随含盐量的增大而减小,最佳含水率亦随含盐量的增加而降低,故可在较低的含水率情况下,有效地进行土的压实	1.在潮湿状况下,强度随含盐量的增加而降低,可在较小的含水率时,达到液性和塑性状态,湿化作用相同时,比非盐渍土能更快和更大地丧失其稳定性 2.干燥状态时,有黏固性,盐渍土的强度高于非盐渍土	盐分结晶时,体积不变化,不产生盐胀作用
硫酸盐渍土	密度随含盐量的增加而降低,当其含盐量接近2%时,密度就显著下降	随含盐量的增加而增大	1.潮湿状况下,强度随含盐量的增加而降低; 2.干燥时,盐分对土的黏固性作用很小	1.体积随温度显著变化,盐胀作用严重,造成土体表层结构破坏和疏松; 2.盐胀作用所涉及的深度远较冻深为大
碳酸盐渍土	密度随含盐量的增加而降低,当其含盐量超过0.5%时,路基密度便显著降低	随含盐量的增加而增大	1.潮湿状况下,钠离子在黏土颗粒周围形成较厚的结合水膜,使土体膨胀,强度下降; 2.在干燥状态时,黏固性大	受水后,膨胀作用最严重,能增加黏土的塑性和黏附性,使渗透系数变小

二、盐渍土地区路基

盐渍土地区路基设计,除遵循一般路基设计的要求外,应着重处理好路基隔断层、排水设施、路基高度、原有公路利用和处理等问题。关键应在路基设计前认真做好盐渍土地段的自然条件、水位地质调查,以及原有公路使用状况的观测、试验工作。

地下水位高的地段,路基高度应考虑毛细水强烈上升高度和盐胀深度等作用,可能发生次生盐渍化路基,还要考虑蒸发深度。

除此之外,在盐渍土地区筑路还应注意以下技术问题:

（1）盐渍土填筑路堤的填料可用性应符合表2-6-7的规定,不得夹有盐块和其他杂物。盐渍土的盐渍化程度按表2-6-8进行分类。

盐渍土用作路基填料的可用性 表2-6-7

公路等级		高速公路、一级公路			二级公路			三、四级公路	
土类及盐渍化程度	填土层位	0~0.80m	0.8~1.50m	1.5m以下	0~0.80m	0.8~1.50m	1.5m以下	0~0.80m	0.8~1.50m
粗粒土	弱盐渍土	✕	○	○	△¹	○	○	○	○
	中盐渍土	✕	✕	○	△¹	○	○	△³	○
	强盐渍土	✕	✕	△¹	✕	△²	△³	✕	△¹
	过盐渍土	✕	✕	✕	✕	✕	△²	✕	△²

续上表

公路等级	高速公路、一级公路			二级公路			三、四级公路	
土类及 盐渍化程度 ＼ 填土层位	0～0.80m	0.8～1.50m	1.5m以下	0～0.80m	0.8～1.50m	1.5m以下	0～0.80m	0.8～1.50m
细粒土 弱盐渍土	×	△¹	○	△¹	○	○	△¹	○
细粒土 中盐渍土	×	×	△¹	×	△¹	○	×	△⁴
细粒土 强盐渍土	×	×	×	×	×	△²	×	△²
细粒土 过盐渍土	×	×	×	×	×	△²	×	×

注：①表中○——可用；△——部分可用；×——不可用。
②△¹：氯盐渍土及亚氯盐渍土可用；△²：强烈干旱地区的氯盐渍土及亚氯盐渍土经过论证可用；△³：粉土质（砂）、黏土质（砂）的不可用；△⁴：水文地质条件差时的硫酸盐渍土及亚硫酸盐渍土不可用。

盐渍土按盐渍化程度分类　　　　　　　　　　表2-6-8

盐渍土 名称	细粒土土层的平均含盐量 （以质量百分数计）		粗粒土通过1mm筛孔土的平均含盐量 （以质量百分数计）	
	氯盐渍土及 亚氯盐渍土	硫酸盐渍土及 亚硫酸盐渍土	氯盐渍土及 亚氯盐渍土	硫酸盐渍土及 亚硫酸盐渍土
弱盐渍土	0.3～<1.0	0.3～<0.5	2.0～<5.0	0.5～<1.5
中盐渍土	1.0～<5.0	0.5～<2.0	5.0～<8.0	1.5～<3.0
强盐渍土	5.0～8.0	2.0～5.0	8.0～10.0	3.0～6.0
过盐渍土	>0.8	>5.0	>10.0	>6.0

注：离子含量以100g干土内的含盐总量计。

（2）在内陆盆地干旱地区，如当地无其他适用的填料，需用易溶盐含量超过规定值的土、砾等作填料时，应根据当地气候、水文地质等条件，通过试验决定填筑措施。

（3）用石膏土作填料时，应先破坏其蜂窝状结构，石膏含量一般不加限制，但应控制压实度。

（4）盐渍土路堤应分层铺筑分层压实，每层松铺厚度不大于20cm，砂类土松铺厚度不大于30cm，碾压时，应严格控制含水率，不应大于最佳含水率1个百分点。雨天不得施工。

（5）盐土地区路堤施工前应测定其基底（包括护坡道）表土的含盐量和含水率及地下水位，根据测得结果，分别按设计规定进行处理。如表土中含盐量超过表2-6-8的规定时，应在填筑路堤前予以挖除，如路堤高度小于1.0m时，除将基底含盐量较重的表土挖除外，应换填渗水性土，其厚度对高速公路、一级公路不应小于1.0m，其他公路不应小于0.8m。原基底土的含水率如超过液限的土层厚度在1m以内时，必须全部换填渗水性土；如含水率介于液限和塑限之间时，应铺10～30cm的渗水性土后再填黏性土；如含水率在塑限以下时，可直接填筑黏性土。当清除软弱土体达到地下水位以下时，则应铺筑渗水性强的粗粒土，并应高出地下水位30cm以上，再填黏性土。受地面水或地下毛细水影响的路基，可考虑设置隔断层，隔断层设置层位应高出地面和地表长期积水位。软弱地基应作特殊处理设计。

（6）在内陆盆地干旱地区设计为高级或次高级路面地段，路床填料应符合规范的规定。土层应设法洒水压实到满足压实度的规定，同时还应在路堤下部设置隔水层，隔水层铺设前应清除植物根茎，将基底做成2%的横坡，整平压实，沿横坡均匀铺平。

（7）在地表为过盐渍土的细粒土地区或有盐结皮和松散土层时，应将其铲除。铲的深度，应通过试验确定。如地表过盐渍土过厚，亦可铲除一部分，并设置封闭隔水层。隔水层设置深度宜在路床顶面以下 80cm 深度处。若有盐胀问题存在，隔水层应设在发生盐胀的深度以下。当采用土工合成材料做隔水层时，为防止合成材料被压挤破，宜在隔水层上、下分别铺一层 10～15cm 厚的砂或黏土保护层。

（8）盐渍土地区路堤边坡坡率，应根据填料的土质和盐渍化程度，按照表 2-6-9 确定。

盐渍土地区路堤边坡坡率

表 2-6-9

土 质 类 别	填料盐渍化程度	
	弱、中盐渍土	强盐渍土
砾类土	1∶1.5	1∶1.5
砂类土	1∶1.5	1∶1.5～1∶1.75
粉类土	1∶1.5～1∶1.75	1∶1.75～1∶2.00
黏质土	1∶1.5～1∶1.75	1∶1.75～1∶2.00

三、盐渍土地区路基排水

对于盐渍土地段路基排水，应有足够重视，应保持排水通畅，使路基两侧不积水。积水无法避免时，应采取隔水、防渗措施。

（1）合理地布置好排水系统，不应使路基及其附近有积水现象。

（2）路基一侧或两侧有取土坑时，取土坑底部距离地下水位不应小于15～20cm；底部应向路堤外有2%～3%排水横坡和不小于0.2%的纵坡。

（3）在排水困难地段或取土坑有可能被水淹没时，应在路基一侧或两侧取土坑外设置高0.4～0.5m、顶宽1m的纵向护堤。

（4）在地下水位较高路段，除挡导表面水外，应加深两侧边沟或排水沟，以降低地下水位。

（5）盐渍土地区的地下排水管与地面排水沟渠，必须采取防渗措施。盐土地区不宜采用渗沟。

第五节 滑坡地段路基

一、概述

斜坡上的岩体或土体在自然或人为因素的影响下沿一定的软弱面或带整体下滑的现象，叫滑坡。

滑坡是山区公路的主要病害之一。滑坡常使交通中断，影响公路的正常运输。大规模的滑坡，可堵塞河道、摧毁公路、破坏厂矿、掩埋村庄，对山区建设和交通设施危害极大。西南地区（云、贵、川、藏）是我国滑坡分布的主要地区。

对滑坡的处理，一般是采用"防治结合，以防为主"的原则，应该重视滑坡的调查工作。首先要判断滑坡的稳定程度，以便确定路线通过的可能性。对于规模较大、性质复杂的滑坡区，由于整治工程大，且性质不明、工程可靠度低，路线以绕避为主；对一般比较容易处置的中、小型滑坡，则须查明原因，原则上应一次根治，不留后患。其治理应分清主次，有针对性考虑各种因素,综合治理。

水是滑坡的首要因素,防止水进入滑动带和排除滑坡体的水,显得非常重要。减载对减缓滑坡的变形、保证施工期间的安全、减少支挡工程十分有效。

二、滑坡防治原则

防治滑坡应当贯彻早期发现、预防为主;查明情况,对症下药,及时综合整治;力求根治,以防后患;因地制宜,就地取材,安全经济,正确施工的原则。

1. 选线阶段

以地质选线为主,对不良地土质地段的地质病害,要提前判断清楚,坚持"预防为主,治理为辅"的基本原则。条件接近时绕避为先,对高填、深挖路段尽量以桥隧通过,尽量保持山体的自然平衡。

2. 勘察阶段

宜采取多种方法组合,如钻探、物探、坑槽探和井探等,结合详细的工程地质、水文地质调查,查清滑坡的岩土体结构、边界条件、滑坡性质、规模等。

3. 设计阶段

应优先选择地面排水、地下排水、减重、反压等较易实施和见效快的工程措施。滑坡治理宜早不宜迟、宜小不宜大。整治滑坡要具体情况具体分析,有针对性地使用工程措施,以达到标本兼治的效果。

主体抗滑工程要密切结合滑坡的工程地质条件,因地制宜,综合比选,要树立动态设计思想,发现问题及时变更设计,及时进行补救。

4. 施工阶段

对滑坡进行整治的时间,宜放在旱季为好,施工方法和程序应以避免造成滑坡产生新的滑动为原则,尽可能减少对滑坡体的扰动。

施工期应加强滑坡监测,掌握滑坡动态、变化趋势,确保施工期间的安全。

三、滑坡防治措施和综合治理

1. 排水

路基滑坡直接影响到公路路基稳定时,不论采取何种方法处理,都必须做好地表水及地下水的处理,如图 2-6-7。

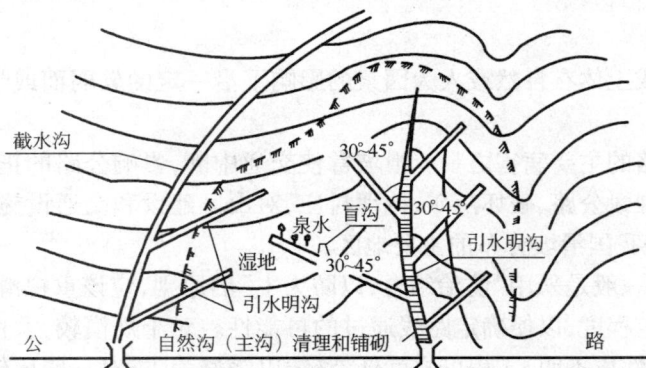

图 2-6-7　树枝状排水系统平面布置示意图

（1）地表排水工程应在滑坡后缘的稳定地层上设置环形截水沟,滑坡范围较大时,应在滑坡体范围内设置树枝状排水沟,使地表雨水能迅速汇集排泄。

（2）地下排水选用渗沟、仰斜式排水孔或排水隧道等方案。

（3）对有明显开裂变形的坡体应及时用黏土或水泥浆填实裂缝,整平积水坑及洼地,使地表的雨水能迅速向排水沟汇集排泄,并适时进行绿化工程防护。

2. 减载与反压措施

（1）推移式滑坡或由错落转化的滑坡宜采用滑坡后缘减重,前缘反压措施。

（2）滑床具有上陡下缓形状,滑坡后缘及两侧的地层相当稳定,不致因减重开挖而引起滑坡向后缘及向两侧发展,宜采用减重措施。

（3）滑坡前缓有较长的抗滑段,宜采用减重弃方反压;路基位于滑坡前缘时,应采用路堤通过。

（4）在滑体或滑带土具有卸载膨胀开裂的情况下,不应采用减重措施。

（5）滑坡减载之后,必须考虑清方后滑坡后部和两侧山体的稳定性,防止后缘产生新的滑动。

（6）采用填土反压措施时应防止堵塞滑坡前缘地下水渗出通道,并且要考虑基底的稳定性,必要时应进行地基处理。

在一般情况下,滑坡减载只能减小滑体的下滑力,不能改变其下滑的趋势,因此减载常与其他整治措施配合使用。

3. 抗滑支挡工程

根据滑坡性质,可采用重力式抗滑挡土墙、抗滑桩(含锚杆(索)抗滑桩)、钢筋混凝土框架或地梁的预应力锚杆(索)锚固等支挡工程,抵抗整个滑体的滑动。不论采用何种方法处理,其基础都必须置于滑动面以下的硬岩层上或达到设计要求的深度。同时宜修筑深渗沟、排水涵洞(管)或集水井等排除地下水或修建地下截水墙截断地下水。尚可采用高压旋喷桩或注浆改良滑动带岩土的措施,提高滑动带岩土抗剪强度,增强滑坡稳定。

对于沿河路基发生的滑坡,当滑坡体前缘受河水冲刷时,可修建河流调治构造物(如堤坝、丁坝、稳定河床等)、挡土墙等防护措施,其构造物的基础必须置于河流冲刷线以下设计要求的深度或硬岩上。

1）抗滑挡土墙

抗滑挡土墙宜设置在滑坡前缘,必要时可与排水、减重、锚固等措施联合使用。

抗滑挡土墙基础埋深较大,土体稳定性较差时,应采取临时支挡措施,其施工必须分段进行,保证滑坡在施工期间的稳定与施工安全。

2）抗滑桩(含锚杆(索)抗滑桩)

抗滑桩宜布置在滑坡体厚度较薄、推力较小,且嵌岩段地基强度较高地段。

抗滑桩宜以单排布置为主,当滑坡推力较大时,可对滑坡分段阻滑。若桩身弯距过大,应采用预应力锚杆(索)抗滑桩;抗滑桩桩长宜小于35m,对于滑带埋深大于25m 的滑坡,应充分论证抗滑桩阻滑的可行性。

3）预应力锚固

预应力锚杆(索)的锚固段必须置于滑面以下的稳定地层中;预应力锚杆(索)承压结构应根据滑坡体岩土性质和承载力确定,宜采用钢筋混凝土框架或地梁,其坡面应采取防止表土被雨水冲刷、局部溜塌的措施。

第三篇 路 面 工 程

第一章 总 论

第一节 路面的功能与要求

一、路面的功能

公路与城市道路路面是在路基表面上用各种不同材料或混合料分层铺筑而成的一种层状结构物,它的功能不仅是提供汽车在道路上全天候地行驶,而且要保证汽车以一定的速度,安全、舒适而经济地运行。因此要求路面具有良好的使用性能,提供良好的行驶条件和服务水平。

二、路面的使用性能

路面的使用性能是指其在设计使用期内,为满足交通和环境的要求所具有的结构性能,以及为保证车辆行驶的舒适、安全及经济性所具有的表面功能。结构性能要求路面不仅能承受各种荷载的作用,还要满足其使用的耐久性;功能性能要求路面表面平整、抗滑,能迅速排水,且尽可能将车辆与路面表面产生的噪声降低到要求限度。而要保证路面的结构性能和功能性能,应从路面结构设计、材料组成设计和施工技术等方面采取措施。

1. 功能性能

路面的功能性能是路表面车辆行驶提供快速、安全、舒适和经济运行的使用功能。它反映了路面服务水平或行驶质量,与路面表面特性、轮胎或车辆作用的性状有关。路面表面特性可分为细构造、粗构造、宏构造和不平整。

路面的行驶质量同路面表面的平整度特性、车辆悬挂系统的振动性、人对振动的反应和接受能力三方面因素有关。其中,平整度是影响路面的行驶质量最主要的因素。服务水平或行驶质量可以通过主观或主观和客观相结合的方法进行评价,用 5 分制或 10 分制的行驶质量指数 RQI 或服务指数 PSI 表示,并同平整度的量测结果 IRI 建立联系:

$$RQI(PSI) = a - b(IRI)$$

式中:a、b——通过评价试验建立的回归方程参数。

安全性主要指路面表面的抗滑能力。路面的抗滑能力可采用横向力系数 SFC、摆值 F_B(BPN)、构造深度 TD(mm)等指标评定。随着车轮的不断磨耗,路表面的抗滑能力因集料被磨光而下降。当表面摩阻性能下降到不可接受的水平时,便需采取措施(如加铺抗滑磨耗层)恢复其抗滑能力。

2. 结构性能

路面的结构性能是指路面结构在行车荷载和自然因素作用下保持完整性或完好而不出现损坏的能力,它是保证路面使用性能的前提。

路面结构的损坏类型,可按损坏模式和影响程度的不同而分为四大类。

(1)裂缝或断裂:路面结构整体性因裂缝或断裂而受到破坏。

(2)永久变形类:路面结构虽仍保持整体性,但形状在各种因素的作用下产生较大的变化。

(3)表面损坏类:路面表面部分出现的局部缺陷,如材料的散失或磨损等。

(4)接缝损坏类:水泥混凝土路面接缝及其邻近范围出现的局部损坏。

路面的损坏状况用损坏类型、损坏严重程度和出现损坏的范围或密度表征,并采用单项损坏类型指标或综合指标进行评价。路面的损坏状况随时间而发展,严重到一定程度后,便需要采取措施恢复其完好性。

三、对路面的要求

为了保证道路最大限度地满足车辆运行的要求,提高行车速度、增强安全性和舒适性,降低运输成本和延长道路使用年限,路面应满足下述基本要求。

1. 具有足够的承载能力

行驶在路面上的车辆,通过车轮把荷载传给路面,在路面结构内部产生应力、应变及位移。如果路面结构整体或某一组成部分的强度或抗变形能力不足以抵抗这些应力、应变及位移,则路面会出现断裂、沉陷,路表面会出现波浪或车辙,使路况恶化,服务水平下降。因此,要求路面结构整体及其各组成部分都具有与行车荷载相适应的承载能力。

结构承载能力包括强度与刚度两方面。路面结构应具有足够的强度以抵抗车轮荷载引起的各个部位的各种应力,如压应力、拉应力、剪应力等,保证不发生压碎、拉断、剪切等各种破坏。路面整体结构或各个结构层应具有足够的刚度,使得在车轮荷载作用下不发生过量的变形,保证不发生车辙、沉陷或波浪等各种病害。

2. 具有足够的稳定性

路面结构袒露在大气之中,经常受到大气温度、降水和湿度变化的影响。结构物的物理、力学性质将随之发生变化,处于另外一种不稳定状态。路面结构能否经受这种不稳定状态,而保持工程设计所要求的几何形态及物理力学性质,称为路面结构的稳定性。路面的稳定性包括高温稳定性、低温稳定性和水稳定性。

大气温度周期性的变化对路面结构的稳定性有重要影响,高温季节沥青路面软化,在车轮荷载作用下产生永久性变形;水泥混凝土结构在高温季节因结构变形产生过大内应力,导致路面压曲破坏。北方冰冻地区,在低温冰冻季节,水泥混凝土路面、沥青路面、半刚性基层由于低温收缩产生大量裂缝,最终失去承载能力。

大气降水使得路面结构内部的湿度状态发生变化,水泥混凝土路面,如果不能及时将水分排出结构层,会发生唧泥现象,冲刷基层,导致结构层提前破坏。沥青混凝土路面中水分的侵蚀,会引起沥青结构层剥落,结构松散。砂石路面,在雨季时,会因雨水冲刷和渗入结构层,而导致强度下降,产生沉陷、松散等病害,因此防水、排水是确保路面稳定的重要方面。

3. 具有足够的耐久性

路面工程投资大,从规划、设计、施工至建成通车需要较长的时间,对于这样的大型工程都应有较长的使用年限。一般的道路工程使用年限至少数 10 年,承重并经受车辆直接碾压的路面部分要求使用年限 20 年以上,因此路面工程应具有耐久的性能。

路面在车辆荷载的反复作用下与大气水温周期性的重复作用下,路面使用性能将逐年下降,强度与刚度将逐年衰变,路面材料的各项性能也可能由于老化衰变,而引起路面结构的损坏。因此,提高路面的耐久性,保持其强度、刚度,几何形态经久不衰,除了精心设计、精心施工、精选材料之外,要把长年的养护、维护、恢复路用性能的工作放在重要的位置。

4. 具有足够的表面平整度

路面表面平整度是影响行车安全、舒适及运输效益的重要使用性能。不平整的路面会增大行车阻力,并使车辆产生附加的振动作用。这种振动作用会造成行车颠簸,影响行车的速度和安全、驾驶的平稳和乘客的舒适。同时,振动作用还会对路面施加冲击力,加剧路面和汽车机件的损坏和轮胎的磨损,并增大油料的消耗。而且,不平整的路面还会积滞雨水,加速路面的破坏。因此,为了减少振动冲击力,提高行车速度和增进行车舒适性、安全性,路面应保持一定的平整度。

路面的平整度同整个路面结构和路基顶面的强度和抗变形能力有关,同结构层所用材料的强度、抗变形能力以及均匀性有很大关系。强度和抗变形能力差的路面结构和面层混合料,经不起车轮荷载的反复作用,极易出现沉陷、车辙和推挤破坏,从而形成不平整的路面表面。

5. 具有足够的表面抗滑性能

路面表面要求平整但不宜光滑,汽车在光滑的路面上行驶时,车轮与路面之间缺乏足够的附着力或摩擦力。雨天高速行车、紧急制动或突然起动、爬坡、转弯时,车轮易产生空转或打滑,致使行车速度降低,油料消耗增多,甚至引起严重的交通事故。对于高速公路高速行车道,要求具有较高的抗滑性能。

路表面的抗滑能力可通过采用坚硬、耐磨、表面粗糙的粒料组成路面表层材料来实现,有时也采用一些工艺措施来实现,如水泥混凝土路面的刷毛或刻槽等。

第二节　路面的结构及组成

一、路面横断面形式

公路路面横断面由行车道、硬路肩和土路肩组成。根据道路等级不同,可选择不同的路面横断面形式。路面结构由图 3-1-1 中所示的各个部分组成。图中,左半侧为沥青路面,右半侧为水泥混凝土路面。

城市道路横断面形式有单幅路、双幅路、三幅路及四幅路形式。单幅路适用于机动车交通量不大,非机动车较少的次干路、支路以及用地不足、拆迁困难的旧城市道路。双幅路适用于单向两条机动车车道以上,非机动车较少的道路。有平行道路可供非机动车通行的快速路和郊区道路以及横向高差大或地形特殊的路段,亦可采用双幅路。三幅路适用于机动车交通量大,非机动车多,红线宽度大于或等于 40m 的道路。四幅路适用于机动车速度高,单向两条机动车车道以上,非机动车多的快速路与主干路。

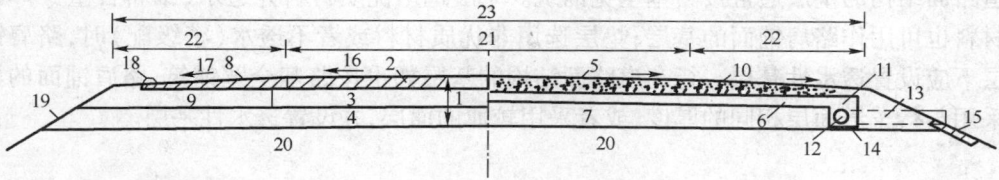

图 3-1-1 路面结构组成横断面

1-路面结构;2-行车道沥青面层;3-基层;4-垫层;5-行车道水泥混凝土面层;6-排水基层;7-不透水垫层;8-路肩沥青面层;9-路肩基层;10-路肩水泥混凝土面层;11-集水沟;12-纵向排水管;13-横向出水管;14-反滤织物;15-坡面冲刷防护;16-行车道横坡;17-路肩横坡;18-拦水带;19-路基边坡;20-路基;21-行车道宽度;22-路肩宽度;23-路基宽度

二、路拱横坡度

为了保证路面上雨水及时排出,减少雨水对路面的浸润和渗透而减弱路面结构强度,路表面应做成直线形或抛物线形的路拱。表 3-1-1 列出了各种不同类型路面的路拱平均横坡度。

各类路面的路拱平均横坡度   表 3-1-1

路 面 类 型	路拱平均横坡度(%)
沥青混凝土、水泥混凝土	1~2
厂拌沥青碎石、路拌沥青碎(砾)石、沥青表面处治、整剂石块	1.5~2.5
半整齐石块,不整齐石块	2~3
碎石、砾石等粒料路	2.5~3.5
炉渣土、砾石土、砂砾土等	3~4

选择路拱横坡度,应充分考虑有利于行车平稳和有利于横向排水两方面的要求。在干旱和有积雪、浮冰地区,应采用低值,多雨地区采用高值;当道路纵坡较大或路面较宽,或行车速度较高时,或交通量和车辆载重较大时,或常有拖挂汽车行驶时,应采用平均横坡度的低值;反之则应取用高值。

高速公路和一级公路设有中央分隔带。通常采用两种方式布置路拱横断面。若分隔带未设排水设施,则路面做成中间高,两侧低,由单向横坡向路肩方向排水;若分隔带设排水设施,则两侧路面分别单独做成中间高两边低的路拱,向中间排水设施和路肩两个方向排水。

路肩横坡度一般较路面横坡大1%。但是高速公路和一级公路的硬路肩采用与路面行车道相同的结构时,应采用与路面行车道相同的路面横坡度。

三、路肩类型和结构层次

路肩设在行车道两侧,供车辆临时或紧急停靠,或者在路面大、中修期间,作为临时车道供车辆行驶。

按面层所用材料的不同,路肩结构可分为沥青路面、水泥混凝土路肩和粒料或土路肩三类。前两类路肩结构设面层和基层两个层次。

路肩铺面结构应具有一定的承载能力,并应同行车道路面作为一个整体进行结构设计,协调结构层次和组成材料的选用,统一考虑路面和路肩结构的内部排水,提供路面和路肩结构交界面处的良好衔接。

路肩铺面结构的横断面,除图3-1-1中所示外,还可参照图3-1-2中所示的形式布置。行车道路面结构的垫层通常按路基全宽铺筑。垫层选用优质材料并透水(细料含量少)时,此垫层材料也可用作路肩铺面的基层;垫层选用非优质材料或者不透水(密级配)时,路肩铺面的面层下应设置透水性基层。行车道路面结构的基层如也按路基全宽铺筑,路肩铺面的面层可以采用与行车道面层相同的厚度,或者采用较薄的面层,并设置透水性基层。

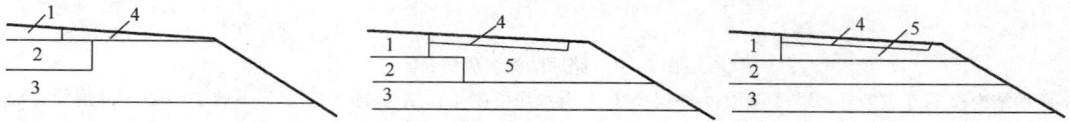

图 3-1-2 路肩铺面结构横断面形式
1-面层;2-基层;3-垫层;4-路肩面层;5-路肩基层(透水性粒料)

四、路面结构层及其功能

行车荷载和自然因素对路面的影响,随深度的增加而逐渐减弱。因此,对路面材料的强度、抗变形能力和稳定性的要求也随深度的增加而逐渐降低。为了适应这一特点,路面结构通常是分层铺筑的,按照使用要求、受力状况、土基支承条件和自然因素影响程度的不同,分成若干层次。通常按照各个层位功能的不同,划分为三个层次,即面层、基层和垫层,如图3-1-3所示。

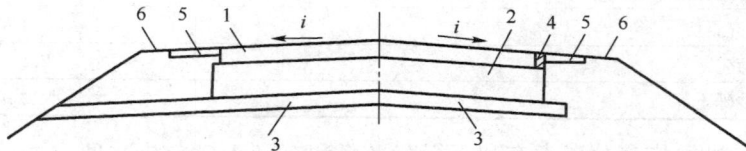

图 3-1-3 路面结构层次划分示意图
i-路拱横坡度;1-面层;2-基层(有时包括底基层);3-垫层;4-路缘石;5-硬路肩;6-土路肩

1. 面层

面层是直接承受行车荷载反复作用,并将荷载传递到基层的路面结构层。它承受行车荷载的垂直力、水平力和冲击力的作用,同时还受到降水的浸蚀气温变化的影响。因此同其他层次相比,面层应具备较高的结构强度和刚度、良好的稳定性,而且应当耐磨、不透水,其表面还应有良好的抗滑性和平整度。

修筑面层的材料可分为四种类型:水泥混凝土、沥青混合料、碎(砾)石混合料、水泥混凝土嵌锁式块料、整齐或半整齐块石。

面层有时分两层或三层铺筑,如高速公路沥青面层总厚度18～20cm,可分为上、中、下三层铺筑,并根据各分层的要求采用不同类型的级配。水泥混凝土路面也有分上下两层铺筑,分别采用不同强度等级的水泥混凝土材料。但是砂石路面上所铺的2～3cm厚的磨耗层或1cm厚的保护层,以及厚度不超过1cm的简易沥青表面处治,不能作为一个独立的层次,应看作是面层的一部分。

2. 基层

基层是指设置在面层之下,并与面层一起将行车荷载的反复作用传递到底基层、垫层、土基,起承重作用的结构层次。基层应具有足够的强度、刚度、水稳性和抗冻性。另外,基层还应具有收缩性小、足够的抗冲刷性和良好的平整度以及与面层有良好的结合性。

修筑基层的材料主要有各种结合料（如石灰、水泥或沥青等）稳定土或稳定碎（砾）石、贫水泥混凝土、天然砂砾、各种碎石或砾石、块石或圆石，各种工业废渣（如煤渣、粉煤灰、矿渣、石灰渣等）和土、砂、石所组成的混合料等。

基层厚度太厚时，为保证工程质量，可分为两层或三层铺筑。当采用不同材料修筑基层时，基层的最下层称为底基层，对底基层材料质量的要求较低，可使用当地材料来修筑。

3. 垫层

垫层是指为改善土基的湿度和温度状况，以保证面层和基层的强度、刚度和稳定性不受土基水温状况变化所造成的不良影响，而在基层和土基之间采用水稳性或隔热性好的材料修筑成的结构层。通常设置在排水不良和有冻胀翻浆路段，起排水、隔水、防冻、防污等作用。另外，垫层还起到扩散行车荷载应力、减小土基产生的应力和变形作用，并能阻止路基土挤入基层而影响基层的结构性能。

修筑垫层的材料，强度要求不一定高，但水稳定性和隔温性能要好。常用的垫层材料分为两类：一类是由松散粒料，如砂、砾石、炉渣等组成的透水性垫层；另一类是用水泥或石灰稳定土等修筑的稳定类垫层。

第三节　路面分级与分类

一、路面等级划分

通常按路面面层的使用品质，材料组成类型以及结构强度和稳定性，将路面分为四个等级，如表 3-1-2 所示。

各等级路面所具有的面层类型及其所适用的公路等级　　　　　　表 3-1-2

路面等级	面层类型	所适用的公路等级
高级	水泥混凝土、沥青混凝土、厂拌沥青碎石、整齐石块或条石	高速、一级、二级
次高级	沥青贯入碎（砾）石、路拌沥青碎（砾）石、沥青表面处治、半整齐石块	二级、三级
中级	泥结或级配碎（砾石）、水结碎石、不整齐石块、其他粒料	三级、四级
低级	各种粒料或当地材料改善土，如炉渣土、砾石土和砂砾土等	四级

1. 高级路面

高级路面的特点是强度高，刚度大，稳定性好，使用寿命长，能适应较繁重的交通量，路面平整，无尘埃，能保证高速行车。高级路面养护费用少，运输成本低，但初期建设投资高，需要用质量高的材料来修筑。

2. 次高级路面

次高级路面与高级路面相比，强度和刚度较差，使用寿命较短，所适应的交通量较小，行车速度也较低，次高级路面的初期建设投资虽较高级路面低些，但要求定期修理，养护费用和运输成本也较高。

3. 中级路面

中级路面的强度和刚度低，稳定性差，使用期限短，平整度差，易扬尘，仅能适应较小的交通量，行车速度低。中级路面的初期建设投资虽然很低，但是养护工作量大，需要经常维修和补充材料才能延长使用年限,运输成本也高。

4. 低级路面

低级路面的强度和刚度最低,水稳定性差,路面平整性差,易扬尘,故只能保证低速行车,所适应的交通量最小,在雨季有时不能通车。低级路面的初期建设投资最低,但要求经常养护修理,而且运输成本最高。

二、路面分类

路面的面层类型一般按面层所用的材料划分,如水泥凝土路面、沥青路面、砂石路面等。但是进行路面结构设计时,从路面结构的力学特性和设计方法的相似性出发,将路面划分为柔性路面、刚性路面和半刚性路面三类。

1. 柔性路面

柔性路面的整体结构刚度较小,在车辆荷载作用之下产生较大的弯沉变形,路面结构本身的抗拉强度较低,它通过各结构层将车辆荷载传递给土基,使土基承受较大的单位压力。路面结构主要靠抗压强度和抗剪强度承受车辆荷载的作用。柔性路面主要包括各种未经处理的粒料基层和各类沥青面层、碎(砾)石面层或块石面层组成的路面结构。

2. 刚性路面

刚性路面主要指用水泥混凝土作面层或基层的路面结构。水泥混凝土的强度高,与其他筑路材料比较,它的抗弯拉强度高,并且有较高的弹性模量,故呈现出较大的刚性。在车辆荷载作用下,水泥混凝土结构层处于板体工作状态,竖向弯沉较小,路面结构主要靠水泥混凝土板的抗弯拉强度承受车辆荷载,通过板体的扩散分布作用,传递给基础上的单位压力较柔性路面小得多。

3. 半刚性路面

用水泥、石灰等无机结合料处治的土或碎(砾)石及含有水硬性结合料的工业废渣修筑的基层,在前期具有柔性路面的力学性质,后期的强度和刚度均有较大幅度的增长,但是最终的强度和刚度仍远大于水泥混凝土。由于这种材料的刚性处于柔性路面与刚性路面之间,因此把这种基层和铺筑在它上面的沥青面层统称为半刚性路面。这种基层称为半刚性基层。

刚性路面、柔性路面和半刚性路面,这种以力学特性为标准的分类方法主要是为了便于从功能原理和设计方法出发进行区分,并没有绝对的定量分界界限。近年来材料科学的发展正在逐步改变这种属性,如水泥混凝土的增塑研究正在使它的刚性降低而保留它的高强性质,沥青的改性研究使得沥青混凝土随气候而变化的力学性质趋向于稳定,大幅度提高其刚度。

第四节　行车荷载、环境因素及材料对路面的影响

行车荷载和自然因素是造成路面结构损伤的主要成因。为了保证设计的路面结构达到预期的功能,具有良好的结构性能,必须对行车荷载和自然因素对路面结构的影响进行分析。此外,路面材料的力学特性是影响路面使用性能的内因。

一、行车荷载对路面的影响

路面结构设计时,需要考虑行车荷载(轴载大小和设计年限内累计标准轴载当量作用次

数)对路面的影响。为获取此参数,需要采集轴型与轴重、轮重等参数,预测设计期限内汽车轴型的分布以及车轴通行量逐年增长的规律,进行标准轴载当量换算的分析。

1. 轴重与轴型

汽车的总重量通过车轴与车轮传递给路面,轴重的大小直接关系到路面结构的设计承载力与结构强度。所以路面结构的设计主要以轴重作为荷载标准。

汽车的车轴通常分前轴和后轴。绝大部分车辆的前轴由单轴单轮组成,轴载约为汽车总重的1/3,极少数汽车的前轴由双轴单轮组成,双前轴的轴载约为汽车总重的1/2。汽车的后轴有单轴、双轴和三轴三种,大部分汽车后轴由双轮组组成,少量轻型货车由单轮组成后轴,每一根后轴的轴载大约为前轴轴载的两倍。

2. 汽车对路面的静态和动态影响

1)静荷载的影响

当汽车处于停驻状态下,对路面的作用力为静态压力,主要是由轮胎传给路面的垂直压力 p,其大小受汽车轮胎的内压力 p_i、轮载的大小、轮胎的刚度和轮胎与路面接触的形式等因素的影响。在进行路面设计时,通常忽略上述因素的影响,而直接取内压力作为接触压力,并假定在接触面上压力是均匀分布的。

在工程设计中,通常将车轮荷载简化成当量的圆形均布荷载,如图 3-1-4 所示。并采用轮胎内压力作为轮胎接触压力 p,当量圆的半径 δ 可以按式(3-1-1)确定。

$$\delta = \sqrt{\frac{P}{\pi p}} \tag{3-1-1}$$

式中:P——作用在车轮上的荷载(kN);

p——轮胎接触压力(kPa);

δ——接触面当量圆半径(m)。

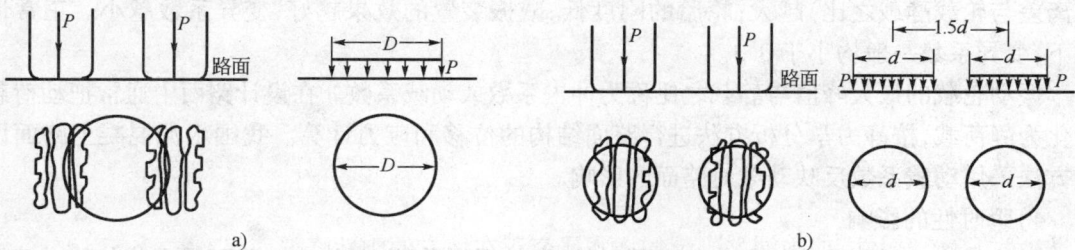

图 3-1-4 车轮荷载计算图式
a)单圆图式;b)双圆图式

对于双轮组车轴,若每一侧的双轮用一个圆表示,称为单圆荷载;如用双圆表示,则称为双圆荷载(图 3-1-4)。双圆荷载的当量圆直径 d 和单圆荷载的当量圆直径 D,分别按式(3-1-2)和式(3-1-3)计算确定。

$$d = \sqrt{\frac{4P}{\pi p}} \tag{3-1-2}$$

$$D = \sqrt{\frac{8P}{\pi p}} = \sqrt{2}d \tag{3-1-3}$$

2)水平荷载的影响

当车辆在路面上行驶时,除垂直静压力之外,作用在路面上的还有水平力。车辆运动时车轮与路面之间的摩擦力引起的水平荷载；轮经过路面不平整处因撞击也会引起水平荷载；车轮制动过程中产生水平荷载；车辆行驶过程中急转弯时由于存在侧向摩擦力而产生水平荷载等。

在路面上行驶的车辆在不制动和制动时，作用在路面上的水平荷载可分别按式(3-1-4)和式(3-1-5)确定。

$$Q_1 \leqslant fP \qquad\qquad (3-1-4)$$

$$Q_2 \leqslant \phi P \qquad\qquad (3-1-5)$$

式中：Q_1、Q_2——行驶中的车轮在不制动和制动情况下作用在路面上的水平荷载；

　　　f、ϕ——滚动摩阻系数和滑动摩阻系数，可参考表 3-1-3 确定；

　　　P——车辆的垂直荷载。

滚动摩阻系数 f 和滑动摩阻系数 ϕ　　　　　　　表 3-1-3

表　面　种　类	f	表　面　种　类	ϕ
平整的水泥混凝土和沥青混凝土路面	0.01 ~ 0.02	干燥而粗糙的表面	1.0 ~ 0.7
水泥混凝土路面有裂缝和垂直位移	0.04 ~ 0.05	干燥而平滑的表面	0.5
沥青混凝土有车辙和裂缝	0.04 ~ 0.05	潮湿的表面	0.5 ~ 0.3

车轮制动时作用在路面上的水平荷载可达到 $0.1 ~ 1.0P$，并且大大超过车轮不制动时产生的水平力。在水平荷载作用下，结构层产生复杂的应力状态，特别是面层结构，直接遭受水平荷载作用，若是抗剪强度不足，将会导致推挤、拥包、波浪、车辙等破坏现象。

3）动荷载的影响

汽车在道路上行驶，由于车身自身的振动和路面的不平整，其车轮实际上是以一定的频率和振幅在路面上跳动。作用在路面上的轮载时而大于静轮载，时而小于静态轮载，呈波动状态。轮载的这种波动，可近似地看作为呈正态分布。车速越高，平整度越差，其变异系数（标准离差与轮载静载之比）越大；轮胎的刚度低，减振装置的效果越好，变异系数越小。正常情况下，变异系数一般均小于 0.3。

振动轮载的最大峰值与静载之比称为冲击系数或动载系数。在设计路面中通常把动荷载转化为静荷载，按静力学分析方法进行路面结构的位移和应力计算。我国水泥混凝土路面设计方法采用动载系数反映动载对路面的影响。

4）瞬时性的影响

行驶的汽车对路面施加的荷载有瞬时性，车轮通过路面上任一点，路面承受荷载的时间是很短的，大约只有 $0.01 ~ 0.10s$ 左右。在路面以下一定深度处，应力作用的持续时间略长一点，但仍很短。由于路面结构中应力传递是通过相邻的颗粒来完成的，若应力出现的时间很短，则来不及传递分布，其变形便不能像静载呈现得那样完全。美国各州公路工作者协会（AASHO）试验路曾对不同车速下沥青路面和水泥混凝土路面的变形进行量测，结果表明，当行车速度由 3.2km/h 提高到 56km/h，沥青路面的总弯沉减少 36%；当行车速度由 3.2km/h 提高到 96.7km/h，水泥混凝土路面的板角挠度和板边应变量减少 29% 左右。动荷载作用下路面变形量的减小，可以理解为路面结构刚度的相对提高，或者是路面结构强度的相对增大。

3. 交通参数分析

道路上通行的车辆不仅具有不同的类型和不同的轴重，而且通行的车辆数目也是变化的。路面结构设计中，要考虑设计年限内，车辆对路面的综合累计损伤作用，必须对现有的交通量、轴载组成以及增长规律进行调查和预估,并通过适当的方式将它们换算成当量标准轴载的累计作用次数。

1)交通量调查与分析

利用当地交通量观测和统计资料,或者通过设立站点进行交通量观测,获取所设计道路的初期年平均日交通量(双向)和车辆组成数据,剔除2轴4轮以下的客、货车辆交通量,得到初期年平均日货车交通量(双向)。

调查分析双向交通量分布情况,选取交通量方向分配系数,一般情况下可采用0.5。依据设计道路的车道数,参照表3-1-4确定交通量车道分配系数,交通量大时,取低值;交通量小时,取高值。

交通量车道分配系数 表3-1-4

单向车道数	1	2	3	≥4
车道分配系数	1.0	0.8~1.0	0.6~0.8	0.5~0.75

使用初期平均日交通量(双向)乘以方向分配系数和车道分配系数,即为设计车道的年平均日货车交通量(ADTT)。

设计基准期内交通量的年平均增长率,可按道路等级和功能以及所在地区的经济和交通发展情况,通过调查分析,预估设计基准期内的交通增长量,确定交通量年平均增长率 g_r。

2)轴载组成与等效换算

不同重力的轴载给路面结构带来的损伤程度是不同的。利用当地称重站的测定和统计资料,或者通过设立站点进行轴载调查和测定,获取所设计道路的车型、轴型和轴载组成数据,分析计算设计车道使用初期的标准轴载日作用次数。

分析计算可根据实测的通过轴载次数和相应的轴载,整理成图3-1-5那样的直方图,作为该道路通行的各级轴载的典型轴载谱,由交通调查得到某类车辆日通行轴载数乘以相应的轴载谱百分率,即可推算出所有车辆各级轴载的作用次数。

道路上行驶的汽车轴载与通行次数可以按照

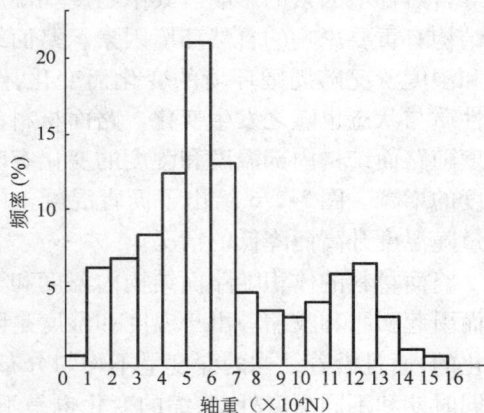

图3-1-5 轴载谱

等效原则换算为某一标准轴载的当量通行次数。我国《公路水泥混凝土路面设计规范》(JTG D40—2002)和《公路沥青路面设计规范》(JTG D50—2006)均选用双轮组单轴轴载100kN作为标准轴载。

各种轴载作用次数进行等效换算的原则是,同一种路面结构在不同轴载作用下达到相同的损伤程度。通过室内或现场重复作用试验,可以建立荷载量级同达到相同程度损伤的作用次数之间的关系。依据这一关系,可推算出不同轴载的作用次数等效换算成标准轴载当量作用次数的轴载换算系数公式:

$$\eta_i = \frac{N_s}{N_i} = \alpha \left(\frac{P_i}{P_s} \right)^n \tag{3-1-6}$$

式中:η_i——i 级轴载换算为标准载的换算系;

P_s,N_s——标准轴载重和作用次数；

P_i,N_i——i 级轴载重和作用次数；

　　α——反映轴型（单轴、双轴或三轴）和轮组轮胎数（单轮或双轮）影响的系数；

　　n——同路面结构特征有关的系数。

沥青路面、水泥混凝土路面和半刚性路面的结构特性不同，损伤的标准也不相同，因而系数 α 和 n 取值各不相同。具体数值在有关章节分别作介绍。

3）轮迹横向分布

车辆在道路上行驶时，车轮的轨迹总是在横断面中心线附近一定范围内左右摆动，由于轮迹的宽度远小于车道的宽度，因而总的轴载通行次数既不会集中在横断面上某一固定位置，也不可能平均分配到每一点上，而是按一定规律分布在车道横断面上，称为轮迹的横向分布。

轮迹横向分布随交通量、交通组成、车道宽度、交通管理规则等因素而变化，需区别各种不同情况，通过实地调查才能确定。在路面结构设计中用横向分布系数 η 来反映轮迹横向分布频率的影响。

二、环境因素对路面的影响

路面结构直接暴露在大气之中，除直接承受车轮荷载作用外，还经受着水、温度、阳光、空气等自然环境因素的影响。其中温度和湿度是对路面结构有重要影响的自然环境因素。路面结构的温度和湿度状况随周围环境的变化而变化，路面体系的性质与状态也随之发生变化。路面材料的强度与刚度随路面结构内部温度和湿度的变化有时会有大幅度的增减。图 3-1-6 给出了沥青混凝土的动弹性模量随温度升高而降低的情况。

路面材料的体积随路面结构内温度和湿度的升降而引起膨胀和收缩。由于温度和湿度是随环境而变化的，而且沿着结构的深度呈不均匀分布，因此在不同时期和不同深度处，胀缩的变化也是不相同的。

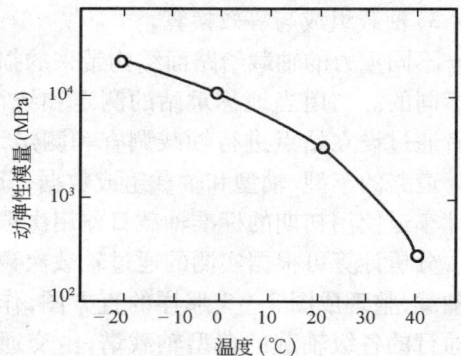

图 3-1-6　温度对沥青混凝土弹性模量的影响

如果这种不均匀的胀缩因某种原因受到约束而不能实现时，路面结构内便会产生附加应力，即温度应力和湿度应力。

路面材料的几何性质和物理性质随温度与湿度产生的变化，将使路面结构设计复杂化。如不能充分估计这种因自然环境因素变化产生的后果，则路面结构在车轮荷载和自然因素共同作用之下，将提前出现损坏，缩短路面的使用年限。因此，在分析和设计路面结构时，除了充分考虑行车荷载可能引起的各种损伤之外，还应考虑自然因素的影响。其中以自然因素影响下路面体系内的温度和湿度状况变化为主，而温度状况主要讨论路面面层内的变化，湿度状况则以路基为主。

路面结构的强度、刚度及稳定性在很大程度上取决于路基的湿度变化。如在北方季节性冰冻地区，冰冻开始时，路基水分向冻结线积聚形成冻胀，春暖融冻初期形成翻浆的现象较普遍；在南方非冰冻区，当雨季来临时，未能及时排除的地面积水和离地面很近的地下水将路基土浸润而软化，路基的软化将进一步影响路面结构层强度、刚度和稳定性变化。

面层的透水性对路面湿度有很大影响,若采用不透水的面层结构,将减少降水和蒸发的影响。在道路完工二、三年内,路面结构湿度逐渐趋向稳定,对于透水的面层结构,若不作专门处理,则路面结构湿度状况将受到降水和蒸发的影响而产生季节性的变化。

路肩以下路基湿度的季节性变化对路面结构也有影响。通常在路面边缘以内1m左右,湿度开始增大,直至路面边缘与路肩下的湿度相当。路肩如果经过处治,防止雨水渗入,则路面下土基湿度将趋向于稳定,从而保证路面结构层稳定。

三、路面材料的力学特性

路面材料的力学特性对路面的使用性能和使用寿命有重要的影响,路面结构的损坏,不外乎是变形过大或应力超过材料强度而引起的。因此,为了对路面结构进行受力分析,并做到合理地使用路面材料,必须研究路面材料受力时的响应。

1. 强度特性

1)抗剪强度

路面结构层因抗剪强度不足而产生破坏的情况有三种:①路面结构层厚度较薄,整体刚度不足,车轮荷载通过薄层结构传递给土基的剪应力过大,导致路基路面整体结构发生剪切破坏;②无结合料的粒料基因层位不合理,内部剪应力过大而引起部分结构层产生剪切破坏;③面层结构的材料抗剪强度较低,如高温条件下的沥青面层、级配碎石面层等,经受较大的水平力时,面层材料产生纵向或横向推移等各种剪切破坏。

按莫尔强度理论,材料的抗剪强度由摩阻力和黏结力两部分组成,摩阻力同作用面上的法向正应力成正比,黏结力为材料固有性质,与法向正应力无关,即:

$$\tau = c + \sigma \tan\varphi \tag{3-1-7}$$

式中:τ——抗剪强度(kPa);

c——材料的黏结力(kPa);

σ——法向正向力(kPa);

φ——材料的内摩阻角。

c 和 φ 表征路面材料抗剪强度的两项参数,可以通过直接剪切试验或者三轴压缩试确定。沥青混合料经受剪切时,除了矿质颗粒之间存在摩阻力之外,还有粒料与沥青的黏结力以及沥青膜之间的黏滞阻力共同形成抗剪强度。因此沥青混合料的抗剪强度与沥青的黏度、用量、试验温度、加荷速率等因素有关。

2)抗拉强度

沥青路面、水泥混凝土路面及半刚性基层在气温急剧下降时产生收缩,水泥混凝土路面和半刚性基层在大气湿度变化时产生明显的干缩,这些收缩变形受阻时,将在结构层内产生拉力,当材料的抗拉强度不足以抵抗上述拉应力时,路面结构会产生拉伸断裂。路面材料抗拉强度主要由混合料中结合料的黏力所提供,可以采用直接拉伸或间接拉伸(劈裂试验)试验确定。

3)抗弯拉强度

用水泥混凝土、沥青混合料及半刚性路面材料修筑的结构层,在车轮荷载作用下,处于受弯曲工作状态。由车轮荷载引起的弯拉应力超过材料的抗弯拉强度时,材料会产生弯曲断裂。

4)应力应变特性

路面结构层在车轮荷载作用下的应力、应变和位移量,不仅同荷载状态有关,还取决于路面材料的应力—应变特性。

无结合料碎、砾石材料应力—应变特性具有明显的非线性特征,可由三轴压缩试验所得的应力—应变关系曲线求得表征其应力—应变特性的回弹模量值 E_r。其回弹模量值同材料的级配、颗粒形状、密实度等因素有关,一般在 100～700MPa。通常密实度越高,模量值越大;颗粒棱角多,模量高;细料含量不多时,含水率的影响很小。

水泥混凝土路面与半刚性基层,在车轮荷载作用下处于弯曲受力状态,可采用单轴试验、三轴试验及小梁试验等方法测定应力—应变特性关系。

沥青混合料中的沥青材料有依赖于温度和加荷时间的黏—弹性性状,因此,沥青混合料在荷载作用之下的应力—应变也具有随温度和荷载作用时间而变化的特性,通常用劲度模量 $S_{t,T}$ 表征其应力—应变关系。沥青混合料的劲度模量实质上就是在特定温度与特定加荷时间条件下的常量参数。沥青劲度可以通过试验,运用范德普诺谟图确定。沥青混合料的劲度模量可以根据各地的自然和交通条件,选择恰当的试验温度和加荷时间,用单轴压缩、三轴压缩或小梁试验方法进行测定。

2. 变形累积特性

路面结构在行车荷载反复作用下因塑性变形累积而产生沉陷或车辙,这是路面结构的一种主要病害。这种永久变形是路基和路面各结构层材料塑性变形的综合。它不仅同荷载大小、作用次数和路基土的性状有关,也受路面各结构层材料的变形特性的影响。

1)碎、砾石混合料

图 3-1-7 所示一种级配良好的颗粒材料的重复加载试验结果。由图可见,当偏应力 σ_d 低于某一数值时,塑性变形随重复作用次数的增加而增加,且逐渐趋于稳定。重复次数大于 10^4 次后,达到一平衡状态,此平衡应变量的大小同 σ_d/σ_3 的比值大小有关。但偏应力较大时,则塑性变形虽随作用次数的增加不断增长,直到破坏。

级配差、颗粒尺寸单一的粒料,即便在应力重复作用很多次以后,塑性变形仍有增大趋势。含有细料过多的混合料,由于混合料密实度降低,变形累积过大。因此,这种材料不宜用于修建路面。

2)沥青混合料

沥青混合料在重复荷载作用下的变形累积过程的研究,可利用单轴压缩试验或重复作用三轴压缩试验进行。两种试验方法所得到的累积应变—时间关系的规律基本一致。图 3-1-8

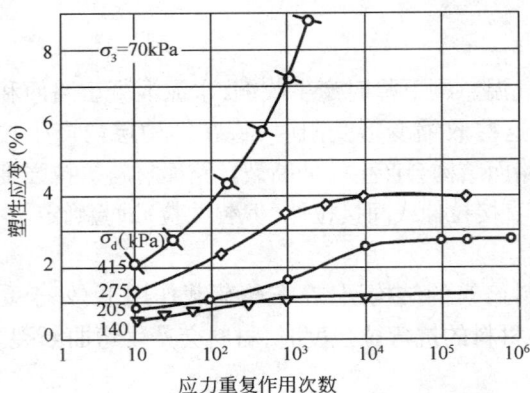

图 3-1-7　良好级配碎石混合料的变形累积

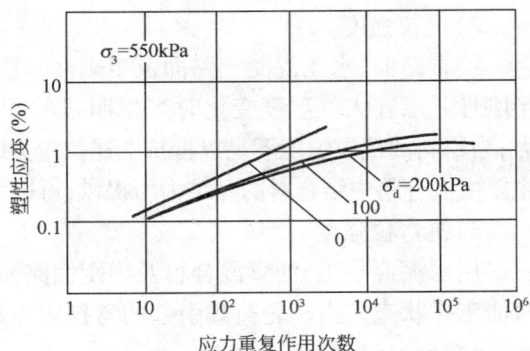

图 3-1-8　密实型沥青混合料的变形累积

为一密实型沥青碎石混合料经受重复三轴试验的结果。

由图可看出塑性应变量随重复作用次数的增加而增加的情况。温度越高,塑性应变累积量越大。在同一温度条件下,控制累积应变量是加载时间的总和,而不仅是重复作用次数;加载频率以及应力循环间的间歇时间对累积应变—时间关系的影响不大。

影响累积变形的因素,除了温度、施加应力大小以及加载时间之外,同集料的状况也有关系。有棱角的集料比圆角的集料能获得较高的劲度模量,因此,累积变形量较小;密实级配的沥青混合料比开级配沥青混合料的累积变形量小;此外,压实的方法、压实程度对变形累积规律都有一定的影响。

3. 疲劳特性

路面承受重复荷载作用时,会在低于静载一次作用下的极限应力值时出现破坏,这种路面结构强度降低的现象称为疲劳。路面疲劳性能反映路面材料抵抗行车荷载反复作用的能力。研究疲劳特性的主要目的是探索提高疲劳强度、延长路面使用年限,为路面设计提供依据。

疲劳破坏是路面损伤的主要现象,路面材料抗疲劳性能直接关系到路面的使用寿命。提高路面的抗疲劳性能应注意从两方面加强配合:一是合理的材料设计,使混合料达到最佳配合比和最大密度,使混合料具有较高的强度;另一方面是合理的结构设计,使得各结构层的层位和厚度达到理想的程度,在车辆荷载作用下,确保结构层的最大应力和应力比在控制范围内。

第五节 路面排水设计

水是危害道路的主要自然因素。沥青路面松散、剥落、龟裂,水泥混凝土路面唧泥、错台、断裂等病害,都不同程度地与地表水和地下水的侵蚀有关。水的作用加剧了路面结构的损坏,加快了路面使用性能的变坏,缩短了路面的使用寿命。因此,道路排水系统是道路工程的重要组成部分,对保证道路的使用性能和使用寿命具有重要的作用。

降落在路面表面的水,会通过路面接缝、裂缝或面层空隙下渗到路面结构内部。地下水位高时,地下水会通过毛细管上升进入路面结构下部。此外,中央分隔带及道路两侧有临时滞水时,水分也可能侧向渗入路面结构内部。为了防止水进入路面结构内而危害路面,需要拦截地下水和密封路面表面。当前,为使渗入路面的表面水降至最小程度及迅速排除路面结构内的水分,所采用的路面排水系统主要由路面表面排水、中央分隔带排水、路面结构内部排水三部分组成。

一、路面表面排水

为了使渗入路面结构内部的表面水降至最小程度,必须设计路面表面排水设施。路面表面排水的主要任务是迅速把降落在路面和路肩表面的降水排走,以免造成路面积水而影响行车安全。

降落在路面上的雨水,应通过路面横向坡度向两侧排走,避免行车道路路面范围内出现积水。当路基横断面为路堑时,横向排流的表面水汇集于边沟内。当路基横断面为路堤时,可采用两种方式排除路面表面水:一种是让路面表面水以横向漫流形式向堤坡面分散排放;另一种方式是在路肩外侧边缘设置拦水带,将路面表面水汇集在拦水带同路肩铺面(或者路肩和部分路面铺面)组成的浅三角形过水断面内,然后通过相隔一定间距设置的泄水口和急流槽集中排放到路堤坡脚外。两种排水方式的选择,主要依据表面水不造成对路堤坡面造成的冲刷危害及坡面防护措施与拦水带和急流槽的工程经济比较分析后而定。在汇水量不大、路堤不高、路线纵坡不大、坡面耐冲刷能力强的情况下,应优先采用横向漫流分散方式排除路面表面水。在路堤较高、边坡坡面在未做防护而易遭受路面表面水流冲刷,或者坡面虽已采取防护措施但仍有可能受到冲刷情况下,则应采用集中排放方式排除路面表面水。

在设置拦水带汇集路面表面水时,拦水带过水断面内的水面,在高速、一级公路上不得漫过右侧车道外边缘,在二级及二级以下公路上不得漫过右侧车道中心线。拦水带可由沥青混凝土现场浇筑,或者由水泥混凝土预制块铺砌而成。采用水泥混凝土预制块拦水带时,应避免预制块影响路面内部水的排泄。拦水带的横断面尺寸可参考图3-1-9,拦水带的顶面应略高于过水断面的设计水面高(水深),按设计流量计算确定。

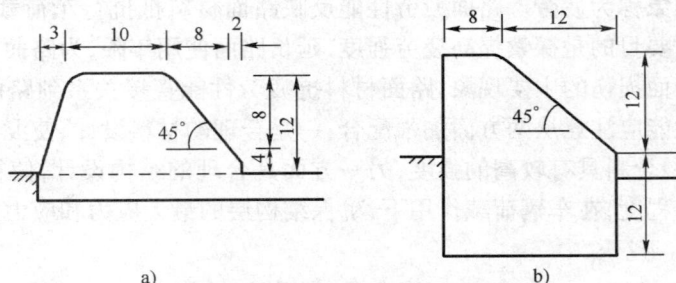

图3-1-9 拦水带横断面参考尺寸(尺寸单位:cm)
a)沥青混凝土拦水带;b)水泥混凝土拦水带

拦水带的泄水口可设置成开口(喇叭口)式。设在纵坡坡段上的泄水口,为提高泄水能力,宜做成不对称的喇叭口,并在硬路肩边缘的外侧设置逐渐变宽的低凹区。其平面布置可参照图3-1-10。泄水口的泄水量以及开口长度、低凹区宽度和下凹深度等尺寸应按泄水口水力计确定。

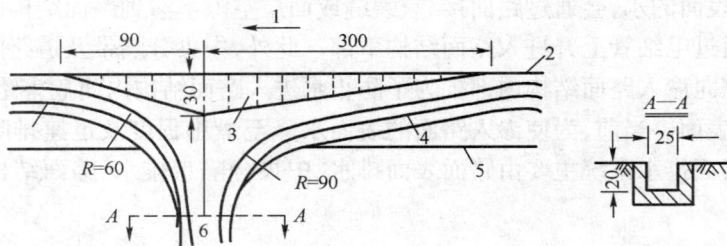

图3-1-10 纵坡段上拦水带不对称泄水口的平面布置(尺寸单位:cm)
1-水流流向;2-硬路肩边缘;3-低凹区;4-拦水带顶;5-路堤边坡坡顶;6-急流槽

城区道路的排水一般采用管渠形式。主要由偏沟、雨水口和连接管构成,设计时应根据当地材料和道路类别选择。

雨水口的设置规定如下。

(1)道路汇水点、人行横道上游、沿街单位出入口上游、靠地面径流的街坊或庭院的出水口等处均应设置雨水口。道路低洼和易积水地段应根据需要适当增加雨水口。

(2)雨水口形式有平箅式、立式和联合式等。平箅式雨水口分为有缘有平箅式和地面平箅式。缘石平箅式雨水口适用于有缘石的道路。地面平箅式适用于无缘石的路面、广场、地面低洼聚水处等。立式雨水口有立孔式和立算式,适用于有缘石的道路,其中立孔式适用于算隙容易被杂物堵塞的地方。联合式雨水口是平算与立式的综合形式,适用于路面较宽、有缘石、径流量较集中且有杂物处。

(3)雨水口的泄水能力,平算式雨水口约为20L/s,联合式雨水口约为30L/s。大雨时易被杂物堵塞的雨水口泄水能力应乘以0.5~0.7的系数。多算式雨水口、立式雨水口的泄水能力经计算确定。

(4)平算式雨水口的算面应低于附近路面3~5cm,并使周围路面坡向雨水口。立式雨水口进水孔底面应比附近路面略低。雨水口井的深度宜小于或等于1m。冰冻地区应对雨水井及其基础采取防冻措施。在泥沙量较大的地区,可根据需要设沉泥槽。

(5)雨水口连接管最小管径为200mm。连接管坡度应大于或等于10%,长度小于或等于25m,覆土厚度大于或等于0.7m。必要时雨水口可以串联。串联的雨水口不宜超过三个,并应加大出口连接管管径。

(6)雨水口的间距宜为25~50m,其位置应与检查井的位置协调,连接管与干管的夹角宜接近90°;斜交时连接管应布置成与干管的水流顺向。

(7)平面交叉口应按竖向设计布设雨水口,并应采取措施防止路段的雨水流入交叉口。

二、中央分隔带排水

中央分隔带排水应根据分隔带宽度、绿化和交通安全设施的形式、分隔带表面的处理方式等因素选择不同的排水方式。我国的《公路排水设计规范》(JTJ 018—96)将中央分隔带排水划分为三种类型。

1. 宽度小于3m且表面采用铺面封闭的中央分隔带

降落在分隔带上的表面水排向两侧行车道,其坡度与路面的横坡度相同在超高路段上,可在分隔带上侧边缘处设置缘石或泄水口或者在分隔带内设置缝隙式圆形集水管或碟形混凝土浅沟和泄水口(图3-1-11),以拦截和排泄上侧半幅路面的表面水。路缘石过水断面的泄水口可采用开口式、格栅式或组合式;碟形混凝土浅沟泄水口采用格栅式。格栅铁条应平行于水流方向,孔口的净泄水面积应占格栅面积的一半以上,泄水口间距和截流量计算及断面尺寸等可通过计算选取。

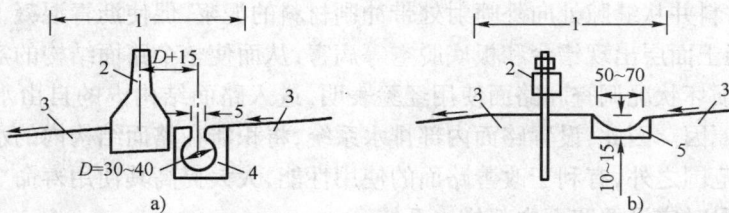

图3-1-11　超高路段上设置缝隙式圆形集水管或碟形混凝土浅沟(尺寸单位:cm)

a)缝隙式圆形集水管；b)碟形混凝土浅沟

1-中央分隔带；2-护栏；3-铺面；4-缝隙式圆形集水管；5-碟形混凝土浅沟

2. 宽度大于3m且表面未采用铺面封闭的中央分隔带

降落在分隔带上的表面水汇集在分隔带中储存器的低洼处,并通过纵坡排流到泄水口或横穿路界的桥涵水道中。分隔带的横向坡度不得陡于1:6;分隔带的纵向排水坡度,在过水断面无铺面时不得缓于 0.25%，有铺面时不得缓于 0.12%。当水流速度超过地面土的最大允许流速时，应在过水断面宽度范围内对地面土进行防冲刷处理，做成三角形或 U 形断面的水沟。防冲刷层可采用石灰或水泥稳定土，或者采用浆砌片石铺砌，层厚 10~15cm。当中央分隔带内的水流流量过大或流速超过允许范围处，或者在分隔带低凹区的流水汇集处，应设置格栅或泄水口，并通过排水管引排到桥涵或路界处。格栅可以同周围地面齐平，也可适当降低，并在其周围一定宽度范围内做成低凹区，以增加泄水能力。

3. 表面无铺面且未采用表面排水措施的中央分隔带

降落在分隔带上的表面水下渗，由分隔带内的地下排水设施排除。常用的纵向排水渗沟见图3-1-12，应隔一定间距通过横向排水管将渗沟内的水排出路界。渗沟周围包裹反滤积物（土工布），以免渗入水携带的细粒将渗沟堵塞。渗沟上的回填料与路面结构的交界面铺设涂双层沥青的土工布隔渗层。排水管可采用直径 70~150mm 的塑料管。

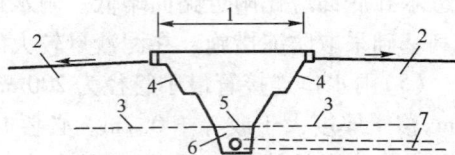

图 3-1-12　中央分隔带下设排水沟示意
1-中央分隔带；2-路面；3-路床顶面；4-隔渗层；5-反滤织物；6-渗沟；7-横向排水管

在我国，通常采用较窄的中央分隔带，仅在中间设预留车道时才采用宽的中央分隔带。各地在选用排水设施类型时，并未拘泥于以分隔带宽度限值作为唯一的依据，而是结合地区和工程需要确定，形式是多样的。因而，上述分类中的宽度标准并不是绝对的。

在城市道路中，还应注意做好立交范围内的地表水排除。对立交桥下的地面水，宜采用自流排除。当不能自流排除，有条件修建蓄水池时，可采用调蓄排水。无调蓄条件时，应设泵站排水。

三、路面内部排水系统

表面水会通过各种途径进入路面结构层内。对于沥青混凝土路面和水泥混凝土路面来说，被围封在路面结构内的水分，会浸湿各结构层材料和路基土，使其强度下降，变形增加，从而使路面结构的承载能力降低，使用寿命缩短。更为严重的是，由于路面是层状结构，层间结合处容易出现空隙，进入空隙的自由水在行车荷载的作用下，会成为高空隙水压力和高流速的水流，冲刷层面材料并从缝隙处向外喷射处带冲刷材料的泥浆，促使沥青混凝土面层出现剥落和松散，水泥混凝土面层出现错台和板底脱空等病害，从而使整个路面结构的实用性能迅速变坏。大量的路面损坏状况调查和路面使用经验表明，进入路面结构内的自由水是造成或加速路面损坏的重要原因。因此，设置路面内部排水系统，将积滞在路面结构内的水分迅速排除到路面和路基结构范围之外，有利于改善路面的使用性能，大大提高其使用寿命。

遇有下列情况时应设置路面内部排水系统：

（1）年降水量为 600mm 以上的湿润和多雨地区，路基由透水性差的细粒土（渗透系数不大于 10^{-5} cm/s）组成的高速公路、一级公路或重要的二级公路；

（2）路基两侧有滞水，可能渗入路面结构内；

（3）严重冰冻地区，路基为由粉性土组成的潮湿、过湿路段；

（4）现有路面改建或改善工程，需排除积滞在路面结构内的水分。

路面内部排水系统设计应满足三方面的使用要求：

（1）路面内部排水系统中各项排水设施的泄水能力均应大于渗入路面结构内的水量,且下游排水设施的泄水能力应超过上游排水设施的泄水能力;

（2）渗入水在路面结构内的最大渗流时间,冰冻地区不应超过 1h,其他地区不应超过 2h（重交通）~4h（轻交通）。渗入水在路面结构内的渗流路径长度不宜超过 45~60m;

（3）各项排水设施不应被渗流从路面结构、路基或路肩中带来的细料堵塞,以保证系统的排水能力不随时间推移而很快丧失。

1. 边缘排水系统

边缘排水系统是将渗入路面结构内的自由水,先沿路面结构层间空隙或某一透水层次横向流入由透水性材料组成的纵向集水沟和排水管,并汇集流入沟中带孔集水管内,再由间隔一定距离布设的横向出水管排引出路基。设置边缘排水系统,便于将面层—基层—路肩界面处积滞的自由水排离路面结构。边缘排水系统的常用形式见图 3-1-13。

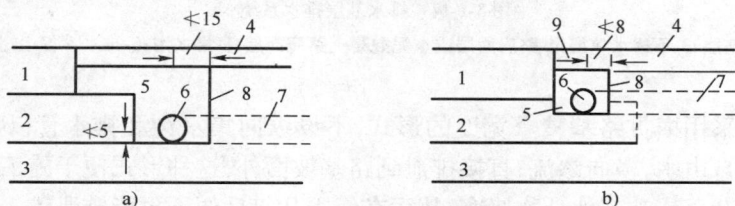

图 3-1-13 边缘排水系统（尺寸单位:cm）

a）新建路面边缘排水系统;b）改建路面边缘排水系统

1-面层;2-基层;3-垫层;4-路肩面层;5-集水沟;6-排水管;7-出水管;8-反滤织物;9-回填路肩面层

纵向排水管通常选用聚氯乙烯（PVC）或聚乙烯（PE）塑料管。排水管设 3 排槽口或孔口,其开口总面积不小于 $42cm^2/$ 延米。管径按设计流量由水力计算确定,通常在 70mm~150mm范围内选用。排水管的埋设深度,应保证不被车辆或施工机械压裂,并应超过当地的冰冻深度。在非冰冻地区,新建路面时排水管管底通常与基层底面齐平;改建路面时,管中心应低于基层顶面。排水管的纵向坡度宜与路线纵坡相同,但不得小于 0.25%。

横向出水管选用不带槽或孔的聚氯乙烯塑料管,管径与排水管相同。其间距和安全位置由水力计算并考虑邻近地面高程和公路纵横断面情况确定,一般在 50~100m 范围内选用。出水管的横向坡度不宜小于 5%。埋设出水管所开挖的沟,须用低透水材料回填。出水管的外露端头用锌铁丝网或格栅罩住。出水口的下方应铺设水泥混凝土防冲刷垫层或者对泄水道的坡面进行浆砌片石防护,以防止水流冲刷路基边坡和植物生长。出水水流应尽可能排引至排水沟或涵洞内。

透水性填料由水泥处治开级配粗集料组成,其孔隙率约为 15%~20%。粗集料最大粒径不大于 40mm,粒径 4.75mm 以下的细粒含量不应超过 16%,2.36mm 以下的细粒含量不应超过 6%。为避免带孔排水管被堵塞,透水性填料在通过率为 85% 时的粒径应比排水管槽口宽或孔口直径大 1.0~1.2 倍。水泥处治集料的配合比,应按透水性要求和施工要求通过试配确定。

集水沟底面的最小宽度,对新建路面,不应小于 30cm;对改建路面,应能保证排水管两侧各有至少 5cm 宽的透水填料。透水填料的底面和外侧围以反滤织物（土工布）,以防垫层、基层和路肩内的细粒侵入而堵塞填料空隙或管孔。反滤织物可选用由聚酯类、尼龙或聚丙烯材料制成的无纺织物,能透水,但细粒土不能随水透过。

2. 排水基层的排水系统

基层排水系统是直接在面层下设置透水性排水基层，在其边缘设置纵向集水沟和排水管以及横向出水管等，组成排水基层排水系统（图 3-1-14）。采用透水性材料做基层，使渗入路面结构内的水分，先通过竖向渗流进入排水层，然后横向渗流进入纵向集水和排水管，再由横向出水管排引出路基。这种排水系统，由于自由水进入排水层的渗流路径短，在透水性材料中渗流的速率快，其排水效果要比边缘排水系统好得多。一般在新建路面时采用此方案。排水基层设在面层下，作为路面结构的基层或基层的一部分，共同承受车辆荷载的作用。

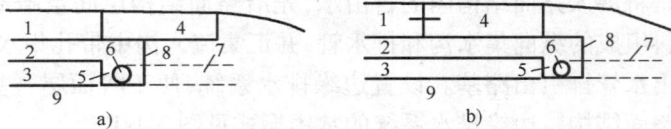

图 3-1-14　排水基层排水系统

1-面层；2-排水基层；3-不透水垫层；4-路肩面层或水泥混凝土路肩面层；5-集水沟；6-排水管；7-出水管；8-反滤织物；9-路基

排水层也可采用横贯路基整个宽度的形式，不设纵向集水沟和排水管以及横向出水管。渗入排水层内的自由水，横向渗流，直接排泄到路基坡面外，这种形式便于施工，但排水层在坡面出口处易生长杂草或被其他杂物堵塞，从而在使用几年后便不再能排泄渗入水，而集中积泄在排水层内的自由水反而使路面结构，特别是路肩部分，更易出现损坏。

在一些特殊地段，如连续长纵坡段、曲线超高过滤段和凹形竖曲线段等，排水层内渗流的自由水有可能被堵封或者渗流路径超过 45 ~ 60m。在这些地段，应增设横向排水管以拦截水流，缩短渗流长度。

排水层的透水性材料可以采用经水泥或沥青处治，或者未经处治的开级配碎石集料。未处治碎石集料的透水性一般比水泥或沥青处治的要低，其渗透系数大致变动于 60 ~ 1 000m/d 范围内，而水泥或沥青处治碎石集料的渗透系数则大致在 1000 ~ 6000m/d 范围内，其中沥青处治碎石的透水性略高于水泥处治碎石。未处治碎石集料，在施工摊铺时易出现离析且不易压实稳定，在施工机械行驶下易出现推移变形，一般情况下不建议采用此作为排水基层。用作水泥混凝土路面的排水基层，宜采用水泥处治开级配碎石集料，其最大粒径可选取用 25mm；而用作沥青混凝土路面的排水基层，则宜采用沥青处治碎石集料，最大粒径宜为 20mm。材料的透水性同集料的颗粒组成情况有关，空隙率大的组成材料，其渗透系数也大，需通过透水试验确定。

纵向集水沟布置在路面横坡的下方。行车道路面采用双向坡路拱时，在路面两侧都设置纵向集水沟。集水沟的内侧边缘可设在行车道面层边缘外，但有时为了避免排水管被面层施工机械压裂，或者避免路肩铺面受集水沟沉降变形的影响，将集水沟向外侧移出 60 ~ 90cm。路肩采用水泥混凝土铺面时，集水沟内侧边缘可外移到路肩面层边缘外。

排水基层下必须设置不透水垫层或反滤层，以防止表面水向下渗入垫层，浸湿垫层和路基，同时防止垫层或路基土中的细粒进入排水基层而造成堵塞。排水垫层按路基全宽设在其顶面。排水垫层一方面要能渗水，另一方面要防止渗流带来的细粒堵塞透水材料。为此，在材料配组成上要满足关于透水和反滤要求。

第二章 沥青路面设计

第一节 概　述

一、沥青路面的基本特性

沥青路面是用沥青材料作结合料黏结矿料修筑面层与各类基层和垫层所组成的路面结构。沥青路面以其优良的使用性能在世界各地得到了广泛的应用。

由于沥青面层使用沥青结合料,因而增强了矿料间的黏结力,提高了混合料的强度和稳定性,使路面的使用质量和耐久性都得到提高。与水泥混凝土路面相比,沥青路面具有表面平整、无接缝、行车舒适、耐磨、振动小、噪声低、施工期短、养护维修简便、适宜于分期修建等优点,因而获得越来越广泛的应用。从 20 世纪 50 年代以来,各国修建沥青路面的数量迅猛增长,在所有路面类型中占的比重越来越大。我国的公路和城市道路中使用沥青材料修筑的沥青路面占了相当数量,特别是沥青路面已成为我国高速公路的主要路面形式。在已建成的高速公路中,沥青路面占到了 90% 以上。随着国民经济和现代化道路交通运输的需要,沥青路面必将有更大的发展。

沥青路面属柔性路面,其强度与稳定性在很大程度上取决于土基和基层的特性。沥青路面的抗弯强度较低,因而要求路面的基础应具有足够的强度和稳定性,所以,在施工时必须掌握路基土的特性进行充分的压实。对软弱土基或翻浆路段,必须预先加以处理。在低温时,沥青路面抗变形能力很低,因此在寒冷地区为了防止土基不均匀冻胀而使沥青路面开裂,应设置防冻层。在沥青路面修筑后,由于它的透水性小,从而使土基和基层内的水分难以排出,在潮湿路段易发生土基和基层变软,导致路面破坏。因此,必须提高基层的水稳性,尽可能采用结合料处治的整体性基层。对交通量较大的路段,为使沥青路面具有一定的抗弯拉和抗疲劳开裂的能力,宜在沥青面层下设置沥青混合料的黏结层。采用较薄的沥青面层时,特别是在旧路面上加铺面层时,要采取措施加强面层与基层之间的黏结,以防止水平力作用而引起沥青面层的剥落、推挤、拥包等破坏。

二、沥青路面的分类

依据不同的分类方法,沥青路面可以分为多种类型。

(1)按强度构成原理可将沥青路面分为密实类和嵌挤类两大类。

密实类沥青路面要求矿料的级配按最大密实原则设计,其强度和稳定性主要取决于混合料的黏聚力和内摩阻力。密实类沥青路面按其空隙的大小可分为闭式和开式两种:闭式混合料中含有较多的小于 0.5mm 和 0.074mm 的矿料颗粒,空隙率小于 6% ,混合料致密而耐久,但热稳定性较差;开式混合料中小于 0.5mm 的矿料颗粒含量较少,空隙率大于 6% ,其热稳定性较好。

嵌挤类沥青路面要求采用颗粒尺寸较为均一的矿料,路面的强度和稳定性主要依靠骨料颗粒之间相互嵌挤所产生的内摩阻力,而黏聚力则起着次要的作用。按嵌挤原则修筑的沥青路面,其热稳定性较好,但因空隙率较大、易渗水,因而耐久性较差。

（2）按施工工艺的不同,沥青路面分为层铺法、路拌法和厂拌法三类。

层铺法是用分层洒布沥青,分层铺撒矿料和碾压的方法修筑,其主要优点是工艺和设备简便、功效较高、施工进度快、造价较低,其缺点是路面成型期较长,需要经过炎热季节行车碾压之后路面方能成型。用这种方法修筑的沥青路面有沥青表面处治和沥青贯入式两种。

路拌法是在路上用机械将矿料和沥青材料就地拌和摊铺和碾压密实而成的沥青面层。此类面层所用的矿料为碎（砾）石者为路拌沥青碎（砾）石;所用的矿料为土者则称为路拌沥青稳定土。路拌沥青面层,通过就地拌和,沥青材料在矿料中分布比层铺法均匀,可以缩短路面的成型期。但因所用的矿料为冷料,需使用黏稠度较低的沥青材料,故混合料的强度较低。

厂拌法是将规定级配的矿料和沥青材料在工厂用专用设备加热拌和,然后送到工地摊铺碾压而成的沥青路面。厂拌法按混合料铺筑时温度的不同,又可分为热拌热铺和热拌冷铺两种:热拌热铺是混合料在专用设备加热拌和后立即趁热运到路上摊铺压实。如果混合料热拌和后储存一段时间再在常温下运到路上摊铺压实,即为热拌冷铺。厂拌法使用较黏稠的沥青材料,且矿料经过精选,因而混合料质量高,使用寿命长,但修建费用也较高。

（3）根据沥青路面的技术特性,沥青面层可分为沥青混凝土、热拌沥青碎石、乳化沥青碎石混合料及沥青贯入式、沥青表面处治五种类型。此外,沥青玛蹄脂碎石近年在许多国家也得到广泛应用。

沥青表面处治路面是指用沥青和集料按层铺法或拌和法铺筑而成的厚度不超过 3cm 的沥青路面。沥青表面处治的厚度一般为 1.5 ~ 3.0cm。层铺法可分为单层、双层、三层。单层表处厚度为 1.0 ~ 1.5cm,双层表处厚度为 1.5 ~ 2.5cm,三层表处厚度为 2.5 ~ 3.0cm。沥青表面处治适用于三级、四级公路的面层、旧沥青面层上加铺罩面或抗滑层、磨耗层等。

沥青贯入式路面是指用沥青贯入碎（砾）石作面层的路面。沥青贯入式路面的厚度一般为 4 ~ 8cm。当沥青贯入式的上部加铺拌和的沥青混合料时,也称为上拌下贯,此时拌和层的厚度宜为 3 ~ 4cm,其总厚度为 7 ~ 10cm。沥青贯入式碎石路面适用于作二级及二级以下公路沥青面层。

沥青碎石路面是指用沥青碎石作面层的路面,沥青碎石的配合比设计应根据实践经验和马歇尔试验的结果,并通过施工前的试拌和试铺确定。沥青碎石也可以用作黏结层。

沥青混凝土路面是指用沥青混凝土作面层的路面,其面层可由单层或双层或三层沥青混凝土混合料组成,各层混合料的组成设计应根据其层厚和层位、气温和降雨量等气候条件、交通量和交通组成等因素确定,以满足对沥青面层使用功能的要求。沥青混凝土常用作高等级公路的面层。

乳化沥青碎石混合料适用于做三级、四级公路的沥青面层、二级公路养护罩面以及各级公路调平层。有时也用作为柔性基层。

沥青玛蹄脂碎石路面是指用沥青玛蹄脂碎石混合料作面层或抗滑层的路面。沥青玛蹄脂碎石混合料（简称 SMA）是以间断级配为骨架,用改性沥青、矿粉及木质纤维素组成的沥青玛蹄脂为结合料,经拌和、摊铺、压实而形成的一种构造深度较大抗滑面层。它具有抗滑耐磨、孔隙率小、抗疲劳、高温抗车辙、低温抗开裂的优点,是一种全面提高密级配沥青混凝土使用质量的新材料,适用于高速公路、一级公路和其他重要公路的表面层。

三、沥青路面类型的选择

采用不同的施工工艺和材料可以修筑成不同类型的沥青路面。因此,必须根据路面的使用要求和施工的具体条件,按照技术经济原则来综合考虑。选定最适当的路面类型。

选择沥青路面的类型,一方面要根据任务要求(道路的等级、交通量、使用年限、修建费用等)和工程特点(施工季节、施工期限、基层状况等),另一方面还应考虑材料供应情况、施工机具、劳力和施工技术条件等因素,可参照表3-2-1进行选择。

路 面 类 型 的 选 择　　　　表 3-2-1

公 路 等 级	路 面 等 级	面 层 类 型	设计年限（年）	设计年限内累计标准轴次（万次/车道）
高速公路、一级公路	高级路面	沥青混凝土沥青玛蹄脂碎石	15	>400
二级公路	高级路面	沥青混凝土	12	>200
	次高级路面	热拌沥青碎石混合料、沥青贯入式	10	100~200
三级公路	次高级路面	乳化沥青碎石混合料、沥青表面处治	8	10~100
四级公路	中级路面	水结碎石、泥结碎石、级配碎（砾）石、半整齐石块路面	5	≤10
	低级路面	粒料改善土	5	

从施工季节来讲,沥青类路面一般都要求在温暖干燥的气候条件下施工,这样所用沥青材料在施工时具有较大的流动性,便于路面摊铺和压实成型。热拌热铺类的沥青碎石或沥青混凝土面层,气候对其影响较小,仅要求在晴朗天气和气温不低于5℃时施工。若施工气温较低,则应选用热拌冷铺法施工较为适宜。

沥青类路面一般不宜铺筑在纵坡大于6%的路段上。纵坡大于3%的路段,考虑抗滑的要求,宜采用粗粒式的沥青碎石或粗粒式的沥青表面处治。

四、沥青路面设计理论与方法

当前世界各国众多的沥青路面设计方法,可概括分为两类:一类是以经验或试验为依据的经验法,以美国各州道路工作者协会设计方法为代表;一类是以力学分析为基础,考虑环境、交通条件以及材料特性为依据的理论法,国际上以SHELL设计方法为代表。40多年来,有关理论法的研究取得了很大进展,许多国家相继提出较完整的设计体系。目前理论法对沥青路面的应力、形变和位移的分析,大多应用弹性层状体系理论,并采用电算的方法。鉴于理论法有广阔的发展前景,我国沥青路面设计规范规定沥青路面设计理论以弹性层状体系理论为基础,所以本章对于沥青路面的设计与计算的阐述主要是基于理论法。

五、沥青路面的设计内容

沥青路面是在柔性基层、半刚性基层上,铺筑一定厚度的沥青混合料作面层的路面结构。沥青路面设计的任务是根据使用要求及气候、水文、土质等自然条件,密切结合当地实践经验,设计确定经济合理的路面结构,使之能承受交通荷载和环境因素的作用,在预定的使用期限满足各级公路相应的承载能力,耐久性、舒适性、安全性的要求。路面设计应包括原材料的选择、混合料配合比设计和设计参数的测试与确定,路面结构层组合与厚度计算,以及路面结构的方案比选等内容。路面设计除行车道部分的路面外,对高速公路、一级公路还应包括路缘带、硬路肩、加减速车道、紧急停车带、收费站和服务区的场面设计以及路面排水系统的设计,对其他各级公路应包括路肩加固、路缘石和路面排水设计。

具体设计工作包括以下内容:

(1)调查与收集有关交通量及其组成资料,重视调查当地轴载分布资料。

(2)收集当地气候、水文资料,了解沿线地质、路基填挖及干湿状况,通过试验或论证确定路基回弹模量。

(3)做好各种路用材料的调查,并取样试验,根据试验结果,选定路面各结构层所用的材料。

(4)当材料具备时宜进行沥青混合料、半刚性基层混合料的配合比设计,并测试材料设计参数,确定材料回弹模量设计值。

(5)拟定几个路面结构,采用专用程序计算厚度。

(6)对路面结构方案进行技术经济比较,提出推荐的设计方案。

第二节　沥青路面设计标准

一、沥青路面设计标准

沥青路面结构设计采用路表面回弹弯沉值(城市道路采用路表容许回弹弯沉值)、沥青混凝土层的层底弯拉应力及半刚性基层的层底弯拉应力为设计指标,在城市道路还须进行路面剪应力的验算,有条件时,对重载交通公路路面宜检验沥青混合料的抗剪切强度。

1. 路表面回弹弯沉值

路表面回弹弯沉是路面在垂直荷载作用下,产生的垂直变形。弯沉值的大小反映了路基路面的整体强度。在相同车轮荷载下,路面的弯沉值愈大,则路面抵抗垂直变形的能力愈弱,反之则愈强。实践表明,回弹弯沉值大的路面,在经受了较少次数的轮载作用后,就可能出现某种形态破坏;而回弹弯沉值小的路面,能经受轮载较多次重复作用才能达到同样形态的破坏。就是说,在达到相同程度的破坏时,回弹弯沉大小同该路面的使用寿命即轮载累计重复作用次数成反比关系。如果能够建立路面达到某种破坏状态时,重复荷载作用次数与路面弯沉值之间的关系,那么,就可以根据对该种路面所要求的使用寿命(或轮载累计作用次数)确定路面的设计弯沉值。

路面设计弯沉值是根据设计年限内一个车道内预测通过的累计当量轴次、公路等级、路面结构类型而确定的路表设计弯沉值。它是一个表征路面整体刚度大小的指标,是路面厚度计算的主要依据。

路面设计弯沉值相当于路面竣工后第一年不利季节、路面在标准轴载 100kN 作用下测得的最大回弹弯沉值。

路面容许弯沉值是指路面在使用期末的不利季节,在设计标准轴载作用下容许出现的最大回弹弯沉值。容许弯沉值与路面使用寿命的关系可通过调查测定确定。选择使用多年并出现某种破坏状况的路面,测定弯沉值,调查累计交通量,进行分析整理。

2. 容许拉应力

在车辆荷载的反复作用下,沥青层层底产生拉应变或拉应力而导致路面疲劳开裂。这是因为沥青结构层受车轮荷载的反复弯曲作用,使结构层底面产生的拉应变(或拉应力)值超过材料的疲劳强度(它较一次荷载作用的极限值小得多),底面便开裂,并逐渐向表面发展。用水硬性结合料稳定而形成的整体性基层也会产生疲劳开裂,甚至导致面层破坏。

为了防止沥青路面出现这种疲劳开裂损坏,沥青混凝土面层或半刚性基层材料的实际弯拉应力 σ_m 应小于或等于该结构层材料的容许弯拉应力 σ_R。即:

$$\sigma_m \leqslant \sigma_R \tag{3-2-1}$$

3. 抗剪强度

当沥青路面受到较大的车轮水平荷载作用时(例如经常启动或制动路段及弯道、坡度变化处等),路面表面可能出现推移和拥包。造成这种破坏的原因是,车轮荷载引起的垂直力和水平力的综合作用,使结构层内产生的剪应力超过材料的抗剪强度。同时也与行驶车轮的冲击、振动有关。

为防止沥青面层表面产生推移和拥包,可用面层抗剪强度标准控制设计。也就是在车轮的垂直力和水平力的共同作用下,面层中可能产生的最大剪应力 τ_{max}(由弹性层状体系理论计算的各应力分量求得),应不超过材料的容许剪应力 τ_R,即:

$$\tau_{max} \leqslant \tau_R \tag{3-2-2}$$

这项设计标准通常用于停车站、交叉口等车辆频繁制动路段及紧急制动路段高温情况下的沥青路面设计。对于同沥青混合料的黏聚力和内摩阻角有关的容许剪应力 τ_R,其取值应考虑路面的温度状况。

第三节　沥青路面结构组合设计

一、对路基的要求

沥青路面的使用性能在很大程度上受到路基的影响。对于沥青路面的路基要求其必须密实、均匀、稳定。填方路基的填料选择、路床的质量要求以及填方路堤的基底处理应符合《公路路基设计规范》(JTG D30—2004)的规定。

1. 对土质路基的要求

公路建设的实践经验表明,路基土的含水率和压实度直接影响路面的强度和稳定性。由弹性三层体系理论分析可知,影响路表弯沉的主要因素是路基的强度,70% ~95% 的弯沉取决于路基。因此,在路基路面综合设计中,为满足弯沉指标的要求,提高路基强度是重要措施,其次是提高基层模量和厚度。因此,应注意加强路基填土的技术要求与压实。

为保证路基的强度和稳定性,必须采取措施防止地面水和地下水浸入路面、路基。设计时,宜使路基处于干燥或中湿状态。潮湿、过湿状态的路基应采取掺入固化材料或换填砂、砂砾、碎石等渗水性材料,以及设置土工合成材料等加强路基排水的技术措施,进行综合处理,以改善路基的工作状态,提高路床与路堤的整体强度。应使高速公路和一级公路的土基回弹模量值大于 30MPa,其他公路的土基回弹模量值应大于 25MPa。

2. 对石质路基的要求

山区公路,特别是山区高速公路、一级公路的石方路基(包括开挖石方路堑和填石路堤)占有很大比例,在进行路面设计时必须对此加以考虑。

对于石方路堑,必须设置坚实、稳定的基层。对路基超挖部分,为了避免形成不稳定的中间夹层,整平层应采用贫混凝土,或水泥或石灰粉煤灰稳定碎石(砾石)类的整体性材料。若采用级配碎石应满铺至路基,以利排水。严禁用土填筑整平层。

为了保证路面不受裂隙水、泉眼等地下水影响,应按有关规范的规定,加强路基、边沟排水,必要时可设置盲沟等。对于水稳定性差的泥质类岩石路堑,更应加强排水措施,如封闭路肩,边沟浆砌,基层采用水稳定性好的材料等,以降低水对路面的影响。

半填半挖石方路基及高填石路堤,除满足路基施工技术要求外,路基设计还应采取减少沉降及差异沉降的技术措施,以坚实的基础确保路面的稳定。在填挖交界处应填设排水盲沟,以加强界面排水。

填石路堤的稳定性对路面有很大的影响,填石路堤的稳定性取决于石料级配、空隙填充,以及采用重型振动压路机碾压的密实程度和是否满足路基施工技术要求。

二、垫层的设计

垫层是设置在底基层和土基之间的结构层,起排水、隔水、防冻、防污及减小层间模量比、降低半刚性底基层拉应力的作用。

1. 垫层的设置原则

处于下列状况的路基应设置垫层,为排除路面、路基中滞留的自由水,确保路面结构处于干燥或中湿状态。

(1)地下水位高,排水不良,路基经常处于潮湿、过湿状态的路段。

(2)排水不良的土质路堑,有裂隙水、泉眼等水文不良的岩石挖方路段。

(3)季节性冰冻地区的中湿、潮湿路段,可能产生冻胀需设置防冻垫层的路段。

(4)基层或底基层可能受污染以及路基软弱的路段。

2. 垫层材料的选择

垫层材料可选用粗砂、砂砾、碎石、煤渣、矿渣等粒料以及水泥或石灰煤渣稳定粗粒土,石灰粉煤灰稳定粗粒土等。若采用粗砂和砂砾料时,通过 0.074mm 筛孔的颗粒含量不应大于 5%。采用煤渣时,小于 2mm 的颗粒含量不宜大于 20%。

为防止软弱路基污染粒料底基层、垫层,或为隔断地下水的影响,可在路基顶面设土工合成材料隔离层。

3. 垫层宽度

高速公路、一、二级公路的排水垫层应铺至路基同宽,以利路面结构排水,保持路基稳定。三、四级公路的垫层宽度可比底基层每侧至少宽25cm。

4. 道路冻深计算

道路多年冻深应按下式计算。

$$Z_{max} = a \cdot b \cdot cZ_d \tag{3-2-3}$$

式中:Z_{max}——多年最大冻深(m);

Z_d——大地标准冻深(m);

a——路面结构层的材料热物性系数,由表3-2-2查得;

b——路基湿度系数,由表3-2-3查得;

c——路面断面形式系数,由表3-2-4查得。

路基路面材料热物性系数 表3-2-2

路基材料	黏 质 土	粉 质 土	粉 质 砂 土	细粒土质砾、黏土质砂	含细粒土质砾(砂)
热物性系数 a	1.05	1.1	1.2	1.3	1.35
路面材料	水泥混凝土	沥青混凝土	二灰土及水泥土	二灰碎石及水泥碎(砾)石	级配碎石
热物性系数 a	1.4	1.35	1.35	1.4	1.45

注:a值取大地冻深范围内路基及路面各层材料的加权平均值。

路 基 湿 度 系 数 表3-2-3

干湿类型	干 燥	中 湿	潮 湿	过 湿
湿度系数 b	1.0	0.95	0.90	0.80

路基断面形式系数 表3-2-4

填挖形式	路基填土高度					路基挖方深度			
	零填	2m	4m	6m	6m以上	2m	4m	6m	6m以上
断面形式系数 c	1.0	1.02	1.05	1.08	1.10	0.98	0.95	0.92	0.90

5.防冻厚度验算

在季节性冰冻地区的中湿、潮湿路段,路面设计时应进行防冻厚度检验。根据交通量计算得到的结构层总厚度应不小于表3-2-5最小防冻厚度的规定。防冻厚度与路基潮湿类型,路基土类、道路冻深以及路面结构层材料的热物性有关。若结构总厚度小于最小防冻厚度时,应增加防冻垫层使其满足最小防冻厚度的要求。

补强设计时,补强层厚度加原有路面结构厚度之和应大于最小防冻厚度,否则应增加补强层厚度使其满足最小防冻厚度的要求。

最 小 防 冻 厚 度(cm) 表3-2-5

路基类型	土 质	黏性土、细亚砂土			粉 性 土		
	基、垫层类型 道路冻深(cm)	砂石类	稳定土类	工业废料类	砂石类	稳定土类	工业废料类
中湿	50~100	40~45	35~40	30~35	45~50	40~45	30~40
	100~150	45~50	40~45	35~40	50~60	45~50	40~45
	150~200	50~60	45~55	40~50	60~70	50~60	45~50
	>200	60~70	55~65	50~55	70~75	60~70	50~65
潮湿	60~100	45~50	40~5	35~45	50~60	45~50	40~50
	100~150	55~60	50~55	45~50	60~70	55~60	50~60
	150~200	60~70	55~65	50~60	70~80	65~70	55~65
	>200	70~80	65~75	55~70	80~100	70~90	65~80

注:①在《公路自然区划标准》(JTJ 003—86)中,对潮湿系数小于0.5的地区,Ⅱ、Ⅲ、Ⅳ等干旱地区防冻厚度应比表中值减少15%~20%。

②对Ⅱ区砂性土路基防冻厚度应相应减少5%~10%。

三、基层的设计

基层是设置在面层之下，并与面层一起将车轮荷载的反复作用传布到底基层、垫层、土基的结构层。基层是主要承重层，要求基层具有稳定、耐久、较高的承载能力。基层可分为上、下基层。

底基层是设置在基层之下、并与面层、基层一起承受车轮荷载的反复作用，起次要承重层的作用。因此，对底基层的材料的技术指标要求可比基层材料略低。

1. 基层设计的基本原则

（1）基层、底基层应具有足够的强度和稳定性，在冰冻地区还应具有一定抗冻性。

（2）高级路面下的半刚性基层应具有较小的收缩（温缩及干缩）变形和较强的抗冲刷能力。

（3）基层、底基层结构设计应贯彻就地取材的原则，认真做好当地材料的调查，根据不同公路等级、交通量对基层、底基层的技术要求，选择技术可靠、经济合理的基层、底基层结构。

（4）半刚性材料基层、底基层的配合比设计，应根据混合料 7d 龄期的无侧限抗压强度试验确定。并结合弯拉强度试验、抗冻性试验确定结合料掺配剂量。骨架密实和骨架空隙型混合料宜采用振动成型法，悬浮密实性和均匀密实型混合料宜采用重型击实成型方法。

（5）一般公路的基层宽度每侧宜比面层宽出 25cm，底基层每侧宜比基层宽 15cm。在多雨地区，透水性好的粒料底基层，宜铺至路基全宽，以利于排水。高速公路、一级公路的基层、底基层宽度每侧宜比面层宽出 10～15cm。

（6）基层和底基层的压实度、平整度应符《公路路面基层施工技术规范》（JTJ 034—2000）的规定。

2. 基层的分类与适用范围

基层可分为有半刚性基层和柔性基层两大类，底基层也分为半刚性基层和柔性基层两大类。

（1）半刚性基层、底基层

主要包括水泥稳定类和石灰粉煤灰稳定类。

水泥稳定集料类、石灰粉煤灰稳定集料类材料适用于各级公路的基层和底基层。在冰冻地区、多雨潮湿地区，粉煤灰稳定集料类材料宜用于做高速公路、一级公路的下基层或底基层。石灰稳定类材料宜于各级公路的底基层，也可用做二级以下公路的基层，但石灰稳定细粒土不能用做高级路面的基层。

高速公路、一级公路的基层或上基层宜选用骨架密实型混合料。二级及二级以下公路的基层、底基层可采用悬浮密实型混合料。均匀密实型混合料适用于高速公路、一级公路的底基层、二级及二级以下公路的基层。骨架孔隙型混合料料具有较高的孔隙率，适用于需考虑路面内部排水要求的基层。

（2）柔性基层、底基层

主要包括热拌沥青碎石、贯入式沥青碎石以及各类粒料类基层材料。

柔性基层、底基层可用于各级公路。热拌沥青碎石宜用于中等交通及其以上的公路基层、底基层；贯入式沥青碎石适用于中、重交通的公路基层或底基层；热拌沥青碎石、贯入式沥青碎石可用于改建工程的调平层。

按照孔隙率的大小,沥青碎石混合料的级配类型可以分为密级配(ATB)、半开级配(AM)和开级配(ATPB)。密级配沥青碎石混合料具有较高的承载能力;半开级配沥青碎石混合料具有承重、减缓反射裂缝和一定的排水能力。开级配沥青碎石混合料适用于排水基层。基层用沥青碎石的公称最大粒径宜等于或大于 26.5mm。

级配碎石适用于各级公路的基层和底基层,级配砾石、级配碎砾石以及符合级配、塑性指数等技术要求的天然砂砾,可用做轻交通的二级和二级以下公路的基层,也可用做各级公路的底基层。

级配碎石宜用几种粒径不同的碎石和石屑掺配拌制而成,其粒料的级配组成应符合规范中相应的要求,且级配应接近圆滑曲线。用于底基层的未筛分碎石的级配,也应符合规范中相关的要求。

级配碎石用做基层时,其压实度不应小于98%;用做底基层时,其压实度不应小于96%。填隙碎石适用于各级公路的底基层和三、四级公路的基层。

填隙碎石的单层铺筑厚度宜为 10 ~ 12cm,最大粒径宜为厚度的 0.5 ~ 0.7 倍。用做基层时,最大粒径不应超过 60mm;用做底基层时,最大粒径不应超过 80mm。填隙料可用石屑或最大粒径小于 10mm 的砂砾料或粗砂,主骨料和填隙料的颗粒组成可参照有关规范的规定。

填隙碎石的压实度以固体体积率表示,用做底基层时,不应小于 83%;用做基层时,不应小于 85%。

级配砾石或天然砂砾用做基层或底基层时,其颗粒组成应符合规范中相关的要求,且级配宜接近圆滑曲线。

级配砾石或天然砂砾用做基层时,其重型击实标准的压实度不应小于98%,CBR 值不应小于 160%;用做底基层时,其重型击实标准的压实度不应小于96%,CBR 值对轻交通道路小于 40%,对中等交通道路不应小于 60%。

四、沥青面层的要求

沥青面层直接承受车轮荷载反复作用和各种自然因素的影响,并将荷载传递到基层以下的结构层,因此,它应该满足功能性和结构的使用性能要求。沥青面层可分为单层、双层和三层。双层结构分为表面层和下面层;三层结构分为表面层、中面层和下面层。

表面层是为行人和车辆提供一个安全、舒适的行驶条件,它应该具有平整密实、抗滑耐磨、稳定性久的服务功能。同时还应具有高温抗车辙、低温抗开裂、抗老化等品质。

中、下面层应具有一定的密水性、抗剥离性,高温或重交通下沥青混合料应具有较高的抗剪强度;下面层还应具有良好的抗疲劳的性能,同时,兼顾其他性能要求。

当沥青面层的平整度、抗滑等服务性能不满足要求时,可以加铺磨耗层。

五、沥青路面结构组合设计的原则与要求

沥青路面的结构层次的合理选择和安排,是整个路面结构能否在设计使用年限内承受行车荷载和自然因素的共同作用,同时又能发挥各个结构层的最大功效,使整个路面结构经济合理的关键。在进行结构组合设计时应遵循一定的原则,并满足有关要求。

1. 结构组合原则

(1)路面的结构组合应适应行车荷载作用的要求。

路面在行车荷载所产生的垂直力的作用下,其内部产生的应力和应变随深度向下而递减,同时表面层还要承受车轮荷载的磨耗作用。因此,要求路面面层应具有足够的强度和抗变形能力,在其下各结构层的强度和抗变形能力可自上而下逐渐减小。这样,在进行路面结构组合时,各结构层应按照强度和刚度自上而下递减的规律安排,以使各结构层材料的效能得到充分发挥。但考虑到施工工艺、材料规格等因素,结构层数也不宜过多。

(2)各结构层间的模量比要有合理的组合,以减小各结构层的应力和厚度。

①沥青路面的基层与沥青面层之间的模量比宜控制在 1.5～3 之间,基层与底基层之间的模量比不宜大于 3.0,底基层与土基之间的模量比宜在 2.5～12.5 之间。

②对于采用贫混凝土或其他形式刚性基层的沥青路面,应采取措施加强沥青层与刚性基层间的紧密结合,并提高沥青混合料的抗剪切强度,以增强沥青层抗变形的能力。

(3)路面结构应适应当地自然环境的特点,在各种自然因素作用下稳定性好。

对于沥青路面,保证路面的水稳定性,是在进行路面结构层选择则与组合时要解决的重要问题。所以特别要做好沥青路面的排水设计。首先应使沥青面层密实、不渗水,设计时至少一层要选用密级配沥青混合料。同时要做好沥青路面结构内排水,防止水分滞留在路面结构内部。当采用半开级配或开级配做表面层时,其下应设防水层,并通过路面结构内的排水系统,将雨水排除路基以外。

在进行路面结构设计时,还要注意贯彻因地制宜、合理选材方便施工、利于养护的原则。在遵循以上原则的基础上,结合当地经验拟定几种路面结构方案,进行分析比较,优先选择便于机械化施工和质量管理的方案,做到技术先进、经济合理。

2. 减少半刚性基层收缩开裂及防止反射裂缝的措施

对半刚性基层沥青路面,为防止水损害、提高路面的耐久性,应采取措施减少半刚性基层收缩开裂及防止反射裂缝。

(1)选用骨架密实型半刚性基层,严格控制细料含量、结合料剂量、含水率,及时养生。

(2)适当增加沥青层厚度,在半刚性基层上设置沥青碎石或级配碎石等柔性基层。

(3)在半刚性基层上设置聚合物改性沥青应力吸收层或应力吸收膜,或铺设经实践证明有效的土工合成材料等。

3. 层间结合要求

在设计时,应采取技术措施,加强路面各结构层之间的紧密结合、提高路面结构整体性,避免产生层间滑移。

(1)沥青层之间应设黏层。黏层沥青可用乳化沥青、改性乳化沥青或热沥青,洒布数量宜为 0.3～0.6kg/m^2。

(2)各种基层上应设置透层沥青。透层沥青应具有良好的渗透性能,可以用液体沥青(稀释沥青)、乳化沥青。

(3)在半刚性基层上应设下封层。

(4)在沥青层之间、新、旧沥青层之间、沥青层与旧水泥混凝土板之间应洒布黏层沥青,宜用热沥青或改性乳化沥青、改性沥青。

(5)拓宽路面时,新、旧路面接茬处,宜喷洒黏结沥青。

(6)双层式半刚性材料基层宜采用连续摊铺、碾压工艺,增强层间结合,以形成整层。

4. 结构层厚度要求

各沥青层的厚度应与混合料的公称最大粒径相匹配,一般沥青层的最小压实厚度宜为混合料公称最大粒径的 2 ~ 3 倍,以利于碾压密实,提高其耐久性、水稳性。沥青层最小厚度和适宜厚度如表 3-2-6 所示。

沥青混合料结构层的最小压实厚度与适宜厚度 　　　　　表 3-2-6

沥青混合料类型	最大粒径(mm)	公称最大粒径(mm)	最小压实厚度(mm)	适宜厚度(mm)
砂粒式沥青混凝土(AC-5)	9.5	4.75	15	15 ~ 30
细粒式沥青混凝土(AC-10)	13.2	9.5	20	25 ~ 40
细粒式沥青混凝土(AC-13)	16	13.2	35	40 ~ 60
中粒式沥青混凝土(AC-16)	19	16	40	50 ~ 80
中粒式沥青混凝土(AC-20)	26.5	19	50	60 ~ 100
粗粒式沥青混凝土(AC-25)	31.5	26.5	70	80 ~ 120
粗粒式沥青稳定碎石(ATB-25)	31.5	26.5	70	80 ~ 120
粗粒式沥青稳定碎石(ATB-30)	37.5	31.5	90	90 ~ 150
特粗粒式沥青稳定碎石(ATB-40)	53	37.5	120	120 ~ 150

半刚性材料基层、底基层的一层压实厚度宜为 180 ~ 200mm,如有特大型摊铺、特重型的压实设备可适当增厚,但必须保证压实度。半刚性材料的上基层厚度不宜小于 180mm。各种基层施工最小厚度见表 3-2-7。

基层最小压实厚度与适宜厚度 　　　　　表 3-2-7

基层类型	最小压实厚度(mm)	适宜厚度(mm)	基层类型	最小压实厚度(mm)	适宜厚度(mm)
上拌下贯沥青碎石	60	60 ~ 80	石灰粉煤灰稳定类	150	180 ~ 200
沥青贯入式碎石	40	40 ~ 80	贫混凝土	150	180 ~ 240
沥青表面处治	10	10 ~ 30	级配碎、砾石	80	100 ~ 200
水泥稳定类	150	180 ~ 200	泥结碎石	80	100 ~ 150
石灰稳定类	150	180 ~ 200	填隙碎石	100	100 ~ 120

第四节 沥青路面厚度设计

一、标准轴载与轴载换算

1. 标准轴载

沥青路面设计以双轮组单轴载 100kN 作为标准轴载,以 BZZ-100 表示。标准轴载的计算参数按表 3-2-8 确定。

标准轴载计算参数

表 3-2-8

标 准 轴 载	BZZ-100	标 准 轴 载	BZZ-100
标准轴载 P (kN)	100	单轮传压面当量圆直径 d (cm)	21.30
轮胎接地压强 p (MPa)	0.70	两轮中心距(cm)	$1.5d$

2. 轴载换算

（1）当以设计弯沉值为指标及沥青层层底拉应力验算时，各级轴载（包括车辆的前、后轴）P_i 的作用次数 n_i，均应按式（3-2-4）换算成标准轴载 P 的当量作用次数 N：

$$N = \sum_{i=1}^{k} C_1 \cdot C_2 n_i \left(\frac{P_i}{P}\right)^{4.35} \tag{3-2-4}$$

式中：N——标准轴载的当量轴次（次/d）；

$\quad n_i$——被换算车型的各级轴载作用次数（次/d）；

$\quad P$——标准轴载（kN）；

$\quad P_i$——被换算车型的各轴载（kN）；

$\quad C_1$——被换算车型的轴数系数；

$\quad C_2$——被换算车型的轮组系数，单轮组为 6.4，双轮组为 1，四轮组为 0.38。

当轴间距大于 3m 时，应按单独的一个轴载计算，此时轴数系数为 m；当轴间距小于 3m 时，按双轴或多轴计算，轴数系数按式（3-2-5）计算。

$$C_1 = 1 + 1.2(m - 1) \tag{3-2-5}$$

式中：m——轴数。

（2）当进行半刚性基层层底拉应力验算时，各级轴载（包括车辆的前、后轴）P_i 的作用次数 n_i，均应按式（3-2-6）换算成标准轴载 P 的当量作用次数 N'。

$$N' = \sum_{i=1}^{K} C'_1 \cdot C'_2 n_i \left(\frac{P_i}{P}\right)^{8} \tag{3-2-6}$$

式中：C'_1——被换算车型的轴数系数；

$\quad C'_2$——被换算车型的轮组系数，单轮组为 18.5，双轮组为 1.0，四轮组为 0.09。

当轴间距小于 3m 时，双轴或多轴的轴数系数按式（3-2-7）计算。

$$C'_1 = 1 + 2(m - 1) \tag{3-2-7}$$

（3）上述轴载换算公式，仅适用于单轴轴载小于 130kN 的各种车型的轴载换算。

（4）累计当量轴次 N_e 的计算：

设计时按式（3-2-8）或式（3-2-9）计算设计年限内一个车道上的累计当量轴次 N_e。

$$N_e = \frac{[(1 + \gamma)^t - 1] \times 365}{\gamma} N_1 \eta \tag{3-2-8}$$

$$N_e = \frac{[(1 + \gamma)^t - 1] \times 365}{\gamma(1 + \gamma)^{t-1}} N_t \eta \tag{3-2-9}$$

式中：N_e——设计年限内一个车道上的累计当量轴次（次）；

$\quad t$——设计年限（年）；

N_1——路面竣工后第一年双向日平均当量轴次(次/d);

N_t——设计年限末年双向日平均当量轴次(次/d);

γ——设计年限内交通量的平均年增长率(%),应根据实际情况调查,预测交通量增长,经分析确定;

η——车道系数,应根据调查分析结果或参照表3-2-9确定;公路无分隔时,路面窄宜选高值,路面宽宜选低值。

车 道 系 数 η 表 3-2-9

车 道 特 征	车 道 系 数	车 道 特 征	车 道 系 数
双向单车道	1.0	双向六车道	0.3 ~ 0.4
双向双车道	0.6 ~ 0.7	双向八车道	0.25 ~ 0.35
双向四车道	0.4 ~ 0.5		

当上下行交通或轻、重车比例有明显差异时,应区别对待按实际情况进行厚度设计;当交通流出现明显的超载时,设计人员应根据调查资料对累计当量轴次进行修正。

3. 设计年限与交通等级划分

设计年限应根据经济、交通发展情况以及该公路在公路网中的地位,考虑环境和投资条件综合确定。各级公路的设计年限不宜低于表3-2-10的要求。

各级公路的沥青路面设计年限   表 3-2-10

公 路 等 级	设计年限(年)	公 路 等 级	设计年限(年)
高速、一级公路	15	三级公路	8
二级公路	12	四级公路	6

交通量宜根据表3-2-11划分为四个等级。设计时可根据累计当量轴次 N_e(次/车道)或每车道、每日平均大型客车以及中型以上的各种货车交通量[辆/(d·车道)],选择一个较高的交通等级作为设计交通等级。

交 通 等 级   表 3-2-11

交通等级	BZZ-100 累计标准轴载次数 N_e (次/车道)	大客车及中型以上的各种货车交通量 [辆/(d·车道)]
轻交通	$< 3 \times 10^6$	< 600
中等交通	$3 \times 10^6 \sim 1.2 \times 10^7$	600 ~ 1 500
重交通	$1.2 \times 10^7 \sim 2.5 \times 10^7$	1 500 ~ 3 000
特重交通	$> 2.5 \times 10^7$	> 3 000

二、路面材料设计参数的确定

在进行沥青路面设计计算时,一个非常重要的工作就是要确定所选结构层材料的模量值。材料模量值是表征材料刚度特性的指标,路面设计选用何种材料模量一直是我国道路界长期研究的课题。因为不同测试方法会得出不同的数值,目前我国常用的路面材料参数测试方法有压缩试验、劈裂试验、弯拉试验。设计时采用何种试验及其模量值应考虑下列因素:①测试方法简便,结果比较稳定;②测得的模量值和强度应较好地反映各种路面材料的力学特性;③模量值和强度用于厚度计算时,应较好地与设计方法相匹配,设计厚度与实际经验相吻合。

我国现行的《公路沥青路面设计规范》(JTG D50—2004)规定,以设计弯沉值计算路面厚度,对高速公路、一级公路、二级公路沥青混凝土面层和半刚性材料的基层、底基层,应验算拉应力是否满足容许拉应力的要求,各层材料的计算模量采用抗压回弹模量,沥青混凝土和半刚性材料的抗拉强度采用劈裂试验测定的劈裂强度。在路面材料设计参数确定时,应遵循以下原则:

(1)高速公路、一级公路在施工图设计时应选用路面材料实测设计参数,各级公路采用新材料时,也必须实测设计参数。

(2)高速公路、一级公路初步设计或二级及二级以下公路设计时,可借鉴本地区已有的试验资料或工程经验确定。

(3)可行性研究阶段也可参照表3-2-12和表3-2-13论证地选用各种材料回弹模量及抗拉强度。表3-2-12中列出了20℃、15℃时的抗压模量。由于弯沉值是以20℃为标准温度,因此,以路面设计弯沉值计算路面结构厚度时,采用20℃的抗压模量。验算层底应力是以15℃为标准温度,故用15℃的抗压模量。

(4)以设计弯沉值计算路面厚度时,各层材料的模量均采用抗压回弹模量,对于沥青混凝土试验温度为20℃;计算路表弯沉时,抗压回弹模量设计值 E 应按式(3-2-10)计算:

$$E = \overline{E} - Z_\alpha S \tag{3-2-10}$$

式中: $\overline{E}$ ——各试件模量的平均值(MPa);

　　S ——各试件模量的标准差;

　　Z_α ——保证率系数,按95%保证率取2.0。

(5)以沥青层或半刚性材料结构层层底拉应力为设计或验算指标时,应在15℃条件下测试沥青混合料的回弹模量;半刚性材料应在规定龄期(水泥稳定类材料为90d,二灰稳定类、石灰稳定类材料为180d,水泥粉煤灰稳定类为120d)测定抗压回弹模量。

计算层底应力时应考虑模量的不利组合。在计算层底拉应力时,计算层以下各层的模量采用式(3-2-10)计算其模量设计值;计算层及以上各层模量应采用式(3-2-11)计算其模量设计值 E。

$$E = \overline{E} + Z_\alpha S \tag{3-2-11}$$

式中各符号同式(3-2-10)。

(6)沥青混凝土和半刚性材料的抗拉强度采用劈裂度试验测得劈裂强度。

①半刚性材料的抗压回弹模量,按《公路工程无机结合料稳定材料试验规程》(JTJ 057—94)中T 0801—1994规定的顶面法测定。沥青混合料的抗压回弹模量测试方法可参照T 0801—1994方法或按《公路工程沥青及沥青混合料试验规程》(JTJ 052—2000)增补规定的方法进行。但试验温度为20℃和15℃,不浸水,在加载板上采用逐级加载卸载法测试各级压强与相应的回弹变形,施加的压强为0.5~0.7MPa,并取压强为0.7MPa时的回弹变形计算回弹模量。

②沥青混合料的劈裂强度按《公路工程沥青及沥青混合料试验规程》(JTJ 052—2000)中T0716—1993规定进行,试验温度为15℃。半刚性材料的劈裂强度按《公路工程无机结合料稳定材料试验规程》(JTJ 057—94)中T 0806—1994有加载压条的方法进行。

沥青混合料设计参数参考值 表 3-2-12

材料名称		抗压模量 E_t（MPa）		劈裂强度 15℃ σ（MPa）	备注
		20℃	15℃		
细粒式沥青混凝土	密级配	1 200~1 600	1 800~2 200	1.2~1.6	AC-10、AC-13
	开级配	700~1 000	1 000~1 400	0.6~1.0	OGFC
沥青玛蹄脂碎石		1 200~1 600	1 600~2 000	1.4~1.9	SMA
中粒式沥青混凝土		1 000~1 400	1 600~2 000	0.8~1.2	AC-16、AC-20
密级配粗粒式沥青混凝土		800~1 200	1 200~1 600	0.6~1.0	AC-25
沥青碎石基层	密级配	1 000~1 400	1 200~1 600	0.6~1.0	ATB-25、ATB-30
	开级配	600~800	—		AM-25、AM-40
沥青贯入式		400~600			

基层材料设计参数 表 3-2-13

材料名称	配和比或规格要求	抗压模量 E（MPa）（弯沉计算用）	抗压模量 E（MPa）（拉应力计算用）	劈裂强度 σ（MPa）
二灰砂砾	7:13:80	1 100~1 500	3 000~4 200	0.6~0.8
二灰碎石	8:17:75	1 300~1 700	3 000~4 200	0.5~0.8
水泥砂砾	4%~6%	1 100~1 500	3 000~4 200	0.4~0.6
水泥碎石	4%~6%	1 300~1 700	3 000~4 200	0.4~0.6
石灰:水泥:粉煤灰:砂砾	6:3:16:75	1 200~1 600	2 700~3 700	0.4~0.55
水泥:粉煤灰:碎石	4:16:80	1 300~1 700	2 400~3 000	0.4~0.55
石灰土碎石	粒料>60%	700~1 100	1 600~2 400	0.3~0.4
碎石灰土	粒料>40%~50%	600~900	1 200~1 800	0.25~0.35
水泥:石灰:砂砾:土	4:3:25:68	800~1 200	1 500~2 200	0.3~0.4
二灰土	10:30:60	600~900	2 000~2 800	0.2~0.3
石灰土	8%~12%	400~700	1 200~1 800	0.2~0.25
石灰土处理路基	4%~7%	200~350	—	
级配碎石	基层连续级配型	300~350		
	基层骨架密实型	300~500		
	底基层、垫层	200~250		
填隙碎石	作底基层用	200~280		
未筛分碎石	作底基层用	180~220		
天然砂砾	作底基层用	150~200		
中、粗砂	作垫层用	80~100		

大量的试验研究表明，半刚性材料抗压模量、抗压强度、劈裂强度与龄期均有较好的相关关系，通过建立这些相关关系可以预估规定龄期的材料模量或强度，并经充分论证后作为设计值使用。

三、沥青路面厚度计算

1. 设计弯沉值

进行路面厚度计算时，首先要确定路面的设计弯沉值 l_d。按公式（3-2-12）计算确定。即：

$$l_d = 600 N_e^{-0.2} A_c \cdot A_s \cdot A_B \tag{3-2-12}$$

式中：l_d——路面设计弯沉值（0.01mm）；

　　　N_e——设计年限内一个车道上累计当量轴次（次/车道）；

　　　A_c——公路等级系数，高速公路、一级公路为1.0，二级公路为1.1，三、四级公路为1.2；

　　　A_s——面层类型系数，沥青混凝土面层为1.0；热拌和冷拌沥青碎石、沥青贯入式路面（含上拌下贯式路面）、沥青表面处治为1.1；

　　　A_B——路面结构类型系数，半刚性基层沥青路面为1.0；柔性基层沥青路面为1.6；若基层由半刚性材料层与柔性材料层组合而成，则 A_B 介于两者之间通过线性内插决定。

2. 路面厚度计算

（1）路面厚度是根据多层弹性理论、层间接触条件为完全连续体系时，在双圆均布荷载作用下，按轮隙中心处实测路表弯沉值 l_s 等于设计弯沉值 l_d 的原则进行计算，其力学图式如图3-2-1所示。

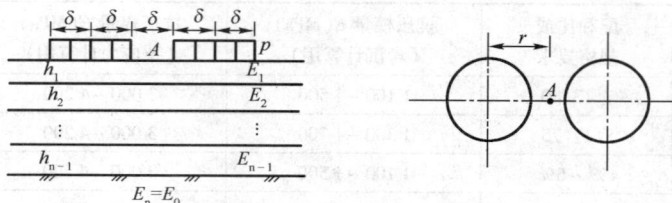

图3-2-1　路表弯沉值计算图式

即：
$$l_s = l_d \tag{3-2-13}$$

路表计算弯沉值按式（3-2-14）计算：

$$l_s = 1\,000 \cdot \frac{2p\delta}{E_1} \alpha_c \cdot F \tag{3-2-14}$$

$$\alpha_c = f\left(\frac{h_1}{\delta}, \frac{h_2}{\delta}, \cdots, \frac{h_{n-1}}{\delta}, \frac{E_2}{E_1}, \frac{E_3}{E_2}, \cdots, \frac{E_0}{E_{n-1}}\right) \tag{3-2-15}$$

$$F = 1.63\left(\frac{l_s}{2\,000\delta}\right)^{0.38}\left(\frac{E_0}{P}\right)^{0.36} \tag{3-2-16}$$

式中：　　l_s——路面实测弯沉值（0.01mm）；

　　　p、δ——标准车型的轮胎接地压强（MPa）和当量圆半径（cm）；

　　　　F——弯沉综合修正系数；

　　　　α_c——理论弯沉系数；

E_0 或（E_n）——土基回弹模量值（MPa）；

E_1、E_2、E_{n-1}——各层材料回弹模量值（MPa）；

h_1、h_2、h_{n-1}——各结构层厚度（cm）。

（2）设计时，应先拟定某一层作为设计层，拟定面层和其他各层的厚度。当采用半刚性基层、底基层结构时，可选任一层为设计层；当采用半刚性基层、粒料类材料为底基层时，应拟定面层、底基层厚度，以半刚性基层为设计层才能得到合理的结构；当采用柔性基层、底基层的沥青路面时，宜拟定面层、底基层的厚度，求算基层厚度，当求得基层厚度太厚时，可考虑选用沥青碎石或乳化沥青碎石做上基层，以减薄路面总厚度，增加结构强度和稳定性。

（3）在确定了车道累计轴载作用次数或设计弯沉值、各结构层材料的回弹模量与劈裂强度、土基回弹模量以及已知结构层的厚度后，利用专用设计程序即可求得设计结构层的厚度。

四、沥青路面弯拉应力验算

沥青混凝土层、半刚性基层和底基层以拉应力为设计或验算指标时，材料的容许拉应力 σ_R 按式（3-2-17）计算：

$$\sigma_R = \frac{\sigma_{SP}}{K_s} \qquad (3\text{-}2\text{-}17)$$

式中：σ_R——路面结构层材料的容许拉应力（MPa）；

σ_{SP}——沥青混凝土或半刚性材料的极限劈裂强度（MPa）。对沥青混凝土系指 15℃ 时的极限劈裂强度；对水泥稳定类材料为龄期 90d 的极限劈裂强度（MPa）；对二灰稳定类、石灰稳定类的材料为龄期 180d 的极限劈裂强度（MPa）；对水泥粉煤灰稳定类材料系指龄期为 120d 的极限劈裂强度；

K_s——抗拉强度结构系数。

对沥青混凝土面层：

$$K_s = \frac{0.09A_a \cdot N_e^{0.22}}{A_c} \qquad (3\text{-}2\text{-}18)$$

式中：A_a——沥青混凝土级配类型系数，细、中粒式沥青混凝土 1.0，粗粒式沥青混凝土为 1.1。

对无机结合料稳定集料类：

$$K_s = 0.35N_e^{0.11}/A_c \qquad (3\text{-}2\text{-}19)$$

对无机结合料稳定细粒土类：

$$K_s = 0.45N_e^{0.11}/A_c \qquad (3\text{-}2\text{-}20)$$

计算层底拉应力时是根据多层弹性理论，层间接触条件为完全连续体系，以双圆荷载作用下按式（3-2-21）计算层底最大拉应力 σ_m。

$$\sigma_m = p \cdot \overline{\sigma}_m \qquad (3\text{-}2\text{-}21)$$

$$\overline{\sigma}_m = f\left(\frac{h_1}{\delta}, \frac{h_2}{\delta}, \cdots, \frac{h_{n-1}}{\delta}; \frac{E_2}{E_1}, \frac{E_3}{E_2}, \cdots, \frac{E_0}{E_{n-1}}\right)$$

式中：$\overline{\sigma}_m$——理论最大拉应力系数。

层底拉应力的力学计算图式如图 3-2-2 所示。

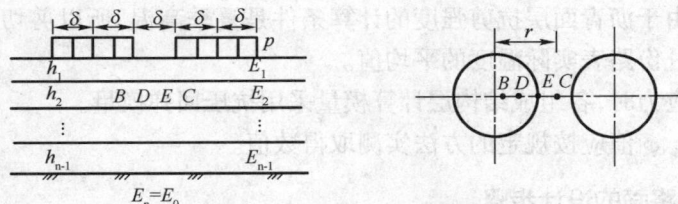

图 3-2-2　沥青混凝土层和半刚性材料层的层底拉应力计算图式

计算沥青混凝土面层及半刚性材料的基层、底基层的层底拉应力时，以单圆的中心点 B、单圆半径的二分之一点 D、单圆的内侧边缘点 E 及双圆间隙中心点 C 为计算点，并取最大值作为层底最大拉应力。

利用专用设计程序可以计算出各结构层层底受到的最大拉应力。

五、沥青路面剪应力验算

1. 路面结构层材料的抗剪强度系数

由于汽车在沥青面层上经常性地起动、制动会引起面层表面产生推挤和拥包等破坏，我国《城市道路设计规范》（JGJ 50—2001）规定除了弯沉、弯拉应力两项设计指标外，增加一项剪应力指标。在进行沥青面层的剪应力验算时，要求面层在车轮垂直荷载与水平荷载共同作用下，其破坏面上可能产生的剪应力 τ_α，应不超过材料的容许剪应力 τ_R。在路面设计中通常表示为：

$$\tau_\alpha \leq \tau_R \qquad (3\text{-}2\text{-}22)$$

可利用专用程序来计算沥青面层受到的剪应力 τ_α 大小。

当验算沥青路面面层的抗剪强度时，需要确定易于发生面层表面推移、拥包等现象的夏季高温时沥青混合料的容许剪应力。此容许剪应力为沥青混合料的抗剪强度 τ 除以相应的抗剪切结构强度系数 K_T，即：

$$\tau_R = \frac{\tau}{K_T} \qquad (3\text{-}2\text{-}23)$$

沥青混合料的抗剪切结构强度系数同行车荷载作用情况有关。经调查整理，停车站、交叉路口等缓慢制动处（$f = 0.2$）：

$$K_T = \frac{0.35}{A_c} N_t^{0.15} \qquad (3\text{-}2\text{-}24)$$

式中：N_t——停车站在设计年限内停车的标准轴累计数。对交叉路口考虑到停车时车种的不同，每一次红灯停车轴数应按入交叉口等待通过的车轴数与车道内车种比例情况确定；

A_c——公路等级系数，同公式（3-2-12）。

在急制动时（$f = 0.5$）：

$$K_{T(0.5)} = \frac{1.2}{A_c} \qquad (3\text{-}2\text{-}25)$$

当剪应力验算不满足要求时，可以通过更换材料，改变路面结构等方法进行调整，然后重新进行验算。

2. 路面结构层材料的抗剪强度参数

路面结构层抗剪强度参数为黏聚力 c 和内摩阻角 φ。沥青混合料的 c 和 φ 通常用三轴剪力仪试验测定。由于沥青面层抗剪强度的计算条件是夏季高温，所以剪切计算及试验的标准温度为当地高温月份路表实际温度的平均值。

计算面层剪应力时，各组成结构层计算模量采用抗压回弹模量。

沥青面层的 c、φ 值应按规定的方法实测取得数值。

六、新建沥青路面的设计步骤

对于新建沥青路面，主要设计步骤如下：

（1）根据设计任务书的要求，确定路面等级和面层类型、计算设计年限内一个车道的累计当量轴次和设计弯沉值。

（2）按路基土类与干湿类型，将路基划分为若干路段（在一般情况下路段长不宜小于

500m,若为大规模机械化施工,不宜小于1km),确定各路段土基回弹模量值。

(3)可以根据沥青路面设计规范中推荐的路面结构,拟定几种可能的路面结构组合与厚度方案,根据选用的材料进行配合比试验及测定各结构层材料抗压回弹模量、抗拉强度,确定各结构导材料设计参数。

(4)根据设计弯沉值计算路面厚度。对高速公路、一级公路、二级公路沥青混凝土面层和半刚性材料的基层、底基层,应验算拉应力是否满足容许拉应力要求。如不满足要求,或调整路面结构层厚度,或变更路面结构组合,或调整材料配合比、提高极限抗拉强度,再重新计算。上述计算应采用多层弹性体系理论编制的专用设计程序进行。对于城市道路,还应进行沥青面层的剪应力验算。

对于季节性冰冻地区的高级和次高级路面,尚应验算防冻厚度是否符合要求。

(5)进行技术经济比较,确定采用的路面结构方案。

上述设计程序框图如图3-2-3所示。

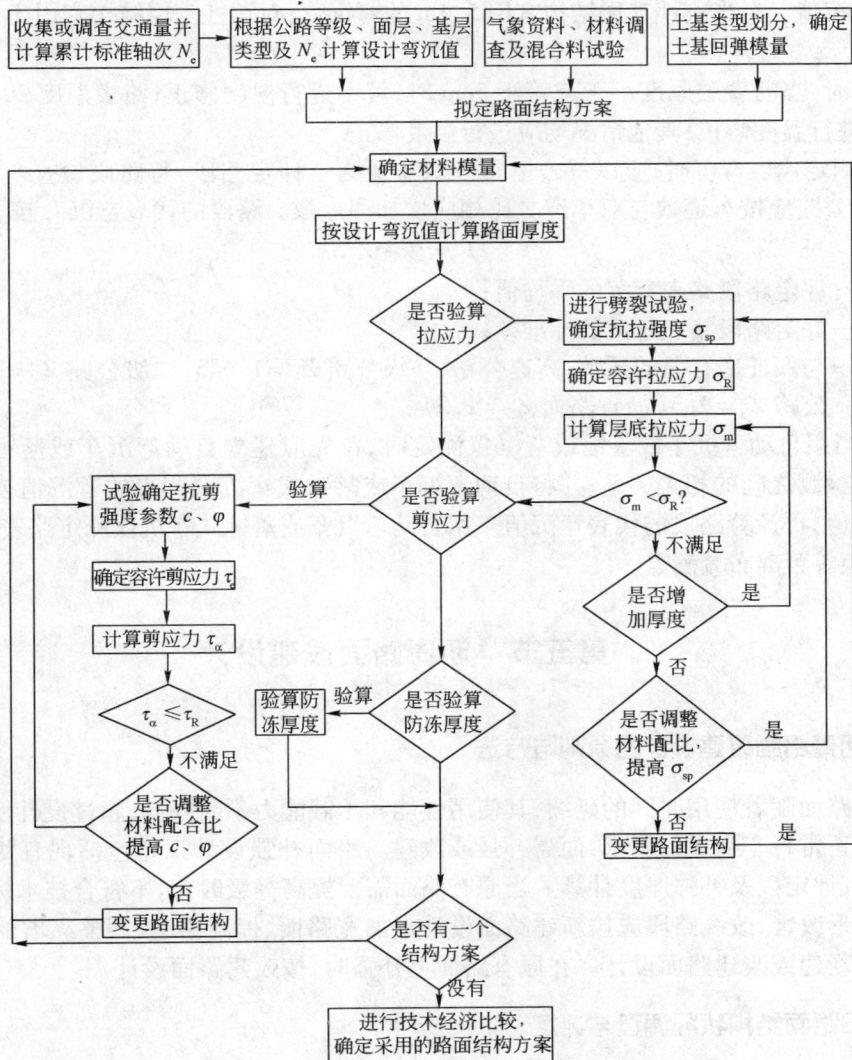

图 3-2-3　沥青路面设计程序

七、沥青路面弯沉值竣工验收

沥青路面的竣工验收弯沉值是检验路面是否达到设计要求的指标之一。当路面厚度以设计弯沉值为控制指标时，则验收弯沉值应等于设计弯沉值；当厚度计算以层底拉应力为控制指标时，应根据拉应力计算所得的结构厚度，重新计算路表弯沉值，该值即为竣工验收弯沉值。

（1）路面竣工验收弯沉值应在路面竣工后第一年的不利季以 BZZ-100 标准轴载作用下，轮隙中心处实测路表弯沉的代表值 l_r 评定。当以设计弯沉值为控制指标时，路面代表弯沉值应等于或小于路面的设计弯沉面。即：

$$l_r \leqslant l_d \tag{3-2-26}$$

式中：l_r——实测每公里路面的代表弯沉值（0.01mm）；

l_d——设计弯沉值（0.01mm）。

（2）代表弯沉值检测，应在路面竣工后第一年不利季节，用标准轴载 BZZ-100 的汽车，实测路表弯沉值。对半刚性基层结构宜用 5.4m 的弯沉仪；对柔性基层结构宜用 3.6m 的弯沉仪测定。

检测时，当沥青层厚度小于或等于 5cm 时，可不进行温度修正；路表温度 20℃ ±2℃ 范围内，也不进行温度修正；其他情况均应进行温度修正。

（3）测定代表弯沉时，应以每公里每一双车道为一评定路段，每路段检查 80～100 个点，对多车道公路应按车道数与双车道之比相应增加测点数。路段的代表弯沉 l_r 按下式计算：

$$l_r = \bar{l} + Z_a S \tag{3-2-27}$$

式中：$\bar{l}$——评定路段路表弯沉的平均值；

S——评定路段路表弯沉的标准差；

Z_a——与保证率有关的系数，高速公路、一级公路 $Z_a = 1.645$，二级公路 $Z_a = 1.5$，三、四级公路 $Z_a = 1.3$（沥青路面 $Z_a = 1.5$）。

（4）当用自动弯沉车或落锤或弯沉仪测定时，首先应建立自动弯沉车或落锤式弯沉仪与贝克曼梁检测之间的相关关系，并将自动弯沉车或落锤式弯沉仪测得的弯沉值换算为贝克曼梁的弯沉值，再计算路段的代表弯沉值。用自动弯沉车或落锤式弯沉仪测定路表弯沉时，应按 5m 的间距等距离布置测点。

第五节　沥青路面改建设计

一、沥青路面改建设计的原则与方法

沥青路面随着使用时间的延续，其使用性能和承载能力不断降低，超过设计使用年限后便不能满足正常行车交通的要求，而需补强或改建。路面补强设计工作包括现有路面结构状况调查、弯沉评定以及补强厚度计算。当原有路面需要提高等级时，对不符合技术标准的路段应先进行线形改善，改线路段应按新建路面设计。加宽路面、提高路基、调整纵坡的路段应视具体情况按新建或改建路面设计。在原有路面上补强时，按改建路面设计。

二、旧路面结构状况调查与评定

对使用中的路面进行结构状况的调查与评定，其目的主要是了解路面现有结构状况和强

度,据以判断是否需要加强或预估剩余使用寿命,分析路面损坏的原因及提出处理措施。

现有路面状况调查工作包括如下内容:

(1)交通调查

对于当前的交通量和车型组成进行实地观测。通过调查分析预估交通量增长趋势,确定年平均增长率。

(2)路基状况调查

调查沿线路基土质、填挖高度、地面排水情况、地下水位,以确定路基土组和干湿类型。

(3)路面状况调查

调查路面结构类型、组合和各层厚度,为此需开挖试坑进行量测和取样试验。量测路基和路面宽度。详细记载路表状况及路拱大小,对路面的病害和破坏应详加记述并分析产生原因。

(4)路面修建和养护历史调查

路面结构强度的评定,通常采用测量路表轮隙回弹弯沉的方法。由于路面在一年内的不同时期具有不同的强度,而经补强设计的路面必须保证在最不利季节具有良好的使用状态,因此原有路面的弯沉值应在不利季节测定,若在非不利季节测定,应按各地的季节影响系数进行修正。如在原砂石路面上加铺沥青面层时,因补强后对路基的湿度有影响,路基和基层中的水分蒸发较以前困难,致使路基和基层中湿度增加,强度降低,弯沉增大,因此还应根据当地经验进行湿度影响的修正。

当原路面为沥青面层时,弯沉测定值还随路面温度的变化而变化。为了使不同温度时测定的弯沉结果可资比较,以及便于进行补强设计,需把不同温度测定的结果换算为标准温度20℃的弯沉值 l_{20},其换算系数或弯沉温度修正系数为:

$$K_3 = \frac{l_{20}}{l_{T1}} \tag{3-2-28}$$

式中:l_{T1}——测定时沥青面层平均温度 T_1 时的弯沉值。

T_1 可根据各地的经验公式确定,下面是某地区总结的经验公式:

$$T_1 = a + bT_0 \tag{3-2-29}$$

式中:$a = -2.14 - 0.52h$

$b = 0.62 - 0.008h$

h——沥青面层厚度(cm);

T_0——测定时路表温度与前 5h(小时)平均气温之和(℃)。

经过标准温度 20℃ 与测定温度 T_1 时,两种弯沉测定值之比的统计加工得到如下弯沉温度修正系数经验公式:

当 $T_1 \le 20$℃时:

$$K_3 = \exp\left[h\left(\frac{1}{T_1} - \frac{1}{20}\right)\right] \tag{3-2-30}$$

当 $T_1 > 20$℃时:

$$K_3 = \exp\left[0.002h(20 - T_1)\right] \tag{3-2-31}$$

在确定原路面的计算弯沉时,应将全线分段,分段时应考虑下列因素:

(1)同一路段路基的干湿类型与土质基本相同。

(2)同一路段内各测点的弯沉值比较接近,若局部路段弯沉值很大,应先进行修补处理,再进行补强。

（3）各路段的最小长度应与施工方法相适应。一般不小于500m,机械化施工时不小于1km。在水文、土质条件复杂或需特殊处理的路段,其分段长度可视实际情况确定。

在对原有路面进行弯沉检测时,每一车道、每路段的测点数不少于20点,且应以标准轴载车辆测定为准,如用非标准轴载则按式(3-2-32)将非标准轴载的检测结果换算为标准轴载下的弯沉值。

$$\frac{l_{100}}{l_i} = \left(\frac{P_{100}}{P_i}\right)^{0.87}$$
(3-2-32)

式中:P_{100},l_{100}——分别为标准轴载100kN的轴重和弯沉值;

　　P_i,l_i——分别为非标准轴载测定车的轴重和弯沉值。

各路段的计算弯沉值按式(3-2-33)计算:

$$l_0 = (\bar{l}_0 + Z_a S) K_1 \cdot K_2 \cdot K_3$$
(3-2-33)

式中:l_0——路段的计算弯沉值(0.01mm);

　　$\bar{l}_0$——路段内原路面上实测弯沉的平均值(0.01mm);

　　S——路段内原路面上实测弯沉的标准差(0.01mm);

　　Z_a——保证率系数,补强二级及二级以上公路路面时,Z_a取1.5,补强三、四级公路时取1.3;

　K_1、K_2——分别为季节影响系数和湿度影响系数,可根据当地经验选用;

　　K_3——温度修正系数。

三、旧路面当量回弹模量的计算

用理论法进行路面的补强计算时,需要将原路面计算弯沉值换算成综合回弹模量值。进行这种换算时,将原路基路面体系看作为计算弯沉相等的匀质体,同时考虑承载板测定回弹模量与弯沉测定回弹模量之间的差异,得到如下综合回弹模量E_z的计算公式:

$$E_z = \frac{1\,000pD}{l_0}m_1 m_2$$
(3-2-34)

式中:p——弯沉测定车的轮胎压力;

　　D——与弯沉测定车双圆轮迹面积相等的承载板直径,即$D = 1.414d$,d为轮迹单圆直径;

　　l_0——原路面计算弯沉值;

　　m_1——用标准轴载的汽车在原有路面上测得的弯沉值与用承载板在相同压强条件下所测得的回弹变形值之比,即轮板对比值,$m_1 = L_轮/L_板$,一般情况下,应通过在旧路面上进行对比试验确定。20世纪80年代中期,有关科研单位的试验结果表明,在相当大的范围内m_1均十分接近1.1。故在没有对比资料的情况下,推荐m_1取值为1.1。

　　m_2——原路面当量回弹模量扩大系数。计算与原有路面接触的补强层层底拉应力时,m_2按式(3-2-35)计算,计算其他补强层层底拉应力及弯沉值时,$m_2 = 1.0$。

引入修正系数的原因是因为按照拉应力验算的原则,在进行与旧路面接触的补强层层底弯拉应力验算时,与计算层的结构层(即旧路面面层)的材料参数应维持不变。但旧路面当量回弹模量相当于在弯沉等效的基础上将由数层不同材料组成的旧路面等效视作一均质弹性半空间体时所对应的等效模量。显然,该模量不同于和计算层相邻的原路面面层的回弹模量,因

此,在进行与旧路面接触的补强层层底拉应力验算时,应对旧路面当量回弹模量进行修正,根据研究,规范给出了如下公式:

$$m_2 = e^{0.037 \frac{h'}{\delta}} \left(\frac{E_{n-1}}{p} \right)^{0.25} \qquad (3\text{-}2\text{-}35)$$

式中:E_{n-1}——与原路面接触层材料的抗压回弹模量(MPa);

　　　h'——各补强层等效与原路面接触层 E_{n-1} 相当的等效厚度(cm),h' 按式(3-2-36)计算:

$$h' = \sum_{i=1}^{n-1} h_i (E_i / E_{n-1})^{0.25} \qquad (3\text{-}2\text{-}36)$$

式中:h_i——第 i 层补强的厚度(cm);

　　　E_i——第 i 层补强层材料的抗压回弹模量(MPa);

　　$n-1$——补强层层数。

四、补强厚度的计算

在确定原有路面的当量回弹模量后,可用弹性层状体系理论进行补强层厚度的计算,当补强单层时,以双层弹性体系为设计计算的力学模型,补强 n 层时,以 $n+1$ 层弹性体系为力学模型计算。补强设计时,仍以设计弯沉值作为路面整体刚度的控制指标;对于二级和二级以上公路,还应进行补强层底面拉应力的验算。设计弯沉值、各补强层底面的容许拉应力的计算方法、弯沉综合修正系数及补强材料参数的确定与新建路面设计时的各项方法相同。

第三章 水泥混凝土路面设计

第一节 概 述

一、水泥混凝土路面类型和特点

水泥混凝土路面是指以水泥混凝土做面层（配筋或不配筋）的路面,这种路面结构具有刚度大、强度高等力学特性,因此亦称刚性路面。根据面层组成材料或施工方法不同,可分为普通混凝土路面、钢筋混凝土路面、连续配筋混凝土路面、钢纤维混凝土路面、复合式路面和水泥混凝土预制块路面等。目前使用最广泛的是除路面接缝区和局部范围外面层内均不配钢筋的普通混凝土路面。

水泥混凝土路面的优点:具有较高的抗折强度和抗压强度以及抗磨耗能力;水稳定性和热稳定性均较好,不但没有沥青路面那样的"老化"现象,而且其强度随着时间的延长而逐渐提高;耐久性好,使用年限一般为30年;耐磨性好,水泥混凝土路面在较长的时间内能保持较好的路面使用品质;养护费用少;路面能见度好,有利于夜间行车。

水泥混凝土路面也存在一些缺点。首先是水泥混凝土路面有许多接缝,增加了施工和养护的复杂性,易引起行车跳动,影响行车的舒适性;同时,接缝又是路面的薄弱部位,容易引起路面板的错台、路面板的破裂和路面基层的破坏;其次,对水泥和水的需要量大(拌和用水和养生用水),这对水泥供应不足和缺水地区带来较大的困难;第三,当混凝土路面破损后,修复困难,且影响交通。此外,混凝土需要湿治养生,开放交通迟,行车时的噪声比沥青路面大。

二、水泥混凝土路面组成

水泥混凝土路面由面层、基层、垫层、路肩结构和排水设施等组成,如图3-3-1所示。图中左半侧为未设路面内部排水设施和采用沥青路肩的路面结构,右半侧为设置路面内部排水设施和采用水泥混凝土路肩的路面结构。

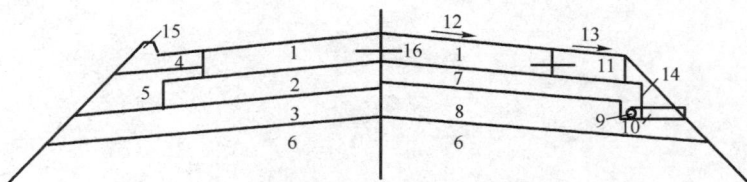

图 3-3-1 水泥混凝土路面结构

1-面层;2-基层;3-垫层;4-沥青路肩面层;5-路肩基层;6-路床;7-排水基层;8-不透水垫层(或反滤层);9-纵向集水沟和集水管;10-横向排水管;11-水泥混凝土路肩面层;12-路面横坡;13-路肩横坡;14-反滤织物;15-拦水带;16-拉杆

三、水泥混凝土路面设计内容与方法

水泥混凝土路面设计,应根据道路的使用任务、性质和要求,结合当地气候、水文、土质、材料、施工技术、实践经验以及环境保护要求等,通过技术经济分析,以最低的寿命周期费用提供

一种合适的路面结构。该路面结构在设计使用期内能按规定的可靠度水平承受预期的交通荷载作用，并同所处的自然环境相适应，满足预定的使用性能要求。

（一）路面设计的内容

水泥混凝土路面在交通荷载和自然环境不断作用下，可能会出现断裂、唧泥和错台以及接缝碎裂等结构性损坏。有些损坏属于结构组合或材料组成不当造成的，有些损坏属于板厚或者混凝土板强度不足造成的。因此，水泥混凝土路面设计必须从结构、材料等多方面采取措施，来保证在预定的使用年限内路面不恶化到某一规定的程度。水泥混凝土路面设计应包括下述内容。

1．路面结构组合设计

根据道路的交通繁重程度，结合当地环境条件和材料供应情况，选择混凝土路面的结构层次，包括路基、垫层、基层和面层的结构类型和厚度，以组合成能够提供均匀、稳定支撑，防止或减轻唧泥、错台等病害，承受预期交通荷载作用，满足使用性能要求的路面结构。

2．各结构层材料组成设计

针对各结构层在路面结构中所起的作用，依据当地材料供应情况，选择满足结构层性能要求的混合料，进行配合比设计和确定设计参数。通过材料组成设计，使面层混凝土具有足够的弯拉强度及抗疲劳性能，基层具有良好的抗冲刷性能和一定的刚度，垫层达到要求的稳定性及一定的刚度。

3．面层接缝构造和配筋设计

根据混凝土面层内产生的荷载应力和温度应力进行面层的平面尺寸设计。依据接缝的作用，选择缩缝、胀缝或施工缝等类型，确定接缝的间距，布设接缝的位置，设计接缝的构造，包括传力杆、拉杆的布置及确定填缝的材料，确定板内的配筋量和配筋布置。

4．面层厚度设计

根据公路等级、材料类型与参数及当地的气候水文地质条件，应按设计标准的要求，确定满足设计使用期内使用要求所需的混凝土面层厚度。

5．路面排水设计

根据路面排水要求及表面排水或内部排水设施的作用与设置条件，选择路面结构排水系统的布设方案，确定排水设施的构造尺寸和材料规格要求。

6．路肩设计

确定路肩铺面的结构层次、各结构层的类型和厚度。

此外，面层还应具有抗滑、耐磨、平整及减轻车辆轮胎噪声等表面特性。

（二）路面结构设计方法

混凝土路面结构设计理论，主要探讨如何建立路面结构在荷载和环境因素作用下的力学响应的定量模型。路面结构设计方法可大致分为经验—力学法和力学—经验法两类。我国水泥混凝土路面结构设计方法属于力学—经验法。

按设计指标和参数分为确定型或概率型，路面结构设计方法可分为确定型设计法和概率型设计法。确定型设计法是水泥混凝土路面传统的设计方法，即输入定值的材料和结构参数、交通参数及环境参数等，通过结构计算得到在设计使用期内满足设计指标要求所需的面层厚度。我国94版《公路水泥混凝土路面设计规范》采用的设计方法即为一种确定型的设计方法。概率型设计方法引入可靠度的概念，将材料和结构参数的变异性及交通荷载参数的变异性引入结构设计方法，可以估计设计方法的总方差及各项设计变量的不确定性在总方差中所占的比重，并使设计结果同施工质量管理和控制水平相关联，从而可以更确切地选定路面结构的相关参数，有针对性地提出改善主要设计参数变异性的设计或施工措施，我国2002年版《公路水泥混凝土路面设计规范》(JTG D40—2002)即引入了结构可靠度的概念，改确定型设计方法为概率型设计方法，这对于提高设计和施工质量及管理水平均有积极意义。

第二节　水泥混凝土路面结构组合设计

一、路基

混凝土面层刚度大，具有良好的荷载扩散能力，通过混凝土路面结构传到路床顶面的荷载应力很小，因而，对路基承载能力的要求并不很高。但混凝土是一种脆性材料，对土基变形的适应能力较差，当路基出现不均匀变形时，混凝土面层与下卧层之间会出现局部脱空，面层应力会由此增加，从而导致面层板的断裂。因此，要求路基应稳定、密实、均质，并为路面提供均匀支撑，即路基在环境和荷载作用下产生尽可能小的不均匀变形。

路基不均匀变形主要在下述情况下出现：①软弱地基的不均匀沉降；②填挖交替或新老填土交替；③季节性冰冻地区的不均匀冻胀；④填土因压实不足而引起的压密变形和受湿度变化影响而产生的膨胀收缩变形等。为控制路基的不均匀变形，须在地基、填料、压实等方面采取相应的措施。

路堤设计高程应尽可能超过中湿状态的路基临界高度，使路床处于中湿或干燥状态。在设计高程受限制，未能达到中湿状态的路基临界高度时，应选用粗粒土或低剂量石灰或水泥稳定细粒土作路床或上路床填料；未能达到潮湿状态的路基临界高度时，除采取上述填料措施外，还应采取在边沟下设置排水渗沟等降低地下水位措施。

对于岩石或填石路床顶面应铺设整平层。整平层可采用未筛分碎石和石屑或低剂量水泥稳定粒料，其厚度视路床顶面不平整程度而定，一般在100～150mm。

二、垫层

为改善土基的湿度和温度状况，以保证面层和基层的强度、刚度和稳定性不受土基水温状况变化所造成的不良影响，通常采用水稳性和隔热性好的材料在基层和土基之间修筑垫层。遇有下述情况时，需在基层下设置垫层：

（1）季节性冰冻地区，路面总厚度小于表3-3-1中最小防冻厚度要求时，其差值应以垫层厚度补足，以防止冻胀翻浆现象的发生。

水泥混凝土路面最小防冻厚度(m)　　　　　表3-3-1

路基干湿类型	路 基 土 质	当地最大冰冻深度(m)			
		0.50～1.00	1.01～1.50	1.50～2.00	>2.00
中湿路基	低、中、高液限黏土	0.30～0.50	0.40～0.60	0.50～0.70	0.60～0.95
	粉土，粉质低、中液限黏土	0.40～0.60	0.50～0.70	0.60～0.85	0.70～1.10
潮湿路基	低、中、高液限黏土	0.40～0.60	0.50～0.70	0.60～0.90	0.75～1.20
	粉土，粉质低、中液限黏土	0.45～0.70	0.55～0.80	0.70～1.00	0.80～1.30

注：冻深小或填方路段，或者基、垫层为隔湿性能良好的材料，可采用低值；冻深大或挖方及地下水位高的路段，或者基、垫层为隔湿性能较差的材料，应采用高值；冻深小于0.50m的地区，一般不考虑结构层防冻厚度。

（2）水文地质条件不良的土质路堑,路床土湿度较大时,宜设置排水垫层,以疏干路基土,改善路面结构的支承条件。

（3）路基可能产生不均匀沉降或不均匀变形时,可加设半刚性垫层。

修筑垫层的材料,强度要求并不一定很高,但水温性和隔温性能要好。常用的垫层有防冻垫层、排水垫层及半刚性垫层等。防冻垫层和排水垫层宜采用砂、砂砾等颗粒材料;半刚性垫层可采用低剂量无机结合料稳定粒料或土。

垫层的宽度应与路基同宽,其最小厚度为150mm。

三、基层

水泥混凝土板下设置基层,主要作用有:①防止或减轻唧泥、错台和断裂等病害的产生;②为接缝提供一定的传散荷载能力,并保障其有足够的耐久性;③缓解不均匀冻胀或不均匀变形对混凝土面层的不利影响;④为面层施工(如立侧模、运送混凝土混合料等)提供方便;⑤提高路面结构的承载能力等。

唧泥、错台和断板等是混凝土路面结构最常见的损坏形式,因此,对基层首要要求是抗冲刷能力。基层的抗冲刷能力,取决于基层材料中结合料的性质和含量以及细料的含量。此外,交通繁重程度和接缝的传荷能力也影响基层冲刷的程度,以及唧泥和错台出现的可能性和程度。按交通等级和基层的抗冲刷能力,各交通等级宜选用的基层类型见表3-3-2。混凝土预制块面层应采用水泥稳定粒料。

基 层 类 型 选 择 　　　　　　　　　　　　　　表3-3-2

交 通 等 级	特 重	重	中等、轻
基层类型	贫混凝土 碾压混凝土 沥青混凝土	水泥稳定粒料 沥青稳定碎石	水泥稳定粒料 石灰粉煤灰稳定粒料 级配粒料

碾压混凝土基层和弯拉强度超过1.8MPa的贫混凝土基层会产生收缩裂缝,从而导致混凝土面层出现反射裂缝。因此,这两类基层应设置与混凝土面层相对应的横向缩缝;而一次摊铺宽度大于7.5m时,还应设置纵向缩缝。

通过接缝或裂缝渗入路面结构内的水量相当大。因此,在湿润和多雨地区,路基为低透水性细粒土的高速和一级公路,或者承受特重或重交通的二级公路,宜采用排水基层和纵向边缘排水系统以排出渗入水,以减少渗入水对基层的冲刷作用,从而降低唧泥、错台和板底脱空等病害出现的可能性和程度。排水基层可选用多孔隙的开级配水泥稳定碎石、沥青稳定碎石或碎石,其孔隙率约为20%。

根据形成结构层、方便施工(单层摊铺碾压)或排水要求等因素,表3-3-3给出各种基层建议厚度范围,并按设计轴载数多少和路床强弱程度选择基层的厚度。

基 层 厚 度 范 围 　　　　　　　　　　　　　　表3-3-3

基 层 类 型	贫混凝土 碾压混凝土	水泥或石灰粉煤灰稳定碎石	沥青混凝土	沥青稳定碎石	级配粒料	多孔水泥碎石	多孔沥青碎石
厚度(mm)	120~200	150~250	40~60	80~100	150~200	100~140	80~100

遇到下述情况时，需考虑增设厚度一般为 200mm 的底基层。

（1）基层与路床的刚度比很大或者采用薄沥青类基层，如基层下未设垫层，上路床为细粒土、黏土质砂或级配不良砂时，为避免基层开裂，可设置级配粒料、低剂量水泥或石灰粉煤灰稳定粒料底基层。

（2）设置排水基层时，其下应设置由水泥稳定粒料或者密级配粒料组成的不透水底基层，底基层顶面宜铺设沥青封层或防水土工织物。

基层的宽度宜与路基同宽，至少每侧应比混凝土面层宽出 300mm（小型机具施工时）或 500mm（轨模式摊铺机施工时）或 650mm（滑模式摊铺机施工时）。

四、面层

水泥混凝土面层一般采用设接缝的普通混凝土。面层板的平面尺寸较大或形状不规则，路面结构下埋有地下设施，高填方、软土地基、填挖交界段的路基有可能产生不均匀沉降时，应采用设置接缝的钢筋混凝土面层。行车舒适性要求高的高速公路可视需要选用连续配筋混凝土面层或沥青上面层与连续配筋混凝土或横缝设传力杆的普通混凝土下面层组成的复合式面层。在高程受限制路段、收费站、混凝土加铺层和桥面铺装等处可选用钢纤维混凝土。碾压混凝土因其表面平整度差和接缝处难以设置传力杆，只能用于二级及二级以下公路的面层（特重和重交通除外）。矩形或异形混凝土预制块面层，适用于服务区停车场、二级及二级以下公路桥头引道沉降未稳定段。

水泥混凝土面层厚度，按交通等级、公路等级和参数变异水平等级，参考表 3-3-4 内的范围并通过荷载应力和温度应力计算分析确定。新建复合式路面沥青上面层的厚度一般为 25 ~ 80mm。

表 3-3-4

水泥混凝土面层厚度的参考范围

交 通 等 级	特 重			重		
公路等级	高速	一级	二级	高速	一级	二级
变异水平等级	低	中	低	中	低	中	低	中
面层厚度（mm）	≥260	≥250	≥240		270 ~ 240	260 ~ 230	250 ~ 220
交 通 等 级	中 等				轻	
公路等级	二级		三、四级	三、四级	三、四级	
变异水平等级	高	中	高	中	高	中
面层厚度（mm）	240 ~ 210	230 ~ 200		220 ~ 200	≤230	≤220

混凝土路面表面构造应采用刻槽、压槽、拉槽或拉毛等方法制作。构造深度在使用初期应满足表 3-3-5 的要求。

表 3-3-5

各级公路水泥混凝土面层的表面构造深度（mm）要求

公 路 等 级	高速公路、一级公路	二、三、四级公路
一般路段	0.70 ~ 1.10	0.50 ~ 0.90
特殊路段	0.80 ~ 1.20	0.60 ~ 1.00

表中特殊路段对于高速公路和一级公路指立交、平交或变速车道等处，对于其他等级公路指急弯、陡坡、交叉口或集镇附近。此外，年降雨量 600mm 以下的地区，表列数值可适当降低。

五、路肩

路肩除了为路面提供侧向支撑外,也承受车辆荷载的作用,因此路肩本身应具有一定承载能力。其结构组合和材料选用应与行车道路面相协调,并考虑为渗入行车道路面内的水分提供横向排出的通道,避免形成阻水堤。路肩铺面可选用水泥混凝土面层或沥青面层。

六、路面排水

为了保证将降落在路面和路肩表面的水迅速排走,避免路面积水影响行车安全和减少路面水渗入路面结构内部影响路面使用寿命,路面和路肩应做成中间高、两侧低的横坡,路面横坡度为1%～2%,路肩横坡宜比路面横坡大1%～2%。并通过横向漫流分散排放形式或集中排放形式排除流向路基边缘的路面表面水。

在降雨丰沛的地区,通过接缝或裂缝渗入混凝土路面内的水量相当大,宜在混凝土路面结构内设置排水基层和纵向边缘排水系统以排出渗入水,以减少渗入水对基层的冲刷作用,降低唧泥、错台和板底脱空等病害出现的可能性和程度。

第三节 水泥混凝土路面接缝设计

接缝设计应能:①控制收缩应力和翘曲应力所引起的裂缝出现的位置;②通过接缝提供足够的荷载传递;③防止坚硬的杂物落入接缝缝隙内。因此,水泥混凝土路面接缝设计主要内容是确定接缝间距、布置和构造,接缝传荷能力及缝隙的填封。

一、纵向接缝

1. 纵缝间距

纵缝间距通常按车道宽度确定。带有路缘带的高速公路和一级公路,板宽可按车道和路缘带的宽度确定。板块过宽易产生纵向断裂,特别是在旧路加宽或半填半挖的路段上,一般不超过4.5m。一次铺筑宽度小于路面宽度时,应设置纵向施工缝。一次铺筑宽度大于4.5m时,应设置纵向缩缝。

2. 纵缝布置

纵缝应与路线平行。在路面等宽的路段内或路面变宽路段的等宽部分,纵缝的间距和形式应保持一致。路面变宽段的加宽部分与等宽部分之间,以纵向施工缝隔开,把加宽部分作为向外接出的路面进行纵缝布置。加宽板在变宽段起终点处的宽度不应小于1m,以避免出现锐角板。

3. 纵缝构造

纵向施工缝采用平缝形式,上部应锯切槽口,深度为30～40mm,宽度为3～8mm,槽内灌塞填缝料,构造如图3-3-2a)所示。

纵向缩缝采用假缝形式,锯切的槽口深度应大于施工缝的槽口深度,以保证混凝土在干缩或温缩时能在槽口下位置处开裂。采用粒料基层时,槽口深度应为板厚的1/3;采用半刚性基层时,槽口深度为板厚的2/5。其构造如图3-3-2b)所示。

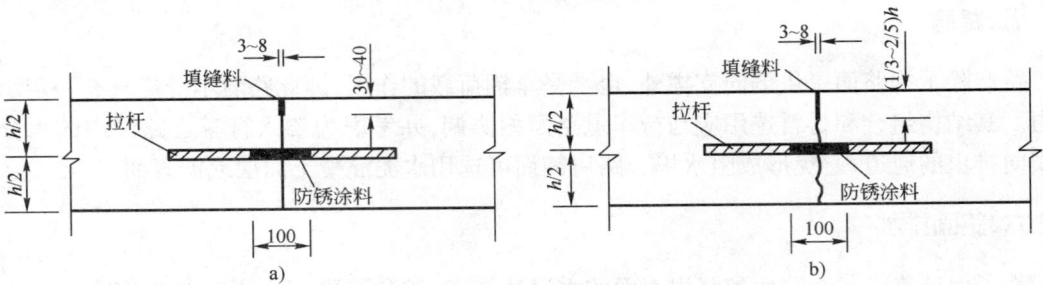

图 3-3-2　纵缝构造(尺寸单位:mm)

a)纵向施工缝;b)纵向缩缝

4. 拉杆

为了保证纵缝两侧路面板不会沿路拱横坡向两侧滑动,同时使纵缝具有一定的传荷能力,纵缝应设置拉杆。拉杆应采用螺纹钢筋,设在板厚中央,并应对拉杆中部 100mm 范围内进行防锈处理。拉杆的直径、长度和间距,可参照表 3-3-6 选用。施工布设时,拉杆间距应按横向接缝的实际位置予以调整,最外侧的拉杆距横向接缝的距离不得小于 100mm。

拉杆直径、长度和间距(mm)　　　　　　　　　　　　　表 3-3-6

面层厚度 (mm)	拉杆直径 (mm)	拉杆长度 (mm)	到自由边或未设拉杆纵缝的距离(m)					
			3.00	3.50	3.75	4.50	6.00	7.5
			拉杆间距(mm)					
200~250	14	700	900	800	700	600	500	400
260~300	16	800	900	800	700	600	500	400

连续配筋混凝土面层的纵缝拉杆可由板内横向钢筋延伸穿过接缝代替。

二、横向接缝

1. 横缝间距

横向缩缝保证路面板因温度和湿度的降低而收缩时沿该薄弱断面缩裂,避免产生不规则裂缝,其间距的大小直接影响板内温度应力、接缝缝隙宽度和接缝传荷能力,一般取 4.0 ~ 6.0m。路面结构相对刚度半径大的可取高值;反之,取低值。即板越厚、基顶回弹模量越小,横缝间距可取较大值。但板的长宽比宜控制在 1:1.3 范围内,最大板长不宜大于 6.0m,最小板长不宜小于板宽。

胀缝保证板在温度升高时能部分伸胀,避免路面板在热天产生拱胀和折断破坏,同时也能起到缩缝的作用。在邻近桥梁或其他固定构造物处或其他道路相交处应设置横向胀缝。设置的胀缝条数,视膨胀量大小而定。低温浇筑混凝土面层或选用膨胀性高的集料时,宜酌情确定是否设置胀缝。

每日施工结束或因临时原因中断施工时,必须设置横向施工缝,其位置应尽可能选在缩缝或胀缝处。

2. 横缝布置

横缝通常垂直于路中线,等间距布置。为防止缩斜缝锐角断裂,应加角隅钢筋补强,钢筋混凝土路面锐角可不加角隅钢筋,只在锐角加强钢筋网。不等间距缩缝,短板弯拉应力小,长板弯拉应力大,疲劳应力易如此,长板易断,且使用寿命明显缩短,达不到相同的使用年限。由此从防止断角,保持面板达到相同的疲劳断裂寿命和耐久性考虑,不宜采用1/6的斜缩缝和不等间距的缩缝形式。

3. 横缝构造

（1）横向缩缝

横向缩缝一般采用假缝形式,即只在横向缩缝顶部锯切槽口,当板收缩时将沿此最薄弱断面有规则自行断裂。缩缝缝隙宽度为3~8mm,深度为面板厚的1/5~1/4,槽内填塞填缝料,以防止地面水下渗及砂石杂物进入缝隙。高速公路的横向缩缝槽口宜增设深20mm、宽6~10mm的浅槽口,其构造如图3-3-3所示。

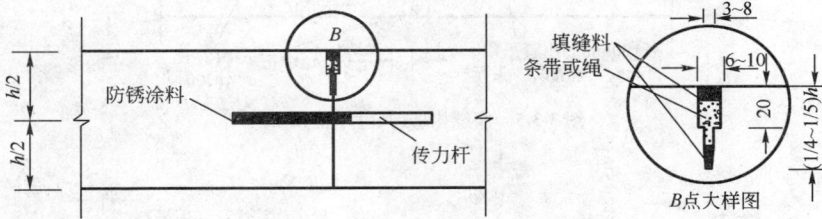

图3-3-3 浅槽口构造(尺寸单位:mm)

由于缩缝缝隙下面板断裂面凹凸不平,能起一定的传荷能力,可采用不设传力杆假缝形式,其构造如图3-3-4a)所示。为了改善混凝土路面行驶质量,保证混凝土路面的使用寿命,对特重和重交通公路、收费广场以及邻近胀缝或自由端部的3条缩缝,应采用设传力杆假缝形式,其构造如图3-3-4b)所示。

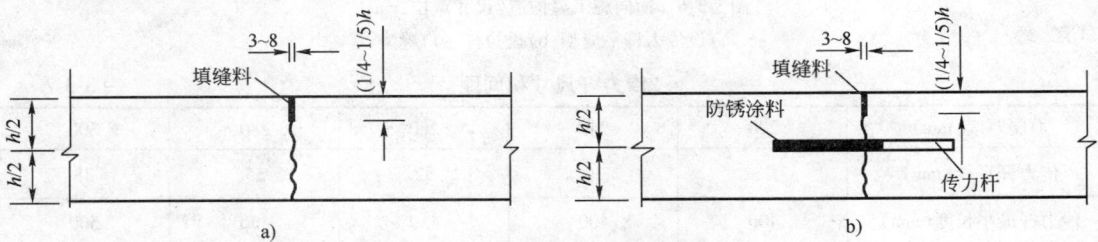

图3-3-4 横向缩缝构造(尺寸单位:mm)
a)不设传力杆假缝型;b)设传力杆假缝型

（2）胀缝

胀缝缝隙宽20mm,缝隙上部浇灌填缝料,下部设置填缝板,中部设置可滑动的传力杆。传力杆一半以上长度的表面涂覆沥青膜,外面再套0.4mm厚的聚乙烯膜,且杆的一端加金属套,内留30mm的空隙,填以泡沫塑料或纱头;带套的杆段在相邻板交错布置。传力杆应在基层预定的位置上设置钢筋支架予以固定。胀缝的构造如图3-3-5所示。

（3）施工缝

设在缩缝处的施工缝,采用传力杆的平缝形式,其构造见图3-3-6a);设在胀缝处的施工缝,其构造与胀缝相同。遇有困难需设在缩缝之间时,施工缝采用拉杆的企口缝形式,以确保荷载传递效能,且拉成整体板,其构造见图3-3-6b)。

4. 传力杆

传力杆主要作用是增强路面板的传荷能力,确保面板的整体性,提高路面的平整度和使用品质。传力杆应采用光面钢筋,设在板厚中央,且保证传力杆的一半长度能够自由滑动,以防止因设置传力杆而引起的收缩裂缝的转移。其尺寸和间距可按表 3-3-7 选用。最外侧传力杆距纵向接缝或自由边的距离为 150～250mm。

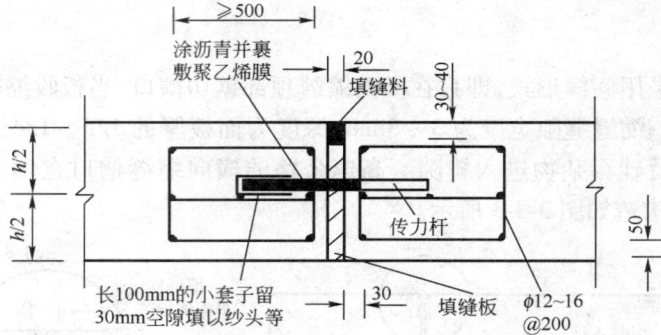

图 3-3-5　胀缝构造（尺寸单位：mm）

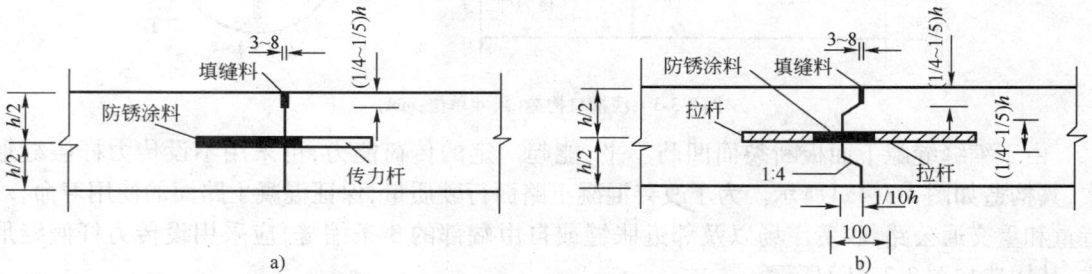

图 3-3-6　横向施工缝构造（尺寸单位：mm）
a）设传力杆平缝型；b）设拉杆企口缝型

传力杆尺寸和间距　　　　　　　　　　　　　　　表 3-3-7

面层厚度（mm）	220	240	260	280	300
传力杆直径（mm）	28	30	32	35	38
传力杆最小长度（mm）	400	400	450	450	500
传力杆最大间距（mm）	300	300	300	300	300

三、交叉口接缝布设

交叉口接缝布设时，应先分清相交道路的主次，保持主要道路的接缝位置和形式全线贯通；而后，考虑次要道路的接缝布设如何与主要道路相协调，并适当调整交叉口范围内主要道路的横缝位置。

两条道路正交时，各条道路直道部分均保持本身纵缝的连贯，相交路段内各条道路的横缝位置按相对道路的纵缝间距作相应变动，保证两条道路的纵横缝垂直相交，互不错位。两条道路斜交时，主要道路直道部分保持纵缝的连贯，相交路段内的横缝位置按次要道路的纵缝间距作相应变动，保证与次要道路的纵缝相连接。相交道路弯道加宽部分的接缝布置，应不出现或少出现错缝和锐角板。

此外，在次要道路弯道加宽段起终点断面处的横向接缝，应采用胀缝形式。膨胀量大时，应在直线段连续布置 2～3 条胀缝。

四、端部处理

1. 板边和角隅补强

(1)边缘钢筋

混凝土面层自由边缘下基础薄弱或接缝为未设传力杆的平缝时,可在面层边缘的下部配置钢筋。通常选用 2 根直径为 12～16mm 的螺纹钢筋,置于面层底面之上 1/4 厚度处并不小于 50mm,间距为 100mm。为加强锚固能力,钢筋两端向上弯起,如图 3-3-7 所示。

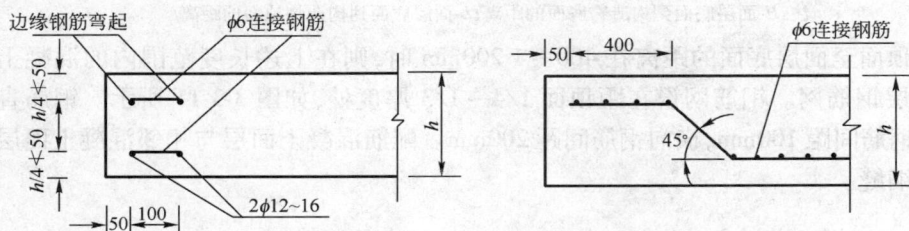

图 3-3-7 边缘钢筋布置(尺寸单位:mm)

(2)角隅钢筋

承受特重交通的胀缝、施工缝和自由边的面层角隅及锐角面层角隅,宜配置角隅钢筋。通常选用 2 根直径为 12～16mm 的螺纹钢筋,置于面层上部,距顶面不小于 50mm,距边缘为100mm,如图 3-3-8 所示。

在交叉口处,对无法避免形成锐角,宜设置双层钢筋网补强,以避免板角断裂。钢筋布置在板的上下部,距板顶或板底 50～70mm 为宜,如图 3-3-9 所示。

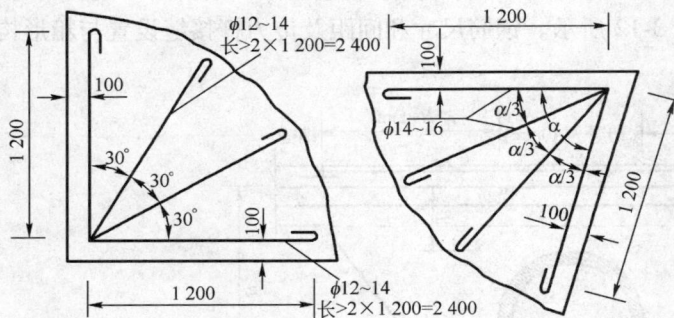

图 3-3-8 角隅钢筋布置(尺寸单位:mm)

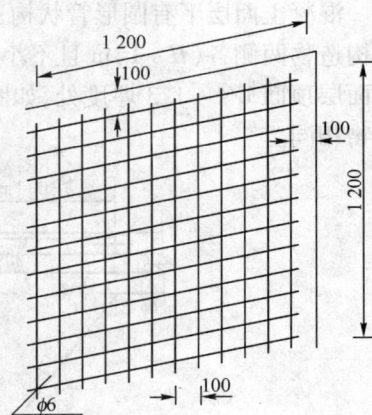

图 3-3-9 钢筋网补强布置(尺寸单位:mm)

2. 混凝土路面与固定构造物相衔接

混凝土路面与固定构造物相衔接的胀缝无法设置传力杆时,可在毗邻构造物的板端部内配置单层或双层钢筋网,或在长度约为 6～10 倍板厚的范围内逐渐将板厚增加 20%。

混凝土面层下有箱形构造物横向穿越,其顶面至面层底面的距离小于 400mm 或嵌入基层时,在构造物顶宽及两侧各(H+1)m 且不小于 4m 的范围内,混凝土面层内应布设双层钢筋网,上下层钢筋网各距面层顶面和底面 1/4～1/3 厚度处,如图 3-3-10 所示。

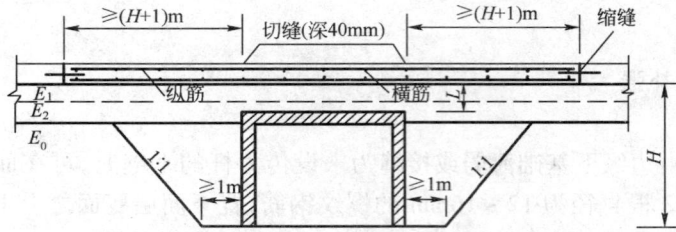

图 3-3-10　箱形构造物横穿公路处的面层配筋（L 小于 400mm 或嵌入基层）

注：H-面层底面到构造物底面的距离；L-面层底面到构造物顶面的距离

构造物顶面至面层底面的距离在 400～1 200mm 时，则在上述长度范围内的混凝土面层中应布设单层钢筋网。钢筋网设在距顶面 1/4～1/3 厚度处，如图 3-3-11 所示。钢筋直径为 12mm，纵向钢筋间距 100mm，横向钢筋间距 200mm。配筋混凝土面层与相邻混凝土面层之间设置传力杆缩缝。

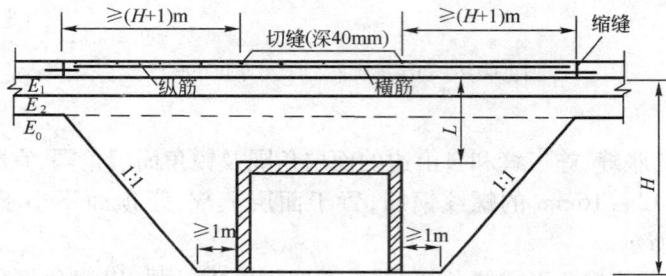

图 3-3-11　箱形构造物横穿公路处的面层配筋（L 为 400～1 200mm）

混凝土面层下有圆形管状构造物横向穿越，其顶面至面层底面的距离小于 1 200mm 时，在构造物两侧各（H+1）m 且不小于 4m 的范围内，混凝土面层内应设单层钢筋网，钢筋网设在距面层顶面 1/4～1/3 厚度处，如图 3-3-12 所示。钢筋尺寸和间距及传力杆接缝设置与箱形构造物相同。

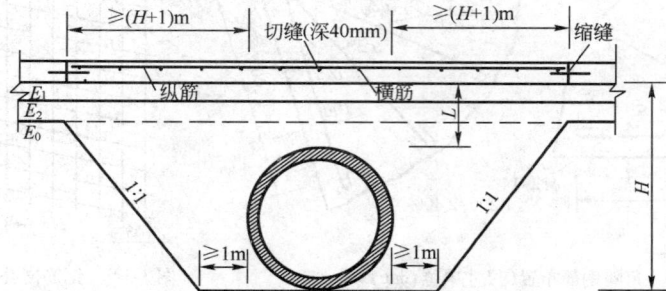

图 3-3-12　圆形管状构造物横穿公路处的面层配筋（L 小于 1 200mm）

3. 混凝土路面与桥梁相接

混凝土路面与桥梁相接，桥头设有搭板时，应在搭板与混凝土面层板之间设置长 6～10m 的钢筋混凝土面层过渡板。搭板与钢筋混凝土面板之间的接缝采用设拉杆平缝形式，钢筋混凝土面板与混凝土面板间的横缝采用设传杆胀缝形式。膨胀量大时，应连续设置 2～3 条设传力杆胀缝。如图 3-3-13 所示。

当桥梁为斜交时,钢筋混凝土板的锐角部分应采用钢筋网补强。桥头未设搭板时,宜在混凝土面层与桥台之间设置长 10～15m 的钢筋混凝土面板;或设置由混凝土预制块或沥青路面过渡段,其长度不小于 8m。

4. 混凝土路面与沥青路面相接

在混凝土面层与沥青面层相接处,由于沥青面层难以抵御混凝土面层的膨胀推力,致使沥青面层易出现推移拥起,形成接头处的不平整,从而引起跳车。因此,混凝土路面与沥青路面相接时,其间应设置至少 3m 长的过渡段。过渡段的路面采用两种路面呈阶梯状叠合布置,其下面铺设的变厚度混凝土过渡板的厚度不得小于 200mm,如图 3-3-14 所示。

过渡板与混凝土面层相接处的接缝内设置直径 25mm、长 700mm、间距 400mm 的拉杆。混凝土面层毗邻该接缝的 1～2 条横向接缝应设置胀缝。

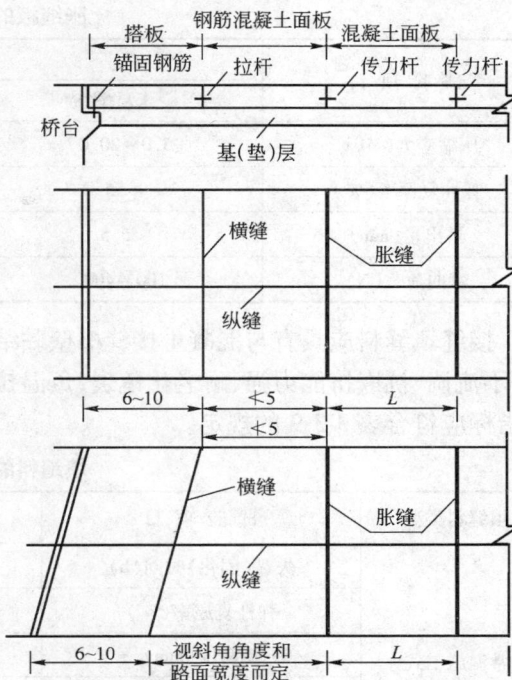

图 3-3-13　混凝土路面与桥梁相接的处理(尺寸单位:m)

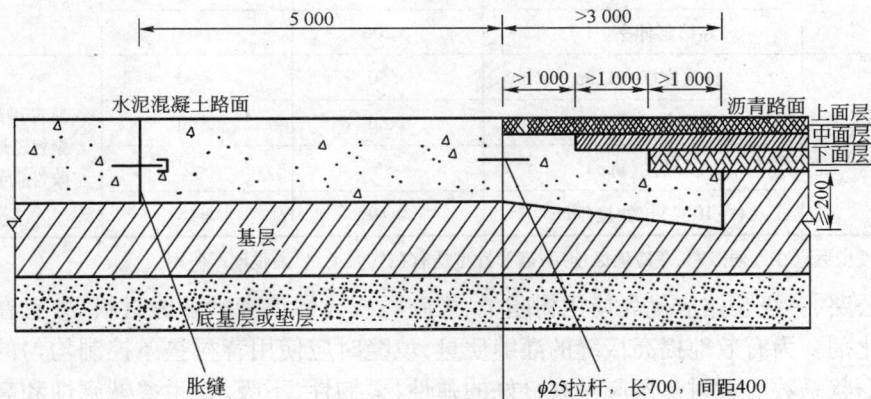

图 3-3-14　混凝土与沥青路面相接段的构造布置(尺寸单位:mm)

五、接缝填封材料及技术要求

各类接缝的槽口均需填缝处理,以免杂物和水进入。接缝填封材料按使用性能分为接缝板和填缝料两类。

胀缝接缝板应具有能适应混凝土板膨胀收缩、施工时不变形、复原率高和耐久性好等性能,其技术要求应符合表 3-3-8 的规定,且各类胀缝板吸水后的压缩应力不应小于不吸水的 90%;木板应去除结疤,沥青浸泡后木板厚度应为(20～25)±1mm。高速公路和一级公路宜选用塑胶、泡沫橡胶板或沥青纤维板;其他等级公路可选用木材类或纤维类板。

胀缝板的技术要求 表 3-3-8

试 验 项 目	胀缝板种类		
	木材类	塑胶、橡胶泡沫类	纤维类
压缩应力（MPa）	5.0 ~ 20.0	0.2 ~ 0.6	2.0 ~ 10.0
弹性复原率（%）	≥55	≥90	≥65
挤出量（mm）	<5.5	<5.0	<3.0
弯曲荷载（N）	100 ~ 400	0 ~ 50	5 ~ 40

接缝填缝料应具有与混凝土接缝槽壁黏结牢固、回弹性好、不溶于水、不渗水，高温时不挤出、不流淌、抗嵌挤能力强、耐老化龟裂，负温拉伸量大，低温时不脆裂、耐久性好等性能，其技术指标应符合表 3-3-9 的规定。

填缝料的技术要求 表 3-3-9

填缝料类型	试 验 项 目	低 弹 性 型	高 弹 性 型	常 用 材 料
常温施工式填缝料	失黏（固化）时间（h）	6 ~ 24	3 ~ 16	聚（氨）酯，硅树脂类，氯丁橡胶类，沥青橡胶类等
	弹性复原率（%）	≥75	≥90	
	流动度（mm）	0	0	
	（-10℃）拉伸量（mm）	≥15	≥25	
	与混凝土黏结强度（MPa）	≥0.2	≥0.4	
	黏结延伸率（%）	≥200	≥400	
加热施工式填缝料	针入度（0.01mm）	<50	<90	沥青玛蹄脂类，聚氯乙烯胶泥类，改性沥青类等
	弹性复原率（%）	≥30	≥60	
	流动度（mm）	<5	<2	
	（-10℃）拉伸量（mm）	≥10	≥15	

注：低弹性型适宜在气候严寒、寒冷地区使用；高弹性型适宜在气候炎热、温暖地区使用。

高速公路、一级公路应优先使用树脂类、橡胶类或改性沥青类填缝材料，并宜在填缝料中加入耐老化剂。为有效地提高接缝的灌缝质量，填缝时应使用背衬垫条控制均匀的填缝深度及填缝料形状系数。背衬垫条应具有良好的弹性、柔韧性、不吸水、耐酸碱腐蚀和高温不软化等性能背衬垫条。常用背衬垫条材料有聚氨酯、橡胶或微孔泡沫塑料等，其形状应为圆柱形，直径比接缝宽度大 2 ~ 5mm。

第四节 普通混凝土路面厚度设计方法

一、设计依据

1. 安全等级与目标可靠度

各级公路水泥混凝土路面结构的设计安全等级及相应的设计基准期、目标可靠指标和目标可靠度，应符合表 3-3-10 的规定。

水泥混凝土路面可靠度设计标准   表 3-3-10

公路技术等级	高 速 公 路	一 级 公 路	二 级 公 路	三、四级公路
安全等级	一级	二级	三级	四级
设计基准期(a)	30	30	20	20
目标可靠度(%)	95	90	85	80
目标可靠指标	1.64	1.28	1.04	0.84
变异水平等级	低	低~中	中	中~高

注:a 为年。

2. 变异水平等级与变异系数

材料性能和结构尺寸参数的变异水平分为高、中、低三级。各变异水平等级主要设计参数的变异系数变化范围,应符合表 3-3-11 的规定。

变异系数 c_v 的变化范围   表 3-3-11

变异水平等级	低	中	高
水泥混凝土弯拉强度、弯拉弹性模量	$c_v \leqslant 0.10$	$0.10 < c_v \leqslant 0.15$	$0.15 < c_v \leqslant 0.20$
基层顶面当量回弹模量	$c_v \leqslant 0.25$	$0.25 < c_v \leqslant 0.35$	$0.35 < c_v \leqslant 0.55$
水泥混凝土面层厚度	$c_v \leqslant 0.04$	$0.04 < c_v \leqslant 0.06$	$0.06 < c_v \leqslant 0.08$

3. 极限状态设计表达式

混凝土路面结构可靠度是指在规定的设计基准期内,在规定的交通和环境条件下,行车荷载疲劳应力和温度梯度疲劳应力的总和不超过混凝土弯拉强度的概率,即可以采用极限状态设计表达式表示:

$$\gamma_r(\sigma_{pr} + \sigma_{tr}) \leqslant f_r \qquad (3\text{-}3\text{-}1)$$

式中:γ_r——可靠度系数,依据所选目标可靠度及变异水平等级按表 3-3-12 确定;

σ_{pr}——行车荷载疲劳应力(MPa);

σ_{tr}——温度梯度疲劳应力(MPa);

f_r——水泥混凝土弯拉强度标准值(MPa)。

可 靠 度 系 数   表 3-3-12

变异水平等级	目标可靠度(%)			
	95	90	85	80
低	1.20 ~ 1.33	1.09 ~ 1.16	1.04 ~ 1.08	—
中	1.33 ~ 1.50	1.16 ~ 1.23	1.08 ~ 1.13	1.04 ~ 1.07
高	—	1.23 ~ 1.33	1.13 ~ 1.18	1.07 ~ 1.11

注:变异系数在表 3-3-11 所示的变化范围的下限时,可靠度系数取低值;上限时,取高值。

二、设计参数

1. 标准轴载和轴载换算

水泥混凝土路面结构设计以 100kN 的单轴双轮组荷载作为标准轴载 P_s。

不同轴轮型和轴载作用次数换算为标准轴载作用次数的轴载换算公式:

$$N_s = \sum_{i=1}^{n} \delta_i N_i \left(\frac{P_i}{100} \right)^{16} \qquad (3\text{-}3\text{-}2)$$

$$\delta_i = 2.22 \times 10^3 P_i^{-0.43} \qquad (3\text{-}3\text{-}3)$$

或 $$\delta_i = 1.07 \times 10^{-5} P_i^{-0.22} \qquad (3\text{-}3\text{-}4)$$

或 $$\delta_i = 2.24 \times 10^{-8} P_i^{-0.22} \qquad (3\text{-}3\text{-}5)$$

式中：N_s——使用初期设计车道的日标准轴载(100kN 的单轴双轮组)作用次数；

　　　P_i——单轴单轮组、单轴双轮组、双轴双轮组或三轴双轮组轴型 i 级轴载的总重(kN)；

　　　n——轴型和轴载级位数；

　　　N_i——各类轴型 i 级轴载的作用次数；

　　　δ_i——轴轮型系数，单轴双轮组时，$\delta_i = 1$；单轴单轮时，按式(3-3-3)计算；双轴双轮组时，按式(3-3-4)计算；三轴双轮组时，按式(3-3-5)计算。

2. 标准轴载累计作用次数和交通分级

(1)设计基准期内标准轴载累计作用次数

设计基准期内水泥混凝土路面临界荷位处所承受的标准轴载累计作用次数,可按下式确定：

$$N_e = \frac{N_s \times \left[(1 + g_r)^t - 1 \right] \times 365}{g_r} \eta \qquad (3\text{-}3\text{-}6)$$

式中：N_e——设计基准期内标准轴载累计作用次数；

　　　g_r——交通量年平均增长率,一般变动于 2% ～4% 范围内,所确定的年增长率应控制在设计基准期末的交通量不超出车道通行能力的合理范围内；

　　　t——设计基准期,按表 3-3-10 取值；

　　　η——临界荷位处的车辆轮迹横向分布系数,按表 3-3-13 选用。

车辆轮迹横向分布 表 3-3-13

公 路 等 级	高速公路、一级公路、收费站	二级及二级以下公路	
		行车道宽 >7.0m	行车道宽 ≤7.0m
η	0.17 ～0.22	0.34 ～0.39	0.54 ～0.62

注：车道或行车道宽或者交通量较大时,取低值；反之,取高值。

(2)交通分级

水泥混凝土路面所承受的轴载作用,按设计基准期内设计车道所承受的标准轴载累计作用次数分为 4 级,分级范围如表 3-3-14 所示。

交 通 分 级 表 3-3-14

交 通 等 级	特 重	重	中 等	轻
设计车道标准轴载累计作用次数 N_e(10⁴)	>2 000	100 ～2 000	3 ～100	<3

3. 水泥混凝土的设计强度和设计弯拉模量

水泥混凝土的强度以 28d 龄期的弯拉强度控制,当混凝土浇筑后 90d 内不开放交通时可采用 90d 龄期的弯拉强度。各交通等级要求的混凝土弯拉强度标准值不得低于表 3-3-15 的规定。混凝土的弯拉模量可通过试验测定,或参照与弯拉强度的经验关系式确定,与设计弯拉强度对应的弹性模量参考值见表 3-3-15。

混凝土弯拉强度标准值与弹性模量标准值　　　表 3-3-15

交 通 等 级	水泥混凝土（MPa）		钢纤维混凝土（MPa）	
	弯拉强度标准值	弯拉模量参考值	弯拉强度标准值	弯拉模量参考值
特重	5.0	31 000	6.0	35 000
重	5.0	31 000	6.0	35 000
中等	4.5	29 000	5.5	33 000
轻	4.0	27 000	5.0	31 000

4. 温度梯度

根据公路所在地的公路自然区划，按表 3-3-16 选用水泥混凝土面层的最大温度梯度标准值 T_g。

最大温度梯度标准值 T_g　　　表 3-3-16

公路自然区划	II、V	III	IV、VI	VII
最大温度梯度（℃/m）	83 ~ 88	90 ~ 95	86 ~ 92	93 ~ 98

注：海拔高时，取高值；湿度大时，取低值。

5. 基层顶面当量回弹模量

混凝土面层板下的地基通常是由基层、底基层或垫层、土基组成的多层体系，各层具有不同模量和厚度。分析板内荷载应力和温度应力时，应将多层体系换算成当量均质体系，以基层顶面的当量回弹模量作为半无限弹性地基的模量值。

（1）新建道路基层顶面当量回弹模量

新建道路设计时，可根据土基干湿状态拟定基层、垫层结构类型和厚度，采用规范建议的土基、垫层、底基层及基层材料回弹模量值（如表 3-3-17 ~ 表 3-3-18 所示）来计算基层顶面的当量回弹模量。

中湿路基路床顶面回弹模量的经验参考值（MPa）　　　表 3-3-17

土的类型	公路自然区划				
	II	III	IV	V	VI
土质砂	26 ~ 42	40 ~ 50	39 ~ 50	35 ~ 60	50 ~ 60
黏质土	25 ~ 45	30 ~ 40	25 ~ 45	30 ~ 45	30 ~ 45
粉质土	22 ~ 46	32 ~ 54	30 ~ 50	27 ~ 43	30 ~ 45

垫层和基层材料回弹模量的经验参考值（MPa）　　　表 3-3-18

材 料 类 型	回弹模量	材 料 类 型	回弹模量
中、粗砂	80 ~ 100	石灰粉煤灰稳定粒料	1 300 ~ 1 700
天然砂砾	150 ~ 200	水泥稳定粒料	1 300 ~ 1 700
未筛分碎石	180 ~ 220	沥青碎石（粗粒式，20℃）	600 ~ 800
级配碎砾石（垫层）	200 ~ 250	沥青混凝土（粗粒式，20℃）	800 ~ 1 200
级配碎砾石（基层）	250 ~ 350	沥青碎石（中粒式，20℃）	1 000 ~ 1 400
石灰土	200 ~ 700	多孔隙水泥碎石（水泥剂量 9.5% ~ 11%）	1 300 ~ 1 700
石灰粉煤灰土	600 ~ 900	多孔隙沥青碎石（沥青含量 9.5% ~ 11%）	600 ~ 800

新建道路基层顶面的当量回弹模量 E_t 的换算，可按式(3-3-7)确定：

$$E_t = ah_x^b E_0 \left(\frac{E_x}{E_0}\right)^{1/3} \tag{3-3-7}$$

$$E_x = \frac{h_1^2 E_1 + h_2^2 E_2}{h_1^2 + h_2^2} \tag{3-3-8}$$

$$h_x = \left(\frac{12 D_x}{E_x}\right)^{1/3} \tag{3-3-9}$$

$$D_x = \frac{E_1 h_1^3 + E_2 h_2^3}{12} + \frac{(h_1 + h_2)^2}{4}\left(\frac{1}{E_1 h_1} + \frac{1}{E_2 h_2}\right)^{-1} \tag{3-3-10}$$

式中：E_1,E_2——基层和底基层或垫层的回弹模量（MPa）；

$\quad h_1$,h_2——基层和底基层或垫层的厚度（m）；

$\quad E_0$——路床顶面的回弹模量（MPa）；

$\quad a$,b——与 E_x/E_0 有关的回归系数，按下式确定：

$$a = 6.22\left[1 - 1.51\left(\frac{E_x}{E_0}\right)^{-0.45}\right] \tag{3-3-10a}$$

$$b = 1 - 1.44\left(\frac{E_x}{E_0}\right)^{-0.55} \tag{3-3-10b}$$

底基层和垫层同时存在时，可先按式(3-3-8)～式(3-3-10)将底基层和垫层换算成具有当量回弹模量和当量厚度的单层，然后再与基层一起按上述各式计算基层顶面当量回弹模量。无底基层和垫层时，相应层的厚度和回弹模量分别以零值代入上述各式进行计算。

（2）旧柔性路面基层顶面当量回弹模量

在原路面顶面，可通过承载板试验测定其当量回弹模量 E_t 值，或者应用后轴重 100kN 的汽车进行回弹弯沉测定，经统计整理后得到的原路面计算回弹弯沉值 w_0，利用下述经验关系式转化为当量回弹模量值 E_t：

$$E_t = 13\,739 w_0^{-1.04} \tag{3-3-11}$$

式中：w_0——以后轴重 100kN 的车辆测得的原路面计算回弹弯沉值（0.01mm）。

三、荷载疲劳应力分析

1. 临界荷位确定

路面设计时，通常按最不利的情况确定面板所需的厚度。以控制荷载应力和温度应力产生的综合作用下的疲劳断裂为设计标准时，需分析在板上产生最大综合疲劳损耗的位置，该位置作为结构设计时所考虑的临界荷位。为简化计算工作，选取几种典型的路面结构进行荷载和温度的疲劳损耗分析，结果如表 3-3-19 所示。

各类接缝情况的临界荷位　　　　　　　　　　　　　　　　表 3-3-19

横边 纵边	设传力杆横缝	不设传力杆横缝	自由横边
企口缝＋拉杆	纵边	纵边	横边
平缝＋拉杆	纵边	纵边	纵边
自由纵边	纵边	纵边	纵边或横边

由表中数据可知,只有在纵缝具有较大传荷能力的企口缝加拉杆和横缝不考虑传荷能力的假缝(当作自由边处理)时,临界荷位出现在横缝边缘中部,其余情况均应选取纵缝边缘中部为临界荷位,而前一种情况出现的可能性很小。因此,规范选取纵缝边缘中部为临界荷位。

2. 荷载应力计算

标准轴载在四边自由板临界荷位处的荷载应力计算式:

$$\sigma_{ps} = 0.077r^{0.60}h^{-2} \tag{3-3-12}$$

$$r = 0.537 \cdot h \cdot \left(\frac{E_c}{E_t}\right)^{\frac{1}{3}} \tag{3-3-13}$$

式中:σ_{ps}——标准轴载 P_s 在四边自由板临界荷位处产生的荷载应力;

    r——路面结构相对刚度半径(m),按式(3-3-13)计算;

    h——路面板厚度(m)。

E_c,E_t——分别是混凝土弯拉弹性模量和基层顶面的当量回弹模量(MPa)。

3. 荷载疲劳应力

标准轴载 P_s 作用于水泥混凝土路面结构临界荷位处产生的荷载疲劳应力可按下式确定:

$$\sigma_{pr} = k_r k_f k_c \sigma_{ps} \tag{3-3-14}$$

式中:k_r——考虑接缝传荷能力的应力折减系数,纵缝为设拉杆的平缝时,$k_r = 0.87 \sim 0.92$(刚性和半刚性基层取低值,柔性基层取高值);纵缝为不设拉杆的平缝或自由边时,$k_r = 1.0$;纵缝为设拉杆的企口缝时,$k_r = 0.76 \sim 0.84$;

    k_f——考虑设计基准期内荷载应力累计疲劳作用的疲劳应力系数,按下式确定:

$$k_f = N_e^v \tag{3-3-15}$$

    v——与混合料性质有关的指数,普通混凝土、钢筋混凝土、连续配筋混凝土,$v = 0.057$;碾压混凝土和贫混凝土,$v = 0.065$;

    k_c——考虑偏载和动载等因素对路面疲劳损坏的综合系数,高速公路时取 1.30;一级公路时取 1.25;二级公路时取 1.20;三、四级公路时取 1.10;

四、温度疲劳应力分析

依据等效疲劳损耗原则和疲劳方程,将经历日变化和年变化的温度应力等效地转化成由最大温度应力和疲劳温度应力系数组成的疲劳温度应力,即混凝土面层板在临界荷位产生的温度疲劳应力可按下式确定:

$$\sigma_{tr} = k_t \sigma_{tm} \tag{3-3-16}$$

式中:σ_{tr}——临界荷位处的温度疲劳应力(MPa);

    σ_{tm}——最大温度梯度时混凝土板的温度翘曲应力(MPa),按下式计算确定:

$$\sigma_{tm} = \frac{\alpha_c E_c h T_g}{2} B_x \tag{3-3-17}$$

    α_c——混凝土的线膨胀系数(1/℃),通常取 1×10^{-5}/℃;

    T_g——最大温度梯度,查表3-3-16;

B_x——综合温度翘曲应力和内应力作用的温度应力系数,查图 3-3-15 确定;

l——板长,即横缝间距(m),按 l/r 查图 3-3-15 可确定 C_x。

k_t——考虑温度应力累计疲劳作用的疲劳应力系数,按下式计算确定:

$$k_t = \frac{f_r}{\sigma_{tm}}\left[a\left(\frac{\sigma_{tm}}{f_r}\right)^c - b \right] \tag{3-3-18}$$

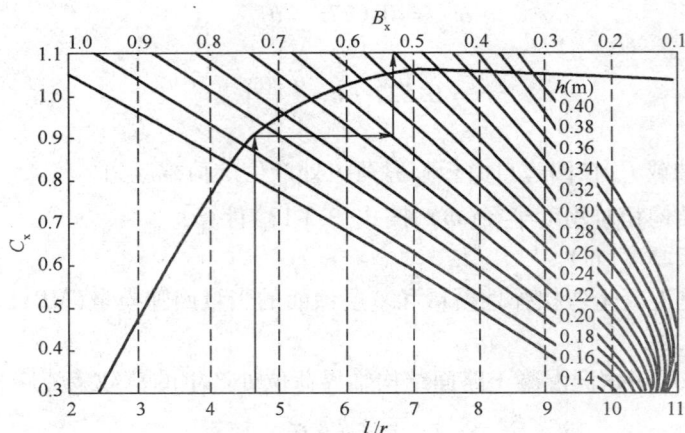

图 3-3-15 温度应力系数 B_x

a、b 和 c——回归系数,按所在地区的公路自然区划查表 3-3-20 确定。

回归系数 a、b 和 c 表 3-3-20

系 数	公路自然区划					
	II	III	IV	V	VI	VII
a	0.828	0.855	0.841	0.871	0.837	0.834
b	0.041	0.041	0.058	0.071	0.038	0.052
c	1.323	1.355	1.323	1.287	1.382	1.270

五、厚度计算流程

水泥混凝土路面概率型设计方法,以路面结构的总开裂率为控制指标,以式(3-3-1)作为路面结构极限状态表达式。具体设计步骤如下:

(1)根据相关的设计资料,确定设计车道的标准轴载日作用次数和交通等级,进行路面结构组合设计,初拟路面结构,包括路床、垫层、基层和面层的材料类型和厚度,并按表 3-3-4 所列的水泥混凝土面层厚度建议范围,依据交通等级、公路等级和所选变异水平等级初选混凝土板厚度。

(2)参照图 3-3-16 所示的混凝土板厚度计算流程,分别计算荷载疲劳应力和温度疲劳应力。当荷载疲劳应力同温度疲劳应力之和与可靠度系数的乘积小于且接近于混凝土弯拉强度标准值,即满足式(3-3-1)的要求时,则初选厚度可作为混凝土板的计算厚度;否则,应改选混凝土板厚度,重新计算,直到满足式(3-3-1)为止。设计厚度依计算厚度按 10mm 向上取整。

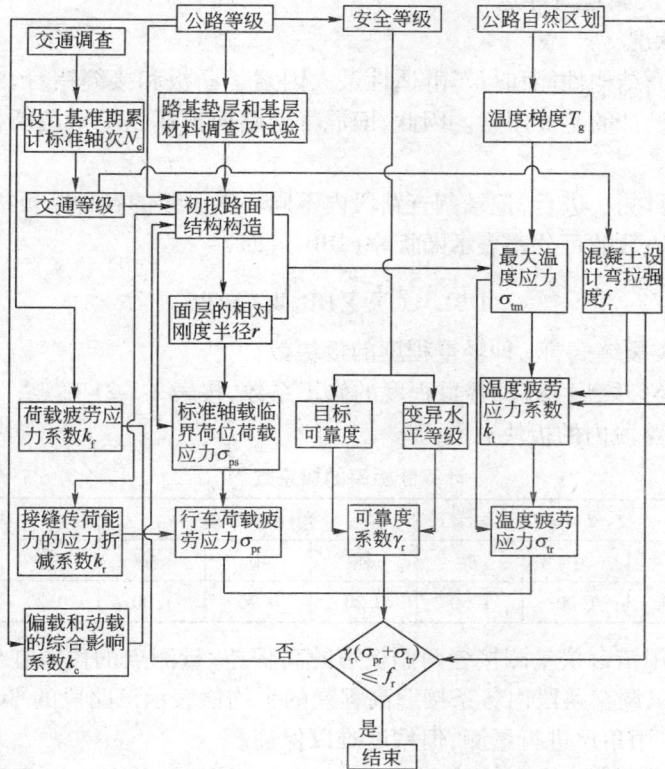

图 3-3-16　混凝土板厚计算流程图

第五节　水泥混凝土路面加铺层结构设计

混凝土路面的使用性能在使用过程中,会随行车荷载和环境因素的不断作用而逐渐衰变。当路面的结构状况或表面功能不能满足使用要求时,通常需在旧混凝土路面上铺设加铺层以恢复或提高其使用性能。加铺层设计工作包括旧路面结构损坏状况调查和评定、加铺层方案确定、旧路面结构参数的确定以及加铺层厚度的计算。当原有路面需要提高等级时,对不符合技术标准的路段应进行形型改善,改线路段应按新建路面设计。

一、路面结构状况评定及加铺层方案

1. 原有混凝土路面的技术调查

在加铺层设计之前,必须对旧混凝土路面进行全面技术调查,其主要内容:

(1)公路修建和养护技术资料:路面结构和材料组成、接缝构造及养护历史等。

(2)路面损坏状况:损坏类型、轻重程度、范围及修补措施等。

(3)路面结构强度:路表弯沉、接缝传荷能力、板底脱空状况、面层厚度和混凝土强度等。

(4)已承受的交通荷载及预计的交通需求:交通量、轴载组成及增长率等。

(5)环境条件:沿线气候条件、地下水位以及路基和路面的排水状况等。

2. 路面使用状况调查与评定

（1）路面损坏状况

影响混凝土路面结构性能和行车舒适性最大因素是断板和接缝错台，它们是决策加铺层结构形式及其厚度设计的主要因素。因此，旧混凝土路面损坏状况采用断板率和平均错台量两项指标来评定。

断板调查采用目测法进行，记录调查路段内不同轻重等级的各种断板板块数，并以断板块数占调查路段总板块数的百分率表示断板率（DBL），即：

$$DBL = (\sum_{i=1}^{n} \sum_{j=1}^{m_i} DB_{ij} W'_{ij})/BS \qquad (3-3-19)$$

式中：DB_{ij}——i 种类裂缝病害 j 种轻重程度的板块数；

$\qquad W'_{ij}$——i 种类裂缝病害 j 种轻重程度的修正系数，按表 3-3-21 确定；

$\qquad BS$——评定路段内的板块总数。

计算断板率的权系数 W'_{ij} 表 3-3-21

裂 缝 类 型	交 叉 裂 缝			角 隅 裂 缝			纵、横、斜向裂缝		
轻重程度	轻	中	重	轻	中	重	轻	中	重
权系数 W'_{ij}	0.60	1.00	1.50	0.20	0.70	1.00	0.20	0.60	1.00

错台调查宜采用错台仪量测接缝两侧板边的高程差，量测点的位置在错台严重车道右侧边缘内 300mm 处，以调查路段内各条接缝高程差的平均值表示该路段的平均错台量。设备条件不具备时，亦可采用角尺进行量测，但精度难以保证。

根据调查路段内断板率和平均错台量，可以评定路面损坏状况的轻重程度等级，供决策养护和改建措施时参考。路面损坏状况评级标准见表 3-3-22。

路面损坏状况分级标准 表 3-3-22

等 级	优	良	中	次	差
断板率（%）	≤5	6~10	11~20		>20
平均错台量（mm）	≤5	6~10	11~15		>15

对于断板率较低的高速公路和一级公路，应采用断板率和平均错台量两项评定指标。对于断板率较高的其他等级公路，当错台病害对行车安全和行驶质量的影响并非主要因素时，可仅采用断板率作为评定指标。

（2）接缝传荷能力评定

旧混凝土面层板的接缝传荷能力采用弯沉测试法调查评定。弯沉测试宜采用落锤式弯沉仪，也可采用梁式弯沉仪，其支点不得落在弯沉盆内。测定接缝传荷能力的试验荷载应接近于标准轴载的一侧轮载（50kN），将荷载施加在邻近接缝的路面表面，实测接缝两侧边缘的弯沉值。按下式计算传荷系数：

$$k_j = \frac{w_u}{w_1} \times 100(\%) \qquad (3-3-20)$$

式中：k_j——接缝传荷系数；

$\qquad w_u$——未受荷板接缝边缘处的弯沉值；

$\qquad w_1$——受荷板接缝边缘处的弯沉值。

根据调查路段内接缝的传荷系数测定结果,评定路面接缝的平均传荷能力(见表 3-3-23),并作为选择加铺层结构形式和采取反射裂缝防治措施的参考依据。

接缝传荷能力分级标准　　　　　　　　　　　　表 3-3-23

等　　级	优　良	中	次	差
接缝传荷系数 k_j(%)	>80	56~80	31~55	<31

(3)板底脱空状况评定

由唧泥引起的板底脱空,使板角隅和边缘失去部分支承,在行车荷载作用下将产生较大的弯沉和应力,最终导致加铺层损坏。

板底脱空状况的评定比较复杂,目前国内外还没有一个公认的方法。板底脱空的调查可根据面层板角隅处的多级荷载弯沉测试结果,并综合考虑唧泥和错台发展程度以及接缝传荷能力进行判别。

3. 加铺层方案的选择

加铺层应根据使用要求及旧混凝土路面的状况,选用分离式或结合式水泥混凝土加铺结构,或沥青混凝土加铺结构,经技术经济比较后选定。加铺层结构类型的确定原则如下:

(1)当旧混凝土路面的损坏状况和接缝传荷能力评定等级为中或次,或者新旧混凝土板的平面尺寸不同、接缝形式或位置不对应或路拱横坡不一致时,应采用分离式混凝土加铺层。

(2)当旧混凝土路面的损坏状况和接缝传荷能力评定等级为优良,面层板的平面尺寸及接缝布置合理,路拱横坡符合要求时,可采用结合式混凝土加铺层。

(3)当旧混凝土路面的损坏状况和接缝传荷能力评定等级为优良或中时,可采用沥青加铺层。

(4)当调查评定的旧混凝土路面的断板率、平均错台量和接缝传荷能力均处于差级水平时,对旧混凝土路面进行大面积修复后再铺筑加铺层已不是一种经济有效的技术措施。这时,应对旧面层混凝土进行破碎和压实稳定处理,并用作新建路面的底基层或垫层。破碎稳定处理既减少了大面积挖补所产生的废旧混凝土碎块对环境的不利影响,又保留了旧路面一定程度的结构完整性。

此外,加铺层的铺筑通常是在边通车、边施工的条件下进行的,设计方案应综合考虑施工期间的交通组织管理、通行车辆对施工质量和施工工期的影响等。

二、旧混凝土路面结构参数的确定

旧混凝土路面结构参数是通过钻孔取样和弯沉或承载板等测试手段,取得混凝土板的厚度、弯拉强度和模量、基顶的综合回弹模量等有关设计参数,为加铺层厚度计算做准备。

1. 旧混凝土面层厚度

根据钻孔取出的圆柱形试件的高度,按下式计算旧混凝土面层厚度:

$$h_e = \overline{h}_e - 1.04s \tag{3-3-21}$$

式中:h_e——旧混凝土面层测量厚度的标准值(mm);

$\overline{h}_e$——旧混凝土面层量测厚度的均值(mm);

s——旧混凝土面层厚度量测值标准差(mm)。

2. 旧混凝土面层弯拉强度

旧混凝土弯拉强度可采用钻孔芯样的劈裂试验测定结果,通过劈裂强度与抗弯拉强度的关系式计算确定：

$$f_{r} = 0.621f_{sp} + 2.64 \qquad (3\text{-}3\text{-}22)$$

式中：f_{r}——旧混凝土弯拉强度标准值（MPa）；

f_{sp}——旧混凝土劈裂强度标准值（MPa），可按 $f_{sp} = \bar{f}_{sp} - 1.04s$ 确定；

$\bar{f}_{sp}$——旧混凝土劈裂强度测定值的均值（MPa）；

s——旧混凝土劈裂强度测定值的标准差（MPa）。

3. 旧混凝土弯拉弹性模量

旧混凝土的弯拉弹性模量采用下式计算确定：

$$E_{c} = \frac{10^4}{0.091\,5 + \dfrac{0.963\,4}{f_{r}}} \qquad (3\text{-}3\text{-}23)$$

式中：E_{c}——旧混凝土的弯拉弹性模量标准值（MPa）。

4. 旧混凝土路面基层顶面的当量回弹模量

旧混凝土路面基层顶面的当量回弹模量标准值，宜采用落锤式弯沉仪（标准荷载 100kN、承载板半径 150mm）量测板中荷载作用下的弯沉曲线，按下式确定：

$$E_{t} = 100e^{(3.60+24.03w_0^{-0.057}-15.63SI^{0.222})} \qquad (3\text{-}3\text{-}24)$$

式中： E_{t}——基层顶面的当量回弹模量标准值（MPa）；

SI——路面结构的荷载扩散系数，按 $SI = \dfrac{1}{w_0}(w_0 + w_{300} + w_{600} + w_{900})$ 确定；

$w_0, w_{300}, w_{600}, w_{900}$——距离荷载中心 0mm，300mm、600mm 和 900mm 处的计算回弹弯沉值（0.01mm）。

当采用落锤式弯沉仪的条件受到限制时，也可选择在清除断裂混凝土板后的基层顶面进行梁式弯沉测量后，按式（3-3-11）反算或根据基层钻芯的材料组成及性能情况依经验确定。

三、水泥混凝土加铺层结构设计

1. 加铺层结构形式

根据加铺层与旧混凝土面层结合方式不同，混凝土加铺层可分为分离式和结合式两种结构形式。

（1）分离式

在更换破碎板，修补裂缝，磨平错台，压浆填封板底脱空，清除夹缝中失效的填缝料和杂物，并重新封缝后，在旧混凝土面层与加铺层之间应设置隔离层，隔离层起防止加铺层与旧面层的黏结作用，需要时也起整平层和调节横坡或高程的作用。隔离层材料可选用沥青混凝土、沥青砂或油毡等，不宜选用砂砾或碎石等松散粒料。沥青混合料隔离层的厚度不宜小于25mm。

由于加铺层与旧混凝土路面之间设置了隔离层，旧面层接缝和裂缝的位移不致使加铺层产生反射裂缝。因而，分离式加铺层可使用于损坏较严重的混凝土路面，即旧混凝土路面的损坏状况和接缝传荷能力评定等级为中或次，或者新旧混凝土板的平面尺寸不同、接缝形式或位置不对应或路拱横坡不一致时。

分离式混凝土加铺层的接缝形式和位置，按新建混凝土面层的要求布置，不必考虑与旧混凝土面层的接缝形式和位置相对应。相反,加铺层的接缝位置最好能与旧面层接缝相互错开1m 以上,使作用在加铺层板边的荷载能传到旧面层板的中部,从而改善加铺层受荷条件。

分离式加铺层由于设置了隔离层,加铺层和旧面层分别独立地承受荷载和温度的弯曲作用,其设计厚度受加铺层所分担的弯矩及混凝土的弯拉强度控制,要求的层厚较大。加铺层可采用普通混凝土、钢纤维混凝土、钢筋混凝土和连续配筋混凝土。普通混混凝土、钢筋混凝土和连续配筋混凝土加铺层的厚度不宜小于 180mm;钢纤维混凝土加铺层的厚度不宜小于140mm。

（2）结合式

结合式加铺层与旧混凝土板黏结在一起,围绕一个共享的中面弯曲。加铺层处于受压状态,旧混凝土板处于受拉状态,旧混凝土板弯拉强度在设计中起控制作用。因此,结合式加铺层的厚度较薄(最小厚度为25mm),其主要作用在于改善旧混凝土面层的表面功能,或者提高其承载能力或延长其使用寿命。

由于结合式加铺层的厚度小,加铺层与旧混凝土面层的结合便成为这种加铺形式成功的关键。因此,一方面需采用铣刨、喷射高压水或钢珠、酸蚀等方法,彻底清理旧混凝土面层表面的污垢和水泥砂浆体,并打毛旧混凝土面层使表面粗糙;另一方面需在清理后的表面涂以乳胶和环氧树脂等高强的黏结剂,使加铺层与旧混凝土面层黏结为一个整体。

由于加铺层厚度小,且与旧面层结合为整体,旧面层的接缝和发展性裂缝都会反射到加铺层上。所以,结合式加铺层适用于旧混凝土路面结构性能良好,其损坏状况和接缝传荷能力均评定为优良、平面尺寸和接缝布置合理、路拱横坡度符合要求时路面。由于加铺层薄层内不设拉杆和传力杆,加铺层的接缝形式和位置必须与旧混凝土面层完全对应,以防加铺层产生反射裂缝或与旧混凝土面层之间出现层间分离。同时,加铺层铺筑前,应更换破碎板,对旧面板内存在的进展性裂缝进行修补,清除接缝中失效的填缝料和杂物并重新封缝,磨平错台。

为保证层间黏结良好,加铺层材料应尽量选择线膨胀系数小的石灰质集料和低水化热的水泥,施工技术和质量要求较为严格,避免在气温过高时施工,尽可能早地进行全深度接缝锯切,并采用湿治效果好的养生措施。

2. 双层板荷载应力分析

双层板混凝土临界荷位仍为板的纵向边缘中部。标准轴载 P_s 在临界荷位处产生的上层和下层混凝土板荷载疲劳应力 σ_{pr1} 和 σ_{pr2} 分别按式(3-3-14)计算。对于结合式双层板仅需计算下层板的荷载疲劳应力 σ_{pr2}。其中,应力折减系数、荷载疲劳应力系数和综合系数的确定方法,与单层混凝土板完全相同。

标准轴载 P_s 在临界荷位处产生的分离式双层板上层和下层混凝土板荷载应力,或者结合式双层板下层板的荷载应力,按下式确定:

$$\sigma_{ps1} = 0.077 r_g^{0.60} \frac{E_{c1} h_{01}}{12 D_g} \tag{3-3-25}$$

$$\sigma_{ps2} = 0.077 r_g^{0.60} \frac{E_{c2}(0.5 h_{02} + k_u h_x)}{6 D_g} \tag{3-3-26}$$

式中:σ_{ps1},σ_{ps2}——双层混凝土板上层和下层的荷载应力(MPa);

E_{c1},E_{c2}——双层混凝土板上层和下层的弯拉弹性模量(MPa);

h_{01},h_{02}——双层混凝土板上层和下层的厚度(cm);

k_u——层间结合系数，分离式时，$k_u = 0$；结合式时，$k_u = 1$；

h_x——下层板中面至结合式双层板中面的距离（m），可按下式确定：

$$h_x = \frac{E_{c1}h_{01}(h_{01} + h_{02})}{2(E_{c1}h_{01} + E_{c2}h_{02})} \tag{3-3-27}$$

D_g——双层板的截面总刚度（MN·m），可按下式确定：

$$D_g = \frac{E_{c1}h_{01}^3}{12} + \frac{E_{c2}h_{02}^3}{12} + \frac{E_{c1}h_{01}E_{c2}h_{02}(h_{01} + h_{02})^2}{4(E_{c1}h_{01} + E_{c2}h_{02})}k_u \tag{3-3-28}$$

r_g——双层板的相对刚度半径（m），按下式确定：

$$r_g = 1.23\left(\frac{D_g}{E_t}\right)^{1/3} \tag{3-3-29}$$

3. 双层板温度应力分析

双层板混凝土上层和下层的温度疲劳应力 σ_{tr1} 和 σ_{tr2} 分别按式（3-3-16）计算。

由于分离式双层板的上层厚度和隔离层厚度之和一般大于14cm，传到下层板内的温度梯度较小，相应温度翘曲应力也就很小，因而可不必考虑下层板的温度疲劳应力 σ_{tr2}。分离式双层板上层板的最大温度应力可按下式计算确定：

$$\sigma_{tm1} = \frac{\alpha_c E_{c1} h_{01} T_g}{2}\xi_1 B_x \tag{3-3-30}$$

$$\xi_1 = C_x^{0.32 - 0.81\ln\left(\frac{h_{01}E_{c1}}{h_{02}E_{c2}} + 2.5\frac{h_{01}}{h_{02}}\right)} \tag{3-3-31}$$

式中：C_x——上层板的温度翘曲应力系数，按 l/r 查图3-3-15确定；

B_x——上层板的温度应力系数，按 C_x 和 h_{01} 查图3-3-15确定；

其余符号意义同前。

结合式双层板上层，在轴载作用下于临界荷位时处于受压状态，在正温度梯度（板顶温度大于板底温度）作用下也处于受压状态，而负温度梯度作用下产生的温度应力较小，因而可不必考虑上层板的温度翘曲应力。结合式双层板下层板的最大温度翘曲应力可按下式计算确定：

$$\sigma_{tm2} = \frac{\alpha_c E_{c2}(h_{01} + h_{02}) T_g}{2}\xi_3 B_x \tag{3-3-32}$$

$$\xi_3 = 1.77 - 0.27\ln\left(\frac{E_{c1}h_{01}}{E_{c2}h_{02}} + 18\frac{E_{c1}}{E_{c2}} - 2\frac{h_{01}}{h_{02}}\right) \tag{3-3-33}$$

式中：C_x——下层板的温度翘曲应力系数，按 l/r 查图3-3-15确定；

B_x——下层板的温度应力系数，按 C_x 和 $(h_{01} + h_{02})$ 查图3-3-15确定；

ξ_3——下层板的温度应力修正系数。

4. 加铺层厚度设计方法

采用弹性地基上等刚度单层板理论设计结合式和分离式加铺层。调查现有混凝土面层的结构损坏状况，选择加铺层形式，确定对结构损坏的处理措施；确定旧混凝土路面结构参数；拟定加铺层厚度，计算荷载疲劳应力和温度疲劳应力；分层叠加荷载疲劳应力和温度疲劳应力；分离式加铺层和旧面层的综合应力、结合式加铺层的旧面层的综合应力应满足式（3-3-1）的要求，据此确定加铺层所需的厚度。

四、沥青加铺层结构设计

1. 沥青加铺层的结构

为了防止和控制反射裂缝,沥青加铺层只适用于旧混凝土面层的结构损坏状况和接缝传荷能力均评定为优良或中时,并且对旧混凝土面层存在的进展性裂缝、错台和板底脱空等病害进行修复后的路面。同时,在沥青加铺层铺筑前应更换破碎板,修补、填缝裂缝和接缝,磨平错台,清除旧混凝土面层表面的松散碎屑,油迹或轮胎擦迹,压浆填缝板底脱空。

防止和控制反射裂缝是沥青加铺层设计的重点。反射裂缝是由于旧混凝土面层在接缝或裂缝附近的较大位移引起其上方沥青加铺层内出现应力集中所造成的,它包括因温度和湿度变化而产生的水平位移,以及因交通荷载作用而产生的竖向剪切位移。为此,应根据气温、荷载、旧混凝土路面承载能力、接缝处弯沉差等情况选用下述减缓反射裂缝的措施:

(1)增加沥青加铺层的厚度,一方面可以减少旧面层的温度变化,降低加铺层的拉应力;另一方面可以增加路面结构的弯曲刚度,降低接缝处的弯沉差,减少加铺层的剪应力。同时,对于较厚的加铺层来说,裂缝由加铺层底面扩展到顶面需要经历较长的距离,也即可以延长其使用寿命。我国 2002 年版《公路水泥混凝土路面设计规范》(JTG D40—2002)规定高速、一级公路的最小厚度为 100mm,其他等级的公路最小厚度宜为 70mm。

(2)在旧混凝土面层与加铺层之间设置橡胶沥青应力吸收夹层、土工织物夹层或玻璃纤维格栅是预防和减缓反射裂缝常用的措施,并根据诱发反射裂缝的主要原因及不同夹层减缓反射裂缝效果具体分析后论证选用。

(3)沥青加铺层厚度超过 170mm 时,其下层 90mm 可采用开级配沥青碎石。含有 20% ~ 35% 连通孔隙的沥青碎石,一方面可提供一缓解层,使旧面层板接缝或裂缝处弯沉差难以影响到沥青加铺层上层,从而可减少反射裂缝的产生;另一方面全宽式裂缝缓解层可起汇集和排除渗入表面水作用,使表面渗入水横向流出路堤边坡外。

(4)在沥青加铺层上对应旧混凝土面层的横缝位置锯切横缝,并在开放交通前尽早在缝内填入填缝料,以保持接缝有效地密封,防止水或异物进入。

2. 荷载应力分析

有沥青上面层的混凝土板的临界荷位,为板的纵向边缘中部。标准轴载 P_s 在临界荷位产生的荷载疲劳应力 σ_{pr},按式(3-3-14)计算确定。其中,应力折减系数、荷载疲劳应力系数和综合系数的确定方法,与单层混凝土板完全相同。

标准轴载 P_s 在有沥青上面层的混凝土板临界荷位处产生的荷载应力按下式计算。

$$\sigma_{psa} = (1 - \xi h_a)\sigma_{ps} \qquad (3-3-34)$$

式中:σ_{psa}——标准轴载 P_s 在有沥青面层的混凝土临界荷位处产生的荷载应力(MPa);

ξ——系数,可由图 3-3-17 查取;

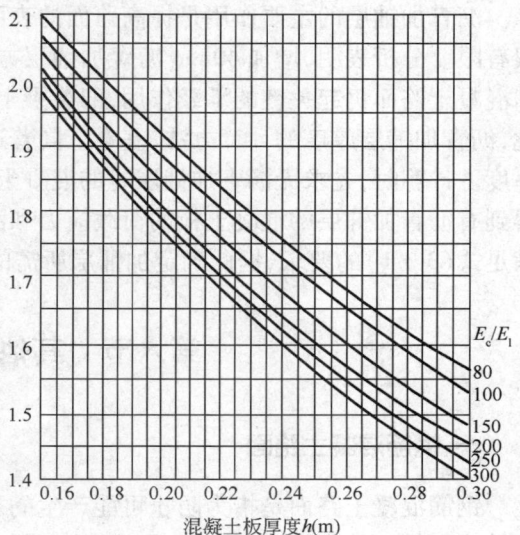

图 3-3-17 系数 ξ 图

h_a——沥青上面层厚度（m）；

σ_{ps}——标准轴载在无沥青上面层的混凝土板临界荷位处的荷载应力（MPa），按式（3-3-12）计算。

3. 温度应力分析

有沥青上面层的混凝土板临界荷位处温度疲劳应力按下式确定：

$$\sigma_{tra} = (1 + \xi' h_a) \sigma_{tr} \qquad (3\text{-}3\text{-}35)$$

式中：σ_{tra}——有沥青上面层的混凝土板临界荷位处温度疲劳应力（MPa）；

ξ'——系数，可由图3-3-18查取；

σ_{tr}——无沥青上面层时混凝土板在临界荷位处的温度疲劳应力（MPa），按式（3-3-16）计算确定；其中计算 σ_{tm} 时，其最大温度梯度 T_g 值须考虑沥青上面层厚度的影响，按表3-3-24取值。

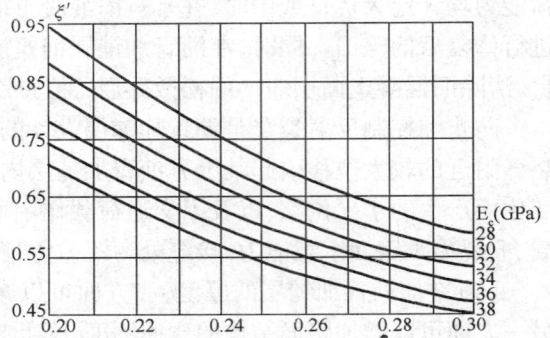

图3-3-18　系数ξ'图

有沥青上面层的混凝土板的最大温度梯度值 T_g（℃/m）　　表3-3-24

H_a（m）	公路自然区划			
	II、V	III	IV、VI	VII
0.00	83~88	90~95	86~92	93~98
0.04	58~62	62~67	60~65	66~70
0.08	40~43	46~48	43~49	47~50
0.12	28~30	30~32	29~31	31~33

4. 沥青加铺层

沥青加铺层的主要作用是提高路面的表面使用功能，对降低旧混凝土板荷载应力的效果很有限。分析表明，增加40mm沥青加铺层方可减少10mm的混凝土下面层。而加铺层下的旧混凝土路面仍起关键的承载作用，旧混凝土板的应力和混凝土的弯拉强度起控制作用。因此，沥青加铺层厚度的计算方法，基本上同普通混凝土一致，先根据公路等级拟定沥青加铺层厚度。计算时，先求无沥青加铺层时的混凝土板的应力，之后再考虑沥青加铺层的影响，从而得到有沥青加铺层的混凝土板的荷载应力和温度应力，并检验荷载和温度综合疲劳应力是否满足式（3-3-1）的要求，据此确定加铺层所需的厚度。

第六节　其他类型混凝土路面

一、钢筋混凝土路面

钢筋混凝土路面是指为防止可能产生的裂缝缝隙张开，在混凝土路面板内配置有纵、横向钢筋或钢筋网的水泥混凝土路面。板内钢筋或钢筋网限制了裂缝的发展，使路面板的接缝间距延长，接缝数量减少，从而减少因接缝设置不当而产生的唧泥、错台等病害，提高了路面的耐久性和行车舒适性,同时也减少了养护费用。当混凝土板的平面尺寸较大或形状不规则,路面结构下埋有地下设施,路桥过渡段、软土基、高填方、填挖交界路段等有可能产生不均匀沉降时,宜采用设置接缝的钢筋混凝土路面。

钢筋混凝土路面的设计主要包括板厚设计、平面设计和接缝设计。钢筋混凝土厚度按普通混凝土路面设计方法计算,通常取普通水泥混凝土面板长度为 5m 时的板厚。其横向缩缝间距一般为 6 ~ 15m,且必须设置传力杆;当面层板宽度不大于 9m 时,可不设纵缝,否则应按车道设置纵缝。钢筋混凝土路面配筋率与平面尺寸和气候因素有关,一般为 0.1% ~ 0.2%,最低为 0.05%,最高可达 0.25%。接缝设计同普通混凝土路面。

二、连续配筋混凝土路面

连续配筋混凝土路面是指沿纵向配置连续的钢筋,除了在与其他路面交接处或邻近构造物处设置胀缝以及视施工需要设置施工缝外,不设横向缩缝的水泥混凝土路面。板内的纵向连续钢筋限制了面板因纵向收缩而产生的开裂,减少了由接缝引起的路面病害,提高了路面使用性能。由于所用钢筋的数量多,对施工工序有较严格的要求,初期投资大。因此,连续配筋混凝土路面适用于高速公路、重载交通路面、机场道面以及旧混凝土路面加铺等场合。

连续配筋混凝土路面结构设计包括板厚设计、配筋设计和端部设计。连续配筋混凝土路面的厚度可按照普通混凝土路面计算方法计算。纵向钢筋用量根据裂缝间距、缝隙宽度和钢筋屈服强度三项指标要求,考虑混凝土收缩和温度变形来设计;横向配筋目的是固定纵向钢筋,保证纵向钢筋充分发挥作用,因此,连续配筋混凝土面层的横向配筋原则和要求与钢筋混凝土面层的的配筋相同,通常按照纵向钢筋用量的 1/5 ~ 1/8 取用。为了约束膨胀位移,消除或减少端部位移的不利影响,在连续配筋混凝土路面与其他类型路面或桥梁、涵洞等构造物连续的端部应设置锚固结构,端部锚固结构可采用钢筋混凝土地梁或宽翼缘工字梁式构造等形式。

三、钢纤维混凝土路面

钢纤维混凝土路面是指一种在普通混凝土基体中掺入乱向、不连续分布的短钢纤维的复合材料作为面层结构的混凝土路面。这种路面具有优良的抗拉、抗弯拉、抗疲劳性能以及较好的韧性。钢纤维混凝土路面主要应用于高程受限制路段、收费站、混凝土加铺层和桥面铺装。

钢纤维混凝土面层的厚度与钢纤维掺量有关。钢纤维体积率为 0.6% ~ 1.0% 时,其厚度为普通混凝土面层厚度的 0.65 ~ 0.75 倍。特重或重交通时,其最小厚度为 160mm;中等或轻交通时,其最小厚度为 140mm。缩缝间距宜在 6 ~ 10m 之间,最大面板尺寸不宜超过 8m × 12m。接缝构造同普通混凝土路面。

四、水泥混凝土预制块路面

水泥混凝土预制块路面是指面层由水泥混凝土预制块铺砌成的路面。由于路面表面接缝较多,所以只适用于服务区停车场、二级及二级以下公路桥头引道沉降未稳定段。

混凝土预制块可采用异形块或矩形块。预制块的长度为 200 ~ 250mm,宽度为 100 ~ 125mm,长宽比通常为 2:1。预制块厚度为 100 ~ 120mm。预制块下稳平层的厚度为 30 ~ 50mm。

第四篇 桥隧工程

第一部分 桥涵工程

第一章 概 述

第一节 桥梁基本组成与分类

一、桥梁的基本组成

桥梁是由桥跨结构(Superstructure)、下部结构(Substructure)和墩台基础三个主要部分组成的人工构筑物(图4-1-1)。

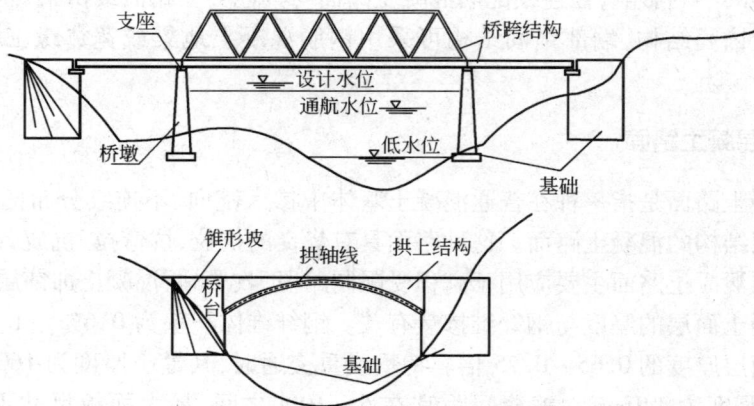

图 4-1-1 桥梁基本组成

桥跨结构,又称桥孔结构或上部结构,是线路遇到障碍(如河流、山谷、线路或其他障碍)而中断时保持路线连续的结构物。当需要跨越的幅度或承受的荷载越大时,桥跨结构的构造就越复杂,施工也越困难。

下部结构包括桥墩和桥台,是支承桥跨结构并将自身质量(恒载)和车辆等作用(活载)传至地基的结构物。桥台设置在桥跨结构两端,除用于支承桥跨结构外,桥台还与路堤相衔接,以抵御路堤土压力,防止路堤填土的滑坡和坍塌。桥墩设置在桥跨结构各孔之间,用于支承桥跨结构。

墩台基础是将桥墩和桥台传下来的全部作用传至地基的结构物。为了保证桥梁墩、台安全,通常将基础埋入岩(土)层中。由于基础是整个桥梁结构安全的关键之一,且常常需要在水中施工,因此是桥梁建设中比较困难的部分。

为了便于桥跨结构所有作用传递到墩台,并保证桥跨结构自由变形,需在桥跨结构与桥墩或桥台之间设置专门的传力装置,即支座。

此外,在路堤与桥台衔接处,通常在桥台的两侧设置石砌的锥形护坡,以保证迎水部分路堤的稳定。根据需要修筑护岸或设置导流结构等附属工程。

桥梁总体布置主要参数(参见图 4-1-1)如下。

1)水位

低水位:水位变动的河流,在枯水季节的最低水位称为低水位。

高水位:洪峰季节出现的最高水位称为高水位。

设计洪水位:按照《公路桥涵设计通用规范》(JTG D60—2004)(以下简称《桥规》(JTG D60—2004))规定,设计洪水位系指根据设计洪水频率计算所得的年最高洪水位。

通航水位:即最高停航水位,系根据允许通航的洪水频率计算所得的水位。

2)净跨径(l_0)与总跨径($\sum l_0$)

对于梁式桥,净跨径 l_0 是指设计洪水位线上相邻两桥墩(或桥台)之间的净距;对拱式桥则是每孔拱跨两个拱脚截面最低点(即起拱线)之间的水平距离。

总跨径 $\sum l_0$ 是多孔桥梁中各孔净跨径的总和,也称桥梁孔径,是反映桥下宣泄洪水能力的重要指标。

3)标准跨径(l_b)

对梁式桥,标准跨径 l_b 是指两相邻桥墩中线之间的水平距离,或桥墩中线到桥台台背前缘之间的水平距离;对拱式桥,标准跨径 l_b 就是净跨径,即 $l_b = l_0$。

4)计算跨径(l)

对具有支座的桥梁,计算跨径 l 是指桥跨结构两端支座中心之间的水平距离;对拱式桥,则是指主拱圈两拱脚截面形心点之间的水平距离。桥跨结构的力学计算以计算跨径为基准。

5)桥梁全长(L)与桥梁总长 L_1

桥梁全长 L 是指桥梁两个桥台侧墙或八字墙尾端点之间的距离。对无桥台的桥梁为桥面行车道的全长。桥梁总长 L_1 则是指两桥台台背前缘间的距离。路段中各桥梁全长 L 总量反映该路段的建设难度。

6)桥梁高度

桥梁高度,简称桥高,是指桥面到低水位之间的高差,或是桥面与桥下道路路面之间的距离。桥高在某种程度上反映桥梁施工的难易程度。

7)建筑高度 h 与容许建筑高度

建筑高度 h 是指桥上行车路面(或轨顶)高程到桥跨结构最下缘之间的垂直距离。它与桥梁体系、桥跨结构形式等有关。

容许建筑高度是公路或铁路定线中所确定的桥面或轨顶高程与桥下通航或通车净空顶部高程之差,显然,桥梁的建筑高度不得大于其容许建筑高度,否则就不能保证桥下净空要求。

8)桥下净空高度

设计洪水位、设计通航水位、桥下道路路面到桥跨结构最下缘之间的距离 H 称为桥下净空高度。桥下净空高度应能保证安全排洪需要，并不得小于该河流通航所规定的净空高度以及桥下道路所需要的净空高度。

9）拱轴线

拱圈各截面形心点的连线称为拱轴线。

10）净矢高(f_0)与计算矢高(f)

净矢高 f_0 是指拱顶截面下缘到两拱脚截面下缘最低点（起拱线）之连线的垂直距离；拱顶截面形心至两拱脚截面形心之连线的垂直距离则称为计算矢高 f。桥跨结构的力学计算以计算矢高为基准。

11）矢跨比(f/l)

矢跨比（又称拱矢度），是指拱圈的计算矢高 f 与计算跨径 l 之比，它是反映拱桥力学特性的重要指标。而 f_0/l_0 则称为净矢跨比。

二、桥梁分类

1. 按桥梁的基本结构体系分类

桥梁的分类方式很多，按桥梁的基本结构体系分类，可归纳为梁式、拱式、缆索承重式三种基本体系以及它们之间的各种组合。

1）梁式桥（Beam Bridge）

梁式桥是一种在竖向荷载作用下无水平反力的结构（图4-1-2）。由于桥梁主要作用（恒载和活载等）的作用方向与承重结构的轴线接近垂直，故与同样跨径的其他结构体系相比，梁内弯矩最大，通常需要抗弯能力强的材料（如钢筋混凝土、预应力混凝土、钢等）来建造。常用的梁式桥包括：钢筋混凝土和预应力混凝土简支梁（板）桥、钢筋混凝土和预应力混凝土连续梁（板）桥、预应力混凝土连续刚构桥、钢桁梁桥等。

按行车道位置的不同，梁式桥也分为上承式桥和下承式桥。一般情况下，梁式桥桥面布置在主要承重结构顶面，称为上承式桥；桥面布置在承重结构下部者则称为下承式桥。

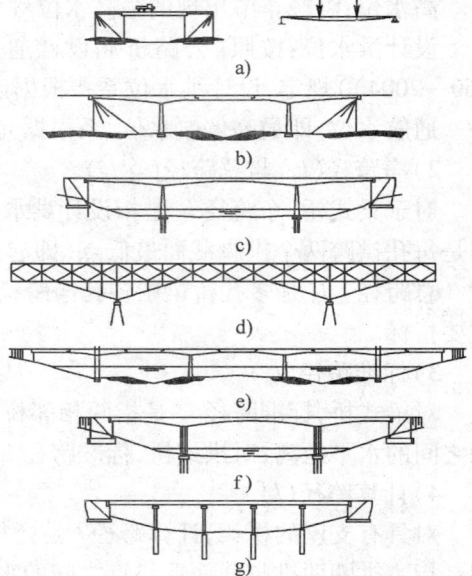

图 4-1-2　梁式桥示意图

a）简支梁桥；b）悬臂梁桥；c）连续梁桥；d）钢桁梁桥；e）T形刚构桥；f）连续刚构桥；g）简支连续梁桥或顶推连续梁桥

2）拱式桥（Arch Bridge）

拱式桥的主要承重结构是拱圈（图4-1-3）。在竖向作用（恒载和活载等）作用下，拱的两端支承处（拱脚处）除有竖向反力、弯矩（无铰拱）外，还有水平推力（图4-1-3b），正是该水平推力的存在，显著降低了竖向作用所引起的拱圈弯矩。因此，与同跨径的梁桥相比，拱内以受压为主，弯矩和变形要小得多。鉴于拱桥的承重结构以受压为主，抗压能力强但抗拉能力弱的圬工材料（如砖、石、混凝土）和钢筋混凝土可用于建造拱桥。

按照行车道处在拱结构立面位置的不同，拱桥分为上承式（图4-1-3a）、中承式（图4-1-3c）和下承式（图4-1-3d）。

上承式拱桥的桥跨结构由主拱圈（肋）及其拱上建筑所构成。拱圈是拱桥的主要承重结构,承受桥上的全部荷载,并通过它把荷载传递给墩台及基础。行车道系与主拱圈之间需要有传递荷载的构件和填充物,这些主拱圈以上的行车道系和传载结构或填充物称为拱上建筑。拱上建筑可做成实腹式(图4-1-4)或空腹式(图4-1-5),相应称为实腹式拱和空腹式拱。在图4-1-4中,表示出拱桥的主要组成部分、主要尺寸和名称。

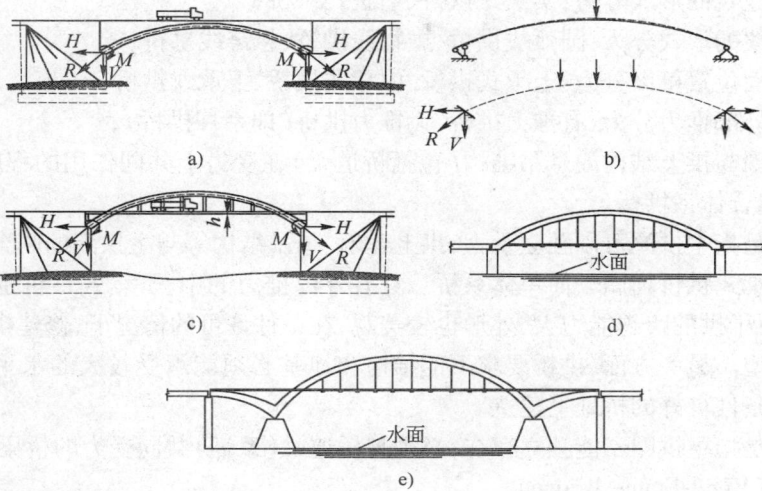

图4-1-3 拱式桥示意图

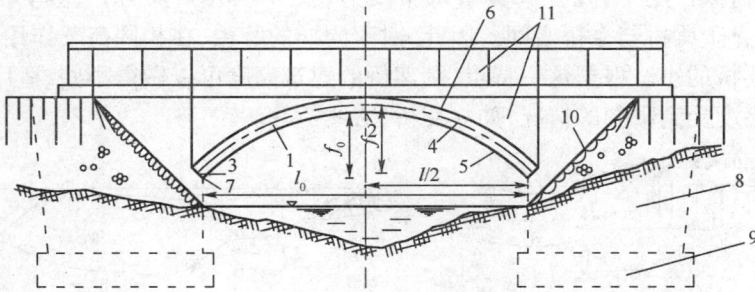

图4-1-4 实腹式拱桥

1-主拱圈;2-拱顶;3-拱脚;4-拱轴线;5-拱腹;6-拱背;7-起拱线;8-拱台;9-拱台基础;10-锥坡;11-拱上建筑

l_0-净跨径;l-计算跨径;f_0-净矢高;f-计算矢高;f/l-矢跨比

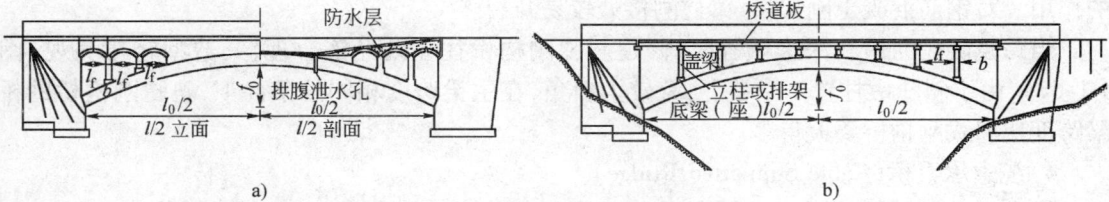

图4-1-5 空腹式拱桥构造

a)拱式腹拱;b)梁式腹拱

拱桥的类型多种多样,构成了一个大家族,包括:

①按照主拱圈所使用的建筑材料分为:圬工(砖、石、混凝土)拱桥、钢筋混凝土拱桥、钢管

混凝土拱桥、钢拱桥。目前，石拱桥最大跨径已达到146m（山西丹河大桥），钢筋混凝土拱桥最大跨径已达到420m（重庆万州长江大桥），钢管混凝土拱桥最大跨径已达到460m（重庆巫山长江大桥），钢拱桥最大跨径已达到552m（重庆朝天门长江大桥）。

②按照主拱圈所采用的截面形式分为：板拱桥、肋（实心肋、箱肋、管肋）拱桥、箱形拱桥；

③按拱上建筑的形式分为：实腹式拱桥、空腹式拱桥；

④按拱轴线的形式分为：圆弧线拱桥、抛物线拱桥、悬链线拱桥；

⑤按照桥面位置可以分为：上承式拱桥、中承式拱桥、下承式拱桥；

⑥按有无外部推力分为：有推力拱桥、无推力拱桥（即系杆拱桥）；

⑦按主拱圈与拱上结构或悬吊结构（包括桥道梁）在受力上共同作用的程度不同分为：简单体系拱桥、组合体系拱桥。

简单体系是指主拱圈可以独立受力，拱上建筑、悬吊结构等与主拱圈的联合作用可忽略不计。常见的上承式拱桥均属于简单体系桥。具有外部推力的中、下承式拱桥也属于简单体系桥。一方面，由于拱的跨越能力大，外形也较美观，在条件许可的情况下，修建拱桥往往是一种经济合理的桥型。另一方面，拱桥要求下部结构和地基必须能承受较大的水平推力，因此，拱桥适宜在地基条件良好的桥址上建造。

组合体系是指主拱圈不能独立存在，必须与桥道梁（系杆）共同受力的桥梁。

3）刚架桥（Rigid-Frame Bridge）

刚架桥（图4-1-6）是梁（或板）和立柱（或竖墙）固结形成的一种刚架结构。由于两者是刚性连接，在竖向荷载作用下，在柱脚具有水平反力（图4-1-6b），梁部产生弯矩的同时还有轴力，其受力状态介于梁桥与拱桥之间。因此，对于同样的跨径，在相同荷载作用下，刚架桥的正弯矩要比一般梁桥的小。根据这一特点，刚架桥的建筑高度可以做得小些，适用于需要较大桥下净空和建筑高度受到限制的情况，如立交桥、跨线桥等。

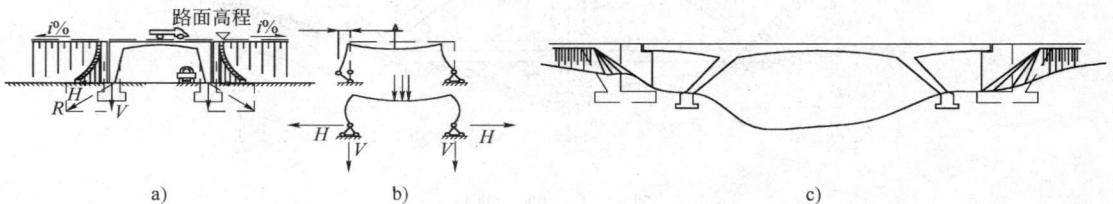

图4-1-6 刚架桥

刚架桥必须要有良好的地基条件，或用较深的基础和用特殊的构造措施来抵抗水平推力的作用。对钢筋混凝土刚架桥，梁柱刚接处较易开裂。

当跨越陡峭河岸和深邃峡谷时，修建斜腿刚构桥往往既经济合理，又造型轻巧美观（图4-1-6c），由于斜腿墩柱置于岸坡上，有较大斜角，在主梁跨度相同的条件下，斜腿刚构桥的桥梁跨度比门式刚构桥要大得多。

4）缆索承重桥（Cable Supported Bridge）

缆索承重桥（图4-1-7）包括斜拉桥和悬索桥两种。

悬索桥，又称吊桥，是最古老的桥梁形式之一。传统的悬索桥均用悬挂在两边塔架上的强大缆索作为主要承重结构，加劲梁自重及其他作用通过吊杆使缆索承受拉力，因此，悬索桥也是具有水平反力（拉力）的结构，常需要在两岸桥台后方修筑巨大的锚碇结构。现代悬索桥广泛采

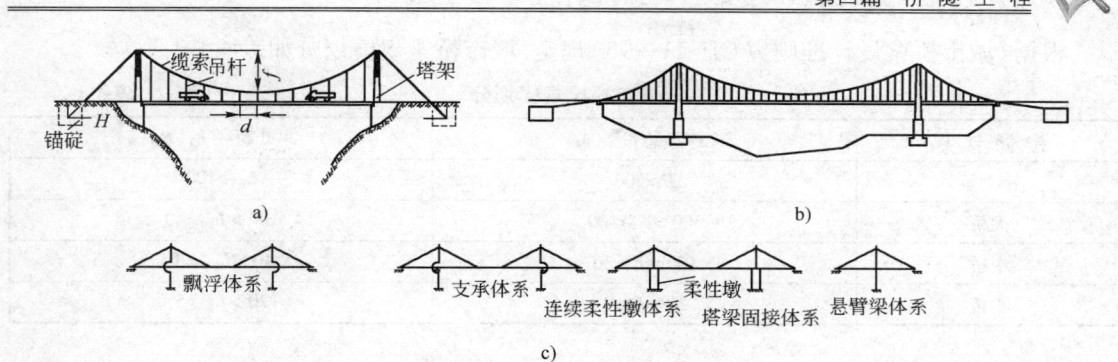

图 4-1-7 缆索承重桥梁示意
a)单跨悬索桥;b)三跨悬索桥;c)斜拉桥

用高强度钢丝编制的主缆,借助钢材优异的抗拉性能,跨越其他桥型无与伦比的特大跨度。

斜拉桥,又称斜张桥,由斜索、桥塔和主梁组成,斜拉桥利用高强钢材制成的多根斜索将主梁托起,主梁的恒载和其他作用通过斜拉索传至桥塔,再通过桥塔基础传至地基,由此,主梁犹如一根多点弹性支承的连续梁一样工作,而且斜索索力的水平分量又构成主梁的"免费"预压应力,从而使主梁尺寸大大减小,结构自重显著减轻,既节省了结构材料,又大幅度增大了桥梁的跨越能力。此外,斜拉桥的结构刚度要比悬索桥大。因此,在相同的荷载作用下,结构的变形小,而且抵抗风振的能力也比悬索桥好,这也是斜拉桥在可能达到的大跨度情况下比悬索桥优越的重要因素。

5)组合体系桥

根据结构的受力特点,由上述不同体系组合而成的桥梁称为组合体系桥。如梁拱组合桥、斜拉桥与连续刚构组合而成的协作体系桥、斜拉桥与悬索桥组合而成的吊拉组合桥等。

2. 桥梁的其他分类方法

除了上述按受力体系分类外,也可按桥梁的用途、主要承重结构的材料等来分类。

(1)按用途来划分,有公路桥、铁路桥、公铁两用桥、农用桥、人行桥、渡槽桥及其他专用桥梁(如通过管路、电缆等)。

(2)按承重结构所用的材料来划分,有木桥、钢桥、圬工桥(包括砖、石、混凝土桥)、钢筋混凝土桥、预应力混凝土桥、钢混组合桥等。

(3)按跨越障碍的性质,可分为跨河桥、跨线桥(立体交叉)、高架桥(指以桥代替路堤的桥梁)等。

另外,按桥梁全长和跨径不同,划分为特(殊)大桥、大桥、中桥和小桥。

根据《桥规》(JTG D60—2004)规定,公路桥梁规模划分如表 4-1-1。

公路桥梁规模划分 表 4-1-1

桥 涵 规 模	多跨径总长 $L(m)$	单孔跨径 $L_k(m)$
特殊大桥	$L > 1\,000$	$L_k \geqslant 150$
大桥	$100 \leqslant L \geqslant 1\,000$	$40 \leqslant L_k \geqslant 150$
中桥	$30 < L < 100$	$20 \leqslant L_k < 40$
小桥	$8 \leqslant L \leqslant 30$	$5 \leqslant L_k < 20$
涵洞	—	$L_k < 5$

根据《城市桥梁设计准则》（CJJ 11—93）规定，城市桥梁规模划分如表 4-1-2。

城市桥梁规模划分 表 4-1-2

桥涵规模	多跨径总长 L(m)	单孔跨径 L_k(m)
特大桥	$L \geqslant 500$	$L_k \geqslant 100$
大桥	$500 > L \geqslant 100$	$100 > L_k \geqslant 40$
中桥	$100 > L > 30$	$40 > L_k \geqslant 20$
小桥	$30 \geqslant L \geqslant 8$	$20 > L_k \geqslant 5$

第二节　桥梁总体设计

一、桥梁设计原则与程序

桥梁是路线的重要组成部分，常称为道路的咽喉，尤其是大、中桥梁对当地政治、经济、国防等都具有重要意义，因此，应根据所设计桥梁的使用任务、性质和所在线路的远景发展需要，按照适用、经济、安全、美观、有利于环保的原则进行总体规划和设计，公路、城市桥梁应分别符合《桥规》（JTG D60—2004）和《城市桥梁设计准则》（CJJ 11—93）的相关规定。

1. 桥梁设计原则

1）使用上的要求

桥梁必须适用，应满足结构功能要求。要有足够的承载能力，既能保证行车畅通、舒适和安全，又能满足未来交通量增长的需要。建在通航河流或需跨越其他线路的桥梁，桥下净空应满足泄洪、安全通航或通车的要求。对重要桥梁，还应考虑战时国防的要求，在特定地区，尚应能满足特定条件下的特殊要求（如抗震、防撞等）。

2）经济上的要求

桥梁设计应体现经济上的合理性。既要考虑桥梁建设时的费用，又要考虑在使用期间养护维修费用最省，且经久耐用。因此，选用的结构形式要便于施工和制造，能够采用先进的施工技术和施工机械，以便缩短工期，保证工程质量和施工安全。采用的建筑材料，应具有良好的耐久性，尽可能降低服役期养护费用，提高经济效益。

3）安全上的要求

桥梁设计应确保安全性，保证桥梁结构在施工过程（制造、运输、安装）、成桥状态具有足够的强度、刚度、稳定性和耐久性。桥梁结构的强度应使全部构件及其连接构造的材料抗力或承载能力具有足够的安全储备。对于刚度要求，应使桥梁在设计作用（荷载）下的变形不超过规范规定的容许值，以免挠度过大而影响使用以及危及桥梁结构的安全。桥梁结构的稳定性要求是要使桥梁结构在各种作用（包括静荷载、动荷载）下具有能保持原来的形状和位置的能力。耐久性则是需要保证桥梁结构在设计使用年限内的长期安全性要求。

4）美观上的要求

一座桥梁应具有优美的外形，与周围环境相协调。在满足功能要求的情况下，选用最佳的结构形式，使其纯正、清爽、稳定。对城市桥梁和游览区的桥梁，可较多地考虑建筑艺术上的要求，应反映时代风貌，符合城市规划要求，并与环境协调。

5）环保上的要求

桥梁建设须在不破坏环境的前提下进行。

另外，桥梁设计应积极采用新结构、新技术、新材料、新工艺。

2. 设计程序与内容

桥梁设计程序与内容应符合《公路工程基本建设项目设计文件编制办法》要求。

通常，桥梁设计包括工程可行性研究、初步设计、技术设计和施工图设计等四个阶段。

（1）桥梁工程可行性研究是桥梁初步设计之前的规划计划阶段，是解决一座桥梁建设的必要性、可能性与经济性问题。对重要的桥梁工程都要进行工程可行性研究，通过水文、地质、交通量与增长率、使用性质等的调查研究，确定桥位、桥梁荷载等级、规模、桥梁的各项具体设计要求，如桥面宽度、桥梁建筑高度、桥上和桥下净空要求、航道要求、工程费用估算等。

（2）桥梁初步设计又称方案设计，主要是在批复的工程可行性研究基础上，根据适用、经济、安全、美观、有利于环保的设计原则进行桥梁方案设计，拟定结构形式（体系、分孔、桥型布置）及主要构造尺寸，确定需要的附属结构物，提出主要建筑材料数量指标，选择施工方案，并据此编制工程概算与文字说明、图表资料等技术文件，报送上级主管部门审批。初步设计的概算应作为控制建设项目投资和以后编制施工预算的依据。

①进一步开展水文、勘测工作。在初步设计阶段要通过进一步水文工作提供基础设计和施工所需要的水文资料。如施工期间各月可能的高、低水位和相应的流速（各个墩位处同一时期流速有所不同），以及河床可能的最大冲刷和施工时可能的冲刷等。

本阶段的勘测工作称为"初勘"。在初勘中应建立以桥位中心线为轴线的控制三角网，提供桥址范围内两千分之一地形图。勘探工作一般在桥轴线上的陆地及水上布置必要的钻孔，必要时还要在桥轴线的上、下游也适当布置一些钻孔，以便能探明岩层构造情况及其变化。根据钻探取得的资料确定岩性、强度及基岩风化程度，覆盖层的物理、力学指标，以及地下水位情况等。

②桥型方案比选。桥型方案比选是初步设计阶段的中心工作，在工程可行性研究报告中推荐的桥型方案基础上，进行多个方案比较。各方案均要求提供桥型布置图，图上必须标明桥跨布置，主要高程，上、下部结构形式及工程数量。对推荐方案，还要提供上、下部结构布置图，以及一些主要的及特殊部位的构造细节处理图。各类结构均需提出可行的施工方案，并经过检算。

③施工方案与工程概算。施工方案直接影响桥梁结构受力、建设工期以及工程概算，在初步设计中必须明确施工方案，提出设计概算，设计总概算一般应控制在批复（工程可行性研究报告）的总投资内。

④形成初步设计文件。

（3）桥梁技术设计是针对新型、特大型桥梁、技术复杂桥梁而言。技术设计根据初步设计批复意见，对重大、复杂的技术问题通过科学试验、专题研究，进一步勘探、分析比较，解决初步设计中未解决的问题，落实技术方案，提出修正的施工方案等，为施工图设计提供依据。

（4）桥梁施工图设计是在批准的初步设计中所核定的修建原则、技术方案、技术决定和总投资额等基础上进一步加以具体化。在这一设计阶段中，必须对桥梁结构及各部分构件进行详细的设计计算，绘制施工详图，编制施工组织设计和施工预算。

对于修建任务紧急的一般桥梁建设项目，或技术要求简单的中、小桥建设项目，可以采用一阶段设计,即在施工图设计基础上增加桥梁设计技术指标、规模、方案确定等内容。

3. 野外勘测和资料调查

桥梁规划设计中涉及因素很多,必须经过充分的调查研究,从客观实际出发,具体分析,才能作出合理的设计方案,提出正确的计划任务书。桥梁的规划设计必须进行一系列的野外勘测和资料收集工作。

对跨越河流的桥梁一般应做以下几个方面的工作:

（1）调查研究桥梁的具体任务。桥上的交通种类、荷载等级、实际交通量和增长率、需要的车道数目或行车道的宽度以及人行道的要求;调查桥上有无需要通过各类管道（如电力、通讯线、水管和煤气管等）。

（2）桥位选择。大、中桥的桥位选择原则上应服从路线的走向,路桥综合考虑。一方面从整个路线或路线网的观点来看,应尽量避免或减少因车辆绕道而增加的运输费用;另一方面,从桥梁本身的经济性和稳定性出发,应尽量选择在河道顺直、水流稳定、河面较窄、地质良好、冲刷较少的河段上,以降低造价和养护费用,并防止因冲刷过大而发生桥梁倒塌。此外,一般应尽量避免桥梁与河流斜交,以免增加桥梁长度而提高造价。

对小桥涵的位置应服从路线走向,当遇到不良地形、地质和水文条件时,应采取适当处理措施,不应因此而改变线路。

大、中桥一般选择 2～3 个桥位,进行各方面的比较,然后选择出最合理的桥位。

（3）测量桥位附近的地形,绘制地形图供设计和施工使用。

（4）地质钻探。通过钻探调查桥位附近的地质情况,并将钻探资料绘成地质剖面图,作为基础设计的重要依据。为使地质资料更接近实际,可以根据初步拟定的桥梁分孔方案在墩台附近布置钻探。对于所遇到的不良地质现象,如滑坡、断层、溶洞、裂隙等,应予以注明。

（5）调查和测量河流的水文情况,为确定桥梁的桥面高程、跨径和基础埋置深度提供依据,其内容包括:

①河道性质:了解河道是静水河还是流水河,有无潮水,河床及两岸的冲刷和淤积,以及河道的自然变迁和人工规划的情况。北方地区还要了解季节性河流的具体性质。

②测量桥位处河床断面。

③调查、了解洪水位的多年历史资料,通过分析推算设计洪水位。公路桥梁设计洪水频率根据公路等级以及桥梁规模（安全等级）分别采用。详见《公路桥涵设计通用规范》（JTG D60—2004）3.1.7 款相关规定。

④测量河床比降,调查河槽各部分的形态高程和粗糙率等,计算流速、流量等有关的资料,通过计算确定设计水位下的平均流速和流量,结合河道性质可以确定桥梁所需要的最小总跨径,选择通航孔的位置、墩台基础形式及埋置深度。

⑤根据桥规要求,向航运部门了解和协商确定设计通航水位和通航净空,根据通航要求与设计洪水位,确定桥梁的分孔与桥跨底缘设计高程。

（6）调查当地建筑材料（砂、石料等）的来源、水泥钢材的供应情况以及水陆交通的运输情况。

（7）调查、了解施工单位的技术水平、施工机械等装备情况,以及施工现场的动力设备和电力供应情况。

（8）调查和收集有关气象资料,包括气温、雨量及风速（或台风影响）等情况。

（9）调查新建桥位上、下游有无老桥，其桥型布置和使用情况等。

上述各项野外勘测与调查研究工作，有的可同时进行有的则需相互交错进行，如进行桥孔地形测量、地质钻探和水文调查需要先有桥位或比较桥位；为选择桥位又必须有一定的地形、地质和水文资料等。因此各项工作必须相互渗透，交错进行。

二、桥梁纵、横断面设计及平面布置

1. 桥梁纵断面设计

桥梁纵断面设计主要包括：确定桥梁的桥孔设计长度、桥梁分孔、桥面高程与桥下净空、桥梁纵坡布置以及基础的埋置深度等。

1）桥孔设计长度确定

对跨河桥梁，桥孔设计长度一般根据水文计算确定。由于桥梁墩台和台后路堤压缩了河床，使桥下过水面积减少，流速增大，引起河床冲刷，所以，桥孔设计长度必须保证桥下有足够的排洪面积，使河床不产生过大的冲刷；同时，为了使桥梁的总长度不致因桥孔设计长度过大而增加太多，一般允许存在一定范围内的冲刷。因此，桥孔设计长度不能机械地根据计算和规定的冲刷系数来确定，必须根据具体情况分别对待。如当桥梁墩台基础埋置较浅时，桥梁的桥孔设计长度应大一些，甚至接近于洪水泛滥宽度，以避免河床过多的冲刷而引起桥梁破坏。对于深基础，允许出现较大冲刷，则可适当压缩桥下排洪面积，以减少桥梁总跨径。山区河流流速本来已很大，应尽可能少压缩或不压缩河床，因为当台后路堤和锥体护坡伸入河床时，就难以承受高速的冲刷。平面宽滩河流虽然可允许较大的压缩，但必须注意壅水对河滩路堤以及附近农田和建筑物可能造成的危害。

2）桥梁的分孔

桥孔设计长度确定以后，需要进一步作分孔布置。对于一座较大的桥梁，究竟应分几孔，各孔的跨径大小、各跨径的比例关系，有几个墩需落在河中，哪些是通航孔，哪些不是通航孔等等，这些问题要根据通航要求、地形与地质条件、水文情况、技术经济、施工技术以及美观等条件综合确定。

桥梁的分孔直接关系到桥梁的造价。跨径和孔数不同时，上部结构和墩台的总造价是不相同的。跨径愈大，孔数愈少，上部结构的造价就愈高；反之，则上部结构的造价将降低，而墩台的造价可能增加。设计时应尽量采用经济跨径。所谓经济跨径，是指使上部结构和下部结构的总造价最低的跨径。因此，当墩台较高或地质不良，以及基础工程较复杂而造价较高时，桥梁跨径就应布置得大一些；当桥墩较矮或地基较好时，跨径就选得小一些。在实际工程中，可对不同的跨径布置进行粗略的方案比较，以选择最经济的跨径和孔数。

对通航河流，分孔时应首先考虑航道等级及桥下通航净宽的要求。当通航净宽大于按经济造价所确定的跨径时，将通航桥孔的跨径按通航净宽来确定，其余的桥孔跨径则选用经济跨径。桥梁的通航孔应布置在航行最方便以及习惯性通航的河域。对于有通航要求的变迁性河流，应考虑航道位置可能发生变化，需多设几个通航孔，一般需通航论证确定。城市桥梁孔径确定还应注意符合城市规划中的河道及（或）航道整治规划要求。

在平原地区的宽阔河流上修建多孔桥梁时，通常在主槽部分按需要布置跨径较大的通航孔，而在两岸浅滩部分按经济跨径进行分孔。如果经济跨径较通航要求者还大，则通航孔也应取较大跨径。

桥梁的分孔是一个非常复杂的问题，各种各样的条件和要求往往发生矛盾。例如：跨径在100m以下的公路桥梁，为了尽可能符合标准跨径，不得不放弃采用按经济要求确定的孔径；从战备要求出发，需要将全桥各孔的跨径做成一样，并且跨径不能太大，以便于抢修和互换；有时为避开深水区或不良地质地段（如软土层、溶洞、岩石破碎带等）而可能将跨径加大；等等。

为了使结构受力合理和用材经济，分孔布置时应有合理的跨径比例。如对于三跨连续梁桥，中跨与边跨之比约为1.00：0.80，对于五跨连续梁，中跨与边跨之比约为1.00：0.80：0.65，并通常做成奇数跨。

采用支架施工桥梁时，为了避免在水中搭脚手架和临时墩，可以加大跨径；在山区建桥时，往往采用大跨径桥梁跨越深谷，以免在谷底建造高桥墩。

除此之外，桥梁的跨径还与施工能力有关，所选用的较大跨径虽然在技术和经济上均是合理的，但由于缺乏必要的施工技术能力和机械设备，不得不放弃较大跨径方案而选用较小跨径。

总之，分孔问题是桥梁设计中最基本、最复杂的问题，必须进行深入全面的分析，才能定出比较完善的方案。

3）桥面高程的确定

桥面高程依据桥梁所在路线纵断面、设计洪水位、桥下通航或通车净空、桥下泄洪、桥梁建筑高度等因素来确定。桥面高程的确定还应考虑波浪、壅水、水拱、河湾凹岸水面超高等因素引起的桥下水位升高和河床淤积的影响，详见本教材第二部分第十章。

桥面最低高程必须同时满足路线纵断面（两岸地形）、泄洪净空、桥下通航净空、桥下通车（或人）净空要求。

包括坡桥、斜桥在内所有桥梁，无论桥梁多长，坡度多大，全桥最低的桥面高程应同时满足下列要求。

①桥梁所在路线要求：根据路线纵断面设计提出，通常是满足泄洪、通航与通车要求的。

②桥下泄洪要求：桥面高程 $H \geqslant$ 设计洪水位 H_s ＋泄洪净空高度 H_x ＋建筑高度 H_j。

③桥下通航要求：桥面高程 $H \geqslant$ 通航水位 H_t ＋通航净空高度 h_t ＋建筑高度 H_j。

④桥下通行要求：桥面高程 $H \geqslant$ 桥下路线高程（最高点）＋通车（或人行）净空高度 h_c ＋建筑高度 H_j。

非通航河流桥下最小净空详见《桥规》（JTG D60—2004）表3.3.2款相关规定。

在通航及通行木筏的河流上，必须设置保证桥下安全通航的通航孔。在此情况下，桥跨结构下缘的高程应高出自设计通航水位算起的通航净空高度。所谓通航净空，就是在桥孔中垂直于流水方向所规定的空间界限（图4-1-8中虚线所示的多边形图）。任何结构构件或航运设施均不得伸入其内。根据《内河通航标准》（GB 50139—2004）进行桥孔布置及通航净空尺寸确定，同时应充分考虑河床演变及不同通航水位航迹线的变化。

在设计跨越线路（铁路或公路）的立体交叉时，桥跨结构底缘的高程应高出规定的桥下道路车辆净空高度（见《桥规》（JTG D60—2004）3.3.1款）。当桥梁受到两岸地形限制时，允许修建坡桥，但大、中桥桥面纵坡不宜大于4%，位于市镇混合交通繁忙处纵坡不得大于3%，或应满足现行规范要求。

2. 桥梁横断面设计

桥梁横断面设计主要包括：决定桥面宽度和桥跨结构横截面的布置。桥面宽度取决于车

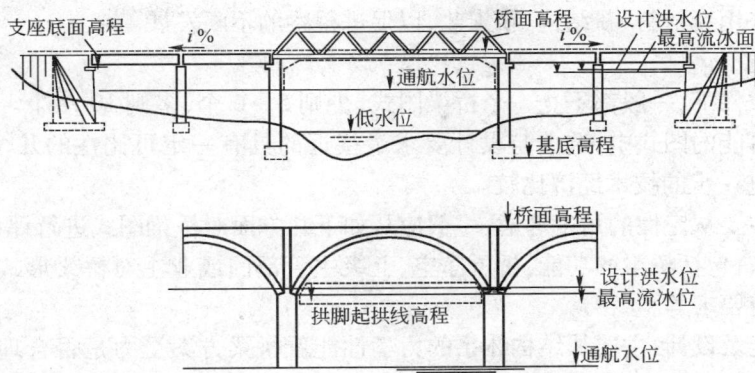

图 4-1-8　桥梁纵面布置

辆和行人的交通需要。《桥规》(JTG D60—2004)3.3.1 款规定了公路桥面净空限界图式及桥面布置尺寸规定。

城市桥梁以及位于大、中城市近郊的公路桥梁的桥面净空尺寸,应结合城市实际交通量和今后发展的要求来确定,详见《城市桥梁设计准则》(CJJ 11—93)4.4 条规定。《城市桥梁设计准则》(CJJ 11—93)5.0.8 款对桥梁横断面布置做出了规定。

在弯道上的桥梁应按路线要求予以加宽超高。

公路桥梁人行道和自行车道的设置应根据实际需要而定。人行道的最小宽度为 0.75m 或 1m,大于 1m 应按 0.5m 的倍数增加。城市桥梁人行道宽度除按人群流量计算外,还应考虑周围环境等因素影响,可参见《城市桥梁设计准则》(CJJ 11—93)5.0.3。

不设人行道的桥梁,可设置栏杆、防撞墙和安全带。与路基同宽的小桥涵可仅设缘石或栏杆。

3. 平面布置

桥梁的线形及桥头引道要保持平顺,使车辆能平稳通过。高速公路和一级公路的大、中桥,以及各级公路上的小桥的线形及其与公路的衔接,应符合路线布设的规定。

二、三、四级公路的大、中桥宜尽量采用直线布置,当桥面受到两岸地形限制时,可修建曲线桥,其各项指标应符合路线的要求,并确保行车安全需要。

从桥梁本身的经济性和施工方便来说,应尽可能避免桥梁与河流或桥下路线斜交,但对于一般小桥,为了改善路线线形,或城市桥梁受限制时,也允许修建斜交桥,通常斜度不宜大于 45°,在通航河流上不宜大于 5°。

4. 桥梁设计方案比较

对一定的建桥条件,在满足基本要求的情况下可以做出多种不同的设计方案,为获得经济、适用、安全、美观和利于环保的桥梁设计,只有通过技术经济综合比较,才能提出科学、合理的设计方案。

1)拟定桥梁图式

根据设计要求与水文计算,在桥轴河床断面上进行分孔布置和拟定桥型图式。只要基本满足要求和具有一定实施可能性的图式均用同样比例(初拟图式时其比例可小些)绘制在桥址断面上,一般应给出跨径、矢高、主要高程、桥梁全长等。初拟图式时思路要广,宁可多画几个图式,也不要遗漏可能的桥型和布置,桥梁图式既应体现民族风格、传统形式、习惯做法,又要尽可能多地采用新材料、新结构、新工艺，以促进桥梁的不断发展。

2）方案初选

一定建桥条件下，一般都不止一个桥梁图式，少则 5～6 个，多则 10 多个。方案初选的任务就是从所有可能的图式中，选出与设计要求最接近的具有一定可比性的几个方案（一般为 2～4 个），进行进一步的技术经济比较。

方案初选主要从定性的角度考虑，一般应从如下几方面对桥梁图式进行评价。

①设计要求：包括桥梁的功能、桥下净空、上级主管部门或业主对桥梁形式、施工工期、工程造价等的特定要求等。

②受力性能及设计：主要从结构体系的力学性能看桥梁方案受力是否合理、明确、力学分析与设计上是否存在困难，是否需要进行专门研究，体系性能是否具有先进性等。

③使用性能：桥梁建成后是否具有良好的使用性能，包括行车舒适性等。

④施工：主要考虑所拟桥梁图式在施工上是否存在某些困难（结合当时、当地的施工条件及承包商的施工能力考虑），能否满足工期要求，是否具有较大的风险性以及对投资有何影响等。

⑤材料：主要考虑建桥材料的供应情况。

⑥美观：桥梁建成后与周围环境是否协调，特别是城市桥梁的美观问题往往可能成为方案取舍的关键。

⑦维护：考虑桥梁在使用中是否需要经常性维护，对交通有何影响以及维护费用等。

⑧估算造价与工期：从现有经验与有关估算办法估计工程造价与工期，舍去明显不符合要求的方案。

⑨地域性影响：在选择方案时还应考虑桥梁所在地区有关部门及人士的习惯与接受能力等。

上述各影响因素往往不是独立的，而是相互关联、相互矛盾的，所以，对某个方案的取舍必须按照适用、经济、安全和美观的设计原则综合考虑。

3）编制方案

编制方案的目的在于提供从众多桥梁图式中选出的 2～4 个比较安排技术经济指标，以便经过相互比较，科学地从中选出最优方案。这些指标包括：主要材料（钢、木、水泥）用量、劳动力（包括专业技术工种）数量、全桥总造价（分上、下部结构列出）、工期、养护费用、运营条件、有无困难工程、要否特种机具、美观等。为了获得上述的前三项指标，通常可充分利用已有资料或通过一些简便的近似验算，对每一方案拟定结构主要尺寸，并计算主要工程数量。有了工程数量，乘以相应的材料和劳动定额以及扩大单价，就不难得出每个方案的所需材料和劳动力数量，并估算全桥造价。其他的一些问题，虽难得到数量指标，也应进行适当的概略评价。每个方案应绘出河床断面及地质分层立面图和横断面图。

4）技术经济比较和最优方案选定

设计方案的评价和比较，是要全面考虑上述各项指标，综合分析每一方案的优缺点，最后选一个符合当前条件的最佳的推荐方案。有时，占优势的方案还可吸取其它方案的优点进一步加以改善，如果改动较多时，甚至最后中选的方案可能是集聚各方案长处的另一新方案。技术经济比较一般采用图表方式进行。

一般说来，造价低、材料省、劳动力少并且桥型美观的方案应为优秀方案，但实际上并不尽然,因为,有时当其他技术因素或使用要求上升为设计的主要矛盾时,就不得不放弃较为经济的方案。所以在比较时必须从任务书提出的要求,所给的原始资料以及施工等条件中,找出所要面临的关键问题,分清主次,才能探索出适合于各具体情况的最佳方案。

在方案比较中,除了绘制方案比较图外,还应编写方案比较说明书。其中着重阐明编制方案的主要原则,拟定图式和从中选出比较方案的理由,方案比较的综合评价,对于推荐方案的较详细说明等。有关为拟定结构主要尺寸所作的各种计算资料、三材指标和造价计算等依据的文件名称(如概算定额、各种费率标准),以及各种批文、纪要等均作为附件载入说明书中。

表4-1-3 是某大桥初步设计所编制的比较方案实例,提出了变截面连续箱梁、简支连续梁、箱形拱桥等3种桥型方案。

某桥方案比较表　　　　　　　　　　　　　　　　表4-1-3

序号	方案比较　项目	第 一 方 案 预应力混凝土连续箱梁桥	第 二 方 案 预应力混凝土简支连续梁桥	第 三 方 案 钢筋混凝土箱形拱桥
1	跨径布置(m)	40 + 4 × 65 + 40	7 × 50	4 × 80
2	桥梁总长(m)	364	374	360
3	受力情况	属于超静定结构,受力较好,支座沉降、混凝土收缩徐变对受力影响大	属于超静定结构,受力较好,支座沉降、混凝土收缩徐变对受力影响大	主要承重结构以受压为主,承载潜力大,对基础要求高
4	施工工艺、技术要求	上部结构支架施工,预应力施工技术要求严格,施工支架用材较多	上部结构采用先简支后结构连续,需用架桥设备,预应力技术先进,工艺要求严格	上部结构采用缆索吊装施工,已有成熟的经验,需用大量的吊装设备
5	使用效果	桥面连续,无伸缩缝,行车条件好	桥面连续,无伸缩缝,行车条件好	伸缩缝多,养护麻烦,纵坡较大,东岸广场及引道填土太高,土方量大,土方来源困难
6	养护	较简便	较简便	较复杂
7	占地拆迁	较少	较少	稍多
8	用材及造价 (具体数据略)	钢材用量最多,造价最高	介于一、三方案之间	耗用钢材少,但木材水泥和劳动力消耗均最多,造价最低
9	推荐方案	比较方案二	比较方案一	推荐方案

上例选择第三方案为最优方案。

对于路线上的桥梁,同样需要按照上述过程进行方案比选。鉴于路线上的桥梁量大、面广,面临的条件为简单,所以,一般采用常规、成熟的通用桥型,其方案比选过程可适当简化。

第三节 桥梁的作用及组合

一、桥梁设计作用(荷载)种类与取值

桥梁的功能首先应满足交通需要,铁路桥梁通行列车,公路桥梁通行汽车,公铁两用桥则既通行列车又通行汽车,人行桥通行人群等。目前,我国对桥梁设计作用(荷载)规定依行业

部门的不同而异。

（一）公路桥梁作用

按照《公路桥涵设计通用规范》（JTG D60—2004）规定，公路桥梁作用划分为三类，即永久作用、可变作用和偶然作用，同时，根据作用可能出现的概率，在设计桥涵时考虑不同的作用组合，其分类见表4-1-4。

桥 梁 作 用 分 类　　　　　　　表4-1-4

编　号	作用分类	作 用 名 称
1	永久作用	结构重力（包括结构附加重力）
2		预加力
3		土的重力
4		土侧压力
5		混凝土收缩及徐变作用
6		水的浮力
7		基础变位作用
8	可变作用	汽车荷载
9		汽车冲击力
10		汽车离心力
11		汽车引起的土侧压力
12		人群荷载
13		汽车制动力
14		风荷载
15		流水压力
16		冰压力
17		温度（均匀温度和梯度温度）作用
18		支座摩阻力
19	偶然作用	地震作用
20		船舶或漂流物的撞击作用
21		汽车撞击作用

1. 永久作用

永久作用，又称恒载。它是在设计使用期内，其作用的位置、大小不随时间变化或其变化与平均值相比可忽略不计的荷载。永久荷载包括结构物自重、桥面铺装及附属设备的质量、作用于结构上的土重及土侧压力、基础变位的影响力、水浮力、长期作用在结构上的人工预压力以及混凝土收缩徐变的影响力。

各项永久作用采用标准值作为代表值，具体取值详见《桥规》（JTG D60—2004）4.2.1～4.2.6款相关规定。

2. 可变作用

可变作用主要指汽车荷载及其影响力、人群荷载以及自然力。可变作用根据不同的极限状态分别采用标准值、频遇值或准永久值作为代表值。其中，承载能力极限状态设计及按弹性阶段计算结构强度时采用标准值作为代表值,正常使用状态按短期效应组合设计时采用频遇值作为代表值,按长期效应组合设计时采用准永久值作为代表值。

根据《桥规》(JTG D60—2004),公路桥涵设计时,汽车荷载的计算图式、荷载等级及其标准值、加载方法和纵横向折减等应符合下列规定:

(1)汽车荷载分为公路—I级和公路—II级两个等级。

(2)汽车荷载由车道荷载和车辆荷载组成。车道荷载由均布荷载和集中荷载组成。桥梁结构的整体计算采用车道荷载;桥梁结构的局部加载、涵洞、桥台和挡土墙土压力等的计算采用车辆荷载。车辆荷载与车道荷载的作用不得叠加。

(3)各级公路桥涵设计的汽车荷载等级如表4-1-5。

各级公路桥涵的汽车荷载等级　　　　　　　　表4-1-5

公　路　等　级	高速公路	一级公路	二级公路	三级公路	四级公路
汽车荷载等级	公路—I级	公路—I级	公路—II级	公路—II级	公路—II级

注:二级公路为干线公路且重型车辆多时,其桥涵的设计可采用公路—I级汽车荷载。

四级公路上重型车辆少时,其桥涵设计所采用的公路—II级车道荷载的效应可乘以0.8的折减系数,车辆荷载的效应可乘以0.7的折减系数。

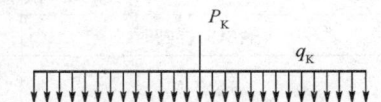

(4)车道荷载的计算图式,详见图4-1-9。

图4-1-9　公路车道荷载计算图式

其中:①公路—I级车道荷载的均布荷载标准值为 $q_K = 10.5 kN/m$,集中荷载标准值按以下规定选取:桥梁计算跨径小于或等于5m时,$P_K = 180 kN$;桥梁计算跨径等于或大于50m时,$P_K = 360 kN$;桥梁计算跨径在5～50m之间时,P_K 值采用直线内插求得。计算剪力效应时,上述集中荷载标准值 P_K 应乘以1.2的系数。②公路—II级车道荷载的均布荷载标准值 q_K 和集中荷载标准值 P_K 按公路—I级车道荷载的0.75倍采用。③车道荷载的均布荷载标准值应满布于使结构产生最不利效应的同号影响线上;集中荷载标准值只作用于相应影响线中一个最大影响线峰值处。

(5)车辆荷载的立面、平面尺寸见图4-1-10,主要技术指标规定见表4-1-6。

(6)车道荷载横向分布系数应按设计车道数以及如图4-1-11布置车辆荷载进行计算。

公路车辆荷载的主要技术指标　　　　　　　　表4-1-6

项　　　目	单位	技 术 指 标	项　　　目	单位	技 术 指 标
车辆重力标准值	kN	550	轮距	m	1.8
前轴重力标准值	kN	30	前轮着地宽度及长度	m	0.3 × 0.2
中轴重力标准值	kN	2 × 120	中、后轮着地宽度及长度	m	0.6 × 0.2
后轴重力标准值	kN	2 × 140	车辆外形尺寸(长×宽)	m	15 × 2.5
轴距	m	3 + 1.4 + 7 + 1.4			

(7)桥涵设计车道数按表4-1-7规定采用。多车道桥梁上的汽车荷载应考虑多车道折减。当桥涵设计车道数等于或大于2时,由汽车荷载产生的效应应按表4-1-8规定的多车道折减系数进行折减,但折减后的效应不得小于两设计车道的荷载效应。

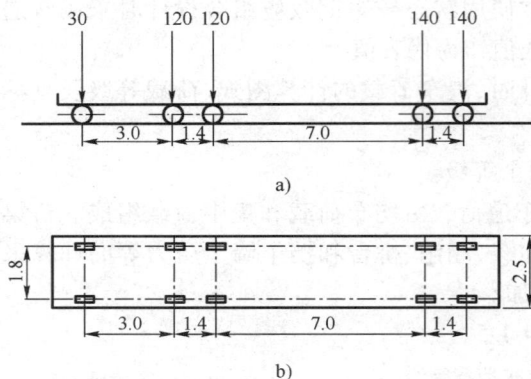

图 4-1-10　车辆荷载的立面、平面尺寸(尺寸单位:m)
a)立面尺寸;b)平面尺寸

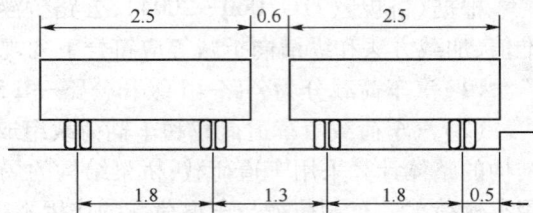

图 4-1-11　公路车辆荷载横向布置(尺寸单位:m)

公路桥涵设计车道数　　　　表 4-1-7

桥　面　宽　度 W(m)		桥涵设计车道数
车辆单向行驶时	车辆双向行驶时	
$W < 7.0$		1
$7.0 \leqslant W < 10.5$	$6.0 \leqslant W < 14.0$	2
$10.5 \leqslant W < 14.0$		3
$14.0 \leqslant W < 17.5$	$14.0 \leqslant W < 21.0$	4
$17.5 \leqslant W < 21.0$		5
$21.0 \leqslant W < 24.5$	$21.0 \leqslant W < 28.0$	6
$24.5 \leqslant W < 28.0$		7
$28.0 \leqslant W < 31.5$	$28.0 \leqslant W < 35.0$	8

横 向 折 减 系 数　　　　表 4-1-8

横向布置设计道数(条)	2	3	4	5	6	7	8
横向折减系数	1.00	0.78	0.67	0.60	0.55	0.52	0.50

（8）大跨径桥梁上的汽车荷载应考虑纵向折减,折减系数详见《桥规》(JTG D60—2004)相关规定。

（9）汽车荷载冲击力:

①钢桥、钢筋混凝土及预应力混凝土桥、圬工拱桥等上部构造和钢支座、板式橡胶支座、盆式橡胶支座及钢筋混凝土柱式墩台,应计算汽车的冲击作用。

②填料厚度(包括路面厚度)等于或大于 0.5m 的拱桥、涵洞以及重力式墩台不计冲击力。

③汽车荷载的冲击力标准为汽车荷载标准值乘以冲击系数 μ。冲击系数 μ 不能简单地根据跨径大小决定,它与结构基频 f 有关:

当结构基频 $f < 1.5$Hz 时,$\mu = 0.05$;

当 1.5Hz $\leqslant f \leqslant 14$Hz 时,$\mu = 0.1767\ln f - 0.0157$;

当 $f < 14$Hz 时,$\mu = 0.45$。

另外,汽车荷载的局部加载及在 T 梁、箱梁悬臂板上的冲击系数采用 1.3。

（10）汽车荷载离心力。当汽车以一定速度行驶在平面弯曲半径 $\leqslant 250$m 的桥上时,汽车荷载产生的离心力将对桥梁结构横向产生作用。其取值及竖向作用位置详见《桥规》(JTG D60—2004)4.3.3款相关规定。

(11)汽车荷载引起的土压力。当汽车作用在土体上时,通过土体将对桥梁墩台等产生额外土压力作用。其计算详见《桥规》(JTG D60—2004)4.3.4款相关规定。

(12)人群荷载标准值取值详见《桥规》(JTG D60—2004)4.3.5款之规定。

(13)汽车荷载制动力影响。汽车荷载制动力计算以及在各支座、墩台上的分配详见《桥规》(JTG D60—2004)4.3.6款之规定。

(14)风荷载。桥梁将受到风荷载的作用,其作用方向与位置变化多端,根据桥规,可在横桥向和纵桥向分别考虑风荷载作用。其标准值计算详见《桥规》(JTG D60—2004)4.3.7款之规定。

(15)流水压力、流冰压力对桥梁墩台的作用取值计算详见《桥规》(JTG D60—2004)4.3.8和4.3.9款之规定。

(16)温度影响。温度变化对桥梁结构,特别是超静定结构的影响特别大,涉及计算中必须充分考虑。其中,各种材料的线膨胀系数、温度变化范围、温度梯度等取值按照《桥规》(JTG D60—2004)4.3.10款规定执行。

(17)桥梁支座摩阻力取值见《桥规》(JTG D60—2004)4.3.11款规定。

3. 偶然作用

偶然作用主要包括地震荷载、船只或漂浮物撞击作用等。偶然作用取其标准值作为代表值。

(1)地震作用。地震动峰值加速度等于0.10g、0.15g、0.30g地区的公路桥涵,应进行抗震设计。地震动峰值加速度大于或等于0.40g地区的公路桥涵,应进行专门的抗震研究和设计。地震动峰值加速度小于或等于0.05g地区的公路桥涵,除有特殊要求者外,可采用简易设防。做好地震小区划的地区,应按主管部门审批后的地震动参数进行抗震设计。

公路桥梁地震作用的计算及结构的设计,应符合现行《公路桥梁抗震设计细则》(JTG/T B02-01—2008)的规定。

(2)位于通航河流或有漂流物的河流中的桥梁墩台,设计时应考虑船舶或漂流物的撞击作用,其撞击作用标准可按下列规定采用或计算。

①当缺乏实际调查资料时,内河上船舶撞击作用的标准值可按《桥规》(JTG D60—2004)表4.4.2-1采用。四、五、六、七级航道内的钢筋混凝土桩墩,顺桥向撞击作用可按表4.4.2-1所列数值的50%考虑。

②可能遭受大型船舶撞击作用的桥墩,应根据桥墩的自身撞击能力、桥墩的位置和外形、水流流速、水位变化、通航船舶类型和碰撞速度等因素做桥墩防撞设施的设计。当设有与墩台分开的防撞击的防护结构时,桥墩可不计船舶的撞击作用。

③漂流物横桥向撞击力标准值可按下式计算:

$$F = \frac{WV}{gT} \tag{4-1-1}$$

式中:W——漂流物重力(kN),应根据河流中漂流物情况,按实际调查确定;

V——水流速度(m/s);

T——撞击时间(s),应根据实际资料估计,在无实际资料时,可用1s;

g——重力加速度，$g = 9.81 \text{m/s}^2$。

④内河船舶的撞击作用点，假定为计算通航水位线以上2m的桥墩宽度或长度的中点。海轮船舶撞击作用点需视实际情况而定。漂流物的撞击作用点假定在计算通航水位线上桥墩宽度的中点。

（3）桥梁结构必要时可考虑汽车的撞击作用。汽车撞击力标准值在车辆行驶方向取1 000kN，在车辆行驶垂直方向取500kN，两个方向的撞击力不同时考虑，撞击力作用于行车道以上1.2m处，直接分布于撞击涉及的构件上。

对于设有防撞设施的结构构件，可视防撞设施的防撞能力，对汽车撞击力标准值予以折减，但折减后的汽车撞击力标准值不应低于上述规定值的1/6。

（4）高速公路上桥梁的防撞护栏应按现行《公路交通安全设施设计细则》（JTG/T D81—2006）有关规定执行。

（二）城市桥梁设计荷载

按照《城市桥梁设计荷载标准》（CJJ 77—98），城市桥梁设计荷载也分为永久荷载、可变荷载和偶然荷载三类。其中，永久荷载和偶然荷载规定与公路桥梁基本一致，可变荷载有所不同。

1. 汽车荷载

城市桥梁设计可变荷载分为：城—A级汽车荷载和城—B汽车荷载两个等级。汽车荷载可分为车辆荷载和车道荷载。桥梁的横隔梁、行车道板、桥台或挡土墙后土压力的计算应采用车辆荷载。桥梁的主梁、主拱和主桁架等的计算应采用车道荷载。当桥面车行道内有轻轨车辆混合运行时，尚应按有关轻轨荷载规定进行验算，并取其最不利者进行设计。当进行桥梁结构计算时不得将车辆荷载和车道荷载的作用叠加。

（1）城—A级汽车荷载总重700kN，前后轴距为18.0m，行车限界横向宽度为3.0m（4-1-12）；城—B级汽车荷载总重300kN，前后轴距为4.8m，行车限界横向宽度为3.0m（图4-1-13）。

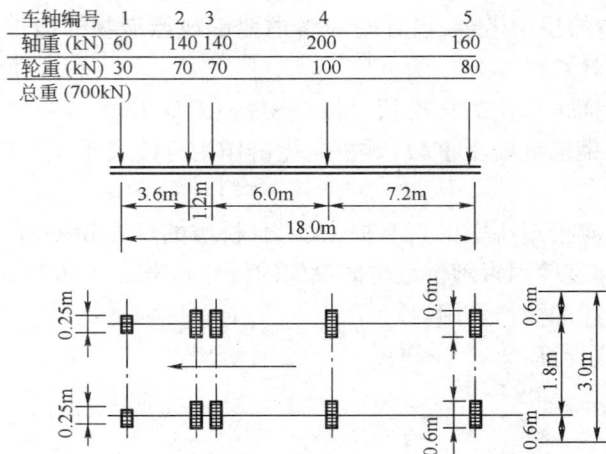

图4-1-12 城—A级荷载标准车辆纵、平面布置及轴重　　图4-1-13 城—B级荷载标准车辆纵、平面布置及轴重

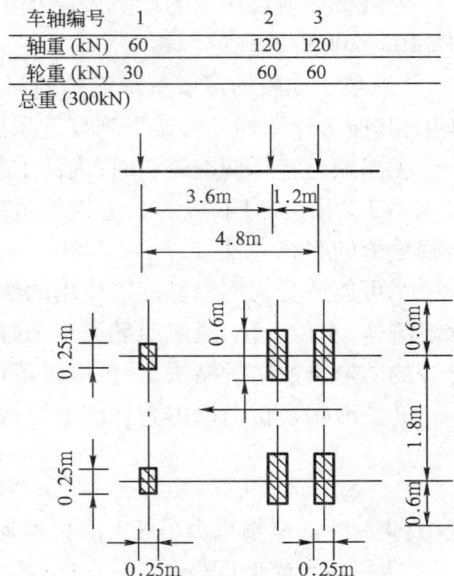

（2）城—A级车道荷载和城—B级车道荷载应按均布荷载 q 加一个集中荷载 P 计算。如图 4-1-14 均布荷载和集中荷载的标准值应按桥梁的跨径确定。

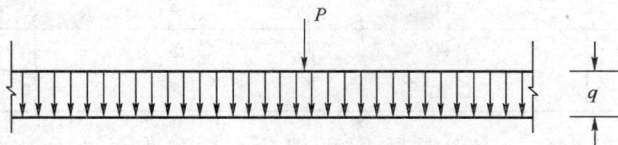

图 4-1-14

跨径 2~20m 时汽车荷载取值见表 4-1-9。

表 4-1-9

荷 载 级 别	均布荷载 q 标准值（kN/m）		集中荷载 P（kN）	增 大 系 数	
	计算弯矩	计算剪力		计算弯矩	计算剪力
城—A级	22.5	37.5	140	1.0	1.0
城—B级	19.0	25.0	130	1.0	1.0

跨径大于 20m 且小于等于 150m 时汽车荷载取值见表 4-1-10。

表 4-1-10

荷 载 级 别	均布荷载 q 标准值（kN/m）		集中荷载 P（kN）	增大系数（车道数等于或大于 4 条时）	
	计算弯矩	计算剪力		计算弯矩	计算剪力
城—A级	10.0	15.0	300	1.0	1.25
城—B级	9.5	11.0	160	1.0	1.30

（3）车道荷载横向布置。车道荷载的单向布载宽度为 3.0m，见图 4-1-15a）。为简化桥梁横向影响的计算，车道荷载可按图 4-1-15b）所示的等效荷载车轮集中力形式布置。根据《城市桥梁设计荷载标准》（CJJ 77—98），设计车道数目 n 与行车道总宽度 W 的关系如表 4-1-11。

城市桥涵设计车道数 表 4-1-11

行车道总宽度（m）	双向行车车道宽度（m）	桥涵设计车道数
$W < 7.0$		1
$7.0 \leq W < 10.5$	$7.0 \leq W < 14.0$	2
$10.5 \leq W < 14.0$		3
$14.0 \leq W < 17.5$	$14.0 \leq W < 21.0$	4
$17.5 \leq W < 21.0$		5
$21.0 \leq W < 24.5$	$21.0 \leq W < 28.0$	6
$24.5 \leq W < 28.0$		7
$28.0 \leq W < 31.5$	$28.0 \leq W < 35.0$	8

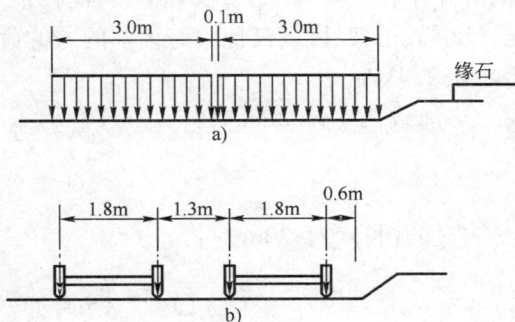

图 4-1-15 车道荷载横向布置

（4）当设计车道数目大于 2 时，应计入车道的横向折减系数，车道横向折减系数可按表 4-1-12 采用。加载车道位置应选在结构能产生最不利的荷载载效应之处。不计车道的纵向折减。

车道横向折减系数　　　　　　　　表 4-1-12

设计车道数目	折 减 系 数	设计车道数目	折 减 系 数
1	1.00	4	0.67
2	1.00	5	0.60
3	0.80	≥6	0.55

（5）钢桥、钢筋混凝土和预应力混凝土桥，混凝土桥和砖石拱桥等的上部构造以及钢支座、橡胶支座或钢筋混凝土柱式墩台，应计算汽车荷载的冲击力。

①填料厚度（包括路面厚度）等于或大于 0.50m 的拱桥、涵洞以及重力式墩台可不计汽车荷载冲击力。

②汽车荷载的冲击力为汽车荷载乘以冲击系数 μ，冲击系数 μ 针对车道和车辆荷载分别计算。

车道荷载：

$$\mu = \frac{20}{80 + l} \tag{4-1-2}$$

式中：l——跨径（m）。

车辆荷载：

$$\mu = 0.6686 - 0.3032 \lg l \qquad （\mu \text{ 的最大值不得超过 } 0.4） \tag{4-1-3}$$

其中，跨径 l：①对于简支的主梁、主桁、拱桥的拱圈等主要构件，l 为计算跨径；②对于悬臂梁、连续梁、刚构、桥面系构件、墩台以及仅受局部荷载的构件等，l 为相应内力影响的荷载长度（即为各荷载区段长度之和）。

2. 人群荷载

城市桥梁人群荷载取值与公路桥梁有所不同，对于车行（含非机动车）桥梁与专用人行桥梁也各异。

（1）城市车行桥梁人群荷载取值：

①人行道板（局部构件）的人群荷载按 5kPa 的均布荷载或 1.5kN 的竖向集中力分别计算，并作用在一块构件上，取其不利者。

②梁、桁架、拱及其他大跨结构的人群荷载 ω，可按下列公式计算，且 ω 值在任何情况下不得小于 2.4kPa。

当加载长度 $l < 20m$ 时：

$$\omega = 4.5 \times \frac{20 - \omega_p}{20} \tag{4-1-4}$$

当加载长度 $l \geq 20m$ 时：

$$\omega = \left(4.5 - 2 \times \frac{l - 20}{80}\right) \times \frac{20 - \omega_p}{20} \tag{4-1-5}$$

式中：ω——单位面积上的人群荷载（kPa）；

　　l——加载长度（m）；

　　ω_p——单边人行道宽度（m）；在专用非机动车桥上时宜取 1/2 桥宽，当 1/2 桥宽大于 4m 时应按 4m 计。

（2）专用人行桥人群荷载取值：

①人行道板（局部构件）的人群荷载应按 5kPa 的均布荷载或 1.5kN 的竖向集中力分别计算，并作用在一块构件上，取其不利者。

②梁、桁、拱及其他大跨结构的人群荷载 ω，可按下列公式计算，且 ω 值在任何情况下不得小于 2.4kPa。

当加载长度 $l < 20\text{m}$ 时：

$$\omega = 5 \times \frac{20 - \omega_p}{20} \qquad (4\text{-}1\text{-}6)$$

当加载长度 $l \geqslant 20\text{m}$ 时：

$$\omega = \left(5 - 2 \times \frac{l - 20}{80}\right) \times \frac{20 - \omega_p}{20} \qquad (4\text{-}1\text{-}7)$$

式中：ω——单位面积上的人群荷载（kPa）；

l——加载长度（m）；

ω_p——半桥宽（m），当大于 4m 时应按 4m 计。

（3）安全道上设计活载应按 2kPa 的均布荷载或 1.2kN 的竖向集中力分别计算，并作用在短跨小构件上，取其不利者。当计算与安全道相连构件时，在计入车辆荷载或人群荷载后，可不计安全道上的活载。

（4）计算桥上人行道栏杆时，作用在栏杆扶手上的竖向荷载采用 1.2kN/m，水平向荷载采用 1.0kN/m。两者应分别考虑不得同时作用。作用在栏杆立柱柱顶的水平推力为 1.0kN/m。防撞栏杆采用 80kN 横向集中力进行检算，作用点在防撞栏杆板的中心。

3. 其他可变荷载

详见《城市桥梁设计荷载标准》（CJJ 77—98）以及《桥规》（JTG D60—2004）有关规定。

4. 其他规定

现行《城市桥梁设计荷载标准》（CJJ 77—98）仅对 150m 以下跨径桥梁荷载做出了规定，当桥梁跨径超过 150m 后，荷载标准可参照《桥规》（JTG D60—2004）或其他规定取用。当桥梁上同时存在轨道交通或其他特殊荷载时，需根据轨道交通荷载及特殊荷载进行设计。

二、作用（荷载）效应组合

为了按各种极限状态来设计桥梁结构，就需要确定结构沿桥跨方向各个截面在作用下的最不利内力，最不利内力就是将各类作用引起的最不利内力分别乘以相应的系数后，根据同时出现的几率，按规范规定的效应组合方式组合得到的计算内力值。

1. 按承载能力极限状态设计采用的作用效应组合

1）基本组合

基本组合指永久作用的设计值效应与可变作用设计值效应相组合，表达为：

$$\gamma_0 S_{ud} = \gamma_0 \left(\sum_{i=1}^{m} \gamma_{Gi} S_{Gik} + \gamma_{Q1} S_{Q1k} + \psi_c \left(\sum_{j=2}^{n} \gamma_{Qj} S_{Qjk}\right)\right) \qquad (4\text{-}1\text{-}8a)$$

或

$$\gamma_0 S_{ud} = \gamma_0 \left(\sum_{i=1}^{m} S_{Gid} + S_{Q1d} + \psi_c \left(\sum_{j=2}^{n} S_{Qjd}\right)\right) \qquad (4\text{-}1\text{-}8b)$$

式中：S_{ud}——承载能力极限状态下作用基本组合的效应组合设计值；

γ_0——结构重要性系数，按《桥规》（JTG D60—2004）表 1.0.9 规定的结构设计安全等级采用，对应于设计安全等级一级、二级和三级分别取 1.1、1.0 和 0.9；

γ_{Gi}——第 i 个永久作用效应的分项系数，按《桥规》（JTG D60—2004）表 4.1.6 的规定采

用；

S_{Gik}、S_{Gid}——第 i 个永久作用效应的标准值和设计值；

γ_{Q1}——汽车荷载效应（含汽车冲击力、离心力）的分项系数，取 $\gamma_{Q1}=1.4$。当某个可变作用在效应组合中其值超过汽车荷载效应时，则该作用取代汽车荷载，其分项系数应采用汽车荷载的分项系数；对专为承受某作用而设置的结构或装置，设计时该作用的分项系数取与汽车荷载同值；计算人行道板和人行道栏杆的局部荷载，其分项系数也与汽车荷载取同值；

S_{Q1k}、S_{Q1d}——汽车荷载效应（含汽车冲击力、离心力）的标准值和设计值；

γ_{Qj}——在作用效应组合中除汽车荷载效应（含汽车冲击力、离心力）、风荷载外的其他第 j 个可变作用效应的分项系数，取 $\gamma_{Qj}=1.4$，但风荷载的分项系数取 $\gamma_{Qj}=1.1$；

S_{Qjk}、S_{Qjd}——在作用效应组合中除汽车荷载效应（含汽车冲击力、离心力）外的其他第 j 个可变作用效应的标准值和设计值；

ψ_c——在作用效应组合中除汽车荷载效应（含汽车冲击力、离心力）外的其他可变作用效应的组合系数，当永久作用与汽车荷载和人群荷载（或其他一种可变作用）组合时，人群荷载（或其他一种可变作用）的组合系数取 $\psi_c=0.80$；当除汽车荷载（含汽车冲击力、离心力）外尚有两种其他可变作用参与组合时，其组合系数取 $\psi_c=0.70$；尚有三种可变作用参与组合时，其组合系数取 $\psi_c=0.60$；尚有四种及多于四种的可变作用参与组合时，取 $\psi_c=0.50$。

设计弯桥时，当离心力与制动力同时参与组合时，制动力标准值或设计值按 70% 取用。

2）偶然组合

偶然组合指永久作用标准值效应与可变作用某种代表值效应、一种偶然作用标准值效应相组合。偶然作用的效应分项系数取 1.0；与偶然作用同时出现的可变作用，可根据观测资料和工程经验取用适当的代表值。地震作用标准值及其表达式按现行《公路桥梁抗震设计细则》规定采用。

2. 按正常使用极限状态设计采用的效应组合

根据结构设计要求，分为作用短期效应组合和作用长期效应组合。

1）作用短期效应组合

作用短期效应组合指永久作用标准值效应与可变作用频遇值效应相组合，表达为：

$$S_{sd} = \sum_{i=1}^{m} S_{Gik} + \sum_{j=1}^{n} \psi_{1j} S_{Qjk} \tag{4-1-9}$$

式中：S_{sd}——作用短期效应组合设计值；

ψ_{1j}——第 j 个可变作用效应的频遇值系数，汽车荷载（不计冲击力）$\psi_1=0.7$，人群荷载 $\psi_1=1.0$，风荷载 $\psi_1=0.75$，温度梯度作用 $\psi_1=0.8$，其他作用 $\psi_1=1.0$；

$\psi_{1j} S_{Qjk}$——第 j 个可变作用效应的频遇值。

2）作用长期效应组合

作用长期效应组合指永久作用标准值效应与可变作用准永久值效应相组合，表达为：

$$S_{ld} = \sum_{i=1}^{m} S_{Gik} + \sum_{j=1}^{n} \psi_{2j} S_{Qjk} \tag{4-1-10}$$

式中：S_{ld}——作用长期效应组合设计值；

ψ_{2j}——第 j 个可变作用效应的准永久值系数，汽车荷载（不计冲击力）$\psi_2=0.4$，人群荷载

$\psi_2 = 0.4$,风荷载 $\psi_2 = 0.75$,温度梯度作用 $\psi_2 = 0.8$,其他作用 $\psi_2 = 1.0$;

$\psi_{2j} S_{Qjk}$——第 j 个可变作用效应的准永久值。

3. 其他规定

(1)结构构件当需进行弹性阶段截面应力计算时,除特别指明外,各作用效应的分项系数及组合系数均取为 1.0,各项应力限值按各设计规范规定采用。

(2)验算结构的抗倾覆、滑动稳定时,稳定系数、各作用的分项系数及摩擦系数,应根据不同结构按各有关桥涵设计规范的规定确定,支座的摩擦系数可按《桥规》(JTG D60—2004)表 4.3.11 规定采用。

(3)构件在吊装、运输时,构件重力应乘以动力系数 1.2 或 0.85,具体可根据构件实际情况作适当增减。

第二章　桥　面　构　造

第一节　桥面组成与布置

公路和城市桥梁的桥面部分主要由桥面铺装、桥面排水设施、桥面伸缩缝、人行道、栏杆或防撞护栏及照明设施等构成（图4-2-1）。桥面构造设计同样须遵循"安全、适用、经济、美观、有利于环保"的原则进行。特殊的气候以及大气污染等因素对桥面构造的影响较大，因此注重桥面构造的设计与施工显得尤为重要。

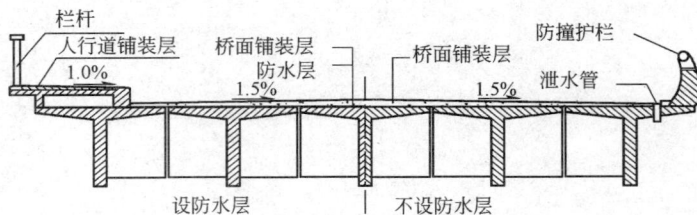

图4-2-1　桥面构造横断面图示意

桥面布置应在桥梁的总体设计中考虑，根据道路等级、桥梁宽度及行车要求等条件综合确定。目前公路与城市桥梁的桥面布置主要有双向车道布置、分车道布置和双层桥面布置等几种形式。

1. 双向车道布置

双向车道布置是将行车道的上下行交通布置在同一桥面上（图4-2-1）。在桥面上，上下行交通有划线分隔，因此没有明显的界限。桥面上允许机动车与非机动车同时通过的混合交通形式，同样采用划线分隔。由于在桥面上同时存在上下行车辆及机动车与非机动车混合行驶，故车辆的行驶速度只能是中速或低速，对于交通量较大的道路，还可能形成交通滞流状态。此种布置形式主要适用于道路等级较低、车流量较小、桥面较窄的公路桥梁。

2. 分车道布置

通过中央分隔带或分离式主梁布置将行车道的上下行交通在桥梁上进行分隔布置，从而上下行交通互不干扰，可提高行车速度，便于交通管理。但在桥面布置上需要增加一些附属设施，同时桥面宽度也相应要加宽。

分车道布置可在桥面上设置中央分隔带，用以分隔上下行车辆（图4-2-2a）。也可采用分离式主梁布置（4-2-2b）。分车道布置除对上下行交通分隔外，也可将机动车与非机动车道分隔、行车道与人行道分隔。

高速公路桥梁均采用分车道布置。

3. 双层桥面布置

双层桥面布置是桥梁结构在空间上设置两个不在同一平面上的桥面构造。双层桥面布置

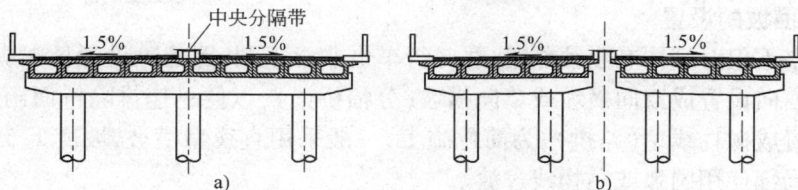

图 4-2-2　分车道桥面布置示意

在钢桥上已普遍采用,如南京长江大桥,上层是公路,下层是铁路。混凝土桥梁采用双层桥面布置始于 20 世纪 60 年代,1965 年建造的委内瑞拉卡罗尼河桥是一座预应力混凝土连续梁桥(图 4-2-3a),其上层为 11.3m 宽的公路行车道,下层人行道宽 3m,设在箱梁底板挑出的悬臂板上。1980 年建成的奥地利维也纳帝国桥是一座多功能的预应力混凝土双层桥梁(4-2-3b),其上层桥面为公路六车道,箱梁内通行地铁,箱梁外悬臂板设 2×3.5m 人行道。

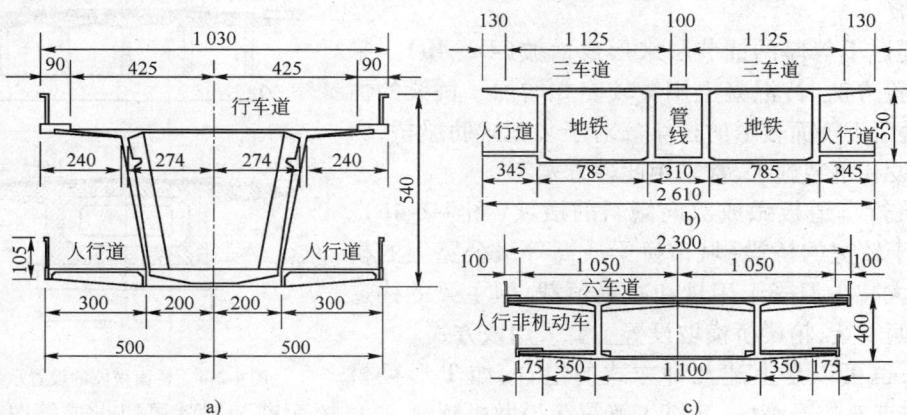

图 4-2-3　双层桥面布置示意(尺寸单位:cm)

我国对双层桥面布置也进行了大量的设计和研究工作,结合我国交通实际情况,在城市桥梁和立交桥中,双层桥面布置会更显出其优越性。1992 年建成的南昌市赣江第十大桥采用上层桥面单箱六车道预应力混凝土连续梁(图 4-2-3c),其上层桥面为公路六车道,下层箱梁外悬臂板设非机动车道及人行道。正在建设的重庆嘉悦嘉陵江矮塔斜拉桥也采用人行道在下层的双层桥面布置。

双层桥墩面布置可以使不同的交通严格分道行驶,提高了车辆和行人的通行能力,并便于交通管理。同时,可充分利用桥梁净空,在满足相同交通要求下,可减小桥梁宽度、缩短引桥长度,达到较好的经济效益。

第二节　桥面铺装

桥面铺装,又称行车道铺装,其功能主要表现在:①保护主梁行车道板部分不受车辆轮胎(或履带)的直接磨耗;②分布车辆轮重等集中荷载,使主梁受力均匀;③防止主梁遭受雨水的浸蚀。

桥面铺装在桥梁恒重中占有较大比重,特别在中小跨径的桥梁中尤为突出,因此在设计中应尽可能地减轻桥面铺装的重量,以提高桥梁承受外荷载的能力。

1. 桥面横坡的设置

桥面积水不仅对结构有浸蚀作用，并对行车也非常不利，因此除设置桥梁纵向坡度外，还应将桥面沿横向设置成双向横坡或单向横坡（分幅桥梁），以便迅速排除桥面雨水。通常应将桥面横坡设置成抛物线型（路拱），为简化施工，一般采用直线型横坡，坡度 1.5% ~ 2.0% ，并在桥中线处局部使用圆弧或抛物线过渡。

桥面横坡设置的常用方式主要有以下几种。

（1）横坡设置在墩台顶部，桥面板倾斜，在整个桥宽上采用等厚度的铺装层（图 4-2-4a）。这种设置方式既可节省铺装材料又能减轻恒载，是目前采用最广泛的一种方式。装配式板桥通常将墩台顶部做成阶梯形来形成横坡；装配式肋梁桥一般通过改变支座垫石的高度来形成横坡；现浇桥梁则直接在墩台顶部形成平顺横坡。

（2）通过不等厚的铺装层来形成横坡（4-2-4b）。采用此种设置方法时，混凝土用量较多并增加了桥梁的恒载，一般适用于桥面较窄的桥梁。对于装配式肋梁桥，为了方便架设和拼装施工，常采用此种方式。

（3）将行车道板做成双向倾斜的横坡（图 4-2-4c）。该方式对于较宽的桥梁（城市桥梁或高等级公路上的桥梁），可大大减少混凝土用量和减轻恒载，但主梁的构造和施工稍偏复杂，箱梁桥横坡设置主要采用该方式。

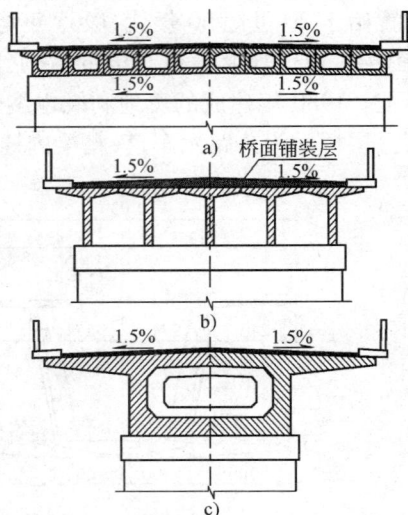

图 4-2-4　桥面横坡的设置示意

此外，也可以是上述几种方式的组合，如 T 形梁桥中，既调整支座垫石高度，又将 T 梁翼缘板做成倾斜，这样桥面铺装层就可以做成等厚度。

2. 桥面铺装的类型

随着新材料、新技术和新工艺在桥梁设计和施工中的广泛应用，桥面铺装在材料和工艺上也得到了长足的发展。目前，桥面铺装主要有以下几种形式。

1）普通水泥混凝土或沥青混凝土铺装

对于小跨径梁，通常直接在桥面上铺筑 5 ~ 8cm 的普通水泥混凝土或沥青混凝土铺层，同时需对裸梁（板）顶作防水处理。一般要求铺装层混凝土的强度等级不低于桥面板混凝土的强度等级。为了防滑和减弱光线的反射，以利于行车，通常将桥面铺装层拉毛形成粗糙表面。混凝土铺装的造价低、耐磨性能好，适用于重载交通，但养生期较长，且日后修补不便。经合理选择级配组成的矿质混合料和适量沥青结合料拌制而成的沥青混凝土铺装，具有质量轻、维修养护方便、铺筑后只需养生几个小时就可开放交通等优点，虽造价比普通水泥混凝土铺装高，但仍是目前广泛采用的桥面铺装形式之一。钢桥面均采用沥青混凝土铺装。

2）防水混凝土铺装

在桥面板上铺筑 8 ~ 10m 厚的防水混凝土作为铺装层（图 4-2-5a）。防水混凝土可分为普通防水混凝土和外加剂防水混凝土。普通防水混凝土从材料和施工两个方面来抑制和减少混凝土内部孔隙的生成，改变孔隙的特征，堵塞渗水通道，不依赖其他附加防水措施，仅依靠混凝土自身的密实性来达到防水的目的；外加剂防水混凝土是依靠添加少量的有机或无机外加剂来改善混凝土的和易性，提高密实性和抗渗性。要求混凝土强度等级不低于桥面板混凝土的强度等级,其上一般不另设面层。但为了延长桥面的使用寿命,宜在顶面铺筑 2cm 厚的沥青表面处治,同时作为修补的磨耗层。

3)具有贴式防水层的水泥混凝土或沥青混凝土铺装

在防水程度要求高或桥面在主梁受负弯矩作用处可能出现裂纹的桥梁(如简支连续梁桥)上,通常在铺装层下设置贴式防水层(图 4-2-5b)。贴式防水层可以是油毛毡或麻织物与沥青粘合而成,也可以是其他专用材料,厚度 1~2cm。施工中应确保贴式防水层不因铺筑和翻修路面而遭到破坏,该铺装形式造价高、施工复杂,因此,应视当地气温、雨量和桥梁结构等具体情况,经技术、经济综合分析、选用。

4)参与桥面板受力的混凝土铺装

在水泥混凝土铺装层中增设小直径(一般为 $\phi6.5$ 或 $\phi8$)、网格尺寸为 $15 \times 15 \sim 20 \times 20$cm 的钢筋网、焊接网或加入纤维,或采用改性混凝土来改善铺装层的性能,减小其厚度,从而减轻其重量,达到良好的使用效果。由此,扣除车轮直接磨耗 1~2cm 外,其余铺装层混凝土与桥面板一起参与受力。在桥面铺装施工过程中,为了保证铺装层与行车道板紧密结合成整体,在浇注铺装层混凝土前应将行车道板表面凿毛洗干净,且铺装层混凝土强度等级不得低于行车道板混凝土强度等级,并需设置足够的剪力筋。

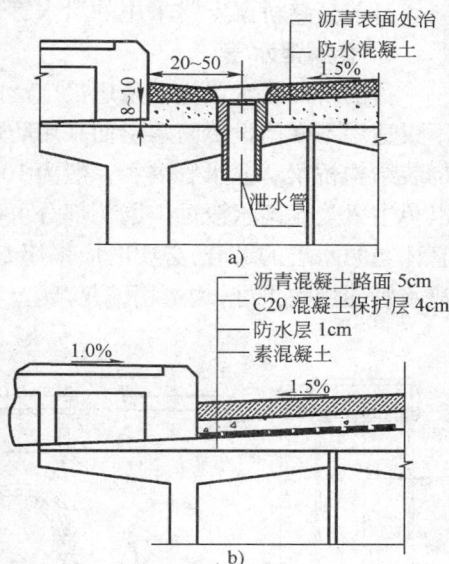

图 4-2-5 桥面铺装形式示意

第三节 桥面排水设施

由于桥面积水易渗入梁体使钢筋锈蚀,特别是在严寒的冬季渗入混凝土孔隙内的水分结冰易导致混凝土发生破坏,从而影响桥梁的耐久性,缩短桥梁的使用寿命。因此,除对桥面铺装作防水处理外,还应设置专门的排水设施,使桥上雨水迅速排出桥外。

桥面排水中泄水孔的设置应根据当地暴雨强度、桥面纵横坡度等按《公路排水设计规范》(JTJ 018—97)有关规定确定,一般可按下面原则设置桥面排水设施。

(1)桥长 $L \leqslant 50$m 时,当桥面纵坡 $i \geqslant 2\%$,则不必设置专门的泄水孔道,雨水可直接流至桥头从引道上排除,但为防止雨水冲刷引道路基,应在桥头引道的两侧设置注水槽;当桥面纵坡 $i < 2\%$,则可在桥梁中部左右对称设置一对泄水管。

(2)桥长 $L > 50$m 时,当桥面纵坡 $i \geqslant 2\%$,宜在桥上每隔 12~15m 设置一个泄水管;当桥面纵坡 $i < 2\%$,则宜在桥上每隔 6~8m 设置一个泄水管,泄水管的过水面积通常是每平方米桥面不少于 2~3cm^2。

(3)泄水管可沿行车道两侧左右对称布置,也可交错布置,应紧靠缘石,并设积水坑。也可布置在人行道下面,此时需要在人行道块件上预留横向进水孔,并在泄水管周围设置相应的聚水槽,管径顶不得高过桥面铺装顶面。

目前公路桥梁上常采用的泄水管道主要有以下几种形式。

1. 金属泄水管

目前桥面排水设施中采用最广泛的泄水管形式就是"铸铁式"金属泄水管（图4-2-6），它不仅适用不专门设置防水层而采用防水混凝土桥面铺装的桥梁，也适用于具有贴式防水层的铺装结构桥梁。泄水管内径一般为10～15cm，管体下端应伸出行车道板底面至少15～20cm，以免主梁受到雨水浸蚀。漏斗部分可做成圆形，亦可做成长方形。安装泄水管时，要特别注意管体与防水层的结合，必要时应采用专门防水措施，避免雨水沿管体与结构接触面渗漏。铸铁泄水管使用效果好，构造稍偏复杂。

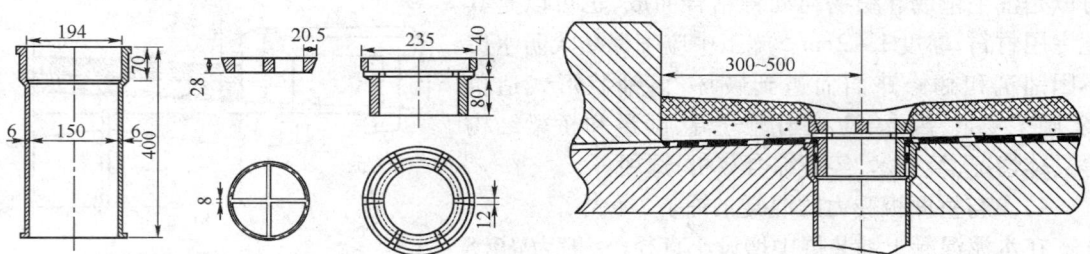

图4-2-6 金属泄水管构造示意（尺寸单位：mm）

2. 钢筋混凝土泄水管

图4-2-7所示为钢筋混凝土泄水管构造，适用采用防水混凝土桥面铺装的桥梁上。在预制钢筋混凝土泄水管时，为使焊接于栅板上的短钢筋锚固在混凝土中，可将金属栅板直接作为钢筋混凝土管的端模板。这种预制的钢筋混凝土泄水管构造简单，节约钢材用量，较为经济，在农村公路上有一定的应用市场。钢筋混凝土泄水管同样需注意管体与结构接触面渗漏。

3. 横向排水管道

对于一些降雨量较少地区的小跨径桥梁，有时为了简化构造和节省材料，也可直接在行车道两侧的防撞护栏或路缘石上预留横向泄水孔，并用铁管或塑料管等将

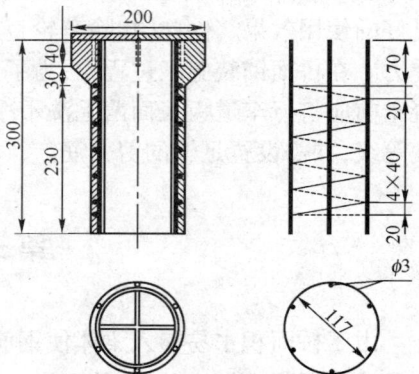

图4-2-7 钢筋混凝土泄水管的构造示意
（尺寸单位：mm）

水排出桥外。管的上缘不得高于行车道铺装表面，末端应伸出桥外5～10cm。管口应设积水坑。这种排水管道构造简单，但因其坡度平缓，排水量较小，容易遭堵塞。横向排水管的上缘不得高于行车道铺装表面，应有一定坡度，末端应伸出桥外5～10cm。

4. 封闭式排水系统

对于城市桥梁，公路跨线桥和跨越鱼塘、水库以及水源保护区的公路桥梁，为保持桥梁外形美观及利于桥下行车、行人、环境保护，应采用封闭式排水系将排水管直接引向地面或积水槽（图4-2-8），而不宜将泄水管挂在结构上直接将水排出桥外。

小跨径桥梁，纵向排水管在箱梁中或在主梁腹板内侧通往桥墩，并用管道引向地面。在活动支座处，竖向管道的连接应使桥梁的纵向活动不受影响。对于较大跨径的桥梁，纵向排水管可通向一个设置在台帽上的大漏斗集中排水。

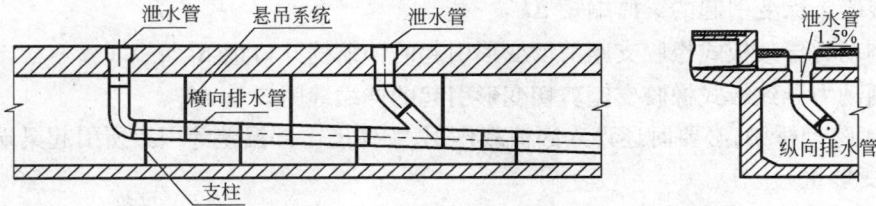

图 4-2-8　封闭式排水系统示意

如需要在桥墩上布置排水管道,应尽可能布置在墩壁的槽中或布置在桥墩内部的箱室中。当桥墩很高时,排水管应每隔 20～30m 设置伸缩缝,且管道有可靠的固定,并在墩脚处设置一个消除下落能量的装置。

排水管道不能直接预埋在混凝土内,以防在寒冷气候因水管堵塞而冻裂混凝土。应采用在混凝土中预留孔道或埋入直径较大的套管,然后再铺设排水管道,一旦有损也可及时更换。当管道通过行车道板悬臂板等截面高度较小区域时,可将管道做成扁平形状。

在箱梁或桥墩中设置的排水管道系统,应预设 2～3 个排水线路,以防一条管道受阻或爆裂而影响整个排水功能。

第四节　桥面伸缩缝

设置桥面伸缩缝的主要目的是保证桥跨结构在活载作用、混凝土收缩与徐变、温度变化等因素影响下按其静力图式自由变形。伸缩缝设置在两主梁端之间以及梁端与桥台台背之间,对于多跨简支梁(板)桥,在满足变形的条件下,尽可能只在两桥头的梁端与台背之间设置桥面伸缩缝,而中间梁端之间通常采用在桥面铺装中增大连接钢筋而做成桥面连续的形式,以减少伸缩缝数量,使行车平顺、舒适并降低伸缩缝造价。伸缩缝处受力较为复杂,其构造形式应视桥梁变形量的大小和活载轮重具体情况合理选择。

1. 对伸缩缝的基本要求

(1)在平行、垂直于桥梁轴线的两个方向,均能自由伸缩变形;

(2)使车辆在设缝处能平顺通过;

(3)具有能够安全排水和防水的构造,能防止雨水、垃圾、泥土等杂物渗入阻塞;

(4)对于城市桥梁还应保证在车辆通过时噪声较小;

(5)伸缩缝装置与梁体牢固连接,部件要有足够的强度、刚度和耐久性,应考虑冲击作用和反复作用对疲劳的影响;

(6)对于敞露式伸缩缝要便于检查和清除缝下沟槽内污物;

(7)安装施工方便。

特别指出的是:在伸缩缝附近的栏杆或护栏结构也应断开,以便相应地自由变形。

2. 伸缩缝安装后的伸缩量的构成因素

(1)温升引起的梁体伸长 Δl_t^+;

(2)温降引起的梁体缩短 Δl_t^-;

(3)混凝土收缩引起的梁体缩短 Δl_s^-;

（4）混凝土徐变引起的梁体缩短 $\Delta l_{\mathrm{c}}^{-}$；

（5）制动力导致板式橡胶支座剪切变形引起的伸缩缝开口量 $\Delta l_{\mathrm{b}}^{-}$；

（6）制动力导致板式橡胶支座剪切变形引起的伸缩缝闭口量 $\Delta l_{\mathrm{b}}^{+}$。

对于大跨径桥梁，必要时还计入因荷载作用、梁体上下部温差等因素所引起梁端转角产生的伸缩缝变形量。

伸缩缝具体的变形量计算、选型及安装详见《公路钢筋混凝土及预应力混凝土桥涵设计规范》（JTG D62—2004）8.6 条相应规定。

3. 伸缩缝种类

桥梁伸缩缝有 U 形锌铁皮式伸缩缝、跨搭钢板式伸缩缝、梳形齿式钢板伸缩缝、橡胶伸缩缝、组合伸缩缝等，目前主要采用橡胶伸缩缝和组合伸缩缝。

1）橡胶伸缩缝

由于橡胶既富于弹性，又易于胶贴和胶结，同时橡胶板（带）是厂制成品，安装使用方便，因此，目前广泛采用各种断面形状的优质橡胶（带）来作为伸缩缝的填嵌材料。这种伸缩缝构造不仅能满足变形要求，还具有良好的吸振作用，能显著减小活载的动力作用，行驶性能好；具有防水功能，不必设置排水溜槽，简化了接缝构造和安装工艺，并能显著节约钢材。

目前橡胶伸缩缝主要有以下两种形式。

（1）橡胶板伸缩缝

采用氯丁橡胶制成具有圆孔的橡胶板伸缩缝构造（图 4-2-9）。由于橡胶的不可压缩性，伸缩装置缩短时，为防止它向上隆起，必须设置足够大的伸缩用槽。伸缩装置的伸缩依靠橡胶的剪切与拉压变形来实现。

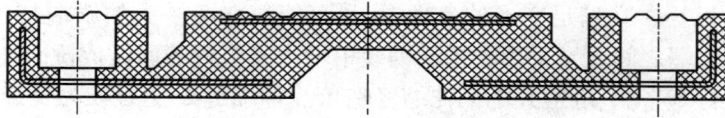

图 4-2-9　橡胶板伸缩缝构造示意

橡胶板底面与缝结合处用胶粘材料结合，嵌合部是为了缝间的连接与防水。

为防止螺栓和螺帽的锈蚀，必须向伸缩缝装置螺栓内灌注防蚀剂，且用盖帽盖住。

橡胶板伸缩缝用途广泛，不仅能用于直桥，而且还能用于斜弯桥中，但实践表明：当斜桥的斜角超过 30°时，斜桥容易发生转动，故伸缩装置应适当放大。

该伸缩缝装置的缺点在于因伸缩量超出预期伸缩量而产生螺栓受力过大，安装不良或螺栓、螺帽锈蚀等原因而导致伸缩缝装置遭到损坏，其耐久性不如梳齿型钢伸缩缝。

（2）橡胶带伸缩缝

这是采用一种特制的三节型橡胶带代替锌铁皮的伸缩缝构造（图 4-2-10a）。橡胶带的中节是空心的，其构造简单、变形和防水效果较好，适用于梁端变形量较小的桥梁。

采用倒 U 形橡胶带的伸缩缝构造（图 4-2-10b）时，安装过程中，使用螺栓夹具将倒 U 形橡胶带固定在梁端角钢上，其适用的伸缩变形量可达 50mm。

2）组合伸缩缝

组合伸缩装置由橡胶与钢板或型钢组合而成，它保留了橡胶和钢制伸缩装置的优点，成为既可满足大位移量要求，能承受车辆荷载，又具有防水与行车平稳的优点。其特点是橡胶伸缩

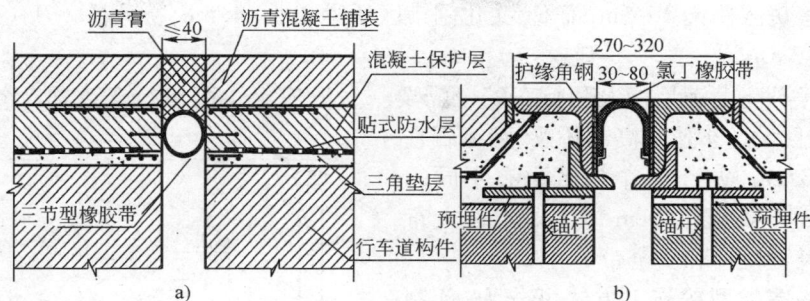

图4-2-10　橡胶带伸缩缝构造示意(尺寸单位:mm)

体与钢件可定型生产,并可根据伸缩量需要进行模数组合。伸缩量一般以80mm为模数,组成80mm、160mm、240mm等各种大位移伸缩装置。

图4-2-11a)所示为橡胶与钢板组合式伸缩缝构造。橡胶嵌条的数量可根据变形量大小而选择,车轮荷载则通过一组钢板来传递。主要适用于变形量较大的大跨径桥梁,其变形量可达150mm。

图4-2-11b)所示为V形橡胶材料与型钢组成的单联伸缩缝装置。V形橡胶材料的边缘凸起部分用一块夹板,借助于竖向的滚花销子压入型钢的槽中。橡胶使用氯丁橡胶或聚氯丁二烯橡胶。每个组合构件的空隙从10~70mm变化,可以提供60mm的变形量,四联伸缩装置变形量则可达240mm(图4-2-11c)。

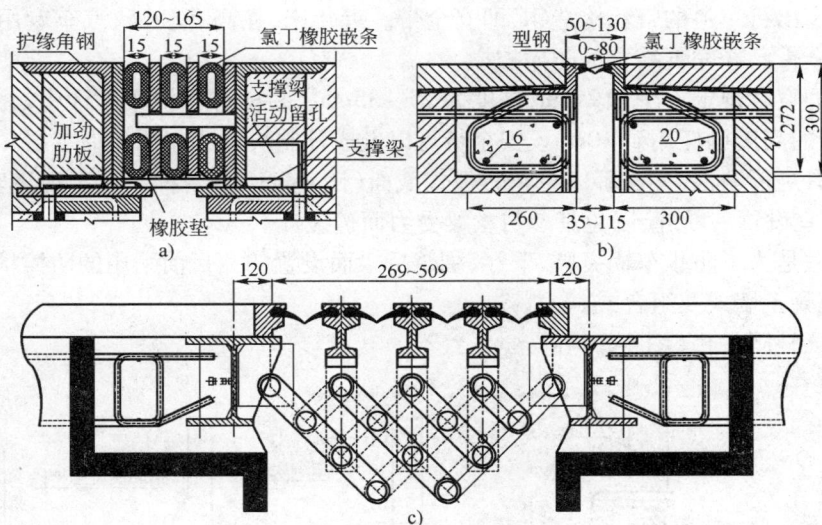

图4-2-11　组合伸缩缝构造示意(尺寸单位:mm)

第五节　人行道、栏杆、防撞护栏与照明设施

1. 人行道

在具有行人需求的桥梁上均应设置人行道,应尽量避免人车混行。

人行道宽度由人行交通量决定,公路桥一般选用0.75m、1.0m、…,大于1.0m按0.5m倍数递增。城市桥梁人行道宽度按照《城市桥梁设计准则》(CJJ 11—93)5.0.3规定执行,其中,车站等行人聚集区桥梁3~5m,商业、文化闹市区桥梁2.5~4.5m,特大桥2.0~3.0m,一般街道桥梁1.5~3.0m。

人行道缘石高度满足行人和行车安全需要。一般应至少高出行车道面25cm,对于具有2%以上纵坡且设计车速较高的桥梁,路缘石宜高出行车道35cm以上,各个地区也有不同的要求,如重庆要求达到40cm以上。不设人行道的桥梁应设置栏杆和安全带。

人行道构造类型按施工方法可分为:预制装配式、部分装配和部分现浇的混合式。

预制装配式的人行道是将人行道做成预制块件安装,预制块件可分为整体式和分块式两种。预制装配式的人行道具有构件标准化、拼装方便等优点,在各种结构形式的桥梁上广泛采用。按安装在桥上的形式可分为悬臂式和搁置式两种,图4-2-12所示即为搁置式人行道。

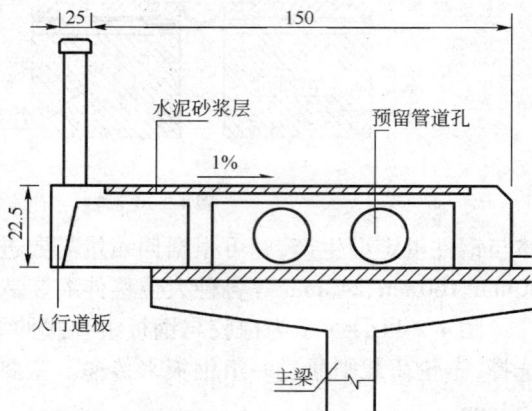

图4-2-12　搁置式人行道布置示意(尺寸单位:cm)

人行道在桥面断缝处也必须设置伸缩缝。

2. 安全带与防撞护栏

在行人稀少地区或全封闭高速公路上的桥梁可不设人行道,但为保障交通安全须在行车道边缘设置高出行车道的带状构造物,即安全带。近年来,在高速公路、汽车专用公路桥梁中的栏杆和安全带已经完美结合为防撞护栏。

安全带的宽度规定不少于25cm,高度为25~35cm。目前许多桥梁设计中,为了保证行车安全,安全带的高度已经用到40cm。安全带可以做成预制块件或与桥面铺装层一起现浇。预制的安全带有矩形截面(图4-2-13a)和肋板式截面(图4-2-13b)两种。对于现浇安全带,每隔250~300cm宜设置一断缝,以免其参与主梁受力而遭破坏。

防撞护栏是为了防止车辆突破、下穿、翻越桥梁而设置的。目前采用的防撞护栏有金属梁柱式、钢筋混凝土墙式及组合式。

1)金属梁柱式护栏(图4-2-14a)

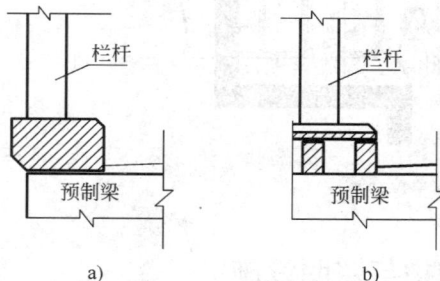

图4-2-13　安全带构造示意

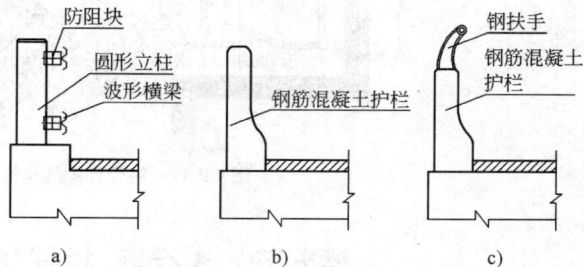

图4-2-14　防撞护栏构造示意

横梁和立柱为其受力构件,从断面设计上要求具有良好的吸收车辆碰撞能量的特性,以及便于加工和安装的特点。常用的横梁断面形式有矩形、圆形及波形梁,立柱断面形式有圆形、矩形及工字形。横梁的标准长度为400cm,立柱的标准间距为200cm或400cm。

2）钢筋混凝土墙式护栏（图 4-2-14b）

钢筋混凝土墙式护栏构造简单，施工方便，便于养护，使用性能较好，是特大桥、大桥及汽车专用公路桥梁上使用最广泛的防撞护栏形式。钢筋混凝土墙式护栏应选择强度高、耐磨好的混凝土材料，并必须保证有足够的钢筋混凝土保护层厚度（一般≥5cm）。钢筋混凝土墙式护栏宜每个 5～8m 设置一断缝，以免出现不规则开裂。

3）组合式护栏（图 4-2-14c）

组合式护栏是钢筋混凝土墙式护栏和金属梁柱式护栏的一种组合形式，它兼有墙式护栏的坚固和梁柱式护栏的美观之优点，缺点是金属已锈蚀。

防撞护栏尺寸与防撞等级有关，参见现行《公路交通安全设施设计细则》。

3. 栏杆

公路桥梁的栏杆与防撞护栏不同之处在于，其功能是防止行人和非机动车辆掉入桥下，是一种不具有防止失控车辆越出桥体的装饰性结构。作为一种安全防护设施，同样要求坚固可靠，并应有一个优美的艺术造型。栏杆的高度通常为 80～120cm，标准设计为 100cm；栏杆柱的间距一般为 160～270cm，标准设计为 250cm。

栏杆常用建筑材料有混凝土、钢筋混凝土、钢、铸铁或钢与混凝土混合。从形式上可分为节间式和连续式。节间式由立柱、扶手及栏杆板组成，扶手支撑于立柱上，此种形式栏杆便于预制安装，能配合灯柱设计，但对于不等跨分孔的桥梁，划分困难。连续式具有连续的扶手，一般由扶手、栏杆板（柱）及底座构成，有规则的栏杆板，富有节奏感，简洁、明快，但自重较大。

栏杆的设计首先应考虑结构安全可靠，选材合理，栏杆柱或栏杆底座要直接与混凝土中的预埋件焊牢，以增强抗冲能力。其次，栏杆应尽量设计成标准件，要经济实用，工序简单，互换方便。第三，栏杆的艺术处理应根据桥梁的类别提出不同要求。公路桥梁的栏杆要求简洁明快，栏杆的材料和尺度与主体工程匹配。对于城市桥梁，栏杆结构设计讲究艺术造型，应与周围环境和桥梁本身相协调。

栏杆在桥梁伸缩缝处应相应地断开。

4. 照明设施

在城市及城郊地区的桥梁，行人和车辆较多，应设置照明设备。照明设施应做到维修方便、照明度适当、灯具美观大方，使行车安全舒适、景观悦目。

桥梁照明要限制眩光。其一，避免给正在桥头引道上或桥位附近道路上的行驶人员造成眩光；其二，避免给桥下通航船只的领航员造成眩光。为此，必要时应采用严格控光灯具。

桥梁照明布置方式有分散照明、集中照明及集中照明与分散照明混合三种。分散照明主要为灯杆照明方式，集中照明主要指高杆照明方式，近年来也有采用栏杆照明方式，但还不普遍。

1）灯杆照明

照明器安装在 800～1 200cm 高的灯杆顶端，灯杆沿顺桥向布置，这种方式已广泛应用于桥梁上。顺桥向灯杆布置有单侧布置、双侧对称布置及中心对称布置三种形式。灯杆照明方式的特点是：可在桥面任意预留灯杆位置，造价经济，在弯桥上有良好的视觉效果；但不宜用在大型立交桥上，以免给人造成视觉混乱的感觉。

2）高杆照明

灯杆高度一般为 15～40m，其上安装由多个高功率的光源制成的组装照明器，在广阔范围内进行大面积照明,这种方式主要应用于大型立交桥的照明。高杆灯上部灯架上灯具布置方式主要有径向对称式、平面对称式及非对称式三种。高杆照明方式的特点是:照明范围广,光通量利用率高;均匀度高,眩光少;易于维护,不影响交通;但一次性投资较高,且不宜在跨越江河的长桥上使用。

3)栏杆照明

将照明器安装在人行道两侧栏杆上距人行道顶面 80～100cm 处,这种方式适用于较窄(宽度<18m)的桥梁照明。栏杆照明方式的特点是:不必用灯杆,较为美观,避免登高维护作业;但对灯具的光学性能要求较高,解决眩光和提高桥面亮度均匀度水平较为困难,且因照明设置较低,易于积尘、损坏。

第三章 梁桥设计与构造

第一节 概 述

梁桥由桥跨结构、墩（台）、基础三部分组成。桥跨结构又称桥孔结构或上部结构。墩（台）、基础统称为下部结构。此外，必要时在桥跨结构与桥墩或桥台的支承处设置支座。如图 4-3-1。

梁桥的承重结构是梁（girder），其基本受力特征为弯曲，在垂直荷载作用下，支承处仅产生竖向反力。

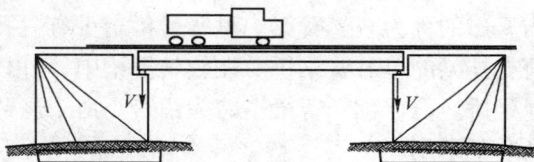

图 4-3-1 梁桥示意图

由于梁桥以受弯为主，所以，抗拉压强度以及弹性模量低的材料（如木材、石材、素混凝土等）均不适合梁桥建设。

钢筋混凝土充分利用了钢筋良好的抗拉性能和混凝土良好的抗压性能，适合于梁桥建设，但由于钢筋混凝土梁属于带裂缝工作的构件（在正常使用下均会开裂），从耐久性考虑，钢筋混凝土一般仅用于 20m 以下跨径的桥梁建造。

预应力混凝土是在混凝土中施加预应力，从而避免混凝土构件在工作中开裂，使结构的耐久性得到极大提高，目前，20m 以上跨径的梁桥均采用预应力结构，跨径 10～20m 之间的板梁桥也普遍采用预应力结构。预应力技术的出现，为现代预制装配式结构提供了最有效的接合和拼装手段，并由此产生了多种现代化施工技术，反过来又推动了预应力混凝土梁桥的发展。

钢材属于匀质材料，适合建造大跨径桥梁，目前，钢梁以及钢混组合梁在大跨径桥梁中越来越被重视。

第二节 混凝土梁桥的基本类型

一、按承重结构的静力体系划分

在钢筋混凝土与预应力混凝土梁式桥体系中，简支梁、悬臂梁和连续梁是三种古老的梁式结构体系，早为人们所采用。20 世纪 50 年代末，在传统的钢桥悬臂拼装方法基础上，经改进和发展，使预应力混凝土梁式桥中的悬臂体系得到新的发展，形成了 T 形刚构桥。随后，又进一步将 T 形刚构粗厚桥墩减薄，形成柔性桥墩，使墩梁固结形成连续-刚构桥。

1. 简支梁桥

简支梁桥是指单孔的一端设置固定铰支座，另一端设置活动铰支座，各梁端与梁端之间、梁端与桥台之间设置伸缩缝的桥梁（图 4-3-2）。

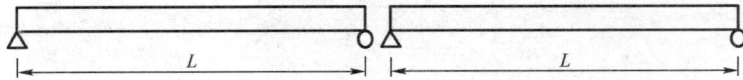

图 4-3-2　简支梁桥

简支梁桥是目前中小跨径梁桥的主要形式之一。其优点在于：构造简单，便于设计为各种标准跨径的装配式结构；施工工序少，架设方便；在多孔简支梁桥中，由于各跨构造和尺寸划一，简化施工管理工作，降低施工费用；因相邻桥孔各自单独受力，桥墩上需设置两排支座。

简支梁桥是静定结构，结构内力不受地基变形等影响，适用于地基较差的桥位上建桥。

2. 悬臂梁桥

将简支梁梁体加长，并越过支点就可成为悬臂梁桥。仅梁一端悬出的称为单悬臂梁，两端均悬出的称为双悬臂梁。悬臂梁桥至少有三孔，或是一双悬臂梁结构的跨线桥，或是中孔采用简支挂梁的单悬臂梁桥。在较长桥梁中，可由单悬臂梁、双悬臂梁与简支挂梁联合组成多孔悬臂梁桥。习惯称悬臂梁主跨为锚跨。由于悬臂梁桥梁端直接与路堤相连，对行车不利，目前已基本不采用。

3. 连续梁桥

连续梁桥是指主梁连续跨过两跨或两跨以上的桥梁。这种体系的主要特点是承重结构不间断地连续跨越多个桥孔而形成超静定结构。

连续梁桥施工方法包括支架施工、悬臂浇注或短线预制悬臂拼装施工、先简支后结构连续（刚构—墩梁固结）施工以及顶推施工等。图4-3-3a）为支架或悬臂施工变截面连续梁桥，图4-3-3b）为简支连续梁桥。

连续梁桥除其中一个桥墩上设固定铰支座外，其余均设活动铰支座（图4-3-3c），属于超静定结构，因此，适用于地基条件良好的场合，否则，任何支座不均匀沉陷均会在桥跨结构中产生次内力。

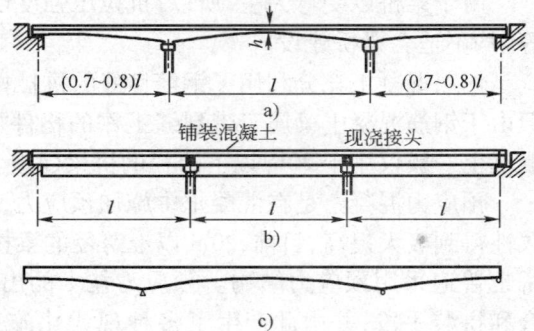

图 4-3-3　连续梁桥

4. T 形刚构桥

如图 4-3-4，T 形刚构桥是一种具有悬臂受力特点的梁式桥，因墩上在两侧伸出悬臂，形同"T"字而得名，由于钢筋混凝土梁式结构承受负弯矩，顶面出现裂缝不可避免，因而钢筋混凝土 T 形刚构桥跨径不可能做大。预应力混凝土结构，采用悬臂施工方法，适宜做成长悬臂结构。T 形刚构桥由于伸缩缝太多，对行车不利，目前已基本不采用。

5. 连续—刚构桥

连续—刚构桥由连续梁体与薄壁桥墩固结而成。它同连续梁一样，可以做成多孔一联。由于薄壁高墩对上部梁体的嵌固作用较小，连续—刚构桥桥跨结构的受力性能如同连续一样，如图4-3-5。连续刚构桥通常采用悬臂浇筑法施工。

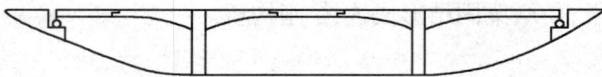

图 4-3-4　T 形刚构桥

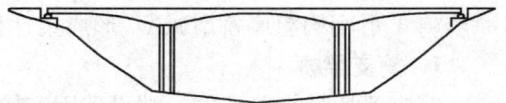

图 4-3-5　连续刚构桥

连续—刚构桥除具有连续梁的优点外,墩梁固结节省了大型支座昂贵的直接费用和使用维护费用,减少了墩及基础的工程量,并改善了结构在水平荷载(例如地震荷载)作用下的受力性能以及行车条件,是目前大跨度预应力混凝土桥梁(100～300m)中最常用的结构形式。

二、按承重结构的截面形式划分

1．板桥

板桥的承重结构就是矩形截面的钢筋混凝土或预应力混凝土板。主要特点是构造简单,施工方便,建筑高度小。从力学性能上分析,位于受拉区域的混凝土不但不能发挥作用,反而增大了结构的自重,当跨度较大时就显得笨重而不经济,所以,简支板桥仅适用于小跨径桥梁。

1)整体式实心板桥

即整体实心板截面桥梁,在车辆荷载作用下除了沿跨径方向引起弯曲受力外,在横向也发生挠曲变形,因此,具有双向受力特性。整体式实心板桥在城市桥梁中广泛应用,如图4-3-6a)。

2)装配式实心板桥

小跨径桥应用最广,它由多块预制的实心板条,通过板间企口缝填入混凝土拼接而成。从结构受力性能上分析,在荷载作用下,它不是双向受力的整体宽板,而是一系列单向受力的窄板式的梁,板与板之间借铰缝传递剪力而共同受力。对每块窄板而言,主要沿跨径方向承受弯曲或扭转。如图4-3-6b)。

3)整体式空心板桥

在整体式实心板基础上,通过预留圆孔或矩形孔形成,与整体式实心板相同条件下,其自重进一步减轻,承载能力进一步增强。其缺点是施工较为复杂。整体空心板截面桥梁在车辆荷载作用下除了沿跨径方向引起弯曲受力外,在横向也发生挠曲变形,因此,也具有双向受力特性。整体式空心板桥在城市桥梁中广泛应用。

4)装配式空心板桥

小跨径桥上广泛采用,它由多块预制的空心板条,通过板间企口缝填入混凝土拼接而成。从结构受力性能上分析,在荷载作用下,它不是双向受力的整体宽板,而是一系列单向受力的窄板式的梁,板与板之间借铰缝传递剪力而共同受力。对每块窄板而言,主要沿跨径方向承受弯曲或扭转。装配式空心板可以是带有圆孔的板,也可以是带有矩形孔的板,分别如图4-3-7所示。近年来,装配式空心板断面形式也越来越多,如图4-3-8所示,并被越来越多地采用。

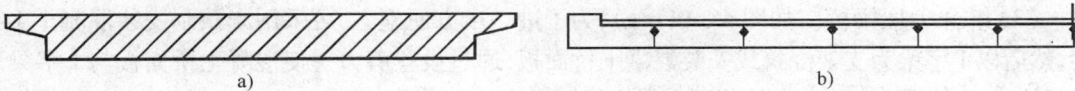

图4-3-6 板桥横截面示意(一)

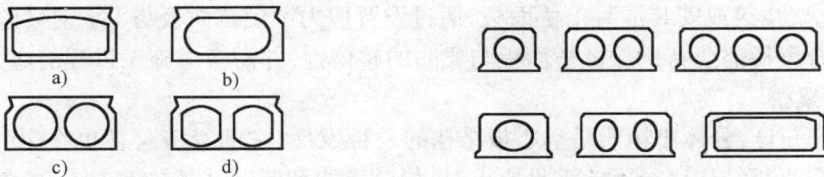

图4-3-7 板桥横截面示意(二)

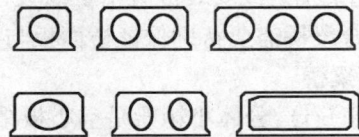

图4-3-8 板桥横截面示意(三)

目前,钢筋混凝土实心板常用跨径在 10m 以内,钢筋混凝土空心板常用跨径在 16m 以内;预应力混凝土空心板跨径一般在 20m 以内。

2. 肋板式梁桥

在横截面内形成明显肋形结构的梁桥称为肋板式梁桥,简称肋梁桥。梁肋(或称腹板)与顶部的钢筋混凝土桥面板结合在一起作为承重结构(如图 4-3-9a)~g),由于肋与肋之间处于受拉区的混凝土得到很大程度的挖空,显著减轻了结构自重,对仅承受正弯矩作用的简支梁而言,不但充分扩展了混凝土桥面板的抗压能力,而且有效地发挥了集中布置在梁肋下部的受力钢筋的抗拉作用,从而使结构构造与受力性能达到理想的配合。与板桥相比,对于梁肋较高的肋梁桥来说,由于混凝土抗压和钢筋受拉所形成的力臂较大,因而肋梁桥也具有更大的抵抗荷载弯矩的能力。目前,中等跨径的梁桥,常用装配式肋梁桥。

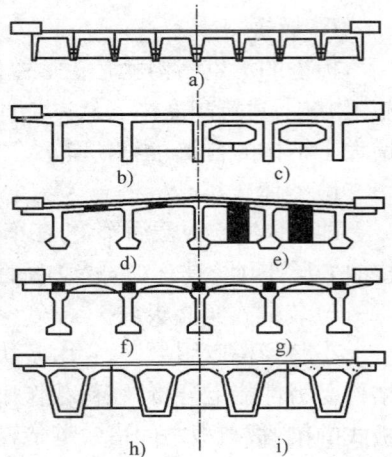

图 4-3-9 肋板式梁桥横截面示意
a)Ⅱ形肋板桥;b)~e)T形梁桥;f)/g)组合 T 形梁桥;h)/i)小箱梁桥

1)整体式肋板式梁桥

在采用支架施工时,可以根据钢筋混凝土体积最小的经济原则来确定截面尺寸。对于桥面净空为净—7 的桥梁,只要不受建筑高度限制,可以采用双主梁桥,主梁的间距可按桥梁全宽的 0.55 ~ 0.60 布置。有时为减小桥面板的跨径,还可在两主梁之间增设内纵梁。

2)装配式肋板式梁桥

装配式肋板式梁桥使用最广泛,系通过将多根预制肋板式梁构件拼装而成。不同的预制肋板式梁构件及其横向联结方式形成不同的肋板式梁桥。

(1)Ⅱ形肋板式梁桥。由多片预制 Ⅱ 形梁组成。由于 Ⅱ 形梁预制比较复杂,结构尺寸较小,使用耐久性稍差,在新建桥梁中已很少采用,如图 4-3-9a)。

(2)T形梁桥。如图 4-3-9b)/c)、d)/e) 及图 4-3-10,由多片预制 T 形梁组成。T 形梁桥是 25 ~ 50m 之间的简支梁桥或简支连续梁桥的主要形式。在每一预制 T 梁上设置待安装就位后梁间相互连接用的横隔板,以使各梁形成整体,在桥上车辆荷载作用下,通过横隔梁接缝处传递剪力和弯矩而使各 T 形梁共同受力。梁端横隔板必须设置,中横隔板视其跨径大小而定,可以是一道(跨中),也可以是三道或更多(跨中、$L/4$……)。

(3)组合 T 形梁桥。如图 4-3-9f)/g),为了进一步方便施工,可采用先预制安装混凝土 I 字梁,然后以 I 字梁为支架浇筑或安装混凝土桥面板,通过设置剪力键使混凝土桥面板与 I 字梁形成整体。也有预制安装带有较薄厚度翼缘板的混凝土 T 形梁,然后在 T 梁上浇筑结构性混凝土桥面板(即参与结构受力的桥面铺装垫层)。另外,国外更多的是先预制安装 I 字钢梁,然后以 I 字钢梁为支架浇筑或安装混凝土桥面板,通过设置剪力键使桥面板与 I 字钢梁形成整体的组合梁桥。组合梁桥需要特别保证桥面板与梁肋的整体性,并需考虑施工过程的应力叠加。

3. 小箱梁桥

图 4-3-9h)/i),分体小箱梁是空心板结构的一种发展,它的经济跨径也在 20 ~ 40m 之间,主要适用于空心板结构跨径不能满足要求时,如分离式和互通式桥中当被交道路所需较大跨径跨越时。分体箱在同等跨径下比 T 梁梁高可以较矮,吊装时自稳能力强,但自重较大,对吊

装能力要求较高。

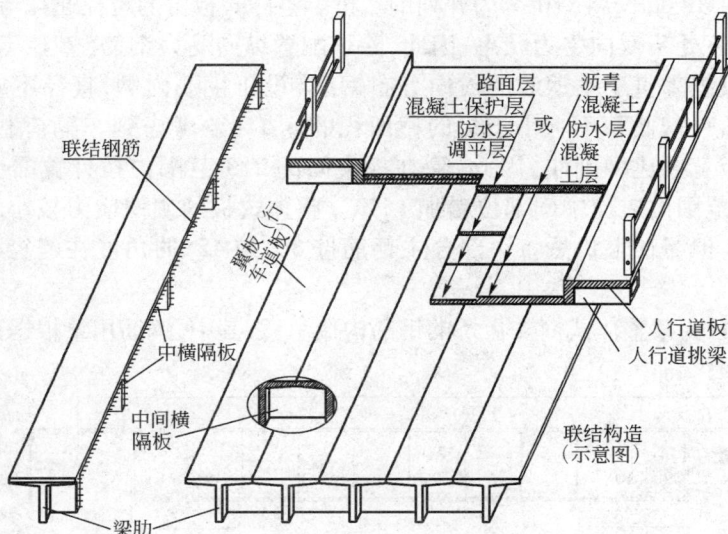

图 4-3-10　简支 T 形梁桥构造示意

4. 箱形梁桥

横截面呈一个或几个闭合箱的梁桥称为箱形梁桥。箱形截面梁除具有肋板式截面梁的腹板和翼缘板(顶板)外,还具有底板,在一定的截面面积下能获得较大的抗弯惯矩,具有几乎同等的承受正、负弯矩的能力。另外,闭合箱形梁具有比相应肋板式截面大得多的抗扭刚度,在偏心的活载作用下箱梁的受力比较均匀,因此,箱形截面梁特别适用于较大跨径的连续梁桥、连续刚构桥。图 4-3-11a)所示为城市桥梁、城市及公路立交桥梁常用的支架施工等截面单箱多室截面;图 4-3-11b)所示为连续梁桥、连续刚构常用的变截面单箱单室截面;4-3-11c)所示为城市、高速公

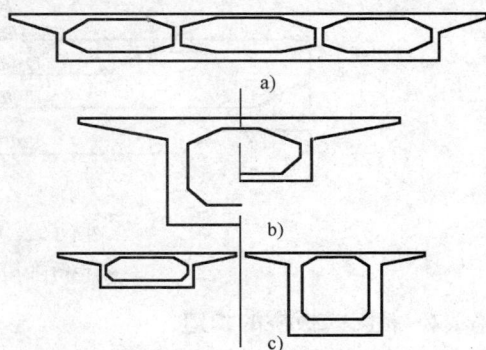

图 4-3-11　箱形梁桥横截面示意

路双幅式连续梁桥、连续刚构常用的变截面单箱单室截面。

第三节　简支梁(板)桥受力特点与构造设计

简支梁(板)桥构造及钢筋设计应根据桥梁用途、结构体系、施工方法、使用荷载等综合考虑,并符合《公路钢筋混凝土及预应力混凝土桥涵设计规范》(JTG D62—2004)第 9 章的相关要求。

一、简支板桥

1. 整体式板桥的构造

整体式板桥的横截面通常采用等厚度的矩形截面。对于高速公路或城市宽桥,为了防止

因温度变化和混凝土收缩引起的纵向裂纹，以及由于活载在板的上缘产生过大的横向负弯矩，也可以将板沿桥中线断开，将一桥分为并列的二桥。整体式板桥的跨径通常与板宽相差不大，在车辆荷载作用下处于双向受力状态，因此，除了配置纵向受力钢筋（直径不应小于10mm）外，还需在板内设置垂直于主钢筋的横向分布钢筋（设于主筋内侧，直径不应小于8mm，间距应不大于20cm），截面积不宜小于板的截面积的0.1%。考虑到车辆荷载在近板边行驶时，参与受力的板宽要比中间小，因此，除在板中间的2/3范围内按计算需要进行配筋外，在两侧各1/6的范围内应比中间部位增加15%。整体式板的主拉应力较小，按计算可以不设弯起的斜钢筋，但习惯上仍然将一部分主钢筋按30°或45°的角度在跨径1/4～1/6区段弯起。

图4-3-12所示为某整体式简支板桥的钢筋构造示意，其中，钢筋用量根据计算决定。

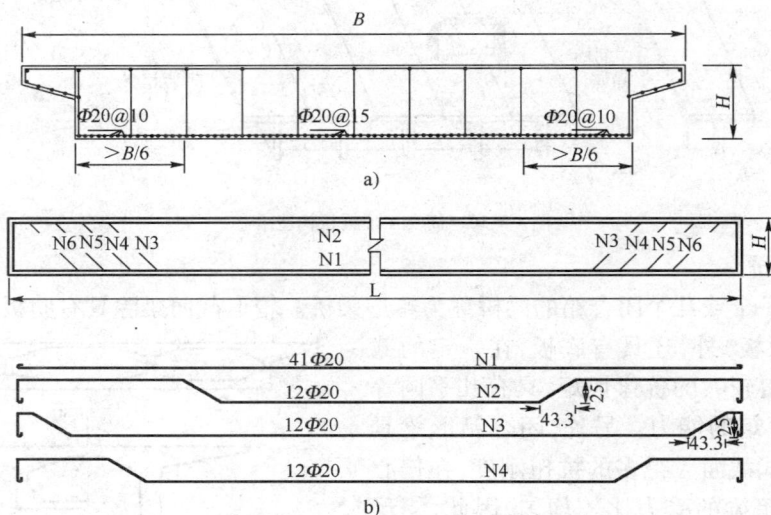

图4-3-12　整体式板桥钢筋构造示意
a）横断面钢筋布置；b）纵断面钢筋布置

2. 装配式板桥的构造

根据横截面形式不同，装配式板桥主要分为实心板和空心板两种。

1）矩形实心板桥

实心板桥应用广泛，但跨径通常不超过8m（包括1.5m、2.0m、2.5m、3.0m、4.0m、5.0m、6.0m和8.0m），板高从0.16～0.36m。图4-3-13为一座装配式钢筋混凝土矩形板桥钢筋布置示意，其中，钢筋用量根据计算决定。

2）空心板桥

空心板较同跨径的实心板质量轻，运输安装方便，而建筑高度又较同跨径的T梁小，能充分利用材料，因此目前使用较多。相应于不同跨径，钢筋混凝土板板厚为0.4～0.8m，预应力混凝土板板厚为0.4～1.3m。随着空心板开孔形式的不同，结构受力特性及钢筋布置也不一样。以图4-3-7所示开孔形式为例，a）和b）挖空率最大，质量最轻，但顶板需配置横向受力钢筋以承担车轮荷载；a）略显微弯形，可以节省一些钢筋，但模板较b）复杂；c）施工时用无缝钢筋管作芯模较方便，挖空率较小，自重较大；d）芯模由两个半圆和两块侧模板组成，当板的厚

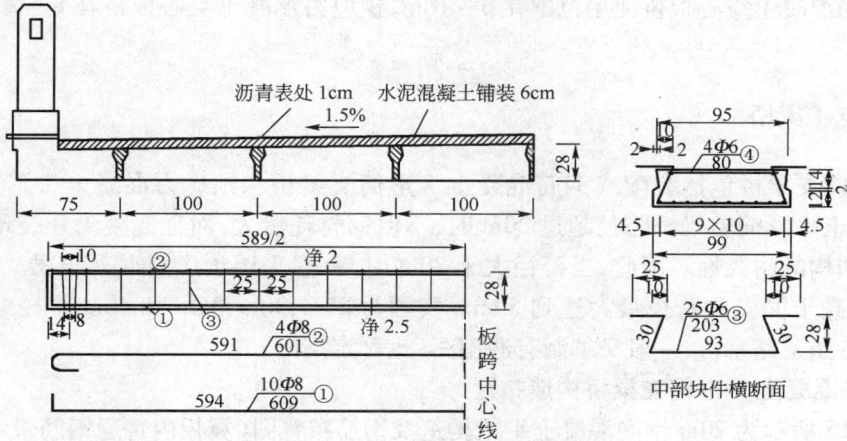

图 4-3-13　跨径 6.0m 装配式矩形板桥构造示意

度改变时,只需更换两块侧模板,故较 c)更优。空心板横截面的最薄处不得小于 7cm。为了保证抗剪强度,应在截面内按计算和构造需要配置弯起钢筋和箍筋。

　　图 4-3-14 为跨径 13m 的装配式预应力混凝土空心板桥的钢筋构造示意,桥面净空为净—7 + 2 × 0.25m 的安全带,总宽为 8m,由 8 块宽 99cm 的空心板组成,板与板之间的间隙为 1cm。板全长 12.96m,计算跨径 12.6m,板厚 60cm。采用 4-3-14 所示空心截面,腰圆孔宽 38cm,高46cm。采用 C40 混凝土预制空心板和填塞铰缝。每块板底层配置 7 根预应力筋,每根预应力筋张拉力为 194kN。板顶面除配置 3 根架立钢筋外,在支点附近还配置 6 根非预应力钢筋,以承担由预加应力产生的拉应力。钢筋用量根据计算决定。

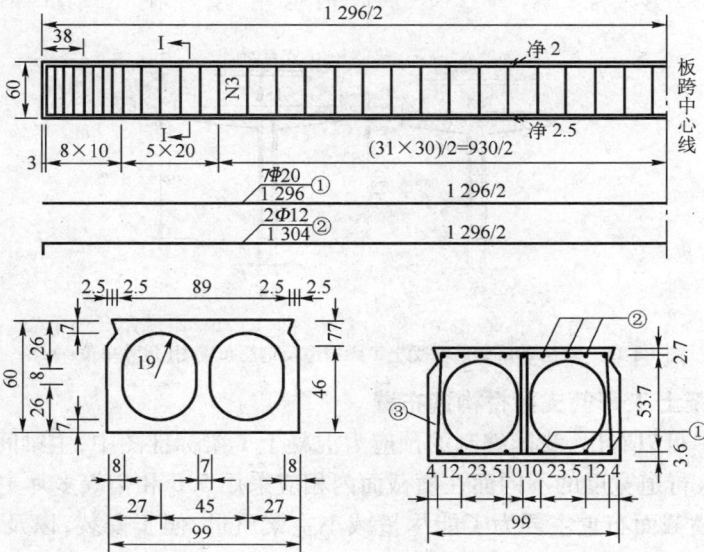

图 4-3-14　装配式预应力混凝土空心板的构造示意(尺寸单位:cm)

　　由于空心板壁厚本身较薄,如果跨径增大,其钢筋或预应力筋必然增多,使得混凝土浇筑困难,质量难以保证,特别是在较大跨径以及宽度较大的预应力空心板上出现的问题较多。所以,目前钢筋混凝土空心板桥使用范围在 6～16m,预应力混凝土空心板桥在 8～20m,板宽不宜超过 1m。

二、简支 T 梁桥

常见的简支梁桥包括装配式钢筋混凝土 T 形简支梁桥和预应力混凝土 T 形简支梁桥。当钢筋混凝土 T 形简支梁桥跨径超过 20m 时,不但钢材耗量大,而且混凝土开裂现象也比较严重,影响结构的耐久性。因此,当跨径大于 20m 时,一般采用预应力混凝土梁。目前,公路上预应力混凝土简支梁跨径最大达到 50m。我国为 25m、30m、35m 和 40m 跨径编制了标准图,而对于各条道路来讲,一般又编制有通用图(也称定型图)。

1. 钢筋混凝土 T 形简支梁桥构造布置

图 4-3-15 所示为 20m 钢筋混凝土 T 梁构造及钢筋布置图(翼板内普通钢筋未示)。

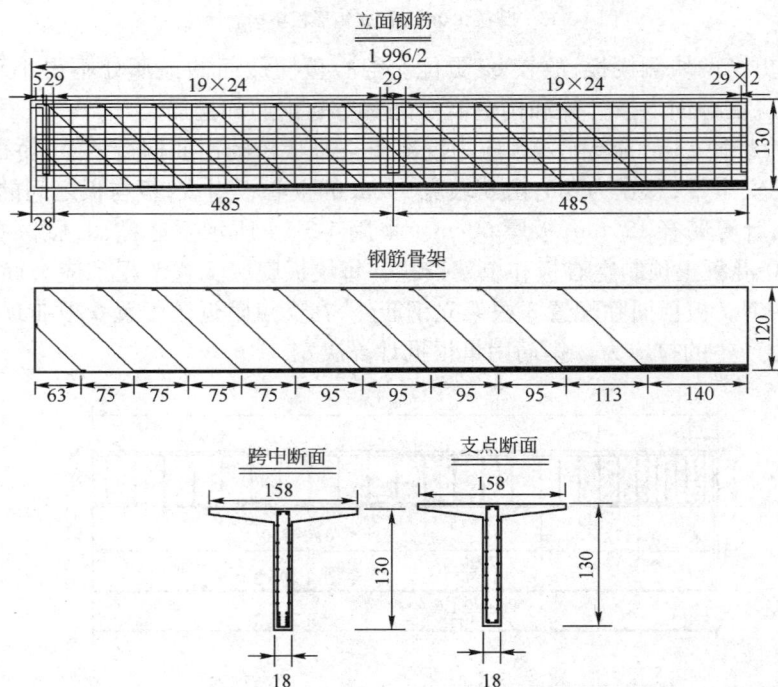

图 4-3-15　跨径 20m 钢筋混凝土 T 梁构造及钢筋布置图(尺寸单位:cm)

2. 预应力混凝土 T 形简支梁桥构造布置

从图 4-3-16 中可以看出,我国编制的预应力混凝土 T 梁标准图中,主梁间距采用 1.6m,并根据桥面净空和人行道宽度的不同而在横截面内相应采用 5、6 和 7 等多片主梁。这种小梁距(或窄翼缘宽度)横截面布置主要为了能尽量减小主梁质量,便于安装,以及与一般钢筋混凝土 T 梁配合使用时在构造布置上能协调一致。

然而,对于跨径较大的预应力混凝土简支梁桥来说,主梁间距 1.6m 显然是偏小的。事实上,T 形梁片数与翼板宽度、跨度有关。随着跨度增大,T 形梁桥宜适当增大翼板宽度,减少梁的片数,不但可以追求更为经济合理的设计,而且还可以节省预制工作量,加快施工速度。以跨径为40m、净空为净—7 +2 ×0.75m 的桥梁为例,2.0m 梁距时比1.6m 梁距节省预应力筋束12%、普通钢筋9%和混凝土数量12%,且因少一片主梁,可以减少预制和吊装的工作量,加快施工速度,但梁重将增大13%。因此,当吊装质量不受控制时,对于较大跨径的 T 梁,宜采用较大的主梁间距,即1.8~2.5m。为了防止桥面和翼缘开裂,主梁间距不宜过大。目前,30m及以上的预应力混凝土简支 T 形梁桥翼缘板宽在2.0~2.5m 之间。

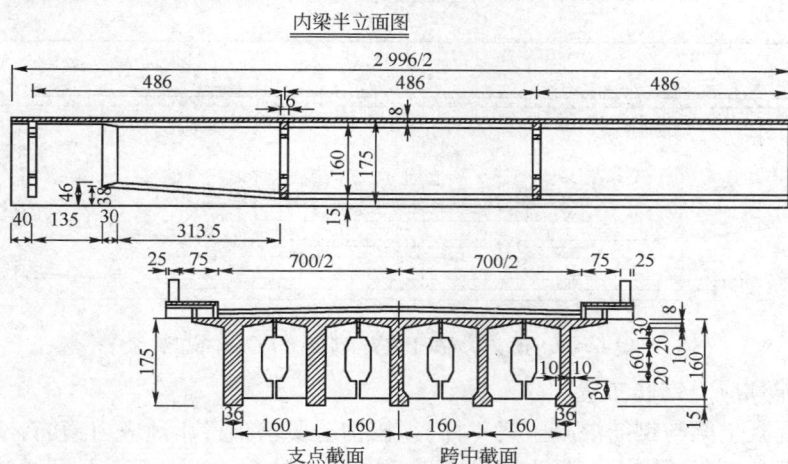

图 4-3-16 跨径30m 预应力混凝土 T 梁标准图(尺寸单位:cm)

对于城市桥梁,有时为了降低主梁而采用密排式 T 梁,梁距在1.5m 左右。

预应力混凝土简支 T 梁的梁肋下部通常要加宽做成马蹄形,以便预应力钢束的布置和满足局部承压需要。为了配合钢丝束的起弯,在梁端能布置预应力锚头,在靠近支点处腹板也要加厚至与马蹄部分同宽,加宽范围最好在一倍梁高(离锚固端)左右,这样就形成了沿纵向腹板厚度发生变化、马蹄部分也逐渐加高的变截面 T 梁。

预应力混凝土简支梁桥的主梁高度,按截面形式、主梁片数及建筑高度要求,可在较大范围内变化。对于常用的等截面简支梁,其高跨比可在1/15 ~1/25 内选取,随跨径增大而取较小值,随梁数减少而取较大值。从经济观点出发,当桥梁建筑高度不受限制时,采用较大的梁高显然是有利的,因为加高腹板使混凝土量增加不多,而节省预应力筋数量较多。故,对于一般中等跨径的预应力混凝土 T 梁,高跨比可取1/16 ~1/18。

T 梁翼板的厚度根据钢筋混凝土受力需要确定。为了减小翼板和梁肋连接处的局部应力集中和便于脱模,在该处一般采用折线形或圆弧承托。在预应力混凝土梁内,由于混凝土所受预压应力和弯起筋能抵消荷载剪力的作用,梁肋中的主拉应力较小,因而,梁肋宽一般都由构造和施工要求决定。通常采用0.14 ~0.20m。

T 梁马蹄越是宽而矮截面越经济,但马蹄的形状要视预应力筋的数量和排列而定,同时还要考虑施工方便和力筋弯起的需要。马蹄的尺寸大小要满足预加力阶段的强度要求。为了防止在施工和运营中马蹄部分纵向裂缝,除马蹄面积不宜少于全截面的10% ~20%以外,尚需满足:①马蹄宽度约为肋宽的2 ~4 倍,并注意马蹄部分(特别是斜坡区)的管道保护层不宜小于6cm。②马蹄全宽部分高度加1/2 斜坡区高度为(0.15 ~0.20)h,斜坡宜陡于45°。

除主要的纵向预应力筋外,预应力混凝土梁内还有架立钢筋、箍筋、水平分布钢筋、承受局部应力的钢筋等其他非预应力钢筋。

1）纵向预应力筋布置

预应力混凝土简支梁中所采用的预应力主筋布置如图 4-3-17 所示。主筋在跨中均靠近梁的下缘布置，以充分利用对混凝土施加的压力来抵消荷载引起的拉应力。

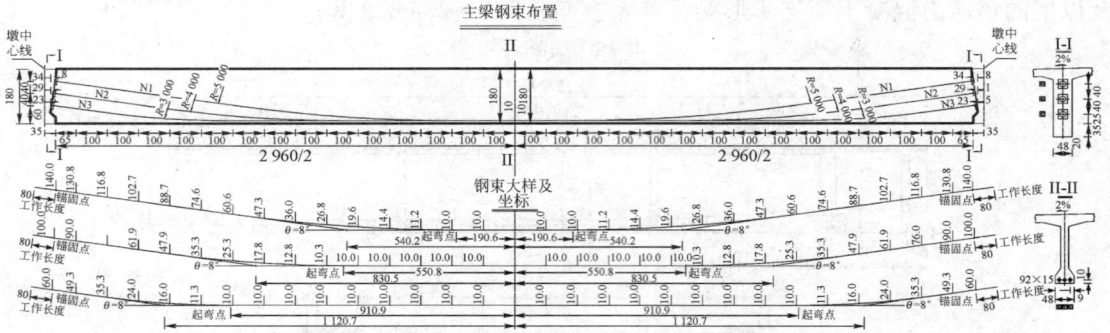

图 4-3-17　预应力混凝土简支梁纵向预应力筋布置示意

2）其他非预应力钢筋布置

预应力混凝土梁与钢筋混凝土梁一样，须按构造要求布置非预应力箍筋、架立筋和纵向水平分布钢筋等。由于预应力混凝土梁肋承受的主拉应力较小，一般可不设斜筋。如图 4-3-18 所示，为某预应力混凝土简支梁横截面内预应力筋、普通钢筋布置示意，其中翼板内普通钢筋未示。

此外，对于预应力筋比较集中的下翼缘（马蹄）内必须设置闭合式或螺旋形的加强箍筋，其间距不大于 15cm。最小净距也应符合规范要求和混凝土浇筑需要。

在预应力混凝土简支梁中，为了补充局部梁段内强度的不足和满足极限强度的要求，或为了更好地分布裂缝和提高梁的韧性等，可以将无预应力的钢筋与预应力钢筋混合配置。

图 4-3-19a）表示当梁中预应力筋在两端不便弯起时，为了防止张拉阶段梁端顶部可能开裂而布置的受拉钢筋。

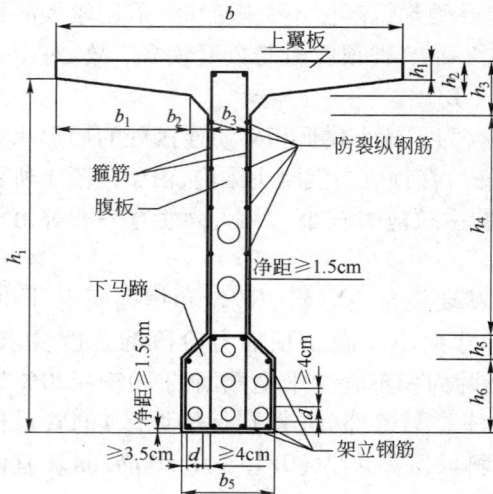

图 4-3-18　横截面内钢筋布置示意

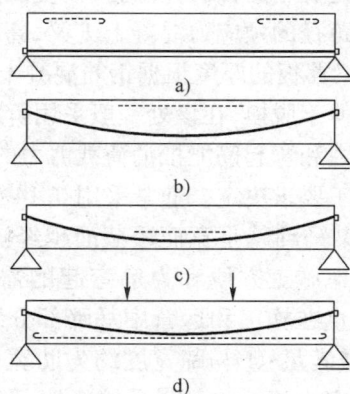

图 4-3-19　非预应力纵向钢筋（虚线）布置示意

对于自重比恒载与活载小得多的梁,在预加力阶段跨中部分的上翼缘可能会开裂,因而也可在跨中顶部加设无预应力纵向受力钢筋(图4-3-19b),这种钢筋在运营阶段还能加强混凝土的抗压能力,在破坏阶段则可提高梁的安全度。

图4-3-19c)所示在跨中部分下翼缘内设置的钢筋,一般是在全预应力中为了加强混凝土承受预加压力的能力。

对于部分预应力梁也往往利用布置在下翼缘的纵向钢筋来补足极限强度的需要,并且这种钢筋对于配置无黏接预应力筋的梁能起到分散裂缝的作用(图4-3-19d)。

此外,非预应力的钢筋还能增加梁在反复荷载作用下的疲劳极限强度。

第四节 连续梁桥受力特点与构造设计

连续梁桥受力后,梁体内的弯矩和剪力将沿桥跨产生连续不断的效应,一孔受载,多孔受力。在自重作用下,由于支点负弯矩的卸载作用,跨中正弯矩显著减小,因此,可以节省材料,适用于大、中跨径桥梁。连续桥在每个墩台上只需一个(一排)支座,可相应减小桥墩的尺寸,同时桥梁连续具有变形缓和,接缝少,有利于高速行驶等优点。但连续梁桥为超静定结构,支座变位将引起结构内力变化,所以,一般适用于地质良好的桥位处。

连续梁可以做成二跨或三跨一联,也可以做成多跨一联。每联跨数太多,联长就要加大,受温度变化及混凝土收缩等影响产生的纵向位移也就较大,使伸缩缝及活动支座的构造复杂化;每联长度太短,则使伸缩缝的数目增多,不利于高速行车,一般以不超过五跨一联为宜。

随着伸缩缝和支座构造不断改进(最大伸缩量可达1 200mm),梁体的连续长度已达1 000m以上。

一、连续梁桥类型与受力特点

不论是钢筋混凝土连续梁桥还是预应力混凝土连续梁桥,在立面上都可以做成等跨和不等跨,等高和不等高(变截面)(如图4-3-20)。由于预应力筋在结构内能起到调整内力的作用,因此,预应力混凝土连续梁在孔径布置和截面形式等方面可供选择的范围,比钢筋混凝土连续梁桥要大得多。此外,混凝土连续梁桥的结构形式与施工工艺有密切联系。

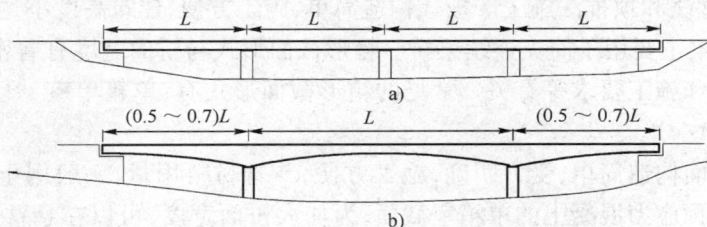

图4-3-20 等高和不等高(变截面)连续梁桥

对中、小跨径的钢筋混凝土连续梁桥,常采用等截面形式和支架现浇施工;而对中、小跨径的预应力混凝土连续梁桥,当采用顶推法施工时,往往设计成等跨等高的连续梁桥。

不等跨变高度混凝土连续梁桥是大跨度桥梁最常用的结构形式。当加大靠近支点附近的梁高做成变截面时,可以有效降低跨中的设计弯矩,同时又能适应抵抗支点处大剪力的要求(如图4-3-21),又对恒载引起的截面内力和桥下通航的净空要求影响不大,这就是为什么连续梁桥比简支梁或悬臂梁桥跨越能力更大的原因。

连续梁桥边跨与中跨之比将直接影响梁体内力沿跨径分布的均匀性，同时，边跨与中跨之比与施工工艺有关。如采用支架施工时，需考虑边中跨正弯矩之比；采用悬臂施工时，则需考虑边支点反力和边跨现浇段支架条件。通常，对三跨连续梁，边跨长度取中跨长度的(0.65~0.8)倍，减小这一比值，能使中跨区段只有正弯矩值，可布置单筋，既简化了构造，又比较经济。对五跨连续梁桥，边跨、次边跨、中跨理想之比为0.65:0.9:1.0，为方便设计与施工，常取0.65:1.0:1.0。

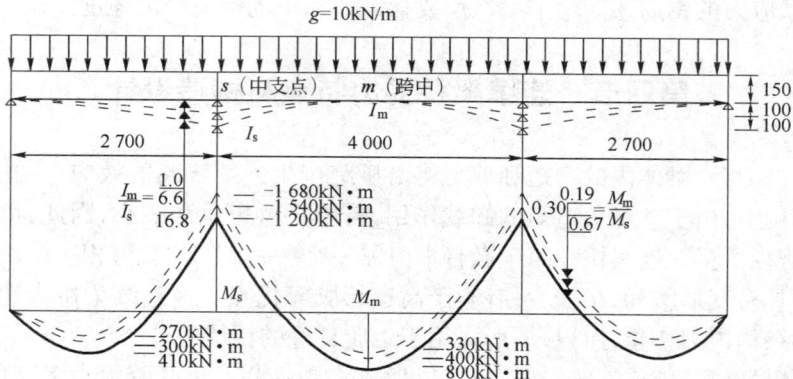

图　4-3-21

二、横截面形式及主要尺寸

1. 钢筋混凝土连续梁桥

钢筋混凝土连续梁桥适用于20m以下的城市宽桥、公路立交匝道桥等。受箱形截面桥面板宽度和两侧悬臂长度限制，一般采用低矮的多室箱。常见截面形式如图4-3-11a）。

2. 预应力混凝土连续梁桥

预应力混凝土连续梁桥的截面形式，除中等跨径桥梁采用空心板、T形梁外，大跨径连续梁桥和采用顶推法施工的中等跨径连续梁桥一般采用箱形截面，即便于顶、底板布置预应力筋，又有利于悬臂法和顶推法施工。板式构造简单，施工方便，建筑高度小，主要用在小跨径高架道路上。T形梁主要用于简支连续梁桥。箱形截面形式与桥面宽度有着密切关系，此外，也与墩台构造形式和施工要求等有关。常见的箱形截面形式有：单箱单室、单箱双室、双箱单室等，如图4-3-11b）/c）。

单箱单室截面构造简单，受力明确，施工方便，节省材料用量，一般用于桥宽在14m左右的桥梁。对采用预应力混凝土的单箱室截面，为加大桥面宽度，可以在悬臂上设置横梁加劲，并在每根横梁上施加横向预应力，或直接在桥面板内设置横向预应力筋，此时桥面宽度最大可以达到25m以上，一般宜在20m以内。

对单箱单室和单箱双室，除了对顶板厚度有显著影响外，底板、腹板厚度影响甚小，通过分析比较发现单箱双室截面顶板的正(负)弯矩一般比单箱单室截面减小70%(50%)，有利于顶、底板中钢束布置，也容易平弯到腹板的两侧锚固，但单箱双室截面增加了一腹板，使自重增加，施工难度加大。

对于宽桥,可以采用多室箱梁截面,但多室箱构造复杂,施工不便,一般采用分离的箱室截面,分离式的双箱桥面可以达到30~40m,足以满足宽桥需要。

大跨径预应力混凝土箱形梁的顶、底板受力复杂,除需按板的构造要求决定厚度外,还应按桥跨方向上总弯矩值来决定厚度。对于中小跨径桥梁各部尺寸可参考如下:

1)底板

在连续箱梁中,底板厚度一般为墩顶梁高的1/10~1/12;箱梁跨中底板厚度一般为20~25cm。

2)顶板

箱形截面的顶板厚度需满足桥面板横向弯矩和布置纵向预应力筋的要求。当顶板不设横向预应力筋时,一般为20~28cm。当设有横向预应力筋时,顶板厚度除满足受力需要外,还应满足布置预应力筋的管道等构造要求。

3)腹板

腹板厚度取决于截面受力、布置预应力筋和浇注混凝土等要求,一般情况下,腹板内无预应力筋时约20cm;腹板内有预应力筋时约25~30cm;腹板内有预应力筋锚固时约35cm;墩上或靠近桥墩的箱梁根部腹板需加厚到30~60cm,甚至100cm。

4)梗腋(承托)

预应力混凝土箱梁中,为了提高箱梁截面的抗弯和抗扭刚度,减小应力集中、箱梁剪力滞效应与箱梁畸变影响,增大桥面板抵抗负弯矩的能力,为布置预应力筋和设置锚头留有足够的空间,常需在顶板、底板和腹板相交处设置梗腋(承托),避免出现小于或等于90°的内角。

5)横隔板

横隔板的主要作用是增加箱梁刚度,限制箱梁的畸变,跨中横隔板还可有效防止因箱梁二次预应力张拉产生的径向力引起跨中区段底板崩裂破坏。所以,在支承处、跨中通常需要设置。

三、纵断面布置

1. 钢筋混凝土连续梁桥

为确保结构耐久性,钢筋混凝土连续梁桥采用等截面形式,其梁高在跨径的1/15~1/25之间。

2. 预应力混凝土连续梁桥

跨径超过20m后宜采用预应力混凝土结构,根据总体布置与受力需要,等截面连续梁边中跨之比取0.6~0.8,梁高为跨径的1/15~1/25(顶推法施工时为1/12~1/17),支点腹板总厚度与行车道板宽度之比为1/16~1/21。变截面连续梁边中跨之比在0.5~0.8之间,为确保边支点不出现负反力,边中跨之比控制在0.6~0.7为宜,支点梁高约为跨径的1/15~1/20,常用1/18,跨中梁高为跨径的1/30~1/50。截面高度变化规律可以采用圆弧线、抛物线等,因为二次的变化规律与连续梁的弯矩变化规律基本接近,为了增加1/4桥跨处的梁高,减小主拉应力,可减小抛物线幂次,取小于2的次数。

四、钢筋布置

1. 钢筋混凝土连续梁桥

钢筋混凝土连续梁桥需根据结构计算设置主梁纵向抗弯钢筋、主梁抗剪钢筋、桥面抗弯钢筋等,并根据构造要求设置构造钢筋。

2. 预应力混凝土连续梁桥

除普通钢筋外,中小跨径预应力混凝土连续梁桥一般仅需布置纵向预应力筋,用于抵抗纵向弯矩。对于大跨径预应力混凝土连续梁,根据需要可采用纵向、横向和竖向三向预应力体系。其中,纵向预应力筋采用钢绞线,按受力需要设置,用于抵抗纵向弯矩,纵向下弯预应力筋还可抵抗部分剪力;横向预应力筋采用钢绞线,用于抵抗桥面板横向弯矩,纵向间距约50cm左右;竖向预应力筋采用高强精轧螺纹钢筋或钢绞线,用于抵抗剪力,竖向布置在腹板内,纵向间距为40～60cm。

图4-3-22 所示为顶推法施工的直线形预应力筋布置。上下的通束筋使截面接近轴心受压,以抵抗顶推过程中各截面交替承受的正、负弯矩。待顶推到位后,再在跨中底部和支点顶部增加局部预应力筋,用来满足使用荷载下的受力要求。有时,按设计还要在跨中的顶部和支点附近的底部设置局部的施工临时束,待顶推完成后即予卸除。

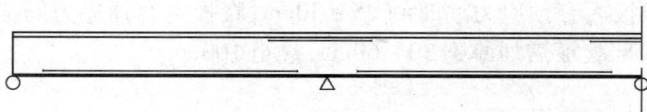

图4-3-22 顶推法施工的直线形预应力筋布置

图4-3-23 所示预应力筋布置是针对常见的支架现浇等高度连续梁桥而言。梁中除了正弯矩区和负弯矩区各需布置底部和顶部预应力外,还根据需要布置通常的弯曲钢束。

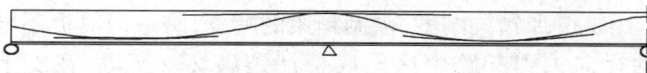

图4-3-23 支架现浇等高度连续梁桥预应力筋布置

支架现浇变高度连续梁桥预应力筋布置如图4-3-24 所示,主要根据弯矩分布情况布置负弯矩束、正弯矩束以及一定的通常束。

图4-3-24 支架现浇变高度连续梁桥预应力筋布置

第五节 简支连续梁桥受力特点与构造设计

简支桥面连续梁桥、简支结构连续梁桥、简支刚构桥统称为简支连续梁桥。

1. 简支桥面连续梁桥

先架设预制梁(板)(简支状态),后通过现浇墩顶主梁(板)顶部部分混凝土跨缝结构形成连续桥面。使用状态仍为简支体系。

2. 简支结构连续梁桥

先将预制梁(板)简支架设,后通过现浇混凝土湿接头将相邻跨主梁在墩顶连为一体,形成连续梁。

3. 简支刚构(墩梁固结)梁桥

先预制梁(板)简支架设,后通过现浇混凝土湿接头将相邻跨主梁以及墩帽在墩顶连为一体,形成墩梁固结的桥梁。

一、简支连续梁桥特点

1. 简支体系与连续体系的比较

从图4-3-25可见:当跨径 L 和荷载集度 g 相同的情况下,简支体系的跨中弯矩最大,连续体系则由于支点负弯矩的存在,使跨中正弯矩值显著减小,从表征材料用量的弯矩图面积大小(绝对值)而言,连续体系也比简支体系小很多。因此,连续体系可以减小跨内主梁高度,从而降低钢筋混凝土数量和结构自重,并且这本身又可以导致恒载内力的减小。

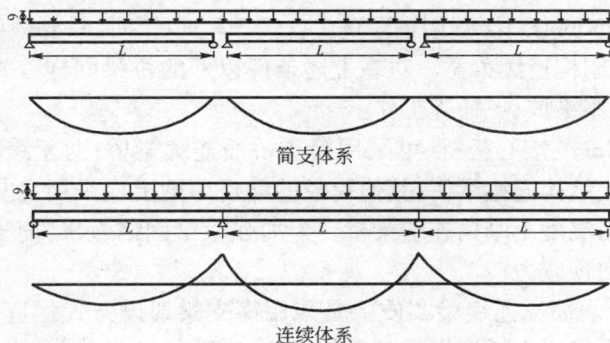

简支体系

连续体系

图4-3-25 简支体系与连续体系受力比较

2. 简支桥面连续梁桥

由于简支梁桥伸缩缝多,不利高速行车,所以,出现简支桥面连续梁桥,如图4-3-26。

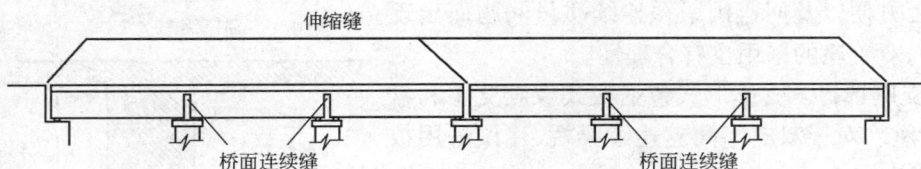

伸缩缝

桥面连续缝   桥面连续缝

图4-3-26 简支桥面连续梁桥

简支桥面连续梁桥属于静定体系、单跨受力,墩顶仅梁(板)顶部分连续,温度变化、支座不均匀沉降等不产生次内力,钢筋混凝土梁跨间结构受拉区带裂缝工作,预应力混凝土梁为全压结构或拉应力受限。3~5跨一联,使用相当于连续梁桥。受力上属于简支梁桥。主梁为钢筋混凝土的简支桥面连续梁桥跨径不宜大于16m,主梁为预应力混凝土的简支桥面梁桥不宜大于20m。在运营期间,由于桥面连续处混凝土容易破损、开裂,影响桥面行车的舒适性,因此,对于较大跨径的桥梁(20m以上),一般都采用简支结构连续。

3. 简支结构连续梁桥

在施工中属于简支结构;在使用中属于连续梁受力体系,对基础要求高;服役期受力性能和行车舒适性方面比简支梁桥或先简支后桥面连续梁桥更优越;因无伸缩缝(梁端除外),也就不存在伸缩缝易损坏、难维护的问题;简支结构连续设计是中小跨径桥梁建设的一大进步。

4. 简支刚构桥

在施工中属于简支结构；在使用中属于刚构受力体系，对基础要求高，温度、混凝土收缩徐变影响大；服役期受力性能和行车舒适性方面比简支梁桥或先简支后桥面连续梁桥更优越；因无伸缩缝（梁端除外），也就不存在伸缩缝易损坏、难维护等问题；因无支座（梁端除外），也就不存在支座易损坏、难维护、更换等问题；重庆高速公路上高墩以及处于纵坡上的中小跨径梁桥多，简支刚构还可以限制上部构造向下坡端的水平位移，采用是适宜的；从满足桥梁全寿命成本（建造成本＋使用管养成本）最低要求来讲，简支刚构桥是一种合理的结构。

二、简支连续梁桥总体设计

（1）简支连续梁每一联跨数一般不超过 5 跨。

（2）当桥梁跨径≥30m，桥梁纵坡在 2.5%（含 2.5%）以上时，只要墩梁刚度比适合于墩梁固结，原则上采用简支刚构连续梁桥。对在上述条件以外的桥梁同样首先考虑简支刚构连续梁桥方案，以便减少支座维护、更换等工作。

（3）对于跨径≤20m 的空心板桥，可采用简支桥面连续梁桥；对于跨径≤25m 的 T 梁桥，可采用简支钢筋混凝土结构连续梁桥；其他跨径的梁桥原则上应采用简支预应力混凝土结构连续梁桥或简支预应力混凝土刚构连续梁桥。为加强墩梁固结效果，简支刚构连续梁桥墩梁固结处可考虑设置竖向预应力。

（4）支承方式设计。简支连续梁实质上是采用简支梁架设方式建造连续梁桥。按照《公路钢筋混凝土及预应力混凝土桥涵设计规范》（JTG D62—2004）9.7.3 款规定，梁的单个支承处纵向只设一个支座，若视成桥后墩顶为一个支承点，则其纵向仅能只设一个支座，但实践中，简支连续梁支承方式有墩顶双排支座（简称双支座）与墩顶单排支座（简称单支座）之分，如图4-3-27。从支座受力及耐久性、桥墩受力以及连续结构受力明确来看，单支座支承方式更有利；从施工方便以及回避因墩顶连续质量问题而出现落梁来讲，双支座的采用也有合理性。

（5）支座选择。支座形式包括板式橡胶支座和盆式橡胶支座。对于双支座简支连续梁桥，建议采用板式橡胶支座。

（6）鉴于简支梁（板）吊装能力一般不存在困难，同时，二次浇筑结构桥面铺装层的质量控制困难，原则上不采用主梁（板）二次浇筑成型的设计方案。基本梁、板体一律采用一次预制成型，裸梁上现浇的混凝土层仅起调平作用，不作为结构性混凝土层（不考虑参与主梁受力），其厚度在 8cm 以上。当现浇调平层小于 6cm 时，设置钢筋网后将可能起到反作用，宜采用柔性纤维混凝土。

（7）简支 T 梁翼板横坡应与桥梁横坡一致，即使在弯道上也应如此，以便桥梁空间几何状态控制。设计上应明确要求 T 梁预制模板的可调性。

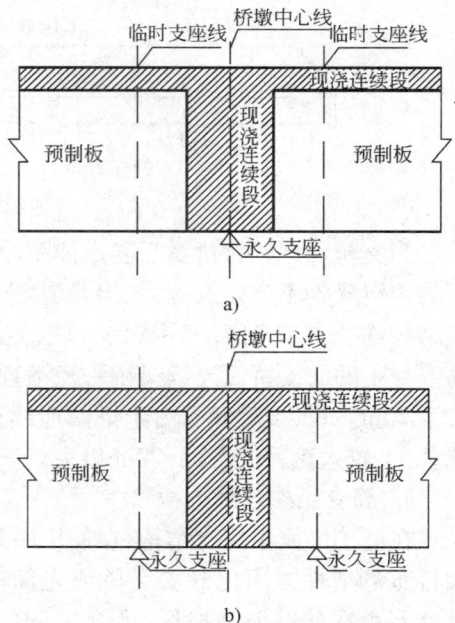

图 4-3-27　结构连续示意

三、简支结构连续梁桥、刚构（墩梁固结）梁桥连续构造

简支结构连续梁桥通过先简支架设预制的 T 梁或空心板基本构件，然后通过浇筑墩顶湿接头形成连续梁桥，其连续构造包括以下两种。

一种是钢筋混凝土连续构造，即将相邻跨钢筋混凝土或预应力板（梁）端伸出的钢筋连接，浇注接头混凝土实现连接。由于钢筋混凝土连接构造在墩顶负弯矩作用下开裂难以避免，所以，仅用于小跨径桥梁。

另一种是预应力混凝土连续构造，即除将相邻跨预应力板（梁）端伸出的钢筋连接外，在浇注接头混凝土实现连接后，再通过预留孔道施加二次预应力，用于跨径 20～50m 梁桥。

四、简支结构连续立面布置

（1）单支座、整体横梁、桥面锚固。即先将预制 T 梁置于临时支座上，然后浇筑墩顶现浇段（包括连接普通钢筋），并使之形成墩顶隐形单横梁，接着在桥面上锚固二次预应力、浇筑桥面填平层，最后拆除临时支座，将临时支座反力转换至永久支座，等待桥面面层施工。特点是二次预应力施工简便，但质量控制难度稍大；体系（支座）转换较复杂，但最终"连"体系及服役期受力明确。如图 4-3-28 所示。

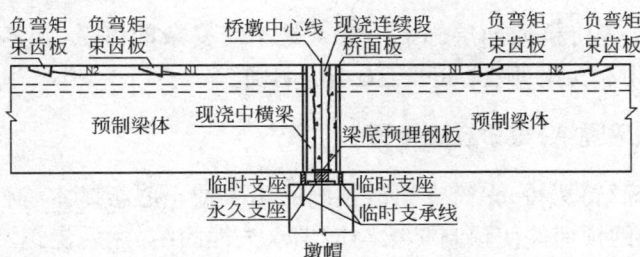

图 4-3-28

（2）单支座、二次浇筑结构层、整体横梁、桥面锚固。即先将预制 T 梁置于临时支座上，然后浇筑墩顶现浇段（包括连接普通钢筋），并使之形成墩顶隐形单横梁，接着在桥面上锚固二次预应力、浇筑桥面结构（参与 T 梁共同受力）层（也成组合梁），最后拆除临时支座，将临时支座反力转换至永久支座，等待桥面面层施工。特点是二次预应力施工简便，但质量控制难度稍大；二次浇筑结构层可使 T 梁安装重量减轻，但二次浇筑结构层与 T 梁共同受力所要求的质量控制难度较大；体系（支座）转换较复杂，但最终"连续"体系及服役期受力明确。如图 4-3-29 所示。

（3）单支座、整体横梁、桥下锚固。即先将预制 T 梁置于临时支座上，然后浇筑墩顶现浇段（包括连接普通钢筋），并使之形成墩顶隐形单横梁，接着在桥面下锚固二次预应力、浇筑桥面填平层，最后拆除临时支座，将临时支座反力转换至永久支座，等待桥面面层施工。特点是二次预应力施工锚固少有不便，但质量容易控制；体系（支座）转换较复杂，但最终"连续"体系及服役期受力明确。如图 4-3-30 所示。

（4）双支座、分离横隔梁。即将预制 T 梁置于永久支座上，然后浇筑墩顶现浇段（包括连接普通钢筋），并使之形成墩顶隐形双横隔梁，接着在桥面上或桥面下锚固二次预应力、浇筑

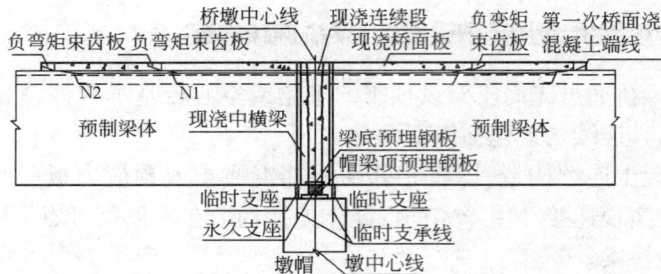

图 4-3-29

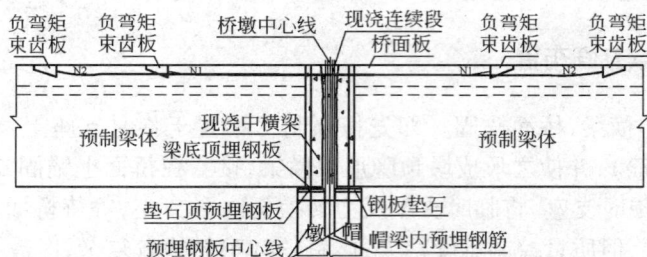

图 4-3-30

桥面填平层或结构层,等待桥面面层施工。特点是不需复杂的体系(支座)转换,但最终"连续"体系在桥墩上实为双支座,服役期间受力不够明确。

五、简支刚构(墩梁固结)梁桥立面布置

简支刚构(墩梁固结)梁桥,先简支架设预制的 T 梁或空心板基本构件,并焊接设于墩顶和预制 T 梁端部下缘的预埋件使预制 T 梁与墩帽永久性固结,然后浇筑墩顶湿接头(包括连接纵向、竖向普通钢筋),形成墩梁固结(隐形横梁),接着在桥面上或桥面下锚固二次预应力,必要时张拉墩梁固结用的竖向预应力,浇筑桥面填平层或结构层等。

六、横面布置

简支连续梁桥从上构主梁可以分成空心板、T 梁、分体小箱梁等不同截面形式。

(1)空心板连续结构的经济跨径一般在 16～20m,由于其主梁梁高较矮,重量较轻,吊装要求不高,施工工期快,一般适用于跨越小河小沟或在分离式立交和互通桥中有净空限制处可用来降低路线高度,如图 4-3-31。

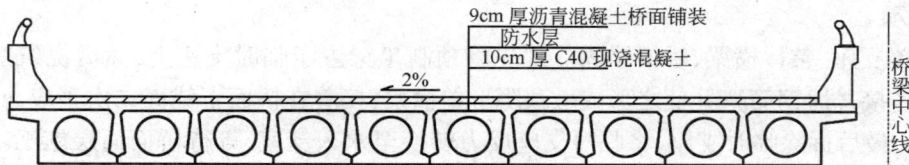

图 4-3-31　空心板断面

(2)T 梁连续结构经济跨径一般在 25～50m,由于主梁截面较大,梁高较高,因此比空心板有较大的跨越能力,在山区高速公路中跨越峡谷河川等位置的高架桥中常见,如图 4-3-32。

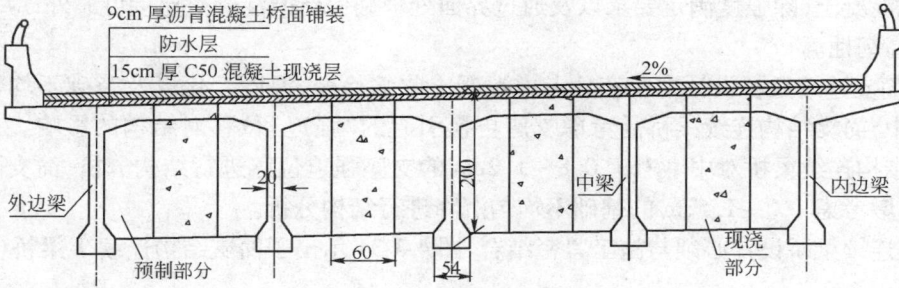

图 4-3-32　T 梁断面

（3）分体小箱梁是空心板结构的一种发展，它的经济跨径也在 20～40m 之间，主要适用于空心板结构跨径不能满足要求时，如分离式和互通式桥中当被交道路所需较大跨径跨越时。分体箱梁在同等跨径下比 T 梁梁高可以较矮，吊装时自稳能力强，但自重较大，对吊装能力要求较高。如图 4-3-33。

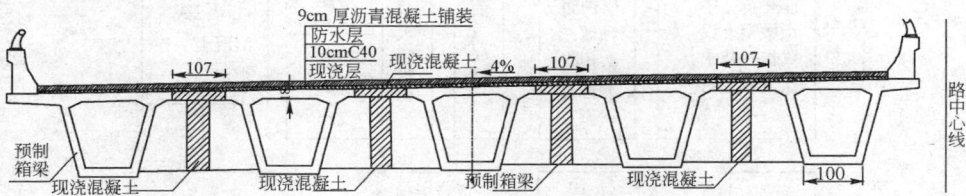

图 4-3-33　分体小箱梁断面

七、简支连续梁桥设计与施工的结合

（1）简支连续梁桥，必须考虑施工中体系（或支座）转换、各工序下混凝土龄期的不同、温度变化、收缩徐变的影响等，并对各施工步骤中结构的安全提供设计保证。设计考虑的施工工序、流程如下：T 梁（空心板）预制→分批张拉 T 梁（空心板）内抵抗正弯矩的预应力钢束（一期束）→T 梁（空心板）安装并连接 T 梁横隔板→现浇墩顶湿接头或墩梁固结混凝土→体系（或支座）转换→张拉抵抗负弯矩的预应力钢束（二期束）→二期恒载施加→成桥。

（2）必须根据成桥目标，按照施工过程进行正装、倒装结构分析，给出各主要工况下梁、板体及墩顶连续构造的几何状态参数，以便于施工过程控制。设计要求的参数包括：

①T 梁（空心板）预制预拱度：根据正装、倒装结构分析得出。成桥时应具有适应连续梁后期下挠的预拱度。

预拱度控制参数包括：支模反拱度、一期预应力张拉完成后的上拱度，以及在体系转换前上拱度随时间的变化情况。

②预制 T 梁（空心板）存放时间：2 至 3 个月。

③墩顶湿接头浇筑及体系转换实施时间：1 个月。墩顶湿接头实施温度：一天中温度最低且变化最小的时段。

④二次预应力张拉时间与顺序：主梁（板）强度达到 100%，墩顶湿接头、T 梁横隔板、翼板间现浇带或空心板企口等强度达到设计要求或 85% 设计强度。张拉龄期：5 至 7 天（根据气候而定）。纵向张拉顺序按照结构分析确定，一般采用间隔式张拉。

⑤墩顶湿接头混凝土具有缝隙混凝土的特性，为确保新浇混凝土的密实性和整体性，应采

用高性能混凝土,除强度满足要求以及通过界面处理确保新旧混凝土连接可靠外,应尽量降低收缩,提高韧性。

(3)简支连续梁桥设计中应充分考虑混凝土收缩徐变、温度变化以及基础不均匀沉降的影响,其中,简支结构连续梁桥需考虑支座更换引起的"强迫"位移对结构的影响。一般情况下,简支结构连续梁桥对中墩考虑 0.8～1.2cm 的支座强迫位移进行结构分析,简支刚构连续梁桥对中墩考虑 1.0～1.5cm 的基础不均匀沉降进行结构分析。

简支连续梁桥设计必须与施工紧密结合,图 4-3-34 示出了简支结构连续 T 梁桥(单支座)施工流程。

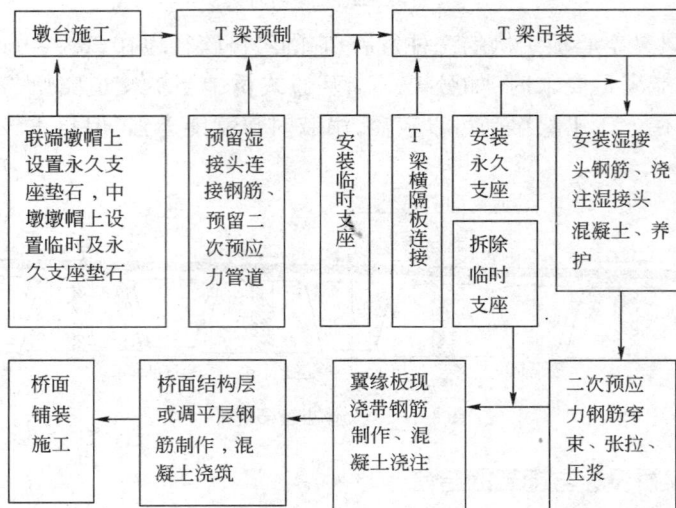

图 4-3-34　简支结构连续 T 梁桥(单支座)施工流程

八、简支连续梁桥预应力体系的建立

简支连续梁桥的预应力体系一般包括两部分:①简支连续梁桥基本构件—T 梁或板梁预制时就张拉完成的梁体内抵抗正弯矩的预应力钢束,这部分钢束既要为成桥后运营提供主梁抵抗正弯矩的能力,同时又不能在主梁预制时因钢束用量较大导致主梁反拱过大而产生主梁上缘开裂。简支连续梁桥基本预制(T 梁、板梁)部分,普通钢筋和预应力钢筋布置与简支梁桥相似,其中的纵向预应力束称为一期预应力束。②墩顶现浇段除将相邻跨预制 T 梁伸出的钢筋连接外,还在主梁上缘设置二次预应力钢筋(也称二期束),以抵抗墩顶附近主梁负弯矩。二次预应力在跨径方向布置范围由负弯矩分布情况决定。

对于多跨连续结构,根据荷载作用产生的内力效应特性,一般边跨与中跨的主梁内预应力钢束用量会有所不同,而对于同一跨的主梁在横桥向内边梁和中梁内的预应力钢束也会有所不同。

九、简支结构连续梁桥的应用

先简支后连续 T 形梁的常用跨径为 25～50m。梁高分别为 1.8m、2.0m、2.2m、2.6m 等。主梁高度与活载标准、横截面形式、主梁片数及建筑高度要求有关,可在较大范围内变化,通常高跨比的可取范围在 1/15～1/25。图 4-3-35 所示为某主梁构造实例。

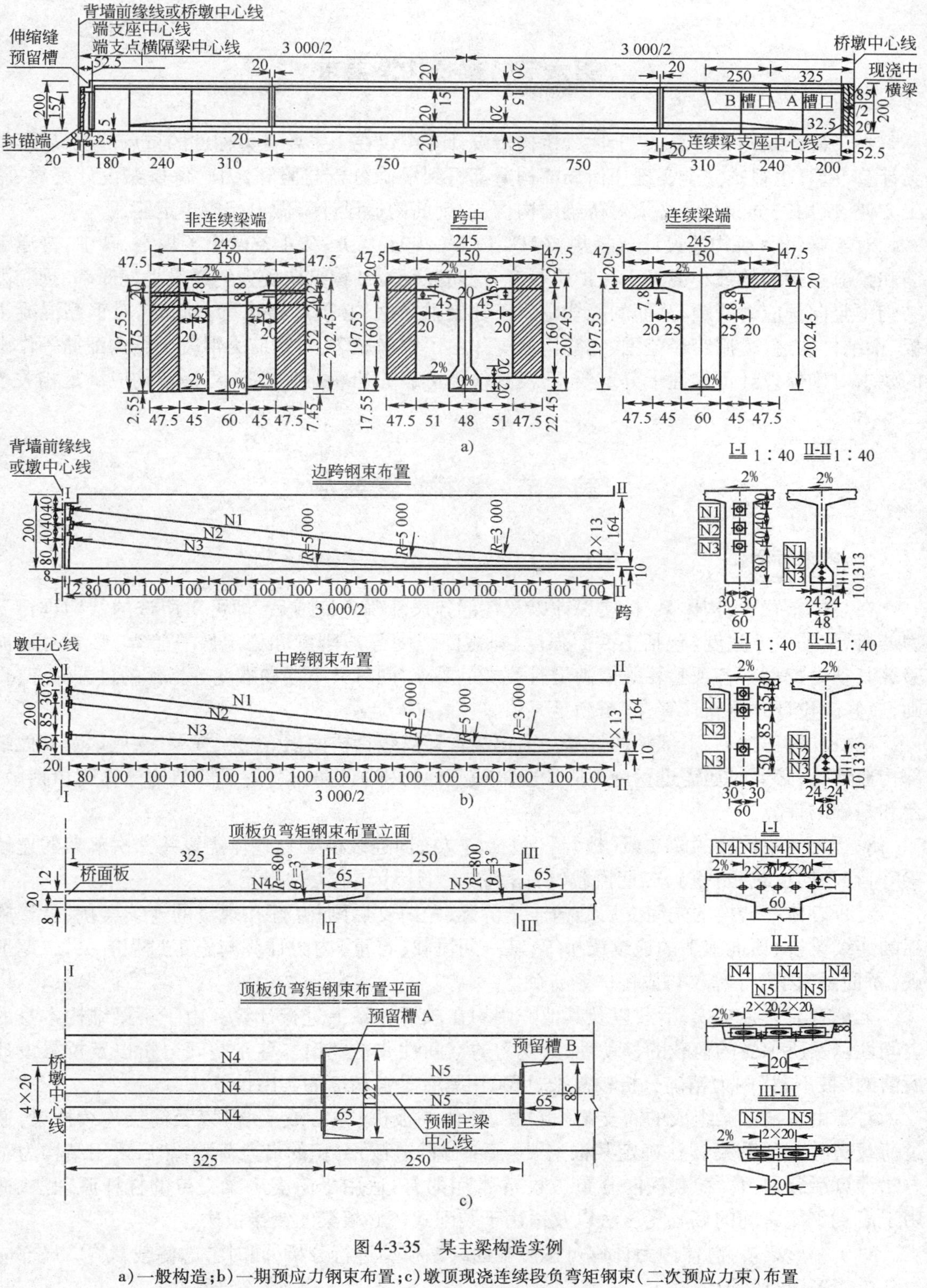

图 4-3-35 某主梁构造实例

a)一般构造;b)一期预应力钢束布置;c)墩顶现浇连续段负弯矩钢束(二次预应力束)布置

第六节　梁桥构造要求

由于桥梁结构非常复杂，上述梁桥构造设计介绍仅在于主要受力构件的重点部位，后续桥梁计算、验算也很难完全实现任何局部构造都得到准确分析与验算，为确保桥梁设计可靠、施工方便、使用安全、耐久，必须对桥梁结构构造、钢筋构造设计等做出相应规定。

对于梁（板）桥构造设计，《桥规》(JTG D62—2004)9.1~9.4条做出了规定，其中，普通钢筋和预应力钢筋的最小混凝土保护层厚度、钢筋混凝土结构纵向受力钢筋最小配筋率、预应力结构中竖向预应力间距、箍筋的配置等属于强制性条文，必须严格执行。同时，对钢筋混凝土板、梁结构构造、适用跨径范围、钢筋构造等作出了明确规定，对预应力混凝土结构配筋等作出的要求对确保设计可靠性十分重要，在没其他更可靠的处理办法情况下，一般均应满足相关条款要求。

第七节　梁桥计算要点

一、内力计算

在总体布置、结构体系、构造设计以及各部分尺寸确定完成后，即可对所选的结构进行受力分析、配筋以及强度（包括正截面强度、斜截面强度等）、刚度和稳定性等验算，必要时还需验算其动力特性。各项验算既需满足有关规范要求，同时又不存在强度等指标的过分保守，否则，应修改设计并重新计算，直至满足要求。

梁桥计算包括上、下部结构计算。上部结构计算包括桥面板、主梁、横梁、支座以及其他细部构造计算，必要时还需进行施工阶段验算或其他特殊项目的验算；下部结构计算则包括墩、台和基础的计算。

对于无体系转换的简支梁（板）桥（包括简支桥面连续桥梁）、整体浇筑并一次落架的连续梁等，其一期恒载（自重）、二期恒载（桥面系）内力计算与施工过程无关。

对于有体系转换的先简支后结构连续桥梁、先简支后刚构、逐孔现浇的连续梁桥、悬臂施工的连续梁桥、顶推施工的连续梁桥等，其一期恒载（自重）内力计算与施工过程有关，二期恒载（桥面系）内力计算仅与成桥体系有关。

无论有无体系转换，活载以及其他作用均在成桥体系上进行计算。由于桥梁结构本身的空间性以及所承受的荷载的移动性，其受力的空间性非常突出。鉴于空间分析以及桥梁设计所需的"最不利"内力精确分析较复杂，可采用具有足够精度的实用计算法。

对于由多根主梁组成的简支梁（板）桥、整体式板桥（空心或实心）以及简支连续桥梁，通过荷载横向分布系数 m 法确定某根主梁（某部分桥道板）分担的最大荷载，然后采用结构力学方法计算活载内力。荷载横向分布系数 m 常用的有：适用于简支 T 梁支点的杠杆原理法、适用于简支 T 梁跨间的偏心受压法以及适用于装配式空心板梁的铰接板法。

对于箱形梁桥，总体内力计算可按照平面杆系模型进行分析，同时考虑偏载影响。局部应力分析需采用空间模型。

对于超静定体系的连续梁桥，还要计算因预加应力、墩台基础不均匀沉降、温度变化、混凝土收缩徐变等引起结构的次内力。

梁桥内力计算应符合《桥规》(JTG D62—2004)4.1.1~4.1.6、4.2.1~4.2.12款的规定。

二、结构验算

根据结构受力情况,进行截面钢筋配置,然后进行结构验算。

1. 持久状态承载能力极限状态验算

桥梁的主要功能是具备承受自重和使用荷载的能力,为保证桥梁结构安全,须对极限承载力进行验算,验算判别式为:

$$\gamma_0 S \leqslant R \tag{4-3-1}$$

式中:γ_0——桥梁重要性系数;

  S——构件作用(荷载)效应组合设计值,按照《桥规》(JTG D60—2004)4.1.5款执行;

  R——构件承载力设计值,与结构形式、材料特性、钢筋配置等有关,详见《桥规》(JTG D62—2004)5.1~5.7条。

对于梁桥,主要包括正截面抗弯承载力、斜截面抗剪承载力、正截面抗压承载力、正截面抗拉承载力、抗扭承载力、局部抗压承载力等的验算。

2. 持久状态正常使用极限状态验算

为保证桥梁正常使用和耐久性,须对下列项目进行验算:

(1)预应力构件正截面、斜截面抗裂性验算;

(2)钢筋混凝土和B类预应力混凝土构件裂缝宽度验算;

(3)钢筋混凝土和预应力混凝土受弯构件挠度验算。

具体验算方法和相关规定详见《桥规》(JTG D62—2004)6.3、6.4、6.5条。

3. 持久状态和短暂状态构件应力验算

同样为保证桥梁正常使用和耐久性,须对下列项目进行验算:

(1)持久状态预应力混凝土构件应力验算;

(2)短暂状态构件应力验算。

具体验算方法、相关规定和应力限值详见《桥规》(JTG D62—2004)7.1、7.2条。

第八节 装配式简支梁桥内力计算

一、概述

桥梁为空间结构,理应采用空间模型进行受力分析。对于箱形截面梁桥,可变荷载中的车道荷载在横桥向作用位置的不确定性通过考虑偏载影响来体现。对于多主梁桥,永久作用中的恒载(自重)的在各主梁上的分配计算比较简单,即某一根梁除了考虑自身的结构自重和直接作用于其上的其他恒载外,还可以近似地将桥面铺装、人行道、栏杆等重量分摊给各片主梁来承担。

可变荷载中的车道荷载由于其横桥向作用位置的不确定性,理论上必须通过空间结构进行最不利受力分析。对于多主梁桥,可以借助荷载横向分布方法进行实用计算。考虑到人行道栏杆等构件一般是在桥梁形成整体后安装的,为了精确起见,也可借助荷载横向分布方法来确定某一根梁分担的上述恒载的量值。

如图 4-3-36，就单根梁来讲，如以 $\eta_1(x)$ 表示该梁某一截面的内力影响线，则可方便地计算该截面的内力值 $S = P \cdot \eta_1(x)$。这里的 $\eta_1(x)$ 是一个单值函数，梁在 xoz 平面内受力和变形，它是一种简单的平面问题。对于一座梁式板桥或者由多片主梁通过桥面板和横隔板形成整体的梁桥来说（图 4-3-36b），情况就完全不同了。当桥上作用荷载 P 时，由于结构的横向整体性必然会使荷载在 x 和 y 方向内同时发生传布，并使所有主梁都不同程度参与工作（受力）。鉴于结构受力和变形的空间性，故求解这种结构的内力是属于空间计算理论问题。20 世纪 50年代以来，虽然国内外对这一问题进行过许多理论和实验研究，但由于实际结构的复杂性，精确的计算仍难实现。每一种理论都有一定的假设条件和适用范围。总的来说，作为空间计算理论的共同点是直接求解结构上任一点的内力或挠度，并且也可像单梁计算中应用影响线那样，借助理论分析所得的影响面来计算某点的内力值。如果结构某点截面的内力影响面用双值函数 $\eta(x,y)$ 来表示，则该截面的内力值可表示为 $S = P \cdot \eta(x,y)$。

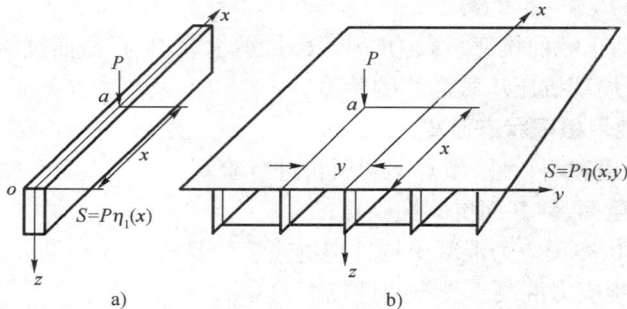

图 4-3-36　荷载作用下的内力计算

但是，由于作用于桥上的车道荷载系沿纵横向都能移动的多个局部荷载，用影响面来求解最不利的内力值必然是非常繁复的，因此上述这种空间计算方法实际上难以推广应用。

目前广泛使用的一种方法，是将复杂的空间问题合理转化成图 4-3-36a）所示的平面问题来求解。这种方法的实质是将前述的影响面 $\eta(x,y)$ 分离成两个单值函数的乘积，即 $\eta_1(x) \cdot \eta_2(y)$，因此，对于某根主梁某一截面的内力值就可表示为

$$S = P \cdot \eta(x,y) \approx P \cdot \eta_2(y) \cdot \eta_1(x) \tag{4-3-2}$$

在上式中 $\eta_1(x)$ 就是单梁某一截面的内力影响线（见图 4-3-36a），如果将 $\eta_2(y)$ 看作是单位荷载沿横向作用在不同位置时某梁所分配的荷载比值变化曲线，称作对于某梁的荷载横向分布影响线，则 $P \cdot \eta_2(y)$ 就是当 P 作用于 $a(x,y)$ 点时沿横向分布给某梁的荷载，得到 $P \cdot \eta_2(y)$ 就可完全像图 4-3-36a）所示平面问题一样，求得梁上某截面的内力值，这就是利用荷载横向分布来计算内力的基本原理。

图 4-3-37a）表示桥上作用着一辆前后轴各重 P_1 和 P_2 的汽车荷载，相应的轮重为 $P_1/2$ 和 $P_2/2$。如欲求 3 号梁 k 截面内力，则可先用 3 号梁的荷载横向分布影响线求出桥上横向各排轮重对该梁分布的总荷载（按横向最不利荷载位置求最大值），然后再用这些荷载通过单梁 k 点截面的内力影响线来计算其最大内力值。显然，如果桥梁的结构一定，轮重在桥上的位置也确定，则分布到 3 号梁的荷载也是一个定值。在桥梁设计中，通常用一个象征荷载分布程度的系数 m 与轴重的乘积来表示这个定值，因此前后轴的两排轮重分布至 3 号梁的荷载可分别表

示为 mP_1 和 mP_2（图 4-3-37b）。这个 m 就称为荷载横向分布系数，它表示某根主梁（这里指 3 号梁）所承担的最大荷载是轴重的百分数（通常小于 1）。

上述将空间计算问题转化成平面问题的做法只是一种近似的处理方法，实际上，荷载沿横向通过桥面板和多根横隔梁向相邻主梁传递时情况是很复杂的，原来的集中荷载传到相邻梁的就不再是同一纵向位置的集中荷载了。但是，理论和试验研究指出，对于直线梁桥，通过沿横向各主梁的挠度关系来确定荷载横向分布规律的精度是能满足工程需要的。

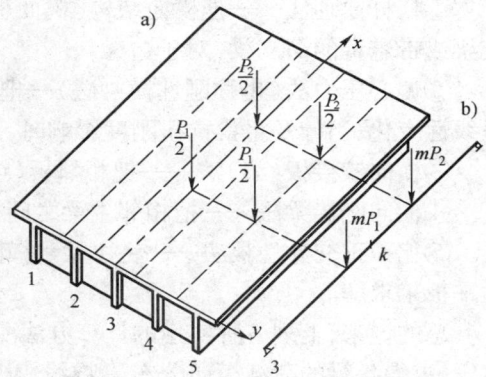

图 4-3-37　车轮荷载在桥上的横向分布

显然，同一座桥梁内各根梁的荷载横向分布系数 m 是不相同的，不同类型的荷载（如车道、人群等），其 m 值也各异，而且荷载在梁上沿纵向的位置对 m 也有影响。

图 4-3-38 表示 5 根主梁所组成的桥梁在跨径内承受荷载 P 的跨中横截面。图 4-3-38a）表示主梁与主梁间没有任何联系的结构，此时如中梁的跨中有集中力 P 作用，则全桥中只有直接承载的中梁受力，也就是说，该梁的荷载横向分布系数 $m=1$，显然这种结构形式整体性差，而且是很不经济的。

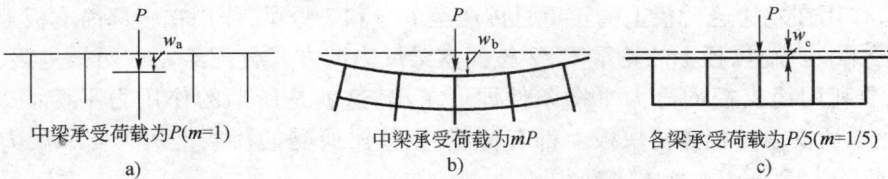

中梁承受荷载为 $P(m=1)$
a)

中梁承受荷载为 mP
b)

各梁承受荷载为 $P/5(m=1/5)$
c)

图 4-3-38　不同横向刚度时主梁的变形和受力情况
a）横向无联系；b）$\infty > EI_H > 0$；c）$EI_H \to \infty$

从 4-3-38c）可见，如果将各主梁相互间借横隔梁和桥面联结起来，并且设想横隔梁的刚度接近无穷大（$EI_H \approx \infty$），则在同样的荷载 P 作用下，由于横隔梁无弯曲变形，因此所有 5 根主梁将共同参与受力。此时 5 根主梁的挠度均相等，荷载 P 由 5 根梁均匀分担，每梁承受 $P/5$，也就是说，各梁的横向分布系数 $m=0.2$。

然而，钢筋混凝土或预应力混凝土梁桥实际构造情况是：各根主梁虽通过横向结构联成整体，但是横向结构的刚度并非无穷大。因此，在相同的荷载 P 作用下，各根主梁将按照某种复杂的规律变形（图 4-3-38b），此时中梁的挠度 w_b 必然要小于 w_a 而大于 w_c，其横向分布系数 m 也必然小于 1 而大于 0.2。

由此可见，桥上荷载横向分布的规律与结构的横向联结刚度有着密切关系，横向联结刚度愈大，荷载横向分布程度愈显著，各主梁的负担也愈趋均匀。

在实践中，由于构造设计、施工特点等的不同，钢筋混凝土和预应力混凝土梁式桥上可能采用不同类型的横向结构，因此，为使荷载横向分布的计算能更好地适应各种类型的结构特性，就需要按不同的横向结构简化计算模型，拟定出相应的计算方法。目前常用以下几种荷载横向分布计算方法：

①杠杆原理法——把横向结构（桥面板和横隔梁）视作在主梁上断开而简支在其上的简支梁或带悬臂的简支梁（对于边梁）；

②偏心压力法（也称刚性横梁法）—把横隔梁视作刚性，也即在荷载作用下，各主梁挠度呈线性变化；当计及主梁抗扭刚度影响时，此法又称为修正偏心压力法；

③横向铰接板（梁）法——把相邻板（梁）之间的连接视为铰接，只传递剪力；

④横向刚接梁法——把相邻主梁之间视为刚性连接，即同时传递剪力和弯矩；

⑤比拟正交异性板法——将主梁和横隔梁的刚度换算成纵横两个方向刚度不同的比拟弹性平板来求解。

总的说来，上列各种实用的计算方法所具有的共同特点是：从分析荷载在桥上的横向分布出发，求得各梁的荷载横向分布影响线，从而通过横向最不利布载来计算荷载横向分布系数 m。有了作用于单梁上的最大荷载，就可按熟知的结构力学方法求得主梁的活载内力值。

二、杠杆原理法计算荷载横向分布系数

1. 计算原理和适用场合

按杠杆原理法计算荷载横向分布的基本假定是忽略主梁之间横向结构的联系作用，即假设桥面板在主梁上断开，而视作沿横向支承在主梁上的简支板或单悬臂（对边主梁）简支板来考虑。

图4-3-39所示即为桥面板直接搁在工字形主梁上的装配式桥梁。很明显，当桥上有车道荷载作用时，作用在左边悬臂板上的轮重只传递至1号和2号梁，作用在中部简支板上者只传给2号和3号梁，也就是，板上的轮重 $P_1/2$ 按简支梁反力的方式分配给左右两根主梁，而反力 R_i 的大小只要利用简支板的静力平衡条件即可求出，这就是所谓的作用力平衡的"杠杆原理"。如果主梁所支承的相邻两块板上都有荷载，则该梁所受的荷载是两个支承反力之和，2号梁所受的荷载为 $R_2 = R'_2 + R''_2$。

为了求主梁所受的最大荷载，通常可利用反力影响线来进行，在此情况下，它也就是计算荷载横向分布系数的横向影响线，如图4-3-40所示。

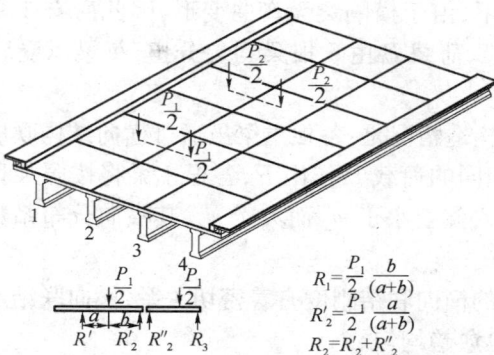

$$R_1 = \frac{P_1}{2} \cdot \frac{b}{(a+b)}$$
$$R'_2 = \frac{P_1}{2} \cdot \frac{a}{(a+b)}$$
$$R_2 = R'_2 + R''_2$$

图4-3-39　杠杆原理法受力图示

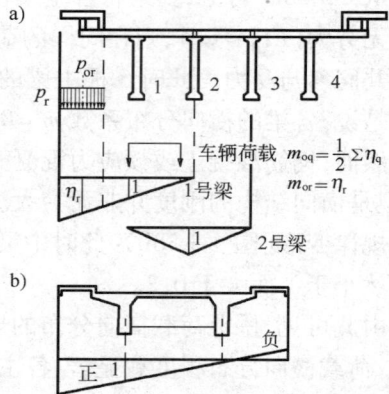

车辆荷载　$m_{oq} = \frac{1}{2}\Sigma\eta_q$

$m_{or} = \eta_r$

图4-3-40　按杠杆原理法计算横向分布系数

有了各根主梁的荷载横向影响线，就可根据车道、人群的最不利荷载位置求得相应的横向分布系数 m_{oq} 和 m_{or}。如图4-3-40a）中所示，这里 m_o 表示按杠杆原理法计算的荷载横向分布

系数,脚标 q 和 r 相应表示车道和人群荷载。图中 $p_{or} = p_r \cdot a$(p_r——人群荷载集度,kN/m^2,a——人行道宽度,m)表示每延米人群荷载的强度。

采用杠杆原理法计算时,应当计算至少一半主梁的横向分布系数,以便得到受载最大的主梁的最大内力作为设计的依据。

对于图 4-3-40b)所示的双主梁桥,采用杠杆原理法计算荷载的横向分布是足够精确的。对于一般多梁式桥,不论跨内有无中间横隔梁,当桥上荷载作用在靠近支点处时,例如当计算支点剪力时,荷载的绝大部分通过相邻的主梁直接传至墩台。再从集中荷载直接作用在端横隔梁上的情形来看,虽然端横隔梁是连续于几根主梁之间的,但由于不考虑支座的弹性压缩和主梁本身的微小压缩变形,显然荷载将主要传至两个相邻的主梁支座,即连续端横隔梁的支点反力与多跨简支梁反力相差无几。因此,在实践中偏于安全地用杠杆原理法来计算荷载位于靠近主梁支点时的横向分布系数。

杠杆原理法也可近似地应用于无中间横隔梁等横向联系很弱的桥梁。但是这样计算的荷载横向分布系数,通常对于边梁则会偏小。对于无横隔梁的装配式箱形梁桥的初步设计,在绘制主梁荷载横向影响线时可以假设箱形截面是不变形的,故箱梁宽度内的竖标值为等于 1 的常数,如图 4-3-41 所示。

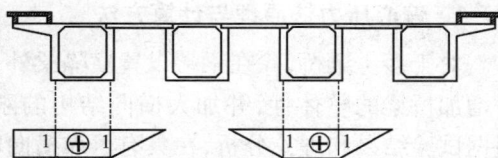

图 4-3-41 无横隔梁装配式箱梁桥的主梁横向影响线

2. 计算示例

图 4-3-42a)为一桥面净宽为净—7附2×0.75m人行道的钢筋混凝土T梁桥,共设5根主梁。试求荷载位于支点处时,1 号梁和 2 号梁相应于车道和人群荷载的横向分布系数。

荷载位于支点处,按杠杆原理法按《桥规》(JTG D60—2004)4.3.1-6 规定通过横向布置车辆荷载计算荷载横向分布系数。

首先绘制 1 号梁和 2 号梁的荷载横向影响线,如图 4-3-42b)和 c)所示。

再根据《桥规》(JTG D60—2004)规定,在横向影响线上确定荷载沿横向最不利的位置布置。例如,对于车道荷载,规定的车辆横向轮距为 1.80m,两列车辆车轮的横向最小间距为 1.30m,车轮距离人行道缘石最小为 0.50m。求出相应于荷载位置的影响线竖标值后,就可得到横向所有荷载分布给 1 号梁的最大荷载值为:

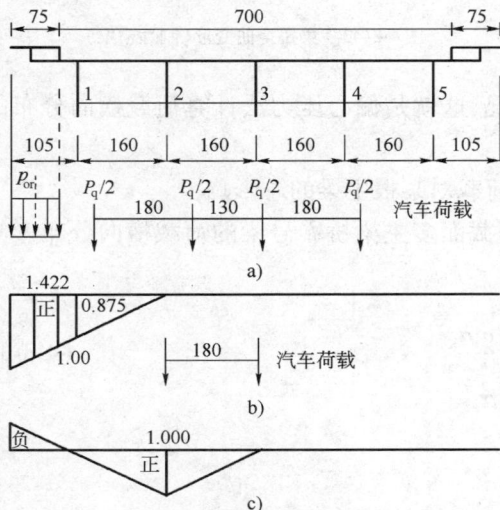

图 4-3-42 杠杆原理法计算横向分布系数

$$车道:\max A_{1q} = \frac{\sum P_q}{2} \cdot \eta_q = \frac{\sum \eta_q}{2} \cdot P_q = \frac{0.875}{2} \cdot P_q = 0.438 P_q$$

$$人群:\max A_{1r} = \eta_r p_r 0.75 = 1.422 p_{or}$$

式中 P_q 和 p_{or} 相应为车道荷载轴重和每延米跨长的人群荷载集度；η_q 和 η_r 为对应于车辆车轮和人群荷载集度的影响线竖标。由此可得 1 号梁在车道和人群作用下的最不利荷载横向分布系数分别为：$m_{oq} = 0.438$、$m_{or} = 1.422$。

同理，从图 4-3-42a) 的计算，可得 2 号梁的最不利荷载横向分布系数为 $m_{oq} = 0.5$、$m_{or} = 0$。这里，在人行道上没有布载，这是因为人行道荷载引起的负反力，在考虑荷载组合时反而会减小 2 号梁的受力。

当各根主梁的荷载横向分布系数 m_o 求得后，取 m_o 最大的这根梁按常规方法来计算截面内力。

三、偏心压力法

1. 偏心压力法原理与计算方法

对于多主梁桥，除在梁端设置横隔梁外，还在四分点、跨中等设置中间横隔梁，这样可以显著增加桥梁的整体性，并加大横向结构的刚度。根据试验结果和理论分析，在具有可靠横向联系的桥上，且在桥的宽跨比 B/L 小于或接近于 0.5 时（一般称为窄桥），车辆荷载作用下中间横隔梁的弹性挠曲变形同主梁的变形相比微不足道。也就是说，中间横隔梁像一根刚度无穷大的刚性梁一样保持直线的形状，仅作刚体位移。如图 4-3-43 所示，图中 w 表示桥跨中央的竖向挠度。从桥上受载后各主梁的变形（挠度）规律来看，

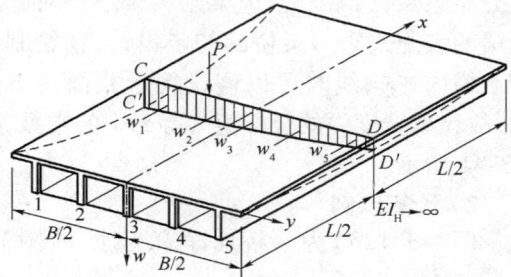

图 4-3-43　梁桥挠曲变形（刚性横梁）

它完全类似于一般材料力学中杆件偏心受压的情况，这就是偏心压力法计算荷载横向分布的基本前提。此法也称"刚性横梁法"。

通常利用荷载横向影响线来计算横向多列活荷载对某根主梁的总影响。

根据偏心压力法的基本原理，通过推导可得等截面多主梁桥 k 号梁的荷载横向分布影响线坐标公式为：

$$\eta_{ki} = \frac{1}{n} + \frac{a_i a_k}{\sum\limits_{i=1}^{n} a_i^2} \tag{4-3-3}$$

式中：η_{ki}——k 号荷载横向分布影响线坐标；

$\quad\quad n$——主梁根数；

$\quad\quad i$——单位荷载横桥向作用位置；

a_k、a_i——梁位，是具有共同原点 o 的横坐标值，因此在取值时应当计入正、负号。如，当 a_k 和 a_i 位于同一侧时，两者的乘积取正号，反之应取负号。

可见，用偏心压力法计算得出的某一主梁荷载横向分布影响线为一直线，所以，无论桥梁由多少片主梁组成，某一主梁荷载横向分布影响线只需通过计算两点的坐标即可做出。以五梁式桥为例：

$$\left.\begin{array}{l} \eta_{11} = \dfrac{1}{n} + \dfrac{a_1^2}{\displaystyle\sum_{i=1}^{n} a_i^2} \\[4mm] \eta_{15} = \dfrac{1}{n} - \dfrac{a_1^2}{\displaystyle\sum_{i=1}^{n} a_i^2} \end{array}\right\} \tag{4-3-4}$$

通过上述两点既可绘出荷载横向分布影响线(直线)。有了荷载横向分布影响线,就可以根据荷载沿横向的最不利位置来计算相应的荷载横向分布系数,从而求得其所受的最大荷载。

2. 计算示例

计算跨径 $l = 19.50$m 的桥梁横截面如图 4-3-44a)所示,试求荷载位于跨中时 1 号边梁的荷载横向分布系数 m_{cq}(汽车荷载)和 m_{cr}(人群荷载)。

此桥在跨度内设有横隔梁,具有强大的横向联系刚性,且桥梁的长宽比为

$$\frac{l}{B} = \frac{19.5}{5 \times 1.60} = 2.4 > 2$$

故可按偏心压力法来绘制横向影响线并计算横向分布系数 m。

本桥各根主梁的横截面均相等,梁数 $n = 5$,梁间距为 1.60m,则:

图 4-3-44　偏心压力法横向分布系数计算图式
a)桥梁横截面;b)1 号梁横向影响线

$$\sum_{i=1}^{5} a_i^2 = (2 \times 1.60)^2 + 1.60^2 + 0(-1.60)^2 + (-2 \times 1.60)^2 = 25.60 \text{m}^2$$

由式(4-3-4),1 号梁荷载横向分布影响线的竖标值为:

$$\eta_{11} = \frac{1}{n} + \frac{a_1^2}{\displaystyle\sum_{i=1}^{n} a_i^2} = \frac{1}{5} + \frac{(2 \times 1.60)^2}{25.60} = 0.2 + 0.4 = 0.60$$

$$\eta_{15} = \frac{1}{n} - \frac{a_1^2}{\displaystyle\sum_{i=1}^{n} a_i^2} = 0.20 - 0.40 = -0.20$$

由 η_{11} 和 η_{15} 绘制的 1 号梁横向影响线,见图 4-3-44b)。由 η_{11} 和 η_{15} 计算横向影响线的零点位置,在本例中,设零点至 1 号梁位的距离为 x,则

$$\frac{x}{0.60} = \frac{4 \times 1.60 - x}{0.2} \qquad 解得 \ x = 4.80\text{m}$$

零点位置已知后,就可求出相应于各个荷载位置的横向影响线竖标值 η_q、η_g 和 η_r。

设人行道缘石至 2 号梁轴线的距离为 Δ,则

$$\Delta = (7.00 - 4 \times 1.60)/2 = 0.3\text{m}$$

于是,1 号梁的活载横向分布系数计算如下(以 x_{qi}、x_{gi} 和 x_r 分别表示影响线零点至汽车车轮、挂车车轮和人群荷载集度的横坐标距离):

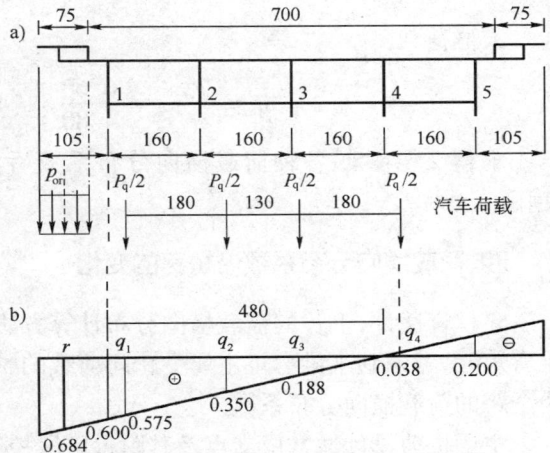

车道荷载：

$$m_{cq} = \frac{1}{2} \sum \eta_q = \frac{1}{2}(\eta_{q1} + \eta_{q2} + \eta_{q3} + \eta_{q4})$$

$$= \frac{1}{2} \times \frac{\eta_{11}}{x}(x_{q1} + x_{q2} + x_{q3} + x_{q4})$$

$$= \frac{1}{2} \times \frac{0.60}{4.80} \times (4.60 + 2.80 + 1.50 - 0.30) = 0.538$$

人群荷载：

$$m_{cr} = \eta = \frac{\eta_{11}}{x} x_r = \frac{0.60}{4.80} \times (4.8 + 0.30 + \frac{0.75}{2}) = 0.648$$

求得 2 号梁的各种荷载横向分布系数后，就可得到分布至该梁的最大荷载值，供设计使用。

四、荷载横向分布系数沿桥跨的变化

除杠杆法外，上述的荷载横向分布计算方法得出的分布系数仅针对跨中而言。在计算主梁弯矩时，考虑到主梁弯矩主要受跨间荷载的影响，所以，通常可取跨中荷载横向分布系数作为全跨的荷载横向分布系数。

主梁抗剪设计通常由支点及其附近区段控制。剪力荷载横向分布比较复杂，鉴于主梁支点剪力主要受靠近支点的荷载的影响，荷载横向分布系数实用计算中，支点截面荷载横向分布系数采用杠杆法计算，第一道内横隔梁处或 $L/4$ 截面（针对无内横隔梁的情况）至跨端间的荷载横向分布系数采用偏心压力法、铰接板（梁）法、横向刚接梁法或比拟正交异性板法计算，支点至第一道内横隔梁处或 $L/4$ 截面（针对无内横隔梁的情况）间按直线变化。

五、主梁内力计算

1. 恒载内力计算

主梁恒载内力，包括主梁一期恒载（自重）内力和二期恒载（如桥面铺装、人行道、栏杆、灯柱等重量）内力，以下简称为后期恒载内力。

主梁自重是在结构逐步形成的过程中作用于桥上的，因而它与施工方法有密切关系。特别在大、中跨预应力混凝土超静定梁桥的施工过程中不断有体系转换，在计算主梁自重内力时必须根据施工阶段进行计算（需不断改变计算模型），有一定的复杂性。而后期恒载作用于桥上时，主梁结构已形成最终体系，其计算仅需针对成桥状态进行，也可直接应用结构内力影响线进行计算。

1）在施工过程中结构不发生体系转换的恒载内力计算

对于预制拼装简支梁桥，无论采用何种架设方法，主梁一期、二期恒载作用下结构的体系均与成桥体系相同；对于满堂支架现浇的简支梁桥以及满堂支架现浇且一次落架的连续体系桥梁，主梁恒载作用于桥上时，结构已是最终体系，因而主梁自重内力计算仅需针对成桥状态，采用结构力学方法或有限元方法进行。

如主梁为等截面，其自重集度 g 为沿跨长均布，可按均布荷载乘主梁内力影响线总面积计

算;如主梁为变截面,自重集度 $g(x)$ 沿跨长变化,则可按下式计算:

$$S_{G1} = \int g(x) \cdot y(x) \mathrm{d}x \tag{4-3-5}$$

式中: S_{G1} ——主梁自重内力(弯矩剪力);

$\quad g(x)$ ——主梁自重集度;

$\quad y(x)$ ——相应的主梁内力影响线竖坐标。

2)在施工过程中结构有体系转换的恒载内力计算

桥梁在施工过程存在体系转换时,主梁一期恒载(自重)内力与主梁形成过程有关,其计算必须根据相应的施工过程以及体系转换的具体情况逐步计算。

①先简支后结构连续梁桥。对于先简支后结构连续梁桥,一期恒载下为静定体系,二期恒载和使用荷载下为超静定体系,所以,在一期恒载下单跨受力,二期恒载和使用荷载下主梁多孔受力。此时,主梁一期恒载(自重)内力(如弯矩)即为简支内力 $\left(M_{g1} = \frac{1}{8} g_1 l^2 \right)$;当全部结构连成连续梁后,再施工桥面铺装,则 M_{g2} 按最终的连续体系计算;如在逐跨架设的同时,就在已架好的连续体系的部分主梁上进行桥面铺装施工,那么在计算主梁一期恒载内力 M_{g2} 时,应按实际施工状态的结构体系进行分析,参见表4-3-1。

②先简支后刚构梁桥。先简支后刚构梁桥一期恒载(自重)计算与先简支后结构连续梁桥相似,不同的是墩梁固结后结构体系超静定次数更高。

2. 活载内力计算

活载内力由可变荷载中的汽车荷载、人群产生。在使用阶段,结构已成为最终体系,其力学计算图式是明确的。但如上所述,此时主梁在横向也联成了整体,因此呈现空间结构的受力特性,即活载在结构的纵向和横向都有传递,精确计算是复杂的。为此,需借助上述荷载横向分布理论,把空间结构的力学计算问题简化成平面计算。

主梁活载内力计算分为两步:第一步,借助荷载横向分布影响线,求主梁的最不利荷载横向分布系数;第二步,将荷载乘以横向分布系数后,应用主梁内力影响线,在桥纵向按最不利位置加载,求得主梁最大活载内力。

根据《桥规》(JTG D60—2004)规定,对汽车荷载还必须考虑冲击力的影响,因此主梁活载内力计算公式为:

$$S_{\mathrm{p}} = (1+\mu) \cdot \xi \cdot \xi_1 \cdot \sum m_i P_i y_i \tag{4-3-6}$$

式中: S_{p} ——主梁最大活载内力(弯矩或剪力);

$(1+\mu)$ ——考虑汽车荷载冲击后的增大系数,其中冲击系数 μ 与结构基频 f 有关,具体计算详见《桥规》(JTG D60—2004)4.3.2 款之规定。人群荷载不计冲击影响;

$\quad \xi$ ——汽车荷载车道折减系数,车道数与桥宽有关,车道折减系数与车道数有关,详见《桥规》(JTG D60—2004)4.3.1 款之规定;

$\quad \xi_1$ ——汽车荷载纵向折减系数。桥梁计算跨径达到150m 时,汽车荷载纵向应予以折减,其系数取值按《桥规》(JTG D60—2004)4.3.1 款规定采用;

$\quad m_i$ ——荷载横向分布系数;

$\quad P_i$ ——汽车列车的轮重;

$\quad y_i$ ——主梁内力影响线的纵坐标。

3. 简支连续梁桥分阶段计算结果示例

以五跨简支连续梁为例，各阶段内力计算如下表 4-3-1。

表 4-3-1

施 工 阶 段	受力状态说明	弯矩图／弯矩包络图示意
主梁预制	主梁均为简支状态，仅受主梁梁体自重作用	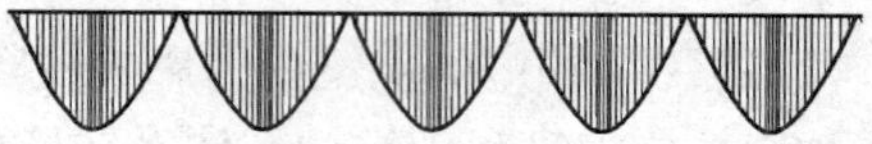
张拉主梁内抵抗正弯矩钢束（一期束）	要保证主梁吊装过程中结构安全，张拉完成后主梁上拱，因此在前期制作预制主梁台座时均要设置一定的反拱	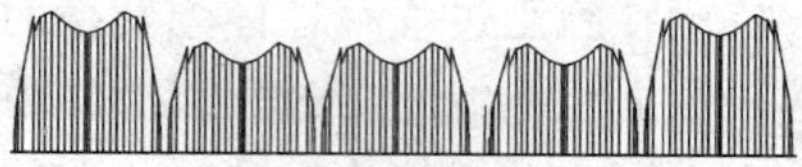
现浇连续段混凝土，完成体系转换	连续段混凝土自重荷载作用，形成了连续体系，墩顶处产生了负弯矩	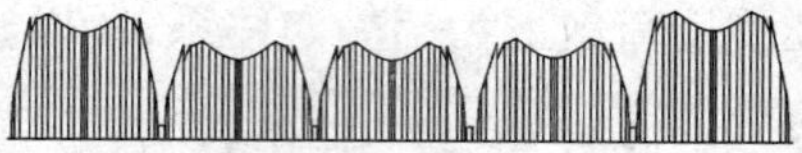
张拉墩顶抵抗负弯矩钢束（二次束）	张拉的墩顶钢束用来抵抗以后二期恒载和使用荷载作用时产生的墩顶负弯矩。墩顶正弯矩的产生实际上就是墩顶二次钢束张拉后提供的预应力度，用于抵抗二期恒载和使用荷载作用时产生的墩顶负弯矩	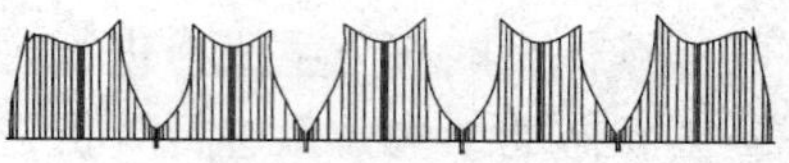
桥面系二期荷载作用	各跨主梁跨中由于钢束作用仍然是上缘受拉，还具有较高的预应力度，而墩顶处原来由钢束提供的正弯矩已完全被二期荷载抵消	
成桥运营	汽车荷载已经作用，并考虑了墩台沉降、温度应力等附加荷载的作用	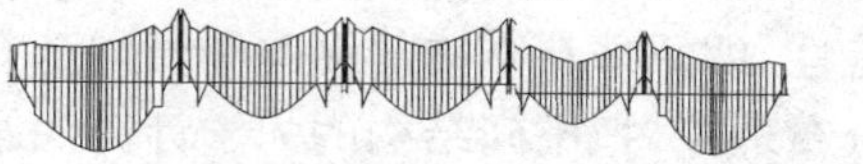

第四章 斜弯桥受力与构造特点

第一节 斜 板 桥

一、整体斜板桥

整体斜板桥是小跨径斜桥常用的结构形式,整体斜板桥构造简单,建筑高度小,力的传递路线也较短。弹性斜交板分析理论比正交板理论复杂得多,用它来计算实际使用荷载作用下斜板桥的内力和变形是不方便的。迄今为止,国内外许多学者从不同的角度出发对斜板进行理论和试验研究,提出了一些计算方法。计算机技术的发展为斜板计算提供有效手段和方法。对于从事设计和施工的工程技术人员来讲,要正确地运用这些方法进行计算和配筋,必须在参考和分析研究成果的基础上,正确地理解和把握斜板在荷载作用下的实际工作性能。

1. 影响斜板桥受力的因素

1)斜交角 φ

斜交角有两种表示方法:一种是桥梁轴线与支承力垂线的夹角 φ(图 4-4-1),另一种是桥梁轴线和支承线的夹角。前者越大表示斜交的程度越大,后者则相反。

斜交角大小直接关系到斜桥的受力特性,φ 越大,斜桥的特点越明显。通常,当 $\varphi < 15°$ 时,可以忽略斜交角的影响,取板的斜长为计算跨径,按正桥进行计算。

2)宽跨比 b/l

设 b 为垂直于桥轴线方向的桥宽,l 为垂直于支承线的跨径,宽跨比越大,斜板相对宽度越大,斜桥的特点越明显;宽跨比较小的斜桥,其跨中受力行为接近于正桥,只是在支承线附近断面才显示出斜桥的特性。

3)支承形式

支座个数的多少、支承形式的变化,包括横桥向是否可以转动或移动、是否采用弹性支承等,对斜板的内力分布有明显的影响。

2. 斜板桥的受力特点

(1)简支斜板的纵向主弯矩比跨径为斜跨长 l_φ(图 4-4-2)、宽度为 b 的矩形板要小,并

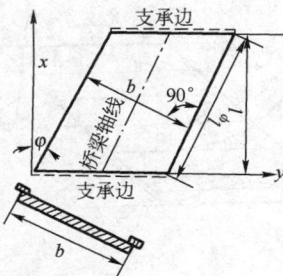

图 4-4-1 斜板几何尺寸

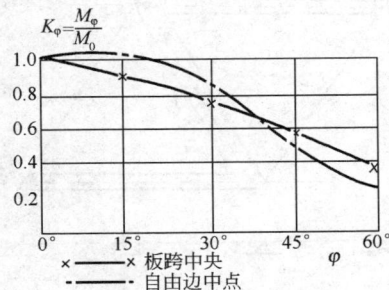

图 4-4-2 斜板与正板在均布荷载下的弯矩比较

随斜交角 φ 的增大而减小。图 4-4-2 显示了简支斜板在均布荷载作用下的弯矩与矩形板的弯矩的比值随 φ 的变化规律。

（2）斜板的荷载有向支承边的最短距离传递分配的趋势。宽跨比较小时，主弯矩方向朝支承边的垂直方向偏转；宽跨比较大时，板中央的主弯矩几乎垂直于支承边，边缘的主弯矩平行于自由边（图 4-4-3）。

（3）纵向最大弯矩的位置随 φ 角的增大从跨中向钝角部位移动。图 4-4-4 中板面上的实线表示 $\varphi = 50°$ 时的最大弯矩位置，图中还示意出 φ 为 30° 和 70° 时的相应位置。

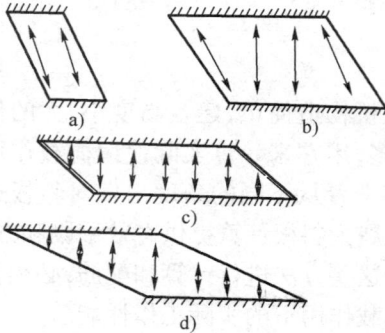

图 4-4-3　斜板中的主弯矩方向

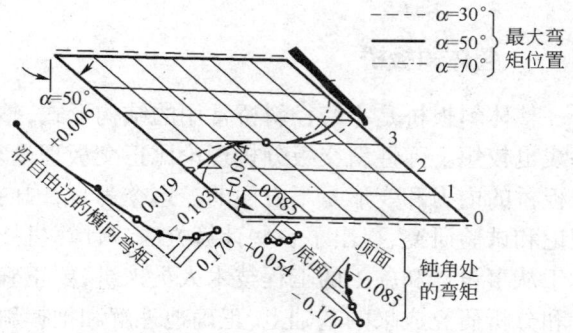

图 4-4-4　均布荷载下最大弯矩位置变动和钝角处弯矩分布

（4）斜板中除了斜跨径方向的主弯矩外，在钝角部位的角平分线垂直方向上将产生接近于跨中弯矩值的负弯矩（图 4-4-4），其值随 φ 的增大而增加，但分布范围较小，并迅速削减。

（5）斜板的最大纵向弯矩虽比相应的正板小，但横向弯矩却比正板大得多，跨中部分的横向弯矩尤其突出。横向弯矩的增加量大致上可以认为等于纵向弯矩的减小量。

（6）斜板在支承边上的反力很不均匀。钝角角隅处的反力可能比正板大数倍，而锐角处的反力却有所减小，甚至出现负反力。对于正板，支座的个数越多，每个支座分得的反力就越小；但对于斜板，支座的个数越多，反力却越集中于钝角。理论和试验研究发现，采用弹性支承可以使斜板的支承反力分布趋于均匀，且钝角上缘的负弯矩也有所减小。

（7）斜板的受力行为可以用图 4-4-5 所示的以 $ABCD$ 为支点的 Z 字形连续梁来比拟：跨中点 E 处的弯矩大致在 BC 方向上最大；在钝角点 B 和 C 处产生较大的负弯矩和支点反力；在支承线 AB 和 CD 上增加支座对支承边的横向弯矩有较大影响，而对跨中点 E 处的弯矩影响不大。

（8）斜板的扭矩分布很复杂，板边存在较大的扭矩，抗扭刚度对扭矩的影响与正桥有很大区别。图 4-4-6 为均布荷载作用于 $\varphi = 45°$ 的斜板上时的扭矩图。

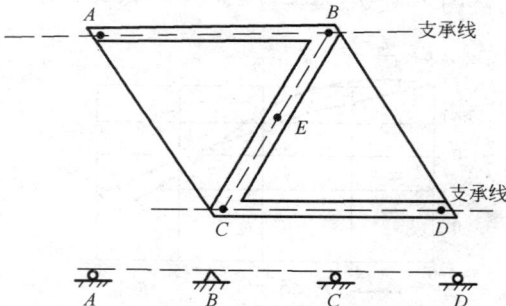

图 4-4-5　比拟 Z 字形连续梁

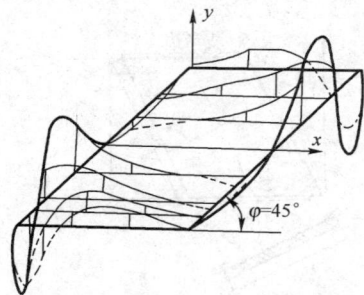

图 4-4-6　斜交角为 45° 的简支斜板在满布均载下的扭矩

3. 斜板桥的钢筋布置及构造特点

斜板桥的钢筋布置与斜板的受力特性直接相关。

当 $l_\varphi \leqslant 1.3b$ 时,意味着桥梁宽度较大,对于纵向钢筋,板中央垂直于支承边布置,边缘平行于自由边布置;横向钢筋平行于支承边布置。常见的钢筋布置方式有两种:一种是渐变布置(图4-4-7a),另一种是重叠布置(图4-4-7b)。斜交角较小时($\varphi < 30°$),纵向钢筋可以完全平行于自由边布置(图4-4-7c);斜交角较大时($\varphi > 30°$),可以完全垂直于支承边布置(图4-4-7d)。

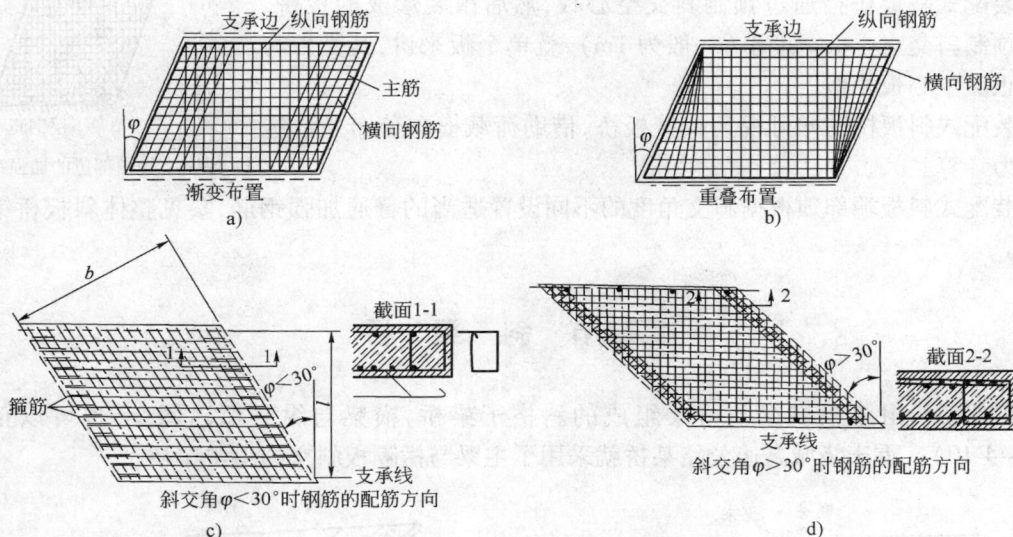

图 4-4-7 斜板桥的钢筋布置

当 $l_\varphi > 1.3b$ 时,属于窄斜板桥,纵向钢筋平行于自由边布置;对于横向钢筋,跨中垂直于自由边布置,两端平行于支承边布置,如图4-4-8 所示。

为抵抗自由边的扭矩,在距自由边一倍板厚的范围内设置加强箍筋(图4-4-7)。

在钝角顶面 $l_\varphi/5$ 范围内,应在角平分线的垂直方向设置抵抗负弯矩的钢筋。单位宽度内钢筋数量 A_{gl} 可按下式计算:

$$A_{gl} = KA_g \qquad (4\text{-}4\text{-}1)$$

式中:A_g——每米桥宽的主钢筋数量;

K——与 φ 有关的系数,按表4-4-1 取值。

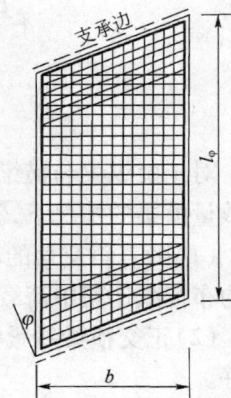

图 4-4-8 $l_\varphi > 1.3b$ 时的布筋

表 4-4-1

φ	K	φ	K
0 ~ 15°	0.6	30° ~ 45°	1.0
15° ~ 30°	0.8		

为抵抗支反力,在钝角底面平行于角平分线方向设置附加钢筋（图4-4-9）。

斜板桥在使用过程中,在平面内有向锐角方向转动的趋势,如果板的支座未被有效锚固,应加强锐角处桥台顶部的耳墙,以免遭挤裂。

二、装配式斜板桥

装配式斜板桥指通过预制斜交空心板,然后吊装形成的板桥。由于预制斜交空心板宽度小（一般为1m）,就单个板来讲,其受力与预制正交空心板相似。

装配式斜板桥同样可视为铰接板桥,借助荷载横向分布系数进行内力计算。

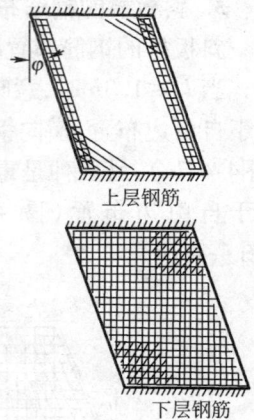

图4-4-9　钝角部位的加强钢筋

装配式斜板端部须根据斜交角度的不同设置适当的普通加强钢筋,参见整体斜板桥钢筋布置。

第二节　斜　梁　桥

斜梁桥指由多根纵梁与横梁组成的斜格子梁桥,横梁与纵梁可以斜交,也可以正交（图4-4-10）。重庆绕城高速公路某桥就采用了主梁与横隔板斜交的斜T梁桥。

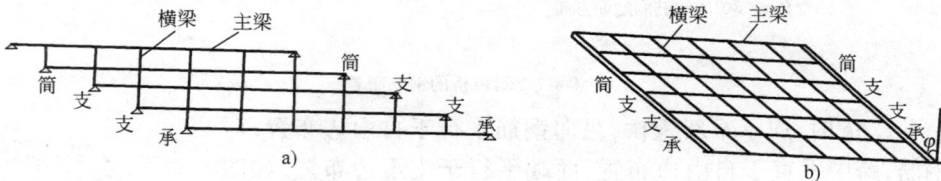

图4-4-10　简支斜梁桥

a)横梁与主梁正交;b)横梁与主梁斜交

对于由纵梁与横梁组成的斜梁桥,虽然成格子形的离散结构,但是,在梁距不太大且设一定数量横梁的情况下,斜梁桥仍然显示出与斜板类似的受力特点。主要表现为:

（1）随着斜交角的增大,纵梁弯矩减小,而横梁的弯矩增大,边梁弯矩的减小比中梁明显,且均布荷载比集中荷载明显。

（2）正交横梁斜梁桥的横向分布性能比斜交横梁桥好,并且横向刚度越大,横向分布性能越好。

（3）在对称荷载作用下,同一根主梁上的弯矩不对称,弯矩峰值向钝角方向靠拢,边梁尤其明显。

（4）横梁和桥面的刚度越大,斜交的影响就越大,斜桥的特征就越明显。

斜梁桥内力计算仍然可通过先求出某梁的荷载横向分布系数,然后再求解内力。

横梁与主梁斜交的斜梁桥内力计算要点为:将平面尺寸中桥宽、跨径均取为斜长后即可按照正交桥进行计算;而横梁与主梁正交的斜梁桥,其横梁相当于搁置在弹性常数变化的弹性支承（主梁）上的连续梁,须按照斜梁桥进行内力计算。

第三节 平 面 弯 桥

一、弯桥的受力特点

弯梁在发生竖向弯曲时,由于平面曲率的存在,必然产生扭转,而这种扭转作用又将导致弯梁的挠曲变形,"弯-扭"存在耦合作用。这一作用使弯桥具有以下受力特点:

(1)由于弯-扭耦合,弯桥的变形比同样跨径直线桥要大,外边缘梁的挠度大于内边缘梁的挠度,曲率半径越小、桥越宽,上述特征越明显。

(2)与直线桥不同,弯桥即使截面在对称荷载作用下也会产生较大的扭转,通常会使外梁超载,内梁卸载,内外梁产生应力差别;由多片截面相同的弯梁桥在自重情况下也存在扭矩。

(3)弯桥的支点反力与直线桥相比,曲线外侧大、内侧变小,内侧甚至出现负反力(翘起来)。当曲率半径及恒载较小时,设计上应注意控制内侧支点的负反力(一般应保证其具有足够大的恒载支反力),必要时应在构造上采取相应的措施,如设置拉压支座,同时应防止外侧支座超载。

(4)弯桥梁间横梁除具有直线桥中横梁同样的作用外,还是保持全桥稳定的重要构件,与直线桥相比,其刚度一般较大。

(5)弯桥中空间预应力效应对支反力的分配有较大影响,计算支座反力时必须考虑预应力效应的影响。同时,预应力张拉及长期使用中存在较大的径向崩力,必须设置足够的防崩钢筋,以免混凝土遭受破坏。

二、影响弯桥受力的主要因素

1. 圆心角 φ_0

主梁的弯曲程度是影响弯桥受力最重要的因素,但是曲率半径并不能全面反映弯曲程度,曲率半径相同时,跨径越大,弯曲程度越大。全面反映主梁弯曲程度的参数是圆心角,它是跨长与半径的比值,反映了与跨径有关的相对弯曲关系。如果桥梁跨长一定,主梁圆心角的大小就代表了梁的曲率,圆心角越大,曲率半径就越小,所显示的弯桥的受力特征就越明显。如图4-4-11所示的简支超静定曲梁,其跨中挠度影响线为:

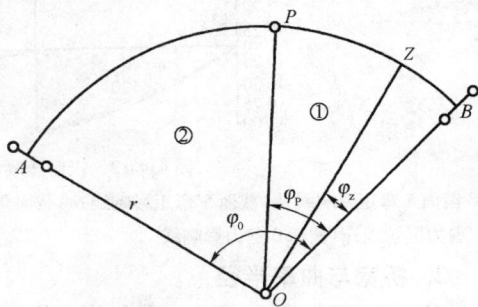

$$\eta_{cp}^w = \frac{r^3}{EI}(C_{10} + kC_{11}) \qquad (4\text{-}4\text{-}2)$$

图 4-4-11 集中荷载 P 作用下的变形计算

式中:C_{10}、C_{11}——与圆心角 φ_0、单位力作用位置 φ_p 有关的系数,C_{10} 与扭转无关,C_{11} 与扭转有关;

$k = \dfrac{EI}{GI_d}$——弯扭刚度比。

当圆心角 φ_0 较小($\varphi_0 \leqslant 30°$)时,C_{11} 极小,也即当 $\varphi_0 \leqslant 30°$ 时可以忽略扭转对挠度的影响。实际上,当 $\varphi_0 \leqslant 50°$ 时,弯梁的纵向弯矩可以用跨径为 $l = r\varphi_0$ 的直线梁近似计算。

图 4-4-12 所示为三跨连续弯梁在 $P=1$（单位力）作用下的内力影响线。从图中可以看出，弯矩和剪力影响线的形状同直桥相似，且圆心角 φ_0 较小时数值更接近，但是扭矩比直桥大得多；随着 φ_0 的增大，各项内力均增大。

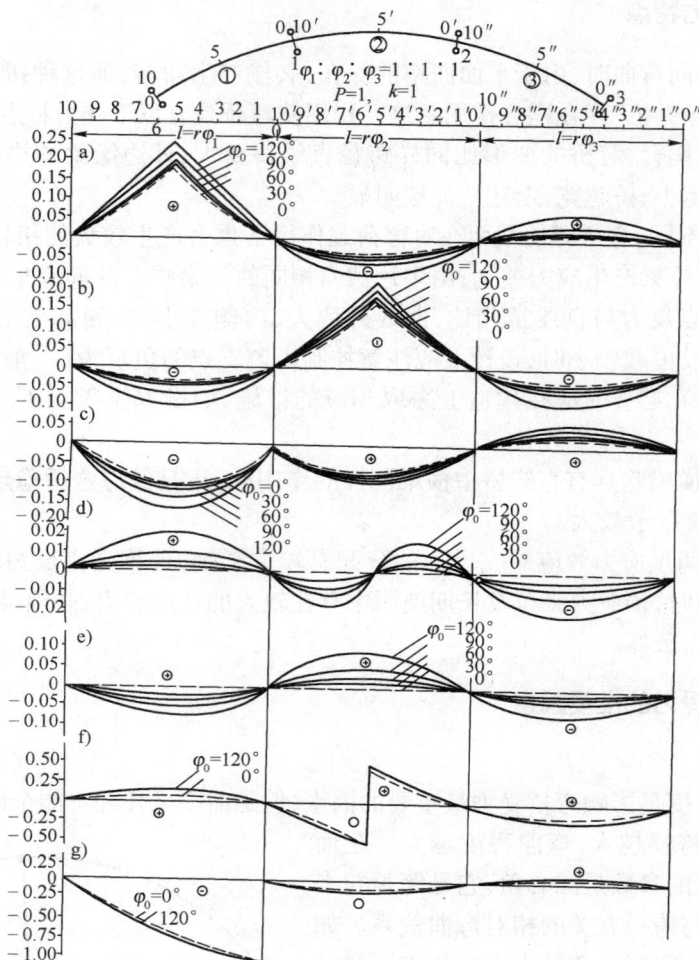

图 4-4-12 三跨连续弯梁在 $P=1$ 作用下的内力影响线

a) 截面 5 弯矩影响线；b) 截面 5' 弯矩影响线；c) 截面 0 弯矩影响线；d) 截面 5' 扭矩影响线；e) 截面 0 扭矩影响线；f) 截面 5' 剪力影响线；g) 截面 0 剪力影响线

2. 桥宽与曲率半径

偏心布置在弯桥桥面上的汽车荷载将产生扭矩，由于弯扭耦合作用又将产生弯矩。同样通过对三跨连续弯梁在 $T=1$（单位力矩）作用下的内力影响线的分析可见，偏心荷载对弯桥的内力有较大影响，因此，在进行弯桥计算时，除考虑 φ_0 外，还应充分考虑桥梁宽度因素。当桥宽较大、曲率半径较小时，还应注意到曲梁内外弧长相差较大，外侧恒载比内侧大得多，即使是对称截面，恒载也会产生向曲线外侧翻转的均布力矩。

3. 弯扭刚度比 $k=EI/GI_d$

在弯桥中，主梁的弯扭刚度比与结构的受力和变形状态直接相关。对于弯桥，随 $k=EI/GI_d$ 值的增大，因曲率因素导致的扭转变形显著增大，因此，在抗扭刚度 EI 满足要求的前提下,宜尽量增大截面抗扭刚度 GI_d,以减小扭转引起的变形,所以,曲线梁桥宜采用抗扭惯矩较大的箱形断面。

4. 扇性惯矩 EI_w

严格地说,曲梁除圆形或正方形截面外,变形后截面不能保持为平面,在结构分析中应考虑薄壁效应。对于混凝土结构,薄壁效应并不明显,且一般箱形梁的形状接近于正方形,如果 $k = L\sqrt{GI_d/EI_w} \geq 30$,则横截面的翘曲变形不大,可以不考虑薄壁效应。

三、弯桥的支承布置形式

弯桥可以采用多种支承布置形式。对于单跨弯桥,也可以采用多种形式,一种为简支静定结构,另一种为简支超静定结构(曲梁)(图4-4-13),还可以采用两端均完全嵌固的支承形式。静定形式的简支弯桥在实际中是不可取的,因为不能抗扭的梁端将产生扭转变形,这给设置伸缩缝带来困难。支承形式须根据具体设计条件而定。

从理论上讲,连续弯桥所有支承均可以采用点铰支承,但是,在荷载作用下,梁端将产生扭转变形,从而在梁端与桥台背墙间产生上下相对变形,这将导致伸缩缝破坏。为了保证伸缩缝正常工作,一般在各联弯梁两端(桥台或桥墩处)设置能抵抗外扭矩的抗扭支座,中间支承可以采用抗扭支承、点铰支承,或交替使用两种支承形式(图4-4-13)。

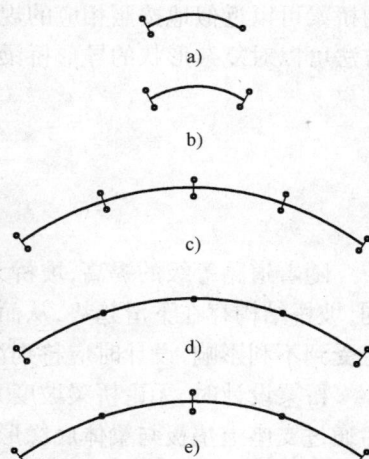

图4-4-13 弯桥支座布置形式示意
a)简支静定;b)简支超静定;c)全抗扭支承;d)中间点铰支承;e)抗扭与点铰支承交替使用

第四节 异 形 桥 梁

在高速公路立交及城市高架道路分叉区段,不可避免地会出现一些异形结构。常见的有变宽度桥、两边支承斜角不等的直斜桥及弯斜桥、支承边呈折线形的多边形斜桥等(图4-4-14)。

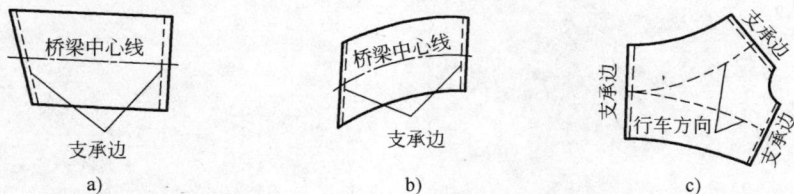

图4-4-14 异形桥梁
a)不规则斜桥;b)斜弯桥;c)多边支承桥梁

异形桥梁受力复杂,尚无成熟的简化计算方法,通常是整个设计中较难处理的部分。在设计中可遵循下列原则:

(1)在结构布置设计中,尽量使异形结构部分相对独立,使其对规则结构的影响最小。

(2)通过计算或试验分析,使结构的主结构或主筋布置方向尽量与主弯矩方向一致。

（3）在支承边应设置与支承线方向平行的横梁或横隔板。

（4）异形桥梁的支承反力在同一支承边是不均匀的，支座布置时应充分考虑这一因素，避免出现支座超载或脱空现象。

异形桥梁的受力分析较为复杂，传统的解析分析方法难以解决问题。对于形状变异不大的桥梁可以近似地按照相应的规则桥梁计算；随着结构分析技术的进步，目前已有多种有限元方法可以对复杂形状的异形桥梁进行数值分析，如再辅以模型试验分析，可以得到足够精确的结果。

第五节　坡　桥

随着道路等级的提高，坡桥无处不在。路线上的桥梁，其坡度决定于路线纵坡。与平桥不同，坡桥结构存在下滑趋势，从而易对桥梁支座产生剪切破坏，高程较低端伸缩缝易破坏，墩台身受到不利影响，设计时应特别注意。

桥梁设计时，无论桥梁坡度大小，必须从构造上保证支座处于水平状态，图4-4-15所示即为通过支座上垫板与梁体底缘形成一定角度的方式保证成桥状态支座处于水平，其中，主梁预制时上垫板与梁体底缘之间的预设角度需通过预测分析得出。

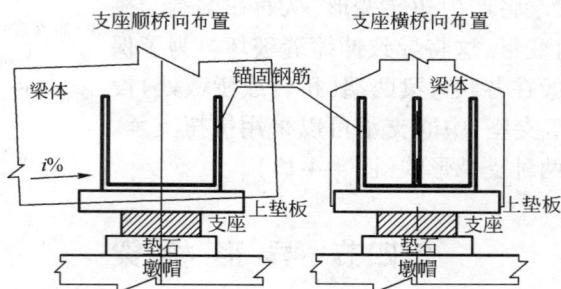

图4-4-15　坡桥支座布置图

由于坡桥支座寿命普遍较短，所以，在简支连续梁设计时，对于坡度在2.5%以上的桥梁，只要墩高适应连续刚构受力要求，均宜采用先简支后刚构（墩梁固结）梁桥，以避免支座问题（边支点除外）。

第五章 桥梁支座与墩台

第一节 桥梁支座

一、概述

梁式桥在桥跨结构和墩台之间需设置支座,其作用为:①传递上部结构的支承反力,包括恒载和活载引起的竖向力和水平力;②保证结构在活载、温度变化、混凝土收缩、徐变等因素作用下的自由变形,以及使上、下部结构的实际受力情况符合结构的静力图式(图4-5-1)。

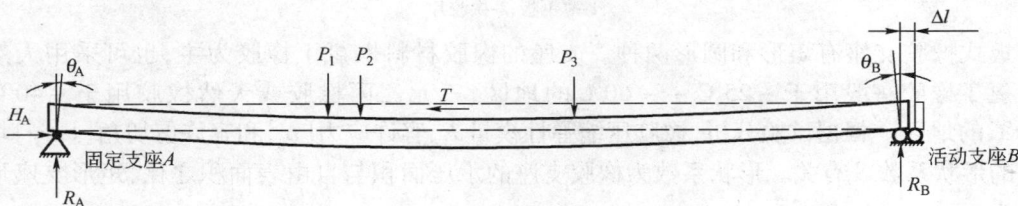

图4-5-1 梁桥受力模式图

梁式桥的支座分成固定(铰)支座和活动(铰)支座两种。固定(铰)支座既要将主梁固定在墩台上并传递竖向力和水平力,又要保证主梁发生挠曲时在支承处能自由转动,如图4-5-1左端所示。活动(铰)支座仅传递竖向力,同时保证主梁在支承处既能自由转动,又能水平移动,如图4-5-1右端所示。

在梁的单个支承点上,如单片预制梁、独立箱梁等,纵桥向只能设置1个支座,横桥向支座数不应大于2,确保结构受力明确。

对于多跨简支梁桥,相邻两跨简支梁的固定(铰)支座不宜集中布置在同一个桥墩上,但若个别桥墩较高时,为减小水平力引起的桥墩弯矩,可将相邻两跨的活动(铰)支座集中布置其上。对于坡桥,宜将固定(铰)支座设置在高程较低的墩台上。对于连续梁桥,为使全梁的纵向变形分散在梁的两端,宜将固定(铰)支座设置在靠中间的支点处,但若中间支点处桥墩较高,且左右梁长不对称,其水平受力将不利,此时,可根据具体情况将固定(铰)支座布置在其他合适的墩台上。

此外,对于特别宽的梁桥,应设置沿纵向和横向均能移动的全方位活动(铰)支座。对于弯桥,则应考虑活动(铰)支座沿弧线方向移动的可能性。对于处在地震地区的梁桥,其支座构造设计还应考虑桥梁防震和减震设施的需要。

二、支座的类型与构造

梁式桥支座使用最多的是橡胶支座,在低等级道路小桥上也有采用油毛毡等简易支座的情况,钢支座也时有采用。橡胶支座设计应符合《公路桥梁板式橡胶支座》(JT/T4)及《公路桥梁盆式橡胶支座》(JT391)的有关规定。

1. 板式橡胶支座

板式橡胶支座由数层薄橡胶片与薄钢板镶嵌、粘合、压制而成(图4-5-2)。它具有足够的竖向刚度，以承受垂直荷载，能将上部结构的反力可靠地传递给墩台；有良好的弹性和偏压变形性能，能适应梁端的转动需要；有较大的剪切变形，能满足上部结构水平位移需要。

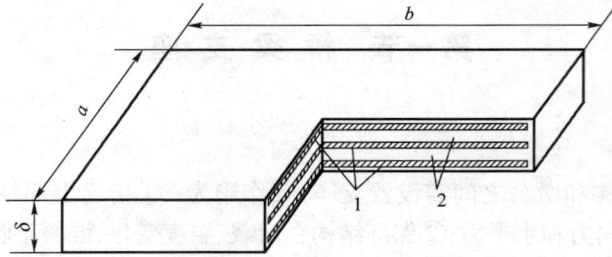

图4-5-2　板式橡胶支座构造图
1-薄钢板；2-橡胶片

板式橡胶支座有矩形和圆形两种。支座的橡胶材料以氯丁橡胶为主，也可采用天然橡胶。氯丁橡胶一般用于 $-25℃ \sim +60℃$ 的地区，三元乙丙橡胶或天然橡胶用于 $-40℃ \sim +60℃$ 的地区。根据试验分析，橡胶压缩弹性模量 E、容许应力 $[\sigma]$ 和容许剪切角 $[\tan\gamma]$ 均与支座的形状系数 S 有关。形状系数为橡胶支座的承压面积与自由表面积之比，矩形支座形状系数为：

$$S = \frac{ab}{2(a+b)t} \tag{4-5-1}$$

式中：a——顺桥方向橡胶支座的长度；

　　　b——横桥方向橡胶支座的宽度；

　　　t——中间橡胶层的厚度。

圆形支座形状系数为：

$$S = \frac{d}{4t} \tag{4-5-2}$$

式中：d——支座直径；

　　　t——中间橡胶支座的厚度。

为满足橡胶的容许压应力要求，以及使支座能适应梁端转动的要求，在调整支座的长度 a 与宽度 b 时，宜充分利用有效宽度 b，尽可能减小 a，以降低转动阻抗力矩(它与 a^5 成正比)。根据支座稳定性要求，支座的总厚度不得大于平面最小尺寸的30%。

所谓聚四氟乙烯滑板式橡胶支座，就是在普通板式橡胶支座上按照支座尺寸大小粘贴一层厚 $2 \sim 4mm$ 的聚四氟乙烯板，除具有普通板式橡胶支座的竖向刚度与压缩变形，以及能承受垂直荷载及适应梁端转动外，还能利用聚四氟乙烯板与梁底不锈钢板间摩阻系数非常小的特点，使桥梁上部结构水平位移不受限制。

当要求板式橡胶支座各向固定，但能转动时，可在上下钢板的短边上设固定措施，即在下底板上焊上强大的钢撑，其顶部的销钉伸入顶板的孔中起锚固作用(见图4-5-3)。如需支座纵向移动和横向可转动,可在顶板上预留纵向槽,允许销钉在其中纵向移动。当支座厚度较小时,可只设销钉而不再设钢撑。

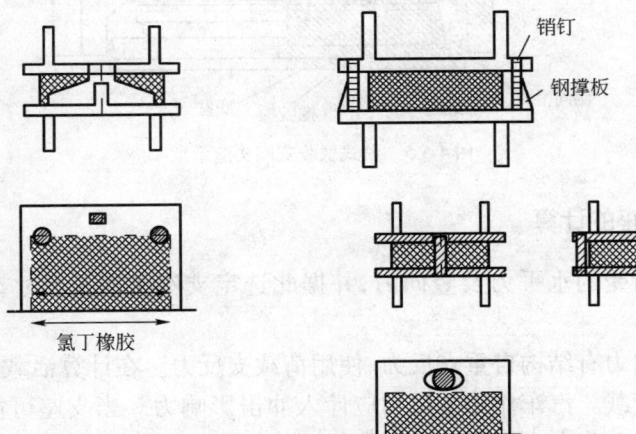

图 4-5-3　具有锚固装置的板式橡胶支座

板式橡胶支座安装应尽量选择在年平均气温时进行,必须使支座准确安装就位,且与上、下垫板之间密贴,避免支座脱空,同时,支座应处于水平状态。当桥梁纵坡不超过 1% 时,板式橡胶支座可直接设于墩台帽上;当桥梁纵坡超过 1% 时,要采取措施使支座处于水平状态。当板桥桥面横坡不超过 2% 时,板式橡胶支座可直接设于墩台帽顶面横坡上,否则,应采取措施予以调整。

考虑到板式橡胶支座的使用受到梁底纵坡的影响,可采用球冠圆板式橡胶支座和坡形板式橡胶支座(见图 4-5-4)。

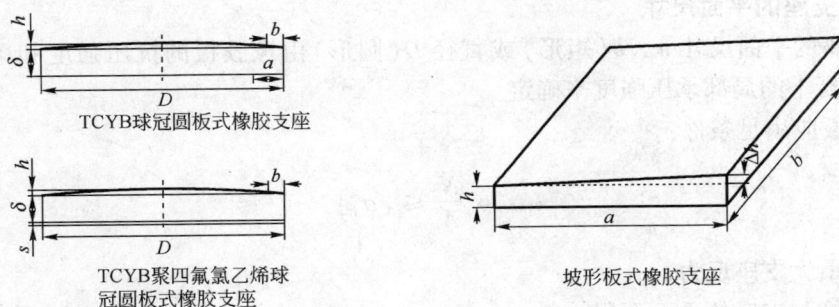

图 4-5-4　球冠圆板式橡胶支座及坡形板式橡胶支座

球冠圆板式橡胶支座适用于一般桥梁,也适用于各种布置复杂、纵坡较大的立交桥和高架桥。在坡度 3% ~5% 的范围内,梁可直接搁置在支座上,而无需附加额外的构造措施,对不同的坡度要求,可通过球冠半径加以调整。

支座应根据支反力大小、最大移动和转动量要求进行选用。

2. 盆式橡胶支座

盆式橡胶支座是钢构件与橡胶组合而成的新型桥梁支座,具有承载能力大、水平位移量大、转动灵活等特点,适用于支座承载力为 1 000kN 以上的大跨径桥梁,如图 4-5-5 所示。

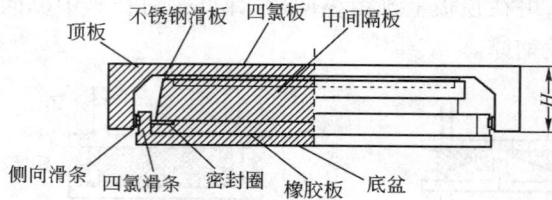

顶板　不锈钢滑板　四氯板　中间隔板

侧向滑条　四氯滑条　密封圈　橡胶板　底盆

图 4-5-5　盆式橡胶支座构造示意

三、板式橡胶支座的计算

首先求出支座所受的水平力及竖向力，并据此选定支座类型及尺寸，进行强度及稳定性验算。

支座承受的竖向力有结构自重支反力、使用荷载支反力。在计算活载的支反力时，要按照最不利的状态排列荷载。汽车作用支反力应计入冲击影响力。当支座可能会出现上拔力时，应分别计算支座的最大竖向支反力和最大上拔力。桥梁上部结构可能被风力掀离的支座，应计算支座锚栓及有关部件的支承力。

正交直线桥梁的支座一般仅需计算纵向水平力。斜桥和弯桥，还需要计算离心力或风力所产生的横向水平力。支座纵向水平力包括汽车制动、风力、摩擦力或由温度变化引起的水平力以及其他原因（如桥梁纵坡）产生的水平力。汽车作用产生的制动力应按照《桥规》（JTG D60-2004）规定进行计算。

地震地区桥梁支座受力计算应按《公路桥梁抗震设计细则》的规定进行计算和组合。

在没有特殊要求的情况下，桥梁支座设计过程实际上是一个成品支座选配的过程，并不需要进行具体设计计算，尤其是常用的板式橡胶支座，必要时仅需进行验算。

1. 确定支座的平面尺寸

橡胶支座的平面尺寸 $a \times b$（矩形）或直径 D（圆形）由橡胶板的抗压强度和梁部或墩台（垫石）顶混凝土的局部承压强度来确定。

对橡胶板应满足条件：

$$\sigma = \frac{N}{A} \leqslant [\sigma_j] \tag{4-5-3}$$

式中：N——最大支座反力；

　　　　A——橡胶支座的平面面积；

　　　$[\sigma_j]$——橡胶支座的平均容许压应力（根据支座形状系数 S 确定，$5 \leqslant S \leqslant 8$ 时，$[\sigma_j] = 7\,000 \sim 9\,000\text{kPa}$，$S > 8$ 时，$[\sigma_j] = 10\,000\ \text{kPa}$）。

对混凝土应按照《桥规》（JTG D60—2004）规定进行局部承压强度验算。

2. 确定支座的厚度

图 4-5-6 所示为主梁由于温度变化等因素产生的纵向最大位移 Δ 与剪切角之间的关系。

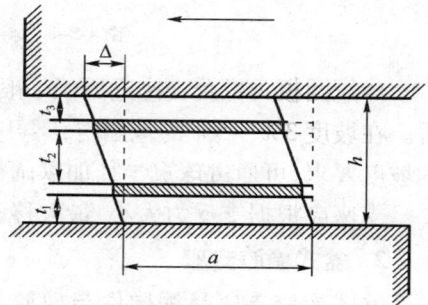

图 4-5-6　板式橡胶支座计算图式

由

$$\tan\gamma = \frac{\Delta}{\sum t} \leqslant [\tan\gamma]$$

可得出橡胶片的总厚度：

$$\sum t \geqslant \frac{\Delta}{\tan\gamma} \tag{4-5-4}$$

式中：$[\tan\gamma]$ 为橡胶片容许剪切角的正切，可取用 $0.5 \sim 0.7$，不计活载制动力时，取用 0.5，则：$\sum t \geqslant 2\Delta_D$；计入活载制动力时取用 0.7，则：$\sum t \geqslant 1.43(\Delta_D + \Delta_L)$。其中：$\Delta_D$ 为由上部结构温度变化、桥面纵坡等因素引起支座顶面相对于地面的水平位移。简支梁桥两端均采用等厚度的橡胶支座时，由温度变化引起的每个支座的 Δ 取用桥梁水平位移总量的一半，即：$\Delta_D = \frac{1}{2}\alpha \cdot \Delta t \cdot l$。$\Delta_L$ 为由制动力引起支座顶面相对于底面的位移，可按下式计算：

$$\Delta_L = \frac{H_T \sum t}{2GA} \tag{4-5-5}$$

式中：H_T——作用在一个支座上的活载制动力；

G——橡胶的剪切模量，在无试验资料时，G 值可采用 1.1MPa；

A——橡胶支座的面积。

考虑到橡胶支座工作的稳定性，$\sum t$ 不大于支座顺桥向边长的 0.2 倍。

橡胶片的总厚度 $\sum t$ 加上加劲薄钢板的总厚，即是所需的橡胶支座的厚度 h。

3. 验算支座偏转情况

主梁受荷载发生挠曲变形时，梁端将出现转动，但不允许与支座产生脱空现象。挠曲时梁端转角为 θ（图 4-5-7），这时支座表面也将产生不均匀的压缩变形，一端为 Δ_s，另一端为 Δ_{s1}，其平均压缩变形：

$$\Delta_j = \frac{1}{2}(\Delta_s + \Delta_{s1}) \tag{4-5-6}$$

其中：

$$\Delta_j = \frac{N_{max} \sum t}{EA} \tag{4-5-7}$$

图 4-5-7　板式橡胶支座的偏转

式中：E——橡胶支座的弹性模量。当无试验数据时，可取 $E = 53 \times S - 41.8(\text{MPa})$，$S$ 为形状系数；

N_{max}——最大支座反力。

若已知梁端转角 θ，或按《材料力学》公式计算，有：

$$\theta \times a = \Delta_{s1} - \Delta_s$$

所以：

$$\Delta_s = \Delta_j - \frac{1}{2}\theta \times a$$

当 $\Delta_s < 0$ 时，则表示支座与梁底脱空，支座是局部承压，容易破坏，设计时应避免，即必须保证 $\Delta_s \geqslant 0$。

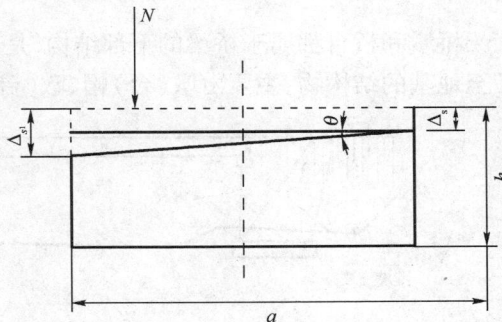

同时，橡胶支座的竖向压缩变形 Δ_s 不应大于支座橡胶总厚 $\sum t$ 的 0.05 倍。

4. 验算支座的抗滑性能

为保证支座在外力作用下不致滑动，支座与混凝土之间要有足够大的摩阻力，即应满足：

$$\mu N_\mathrm{D} \geqslant 1.4 GA \frac{\Delta_\mathrm{D}}{\sum t} \qquad \text{无活载作用时} \qquad (4\text{-}5\text{-}8)$$

$$\mu(N_\mathrm{D} + N_\mathrm{pmin}) \geqslant 1.4 GA \frac{\Delta_\mathrm{D}}{\sum t} + H_\mathrm{T} \qquad \text{活载作用时} \qquad (4\text{-}5\text{-}9)$$

式中：N_D——在结构重力作用下的支座反力；

$\quad N_\mathrm{pmin}$——与计算制动力相应的汽车活载产生的最小支座反力；

$\quad \mu$——摩阻系数，橡胶支座与混凝土表面的摩阻系数一般采用 0.3，与钢板的摩阻系数一般采用 0.2；

$\quad H_\mathrm{T}$——作用在一个支座上的活载制动力；

$GA \dfrac{\Delta_\mathrm{D}}{\sum t}$—— 一个支座上由温度变化等因素引起的水平力。

第二节　桥梁墩台

一、概述

桥墩和桥台都属于桥梁的下部结构，是用来支承上部结构并将其上部总作用传递给基础乃至地基的结构物，主要由墩（台）帽、墩（台）身、基础等组成，如图 4-5-8 所示。

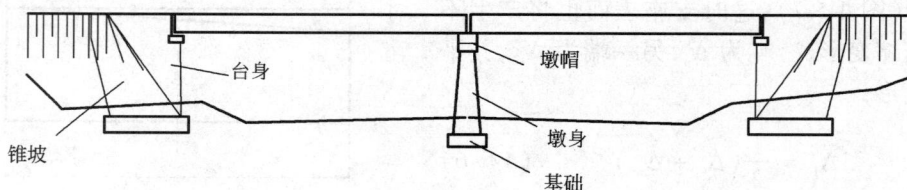

图 4-5-8　梁桥重力式墩台示意

桥墩除承受上部结构传来的作用外，还要承受流水压力、水面以上的风力以及可能出现的流冰作用、船只、漂浮物的撞击力等。桥台除了支承桥跨结构外，它又是衔接桥头引道路堤的构筑物；既要能挡土护岸，又要能承受台背填土及台后车辆作用所产生的附加土侧压力。因此，桥梁墩台不仅本身应具有足够的强度、刚度和稳定性，而且对地基的承载能力、沉降量、地基与基础之间的摩阻力等也都有一定的要求，以避免过大的水平位移、转动或者沉降发生，对超静定结构桥梁（如连续梁、无铰拱等）尤为重要。

桥梁常用的墩、台形式可归纳为两大类。

1. 重力式墩、台

这类墩、台的主要特点是靠自身的重量来平衡外力而保持其稳定，因此，墩、台身比较厚实，可采用天然石材或混凝土砌（浇）筑，适用于地基良好的大、中型桥梁，或流冰、漂浮物较多的河流上。在砂石料方便的地区,更多的是采用重力式墩、台。重力式墩、台的主要缺点是圬工体积大,因而其自重和阻水面积也较大,对地基要求更高。

2. 轻型墩、台

轻型墩、台刚度较小,受力后允许在一定的范围内发生弹性变形,以钢筋混凝土和少量配筋的混凝土为主。属于这类墩、台的形式很多,而且都有各自的特点和使用条件。选用时必须根据桥位处的地形、地质、水文和施工条件等因素综合考虑确定。

二、桥墩

1. 重力式桥墩

在公路梁桥和拱桥上,重力式桥墩用得比较普遍。它们除了在墩帽构造上有所差别以外,其余大致相同。

1)梁桥重力式桥墩

重力式桥墩主要由墩帽和墩身组成。墩帽直接支承桥跨结构,应力较集中,因此,对大跨径的重力式桥墩,墩帽厚度一般不小于0.4m,中小跨径梁桥也不应小于0.3m,并设有5~10cm的檐口。墩帽采用C30以上的混凝土,加配构造钢筋。小跨径桥梁的墩帽除严寒地区外,可不设构造钢筋。在墩帽放置支座的部位应布置一层或多层钢筋网。墩帽的钢筋构造见图4-5-9。

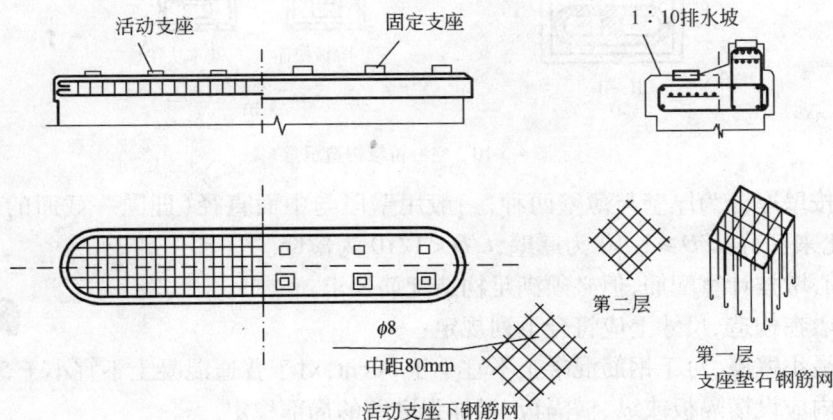

图4-5-9 墩帽钢筋构造示意

当桥面较宽时,为了节省圬工,减小结构自重,可选用挑臂式钢筋混凝土墩帽。

梁式桥墩帽的平面尺寸必须满足桥跨结构支座布置的需要。支座边缘到墩身边缘的距离应不小于表4-5-1所列的最小距离。

支座边缘到墩(台)身边缘的最小距离   表4-5-1

方 向 跨 径	顺桥向(m)	横 桥 向(m)	
		圆弧形端头(自支座边角量起)	矩形端头
大桥	0.25	0.25	0.40
中桥	0.20	0.20	0.30
小桥	0.15	0.15	0.20

重力式桥墩的墩身采用 C20 以上混凝土或片石混凝土，或用浆砌块石、料石或混凝土预制块砌筑。墩身的主要尺寸包括墩高、墩顶面、底面的平面尺寸及墩身侧坡。用于梁式桥的墩身宽度，对小跨径桥梁不宜小于 0.8m，中等跨径桥梁不宜小于 1m，大跨径桥梁的墩身宽度视上部结构类型而定。墩身的侧坡可采用 30:1～20:1（竖:横），小跨径且桥墩不高时可以不设侧坡。

此外，对于高度较大的桥墩，为了减少材料用量，或为了减轻自重，降低基层的压应力，采用薄壁钢筋混凝土的空心墩身。为了墩壁的稳定，应在适当间距设置竖直隔墙及水平隔板，保持整体稳定。此外，由于需要传递顶帽的压力，一般在顶帽下尚有一定的实心段，如图4-5-10。空心桥墩在外形上与实体重力式桥墩无大的差别，仅自重较实体重力式的轻。

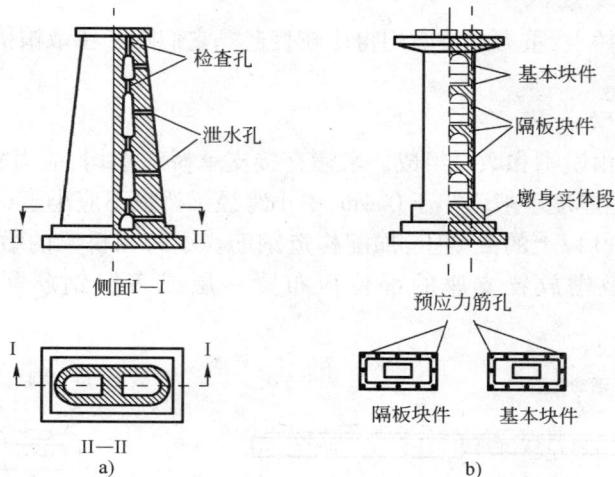

图 4-5-10　空心桥墩构造示意

空心墩按壁厚分为厚壁与薄壁两种，一般用壁厚与中面直径（即同一截面的中心线直径或宽度）的比来区分：$t/D \geqslant 1/10$ 为厚壁，$t/D < 1/10$ 为薄壁。

薄壁空心墩按计算配筋，但必须满足构造配筋要求。

空心桥墩在构造、尺寸上应符合下列规定：

①墩身最小壁厚，对于钢筋混凝土不宜小于 30cm，对于普通混凝土不宜小于 50cm。

②墩身内应设横隔板或纵、横隔板，以加强墩壁的局部稳定。

③墩身周围应设置适当的通风孔或泄水孔，孔的直径不小于 20cm；墩顶实体段以下应设置带门的进人洞或相应的检查设备。视其墩高情况，墩顶实体段长度不小于 1.0～2.0m。

2）拱桥重力式桥墩

拱桥是一种推力结构，除了垂直力以外，拱圈传给桥墩上的力还有水平推力、弯矩，这是与梁桥最大的不同之处。从抵御恒载水平力的能力来看，拱桥桥墩又可分为普通墩和单向推力墩两种。普通墩除了承受相邻两跨结构传来的垂直反力外，一般不承受恒载水平推力，或者当相邻两孔跨径不相同时只承受经过相互抵消后尚余的不平衡推力。单向推力墩又称制动墩，它的主要作用是在它的一侧桥孔因某种原因遭到毁坏时，能承受相邻孔的恒载水平推力，以保证相邻孔拱圈不致倾塌。而且当施工时为了拱架的多次周转，或者当缆索吊装设备的工作跨度受到限制时，为了能按桥台与某墩之间或者按某两个桥墩之间作为一个施工阶段进行分段施工，也要设置能承受部分恒载单向推力的制动墩。由此可见，为了满足结构强度、刚度和稳定性要求,普通墩的墩身可以做得轻型一些(图 4-5-11a～c),单向推力墩则要做得厚一些(图 4-5-11d、e)。

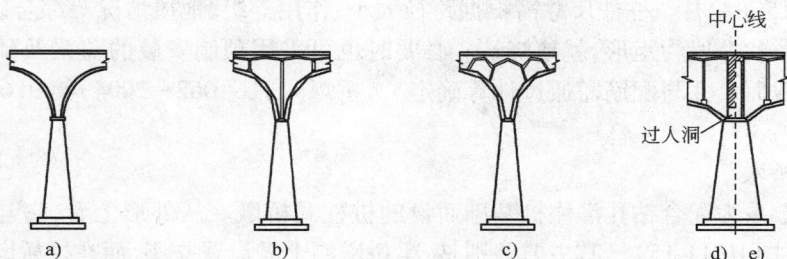

图 4-5-11 拱桥普通墩与推力墩

梁桥桥墩的顶面要设置传力的支座,拱桥桥墩则在其顶面的边缘设置呈倾斜面的拱座(图 4-5-12),直接承受由拱圈传来的压力、弯矩,所以,无铰拱的拱座总是设计成与拱轴线呈正交的斜面。由于拱座承受着较大的拱圈压力,一般采用 C30 以上的整体式混凝土。大跨径拱桥拱座需设置足够的加强钢筋。

当桥墩两侧孔径相同时,拱座设置在桥墩顶部的起拱线标高上,考虑桥面的纵坡需要,两侧的起拱线标高可以略有不同。当桥墩两侧的孔径不等,恒载水平推力不平衡时,将拱座设置在不同的起拱线标高上。此时,桥墩墩身可在推力小的一侧设变化的侧坡。从外形美观上考虑,变坡点一般设在常水位以下(图 4-5-13)。墩身两侧的变坡和梁桥一样,一般也为 20:1～30:1。

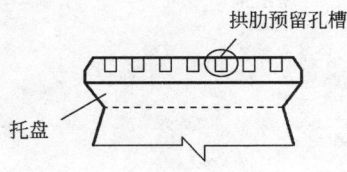

图 4-5-12 拱脚构造

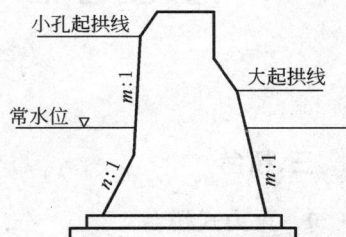

图 4-5-13 拱桥墩身边坡的变化

2. 轻型桥墩

1)梁桥轻型桥墩

梁桥轻型桥墩有钢筋混凝土薄壁桥墩、轻型实体桥墩、柱式桥墩等。

柱式桥墩由分离的两根或多根柱与墩帽组成,或由桩、柱和盖梁组成,是中小跨径桥梁中采用较多的桥墩形式之一。其外形美观,圬工体积小,且重量较轻,如图 4-5-14。

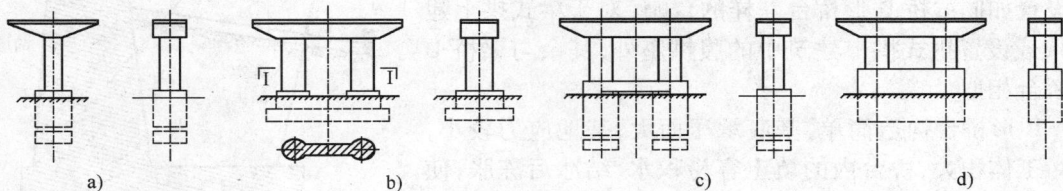

图 4-5-14 柱式桥墩

a)单柱式;b)双柱式;c)哑铃式;d)混合双柱式

桩（地面以下）、柱（地面以上）和盖梁组成的桥墩称作桩柱式，目前，使用非常广泛。除在桩顶处设置地系梁外，当柱（墩身）高度较大时，需布置横系梁，以增加墩柱的稳定性，横系梁间距一般控制在15m左右。桩柱尺寸需根据跨径大小、作用等级、地质情况等综合确定。

盖梁横截面形状一般为矩形，就地浇筑。必要时也可采用预制安装的盖梁及预应力混凝土盖梁。盖梁各截面尺寸与配筋需通过计算确定。《桥规》（JTG D62—2004）第9.6条做出了详细规定。

2）拱桥轻型桥墩

拱桥轻型桥墩系为配合钻孔灌注桩基础而设的桩柱式桥墩。从外形上看，它与梁桥上的桩柱式桥墩相似（图10-11-15）。其主要差别是：梁桥墩帽上需设置支座，而在拱桥墩顶部分则设置拱座。桩柱式桥墩一般采用单排桩，跨径在40～50m以上的高墩可采用双排桩（图10-11-15）。在桩顶设置承台，与墩柱连成整体。如果柱与柱直接连接，则应在接合处设置横系梁。若柱高大于6～8m时，还应在柱的中部设置横系梁，以增强其刚度。

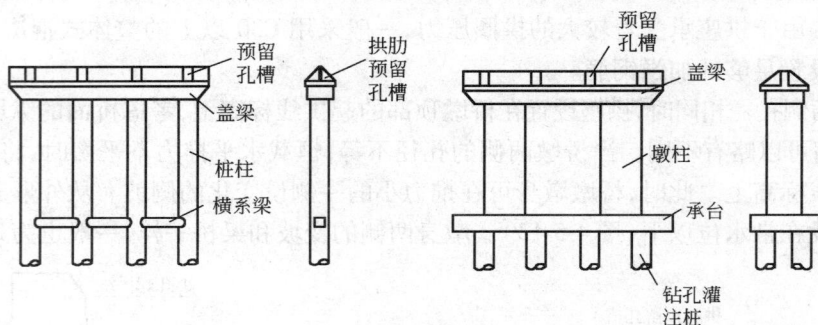

图 4-5-15 拱桥桩柱式桥墩

三、桥台

1. 重力式桥台

重力式桥台也称实体式桥台，它主要靠自重来平衡台后的土压力。桥台台身可采用块石、片石混凝土或混凝土等砌（浇）筑。

U形桥台是最常见的重力式桥台。U形桥台由台身（前墙、侧墙）、台帽、基础等组成，在平面上呈U字形。台身支承桥跨结构，并承受台后土压力；翼墙连接路堤，在满足一定条件时，和前墙共同承受土压力，侧墙外侧设锥形护坡。图4-5-16为梁桥U形桥台，对于拱桥，除需在前墙下半部分设置主拱座以及在顶部设置如同梁桥U形桥台一样的台帽（对于梁式拱上建筑），或设置拱式拱上建筑中的腹拱座外，其余与梁桥U形桥台相似。

U形桥台构造简单，基底承压面大，基地应力较小，但圬工体积大，桥台内的填土容易积水，结冰后冻胀，使桥台结构产生裂隙。U形桥台适用于填土8～10m高度的中小跨径的桥梁，台内填料应采用渗水性好的土夯填，并做好台背排水。

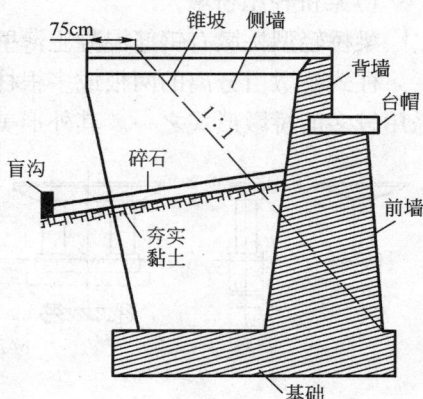

图 4-5-16 梁桥 U 形桥台

片石砌体背墙顶宽不得小于 50cm，块石、料石砌体及混凝土砌体背墙顶宽不宜小于 40cm。背墙一般做成垂直的，并与两侧墙连接。如果背墙放坡时，则在靠路堤一侧的坡度与台身一致。在台帽放置支座部分的构造尺寸、钢筋配置及混凝土强度等级可参照相应的墩帽确定。

台身由前墙和侧墙构成。前墙正面多采用直立或 10:1 的斜坡，背面坡度一般采用 3:1 ~ 4:1。侧墙与前墙结合成一体，兼有挡土墙和支撑墙的作用。侧墙外侧一般是直立的，内侧为 3:1 ~ 4:1 的斜坡，其长度视桥台高度和锥坡坡度而定。侧墙尾段应有不小于 0.75m 的长度伸入路堤中，以保证与路堤有良好的衔接。台身的宽度通常与路基的宽度相同。侧墙的尾段除最上段 1.0m 采用竖直外，以下部分可采用 4:1 ~ 8:1 的倒坡（图 4-5-17）。当侧墙尾端与路堤挡墙相接时或处于挖方地段时，侧墙尾端均为竖直（图 4-5-18）。根据地形变化，U 形台可采用阶梯式（图 4-5-19）。

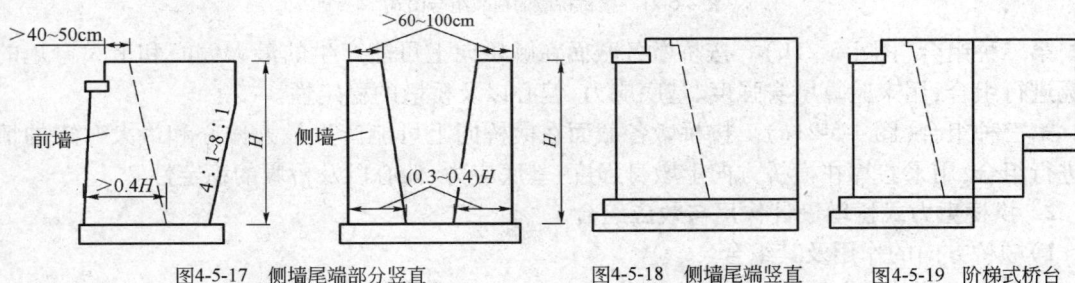

图4-5-17 侧墙尾端部分竖直　　　　图4-5-18 侧墙尾端竖直　　　图4-5-19 阶梯式桥台

2. 轻型桥台

轻型桥台一般用于梁桥。梁桥轻型桥台包括埋置式桥台、设有支撑梁的轻型桥台、钢筋混凝土薄壁桥台等。常用的为埋置式桥台。

埋置式桥台适用于地形较平或台前便于设置锥坡的情况，常用的有双柱式（双柱 + 台帽 + 耳墙）和双肋式（基础 + 双肋 + 台帽 + 耳墙），双肋式基础可以是桩 + 承台组成，如图 4-5-20。

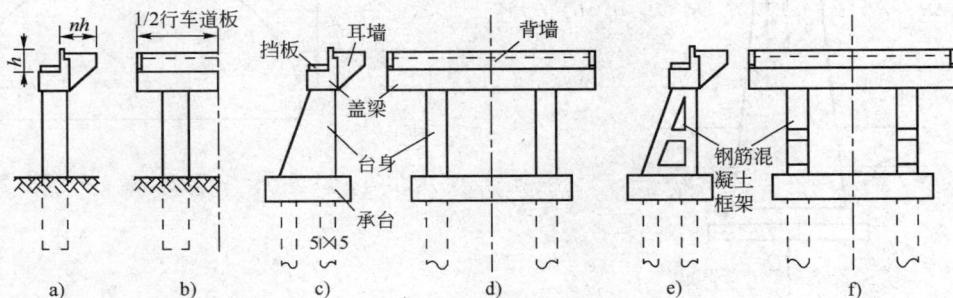

图4-5-20 埋置式桥台

四、墩台计算、验算

桥梁墩台计算时，预先很难确定哪一种作用效应组合最不利。通常需要对各种可能的作用进行组合计算，以满足各种不同的要求。在墩台的计算中，尚需考虑按顺桥向（与行车的方向平行）和横桥向分别进行，故在作用效应组合时也需要按纵向及横向分别计算。

1. 梁桥重力式桥墩设计作用与效应组合

第一种组合（图 4-5-21a）。按在桥墩各截面上可能产生的最大竖向力的情况进行组合，用来验算墩身强度和基底最大应力。因此，除了有关的永久作用外，应在相邻两跨满布基本可变作用的一种或几种。

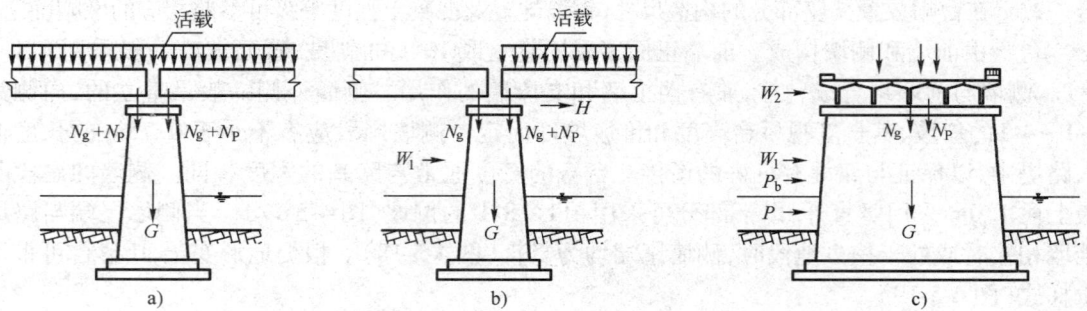

图 4-5-21 梁桥桥墩的荷载组合图式

第二种组合（图 4-5-21b）。按桥墩各截面在顺桥向上可能产生的最大偏心和最大弯矩的情况进行组合，用来验算墩身强度、基底应力、偏心以及桥墩的稳定性。

第三种组合（图 4-5-21c）。按桥墩各截面在横桥向上可能产生最大偏心和最大弯矩的情况进行组合，用来验算在横桥方向上墩身强度、基底应力、偏心以及桥墩的稳定性。

2. 拱桥重力式桥墩设计作用与效应组合

1）顺桥方向的作用及其组合

对于普通桥墩应为相邻两孔的永久作用，在一孔或跨径较大的一孔满布基本可变作用的一种或几种，其他可变作用中的汽车制动力、纵向风力、温度影响力等，并由此对桥墩产生不平衡水平推力、竖向力和弯矩（图 4-5-22）。

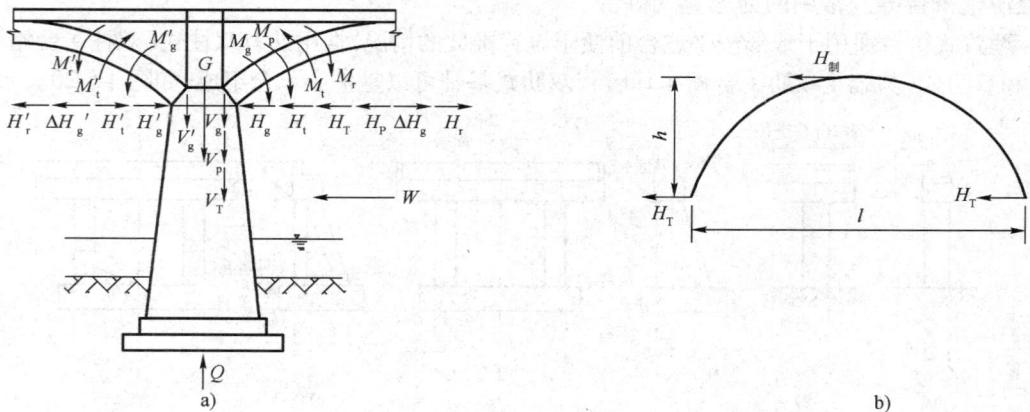

图 4-5-22 不等跨拱桥桥墩受力情况

对于单向推力墩则只考虑相邻两孔中跨径较大一孔的永久作用效应。

2）横桥向的作用及其组合

在横桥方向作用于桥墩上的外力有风力、流水压力、流冰压力、船只或漂流物的撞击力或地震力等。

以上所述是各种荷载组合时对重力式桥墩而言的，对于其他形式的桥墩，则要根据他们的构造和受力特点进行具体分析，然后参照上述原则进行个别的作用效应组合。需注意的是：

第一，不论对于哪一种形式的桥墩，在计算中，各种作用效应组合都要满足《桥规》（JTG

D60—2004)中所规定的强度安全系数和结构稳定系数。

第二,《桥规》(JTG D60—2004)还规定,在其他可变荷载中,一些作用不应同时考虑,例如在计入汽车制动力,就不应同时计入流水压力、冰压力和支座摩阻力等。

3. 桥台作用与效应组合

计算重力式桥台所考虑的作用与重力式桥墩基本一样,不同的是,对于桥台还要考虑车辆荷载引起的土侧压力,但不需要计入纵、横向风力、流水压力、流冰压力、船只或漂流物的撞击力。图 4-5-23 所示为梁桥重力式桥台的 3 种组合方式,图 4-5-24 所示为拱桥重力式桥台的 2 种组合方式。

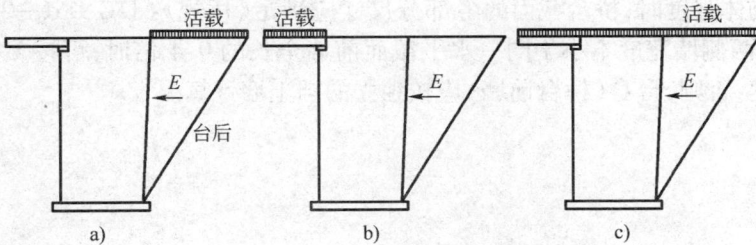

图 4-5-23 梁桥桥台作用荷载组合示意

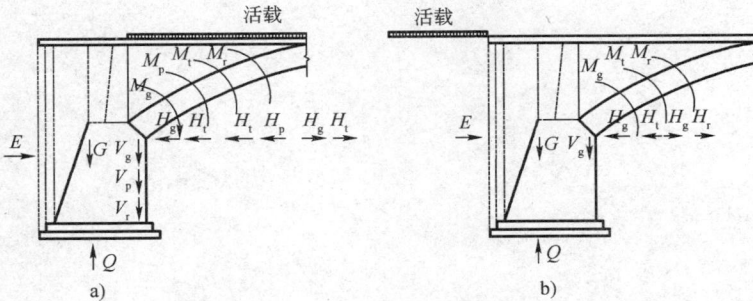

图 4-5-24 拱桥桥台荷载组合图式

上述设计作用与效应组合中涉及的符号、取值等详见《桥规》(JTG D60—2004)第 4 章有关规定。

4. 重力式桥墩(台)的计算

1)重力式桥墩计算

圬工桥墩墩身强度验算中,桥墩较矮时一般验算墩身的底截面和墩身截面突变处;桥墩较高时,由于危险截面不一定在墩身底部,这时应沿竖向每隔 2~3m 验算一个截面,其步骤如下:

①内力计算。作用于每个截面上的力应按顺桥向和横桥向分别进行作用效应,以求得相应的纵向力 $\sum N$、水平力 $\sum H$ 和 $\sum M$,并按《桥规》(JTG D62—2004)相关规定计算各种组合的竖向力设计值: N_j。

②抗压强度验算。轴心受压和偏心受压的桥墩,按《桥规》(JTG D62—2004)中相关公式计进行计算。如果不满足要求时,就应修改墩身截面尺寸、重新验算。

③偏心距 e^0 验算。桥墩承受偏心荷载时,其偏心距 $e^0 = \sum M / \sum N$ 不得超过相关《桥规》(JTG D61—2005)关于 e^0 的容许值规定。

④抗剪强度验算。当拱桥相邻两孔的推力不相等时，常需验算拱座底截面抗剪强度。当构件为通缝受剪时，可按《桥规》（JTG D61—2005）中有关公式验算。如果在裸拱情况下卸落拱架时，应按照该阶段的荷载组合进行这项验算。

⑤墩顶水平位移验算。墩顶过大的水平位移会影响桥跨结构的受力和正常使用，对于高度超过 20m 的重力式桥墩应验算墩顶水平方向的弹性位移。

2）重力式桥台计算

重力式桥台的验算与重力式桥墩相似，一般只作顺桥方向的验算。在受力上，桥台与桥墩不同的是桥台要承受台后填土的侧压力，而且这种侧压力对桥台的尺寸影响很大。当验算基础顶面的台身砌体强度时，桥台截面的各部分尺寸应满足《桥规》（JTG D61—2005）的有关规定，如 U 形桥台两侧墙宽度不小于同一水平截面前墙全长的 0.4 倍时，可按 U 形桥台整体截面验算截面强度，否则，台身（桥台前墙）应按独立的挡土墙计算。

第六章 涵 洞

第一节 概 述

水是公路"健康"的天敌。涵洞作为公路横向排水构造物,在公路排水中起着十分重要的作用。根据《公路工程技术标准》(JTG B01—2003)规定,单孔跨径 $L_0 < 5m$ 的排水构造物称为涵洞。

涵洞设计应符合"安全、适用、经济、耐久、有利于环保"原则,并参考《公路涵洞设计细则》(JTG/T D65-04—2007)的相关规定。

涵洞的功能与基本要求是排除路基两侧水流,确保路基稳定。根据《公路工程技术标准》(JTG B01—2003)规定,涵洞设计洪水频率:高速公路、一级公路为1/100,二级公路为1/50,三级公路为1/25。无压力式涵洞内顶点至洞内设计洪水频率标准水位的净高应符合表4-6-1要求。

无压力式涵洞内顶点至最高流水面的净高 表4-6-1

涵洞进口净高(或内径)	管 涵	拱 涵	矩 形 涵
$h \leq 3m$	$\geq h/4$	$\geq h/4$	$\geq h/6$
$H > 3m$	$\geq 0.75m$	$\geq 0.75m$	$\geq 0.5m$

涵洞设计荷载:高速公路、一级公路为公路—I级,二、三、四级公路为公路—II级。

第二节 涵洞的类型及构造

一、涵洞的类型

1. 按建筑材料分类

1)圬工涵

①砖涵。主要用于砖拱,也有少数用于砖管的,砖涵便于就地取材,但在水流含碱量大时和冰冻地区不宜使用砖管。

②石涵。以石料为主要承重结构的盖板涵或拱涵,是公路上的常见涵洞形式。

③混凝土涵。以混凝土为主要承重结构的涵洞,分为四铰管涵、圆管涵、盖板涵、拱涵。

2)钢筋混凝土涵

以钢筋混凝土为主要承重结构的涵洞。由于其坚固耐用、力学性能好,是高等级公路涵洞的常用形式。分为钢筋混凝土管涵、盖板涵、箱涵和拱涵。

3)钢波纹管涵

4)其他材料涵洞

陶瓷管或瓦管涵、缸瓦管涵、石灰三合土管涵、石灰三合土拱涵、铸铁管涵、波纹管涵等也在极少数情况下采用。

2．按洞身构造形式分类

（1）管涵。有利于在高填土路基上采用，涵受力较好。

（2）盖板涵。有利于在低填土路基上采用，特别是涵洞顶不需填土时，可用作明涵。

（3）拱涵。我国传统的结构形式，砌筑技术易掌握，造价较低，是一种普遍采用的形式。

（4）箱涵。适合软基地段采用，但因施工困难，造价较高，不常采用。

各种涵洞适用跨径见表4-6-2。

各类涵洞适宜跨径 表4-6-2

构 造 形 式	适用跨径（或直径）（cm）	构 造 形 式	适用跨径（或直径）（cm）
圆管涵	75、100、125、150、200	石盖板涵	75、100、125
钢筋混凝土盖板涵	150、200、250、300、400、500	倒虹吸涵	75、100、125、150
拱涵	150、200、250、300、400、500	钢波纹管涵	150、200、250、300、400、500
箱涵	150、200、250、300、400、500		

3．按填土高度分类

（1）明涵（涵洞顶填土小于50cm），适用于低填方和挖方路段。

（2）暗涵（涵洞顶填土大于等于50cm），适用于高填方路段。

4．按水力性质分类

（1）无压力式涵。入口水流深度（并非涵前积水深度）小于洞口深度，在涵洞全长范围内水面可不接触洞顶，即具有自由水面。通常所建涵洞大多属于这一类。

（2）半压力式涵。入口水深虽大于洞口高度，但水仅在进水口处可充满洞口，而在涵洞全长范围内的其余部分都具有自由水面。通常在涵洞尺寸受路基高度或其他因素限制时采用。

（3）压力式涵。入口水深大于进水口高度，在涵洞全长范围内都充满水流，无自由水面。在深沟高路堤或允许壅水但并不危害农田时采用。

（4）倒虹吸管。在路基填土不高，路线两侧水深都高于进出水口，特别在农田灌溉方面必须设置涵洞时采用，倒虹吸管进出水口必须设置竖井（包括防淤沉淀井），要求不渗漏。

5．按洞身立、平面布置分类

（1）进口不抬高式涵洞。全部洞身等高，基础平置的涵洞。由于洞身断面相同，施工方便，是常用的洞身形式。

（2）进口抬高式涵洞。为了适应涵洞过水面的壅水曲线，将涵洞进口端一定长度范围的涵台抬高的洞身形式。从理论上讲，进口抬高式涵洞水力性质较好，较经济，但施工较复杂，一般较少采用。为了施工方便，通常将进口段的管节整体抬高，也称升高管节式涵洞。

（3）平置式斜坡涵。当沟床纵坡较陡，为适应地形，将洞身做成台阶形式，涵管分节，基础平置的涵洞，又叫阶梯涵。阶梯涵是山区公路较常采用的涵洞形式。

（4）斜置式斜坡涵。在斜坡上设置涵洞时可将基础斜置，并设置齿墙嵌入地基，以抵抗滑移。

（5）弯、坡、斜涵。

二、涵洞构造设计

涵洞由洞身及洞口建筑组成。

洞身是涵洞的重要部分。洞身的作用是承受各种作用压力和土压力等，并将其传递给地基，它既应保证设计流量通过必要的孔径，又要具有足够的强度和稳定性。

洞口建筑连接洞身及路基边坡,应与洞身较好地衔接,并形成良好的宣泄水流的条件,洞口分进水口和出水口。

为使水流能安全地通过涵洞,减弱对前后涵底的冲刷,需对涵底和进出水口河床进行一定范围内的加固铺砌,必要时在涵洞前后加设调治构造物和消能设施。

1. 洞身

按涵洞的构造形式和组成不同,洞身形式包括:圆管涵、盖板涵、拱涵、箱涵、倒虹吸圆管涵、钢波纹管涵。

1)圆管涵

圆管涵洞身主要由各分段圆管和支撑关节的基础垫层组成,见图4-6-1。当整节钢筋混凝土圆管无铰时,称为刚性管节;当沿横断面圆周对称加设4个铰时,称为柔性管节。

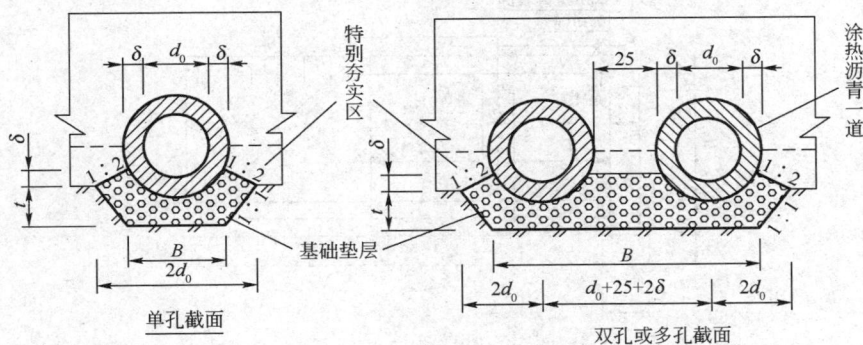

图 4-6-1 圆管涵洞身示意(尺寸单位:cm)
d-孔径;δ-管壁厚度;B-基底宽度;t-基础垫层厚度

圆管涵常用孔径 d_0 参见表4-6-2。基础垫层厚度 t 根据基层土质确定,当为卵石、砾石、粗中砂及整体岩层地基时,$t=0$;当为亚砂土、黏土及破碎岩层地基时,$t=15cm$;当为干燥地区的黏土,亚黏土、亚砂土及细砂地基时,$t=30cm$。

2)盖板涵

盖板涵洞身由涵台(墩)、基础和盖板组成。当跨径较小,洞顶具有一定填土高度时,可采用石盖板;当跨径较大时,采用钢筋混凝土盖板,见图4-6-2。

石盖板涵常用的跨径 L_0 为75cm、100cm、125cm,盖板厚度 d 随涵顶填土高度与跨径变化,一般在 15~40cm 之间。

钢筋混凝土盖板涵的跨径为 150cm、200cm、250cm、300cm、400cm,相应的盖板厚度 d 在 15~22cm 之间。当 L_0 达 500cm 以上时即为小桥,相应的盖板厚度为 25~30cm 之间。

圬工涵台(墩)的临水面一般采用垂直面,而涵台背采用垂直或斜坡面,涵台(墩)顶面一般做成平面。涵台顶面有时做成 L 形企口,使其在支撑盖板的同时,借助盖板的支撑作用来加强涵台的稳定。涵台的下部用砂浆与基础结成整体。钢筋混凝土盖板涵的涵台上部往往比台身尺寸略大,为了增加整体的稳定性和抗震性,当跨径大于2m,且涵洞较高时,可在盖板下或盖板间,沿涵长每隔2m增设一根支撑梁,也可分别在盖板两端和台(墩)帽内预埋栓钉,使盖板与台(墩)加强连接。

石盖板涵的涵台(墩)墙身高 H_n 一般为75~175cm,钢筋混凝土盖板涵的涵台(墩)墙身高 H_n 一般为 75~450cm。

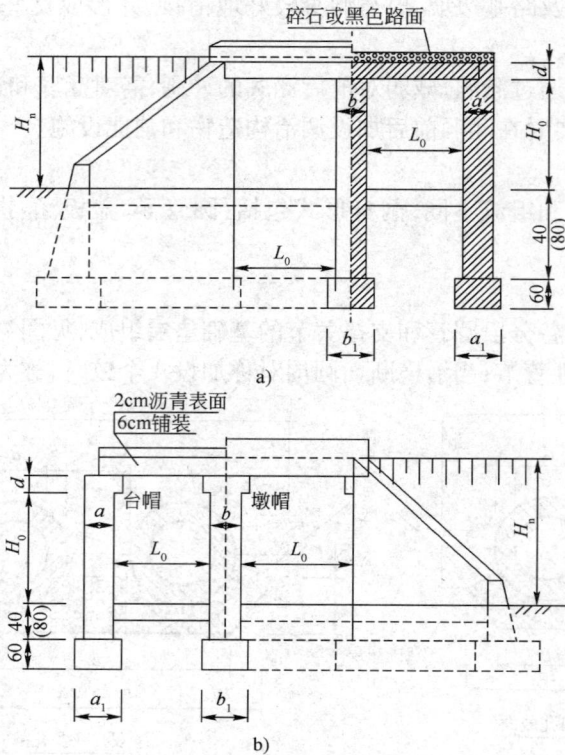

图 4-6-2　盖板涵示意（尺寸单位：cm）
a）石盖板涵；b）钢筋混凝土盖板涵
L_0-跨径；d-板厚；H_n-墙身高；H_0-净高；a-涵台宽；a_1-台基宽；b-涵墩宽；b_1-墩基宽

　　涵台（墩）基础可随地基土壤不同而采用整体式或分离式。采用分离式基础而且涵内流速较高时，可在基础之间地面表层进行铺砌，使涵台基础免受冲刷破坏，基础底面的埋置深度一般为 100~140cm。

　　3）拱涵

　　拱涵洞身主要由拱圈和涵台（包括涵台基础）两部分组成。若是 2 孔以上，还应增加涵墩。涵洞的横截面形式有：半圆拱、圆弧拱、卵形拱、如图 4-6-3。卵形拱不便施工，很少采用，

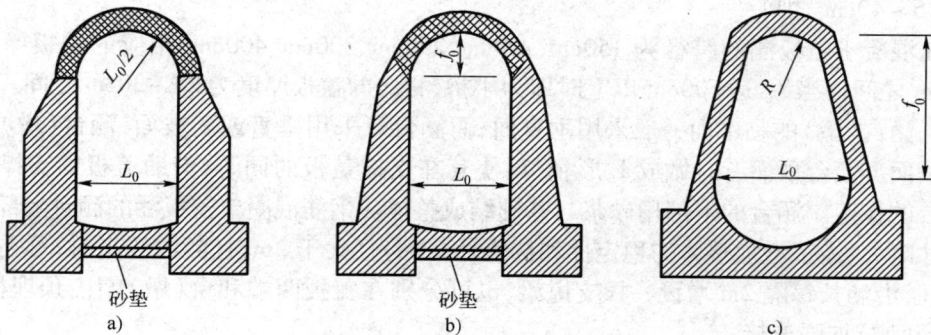

图 4-6-3　拱涵示意
a）半圆拱涵；b）圆弧拱涵；c）卵形拱涵

应用较多的是圆弧拱涵,如图 4-6-4。

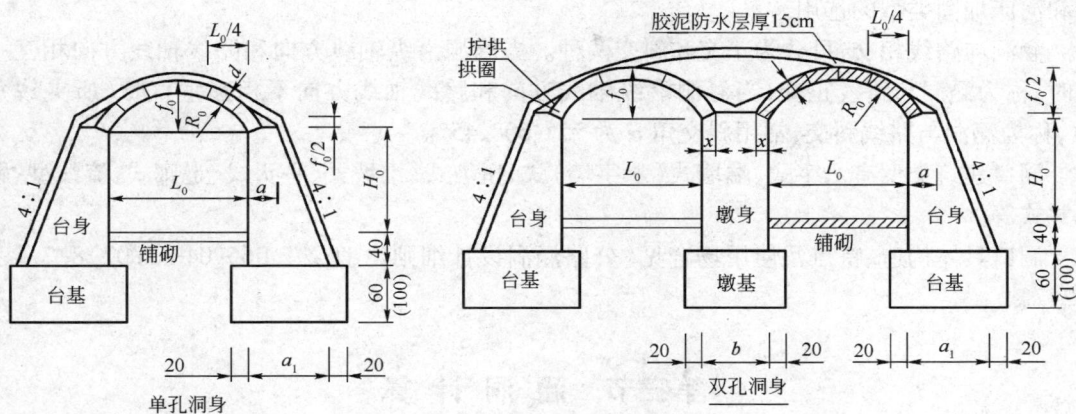

图 4-6-4 圆弧拱涵示意(尺寸单位:cm)

L_0-跨径;f_0-净拱矢高;d-拱圈厚度;H_0-台(墩)高;a-台顶护拱宽;a_1-台深底宽;b-墩身宽

拱涵的常用跨径 L_0 参见表 4-6-2,500cm 以上称为拱桥。拱涵的拱圈厚度 d 一般为 25~35cm。圆弧拱的矢跨比 f_0/L_0 常取 1/3 和 1/4。拱涵的其他尺寸取值范围如下:台(墩)高 H_0 一般为 50~400cm,台顶护拱宽度 b 为 50~140cm。a、a_1、b 的取值随着跨径、台高的增加而增加。

涵台基础视地基土壤情况,采用分离式或整体式。整体式基础主要用于卵形涵及小跨径涵。对于松软地基上的涵洞,为了分散压力,也可用整体式基础。对于跨径大于 2~3m 的涵洞,最好采用分离式基础,见图 4-6-3。

当采用分离式基础且涵内流速较高时,可在基础之间地面表层加以铺砌。有时为了较好地抵抗地基反力,避免基础可能的弯曲变形,可在基础之间设置反拱式涵底。若基础之间在 10cm 厚砂垫层上做石料铺砌或浇注混凝土涵底,可在涵台基础与铺砌间设纵向沉降缝,以免基础沉陷时铺砌受到破坏,见图 4-6-3a)、b)。

基础底面埋置深度一般为 1m,但地基较差时,可适当加深。当基础设在冻土层中时,除了以上的要求之外,其基底至少应设置在冰冻线以下 25cm。

4)箱涵洞身

箱涵洞身可采用钢筋混凝土封闭薄壁结构,根据需要做成长方形断面或正方形断面,见图4-6-5。

箱涵的常用跨径 L_0 参见表 4-6-2,箱涵壁厚度 δ 一般在 22~35cm,垫层厚度 t 为 40~70cm,箱涵内壁面四个角处一般做成 45°的斜面,其尺寸为 5×5cm。

《公路涵洞设计细则》(JTG/T D65-04—2007)8.1.1~8.1.6款对涵洞洞身构造、特点、使用场合及相关构造要求作了详细规定。

2.洞口构造

洞口应与洞身、路基衔接平顺,并起到调节水流和形成良好流态的作用,同时使洞身、洞口(包括基础)、

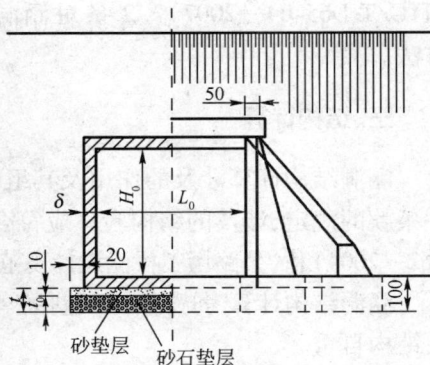

图 4-6-5 (尺寸单位:cm)

L_0-跨径;H_0-净高;δ-箱涵壁厚度;t_0-砂石垫层厚度;t-垫层厚度

两侧路基以及上下游附近河床免受冲刷。另外,洞口形式的选定还直接影响着涵洞的宣泄能力和河床加固类型的选用。

涵洞与路线相交,可分为正交和斜交两种。当涵洞沿纵轴线方向和路线轴线方向相互垂直时,称为涵洞与路线正交,当涵洞沿纵轴线方向和路线轴线方向不相互垂直时(所夹锐角 α),称为涵洞与路线斜交,常用斜交角 α 为 75°、60°、45°。

洞口建筑类型有八字式、端墙式(一字墙)式、扭坡式、锥坡式、平头式、走廊式、流线型、跌水井式等。

洞口具体构造、特点及使用场合见《公路涵洞设计细则》(JTG/T D65-04—2007)8.2.1～8.2.7款。

第三节　涵　洞　计　算

涵洞计算内容包括:水文计算、水力计算及结构计算。

一、水文计算

水文计算的主要任务是确定确定流量,主要方法有暴雨推理法、径流形成法、形态调查法及直接类比法。《公路涵洞设计细则》(JTG/T D65-04—2007)第 6 章给出了具体计算方法。各种方法各具特点,适用于不同情况,实践中需要结合当地实际情况,采用两种以上方法计算、校核,同时,通过历史最大流量调查验证。流量确定正确与否直接关系涵洞设计的正确性,必须认真研究,并具有足够的富裕量。

二、水力计算

涵洞建成后必须保证设计洪水、漂浮物等能安全通过,保证路基及基底的稳定,满足排灌需要,不得对上下游农田、房舍产生不利影响。为此,涵洞设计时,首先应根据道路等级求出相应设计洪水频率下的设计流量,结合涵位实际情况,提出涵洞类型、洞口形式及孔径大小,然后进行水力计算,验算涵内流速、水深、涵前壅水位等是否满足要求。《公路涵洞设计细则》(JTG/T D65-04—2007)7.2 条对涵洞孔径验算和过水消能建筑物的水力计算给出了具体方法。

三、结构计算

涵洞结构计算涉及的作用及其组合应符合《公路桥涵设计通用规范》(JTG D60—2004)相关条款的规定,涉及的结构验算应符合《公路钢筋混凝土及预应力混凝土桥涵设计规范》(JTG D62—2004)和《公路圬工桥涵设计规范》(JTG D61—2005)相关条款的规定。

涵洞结构计算考虑的作用包括:车辆荷载、土重及土侧压力、车辆荷载引起的土压力、温度及结构自重。

1. 钢筋混凝土圆管涵

1)基本假定

(1)圆管涵的涵身按三次超静定环状结构计算;

（2）忽略管壁环向压力 N 及径向剪力 Q ，仅考虑管壁上弯矩 M 的作用，见图 4-6-6。

2）圆管涵截面弯矩作用效应计算

（1）车辆荷载和填土作用

$$M = 0.137qR^2(1 - \lambda) \qquad (4\text{-}6\text{-}1)$$

式中：q——车辆荷载和填土产生的等效荷载垂直压力（kPa）；

$\quad R$——管壁内外径的平均半径（m）；

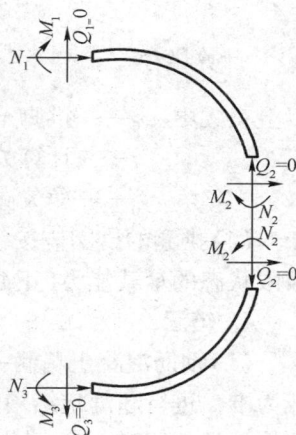

$\quad \lambda$——土的侧压力系数，$\lambda = \tan^2\left(45° - \dfrac{\varphi}{2}\right)$；

$\quad \varphi$——土的内摩擦角（°）。

（2）自重作用

$$M = 0.369\gamma tR^2 \qquad (4\text{-}6\text{-}2)$$

式中：γ——材料重力密度（kN/m²）；

$\quad t$——管壁厚度（m）；

$\quad R$——管壁内外径的平均半径（m）。

图 4-6-6

3）结构验算

按《桥规》（JTG D62—2004）的规定进行进行配筋、承载能力（强度）、裂缝宽度等验算（参见《结构设计原理》）。

2．钢筋混凝土盖板涵

（1）对于钢筋混凝土正交盖板涵，盖板一般按两端简支板为计算模型。当涵洞结构无支撑梁时，宜以净跨径加板厚作为计算跨径计算弯矩效应，并以净跨径计算剪力效应。

（2）板的长度与宽度之比大于或等于 2 时，可按简支单向板计算。

（3）正交盖板涵的设计可仅考虑车辆荷载、盖板涵自重和填土产生的等效荷载的作用效应组合。

（4）正交盖板涵结构应按《公路钢筋混凝土及预应力混凝土桥涵设计规范》（JTG D62—2004）的规定，进行承载能力极限状态的承载能力（正截面强度和斜截面强度）和正常使用极限状态下的裂缝宽度、刚度（挠度）的验算。其最小配筋率应符合《公路钢筋混凝土及预应力混凝土桥涵设计规范》（JTG D62—2004）中的规定。

3．拱涵

（1）拱涵的拱圈一般按无铰计算，其矢跨比不宜小于 1/4。由于拱涵涵跨小，其曲率、剪切变形、弹性压缩、温度作用效应和混凝土收缩效应影响也很小，通常可不予考虑。

（2）整体式涵洞基础底面地基土的承压应力，可按涵长根据不同的填土高度分段计算。

（3）圬工拱涵的主拱圈高度 h 可按下列公式计算确定：

$$h = 1.5k\sqrt[3]{l_0} \ \text{或} \ h = 0.06 + 13.7\sqrt{R_1 + l_0/2} \qquad (4\text{-}6\text{-}3)$$

式中：h——主拱圈高度（m）；

$\quad l_0$——圆弧拱净跨径（m）；

$\quad R_1$——拱腹线半径（m）；

$\quad k$——系数，一般为 4.5 ~ 6，取值随矢跨比减小而增大。

计算跨径 $\qquad l = l_0 + h\sin\varphi_0 \qquad\qquad (4\text{-}6\text{-}4)$

计算矢高

$$f = f_0 + \frac{h}{2} - \frac{h}{2}\cos\varphi_0 \qquad (4\text{-}6\text{-}5)$$

计算半径

$$R_0 = \frac{l_0}{2\sin\varphi_0} = \frac{f}{1 - \cos\varphi_0} \qquad (4\text{-}6\text{-}6)$$

以上三式中：φ_0——拱脚至圆心的连线与垂线的交角（半圆心角）（°）；

$\quad\quad\quad\quad f$——计算矢高（m）；

$\quad\quad\quad\quad f_0$——净矢高（m）。

（4）拱涵的拱圈应按《公路圬工桥涵设计规范》（JTG D61—2005）的规定，进行承载能力极限状态的承载能力（正截面强度）、稳定性验算。

4. 箱涵

（1）钢筋混凝土箱涵一般按矩形框架设计、计算，框架的轴线以构件混凝土断面的重心轴线为准。进行超静定结构内力效应分析时，可按全截面考虑。其顶板、底板和侧墙可按偏心受压构件设计、配筋。

（2）箱涵体内外的温度变化值一般按 ±（10℃～15℃）考虑；底板、侧板分期浇筑时，混凝土收缩的影响可按降温10℃考虑。

（3）箱涵的设计可仅考虑车辆荷载、箱涵自重和填土产生的等效荷载的作用效应组合。

（4）箱涵结构的顶板、底板和侧板，应按《公路钢筋混凝土及预应力混凝土桥涵设计规范》（JTG D62—2004）的规定，进行承载能力极限状态的承载能力（正截面强度和斜截面强度）和正常使用极限状态下的裂缝宽度、刚度（挠度）验算，并满足其最小配筋率要求。

（5）钢筋混凝土箱涵涵底地基承载力应满足相关规范的要求。

第四节　涵洞的布置

详见本篇第二部分第 10 章。《公路涵洞设计细则》（JTG/T D65-04—2007）对涵洞布置提出了具体要求。

第二部分　桥涵水文

第七章　河川径流

第一节　河流和流域

一、河流

1. 河流的形成和分段

降落在地面上的水在重力作用下,沿着陆地表面上的曲线形凹地流动,依其大小可分为江、河、溪、沟等,其间并无精确分界,统称为河流。河流流经的谷地称为河谷,河谷底部有水流的部分称为河床。受重力作用沿河床流动的水流,称为河川径流(沿河床一定方向和路径运动的水流)。

这些脉络相通的大小河流所构成的系统,称为水系(或河系、河网),为便于称呼,水系中直接流入海洋、湖泊的河流称为干流,流入干流的河流称为支流。直接汇入干流的为一级支流,汇入一级支流的为二级支流,其余类推。

2. 河流的基本特征

1)河流断面

河流的横断面:是指与水流方向相垂直的断面(垂直于水流流向的剖面)。它的上界是自由水面—水位[水位——自由水面高出某一水准基面的高程(m)],当水位变化时,断面面积随之变化。通常把经常过水的断面称为过水断面,不经常过水而只在洪水时期才有水流的部分称为大断面。横断面根据形状的不同(是否有边滩)又可分为单式断面和复式断面两种。河流横断面是计算流量的重要依据。

河流的纵断面:沿水流方向各横断面最大水深点的连线,称为深泓线,而沿深泓线的剖面称为河流的纵断面。河流纵断面能表明河床的沿程变化。

2)河流长度

一般天然河流,从河源到河口沿中泓线量测的距离,称为河流长度。

3)河流比降(‰)

任意河段两端(水面或河底)的高程差称为落差。

河段比降:中泓线上单位长度内的落差。河流比降有水面比降及河底比降。

某一河段比降,可按下式计算:

$$i = \frac{H_2 - H_1}{l} = \frac{\Delta H}{l} \tag{4-7-1}$$

式中：i——河底或水面比降，可用小数或千分数（‰）表示；

H_1、H_2——分别为河段下游端和上游端的高程（水面或河底的高程）（m）；

l——河段长度（m）；

ΔH——落差，以水面落差计算的 i 为水面比降，以河底落差计算的 i 为河底比降。

河流比降：

河流比降自河源向河口逐渐减小，沿程各河段的比降都不相同。河口受海洋潮汐影响，比降变化更大，有时会出现负值，发生海水倒灌现象。河底比降的沿程变化，是不均匀的，可以近似看作分段均匀，呈折线形，河流纵断面图，其平均比降为 $\bar{i}$（‰）。

二、流域

1. 流域

降落到地面上的水，被高地、山岭分隔而汇集到不同的河流中，这些汇集水流的区域，称为某河流的流域（或汇水区）。流域分水线所包围的平面面积，称为流域面积 F。

2. 流域的特征

流域是河水补给的主要源地，流域的特征直接影响河川径流的形成和变化过程。流域的特征一般分为两大类。

1）几何特征

流域面积 F：流域是河流供水的区域，如其他条件相同，则流域面积的大小决定着汇集的水量多少，所以一般河流的水量总是从河源到河口越往下游越丰富。在相同的自然地理条件下，流域面积越大，径流量就越大，而且流域对径流变化的调节作用也越大，因而洪水涨落比较平缓；流域面积越小，则径流量越小，洪水涨落较为急剧。

流域形状：主要是影响流域内径流汇集的时间长短，也影响径流的形成过程。

2）流域的自然地理特征

包括流域的地理位置，流域的气候条件，流域的地形，流域的植物覆盖，流域的土壤—地质构造，流域的湖泊率、沼泽率，以及河网密度。

三、山区河流和平原河流

有关河流分类方法很多，其分类的目的是按照各地区的自然条件分析论证河流水情变化特征，从而得出它们之间的一致性和差异性，再根据一定的原则和指标加以归纳和概括。

（1）河流的气候分类：北方河流、南方河流。

（2）根据径流年内分配的河流分类：雨水补给，雨雪混合补给，冰雪混合补给。

（3）根据多种指标分类：山区河流、平原河流、半山区河流。

（4）根据我国河流的特点，也可把河段分为七种类型：峡谷性河段，稳定性河段，次稳定性河段，变迁性河段，游荡性河段，宽滩性河段，冲积漫流性河段。

考虑到地形对河流的水情影响很大，根据地形特点划分成山区河流和平原河流。它们的水情变化特征（包括水文现象和水力要素）如表 4-7-1 所示。

不同地形河流的水情变化特征 表 4-7-1

山区河流	平原河流
（1）单式断面，V 形或 U 形，H-Q 单值连续；	（1）复式断面，边滩宽（可近似为宽浅型河床），H-Q 不连续；
（2）比降大，$i > 1‰$；	（2）比降小，$0.1‰ < i < 1‰$；
（3）河床稳定，冲刷变形缓慢，流速 v 大；	（3）变迁性大，冲淤较大，流速 v 较小；
（4）汇流时间短，洪水暴涨暴落，水位变幅大，洪水持续时间短	（4）汇流时间长，洪水涨落缓慢，水位变幅小，洪水持续时间长

第二节 径 流 形 成

径流是指降落到流域表面上的降水，受重力作用，由地面与地下流入河槽，然后流出流域出口断面的水流。径流按其对河流的补给方式可分为地面径流和地下径流。地面径流是指经由流域地表面汇入河槽而流过出流断面的径流。地下径流是指以地下水形式补给河流的径流。

一、径流形成过程

流域上自降水开始到水量流出河流出口断面为止的整个物理过程，称为径流形成过程。这个过程是在大气降水和流域自然地理条件综合作用下的产物。由于大气降水的多变性和流域自然地理条件的复杂性，使径流形成过程十分错综复杂。

1. 降雨过程

径流是由降水引起的，因此流域上降水过程是径流形成过程的一部分。降水是地表径流的本源，亦是地下水的主要补给来源。降水在空间分布上的不均匀与时间变化上的不稳定性又是引起洪、涝、旱灾的直接原因。降水的特征不同，它所形成的洪水的特性也不同。降水要素（特征）主要有：

（1）降水（总）量：指一定时段内降落在某一面积上的总水量。一天内的降水总量称日降水量；一次降水总量称次降水量。单位以 mm 计。

（2）降水历时与降水时间：前者指一场降水自始至终所经历的时间；后者指对应于某一降水而言，其时间长短通常是人为划定的（例如，1h、3h、6h、24h 或 1 天、3 天、7 天等），在此时段内并非意味着连续降水。

（3）降水强度：简称雨强，指单位时间内的降水量，以 mm/min 或 mm/h 计。在实际工作中常根据雨强进行分级，常用分级标准（七级）如表 4-7-2 所示。

降水强度分级（单位：mm） 表 4-7-2

等 级	微 量	小 雨	中 雨	大 雨	暴 雨	大 暴 雨	特大暴雨
24h 雨量	<0.1	0.1~10	10~25	25~50	50~100	100~200	>200
12h 雨量		0.2~5	5~15	15~30	30~70	70~140	>140

（4）降水面积：即降水所笼罩的平面面积，以 km^2 计。

（5）暴雨中心：暴雨集中的较小的局部地区。

2. 流域蓄渗过程

流域中的降雨并不全部直接产生径流，而是首先损耗于①植物截留；②下渗、填洼；③蒸发，而且大部分是耗于下渗。单位时间内的入渗量（mm），称为入渗强度，用 f 表示。降雨初期，$f > r$（入渗强度大于降雨强度），这时不产生地面径流，只有当降雨量不断增加，经过一段时间后，土壤含水量增加并趋于饱和，降雨强度才会超过入渗强度，这时才形成地面径流。

3. 坡面漫流过程

当降雨强度大于入渗强度，也满足填洼后，雨水开始沿着坡面流动。坡面漫流过程中，坡面水流一方面继续不断地接受降雨的补给，另一方面又不断地耗于入渗。

4. 河槽集流

坡面上的雨水经过坡面漫流注入河网，汇入河槽，并沿着河槽向下游流动到达出口断面。

地面径流形成的四个阶段，概括起来可分为：①从水体的运动性质看，分产流和汇流两大过程；②从过程发生的地点看，分流域面上和河网内进行两大过程。即：

$$
\text{径流形成过程}
\begin{cases}
\text{产流（蓄渗）} \\
\text{汇流}
\begin{cases}
\text{坡面漫流} & \text{流域面上进行} \\
\text{河网汇流} & \text{河网内进行}
\end{cases}
\end{cases}
$$

每一个过程只是表征径流形成中这一阶段的主要特征，各过程之间既有区别，又是互相交错，互相制约。前一过程是后一过程的必要条件和准备，后一过程又是前一过程的继续与发展，在时间上无截然的分界。

二、影响径流的主要自然因素

从径流形成过程来看，各种自然地理因素都在不同程度上影响着河川径流。概括起来可分为两大类，即气候因素和下垫面因素。

1. 气候因素

气候因素是影响径流的决定性因素。其中尤以降水和蒸发最为重要，它们直接影响径流量和损失量的大小。其他因素，如温度、风、土壤饱和差，都通过降雨和蒸发对径流发生间接的作用。

（1）降雨：我国大陆上的水主要来源是降水，一年中降水量的绝大部分是降雨，其次是降雪。降雨的根本原因是大气中的水汽随气流上升，因冷却而凝结成水滴降落到地面。降雨是径流形成的主要因素，降雨强度、降雨历时、降雨面积和降雨分布等对径流量及其变化过程都有很大影响。

（2）蒸发：蒸发是水由液体状态变为气体状态的过程。在降雨期间，由于空气湿润，蒸发量不大,可以略去不计,但对降雨前期流域的蓄水量却影响很大,而且雨过后,土壤含水量大都消耗于蒸发。因此在流域的水量计算中,蒸发是一个重要因素。我国湿润地区年降水量的 30% ~ 50% ,干旱地区年降水量的 80% ~ 95% 都消耗于蒸发,其余部分才形成径流。

由于降水和蒸发具有地区性,这就必然导致径流在地区分布上也表现出一定的地区性规律。如原交通部科研院根据降雨量资料,并参照山脉地形、风向等因素,将全国划分成 18 个暴雨分区,各区域的暴雨对径流的影响不同,根据桥位所在区域,便可通过表格查出有关确定设计流量所需的系数。

2. 下垫面因素

(1)地形:如地形起伏较大的山区河流的径流变化较平原地区强烈。

(2)土壤和地质:主要是通过入渗和地下水埋藏条件而影响径流。

(3)植被:主要是通过对入渗、蒸发及降雨的影响而影响径流。如森林中土壤蒸发比无林裸露地的土壤蒸发量小 20% ~ 30% ,这对河川径流有良好的调节作用。所以要保护森林,保持生态平衡,减小洪水灾害。

(4)湖沼:通过对流域蓄水量的调节作用,影响径流的变化,另一方面通过对气候因素,特别是蒸发的影响而影响径流量的大小。例如湖泊可在洪水季节和多水年份储蓄一部分水量,而在枯水季节和少水年份则放出一部分水量,从而减缓径流量的变化。如洞庭湖、鄱阳湖对长江的防洪抗旱起着重大的调节作用。

(5)流域形状和面积:不仅影响到径流量的大小,而且还影响到径流的过程及其变化(这在前面已讲过)。

3. 人类活动因素

人类活动对径流的影响,包括量和质两个方面。对量的影响,主要是通过工程措施和农林措施对水循环过程的干扰,以改变蒸发与径流的比例,地面径流和地下径流的比例,以及改变径流在时间上和空间上的分布情况,如修建水利工程、跨流域调水等。对质的影响,主要是人类生活和生产活动对水资源的污染。

三、径流的度量单位和表示方法

1. 流量 $Q(\mathrm{m^3/s})$

断面上单位时间内流过的水体体积,常用单位为 $\mathrm{m^3/s}$(或 $\mathrm{L/s}$)。断面上的流量每时每刻所测的值都不一样,但瞬时值对我们研究的意义不大。

把瞬时流量按时段求平均值,可求得某时段的平均流量、如日平均流量、月平均流量、年平均流量、多年平均流量等。

2. 径流总量 $W(\mathrm{m^3})$

某时段 T 内流过断面的总径流体积,常用单位为 $\mathrm{m^3}$、亿 $\mathrm{m^3}$。

$$W = Q \cdot T \tag{4-7-2}$$

3. 径流深 $Y(\mathrm{mm})$

径流总量平均分布在流域面积上所得的水深,以 mm 表示。

若时段长 $T(\mathrm{s})$,时段内平均流量为 $Q(\mathrm{m^3/s})$,流域面积为 $F(\mathrm{km^2})$,径流总量为 $W(\mathrm{m^3})$,

径流深为 $Y(\mathrm{mm})$，则：

$$Y = \frac{W \times 10^9}{F \times 10^{12}} = \frac{QT}{1\,000F}(\mathrm{mm}) \tag{4-7-3}$$

4. 径流模数 $M[\mathrm{L}/(\mathrm{s}\cdot\mathrm{km}^2)]$

单位流域面积上所产生的平均流量，常用单位为 $\mathrm{L}/(\mathrm{s}\cdot\mathrm{km}^2)$，即：

$$M = \frac{Q}{F} \times 10^3 [\mathrm{L}/(\mathrm{s}\cdot\mathrm{km}^2)]$$

因此：

$$Q = M \cdot F \tag{4-7-4}$$

5. 径流系数 α

某时段内的径流深 Y 与形成该时段径流量（同一时段内）的相应降雨量 X 之比，以小数或百分数表示，计算式为：

$$\alpha = \frac{Y}{X} \tag{4-7-5}$$

α 是用来说明降雨量中有多少变成了径流，又有多少雨量损耗于蒸发和下渗的一个比值，它只能小于 1.0。

6. 蒸发量 $Z(\mathrm{mm})$

用水量平衡法根据降雨量和径流深来反求流域蒸发量：

$$Z = X - Y, \alpha = \frac{Y}{X} = \frac{X-Z}{X} = 1 - \frac{Z}{X} \tag{4-7-6}$$

7. 流量过程线（Q-t）、水位过程线（H-t）

反映出河流的流量和水位随时间的变化。

第三节　水文资料的搜集和整理

搜集水文资料是水文计算的基本工作之一。水文资料是河流水情变化的记录，是水文分析的基础。《公路工程水文勘测设计规范》（JTG C30—2002）对桥涵工程应用中所必要的水文资料的搜集和整理作了详尽的要求。

通过必要资料的搜集和整理，了解河流的水文情况，为桥位设计提供必要的水文资料。其主要内容包括：

（1）搜集桥位区的水文和气象资料；

（2）搜集水文观测资料（水位观测、流速测验、流向观测）；

（3）形态调查（洪水调查，河床演变调查，特征水位调查）；

（4）调查与勘测成果的整理。

调查与勘测工作结束后要求提出如下的整理资料。

1）资料部分

（1）水文资料：水文测站每年实测资料并绘制 H-Q、H-v、H-i、H-W、H-n（水文站处的）曲线。

（2）气象资料：桥位河段附近气象台站的气温、降水、风速、风向及流速、暴雨资料。

（3）文献资料：历史洪水文献摘录汇总表。

2）洪水调查部分

（1）编制洪水调查整编情况说明表。

（2）编制洪痕和流域洪水发生情况说明表。

（3）整理历史洪水洪峰流量推算成果表。

（4）绘制调查河段洪痕分布图、洪水纵坡图、形态断面图、桥轴断面图。

3）水文观测部分

（1）水位资料：整理基本水尺、比降水尺观测记录，绘 $H\text{-}t$ 线（过程线）。

（2）流量资料：整理流速仪或浮标观测的流量成果。

（3）相关曲线：绘制桥位断面的 $H\text{-}Q$、$H\text{-}v$、$H\text{-}i$、$H\text{-}W$ 和 $H\text{-}n$ 等曲线。

水文资料的来源主要有三个方面：水文站观测资料，洪水调查及古洪水研究资料和文献考证资料。

一、水文站观测资料

水文站观测资料是在一定时期内连续实测的资料，能较为真实地反映客观实际，是水文分析的主要依据。桥涵水文计算所需的水文资料，大部分可查阅《水文年鉴》，有时也需要到水文站去详细了解。

一般搜集的有：①历年年最大洪峰流量（同一洪水成因）；②相应的洪峰水位；③洪水比降；④粗糙系数；⑤流速等实测资料。还要了解：水文站的建站历史，测流方法和设备，测流断面和河段的情况，以及水文站所掌握的水文调查资料。

在整编资料时，为保证准确无误，应对搜集的资料进行复核，主要有：①洪水水位资料的复核；②洪峰流量资料的复核。

二、洪水调查资料

水文站的数量和观测年限总是有限的，不能满足实际工作的需要，洪水调查资料是水文站观测资料的重要补充。对于缺乏水文站观测资料的河流，洪水调查则是搜集水文资料的基本方法。通过洪水调查，能够获得近几十年或几百年的历史洪水资料，能补充水文站观测资料和文献考证资料的不足，延长资料系列，提高水文分析和计算的精度。洪水调查主要内容有：

（1）调查桥位上下游历史上曾发生过的各次较大洪水的水位（洪痕），然后确定洪水水面比降 $\bar{i}$，推算相应的历史洪水流量；

（2）调查桥位附近河道的冲淤变形及河床演变、糙率 n，作为确定历史洪水计算断面和桥梁墩台天然冲刷深度的依据；

（3）调查洪水发生年代（年、月、日），从而确定洪水的重现期。

古洪水调查，南京河海大学的詹道江教授研究出，用同位素碳 14 在河槽两岸缝隙中找出沉积物，由实验室测定其中有机质的放射强度，按衰变公式推算出距今年数，作为洪水事件发生的距今年数，找出其位置，然后推算流量 Q。（水文记载：四千年前已有黄河水灾的记载，迄今不断，在四千多年中曾有过 1 500 多次水灾记录）。

历史洪水位的标记是洪痕（洪水痕迹）的位置。同一次洪水至少要调查 3~5 个洪痕。洪痕的可靠程度在规范中有评定标准。在历史洪水位确定之后，就可按水力学中的方法计算相应的洪水流量。

三、文献考证资料

我国很多历史文献,如地方志(省志、府志、县志)、河志及其他历史档案等,都有洪水和干旱的灾情记载。通过对历史文献的考证,一般可查明近百年或更长时期内,洪水发生的年代、次数和灾害情况,为洪水调查提供线索;还可以获知丰水年和枯水年的分布概况,了解历年来河流和村镇的变迁。但这些历史文献都不是专门记载洪水资料的,又由于历史条件和人为的影响,可能有夸大、缩小和漏记的现象。所以,必须结合洪水调查,从多方面对照比较,认真分析,提高资料的可靠性。

历史文献记载多为灾情的一般描述,缺少洪水流量方面的资料。但是,可以利用文献记载的灾情严重程度、灾区范围和洪水深度等,与调查或实测的洪水泛滥情况对比分析,估计历史洪水流量的数值范围和大小顺序,为水文分析和计算提供一定的依据。

四、水位与流量关系曲线

1. H-Q 线

根据断面的实测水位和其对应的流量资料点绘成的曲线,称为水位流量关系曲线。

水位流量关系曲线能反映天然河道中水位与流量之间的变化规律,它的主要用途是根据断面的水位推求相应的流量或根据断面的流量推求相应的水位。

在断面形状、面积(河床冲淤)、河床粗糙度和水面比降不变的条件下,H-Q 曲线是稳定单一曲线关系,但在天然河道中,H-Q 的关系往往受很多因素影响,并非稳定单一曲线关系,当出现非稳定的曲线关系时,只要弄清主要影响因素是什么,可以通过水位改正作出稳定的水位—流量关系曲线,这些工作由水文专业工作人员来进行。

当 n、i、断面形态不变时,$Q = f(H)$,$A = f_1(H)$,$v = f_2(H)$,影响 H-Q 线的因素有:

(1)河床冲淤(局部冲淤时);

(2)回水顶托,河口处受回水顶托作用,H-Q 无规律;

(3)洪水涨落,涨水段 Q_{p2} 大于落水段 Q_{p1},由于涨落水时洪水比降 i 不同;

(4)滩与槽的 n 不一致时,如复式断面。

2. H-A 线,H-v 线

我们知道 $Q = Av$,而 $A = f_1(H)$,$v = f_2(H)$,因此 $Q = f(H)$。在同一张图纸上,可以以水位(H)为纵坐标,以 Q、A、v 为横坐标(比例尺可以各不相同),将 Q-H,A-H,v-H 三条曲线都绘上,可以互相核对。

3. H-Q 曲线的延长

在工程实际中,常常需要极端的流量数据,而这已是实测范围以外的 H-Q 关系。将 H-Q 关系曲线向高水位延长,可根据已知的最高水位推求相应的流量。一般借助于 H-A 和 H-v 关系曲线来延长。

$A = f_1(H)$ 曲线可根据实测断面计算的过水面积进行延长,$v = f_2(H)$ 曲线可根据已知的粗糙系数 n 和洪水水面比降 i 以谢才-满宁公式计算的流速值进行延长,然后利用 $Q = Av$ 关系式,将 $Q = f(H)$ 曲线加以延长。

第八章 设计洪水分析与计算

第一节 河川水文现象的特性和分析方法

一、河川水文现象的特性

河流中各种水文要素(如流量、流速、水位、泥沙等)的一般变化规律,称为河川水文现象。河川水文现象受各种因素(气候、地理、流域特征、人类活动等)的综合影响,情况极为复杂,归纳起来有以下三个特性。

1. 周期性

一年四季的气候变化导致水文现象以年为周期循环变化。河流每年都存在着洪水期、平水期和枯水期的周期性变化规律。河流的长期观测资料表明,河流还存在着丰水年、平水年和枯水年的年际周期性变化规律。

2. 地区性

气候、地理和流域特征都因地区不同而各异,因此,河川水文现象也具有随地区变化的性质。例如我国南方河流比北方河流汛期早、水量大;山区河流的洪水暴涨暴落而平原河流涨落平缓等。另一方面,相互邻近的流域,气候及下垫面条件相似,由此产生的水文现象在一定程度上具有相似性。例如湿润地区河流的径流量年内分布较为均匀,而干旱地区的分布则很不均匀。

3. 随机性

影响河川水文现象的因素众多,各因素之间的关系错综复杂,各因素本身又随时间不断发生变化,并在变化过程中相互影响。虽然水文现象在总体上存在着周期性的变化规律,但具体出现的时间和数量大小都存在着不重复的特点,任一河流各年的流量(或水位)过程线都不会完全一致,表现为河川水文现象的随机性。

二、河川水文现象的分析方法

根据河川水文现象的基本特性,按不同的目的和要求,目前分析研究方法有以下三种。

1. 成因分析法

研究河川水文现象的物理成因以及同其他自然现象(如气候因素、自然地理因素等)之间的相互关系,通过成因分析寻求水文现象的客观规律,建立水文现象各要素之间的定性、定量关系。这种方法分析推理清楚,物理概念明确,但由于影响因素错综复杂,使定性和定量分析都存在很多困难。目前公路工程中尚未应用复杂的洪水形成数学模型,多应用一些半理论半经验公式。

2. 地区归纳法

根据地区性特点,利用实测水文资料进行综合归纳,寻求水文现象区域性的分布规律。这种方法以实际资料为依据,虽然缺乏物理成因的分析,但应用较为简易,对于缺乏实测资料地区有一定的实用意义,常用的有一些水文特征值的地区性经验公式或等值线图、专用计算图表等。

3. 水文统计法

利用河川水文现象的随机性特点,对一定数量的实测水文资料进行统计分析,寻求水文现象的统计规律,预估其今后的变化。这种方法是水文分析计算的一种工具,只能推求具体的水文资料的统计规律,不能揭示水文现象的本质,仅在正确应用时才能反映出水文现象的一般规律性。数理统计法是目前大、中桥水文分析计算的基本方法。由于水文现象十分复杂,现有的实测资料不够多,在实际工作中,常常将成因分析法与数理统计法结合起来,尽可能通过各种途径,采用多种方法分析计算,力求得到合理可靠的计算结果。

第二节 设计洪水频率

桥涵及附属工程的基本尺寸,取决于设计流量的大小。设计流量偏大将造成浪费,偏小则不安全。合理选择设计流量,需要一个设计标准,桥涵工程均采用一定的洪水累积频率作为设计标准,称为设计洪水频率。《公路工程技术标准》(JTG B01—2003)中规定的设计洪水频率见表4-8-1。相应于设计洪水频率的洪峰流量,就是桥涵工程的设计流量。水文统计法就是根据频率曲线推算对应于设计洪水频率的流量,作为桥涵的设计流量。

桥涵设计洪水频率　　　　　　　　　表 4-8-1

构造物名称	公 路 等 级				
	高速公路	一	二	三	四
特大桥	1/300	1/300	1/100	1/100	1/100
大、中桥	1/100	1/100	1/100	1/50	1/50
小桥	1/100	1/100	1/50	1/25	1/25
涵洞及小型排水构造物	1/100	1/100	1/50	1/25	不作规定
路基	1/100	1/100	1/50	1/25	按具体情况确定

第三节 利用实测流量系列推算设计流量

桥址断面处的设计流量 Q_p 的推算,应按《公路工程水文勘测设计规范》(JTG C30—2002)的要求,根据所掌握的资料情况,选择适当的计算方法。

对于大、中河流,当可收集到足够多的水文站年最大流量系列资料(连续系列或不连续系列)时,则可应用皮尔逊Ⅲ型曲线作为理论频率曲线,采用水文统计法进行频率分析计算,然后确定设计流量或指定频率的流量。

对于小桥涵,收集各种水文资料有一定困难,一般采用经验公式法、直接类比法、暴雨推理法等方法推算设计流量,但当有足够多的水文站年最大流量系列资料(连续系列或不连续系列)时,也采用水文统计法推求设计流量。

采用水文统计法推算桥梁的设计流量时,应满足一个基本前提,即:建桥前后河流的自然条件(流域的气候、植被、地形、地貌、地质等)必须基本相同,以保证桥梁使用期限内,河流的流量变化与建桥前具有相同的规律性。应注意人类活动等因素,如兴修大型水利设施,流域内的植被破坏等,都会对河流的流量变化产生巨大影响。分析计算时,应根据实际情况深入研究,并进行适当的修正。

一、资料的审查和整理

水文资料主要从三方面获得:一是水文站的观测资料,它主要包括水文站实测断面的年洪峰流量和 H(水位)-A(过水断面积)-v(断面平均流速)-Q(流量)关系曲线;二是洪水调查资料,即通过现场走访、勘测,获取相关水文资料;三是文献考证资料,即历史文献和档案资料,包括如地方志、档案或碑文中有关洪水灾害的记载,洪水位和淹没范围等,以及既有工程规划设计建设(如铁路、水电站、城镇)中所收集的水文资料。

1. 资料的审查

水文统计法对用于分析与计算的洪水资料必须进行其可靠性、代表性、独立性、一致性的审查。

(1)要仔细分析不同时期观测资料的可靠性,必要时应做实地调查,应采用可靠或比较可靠的数据。资料可靠性审查的重点,应放在对设计洪水影响较大的首要几项洪水的分析论证上。

(2)样本的代表性直接影响计算结果,审查资料代表性时应注意以下几点:

①应将短系列资料与邻近水文站或同一气候区的水文站资料进行对比分析,借以判断短系列资料的代表性;

②资料系列要包括丰水年、平水年、枯水年,应注意短系列是否处在丰(枯)水年份连续出现的时期,从而使频率计算成果显著偏大或偏小;

③频率计算时,一般要求实测年份多于 20 年,无论实测期长短,都要进行历史洪水的调查和考证工作,以增加系列的代表性。

(3)要求同一系列中的所有变量,彼此必须是相互独立的,应满足独立随机取样的要求。例如,年最大流量法为每年选取一个同一成因的最大洪峰流量构成随机样本系列。

(4)利用已有的水文资料进行统计计算,并以统计规律推断未来的情况,因此,要求同一系列中的所有资料,必须是同一类型和同样条件下产生的,如同为流量资料,或同为暴雨资料。性质不同的水文资料不能统计在一起分析计算。

2. 资料的整理

当水文站实测资料系列较短或有缺测年份时,首先考虑用相关分析的方法,利用上下游或临近河流的水文站有关资料,对该站资料系列进行插补、延长。通过资料的整理,依据资料情况采用相应的方法推算设计流量。

(1)经相关分析插补延长后,具有 20 年以上观测资料时,按连续系列推算规定频率的流量。

(2)具有连续或不连续 20 年以上观测资料,同时具有洪水调查(或文献考证)资料时,按不连续系列推算规定频率的流量。

(3)无观测(或较少)资料时,可通过形态调查法根据调查的历史洪水推算设计流量。也可根据地区水文要素的分布规律,用经验公式和等值线图推算设计流量。

二、系列的插补、延长和转换

水文统计法中,资料系列愈长,组成的样本代表性就愈强,抽样误差也就愈小。但在实际工作中,能够搜集到的实测水文资料,往往观测年限较短,有时还可能在观测期间有缺测年份。若能找到与它有客观联系的长期连续观测资料,就可以利用两实测资料系列之间变量的统计相关进行分析,对短期观测资料进行插补和延长,减小抽样误差,提高水文统计的精度。此外,系列的插补、延长方法还有面积比拟法、水位与流量关系曲线法等。一般,插补、延长的年数不宜超过实测洪水流量的年数,并应结合气象和地理条件作合理性分析。

1. 相关分析法

年最大流量系列之间变量的统计相关,一般采用直线相关分析。相关分析时,首先应结合气候因素、地理条件、流域特征等进行分析研究,检查两系列的流量之间是否确有客观联系,并判别它们之间是否存在直线相关,以及相关程度是否密切。同时,为了保证插补和延长的流量资料具有一定的精度,对实测流量资料除认真审查外,还要求两系列相对应的流量资料不宜过少(至少有 10 对以上),插补和延长的年数不宜超过已有对应资料的实测年限,外延部分最好不要超过实测范围的 30% ~50%(视相关程度而定)。

直线相关就是两系列变量之间可以近似地配成一条直线。通常是根据两系列中随机变量的各对应值,在坐标纸上绘出相应的点据(如图 4-8-1 中的圆点),称为散点图或相关图。如果这些点据呈直线趋势分布,就说明两系列的变量之间存在着直线相关;然后绘制一条与这些点据配合最佳的直线,这条直线的方程式称为两系列变量的回归线方程式。

以 x_i、y_i 分别表示两个相关系列中随机变量的对应值,n 表示其对应值的个数,可以在坐标纸上点绘出 n 个相应点据,根据最小二乘法原理:

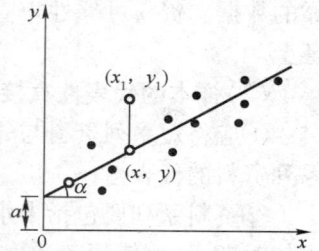

图 4-8-1　统计相关（直线相关）

$$\sum_{i=1}^{n}(y_i - y)^2 = \text{极小值}$$

由此,可得直线 y 倚 x 的回归方程式为:

$$y - \bar{y} = \frac{\sum_{i=1}^{n}(x_i - \bar{x})(y_i - \bar{y})}{\sum_{i=1}^{n}(x_i - \bar{x})^2} \qquad (4\text{-}8\text{-}1)$$

式中:$\bar{y}$、$\bar{x}$——分别为两系列中对应随机变量值的平均值。

由式(4-8-1)可看出,该直线通过点($\bar{x}$、$\bar{y}$),而点($\bar{x}$、$\bar{y}$)恰好是点群的重心位置,所以回归直线必然通过点群的重心。

由回归方程式的推导原理可知,对于任意一组点据,都可以按式(4-8-1)求得一个直线方程式并绘出一条直线。对于不呈直线趋势分布的或分布非常散乱的点据,说明两个变量之间不存在直线相关,所求出的直线及其方程式就不能代表两系列变量之间的关系,也就没有任何实际意义,需要一个判别标准,用来说明两系列变量之间是否存在直线相关以及相关的密切程度。一般采用相关系数来描述和判别两变量之间的相关程度。相关系数 r 可以按下列公式计算：

$$r = \frac{\sum\limits_{i=1}^{n}(x_i - \bar{x})(y_i - \bar{y})}{\sqrt{\sum\limits_{i=1}^{n}(x_i - \bar{x})^2 \sum\limits_{i=1}^{n}(y_i - \bar{y})^2}} \qquad (4\text{-}8\text{-}2)$$

相关系数 r 的性质有：

(1)两变量之间存在着直线函数关系,为完全相关,此时,相关系数 $r = \pm 1$；

(2)若两个变量之间不存在直线相关,则为零相关,此时,相关系数 $r = 0$；

(3)当相关系数 r 介于 0 与 ± 1 之间时,表明两变量之间存在着直线相关,为统计相关,而且 r 的绝对值愈接近 1,相关程度愈高。$r > 0$ 时称为正相关,$r < 0$ 时称为负相关。

只有相关系数足够大时,才能表明相关程度密切。因此,在桥涵水文计算中,采用 $|r| > 0.8$,即以 0.8 作为相关系数的最低界限值。

2. 面积比拟法

位于同一河流的上、下游,当满足桥位水文计算断面的汇水面积与水文站的汇水面积之差小于水文站汇水面积的 20%,且不大于 1 000km^2,汇水区的暴雨分布较均匀,区间无分洪、滞洪时,可按下式计算桥位断面的流量。

$$Q_{桥} = Q_{水}\left(\frac{F_{桥}}{F_{水}}\right)^n \qquad (4\text{-}8\text{-}3)$$

式中：$Q_{桥}$、$F_{桥}$——桥位水文计算断面的洪水流量(m^3/s)和汇水面积(km^2)；

$\quad\quad Q_{水}$、$F_{水}$——水文站断面的实测最大洪水流量(m^3/s)和汇水面积(km^2)；

$\quad\quad n$——面积指数,按地区经验值取用,一般为 0.5~0.8。

3. 水位与流量关系曲线法

当实测洪水位系列长于实测洪水流量系列,或缺测洪水流量年份有实测洪水位资料时,宜建立实测水位与流量关系曲线,即 $Q = f(H)$。

三、根据观测资料推算设计流量

当桥位勘测能够搜集并整理得到多年的年最大洪水流量观测资料时,可应用水文统计法推算桥梁的设计洪水流量。

进行水文分析计算时,实测洪水流量系列不宜少于 20 年,且应有历史洪水调查和考证成果。

历史洪水一般为特大洪水,实测系列中也可能有特大洪水,特大洪水指比一般洪水大得多的洪水,即稀遇频率相应的流量 Q_N。资料系列中存在特大洪水,此时,样本系列为非简单随机样本,必须对特大洪水的进行处理。处理的目的是提高代表性,构成连续系列。

(1)Q_N 发生的三种情况 $\begin{cases} ①实测系列之内——由观测得到; \\ ②实测系列之外——由调查或考证得到; \\ ③一部分在实测之内,一部分在实测之外。 \end{cases}$

(2)处理内容有：$\begin{cases} 经验频率的计算 \begin{cases} P_N——特大洪水的频率; \\ P_n——实测洪水的效率。 \end{cases} \\ 处理后统计参数 \overline{Q}_N、C_{vN}、C_{sN} 的计算。 \end{cases}$

1. 经验频率计算

（1）对连续系列，可按下式估算。

$$P_m = \frac{m}{n+1} \times 100\% \qquad (4\text{-}8\text{-}4)$$

式中：P_m——实测系列洪峰流量的经验频率（%）；

　　　m——按实测洪峰流量系列递减次序排列的序位；

　　　n——实测洪峰流量系列项数（年数）。

（2）对不连续系列，经验频率估算有两种方法。

①调查期 N 年中的特大洪峰流量和实测洪峰流量分别在各自系列中排序，实测洪峰流量的经验频率按式（4-8-4）计算，特大洪峰流量的经验频率按下式估算。

$$P_M = \frac{M}{N+1} \times 100\% \qquad (4\text{-}8\text{-}5)$$

式中：P_M——特大洪峰流量经验频率（%）；

　　　M——特大洪峰流量在调查期内的序号；

　　　N——调查期年数。

②将调查期 N 年中的特大洪峰流量和实测洪峰流量组成一个不连续系列，特大洪峰流量的经验频率按式（4-8-5）估算，其余实测洪峰流量经验频率按下式估算。

$$P_m = \left[\frac{a}{N+1} + \left(1 - \frac{a}{N+1}\right) \frac{m_i - l}{n - l + 1} \right] \times 100\% \qquad (4\text{-}8\text{-}6)$$

式中：P_m——实测洪峰流量经验频率（%）；

　　　a——特大洪水的年（个）数；

　　　l——实测洪峰流量系列中按特大洪峰流量处理的年（个）数。

2. 皮尔逊 III 型曲线

人们从数理统计理论中的某些曲线线形中，选择比较符合水文现象规律的曲线，使水文现象的频率曲线的绘制与外延具有一定的数学依据，这种有一定数学方程式的频率曲线，称为理论频率曲线。由于理论频率曲线对应的统计参数仍需要用实测水文资料推算，所以实际上它还是经验性的，而不是由洪水成因分析而获得的频率曲线。在水文统计法中，大多采用皮尔逊 III 型（P-III）曲线，作为近似于水文现象总体的理论频率曲线线形。在实际计算中，通常是根据样本（实测资料），选择与经验频率点群配合最好的 P-III 型曲线作为总体的理论频率曲线，用以满足实际水文计算的需要。

3. 统计参数

一个随机变量系列的频率密度曲线和频率分布曲线的形状和方程，可以用几个数值特征值来反映，这些数值特征值称为统计参数。

在水文计算中，由于所掌握的实测资料是样本系列，由此可求出样本的统计参数，这样的统计参数也只能代表该样本系列的分布。当实测资料较多时（样本系列较长），其统计参数趋于稳定，这样就可以用样本的统计参数近似估计总体的统计参数，从而估计总体的分布特征。水文计算中常用的统计参数有洪水流量系列均值 $\overline{Q}$、偏差系数 C_v 和偏态系数 C_s。

4. 设计流量的推算步骤

（1）计算经验累积频率，绘制经验频率曲线将流量资料按大小递减顺序排列,列表计算经验频率,并在几率坐标纸上逐一点据,然后根据点群的大致趋势,目估连线,勾绘出匀滑的经验频率曲线。

(2)初选理论频率曲线的三参数

利用公式计算 $\overline{Q}$、C_v,并在 $C_s = (2 \sim 4)C_v$ 范围内假定 C_s,作为理论频率曲线三参数的初选值。

(3)适线选定三参数

为了把握整条理论频率曲线,便于与经验频率曲线相比较,在资料实测范围内曲线两端尽可能地远处,对称选若干个频率点,根据 $\overline{Q}$、C_v、C_s 的初选值,在同张几率坐标纸上点绘出理论频率曲线,并与经验频率曲线相比较。依据三个参数分别对理论频率曲线的影响,调整参数值,一般可反复调整 C_v、C_s 值,必要时,也可适当调整均值 $\overline{Q}$,使理论频率曲线趋于与经验频率曲线相符合(此过程称为适线过程)。

(4)根据三参数推算规定频率的设计流量

当适线完毕后,用确定的理论频率曲线三参数,推算规定频率的设计流量,即 $Q_p = (1 + \Phi_p C_v)\overline{Q}$,其中 Φ_p 为频率 $P\%$ 时的离均系数。

第四节 桥位断面处的设计流量与水位

水文断面包括水文站实测断面、洪水调查处断面,桥位断面指路线轴线与水流正交时的断面。如果水文断面与桥位断面不在同一处,则需将在水文断面获得的设计流量和设计水位转移至桥位断面。

1. 设计流量的转移

(1)若水文断面处与桥位断面处的流域面积差满足 $|(F' - F)/F| \times 100 \leqslant 5\%$ 时,则水文断面处的流量 Q'_p 可直接作为桥位断面处的设计流量,即 $Q_p = Q'_p$。

(2)若水文断面处与桥位断面处的流域面积差大于 5%,小于等于 20% 时,可按下式计算。

$$Q_p = \left(\frac{F}{F'}\right)^n Q'_p \tag{4-8-7}$$

式中:F'、Q'_p——水文断面处的流域面积和规定频率流量;

    F、Q_p——桥位断面处的流域面积和设计流量;

    n——面积指数,一般取 0.5 ~ 0.7。

(3)若水文断面处与桥位断面处的流域面积差 >20% 时,上式计算的结果误差较大,应结合实际情况,分析后慎用。

2. 设计水位的转移

(1)在水文断面处与桥位断面处的流域面积相差不超过 5% 时,可利用水文断面处规定频率流量 Q'_p 所对应的水位 H'_p,通过洪水比降法推算桥位断面的设计水位。

$$H_p = H'_p \pm I \cdot L \tag{4-8-8}$$

式中:I——洪水比降,以小数计,当水文断面在桥位上游时,取负号;反之,当桥位在上游时,取正号;

    L——水文断面至桥位断面沿河流中泓线的水平距离。

（2）根据桥位处的实测断面水文资料，绘制水位—流量关系曲线，利用已知设计流量用形态断面法反推设计水位。同时应结合上下游的历史洪水位和河段洪水比降调查资料进行分析修正。

（3）当桥位上下游有卡口、人工建筑物等对水位有影响时，可利用河段水面曲线计算法推算桥位断面处的设计水位。

第五节　利用历史洪水位推算设计流量

水文站的数量和观测年限总是有限的，不能满足实际工程的需要，洪水调查资料是水文站观测资料的重要补充，工程上要求有历史洪水调查。对于缺乏水文站观测资料的河流，洪水调查则是搜集水文资料的基本方法。通过洪水调查，能够获得近几十年或几百年的历史洪水资料，能补充水文站观测资料和文献考证资料的不足，延长资料系列，提高水文分析和计算的精度。

历史洪水位的标记是洪痕（洪水痕迹）的位置。同一次洪水至少要调查 3~5 个洪痕。洪痕的可靠程度有相应的评定标准。调查历史洪水位后，确定洪水比降，然后用形态法推算相应的历史洪峰流量。

1. 洪水调查的主要内容

（1）桥位上下游历史上曾发生过的各次较大洪水的水位，然后确定洪水水面比降 I，推算相应的历史洪水流量；

（2）桥位附近河道的冲淤变形及河床演变、糙率 n，作为历史洪水计算和确定桥梁墩台天然冲刷深度的依据；

（3）洪水发生年代（年、月），从而确定洪水的重现期。

2. 形态法计算洪峰流量 Q

根据水位和形态断面的特征值（糙率 n，洪水水面比降 I，断面面积等），按水力学公式计算洪峰流量 Q 的方法，称为形态法。

（1）计算流量所依据的河流横断面，称为形态断面。形态断面应选在近似于均匀流的河段上，应尽量靠近调查的历史洪水位，但距桥位也不宜过远。形态断面的数量应结合实际需要而定，一般在桥位上下游各选一个，以便核对计算结果。选定形态断面后，应进行断面测量，绘制河流横断面图。

形态断面是选在近似于均匀流的河段上，因此，可用谢才-满宁公式（4-8-9）和（4-8-10）计算河槽和河滩断面平均流速，流量计算用公式（4-8-11）。

$$v_c = \frac{1}{n_c}R_c^{2/3}I^{1/2} \tag{4-8-9}$$

$$v_t = \frac{1}{n_t}R_t^{2/3}I^{1/2} \tag{4-8-10}$$

$$Q = A_cv_c + A_tv_t \tag{4-8-11}$$

式中：Q——历史洪峰流量（m^3/s）；

A_c、A_t——河槽、河滩的过水面积（m^2）；

v_c、v_t——河槽、河滩平均流速(m/s);

n_c、n_t——河槽、河滩糙率;

R_c、R_t——河槽、河滩水力半径(m),当宽深比大于10时,可用平均水深代替;

I——水面比降。

如果调查到的历史洪水位不在形态断面上,在计算流量时,应按洪水比降把洪水位的高程换算到形态断面上,再进行流量计算。

洪水比降用河流中出现洪峰时的水面比降。洪水比降最好从桥位附近水文站的观测资料中获取,但在大部分情况下,是根据沿河岸调查到的历史洪水位点(洪痕位置)绘成的纵断面图上计算而得的。

在顺直河段上,不同水位的水面比降与河底比降基本一致,可互相印证。并且,在顺直河段上,若没有洪水比降的资料,则可采用河底比降或常水位比降代替洪水比降。

由于天然河道中的水流不完全符合均匀流条件,所以不同洪水位所对应的洪水比降并不相同。按谢才公式计算形态断面的断面平均流速或利用洪水比降换算两个断面的水位时,应尽量采用与水位相对应的洪水比降。

(2)当调查到的历史洪水位处于河床断面形状和面积相差较大的稳定非均匀河段时,其历史洪峰流量的计算用以下方法。

$$Q = \overline{K} \sqrt{\frac{\Delta H}{L - \frac{1 - \zeta}{2g} \cdot \left(\frac{K^2}{A_1^2} - \frac{K^2}{A_2^2} \right)}} \tag{4-8-12}$$

式中:ΔH——两断面间的水位差(m),$\Delta H = H_1 - H_2$;

H_1、H_2——河段内所取上下游两断面的水位高程(m);

A_1、A_2——上、下游两断面的过水断面面积(m^2);

$\overline{K}$——上、下两断面流量模数的平均值(m^3/s),$\overline{K} = \frac{1}{2}(K_1 + K_2)$;

K_1、K_2——上、下游两断面的流量模数(m^3/s),$K = \frac{1}{n}AR^{\frac{2}{3}}$;

L——两断面间的距离(m);

g——取用9.80(m/s^2);

ζ——局部水头损失系数,断面向下游收缩时,取 $-0.1 \sim 0$;向下游逐渐扩散时,取 $0.3 \sim 0.5$;断面向下游突然扩散时,取 $0.5 \sim 1.0$。

河床粗糙系数的确定,可借用水文站资料,或实测一次流量反算,或凭经验查表选定。

若已知某一断面的洪水流量,推算相应的洪水位时,可用试算法,即预先估计几个水位,分别用上述形态法计算它们相应的流量,计算结果与已知洪水流量相接近,误差在 ±5% 之内,其相应的水位即可作为所求洪水位。

第六节　其他方法推算设计流量

对于大中桥的工程可行性研究阶段估定桥长,或者在人烟稀少收集资料困难的地区,确定设计流量时,用全国水文分区经验公式推算设计流量的方法极为方便。对于在流域面积

100km^2 以下的河流上的桥涵,可应用经验公式或推理公式计算设计流量。

一、经验公式法

由于水文现象受气候和自然地理因素的影响,具有明显的地区性,当收集的水文资料较少,不能达到"有观测资料"规定的要求;或者无观测资料时,可应用根据地区水文资料制定的经验公式计算水文要素,进而推算桥位处的设计流量,并用历史洪峰流量进行验证。

《我国公路大中桥流量经验公式汇总报告》把全国划为 111 个分区,制定了全国分区 C_v 值、全国水文分区 C_s/C_v 经验关系表和全国水文分区流量计算参数表。

应用分区图时,首先在地图上勾绘出桥位以上的流域面积 F,视流域大部分在哪一分区,就可采用该分区公式。

这里介绍两种情况下推算设计流量的方法。

1. 确定水文统计三参数后推算设计流量

（1）平均年洪峰流量 $\overline{Q}$ 和历史洪峰流量 Q

①水文断面附近,通过实测和调查,若能获得 10 年（个）以上年洪峰流量 Q_i,可用下式直接计算 $\overline{Q}$。

$$\overline{Q} = \frac{1}{n}\sum_{i=1}^{n} Q_i \tag{4-8-13}$$

②调查到平均洪水位 $\overline{H}$,用形态断面法可计算出与 $\overline{H}$ 对应的平均年洪峰流量 $\overline{Q}$。

平均洪水位 $\overline{H}$ 可通过洪痕的位置判断确定。如岩石、青苔覆盖物的条带遗痕的下缘;自然岸坡为 $1:1 \sim 1:2$ 与河滩 $1:5 \sim 1:10$ 的分界线;平坦河滩的植被分界线;或水草颜色分界线等。

③在水文断面附近,若能调查到历史洪水位并确定其洪水频率时,可利用形态断面法计算出相对应的历史洪峰流量 Q。

（2）变差系数 C_v 和偏态系数 C_s

应根据桥位所在调查河段的流域特性和地区水文气象条件,查表选取相应的参数 C_v、C_s 值。

当确定了 $\overline{Q}$、C_v、C_s 三参数后,即可直接用式 $Q_p = (1 + \Phi_p C_v)\overline{Q} = K_p\overline{Q}$ 推算规定频率的流量。

2. 经验公式法推求规定频率流量

我国公路部门根据地区水文要素的分布规律,制定了经验公式计算 $\overline{Q}$ 或 $Q_{2\%}$。

$$\overline{Q} = CF^n \tag{4-8-14}$$
$$Q_{2\%} = KF^{n'} \tag{4-8-15}$$

式中：　F——流域面积（km^2）;

C、K、n、n'——地区性参数,可查表（全国水文分区流量计算参数表）选用。

同时也可参照使用铁路、水利等其他部门的公式或成果,互相验证。

当以式（4-8-14）计算出 $\overline{Q}$,或以式（4-8-15）计算出 $Q_{2\%}$ 之后,仍以公式 $Q_p = (1 + \Phi_p C_v)\overline{Q} = K_p\overline{Q}$ 推算规定频率的流量。

二、推理公式法

公路工程中位于小流域河流及沟渠的桥梁和涵洞,以及公路排水系统的设计流量,一般由暴雨资料来推求。推理公式法就是根据暴雨资料间接推求设计洪水流量的方法。推理公式法是成因分析法与经验推断相结合的方法,是一种半理论半经验的公式法。

降雨经过植物截留、土壤入渗等损失,再填满流域坡面的坑洼,之后,开始出现地面径流。降雨扣除各种损失后称为净雨。从降雨到净雨的过程称为产流过程。假定设计暴雨频率与设计洪水频率相同。

从降雨量推算净雨量,有两种方法:一是降雨量乘以折减系数 ψ(又称洪峰径流系数);二是从降雨量中减去损失雨量,损失雨量可用损失参数 μ(mm/h)表示。

地面出现径流后,从流域各处汇集到流域出口河流断面的过程,称为汇流过程。影响汇流过程的主要因素有主河道长度和坡度及地形等。

时段平均暴雨强度 i、历时 t 和频率 p 之间的关系用下式表示。

$$i = \frac{S_p}{t^n} \tag{4-8-16}$$

式中:S_p——频率为 p 的雨力(mm/h),即 t 为 1 小时的降雨强度,查各地《水文手册》雨力等值线或图表资料;

n——降雨递减指数。

推理公式的基本形式为:

$$Q_p = K \cdot \overline{H}_0 \cdot F \tag{4-8-17}$$

式中:Q_p——频率为 p 的流量(m^3/s);

K——单位换算系数,0.278;

$\overline{H}_0$——频率为 p 的平均净雨强度(mm/h);

F——流域面积(km^2)。

由于研究者对平均净雨强度 $\overline{H}_0$ 的推算和简化方法不同,推理公式也出现一些不同形式。

20 世纪 80 年代初,交通部公路科研所和各省区交通设计院共同制定小流域暴雨径流的推理公式为:

$$Q_p = 0.278\left(\frac{S_p}{\tau^n} - \mu\right)F \tag{4-8-18}$$

式中:μ——降雨损失参数(mm/h),可根据土壤植被情况和区域位置查表(或计算);

τ——汇流时间(h);

其他符号意义同前。

第七节 水位—流量关系曲线法、试算法、设计洪水过程线

一、水位—流量关系曲线法

根据断面的实测水位和其对应的流量资料点绘成的曲线,称为水位—流量关系曲线(H-Q

曲线）。

水位—流量关系曲线能反映天然河道中水位与流量之间的变化规律，它的主要用途是根据断面的水位推求相应的流量或根据断面的流量推求相应的水位。

在断面形状、面积（河床冲淤）、河床粗糙度和水面比降不变的条件下，H-Q 曲线是稳定单一曲线，但在天然河道中，受很多因素影响，如河床冲淤或局部冲淤，河口处受回水顶托作用，洪水涨落，复式断面河滩与河槽的糙率 n 不一致等，往往 H-Q 的关系并非稳定单一曲线关系，当出现非稳定的曲线关系时，只要弄清主要影响因素是什么，可以通过水位改正作出稳定的水位—流量关系曲线，这些工作由水文专业工作人员来进行。

在稳定良好情况下，H-Q 曲线的绘制比较简单，取定水位为纵坐标，流量为横坐标后，将实测的水位和流量数据一一对应点绘于坐标纸上，顺着点群分布的趋势并通过点群的中心绘出一条光滑曲线即可。

由于 $Q = Av$，而 $A = f_1(H)$，$v = f_2(H)$，因此，$Q = f(H)$。可在同一张坐标纸上，以水位（H）为纵坐标，以 Q、A、v 为横坐标（比例尺可以各不相同），将 Q-H，A-H，v-H 三条曲线都绘上，以便于互相核对。

在工程实际中，常常需要极端的流量数据，而这已是实测范围以外的 H-Q 关系，因此需将 H-Q 关系曲线向高水位延长，以便根据已知的最高水位推求相应的流量。一般借助于 H-A 和 H-v 关系曲线来延长。

$A = f_1(H)$ 曲线可根据实测断面计算的过水面积进行延长，而 $v = f_2(H)$ 曲线可根据已知的粗糙系数 n 和洪水水面比降 I 以谢才-满宁公式计算的流速值进行延长，然后利用 $Q = Av$ 关系式，将 $Q = f(H)$ 曲线加以延长。

二、试算法推求历史洪水流量

当调查的历史洪水位处于洪水水面线有明显曲折的稳定非均匀流河段时，或当桥位计算断面和水文断面上、下游有卡口、人工建筑物或断面形状和面积相差较大，河地纵坡有明显曲折时，可用试算法推算历史洪水位和历史洪水流量。试算公式为：

$$H_1 = H_2 + \frac{Q^2}{2}\Big[\Big(\frac{1}{K_1^2} + \frac{1}{K_2^2}\Big)L - \frac{(1-\xi)}{g}\Big(\frac{1}{A_1^2} - \frac{1}{A_2^2}\Big)\Big] \tag{4-8-19}$$

式中：符号意义同前。

此公式为隐函数，先假设 H_1（或 H_2）代入计算，若方程平衡，则假设值即为所求值；若方程不平衡，则需重新假设 H_1（或 H_2）代入计算，直至平衡。

三、设计洪水过程线

一般情况下，河道中随着河水的涨落，桥下河槽会不停地发生冲淤变形。每经过一次洪水，就发生一次桥位河段河槽的冲淤变形过程。人们看到的桥下河槽形态，是建桥以来历次洪水冲淤连续作用的结果。显然，根据洪水过程线，以泥沙连续性方程为基础计算桥下一般冲刷，较之按设计流量的固定值来计算，更接近自然界的实际。

洪水流量过程线是由流域的几何特征（面积、形状等）和自然地理特征（地理位置、地形、气候、土壤和植被等）决定的。由于水文现象的周期性和不重复性，同一河流同一断面的各次洪水过程线既有类似的形状，而又不会完全相同。考虑到水文现象的地区性，则可对同一河流同一断面的洪水过程线进行概化或者选取典型年洪水过程线作为代表。

有流量观测资料时,设计洪水过程线可采用同倍比法推求。选用资料可靠、洪水较大、对桥梁设计不利的洪水过程作为典型年,用设计洪峰流量作控制,按同一倍比放大。其倍比值计算公式为:

$$k_g = \frac{Q_p}{Q} \tag{4-8-20}$$

式中:k_g——放大倍比;

$\quad Q$——典型洪水的洪峰流量(m^3/s);

$\quad Q_p$——频率为 $p\%$ 的设计流量(m^3/s)。

无流量观测资料时,可采用净雨量资料用当地水利部门的单位线法推求。求得地面径流洪水过程后,再加上地下径流过程,即可作为设计洪水过程线。

第九章　桥涵位选择

桥涵位布置的规定详见《公路桥涵设计通用规范》（JTG D60—2004），一般有：

（1）桥位选择应对可能的桥位方案进行调查和勘测，经全面分析论证，确定推荐方案；

（2）桥位选择应从整体布局考虑，做好同相关规划的协调配合；

（3）高速公路、一级公路的特大、大、中桥桥位线形应符合路线布设要求，一般公路上的桥位，应桥、路综合考虑，注意位于弯、坡、斜处的桥梁设计和施工的难度；

（4）对水文、工程地质和技术复杂的特大桥桥位，应根据河流的形态特征、水文、工程地质、通航要求和施工条件以及地方工农业发展规划等，在较大范围内作全面的技术、经济比较；

（5）跨河位置、布孔方案等应征求水利、航运等部门的意见。

第一节　满足水文、地形、地质、通航方面的要求

一般地区桥位选择在水文、地形地貌、工程地质和通航等方面的要求见表4-9-1。

一般地区桥位选择在水文、地形地貌、工程地质和通航等方面的要求　　　　表4-9-1

水文方面	（1）应选择在河道顺直、稳定、滩地较高、较窄且河槽能通过大部分设计流量的河段上； （2）应注意河道的演变和避免因建桥对天然河道的影响； （3）桥位轴线宜与中、高洪水位时的流向正交； （4）桥位与水流斜交，应避免在引道上游形成水袋
地形、地物、地貌方面	（1）应尽量选在两岸有山嘴或高地等河岸稳固便于接线的较开阔的河段； （2）上、下游不应有山嘴、石梁、沙洲等，以免影响水流畅通； （3）应避开地面、地下既有重要设施； （4）应考虑施工场现布置、材料运输等方面的要求
地质方面	（1）应选在基岩和坚硬土层外露或埋藏较浅、地质条件简单、地基稳定处； （2）不宜选在活动性断层、滑坡、泥石流、强岩溶等不良地质发育的地段
通航方面	（1）应选在通航比较稳定、顺直且具有足够通航水深的河段上，并应考虑河道变迁的影响； （2）应离开险滩、浅滩、急弯、卡口、汇流口和水工设施、港口作业和船舶锚地； （3）桥轴线应与主流正交，如斜交时，桥轴线的法线与主流交角不宜大于5°，否则应增大通航孔的跨径

第二节　各类河段桥位选择的要求和特点

一、各类河段桥位选择的要求和特点

各类河段桥位选择的要求和特点见表4-9-2。

各类河段桥位选择的要求和特点　　　　表4-9-2

河　段	桥位选择要求和特点
山区峡谷河段	宜选在可以一孔跨越处;否则,宜选在水深较浅、流速较缓的开阔河段上
平原顺直微弯河段	应选在河槽与河谷方向一致、河槽流量较大处
平原弯曲河段	应选在主槽流向与河流的总趋势一致的比较长的河段上
平原分汊河段	应选在分岔点以上;若江心洲稳定,可选在江心洲或洲尾两岔深泓线汇合点以下
平原宽滩河段	宜选在河滩地势较高、河槽居中、稳定、顺直和滩槽流量比较小的河段上;当滩、槽流量比较大且滩内汊流距主槽较远时,宜选在河滩地势有利于分流的河段上,采用一河多桥方案
平原游荡河段	宜选在两岸有固定依托的较长束窄河段上
山前变迁河段	宜选在两岸与河槽相对比较稳定的束窄河段上;若必须跨越扩散段时,应选在摆动范围比较小的河段上,桥轴线宜与洪水总趋势正交
山前冲积漫流河段	宜选在上游狭窄段或下游收缩段上;如必须通过中游扩散段时,宜采用一河多桥方案,且使各桥桥位大致在同一等高线上

二、特殊地区桥位选择的要求和特点

特殊地区桥位选择的要求和特点见表4-9-3。

特殊地区桥位选择的要求和特点　　　　表4-9-3

地　区	桥位选择要求和特点
泥石流地区	(1)在强烈泥石流地区,应采取绕避方案; (2)必须通过泥石流地区时,应选在沟床固定的流通区的直线上,且桥轴线应与主流正交; (3)在泥石流地区,严禁开挖建桥,也不得改沟并桥; (4)通过泥石流堆积扇时,应避开扇腰、扇顶部位,宜选在扇缘尾部,沿等高线布线,分散设置桥梁; (5)通过泥石流堆积扇群时,宜选在各沟山口处或各扇缘尾部
岩溶地区	(1)应避开强岩溶地区,当必须设桥时,则应在岩层比较完整、洞穴顶板厚度尺寸足够处; (2)线路跨越岩溶地区时,应从破碎带最弱处,且尽量垂直通过; (3)应避开巨大洞室和大竖井; (4)宜设在非可溶岩层上,避开可溶岩层与非可溶岩层的接触带; (5)线路跨越岩溶峰间谷地时,应避开漏斗、落水溶洞、岩溶泉、地下通道及地下河出露处等; (6)岩溶塌陷区应选在地下水位下降漏斗范围以外,以及覆盖层较厚、土层稳固、洞穴和地下水稳定处; (7)地下河范围内不应设桥。当路线与地下河走向平行,桥位应垂直或以较小斜交角通过
潮汐河段	(1)不应选在涌潮河段; (2)应避开滩岸和凹岸多变地段; (3)应离开既有挡潮闸
河网沼泽地区	(1)应选在两岸地势较高河槽顺直稳定,且断面流速分布均匀的河段,不宜选在地势低洼的蓄洪、滞洪和分洪区; (2)桥位不宜选在水闸、引水或分洪口门等水利工程附近; (3)桥头引道应尽量避免通过淤泥、软土、古河道等不良地质地段
水库地区	(1)应考虑因修建水库而引起的河流状态的改变,以及可能产生的不利因素; (2)在水库上游(水库回水影响范围以内),桥位应选在库面较窄、岸坡稳定、泥沙沉积较少的地段; (3)在水库下游,桥位应选在下游集中冲刷影响范围以外
黄土高原沟谷地区	(1)应选在沟岸较低、冲沟较窄、抗冲性强、较为稳定的地段,并注意沟底冲刷和沟岸保护; (2)桥位应避开黄土陷穴、溶洞和易于崩解、潜蚀、顶冲以及发育不稳定的地段

第十章　小桥涵布设

第一节　概　　述

小桥涵勘测的目的是通过桥涵的外业勘测和调查,收集和初步整理出小桥涵设计所需的水文、水力、地形、地质、环境以及其他资料和数据。这些资料和数据是小桥涵位置选择、结构类型确定、水文及孔径计算、洞身及洞口布置以及附属工程设计的依据。

根据《公路勘测规范》(JTG C10—2007)规定,小桥涵勘测的主要内容如下。

(1)初测阶段:搜集有关资料,拟定桥涵位置、结构类型、孔径、附属工程的基本尺寸,初步计算工程量等。一般的涵洞,可不作外业测量,但小桥以及复杂的涵洞,需进行必要的测量。

(2)定测阶段:定测阶段小桥涵勘测工作应在初测的基础上,进行详细调查、测量和分析计算,确定小桥涵位置、孔径、墩台高度、结构类型、基础埋置深度,以及必要的附属工程。定测阶段小桥涵测设的主要工作内容有:拟建小桥(涵洞)址处和形态断面处的测量和水文勘测;工程地质和地貌调查;气象尤其是洪水期暴雨资料搜集;建筑材料的供源调查;原有桥涵构造物和水利设施的情况;当地对拟建小桥涵的要求等。

第二节　小桥涵位置选择

一、择位原则

小桥涵位置选择应根据小桥涵的用途,结合线路平剖面和水文、地形、地质条件,以及道路、灌溉系统等要求综合考虑确定。

小桥涵位置选择恰当与否,直接关系到路基的稳定、桥涵的使用功能以及工程造价的高低。

(1)小桥涵位置应服从路线走向。由于单个小桥涵的工程数量不大,因而小桥涵位置一般是在路线走向基本确定的情况下来选择的。只有在特殊情况下(如路线遇大洼深沟,路线与河沟斜交太大等情况)才进一步权衡利弊,在不降低路线标准的条件下局部调整路线,使之从较好的桥涵位通过。

(2)小桥涵址应布设在地质条件良好、河床稳定的河段。

(3)小桥涵位置和轴线方向确定,要满足设计流量的宣泄,使水流畅通,做到"进口要顺、水流要稳",不发生斜流、旋涡等现象,以免冲毁洞口、堤坝或农田。

(4)位置选择要综合考虑各种因素并进行技术经济比较,使桥涵工程量(包括桥涵主体及一切附属工程)最小,以减少工程造价和养护费用。

总之,小桥涵位置选择主要解决设置地点及具体定位两个问题。

二、小桥涵设置地点

沿路线在哪些地方需要设小桥涵是选择位置的首要问题。一般在下列位置考虑设置小桥或涵洞。

1. 天然河沟与路线相交处

凡路线与明显沟形的干沟、小溪、河流相交时,当路线上游汇水面积大于 $0.1km^2$ 时,原则上应设一道小桥或涵洞。

2. 农田灌溉渠与路线相交处

路线经过农业区、跨越水渠、堰塘或水库的排水渠以及通过大片梯田影响农田灌溉时应考虑设置涵洞。

3. 路基边沟排水渠

在山区公路的山坡线,为排除路基挖方内侧边沟流水,应考虑设置涵洞。其间距一般不大于 $200 \sim 400m$;在干旱山区,间距不大于 $400 \sim 500m$。

4. 与其他路线相交叉处

当路线与铁路、公路、大车路、人行路、农村机耕道及重要管线交叉,如采用立体交叉,且路线又从其上方通过时,应考虑设置相应的小桥或涵洞。

5. 其他设涵情况

(1)在平原区,路线通过较长的低洼地带及泥沼地带,为保证路基稳定,避免排水不畅及长期积水的情况,在地面具有天然纵坡的地方设置多道涵洞。如无灌溉和其他需要,涵洞间距一般是 $1 \sim 2km$。

(2)平原区路线穿过天然积水洼地,也应考虑设置数道涵洞,以沟通路基两侧水位,平衡水压。

(3)路线紧靠村镇通过,要特别注意设涵,以排除村镇内地面汇流水。

(4)山区岩层破碎及坍方地段,雨季时经常有地下水从路基边坡冒出,为使路基边坡稳定,及时疏干地下水,应配合路基病害整治设置涵洞。

三、小桥涵位置确定要点

1. 小桥位置的确定

小桥定位主要是确定小桥的中心桩号及桥轴线方向以及跨河沟时路中线位置。由于小桥工程数量较涵洞大,择位时可以允许路线稍有摆动。因此,在确定小桥位置时,应结合路线经过河流的水文、地形、地质、土壤等条件与路线布置综合考虑。在不过分增加土石方数量和路线长度,不降低路线标准情况下,适当考虑和照顾小桥位的需要,选择有利的跨河位置。择位时要综合考虑以下条件。

(1)路线应尽可能与洪水主流方向垂直。如不能正交时,应使墩台轴线与水流方向平行,以减少水流对墩桥台、路基边坡的冲刷,如图 4-10-1 所示。

(2)桥位最好选在河道顺直、水流平稳河段,以减少水流对桥台的冲刷,也可减少墩台基础及河岸防护加固工程数量。

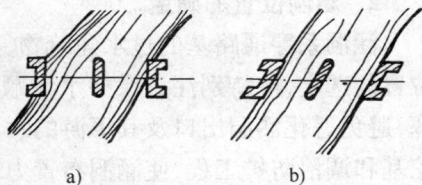

a)   b)

图 4-10-1　斜交桥位
a)不正确;b)正确

当路线遇河湾时，宜把桥位选择在河湾上游，如图4-10-2中桥位方案Ⅰ。限于路线和地形影响不能在上游跨河时，也可在河湾下游，但应尽量远离河湾，一般设在河流宽度的1～1.5倍以外，如图4-10-2桥位Ⅲ。桥位应避免设在河湾上，即图4-10-2桥位Ⅱ应避免采用。

（3）桥位应选择在河床地质良好、地基承载力较大的河段，尽量避免在岩溶、滑坡、泥沼、盐渍土及其他地质不良地段通过。为减少墩台基础费用，桥位最好选在河床两岸有基岩外露或覆盖层较薄的地点。桥位处如系土质河床，应尽量避免在淤泥沉积地段设置。

（4）桥位宜选择在河流狭窄、河滩较窄较高、岔流少的河段跨河，这样可缩短桥长，减少工程数量。在河流有沙洲、河汊汇合口等水流紊乱的河段，应避免设桥。当路线必须通过两河沟或支流汇合口时，应从其汇合口处下游离汇合口1.5～2.0倍河宽以外的范围跨过，如图4-10-3所示。

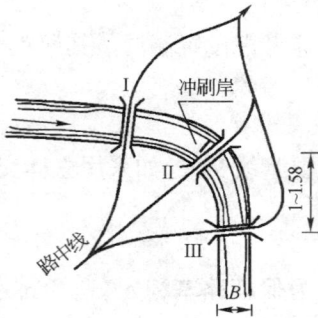

图4-10-2　河湾处桥位

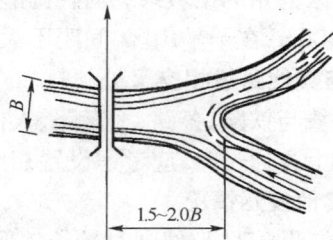

图4-10-3　河流汇合处桥位

（5）沿溪线跨越支沟时，桥位应尽量选在受大河壅水倒灌影响范围以外，如图4-10-4所示。

（6）桥位选择应尽量使两岸桥头土石方较少，利于路线衔接，并避开两岸不良地质地段。

（7）沿溪线路线与桥位布置要密切配合。在可能条件下应利用河湾、"S"形河段以及适当斜交的办法跨河，以创造较好的线形条件，如图4-10-5所示。

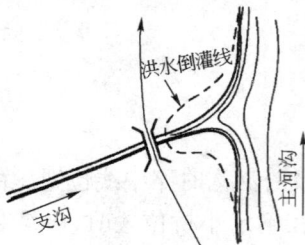

图4-10-4　支沟入口处桥位

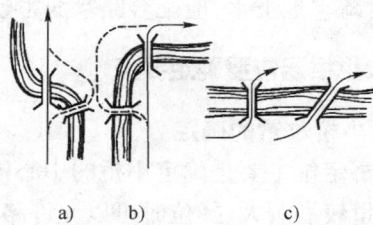

图4-10-5　不同河段处桥位

2. 涵洞位置的确定

涵洞系穿通路基的过水建筑物，其顺水流向的长度有时比纵向的桥梁长度还大，因此涵洞位置的选定，应特别注意保持水流顺畅和洞内水流均匀，防止涵洞入口或洞内产生淤积和堵塞，避免恶化涵洞出口及其下游的水流状态，并应尽量利用有利的地形、地质条件，减少改沟、挖基和调治防护工程，使涵洞布置力求达到技术经济上的合理。

涵洞定位，通常是沿着确定路线方向前后移动，选择一个合理而又经济的位置。根据不同地形情况，选择涵洞位置时要注意以下几点。

1）平原区涵位

（1）沟心设涵。平原区涵位通常设于河沟中心，一般与路线方向正交，并使其进水口对准上游沟心。

（2）适当改沟。在河沟十分弯曲地段，为使水流畅通，可采用裁弯取直或改移河沟的办法设正交涵，如图 4-10-6 所示。移位后的涵洞，上游一般应有 1.5 倍河槽宽度的直沟段长度。避免因改沟合并占用农田，破坏现有的耕作和排水系统。

（3）注意设农田灌溉涵洞。当路线与农田排水沟渠相交时，应注意设置农田灌溉涵洞，避免设涵后对下游出口处农田产生不利冲刷，防止上游水位壅高造成积水淹没村庄。

2）山岭及丘陵区涵位

（1）顺沟设涵。山区河沟坡陡水急、洪水猛、历时短，冲刷及水毁比较严重，因此，涵位布置应尽量符合水流方向，顺沟设置。一般不宜改沟设涵，强求正交。

（2）改沟设涵。只有当河沟比较宽浅，沟底纵坡平缓，水流较小时才考虑改沟设涵。改沟时要注意做好引水及防护工程，注意对下游农田的影响。

在经常有水流的河沟上，采用裁弯取直的办法改沟设涵，同时具有可在干土中开挖基坑以及取直后沟底增高可缩短涵洞长度的优点。当河沟支叉较多，水流紊乱时，可采用改沟整流做正交涵的办法，如图 4-10-7 所示。

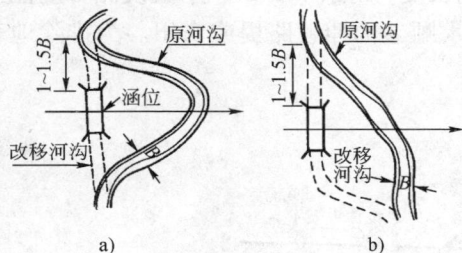

图 4-10-6　平原区改沟设涵

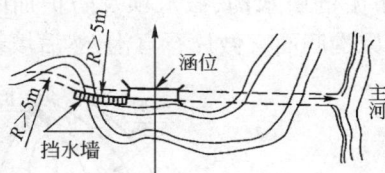

图 4-10-7　改沟整流正交设涵

位于河沟纵坡较陡，流量较大，表土易被冲刷，而且改沟后所设排水沟纵坡平缓，易被冲积土淤塞，以及位于黄土区的河沟不得改沟合并。

（3）路基排水涵。涵位选择应与路基排水系统密切配合。布设涵位时，可结合路线平、纵面设计图，选择以下位置设置路基排水涵洞。

①路线纵坡由下坡变成上坡的凹形竖曲线处，为排除内侧边沟水流，一般应考虑设边沟排水涵，如图 4-10-8a）。

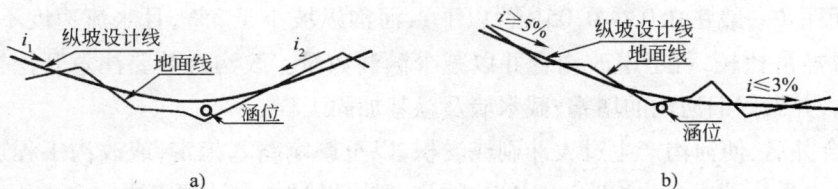

图 4-10-8　纵面上涵位

②纵断面纵坡由陡坡变为缓坡时，内侧边沟水流由急变缓，容易产生水跃和泥沙沉积，不利排水。若在近距离内无其他涵洞时，在变坡点附近应考虑设边沟排水涵，如图 4-10-8b）。

③陡坡急弯处。当路线的偏角较大（大于90°），平曲线半径较小，路线进入弯道前的纵坡又大于4%的陡坡时，边沟水流直接顶冲路基内侧，在暴雨期甚至水流溢出边沟漫过路基，直接影响路基稳定及行车安全。在弯道起（止）点附近，应考虑设边沟排水涵，如图4-10-9。

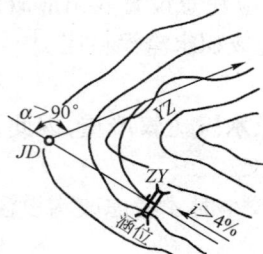

④在路基挖方边坡上，设有截水沟的地段，截水沟出口处应设置排水涵洞，如图4-10-10，以免截水沟水流顺边沟流程过长，冲刷路基和路面。

图4-10-9　陡坡急弯设涵

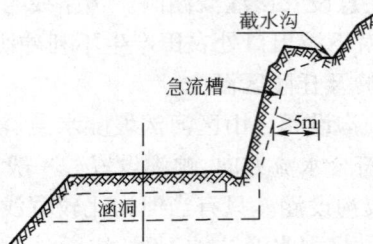

图4-10-10　截水沟出口设涵

（4）岸坡设涵。当河沟边坡稳定、土壤密实（一般多为石质或不透水的亚黏土）、河沟又很深时，可考虑将涵位从沟底移至岸坡上，以缩短涵洞长度，如图4-10-11。岸坡设涵时应注意做好上下游的引水沟、截水坝及防护加固工程，避免水顺老沟冲毁路堤或农田。为排除地表积水，在原沟底面宜做片石盲沟，然后填筑路堤。

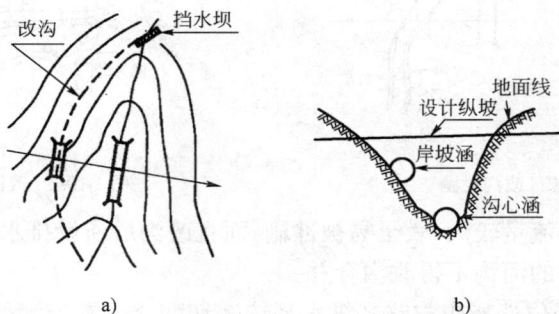

图4-10-11　岸坡设涵
a）平面；b）纵断面

（5）改沟合并。当两条溪沟相距很近（一般山区在100m以下，丘陵区在200m以下），汇水区面积又很小（一般在$0.03 \sim 0.05 \text{km}^2$以下），河沟纵坡小于3%，且水流速度不大，含沙量较小时，经过经济比较，可考虑改沟合并以减少涵洞数量。改沟合并要注意开挖排水沟或加深、加宽边沟，并做好旧河沟的堵塞、截水墙及路基加固工程。

若改沟合并后，使河沟产生过大冲刷或淤积，以至影响路基稳定，或改沟工程过大不经济时，都不宜改沟合并设涵。改沟时，引水沟断面一般要经过水力计算来决定。由于水沟易于淤塞，一般断面宁可偏大些。引水沟距路基边坡应尽量远些。改沟方式应结合改沟条件灵活处理，如有条件，在河沟上游远离桥涵处挖沟引水则更为合适。

改沟合并有如图4-10-12几种方式。

(6)路线跨越丘陵地区的山脊线,在凹形竖曲线处可有开挖排水沟而不设涵洞的方案,但应注意设涵与挖沟方案的比较,如图 4-10-13。

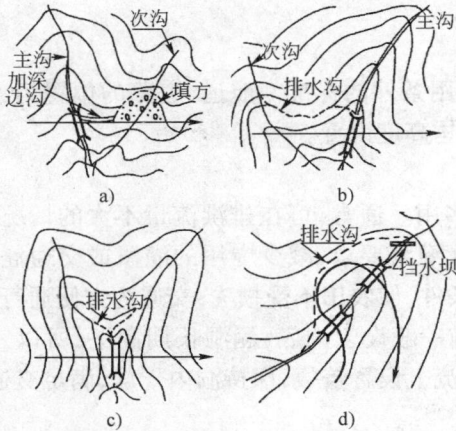

图 4-10-12　改沟合并

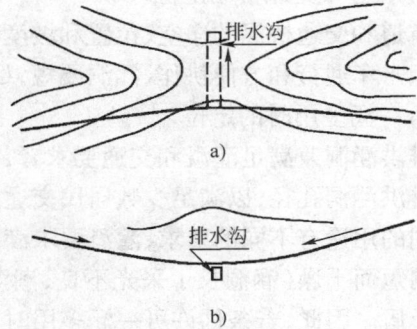

图 4-10-13　设排水沟代潜涵洞
a)平面;b)纵断面

(7)当必须在河湾处设涵时,涵位应设在水流较集中的一侧,以利水流通过。

(8)涵洞位置应尽量避免布置在可能错动的断层、崩坍、滑坡及岩溶发育等不良地质路段。当无法避免时,宜选择设置在岩层破碎较轻、地质稳定或坡积层较薄的路段。

3)斜交涵位布置

为确保涵下水流顺畅,山区涵洞宜顺沟设置斜交涵位,不宜强求正交,下述条件宜布置斜交涵。

(1)在流速或流量较大的前提下,当河沟水流方向与路线不垂直时,为了使水流畅通,避免形成较严重的涡流现象,减轻对农田、路堤和小桥涵洞及基础的冲刷,宜斜交布置。

(2)当河沟水流方向与路线不垂直,需设多孔涵洞时,为了避免因采用正交涵洞水流方向不顺,孔(洞)内水流分布不均匀,泥沙沉积,淤塞部分孔(洞)口和孔(洞)身,可采用斜交布置。

(3)当深窄河沟两岸横向坡度较大,河沟水流与路线不垂直时,为了避免采用正交桥涵引起改沟土石方及防护工程量过大,此时宜将涵洞斜交布置。

当实地水流方向与路线夹角小于45°很多时,一般不宜采用45°以下夹角的斜交涵。可在河沟上下游分别采取改沟、加设导流和调治构造物等方法,增大水流方向与路线相交的夹角。

3. 其他情况下的涵位确定

1)水库地区桥涵定位

水库地区应尽可能设桥,如设涵,要求涵洞出口布置在水库正常蓄水位以上。由于水库地区的桥涵地基常年浸水,基础应尽量置于基岩上。

2)泥石流地区桥涵定位

泥石流地区应设桥,不能设涵。泥石流地区的线路位置尽可能定在流石流泥的流通区,桥梁中心应布置在设计洪水的泥石流主流处,孔径要有富余,宜采用单孔跨越。

3)灌溉建筑物的桥涵定位

灌溉建筑物包括灌溉涵、倒虹吸管、跨线渡槽。灌溉建筑物的孔径类型、位置，应符合渠道位置、渠底坡度、水头高程的要求，必要时可考虑改移位置。有时尚须结合灌溉规划改移位置，以改善原有灌溉能力，提高农田受益面积。

4）航道和交通桥涵定位

航道和交通桥涵的净空、位置和坡度，应符合使用条件的标准。航道、道路的位置为方便人、畜、舟车通行和方便耕作，涵洞要短，尽可能按结构高度设置。

5）一涵多用时的定位

排洪涵洞兼满足灌溉和交通要求者，称为一涵多用。通常，可在排洪流量不大的情况下，加大排洪涵洞孔径，以满足少数居民交通或流量不大灌溉要求，减少专用的灌溉或交通涵洞。但不同的用途有不同的要求，灌溉要求满足水头的条件，使农田不受损失；交通为方便通行，要求涵洞短而干燥（涵洞长了采光不良，潮湿）；排洪涵一般设于沟底，涵洞长期潮湿，所以三者常有矛盾。因此，若条件许可一涵多用时，可在常水流上设置盖板，保持洞内干燥，满足交通兼灌溉水头要求等。

一涵多用涵位的选定，可根据各方具体要求并抓住其中的主要矛盾，合理选取。

第三节　小桥涵工程地质调查

小桥涵地质调查是小桥外业勘测的主要内容之一，其目的是通过调查和勘探，了解桥涵地基的承能力、地质构造和地下水情况及其对桥涵构造物稳定性的影响，为小桥涵位确定和基础设计提供资料，以保证桥涵构造物稳定。

小桥涵地质调查的主要内容有：地基土壤名称、颜色、所含成分、密实程度、含水干湿与可塑状态；地下水情况；岩层走向倾角、风化程度以及桥涵位处的地质构造、对小桥涵有影响的地质现象等。

调查的范围一般是沿路线方向为桥涵址处的河沟床和两岸谷地或阶地，沿沟向为桥涵址的上下游 50～100m。当地质情况复杂时，可增大调查范围。调查的详细内容见表 4-10-1。

地质地貌一般调查内容

表 4-10-1

桥涵址所在处	土 质 地 基	岩 质 地 基
平原微丘	（1）表土的颗粒组成与类别； （2）表土的密实程度和含水量情况； （3）有无松软地层和特殊土，若存在，判别形态及成因，明确其分布范围，包括位置与厚度； （4）地下水的蕴藏情况及补给，径流和排泄条件	（1）岩石的工程特征和岩层的层次组合情况； （2）岩石的风化程度与风化层厚度
山岭重丘	除了以上调查内容之外，调查： （1）堆积层的成因类型，组成物质成分、结构和胶结情况； （2）有无下伏基岩，基岩的岩性特征，基岩面的位置和产状等； （3）山坡土体的稳定性和有无不良地质条件，如泥石流、多年冻土、湿陷性黄土等	除了以上调查内容之外，调查： （1）地形地貌特征和有无不良现象，如岩堆、岩溶、崩坍等； （2）地质构造形态与路线、桥涵的关系； （3）软弱夹层和软弱结构面的性质，其发育程度和分布规律及影响； （4）人工边坡和自然山坡的坡度值及其现状

续上表

桥涵址所在处	土 质 地 基	岩 质 地 基
河沟	(1)河流的性质和发育状况,河段水利特征,以及冲刷或淤积变化情况; (2)河岸有无崩坍、滑移及其他不稳定状态; (3)当河岸设置防护时,对下游和对岸的影响; (4)改移河(沟)道给下游带来的影响及其影响程度	

根据《公路工程地质勘察规范》(JTJ 064—98)规定,小桥涵工程地质勘察的基本要求如下。

1. 小桥涵初勘

(1)勘察重点:勘察小桥、涵洞的台、墩处地基的地层岩性、地质构造,重点查明地基覆盖层厚度及承载力、基岩埋深、风化程度及承载力,掌握地层在路幅宽度方面的变化。

(2)调查与测绘:通过工程地质调查,目测和简易测绘,结合勘探资料,编绘小桥轴线、墩台轴线和涵洞轴线的地质断面图,比例尺与路基横断面图相同。

(3)勘探:在小桥轴线、墩台轴线、涵洞轴线上,布置包括露头、挖探、简易钻探、触探和物探等勘探点不少于1个。其深度应达到构造物要求的持力层,遇软弱地基应穿过厚层覆盖中的软弱地层。

(4)测试:利用露头、挖探、简易钻探采样进行目测和测试。结合勘探进行原位测试。

(5)资料要求:应充分利用沿线其他工程勘探资料,提供小桥、涵洞地质调查材料表与勘探点柱状图。对地质条件复杂的场地,拟按表列项目和内容包括:小桥轴线、墩台轴线、涵洞轴线在中线位,左、右边线的地层层位,岩土名称,承载力,地下水位等,并附有对小桥涵基础埋深或地基处理、基础类型建议的文字说明。

2. 小桥涵详勘

对存在不良地质问题的小桥涵或移位、新增小桥涵地基的地层岩性、地质构造及岩土承载力进行补充地质勘探。提供资料的方式和内容与初勘相同。

小桥涵工程地质的勘探,以调查为主,挖(钻)探为辅。

1)工程地质调查

调查方法一般采用目测和访问相结合的方法。调查应利用所收集的各种有关地质资料,当桥涵附近有已成的防护及排水工程时,应对其基底土壤、基础类型、埋置深度、冲刷深度及使用状况进行调查,为拟定桥涵基础设计参考。

2)挖(钻)探

当工程规模较大,地质条件比较复杂,用目测方法又难以查明情况时,可辅以挖探、钎探或钻探。

地质和地形条件较简单的小桥涵,原则上一座涵只设置一个勘探点。在地层结构基本一致的地区的多座小桥涵,可作代表性的勘探。对于地质条件复杂、跨径较大的小桥或较长的涵洞,勘探点不应少于2个。挖(钻)孔位置一般布置在桥涵中心桩处,第二孔位一般布置在出口处。探孔深度一般不小于预定基底高程以下1~2m。

挖(钻)探应有现场原始记录,必要时可抽典型土样、水样进行试验或化验。地质条件复杂的小桥涵需有地质说明记录,必要时应绘制桥涵址的工程地质纵断面,并另附地质勘探与试验资料,其中包括土石分类情况及承载力数据等。小桥涵工程地质纵面图如图4-10-14。图上应注明挖(钻)孔位置,取土层的高程,并按公路工程地质图规定的图例和要求绘制地质剖面图。

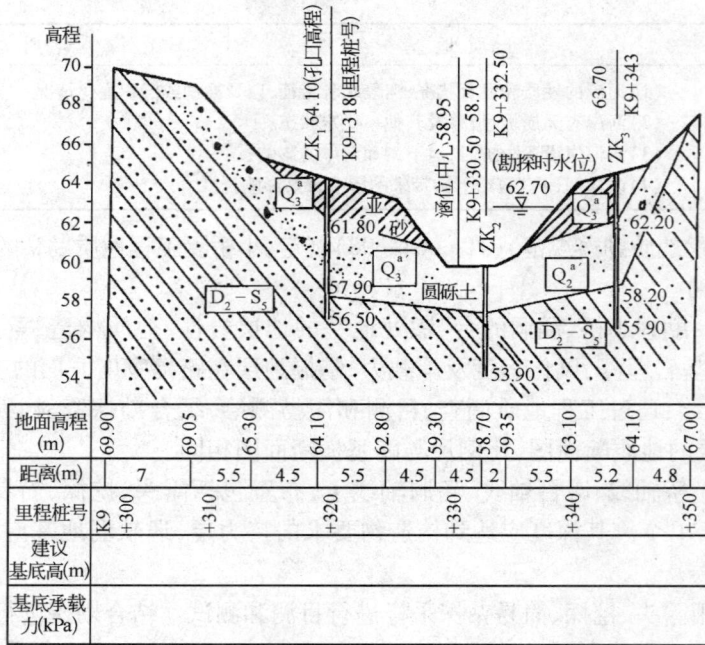

图 4-10-14　小桥涵工程地质纵断面图

第十一章 大中桥桥孔设计

第一节 桥孔设计应考虑的因素

影响桥孔设计的因素很多,桥孔设计首先应满足排洪和输沙的要求,即保证设计洪水以内的各级洪水及其所挟带的泥沙能从桥下顺利通过,并满足通航、流冰、流木及其他漂浮物通过。从安全和经济两方面着眼,同时应综合考虑桥孔长度、桥前壅水和桥下冲刷的相互影响。还应考虑桥位上下游已建或拟建的水利工程、航道码头和管线等引起的河床演变对桥孔的影响。

桥孔布设应适应各类河段的特性及演变特点,避免河床产生不利变形。桥位河段的天然河道不宜开挖或改移。开挖、改移河道应具有可靠的技术经济论证。

建桥后引起的桥前壅水高度、流势变化和河床变形,应在安全允许范围之内。跨越河口、海湾及海岛之间的桥梁,必须保证在潮汐、海浪、风暴潮、海流及海底泥沙运动等各种海洋水文条件影响下,正常使用和满足通航的要求。

第二节 按设计洪水流量和桥位河段的特性进行设计计算

沿着设计水位的水面线,两桥台前缘之间(埋入式桥台则为两桥台护坡坡面之间)的水面宽度,称为桥孔长度 L;扣除全部桥墩宽度(仍沿原水面线)后,则称为桥孔净长 L_j。一般根据桥位河段类型,采用相应经验公式计算桥孔长度。

对于峡谷性河段上的桥梁,仅要求按地形布置桥孔,一般可不作桥孔长度计算;其他各类河段上的桥梁,可按以下公式计算桥孔最小净长 L_j。

1. 开阔、顺直微弯、分汊、弯曲河段及滩、槽可分的不稳定河段

$$L_j = K \left(\frac{Q_P}{Q_c} \right)^n B_c \qquad (4\text{-}11\text{-}1)$$

式中: L_j——桥孔最小净长(m);

$\quad Q_P$——设计流量(m³/s);

$\quad Q_c$——河槽流量(m³/s);

$\quad B_c$——河槽宽度(m);

K、n——系数和指数,按规范表取值。

2. 宽滩河段

$$L_j = \frac{Q_P}{\beta q_c} \qquad (4\text{-}11\text{-}2)$$

$$\beta = 1.19 \left(\frac{Q_c}{Q_t} \right)^{0.10} \qquad (4\text{-}11\text{-}3)$$

式中：Q_c——河槽平均单宽流量$[m^3/(s \cdot m)]$；

β——水流压缩系数；

Q_t——河滩流量(m^3/s)。

3. 滩、槽难分的不稳定河段

$$L_j = C_P \cdot B_0 \qquad (4\text{-}11\text{-}4)$$

$$B_0 = 16.07 \left(\frac{\overline{Q}^{0.24}}{d^{0.3}} \right) \qquad (4\text{-}11\text{-}5)$$

$$C_P = \left(\frac{\overline{Q_P}}{Q_{2\%}} \right)^{0.33} \qquad (4\text{-}11\text{-}6)$$

式中：B_0——基本河槽宽度(m)；

$\overline{Q}$——年最大流量平均值(m^3/s)；

$\overline{d}$——河床泥沙平均粒径(m)；

C_P——洪水频率系数；

$Q_{2\%}$——频率为2%的洪水流量(m^3/s)。

4. 桥孔设计长度确定

除应满足上述公式计算的最小净长外，还应结合桥位地形、桥前壅水、冲刷深度、河床地质等情况，作出不同桥长的技术经济比较，综合论证后确定。

桥孔长度确定后，即可根据断面形态、主流位置、通航要求、河床演变趋势、桥位河段地质等尽量选用合理的标准跨径，在桥位纵断面图上和桥位地形图上进行合理的桥孔布设，使桥下实际的水面宽度等于或稍大于计算的桥孔长度。桥孔布置应先河槽后河滩，这样才能满足泄洪输沙的需要，确保桥梁安全。

第三节 桥面高程的影响因素

桥面高程是指桥面中心线上最低点的高程，其影响因素有设计洪水位、流冰、流木、通航要求，上部构造建筑高度，净空安全值等，还应考虑波浪、壅水、水拱、河湾凹岸水面超高等因素引起的桥下水位升高和河床淤积的影响。

桥面中心最低设计高程，是从水力水文角度提出的最低建筑高程界限。至于桥面设计高程应综合考虑桥面纵向坡度、排水和两岸路线接线高程等因素后确定，但必须高于或等于桥面中心最低高程。

设计水位的确定可由水位—流量关系曲线，通过设计流量查取。而上部构造建筑高度，包括桥面铺装高度，则由上部构造设计或标准图确定。

一、引起桥下水位升高各因素的计算

1. 桥前最大壅水高度 ΔZ

水流通过桥孔时，由于桥梁墩台和桥头引道对过水面积的压缩，形成桥前壅水。桥前壅水最大值的位置，有导流堤时在导流堤上游端部附近；无导流堤时，在桥前一倍的桥长处。

桥前最大壅水高度 ΔZ，可按下式计算。

$$\Delta Z = \eta(\bar{v_M^2} - \bar{v_0^2}) \tag{4-11-7}$$

式中：η——系数，与水流进入桥孔的阻力有关，见规范表；

$\bar{v}_M$——桥下平均流速（m/s），可按规范表采用；

$\bar{v}_0$——天然断面平均流速（m/s），$\bar{v}_0 = \dfrac{Q_p}{A}$。

2. 桥下壅水高度 $\Delta Z'$

一般情况下可采用 $\Delta Z' = \dfrac{1}{2}\Delta Z$。当河床坚实不易冲刷时，$\Delta Z' = \Delta Z$，当河床松软易于冲刷时，$\Delta Z' = 0$。

3. 波浪高度 h_b 和波浪侵袭高度 h_e

波浪是指在风力作用下水面的波动现象，波浪的几何要素有：波峰、波谷、波高、波长等（图 4-11-1）。波峰顶与波谷底之间的高差 h_b 称为波浪高度。波浪从静水位沿斜坡爬升的最大高度 h_e 称为波浪侵袭高度。

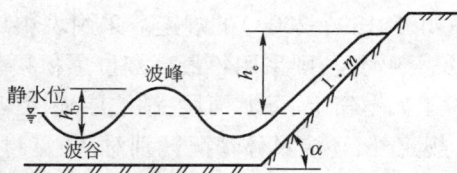

图 4-11-1 波浪示意图

浪高 h_b 一般可在桥位现场调查取得，调查有困难时，可参照《内河航道与港口水文规范》（JTJ 214—2000）和《海港水文规范》（JTJ 213—98）计算确定。

考虑浪高影响，推求桥面中心最低高程时，取 $2h_b/3$ 计入。

波浪侵袭高度 h_e 的大小与波浪的特性、边岸坡度、坡面粗糙度以及透水性等因素有关。应尽量根据本地区的观测和调查资料确定。缺乏资料时，可根据经验公式确定。

有下列情况之一时，可不考虑波浪侵袭高度的影响。

（1）洪峰历时短促的河流；

（2）浪程短于 200m 时；

（3）水深小于 1m；

（4）靠近路堤的河滩上，长有高于水深加半个波浪高度的成片灌木丛时。

4. 河湾超高

在山区或山前区河流上，当弯道急、流速大时，水流受离心力作用形成较大的水面超高，其计算公式如下。

$$\Delta h = \frac{\bar{v}^2 \cdot B}{g \cdot R} \tag{4-11-8}$$

式中：Δh——河湾两岸水位高差（m）；

B——河湾水面宽度（m），如滩地有丛林或死水时，该部分水面宽应予扣除；

R——河湾曲率半径（m），$R \approx \dfrac{R_0 + r_0}{2}$，$R_0$ 为凹岸曲率半径，r_0 为凸岸曲率半径。

确定桥面中心最低高程时，河湾水位超高可取 $\Delta h/2$。由于桥位处河湾并非理想的圆曲线，且河流急弯处水流干扰很大，流向紊乱不定，故公式计算出的河湾超高值，应与现场调查进行核对。

5．水拱和河床的淤高

河流涨水时，流速逐渐增加，同一断面的主槽流速比两侧河滩大，主槽水位比河滩水位上涨快，从而形成水流中间高、两边低的现象，称为水拱。

在水拱严重的河段上建桥，确定桥面中心最低高程时应考虑水拱影响。水拱高度目前尚无合适的计算方法，在设计时可通过现场调查确定。

在河床逐年淤积抬高的河流上，桥下净高应考虑河床淤高而适当加大，河床淤高值的估算，可通过水文站多年实测断面资料推算。

二、设计最高通航水位

天然河道的设计最高通航水位 H_{tn} 根据各种河流具体情况确定，应符合《内河通航标准》（GB 50139—2004）的规定。采用表 4-11-1 规定的各级洪水重现期水位。对于潮汐影响明显的感潮河段，则采用年最高潮位累积频率为 5% 的水位［见《海港水文规范》（JTJ 213—98）］。对于如枢纽上、下游河段，湖泊航道，各类通航渠道，畅流运河和河网航道等，除应满足表 4-11-1 规定外，还应具体情况区别对待［见《内河航道与港口水文规范》（JTJ 214—2000）］。

天然河流设计最高通航水位标准 表 4-11-1

航 道 等 级	I、II、III	IV、V	VI、VI
洪水重现期（年）	20	10	5

三、上部构造建筑高度

桥梁上部构造的建筑高度，包括桥面铺装高度，取决于桥型与梁型，由桥梁结构设计确定。

第四节　非通航、通航河流桥面设计高程的确定

桥面中心最低高程按河流非通航和通航分别确定。

1．非通航河流

对于非通航河流，当按设计水位推算桥面中心最低高程时，需考虑各种因素引起的桥下水位增高。流冰、水拱、局部股流壅高、河弯超高和河床淤积等引起的桥下水位增高，目前尚无成熟的计算公式，可根据调查和实测资料确定。在计算中必须详细分析影响桥下水位增高的各个因素是否确实存在，并客观合理地组合，不可随意加入。

（1）按设计水位计算桥面中心最低高程：

$$H_{min} = H_P + \sum \Delta h + \Delta h_j + \Delta h_0 \qquad (4\text{-}11\text{-}9)$$

式中：H_{min}——桥面中心最低高程（m）；

　　　H_P——设计水位高程（m）；

　　　$\sum \Delta h$——根据河流的具体情况，酌情考虑壅水、浪高、水拱、局部股流壅高（水拱与局部股流壅高不能同时考虑，取其大者）、河湾超高、床面淤高、漂浮物等诸因素的总和（m）；

　　　Δh_j——桥下净空高度，见表 4-11-2；

　　　Δh_0——桥梁上部构造建筑高度（m）。

（2）按设计最高流冰水位计算桥面最低高程（北方寒冷地区）：

$$H_{min} = H_{SB} + \Delta h_j + \Delta h_0 \qquad (4\text{-}11\text{-}10)$$

式中：H_{SB}——设计最高流冰水位（m），应考虑床面淤高；

其他符号意义同前。

非通航河流桥下净空高度　　　　　　　　　　　　表 4-11-2

桥 梁 部 位		高出设计水位（m）	高出最高流冰面（m）
梁底	洪水期无大漂流物	0.50	0.75
	洪水期有大漂流物	1.50	—
	有泥石流	1.00	—
支座垫石顶面		0.25	0.50
拱脚		0.25	0.25

（3）桥面设计高程不应低于式（4-11-9）或式（4-11-10）的计算值。

2. 通航河流

通航河流的桥面中心最低高程应同时满足两项要求，除应满足不通航河流的要求外，还应满足下式要求。

$$H_{min} = H_{tn} + h_M + \Delta h_0 \qquad (4\text{-}11\text{-}11)$$

式中：H_{tn}——设计最高通航水位（m）；

h_M——通航净空高度（m），可查《内河通航标准》（GB 50139—2004）；

其他符号意义同前。

对于通航海轮桥梁，其通航水位和通航净空高度应按相关规范执行。

第十二章　墩台冲刷计算及基础埋深

第一节　一般冲刷的计算公式

冲刷计算的目的是确定桥下最大冲刷深度，并确定桥梁墩台基础最小埋置深度；从水力水文的角度考虑，可为既安全又经济的墩台基础设计提供重要的依据。

桥梁墩台冲刷深度应根据地区特点、河段特性、水文与泥沙特征、河床地质等情况采用相应的公式计算，必要时可利用实测、调查资料验算，分析论证后选用合理的计算成果。

桥梁墩台冲刷包括河床自然演变冲刷、一般冲刷和局部冲刷三部分。在确定基础埋深时，应根据桥位河段情况，取其不利组合作为基础埋深的依据。

冲刷不仅与河段特性、水文与泥沙特征、河床地质抗冲能力有关，还与墩型系数、承台位置高低和施工方案等密切相关，因此，水文与泥沙条件复杂或墩型系数难以确定的特殊大桥，冲刷深度可通过水工模型试验确定。

河上建桥后，由于桥梁压缩水流，致使桥下流速增大，水流挟沙能力增强，在桥下产生冲刷，随着冲刷的发展，桥下河床加深，过水面积加大，流速逐渐下降；待达到新的输沙平衡状态，或桥下流速降低到河床质的允许不冲刷流速时，冲刷即行停止。这种由于建桥后压缩水流而在桥下河床全断面内发生的冲刷，称为一般冲刷。

一般冲刷深度 h_p 系指桥下河床在一般冲刷完成后从设计水位算起的最大垂线水深。

一、非黏性土河床一般冲刷

1964 年中国土木工程学会"桥梁冲刷计算学术会议"推荐了桥下一般冲刷计算公式——64-1 计算式和 64-2 计算式。

《公路工程水文勘测设计规范》（JTG C30—2002）对 64-2 计算式予以简化，形成 64-2 简化式。同样，该规范对 64-1 计算式进行了修正，形成 64-1 修正式。

1. 河槽部分

（1）64-2 简化式

$$h_p = 1.04 \left(A \frac{Q_2}{Q_c} \right)^{0.90} \left[\frac{B_c}{(1-\lambda)\mu B_2} \right]^{0.66} \cdot h_{cm} \tag{4-12-1}$$

式中：h_p——桥下一般冲刷后的最大水深（m）；

Q_2——桥下河槽部分通过的设计流量（m³/s），当桥下河槽能扩宽至全桥（桥孔压缩水流

很大，且河滩土质易冲刷）时，$Q_2 = Q_p$；当桥下河槽不能扩宽时，$Q_2 = \dfrac{Q_c}{Q_c + Q''_t} Q_p$；

Q_c——天然状态下河槽流量（m³/s）；

Q''_t——天然状态下桥下河滩部分通过的流量（m³/s）；

B_2——建桥后桥下断面河槽宽度(m),一般情况下 $B_2 = L$(两桥台前缘间的桥孔长度);只有当桥孔压缩部分河滩,而桥下河槽又不能扩宽时,$B_2 = B_c$;

B_c——天然状态下河槽宽度(m);

λ——设计水位下,桥墩阻水总面积与过水面积的比值;

μ——桥墩水流侧向压缩系数,按规范表确定;

h_{cm}——桥下河槽最大水深(m);

A——单宽流量集中系数,变迁、游荡、宽滩河段当 $A > 1.8$ 时,A 值可采用1.8:

$$A = \left(\frac{\sqrt{B}}{H}\right)^{0.15} \tag{4-12-2}$$

B、H——平滩水位时河槽宽度和河槽平均水深(m)。

(2)64-1 修正式

$$h_p = \left[\frac{A \dfrac{Q_2}{\mu B'_c}\left(\dfrac{h_{cm}}{\bar{h}_c}\right)^{\frac{5}{3}}}{E d_c^{-\frac{1}{6}}}\right]^{\frac{3}{5}} \tag{4-12-3}$$

式中:B'_c——桥下河槽部分桥孔过水净宽(m),当桥下河槽扩宽至全桥时即为全桥桥孔过水净宽,即 $B'_c = L_j$;

$\bar{h}_c$——桥下冲刷前河槽平均水深(m);

$\bar{d}_c$——河槽泥沙平均粒径(mm);

E——与汛期含沙量有关的系数,按规范表选用。

2. 河滩部分

$$h_p = \left[\frac{\dfrac{Q'_t}{\mu B'_t}\left(\dfrac{h_{tm}}{\bar{h}'_t}\right)^{\frac{5}{3}}}{v_{H1}}\right]^{\frac{5}{6}} \tag{4-12-4}$$

式中:Q'_t——桥下河滩部分通过的设计流量(m^3/s):

$$Q'_t = \frac{Q''_t}{Q_c + Q''_t} Q_p$$

h_{tm}——桥下河滩最大水深(m);

$\bar{h}'_t$——桥下河滩平均水深(m);

B'_t——河滩部分桥孔净长(m);

v_{H1}——河滩水深 1m 时非黏性土不冲刷流速(m/s),按规范表选用。

二、黏性土河床的一般冲刷

1. 河槽部分

$$h_p = \left[\frac{A \dfrac{Q_2}{\mu B'_c}\left(\dfrac{h_{cm}}{\bar{h}_c}\right)^{\frac{5}{3}}}{0.33 \times \dfrac{1}{I_L}}\right]^{\frac{5}{8}} \tag{4-12-5}$$

式中：A——单宽流量集中系数，取 $A = 1.0 \sim 1.2$；

　　　I_{L}——冲刷坑范围内黏性土液性指数，适用范围为 $0.16 \sim 0.19$；

其他符号意义同前。

2. 河滩部分

$$h_{\mathrm{p}} = \left[\frac{\dfrac{Q'_{\mathrm{t}}}{\mu B'_{\mathrm{t}}} \left(\dfrac{h_{\mathrm{tm}}}{h'_{\mathrm{t}}} \right)^{\frac{5}{3}}}{0.33 \times \dfrac{1}{I_{\mathrm{L}}}} \right]^{\frac{6}{7}} \tag{4-12-6}$$

第二节　墩台局部冲刷的计算公式

流向桥墩的水流受到桥墩阻挡，桥墩周围的水流结构发生急剧变化，水流的绕流使流线严重弯曲，床面附近形成螺旋形水流，剧烈淘刷桥墩周围，特别是迎水面的河床泥沙，形成冲刷坑的现象，称为局部冲刷。引起局部冲刷的水流结构如图 4-12-1 所示。

根据模型试验和观测资料可知，桥墩局部冲刷深度与涌向桥墩的流速 v 有关。当流速 v 逐渐增大到一定数值时，桥墩迎水面两侧的泥沙开始被冲走，产生冲刷，这时涌向桥墩的垂线平均流速称为墩前泥沙的起冲流速 v'_0。当 v 继续增大时，冲刷坑逐渐加深和扩大，冲刷坑深度 h_{b} 与涌向桥墩的流速 v 近似呈直线关系。流速 v 增大到河床泥沙的起动流速 v_0 时，床面泥沙大量起动，上游来的泥沙有些将滞留在冲刷坑内。因此，当 $v > v_0$ 时，冲刷坑的发展因有大量泥沙补给而减缓，冲刷坑深度 h_{b} 与流速呈曲线关系，如图 4-12-2 所示。

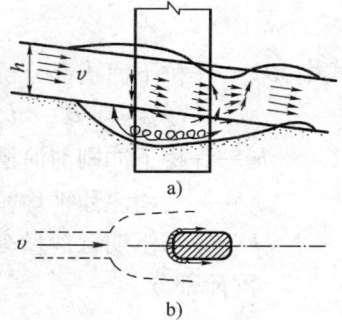

图 4-12-1　桥墩局部冲刷示意图

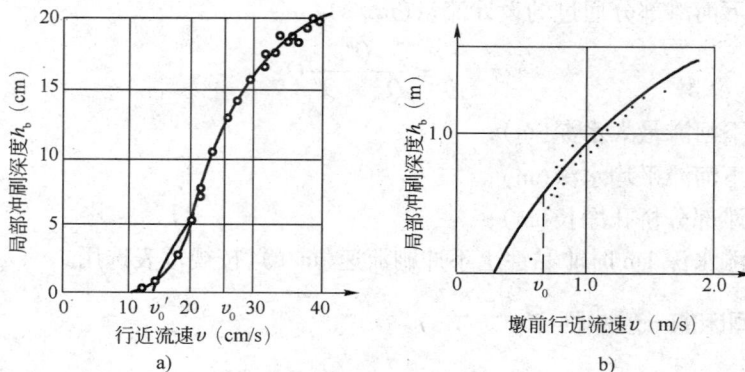

图 4-12-2　桥墩局部冲刷深度与行近流速（$h_{\mathrm{b}} \sim v$）关系的试验曲线

a）模型试验；b）江西省宁河大桥 6 号墩实测

与此同时，冲刷坑内发生了土壤粗化现象，留下粗粒泥沙，覆盖在冲刷坑表面上，增大了抗冲能力和粗糙度，一直到水流对河床泥沙的冲刷作用与河床泥沙抗冲作用达到平衡时，冲刷停止。这时冲刷坑外缘与坑底的最大高差，就是这一次水流最大局部冲刷深度 h_{b}。

影响局部冲刷的主要因素有流速、墩形、墩宽、水深和床沙粒径等。局部冲刷深度 h_b 通常是以一般冲刷 h_p 完成后的高程起算,所表示的是桥墩垂线上的冲刷坑深度。目前对桥墩局部冲刷有两类计算公式:一类是用于非黏性土河床的 65-2 式和 65-1 修正式;另一类是黏性土河床的桥墩局部冲刷公式。

一、非黏性土河床桥墩的局部冲刷

1. 65-2 式

当 $v \leqslant v_0$,

$$h_b = K_\xi K_{\eta 2} B_1^{0.6} h_p^{0.15} \cdot \frac{v - v'_0}{v_0} \tag{4-12-7}$$

当 $v > v_0$,

$$h_b = K_\xi K_{\eta 2} B_1^{0.6} h_p^{0.15} \left(\frac{v - v'_0}{v_0} \right)^{n_2} \tag{4-12-8}$$

式中:h_b——桥墩局部冲刷深度(m);

K_ξ——墩形系数,查规范表;

B_1——桥墩计算宽度(m);

$K_{\eta 2}$——河床颗粒影响系数,$K_{\eta 2} = \dfrac{0.0023}{\overline{d}^{2.2}} + 0.375 \overline{d}^{0.24}$;

h_p——一般冲刷后的最大水深(m);

$\overline{d}$——河床泥沙平均粒径(mm);

v——一般冲刷后墩前行近流速(m/s);

v_0——河床泥沙起动流速(m/s),$v_0 = 0.28(\overline{d} + 0.7)^{0.5}$;

v'_0——墩前泥沙起冲流速(m/s),$v'_0 = 0.12(\overline{d} + 0.5)^{0.55}$;

n_2——指数,$n_2 = \left(\dfrac{v_0}{v} \right)^{0.23 + 0.191 \lg \overline{d}}$。

2. 65-1 修正式

当 $v \leqslant v_0$ 时(图 4-12-2 中的直线部分),

$$h_b = K_\xi K_{\eta 1} B_1^{0.6} (v_0 - v'_0) \tag{4-12-9}$$

当 $v > v_0$ 时(图 4-12-2 中的曲线部分),

$$h_b = K_\xi K_{\eta 1} B_1^{0.6} (v_0 - v'_0) \left(\frac{v - v'_0}{v_0 - v'_0} \right)^{n_1} \tag{4-12-10}$$

其中,

$$v_0 = 0.0246 \left(\frac{h_p}{\overline{d}} \right)^{0.14} \sqrt{332 \overline{d} + \frac{10 + h_p}{\overline{d}^{0.72}}} \tag{4-12-11}$$

$$K_{\eta 1} = 0.8 \left(\frac{1}{\overline{d}^{0.45}} + \frac{1}{\overline{d}^{0.15}} \right) \tag{4-12-12}$$

$$v'_0 = 0.462 \left(\frac{\overline{d}}{B_1} \right)^{0.06} v_0 \tag{4-12-13}$$

505

$$n_1 = \left(\frac{v_0}{v}\right)^{0.25\bar{d}^{-0.19}} \tag{4-12-14}$$

式中：$K_{\eta 1}$——河床颗粒影响系数；

　　　v'_0——墩前泥沙起冲流速（m/s）；

　　　n_1——指数；

　　　其他符号意义同前。

二、黏性土河床桥墩的局部冲刷

当$\dfrac{h_p}{B_1} \geqslant 2.5$时，

$$h_b = 0.83 K_\xi B_1^{0.6} I_L^{1.25} v \tag{4-12-15}$$

当$\dfrac{h_p}{B_1} < 2.5$时，

$$h_b = 0.55 K_\xi B_1^{0.6} h_p^{0.1} I_L^{1.0} v \tag{4-12-16}$$

式中：I_L——冲刷坑范围内黏性土液性指数，适用范围为$0.16 \sim 1.48$；

　　　其他符号意义同前。

第三部分 隧道工程

第十三章 隧道总体设计

第一节 隧道分类

一、公路隧道的作用和分类

公路隧道是指专门用于公路运输的地下结构工程。在公路交通建设中采用隧道方案具有改善道路线形、缩短运营里程、避免不良地质灾害等作用。随着现代化公路的发展,隧道在公路建设中的作用,尤其在山区公路建设中起着越来越重要的作用。

公路隧道按其长度可分为四类,如表4-13-1。

公路隧道长度分类 表4-13-1

分　类	特 长 隧 道	长 　隧 　道	中 　隧 　道	短 　隧 　道
长度(m)	$L > 3\,000$	$3\,000 \geqslant L > 1\,000$	$1\,000 \geqslant L > 500$	$L \leqslant 500$

注:隧道长度系指两端洞门墙墙面与路面的交线同路线中线交点间的距离。

从修建隧道施工方法来看,又可将公路隧道划分为:钻爆法施工隧道、机械法开挖隧道、明挖隧道、顶管隧道、沉管隧道、盾构隧道等。若按隧道内轮廓形状划分,隧道可分为:矩形隧道、直墙拱形隧道和曲墙隧道;此外,还可按构造形式将隧道划分为:连拱隧道、分离式隧道和小间距隧道。

二、公路隧道的修建方法

我国目前所建成的公路隧道绝大部分是采用钻爆法(矿山法)施工的隧道。随着科技的发展,传统隧道修建技术在不断完善和发展的同时,出现了各种新的隧道修建技术,如盾构法、顶管法、沉埋法、TBM 法等。

1. 盾构法

如图 4-13-1,盾构法是现阶段在水底、软弱地层中修建交通隧道和地铁以及各种用途管道时广泛采用的施工方法之一。盾构法是使用所谓的"盾构"机械,在围岩中推进,一边防止土砂的崩坍,一边在其内部进行开挖、衬砌作业修造隧道的方法。它实质上是一种可以掩护隧道施工人员在地下安全作业的掘进机器。

用盾构法修建的隧道称为盾构隧道;盾构按其功能不同又有普通盾构、机械化盾构、压气盾构及加压泥水盾构等多种。

采用盾构修建隧道具有以下优点:

(1)在盾构设备的掩护下进行地下开挖与衬砌支护作业,能保证施工安全;

（2）施工时振动和噪声小，对施工区域环境及附近居民干扰小；

（3）可控制地表沉陷，减少对地下管线及地表建筑物的影响；

（4）地下施工不会影响地表交通；水下施工，不影响航道通航；

（5）机械化程度高，施工人员少，易管理；

（6）施工不受气候条件影响。

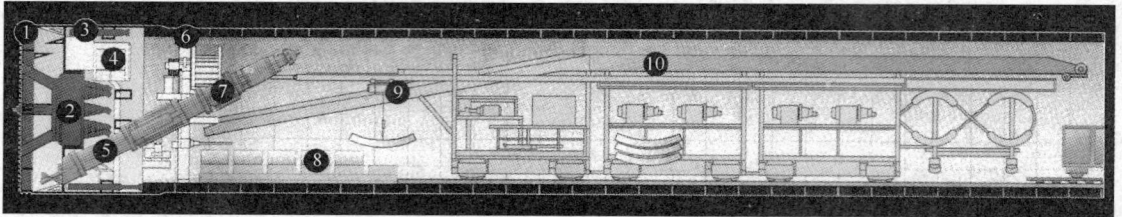

图 4-13-1 盾构作业流程

①刀盘；②主轴承；③推进油缸；④压力仓；⑤螺旋输送机；⑥管片安装机；⑦闸门；⑧管片小车；⑨管片吊机；⑩皮带输送机

当然，采用盾构法隧道时也存在以下主要问题：

（1）当覆土较浅时，开挖面稳定甚为困难，而在水下施工时，需采取措施保证安全；

（2）曲率半径较小的曲线段施工比较困难；

（3）采用气压法施工，施工条件较差，劳动保护条件要求高；

（4）在饱和含水层中，对拼装衬砌整体结构防水技术要求高；

（5）不能完全防止盾构施工地区的地表沉降，只能采取严密措施将沉陷控制在最小限度。

2．沉管隧道

所谓沉管隧道简单地说，就是在水底预先挖好沟槽，把在陆上其他地点预制的适当长度的管体，两端用临时封墙密封，制成以后用拖轮拖运到隧址指定位置上，待管段定位就绪后，往管段中注水加载，使之下沉，然后将沉设完毕的管段在水下连接起来，覆土回填，完成隧道，此之谓"沉管隧道"，是修建水底隧道常用的施工方法。

沉管法施工水下隧道具有以下主要特点：

（1）与其他水下隧道施工法相比，因能够设置在不妨碍通航的深度下，故隧道全长可以缩短；

（2）隧道管段是预制的，质量好，水密性高；

（3）因有浮力作用在隧道上，所以视相对密度小，对地层承载力的要求不大；

（4）特别适应较宽的断面形式；

（5）因采用预制方式施工，效率高，工期短，但在挖掘沟槽时，会出现妨碍水面交通和弃渣处理等问题。

3．明挖隧道

山区隧道工程的洞口地段和洞身覆盖过薄地段，暗挖施工地层不能形成稳定的自然拱，常采用明挖方式修建洞身衬砌，从地表面向下开挖，在预定位置修筑结构物，然后在外部回填土石来掩盖和防护衬砌，这种类似隧道的结构称为明洞。

明洞在山区道路建设中一般用于以下几方面。①防护隧道洞口。当隧道洞口正面或侧面山坡高陡，为了根除落石坍方病害，一般要延长洞身修建明洞，以保证运营安全，如图4-13-2。②对一些自然山坡洞口开挖后可能产生顺层滑动，以及洞口地层稳定性差，洞顶覆盖也薄等不利地段,一般均在洞口设置一段明洞,利用洞顶回填支撑山坡。③防治路堑病害。对边坡防护工程量大的路堑或半路堑,从根治剥蚀、落石、塌坍、流泥等病害出发,常采用明洞工程。④用作引跨建筑物。对横跨路线路堑的铁路、公路桥跨,或较为宽阔的沟谷渡槽。图 4-13-3 为跨越铁路的钢筋混凝土明洞渡槽。

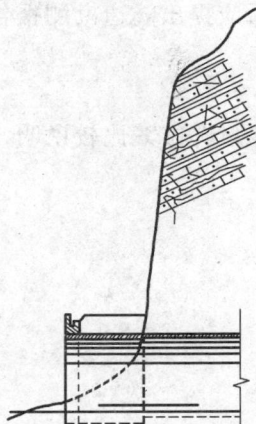

图 4-13-2 用明洞防治危岩落石

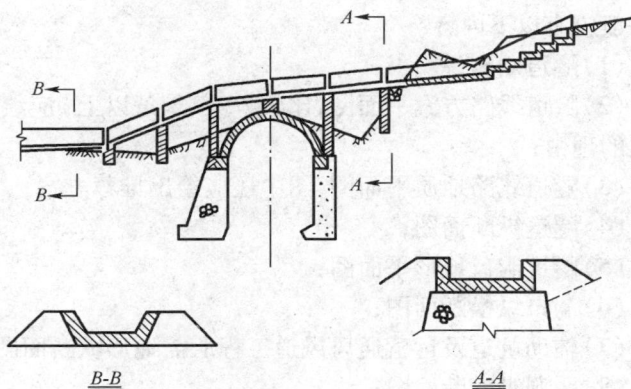

图 4-13-3 用明洞作渡槽

明挖法也应用在城市建设的许多方面,如地铁车站、地下车库、地下商场、过街地道等。

明挖法多采用在埋深 <40m 的场合。随着埋深的增加,明挖法的投资、工期都将增大,因此,采用明挖法时要进行充分的比较。

第二节 隧道勘察设计的内容及文件组成

隧道的设计通常要经过可行性研究、初步设计、施工图设计三个阶段。公路隧道勘察阶段的划分应与公路隧道设计阶段相适应,一般分为可行性研究勘察(踏勘)、初步勘察(初勘)与详细勘察(详勘)三个阶段,主要内容如下。

1. 可行性研究勘察

公路隧道可行性研究按其工作深度分为预可行性研究和工程可行性研究。在预可行性研究中,主要侧重于收集与研究已有文献资料;而在工程可行性研究中,需在分析已有资料的基础上,通过踏勘,对各个可能方案做实地调查,并对不良地质地段等重要工点进行必要的勘探,大致查明地质情况。

2. 初步勘察

初勘是在批准的工程可行性研究报告推荐建设方案的基础上,在初步选定的路线内进行勘察,其任务是满足初步设计对资料的要求。根据工程地质条件,优选路线方案,在路线基本走向范围内,对可能作为隧道线位的区间进行初勘,重点勘察不良地质地段,以明确隧道能否通过或如何通过,提供编制初步设计所需全部工程地质资料。

3. 详细勘察

详勘的目的是根据已批准的初步设计文件中所确定的修建原则、设计方案、技术指标等设计资料,通过详细工程地质勘察,为线位布设和编制施工图设计提供完整的工程地质资料;其

509

任务是在初勘的基础上，进行补充校对，进一步查明沿线的工程地质条件，以及重点工程与不良地质区段的工程地质特征，为确定隧道位置的施工图设计提供详细的工程地质资料，以满足施工图设计的要求。

公路隧道勘察设计的成果是相应的设计文件，应按交通运输部现行的《公路基本建设工程设计文件编制办法》和《公路勘测规范》的要求进行。勘测结束后应提出隧道勘测报告，其中一般应有以下内容：

（1）隧道勘测说明书；

（2）隧道线路方案平面图，比较方案（2条以上）应绘入图内，并附有方案比较说明，采用方案的理由；

（3）隧道线路地质平面图，图中还应绘出推荐方案；

（4）隧道纵断面图；

（5）隧道洞口地形平面图；

（6）洞口纵横断面图；

（7）辅助坑道及运营通风风道工程所需地形纵断面图；

（8）明洞纵横断面图；

（9）对于长大隧道（2 000m以上）和地质复杂的隧道等，还应分工点编写隧道工点说明，长大隧道或复杂的隧道应将工程地质及水文地质调查成果附于说明书之后。

较长隧道的施工图设计一般应包括如下内容：

（1）隧道平面图；

（2）隧道纵断面图；

（3）隧道进出口平面图；

（4）隧道进出口洞门设计图；

（5）隧道衬砌结构设计图；

（6）隧道防排水设计图；

（7）辅助坑道结构设计图；

（8）运营通风系统的结构设计图；

（9）运营照明系统的设计图；

（10）监控与管理系统的结构设计图；

（11）附属建筑物的结构设计图。

在整个施工图设计文件中应有隧道设计说明书，对隧道概况、设计意图及原则、施工方法及注意事项等做概括说明。中小隧道的设计内容酌减。

第三节 隧道平面设计、纵断面设计、横断面设计

隧道几何设计主要是指隧道平面设计、纵断面设计、横断面设计三个方面。

一、隧道的平面设计

隧道作为公路路线的组成部分，其平面线形设计应满足现行《公路路线设计规范》的要求。由于隧道的维护和运营及救灾条件与洞外道路相比要求更高、难度也更大，因此，隧道在

平面设计时应提高线形设计标准,原则上说隧道的平面线形应尽量采用直线,避免采用曲线;当设为曲线时,应尽可能采用不设超高的平曲线,并尽量避免在隧道内设加宽的平曲线。隧道不设超高的圆曲线最小半径应符合表 4-13-2 的规定。当由于特殊条件限制隧道平面线形设计为需设超高的曲线时,其超高值不宜大于 4.0%,技术指标应符合现行《公路路线设计规范》的有关规定。此外隧道的停车视距与会车视距还应符合表 4-13-3 的规定。

不设超高的圆曲线最小半径(单位:m)　　　　　　　　表 4-13-2

设计速度(km/h) 路拱	120	100	80	60	40	30	20
≤2.0%	5 500	4 000	2 500	1 500	600	350	150
>2.0%	7 500	5 250	3 350	1 900	800	450	200

公路停车视距与会车视距　　　　　　　　表 4-13-3

公 路 等 级	高速公路、一级公路				二、三、四级公路				
设计速度(km/h)	120	100	80	60	80	60	40	30	20
停车视距(m)	210	160	110	75	110	75	40	30	20
会车视距(m)	—	—	—	—	220	150	80	60	40

对于高速公路、一级公路的隧道,应设计为上、下行分离的独立双洞。分离式独立双洞的最小净距,按对两洞结构彼此不产生有害影响的原则,结合隧道平面线形、围岩地质条件、断面形状和尺寸、施工方法等因素确定,一般情况可按表 4-13-4 取值。一座分离式双洞隧道,可按其围岩代表级别确定两洞最小净距。

分离式独立双洞间的最小净距　　　　　　　　表 4-13-4

围岩级别	I	II	III	IV	V	VI
最小净距(m)	B	$1.5B$	$2.0B$	$2.5B$	$3.5B$	$4.0B$

注:B——隧道开挖断面的宽度。

在桥隧相连、隧道相连、地形条件限制等特殊地段隧道净距不能满足表 4-13-4 的要求时,在经充分技术论证和比较,并制订可靠技术保障措施及确保工程质量的基础上,也可采取小净距隧道或连拱隧道形式。

二、隧道的纵断面设计

隧道内的纵面线形设计应综合考虑行车安全性、营运通风规模、施工作业效率和排水要求。隧道内的纵坡形式主要有单向坡和双向坡(人字坡),一般宜采用单向坡;对地下水发育的长隧道、特长隧道可采用双向坡。纵坡变更的凸形竖曲线和凹形竖曲线的最小半径和最小长度应符合表 4-13-5 的规定。通常隧道内纵坡的变换不宜过大、过频,以保证行车安全视距和舒适性。

隧道内纵坡坡率一般不宜小于 0.3%,也不宜大于 3%;受地形等条件限制时,高速公路、一级公路的中、短隧道纵坡坡率可适当加大,但不宜大于 4%;短于 100m 的隧道纵坡可与该公路隧路线的指标相同。当采用较大纵坡时,必须对行车安全性、通风设备和运营费用、施工效率的影响等作充分的技术经济综合论证。

隧道内竖曲线最小半径和最小长度　　　　　　　　表 4-13-5

设计速度（km/h）		120	100	80	60	40	30	20
凸形竖曲线半径（m）	一般值	17 000	10 000	4 500	2 000	700	400	200
	极限值	11 000	6 500	3 000	1 400	450	250	100
凹形竖曲线半径（m）	一般值	6 000	4 500	3 000	1 500	700	400	200
	极限值	4 000	3 000	2 000	1 000	450	250	100
竖曲线长度（m）		100	85	70	50	35	25	20

三、隧道的横断面设计

公路隧道横断面设计内容包括以下两个方面:其一是根据道路等级确定隧道建筑限界,其二就是确定净空断面大小及隧道内轮廓形状和几何尺寸。

1. 隧道建筑限界设计

所谓隧道建筑限界是为保证隧道内各种交通的正常运行与安全,而规定在一定宽度和高度范围内不得有任何部件侵入的空间限界(图 4-13-4、图 4-13-5)。各级公路隧道建筑限界基本宽度应按表 4-13-6 执行,并符合以下规定:

公路隧道建筑限界横断面组成最小宽度　　　　　　　表 4-13-6

公路等级	设计速度（km/h）	车道宽度 W（m）	侧向宽度 L(m) 左侧 L_L	侧向宽度 L(m) 右侧 L_R	余宽 C（m）	人行道 R（m）	检修道 J(m) 左侧	检修道 J(m) 右侧	隧道建筑限界净宽(m) 设检修道	隧道建筑限界净宽(m) 设人行道	隧道建筑限界净宽(m) 不设检修道、人行道
高速公路、一级公路	120	3.75×2	0.75	1.25			0.75	0.75	11.00		
	100	3.75×2	0.50	1.00			0.75	0.75	10.50		
	80	3.75×2	0.50	0.75			0.75	0.75	10.25		
	60	3.50×2	0.50	0.75			0.75	0.75	9.75		
二级公路、三级公路、四级公路	80	3.75×2	0.75	0.75		1.00				11.00	
	60	3.50×2	0.50	0.50		1.00				10.00	
	40	3.50×2	0.25	0.25		0.75				9.00	
	30	3.25×2	0.25	0.25	0.25						7.50
	20	3.00×2	0.25	0.25	0.25						7.00

注:①三车道隧道除增加车道数外,其他宽度同表;增加车道的宽度不得小于3.5m。
②连拱隧道的左侧可不设检修道或人行道,但应设50cm(120km/h 与 100km/h 时)或25cm(80km/h 与 60km/h 时)的余宽。
③设计速度120km/h,两侧检修道宽度均不宜小于 1.0m;设计速度100km/h,右侧检修道宽度不宜小于 1.0m。

(1)建筑限界高度,高速公路、一级公路、二级公路取 5.0m;三、四级公路取 4.5m。

(2)当设置检修道或人行道时,不设余宽;当不设置检修道或人行道时,应设不小于 25cm 的余宽。

(3)隧道路面横坡,当隧道为单向交通时,应取单面坡;当隧道为双向交通时,可取双面坡。坡度应根据隧道长度,平、纵线形等因素综合分析确定,一般可采用 1.5% ~2.0%。

(4)当路面采用单面坡时,建筑限界底边线与路面重合;当采用双面坡时,建筑限界底边线应水平置于路面最高处。

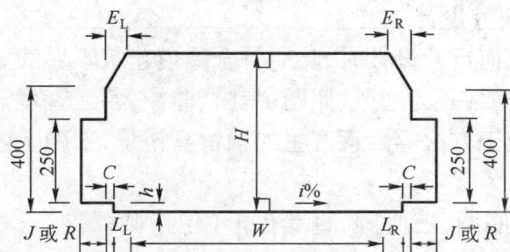

图 4-13-4 公路隧道建筑限界(尺寸单位:cm)

H-建筑限界高度;W-行车道宽度;L_L-左侧向宽度;L_R-右
侧向宽度;C-余宽;J-检修道宽度;R-人行道宽度;h-检修
道或人行道的高度;E_L-建筑限界左顶角宽度,$E_L = L_L$;
E_R-建筑限界右顶角宽度,当 $L_R \leqslant 1m$ 时,$E_R = L_R$,当 L_R
$>1m$ 时,$E_R = 1m$

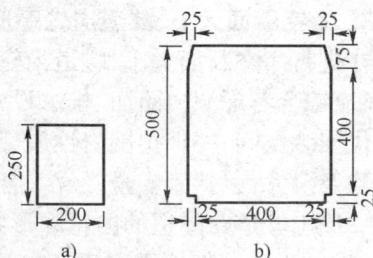

图 4-13-5 横通道的断面建筑限界(尺寸单位:cm)

a)人行横通道;b)车行横通道

高速公路和一级公路隧道内应设置检修道。其他等级公路隧道,应根据隧道所在地区的
行人密度、隧道长度、交通量及交通安全等因素确定人行道的设置。检修道或人行道宜双侧设
置;检修道或人行道的宽度按表 4-13-6 规定选取。检修道或人行道的高度可按 20 ~80cm 取
值,并综合考虑以下因素:

(1)检修人员步行时的安全;

(2)紧急情况时,驾乘人员拿取消防设备方便;

(3)满足其下放置电缆、给水管等的空间尺寸要求。

长、特长隧道应在行车方向的右侧设置紧急停车带。双向行车隧道,其紧急停车带应双侧
交错设置。紧急停车带的宽度,包含右侧向宽度应取 3.5m,长度应取 40m,其中有效长度不得
小于 30m。紧急停车带的设置间距不宜大于 750m。停车带的路面横坡,长隧道可取水平,特
长隧道可取 0.5% ~1.0% 或水平。紧急停车带建筑限界的构成如图 4-13-6。不设检修道、人
行道的隧道,可不设紧急停车带,但应按 500m 间距交错设置行人避车洞。

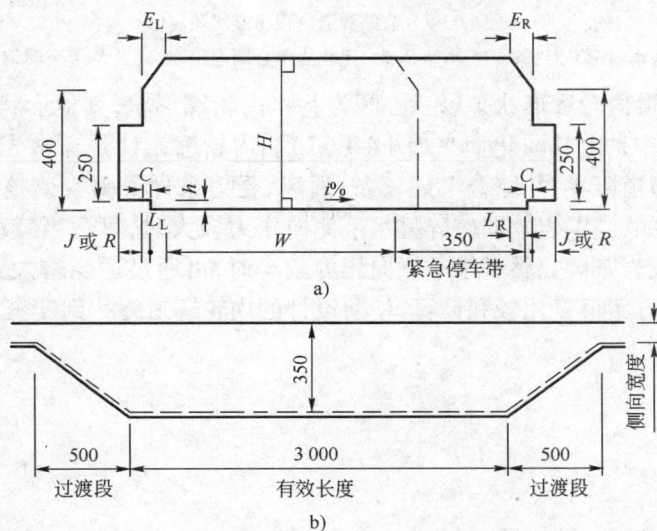

图 4-13-6 紧急停车带建筑限界(尺寸单位:cm)

2. 净空断面大小、隧道内轮廓形状和几何尺寸设计

在进行净空断面大小、隧道内轮廓形状和几何尺寸设计时，除应符合隧道建筑限界的规定外，还应综合考虑洞内路面、排水设施、装饰的需要，并为通风、照明、消防、监控、营运管理等设施提供安装空间，并根据围岩性质、围岩变形、施工方法等因素产生的预留富裕量，来确定内轮廓形状及尺寸，以达到安全、经济、合理的目的。

一般山岭道路隧道的内轮廓形状主要为单心圆、三心圆、直墙拱形（包括圆弧拱、三心圆拱）。城市内的浅埋地道多采用矩形断面，而水下公路隧道按施工方法不同有圆形（盾构施工）、矩形（沉埋法施工）等。

一般说来，对于 I ~ III 级坚硬完整围岩，当地质情况是以垂直为主侧向压力较小时，宜选用曲率较小的边墙（甚至直墙）和曲率较大的顶拱；而对 IV ~ VI 级软弱破碎围岩来说，由于隧道承受的侧向压力较大，则宜选用曲率较大的边墙。然而，对于一座隧道，特别是长度较长的隧道，其所穿越的围岩有多种类别，如果为每种围岩都设计一种内轮廓，将使一座隧道的内轮廓形状五花八门，既影响美观，也会使施工模板变换频繁而不便于施工。故《公路隧道设计规范》（JTG D70—2004）要求对于公路等级和设计速度相同的同一条公路上的隧道断面宜采用相同的内轮廓。因此，实际设计内轮廓形状时，通常是以隧道中占整条隧道长度比例最大的那一类围岩的物理力学性质为主要的设计对象来考虑，而对其他长度比例数量较小的围岩类别，则是通过调整支护参数以加强或减弱支护强度来满足支护要求。

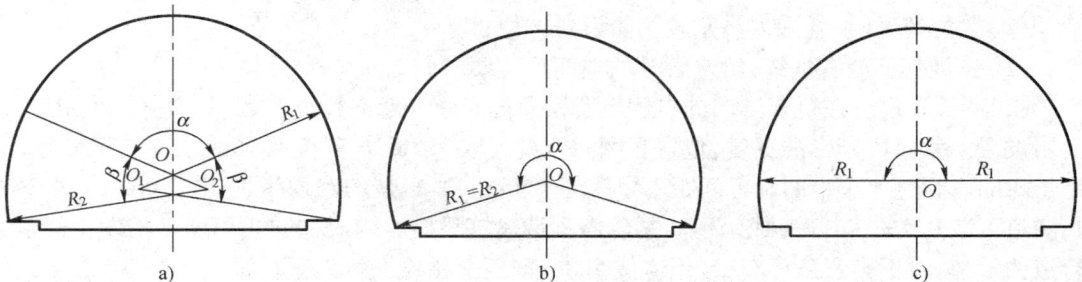

图 4-13-7 公路隧道内轮廓形状及演化

a) 三心圆为隧道最基本内轮廓形状；b) 当 $R_1 = R_2$ 时，退化为单心圆内轮廓；c) 当 $R_2 = \infty$ 时退化为直墙拱形内轮廓

常见的山岭隧道内轮廓形状是以三心圆为基本内轮廓形状，其他形状如：单心圆、直墙拱形及五心圆都可看作是由其演化而来（图 4-13-7）。内轮廓设计是通常先将内轮廓拟定为三心圆形式，再根据隧道限界，并综合考虑设备、通风、受力条件等因素调整 R_1、R_2、α、β 等相关尺寸进行优化。例如，当围岩软弱破碎且水平侧向压力较大时，可适当减小 R_2 以增加左右侧墙的曲率，反之当围岩坚硬完整且水平侧向压力较小时，可通过适当增大 R_2 以减小左右侧墙的曲率。如此经多方案反复比较和计算，使所设计的内轮廓最终达到安全、合理、经济的目的。

第十四章 隧道结构设计

第一节 隧道洞门与明洞

一、隧道洞门设计

隧道洞门是隧道洞口用圬工砌筑并加以建筑装饰的支挡结构物。洞门的作用在于支挡洞口正面仰坡和路堑边坡，拦截仰坡上方的小量剥落、掉块，保持边坡、仰坡的稳定，并将坡面汇水引离隧道，保证洞口路线的安全。洞门还是隧道唯一的外露部分，对它进行适当的建筑艺术处理，可起到美化环境的作用。

1. 隧道洞口位置的选择原则

洞口位置应根据地形、地质、水文等条件着重考虑边坡及仰坡的稳定，隧道工作者在实践中提出确定隧道位置宜早进洞、晚出洞。宁可让隧道稍长些，避免开挖高边坡路堑，这也有利于保护自然环境。当然"早进晚出"并不是说盲目地把隧道定得越长越好，而是应当更着重从安全和环保方面来考虑问题。在一般情况下，这一指导思想是符合实际的。根据我国实践经验，在不同地形、地质条件下，确定隧道洞门位置时应考虑以下原则。

（1）要避开不良地质地段，如滑坡、崩塌、岩堆、危岩落石、泥石流等处。

（2）当洞口位于沟谷内时，应尽量避免设置在汇水区的中央，洞口要选在沟的一侧。

（3）位于悬崖陡壁下的洞口，一般不宜切削原山坡，当坡面及岩顶稳定，无危石存在，可贴壁进洞。否则应延伸洞口设置明洞。

（4）漫坡浅埋段洞口位置，应结合路堑地质、少占农田、弃渣、填方利用、排水条件及有利施工等因素综合分析确定。

（5）早进晚出的原则，具体落实在洞口边坡、仰坡开挖高度的控制上，设计时大体按表4-14-1值掌握。

（6）洞口的线路走向应尽量和该处地形等高线正交，这样可不造成一侧开挖面畸高，同时应注意避免另侧岩壁过薄致产生偏压危害。

（7）洞口最好有一方开阔平缓场所，用作施工基地。如果桥隧相连，洞口位置还要考虑相关工程的需要。

洞口边坡、仰坡控制高度 表4-14-1

围岩分级	I～II			III		IV			V～VI	
边坡、仰坡坡率	贴壁	1:0.3	1:0.5	1:0.5	1:0.75	1:0.75	1:1	1:1.25	1:1.25	1:1.5
高度(m)	15	20	25	20	25	15	18	20	15	18

2. 隧道洞门的类型及适用条件

隧道洞门的形式很多，从构造形式上大致可分为：端墙式、翼墙式、台阶式、柱式、削竹式、

515

喇叭口式等。各种隧道洞门和明洞门的形式及特点见表4-14-2和表4-14-3。

常见隧道洞门形式及适用条件 表4-14-2

基本形式	适用条件及特点	洞门样式
端墙式	端墙式洞门俗称一字式洞门,适用于自然山坡陡峻,洞口地形开阔,岩层较为坚硬完整,山体压力很小,开挖坡度1:0.3～1:0.5的洞口地段。这种洞门具有结构简单、工程量小、施工简便的优点,在岩层较好时使用最为经济。唯洞门顶排水条件稍差,若横向山坡一侧较低时,宜开挖沟槽横向引排	
柱式	柱式洞门是从端墙式洞门发展而来的。当岩层有较大主动侧压力时;如采用端墙式洞门则过于安全、浪费圬工,为此,区别受力大小,设计成横向不等厚、最厚部位即呈柱形的柱式洞门。柱式洞门运用于洞口地形较陡,有较大侧压力的地段,或洞口处地位狭窄,设置翼墙无良好基础时,其仰坡开挖坡度为1:0.5～1:0.75。此外,在城市、风景区,采用柱式洞门较为雄伟美观	
翼墙式	翼墙式洞门是在端墙式洞门的两侧或一侧加设翼墙(挡墙)而成。翼墙起支撑端墙及保持路堑边坡稳定的作用,同时对减少洞口开挖高度和压缩端墙宽度均为有利。由于翼墙与端墙有很大一部分面积相接触,设计时考虑其共同作用,可节省大量圬工,且能增加洞门的抗滑和抗倾覆稳定性。因此,当地质条件较差,仰坡、边坡较缓时,通常均采用翼墙式洞门	
台阶式	傍山隧道洞口,地面横坡较陡,为了适应地形,减少开挖,多采用如图右所示的台阶式洞门,亦称偏压隧道门。它在靠山侧通常设置挡墙,以降低边坡开挖高度,并压缩端墙宽度。低山坡一侧,如地质较差,地面较高,也可采用矮挡墙。选用台阶式洞门时,通常需要根据洞口地形地质条件,与采用明洞作技术经济比较	

常见明洞门形式及适用条件 表4-14-3

基本形式	适用条件及特点	洞门样式
削竹式	洞口地形开阔的浅埋隧道可设计成削竹式明洞,这种洞门形式结构简洁、美观,并能与周围环境相互协调	
喇叭口式	适用于地形、地质条件较好,洞口周围开阔;积雪地带易吹入雪的情况。模型板、配筋费事,耗资大;对车辆行驶的影响小;与周围环境相互协调	

3. 隧道洞门的构造要求

（1）洞口仰坡坡脚至洞门墙背的水平距离不宜小于1.5m，洞门端墙与仰坡之间水沟的沟底至衬砌拱顶外缘的高度不小于1.0m，洞门墙顶高出仰坡脚不小于0.5m。

（2）洞门墙应根据实际需要设置伸缩缝、沉降缝和泄水孔；洞门墙的厚度可按计算或结合其他工程类比确定。

（3）洞门墙基础必须置于稳固地基上，应视地形及地质条件，埋置足够的深度，保证洞门的稳定。基底埋入土质地基的深度不应小于1.0m，嵌入岩石地基的深度不应小于0.5m；基底高程应在最大冻结线以下不小于0.25m；地基为冻胀土层时，应进行防冻胀处理。基底埋置深度应大于墙边各种沟、槽基底的埋置深度。

（4）松软地基上的基础，可采取加固基础措施。

（5）洞门结构应满足抗震要求。

二、明洞

1. 明洞的适用条件

（1）浅埋隧道，洞顶覆盖层较薄，难以用暗挖法施工者；

（2）受坍方、落石、泥石流等不良地质条件危害的隧道洞口或路堑地段；

（3）作为与公路、铁路、河沟等立体交叉的一种方法。

明洞常位于隧道两端洞口或傍山隧道，在某些情况下，当隧道中部穿过断层或其他破碎地层而离地表又不太深者，则明洞亦可位于隧道中部，根据情况，亦有可能整个隧道均用明挖法修建。总之，浅埋、地质不良地段是采用明洞的基本条件。因此，大多数明洞均建于地质不良之处。

2. 明洞的类型

按结构形式不同，明洞可分为拱形明洞及棚式明洞两类。

1）拱形明洞

拱形明洞衬砌由拱圈、边墙组成（有时亦设仰拱），由于其内部净空与隧道一般洞身衬砌断面尺寸一致，有利于与暗挖法施工的隧道衬砌相连接，当在隧道两端洞口（或中部）以明洞形式接长或用明洞防坍塌、抗滑以支承路堑边坡时，常采用此种类型。根据地形、地质条件，拱形明洞一般可分为如表4-14-4所示四种形式。

拱形明洞形式与适用条件

表4-14-4

类　型	图　形	适　用　条　件
路堑对称		洞顶地面平缓、两侧路堑地质条件基本相同，边坡有落石、坍塌等不良现象，洞顶覆盖较薄，难以用暗挖法修建隧道的情况
路堑偏压型		洞顶地面倾斜，路堑边坡一侧较低，明洞边墙顶以下部位为挖方，有坍塌、落石、泥石流等不良地质现象

续上表

类　型	图　形	适　用　条　件
半路堑偏压型		适用于半路堑,靠山侧边坡较高,有坍塌、落石或泥石流等不良地质现象,而外侧地面较为宽敞和稳定,填土坡面线能与地面相交,以平衡山侧压力者
半路堑单压型		适用于山侧边坡或原山坡有坍塌、掉块和落石情况,但外侧地形陡峻,无法填土,须设置耳墙

表4-14-4中各式拱形明洞,内净空与隧道内净空尺寸一致。边墙一般情况采用直墙,当墙背侧压力较大时,则采用曲墙。由于内外墙基础相对位移对内力影响较大,故对地基的要求较高,当地层松软时,则采用带仰拱的曲墙式衬砌。

2）棚式明洞

棚式明洞简称棚洞（图4-14-1）,一般在下列情况下适用:①山体侧压力不大,坡面表层为风化破碎的岩体,有危岩落石和掉块现象;②受地形条件限制,外侧地面狭窄、陡峻,受结构宽度限制,难以修建拱形明洞的隧道洞口;③隧道傍山进洞,避免对自然山体的大刷、大挖,保护环境。

棚洞结构的整体性较差,只能防止掉块、落石,运营中还要注意维修养护,在有较多、较大坍方或可能引起山体滑移的地段,不能采用。

棚洞为内（外）侧支承建筑物和钢筋混凝土拱（盖）板拼装结构。棚洞顶部外层设防水层并回填一定厚度的土石坡面,使落石向外侧滚落。采用拼装结构的棚洞按其外侧所设支承结构的形式可分为墙式、刚架式及柱式棚洞。还有一种不设外侧支承建筑物的棚洞称为悬臂式棚洞。

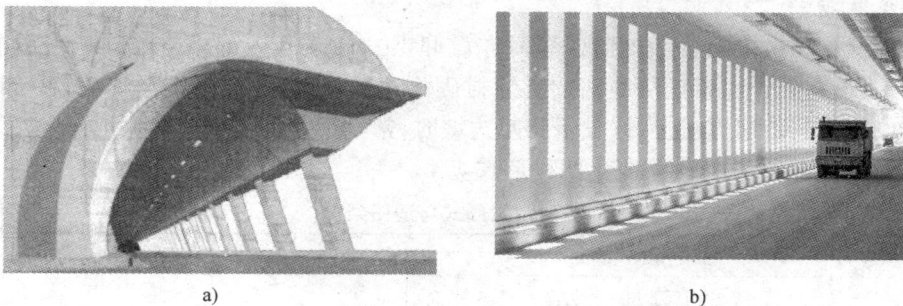

a)　　　　　　　　　　　　　　　　b)

图4-14-1　棚洞

第二节　围岩分级与隧道衬砌

一、围岩分级

围岩分级是正确进行隧道或其他地下洞室设计、施工的基础,因而一个完善的,符合工程实践的围岩分级,对于改善隧道或其他地下洞室的结构设计、发展新的施工工艺、降低工程造价等都有十分重要的意义。

国内外在近几十年来,把围岩分级作为隧道和地下洞室工程技术的重要研究内容之一,从定性、定量上进行了大量的探索和实践,取得了很多有意义的成果。从国内外围岩分级的发展看,作为分级的指标大体上可以归纳为三种情况。

1. 单一的岩性指标

一般都是在为了某种特定目的的分级中所采用,如确定钻眼工效或炸药消耗量等可考虑以岩石的抗钻性或抗爆性来进行分级。

2. 单一的综合岩性指标

所谓单一的综合性指标是指:指标是单一的,但反映的因素却是综合的。如岩心质量指标(RQD),既反映岩体的破碎程度,又反映岩石的软硬程度,其数据可通过修正钻探岩心采取率来加以确定。又如弹性波速度,也是既可反映岩体的软硬、致密程度,又可以反映岩体的破碎程度。

单一的综合性指标多与地质测试技术的发展有关,它受测试方法的技术条件和地质特征的影响。目前有不少围岩分级是采用单一的综合性指标的。

3. 复合指标

指用两个或两个以上岩性指标来表示。它可根据各指标对分级的影响程度将其相加,或将其相乘而取得,并据此来进行分级。从发展上看,由于复合指标考虑了有关的多种因素对围岩稳定性的影响,比较全面地反映了洞室围岩的工程性质,因而是比较好的方法,也是目前围岩分级发展的一个趋势。

公路隧道与其他地下工程相比,具有自身的一些特点,如长度大,但断面形状、尺寸的变化小,隧道位置受路线方案的控制,局部地质条件不易选择,因而地质条件变化幅度大,甚至在较差的地质条件下进行隧道建设。从公路隧道特点出发,围岩分级主要考虑以下几个方面:

(1)强调岩体的地质特征的完整性和稳定性,避免单一的岩石强度指标的方法;

(2)分级指标应采用定性和定量指标相结合的方式;

(3)明确工程目的和内容,并提出相应的措施;

(4)分级应简明,便于使用;

(5)应考虑吸收其他围岩分级的优点,并尽量和我国其他通常围岩分级一致。

由于影响公路隧道围岩稳定性的诸因素,应该考虑的指标也是多方面的。但在实际工作中,由于测试指标的困难,出于有的影响因素不易用定量的指标加以表示,或者由于工程的要求不同,在一个分级中要全面地反映所有的影响因素,考虑许多指标,不仅困难,从当前学科发展的技术状况来看,也是不现实的。因此实际围岩分级主要考虑如下几方面的指标:

(1)围岩的结构特征和完整状态;

(2)岩石的物理力学性质;

(3)地下水影响;

(4)构造应力影响;

(5)主要软弱结构面产状影响。

公路隧围岩分级的综合评判方法通常采用两步分级,并按以下顺序进行。

(1)根据岩石的坚硬程度和岩体完整程度两个基本因素的定性特征和定量的岩体基本质量指标 BQ,综合进行初步分级。

$$BQ = 90 + 3R_c + 250K_v \qquad (4\text{-}14\text{-}1)$$

式中：BQ——岩体基本质量指标；

　　R_c——岩石单轴饱和抗压强度；

　　K_v——岩体完整性指数。

使用式（4-14-1）时，应遵守下列限制条件：

①当 $R_c > 90K_v + 30$ 时，应以 $R_c = 90K_v + 30$ 和 K_v 代入计算 BQ 值；

②当 $K_v > 0.04R_c + 0.4$ 时，应以 $K_v = 0.04R_c + 0.4$ 和 R_c 代入计算 BQ 值。

（2）对围岩进行详细定级时，应在岩体基本质量分级基础上考虑地下水、主要软弱结构面产状、构造应力因素的影响，修正岩体基本质量指标值。

围岩基本质量指标修正值 $[BQ]$ 可按下式计算：

$$[BQ] = BQ - 100(K_1 + K_2 + K_3) \qquad (4\text{-}14\text{-}2)$$

式中：$[BQ]$——围岩基本质量指标修整值；

　　BQ——围岩基本质量指标；

　　K_1——地下水影响修正系数；

　　K_2——主要软弱结构面产状影响修正系数；

　　K_3——初始应力状态修正系数。

根据围岩基本质量指标 BQ（或围岩基本质量指标修正值 $[BQ]$）的数值范围，可将公路隧道围岩分为 6 级，具体见表 4-14-5。

公路隧道围岩分级

表 4-14-5

围岩级别	围岩或土体主要定性特征	围岩基本质量指标（BQ）或修正的围岩基本质量指标 $[BQ]$
I	坚硬岩，岩体完整，巨整体状或巨厚层状结构	>550
II	坚硬岩，岩体较完整，块状或厚层状结构	550～451
	较坚硬岩，岩体完整，块状整体结构	
III	坚硬岩，岩体较破碎，巨块（石）碎（石）状镶嵌结构	450～351
	较坚硬岩或较软硬岩层，岩体较完整，块状体或中厚层结构	
IV	坚硬岩，岩体破碎，碎裂结构	350～251
	较坚硬岩，岩体较破碎～破碎，镶嵌碎裂结构	
	较软岩或软硬岩互层，且以软岩为主，岩体较完整～较破碎，中薄层状结构	
	土体：(1)压密或成岩作用的黏性土及砂性土；(2)黄土（Q_1、Q_2）；(3)一般钙质、铁质胶结的碎石土、卵石土、大块石土	
V	较软岩，岩体破碎；软岩，岩体较破碎～破碎；极破碎各类岩体，碎、裂状、松散结构	≤250
	一般第四系的半干硬至硬塑的黏性土及稍湿至潮湿的碎石土、卵石土、圆砾、角砾土及黄土（Q_3、Q_4）。非黏性土呈松散结构、黏性土及黄土呈松软结构	
VI	软塑状黏性土及潮湿、饱和粉细砂层、软土等	

注：本表不适用于特殊条件的围岩分级，如膨胀性围岩、多年冻土等。

二、作用在隧道上的荷载

1. 作用在隧道上的荷载类型及荷载组合的基本要求

作用在隧道上的荷载主要有：永久荷载、可变荷载和偶然荷载（表 4-14-6），设计隧道结构时，在隧道结构上可能同时出现的荷载，应按承载能力和满足正常使用要求的检验分别进行组合，并按最不利组合进行设计。

对于表 4-14-6 所列之外的其他特殊荷载，在荷载计算与组合时应作特殊处理。

隧道荷载分类　　　　　　　表 4-14-6

编　号	荷载分类		荷载名称
1	永久荷载		围岩压力
2			土压力
3			结构自重力
4			结构附加恒载
5			混凝土收缩和徐变的影响力
6			水压力
7	可变荷载	基本可变荷载	公路车辆荷载，人群荷载
8			立交公路车辆荷载及其所产生的冲击力、土压力
9			立交铁路列车活载及其所产生的冲击力、土压力
10		其他可变荷载	立交渡槽流水压力
11			温度变化的影响力
12			冻胀力
13			施工荷载
14	偶然荷载		落石冲击力
15			地震力

注：编号 1～10 为主要荷载；编号 11、12、14 为附加荷载；编号 13、15 为特殊荷载。

2. 永久荷载

1）深埋隧道围岩压力

深埋隧道围岩压力应按围岩物理力学性质分析确定。一般说来，Ⅰ～Ⅳ级围岩中深埋隧道的围岩压力为主要形变压力，其围岩压力可按释放荷载计算。关于释放荷载的计算方法，可参考《公路隧道设计规范》（JTG D70—2004）附录 D 的公式确定。

Ⅳ～Ⅵ级围岩中深埋隧道的围岩压力通常表现为松散荷载，其垂直均布压力及水平均布压力可按下列公式计算。

垂直均布压力按式（4-14-3）计算。

$$q = \gamma h \qquad\qquad (4\text{-}14\text{-}3)$$
$$h = 0.45 \times 2^{S-1} \omega$$

式中：q——垂直均布压力（kN/m^2）

γ——围岩重度（kN/m^3）；

S——围岩级别；

ω——宽度影响系数,$\omega = 1 + i(B - 5)$;

B——隧道宽度(m);

i——B 每增减 1m 时的围岩压力增减率,以 $B = 5$m 的围岩垂直均布压力为准,当 $B < 5$m 时,取 $i = 0.2$;$B > 5$m 时,取 $i = 0.1$。

水平均布压力按表 4-14-7 的规定确定。

围岩水平均布压力

表 4-14-7

围岩级别	I、II	III	IV	V	VI
水平均布压力	0	$< 0.15q$	$(0.15 \sim 0.3)q$	$(0.3 \sim 0.5)q$	$(0.5 \sim 1.0)q$

注:应用式(4-14-3)及表 4-14-7 时,必须同时具备下列条件:

①$H/B < 1.7$,H 为隧道开挖高度(m),B 为隧道开挖宽度(m);

②不产生显著偏压及膨胀力的一般围岩。

2)浅埋隧道围岩压力

(1)按荷载等效高度,结合地质条件和施工方法等因素确定隧道是否属于浅埋隧道:

$$H_p = (2 \sim 2.5)h_q \tag{4-14-4}$$

式中:H_p——浅埋隧道分解深度(m);

h_q——荷载等效高度(m):

$$h_q = q/\gamma$$

q——按式(4-14-3)计算的深埋垂直均布压力(kN/m²);

γ——围岩重度(kN/m³)。

对钻爆法施工的隧道,H_p 的取值按围岩级别不同,I~III 级围岩取 $H_p = 2.5h_q$、IV~VI 级围岩取 $H_p = 2h_q$。

(2)浅埋隧道围岩压力计算:

①当隧道埋深 $H \leq h_q$ 时,荷载可视为上覆岩土的垂直均布压力:

$$q = \gamma H \tag{4-14-5}$$

式中:q——垂直均布压力(kN/m²);

γ——上覆岩土重度(kN/m³);

H——隧道埋深,即洞顶至地面的距离(m)。

此时侧向压力 e 也按均布压力考虑:

$$e = \gamma \left(H + \frac{1}{2H_t} \right) \tan^2 \left(45 - \frac{\varphi_c}{2} \right) \tag{4-14-6}$$

式中:e——侧向均布压力(kN/m²)

φ_c——围岩计算摩擦角(°),其值可按表 4-14-8 取值;

H_t——隧道高度(m)。

围岩计算摩擦角(°)

表 4-14-8

围岩级别	I	II	III	IV	V	VI
围岩计算摩擦角 φ_c(°)	> 60	$50 \sim 60$	$39 \sim 50$	$27 \sim 39$	$20 \sim 27$	< 20

②当隧道埋深 $h_q < H \leq H_p$ 时,作用在支护结构上的换算均布压力 $q_浅$(图 4-14-2)为:

$$q_浅 = \gamma H (1 - H\lambda \tan\theta / B_t) \tag{4-14-7}$$

式中:$q_浅$——作用在支护结构上的换算均布压力(kN/m^2);

B_t——隧道开挖宽度(m)。

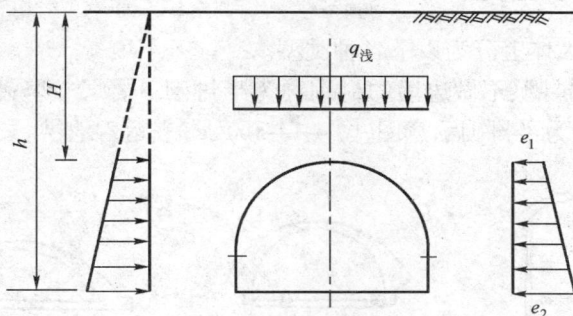

图 4-14-2 浅埋隧道围岩压力计算

作用在支护结构上的水平侧压力为:

$$\left.\begin{aligned} e_1 &= \gamma H \lambda \\ e_2 &= \gamma h \lambda \end{aligned}\right\} \tag{4-14-8}$$

若将侧压力视为均布压力,则有:

$$e = 0.5(e_1 + e_2) \tag{4-14-9}$$

隧道采用明挖施工时,明洞荷载计算可参考《公路隧道设计规范》(JTG D70—2004)附录 E 的公式确定。

当隧道可能产生偏压时,应根据偏压的状态和程度采取相应的治理措施,当预期不能消除偏压影响时,应在荷载组合与分布中加以考虑。作用于隧道衬砌上的偏压力,应视地形、地质条件以及围岩的覆盖厚度确定。偏压隧道的围岩压力计算方法可参考《公路隧道设计规范》(JTG D70—2004)附录 F 的公式确定。

此外,作用于洞门墙墙背的主动土压力可按库仑理论计算,当墙背仰斜或直立时,土压力采用水平方向,其值可按《公路隧道设计规范》(JTG D70—2004)附录 H 确定。

3)其他永久荷载

隧道结构自重可按结构设计尺寸及材料标准重度计算,结构附加恒载一般应按实际情况计算。

3. 可变荷载

(1)明洞上公路车辆荷载及其所产生的冲击力、土压力,应按照现行《公路桥涵设计通用规范》(JTG D60)的有关规定计算。

(2)明洞上立交铁路列车活载及其所产生的冲击力、土压力,应按照现行《铁路桥涵设计基本规范》(TB 10002.1)的有关规定计算。

(3)变形受约束的结构,应考虑温度变化和混凝土收缩徐变对结构的影响。

(4)最冷月份平均气温低于 -15℃ 地区的隧道应考虑冻胀力,冻胀力可根据当地的自然条件、围岩冬季含水量及排水条件等通过研究确定。

(5)施工荷载应根据施工阶段、施工方法和施工条件确定。

4. 偶然荷载

(1)当有落石危害需检算冲击力时,可通过现场调查或有关计算验证。

（2）地震荷载应按现行《公路工程抗震设计规范》的规定计算确定。

三、道路隧道衬砌结构类型

隧道的衬砌类型，大体上分为以下各种类型。

（1）半衬砌。只做拱圈、不做边墙的衬砌称为半衬砌。岩层较坚硬、整体性较好时，可采用半衬砌。图 4-14-3a）为半衬砌示意图，图 4-14-3b）、c）表示落地拱。

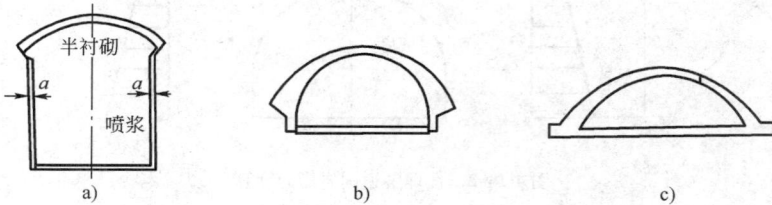

图 4-14-3　半衬砌结构

（2）厚拱薄墙衬砌。拱脚较厚、边墙较薄的衬砌称为厚拱薄墙衬砌。对水平压力较小的洞室可采用厚拱薄墙衬砌，如图 4-14-4 所示。

（3）直墙拱形衬砌。由拱圈、竖直边墙和底板（或仰拱）组成，是最为普遍采用的一种结构形式，如图 4-14-5 所示。

（4）曲墙拱形衬砌。由拱圈、曲墙和底板（或仰拱）组成，如图 4-14- 6 所示。围岩具有较大的垂直压力和水平压力时，可采用曲墙拱形衬砌。遇洞室底部地层软弱或为膨胀性地层时，应采用底部结构为仰拱的曲墙拱形衬砌，将整个衬砌围成封闭形式，以加大结构的整体刚度。

（5）离壁式衬砌。离壁式衬砌一般指拱圈和边墙与岩壁相隔离，其间空隙不做回填，仅拱脚处局部扩大延伸与岩壁顶紧的衬砌，如图 4-14-7 所示。

图 4-14-4　厚拱薄墙衬砌　　图 4-14-5　直墙衬砌　　图 4-14-6　曲墙衬砌　　图 4-14-7　离壁式衬砌

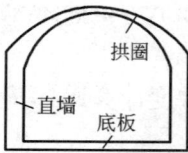

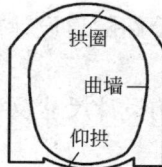

（6）喷锚衬砌。由喷混凝土、钢筋网喷混凝土、锚杆喷混凝土或锚杆钢筋网喷混凝土、钢纤维喷混凝土等构成的衬砌。有时作为初期支护与混凝土衬砌形成复合式衬砌，如图 4-14-8 所示。

（7）装配式衬砌。由预制构件在洞内拼装而成的衬砌称为装配式衬砌，如图 4-14-9 所示。

（8）复合式衬砌。分两次修筑、中间加设薄膜防水层的衬砌称为复合式衬砌，如图 4-14-10 所示。复合式衬砌的外层常为锚喷支护，内层常为混凝土整体式衬砌。

四、隧道衬砌结构构造要求

（1）隧道建筑物各部结构的截面最小厚度应大于表 4-14-9 的数值。

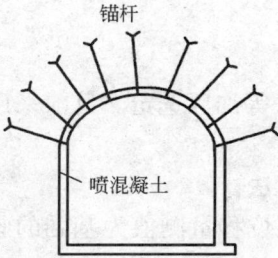

图 4-14-8　喷锚衬砌　　　　　图 4-14-9　装配式衬砌　　　　图 4-14-10　复合式衬砌

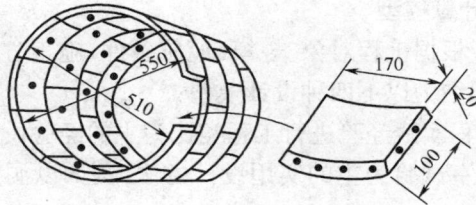

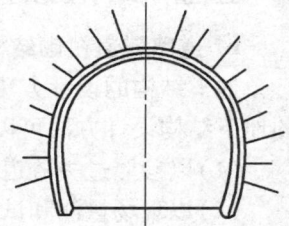

截面最小厚度(单位:cm)　　　　　　　　　　　　　　表 4-14-9

建筑材料种类	隧道和明洞衬砌			洞门端墙、翼墙和洞口挡土墙
	拱圈	边墙	仰拱	
混凝土	20	20	20	30
片石混凝土	50		50	50
浆砌粗料石	30			30
浆砌片石	50			50

(2)钢筋混凝土构件中受力钢筋的混凝土保护层最小厚度应符合表 4-14-10 的规定。

混凝土保护层最小厚度(单位:cm)　　　　　　　　　表 4-14-10

构 件 厚 度	保护层最小厚度		构 件 厚 度	保护层最小厚度	
	非侵蚀性环境	侵蚀性环境		非侵蚀性环境	侵蚀性环境
<15	根据情况确定	根据情况确定	31～50	3.5	4
15～30	3	3.5	>50	4	5

注:①明洞和洞门均采用表中非侵蚀性环境栏内的数值。

②有防火要求时,保护层最小厚度应按相应规范考虑。

(3)钢筋混凝土结构构件中纵向受力钢筋的截面最小配筋率应符合表 4-14-11。

钢筋混凝土结构构件中纵向受力钢筋的截面最小配筋率(单位:%)　　表 4-14-11

受 力 类 型		最小配筋率				
受压构件	全部纵向钢筋	0.6				
	一侧纵向钢筋	0.2				
受弯构件、偏心受拉、轴心受拉构件一侧的受拉钢筋	钢筋种类	混凝土强度等级				
		C20	C25	C30	C40	C50
	HPB235	0.25	0.25	0.30	0.35	0.40
	HRB335	0.20	0.20	0.20	0.25	0.30

注:①受压构件全部纵向钢筋最小配筋率,当采用 HRB400 钢筋时,应按表中规定减小 0.1。

②偏心受拉构件中的受压钢筋,应按受压构件一侧纵向钢筋考虑。

③受压构件的全部纵向钢筋和一侧纵向钢筋的配筋率以及轴心受拉构件和小偏心受拉构件一侧受拉钢筋的配筋率应按构件的全截面面积计算;受弯构件、大偏心受拉构件一侧受拉钢筋的配筋率应按全截面面积扣除受压翼缘面积后的截面面积计算。

④当钢筋沿构件截面周边布置时,"一侧纵向钢筋"系指沿受力方向两个对边中的一边布置的纵向钢筋。

五、整体式衬砌结构计算模型和计算方法

1. 道路隧道衬砌结构计算模型

地下结构的设计方法应根据工程对象、规模、地质条件、施工方法等加以选定。目前采用的地下结构设计方法可以归纳为以下四种设计模型：

(1)以参照过去隧道工程实践经验进行工程类比为主的经验设计法；

(2)以现场量测和试验室试验为主的实用设计方法，例如以洞周位移量测值为基础的收敛—约束法；

(3)作用—反作用模型，即荷载—结构模型，例如弹性地基圆环计算和弹性地基框架计算等计算法；

(4)连续介质模型，包括解析法和数值法，数值计算法目前主要是有限单元法。

每种设计模型或方法各有其适用的场合，也各有自身的局限性。由于地下结构的设计受各种复杂因素的影响，因此经验设计法往往占据一定的位置。即使内力分析采用了比较严密的理论，其计算结果往往也需要用经验类比来判断和补充。以测试为主的实用设计方法常为现场人员欢迎，因为它能提供直觉的材料，以更确切地估计地层和地下结构的稳定性和安全程度。工程技术人员在设计地下结构时，往往要同时进行多种设计方法的比较，以获得较为经济合理的设计。

2. 整体式隧道衬砌结构计算方法

图4-14-11为半衬砌的计算图式，简化为拱圈弹性支承在岩层上的无铰拱，采用结构力学方法进行计算。

3. 衬砌结构截面强度的校核

在计算衬砌各个截面的内力后，还应进行强度检算。现行规范规定：对隧道衬砌和明洞衬砌都应按破坏阶段检算构件截面强度，根据材料的极限强度计算出衬砌截面的极限承载力 N_j，使其与实际产生的截面内力 N（轴向力）相比得出各截面的实际强度安全系数 K。然后与《公路隧道设计规范》（JTG

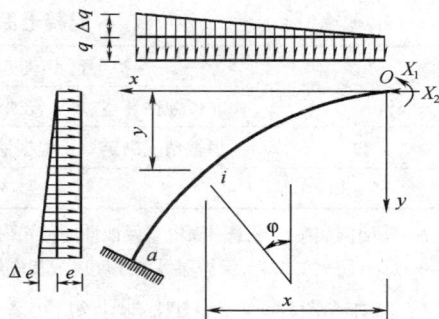

图4-14-11　半衬砌的计算

D70—2004)规定的强度安全系数（具体规定如表4-14-12、表4-14-13 所列）比较，看是否满足要求，用公式表示，即：

$$K = \frac{N_j}{N} \geqslant K_g \tag{10-14-10}$$

式中：K_g——《公路隧道设计规范》（JTG D70—2004）规定的强度安全系数（具体规定如表4-14-12、表4-14-13）。

混凝土和砌体结构的强度安全系数　　　　　表4-14-12

破坏原因 \ 圬工种类及荷载组合	混　凝　土		砌　体	
	永久荷载+基本可变荷载	永久荷载+基本可变荷载+其他可变荷载	永久荷载+基本可变荷载	永久荷载+基本可变荷载+其他可变荷载
混凝土或砌体达到抗压极限强度	2.4	2.0	2.7	2.3
混凝土达到抗拉极限强度	3.6	3.0		

钢筋混凝土结构的强度安全系数　　　　表 4-14-13

破坏原因　　　　荷载组合	永久荷载+基本可变荷载	永久荷载+基本可变荷载+其他可变荷载
钢筋达到计算强度或混凝土达到抗压或抗剪极限强度	2.0	1.7
混凝土达到抗拉极限强度	2.4	2.0

除检算截面的强度外,《公路隧道设计规范》(JTG D70—2004)还对轴向力的偏心距有所限制,要求混凝土构件的偏心距不应大于 0.45 倍的截面厚度,砌体的不应大于 0.3 倍截面厚度;基底偏心距,对岩石地基应不大于 1/4 墙底厚度,土质地基不应大于 1/6 墙底厚度。计算表明,对混凝土矩形截面构件,当偏心距 $e_0 < 0.2h$ 时,系抗压强度控制承载能力,则按式(4-14-11)检算抗压强度;当偏心距 $e_0 > 0.2h$ 时,系抗拉强度控制其承载能力,则按式(4-14-12)检算抗拉强度。

对石砌体矩形截面构件,只要检算其抗压强度就可以了。

由于隧道衬砌截面上有弯矩和轴向力作用,故隧道衬砌和拱形明洞都属于偏心受压构件,当衬砌材料为混凝土衬砌体坏工时,其矩形截面中心及偏心受压构件的抗压强度按下式计算:

$$KN \leq \phi \alpha R_a bh \quad (4-14-11)$$

式中:K——安全系数,按表 4-14-12 采用;

　　　R_a——混凝土或砌体的抗压极限强度;

　　　N——轴向力(kN);

　　　b——截面宽度(m);

　　　h——截面厚度(m);

　　　ϕ——构件纵向弯曲系数,对于贴壁式隧道衬砌、明洞拱圈及墙背紧密回填的边墙,可取 $\phi = 1$,对于其他构件,应根据其长细比按表 4-14-14 采用;

　　　α——轴向力的偏心影响系数,按表 4-14-15 采用。

按抗裂要求,混凝土矩形截面偏心受压构件的抗拉强度按下式计算:

$$KN \leq \phi \frac{1.75 R_l bd}{\frac{6e_0}{h} - 1} \quad (4-14-12)$$

式中:R_l——混凝土或砌体的抗拉极限强度;

混凝土及砌体构件的纵向弯曲系数　　　　表 4-14-14

H/h	<4	4	6	8	10	12	14	16
纵向弯曲系数 ϕ	1.00	0.98	0.96	0.91	0.86	0.82	0.77	0.72
H/h	18	20	22	24	26	28	30	
纵向弯曲系数 ϕ	0.68	0.63	0.59	0.55	0.51	0.47	0.44	

注:①H 为构件的高度,h 为截面短边的边长(当轴心受压时)或弯矩作用平面内的截面边长(当偏心受压时)。
　　②当 H/h 为表列数值的中间值时,ϕ 可按内插法求得。

其他符号意义同前。

偏心影响系数 α

表4-14-15

e_0/h	α	e_0/h	α	e_0/h	α	e/h	α	e_0/h	α
0.00	1.000	0.10	0.954	0.20	0.750	0.30	0.480	0.40	0.236
0.02	1.000	0.12	0.923	0.22	0.698	0.32	0.426	0.42	0.199
0.04	1.000	0.14	0.886	0.24	0.645	0.34	0.374	0.44	0.170
0.06	0.996	0.16	0.845	0.26	0.59	0.36	0.324	0.46	0.142
0.08	0.979	1.18	0.799	0.28	0.535	0.38	0.278	0.48	0.123

注：①表中 e_0 为轴向力偏心距。

②表中 $\alpha = 1.000 + 0.648e_0/h - 12.569(e_0/h)^2 + 15.444(e_0/h)^3$。

第三节　隧道喷锚支护

一、隧道喷锚支护的基本原理

隧道喷锚支护是以喷射混凝土、锚杆为主要支护手段，通过对围岩的监控量测指导设计与施工，使围岩成为支护体系的一部分，合理地利用围岩的自承能力，以保持围岩稳定的隧道修建方法。人们在长期实践中早已注意到，许多天然洞穴和人工开挖的坑道虽然未支护，也能长期保持稳定，这说明围岩自身具有一定的承载能力。奥地利学者 L. V. Rabcewicz 总结前人在隧道工程中累积的经验后提出一套隧道设计、施工的方法——新奥地利隧道施工法。20 世纪60 年代，新奥法取得专利并在世界各国得到了广泛应用。我国从 20 世纪 60 年代开始研究和推广该技术，目前成功推广应用到地下铁道、矿山坑道、地下厂房、公路、水工隧洞等地下工程中。

喷射混凝土和锚杆是新奥法的主要支护手段，此外还可辅以金属网和轻型钢拱架。与传统支护方式不同的是，采用喷锚支护可以主动加固围岩、改善围岩的应力状态；在允许围岩变形"卸压"的同时限制围岩产生有害变形。

二、隧道喷锚支护的基本原则

喷射混凝土和锚杆支护是新奥法的主要支护手段，不能将其误解为只是在隧道中采用一种支护形式或一种隧道施工方法，而是一种新的隧道设计与施工的理念和原理。它是应用岩体力学的理论，以维护和利用围岩的自承能力为基点，采用锚杆和喷射混凝土为主要支护手段，及时地进行支护、控制围岩的变形和松弛，使围岩成为支护体系的组成部分，并通过对围岩和支护的量测监控来指导隧道设计施工的原理。其主要原理可以归纳为以下六条基本原则。

（1）隧道支护和围岩是整体化的结构物，围岩是承载结构的一部分，因此，应合理地利用围岩的自承能力，保持围岩稳定。

（2）以喷射混凝土、锚杆为主要支护手段，及时支护和封闭围岩，尽量避免出现二向应力状态，松动范围愈小愈好，以保护和发挥围岩的强度和承载能力，使围岩成为支护体系的重要组成部分。

（3）开挖作业应减少对围岩的扰动，尽量采用大断面开挖，减少围岩应力多次分布的危害,并保持隧道开挖轮廓圆顺,避免应力集中。

(4)施工中必须对围岩和支护进行观察、量测,根据量测结果及时修改初期支护参数或施工方法,合理安排施工程序,实现动态化设计。

(5)二次衬砌原则上在围岩和初期支护变形基本稳定后进行,但遇软弱围岩,特别是洞口段时,衬砌则要紧跟。

(6)在软弱围岩地段,支护应及早闭合。围岩特别软弱时,上半断面开挖完做好初期支护后,应增设临时仰拱,开挖到隧底后应及时施作仰拱。

以上原则是运用新奥法原理制定隧道开挖方法的基本指导思想。这六条原则相互联系,缺一不可。

实际上,新奥法的原则核心就只有一条,那就是保护围岩,调动和发挥围岩的自承能力。从这一核心原则出发,可以根据隧道工程具体条件灵活地选择开挖方法、爆破技术、支护形式、支护施作时机和辅助工法(例如地层注浆)。

三、喷锚支护的一般原理

新奥法的主要支护手段是喷射混凝土和锚杆,此外还可辅以金属网和轻型钢拱架。与以往传统支护方式不同的是,采用喷锚支护可以主动加固围岩、改善围岩的应力状态;在允许围岩变形"卸压"的同时限制围岩产生有害变形。喷射混凝土和锚杆支护的主要作用原理和效果见表4-14-16、表4-14-17。

喷射混凝土的主要作用原理和效果　　　　　　　　　　表4-14-16

喷射混凝土的作用效果	概　念　图
1. 支承围岩 由于喷层能与围岩密贴和黏结,并给围岩表面以抗力和剪力,从而使围岩处于三向受力的有利状态,防止围岩强度恶化,此外,喷层本身的抗冲切能力阻止不稳定块体的塌滑	
2. 卸载作用 由于喷层属于柔性,能有控制地使围岩在不出现有害变形的前提下,进入一定程度的塑性,从而使围岩卸载。同时喷层的柔性也能使喷层中的弯曲应力减小,有利于混凝土承载力的发挥	
3. 填平补强围岩 喷射混凝土可射入围岩张开的裂隙,填充表面凹坑,使裂隙分割的岩块层面黏联在一起,保持岩块间的咬合、镶嵌作用,提高其间的黏结力、摩阻力,有利于防止围岩松动	

续上表

喷射混凝土的作用效果	概 念 图
4. 覆盖围岩表面 喷层直接粘贴岩面,形成防风化和止水的防护层,并阻止节理围岩中充填物流失	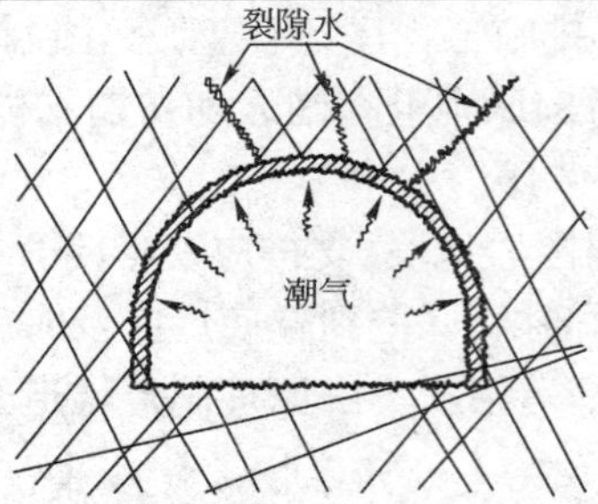
5. 阻止围岩松动 喷层能紧跟掘进工程后及时进行支护,早期强度高,因而能及时向围岩提供抗力,阻止围岩松动	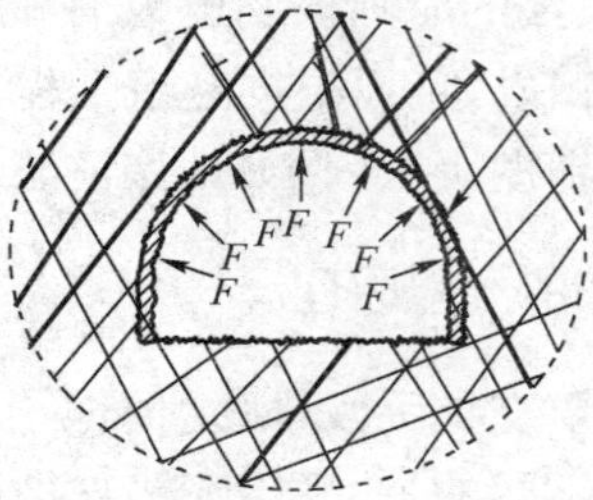
6. 分配外力 通过喷层把外力传递给锚杆、网架等,使支护结构受力均匀分担	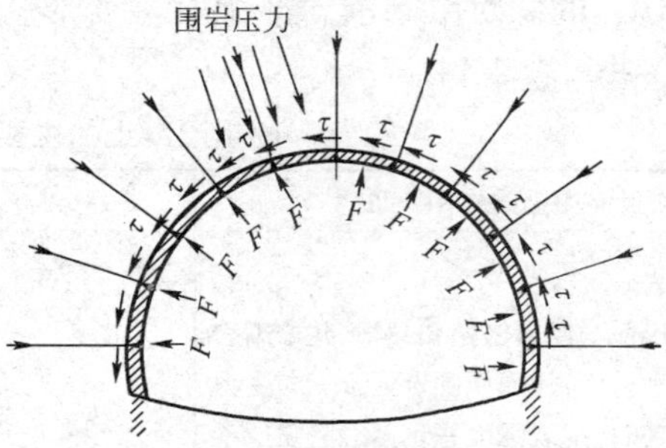

锚杆的主要作用原理和效果　　　　　　　　表 4-14-17

锚杆的作用效果	概 念 图
1. 支承围岩 锚杆能限制约束围岩变形,并向围岩施加压力,从而使处于二轴应力状态的洞室内表面附近的围岩保持三轴应力状态,因而能制止围岩强度的恶化	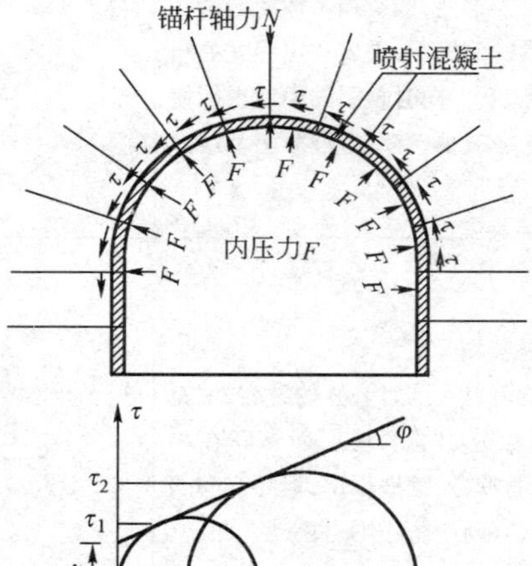

530

锚杆的作用效果	概　念　图
2. 加固围岩 由于系统锚杆的加固作用,使围岩中,尤其是松动区中的节理裂隙、破裂面等得以联结,因而增大了锚固区围岩的强度(c、φ 值)。锚杆对加固节理发育的岩体和围岩松动区是十分有效的	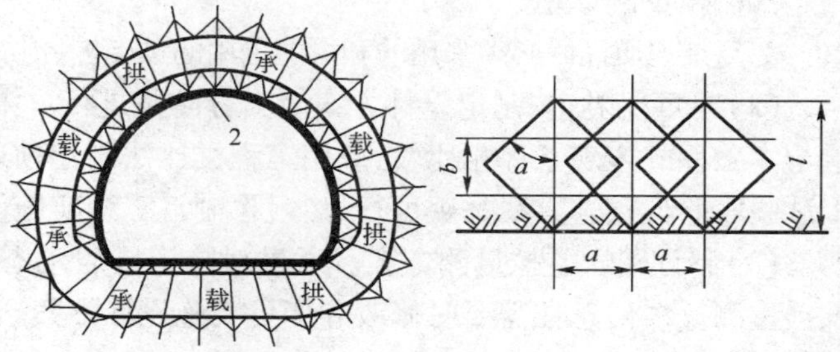
3. 提高层间摩阻力,形成"组合梁" 对于水平或缓倾斜的层状围岩,用锚杆群能把数层岩层连在一起,增大层理间摩阻力。从结构力学观点来看,就是形成"组合梁"	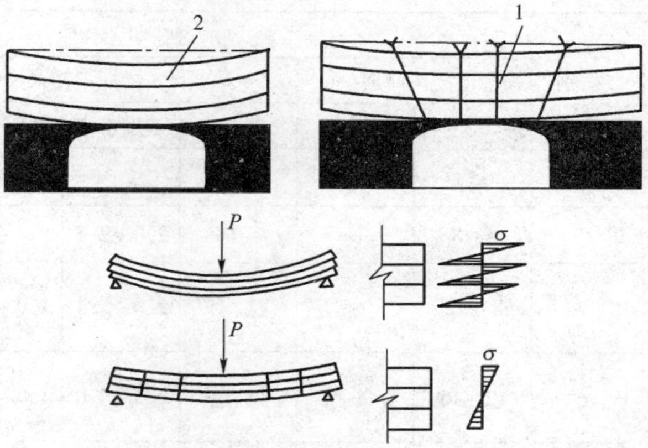
4. "悬吊"作用 所谓"悬吊"作用,是指为防止个别危岩的掉落或滑落,用锚杆将其同稳定围岩联结起来。这种作用主要表现在加固局部失稳的岩体	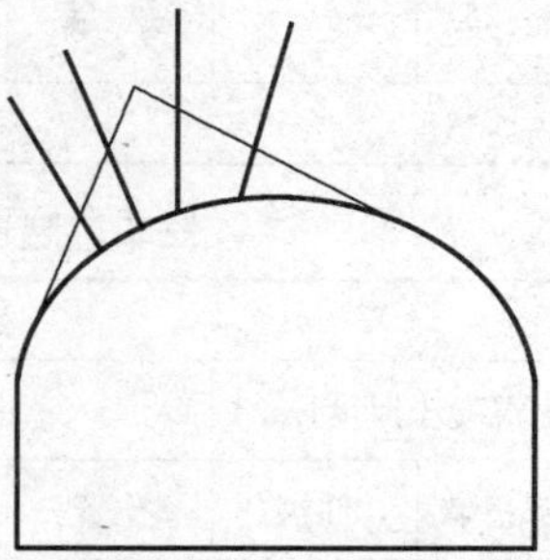

四、锚杆支护类型选择与支护参数设计

(1)预设计以工程类比为主,设计时通过把本工程的地质条件与类似的已建工程进行充分分析对比,以确定出本工程的预选设计方案。一般公路隧道复合式衬砌支护参数在预设计可参考表 4-14-18 和表 4-14-19 的衬砌参数。对地质复杂、大跨度、超浅埋和有特殊要求的隧道,应在做充分的地质调查资料的基础上,通过数值模拟进行检算。

预选设计方案通常包括以下内容:

①隧道断面形状和尺寸;

②开挖的方式、方法、主要机械设备;

③初期支护的结构和设计参数;

④二次衬砌结构参数和构筑时机；

⑤施工程序，一次掘进长度；

⑥监控量测计划；

⑦复杂地质区段必须采用的和可能采用的预支护、预加固、排水等辅助施工方法及机械设备。

（2）对重要隧道，制定设计方案应当分阶段进行。第一阶段，把已建工程的客观条件和经验与本工程的客观条件相比较，应用工程类比法制定预选设计施工方案。第二阶段，先通过施工试验段验证预选方案是否可行，然后再制订工程实施设计方案。

（3）制订围岩监控量测方案。通过对隧道围岩动态的量测工作监控设计施工全过程，并根据量测反馈信息在需要时修改和变更实施设计方案。

两车道隧道复合式衬砌的设计参数　　　　表 4-14-18

围岩级别	初期支护							二次衬砌厚度（cm）	
	喷射混凝土厚度（cm）		锚杆			钢筋网	钢架	拱、墙混凝土	仰拱混凝土
	拱部、边墙	仰拱	位置	长度（m）	间距（m）				
Ⅰ	5	—	局部	2.0	—	—	—	30	—
Ⅱ	5～8	—	局部	2.0～2.5	—	—	—	30	—
Ⅲ	8～12	—	拱、墙	2.0～3.0	1.0～1.5	局部@25×25	—	35	—
Ⅳ	12～15	—	拱、墙	2.5～3.0	1.0～1.2	拱、墙@25×25	拱、墙	35	35
Ⅴ	15～25	—	拱、墙	3.0～4.0	0.8～1.2	拱、墙@20×20	拱、墙、仰拱	45	45
Ⅵ	通过试验、计算确定								

三车道隧道复合式衬砌的设计参数　　　　表 4-14-19

围岩级别	初期支护							二次衬砌厚度（cm）	
	喷射混凝土厚度（cm）		锚杆			钢筋网	钢架	拱墙混凝土	仰拱混凝土
	拱部边墙	仰拱	位置	长度（m）	间距（m）				
Ⅰ	8	—	局部	2.5	—	局部	—	35	—
Ⅱ	8～10	—	局部	2.5～3.5	—	局部	—	40	—
Ⅲ	10～15	—	拱、墙	3.0～3.5	1.0～1.5	拱、墙@25×25	拱、墙	45	45
Ⅳ	15～20	—	拱、墙	3.0～4.0	0.8～1.0	拱、墙@20×20	拱、墙、仰拱	50,钢筋混凝土	50
Ⅴ	20～30	—	拱、墙	3.5～5.0	0.5～1.0	拱、墙（双层）@20×20	拱、墙、仰拱	60,钢筋混凝土	60,钢筋混凝土
Ⅵ	通过试验、计算确定								

注：有地下水时，可取大值；无地下水时，可取小值。采用钢架时，宜选用格栅钢架。

第四节 隧道防排水

一、隧道防排水的基本原则和基本要求

1. 隧道防排水的基本原则

隧道防排水应遵循"防、排、截、堵结合,因地制宜,综合治理"的原则,保证隧道结构物和营运设备的正常使用和行车安全。隧道防排水设计应对地表水、地下水妥善处理,洞内外应形成一个完整通畅的防排水系统。

2. 隧道防排水的基本要求

(1)高速公路、一级公路、二级公路隧道防排水应满足下列要求:

①拱部、边墙、路面、设备箱洞不渗水;

②有冻害地段的隧道衬砌背后不积水,排水沟不冻结;

③车行、人行横通道等服务通道拱部不滴水,边墙不淌水。

(2)三级公路、四级公路隧道应做到:

①拱部、边墙不滴水,路面不积水,设备箱洞不渗水;

②有冻害地段的隧道衬砌背后不积水,排水沟不冻结。

(3)当采取防排水工程措施时,应注意保护自然环境。当隧道内渗漏水引起地表水减少,影响居民生产、生活用水时,应对围岩采取堵水措施,减少地下水的渗漏。

二、隧道防排水的基本方法和措施

1. 隧道防水措施

(1)洞外防水措施

当隧道地表沟谷、坑洼积水、渗水对隧道有影响时,宜采用疏导、勾补、铺砌和填平等处治措施。废弃的坑穴、钻孔等应填实封闭。应采取措施防止或减少隧道附近的水库、池沼、溪流、井泉水、地下水渗入隧道。

(2)洞内防水措施

①隧道采用复合式衬砌时,在初期支护与二次衬砌之间应设置防水板及无纺布。防水板应采用易于焊接的防水卷材,厚度$\nless$1.0mm,接缝搭接长度$\nless$100mm。所采用无纺布密度要求$\nless$300g/m^2。

②隧道二次衬砌应满足抗渗要求。混凝土的抗渗等级,有冻害地段及最冷月份平均气温低于$-15℃$的地区不低于S8,其余地区不低于S6。

③隧道二次衬砌的施工缝、沉降缝、伸缩缝是防渗漏水的薄弱环节。设计时常采用不同止水带、止水条等结构防水材料和构造形式。图4-14-12为二次衬砌施工缝、沉降缝的主要构造形式。

④有侵蚀性地下水时,应针对侵蚀类型,采用抗侵蚀混凝土,压注抗侵蚀浆液,或铺设抗侵蚀防水层。

⑤对于围岩破碎、涌水易坍塌地段,可采用向围岩内预注浆进行堵水加固。

⑥当隧道位于常水位以下,又不宜排泄时,隧道衬砌应采用抗水压衬砌。

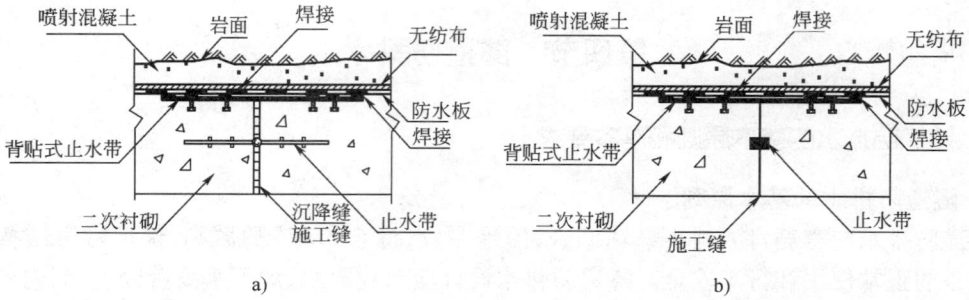

图 4-14-12　二次衬砌施工缝、沉降缝的主要构造形式

2．隧道排水措施

（1）隧道内排水应符合下列规定：

①路面两侧应设纵向排水沟，引排营运清洗水、消防水和其他废水；

②隧道纵向排水坡宜与隧道纵坡一致；

③路侧边沟可设置为开口式明沟（图 4-14-13）或暗沟（图 4-14-14），当边沟为暗沟时，应设沉沙池、滤水篦，其间距宜为 25～30m；

④检修道或人行道的道面应考虑排水，可酌情设 0.5%～1.5% 的横坡，亦可在墙脚与检修道交角处设宽 50mm、深 30mm 的纵向凹槽，以利道面清洁排水。

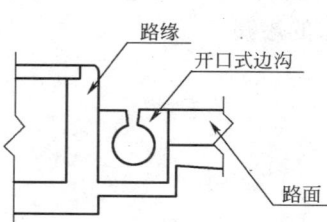

图 4-14-13　开口式明沟

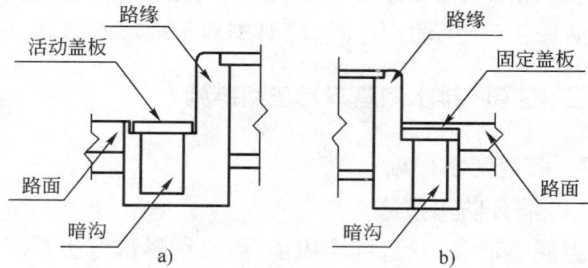

图 4-14-14　暗沟

（2）路面结构底部排水设施的设置要求：

①路面结构下宜设纵向中心水沟（管），引排地下水，中心水沟（管）断面积应通过水力计算确定；

②中心水沟（管）（图 4-14-15）纵向应按间距 50m 设沉沙池，并根据需要设检查井；

③隧底应设横向导水管，以连接中心水沟（管）与衬砌墙背排水盲管；横向导水管的直径不宜小于 100mm，横向坡度应≮2%，其纵向间距应根据地下水量确定，一般可按 30～50m 设置；当不设隧底中心水沟（管）时，横向导水管的纵向间距不宜小于 10m；

④路面底部应设不小于 1.5% 的横向排水坡度；

⑤寒冷和严寒地区有地下水的隧道，最冷月份平均气温低于 -10℃ 时，应采用深埋中心水沟；最冷月份平均气温低于 -25℃ 时，应在隧道下设防寒泄水隧洞。

（3）隧道衬砌外排水设施（图 4-14-16）设置要求：

①在衬砌两侧边墙背后底部应设沿隧道的纵向排水盲管（沟），其孔径不应小于 80mm；

②沿衬砌背后环向应设置导水盲管，其纵向间距应≯20m，遇水量较大时，环向盲管应加

密,对有集中出水处,应单独设竖向盲管,盲管的直径应≮50mm;

③环向盲管、竖向盲管应与边墙底部的纵向排水盲管(沟)连通;纵向排水盲管(沟)应与横向导水管连通,以形成完整的纵横向排水系统,环向盲管、竖向盲管、纵向排水盲管应用无纺布包裹。

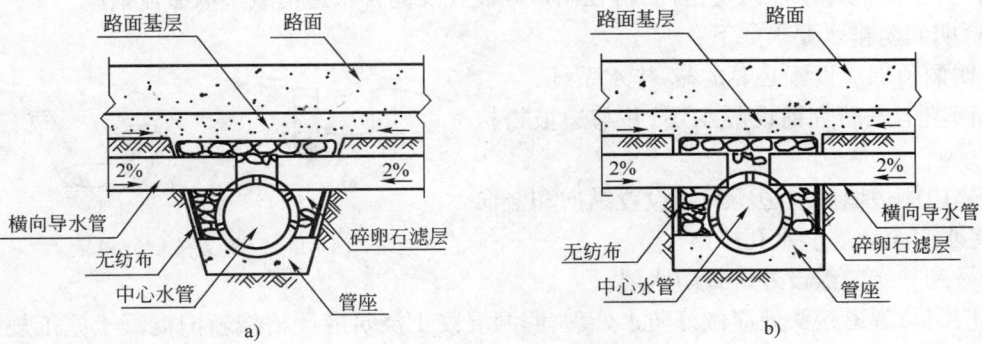

图 4-14-15 中心水管图例

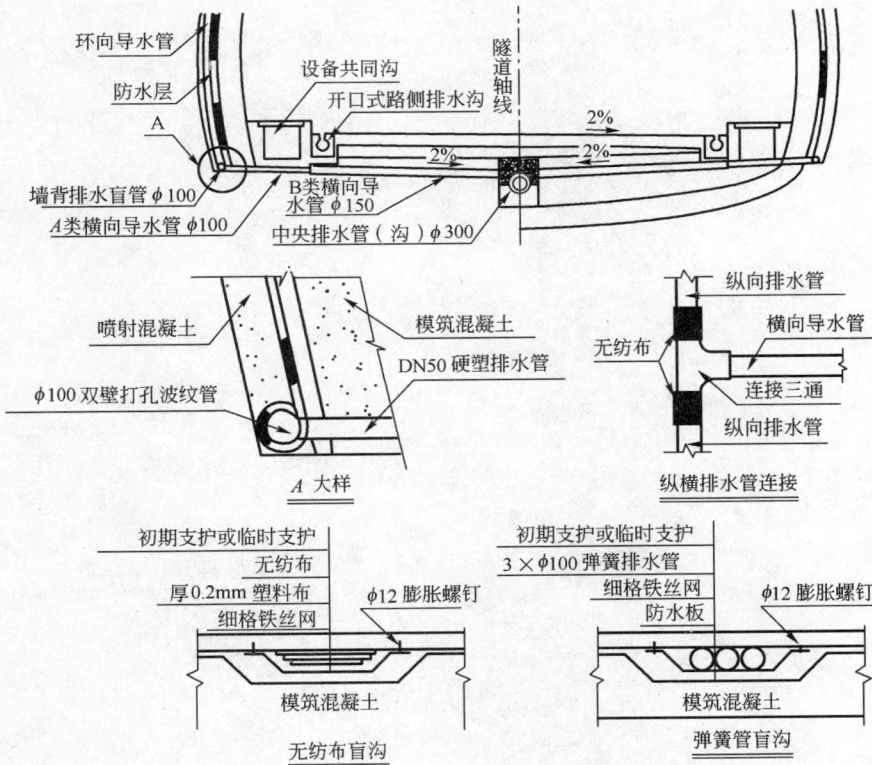

图 4-14-16 衬砌背后排水设施

(4)当地下水发育,含水层明显,又有长期充分补给来源时,可利用辅助坑道排水或设置泄水洞等截、排水设施。

(5)当洞内水质有侵蚀时,应采取适当措施,防止排水造成环境污染。

535

三、洞口与明洞防排水

（1）隧道、辅助坑道的洞口及明洞应设置截水沟（图4-14-17）和排水沟，洞口边坡、仰坡应采取防护措施，防止地表水的下渗和冲刷。

（2）为防止洞外水流入隧道内，可在洞口外设置反向排水边沟或采取截流措施。

（3）明洞防排水要求如下：

①明洞顶部应设置必要的截、排水系统；

②回填土表面宜铺设隔水层，并与边坡搭接良好；

③靠山侧边墙底或边墙后宜设置纵向和竖向盲沟，将水引至边墙泄水孔排出；

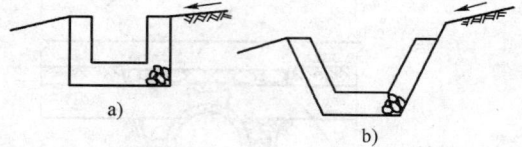

图4-14-17　地表截水沟的形式

④衬砌外缘应敷设外贴式防水层；

⑤明洞与隧道接头处应做好防水处理，明洞混凝土浇筑应严格按新旧混凝土施工规则要求施做，明洞防水层应往隧道方向延伸一定长度，并做好仰坡脚与明洞填土的搭接。

第十五章 隧道通风、照明与救援设施

第一节 隧道营运通风

一、隧道营运通风的目的和要求

车辆在隧道中行驶的过程中,会排放出大量的有害气体(如 CO、CO_2、NO_2、SO_2 及烟雾等),这一方面致使洞内空气恶化,不仅会影响驾乘人员的舒适感,还会对其身体健康造成损害,另一方面洞内大量烟雾使能见度降低,给行车安全带来直接威胁。因此,通风的目的就是:对有害气体(主要是 CO)进行稀释,保证隧洞内卫生条件;对烟雾进行稀释,保证隧洞内行车安全;对异味进行稀释,提高隧道内行车的舒适性。

我国《公路隧道通风与照明设计规范》规定了隧道中有害气体和烟雾浓度以及风速应达到的标准:

采用全横向通风方式与半横向通风方式时,CO 设计浓度可按表 4-15-1 取值;采用纵向通风时,CO 设计浓度可按表 4-15-1 所列各值提高 50ppm 取值。交通阻滞(隧道内各车道均以怠速行驶,平均车速为 10km/h)时,阻滞段的平均 CO 设计浓度可取 300ppm。阻滞段的计算长度不宜大于 1km。

CO 设计浓度 δ   表 4-15-1

隧 道 长 度(m)	≤1 000	≥3 000
δ(ppm)	250	200

注:隧道长度为 1 000~3 000 时,可按插入法取值。

对于人车混合通行的隧道长度不宜超过 2 000m,其 CO 设计浓度应按表 4-15-2 取值。

CO 设计浓度 δ   表 4-15-2

隧 道 长 度(m)	≤1 000	≥2 000
δ(ppm)	150	100

注:隧道长度为 1 000~2 000m 之间时,可按插入法取值。

隧道中的烟雾设计浓度当采用钠灯光源时,应按表 4-15-3 取值。当采用荧光灯光源时,烟雾设计浓度应提高一级。

当烟雾浓度达到 $0.012m^{-1}$ 时,应按采取交通管制等措施考虑。

此外,在隧道内进行养护维修时,应按现场实际烟雾浓度不大于 $0.003\,5m^{-1}$ 考虑。

烟雾设计浓度 δ   表 4-15-3

计算行车速度(km/h)	100	80	60	40
$\delta(m^{-1})$	0.006 5	0.007 0	0.007 5	0.009 0

为增加洞内行车的舒适感，隧道内应不间断通风换气，以稀释洞内异味；其换气频率一般不低于 5 次/h；对于交通量较小或特长隧道，可采用 3~4 次/h。采用纵向通风的隧道，隧道内换气风速不应低于 2.5m/s。

通风设计时必须考虑火灾对策，长度大于 1 500m 且交通量大的隧道应考虑排烟措施。火灾时的排烟风速可按 2~3m/s 取值。

隧道内所采用的分级要求在环境温度 250℃ 情况下，可靠运行时间≥60min。

二、隧道营运通风方式的选择

隧道通风方式按送风形态、空气流动状态、送风原理等划分可分为自然通风和机械通风两种方式。机械通风又可分为纵向通风、半横向通风和横向通风，见表 4-15-4。

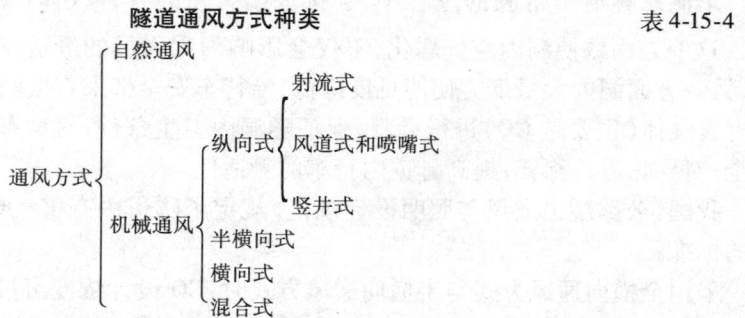

隧道通风方式种类　　　　　　　　　　　表 4-15-4

```
                   ┌ 自然通风
                   │                       ┌ 射流式
                   │            ┌ 纵向式 ──┤ 风道式和喷嘴式
通风方式 ──────────┤            │           └ 竖井式
                   │            │ 半横向式
                   └ 机械通风 ──┤ 横向式
                                │ 混合式
```

隧道应选择哪一种通风方式应根据隧道长度、车流量的大小、纵坡坡率、海拔高度、车辆组成、设计时速等因素综合比选来确定。其中隧道长度、车流量的大小是影响隧道通风方式的主要因素。

1. 自然通风

这种通风方式不设置专门的通风设备，是利用存在于洞口间的自然压力差或汽车行驶时活塞作用产生的交通风力，达到通风目的。自然通风方式一般只适用于短隧道，且车流量较小的情况。下列经验公式可作为选择自然通风的判据：

$$\left.\begin{array}{l}（双向行车）LN \geqslant 6 \times 10^5 \\ （单向行车）LN \geqslant 2.5 \times 10^6\end{array}\right\} \qquad (4\text{-}15\text{-}1)$$

式中：L——隧道长度（m）；

　　　N——车流量（辆/日）。

当 L 与 N 的乘积大于 6×10^5（双向行车）或 2.5×10^6（单向行车），必须考虑机械通风。采用交通风进行通风的隧道，其风流在出口处或多或少地要受自然风的影响。单向交通的隧道，如果风是从出口吹进隧道内部，则会对交通风的速度起削减作用。由于交通风的作用较自然风大，因此单向交通隧道即使隧道相当长，也有足够的通风能力。由于各种风的方向和参数的差异，在自然风方向，隧道内风向以及交通方向之间存在着不同的组合方式。

2. 射流式纵向通风

纵向式通风是从一个洞口直接引进新鲜空气，由另一洞口排出污染空气的方式。射流式纵向通风是将射流式风机设置于车道的吊顶部，吸入隧道内的部分空气，并以 30m/s 左右的速度喷射吹出，用以升压，使空气加速，达到通风的目的，见图 4-15-1。射流式风机可根据需要,沿隧道纵向以适当间隔吊设数组。隧道内沿纵向流动的空气速度,可以认为从入口到出口都是匀速的。此种通风方式,空气的污染浓度由入口向出口方向成直线增加。射流式通风经济,设备费少,但噪声较大,洞内发生火灾时救援较困难。

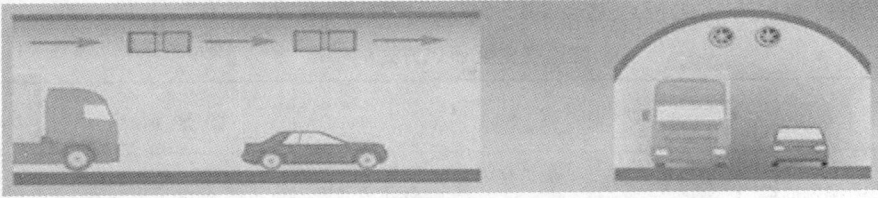

图4-15-1 射流横向通风设置形式

当隧道长度较长时,可采用分段射流通风,即在洞身设置竖井,将长隧道分成若干段,形成竖井式纵向通风。

3. 横向式通风

横向式通风,如图4-15-2所示。风在隧道的横断面方向流动,一般不发生纵向流动,因此有害气体的浓度在隧道轴线方向的分布均匀。该通风方式有利于控制火灾和处理烟雾,是通风能力最大的通风系统。由于这种通风系统需要建双向通风管道,需要占用较多隧道面积,造价最高,通常只有对交通量特别大、安全性要求特别高的重要公路隧道才采用这种通风方式。

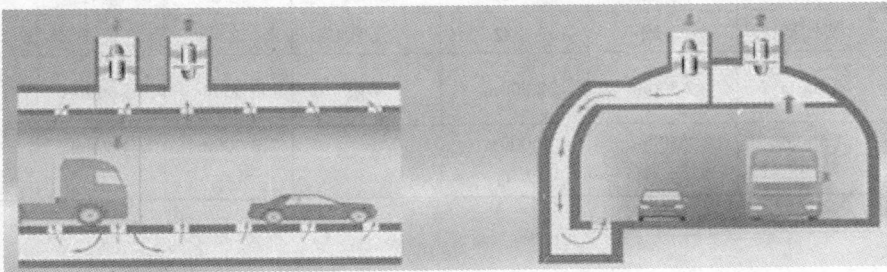

图4-15-2 横向通风风道设置形式

4. 半横向式通风

半横向式通风(图4-15-3),可使隧道内的污染浓度大体上接近一致。送风式半横向通风是半横向通风的标准形式,新鲜空气经送风管直接吹向汽车的排气孔高度附近,对排气直接稀释,这对后续车很有利。如果有行人时,人可以吸到最新鲜的空气。污染空气是在隧道上部扩散,经过两端洞门排出洞外。半横向式通风,因仅设置排风道或送风道,所以较横向通风更为经济。

图4-15-3 半横向通风风道设置形式

5．混合式通风

根据隧道的具体条件和特殊需要，由竖井与上述各种通风方式组合成为最合理的通风系统。

隧道各主要通风方式的特点见表4-15-5。

隧道各主要通风方式的特点　　　　　　　　　　　表4-15-5

通风方式	纵　向　式				半　横　向　式		全　横　向　式
代表形式	射流风机式	洞口集中送入式	洞口集中排出式	竖井送排式	送风半横向式	排风半横向式	全横向式
基本特征	受迫气流沿隧道纵向流动				由隧道通风道送风或排风，由洞口沿隧道纵向排风或抽风		按照上排下送的方式分别设送排风道，通风风流在隧道内作横向流动
形式特征	由射流风机群升压	由喷口送风升压	洞口两端进风、中间集中排风	由喷口送风升压	由送风道送风	由送风道排风	
排烟效果	不好	不好	一般	一般	较好	较好	有效排烟
工程造价	低	一般	一般	一般	较高	较高	高
技术难度	不难	一般	一般	稍难	稍难	稍难	难
运营维护	费用低	一般	一般	一般	较高	较高	费用高
适用长度　单向交通	2 500m	2 500m	2 000m	不限	3 000m	3 000m	不限
适用长度　双向交通	1 500m左右	1 500m左右	3 000m左右		3 000m左右	3 000m左右	不限

第二节　隧道照明

一、隧道照明的目的与评价照明质量的主要指标

1．隧道照明的目的

汽车驾驶员在白天从明亮的环境接近、进入和通过隧道过程中，由于人眼对光线亮度"适应的滞后现象"，将发生种种特殊的视觉问题。如由于隧道内、外的亮度差别极大，所以，从隧道外部去看照明很不充分的隧道入口会看到黑洞（长隧道）及黑框（短隧道）现象。而当汽车穿过较暗的隧道接近出口时，由于通过出口看到的外部亮度极高，出口看上去是个亮洞，出现极强的眩光，驾驶员在这种极强的眩光效应下会感到十分不舒服。因此，对长度大于100m的公路隧道一般应设电光照明，以利行车安全。

2．评价隧道照明质量的指标

衡量隧道照明的主要指标为路面亮度和路面亮度的均匀度，而亮度的均匀度又分为路面亮度总均匀度（U_0）和路面亮度纵向均匀度（U_1）。表4-15-6、表4-15-7给出了隧道照明设计对路面亮度总均匀度（U_0）和路面亮度纵向均匀度的要求。

路面亮度总均匀度 U_0

表 4-15-6

设计交通量 N(辆/h)		U_0
双车道单向交通	双车道双向交通	
≥2 400	≥1 300	0.4
≤700	≤360	0.3

注:当交通量在其中间值时,可按插入法取值。

亮度纵向均匀度 U_1

表 4-15-7

设计交通量 N(辆/h)		U_1
双车道单向交通	双车道双向交通	
2 400	≥1 300	0.6~0.7
700	≤360	0.5

注:当交通量在其中间值时,可按插入法取值。

二、隧道照明段落划分及各段亮度标准

由于电光照明成本是昂贵的,一条长 100m 的隧道,按照理论的方法设计照明设施,其照明成本与隧道总成本比经常是很高的,这就要求能找到一种成本低、安全又有保证的方法。

一种可行的方法就是将隧道划分为若干照明区段,根据现场调查确定洞外亮度、设计车速、交通方式、车流量、空气透过率等,然后确定中间段所需亮度水平。按视觉适应规律、洞外与中间段亮度差以及亮度递减速率沿行车方向将隧道分为入口段、若干过渡段、中间段以及出口段;《公路隧道设计规范》(JTG D70—2004)对相应各段的长度和亮度标准水平作出了具体规定。

1. 入口段照明

隧道入口段亮度可按式(4-15-2)计算。

$$L_{th} = k \cdot L_{20}(S) \tag{4-15-2}$$

式中:L_{th}——入口段亮度(cd/m^2);

k——入口段亮度折减系数,可按表 4-15-8 取值;

$L_{20}(S)$——洞外亮度(cd/m^2)。

入口段亮度折减系数 k

表 4-15-8

设计交通量 N(辆/h)		k			
		计算行车速度 v_t(km/h)			
双车道单向交通	双车道双向交通	100	80	60	40
≥2 400	≥1 300	0.045	0.035	0.022	0.012
≤700	≤360	0.035	0.025	0.015	0.010

注:当交通量在其中间值时,可内插取值。

2. 过渡段照明

过渡段由 TR_1、TR_2、TR_3 三个照明段组成,与之对应的亮度可按表 4-15-9 取值。

过渡段亮度 表 4-15-9

照　明　段	TR_1	TR_2	TR_3
亮度	$L_{tr1} = 0.3L_{th}$	$L_{tr2} = 0.1L_{th}$	$L_{tr3} = 0.035L_{th}$

各过渡段的长度可按表 4-15-10 取值。

过渡段的长度 D_{tr} 表 4-15-10

计算行车速度 v_t（km/h）	D_{tr1}（m）	D_{tr2}（m）	D_{tr3}（m）
100	106	111	167
80	72	89	133
60	44	67	100
40	26	44	67

3．中间段照明

隧道中间段亮度可按表 4-15-11 取值。

中间段亮度（单位：cd/m^2） 表 4-15-11

计算行车速度（km/h）	双车道单向交通 $N>2400$ 辆/h 或双车道双向交通 $N>1300$ 辆/h	双车道单向交通 $N≤700$ 辆/h 或双车道双向交通 $N≤360$ 辆/h
100	9.0	4.0
80	4.5	2.0
60	2.5	1.5
40	1.5	1.5

单向交通 700 辆/h $< N ≤ 2400$ 辆/h，双向交通 360 辆/h $< N ≤ 1300$ 辆/h，且通过隧道的行车时间超过 135s 时，可按表 4-15-11 的 80% 取值。

对于人车混合通行的隧道，其中间段亮度不得低于 $2.5cd/m^2$。隧道内紧急停车带宜采用荧光灯光源，其照明亮度应大于 $7cd/m^2$，隧道内连接通道亮度应大于 $2cd/m^2$。

4．出口段照明

（1）在单向交通隧道中，应设置出口段照明；出口段长度宜取 60m，亮度宜取中间段亮度的 5 倍。

（2）在双向交通隧道中，可不设出口段照明。

三、照明灯具的要求和照明控制方法

1．隧道照明光源选择要求

隧道照明多选择效率高及透雾性能较好的高压钠灯。对于短隧道、柴油车较少的城镇附近隧道、应急停车带、人行横洞、车行横洞可选用显色指数较高的荧光灯，同时还要求光源的使用寿命应不小于 10 000h。

就照明灯具来说，应满足以下技术要求。

（1）防护等级应不低于 IP65（IP65 的含义是：防尘达到 6 级，无尘埃进入；防水达到 5 级，任何方向喷水无有害影响）。

（2）应具有适合公路隧道特点的防眩装置。

(3)灯具配件安装应易于操作,便于更换灯泡和附件,并能调整安装角度。

(4)零部件应具有良好的防腐性能。

2.隧道内灯具的布置要求

(1)灯具不得侵入隧道建筑限界。

(2)隧道两侧墙面2m高范围内,宜铺设反射率不小于0.7的墙面材料。

(3)灯具布置应满足闪烁频率低于2.5Hz或高于15Hz的要求。

(4)中间段灯具的平面布置形式可采用单光带布置、两侧交错布置或两侧对称布置。

3.隧道照明控制

隧道照明控制应根据洞外亮度和交通量变化分级调整入口段、过渡段、出口段的照明亮度。入口段、过渡段、出口段照明亮度调整可按表4-15-12和表4-15-13取值。

白 天 调 光   表4-15-12

分　　级		亮　　度	分　　级		亮　　度
I	晴天	$L_{20}(S)$	III	阴天	$0.25L_{20}(S)$
II	云天	$0.5L_{20}(S)$	IV	重阴	$0.13L_{20}(S)$

夜 间 调 光   表4-15-13

分　　级	亮　　度	分　　级	亮　　度
交通量较大	与L_{in}相等	交通量较小	$0.5L_{in}$,但不小于$1cd/m^2$

第三节　隧道消防与救援设施

一、隧道消防的原则与消防设施设置标准

隧道工程的消防设计、消防专项工程施工及验收、运营消防安全管理等,必须贯彻"预防为主,防消结合"的方针,消防设计应针对隧道的火灾特点,立足于自防自救,采用相应的防火措施,做到安全适用、经济合理、技术先进。

隧道防火等级根据公路等级、隧道长度和交通量划分为I级、II级、III级3个等级,并应符合表4-15-14的规定。

隧道防火等级划分标准   表4-15-14

交通量 (辆/日)	隧道长度 (m)	防火等级	公路等级	车道数
5 000~7 500	$1\,000 < L \le 2\,000$	III级		
	$2\,000 < L \le 3\,000$	II级		
	$L > 3\,000$	I级		
7 500~10 000	$1\,000 < L \le 1\,500$	III级	二级公路	双向交通 双车道
	$1\,500 < L \le 2\,000$	II级		
	$L > 2\,000$	I级		
10 000~15 000	$1\,000 < L \le 3\,000$	II级		
	$L > 3\,000$	I级		

续上表

交通量 （辆／日）	隧道长度 （m）	防火等级	公路等级	车道数
15 000～20 000	500 < L ≤ 1 000	III级	一级公路	四车道
	1 000 < L ≤ 2 500	II级		
	L > 2 500	I级		
20 000～30 000	500 < L ≤ 750	III级		
	750 < L ≤ 2 000	II级		
	> 2 000	I级		
25 000～40 000	500 < L ≤ 750	III级		六车道
	750 < L ≤ 1 500	II级		
	> 1 500	I级		
40 000～55 000	500 < L ≤ 1 000	II级		
	L > 1 000	I级		
25 000～40 000	500 < L ≤ 750	III级	高速公路	四车道
	750 < L ≤ 1 500	II级		
	> 1 500	I级		
40 000～55 000	300 < L ≤ 1 000	II级		
	L > 1 000	I级		
45 000～60 000	500 < L ≤ 1 000	II级		六车道
	L > 1 000	I级		
60 000～80 000	500 < L ≤ 1 000	II级		
	L > 1 000	I级		
60 000～100 000	L > 500	I级		八车道
备注	交通量是指年度隧道单洞平均日交通量，二级公路按照各种汽车折合成中型载重汽车，一级公路和高速公路按照各种汽车折合成小型载重汽车			

　　隧道内应设置消防应急设施；其应急设施的种类、数量应根据该隧道防火等级划分标准合理配置，并不应低于表 4-15-15 的规定。对于纵坡大于 4%、平曲线半径小于 250m 的隧道，其消防应急设施的设置应在所确定的隧道等级基础上提高一级设置。

隧道内消防应急设施的设置表　　　　　　　　　　　　表 4-15-15

消防应急设施	隧道防火等级	I	II	III	备　注
火灾报警设备	紧急电话	●	●	▲	不设置管理所的隧道可不设置
	手动报警按钮	●	●	▲	不设置管理所的隧道可不设置
	火灾探测器	●	●	▲	不设置管理所的隧道可不设置
	声光警报装置	隧道中未设置有线广播的疏散通道上必须设置			

	隧道防火等级	I	II	III	备　注
消防应急设施					
灭火设备	灭火器	●	●		
	室内消火栓	●	●	▲	不设置管理所的隧道可不设置
	水成膜泡沫灭火装置	●	▲	▲	与室内消火栓配合设置
	室外消火栓	●	●	▲	设置室内消火栓的隧道应设置
疏散避难救援设施	疏散指示标志 安全出口标志	在疏散通道的安全出口处设置			
	疏散指示标志 横洞指示标志	在行人、行车横洞前设置			
	疏散指示标志	●	●	▲	长度不超过1 000m的隧道可不设置
	疏散避难救援设施排烟设备	(1)长度大于500m的相邻双孔隧道间宜设置行人横洞,长度大于或等于1 500m的相邻双孔隧道间应设置行车横洞和行人横洞; (2)长度大于或等于4 000m的双向交通隧道,应设置专用避难疏散通道;长度为3 000~4 000m,且设计交通量超过10 000辆/日的双向交通隧道宜设置独立避难间; (3)长度大于1 500m的二级公路隧道和长度超过1 000m的其他公路隧道应设置机械防烟排烟系统; (4)专用避难疏散通道和独立避难间应设置独立的机械防烟排烟设施; (5)隧道内设置的附属用房应设置防排烟设施和安全疏散通道			
其他设施	有线广播设备	●	●	▲	设有火灾报警系统的隧道应设置
	应急照明	●	●	▲	不设置管理所的隧道可不设置

注:●表示应设置,▲表示按照备注要求设置。

二、消防设施在隧道中的设置要求

各种消防设施在隧道内设置的位置和间距见表4-15-16。

消防设施在隧道内设置的位置和间距　　　　　　　　　　表4-15-16

设施的种类		设置位置	设置间距	设置高度
报警设施	手动报警器	侧墙单侧	50m	检修道面上或者车道面上1.5m
	自动报警器	原则上安装在侧墙单侧		
	紧急电话	将电话机装入侧墙上设置的电话箱内	200m	检修道面上1.5m
紧急警报设施	警报显示板	隧道洞口附近、隧道内紧急停车带		
消防设施	灭火器	以2个灭火器为1组,装入侧墙上设置的储藏箱内,与消火栓放置在一处	50m	
	消火栓	侧墙单侧	50m	
	给水栓	隧道两洞口附近,隧道内紧急停车带		
	喷水雾装置	侧墙单侧	4~5m	车道面上3.7m左右

设 施 的 种 类			设 置 位 置	设 置 间 距	设 置 高 度
其他设备	避难设施			750m 左右	
	紧急停车带		原则上在行驶车道侧	750m 左右	
	导向设施	显示板	避难联络通道附近及其中间侧墙		车道面上 1.5m
		有线广播	侧墙上方	50m 左右	
		无线广播	侧墙两侧的上方	隧道全长	
	ITV 摄像机		原则上在行驶车道侧（检查员通道上方）顺行行驶车辆方向	150~200m	检查员通道面上 2.5m
	紧急照明设施		侧墙上方或者吊顶部位		

注：①手动报警器与消火栓、灭火器设置在同一箱内,安装位置不一定是 1.5m。

②在隧道内,为了隔断噪声,准确地联络,需在侧墙上开孔口,在孔口处设置电话箱。

③在双孔隧道中,避难联络通道和紧急停车带应相对设置。

三、隧道安全疏散设施

（1）隧道行人横洞、行车横洞平时主要作为巡查、维修、养护的联络道使用,并可作为隧道局部检修时车辆转换方向、并道的过渡通道使用；火灾和其他紧急情况下,横洞的主要作用是疏导交通、临时避难,以及作为人车安全疏散、灭火及抢险救援通道使用。横洞的设置间距和设置应按《公路隧道交通工程设计规范》(JTG/T D71—2004)的 8.4.1~8.4.4 要求执行。

（2）隧道的检修道应作为火灾时人员安全疏散通道使用。检修道上不应设置妨碍安全疏散的障碍物或设施、设备。此外,隧道内设置的电缆沟、排水沟等不得影响车辆和人员安全疏散。

（3）如果隧道设置专用避难疏散通道,专用避难疏散通道的设置应符合下列规定：

①隧道与专用避难疏散通道之间应设置前室；专用避难疏散通道直接通往室外的出口不应少于 2 个,并应设置在不同的方向上；

②专用避难疏散通道的承重结构体耐火极限应与隧道的相同；其前室隔墙、顶板的建筑构件耐火极限不应低于 2.0h；

③专用避难疏散通道及其前室的净宽度不应小于 2.00m,净空高度不应低于 2.50m,前室的净面积不应小于 $10m^2$；通往专用避难疏散通道及其前室的门均应采用甲级防火门。

四、火灾探测与报警设施

1. 火灾探测器

隧道内火灾探测器的选择应符合下列规定：

（1）应具备抗烟尘、尾气、汽车灯光、自然光等干扰的能力；

（2）应有较强的机械强度和抗腐蚀能力；

（3）在被尘埃等污染,或在自然风速、环境温度发生突然变化等情况下,不应影响其探测灵敏度；

（4）火灾探测器响应时间不应超过 60s；

（5）隧道内应采用隧道专用火焰探测器、适用于隧道的缆式感温火灾探测器、光纤感温探测器以及其他适合隧道使用的探测器；

（6）自然风速（变化）较大、建筑净空尺寸较大的隧道不应采用缆式定温探测器。

隧道火灾探测器的设置宜根据其类型，合理设置在隧道建筑限界外。其安装位置、设置间距和安装要求应以满足隧道内最不利点的响应时间为设计原则，探测器在探测区域内应没有探测盲点。

2. 火灾自动报警系统

火灾自动报警系统的选型应符合下列规定：

（1）火灾自动报警系统应采用经国家消防电子产品质量认证或国家法定消防电子产品检测机构型式检验合格的产品；

（2）隧道火灾自动报警系统的防护等级不应低于 IP65；

（3）对设备选型时应考虑隧道的使用特点，选择抗干扰能力强、报警速度快、运行维护方便的产品。

3. 手动报警按钮

手动报警按钮的设置应符合下列规定：

（1）隧道内附属用房的疏散通道上应设置手动报警按钮，其设置间距不应大于 30m；

（2）隧道内设置的手动报警按钮，其设置间距不应大于 50m；

（3）手动报警按钮应安装在隧道侧壁上或安装在附属用房疏散通道墙面上，其底边距人员所能到达的地面高度宜为 $1.3 \sim 1.5m$。

4. 其他报警、显示设施

（1）紧急报警电话。紧急报警电话应与消防对讲电话系统合并设置，宜选择共电式电话总机或对讲通信电话设备；系统应由紧急电话控制器、紧急电话分机以及传输介质等组成。隧道出入口宜各设置一台紧急电话分机；隧道内紧急电话分机的设置间距不宜大于 200m。紧急电话控制器应设置在消防控制室或中央控制室内。

（2）火灾应急广播系统。火灾应急广播系统扬声器功率应为 $5 \sim 50W$，频率范围应为 $80 \sim 10\ 000Hz$。当扬声器的频率为 400Hz 时，其频率特性应为 0dB，当其频率为 $200 \sim 5\ 000Hz$ 时，其频率特性应为 $\pm 2dB$，当其频率为 $150 \sim 10\ 000Hz$ 时，其频率特性应为 $\pm 3dB$。当扬声器的频率为 400Hz 时，其非线性失真应小于 4%。扬声器应设置在行车方向左侧横洞前的侧壁上，宜安装在横洞指示标志上方；专用避难疏散通道前室外的扬声器应设置在安全出口标志上方。

（3）可变信息情报板。火灾时，可变信息情报板应作为显示火灾以及相应交通控制信息的文字提示警报装置使用，其设置除应满足交通控制设施设计要求外，还应能显示火灾信息、禁止通行以及为配合车辆疏散和灭火救援确定的相应交通控制措施等信息。此外，隧道内的可变信息情报板应能显示火灾信息和相应位置的疏散要求。

五、隧道灭火设施

1. 灭火器的选择与配置

隧道内应针对汽车油箱火灾、货物火灾等按消防有关要求设置可以扑灭各类火灾的灭火器，包括干粉灭火器（手提式）和泡沫灭火器（机械式）。灭火器箱应采用嵌墙型开门式灭火器箱，安装于隧道两侧壁上，两侧交叉布置，单侧间距不超过 100m。灭火器应成组配置在灭火器箱内，每个灭火器箱内的灭火器数量不得少于 2 具，不宜多于 5 具。灭火器箱上应有明显的反光标志,宜具备箱门启闭信号反馈功能。

2. 消火栓系统

1）消火栓的选择和性能要求

隧道内应采用双口双阀室内消火栓,并应符合下列规定:

①隧道内的任何部位应有两个消火栓的水枪充实水柱同时到达。消火栓的水枪充实水柱应通过水力计算确定,但不应小于13m;

②消火栓箱应安装在隧道侧壁上,其箱底距路面高度应为1.5m,应采用双开门暗装消火栓箱;

③消火栓箱设置间距不应大于50m,应设置明显的电光标志;宜具有箱门启闭信号反馈功能;

④距隧道出入口最近的消火栓应设置压力显示装置;

⑤消火栓应采用同一规格型号,消火栓栓口直径应为65mm,水带长度不应超过30m,水枪喷嘴直径不应小于19mm,并应选用多功能水枪;

⑥消火栓栓口距检修道地面高度宜为1.10m,栓口出水方向宜与隧道侧壁垂直;

⑦消火栓栓口的出水压力应确保喷雾水枪充分雾化;

⑧当消火栓栓口的出水压力大于0.50MPa时,消火栓处应设减压装置;消火栓栓口的静水压力大于0.80MPa时,应在给水管道的相应管段上设置静压减压装置;

⑨临时高压给水系统的每个消火栓箱内应设置一只直接启动消防水泵的按钮。

2）消火栓的设置要求

隧道每个出入口外应设置室外消火栓;双向交通隧道宜在隧道中部的适当位置设置一个室外消火栓。消火栓宜选择地上式,当采用地下式消火栓时,应有明显标志。

3）消防给水管网

隧道消防给水管网应布置成环状。环状管网的进水管不应少于2根,当其中一根发生故障时,其余进水管应能保证消防用水量和水压的要求。给水管道应采用阀门分成若干独立段,每段内消火栓的数量不宜超过5,阀门宜采用有启闭信号反馈功能的信号阀门。

消防给水管道的直径应经水力计算确定。管道宜敷设在检修道下的管沟内,管道敷设应有可靠的固定措施。

第五篇 交 叉 工 程

第一章 概 述

第一节 道路交叉设计依据

在路网中,道路纵横交织,形成大量交叉。当道路在同一高度相交并有一共同构筑面时称为平面交叉,又称平面交叉口。车辆只有在交叉口处,才可变换行驶方向,因此交叉口的存在,提高了道路的交通灵活性和可达性,从而增加了路网的活力,完善了其交通功能。立体交叉是相交道路在不同平面上的交叉,它能保证相交道路上的车流连续不断地通过交叉口而不互相产生干扰。立体交叉能克服平面交叉口中所存在的通行能力低、行车延误大、行车速度慢、安全性差的缺点。

一、平面交叉口的设计依据

(一)交叉口的设计速度

交叉口的交通岛、附加车道和转角曲线等各部分几何尺寸均取决于设计速度。交叉口的设计速度与路段设计速度密切相关,二者速差大时会因减速过大而影响行车安全,速差小而路段车速又高时仍有行车危险,对环形交叉又有用地过大和左转绕行过长等问题。

交叉口范围直行交通的设计速度,原则上应与路段设计速度相同。两相交公路等级相同或交通量相近时,平面交叉范围内直行交通的设计速度可适当降低,但不得低于路段的70%。当主要公路与次要公路相交时,次要公路一方由于为保证交叉正交等原因而需要在交叉范围内改线或不得已而采用较低的线形指标时,可适当降低设计速度。

转弯交通的设计速度,应根据相交公路的设计速度、交通量、交通类型和交通管理方式等因素合理确定,或按变速行驶需要而定。交叉范围车辆变速行驶的加、减速度见表5-1-1。

加、减速度值(m/s^2)   表5-1-1

道路类别		加 速 度	减 速 度
城市道路		1.5	3.0
公路	主要公路	1.0	2.5
	次要公路	1.5	3.0

平面交叉右转弯车道的设计速度不宜大于 40km/h；左转弯车道的设计速度不宜大于 20km/h。

我国《城市道路设计规范》（CJJ—90）规定：交叉口内的设计速度应按各级道路设计速度的 0.5 ~ 0.7 倍计算。直行车取大值，转弯车取小值。

（二）设计车辆

道路设计采用小客车、载货汽车、鞍式列车（或铰接车）作为设计车辆，平面交叉口的设计也采用这三种车辆作为设计依据。平面交叉转弯曲线的线形和路幅宽度应以设计车辆转弯时的行驶轨迹作为设计控制，其转弯时的行驶轨迹与行驶速度有关。

各级公路的平面交叉口应以 16m 总长的鞍式列车进行控制设计，以 5 ~ 15km/h 转弯速度行驶的鞍式列车转弯行驶轨迹见图 5-1-1。左转弯曲线采用 5 ~ 15km/h 行驶速度的鞍式列车控制设计；大型车比例很小的公路，可采用 5km/h 行驶速度的鞍式列车控制设计，条件受限制时，可采用载货汽车低速行驶时的行驶轨迹控制。公路等级低、交通量不大的情况下，右转弯不设专门的行车道，鞍式列车控制设计的速度可与左转弯的相同或略高一些；右转弯行车道设置分隔的情况下，转弯速度不宜大于 40km/h；当主要公路设计速度较低时，右转弯速度不宜低于主要公路设计速度的 50%。

城市道路的平面交叉口应根据道路与交通的性质、交通组成等情况，选择合适的设计车辆的转弯行驶轨迹作为设计控制。

（三）设计交通量

在平面交叉设计中，多数情况下采用相交道路设计小时交通量作为交叉口设计交通量，并根据实测的转弯车辆比率决定各路口的左转、右转和直行交通量。对缺乏观测资料和新建的交叉口，可参照条件相似交叉口的交通量观测值类推确定。平面交叉口设计年限不一定等于道路设计年限，其值应根据相交道路交通量的发展趋势和交通组织方式决定，因为有时道路未达到设计年限，其交通量已较大，一般形式的平面交叉已无法适应，这时需作特殊处理或修立体交叉。

在决定设计交通量时，还应考虑其他影响通行能力的诸因素，如车辆种类、自行车及行人交通等。

（四）通行能力

平面交叉口设计，必须使其设计服务水平下的通行能力满足交叉口的设计交通量的要求，而且不同的交通管制方式，交叉口的通行能力不一样，计算方法也不同，相关内容参见交通工程有关文献。

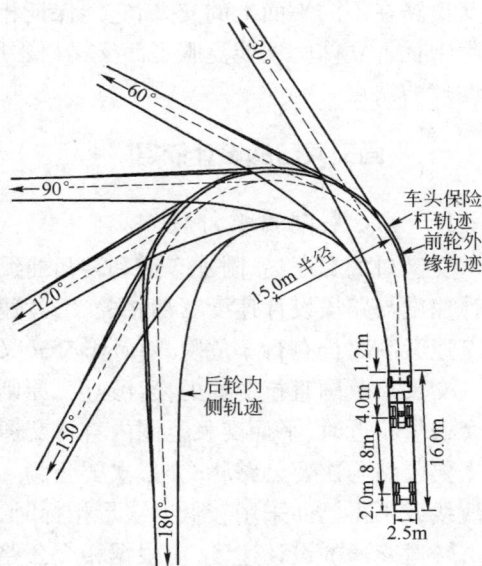

图 5-1-1　鞍式列车转弯行驶轨迹

二、立体交叉的设计依据

立体交叉的设计依据是多方面的，其形式设计主要是依据立体交叉所在地的道路、交通、环境、自然等条件确定的。立体交叉匝道的设计主要是以设计速度、设计交通量与通行能力等为依据的。匝道的设计速度和设计交通量是确定匝道平纵线形指标和匝道横断面几何尺寸的主要依据,而匝道的通行能力则是检验匝道适应交通的能力。

互通式立体交叉分为枢纽互通式立体交叉和一般互通式立体交叉两类。

枢纽互通式立体交叉一般为高速公路与高速公路之间的交叉,其匝道无收费站等设施,且应保证所有交通流无交叉冲突,也不得合并设置收费站。

一般互通式立体交叉为除枢纽互通式立体交叉之外的其他互通式立体交叉,常用于高速公路或一级公路与双车道公路之间的交叉,允许合并设置收费站和在被交叉公路的匝道端采用平面交叉。

(一)设计速度

互通式立体交叉范围内正线的设计速度与正线路段设计速度相同。

互通式立体交叉匝道的设计速度主要是根据转弯交通量的大小以及用地和投资费用等条件确定。如果匝道的设计速度能和正线一样。即使是采用正线设计速度中较低者,车辆运行也是顺畅的。但是,由于地形、用地和投资费用等的限制,匝道的设计速度总是低于正线的。但降低值不能过大,以免车辆在离开或进入正线时产生急剧的减速或加速,导致行车危险和不顺畅。期望值以接近主线(正线中设计速度较高者)平均行驶速度为宜。当受用地或其他条件限制时,匝道的设计速度可适当降低,一般为主线设计速度的50%~70%。

公路和城市道路互通式立体交叉匝道设计速度的规定如表5-1-2和表5-1-3。

公路立体交叉匝道设计速度 表5-1-2

匝道形式		直 接 式	半直接式	环圈式
匝道设计速度 (km/h)	枢纽互通式立交	80、60、50	80、60、50、40	40
	一般互通式立交	60、50、40	60、50、40	40、35、30

城市道路立体交叉匝道设计速度 表5-1-3

被交道路设计速度 (km/h)	主线设计速度(km/h)				
	120	80	60	50	40
80	60~40	50~40	—	—	—
60	50~40	45~35	40~30	—	—
50	—	40~30	35~25	30~20	—
40	—	—	30~20	30~20	25~20

选用匝道设计速度时应注意以下几点。

(1)满足最佳车速要求。匝道采用较主线低的车速不一定意味着会降低立体交叉的通行能力,因为车速高时由于制动距离增加而使车头间距变大,使通行能力降低。所以,为保证行车安全及通行能力要求,并考虑用地及行驶条件,匝道设计速度宜接近最大通行能力时的车速,即最佳车速v_k。简化计算公式为:

$$v_k = \frac{L + L_0}{C} \qquad \text{(m/s)} \qquad (5\text{-}1\text{-}1)$$

式中：L——车长（m）；

L_0——安全距离（m），一般取 $5 \sim 10$m；

C——制动系数（s^2/m），一般取 $0.15 \sim 0.30 s^2$/m。

一般最佳车速 v_k 为 $40 \sim 50$km/h。

（2）按匝道的不同形式选用：同一座立体交叉各条匝道的设计速度可不同，原则上应根据匝道的形式选用。右转匝道应尽量采用上限或中间值；直接式左转匝道宜采用上限或中间值；半直接式宜采用中间或接近中间值；环圈式匝道宜采用低值，匝道设计速度为 50km/h 时，只有在交通量较小或很小时，方能采用环圈式匝道。

（3）接近收费站或平面交叉的末端，匝道设计速度可酌情降低。

（4）适应分、合流处车辆行驶的需要：匝道与主线分、合流处，设计中所考虑的行驶速度应不小于主线设计速度的 70%。

（5）匝道设计速度采用较低值时，匝道中接近分、合流鼻端处应考虑一定长度的适应较高速度的预加速或连续减速的路段。

（6）考虑匝道的交通组织：双向无分隔带的匝道应取同一设计速度；双向独立的匝道依交通量的不同而分别选用。

（二）设计交通量与通行能力

1. 设计交通量

匝道的设计交通量是指远景设计年限的交通量。立体交叉的设计年限一般为 $15 \sim 20$ 年，高速公路互通式立体交叉为 20 年。

匝道设计交通量是确定匝道类型、设计速度、车道数、几何形状、部分互通式或完全互通式以及是否分期修建等的基本依据。设计交通量是根据正线设计年限的年平均日交通量，结合交通调查资料推算出各转弯方向的交通量而得。

如果推算出的各转弯方向交通量为年平均日交通量，则按下式计算设计小时交通量：

$$DHV = ADT \times K \qquad (5\text{-}1\text{-}2)$$

式中：DHV——各转弯行驶方向的单向设计小时交通量（pcu/h）；

ADT——各转弯行驶方向的单向任平均日交通量（pcu/d）；

K——高峰小时系数，一般应通过实际调查确定；我国目前尚未针对高速公路运行进行调查，参考中交公路规划设计院对一般公路的研究，K 值大约在 $0.095 \sim 0.135$ 之间。

2. 设计通行能力

匝道的通行能力取决于匝道本身和出、入口处的通行能力，以三者之中较小者作为采用值。通常出口和入口的通行能力与匝道本身通行能力相比甚小，故匝道的通行能力主要受出、入口处通行能力的控制，并受主线通行能力、车道数、规划交通量等影响。单车道匝道的最大设计通行能力为 1 200 辆/h。

3. 正线技术规定

互通式立体交叉范围内主线的线形主要技术指标规定如表 5-1-4。

互通式立体交叉范围内主线的线形指标 表 5-1-4

设计速度(km/h)		120	100	80	60
最小平曲线半径(m)	一般值	2 000	1 500	1 100	500
	最小值	1 500	1 000	700	350
最小竖曲线半径(m)	凸形 一般值	45 000	25 000	12 000	6 000
	凸形 最小值	23 000	15 000	6 000	3 000
	凹形 一般值	16 000	12 000	8 000	4 000
	凹形 最小值	12 000	8 000	4 000	2 000
最大纵坡(%)	一般值	2	2	3	4.5
	最小值	2	2	4	5.5

第二节　平面交叉的类型及适用性

一、平面交叉的组成与分类

（一）平面交叉及其构成

平面交叉从路网看仅为相交道路的一个结点。但就其构造和交通功能看，是一个空间范围（图 5-1-2）。

所谓交叉一般指图中相交道路缘石线延长后所包括的范围，即图 5-1-2 中阴影线的 ABCD 部分。当无缘石时为行车道边线延长后所包括的范围。而从交通工程角度分析，交叉范围应是图 5-1-2 中全部斜线部分。但在交通设计中发现，紧接交叉口的道路段，即交叉入口和出口处一段道路，对交叉的通行能力具有特殊的影响和作用。因此，在交叉设计和交通处理时，也应将这一部分作为交叉范围考虑。所以，一个完整的平面交叉应由交叉口及其所连接的部分道路所组成。

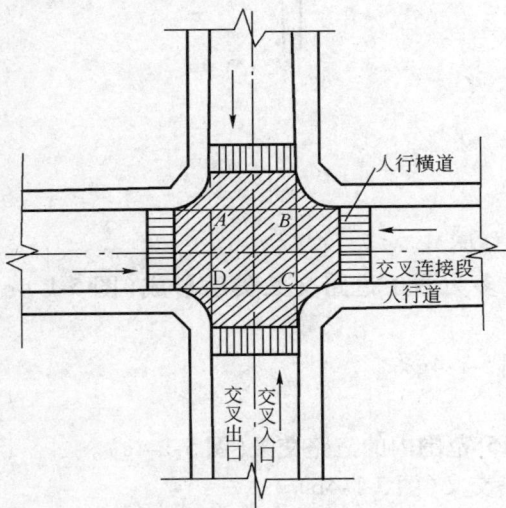

图 5-1-2　平面交叉的组成

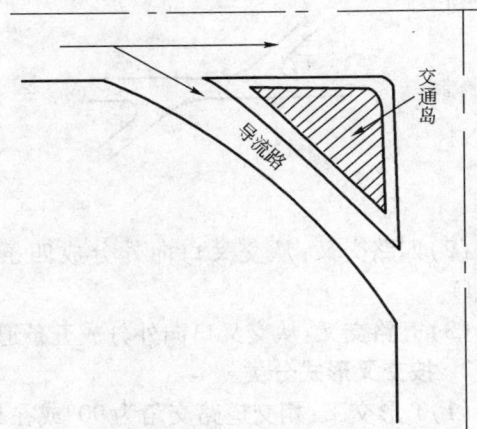

图 5-1-3　交通岛与导流路示意图

平面交叉的基本组成如下：

（1）交叉口：相交道路的共同部分，即图5-1-2中斜线阴影部分。

（2）交叉连接段：与交叉口紧连的出入口道路。

（3）附加车道：为提高交叉口通行能力，并改善其使用功能，在交叉口连接部另外设置的供转弯车辆行驶的车道。

（4）交通岛、导流路：在交叉口范围内设置的交通岛与导流路（图5-1-3）。

（二）平面交叉的基本类型

平面交叉根据相交道路的条件和交通管制方式的不同，有多种形式。

1. 按相交道路的条数分类

（1）三路交叉：从交叉口向外分成三条道路，多为一条道路终止后，连接另一条贯通道路（图5-1-4a），或三条道路汇集于一点（图5-1-4b）形成。

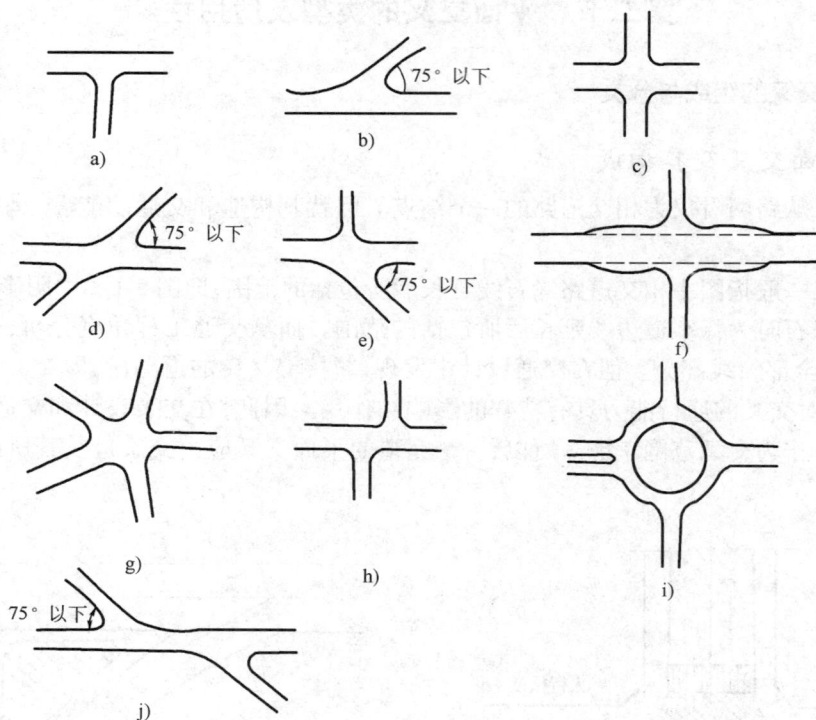

图5-1-4　平面交叉的类型

（2）四路交叉：从交叉口向外分成四条道路，多为两条道路交叉贯通形成（图5-1-4c、d、e、f）。

（3）五路交叉：从交叉口向外分成五条道路（图5-1-4g）。

2. 按交叉形式分类

（1）T形交叉：相交道路交角为90°或在90°±15°范围内的三路交叉（图5-1-4a）。

（2）Y形交叉：夹角小于75°或大于105°的三路交叉（图5-1-4b）。

（3）十字交叉：相交道路夹角90°或在90°±15°范围内的四路交叉（图5-1-4c）。

（4）X形交叉：相交道路交角小于75°或大于105°的四路交叉（图5-1-4d）。

(5)诺位交叉:从相反方向终止于一条贯通道路而形成两个距离很近的 T 形交叉组成的交叉(图 5-1-4h)。

(6)斜交错位交叉:由两个 Y 形交叉组成的错位交叉(图 5-1-4j)。

(7)折角式交叉:十字交叉中有一交角小于 75°(图 5-1-4e)。

(8)环形交叉:在交叉口中央设置较大的圆形或其他形状中心岛,绕岛车辆一律按逆时针方向行驶的交叉形式(图 5-1-4i)。

3. 按渠化交通的程度分类

(1)简单交叉:由道路相交而直接形成,只在交叉角处将道路边缘作成圆弧形。

(2)拓宽路口式交叉:将交叉口连接部的道路拓宽而成的交叉形式。

(3)渠化交叉:在交叉口处,通过交通岛、交通标志和地面标线,控制和疏导交通路径而形成的交叉形式。

4. 按交通控制方式分类

(1)无信号控制交叉:此种交叉处应指定优先道路,而在非优先道路的交叉入口处设置"让"或"停"的交通标志,使非优先道路的车辆在进入交叉前要缓行或停候,判断主线车流间隔允许通过时方可进入交叉。当两条相交道路等级接近,也可在各个路口均设"让"或"停"的交通标志,以提醒驾驶员要注意相互谦让安全通过。

(2)有信号控制交叉:在交叉处设置交通信号指挥车辆通过。

二、常用平面交叉的形式及特点

平面交叉口的形式取决于道路网的规划和周围地形、用地的情况,以及设计速度、直行和转弯交通量、交通性质和交通组织等。常见的形式有"十"字形,"T"字形及其演变而来的 X 形、Y 形、错位、多路交叉等。这些交叉口在平面上的几何图形,由规划道路网和街坊建筑的形状所决定,一般不易改变。但在具体设计中,常因交通量、交通性质以及不同的交通组织方式,把交叉口设计成各具交通特点的形式,可归纳为加铺转角式、分道转弯式、扩宽路口式及环形交叉四类。

(1)加铺转角式:交叉口用适当半径的单圆曲线或复曲线平顺连接相交道路的路基和路面,如图 5-1-5 所示。此类交叉口形式简单,占地少,造价低,设计方便,但行车速度低,通行能力小。适用于车速低,交通量小,转弯车辆少的三、四级公路或地方道路,若斜交不大时,也可用于转弯交通量较小的主要道路与次要道路交叉。设计时主要解决合适的转角曲线半径和足够视距问题。

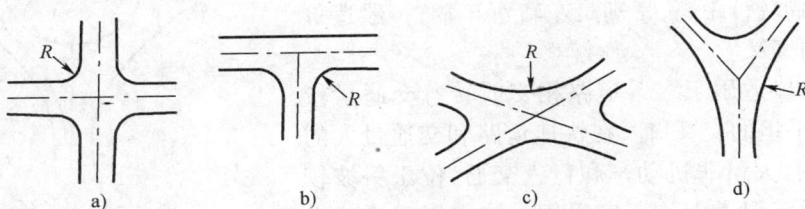

图 5-1-5 加铺转角式交叉口
a)十字形;b)T 形;c)X 形;d)Y 形

(2)分道转弯式:通过设置导流岛、分隔岛及划分车道等措施,使单向右转或双向左、右转车流以较大半径分道行驶的平面交叉,如图 5-1-6 所示。此类交叉口转弯车辆,尤其是右转弯车辆行驶速度和通行能力都较高。适用于车速较高,转弯车辆较多的一般道路。设计时主要考虑分道转弯半径、保证足够的视距和满足导流岛端部半径的要求。

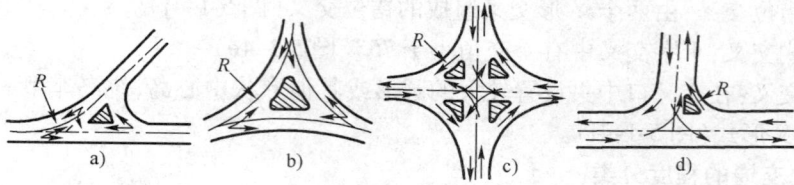

图 5-1-6　分道转弯式交叉口

（3）扩宽路口式:为使转弯车辆不影响其他车辆的正常行驶,在交叉口连接部增设变速车道和转弯车道的平面交叉。这种交叉可以单增右转或左转车道,也可以同时增设左、右转弯车道,如图 5-1-7 所示。此类交叉口可减少转弯交通对直行交通的干扰,车速较高,事故率低,通行能力大,但占地多,投资较大。适用于交通量较大、转弯车辆较多的一级公路、二级公路和城市主干路。设计时主要解决扩宽的车道数和位置,同时也要满足视距和转角曲线半径的要求。

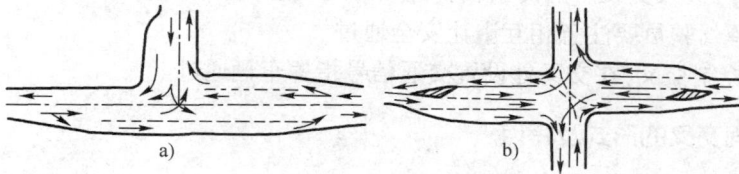

图 5-1-7　扩宽路口式交叉口

（4）环形交叉:在交叉口中央设置中心岛,用环道组织渠化交通,使进入环道的所有车辆一律按逆时针方向绕岛单向行驶,直至所要去的路口离岛驶出的平面交叉,俗称转盘,如图 5-1- 8 所示。

环形交叉口的优点:驶入交叉口的各种车辆可连续不断地单向运行,没有停滞,减少了车辆在交叉口的延误时间;环道上行车只有分流与合流,消灭了冲突点,提高了行车的安全性;交通组织简便,不需信号管制;对多路交叉和畸形交叉,用环道组织渠化交通更为有效;中心岛绿化可美化环境。缺点:占地面积大,城区改建困难;增加了车辆绕行距离,特别是左转弯车辆;一般造价高于其他平面交叉。

环形交叉口适用于多条道路相交或转弯交通量较大,且地形较平坦的交叉口。在快速道路和交通量大的干线道路上、有大量非机动车和行人交通、位于斜坡较大地形以及桥头引道上均不宜采用。按规划需修建立体交叉处,近期可采用环形平面交叉作为过渡形式,并预留远期改建为立交的可能性。

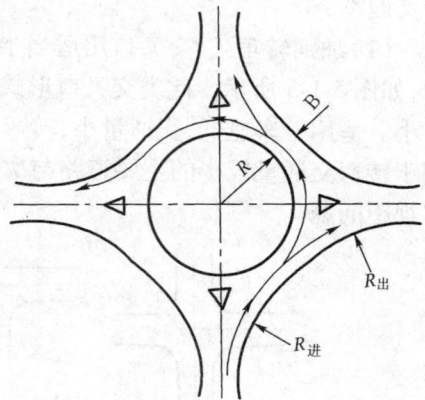

图 5-1- 8　环形交叉口

采用"入口让路"的环形交叉口,驶入车辆要等候环行车流出现间隙时才插入行驶。一般适用于一条四车道公路和一条双车道公路相交或两条高峰小时不明显的四车道公路相交且行人和非机动车较少的交叉。

环形交叉口设计时主要解决中心岛的形状和半径,环道的布置和宽度,交织段长度,交织角,进出口曲线半径和视距要求等问题。

第三节 立体交叉的类型及适用性

一、立体交叉的组成与分类

(一)立体交叉的组成

立体交叉的主要组成部分如图 5-1-9 所示。

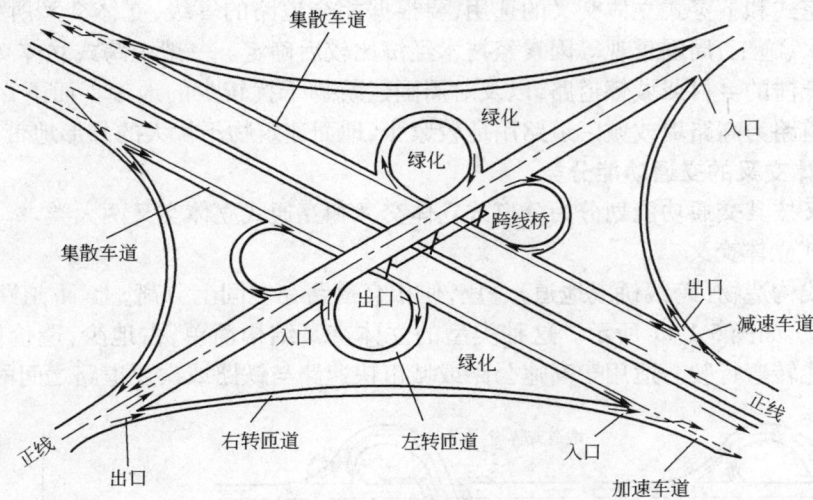

图 5-1-9 立体交叉的组成

(1)跨线构造物:是相交道路的车流实现空间分离的主体构造物,指设于地面以上的跨线桥(上跨式)或设于地面以下的地道或隧道(下穿式)。

(2)正线:是组成立体交叉的主体,指相交道路的直行车行道,主要包括连接跨线构造物两端到地坪高程的引道和立体交叉范围内引道以外的直行路段。正线可分为主线和次线。

(3)匝道:是立体交叉的重要组成部分,是供上、下相交道路转弯车辆行驶的连接道,有时也包括匝道与正线以及匝道与匝道之间的跨线桥或地道。

(4)出口与入口:由正线驶出进入匝道的道口为出口,由匝道驶入正线的道口为入口。

(5)变速车道:为适应车辆变速行驶的需要,而在正线右侧的出入口附近设置的附加车道称为变速车道。变速车道分减速车道和加速车道两种,出口端为减速车道,入口端为加速车道。

除以上主要组成部分外,立体交叉还包括辅助车道、集散车道、绿化地带,以及立体交叉范围的排水、照明、交通工程等设施。

立体交叉的设计范围一般是指各相交道路出入口变速车道渐变段顶点以内包含的正线、跨线构造物、匝道等的全部区域。

（二）立体交叉的类型

1. 按相交道路的跨越方式分类

立体交叉按相交道路的跨越方式划分为上跨式和下穿式两类,如图 5-1-10 所示。

（1）上跨式:是用跨线桥从相交道路的上方跨过的交叉形式。这种立体交叉主线采用高出地面的跨线桥,施工方便,造价较低,与地下管线干扰小,排水易处理,但占地较大,跨线桥影响视线和周围景观,引道较长或纵坡较大,不利于非机动车辆的行驶。

（2）下穿式:是利用地道或隧道从相交道路的下方穿过的交叉形式。这种立体交叉主线采用低于地面的地道或隧道,占地较少,立面易处理,下穿构造物对视线和周围景观影响小,但施工时对地下管线干扰较大,排水困难,施工期较长,造价较高,养护和管理费用大。

对于上跨式和下穿式立体交叉的选用,要根据相交道路的等级,立体交叉所处的位置、地形、地质、排水、施工、周围景观等因素经技术经济比较后确定。一般上跨式立体交叉宜用于被交道路地形低洼的乡村或城郊道路,以及对周围建筑物干扰较少的地带。而下穿式立体交叉多用于被交道路为高路堤或城区道路用地较紧张、地面建筑物干扰大的凸形地带。

2. 按立体交叉的交通功能分类

立体交叉按其交通功能划分为分离式立体交叉和互通式立体交叉两大类。

1）分离式立体交叉

仅设跨线构造物(跨线桥或地道)一座,使相交道路在空间上分离,上、下道路间无匝道连接的交叉形式,如图 5-1-11 所示。这种类型的立体交叉结构简单,占地少,造价低,但相交道路的车辆不能转弯行驶。适用于高速公路或城市快速路与铁路或次要道路之间的交叉。

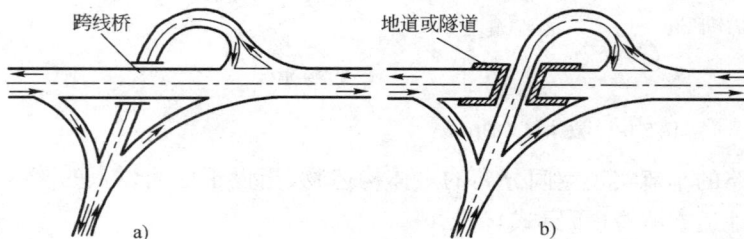

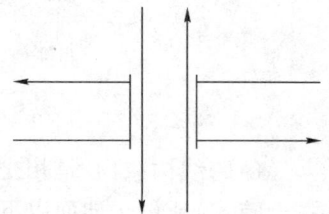

图 5-1-10 上跨式和下穿式立体交叉　　　　　　图 5-1-11 分离式立体交叉

在下列情况可采用分离式立体交叉:直行交通量大、转弯车辆少或因交通组织不允许转弯行驶时,可不设转弯车道的交叉处;公路与干线铁路交叉处;高速公路同其他各级道路交叉时,除在控制出入的地点设置互通式立体交叉外的交叉处;一般公路之间交叉时,因场地或地形条件限制时,为减少工程数量和降低造价处。

2）互通式立体交叉

不仅设跨线构造物使相交道路在空间上分离,而且上、下道路间有匝道连接,以供转弯车辆行驶的交叉形式。这种立体交叉车辆可转弯行驶,全部或部分消灭了冲突点,各方向行车干扰小,行车安全、迅速,通行能力大,但立体交叉结构复杂,构造物多,占地大,造价高。

互通式立体交叉的基本形式根据交叉处车流轨迹线的交叉方式和几何形状的不同,又可分为部分互通式、完全互通式和环形立体交叉三种。

(1)部分互通式立体交叉。相交道路的车流轨迹线之间至少有一个平面冲突点的交叉称之为部分互通式立体交叉。当交叉口个别方向的交通量很小或分期修建时,高速道路与次要道路相交或受地形地物限制,某个方向不能布设匝道时可采用部分互通式立体交叉。部分互通式立体交叉的代表形式有菱形立体交叉和部分苜蓿叶式立体交叉等。

(2)完全互通式立体交叉。相交道路的车流轨迹线全部在空间分离的交叉称之为完全互通式立体交叉。它是一种比较完善的高级形式立体交叉,匝道数与转弯方向数相等,各转弯方向都有专用匝道,无冲突点,行车安全、迅速,通行能力大。但占地面积大、造价高。适用于高速道路之间或高速道路与其他交通量大的高等级道路相交。其代表形式有喇叭形、苜蓿叶形、Y 形、X 形、涡轮式、组合式等。

(3)环形立体交叉。相交道路的车流轨迹线因匝道不足而共同使用,且有交织段的交叉,称之为环形立体交叉,如图 5-1-12,其中图 a)、b)、c)分别为三路、四路、多路环形立体交叉。

环形立体交叉是由平面环形交叉发展而来,为保证主线直行车流快速、畅通,将主线下穿或上跨环道而构成。次要道路的直行车流和交叉口的左转车流一律绕环道作单向逆时针行驶,车流在环道内相互交织,直至向所去的路口离去。

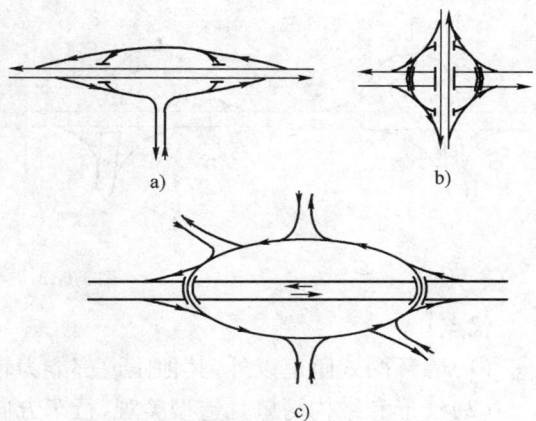

图 5-1-12 环形立体交叉

3. 按其他方式分类

立体交叉还可以按以下几种方式分类:

1)按几何形状分类

(1)T 形立体交叉,如喇叭形、子叶式立体交叉等;

(2)Y 形立体交叉,如定向 Y 形立体交叉等;

(3)十字形立体交叉,如菱形、苜蓿叶形、定向形立体交叉等。

2)交汇道路的条数分类

(1)三路立体交叉,由三条道路交汇于一处的立体交叉;

(2)四路立体交叉,由四条道路交汇于一处的立体交叉;

(3)多路立体交叉,由五条及五条以上道路交汇于一处的立体交叉。

3)层数分类

(1)双层式立体交叉;

(2)三层式立体交叉;

(3)多层式立体交叉。

4)用途分类

(1)公路立体交叉,指城镇范围以外的立体交叉;

(2)城市道路立体交叉,指城镇范围以内的立体交叉;

(3)铁路立体交叉,指道路与铁路的立体交叉;

(4)人行立体交叉,供行人(有时含非机动车)横跨道路的人行天桥或人行地道。

二、常用立体交叉的形式及特点

立体交叉的形式很多，它们各具特色，分别适用于不同的场合。对于分离式立体交叉，因其形式固定，结构简单，不作介绍。而互通式立体交叉，随匝道的不同布置，会形成许多不同形式的立体交叉。下面仅对常用互通式立体交叉的形式、特点及适用性进行介绍。

（一）三路立体交叉

1．三路全互通式立体交叉

1）喇叭形立体交叉

喇叭形立体交叉是国内外高速公路或城市道路广泛采用的一种三路立交的代表形式（图5-1-13），它是由一个环圈式匝道（转向约为270°）和一个半定向匝道来实现车辆左转弯的全互通式立体交叉。喇叭形立交可分为 A 式和 B 式，经环圈式左转匝道驶入主线（或正线）为 A 式，驶出时为 B 式。

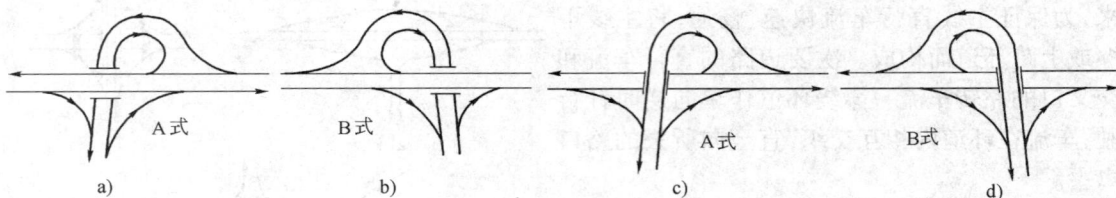

图 5-1-13　喇叭形立体交叉

优点：

（1）除环圈式匝道以外，其他匝道都能为转弯车辆提供较高速度的半定向运行；

（2）线形和结构简单且造型美观，行车方向容易辨别；

（3）没有冲突点和交织，通行能力大，行车安全；

（4）只需一座跨线构造物，投资较省。

缺点：

（1）环圈式匝道上行车速度低，线形较差，若采用较高的计算行车速度时，占地较大；

（2）左转弯车辆绕行距离较长。

适用性：

喇叭形立体交叉适用于高速道路与一般道路相交的 T 形交叉。匝道适应的交通量较小，计算行车速度小于等于50km/h。布设时应将环圈式匝道设在交通量小的方向上，主线转弯交通量大时宜采用 A 式，反之可采用 B 式。通常情况下，一般道路上跨时，转弯交通的视野开阔，下穿时宜斜交或弯穿。

2）定向 Y 形立体交叉

定向 Y 形立交如图5-1-14，它用两条左转弯直接或半直接定向匝道旋转约90°连通左转弯车流，用两条外环匝道连通右转弯车流，从而使 T 形交叉组成完全互通式立交。

优点：

（1）对转弯车辆能提供直接、无阻的定向运行，行车速度高，通行能力大；

（2）转弯行驶路径短捷，运行流畅，方向明确；

（3）正线外侧不需占用过多土地。

缺点：

（1）正线双向行车道之间必须有足够距离，以满足匝道纵断面布置的要求；

（2）当正线单向有两条以上车道时，左侧车道为超车道或快车道，使得左转弯车辆由左侧车道快速分离或由左侧车道快速汇入困难；

（3）需要跨线构造物多，占地较大，造价较高。

适用性：

定向 Y 形立体交叉适用于各方向交通量都很大的高速道路之间的交叉，当正线双向为分离式断面，且相距一定宽度时较为适宜，特别是当正线外侧有障碍物，无法采用喇叭形时最为适宜。设计定向 Y 形立交时，正线双向行车道之间在交叉范围所拉开的距离，必须满足左转匝道纵坡和桥下净空要求，在正线设计时就应充分考虑立交布设的要求。

3）子叶式立体交叉

子叶式立体交叉如图 5-1-15，是用两个环圈式匝道来实现车辆左转的全互通式立体交叉。

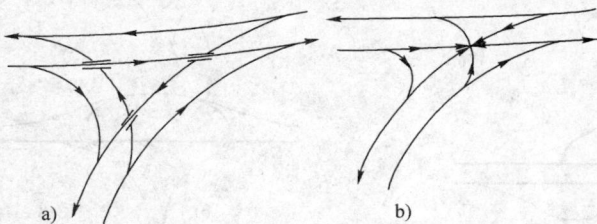

图 5-1-14　定向 Y 形立体交叉　　　　　图 5-1-15　子叶式立体交叉

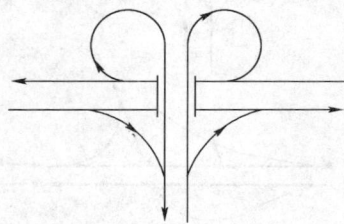

优点：

（1）只需一座跨线构造物，造价较低；

（2）匝道对称布置呈叶状，造型美观。

缺点：

（1）环圈式左转匝道线形较差，运行条件不如喇叭式好；

（2）左转弯车辆绕行距离较长；

（3）正线上存在交织运行。

适用性：

子叶式立体交叉的适用性与喇叭形立交相近，多用于苜蓿叶一般互通式立体交叉的前期工程。布设时以使主线下穿为宜。

2. 三路部分互通式立体交叉

三路部分互通式立体交叉一般有匝道平交型和主线平交型两种（如图 5-1-16），它将左转匝道之间相交叉的部位或将某一左转方向与正线交叉的部位做成平面交叉。

优点：

（1）主要行车方向线形好，快速畅通；

（2）形式简单，仅需一座跨线构造物，造价较低；

（3）占地较少，使立交用地面积减少。

缺点：

（1）正线某一行车方向与左转匝道或左转匝道之间的相交处为平面交叉；

（2）平面交叉口处的视认性和安全性受到一定影响。

适用性：

这种形式立体交叉在用地允许的情况下尽量不要采用，仅限于城市道路立体交叉拆迁数量较大、用地限制较严、主干路与主干路（或次干路）相交叉时考虑采用。布设时宜将平面交叉处高程设在地面高程，以利车辆进出，并使平面交叉位置与跨线构造物保持一定距离，以满足停车视距的要求。

3. 三路交织型立体交叉

三路环形立体交叉如图5-1-17所示，它是在半定向左转弯匝道之间通过交织的方式，来实现转弯运行。其中图a)为左转弯车辆之间交织运行，直行车辆直通，图b)为左转弯车辆交织运行，外侧直行车辆绕行。三路环形立交的正线车辆不参与交织运行。

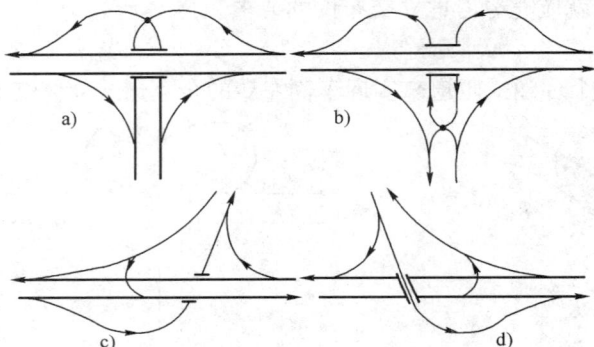

图 5-1-16 三路部分互通式立体交叉　　　图 5-1-17 三路环形立体交叉

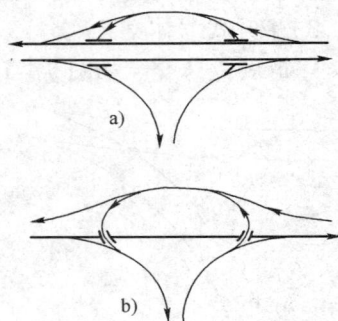

优点：

（1）转弯行驶方向明确，交通组织方便，不需要信号控制；

（2）除了图b)外侧直行车辆略有绕行外，能保证正线交通快速畅通；

（3）结构紧凑，占地较少。

缺点：

（1）存在交织运行，限制了通行能力和行车速度；

（2）左转绕行距离较长；

（3）需要两座双向双层式或两座单向双层式跨线构造物。

适用性：

这种立交适用于主要道路与次要道路相交叉的中等交通量情况。布设时直行方向宜直通，并将交织路段设在地面一层。主要道路采用上跨式还是下穿式，应根据地形、地质、排水等条件综合考虑。

（二）四路立体交叉

1. 四路全互通式立体交叉

1）苜蓿叶式立体交叉

苜蓿叶式立交如图5-1-18所示，它是最常用的四路互通式立交形式之一，它通过四个对称的环圈式左转匝道来实现各方向左转弯车辆的运行。

优点:

(1)交通运行连续而自然;

(2)无冲突点,无须设信号控制;

(3)可由部分苜蓿叶式立体交叉分期修建而成;

(4)仅需一座跨线构造物,造价较低。

缺点:

(1)左转弯车辆绕行距离较长,立体交叉占地较大;

(2)环圈式左转匝道线形差,行车速度低;

(3)上、下线左转匝道出入口之间存在交织运行,限制了立体交叉的通行能力;

(4)正线上为双重出口,其中左转匝道出口在跨线构造物之后,使标志变得复杂;

(5)为设置附加的交织车道或变速车道,使跨线构造物长度增加。

适用性:

多用于高速道路与一般道路或等级较高道路之间的立体交叉,而在城市内因受用地的限制很难采用。因其形式美观,如果在城市外围的环路上采用,加之适当地绿化,也较为合适。

布设时视具体条件,环圈式匝道可采用单曲线、多心复曲线、方形或压扁形等。当正线的交通量较大时,为了消除正线上的交织,保证正线交通流畅,避免双重出口而使标志简化,提高立体交叉的通行能力和行车安全,常在正线的外侧加设集散车道,成为带集散车道的苜蓿叶式立交。

2)X 形立体交叉

X 形立体交叉又称半定向式立体交叉,是全互通式立交的最高级形式之一。如图 5-1-19 所示,图中 a)为对向左转匝道对角靠拢布置的情况,图 b)为对向左转匝道对角拉开布置的情况。对于图 a)、图 b)两种形式来说,图 a)所示形式的转弯匝道线形更为流畅,转弯半径更大,适应的车速更高,桥梁建筑长度缩短,但总的建筑高度增加,匝道桥与跨线桥集中布设使结构更复杂。布设时,宜将直行车道分别布置在较低层次,而将对角左转匝道布置在高层。另外,对于图 b)所示形式,可以合理利用空间高差的变化,以降低立体交叉的建筑高度,但要避免一条匝道几次上下起伏变化,以一次升降坡为宜。

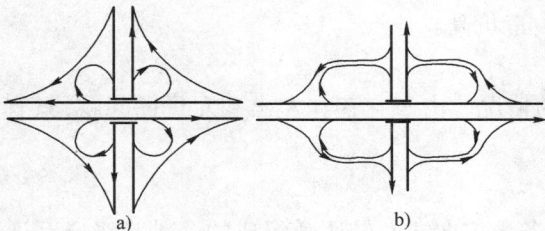

图 5-1-18 苜蓿叶式立体交叉

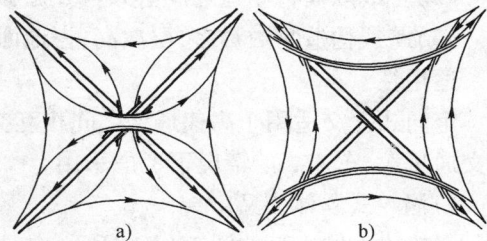

图 5-1-19 X 形立体交叉

优点:

(1)各转弯方向车辆运行都有专用匝道,自由流畅,转向明确;

(2)单一的出口或入口,便于车辆运行和简化标志;

(3)无交织,无冲突点,行车安全;

(4)适应车速高,通行能力大。

缺点：

（1）层多桥长,造价高；

（2）占地面积大,在城区很难实现。

适用性：

X 形立交适用于高速道路之间相互交叉的情况,在市区等用地和建筑物限制较严的地区很难设置,多用于高速公路之间、市区外围的高速道路之间的交叉。

3）定向式立体交叉

定向式立体交叉如图 5-1-20 所示,它是由定向左转匝道组成的一种高级的全互通式立体交叉。布设时,在满足桥下最小净空要求的情况下,合理利用空间高差变化、正线双向行车道之间拉开的距离,以满足纵坡和跨越对向行车道时净空的要求,同时应保证正线和匝道平面线形的连续性。

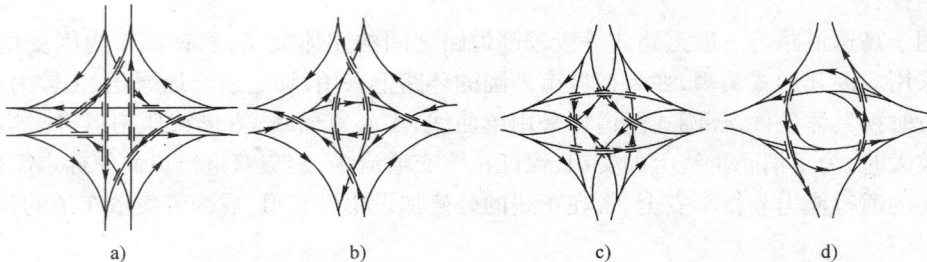

a)　　　　　　b)　　　　　　c)　　　　　　d)

图 5-1-20　定向式立体交叉

优点：

（1）匝道转弯半径大,行车方向明确,路径短捷；

（2）能为转弯车辆提供高速的定向运行,通行能力大；

（3）无冲突点,行车安全。

缺点：

（1）存在左侧分离和左侧汇入的困难；

（2）正线双向行车道之间必须拉开足够距离,直行车辆略有绕行；

（3）跨线构造物数量多,层次高,占地面积大,造价高。

适用性：

定向式立交适用于高速道路之间相互交叉的情况。由于它存在左出和左进的问题,只有在交通量大、车速高的情况下考虑采用。

4）涡轮式立体交叉

涡轮式立体交叉如图 5-1-21 所示,它是由四条半定向式左转匝道组成的一种高级全互通式立体交叉。

优点：

（1）匝道平曲线半径较大,纵坡和缓,适应车速较高；

（2）车辆进出正线安全通畅；

（3）无冲突,无交织,通行能力较大；

（4）规模宏伟,造型美观。

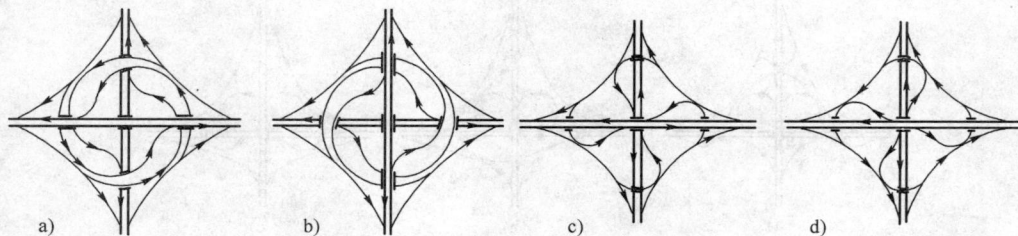

图 5-1-21　涡轮式立体交叉

缺点：

（1）左转弯车辆绕行距离较长，营运费用较大；

（2）需建两层式跨线构造物 5 座，造价较高；

（3）占地面积大。

适用性：

涡轮式立体交叉适用于高速道路之间相互交叉。其中图 a）和图 b）的每条左转匝道都是利用三个象限迂回布置的，而图 c）和图 d）是在两个象限布置的。另外，对于正线而言，图 a）和图 c）的出口线形比入口线形好，而图 b）和图 d）的出口线形比入口线形差。设计时，为使匝道平面线形与汽车行驶速度的变化相适应，在条件允许的情况下，以采用图 a）和图 c）所示形式为宜。

5）组合式立体交叉

上述四路立体交叉的左转匝道都是由一种形式组成的，并且从外形上多数具有正线轴向和 45°角斜线对称的特性。而组合式立体交叉是根据交通量并结合地形、地物限制条件，采用两种或两种以上不同形式左转匝道组合而成的立体交叉，一般只具有一个轴向或斜线对称性。由于组合式立体交叉是因交通量、地形或地物的制约而形成的，所以，其立体交叉形式是多种多样的。正线双向在立交范围不拉开距离的情况下，组合式立交多数是由环圈式左转匝道与半定向左转匝道组合而成。

（1）一个环圈式匝道型。立体交叉的左转匝道是由一个环圈式匝道和三个半定向匝道组合而成的全互通式立体交叉。依半定向左转匝道形式的不同，这种立体交叉又有不同的布置形式，图 5-1-22 为两种常用立体交叉形式。

这种立体交叉适用于一个方向左转弯交通量比较小的情况，该方向可采用环圈式左转匝道，其余三个左转方向可采用回绕程度不同的半定向匝道。布

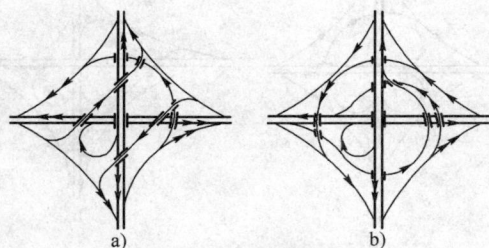

图 5-1-22　一个环圈式匝道型立体交叉

设时，还应考虑某个象限地形或地物的限制条件，在受限较严的象限可以不设左转匝道，而只设右转匝道。

（2）两个环圈式匝道型。立体交叉的左转匝道是由两个环圈式匝道和两个半定向匝道组合而成的全互通式立体交叉。根据环圈式匝道的不同位置和半定向匝道的不同形式，可采用不同形式的立体交叉。图5-1-23为六种不同布置形式。

这种类型的立体交叉适用于两个方向左转弯交通量比较小的情况。布设时，将环圈式匝

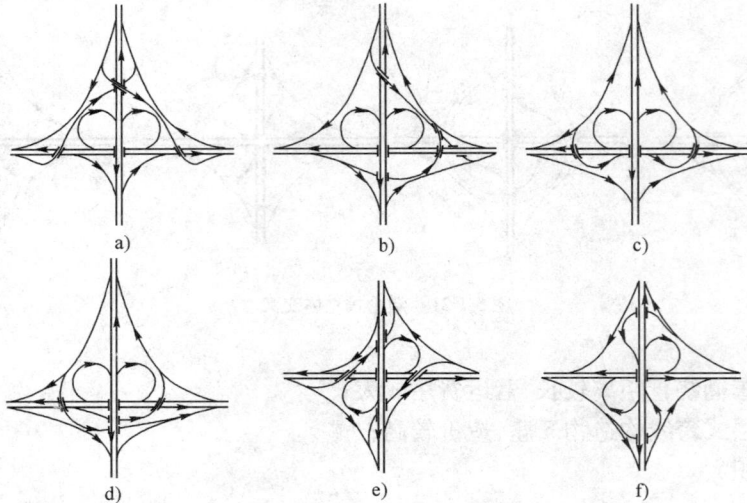

图 5-1-23　两个环圈式匝道型立体交叉

道设于交通量较小的左转方向,另两个左转方向采用回绕程度不同的半定向匝道。另外,环圈式匝道可布设在同侧或对角象限,视交通量较小的方向而定。

（3）三个环圈式匝道型。立体交叉的左转匝道是由三个环圈式匝道与一个半定向匝道组合而成的,如图 5-1-24 所示。

这种立体交叉适用于一个方向左转弯交通量比较大,而其余三个方向交通量比较小的情况。布设时,左转交通量较大的方向采用半定向匝道,图示两种布置形式都可采用,但当左转交通量较大的方向又为主要行车方向时,宜采用 b）图所示形式,以缩短绕行距离。

（4）无环圈式匝道型。当各方向左转交通量都比较大,或因地形、地物限制的情况下,不设环圈式左转匝道,而采用由半定向左转匝道组合而成的全互通式立体交叉,如图 5-1-25 所示。

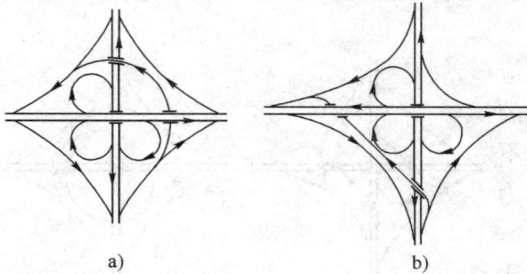

图 5-1-24　三个环圈式匝道型立体交叉

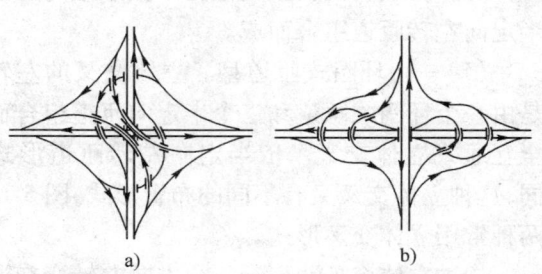

图 5-1-25　无环圈式匝道型立体交叉

适用于相交道路等级较高,左转弯交通量比较大的情况。布设时,合理选用半定向匝道形式,充分利用空间高度,尽量减少占地面积和降低建筑高度。

2. 四路部分互通式立体交叉

四路部分互通式立体交叉是在次要道路上或匝道上存在平面冲突点或部分转弯方向不设专用匝道的立体交叉,一般多用于主要道路与次要道路相交,也可用于地物限制较严或分期修建的情况。四路部分互通式立体交叉的代表形式主要有菱形立体交叉和部分苜蓿叶式立体交叉等。

1）菱形立体交叉

菱形立体交叉是只设右转和左转公用的匝道，使主要道路与次要道路连接，在跨线构造物两侧的次要道路上为平面交叉口。菱形立体交叉如图 5-1-26 所示，其中图 a）为常用形式，图 b）和图 c）为分离式菱形立交。布设时应将平面交叉设在次要道路上。主要道路采用上跨式或下穿式应视地形和排水条件而定，一般以下穿为宜。次要道路上可通过渠化或设置交通信号等措施组织交通。

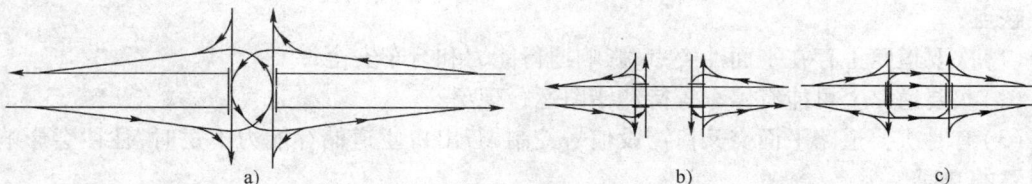

图 5-1-26 菱形立体交叉

优点：

（1）能保证主线直行车辆快速畅通；

（2）主线上具有高标准的单一进出口，交通标志简单；

（3）主线下穿时匝道坡度便于驶出车辆减速和驶入车辆加速；

（4）形式简单，仅需一座跨线构造物，用地和工程费用小。

缺点：

（1）次线与匝道连接处为平面交叉，影响了通行能力和行车安全；

（2）次线在上层时，可能存在视认性差、错路运行或行车等待等问题。

适用性：

菱形立体交叉多用于城市道路的主要道路与次要道路相交且用地困难的情况，而公路上多为收费立体交叉，一般不采用菱形立体交叉。图示分离式菱形立体交叉可用于高速道路与沿河（江）道路或分离式道路相交的情况。

2）部分苜蓿叶式立体交叉

部分苜蓿叶式立体交叉是相对于全苜蓿叶式立体交叉而言，在部分左转弯方向不设环圈式左转匝道，而在次要道路上以平面交叉的方式实现左转弯运行的立体交叉。如图 5-1-27 所示，可根据转弯交通量的大小或场地的限制，采用图示任一种形式或其他变形形式。

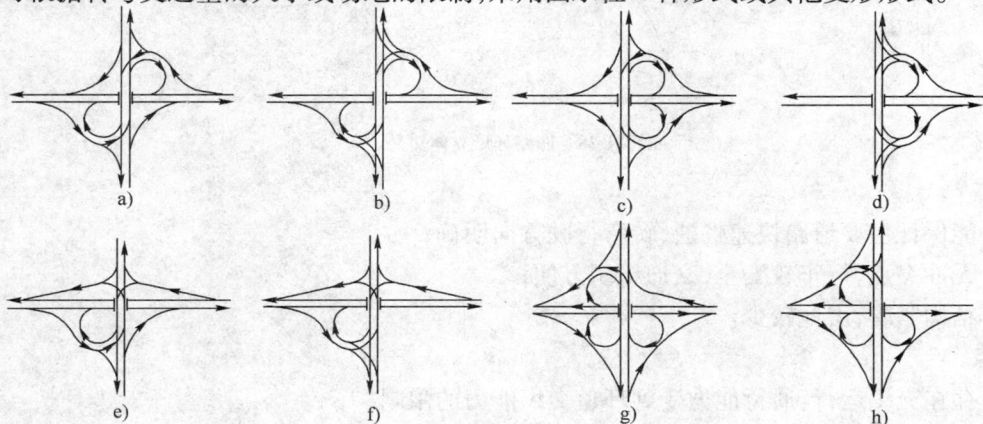

图 5-1-27 部分苜蓿叶式立体交叉

优点：

（1）可保证主要道路直行车辆快速通畅；

（2）单一的驶出方式简化了主要道路上的交通标志；

（3）仅需一座跨线构造物，用地和工程费用较小；

（4）便于分期修建，远期可扩建为全苜蓿叶式立体交叉；

（5）除了图 g)、图 h)，主要道路上消除了交织运行。

缺点：

（1）次要道路上存在平面冲突点，影响通行能力和行车安全；

（2）次要道路上可能有停车等待和错路运行现象；

（3）有时次要道路平面交叉口需设信号控制，若出口匝道储存能力不足时，往往会影响主要道路的交通。

适用性：

当主要道路与次要道路相交时可采用部分苜蓿叶式立交。布设时应使转弯车辆的出入尽可能少妨碍主要道路的交通，平面交叉口应布设在次要道路上，必要时，在次要道路上组织渠化交通或设置信号控制。当跨线构造物前后有两个连续出口或入口时，宜在主要道路外侧设置集散车道以简化出入口。另外，除了以上形式可供选用外，还可视具体条件采用图示反象限布置或其他变形形式，比如将某一象限的单独右转直接式匝道取消，改为平面交叉口。

3. 四路交织型立体交叉

四路交织型立体交叉的代表形式是环形立交。此外，按交织段的位置可分为匝道交织型、次要道路交织型以及主要道路交织型，常用的形式是环形立交。

环形立体交叉是由平面环形交叉发展而来的，常用形式如图 5-1-28 所示。布设时，应让主要道路直通，将交织段设在次要道路或匝道上。

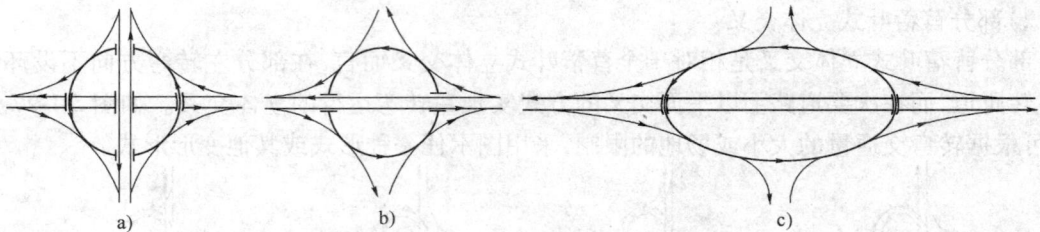

图 5-1-28　四路环形立体交叉

优点：

（1）能保证主要道路快速畅通，转弯行驶方向明确；

（2）无冲突点，行车较安全，交通组织方便；

（3）结构紧凑，占地较少。

缺点：

（1）存在交织运行，通行能力受到环道交织能力的限制；

（2）车速受到中心岛半径的影响，速度较低；

(3)构造物较多,工程费用较高;

(4)左转弯车辆绕行距离长。

适用性:

环形立交多用于城市道路立交,而公路上由于收费的影响一般不采用。视具体情况可采用两层、三层或四层式,其中两层式用于主要道路与次要道路相交,三层式和四层式可用于相交道路上直行车辆较多,车速较高的快速路、主干路、环城道路之间的交叉,或用于市区机动车与非机动车分离行驶的情况。

三路、四路及多路互通式立体交叉的其他形式、特点与适用条件可参考其他书籍和资料。

第四节 道路交叉设计内容与步骤

一、平面交叉设计内容与步骤

(一)交叉口设计的基本要求和内容

在道路网中,各种道路纵横交错,必然会形成很多交叉口,交叉口是道路系统的重要组成部分,是道路交通的咽喉。相交道路的各种车辆和行人都要在交叉口汇集、通过和转换方向,由于它们之间的相互干扰,会使行车速度降低,阻滞交通,耽误通过时间,也容易发生交通事故。因此,如何正确设计交叉口,合理组织交通,对于提高交叉口的车速和通行能力,减少延误和交通事故,避免交通阻塞,保障交叉口行车通畅,都具有重要意义。

交叉口设计的基本要求:一是保证车辆与行人在交叉口能以最短的时间顺利通过,使交叉口的通行能力能适应各条道路的行车要求。二是正确设计交叉口立面,保证转弯车辆的行车稳定,同时符合排水要求。

交叉口设计的主要内容:

(1)正确选择交叉口的形式,确定各组成部分的几何尺寸,包括行车道的宽度、转角曲线的转弯半径、各种交通岛的尺寸、绿化带的尺寸等;

(2)进行交通组织,合理布置各种交通设施,包括设置专用车道和组织渠化交通;

(3)验算交叉口行车视距,保证安全通视条件;

(4)交叉口立面设计,布置雨水口和排水管道。

(二)平面交叉口的设计步骤

1. 收集资料

(1)测量资料:收集或现场实测交叉口及其周围区域的工点大比例尺地形图(1:200 ~ 1:1 000),详细标注附近地坪及建筑物高程。收集交叉口的控制高程和控制坐标。

(2)交通资料:包括设计交通量及通行能力。当为交叉口改建设计时,还应收集交通现状资料(直行、右转、左转交通量)及交通事故发生的情况。

(3)道路资料:与交叉口相连道路的道路等级、宽度、半径、纵坡、横坡等平纵横设计或规划资料。

(4)用地资料:可供交叉口使用的用地范围及条件。

（5）水文资料：区域排水方式，已建或拟建地下、地上排水管渠的位置和尺寸。

2. 交叉口方案设计或形式的确定

对于大型复杂的平面交叉口或改建的平面交叉口，可根据上述收集的有关设计资料及要解决的主要交通问题，拟定交叉口的位置、形式及交通管理方式，并用不同道路条件与交通管理方式组合成多种设计方案。对每一方案应进行概略计算与设计，然后绘制草图，并进行方案比较，决定使用方案。

对于简单或方案明了的平面交叉口，可不进行方案比选，直接选择平面交叉口的形式，进行详细设计。

3. 详细设计

根据推荐的方案或选定的形式作细部设计。其设计内容有以下几点。

（1）确定交通管理方式。对于设置信号的平面交叉口，根据初步拟定的道路条件，设计计算交通管制的具体方法和控制参数。

（2）根据设计交通量及管理方式检验交叉口通行能力，计算车道数，确定各部分几何尺寸和平面设计参数，根据交通组织布置附加车道、交通岛等（城市道路的交叉口还有停车线和人行横道等）。

（3）绘制平面设计图。将上述设计成果绘制在交叉口的大比例尺地形图上，构成平面交叉口设计详图。交叉口的设计范围一般为转角圆曲线的切点以外 5～30m，用于过渡处理。平面设计完成后，需要检查交叉口的视距和用地条件。

（4）进行立面设计，并计算工程数量。

（5）编制工程概（预）算。通过详细设计，提出全部工程实施的设计文件和设计图纸资料。通常一个平面交叉口的施工图有交叉口的平面设计图与立面设计图。如果调整了被交道路的纵坡，则还应提供被交道路的纵断面图。

二、立体交叉设计内容与步骤

（一）立体交叉设计内容

立体交叉设计一般包括以下主要内容：
（1）分析立体交叉的流量、流向和交通组织方式；
（2）选择立体交叉的形式；
（3）确定立体交叉的位置；
（4）进行立体交叉主线、跨线桥、匝道和变速车道的几何构造设计。

（二）立体交叉设计的步骤

1. 初步设计阶段

1）立体交叉区资料调查与收集

在立体交叉设计之前，应通过实地勘测和调查，根据设计要求，获取下述资料。

（1）自然条件。包括立交地区的地形、地物、地质、水文、土壤、气候、气象以及其他有关自然条件资料。调查并收集用地发展规划。实测地形图比例为 1:500～1:2 000，图上应标注现有建筑物的建筑界线、种类、面积、高度，各种地下、地上管线，可供规划修建的范围、地界，洪水泛滥范围等。

（2）路线资料。调查相交道路的性质、等级、标准；相交道路的交角，路基宽度，横断面形式及尺寸，净空高度，设计荷载，设计车速及平、纵、横技术指标等。与铁路相交时还应调查铁轨股数、间距、净空和净宽要求等资料。

（3）路面资料。包括被交路的路面类型、厚度、结构、土基状况、自然区划等。

（4）交通资料。包括交叉口直行和转弯的现有交通量、远景设计交通量（年平均日交通量及小时交通量）、交通组成、同一时间各方向汽车比例等。根据交通调查资料作出交叉口交通量分布图。有非机动车和行人的还需调查非机动车和行人的流量。

（5）经济调查与地区调查。主要是对立体交叉区的经济情况和地区情况进行概略调查，为确定立体交叉规模及类型提供资料。调查的主要内容有：人口情况调查；工业、商业、农业及其他相关产业情况调查；土地利用情况的调查；地区和经济发展情况的调查；现有区域规划对立体交叉规划影响的资料调查等。

2）初拟方案

一般先在地形图上绘出各种可能的立体交叉方案。方案应能满足基本设计要求，符合立体交叉所在地点的地形条件、规划要求及有关规定。

3）确定比较方案

对拟订方案进行初步分析比较，选出可比方案再进一步深入比较。在1:1 000 或1:2 000地形图上，绘出各个可比方案，完成初步的平、纵面设计，桥跨方案布置和概略工程量计算，做出各方案比较表，采用不同的比较方法，全面评选出最佳方案。为便于比较，可根据需要做出方案模型或透视图，并征询有关方面和专家的意见。

2．施工图设计阶段

（1）资料收集与分析。

（2）方案审定。

（3）总体设计。

（4）详细测量，按采用方案实地放线。进行详细测量和资料调查，收集平、纵、横设计，桥跨设计等资料。

（5）平面设计。

①加减速车道的确定，确定加减速车道长度、位置等；

②线位数据设计（匝道），主要确定主线和匝道的几何线形和线位；

③连接部平面详图设计。

（6）纵断面设计。设计主线和匝道的纵坡、坡长等。

（7）横断面设计。

①超高加宽设计，确定各曲线半径的超高值、加宽值，确定分、合流端的超高过渡，计算超高值和加宽值；

②端部高程图设计；

③路基设计计算；

④土石方数量计算。

（8）立体交叉附属设施设计。

①平交口平、纵、横设计；

②收费广场设计。

(9)路面设计。

(10)桥涵设计。

(11)排水系统设计。

(12)用地、拆迁数量统计。

(13)交通工程及沿线附属设施设计。

(14)编写说明书。

(15)提供工程数量。

(16)编制预算。

(17)出版图纸、表格等。

(18)装订、承交。

第二章 道路交叉交通分析与通行能力

第一节 道路交叉交通分析

交叉口处由于有转弯及直行交通的存在,产生了诸多交通干扰问题,要处理好这些交通问题,需从了解平面交叉的交通特点及交通干扰原因着手。

一、交通流线

为分析交叉口的交通状况,可将交叉口处每一个可能的车流方向用一条表示行进方向带有箭头的线代替,这样一条线即称交通流线。

通过交叉口的交通流基本上可以分成四种形式:合流、分流、交叉和交织,如图 5-2-1 所示。

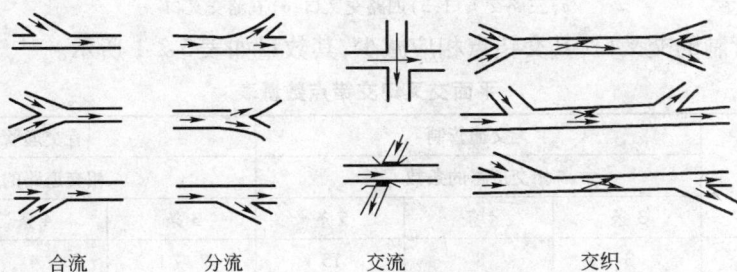

图 5-2-1 交叉口交通流线形式

二、交错点

同一行驶方向的车辆向不同方向分离行驶的地点称为分流点;来自不同行驶方向的车辆以较小的角度,向同一方向汇合行驶的地点称为合流点;来自不同行驶方向的车辆以较大的角度相互交叉的地点称为冲突点。沿同一方向行驶的两股车流,进行连续缓慢地合流与分流的现象称为交织。交织过程中存在可能发生挤撞的合流点和可能发生尾撞的分流点。从合流点到分流点的道路区间称为交织段。

上述合流点、分流点、冲突点统称为交错点。此三类交错点都存在相互尾撞、挤撞或碰撞的可能性,是影响交叉口行车速度、通行能力和发生交通事故的主要原因。其中,以直行与直行、左转与左转以及直行与左转车辆之间所产生的冲突点,对交通的干扰和行车的安全影响最大,其次是合流点,再次是分流点。因此,在交叉口设计时,应尽量采取措施减少冲突点和合流点,尤其要减少或消灭冲突点。

无交通管制时,三路、四路和五路(均为双车道)相交时平面交叉口的交错点分布情况如图 5-2-2 所示,其数量如表 5-2-1。

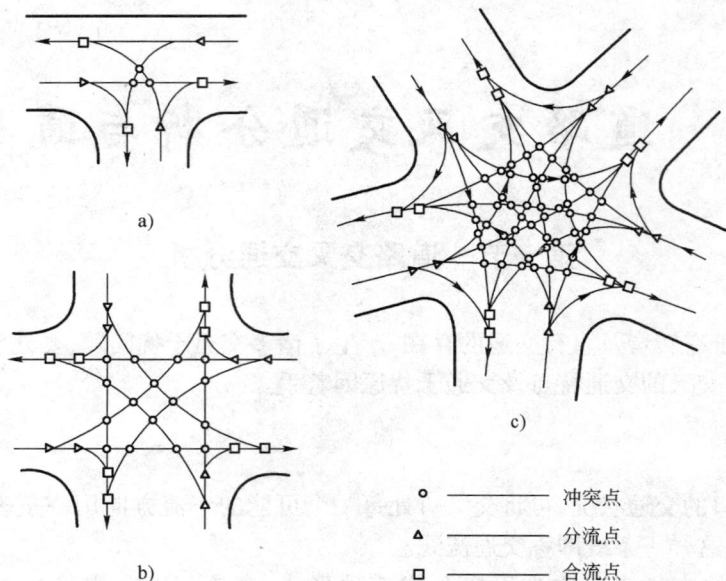

図 5-2-2　平面交叉口咬错点

a)三路交叉口；b)四路交叉口；c)五路交叉口

在有交通管制的交叉口，其交错点相应减少，其数量如表 5-2-1 所示。

平面交叉口交错点数量表　　　　　　　　　　表 5-2-1

交错点类型	无交通管制			有交通管制		
	相交道路的条数			相交道路的条数		
	3 条	4 条	5 条	3 条	4 条	5 条
分流点	3	8	15	2 或 1	4	4
合流点	3	8	15	2 或 1	4	4
冲突点	3	16	50	1 或 0	2	4
总数	9	32	80	5 或 2	10	14

分析上述图表可得出以下两点结论：

（1）在无交通管制的交叉口，都存在各种交错点。其数量是随相交道路条数的增加而显著增加，其中增加最快的是冲突点。当相交道路均为双车道时，各交错点的数量可用下式计算

$$\left.\begin{aligned} 分流点 = 合流点 = n(n-2) \\ 冲突点 = \frac{n^2(n-1)(n-2)}{6} \end{aligned}\right\} \tag{5-2-1}$$

式中：n——交叉口相交道路的条数。

因此，在规划和设计交叉口时，应力求减少相交道路的条数，尽量避免五条或五条以上道路相交，使交通简化。

（2）产生冲突点最多的是左转弯车辆。如图 5-2-2b)所示四路交叉口若没有左转车流，则冲突点可由 16 个减至 4 个，而五路交叉口则从 50 个减到 5 个。因此，在交叉口设计中如何正确地处理和组织左转弯车辆，是保证交叉口交通通畅和安全的关键所在。

三、交通处理基本方法

根据交叉口交通运行的特点,为使交叉口获得安全畅通的效应,必须对交叉口的交通流进行科学的组织和控制。其基本原则是:限制、减少或消除冲突点,引导车辆安全顺畅地合流、分流和交错。方法是从时间和空间上协调好交叉口各向车流的运行,基本途径有:

(1)将不同方向的交错车流从时间上进行分离,即采用交通控制的途径;

(2)将不同方向的交错车流从空间上进行分离,即采用立体交叉的途径;

(3)将不同方向的交错车流在同一平面内用物理设施分离、限制和引导其行驶路线,即采用渠化的途径。

1. 交通控制的途径

交通控制主要是运用交通标志、标线和交通信号,依靠交通法规,对交叉口交通流实行控制和管理,使不同行驶方向的车流从时间上加以分离,它主要用于平面交叉。具体方式有:

(1)优先通行:对交通量大的主干道方向车流在交叉路口实行优先通行、相交的次要道路车辆在进入交叉口之前要停车让行或减速让行,待主干道车流中出现可穿插的间隙时方可穿行或汇入。

(2)信号指挥:通过信号灯或交通警察手势指挥,允许一个方向的车流直行或左转弯,另一个方向的车辆则需暂时在停止线外等待下一个信号出现方可进入交叉口。

2. 立体交叉的途径

立体交叉是指相交道路的主线路段不在同一平面内相交,而是利用跨路桥或隧道建筑物构成空间相交。它又可分为分离式立体交叉和互通式立体交叉。

3. 交通渠化的途径

渠化是将同一平面上行驶的各向车流,通过设置路面标线、交通标志、交通岛和附加车道等措施予以分隔,使不同流向、不同车速的车辆顺着指示的方向和途径互不干扰地通过。它广泛用于平面交叉中,在立体交叉的主线和匝道相连接处也可采用渠化措施以达到车流分合有序、各行其道的效果。

上述各种途径的选择,主要依据相交道路的性质和任务、交通量的大小和流向,以及当地地形和交通环境条件,通过技术经济比较论证确定。

第二节 平面交叉通行能力

道路的通行能力是指在一定的道路、交通状态和环境下,单位时间内一条车行道或道路的某一断面上能通过的最大车辆数或行人数量(辆/h,人/h)。平面交叉的通行能力则是指通过此交叉口所有相交车流(或人流)的最大交通量。通行能力分析的主要目的是估算已知设施在规定的运行质量条件下所能适应的最大交通量。交叉口的通行能力与交叉口面积、几何形状、进口车道数、交通组织和管理方式密切关系,通常按管理控制方式分为:信号控制交叉、无信号控制而采用暂时停车让行方式交叉口以及自行调节运行的环形交叉口。

一、信号控制交叉通行能力

（一）车辆换算

通过交叉口的车流，其交通组成一般都比较复杂，各种不同尺寸的车型所占用的道路空间不同，其起动、制动、转向、加减速的性能也各异，并且相互干扰。因而在分析计算通行能力前，需要将各种车型混合行驶的交通流换算为一种标准车型的交通流，用一种称为当量交通量代替混合交通量。某种车型一辆车相当于标准车型一辆车的比值称为车辆换算系数。

我国交通部和建设部制定的有关规范规定：对汽车专用公路和城市道路采用小客车作为标准车型，对一般公路采用中型载货汽车作为标准车型，对小客车很少的中、小城镇的道路也可按普通汽车换算。

对不同管制类型的交叉口，车辆换算系数取值依据不同。对信号管制的交叉口，车辆换算系数是以停车启动时连续车流中各型车辆通过停止线的时间间隔之比作为换算依据；而环形交叉口则是以各型车辆交织或穿插所需的临界间隔时间之比作为换算依据（见表5-2-2和表5-2-3）。

信号管制的交叉口车辆换算系数

表5-2-2

车型 道路类型	小汽车	中型货车	拖挂车
汽车专用公路、城市道路	1.00	1.60	2.50
一般公路、中小城镇道路	0.65	1.00	1.60

（二）信号管制交叉通行能力的计算

信号管制交叉口是以红、黄、绿三色信号灯显示来指挥交通的。《道路交通管理条例》规定：

绿灯亮时，准许车辆、行人通行，但转弯的车辆不准妨碍直行的车辆和放行的行人通行；

黄灯亮时，不准车辆、行人通行，但已越过停止线的车辆和已进入人行横道的行人继续通行；

红灯亮时，不准车辆、行人通行，……，右转弯的车辆和T形交叉口中右边无交叉道路的直行车辆，遇黄灯或红灯亮时，在不妨碍被放行的车辆和行人通行的情况下，可以通行。

信号机在一个周期内有若干个控制状态，每一次控制状态即为一个相，一般多为二相定时信号：东西通行，南北不通为一相；南北通行，东西不通行又是一相（图5-2-3）。此外，还有三相位、四相位至八相位，相位越多越安全，但周期长、延误时间多、效率低。

1. 信号交叉口通行能力计算步骤

各种方法所考虑的方面及所依托的原理虽然不同，但其计算步骤是基本相同的，一般如下。

步骤1——计算资料的准备

（1）交叉口的平面布局。交叉口的形式多种多样，如T形交叉口、十字形交叉口等，确定其进口道的宽度及划分方式，确定各进口道中机动车道的条数、直行车道同左右转弯车道的关系。

（2）交通流量。根据实测资料和规划要求，确定高峰小时流量，划分为东西向和南北向，

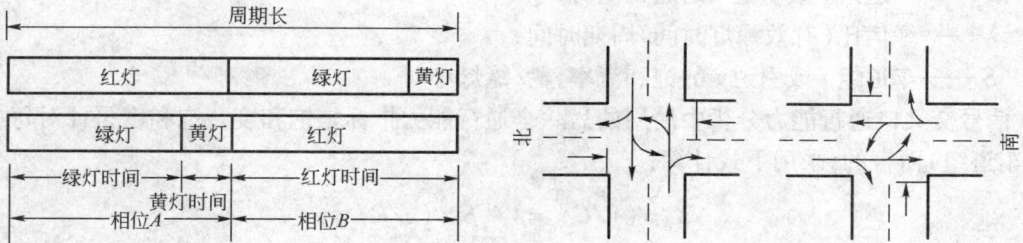

图 5-2-3　二相位定时示意图

确定转弯车辆比重,车流组成,信号灯配时。

步骤 2——计算参数的确定

(1)根据实际情况选择适当的计算方法。

(2)确定该种计算方法的各个参数。

步骤 3——通行能力的计算

(1)计算各个进口道的设计通行能力。

(2)验算各进口道的设计通行能力。

(3)计算交叉口的设计通行能力,即等于各个进口道设计通行能力之和。

2. 国外的通行能力计算方法

1)美国 HCM(Highway Capacity Manual)

(1)饱和流率模型。饱和流率是假定引道在全绿灯条件下,即绿信比 g/c 为 1.0 的情况下,所能通过的最大流量。在实际计算中,先选用理想的饱和流率,一般取 1 800veh/绿灯小时。然后对该值作各种修正。其修正计算公式如下:

$$S = S_0 \times N \times f_W \times f_{HV} \times f_g \times f_p \times f_{bb} \times f_a \times f_{RT} \times f_{LT} \qquad (5\text{-}2\text{-}2)$$

式中:S——所讨论车道组的饱和流率,是指在通常条件下,车道组中所有车道;

S_0——每车道理想条件下的饱和流率,一般取 1 800veh(绿灯小时·ln);

N——车道组中的车道数;

f_W——车道宽度校正系数;

f_{HV}——交通流中重型车辆校正系数;

f_g——引道坡度校正系数;

f_p——邻近车道组停车情况及该车道停车次数校正系数;

f_{bb}——公共汽车停在交叉口范围内阻塞影响作用校正系数;

f_a——地区类型校正系数;

f_{RT}——车道组中右转车校正系数:

f_{LT}——车道组中左转车校正系数。

(2)通行能力分析模型。信号交叉口的通行能力是以饱和流量或饱和流率为基础进行分析的。交叉口总通行能力通过对各进口单车道组通行能力求和获得。每一个车道的通行能力依据其车道功能不同按下式计算:

$$C_i = S_i \lambda_i \qquad (5\text{-}2\text{-}3)$$

$$\lambda_i = (g/T_c)_i \qquad (5\text{-}2\text{-}4)$$

式中：C_i——车道组 i 或引道 i 的通行能力；

λ_i——绿信比（有效绿灯时间/周期时间）；

S_i——车道组 i 或引道 i 的饱和流率，辆/绿灯小时。

信号交叉口通行能力分析中使用的另一个通行能力指标是饱和度。饱和度是针对每一车道（车道组）而言的，采用下式计算：

$$X_i = (V/C)_i = V/[S \times (g/C)_i]$$

$$= (V/S)_i/(g/C)_i \tag{5-2-5}$$

整个交叉口的通行能力则用 V/C 比极限值 X_c，按下式计算确定：

$$X_c = \sum (V_i/S_i) \times [T_c/(T_c - L)] \tag{5-2-6}$$

式中：　X_c——交叉口 V/C 比极限值；

$\sum(V_i/S_i)$——所有临界车道组或引道流量比的总和；

L——每周期总损失时间；

其余符号含义同前。

该比率表示在临界车道组中车辆利用的有效通行能力部分。若该比率超过 1.0，则说明有一个或多个临界车道组过饱和。这表明，交叉口的设计、周期长、相位设计和信号配时不适合现状和规划的要求。若比率小于 1.0，则说明交叉口的设计、周期长、相位设计和信号配时足以适应所有临界交通流而没有超过通行能力的限度。同时，也说明所假定的绿灯时间的分配是合理的。若信号配时不妥，即使临界的 V/C 小于 1.0，某些方向上的流量也可能超过通行能力。

（3）延误计算。在服务水平计算中，对每一车道组估算每辆车的平均延误，并估计各引道和整个交叉口每辆车的平均延误。计算方法如下：

① 假定车道组是随机到达产生的延误，可用下式计算每一车道组的延误。

$$d = 0.38T_c \frac{(1 - g/T_c)^2}{[1 - (g/T_c)(X)]} + 173X^2[X - 1] + \sqrt{(X - 1)^2 + 16X/C} \tag{5-2-7}$$

式中：d——车道组每辆车平均延误（s/辆）；

T_c——周期长（s）；

g/T_c——车道组的绿信比，有效绿灯时间与周期长之比；

X——车道组的 V/C 之比；

C——车道组的通行能力。

式中前一项表示均匀延误，即假定车道组的到达在时间上是均匀分布所产生的延误；后一项表示超过均匀到达的基础上，随时到达的增量延误以及由于周期实数引起的附加延误。

② 信号相位联动校正系数：上面得到的延误估算适合于假定车辆是在随机条件下到达。然而，在许多情况下，车辆到达不是随机的，而是由信号联动及其他因素决定的。因此，常引入信号相位联动校正系数。由上式计算出的延误乘表 5-2-3 中的相位联动系数，则得到修正的平均停车估算时间。

相位联动校正系数 PF 表 5-2-3

信 号 类 型	车道组类型	V/C 极限比	到 达 类 型				
			1	2	3	4	5
预定周期式	直行,右转	≤0.6	1.85	1.35	1.00	0.72	0.53
		0.8	1.50	1.22	1.00	0.82	0.67
		1.0	1.40	1.18	1.00	0.90	0.82
感应式	直行,右转	≤0.6	1.54	1.08	0.85	0.62	0.40
		0.8	1.25	0.98	0.85	0.71	0.50
		1.0	1.16	0.94	0.85	0.78	0.61
半感应式	主要街道 直行,右转	0.6	1.85	1.35	1.00	0.72	0.42
		0.8	1.50	1.22	1.00	0.82	0.53
		1.0	1.40	1.18	1.00	0.90	0.65
半感应式	次要街道 直行,右转	0.6	1.48	1.18	1.00	0.86	0.70
		0.8	1.20	1.07	1.00	0.98	0.89
		1.0	1.12	1.04	1.00	1.00	1.00
	全部左转	总和	1.00	1.00	1.00	1.00	1.00

③集合延误的估算:使用上述延误估算公式可以得到每个车道组每辆车的平均停车延误,集合这些值后,可得到交叉口一个引道及整个交叉口的平均延误。通常采用加权平均,用车道的流量加权计算车道组延误。公式如下:

$$d_A = \sum_i d_i V_i \big/ \sum_i V_i \qquad (5-2-8)$$

式中:d_A——引道 A 的延误(s/辆);

d_i——引道 A 上车道组 i 的延误(s/辆);

V_i——车道组 i 的流量(辆/h)。

进一步将各引道延误加权平均,得到交叉口的平均延误:

$$d_1 = \sum_A d_A V_A \big/ \sum_A V_A \qquad (5-2-9)$$

2)英国的 TRRL 法

英国的 TRRL(Transport and Road Research Lab))对信号交叉口车辆延误进行过深入的调查分析和研究,并由韦伯斯特(Webster)建立了延误模型,提出了信号配时和通行能力计算方法。

(1)饱和流量。TRRL 通过观测和试验得到不准停放车辆的进口道的饱和流量为:

$$S = 525W \qquad pcu/h \qquad W \geqslant 5.5m$$

式中:W——进口道宽度(m)。

(2)延误计算。

$$d = \frac{T_c(1-\lambda)^2}{2(1-\lambda x)} + \frac{x^2}{2q(1-x)} - 0.65\left(\frac{T_c}{q}\right)^{\frac{1}{3}} x^{(2+5x)} \qquad (5-2-10)$$

式中:d——每辆车的延误(s);

T_c——周期长(s);

λ——绿信比；

q——进口道实际到达的交通流量；

x——饱和度。

（3）最佳周期时间。当韦伯期特（Webster）延误为最小时，可得到定时信号最佳周期时间：

$$T_{C0} = \frac{1.5T_{CL} + 5}{1 - Y} \tag{5-2-11}$$

式中：T_{C0}——最佳周期时间（s）；

　　T_{CL}——每个周期的总损失时间（s）；

　　Y——组成周期的全部信号相的最大流量比 $y = q/s$ 值之和，即：

$$Y = \sum \max(y_1, y_2, \cdots\cdots, y_i \cdots\cdots)$$

每个周期总损失时间按下式计算：

$$T_{CL} = \sum t_1 + \sum (t_i - t_y) \tag{5-2-12}$$

式中：t_1——起动损失时间（s）；

　　t_i——绿灯间隔时间（s）；

　　t_y——黄灯时间（s）。

（4）信号配时。根据确定的周期时间，可得每周期的有效绿灯时间：

$$T_C = t_{c0} - t_{CL} \tag{5-2-13}$$

把有效绿灯时间 T_C 在所有信号相之间按各相位的 y_{max} 值之比进行分配，得各相位的有效绿灯时间 t_g，然后算得各相位的实际显示绿灯时间：

$$t_{g0} = t_g - t_y + t_1 \tag{5-2-14}$$

（5）通行能力。在信号交叉口，车辆只能在有效绿灯时间内通过交叉口，因此信号灯交叉口进口道上的通行能力为：

$$C = \frac{S \cdot t_g}{t_c} = \lambda \cdot S \tag{5-2-15}$$

3）澳大利亚 ARRB 方法

该法由澳大利亚 ARRB（Austraslia Road Research Board）的 Akcelik 对韦伯斯特（Webster）延误公式进行了改进后提出的。

在韦伯斯特（Webster）延误公式中，当饱和度 $x \rightarrow 1$ 时，延误 $d \rightarrow \infty$，即 x 愈趋近于 1，计算得到的延误愈不准确，更无法计算超饱和交通情况下的延误。于是 Akcelik 在考虑了超饱和交通情况后，将延误公式改进为：

$$D = \frac{qT_c(1 - \lambda)^2}{2(1 - Y)} + xN_0 \tag{5-2-16}$$

式中：D——总延误（s）；

　　N_0——平均溢流排队车辆数；

其他符号意义同前。

考虑停车等因素后，其最佳周期时间按下式计算：

$$T_{C0} = \frac{(1.4 + k)t_{CL} + 6}{1 - Y} \tag{5-2-17}$$

580

式中：k——停车损失参数，可按不同优化要求，取不同的值。

其他符号意义同前。

要求油耗最小时，$k = 0.4$；消费最小时，$k = 0.2$；仅要求延误最小时，$k = 0$。

3. 国内的计算方法

中国《城市道路设计规范》（CJJ 37—90）推荐的方法。

1）十字形交叉口设计通行能力

交叉口总的设计通行能力为各进口道设计通行能力之和，如图 5-2-4 所示。每一进口道设计通行能力又是各车道通行能力之和。为此，交叉口总的通行能力设计从各车道通行能力分析着手。

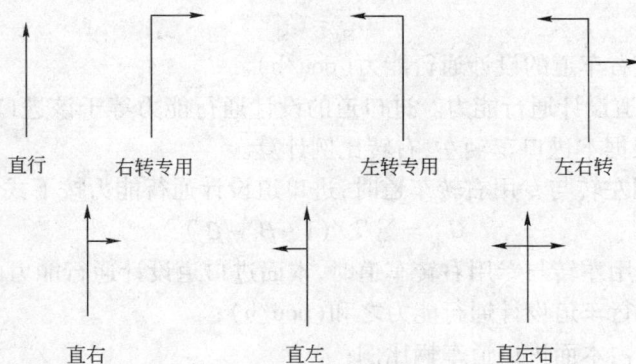

图 5-2-4 十字形交叉口的车道功能区分

（1）各种直行车道（包括直行、直行和左转、直行和右转、直行和左转及右转等车道）的设计通行能力。

①一条直行车道的设计通行能力：

$$C_s = \frac{3\,600}{T_c}\left(\frac{t_g - t_1}{t_{sri}} + 1\right)\delta_s \tag{5-2-18}$$

式中：C_s——一条直行车道的设计通行能力（pcu/h）

T_c——信号灯周期（s）；$T_c = (绿灯时间 + 黄灯时间) \times 2$

t_g——信号周期内绿灯时间（s）

t_1——绿灯亮后，第一辆车起动并通过停止线的时间（s），可采用 2.3s；

t_{sri}——直行或直右行车辆连续通过停止线的平均间隔时间（s），据观测：全部为小型车组成的车队时，$t_{sri} = 2.5s$；全部为大中型车组成时 $t_{sri} = 3.5s$；全部为拖挂车组成时为 $t_{sri} = 7.5s$。故公路交叉口可采用 3.5s，城市道路交叉口采用 2.5s；

δ_s——修正系数，根据车辆通行的不均匀性及非机动车、行人以及农用拖拉机对汽车的干扰程度，公路取 $1.0 \sim 0.7$，城市道路取 $0.9 \sim 0.86$。

上式中，$(t_g - t_1)$ 为一个周期内的有效绿灯时间，$\dfrac{(t_g - t_1)}{t_{sri}}$ 为绿灯时间内连续通过停止线的时间间隔数。$\left[\dfrac{(t_g - t_1)}{t_{sri}} + 1\right]$ 为一个周期内绿灯时间通过车辆数，再乘以每小时周期数

（3 600/T_c）与修正系数 δ_s，即为车道通行能力。

②一条直右车道的通行能力：

$$C_{Sr} = C_s \qquad (5\text{-}2\text{-}19)$$

式中：C_{Sr}——一条直右车道的设计通行能力（pcu/h）。

③一条直左车道的通行能力：

$$C_{Sl} = C_s(1 - \beta'_1/2) \qquad (5\text{-}2\text{-}20)$$

式中：C_{Sl}——一条直左车道的设计通行能力（pcu/h）

β'_1——直左车道中左转车所占比例。

④直左右车道设计通行能力：

$$C_{Slr} = C_{Sl} \qquad (5\text{-}2\text{-}21)$$

式中：C_{Slr}——一条直右车道的设计通行能力（pcu/h）。

（2）交叉口进口道设计通行能力。进口道的设计通行能力等于该进口各车道设计通行能力之和，此外，也可根据本进口车辆左、右转比例计算。

①进口设有专用左转与专用右转车道时，进口道设计通行能力按下式计算：

$$C_{elr} = \sum C_s/(1 - \beta_1 - \beta_r) \qquad (5\text{-}2\text{-}22)$$

式中：C_{elr}——设有专用左转与专用右转车道时，本面进口道设计通行能力（pcu/h）；

$\sum C_s$——本面直行车道设计通行能力之和（pcu/h）；

β_1——左转车占本面进口道车辆比例；

β_r——右转车占本面进口道车辆比例。

专用左转车道的设计通行能力为：

$$C_1 = C_{elr} \cdot \beta_1 \qquad (5\text{-}2\text{-}23)$$

专用右转车道的设计通行能力为：

$$C_r = C_{elr} \cdot \beta_r \qquad (5\text{-}2\text{-}24)$$

②进口设有专用左转车道而未设专用右转车道时，进口道的设计通行能力按下式计算：

$$C_{el} = (\sum C_s + C_{sr})/(1 - \beta_1) \qquad (5\text{-}2\text{-}25)$$

式中：C_{el}——设有专用左转车道时，本面进口道设计通行能力（pcu/h）；

$\sum C_s$——本面直行车道设计通行能力之和（pcu/h）；

C_{sr}——本面直右车道设计通行能力（pcu/h）。

专用左转车道的设计通行能力为：

$$C_1 = C_{el} \cdot \beta_1 \qquad (5\text{-}2\text{-}26)$$

③进口设有专用右转车道而未设专用左转车道时，进口道的设计通行能力按下式计算：

$$C_{er} = (\sum C_s + C_{sl})/(1 - \beta_r) \qquad (5\text{-}2\text{-}27)$$

式中：C_{er}——设有专用右转车道时，本面进口道设计通行能力（pcu/h）；

$\sum C_s$——本面直行车道设计通行能力之和（pcu/h）；

C_{sl}——本面直左车道设计通行能力（pcu/h）。

专用右转车道的设计通行能力为：

$$C_r = C_{er} \cdot \beta_r \qquad (5\text{-}2\text{-}28)$$

（3）对面进口道左转车对本断面各种直行车道（包括直行、直左、直右、直左右车道）通行能力的修正系数。

$$f_{对左} = 1 - \frac{n_s}{C_e}(C_{le} - C'_{le})\qquad(5\text{-}2\text{-}29)$$

式中：n_s——本断面各种直行车道数；

　　C_e——本断面进口道的设计通行能力（pcu/h）；

　　C_{le}——本断面进口道左转车的设计通行能力（pcu/h）；

　　C'_{le}——不折减本断面各种直行车道设计通行能力的对面左转车数（pcu/h）。

分析观测结果认为，在一个信号周期内，对面进口道的左转车超过 3～4 辆时，左转车通过交叉口将影响本断面直行车。因此，应折减本断面各种直行车道（直行、直左、直右、直左右）的通行能力。绿灯开亮后，对面进口道排在最前面的左转车由于距冲突点较近，每个信号周期内可抢先通过 1～2 辆。而不影响本断面直行车的通行；黄灯期间尚可通过绿灯时驶入交叉口等候通过的对面左转车 2～3 辆。因此，在一个信号周期内不影响本面各种直行车通过时，可允许通过的对面左转车 3～4 辆，超过此数值时，应乘以修正系数进行行减。交叉口大时，$C'_{le}=4$ 辆/周期；交叉口小时，$C'_{le}=3$ 辆/周期。

2）T 形交叉口设计通行能力

信号管制 T 形交叉口设计通行能力与十字形交叉口计算原理相同，只是信号周期长度和绿灯时间的分配与十字形交叉口有差别：（1）信号周期短；（2）顺行方向的绿灯时间长于垂直方向的绿灯时间；（3）顺行方向右边无交叉路的一面进口道的直行车辆可不受红灯限制，但由于 T 形交叉口两端的相邻路口多为十字形，所以实际行驶车辆仍为间断流，在计算通行能力时仍按绿灯时间分析计算。

信号管制 T 形交叉口的典型图式有两种，见图 5-2-5。

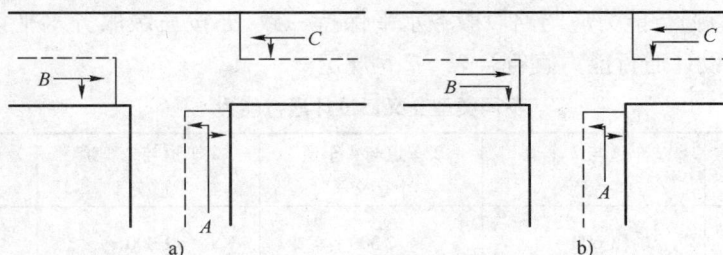

图 5-2-5　信号管制 T 形交叉口图式

（1）图式 a）：

①垂直方向进口道 A 的设计通行能力

由于进口道 A 的左、右转弯车辆在绿灯时间均不受任何干扰，通过停止线的通行能力相当于直行方向的通行能力，故可采用式（5-2-18）进行计算，但要注意信号周期长中两向绿灯时间不等，即 $T_C = (t_{绿A} + t_{绿BC} + 2t_{黄})$。

②顺行西向进口道 B 的设计通行能力

进口道 B 为直右车道，故可按式（5-2-19）进行计算

③顺行东向进口道 C 的设计通行能力

进口道 C 为直左车道，故可按式（5-2-20）进行计算。但当每个信号周期内左转车超过 2

辆（小交叉口）或 3 辆（大交叉口）时，应对 B 进口道的通行能力用式（5-2-29）的修正系数进行修正。

（2）图式 b）：

①垂直方向进口道 A 采用式（5-2-18）进行计算。

②顺行西向进口道 B 为设有专用右转车道而未设专用左转车道的情况，故采用式（5-2-27）进行计算。

③顺行东向进口道 C 为设有专用左转车道而未设专用右转车道的情况，故采用式（5-2-25）进行计算，其中直行车道采用进口 B 之直行车道通行能力。此外，当进口道 C 每信号周期内左转车数超过 2 辆（小交叉口）或 3 辆（大交叉口）时，应按式（5-2-29）的修正系数进行修正。

二、无信号控制交叉口通行能力

1. 无信号交叉口车型分类及车辆换算

无信号交叉口通行能力分析的车型分类和车辆折算系数应符合表 5-2-4 规定。

无信号交叉口各车型车辆折算系数　　　　　　　　　表 5-2-4

车　型 ＼ 坡度 i（％）	−4％	−2％	0％	2％	4％
小型车	1.0	1.0	1.0	1.0	1.0
中型车、大型车	2.5	2.3	2.0	3.0	3.5
拖挂车	3.5	3.0	3.0	4.0	5.0
拖拉机	4.5	4.5	4.5	5.0	6.0

2. 用于公路规划的交叉口通行能力

无信号交叉口通行能力应与路段服务水平保持一致，亦按三级服务水平设计。十字交叉口、T 形交叉口的设计通行能力宜符合表 5-2-5 规定。

不同类型交叉口设计通行能力　　　　　　　　　表 5-2-5

交叉口类型	2 车道与 2 车道 十字交叉	2 车道与 4 车道 十字交叉	2 车道与 2 车道 T 形交叉	2 车道与 4 车道 T 形交叉
基本通行能力（小客车/h）	1 600	2 300	1 300	1 800

确定了设计通行能力 C_D 后，不同交叉口实际通行能力 C 按下式计算：

$$C = C_D \times \prod_i F_i \tag{5-2-30}$$

式中：C_D——交叉口设计通行能力；

$\quad\quad F_i$——第 i 种影响因素的修正系数；

$\quad\quad C$——交叉口实际通行能力。

3. 影响交叉口通行能力的系数

1）主路/支路流量比修正系数（见表 5-2-6）

交叉口的各路车流对交叉口的通行能力有着不同的影响，一般情况下主路和支路两路车流处于平衡时，通行能力最大，不平衡时，通行能力有所下降。主支路流量不平衡影响系数

F_{EQ} 与主支路流量比 x 的关系为：

$$F_{EQ} = 1 - 0.32\ln x$$

主支路流量不平衡修正系数 F_{EQ}　　　　　　　　　　　表 5-2-6

主支路流量比	1	1.1	1.2	1.3	1.4	1.5	1.6	1.7	1.8
修正系数 F_{EQ}	1.00	0.97	0.94	0.92	0.89	0.87	0.85	0.83	0.81
主支路流量比	1.9	2	2.1	2.2	2.3	2.4	2.5	2.6	2.7
修正系数 F_{EQ}	0.79	0.78	0.76	0.75	0.73	0.72	0.71	0.69	0.68
主支路流量比	2.8	2.9	3	3.1	3.2	3.3	3.4	3.5	3.6
修正系数 F_{EQ}	0.67	0.66	0.65	0.64	0.63	0.62	0.61	0.60	0.59

2）大型车混入率修正系数（见表 5-2-7）

大型车和拖挂车的动力性能较差，但体积较大、车速较低，对交叉口的通行能力有一定的影响。随着大型车比例的增加，由于通过一辆大型车相当于通过若干辆小客车，交叉口通行能力有所增加。但从对通行能力影响的总体趋势上看，其影响幅度不大。大型车混入率修正系数 F_{LA} 与大型车比例 x 的关系为；

$$F_{LA} = 1 + 0.02x$$

大型车混入率修正系数 F_{LA}　　　　　　　　　　　表 5-2-7

大型车比例	0.05	0.1	0.15	0.2	0.25	0.3	0.35	0.4	0.45
修正系数 F_{LA}	1.01	1.02	1.03	1.04	1.05	1.06	1.07	1.08	1.09

3）左、右转修正系数（见表 5-2-8，表 5-2-9）

左转向对交叉口通行能力有很大影响，左转车影响修正系数 F_{LT} 与左转车比例 x 的关系为：

$$F_{LT} = 1 - 0.40x$$

左转车影响修正系数 F_{LT}　　　　　　　　　　　表 5-2-8

左转车比例	0.05	0.1	0.15	0.2	0.25	0.3	0.35	0.4	0.45
修正系数 F_{LT}	0.98	0.96	0.94	0.92	0.9	0.88	0.86	0.84	0.82

右转向对交叉口通行能力有一定影响，其影响修正系数 F_{RT} 与右转车比例 x 的关系为：

$$F_{RT} = 1 + 0.10x$$

右转车影响修正系数 F_{RT}　　　　　　　　　　　表 5-2-9

右转车比例	0.05	0.1	0.15	0.2	0.25	0.3	0.35	0.4	0.45
修正系数 F_{RT}	1.01	1.01	1.02	1.02	1.03	1.03	1.04	1.04	1.05

4）横向干扰修正系数（见表 5-2-10）

横向干扰对交叉口通行能力影响很大，根据不同地区交叉口的不同情况，考虑行人、非机动车以及慢机动车辆等对机动车速度造成的影响,对交叉口通行能力进行修正。根据实际观测情况,横向干扰系数 F_{FR} 如表 5-2-10 所示。

横向干扰修正系数 F_{FR}　表 5-2-10

横向干扰等级	等级描述	修正系数 F_{FR}	横向干扰等级	等级描述	修正系数 F_{FR}
1	轻微	0.95 ~ 1.00	4	严重	0.70 ~ 0.80
2	较轻	0.90 ~ 0.95	5	非常严重	0.55 ~ 0.70
3	中等	0.80 ~ 0.90			

5)实际通行能力

实际通行能力 C 即为设计通行能力 C_D 与各个影响系数的连乘积:

$$C = C_D \prod_i F_i = C_D \times F_{EQ} \times F_{LA} \times F_{LT} \times F_{RT} \times F_{FR} \tag{5-2-31}$$

4. 交叉口实际延误与服务水平分析

验算证明,交叉口通行能力与交叉口总平均延误呈非线性关系。随着通行能力增加,延误快速增长,可将其描述为指数类型模式。延误与实际通行能力的关系用指数关系来拟合,其相关系数为 0.75。

延误与交叉口车流量饱和度的关系为:

当饱和度 x 小于 0.75 时,延误计算式为: $d = 0.36\exp(4.28x)$;

当饱和度 x 大于 0.75 时,延误计算式为: $d = 0.36\exp(4.28x) \times F_D$ 。其中 F_D 为修正系数,其值 $F_D = 1.7$ 。

交叉口服务水平的划分标准采用车辆的平均延误,其服务水平应符合表 5-2-11 规定。

公路交叉口服务水平　表 5-2-11

服务水平	平均延误(s)	饱和度(V/C 比)	交通状况
一级	≤15.0	0.75	车流畅行,略有阻力
二级	15.1 ~ 30.0	0.85	车流运行正常,有一定延误
三级	30.1 ~ 40.0	0.90	车流能正常运行,但延误较大
四级	40.1 ~ 50.0 >50.0	0.9 ~ 1.0 1.0	车流处于拥挤状态,延误很大

5. 计算步骤

无信号控制交叉口通行能力通过确定不同影响因素的修正系数,最终确定其实际通行能力。计算步骤如下:

(1)确定交叉口类型及设计通行能力。

(2)确定交叉口各流向交通量、各类车型数量以及总的交通量。对交叉口进行实地观测,获取现场数据。将观测得到的交叉口各入口不同方向的交通量统计分析,按不同车型的当量车折减系数,将其折算为当量车值,作为下一步的计算基础。

(3)确定各影响因素的修正系数,计算交叉口的实际通行能力。交叉口有不同的 12 种流向,对每一个流向,计算汇总其当量车值,计算或查表确定各影响因素的修正系数,最后计算确定交叉口的实际通行能力。

(4)确定交叉口的延误及服务水平。根据计算得到的交叉口实际通行能力和观测得到的交叉口实际交通量,查表或计算得出相应的延误,并确定交叉口的服务水平。

交叉口不同服务水平等级的确定,可以评价交叉口的运行状况。据此评价指标的优劣,对交叉口整体运行的效能可以做出评价。

三、环形交叉口的通行能力

1. 环形交叉口车辆换算

环形交叉口通行能力分析的车型分类和车辆折算系数,应符合表 5-2-12 规定。

环形交叉口车辆折算系数   表 5-2-12

坡度 $i(\%)$ 车 型	-4%	-2%	0%	2%	4%
小型车	1.0	1.0	1.0	1.0	1.0
中型车、大型车	2.5	1.5	2.0	2.5	3.0
拖挂车	3.0	2.5	3.0	4.5	5.5
拖拉机	4.0	3.5	3.5	5.0	6.0

2. 环形交叉口设计通行能力

环形交叉口的设计通行能力应符合表 5-2-13 规定。

环形交叉口设计通行能力   表 5-2-13

交叉口形式	2 车道与 2 车道	2 车道与 4 车道	4 车道与 4 车道
基本通行能力(pcu/h)	1 600	2 400	2 700

3. 影响环形交叉口通行能力系数与实际通行能力

环岛进口车道的通行能力应结合实际交叉口的横向干扰系数 F_{FR}、左转修正系数 F_{LT}、右转修正系数 F_{RT}、连接道路流量比修正系数 F_M 进行修正。其中,横向干扰系数与十字交叉口取值相同;而左、右转修正系数和流量比修正系数,按式(5-2-32)、(5-2-33)和(5-2-34)计算。

$$F_{LT} = 1.14 - 0.92 P_{LT} \qquad (5\text{-}2\text{-}32)$$

式中:P_{LT}——左转向率。

$$F_{RT} = 0.76 + 1.6 P_{RT} \qquad (5\text{-}2\text{-}33)$$

式中:P_{RT}——右转向率。

$$F_M = 0.88 + 0.11 P_M \qquad (5\text{-}2\text{-}34)$$

式中:P_M——交叉口连接公路的流量比,即小流量与大流量之比。

实际通行能力 C 即为设计通行能力 C_D 与各个影响系数的连乘积:

$$C = C_D \prod_i F_i = C_D \times F_{FR} \times F_{LT} \times F_{RT} \times F_M \qquad (5\text{-}2\text{-}35)$$

第三节　立体交叉通行能力

一、立体交叉通行能力的概念

立体交叉是主线与匝道共同组成的为不同方向车辆提供服务的道路交通设施，由于这种结构的特殊性，可以认为立体交叉通行能力应该从以下几个方面分别予以考虑：①立体交叉主线通行能力；②立体交叉匝道通行能力；③立体交叉进口道通行能力；④立体交叉总通行能力。

上述四个方面的通行能力是相辅相成、相互制约、相互协调的。一般情况下当主线和匝道的通行能力大于预测的流向流量时，总通行能力至多与各进口道通行能力之和相等；当为某流向流量服务的车行道出现饱和时，必然会影响到总通行能力，这时总通行能力小于各进口道通行能力之和。同时，匝道通行能力受到主线与匝道结合部位的合流区、分流区或冲突区车流的影响，例如当主线车行道已经饱和，匝道车流无法进入主线，这时匝道的通行能力为零。因此，匝道的通行能力与主线车流转向车流所能提供的"吸收率"或"溢出率"有关。

二、匝道与主线的关系

几种常见形式立交匝道与主线的关系可归纳为以下 3 种情况：①平行关系：匝道与主线分离前或汇合后，主线设有附加车道的情况；②交叉关系：匝道与主线分离前或汇合后，主线车道数没有变化的情况（以上两种匝道与主线的关系一般出现在苜蓿叶形立交、菱形立交、半定向式立交、定向式立交和喇叭形立交中）；③环道：在环形立交中，利用环道来组织转向交通（或转向交通与一个方向的直行交通）。

三、立体交叉通行能力的计算

（一）主线通行能力

主线通行能力主要取决于主线本身的道路条件和交通条件。

1. 基本路段通行能力

高速公路路段的服务水平分级与设计通行能力，应符合表 5-2-14、表 5-2-15 规定。

高速公路服务水平

表 5-2-14

服务水平	密度 [pcu/(km·h)]	设计速度 120(km/h)			设计速度 100(km/h)			设计速度 80(km/h)		
		速度 (km/h)	V/C	最大服务 交通量 [pcu/(h·ln)]	速度 (km/h)	V/C	最大服务 交通量 [pcu/(h·ln)]	速度 (km/h)	V/C	最大服务 交通量 [pcu/(h·ln)]
一	≤7	≥109	0.34	750	≥96	0.33	700	≥78	0.30	600
二	≤18	≥90	0.74	1 600	≥79	0.67	1 400	≥66	0.60	1 200
三	≤25	≥78	0.88	1 950	≥71	0.86	1 800	≥60	0.75	1 500
四	≤45 >45	≥48 <48	接近1.00 >1.00	<2 200 0~2 200	≥47 <47	接近1.00 >1.00	<2 100 0~2 100	≥45 <45	接近1.00 >1.0	<2 000 0~2 000

高速公路路段设计通行能力 　　　　　　　　表 5-2-15

设计速度(km/h)	设计通行能力	设计速度(km/h)	设计通行能力
120	1 600[pcu/(h · ln)]	80	1 200[pcu/(h · ln)]
100	1 400[pcu/(h · ln)]		

2. 实际条件下的通行能力

高速公路在实际公路、交通条件下的设计通行能力值应按式(5-2-36)计算。

$$C = C_D \times f_{CW} \times f_{SW} \times f_{HV} \times f_p \tag{5-2-36}$$

式中:C——实际条件下的设计通行能力(veh/h);

$\quad\ C_D$——设计通行能力(pcu/h);

$\quad\ f_{CW}$——行车道宽度对通行能力的修正系数;

$\quad\ f_{SW}$——侧向余宽对通行能力的修正系数;

$\quad\ f_{HV}$——交通组成对通行能力的修正系数;

$\quad\ f_p$——驾驶员总体特征对通行能力的修正系数,取值在 0.9 ~ 1.0 之间。

3. 影响高速公路基本路段通行能力的因素及其修正系数

由于高速公路是全部控制出入、全立交的,因此横向干扰的影响很小,故影响基本路段通行能力的主要因素为道路条件、交通条件和驾驶条件。具体地说,包括道路几何条件(车道宽及侧向净宽)、交通组成(大型车混入率)、驾驶员状况等因素。

(1)车道宽度修正系数。根据对道路宽度影响通行能力的实际观测认为,当车道宽度达到某一数值时其通过量能达到理论上的最大值,当车道宽度小于该值时,则通行能力降低。车道宽度对通行能力的修正系数 f_{CW} 应符合表 5-2-16 规定。

高速公路车道宽度修正系数 f_{CW} 　　　　　　　　表 5-2-16

车道宽度(m)	修正系数 f_{CW}	车道宽度(m)	修正系数 f_{CW}
3.75	1.00	3.25	0.90
3.50	0.96		

(2)侧向余宽修正系数。侧向净空的影响包括左侧路缘带宽度和右侧路肩宽度的影响,根据实际调查表明左侧路缘带宽度和右侧路肩宽度小于某一数值时(理想条件规定的数值)会使驾驶员感到不安全,从而降速、偏离车道线,使旁侧车道利用率降低。故当左侧路缘带宽度和右侧路肩宽度不足时应予以修正。侧向余宽对通行能力的修正系数 f_{SW},应符合表 5-2-17规定。

侧向余宽修正系数 f_{SW} 　　　　　　　　表 5-2-17

	左 侧 余 宽			右 侧 余 宽				
侧向余宽(m)	0.75	0.5	0.25	≥1.5	1.25	1.0	0.75	0.5
修正系数 f_{SW}	1.0	0.98	0.95	1.0	0.99	0.98	0.97	0.95

(3)交通组成修正系数。根据各车型的车辆折算系数,应按式(5-2-37)计算交通组成对通行能力的修正系数 f_{HV}。

$$f_{HV} = \frac{1}{1 + \sum P_i (E_i - 1)} \qquad (5\text{-}2\text{-}37)$$

其中：P_i——车型 i 的交通量占总交通量的百分比；

E_i——车型 i 的车辆折算系数；

不同设计速度下，高速公路基本路段上各车型的车辆折算系数应符合表 5-2-18 规定。

高速公路基本路段各车型车辆折算系数 表 5-2-18

车　型	设 计 速 度（km/h）		
	100～120	80	60
小型车	1.0	1.0	1.0
轻型车、中型车、大型车	1.7	2.5	3.0
拖挂车	3.0	4.0	7.0

4. 主线通行能力

主线通行能力计算模型为：

$$C_p = n_1 \times C_1 + n_2 \times C_2 \qquad (5\text{-}2\text{-}38)$$

式中：C_p——主线的通行能力（辆/h）；

n_1、n_2——分别为两条主线的车道数；

C_1、C_2——分别为两条主线的车道的设计通行能力（辆/h）。

（二）匝道通行能力

对于匝道入口处和出口处都是平行关系的匝道，其通行能力取匝道本身的通行能力；对于其他类关系匝道，其通行能力的主要控制因素为匝道本身的道路条件和交通条件以及匝道两端车辆行驶合流区、分流区或冲突区。

1. 匝道本身的通行能力

1）匝道行车道通行能力

（1）理论通行能力。理论通行能力定义为：在道路、交通、环境和气候均为理想条件下时，由技术性能相同的一种标准车辆，以最小的车头间距连续行驶，在单位时间内通过道路的某一断面的最大车辆数，这是一种理想状态下的通行能力。

匝道路段的理论通行能力计算建立在最小车头时距的基础上，计算公式如下：

$$C = \frac{3\,600}{h_{min}} \qquad (5\text{-}2\text{-}39)$$

式中：C——理论通行能力（标准车/h）；

h_{min}——达到通行能力时相应的最小平均车头时距，可按下列公式计算：

$$h_{min} = t + 3.6 \cdot \frac{S + L_0 + L_{veh}}{v} \qquad (5\text{-}2\text{-}40)$$

式中：t——驾驶员的最小反应时间；

v——匝道设计速度（km/h）；

L_0——安全距离（m），一般取 5～10m；

L_{veh}——车身长度（m），一般取 5m（小型车）；

S——制动距离，可按下式计算。

$$S = \frac{v_1^2}{254(\varphi + \psi)} \tag{5-2-41}$$

式中：v——制动初速度（km/h）；

φ——路面与轮胎之间的附着系数；

ψ——道路阻力系数，$\psi = f + i$，f 为路面滚动阻力系数，i 为道路纵坡。

根据式（5-2-39）计算的不同速度和纵坡的匝道理论通行能力如表 5-2-19 所示。

不同速度和纵坡下的匝道理论通行能力（单位：辆/h）　　　表 5-2-19

速度（km/h）	坡　　　度（%）						
	+9	+6	+3	0	-3	-6	-9
10	720	719	717	716	714	712	710
15	923	920	917	913	909	905	900
20	1 059	1 054	1 048	1 041	1 034	1 027	1 018
25	1 147	1 139	1 130	1 120	1 110	1 100	1 087
30	1 200	1 189	1 179	1 166	1 154	1 140	1 124
35	1 230	1 217	1 203	1 188	1 165	1 156	1 138
40	1 242	1 227	1 211	1 194	1 176	1 157	1 136
45	1 242	1 225	1 208	1 188	1 168	1 147	1 124

（2）实际通行能力。在研究高速公路的匝道通行能力时，标准车型为小型车（以小客车为代表），当有其他车型混入时，须将其转换为等效的小型车数量，即当量小客车单位。若地形条件和交通条件不同，匝道通行能力自然也就不同。影响路段通行能力的因素主要有：道路状况、车辆性能、交通条件、交通管制、驾驶员素质、环境和气候等。但就匝道而言，其长度较短，绝大多数均为单向单车道，车流运行状况较为单一，交通流量较高速公路主线要小得多。因此，对自由流速度有较大影响的匝道纵坡在车速较低的条件下，其影响已变得不大。影响匝道实际通行能力的主要因素有两个：行车道宽度和大车混入率。匝道实际通行能力计算公式如下：

$$C_{实际} = C_{理论} \times C_W \times f_{HV} \tag{5-2-42}$$

式中：$C_{实际}$——匝道单车道实际通行能力；

$C_{理论}$——匝道一条车道理论通行能力；

C_W——行车道宽度修正系数；

f_{HV}——大车混入率修正系数，按式（5-2-43）计算。

①大车混入率修正系数

首先确定各个交通流中大型车所占的百分率，然后利用下列公式计算大型车对交通量的影响系数 f_{HV}，最后根据大型车百分率、车辆折算系数和 f_{HV}，利用交通量转换表，计算各个混合流量所相当的标准小客车流量。

$$f_{HV} = \frac{1}{[1 + P_{HV}(E_{HV} - 1) + P_{MHV}(E_{MHV} - 1)]} \tag{5-2-43}$$

式中：P_{HV}——特大型车占总交通量的百分率；

E_{HV}——特大型车车辆折算系数；

P_{MHV}——大中型车占总交通量的百分率；

E_{MHV}——大中型车的车辆折算系数。

一般情况下，匝道的 f_{HV} 值可以根据表5-2-20给出。

大型车对匝道通行能力的修正系数 f_{HV} 值　　　　表5-2-20

大型车混入率（%）	10	20	30	40	50	60	70	80
f_{HV}	0.88	0.81	0.77	0.74	0.72	0.71	0.704	0.70

②行车道修正系数

大部分匝道都是单向单车道形式，因此行车道宽度对匝道通行能力的影响很大。匝道行车道宽度修正系数 C_w 如表5-2-21所示。

匝道行车道宽度修正系数　　　　表5-2-21

匝道横断面类型	匝道横断面总宽度（m）	匝道行车道宽度修正系数
单向单车道 （含有分隔带的双向双车道）	5.50	0.79
	6.00	0.88
	6.50	0.95
	7.00	1.00
	7.50	1.03
单向双车道	8.00	0.95
	8.50	1.00
	9.00	1.05
	9.50	1.12
	10.00	1.20

注：对于双向匝道，只考虑单方向。

③车辆当量换算

由于匝道上各种车型的车辆行驶速度相差不大，所以车辆换算主要考虑不同车型车辆的车头时距不同。由于匝道交通特点与路段类似，匝道通行能力分析的车辆当量值的确定类似路段通行能力中的车辆当量值，并考虑了匝道车速较低的交通特点，匝道各车型的车辆换算系数如表5-2-22所示。

匝道各车型的车辆换算系数　　　　表5-2-22

匝道类型	交通量（辆/h）	小型车	中型车	大型车
单向单车道 （含有分隔双车道）	0	1.00	1.00	1.00
	750	1.00	1.20	1.30
	1500	1.00	1.50	2.00
双向双车道	0	1.00	1.05	1.05
	1500	1.00	1.15	1.20
	3000	1.00	1.40	1.80

（3）设计通行能力分析。

①单车道匝道的设计通行能力

匝道设计速度 $v \leqslant 50km/h$，为 1 200pcu/h；

匝道设计速度 $v > 60km/h$，为 1 500pcu/h。

②双车道匝道的设计通行能力

双车道匝道只有在驶入或驶出匝道端部的车辆能以两列驶入或驶出主线的情况下，才可采用单车道匝道设计通行能力的两倍。

（4）匝道服务水平。

①服务水平分级指标。一般来说，匝道服务水平和交通量有一定关系，不同的服务水平允许通过的交通量不同。服务等级高的道路车速快，驾驶员行驶的自由度大，舒适与安全性好。但其相应的服务交通量小；反之，允许的服务交通量大，则服务水平就低。在考虑匝道服务水平时有多种选择，如：行车速度和运行时间；车辆行驶的自由度（通畅性）；交通受阻或受干扰程度，以及行车延误和每公里停车次数等；行车安全性（事故率和经济损失等）、行车舒适度和乘客满意程度；经济性（行驶费用）等。但就匝道而言，难以全面综合和考虑上述诸因素，从评价指标数据获得难易程度和可操作性角度出发，选取饱和度作为匝道服务水平分级评价指标较为合适。

饱和度（DS）指实际流量和通行能力的比值。它是确定路段运行状况的重要参数，也是检验路段是否会发生交通拥挤的衡量标准，是评价路段服务水平最主要的标志之一。饱和度的计算公式如下：

$$DS = Q/C \qquad (5\text{-}2\text{-}44)$$

式中：DS——饱和度；

　　Q——实际流量（换算为标准车流量，pcu/h）；

　　C——通行能力（pcu/h）。

②服务水平分级标准。匝道服务水平等级是用来衡量匝道为驾驶员、乘客所提供的服务质量的等级，其质量范围可以从自由运行、高速、舒适、方便、完全满意的最高水平到拥挤、受阻、停停开开、难以忍受的最低水平。根据匝道车流量饱和度指标来确定匝道服务水平等级如表 5-2-23 所示。

匝道服务水平等级指标　　　　　　　　　　　表 5-2-23

服务水平等级	饱和度 DS（Q/C）	通行能力 C（pcu/h）
一	<0.20	对特定匝道查表 5-2-21 并乘以饱和度所得数值
二	0.20～0.50	
三	0.50～0.80	
四	0.80～1.00	

各级服务水平简要描述如下。

一级服务水平：车流密度很小，车辆自由行驶，不存在相互干扰，车流状态为自由畅通，车辆以近于自由流速的速度行驶；

二级服务水平：交通流中出现车队，车辆之间出现干扰，由于头车原因出现少量排队现象，但排队率还很小，车辆行驶速度仍很快；

三级服务水平：车流已经出现不稳定现象，车队长度增加，已接近匝道通行能力，车队中加减速频繁，车流状态为连续不断，车辆行驶速度明显下降；

四级服务水平：交通流非常不稳定，常常出现停车现象，非常小的流量变化将严重影响整个匝道的运行质量，相互间车头时距处于连续流的临界值，车流状态为饱和。

2）匝道本身的通行能力

匝道本身的通行能力计算模型为：

$$C_r = n_3 \times C_3 \tag{5-2-45}$$

式中：C_r——匝道本身的通行能力（辆/h）；

$\quad n_3$——匝道车道数；

$\quad C_3$——一条匝道车道的设计通行能力（辆/h）。

3）冲突区通行能力

设转向车流穿越 $k(k=1,2,\cdots\cdots)$ 条主线车道后，汇入与穿越车道方向相反的车流中，所穿越车道流量分别为 $Q_i(i=1,2,\cdots\cdots,k)$，汇入车道流量为 Q，则根据"间隙—接受"理论可得冲突区通行能力的计算模型：

$$C_冲 = \frac{(\sum_{i=1}^{k} Q_i + Q) e^{-(\sum_{i=1}^{k} Q_i + Q)t_c/3\,600}}{1 - e^{-(\sum_{i=1}^{k} Q_i + Q)t_g/3\,600}} \tag{5-2-46}$$

式中：$C_冲$——冲突区的通行能力（辆/h）；

$\quad t_c$——等候行驶的第一辆转向车辆汇入主线车流中的平均接受插车间隙（s）；

$\quad t_g$——平均"跟上"接受插车间隙（s）；

根据上海高架道路车辆运行状态观测的结果，可取 $t_c = (4+k)s, t_g = 2s$。

4）合流区与分流区的通行能力

根据我国上海、广州等城市高架道路建设的实际情况，高架道路立交主线的单向车道数一般为 2~3 条，匝道的车道数一般为 1~2 条。因此，按照主线第一车道流量与主线流量及匝道进出量的回归关系模型，经理论推导后得到主线车道和匝道车道数不同组合情况下的分流区与合流区的通行能力计算模型，见表 5-2-24。表中 $C_合, C_分$ 分别为合流区、分流区的通行能力（辆/h）；V_c 为主线一条车道的设计通行能力（辆/h）；V_f 为合流或分流前的主线流量（辆/h）。因此，匝道的通行能力为：

合流区与分流区通行能力计算模型　　　　　　　　表 5-2-24

匝道车道数		主线单向 2 条车道	主线单向 3 条车道
合流区	一条车道	$C_合 = 1.130V_c - 0.390V_f - 154$	$C_合 = 1.000V_c - 0.244V_f - 120$
	两条车道	$C_合 = 1.621V_c - 0.609V_f - 199$	$C_合 = 0.953V_c - 0.067V_f - 51$
分流区	一条车道	$C_分 = 1.923V_c - 0.663V_f - 317$	$C_分 = 2.114V_c - 0.488V_f - 203$
	两条车道	$C_分 = 1.923V_c - 0.663V_f - 317$	$C_分 = 1.764V_c - 0.062V_f - 279$

$$C_匝 = \begin{cases} C_本 & （入口处与出口处者是平行关系）\\ \min(C_本, C_冲, C_合, C_分) & （其他关系类匝道）\end{cases} \tag{5-2-47}$$

式中：$C_匝$——立交匝道通行能力（辆/h）。

（三）进口道通行能力

不同形式的立交以及匝道与主线的关系不同,立交进口道通行能力是不同的。常见形式立交的进口道通行能力计算模型如下:

（1）十字形的苜蓿叶（完全或不完全）、菱形、半定向式、定向式立交:

$$C_{进} = C_{主} + mC_{匝} = n_1C_1 + n_2C_2 + mC_{匝} \qquad (5\text{-}2\text{-}48)$$
$$(m = 0,1,2,3,4)$$

（2）丁字形的苜蓿叶、半定向式、定向式立交以及喇叭形立交:

$$C_{进} = C_{主} + (m+1)C_{匝} = n_1C_1 + (m+1)C_{匝} \qquad (5\text{-}2\text{-}49)$$
$$(m = 0,1,2,3,4)$$

（3）环形立交:

$$C_{进} = C_{主} + C_{环} = \begin{cases} n_1C_1 + C_{环} & （一条主线主线穿） \\ n_1C_1 + n_2C_2 + C_{环} & （两条主线穿越环道） \end{cases} \qquad (5\text{-}2\text{-}50)$$

式中: $C_{进}$——立交进口道通行能力;

　　m——匝道入口处是平行关系的匝道的条数;

　　$C_{环}$——环形立交中环道的设计通行能力。

（四）立交总通行能力

立交总通行能力并不是组成各个部分通行能力之和,而是折减后的立交进口道的通行能力,即:

$$C_{总} = C_{进} - \sum_{i=1}^{p} \frac{Q_i - C_1}{\beta_i} \qquad (5\text{-}2\text{-}51)$$

式中: $C_{总}$——立交总通行能力;

　　p——立交流量中有 p 个流向流量超过了为其服务的主线或匝道的通行能力;

　　Q_i——第 i 个超过相应通行能力的流向流量;

　　C_i——Q_i 提供服务的主线或匝道的通行能力;

　　β_i——Q_i 占相应的进口道的流向流量的比例。

第四节　通行能力计算示例

［例1］　计算十字形交叉口设计通行能力,进口道布置如图 5-2-6 所示。绿灯时间 $t_g = 30s$,黄灯时间 $t_y = 5s$;右转车比例 $\beta_r = 20\%$,左转车比例 $\beta_{左} = 15\%$;驾驶员见绿灯亮后起动车辆时间 $t_1 = 2.3s$,车辆通过停止线的间隔时间 $t_{sri} = 2.5s$;修正系数 $\delta_s = 0.9$。

　　解:（1）一条直行车道的设计通行能力

$$C_s = 3\,600 \times 0.9 \times [(30 - 2.3)/2.5 - 1]/(30 \times 2 + 5 \times 2) = 559\text{pcu/h}$$

（2）一个进口道的设计通行能力

$$C_{elr} = 559/(1 - 0.2 - 0.5) = 860\text{pcu/h}$$

（3）专用左转车道的通行能力

$$C_l = C_{elr} \cdot \beta_l = 860 \times 0.15 = 129\text{pcu/h}$$

（4）一个小时内不影响直行的对面左转车数

$$C'_{le} = 4 \times 3\,600/(30 \times 2 + 5 \times 2) = 205.7\text{pcu/h}$$

现 $C_1 < C'_{le}$，故不必修正直行车道通行能力。

（5）专用右转车道的通行能力

$$C_r = C_{elr} \cdot \beta_r = 860 \times 0.2 = 172\text{pcu/h}$$

（6）交叉口总通行能力

$$C_t = 4 \times 860 = 3\,440\text{pcu/h}$$

[**例2**] 计算十字形交叉口设计通行能力,进口道布置如图 5-2-7 所示。$t_g = 50\text{s}$,$t_y = 5\text{s}$; $t_1 = 2.3\text{s}$,$t_{sri} = 2.5\text{s}$;$\beta_1 = 10\%$,$\beta_r = 20\%$;$\delta_s = 0.9$。

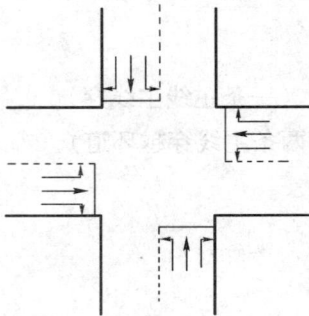

图 5-2-6 交叉口计算例一　　　　　　图 5-2-7 交叉口计算例二

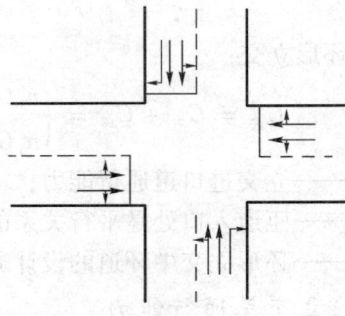

解:（1）计算计 N—S 方向一个进口道设计通行能力

①直右车道 $C_{Sr} = 3\,600 \times 0.9 \times [(50 - 2.3)/2.5 + 1]/(50 \times 2 + 5 \times 2) = 591\text{pcu/h}$

②直左车道 $C_{Sl} = 591 \times (1 - 0.2/2) = 532\text{pcu/h}$,其中 $\beta'_{左} = \dfrac{10}{50} = 0.2$;

③则合计 $C_e = 591 + 532 = 1\,123\text{pcu/h}$

④左转车数 $C_{le} = 1\,123 \times 0.1 = 112\text{pcu/h}$

周期数 $n = 3\,600/2 \times (50 + 5) = 32.7$ 个

$C'_{le} = 3 \times 32.7 = 98.1\text{pcu/h} < 112\text{pcu/h}$,需考虑修正。

修正系数 $f_{左} = 1 - \dfrac{2}{1\,123}(112 - 98) = 0.975$

⑤修正后通行能力 $C'_e = 1\,123 \times 0.975 = 1\,095\text{pcu/h}$

（2）计算 E—W 方向进口道设计通行能力

①直行车道 $C_s = 3\,600 \times 0.9[(50 - 2.3)/2.5 + 1]/(55 \times 2) = 591\text{pcu/h}$

②直左车道 $C_{Sl} = C_S \times \left(1 - \dfrac{0.25}{2}\right) = 517\text{pcu/h}$,其中 $\beta'_{左} = 10/80 = 0.25$

③进口道合计 $C_{er} = (591 + 517)/0.80 = 1\,385\text{pcu/h}$

④左转车数 $C_{le} = 1\,385 \times 0.10 = 138\text{pcu/h}$

$C'_{le} = 3 \times 3\,600/2 \times 55 = 98.1\text{pcu/h}$

现 $C_{le} > C'_{le}$,应考虑修正。

⑤修正系数 $f_{左} = 1 - \dfrac{2}{1\,108} \times (138 - 98) = 0.93$

⑥修正后的直行及直左车道

$$1\ 108 \times 0.93 = 1\ 028\text{pcu/h}$$

⑦右转车道通行能力

$$C_r = 1\ 385 \times 0.20 = 277\text{pcu/h}$$

⑧进口道合计　$C_{er} = 1\ 028 + 277 = 1\ 305\text{pcu/h}$

⑨东西向合计　$C_{EW} = 1\ 305 \times 2 = 2\ 610\text{pcu/h}$

（3）交叉口总的通行能力

$$C_z = 2\ 190 + 2\ 610 = 4\ 800\text{pcu/h}$$

[例3]　计算 T 形交叉口通行能力，如图 5-2-8 所示，BC 方向 $t_{gBC} = 45\text{s}$，A 向 $t_{gA} = 25\text{s}$，$t_y = 5\text{s}$，$t_1 = 2.3\text{s}$，$t_{sri} = 2.5\text{s}$，左右转弯车均占本面进口道的 15%；$\delta_s = 0.9$。

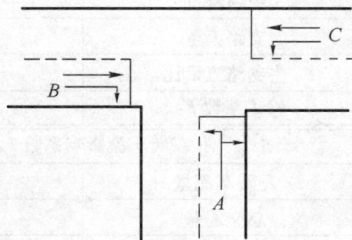

图 5-2-8　T 形交叉口计算例三

解：（1）计算进口道 A 通行能力

$$
\begin{aligned}
C_{SA} &= 3\ 600\delta_s \big[(t_{gA} - t_1)/t_{sri} + 1 \big]/T_C \\
&= 3\ 600 \times 0.9 \big[(25 - 2.3)/2.5 + 1 \big]/(45 + 25 + 5 \times 2) \\
&= 408\text{pcu/h}
\end{aligned}
$$

（2）计算进口道 B 通行能力

$$
\begin{aligned}
C_{SB} &= C_S/(1 - \beta_r) \\
&= 3\ 600 \times 0.9 \big[(45 - 2.3)/2.5 + 1 \big]/(45 + 25 + 10)/(1 - 0.15) \\
&= 861\text{pcu/h}
\end{aligned}
$$

（3）进口道 C 通行能力

$$C_{SC} = C_{SB} = 861\text{pcu/h}$$

（4）验算进口道 C 左转弯车是否超过每周期 3 辆

$$C_{leC} = 861 \times 0.15 = 129\text{pcu/h}$$

$$C'_{le} = 3n = 3 \times \frac{3\ 600}{45 + 25 + 10} = 135\text{pcu/h}$$

因为 $C_{leC} < C'_{le}$，不需修正。

（5）交叉口总的通行能力

$$C_z = C_{sA} + C_{sB} + C_{sC} = 408 + 861 + 861 = 2\ 130\text{pcu/h}。$$

[例4]　某城市附近有一国道与其环城路相交的交叉口，是一个典型的二路与二路相交的交叉口，其日交通量为 7 000 ~ 9 000veh/d，交叉口处的道路条件一般，有一进口道处还有一定的弯角。试确定该交叉口的服务水平，评价其运行状况。

解：由实际观测知，该交叉口类型为两车道与两车道十字交叉形，查表知其基本通行量为 1 600 小客车/h。

此交叉口距城市较远，其横向干扰水平不大，但附近有一家工厂，因此在上下班期间会出现较大的干扰，但它们的影响时间不长，因此定义其干扰水平为中等。

现场没有大型的建筑物，驾驶员的视野良好，一条引道在很远的地方有一段坡度，考虑其距交叉口有相当的距离，可以认为车辆不受其影响。

根据观测统计，车辆的组成为轻型车与重型车之比为 0.44 : 0.56，其相应的车辆折减系数为 1 : 3.5。

根据此交叉口所记录的各方向车流量及车型比例，计算其当量交通量；根据以上数据及交叉口情况选取的通行能力影响因素修正系数如表5-2-25。

交叉口通行能力影响因素修正系数确定 表5-2-25

主支路流量不平衡修正系数 F_{EQ}		大型车影响修正系数 F_{LA}	
主路流量	754	大型车流量	252
支路流量	453	总混合交通量	574
主支路流量比	1.7	修正系数 F_{LA}	0.44
修正系数 F_{EQ}	0.83		1.09
左转车流影响系数 F_{LT}		右转车流影响修正系数 F_{RT}	
左转车流量	213	右转车流量	211
总交通量	1 204	总交通量	1 204
左转车比率	0.18	右转车比率	0.18
修正系数 F_{LT}	0.93	修正系数 F_{RT}	1.02
横向干扰影响等级	中等	横向干扰影响等级 F_{FR}	0.90

则该交叉口实际通行能力 C 为：

$$C = C_D \times F_{EQ} \times F_{LA} \times F_{LT} \times F_{RT} \times F_{FR}$$
$$= 2\,600 \times 0.83 \times 1.09 \times 0.93 \times 1.02 \times 0.90$$
$$= 2\,008(\text{pcu/h})$$

由实际通行能力和观测得到的交叉口车流量可计算饱和度，并由饱和度计算其延误，最后查表计算交叉口服务水平并对其交通状况进行评价。计算结果如表5-2-26。

延误与服务水平计算 表5-2-26

交叉口车流量 V	实际通行能力 C	饱和度 $x = V/C$	平均延误 $d(s)$	服 务 水 平
1 204	2 008	0.6	5	一级

由以上计算结果可看出，此交叉口的运行状况良好，平均延误只有5s左右，整体水平处于一级服务水平。

[例5] 图5-2-9是上海市内环高架与南北高架相交的共和新路立交示意图，其现状流向流量见表5-2-27，匝道通行能力见表5-2-28。两主线的车道数为单向两车道，所有匝道的车道数也为两车道，南向东和西向南两条右转匝道与南北向主线相接时主线设有附加车道，主线一条车道的设计通行能力为1 800辆/h，匝道一条车道的设计通行能力为1 400辆/h，其他匝道一条车道的设计通行能力为1 600辆/h。

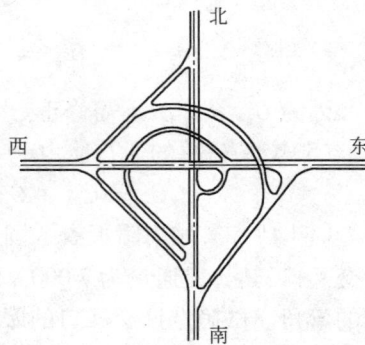

图5-2-9 共和新路立交示意图

共和新路立交现状流向流量（辆/h） 表5-2-27

进口道	左 转	直 行	右 转	合 计
内环高架桥东入口	1 354	1 031	—	2 385
南北高架桥南入口	1 177	1 250	1 333	3 760
内环高架桥西入口	301	1 934	590	2 825
南北高架桥北入口	—	1 165	293	1 458
合计	2 832	5 380	2 216	10 428

共和新路立交匝道通行能力（辆/h） 表 5-2-28

匝 道 名 称		$C_{本}$	$C_{冲}$	$C_{合}$	$C_{分}$	$C_{匝}$
右转匝道	南向东	3 200	—	1 540	—	1 540
	北向西	3 200	—	1 667	2 178	1 677
	西向南	3 200	—	1 271	—	1 271
左转匝道	南向西	3 200	–	2 091	1 096	1 096
	东向南	3 200	—	2 009	1 563	1 563
	西向北	2 800	—	1 957	1 662	1 662

解：根据上述立交通行能力组合计算方法，主线通行能力为：

$$C_{主} = n_1 \times C_1 + n_2 \times C_2$$
$$= 4 \times 1\,800 + 4 \times 1\,800 = 14\,400 (\text{pcu/h})$$

匝道入口处平行关系的匝道条数为 1 条（南向东右转匝道），即 $m = 1$，则立交进口道通行能力为：

$$C_{进} = C_{主} + mC_{匝(南向东)} = 14\,400 + 1\,540 = 15\,940 (\text{pcu/h})$$

从立交各组成部分的通行能力与相应的流量对比来看，南向西左转流量超过了相应匝道的通行能力，$\beta_{南向西} = 31.3\%$，则立交总通行能力为：

$$C_{总} = C_{进} - \frac{Q_{南向西} - C_{匝(南向西)}}{\beta_{南向西}} = 15\,940 - \frac{1\,177 - 1\,096}{31.3\%} = 15\,681 (\text{pcu/h})$$

第三章　道路平面交叉

第一节　道路平面交叉规划要点

一、交汇道路的条数和交角

平面交叉按相交道路的条数可分为三路交叉、四路交叉、五路及五路以上的多路交叉。

根据平面交叉的车辆交错方式和交错点的数量，在规划和设计平面交叉时，应力求减少相交道路的条数，尽量避免五路或五路以上道路相交，使交通简化。

一般情况下，平面交叉相交道路不得多于四条。新建公路不得直接与已建的四路或四路以上的平面交叉相连接。如确有必要接入既有平面交叉时，应对交叉进行改建设计。既有交叉为四路交叉时，应将交通量最小的一条公路在至交叉一定距离处并入另一条交通量较小的公路，使原位置的交叉仍维持四路交叉。特殊情况下，可采用环形交叉时，相交道路不宜多于五条。

平面交叉范围内两相交公路应正交或接近正交，平面线形宜为直线或大半径曲线，尽量避免采用需设超高的曲线半径。平面交叉的交角宜为直角，即采用"T"形和"十"字形交叉，斜交时，其锐角应不小于70°。当受地形条件及其他特殊情况限制时，应不小于60°。当相交道路交角无法满足要求时，应对交叉前后的公路平面线形进行修改，以满足交角的规定。常用的修改方式有：

（1）新建公路与等级较低的既有公路斜交时，应对次要公路在交叉前后一定范围内作局部改线，使交叉的交角不小于70°，如图5-3-1所示。

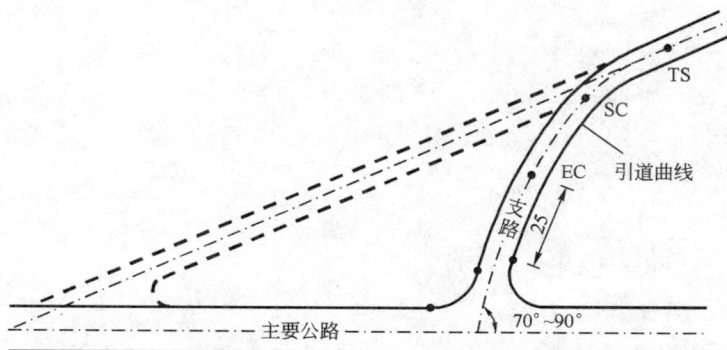

图5-3-1　T形交叉中斜交的扭正

（2）受条件限制而不能按上述扭正十字交叉时，可将次要公路的两岔单独改线而组成如图5-3-2所示的两个错位的T形交叉。其中逆错位交叉只限于次要公路的过境交通量比例很小的情况下。

（3）当既有公路提高等级,扩容改建或路面大修时,为扭正交叉的改线中应采用较高的线形指标和作较长路段的改移。

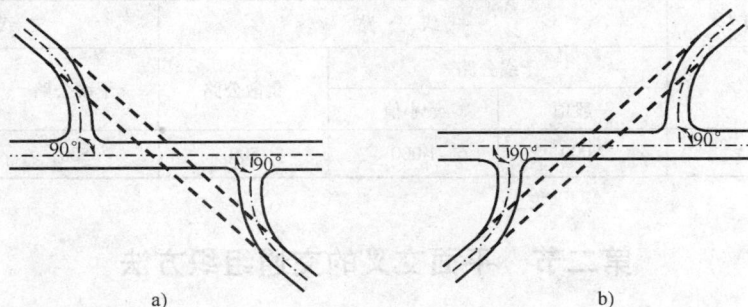

图 5-3-2 错位交叉
a)顺错位;b)逆错位

二、平面交叉的交通管理方式

平面交叉应根据相交公路的等级、功能地位、交通量等的不同而采用不同方式的交通管理,主要采用的方式有信号交叉、主路优先和无优先交叉三种。

（1）公路等级和交通量有明显差别的两条公路相交,或交通量较大的 T 形交叉,应采用主路优先交叉。次要公路上采用让路或停车管理。

（2）相交的两条公路的等级均低,交通量较小时,应采用无优先交叉。能保证通视三角区的岔路上均实行"减速让行"管理;条件受限而只能保证安全交叉停车视距的岔路上,实行"停车让行"管理。

（3）应采用信号交叉的平面交叉有:

①两条交通量均大且等级或功能地位相同公路相交的交叉,难以用"主路优先"的规则管理时,应设置信号。

②两相交公路虽有主次之别,但交通量均大(如主要公路双向交通量为 600pcu/h,次要公路一向交通量为 200pcu/h)时,采用"主路优先"规则管理会出现较频繁的交通事故和过分的交通延误,则应设置信号。

③主要公路交通量相当大(如 900pcu/h),而次要公路尽管交通量不大,但采用"主路优先"规则管理时,次要公路上的车辆由于难以遇到可供驶入的主流间隙而引起不可接受的交通延误,或出现冒险驶入长度不足的主流间隙而危及安全时应设置信号。

④两相交公路的交通量虽未达到上述程度,但由于有相当数量的行人和非机动车穿越交叉而引起交通延误,甚至阻塞或引起交通事故时,应设置信号。

⑤环形交叉的某些入口因交通量大而会出现过多的交通延误时,应设置信号。

三、平面交叉的间距

平面交叉的间距应根据交织长度、转弯车道长度、视距及识别视距等因素综合确定。这一最小间距应不小于 150m。为保证公路的通行能力,减少交通延误和提高行车安全,平面交叉的间距应尽可能地大。各级公路平面交叉(包括出、入口在内)的间距应不小于表 5-3-1 的规定。间距较小且交叉密度较大的路段在规划和设计时应采取修建辅道并适当合并交叉,限制出、入口数量或设置互通式立交、分离式立交、通道和天桥等措施以减少平面交叉的数量。

平面交叉的最小间距

表 5-3-1

公 路 等 级	一 级 公 路			二 级 公 路	
公路功能	干线公路		集散公路	干线公路	集散公路
	一般值	最小值			
间距(m)	2 000	1 000	500	500	300

第二节 平面交叉的交通组织方法

一、机动车交通组织方法

机动车交通组织的目的就是保证交叉口上车辆行驶安全、通畅,提高交叉口的通行能力。常用的交通组织方法有:限定车流行驶方向,设置专用车道,渠化交叉口,实行信号管制等。

1. 设置专用车道

组织不同行驶方向的车辆在各自的车道上分道行驶,互不干扰。根据行车道宽度和左、直、右行车辆的交通量大小可作出多种组合的车道划分,如图 5-3-3 所示。

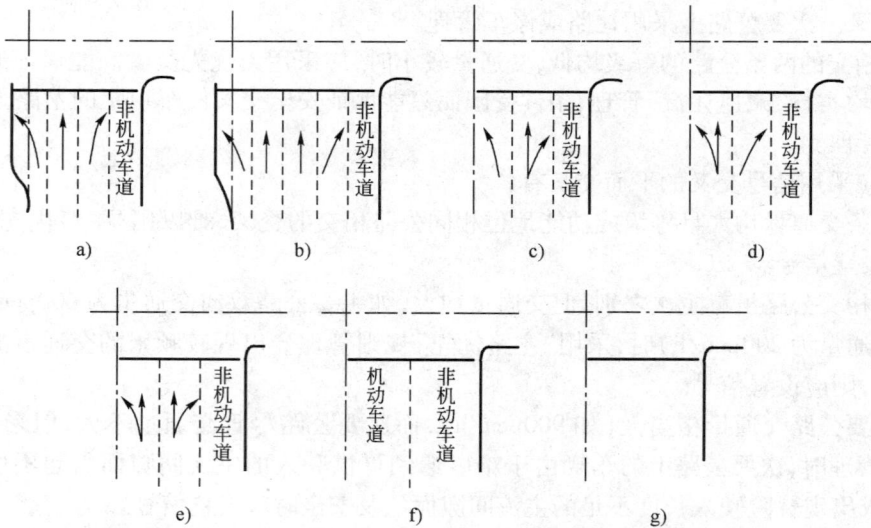

图 5-3-3 交叉口车道划分

(1)左、直、右方向车辆组成均匀,各设一专用车道;

(2)直行车辆较多且左、右转也有一定数量时,设二条直行车道和左、右转各一条车道;

(3)左转车多而右转车少时,设一条左转车道,直行和右转车共用一条车道;

(4)左转车少而右转车多时,设一条右转车道,直行和左转共用一条车道;

(5)左、右转车辆都较少时,分别与直行车合用车道;

(6)行车道宽度较窄,不设专用车道,只画快、慢车分道线;

(7)行车道宽度很窄时,快、慢车也不划分。

2. 左转弯车辆的交通组织

左转弯车辆是引起交叉口车流冲突的主要原因,合理地组织左转弯车辆的交通,是保证交通安全,提高交叉口通行能力的有效方法。左转弯车道交通组织方法可采用以下几种形式:

1)设置专用左转车道

如图5-3-3,在行车道宽度内紧靠中线画出一条车道供左转车辆专用,以免阻碍直行交通(图c);若原有行车道宽度不够时,可向中线左侧适当扩宽设置专用左转车道(图a、图b)。设置专用左转车道后左转车辆须在左转车道上等待开放或寻机通过,而不影响直行交通。

2)实行交通管制

通过信号灯控制或交通警手势指挥,在规定时间内不准左转或允许左转。

3)变左转为右转

(1)环形交通:利用环道组织逆时针单向交通,变左转为右转,使冲突车流变为分流与合流,如图5-3-4a)所示。

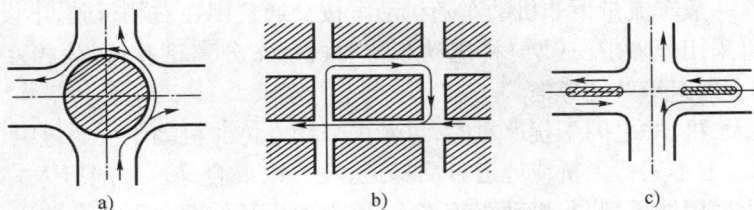

图5-3-4 变左转为右转

(2)街坊绕行:使左转车辆环绕邻近街坊道路右转行驶实现左转,如图5-3-4b)。这种方法绕街坊行程增加很多,通常仅用于左转车辆所占比例不大,旧城道路扩宽困难,或在桥头引道坡度大的十字形交叉口,为防止车辆高速下坡时直角转弯发生事故而采用。

(3)远引绕行:利用中间带开口绕行左转。

3. 组织渠化交通

渠化交通在一定条件下可以有效地提高道路的通行能力,减少交通事故。它对解决畸形交叉口的交通问题尤为有效。

(1)利用分车线或分隔带、交通岛等,把不同方向和速度的车辆划分车道行驶,使行人和驾驶员很容易看清互相行驶的方向,避免车辆相互侵占车道和干扰行车路线,因而可减少车辆相互碰撞的机会,增加行车安全,如图5-3-5a)。

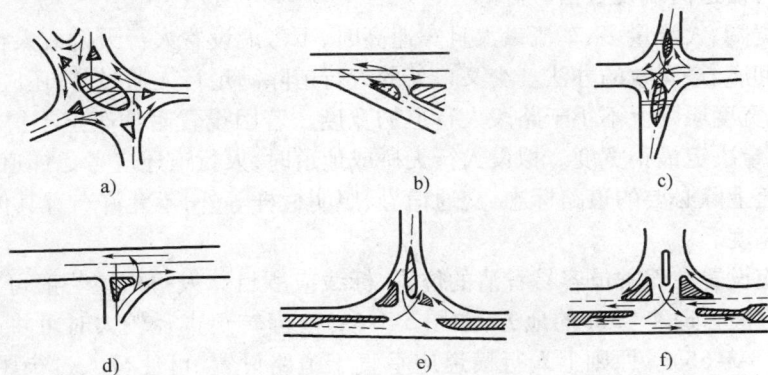

图5-3-5 渠化交通

603

（2）利用交通岛的布置，限制车辆行驶方向，使斜交对冲的车流为直角交叉或锐角交叉，如图 5-3-5b)、c)。

（3）利用交通岛的布置，限制车道宽度，控制车速，防止超车，如图 5-3-5d)、e)。

（4）可利用渠化交通设置的交通岛或分隔带，设置各种交通标志，并可作为行人过街时避让车辆的安全岛。

在交通量较大，车速较高的交叉口利用交通岛组织渠化交通，还需考虑设置变速车道和候驶车道，如图 5-3-5f)，以利左转弯车辆转向行驶和变速行驶的需要。

在渠化交通中，最常用的是交通岛。按其作用不同可分为方向岛、分隔岛、中心岛、安全岛等。

4. 采用自动控制的交通信号指挥系统，提高行车速度和通行能力

二、非机动车交通组织

在交叉路口，非机动车道通常布置在机动车道和人行道之间。

在交叉口内，一般车流量下非机动车随机动车按交通规则在右侧行驶，不设分离设施。而车流量较大时，可采用分隔带（或墩）将机动车与非机动车分离行驶，减少相互干扰。上述两种情况与机动车交通组织共同考虑。

当车流量很大，机、非之间干扰严重时，可考虑采用立体非机动车交通组织，并与人行天桥或地道一起考虑。上下人行天桥或地道可用梯道、坡道或混合式。一般行人宜用梯道型升降方式；非机动车应采用坡道型；非机动车较多，又因地形或其他理由不能设坡道时，可用梯道带坡道的混合型升降方式。

三、行人交通组织

行人交通组织的主要任务是组织行人在人行道上行走，在人行横道线内安全过街，使人、车分离，干扰最小。

人行道通常对称布置在行车道两侧。交叉口内相邻道路的人行道互相连通，并将转角处人行道加宽，以适应人流集中转向需要。为使行人安全、有序地横穿行车道，应在交叉路口设置人行横道。交叉范围的人行道和人行横道相互连接，共同组成可达任意方向的步行道网。尽量不将吸引大量人流的公共建筑的出入口设在交叉口上。

若人、车流量较大且行车道较宽时，应在人行横道中间设安全岛；必要时转角处用栏杆将人、车隔离，人行横道两端设置信号灯。

当交叉口宽阔、人流量多、车流量大且车速高时，可考虑设置人行天桥或人行地道，这是行人交通组织最彻底、最有效的办法。交叉口处的人行道除满足行人通过外，还应为过街行人提供等待场地，其宽度原则上不小于路段人行道的宽度。若因设置附加车道不得已压缩人行道时，应根据人流量决定最小宽度。拟设人行天桥或地道时，人行道还应考虑梯道或坡道出入口宽度。在人行道上除必要的道路标志、交通信号、照明栏杆等外，不允许布置其他设施，以保证人行道的有效宽度。

人行横道应设置在驾驶员容易看清的位置，标线应醒目。人行横道一般可布置在交叉口人行道的延续方向后退 4~5m 的地方，如图 5-3-6a)。当转角半径较大时可将人行横道设在圆弧段内，如图 5-3-6b)。原则上人行横道应垂直于道路设置，可使行人过街距离最短；但如道路斜交时，为避免行人不拐直角弯及扩大交叉口交通面积，人行横道可与相交道路平行，如

图 5-3-6c）。T 形和 Y 形交叉口人行横道可按图 5-3-6d）、e）设置。

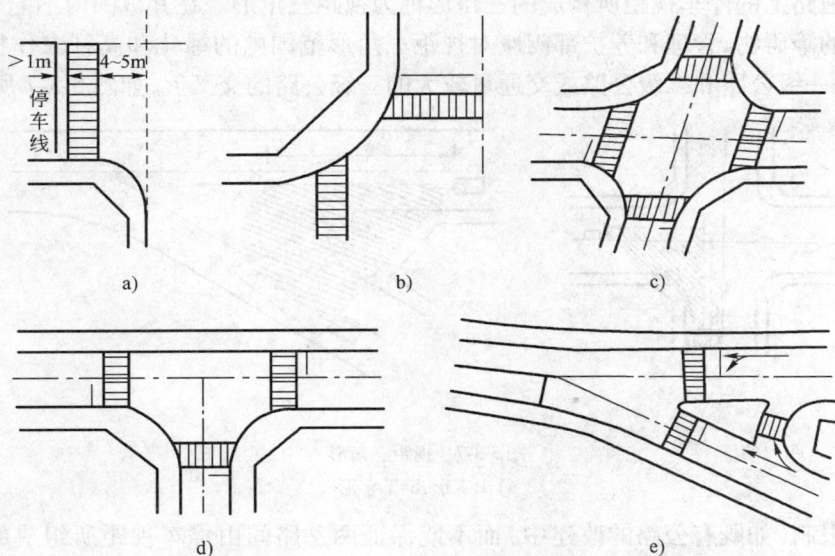

图 5-3-6　人行横道的布置

　　人行横道的宽度主要取决于过街人流量的大小，一般应比路段人行道宽些。其最小宽度为 4m，当过街人流量较大时，可适当加宽，但不宜超过 8m。

　　人行横道的长度与路口信号显示时间有关。一次横穿过长的距离会使过街行人思想紧张，尤其对行走迟缓的人，会感到很不安全。当机动车车道数大于或等于 6 条或人行横道长度大于 30m 时，应在道路中线附近设置宽度不小于 1m 的安全岛。

　　在设置信号灯控制或设置停车标志的交叉口，应在路面上标绘停车线，指明停车位置。对无人行横道的交叉口，在不影响相交道路交通的条件下，停车线应尽量靠近交叉口，以减小交叉口的范围，提高通行能力。当有人行横道时，停车线应布置在人行横道线后至少 1m 处，并应与人行横道平行，如图 5-3-6 所示。

第三节　加铺转角式交叉口

　　设计速度较低，交通量较小的双车道公路相交，可采用加铺转角式交叉口。

　　主要公路的设计速度≤60km/h，或设计速度为 80km/h，但交通量较小，次要公路为县乡公路或四级公路的 T 形交叉，当转弯交通量较小时可采用非加宽加铺转角式 T 形交叉。

　　县乡公路或三、四级公路相交的十字交叉，可采用非加宽加铺转角式十字交叉。

一、交叉口的视距

（一）视距三角形

　　为了保证交叉口上行车安全，驾驶员在进入交叉口前的一段距离内，应能看到相交道路上的行车情况，以便能及时采取措施顺利驶过或安全停车。这段必要的距离应该大于或等于停

车视距 S_T。

由相交道路上的停车视距所构成的三角形称为视距三角形。在其范围内不能有任何阻挡驾驶员视线的障碍物,管理和养护部门应对视距三角形范围内的绿化和高秆农作物种植严加限制,特别是一级公路和二级公路或交通量较大的三级公路的交叉上,如图 5-3-7 所示。

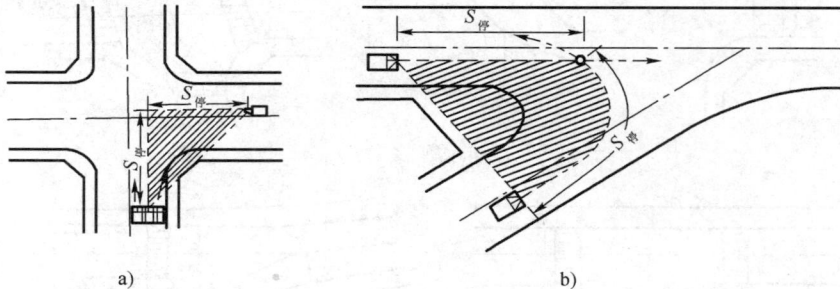

图 5-3-7　视距三角形
a)十字形;b)T 字形

受条件限制(如既有公路的改建中)而不能保证两岔路间由停车视距所组成的通视三角区时,应保证如图 5-3-8 所示的在主要公路上为安全交叉停车视距,次要公路上至主要公路边车道中心线为 5~7m 所组成的三角区内保持通视。安全交叉停车视距值规定如表 5-3-2。

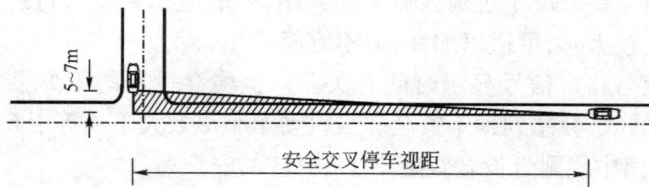

图 5-3-8　安全交叉停车视距三角区

安全交叉停车视距　　　　　　　　　　　　　　表 5-3-2

设计速度(km/h)	100	80	60	40	30	20
停车视距(m)	160	110	75	40	30	20
安全交叉停车视距(m)	250	175	115	70	55	35

(二)识别距离

为保证车辆安全顺利通过交叉口,应使驾驶员在交叉口之前的一定距离能识别交叉口的存在及交通信号和交通标志等,这一距离称为识别距离。该识别距离随交通管制条件而异。

1. 无信号控制的交叉口

对无任何信号控制的交叉口,通常都是等级低、交通量小及车速不高的次要交叉口,识别距离应满足安全要求,可采用各相交道路的停车视距。

2. 有信号控制的交叉口

对有信号控制的交叉口,在车辆正常行驶条件下,识别距离为使驾驶员能看清交通信号和显示内容,能有足够时间制动减速直至停车,但这种制动停车并非急制动。因此,有信号控制交叉口的识别距离可用下式计算。

$$S_s = \frac{v}{3.6}t + \frac{v^2}{26a} \quad (\text{m}) \tag{5-3-1}$$

式中：S_s——交叉口的识别距离（m）；

v——路段设计速度（km/h）；

a——减速度（m/s^2），取 $a = 2\text{m/s}^2$；

t——识别时间（s）。

识别时间 t 包括驾驶员的反应时间和制动生效时间。公路上识别时间可取 10s。

3. 停车标志控制的交叉口

对停车标志控制的交叉口，一般为主要道路与次要道路交叉，主次关系明确，而且对标志的识别要比对信号容易，因此，可采用式（5-3-1）及识别时间为 2s 计算。

信号控制及停车标志控制交叉口的识别距离见表 5-3-3，在此范围内不能有任何障碍物。

交叉口的识别距离（m） 表 5-3-3

设计速度（km/h）	信号控制交叉口				停车标志控制交叉口	
	公　路		城市道路		计算值	采用值
	计算值	采用值	计算值	采用值		
80	348	350	—	—	—	
60	237	240	171	170	104	105
40	143	140	99	100	54	55
30	102	100	68	70	35	35
20	64	60	42	40	19	20

二、交叉口的转弯半径

为了保证各种右转车辆能以一定速度顺利转弯，交叉口转角处的缘石或行车道路面边缘应做成圆曲线或复曲线，圆曲线的半径 R_1 称为转角半径，如图 5-3-9 所示。

在未考虑机动车道加宽的情况下，转角半径 R_1 为：

$$R_1 = R - \left(\frac{B}{2} + F\right) \quad (\text{m}) \tag{5-3-2}$$

$$R = \frac{v_1^2}{127(\mu \pm i_h)} \tag{5-3-3}$$

式中：B——机动车道宽度（m），一般采用 3.5m；

F——转弯处的非机动车道宽度（m），没有非机动车道时，$F = 0$；

R——右转车道中心线半径（m）；

v_1——右转弯设计速度（km/h），可取路段设计速度的 0.5~0.7 倍，计算时可用 0.6 倍；

μ——横向力系数，在 0.15~0.20 之间取值；

i_h——交叉路口路面横坡度，一般采用 2%。

各级公路平面交叉口的转弯设计以 16m 总长的鞍式列车进行控制设计。鞍式列车在各种转弯速度情况下，转角曲线路面内缘的最小半径如表 5-3-4。

转角曲线路面内缘的最小半径　　　　　　　　　　表 5-3-4

速度(km/h)	≤15	20	25	30	40	50	60	70
最小半径(m)	15	15~20	20~30	30	45	60	75	90
最小超高(%)	2	2	2	2	3	4	5	6
最大超高(%)	一般值：6，绝对值：8							

公路交叉口转角曲线路面内缘的线形应符合车辆转弯时的行使轨迹。简单的非渠化交叉口中，在半挂车比例很小（小于 10%）的情况下，可在相交的路面边缘设一半径不小于 15m 的圆曲线或带有缓和曲线的圆曲线；以鞍式列车控制设计时，相交路面的边缘应采用图 5-3-10 所示的复曲线，相应半径 R_1、R_2 的取值见表 5-3-5 所示。

R_1、R_2 的取值　　　　　　　　　　　　　表 5-3-5

Δ(°)	R_1	R_2	Δ_1
70~74	18	80	53°30′~58°50′
75~84	17	80	58°55′~68°00′
85~91	16	80	69°00′~75°00′
92~99	15	80	76°00′~83°00′
100~110	14	90	84°00′~95°00′

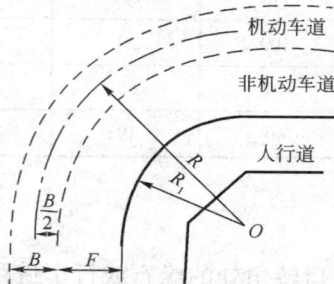

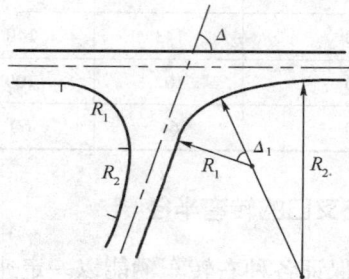

图 5-3-9　转角半径计算图式　　　　图 5-3-10　以鞍式列车控制设计时简单交叉口的转弯设计

第四节　分道转弯式交叉口

分道转弯式渠化交叉口是通过设置导流岛、分隔岛及划分车道等措施，使单向右转或双向左、右转车流以较大半径分道行驶，对交叉口转弯车辆，尤其是右转弯车辆行驶速度和通行能力都有提高。设计时主要应考虑分道转弯半径、保证足够的视距和满足导流岛端部半径的要求。

主要公路为二级公路的 T 形交叉，当直行交通量不大，而与次要公路间的转弯交通量占相当比例时，可采用只在次要公路上设分隔岛的渠化 T 形交叉。当主要公路的直行交通量较大时，则采用在主要公路和次要公路上均设分隔岛的渠化 T 形交叉。

主要公路为四车道公路，或设计速度 ≥60km/h 且有相当比例转弯交通量的二级公路，或是与互通式立交直接沟通的双车道公路应采用设置导流岛等设施较完善的渠化 T 形交叉。

主要公路为四车道公路以及设计速度为 80km/h 的双车道公路,或虽然设计速度为 60km/h,但属区域干线的双车道公路,其上的十字交叉应采用渠化交叉。

当主要公路为四车道公路,或虽为双车道公路,但交叉所在的局部路段为四车道,次要公路为双车道公路应布置完善的渠化岛。

两四车道公路或四车道以上公路相交,或其中之一为四车道以上的公路时,应布置完善的渠化岛和转弯车道,而且伴之于渠化还应设置足够相数和合适配时的信号系统。

一、分道转弯半径

当分道转弯车辆交通量较大时,为保证转弯车辆,尤其是右转车辆能以规定的速度分道转弯行驶,应对最小转弯半径加以限制。在转弯车辆设计速度已确定的条件下,取 $\mu = 0.16 - 0.20$,最小曲线半径的一般值采用 $i_h = 2\%$,极限值用 $i_h = 6\%$ 计算,公式仍采用上节式(5-3-3)。分道转弯交叉口最小曲线半径可参考表 5-3-6 选用。

分道转弯式交叉口最小圆曲线半径(m)　　　　　　表 5-3-6

转弯车速(km/h)		80	70	60	55	50	45	40	35	30	25	20
最小半径	一般值(m)	280	210	150	120	100	80	60	50	35	25	15
	极限值(m)	230	170	120	100	80	65	50	40	30	20	12

二、转角导流岛

导流岛又称方向岛,用以指引行车方向,它在渠化交通中起着很大作用,许多复杂的交叉口,往往只需用几个简单的导流岛,就能组织好交通,减少或消灭冲突点。导流岛还可用于约束车道,使车辆减速转弯,保证行车安全。

交通岛的形状为直线与圆曲线的组合图形,交通岛边缘的线形取决于相邻车道的路缘线形,直行车道边缘的岛缘线应根据缘石构造作不同值的偏移,岛端迎车流边应偏移且圆滑化。转角导流岛的形状和岛端后退量见图 5-3-11 所示,岛端圆弧半径见表 5-3-7 所示,缘石后退量见表 5-3-8 所示。表 5-3-8 中,栏式路缘石为具有一定的形状和高度,能够阻碍车辆驶离路面的界石;半可越式路缘石为在紧急情况下车辆可以驶过或在特殊情况下对车辆无损害的一种路缘石;可越式路缘石为车辆可以驶过且对车辆无损害的一种路缘石。导流岛端部内移距在主要道路一侧按 1/10 ~ 1/20 过渡,次要道路一侧为 1/5 ~ 1/10。

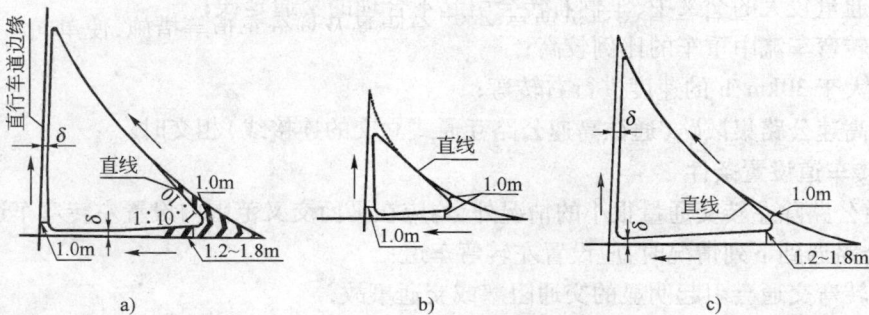

图 5-3-11　转角导流岛

a)一般形式;b)小形岛;c)变通形式

岛端圆弧半径				表 5-3-7
岛端形状及车流方向	⋖	⋖	⋖	⌐↑→
半径(m)	0.3	0.6	0.6	1.0

缘石后退量	表 5-3-8
缘 石 类 型	δ(m)
栏 式	0.6
半可越式	0.3
可越式	0

第五节　扩宽路口式交叉口

当相交道路的交通量较大、转弯车辆较多而车速又高时,若交叉口进口道仍然采用路段上的车道数,会导致转弯车辆和直行车辆受阻,分流与合流困难,且易发生交通事故。此时可向进口道的一侧或两侧拓宽车道,以改善交叉口的通行条件,提高交叉口的通行能力。

主要公路的设计速度为 80km/h,次要公路为县乡公路或四级公路的 T 形交叉,当转弯交通量较大而会导致直行车辆的过分减速时,应采用增辟左、右转减速车道扩宽式 T 形交叉。

主要公路的设计速度为 80km/h,次要公路为县乡公路或三、四级公路且转弯交通量不大的十字交叉,可采用扩宽十字交叉。

扩宽的车道数主要取决于进口道的各向交通量、交通组织方式和车道的通行能力等。一般应比路段单向车道数多增加一至两条车道。

扩宽车道包括右转车道和左转车道两种。

一、转弯车道的设置条件

1. 右转车道的设置条件

非渠化或简单渠化处理的交叉口中,为使主要公路上的右转弯车辆减速时不影响或不过多影响直行车辆的速度,可只在主要公路上增辟一条减速车道。

两条一级公路相交或一级公路与交通量大的二级公路相交时,应对所有右转弯运行设置经渠化分隔的右转弯车道。

二级公路与一级公路的交叉凡有下列情况时,应设置右转弯车道:

(1)平面交叉角≤75°;

(2)交通量较大的交叉中,车辆右转会引起不合理的交通延误;

(3)右转弯车流中重车的比例较高;

(4)以大于 30km/h 的速度进行右转弯;

(5)与高速公路集散路(通往高速公路互通式立交的连接线)相交时。

2. 左转车道设置条件

四车道公路除左转交通量很小的情况外,均应在平面交叉范围内设置左转弯车道。

二级公路遇到下列情况时,应设置左转弯车道:

(1)左转弯交通会引起明显的交通阻塞或交通事故;

(2)与高速公路集散路(通往高速公路互通式立交的连接线)相交时;

(3)非机动车较多且无专门的非机动车道的交叉。

二、设置方法

1．右转车道设置方法

车道等宽的右转车道设置方法比较简便，而且方法固定。就是在进口道的右侧或同时在出口道的右侧拓宽右转车道，如图 5-3-12 所示。

车道变宽的右转车道设置方法见后述图 5-3-15 所示。

2．左转车道设置方法

左转车道由减速段和等候段所组成，是向进口道左侧扩宽的，依据相交道路是否设置中间带和中间带的宽窄可按以下方法实现左转车道，参见图 5-3-13。

图 5-3-12 拓宽右转车道

（1）宽型中间带：当设有较宽中间带（一般不小于 4.5m）时，将道口一定长度的中间带压缩宽度，由此增辟出左转车道，如图 5-3-13a）所示。

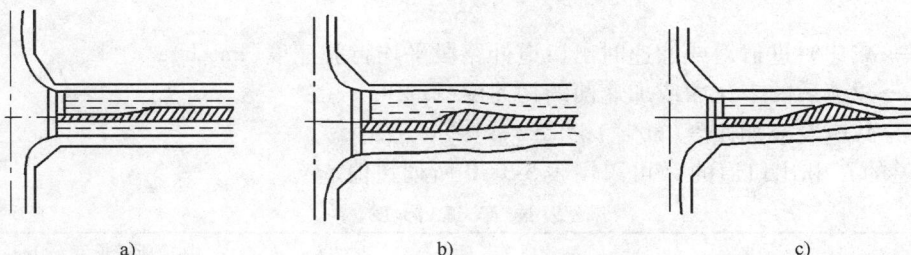

图 5-3-13 拓宽左转车道

（2）窄型中间带：当设有较窄中间带（宽度小于 4.5m）时，利用中间带后宽度不够，可将道口单向或双向车道线向外侧偏移，增加不足部分宽度。向外侧偏移车道线后，在路幅总宽度不变的情况下，视具体条件可压缩人行道、两侧带或进口道车道宽度，如图 5-3-13b）所示。

（3）无中间带：当相交道路不设中间带时，可通过两种途径增辟左转车道。一是向进口道的一侧或两侧扩宽，增加进口道路幅总宽度，在进口道中心附近辟出左转车道，如图 5-3-13c）所示；二是不扩宽进口道，占用靠近中心线的对向车道作为左转车道。

三、拓宽车道的长度

（一）右转车道的长度

1．车道等宽的右转车道长度

交叉口的进口道设置了右转车道后，为不影响横向相交道路上的直行车流，在横向相交道路的出口道应设加速车道，见图 5-3-14。进口道处右转车道的长度应能满足右转车辆减速所需长度，也应保证右转车不受等候车队长度的影响；出口道的加速车道应保证加速所需长度。

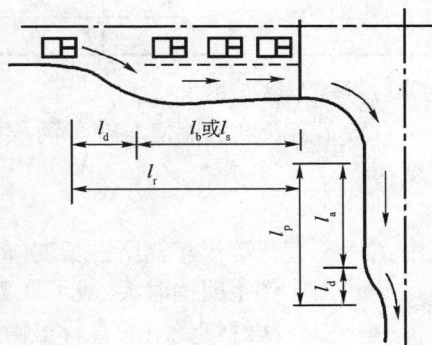

图 5-3-14 车道等宽的右转车道长度

611

1）渐变段长度 l_d

渐变段的长度 l_d 可按转弯车辆以路段平均行驶速度 v_A 行驶计算，即：

$$l_d = \frac{v_A}{3.6J} B \qquad (\text{m}) \tag{5-3-4}$$

式中：v_A——路段平均行驶速度（km/h）；

B——右转车道宽度（m）；

J——车辆行驶时变换车道的侧移率（m/s），一般取 $J = 1.0$ m/s。

最小渐变段长度可按表 5-3-9 选用。

最小渐变段长度 表 5-3-9

设计速度（km/h）	100	80	60	40
最小渐变段长度（m）	60	50	40	30

2）减速所需长度 l_b 和加速所需长度 l_a

进口道减速所需长度 l_b 和出口道加速所需长度 l_a 可用下式计算：

$$l_b（\text{或}）l_a = \frac{v_A^2 - v_R^2}{26a} \qquad (\text{m}) \tag{5-3-5}$$

式中：v_A——减速时进口道或加速时出口道处路段平均行驶速度（km/h）；

v_R——减速后的末速度或加速前的初速度（km/h）；

a——减速度或加速度（m/s^2）。

进口道的 l_b 和出口道的 l_a 可采用表 5-3-10 所列数值。

变速车道长度 表 5-3-10

类　别	设计速度（km/h）	减速所需长度 l_b（m）（$a = -2.5$ m/s^2）			加速所需长度 l_a（m）（$a = 1.0$ m/s^2）		
		到停车	到20km/h	到40km/h	从停车	从20km/h	到40km/h
主要道路	100	100	95	70	250	230	190
	80	60	50	32	140	120	80
	60	40	30	20	100	80	40
	40	20	20	—	40	20	—
次要道路	80	80	45	40	90	80	50
	60	60	30	20	60	55	25
	40	30	10	10	25	15	—
	30	20	—	—	10		

3）等候车队长度 l_s

右转车道长度应能使右转车辆从直行车道最长的等候车队的尾车后驶入拓宽的车道，其长度为：

$$l_s = n l_n \tag{5-3-6}$$

式中：l_n——直行等候车辆所占长度（m），一般取 6～12m，小型车取低值，大型车取高值，车型比例不明确时，一般可取 7m；

n——一次红灯受阻的直行车辆数，可用下式计算：

$$n = \frac{每条直行车道通行能力 \times (1 - 右转车比例)}{每小时周期数／该向红灯占周期长的比例}$$

所以,右转车道长度 l_r 为:

$$l_r = l_d + \max(l_b, l_s) \tag{5-3-7}$$

式中: l_r——右转车道长度(m);

l_d——渐变段长度(m);

$\max(l_b, l_s)$——减速所需长度 l_b 和等候车队长度 l_s 中取大值。

出口道加速车道长度 l_p 为

$$l_p = l_d + l_a \tag{5-3-8}$$

式中: l_p——出口道加速车道长度(m);

l_a——加速所需长度(m);

l_d——意义同前。

2. 车道变宽的右转车道的长度

车道变宽的右转车道由渠化的右转弯车道和两端的变速车道组成,如图 5-3-15 所示,图中右转弯车道的参数如表 5-3-11 所列。此类右转车道的变速车道为一渐变段,其长度可按图 5-3-15 中车辆行驶时变换车道的侧移率根据式(5-3-4)进行计算。

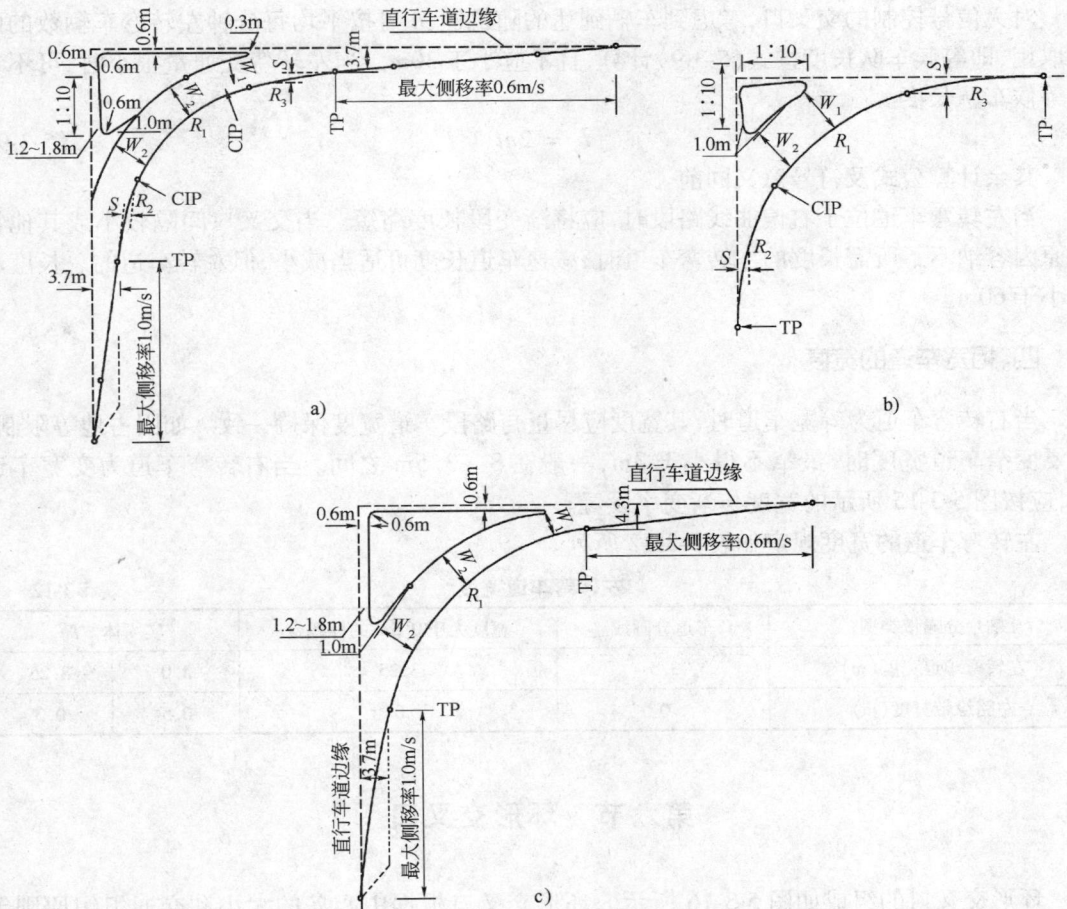

图 5-3-15 车道变宽的右转车道的设置

a)正规的处理;b)不考虑绕越停着的车辆时的处理;c)转弯半径较大时(>45m)的简化处理

右转弯车道参数　　　　　表 5-3-11

R_1	12	14	16	18~22	24~28	30	45	90~135	150
W_1	6.4	6.1	6.1	5.5	5.2	5.2	4.9	4.6	4.6
W_2	7.7	7.7	7.4	7.1	6.8	6.4	6.1	5.8	5.8
S	1.5	1.5	1.5	1.2	1.2	1.2	0.9	0.9	0.9
R_2	$1.5R_1$						$2R_1$		
R_3	$3R_1$						$2R_1$		

注：W_1-单车道宽度；W_2-能绕越停放车辆的单车道宽度。

（二）左转车道的长度

左转车道长度也是由渐变段长度 l_d、减速所需长度 l_b 或等候车队长度 l_s 组成，即采用式（5-3-7）计算。

但是，式（5-3-6）中的 n 应为左转等候车辆数。对有信号控制的交叉口，可用下式计算：

$$n = \frac{\text{一条车道的通行能力} \times \text{车道数} \times \text{左转车比例}}{\text{每小时的周期数}} \quad (\text{pcu/T})$$

对无信号控制的交叉口，考虑到车辆到达的随机性，n 可按平均每分钟左转弯车辆数的两倍取用，即等候车队长度按式（5-3-9）计算，且不应小于 30m。当左转弯交通量很小时，可不考虑等候车队长度。

$$l_s = 2nl_n \tag{5-3-9}$$

其余计算公式及符号意义同前。

当左转弯车道位于右偏曲线路段时，应将渐变段长度缩短。当交叉口间隔较小或其他特殊原因容纳不了所需长度的左转弯车道时，减速车道长度可适当减小，但左转车道的总长度不应小于 60m。

四、拓宽车道的宽度

当右转弯车道为等宽车道时，其宽度应尽量与路段车道宽度保持一致。如因占地等限制，需要变窄车道宽度时，最窄不得小于 3m，一般在 3~3.5m 之间。当右转弯车道为变宽车道时，应按图 5-3-15 所示的宽度与渐变率设置。

左转弯车道的宽度规定如表 5-3-12 所列。

左转弯车道宽度　　　　　表 5-3-12

剩余分隔带类型	车道分画线	宽度大于 0.5m 的标线带	实　体　岛	
左转弯车道宽度（m）	3.5	3.25	3.0	3.25
左路缘带宽度（m）	0	0	0.5	0.3

第六节　环形交叉口

环形交叉口的组成如图 5-3-16 所示。环形交叉口根据中心岛的大小和交通组织原则等因素的不同，可将环形交叉口分成如下两种形式。

（1）普通环形交叉口：具有单向环形车道，其中包括交织路段，中心岛直径大于 25m；

（2）入口让路环形交叉口：具有单向环形车道，中心岛直径为 5 ~ 25m。

环形交叉适用于交通量适中，经过验算后出、入口间的距离能满足交织长度的要求，或按"入口让路"规则（非交织原理）设计能满足交通量需要的 3 ~ 5 条道路相交的交叉。

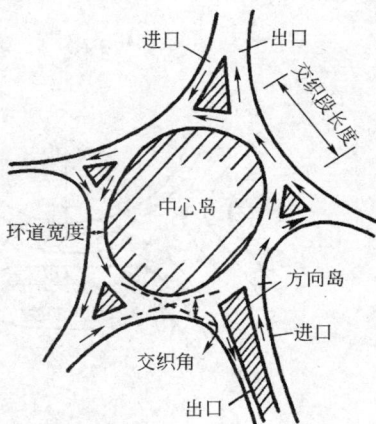

图 5-3-16　环形交叉口的组成

一、普通环形交叉口

1. 中心岛的形状和半径

1）中心岛的形状

中心岛的形状应根据交通流特性、相交道路的等级和地形、地物等条件确定。

中心岛的形状一般多用圆形，有时也用圆角方形和菱形；主次道路相交时宜采用椭圆形；交角不等的畸形交叉可采用复合曲线形。此外，结合地形、地物和交角等，也可采用其他规则或不规则几何形状的中心岛。

2）中心岛的半径

中心岛的半径首先应满足设计速度的要求，然后按相交道路的条数和宽度，验算相邻道口之间的距离是否符合车辆交织行驶的要求。下面以圆形中心岛为例，介绍中心岛半径的计算方法。

（1）按设计速度的要求。按设计速度要求的中心岛半径 R 仍然用平曲线半径公式计算，但因为绕岛车辆是在紧靠中心岛，宽度为 b 的车道中间行驶，距中心岛边缘 $b/2$，故实际采用的中心岛半径应按下式计算：

$$R = \frac{v^2}{127(\mu \pm i_\mathrm{h})} - \frac{b}{2}$$ （5-3-10）

式中：R——中心岛半径（m）；

$\quad b$——紧靠中心岛的车道宽度（m）；

$\quad \mu$——横向力系数，建议大客车 $\mu = 0.10 \sim 0.15$，小客车 $\mu = 0.15 \sim 0.20$；

$\quad i_\mathrm{h}$——环道横坡度（%），一般采用 1.5%，紧靠中心岛行车道的横坡向中心岛倾斜时，i_h 值采用正号，否则采用负号；

$\quad v$——环道设计速度（km/h）。国外一般采用路段设计速度的 0.7 倍。我国实测资料：公共汽车为 0.5 倍，载货车 0.6 倍，小客车 0.65 倍，供参考。

（2）按交织段长度的要求。所谓交织就是两条车流汇合交换位置后又分离的过程。当相邻路口之间有足够的距离，使进环和出环的车辆在环道上均可在合适的机会相互交织连续行驶，该段距离称为交织段长度。其位置大致可取相邻道路机动车道外侧边缘延长线与环道中心线交叉点之间的弧长，如图 5-3-17 所示。

中心岛半径必须满足两个路口之间最小交织段长度的要求见表 5-3-13。

最小交织段长度　　　　　　　　　　　　表 5-3-13

环道设计速度（km/h）	50	45	40	35	30	25	20
最小交织段长度（m）	60	50	45	40	35	30	25

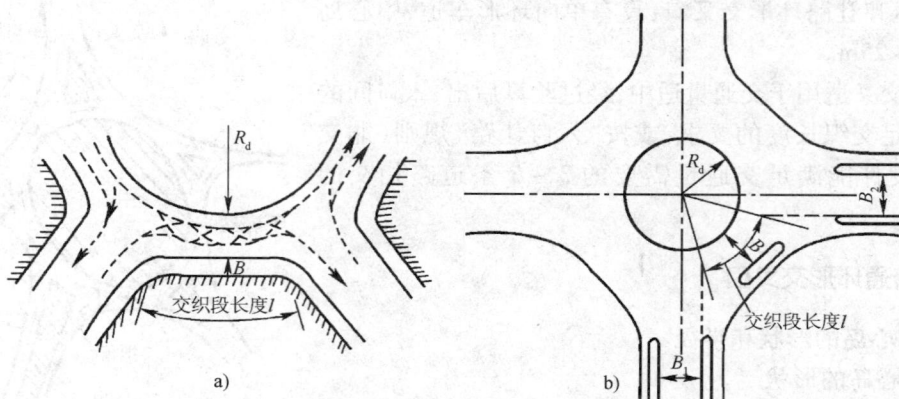

图 5-3-17 交织段长度

按交织段长度所要求的中心岛半径 R_d，近似地按交织段长度所围成的圆周大小来推导，计算公式为：

$$R_d = \frac{n(l + B_p)}{2\pi} - \frac{B}{2} \quad (\text{m}) \tag{5-3-11}$$

式中：n——相交道路的条数；

l——相邻路口之间的交织段长度（m）；

B——环道宽度（m）；

B_p——相交道路的平均路宽（m）。中心岛为圆形，交汇道路为十字正交时，$B_p = (B_1 + B_2)/2$，其中 B_1 和 B_2 分别为相邻路口行车道宽度。

由式（5-3-11）可知，交叉口相交道路的条数越多，为保证最小交织段长度的要求，则中心岛的半径就越大，因此，环形交叉口的相交道路以不多于六条为宜。

对四路相交的环形交叉口，一般用式（5-3-10）和式（5-3-11）分别计算中心岛半径，然后选取较大者。对中心线夹角差别较大或多路交叉口，也可以先按式（5-3-10）确定中心岛的半径 R，然后再按下式验算其交织段长度 l 是否符合要求：

$$\left.\begin{aligned} l &= \frac{2\pi}{n}\left(R + \frac{B}{2}\right) - B_p \quad (\text{m}) \\ \text{或 } l &= \frac{\pi\alpha}{180}\left(R + \frac{B}{2}\right) - B_p \quad (\text{m}) \end{aligned}\right\} \tag{5-3-12}$$

式中：α——相交道路中心线的夹角（°），当夹角不等时，用最小夹角验算。

当用式（5-3-12）计算的 l 大于最小交织段长度时，符合要求；否则，应增大 R 重新验算，直至符合为止。根据实践经验，中心岛最小半径见表 5-3-14，可供参考。

中心岛最小半径 表 5-3-14

环道设计速度（km/h）	40	35	30	25	20
中心岛最小半径（m）	60	50	35	25	20

2. 环道的宽度

环道即环绕中心岛的单向行车带。环道宽度取决于相交道路的交通量和交通组织。

616

一般,环道靠近中心岛的一条车道作绕行之用,最靠外侧的一条车道供右转弯之用,中间的一或两条车道为交织之用,故环道上一般设计三或四条车道。实践证明,车道过多,不仅难于利用,反而易使行车混乱,导致不安全。因此,环道的车道数一般采用三条为宜;如交织段长度较长时,环道车道数可布置四条;若相交道路的行车道较窄,也可设两条车道。

如果采用三条机动车道,每条车道宽3.50~3.75m,并按前述曲线加宽中单车道部分的加宽值,当中心岛半径为20~40m时,则环道机动车道的宽度一般为15~16m。

对于非机动车交通可与机动车混行或分行布置,为保证交通安全,减少相互干扰,一般以分行为宜,可用分隔带(或墩)或标线等分隔。非机动车道宽度应视具体情况而定,一般不小于相交道路中的最大非机动车行车道宽度,也不宜超过8m。

3. 交织角

交织角是进环车辆轨迹与出环车辆轨迹的平均相交角度。它以距右转机动车道的外缘1.5m和中心岛边缘1.5m的两条切线交角来表示,如图5-3-18所示。

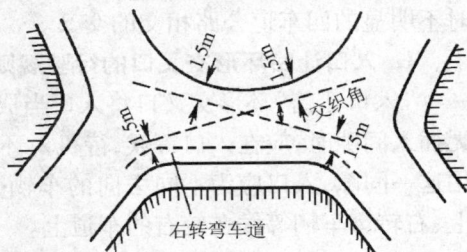

图5-3-18 交织角

根据经验,交织角以控制在20°~30°之间为宜。通常在交织段长度已有保证的条件下,交织角多能满足要求。

4. 环道外缘线形及进出口曲线半径

从满足交通需要和工程节约角度考虑,环道外缘平面线形不宜设计成反向曲线形状,如图5-3-19中虚线,宜采用直线圆角形或三心复曲线形状,如图5-3-19中实线所示。

环道进、出口的曲线半径取决于环道的设计速度。为使进环车辆的车速与环道车速相适应,应对进环车辆的车速加以限制。一般,环道进口曲线半径采用接近或小于中心岛的半径,而且各相交道路的进口曲线半径不要相差太大。环道出口的曲线半径可比进口曲线半径大一些,以便车辆加速驶出环道。

5. 环道的横断面

环道的横断面形状对行车的平稳和路面的排水有很大关系,而横断面的形状取决于路脊线的选择。通常,环道横断面的路脊线设在交织车道的中间,若机动车与非机动车之间设有分隔带时,其路脊线也可设在分隔带上。环道路脊线通过设于进、出口之间的三角形方向岛或直接与交汇道路的路脊线相连,如图5-3-20所示,图中虚线为路脊线,箭头指向为排水方向。显

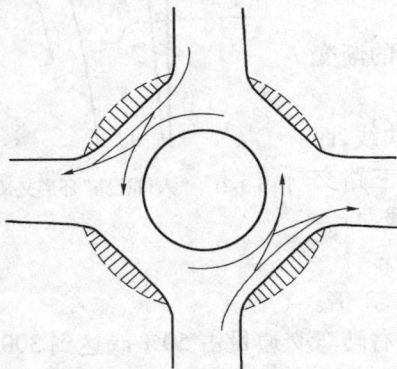

图5-3-19 环道外缘线形

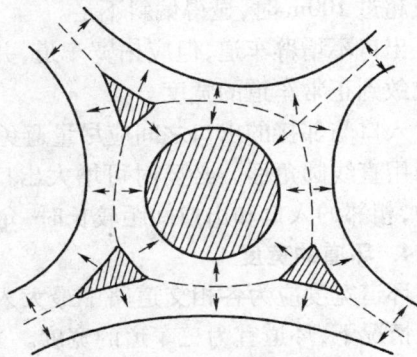

图5-3-20 环道的路脊线

然,应在中心岛的周围设置雨水口,以保证环道内不产生积水。另外,进、出环道处的横坡度宜缓一些。

二、入口让路环形交叉口

新建公路项目采用环形交叉时,宜按"入口让路"交通规则设计为"入口让路"环形交叉。"入口让路"环形交叉适用于一条四车道公路和一条双车道公路相交的交叉,以及两条高峰小时不明显的四车道公路相交的交叉。

1. 入口让路环形交叉口的行驶规则

"入口让路"环形交叉口将入口当成"支路",到达入口的车辆发现左方环道上有车辆,且无插入间隙时,应在入口等候,待机入环。当环行车流出现间隙时,为使等候车辆能高效地使用这一间隙,入口应为不同去向的车辆分别提供等候车道,即左转弯车辆等候在较左的车道上、右转弯车辆等候在较右的车道上。

2. 中心岛的形状和半径

"入口让路"环形交叉口应根据设计车辆的转弯行驶轨迹、环道车道数及各岔路的路幅宽度(有中央分隔带时包括中央分隔带的宽度)确定中心岛的直径。由于交叉口应为不同流向的车流提供尽可能宽的通道,必须压缩中心岛的直径,以增加环道上的车道数,但一般情况下直径应不小于 10m,最小可采用 5m。

中心岛一般由缘石围成,其形状除特殊需要外,均应为圆形。环形交叉口的中心岛面积较小时,应采用齐平式或微凸式;当面积较大时,应采用浅碟式,环道内侧应设缓边坡,不得沿岛缘(紧靠行车道)设置深的排水沟。

3. 出入口设计

为提高"入口让路"环形交叉口的通行能力,入口要为不同去向的车辆分别提供等候车道,入口应增辟车道做成喇叭状。增辟的车道数至少为一个,最多为两个,入口车道总数不大于四个。停车线处车道宽度为 3.0m,增辟车道起点车道宽度为 2.5m,拓宽有效长度为 25m,如图 5-3-21 所示。

入口应右偏且呈曲线形,并使入口左路缘的延长线不与中心岛相割。入口曲线半径为 10～100m,并以 20m 为宜。当接近或超过 100m 时,显得偏斜不足。

出口不增辟车道,但应拓宽车道,并用 1:15～1:20 的渐变率收敛到正常车道的宽度。

入口与邻接的出口之间应尽量避免采用短的反向曲线,而应采用直线圆角形。必要时可增大出口曲线的半径。三路交叉中,相邻的入口和出口间距较长时,允许出现反向曲线。

图 5-3-21　"入口让路"环形交叉入口

4. 环道的宽度

环道宽度应为各相交道路中最大入口宽度的 1～1.2 倍。一般情况下,环道宜为三车道的宽度。当某一个入口的右转弯交通量占 50% 或达到 300 辆/h 时,应增辟与环道间有"V"形标线导流岛分隔的右转弯车道。

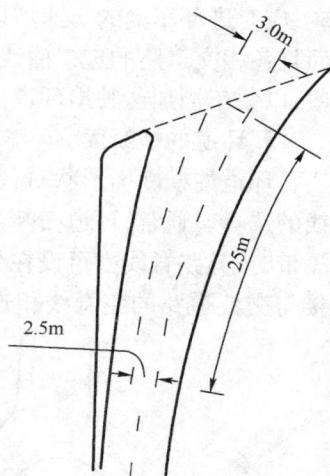

5."入口让路"环形交叉口的视距

(1)左方视距:到达"让路"停车线的车辆,驾驶员应能清楚地看清左方直至前一个入口或左方50m(取其中小者)范围内环道的整个宽度。

(2)前方视距:到达"让路"停车线的车辆,驾驶员应能清楚地看清前方直至下一个出口或前方50m(取其中小者)范围内环道的整个宽度。

(3)环行视距:环道上行驶的车辆,驾驶员应能清楚地看清前方直至下一个出口或前方50m(取其中小者)范围内环道的整个宽度。

6.其他设计要求

环形交叉除按规定设置标志、标线外,还应设置环形交叉标志、"入口让路"标志、前置预告标志、">"形竖向标记、"让路停车"标线等。

中心岛、分隔岛上和引道旁的绿化种植应有助于提醒驾驶者意识到环形交叉的存在,以及视距和视觉方面的需要。为衬托">"形导向标,其背景位置可种植一些矮灌木。直径小于10m的中心岛,不应种植任何树木。

中心岛上不应树立体积庞大、形态奇异的建筑小品。

第七节 交叉口的立面设计

交叉口立面设计(也称竖向设计)的目的是合理确定交叉口范围内相交道路共同构筑面上各个点的设计高程。统一解决行车、排水、建筑艺术三方面在立面位置上的要求,使相交道路在交叉口处形成一个平顺的面,以保证行车顺适、排水通畅,并与周围建筑物的地面高程协调。

一、交叉口立面设计的要求和原则

立面设计主要取决于相交道路的等级、交通量、横断面形状、纵坡的大小和方向以及周围地形等。交叉口立面设计的基本要求是首先应满足主要道路的行车方便,在不影响主要道路行车平顺的前提下,适当变动主要道路的纵坡和横坡,以照顾次要道路的行车需要。交叉口立面设计一般采用如下原则。

(1)相同等级道路相交时,一般维持各自的纵坡不变,而改变它们的横坡度。通常是改变纵坡较小道路的横断面形状,将路脊线(路拱顶点的连线)逐渐向纵坡较大道路的行车道边线移动,使其横断面的横坡度与纵坡较大道路的纵坡一致。

(2)主要道路与次要道路相交时,主要道路的纵、横断面均维持不变,而将次要道路双坡横断面,逐渐过渡到主要道路纵坡相一致的单坡横断面,以保证主要道路的交通便利。

(3)设计时应至少有一条道路的纵坡方向背离交叉口,以利于排水。如遇特殊地形,所有道路纵坡方向都向着交叉口时,必须在交叉口内设置雨水口和排水管道,以保证排水要求。

(4)交叉口范围布置雨水口时,一条道路的雨水不应流过交叉口的人行横道,或流入另一条道路,也不能使交叉口内产生积水。所以,雨水口应设在人行横道之前或低洼处。

(5)交叉口范围内横坡要平缓些,一般不大于路段横坡,以利于行车。纵坡度宜不大于2%,困难情况下应不大于3%。

（6）交叉口立面设计高程应与周围建筑物的地坪高程协调一致。

二、交叉口立面设计的基本类型

交叉口立面设计的形式，主要取决于交叉范围相交道路的纵坡、横坡及地形。以十字形交叉口为例，按其所处地形及相交道路纵坡方向，可划分为六种基本类型，如图5-3-22所示。

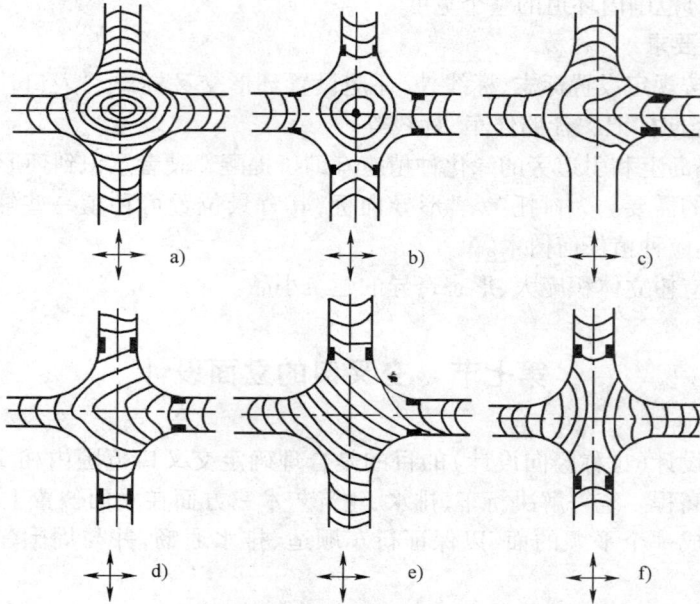

图5-3-22　交叉口立面设计的基本形式

（1）处于凸形地形上，相交道路的纵坡方向均背离交叉口（图5-3-22a）。设计时使交叉口的纵坡与相交道路的纵坡一致，适当调整一下接近交叉口的路段横坡，让雨水流向交叉口四个转角的街沟或路基外排除，交叉口内不需设置雨水口。

（2）处于凹形地形上，相交道路的纵坡方向都指向交叉口（图5-3-22b）。这种形式地面水都向交叉口集中，排水比较困难，应尽量避免。若因地形限制，必须时应设置地下排水管道排水，为防止雨水汇集到交叉口中心，应适当改变相交道路的纵坡，以抬高交叉口中心高程，并在转角设置雨水口。最好在相交道路纵坡设计时，应将一条主要道路的变坡点设在远离交叉口的地方，保证有一条道路的纵坡方向能背离交叉口。

（3）处于分水线地形上，有三条道路纵坡方向背离一条指向交叉口（图5-3-22c）。设计时应将纵坡指向交叉口的道路路脊线在交叉口处分为三个方向，相交道路的横断面不变，并在纵坡指向交叉口道路的人行横道线外设雨水口，防止雨水流入交叉口内。

（4）处于谷线地形上，有三条道路纵坡度方向指向交叉口而一条背离（图5-3-22d）。设计时，与谷线相交的道路进入交叉口之前，在纵断面上产生转折而形成过街横沟，不利于行车，应尽量使纵坡转折点离交叉口远一些，并在该处插入竖曲线。纵坡指向交叉口的人行横道线外应设置雨水口。

（5）处于斜坡地形上，相邻两条道路纵坡指向交叉口而另两条背离（图5-3-22e）。设计时,相交道路的纵坡均不变,而将两条道路的横坡在进入交叉口前逐渐向相交道路的纵坡方向变化,使交叉口上形成一个单向倾斜面。在纵坡指向交叉口道路的人行横道线外设雨水口。

(6)处于马鞍形地形上,相对两条道路纵坡指向交叉口而另两条背离(图5-3-22f)。设计时,相交道路纵、横坡都可按自然地形在交叉口内适当调整,并在纵坡指向交叉口的道路两侧设置雨水口。

以上为几个典型十字形交叉口立面设计形式,对于其他不同形式的交叉口,立面设计的要求和原则是一样的。另外,立面设计的使用效果与相交道路纵坡方向的组合有很大关系,因此,如要获得交叉口理想的立面设计,应在道路纵断面设计时,就考虑交叉口立面设计的要求,为其创造良好的条件。

三、交叉口立面设计的方法

目前对于简单的沥青路面交叉口,通常采用特征断面法;对于水泥混凝土路面交叉口和大型、复杂的沥青路面交叉口,一般采用高程图法。

(一)特征断面的确定和特征点高程的计算

交叉口的特征断面与选定的路脊线密切相关。路脊线应根据相交道路的等级和交叉角等因素而定,既要考虑行车平顺,又要考虑整个交叉口的均衡美观。

1. 相同(或相近)等级的道路相交时的特征断面

相同(或相近)等级的道路相交,立面设计时一般维持各自的纵坡不变,而改变它们的横坡度。对于 X 形交叉口和交叉角大于 75°的 T 形交叉口,路脊线通常是对向行车轨迹的分界线,即行车道的中心线;对于斜交过大的 T 形交叉口(或称 Y 形交叉口),其路中心线不宜作为路脊线,应加以调整。

1)X 形、T 形交叉口的特征断面

X 形交叉口和 T 形交叉口在交叉口范围内分别被相交道路的中心线分隔成四部分和三部分。在进行交叉口立面设计时,每个部分的设计方法是一样的,此处主要以如图 5-3-23、图 5-3-24 中的 $A_1OA_2B_2EB_1$ 部分为例,介绍特征断面的确定和特征点高程的计算。

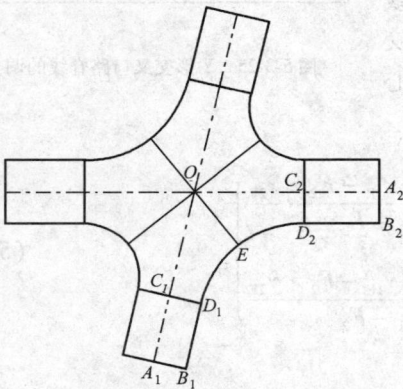

图 5-3-23　X 形交叉口的特征断面

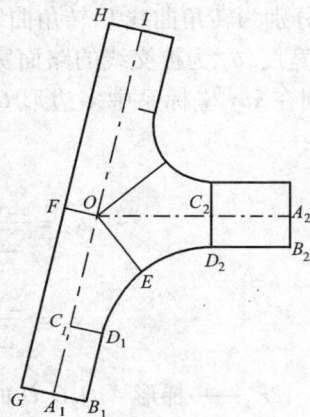

图 5-3-24　T 形交叉口的特征断面

X形、T形交叉口的特征断面主要是三种位置情况：

（1）位于各相交道路进入交叉口的入口处，也就是交叉口范围的边界线处，如 B_1A_1 断面和 B_2A_2 断面。

（2）位于转角曲线的切点处，如 C_1D_1 断面和 C_2D_2 断面。

（3）位于交叉口对角线处，如 OE 断面。

位于路脊线上、交叉口入口处及转角曲线切点处的特征控制点 O、A_1、B_1、C_1、D_1、C_2、D_2、A_2、B_2 以及 F、G、H、I 等点的高程均可根据相交道路的纵面线形和路拱横坡度值求得。

E 点的设计高程应满足对角线上行车平顺和排水的要求，交叉口无分隔的导流岛时，转角曲线由于半径较小，曲线短而难以采用合适的超高，在特殊困难的情况下除设置排水所必需的横坡外，可不设超高，一般对角线 OE 的横坡宜控制在 $0.3\% \sim 2\%$ 间为好。记 $D_1D_2 = l$，$D_1E = l_1$，D_1、D_2 设计高程分别记为 D_{1z}、D_{2z}，则当行车平顺和排水要求均满足的条件下，E 点的设计高程 E_z 可按下式计算：

$$E_z = D_{1z} \frac{D_{2z} - D_{1z}}{l} \cdot l_1 \tag{5-3-13}$$

2）Y形交叉口的特征断面

（1）路脊线的调整。Y形交叉口斜交角度过大，其原设计路中线已不宜作为设计路脊线，路拱也不匀称，应予适当调整。调整路脊线时，要求两个转角曲线的切点在被交线上的里程相等。调整后新的路脊线如图 5-3-25 中的 EA、ED 和 EC，其中心控制点 E 的位置选定，应考虑行车平顺和交叉口布局的匀称、美观。通过多方案的选择和计算表明，可取多边形 $OC_1D_1D_2A_2A_1O$ 的重心 E 作为调整后路脊线新的交会点。

路脊线调整过程中首先建立以 O 为原点，以 OA_1 为横轴 x，以 OO_1 为纵轴 y 的局部直角坐标系 xoy，图中 R_1、R_2 分别为转角曲线1、转角曲线2的半径，b_1 为主线的路面宽度，b_2 为被交线的路面宽度，θ_1 为交叉口的交叉角，则在 xoy 坐标系中多边形 $OC_1D_1D_2A_2A_1O$ 的重心坐标为：

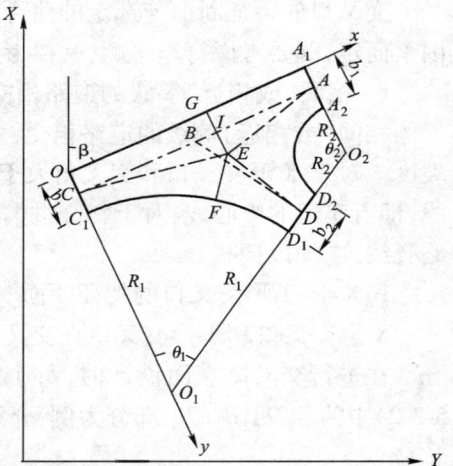

图 5-3-25　Y形交叉口路脊线的调整

$$\left. \begin{aligned} x_E &= \frac{\sum F_i x_i}{\sum F_i} = \frac{F_0 \cdot x_{0E} - F_1 \cdot x_{1E} - F_2 \cdot x_{2E}}{F_0 - F_1 - F_2} \\ y_E &= \frac{\sum F_i y_i}{\sum F_i} = \frac{F_0 \cdot y_{0E} - F_1 \cdot y_{1E} - F_2 \cdot y_{2E}}{F_0 - F_1 - F_2} \end{aligned} \right\} \tag{5-3-14}$$

式中：　F_0——梯形 $A_1O_2O_1O$ 的面积；

　　　　F_1——扇形 $C_1D_1O_1$ 的面积；

　　　　F_2——扇形 $A_2D_2O_2$ 的面积；

(x_{0E}, y_{0E})——梯形 $A_1O_2O_1O$ 的重心坐标；

(x_{1E}, y_{1E})——扇形 $C_1D_1O_1$ 的重心坐标；

(x_{2E}, y_{2E})——扇形 $A_2D_2O_2$ 的重心坐标。

采用重心法计算确定的重心 E 点位置，还要基本符合与主要行车方向路面边缘线的距离相等，如图中的 GE、EF，如 GE、EF 值相差较大，可在 EG 线方向适当移位至满足要求。当 $GE = EF$ 时，E 点就是中心控制点。

（2）特征断面的确定与特征高程的计算。Y 形交叉口的特征断面与 T 形交叉口相类似，只是路脊线调整后对角线处的特征断面改为 EH、EF 断面，如图 5-3-26 所示。

特征点 A、C、D 以及 GE 与中心线 AC 的交点 I 的高程可以分别根据相交道路的纵面线形求得，E 点的高程为：

$$h_E = h_I + IE \cdot |i_z| \qquad (5\text{-}3\text{-}15)$$

式中：h_I——I 点设计高程；

$\quad\quad i_z$——主线的路拱横坡。

H、F 点高程的确定与十字形、T 形交叉口中叙述的方法相同，不再赘述。

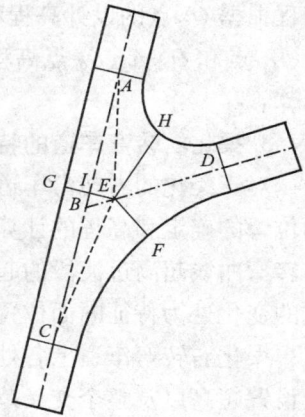

图 5-3-26　Y 形交叉口的特征断面

2. 主要道路与次要道路相交时的特征断面

主要道路与次要道路相交时，主要道路的纵横断面均维持不变，而将次要道路的双坡横断面，逐渐过渡到与主要道路纵坡相一致的单坡横断面，此时，路脊线的交点 O 移到次要道路路脊线与主要道路路面边线的交点 O_1（或 O_2）处，如图 5-3-27、图 5-3-28 所示。为适应主要道路的横断面，应适当调整次要道路的纵断面，紧接主要道路处的纵坡最好是根据主要道路的横坡、纵坡及主要道路与次要道路的交叉角计算得到的综合值（与合成坡度类似）。

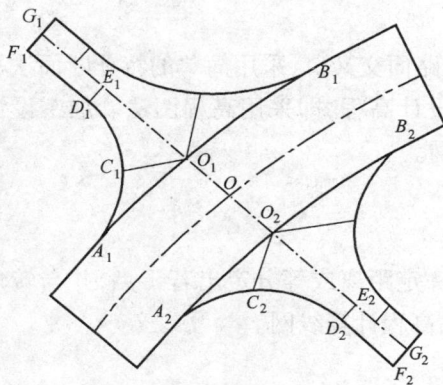

图 5-3-27　主次道路相交的四路交叉口的特征
　　　　　　断面

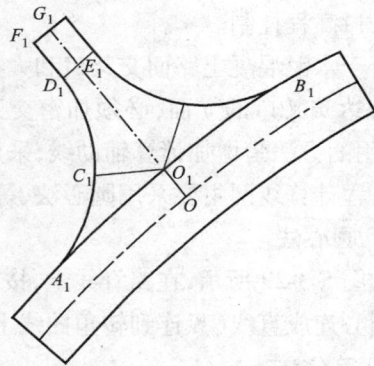

图 5-3-28　主次道路相交的三路交叉口的
　　　　　　特征断面

主、次道路相交的四路和三路交叉口的特征断面仍是三种位置情况，即次要道路进入交叉口的入口处，如 F_1G_1、F_2G_2 断面；转角曲线与次要道路的相切处，如 D_1E_1、D_2E_2 断面；主要道路边线与次要道路路脊线交会的对角线处，如 O_1C_1、O_2C_2 断面。

特征点 A_1、O_1、B_1、A_2、O_2、B_2 点的高程可根据主要道路的纵面线形和横坡值计算；E_1、G_1、D_1、F_1 的高程根据 O_1 点的设计高程和 O_1G_1 的纵坡及次要道路的横坡确定，E_2、G_2、D_2、F_2 的高程根据 O_2 点的设计高程和 O_2G_2 的纵坡及次要道路的横坡确定。C_1、C_2 点高程分别由 O_1、A_1、D_1 点和 O_2、A_2、D_2 点高程考虑满足行车的平顺和排水要求确定，计算方法见本节的类似计算。

3. 渠化右转弯车道的特征断面

对于渠化的右转弯车道或右转弯附加路面，由于右转弯曲线一般需要设置超高，其特征断面位置的确定和高程的计算与上述方法不同。渠化的右转弯车道上特征断面的位置，取决于右转弯曲线超高过渡段的起、终点位置以及与相交道路的连接。通常右转弯车道上，宽度和横坡的变化处为特征断面位置。

渠化右转弯车道上各处高程和横坡应满足右转弯车道与相交道路的平顺连接、右转弯曲线设置超高以及整个交叉范围内路面排水和视觉的需要。右转弯车道上高程的计算以右转弯车道左路缘线作为设计控制。当以左路缘线高程控制设计导致右转弯车道曲线内缘出现影响视觉的"下陷"（当超高较大时）或造成边沟设计困难时，在不妨碍路面排水的前提下，应适当调整左路缘线的高程。

右转弯车道或右转弯附加路面应按表 5-3-4 设置超高。导流岛岛边长度较短（<30m）的转弯车道无法设置超高过渡，或者右转弯附加路面存在排水困难、路容不美观及与直行车道路面衔接困难等问题而无法设置应有的或最大超高时，可适当减小超高值，但不能低于表中的最小值。

（二）交叉口设计高程的加密

确定了路脊线和特征断面上的设计高程，就可大概反映交叉口的立面形状。对于简单的沥青路面交叉口，采用特征断面法提供交叉口特征断面的定位里程、尺寸和设计高程，由此构成交叉口高程控制。

对于水泥混凝土路面交叉口和大型、复杂的沥青路面交叉口，采用简单的特征断面法不能完整表达交叉口的立面，必须加密交叉口范围内的设计高程，即采用高程图法。加密设计高程，常用的方法是增加计算辅助线，采用高程计算线网。

高程计算线网主要采用圆心法、等分法。

1. 圆心法

如图 5-3-29 所示，在路脊线上，按施工要求每隔一定距离或等分定出若干点，并与转角曲线的圆心连成直线（只连到转角曲线上），即得圆心法高程计算线网。

2. 等分法

如图 5-3-30 所示，将路脊线等分为若干份，相应地把转角曲线也等分为相同份数，连接对应点，即得等分法高程计算线网。

高程计算线所在的位置就是用于计算该断面路拱设计高程的依据，而标准的路拱横断面是与车辆行驶方向垂直的，所以，应尽量使高程计算线与路拱横断面的方向一致，同时也便于计算。为此，当等级相同或相近的道路相交时，采用等分法或圆心法高程计算线网均可;主要道路与次要道路相交的交叉和渠化右转弯车道的转弯曲线处,推荐采用圆心法高程计算线网。

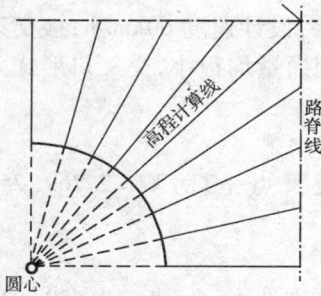

图 5-3-29　圆心法

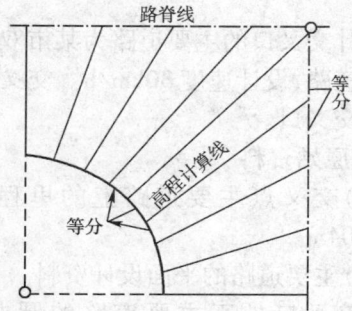

图 5-3-30　等分法

每条高程计算线上高程点的数目,可根据路面宽度、施工需要来确定。对路宽、坡陡、施工精度要求高的,高程点可多些;反之,则少些(图 5-3-31、图 5-3-32)。

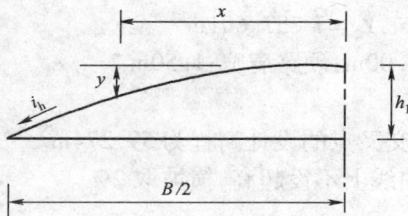

图 5-3-31　路拱高程计算图式

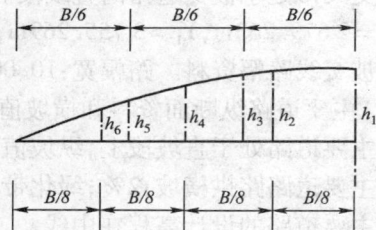

图 5-3-32　高程点数划分

高程计算线上两端的设计高程可根据特征断面上特征点的高程、相交道路的纵坡及转角曲线的纵坡求得。计算线上高程点的方程与所选用的路拱形式有关,当采用直线形路拱时,可根据每条高程计算线上两端的设计高程,采用线性插值方法计算;当采用抛物线形路拱时,可用下列公式计算:

$$y = \frac{h_1}{B}x + \frac{2h_1}{B}x^2 \quad (\text{m}) \tag{5-3-16}$$

$$y = \frac{h_1}{B}x + \frac{4h_1}{B^3}x^3 \quad (\text{m}) \tag{5-3-17}$$

式中:h_1——高程计算线两端(其中一端在路脊线上)的高差或路拱高度(m),$h_1 = \frac{B}{2} \cdot i_{\text{h}}$;

　　B——行车道宽度(m);

　　i_{h}——路拱横坡(%)。

以上两式可根据路面类型来选用,一般宽 14m 以下的次高级路面和中级路面可用式(5-3-16)计算;宽 14m 以上的高级路面采用式(5-3-17)计算。

第八节 平面交叉设计案例

设计交叉口的主要道路为某市双向四车道的环城东路,设计速度60km/h;被交道路为地方城镇道路,设计速度30km/h。交叉口处左转和右转的交通量均很小,交叉口形式采用加铺转角式交叉口。

1. 原始资料

(1)交叉点主要道路上的里程:K5 + 706.00m。交叉点坐标:$X = 2\ 769.254$m,$Y = 3\ 756.504$m。

(2)主要道路的平面设计资料。

①交叉口处于主要道路的圆曲线段,该曲线的交点坐标为:$X = 2\ 689.818$m,$Y = 3\ 623.397$m,交点桩号K5 +859.816m,转角值$\alpha = 22°11'37''$(右偏),半径$R = 1\ 950$m,缓和曲线长度$L_s = 200$m,直缓点 ZH 的方位角为 $244°27'10''$。

②主要道路路幅资料。路幅宽:22.00m;行车道宽:18.00m;绿化带宽:2.0m。

(3)被交道路平面设计资料。

①交叉口处于被交道路的直线段。被交线中线上交叉点前后两点的坐标分别为:
$X_1 = 2\ 679.263$m,$Y_1 = 3\ 755.269$m;$X_2 = 2\ 689.262$m,$Y_2 = 3\ 757.601$m。

②被交线路幅资料。路幅宽:10.00m;行车道宽:7.00m;硬路肩宽:1.50m。

(4)主要道路纵断面资料和横坡值。

①主要道路处于直坡段上,纵坡值为 +0.032%。交叉点的设计高程为 59.274m。

②主要道路路拱横坡:2%;绿化带横坡:3%。圆曲线上不设超高,横坡取2%。

③主要道路的设计高程在中线。

(5)被交线纵坡和横坡。

被交线一纵坡: – 1.894%;被交线二纵坡: – 1.874%(方向均背离交叉点)。

路拱横坡:2%;路肩横坡:3%。

2. 平面设计

(1)交通管理方式:不设信号的平面交叉口。

(2)转角曲线半径的确定。转角曲线的右转车速均选用20km/h,根据现行《城市道路设计规范》(CJJ 37—90)路面的转角曲线半径选用 $R_A = 10.00$m,$R_C = 10.00$m。为了交叉口平面线形整齐美观,选用 $R_B = 23.33$m,$R_D = 23.83$m。相应的路基转角曲线半径等于路面转角曲线半径减去$(2 + 1.5)/2 = 1.75$m。

3. 立面设计

相交道路为主要道路与次要道路相交,在交叉口范围内,主要道路的纵坡、横坡都不变,次要道路纵坡、横坡均改变,此时,路脊线的交点移到了次要道路路脊线与主要道路行车道边线的交点处。交叉口特征断面的确定和特征点设计高程计算可根据上节讲述的方法进行。加密设计高程时,高程计算线网采用圆心法。

4. 设计成果

根据以上的原始资料和设计内容,绘制出的该四路交叉口的平面设计图见图 5-3-33,图中为显示清楚,未给出交叉口处的地形图。当立面设计采用高程图法时,见图 5-3-34;当立面设计采用特征断面法时,见图 5-3-35,特征断面的位置参考图 5-3-34。

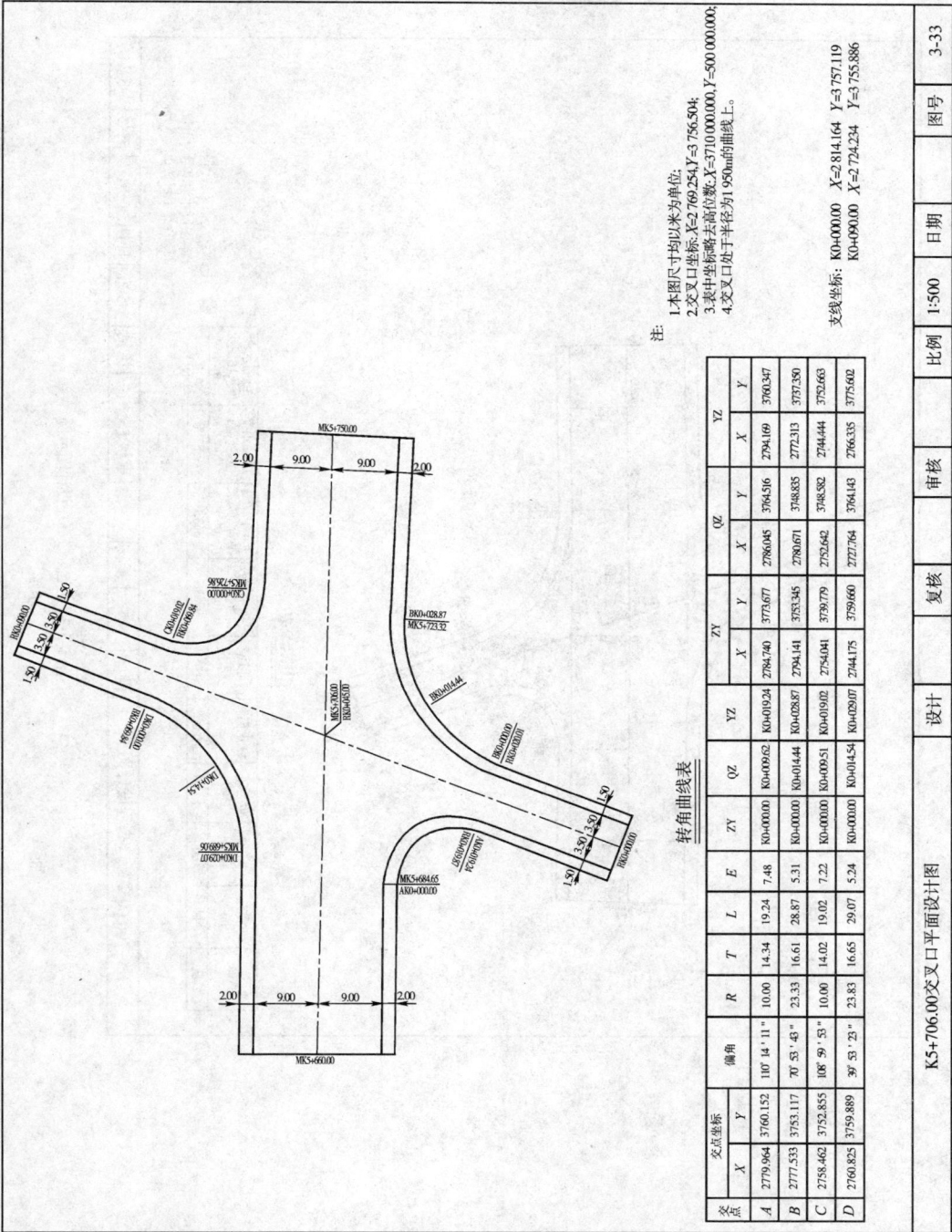

转角曲线表

交点	交点坐标 X	交点坐标 Y	偏角	R	T	L	E	ZY	QZ	YZ	ZY X	ZY Y	QZ X	QZ Y	YZ X	YZ Y
A	2779.964	3760.152	107°14'11"	10.00	14.34	19.24	7.48	K0+000.00	K0+009.62	K0+019.24	2784.740	3773.677	2786.045	3764.516	2794.169	3760.347
B	2777.533	3753.117	70°53'43"	23.33	16.61	28.87	5.31	K0+000.00	K0+014.44	K0+028.87	2794.141	3753.345	2780.671	3748.835	2772.313	3737.350
C	2758.462	3752.855	108°59'53"	10.00	14.02	19.02	7.22	K0+000.00	K0+009.51	K0+019.02	2754.041	3739.779	2752.642	3748.582	2744.444	3752.663
D	2760.825	3759.889	39°53'23"	23.83	16.65	29.07	5.24	K0+000.00	K0+014.54	K0+029.07	2744.175	3759.660	2727.764	3764.143	2766.335	3775.602

注:
1.本图尺寸均以米为单位;
2.交叉口坐标:X=2 769.254,Y=3 756.504;
3.表中坐标略去高位数:X=3710 000.000,Y=500 000.000;
4.交叉口处平曲线半径为1 950m的曲线上。

支线坐标: K0+000.00 X=2 814.164 Y=3 757.119
　　　　　 K0+090.00 X=2 724.234 Y=3 755.886

K5+706.00交叉口平面设计图

设计	复核	审核	比例	日期	图号
			1:500		3-33

图 5-3-33 交叉口平面设计图示例

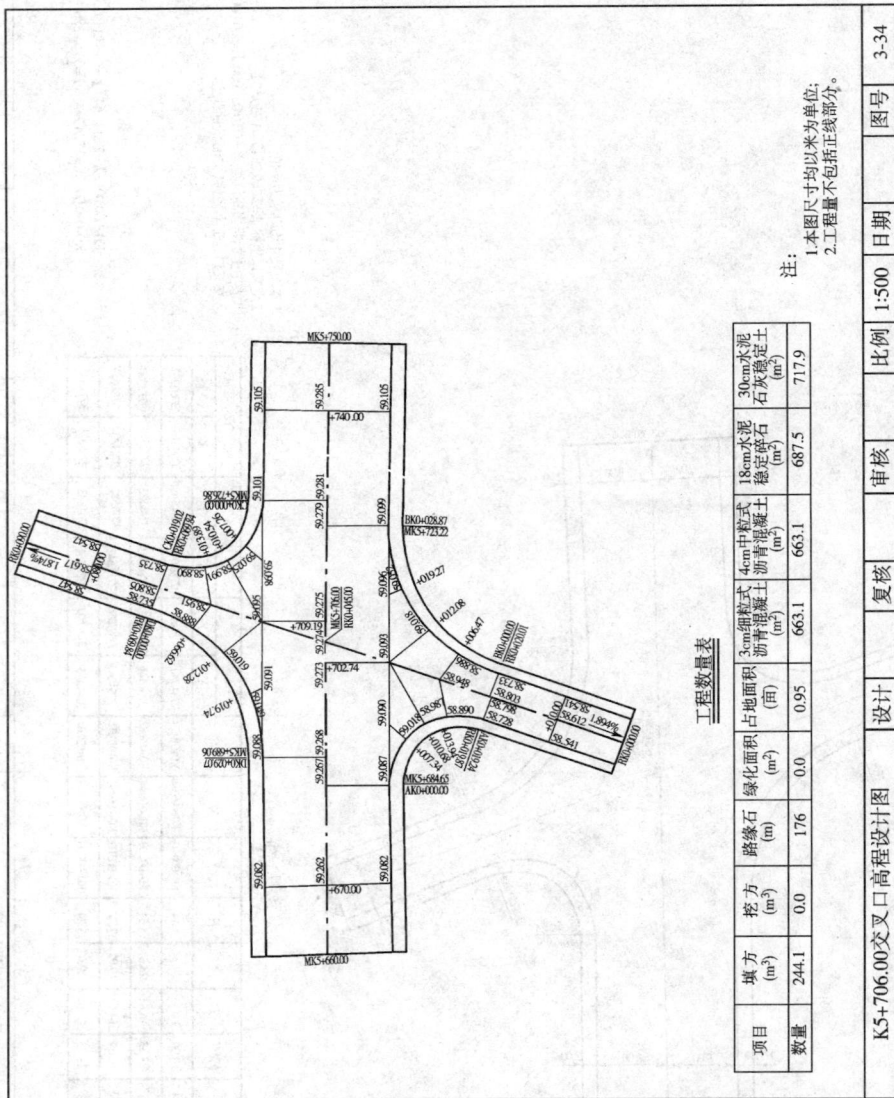

工程数量表

项目	填方 (m³)	挖方 (m³)	路缘石 (m)	绿化面积 (m²)	占地面积 (亩)	3cm细粒式 沥青混凝土 (m²)	4cm中粒式 沥青混凝土 (m²)	18cm水泥 稳定碎石 (m²)	30cm水泥 石灰稳定土 (m²)
数量	244.1	0.0	176	0.0	0.95	663.1	663.1	687.5	717.9

| K5+706.00交叉口高程设计图 | | 设计 | | 复核 | | 审核 | | 比例 | 1:500 | 日期 | | 图号 | 3-34 |

注：
1. 本图尺寸均以米为单位；
2. 工程量不包括正线部分。

图 5-3-34 交叉口高程设计图示例

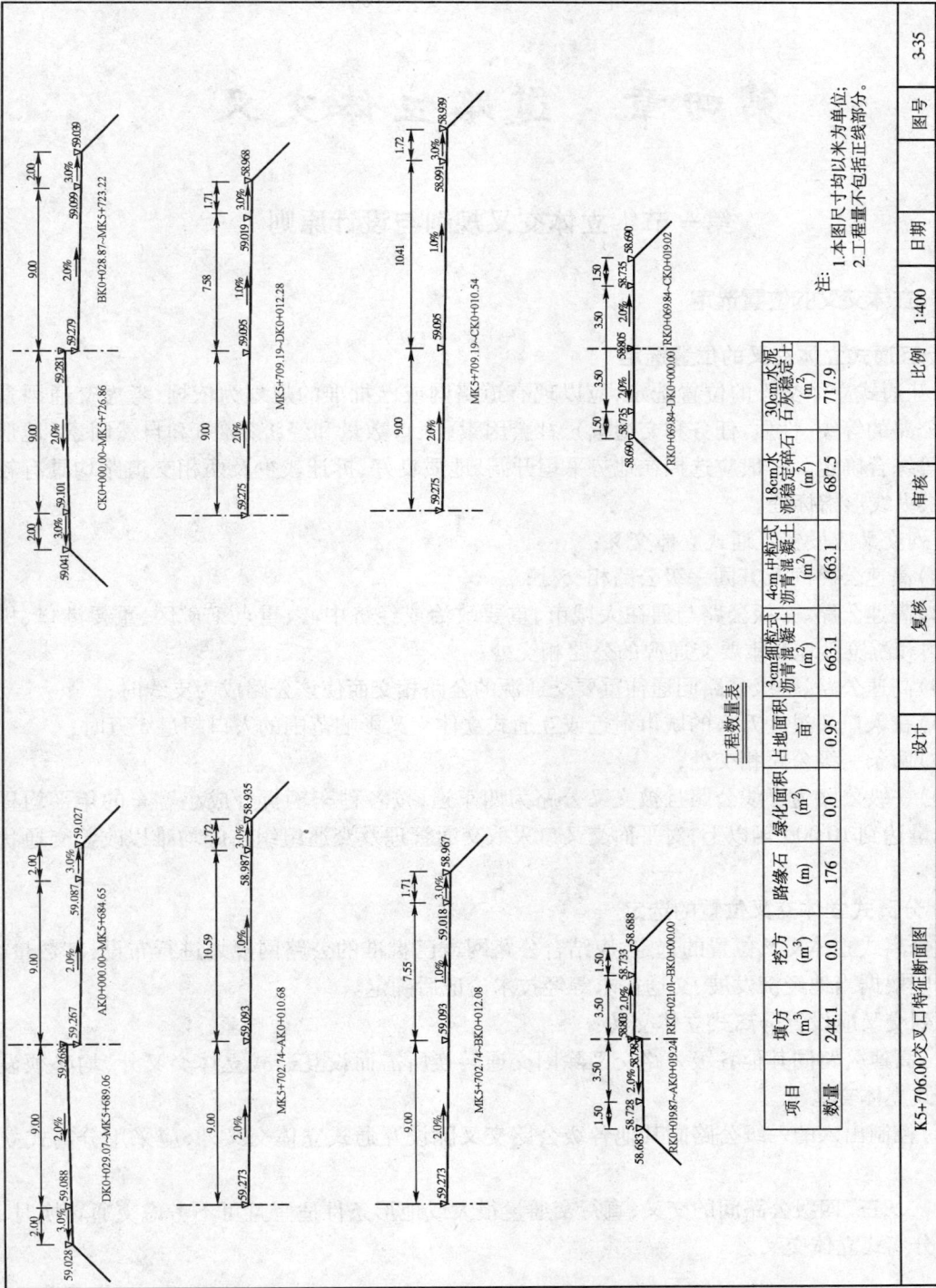

工程数量表

项目	填方 (m³)	挖方 (m³)	路缘石 (m)	绿化面积 (m²)	占地面积 亩	3cm细粒式沥青混凝土 (m²)	4cm中粒式沥青混凝土 (m²)	18cm水泥稳定碎石 (m²)	30cm水泥石灰稳定土 (m²)
数量	244.1	0.0	176	0.0	0.95	663.1	663.1	687.5	717.9

K5+706.00交叉口特征断面图

图 5-3-35 交叉口特征断面图示例

注:
1. 本图尺寸均以米为单位;
2. 工程量不包括正线部分。

比例	1:400	图号	3-35

设计　　复核　　审核　　日期

629

第四章　道路立体交叉

第一节　立体交叉规划与设计原则

一、立体交叉的位置选定

1. 互通式立体交叉的位置选定

对互通式立体交叉的位置选定，应以现有道路网或已批准的规划为依据，考虑交通因素（相交公路的等级、性质、任务和交通量）、社会因素（人口数量和经济条件）和自然因素（地形条件）等综合确定。一般应选择在地势平坦开阔、地质良好、拆迁较少及两相交道路均具有较高的平、纵线形指标处。

下列交叉应设置互通式立体交叉：

（1）高速公路间及其同一级公路相交处；

（2）高速公路、一级公路与通往大城市、重要政治或经济中心、重点工矿区、重要港口、机场、车站和游览胜地及重要交通源的公路相交处；

（3）高速公路、一级公路同通往重要交通源的公路相交而使该公路成为支线时；

（4）在人口超过 3 万人的城市附近或互通式立体交叉影响范围的人口超过 5 万时；

（5）两条一级公路相交处；

（6）一级公路为干线公路且被交叉公路为四车道，按各种车辆折合成小客车的年平均昼夜交通量达到 10 000 辆以上，对平面交叉口采取交通管理及交通组织措施均难以改善交通状况时。

2. 分离式立体交叉位置的选定

对分离式立体交叉位置的选定，应结合公路网或已批准的公路网规划进行布设，其数量、间距等应根据当地经济发展、交通需求等经技术论证后确定。

下列交叉应设置分离式立体交叉：

（1）高速公路同其他各级公路交叉除因交通转换所需而设互通式立体交叉外，均必须设置分离式立体交叉。

（2）控制出入的一级公路同其他各级公路交叉除设互通式立体交叉外，应采用分离式立体交叉。

（3）二、三、四级公路间的交叉，直行交通量很大或地形条件适宜且可不考虑交通转换时，可采用分离式立体交叉。

二、立体交叉的间距

确定互通式立体交叉的间距时，主要应考虑满足交通密度、相邻立交的交织段长度、设交通标志和信号距离的要求以及驾驶员操作顺适的要求等影响因素。

1．互通式立体交叉的间距

标准间距在大城市、重要工业区附近为 5～10km，一般地区为 15～25km，经济发达地区取低限，经济欠发达地区取高限。

最大间距在大城市、重要工业区附近不宜超过 20km；一般地区不宜超过 30km。经济欠发达地区或人烟稀少地区不宜超过 40km。

最小间距一般不应小于 4km，因交通需要并受限较严时枢纽互通式立体交叉之间不应小于 3km，一般互通式立体交叉之间不应小于 2km，枢纽与一般立体交叉之间不应小于 2.5km。间距小于规定的最小值时，应尽量将两座互通式立交合并设置为复合式互通式立体交叉。

2．分离式立体交叉的间距

为便于地方交通横穿高速、一级公路，分离式立交间距可小些。我国公路相关设计规范对分离式立体交叉的间距没有明确规定。但据国外资料，间距一般取为 1～1.5km。

三、立体交叉的形式选择

立体交叉形式选择的目的，是为了提供行车效率高、安全舒适、适应设计交通量和设计速度、满足车辆转弯需要，并与环境相协调的立体交叉形式。

1．影响立体交叉形式选择的因素

影响因素可概括为道路、交通、环境及自然条件，具体内容详见图 5-4-1 所示。

图 5-4-1 影响立体交叉形式的基本因素

2．立体交叉形式选择的方法步骤

1）初定立体交叉的基本形式

首先应选择立体交叉的总体布局。如采用分离式还是互通式立体交叉，分离式立体交叉采用上跨式还是下穿式，互通式立体交叉采用完全互通式、部分互通式还是交织型。立体交叉采用二层式、三层式还是四层式，主线是上跨还是下穿被交线；是收费立交还是不收费立交等。在此基础上进一步选择立体交叉的基本形式，如三路相交的喇叭式、子叶式、Y形，四路相交的苜蓿叶形、部分苜蓿叶形、定向式、环形、菱形或其他组合形式等。

根据影响立体交叉的主要因素，表5-4-1为常用立体交叉形式的选择条件（相交道路按六车道计，交通量为当量小客车数），可供参考。

互通式立体交叉形式的选择

表5-4-1

项 目 立体交叉形式	设计速度（km/h）			交叉口总通行能力（辆/小时）	占地面积（公顷）
	直行	左转	右转		
定向形立体交叉	80～100	70～80	70～80	13 000～15 000	8.5～12.5
苜蓿叶式立体交叉	60～80	30～40	30～40	9 000～13 000	7.0～9.0
部分苜蓿叶式立体交叉	30～80	25～35	30～40	6 000～8 000	3.5～5.0
菱形立体交叉	30～80	25～35	25～35	5 000～7 000	2.5～3.5
三、四层式环形立体交叉	60～80	25～35	25～35	7 000～10 000	4.0～4.5
喇叭形立体交叉	60～80	30～40	30～40	6 000～8 000	3.5～4.5
三路环形立体交叉	60～80	25～35	25～35	5 000～7 000	2.5～3.0
三路子叶式立体交叉	60～80	25～35	25～35	5 000～7 000	3.0～40
三路定向形立体交叉	80～100	70～80	70～80	8 000～11 000	6.0～7.0

公路互通式立体交叉在确定基本形式时，应根据各方向的交通量，结合地形、地物、当地交通条件综合考虑而定，并遵循以下几点。

（1）直行和转弯交通量均较大，相交公路的设计速度较高，并要求用较高的速度集散时，应采用设计速度较高的能使转弯车流基本保持自由流的定向式或半定向式立体交叉，也可采用涡轮式立体交叉。

（2）不设收费站的高速公路、一级公路相交时，宜采用组合式立体交叉，部分方向左转弯交通量不大时可采用环圈式匝道。

（3）高速公路及一级公路与一般公路相交，不设收费站，应优先采用菱形；若设收费站而主线转弯交通量较小时，可采用喇叭形和部分苜蓿叶式等。

（4）一级公路之间相交时，三路交叉可采用喇叭形，四路相交可采用苜蓿叶形、环形或部分苜蓿叶形立体交叉。

（5）一级公路与较低等级公路相交且需设互通式立体交叉时，宜采用菱形、部分苜蓿叶形立体交叉等。

2）立体交叉几何形状及结构的选择

立体交叉的几何形状及结构对整个立体交叉的车辆运行速度、运行距离、行车的安全和舒顺、行车视距、视野范围、交通功能、服务水平和通行能力等影响很大。在立体交叉基本形式的基础上，通过仔细研究，对立体交叉的总体结构布局和匝道布设进行安排，如跨线构造物的布置，出入口的位置，匝道布设的象限，内外匝道采用整体式或分离式断面，匝道的平、纵、横几何形状及尺寸，变速车道的布置等。

3）立体交叉方案比选

经过以上过程，会产生多个有比较价值的立体交叉方案，必须经过对多方案的技术、经济、效益比较，选择合理的立体交叉形式和适当的规模，以作出满足交通功能要求、适合现场条件、工程量小、造型美观而投资少的立体交叉方案。对复杂的大型立交，还应制作模型或立体图进行检查比较。

第二节 立体交叉形式设计

一、立体交叉匝道形式

互通式立体交叉的匝道由于受立体交叉形式、地形、地物、用地等限制,为了满足立体交叉的交通功能和线形设计标准等要求,匝道的形式多种多样。

按匝道的功能及其与相交道路的关系,可将互通式立体交叉的匝道分为右转匝道和左转匝道两大类;另外匝道还可按照匝道横断面车道数以及车流方向等进行分类。

1. 右转匝道

是车辆从正线右侧驶出后直接右转,到相交道路的右侧驶入。一般不设跨线构造物,如图5-4-2 所示。其特点是形式简单,右出右进,出入直接,方向明确,线形适顺,车速和指标较高,行程较短,行车安全。

2. 左转匝道

车辆须转 90°～270°穿越对向车道及相交道路,除环圈式匝道外至少需要一座跨线构造物。按匝道布设与相交道路的关系,左转匝道可分为直接式、半直接式、环圈式匝道三种类型。

(1)直接式:又称定向式或左出左进式,如图 5-4-3 所示。左转车辆直接从行车道左侧分流驶出,到相交道路的左侧合流驶入。其优点是线形简洁,转向明确,匝道长度最短,营运费用低;没有反向迂回,自然流畅,指标较高;适应车速高,通行能力较大。缺点是跨线构造物较多,需单向跨线桥二层式两座或三层式一座;相交道路的对向行车道之间须有足够间距或把对向行车道设计成不等高的路基以便上跨或下穿;对重型车和慢速车左侧高速驶出困难,到相交道路左侧高速驶入困难且不安全。

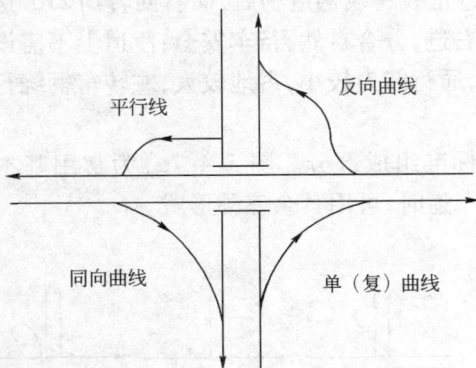

图5-4-2 右转匝道示意图

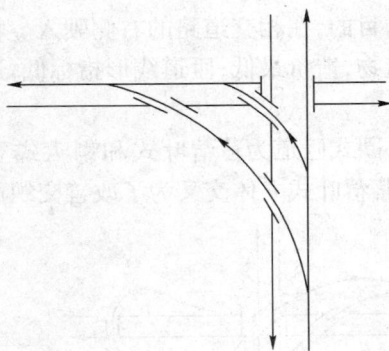

图5-4-3 直接式左转匝道(左出左进)

因直接式左转匝道存在左出左进的问题,且与我国右侧行驶规则不相适应,所以除左转交通量很大或设计条件适宜外,一般不宜采用。图中两种形式可视经济性、线形指形及用地等比较选用。

(2)半直接式:又称半定向式匝道,按车辆由相交道路的进出方式可分为三种基本形式。

①左出右进式：如图 5-4-4 所示，左转车辆从行车道左侧直接分流驶出后左转弯，到相交道路时由右侧合流驶入。与左出左进式匝道相比，右进改善了左进的缺点，车辆驶入安全，但仍然存在左出的问题；匝道上车辆略有绕行；对应图示三种情况，需设二层式跨单向和双向跨线桥各一座，或三层式跨双向桥一座，或二层式跨单向桥一座。图示三种情况应视地形、地物限制条件决定采用。

②右出左进式：如图 5-4-5 所示，左转车辆从行车道右侧分流右转驶出，在匝道上左转弯，到相交道路后直接由行车道左侧合流驶入。改善了左出的缺点，车辆驶出安全，但仍然存在左进问题。其余特征与左出右进式匝道相同。

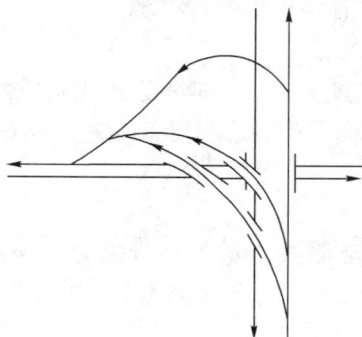

图 5-4-4　左出右进式左转匝道

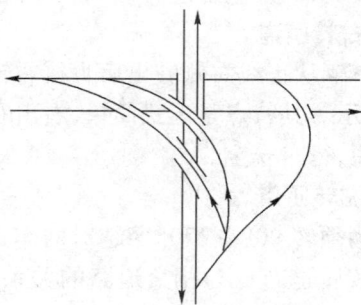

图 5-4-5　右出左进式左转匝道

③右出右进式：如图 5-4-6 所示，左转车辆从行车道右侧分流右转驶出，在匝道上左转弯，到相交道路时由行车道右侧合流驶入。这是最常用的左转匝道形式，它完全消除了左出左进的缺点，行车安全方便，但匝道绕行最长，跨线构造物最多。图中几种形式应视地形、地物及线形等条件而定。

（3）环圈式匝道：如图 5-4-7 所示，左转车辆驶过正线跨线构造物后，向右回转约270°达到左转的目的，在相交道路的右侧驶入。特点是右出右进，分合自然，行车安全；匝道上不需设跨线构造物，造价最低；匝道线形指标低，适应车速低，通行能力较小，占地较大，左转车辆绕行距离长。

环圈式匝道为苜蓿叶式和喇叭式立体交叉的标准组成部分。图 5-4-7a）为常用基本形式，当苜蓿叶式立体交叉为了改善交织而设置集散车道时，可用其余三种形式。

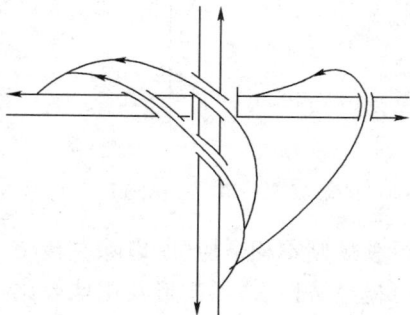

图 5-4-6　右出右进式左转匝道

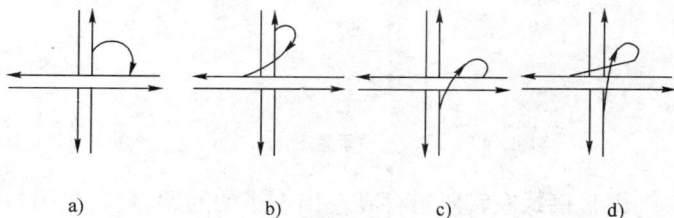

a)　　　　b)　　　　c)　　　　d)

图 5-4-7　环圈式左转匝道

二、立体交叉匝道组合设计

互通式立体交叉的不同形式,就是各种左转匝道和右转匝道的不同组合。由于右转匝道经济合理的形式只有直接式一种,所以,立交的形式实际上就是各种左转匝道的组合形式。互通式立交形式的设计就是根据自然条件、交通条件、环境条件以及道路条件等因素,选择合适的左转匝道进行组合设计。各种左转匝道的不同组合,就形成了许许多多不同形式的立体交叉。

(一)三路互通式立交匝道的组合

三路交叉汽车的行驶方向如图 5-4-8a)所示,*AB* 和 *BA* 为两个直行方向,*AC* 和 *CB* 为两个右转弯方向,*CA* 和 *BC* 为两个左转弯行驶方向。对于右转弯行驶方向的匝道,常用一种右出右进直接式匝道形式,而左转弯行驶方向的匝道,可供选择的形式主要有直接式、半直接式和间接式三种,如图 5-4-8b)、c)所示。其中图 5-4-8b)为 *BC* 左转弯行驶方向匝道,因为 *C* 端是在右转匝道(虚线)左侧合流,所以 *BC* 左转匝道常用形式有左出左进直接式 I、右出左进半直接式 II 以及右出左进间接式(环圈式)III 这三种匝道形式;图 5-4-8c)为 *CA* 左转弯行驶方向匝道,在 *C* 端右转匝道左侧分流,常用左转匝道形式有左出左进直接式 I、左出右进半直接式 II 和左出右进间接式 III 三种。

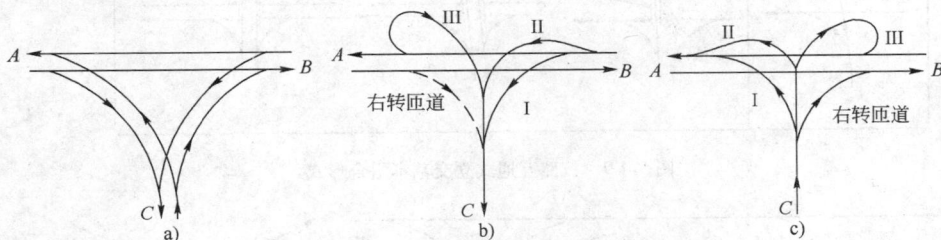

图 5-4-8　三路交叉行驶方向和转弯匝道

1. 基本组合形式

两个左转弯方向各有三种左转匝道形式,这样,三路互通式立体交叉共有九种基本组合形式,如图 5-4-9 所示。

这九种基本组合为常用互通式立交形式。当然,它们也可以组合成其他立交形式,但因占地较大、结构不紧凑或构形不美观而不常使用,工程实用意义不大。

2. 直行车道局部改线处理

由于直接式左转匝道在直行车道上存在左出或左进的运行,双向直行车道之间须有足够大的间距以满足跨线纵坡的要求。若直行车道的横断面在交叉范围内仍然采用正常布置,双向行车之间只设一条中间带,要想布设直接式左转匝道是困难的。通常处理方法是将某一直行方向的车道进行局部改线,以拉开适当距离提供足够的间距,例如图 5-4-10,图 5-4-10a)为基本形式,图 5-4-10b)和图 5-4-10c)为变化形式。

3. 左转匝道交叉点移动处理

根据立交所在地的地形、地物以及其他限制条件,将两条左转匝道的交叉点沿垂直于直行车道方向适当移动位置,可以控制跨线桥高度和占地大小,以适应各种条件变化,如图 5-4-11 所示。

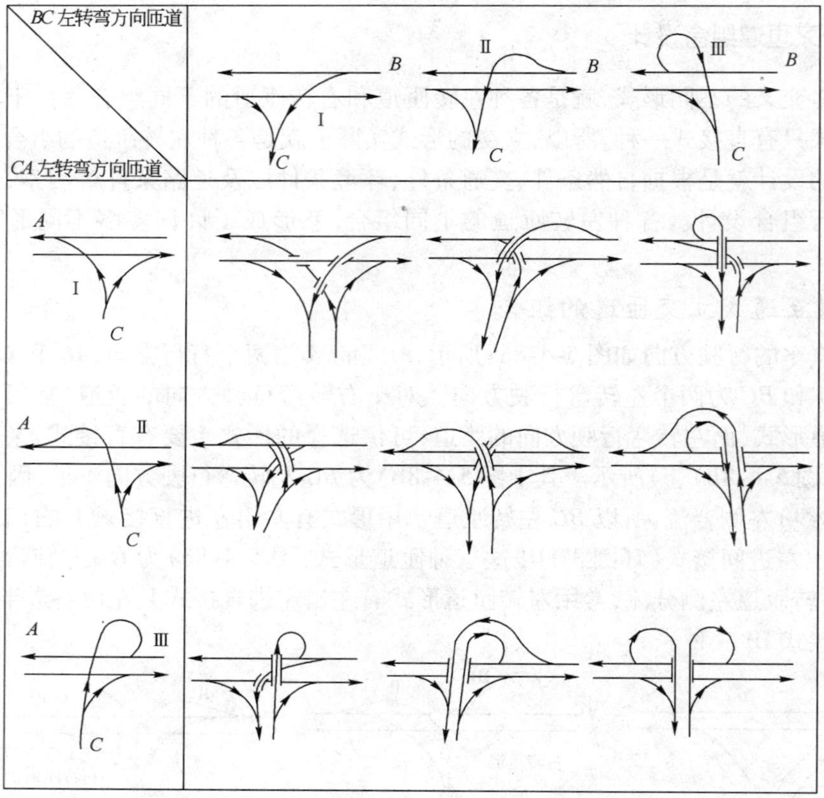

图 5-4-9　三路互通式立交基本组合形式

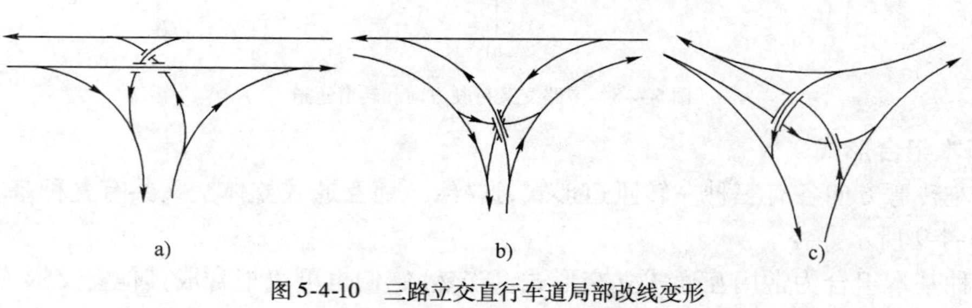

图 5-4-10　三路立交直行车道局部改线变形

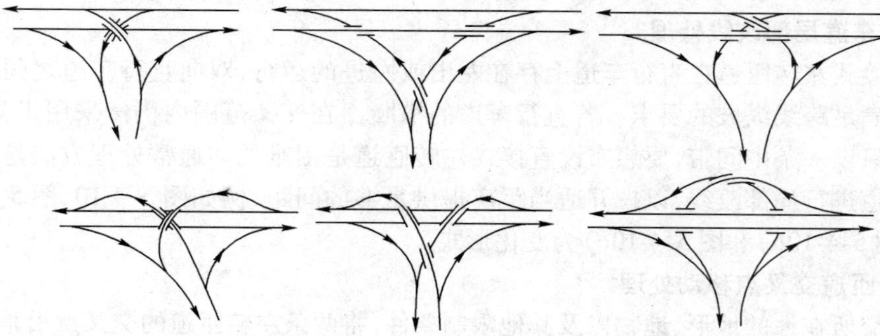

图 5-4-11　三路立交左转匝道交叉点移动变形

4. 左转匝道交叉点避开处理

将两条左转匝道沿着直行车道方向拉开布设,使外侧匝道包围内侧匝道,避免二者之间相互交叉,可减少跨线桥桥数和层数,如图 5-4-12 所示。

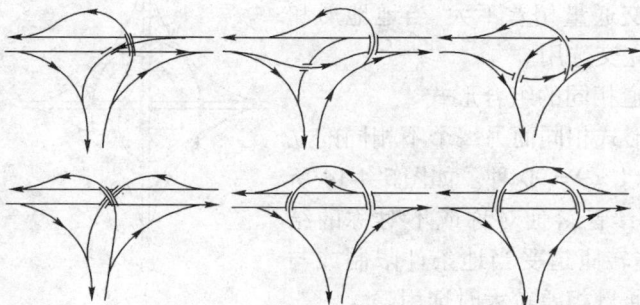

图 5-4-12 三路立交左转匝道交叉点避开变形

5. 左转匝道交织处理

根据场地条件和交通量大小,将左转匝道与左转匝道(或直行车道)布设成交织路段。交织处理后可有效减少跨线构造物的数量和高度,节省造价,但通行能力会受到交织能力的影响,如图 5-4-13 所示。

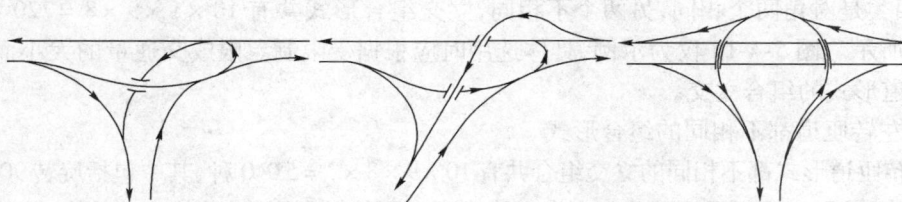

图 5-4-13 三路立交左转匝道交织变形

6. 左转匝道平面交叉处理

当左转弯交通量很小或因场地条件限制很严而在技术经济上都不可能采用完全互通式立交时,允许左转匝道之间或左转匝道与次要道路之间存在平面交叉,形成部分互通式立体交叉,一般不允许左转匝道与主要道路的直行车道平面交叉。

(二)四路互通式立交匝道的组合

四路交叉时,除了两条直行道路以外,共有四个左转弯行驶方向和四个右转弯行驶方向。对右转匝道只考虑一种常用的右出右进直接式匝道,而左转匝道如前所述每一个左转方向都有十种左转匝道形式可供选用,这样,从理论上讲四路互通式立体交叉共有 $10 \times 10 \times 10 \times 10$ 种组合形式。但是,并非所有组合形式都具有实用价值,根据立交选形的基本原则,从经济性考虑,要求立交跨线桥的数量和层数应尽可能少,缩短匝道的长度,减少占地面积;从造型美观考虑,立交的造型应尽量采用对称形式;另外,从设计和施工方便考虑,也要求立交结构形式应简单,左转匝道和右转匝道形式宜尽量各自相同,对称布置。因此,技术上可行、经济上合理、外形上美观、具有工程实用价值的立交形式可大大减少。

1. 基本组合形式

1)四个左转匝道都相同的组合形式

四个左转匝道形式都相同的立交组合共有 $10 \times 1 \times 1 \times 1 = 10$ 种,比如苜蓿叶式立体交叉、X 形立体交叉、涡轮式立体交叉等。这些组合形式具有轴对称、斜轴对称或反对称的结构,造型美观,设计施工方便,但占地面积较大,造价较高。多用于左转弯交通量相差不大、当地地形和地物允许的不收费立交选用。

2)三个左转匝道相同的组合形式

三个左转匝道形式相同而另一个不相同的立交组合共有 $10 \times 1 \times 1 \times 9 = 90$ 种。如图 5-4-14 所示。这些组合形式具有斜轴对称或不对称的结构,可适用于一个左转匝道受当地条件限制或与其他左转匝道的交通量相差较大时选用。

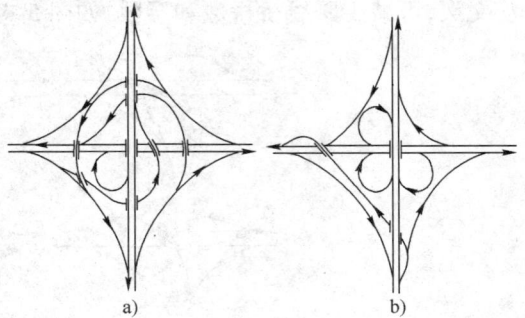

图 5-4-14 三个左转匝道相同的立交组合示例

3)两个左转匝道相同的组合形式

两个左转匝道形式相同的立交有四类组合形式:一类是相邻两个相同,另两个也相同(但两两间不相同),这类立交组合形式共有 $10 \times 1 \times 9 \times 1 = 90$ 种,如图 5-4-15a)所示;二类是相邻两个相同,另两个不相同,立交组合形式共有 $10 \times 1 \times 9 \times 8 = 720$ 种,如图 5-4-15b)所示;三类是对角两个相同,另两个也相同(两两不同),组合形式共有 $10 \times 1 \times 9 \times 1 = 90$ 种,如图 5-4-15c)所示;四类是对角两个相同,另两个不相同,立交组合形式共有 $10 \times 1 \times 9 \times 8 = 720$ 种,如图 5-4-15d)所示。图 5-4-15 仅为示例,具体选用时应根据受限制象限或交通量的大小而采用其他左转匝道形式的组合立交。

4)四个左转匝道都不相同的组合形式

四个左转匝道形式都不相同的立交组合共有 $10 \times 9 \times 8 \times 7 = 5\,040$ 种,其中包括旋转 $90°$ 以后的立交形式,如图 5-4-16 所示。这些立交有对称或不对称的组合形式,一般占地较大,跨线构造物多,造价较高,如果组合不当,易形成松散的外观构形。因此,组合设计时应结合场地限制条件和交通量大小,尽量采用轴对称或斜轴对称的结构。在平面布置上使各匝道合理组合,充分利用场地而形成紧凑的结构,以减少占地面积;在纵面安排上合理利用竖向空间,以降低建筑高度。

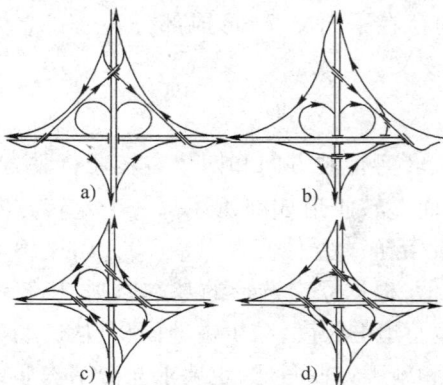

图 5-4-15 两个左转匝道相同的立交组合示例

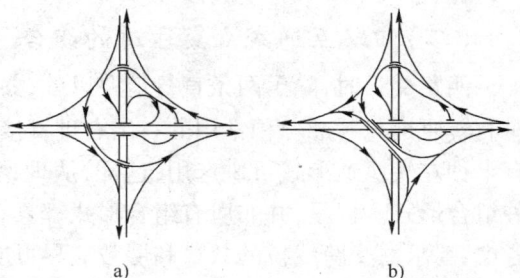

图 5-4-16 四个左转匝道都不相同的立交组合示例

2. 直行车道局部改线处理

采用直行车道局部改线处理的方法,主要目的是满足直接式和半直接式左转匝道左出或左进时跨越对向车道的需要、使结构更为紧凑以减少占地面积、减少跨线构造物的数量或高度等,如图 5-4-17 所示。

3. 移动左转匝道交叉点位置处理

移动左转匝道交叉点位置的处理方法,可以改变某一象限用地情况,避免左转匝道之间交叉,改变跨线构造物的数量和建筑高度。如图 5-4-18 所示,虽然都是两个环圈式左转匝道和两个右出右进半直接式左转匝道的组合,但随着左转匝道交叉点位置的变动,可有不同的立交组合形式。又如图 5-4-17b)和图 5-4-17c)也是两种不同立交形式的组合。

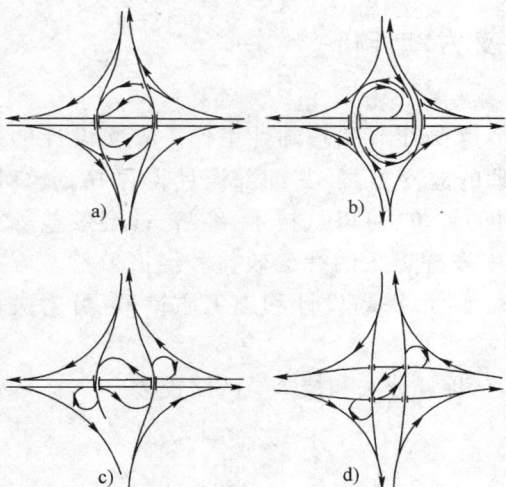

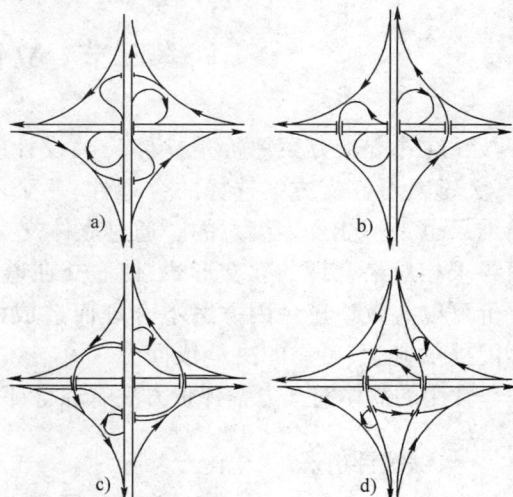

图 5-4-17　四路立交直行车道局部改线处理　　　　图 5-4-18　四路立交移动左转匝道交叉点位置处理

4. 左转匝道交叉点避开处理

这种处理方法是使左转匝道之间不直接交叉,避免了设置匝道跨线桥,从而减少了跨线桥数量和建筑高度,如图 5-4-19 以及图 5-4-18 的 a)、b)所示。

5. 左转匝道交织处理

交织处理的代表形式是环形立体交叉,它可有效地减少占地面积和降低建筑高度,但立交的通行能力受到交织路段通行能力的限制。如图 5-4-20 所示,前述的四路交织型立体交叉均属此类。

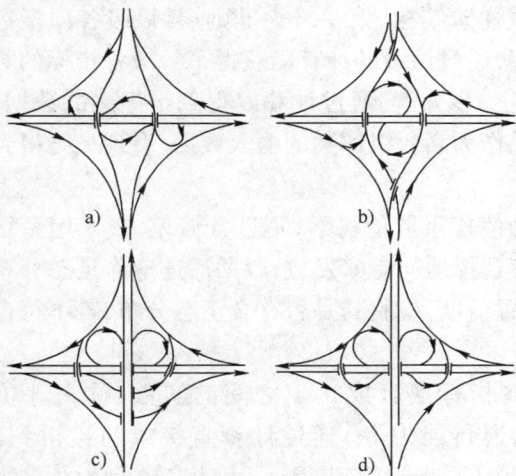

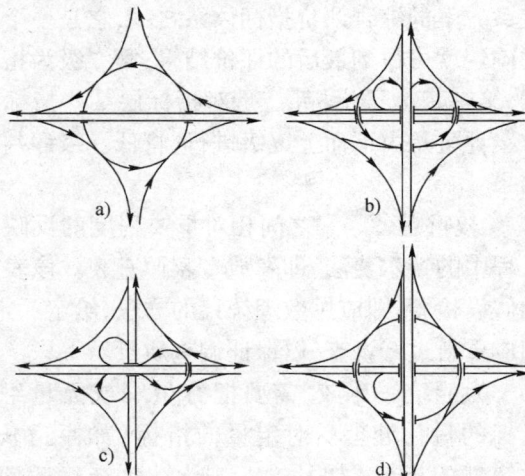

图 5-4-19　四路立交左转匝道交叉点避开处理　　　　图 5-4-20　四路立交左转匝道交织处理

6. 左转匝道平面交叉处理

当主要道路与次要道路相交或立交采用分期修建时,可在交通量较小的匝道与匝道之间、匝道与次要道路直行车道之间设置平面交叉,以适应交通量和投资的要求。但应注意近期设计与以后改建相结合,留足改建用地。前述的菱形立交、部分苜蓿叶式立交都是平面交叉处理后的立交形式。

第三节 立体交叉方案评价

互通式立交方案评价是立体交叉设计的一个重要环节和基础性工作。立交设计的好坏,关键是看立交方案选择的合理性,一个不合理的立交方案,其细部设计得再好,最终设计结果也是不能令人满意的。通过立体交叉方案的评价,可以从技术、经济、社会效益等方面寻求相对最合理的立交形式,使立交在道路网中发挥更大的社会效益和经济效益。方案评价可以有效地避免因方案不合理而造成的工程浪费,提高设计和施工质量;也可为决策部门提供科学、可靠的决策依据。

常用的立体交叉方案评价方法有综合评价法、分项评分法和技术经济比较法。

一、综合评价法

综合评价法是对建立的综合评价指标体系,借助运筹学的层次分析法或模糊数学的方法或二者结合使用,通过各影响因素权重的计算和综合分析比较,以寻求整体最优或较优的立体交叉方案,作为决策的依据。

建立一个合理、实用和科学的综合评价指标体系,对评价结构的全面性、公正性及可靠性至关重要。通常要求指标应是全面的,紧紧围绕预定目标,找出所有可能作为评判准则的指标,经仔细研究后建立评价指标体系。要求指标尽可能是相互独立的,联系不过密,避免或减少重复。同时指标又是实用的,应能从实际出发,便于应用和使用者理解。图 5-4-21 为立体交叉方案的综合评价指标体系之一,它是一个三级递阶结构,第一级为准则层,该级各项指标的确定就可得到最后的评价结果;第二级为指标层,通过该级的计算以获得第一级各指标的数据;第三级为子指标层,是对指标层某些指标的进一步分解,通过计算以得到指标层的数据。方案评价是由下而上逐级进行,将低一级评判结果作为高一级评判的输入数据,直到最终得到结果。

权重是各因素之间相对重要程度的反映。为使权重取值科学,不过分偏差,常采用系统工程中的特尔斐法,即发放专家调查表。该表应有选择地向专家发放,收回后还应作正态分布的假设检验,即应用数理统计的方法,给定一定的置信度,检验其是否符合正态分布,若不符合则应重新进行调查,以保证调查质量。

为能统一比较,需要把有量纲或无量纲的各指标换算成 0、1 之间的实数,称为评价指标的量化处理。对定量的指标(如匝道长度、通行能力等)通过计算直接或间接得到;对定性的指标(如社会反映、分期修建适应性等)很难计算获得,可用模糊数学的方法得到。

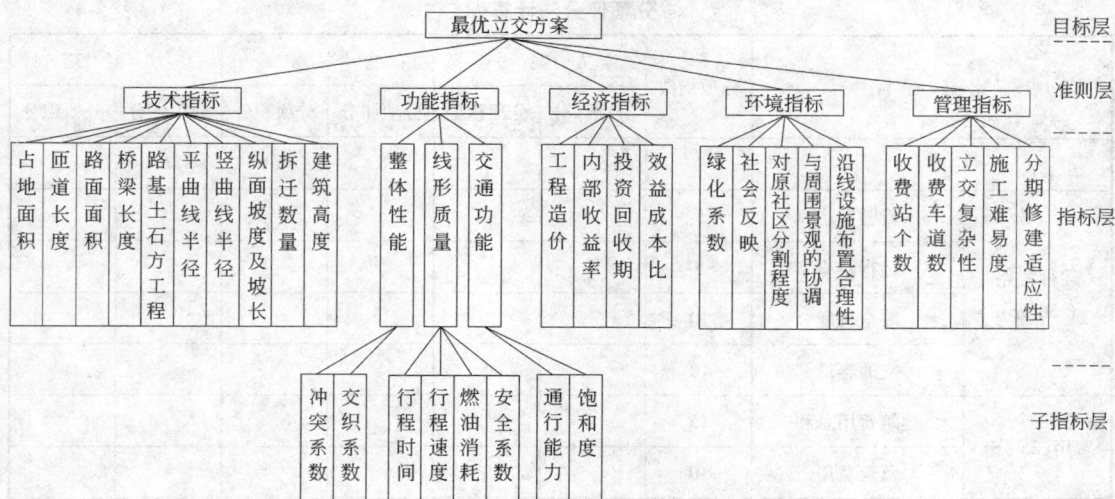

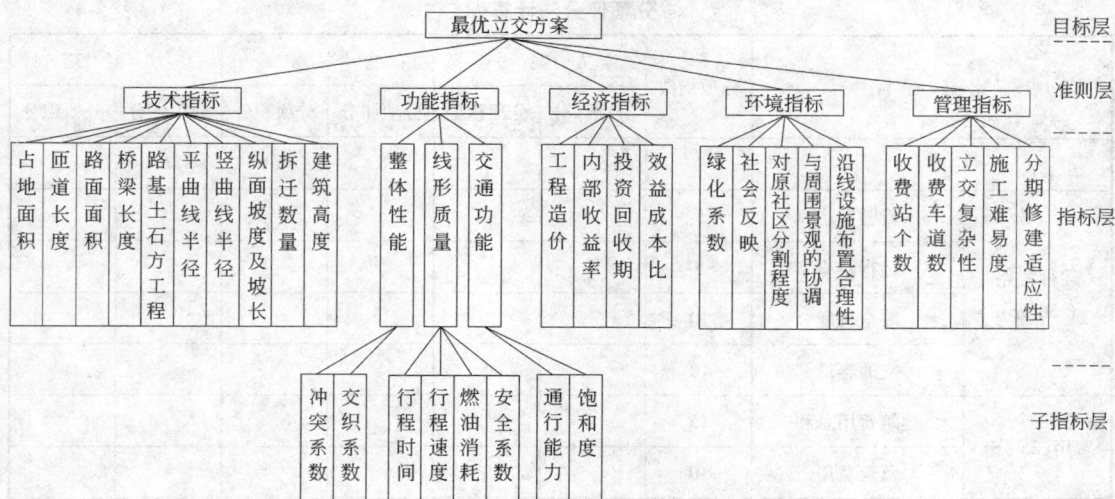

图 5-4-21　立体交叉方案综合评价指标体系

目标层：最优立交方案

准则层：技术指标　功能指标　经济指标　环境指标　管理指标

指标层：
- 技术指标：占地面积、匝道长度、路面面积、桥梁长度、路基土石方工程、平曲线半径、竖曲线半径、纵面坡度及坡长、拆迁数量、建筑高度
- 功能指标：整体性能、线形质量、交通功能
- 经济指标：工程造价、内部收益率、投资回收期、效益成本比
- 环境指标：绿化系数、社会反映、对原社区分割程度、与周围景观的协调、沿线设施布置合理性
- 管理指标：收费站个数、收费车道数、立交复杂性、施工难易度、分期修建适应性

子指标层：冲突系数、交织系数、行程时间、行程速度、燃油消耗、安全系数、通行能力、饱和度

二、分项评分法

分项评分法是对每个立交方案所支出的费用和建成后所带来的效益,分项打分计算评价,按最后的评定的总积分,选定最佳立交方案。支出的费用是指建设费用和使用费用,主要包括建筑费用、征地拆迁费用、营运费用、养护维修费用和使用管理费用等,这些费用是用货币值表示。建成后带来的效益,主要包括通行能力、车速、服务水平、安全性和舒适性等,这些指标很难用货币值表示,因此,对于费用与效益不同质的量进行比较,可按立交方案各比较项目的分项评分,按比较项目的重要程度规定统一的分项指数,经折算后按积分进行方案选择。

比较的项目可归纳为以下几类。

（1）运行特点：包括行驶车速、运行距离、行驶时间、平面顺适性、纵面的平顺性、视野的清晰度、通行能力、饱和度、安全程度等；

（2）费用：包括建筑费用、征地拆迁费用、营运费用、养护费用、管理费用等。

（3）实施和施工特点：包括立交方案的复杂性、施工的难易性、分期修建的适应性、施工期间维持原有交通的措施等。

（4）环境及社会经济的影响：包括占地面积、绿化效果、社会反映、对原有社区的分割程度,与周围景观的协调、设施布置的合理性、环境污染、土地利用和开发的趋势等。

在具体评价时,根据实际情况可采用上述全部比较项目或选用各类中的部分比较项目。对于比较项目的分项指数,可根据具体条件作适当调整。分项评分法计算表见表5-4-2。

三、技术经济比较法

技术经济比较法是直接计算各立交方案的技术指标、使用指标和经济指标数值,列成数表逐项进行对比和分析,选出最佳方案,见表5-4-3。该法是设计人员常用的方案比选方法。各指标的具体内容如下。

分项评分法计算表　　　　　　　　　　　　　　　　　　　　表 5-4-2

比 较 项 目		分项指数	方 案 一		方 案 二		方 案 三	
			分项评分	分项积分	分项评分	分项积分	分项评分	分项积分
1		2	3	4	5	6	7	8
运行特点 （30分）	行驶车速	5						
	运行距离	5						
	安全程度	10						
	交通容量	10						
费用(25分)	建筑费用总和	15						
	营运费用	10						
实施施工 特点(15分)	分期修建适应性	10						
	施工期间维持原有交通	5						
环境及社会 经济的影响 （30分）	环境污染	5						
	绿化效果	5						
	分割程度	5						
	土地开发	15						
总积分		100						

1. 技术指标

F——占地面积(hm^2)；

L_1——以单车道计的匝道总长度(km)；

L——立交范围内以单车道计的主线总长度(km)；

S_1——匝道的路面面积(m^2)；

S——立交范围内主线的路面面积(m^2)；

L_0——以单车道计的跨线桥总长度(m)；

W——路基土石方数量(m^3)。

2. 使用指标

$T_左$——汽车在相邻道路上两固定点间以计算行车速度左转运行的时间(s)；

$T_右$——同上条件下以计算行车速度右转运行的时间(s)；

$t_左$——同上条件下以最佳车速左转运行的时间(s)；

$t_右$——同上条件下以最佳车速右转运行的时间(s)。

3. 经济指标

C——立交范围内的路基、路面及跨线构造物等的总造价(万元)；

A——立体交叉一年的养护费用(万元)；

B——立体交叉一年的运输费用(万元)。

技术经济比较法立交方案比较表　　　　　　　表 5-4-3

比较指标		单 位	方 案 一	方 案 二	方 案 三
技术指标	F	hm^2			
	L_1	km			
	L	km			
	S_1	m^2			
	S	m^2			
	L_0	m			
	W	m^3			
使用指标	$T_{左}$	s			
	$T_{右}$	s			
	$T_{左} + T_{右}$	s			
	$t_{左}$	s			
	$t_{右}$	s			
	$t_{左} + t_{右}$	s			
经济指标	C	万元			
	A	万元			
	B	万元			
	$A + B$	万元			
比较结果					

第四节　匝道设计

匝道是互通式立体交叉不可缺少的组成部分,是供上、下相交道路转弯车辆行驶的连接道。匝道设计合理与否直接关系到立体交叉功能的发挥、营运的经济、行车的安全、线形的美观和工程的投资等。

一、匝道的组成

对于一条匝道来说,无论是供右转弯车辆行驶的匝道还是供左转弯车辆行驶的匝道,一般可将汽车的行驶过程划分为三部分,即分流减速行驶过程、匀速或变速行驶过程和加速合流行驶过程。相应地可将一条转弯匝道的组成也分为三部分,即驶出道口部分、中间匝道路段部分和驶入道口部分,如图 5-4-22 所示。其中,驶出道口和驶入道口又统称为匝道的端部。

(1)驶出道口:驶出道口是由减速车道、出口和楔形端三部分组成。需要指出的是当不设减速车道时,出口是指由正线驶出进入匝道的道口,当设减速车道时,出口特指正线与匝道的分岔口。

(2)中间匝道路段:中间匝道路段为匝道的主体,其组成单一。匝道有时是用土方填筑的

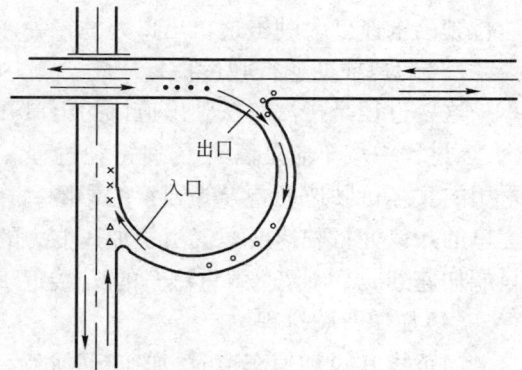

图 5-4-22　匝道的组成

路堤道路,有时又可能是路堑或高架桥道路,应视具体情况而定。

(3)驶入道口:驶入道口是由入口端、入口和加速车道三部分组成。同样,当不设加速车道时,入口是指由匝道驶出进入正线的道口,而当设加速车道时,入口特指匝道与正线的汇合口。

二、汽车在匝道上的行驶特性及平面线形

互通式立体交叉匝道的平面线形与汽车在匝道上的行驶特性密切相关。研究汽车在匝道上的行驶特征,目的是根据行车要求来确定匝道的平面线形,使匝道的平面线形与汽车的行驶轨迹一致,保证行车顺适、通畅以及安全的要求。

(一)汽车在匝道上的行驶特性

1. 不收费立交匝道的行驶特性

两条正线相交时,转弯车辆是从一条正线通过匝道行驶到另一条正线上的。由于受转弯交通量、地形、地物以及经济性等方面的限制,匝道上的设计速度都要低于正线上的设计速度。也就是说,汽车由一条正线(记为 I)驶出到匝道上,再由匝道驶入到另一条正线(记为 II)上,是一种变速的行驶状态,它可以划分为以下五个行驶过程。

(1)分流行驶过程

分流行驶过程是汽车从正线 I 的直行车流中开始分离行驶,横移到减速车道的行驶过程,若不设减速车道时,为横移到驶出道口出口的行驶过程。在此过程中汽车的行驶速度接近于正线 I 直行车流的行驶速度 v_I。

(2)减速行驶过程

当正线行车速度较低而不设减速车道时,不存在此行驶过程。但当正线行车速度较高且与匝道上行车速度之差较大时,应设置减速车道。减速行驶过程是汽车从正线 I 车流分流后开始减速,行驶至出口的行驶过程。一般来说,减速行驶的初速度为正线 I 的行驶速度 v_I,减速行驶的末速度为驶出道口出口处的行驶速度 v_1。

(3)匀速或变速行驶过程

这一过程是指汽车从驶出道口的出口开始,行驶到驶入道口入口的行驶过程。从理论上讲,该过程中汽车应是以 v_1 匀速行驶过程。但因减速行驶末速度的大小、驾驶员根据路况所采用的实际行驶速度差异等因素的影响,常常出现变速行驶状态,即由 v_1 减速或加速到驶入道口的入口处行驶速度 v_2。由于加速能力的限制,特别是载重汽车,一般不能很快加速到 v_1,只能加速到 v_2 的速度,载重汽车的 v_2 接近于 v_1,而小汽车的 v_2 往往大于 v_1。

(4)加速行驶过程

当正线 II 设加速车道时,加速行驶过程是指汽车从驶入道口的入口加速开始,到与正线 II 合流之前的行驶过程。汽车加速行驶的初速度为入口速度 v_2,加速行驶的末速度大致接近于正线 II 直行车流的行驶速度 v_{II}。

(5)合流行驶过程

合流行驶过程是指汽车由加速车道开始横移,到完全汇入正线 II 直行车流的行驶过程。该过程中汽车是以接近于正线 II 直行车流行驶速度 v_{II} 行驶的。

以上五个行驶过程,也可以合并为分流减速行驶、匀速或变速行驶以及加速合流行驶三个

过程,对应行车速度是由 $v_I \rightarrow v_1 \rightarrow v_2 \rightarrow v_{II}$ 变化。

2. 收费立交匝道的行驶特性

对于收费立体交叉,所有转弯车辆都集中经由连接线行驶,连接线两端用三路立体交叉或平面交叉与相交道路正线连接,在连接线上设置收费站。

连接线上设置收费站以后,车辆经过收费站时须停车。这样,以收费站处车速为零为界,到达收费站的车辆为减速行驶,离开收费站的车辆为加速行驶。

(1)车辆由正线 I 至收费站的行驶过程

车辆以 v_I 分流行驶过程,由 v_I 减速到 v_1 的行驶过程(如不设减速车道时 $v_I \approx v_1$)以驶出道口出口处车速 v_1 匀速或变速行驶到连接线入口的车速 v_{21},由 v_{21} 在连接线上减速行驶至车速为零。

(2)车辆由收费站至正线 II 的行驶过程

车辆由收费站处车速为零开始在连接线上加速行驶到连接线出口的车速为 v_{22} 以连接线出口车速 v_{22} 开始匀速或变速行驶到驶入道口入口处车速 v_2,由 v_2 加速行驶到 v_{II},以 v_{II} 速度合流到正线 II 的行驶速度。

(二)匝道的平面线形

1. 不收费立交的匝道

根据汽车在匝道上的行驶特性,其分流以后和合流之前为变速行驶状态。图 5-4-23 为速度变化示意图,图 5-4-23 中 a 表示 $v_1 \sim v_2$ 为减加速行驶过程,图 5-4-23 中 b 表示 $v_1 \sim v_2$ 为匀速或减速行驶过程,而图 5-4-23 中 c 表示 $v_1 \sim v_2$ 为加减速行驶过程。

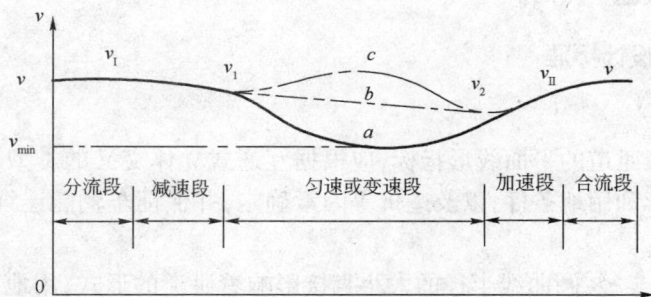

图 5-4-23 匝道上汽车行驶速度变化示意图

(1)$v_1 \sim v_2$ 为减加速行驶过程

这种行驶状态是一种比较好的行驶过程,它表示汽车在匝道上行驶时,从正线 I 分流以后车速由 v_1 一直减速到最低允许速度 v_{min},然后开始加速直到正线 II 合流前的车速 v_{II}。满足这种行驶状态的匝道平面线形,比较理想的是在 $v_1 \sim v_2$ 区段采用非对称的曲率变化率连续的平面线形。比较接近的平面线形是在 $v_1 \sim v_2$ 区段采用单曲线、凸形曲线、卵形曲线等。右转匝道、左出左进的左转匝道和环圈式左转匝道都可以设计成满足这种行驶过程的平面线形。

(2)$v_1 \sim v_2$ 为匀速或减速行驶过程

这种行驶状态是常见的行驶过程,当匝道平面线形是由反向曲线(或同向曲线)之间用直线或曲线连接时,就能满足这种行驶状态。比如右出右进、右出左进和左出右进的左转匝道以及反向曲线的右转匝道等都能设计成满足此类行驶过程的平面线形。当匝道纵坡为陡坡且为上坡（减速行驶）时，曲线间也可采用较长的直线。

（3）$v_1 \sim v_2$ 为加减速行驶过程

这种行驶状态是一种不好的行驶过程，由于汽车在匝道上过早地加速，容易在入口附近造成减速不及而引起交通事故。当反向曲线（或同向曲线）之间用长直线或大半径平曲线连接时，就可能产生此类行驶状况。但当匝道为上坡方向车辆行驶时，可弥补这种不利影响。

2. 收费立交的匝道

收费立交匝道上汽车行驶速度的变化可用图 5-4-24 表示。

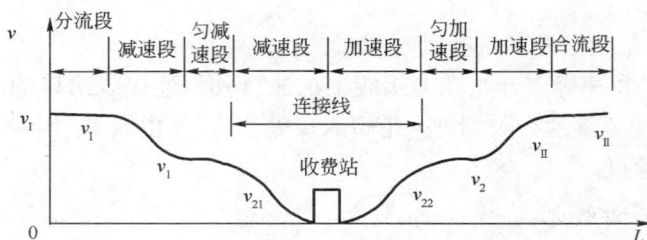

图 5-4-24　收费立交匝道上车速变化示意图

收费立交连接线两端为两个三路立交或平交，连接线为直线或半径不小于 200m 的曲线。这样，收费立交匝道各区段平面线形的构成，在连接线范围以外，就与不收费立交匝道平面线形相应区段线形构成基本相同。

三、匝道的线形设计标准

1. 匝道的平面

互通式立体交叉匝道的平面线形指标，应根据互通式立体交叉的类型、匝道设计速度、交叉类型、交通量、地形和用地条件，以及造价等因素确定，并保证车辆能连续安全地运行，力求达到工程及运营经济。

（1）匝道圆曲线半径：圆曲线半径的大小直接影响着匝道的形式、用地、规模、造价以及行车的安全性和舒适性。匝道圆曲线最小半径的大小取决于匝道的设计速度，同时应考虑经济性、安全性和舒适性。表 5-4-4 为公路立体交叉匝道圆曲线最小半径，通常应选用大于一般值的半径，当受地形条件或其他特殊情况限制时，方可采用最小值。冰冻积雪地区不得采用最小值。

公路立体交叉匝道圆曲线最小半径　　　　　　　　　　　　　　　表 5-4-4

匝道设计速度（km/h）		80	70	60	50	40	35	30
圆曲线最小半径（m）	一般值	280	210	150	100	60	40	30
	最小值	230	175	120	80	50	35	25

（2）匝道回旋线参数：匝道及其端部应设置缓和曲线。缓和曲线为回旋线，其参数及长度应不小于表 5-4-5 所列数值。

匝道回旋线参数及长度

表 5-4-5

匝道设计速度(km/h)	80	70	60	50	40	35	30
回旋线参数 A(m)	140	100	70	50	35	30	20
回旋线长度(m)	70	60	50	40	35	30	25

反向曲线间的两个回旋线,其参数宜相等或相近。相差较大时,大小两参数之比不宜大于 2。回旋线的长度还应同时满足超高过渡的要求。

(3)分流点处曲率半径与回旋线参数:驶出匝道的分流点处,因从正线分离后行驶速度较高,应具有较大的曲率半径,并使其后的曲率变化与行驶速度的变化相适应,如图 5-4-25 所示。

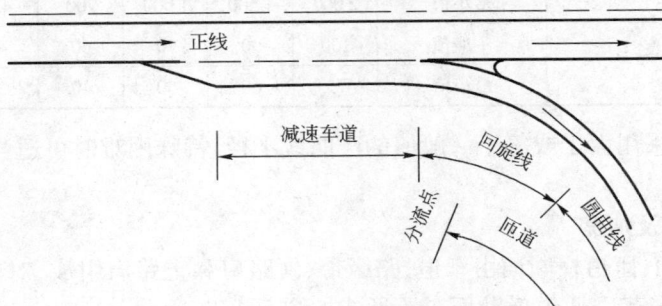

图 5-4-25　正线分流点曲线半径和曲率过渡

分流点处的曲率半径与回旋线参数规定如表 5-4-6 所示。

分流点处的曲率半径与回旋线参数

表 5-4-6

主线设计速度 (km/h)	分流处的运行速度 (km/h)	分流处的最小 曲率半径(m)	回旋线参数 A(m)	
			一般值	极限值
120	80	400	160	140
	60	250	90	70
100	55	200	70	60
80	50	170	60	50
60	40	100	50	40

2. 匝道的纵面

(1)匝道最大纵坡:匝道因受上下线高程的限制,为克服高差、节省用地和减少拆迁,并考虑匝道上车速较低,故匝道纵坡一般比正线纵坡大。各种设计速度所对应的公路立体交叉匝道最大纵坡如表 5-4-7 所示。

公路立体交叉匝道最大纵坡

表 5-4-7

	匝道设计速度(km/h)		80、70	60、50	40、35、30
最大纵坡 (%)	出口匝道	上坡	3	4	5
		下坡	3	3	4
	入口匝道	上坡	3	3	4
		下坡	3	4	5

647

因地形困难或用地紧张时可增大 1% 。非冰冻积雪地区出口匝道的上坡及入口匝道的下坡在特殊困难情况下可增加 2% 。

（2）匝道竖曲线半径：匝道各设计速度对应的竖曲线最小半径及最小长度见表 5-4-8。

表 5-4-8

匝道竖曲线的最小半径及长度

匝道设计速度（km/h）			80	70	60	50	40	35	30
竖曲线最小半径（m）	凸形	一般值	4 500	3 500	2 000	1 600	900	700	500
		最小值	3 000	2 000	1 400	800	450	350	250
	凹形	一般值	3 000	2 000	1 500	1 400	900	700	400
		最小值	2 000	1 500	1 000	700	450	350	300
竖曲线最小长度（m）		一般值	100	90	70	60	40	35	30
		最小值	75	60	50	40	35	30	25

设计时应尽量采用大于或等于一般值的竖曲线半径，特殊困难时可适当减小，但不得低于表列最小值。

3．匝道横断面及加宽

（1）匝道横断面：匝道横断面由车道、路缘带、硬路肩和土路肩组成，对向分离的双车道匝道还应包括中央分隔带。匝道横断面布置形式如图 5-4-26 所示。

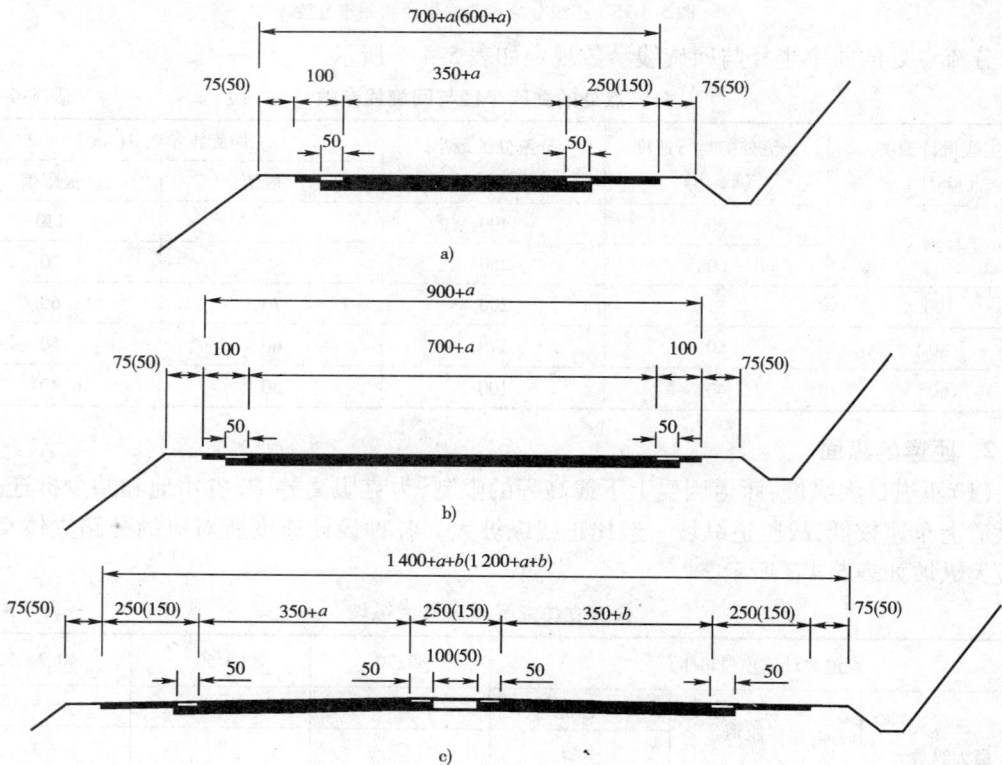

图 5-4-26　匝道横断面形式（尺寸单位：cm）

a）单车道；b）单向双车道或对向非分隔式双车道；c）对向分隔式双车道

注：a、b 为加宽值

匝道各组成部分的宽度:车道宽度一般为 3.5 ~ 4.0m,公路立体交叉多用 3.5m。中央分隔带的宽度为 1.0m;当设置刚性护栏时可为 0.6m,路缘带宽度为 0.5m。土路肩宽度一般为 0.75m;特殊困难路段可为 0.5m。单车道匝道和对向分隔的双车道右侧应设硬路肩,其宽度包括路缘带在内为 2.5m,特殊困难时可取 1.5m。左侧硬路肩包含路缘带在内宽度为 1.0m。非分隔对向双车道匝道,两侧各设包含路缘带在内的宽度为 1.0m 的硬路肩。单向双车道匝道,在通行能力有富裕的情况下,两侧各设包括路缘带在内的宽度为 1.0m 的硬路肩。当交通量接近通行能力时,右侧硬路肩应不窄于 2.5m。匝道的车道、硬路肩宽度与正线不同时,应设置渐变率为 1/20 ~ 1/40 的过渡段。

(2)匝道圆曲线的加宽值:匝道圆曲线的加宽值,应根据圆曲线半径按表 5-4-9 所示数值采用。曲线加宽的过渡可按照正线加宽过渡的方式进行。

匝道圆曲线的加宽值 表 5-4-9

圆曲线半径(m)	单向单车道匝道	≥72	58 ~ <72	48 ~ <58	42 ~ <48	36 ~ <42	32 ~ <36	29 ~ <32	27 ~ <29	25 ~ <27	23 ~ <25	21 ~ <23	15 ~ <21	—	—	—
	单向双车道或双向双车道匝道	≥47	43 ~ <47	39 ~ <43	36 ~ <39	33 ~ <36	31 ~ <33	29 ~ <31	27 ~ <29	26 ~ <27	25 ~ <26	24 ~ <25	23 ~ <24	22 ~ <23	21 ~ <22	15 ~ <21
加宽值(m)		0	0.25	0.50	0.75	1.00	1.25	1.50	1.75	2.00	2.25	2.50	2.75	3.00	3.25	3.75

4. 匝道的超高及其过渡

(1)超高值:匝道上的圆曲线应根据规定要求设置必要的超高,超高值按表 5-4-10 选用,积雪冰冻区超高不得大于 6%,合成坡度不得大于 8%。当圆曲线半径大于表 5-4-11 所列值时,宜保持正常路拱。

匝道圆曲线的超高 表 5-4-10

匝道设计速度(km/h)	圆 曲 线 半 径(m)								
80	<280	280 330	330 380	380 450	450 540	540 670	670 870	870 1 240	>1 240
70	<210	210 250	250 300	300 350	350 430	430 550	550 700	700 1 000	>1 000
60	<140	140 180	180 220	220 270	270 330	330 420	420 560	560 800	>800
50	<90	90 120	120 160	160 200	200 240	240 310	310 410	410 590	>590
40	<50	50 70	70 90	90 130	130 160	160 210	210 280	280 400	>400
35	<40	40 50	50 60	60 90	90 110	110 140	140 220	220 280	>280
30	—	—	30 40	40 60	60 80	80 110	110 150	150 220	>220
超高(%)	10	9	8	7	6	5	4	3	2

匝道上保持正常路拱的圆曲线半径(m)　　　　　　表 5-4-11

匝道设计速度(km/h)	80	70	60	50	40	35	30
保持正常路拱(2%)的圆曲线半径	3 500	2 600	2 000	1 300	800	650	500

(2)超高过渡段:匝道上直线与超高圆曲线间或两超高不同的圆曲线间,应设置超高过渡段,其长度应根据设计速度、横断面类型、旋转轴的位置以及超高渐变率等因素确定。超高过渡段长度计算公式与正线相同。

匝道超高过渡应平顺和缓,不产生扭曲突变。一般以正线边线不动并作为匝道超高的旋转轴,沿超高过渡段逐渐变化,直至达到圆曲线内的全超高。

(3)超高设置方式:超高方式与正线相同,即根据实际条件在匝道上以行车道中心线旋转或以路缘带外边线旋转两种。超高过渡段设置方法视匝道平面线形而定,有缓和曲线时,超高过渡在回旋线的全长或部分范围内进行;无缓和曲线时,可将所需过渡段长度的 1/3 ~ 1/2 插入圆曲线,其余设在直线上;两圆曲线径相连接时,可将过渡段的各半分别置于两圆曲线上。

5. 匝道的视距

(1)停车视距:匝道全长应满足停车视距要求。匝道停车视距见表 5-4-12,积雪冰冻地区应大于表中括号内数值。

(2)识别视距:正线上分流点之前的视距应大于 1.25 倍的正线停车视距。有条件时,宜满足表 5-4-13 所列的识别视距。

匝 道 停 车 视 距　　　　　　表 5-4-12

匝道设计速度(km/h)	80	70	60	50	40	35	30
停车视距(m)	110 (135)	95 (120)	75 (100)	65 (70)	40 (45)	35	30

识 别 视 距　　　　　　表 5-4-13

正线设计速度(km/h)	120	100	80	60
识视视距(m)	350 ~ 460	290 ~ 380	230 ~ 300	170 ~ 240

四、匝道线形设计

(一)匝道平面线形设计

1. 一般要求

(1)汽车在匝道上的行驶速度是由高到低再到高逐渐变化的过程,匝道平曲线的曲率也应与此变速行驶状态相适应。匝道设计速度是匝道上变化的行驶速度中的最低控制值。

(2)匝道平面线形应与其交通量相适应,转弯交通量大的匝道,行车速度要求高,通行能力也较大,应采用较高的技术指标,行车路径应尽量短捷。

(3)衔接分、合流鼻端的匝道部分应具有与行驶速度相应的较高的平面线形指标和流畅的线形。分流处应比合流处具有更高的平面线形指标。

(4)速度变化急剧的匝道,应有足够长度。当匝道纵坡较陡(大于 3%)时,应考虑纵坡对速度的影响。

(5)应尽量避免反弯曲线。

2．匝道平面线形

匝道平面线形要素仍然是直线、圆曲线及缓和曲线,但由于匝道通常较短,难以争取到较长直线,故多以曲线为主。

通常情况下,匝道应采用较大的圆曲线半径和较小的超高横坡度,只有当地形条件或其他特殊情况限制时,才可采用最小半径值。如果采用较小半径的单曲线或环圈式左转匝道,除了圆曲线半径满足最小半径规定以外,还应有足够的匝道长度,以保证曲率的缓和过渡和上正线的展线长度要求。可近似按下式计算:

$$R_{\min} \geqslant \frac{57.3H}{\alpha \cdot i} \tag{5-4-1}$$

式中:H——上、下线要求的最小高差(m);

α——匝道的转角(°);

i——匝道的设计纵坡度(%)。

对以曲线为主的匝道来说,在匝道平面线形设计中应以回旋线作为主要的线形要素加以灵活应用。直线与圆曲线、圆曲线与圆曲线(同向曲线或反向曲线)之间均应以适当的回旋线平顺连接。回旋线的参数和长度,以及相邻回旋线参数的比值应满足设计规范要求。在一般情况下应尽量采用较大的回旋线参数或较长的回旋线长度,只有在条件受限时方可采用最小值。

3．匝道平面线形的布设

根据汽车在匝道上的行驶特性及匝道平面线形的构成,对右转匝道和直接式左转匝道,一般宜采用单曲线或多心复曲线、同向曲线、卵形曲线。各种线形的布设形式除满足设计规范的要求外,还应注意匝道出、入口的圆曲线应采用较大半径,且出口半径大于入口半径,以适应车辆变速行驶的需要。

对半直接式左转匝道,其平面线形可由反向曲线与单曲线或卵形曲线等组合而成。

对环圈式左转匝道,最简单的平面线形是采用单曲线,它设计简便,但与匝道上车速的变化不适应。最好采用曲率半径由大到小再到大的水滴形或卵形曲线,可满足车速变化要求,但设计计算比较复杂。另外,考虑减少占地和造价,环圈式匝道常采用最小半径。

(二)匝道纵断面线形设计

1．一般要求

(1)匝道纵坡应平缓,且使两端较缓,中间较陡,并尽量避免反坡,以保证行车的舒适与安全。出口匝道宜为上坡匝道,以使匝道有良好视野和自然减速。上坡加速匝道和下坡减速匝道应采用缓的纵坡,严禁采用等于或接近于最大纵坡值。

(2)匝道同正线连接处,纵断面线形应连续,避免线形的突变,尽量同正线保持基本一致。

(3)匝道及端部纵坡变化处应采用较大半径的竖曲线,以保证足够的停车视距,分、合流点及其附近的竖曲线还应满足识别视距要求,以能看清前方的路况。

2．匝道纵断面线形

匝道纵断面线形是由直坡段和竖曲线组成。匝道纵断面线形多受其两端相连接正线的高程、纵坡大小及坡向限制,当匝道跨越匝道或正线时,还要受到跨线处高程的控制。右转匝道纵面线形常由一个以上竖曲线组合而成,但纵坡较小,起伏不大,竖曲线半径较大。左转匝道一般由反向或同向竖曲线组成,反向竖曲线的上端多为凸形,下端多为凹形,中间宜插入直坡段,也可直接连接;同向竖曲线宜加大半径,连成一个竖曲线或复合竖曲线。

3. 匝道纵断面设计

纵坡设计应尽量平缓,最好一次起伏,避免多次变坡。出口处竖曲线半径应尽可能大一些,以便误行或其他原因要倒车时不致造成危险或引起阻塞。入口附近的纵断面线形必须有同正线一致的平行区段,以看清正线上交通,安全驶入。

(1)匝道的纵坡。匝道最大纵坡应能克服上、下线的高差,并适当留有余地,避免采用极限最大纵坡值。严寒积雪冰冻地区应尽量采用较缓的纵坡。位于平曲线上的匝道纵坡,应根据规定的合成坡度计算允许的最大纵坡。匝道最小纵坡应满足纵向排水要求,一般不应小于0.5%,特殊困难情况下应不小于0.3%。

(2)匝道最短坡长。在限制条件不严的情况下,匝道最短坡长应满足规定要求。但因匝道一般较短,两端须与正线纵坡一致,使得匝道纵坡上下有所转折,多数情况下最短坡长难以达到规定要求,只要能设得下相邻竖曲线即可。

(3)匝道竖曲线半径。匝道长度较短,纵坡起伏变化,坡差较大,使得竖曲线半径一般较小。设计时应尽量采用一般值以上的竖曲线半径,在条件限制较严的情况下可考虑采用极限最小半径。

(4)匝道起、终点处的纵坡。匝道的起、终点必须与正线平顺连接,分岔之前和合流之后匝道的纵断面应与正线保持一致。匝道竖曲线应设在分岔之后和合流之前的匝道上。

(三)匝道平、纵线形组合设计

匝道平、纵线形组合设计的基本要求是使匝道立体线形平顺无扭曲,视野开阔,行车安全舒适,视觉美观,并与正线衔接处及周围环境协调配合。设计的原则和要点与正线基本相同,但应注意进、出口处平、纵组合的处理。

在出口处,若是越过凸形竖曲线以下坡驶入匝道时,坡顶之后的平曲线不应突然出现在驾驶员眼前,应将凸形竖曲线加长以增大视距,使驾驶员能尽早发现平曲线的起点和方向,并有足够的安全运行时间。在入口处,若由匝道上坡驶入道口时,应将连接道口的匝道(一般长度至少60m)纵断面与邻近正线基本一致,以使驾驶员能对主线前后一目了然。

第五节　匝道端部设计

端部是指匝道两端分别与正线相连接的道口,它包括出入口、变速车道及辅助车道等。两端的道口和中间部分匝道共同组成一条完整的匝道。从主要道路(简称主线)出入的道口都应是自由流畅式,而次要道路(次线)上的道口有时则是有或无信号控制的平面交叉口。端部设计的一般原则是:出入顺适、安全,线形与正线协调一致;出入口应视认方便;正线与匝道间应能相互通视。

一、出口与入口设计

(1)主线出、入口:一般情况下互通式立体交叉的出、入口除主线分岔道和直接式左转匝道以外,均应设在主线行车道的右侧。出口位置应明显,易于识别。一般将出口设在跨线构造物之前。若在其后时,应与构造物保持150m以上的距离为宜。为便于车辆减速,出口最好位于上坡路段,出口接下坡匝道时,应保证驾驶者能在出口前看清楚匝道中第一曲线的起点及曲率趋势。入口应设在主线的下坡路段,以利于重型车辆加速,并在匝道汇入主线之前保持主线 100m 和匝道 60m 的三角形区域内互相通视无阻,如图 5-4-27 所示。

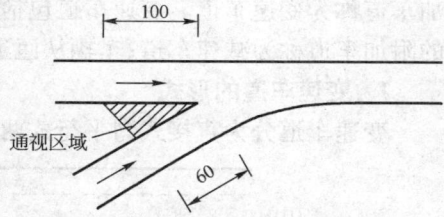

图 5-4-27　入口处通视区域(尺寸单位:m)

主线与匝道分流处,为给误行车辆提供返回的余地,行车道边缘应设置偏置加宽值,加宽后主线和匝道的路面边缘用圆弧连接,并用路面标线引导行驶方向,如图 5-4-28 所示。偏置加宽值和楔形端圆弧半径见表 5-4-14。楔形端端部后的过渡长度 z_1 和 z_2,可按表 5-4-15 的渐变率计算。

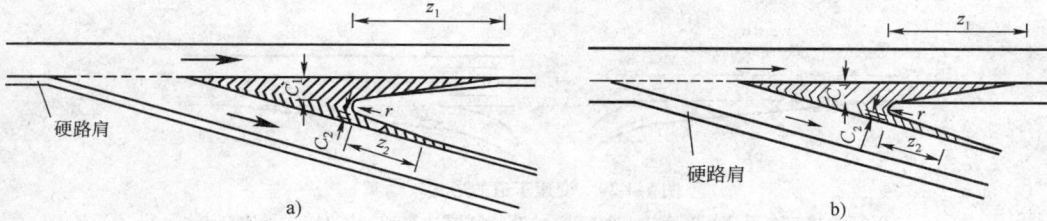

图 5-4-28　分流处楔形端布置
a)硬路肩较窄时;b)路肩较宽时

分流处偏置值与端部半径　　　　表 5-4-14

分 流 方 式	主线偏置值 C_1(m)	匝道偏置值 C_2(m)	端部半径 r(m)
驶离主线	≥3.0	0.6~1.0	0.6~1.0
主线分岔	≥1.8		0.6~1.0

分流处楔形端的加宽渐变率　　　　表 5-4-15

设计速度(km/h)	120	100	80	60	≤40
渐变率	1/12	1/11	1/10	1/8	1/7

高速公路上相邻出、入口以及高速公路出、入口至匝道上的分、合流点之间,应具有足够的间距,相邻出、入口间的最小距离见表 5-4-16。

相邻出、入口间的最小距离　　　　表 5-4-16

分、合流鼻端间的最小距离					
入口至入口或出口至出口		出口至入口		转向车行道	
全高速公路	CDR 或 FDR	全高速公路	CDR 或 FDR	高速公路之间的立交	高速公路与一般公路间的立交
300	240	150	120	240 *	180 * *

注:FDR——高速公路的分流路;CDR——集散路。

(2)互通式立体交叉的平面交叉口:互通式立体交叉在次线或匝道上可设置平面交叉口。这种平面交叉口往往决定整个立体交叉的通行能力、服务水平和交通安全,设计时应予以充分重视。

在选定互通式立体交叉形式时,应考虑所含平面交叉的必要性与合理性。设计中应将匝道布置在合适的象限内,使冲突点减至尽可能少的程度。对平面交叉应根据交通量、交通组成和行驶速度等作出合理布置,并设置必要的标志、标线、分隔带、交通岛、变速车道、转弯车道等。互通式立体交叉中的平面交叉设计应符合前面章节有关要求及规定。

二、变速车道设计

在匝道与正线连接的路段,为适应车辆变速行驶的需要,而不致影响正线交通所设置的附

653

加车道称为变速车道。变速车道包括减速车道和加速车道。车辆由正线驶入匝道时减速所需的附加车道称为减速车道；车辆从匝道驶入正线时加速所需的附加车道称为加速车道。

1. 变速车道的形式

变速车道分为直接式与平行式两种，如图 5-4-29 所示。

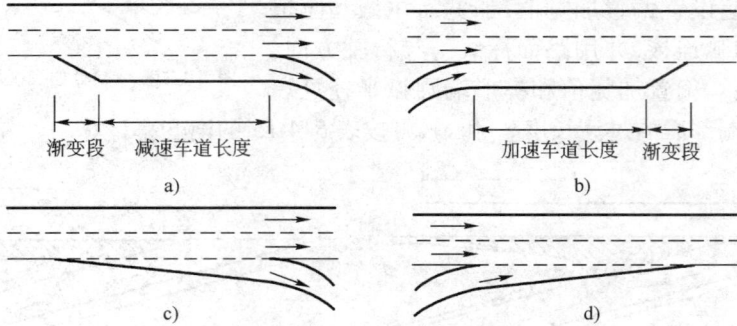

图 5-4-29 变速车道的形式
a) 平行式减速车道；b) 平行式加速车道；c) 直接式减速车道；d) 直接式加速车道

（1）平行式：是在正线外侧平行增设的一条附加车道。其特点是车道划分明确，行车容易辨认，但车辆行驶轨迹呈反向曲线对行车不利。加速车道宜采用平行式，因加速车道较长，平行式容易布置。平行式变速车道端部应设渐变段与正线连接。

（2）直接式：不设平行路段，由正线斜向渐变加宽，形成一条与匝道连接的附加车道。其特点是线形平顺并与行车轨迹吻合，对行车有利，但起点不易识别。减速车道宜采用直接式。另外，当变速车道采用双车道时，加、减速车道均应采用直接式。

2. 变速车道的横断面

变速车道横断面的组成由左侧路缘带（与正线行车道共用）、行车道和包括右侧路缘带在内的右路肩组成，各组成部分宽度如图 5-4-30 所示。

3. 变速车道的长度

变速车道长度为加速或减速车道长度与渐变段长度之和，如图 5-4-31 所示。

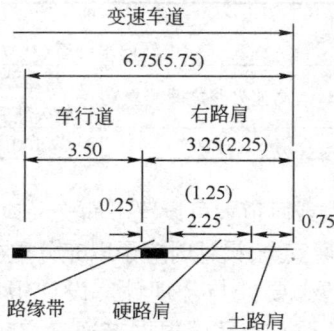

图5-4-30 变速车道的宽度（尺寸单位：m）

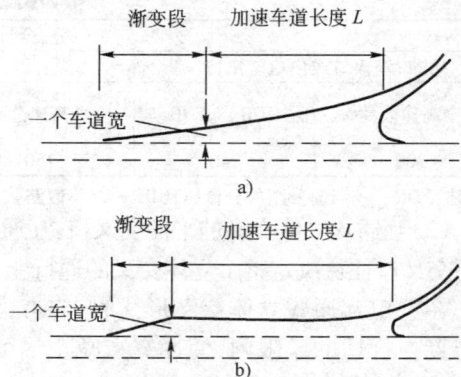

图 5-4-31 变速车道的平面
a) 直接式；b) 平行式

（1）加、减速车道长度：是指渐变段车道宽达一个车道宽的位置与分流或合流端之间的距离。其计算公式为：

$$L = \frac{v_1^2 - v_2^2}{26a} \quad (\text{m}) \tag{5-4-2}$$

式中：v_1——正线平均行驶速度（km/h）；

v_2——匝道平均行驶速度（km/h）；

a——汽车平均加（减）速度（m/s²），加速时 $a = 0.8 \sim 1.2$ m/s²；减速时 $a = 2 \sim 3$ m/s²。

通常加、减速车道长度可按表 5-4-17 查用。当道路纵坡大于 2% 时，下坡路段的减速车道长度和上坡路段的加速车道长度应根据正线纵坡度大小，按表 5-4-18 中的修正系数予以修正。

变速车道长度及出、入口渐变率　　　　　　　　　　　表 5-4-17

正线设计速度（km/h）			120	100	80	60
减速车道长度（m）		单车道	130	120	100	80
		双车道	180	160	140	120
加速车道长度（m）		单车道	240	210	180	160
		双车道	340	290	240	180
平行式渐变段长度（m）		单车道	90	70	60	50
渐变率	出口	单车道	1/25		1/20	1/15
		双车道				
	入口	单车道	1/40		1/30	1/20
		双车道				

坡道上变速车道长度的修正系数　　　　　　　　　　　表 5-4-18

主线平均坡度（%）	$i \leq 2$	$2 < i \leq 3$	$3 < i \leq 4$	$4 < i \leq 6$	正线平均坡度（%）	$i \leq 2$	$2 < i \leq 3$	$3 < i \leq 4$	$4 < i \leq 6$
下坡减速车道修正系数	1.00	1.10	1.20	1.30	上坡加速车道修正系数	1.00	1.20	1.30	1.40

变速车道长度的选用除应符合以上规定的最小长度要求外，还应结合正线和匝道的设计速度、交通量、大型车比例等对变速车道长度进行验算，必要时增长变速车道的长度。

（2）渐变段：平行式变速车道渐变段的长度不应小于表 5-4-17 所列数值。直接式变速车道渐变段按外边缘渐变率控制，出口端和入口端渐变率规定如表 5-4-17。

三、辅助车道

在高速公路和一级公路的全长或重要结点之间的较长路段内，必须保持一定基本车道数。同时在正线与匝道或匝道与匝道的分、合流处必须保持车道数目的平衡，二者之间是通过辅助车道来协调的。

（1）基本车道数：是指一条道路或其某一区段内，根据交通量和通行能力的要求所必需的一定数量的车道数。基本车道数在相当长的路段内不应变动，不因通过互通式立体交叉而改变基本车道数，目的是防止因修建立体交叉而可能形成交通"瓶颈"，立体交叉的交通功能难以发挥。

（2）车道平衡原则：立体交叉处正线的车流量必然会因分、合流的存在而发生变化，分流减少，合流增大。为适应这种车流量的变化，保证车流畅通和工程经济，在分、合流处的车道数应保持平衡。车道平衡的原则为：

①两条车流合流以后正线上的车道数应不少于合流前交汇道路上所有车道数总和减一；

②正线上车道数应不少于分流以后分岔道路的所有车道数总和减一；

③正线上的车道数每次减少不应多于一条。

分、合流处应按车道数平衡公式（5-4-3）进行计算，以检验车道数是否平衡，如图 5-4-32 所示。

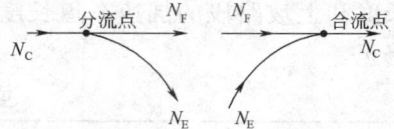

图 5-4-32　分、合流处车道数的平衡

$$N_c \geqslant N_F + N_E - 1 \tag{5-4-3}$$

式中：N_c——分流前或合流后的正线车道数；

　　　N_F——分流后或合流前的正线车道数；

　　　N_E——匝道车道数。

（3）辅助车道：在分、合流处，既要保持车道数平衡，又要保持基本车道数的连续性，如果二者发生矛盾时，可通过在分流点前与合流点后的正线上增设辅助车道的办法来解决，如图 5-4-33 所示。

在基本车道数连续的条件下，一般单车道匝道也能满足车道数平衡的要求；而设置双车道匝道时车道数不平衡，应增设辅助车道。为使车辆的行驶通畅，一般规定辅助车道长度在分流端为 1 000m，最小为 600m；在合流端为 600m。另外，当前一个立体交叉加速车道的末端至下一个立体交叉减速车道起点之间的距离小于 500m 时，必须设辅助车道将两者连接起来；当交通量大，交织运行比例较高时，即使此间距达 2 000m，也宜考虑设置连续的辅助车道。增设辅助车道时，应设渐变率不大于 1/50 的过渡段。

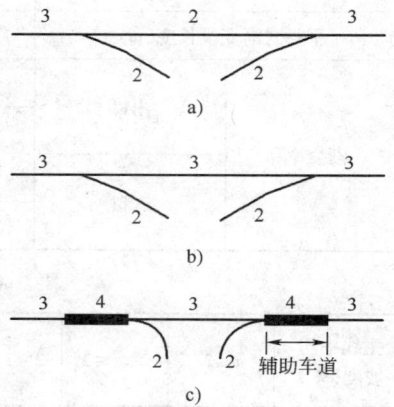

图 5-4-33　辅助车道
a）车道数平衡、但基本车道数不连续；b）基本车道数连续、但车道数不平衡；c）车道数平衡且基本车道数连续

第六节　收费站场设计

一、收费立体交叉设置收费站的方法

收费道路上的立体交叉或需单独收费的立体交叉应按收费立体交叉设计。收费立体交叉除三路立体交叉外，若要收费则需 2 个以上的收费站，而每个收费站都是昼夜工作，需要的收费人员、管理费、收费机和住所等费用很高。一般应尽量减少收费站的个数，力求管理方便，设备集中，不干扰正线交通。一座立体交叉以设一个收费站为宜，这样收费与不收费立体交叉的

形式区别较大。

1. 收费立体交叉设置收费站的方法

设置方法是在距相交道路交叉点适当距离处另设一条连接线,在连接线两端与相交道路交叉处各设一个三路立体交叉或平面交叉,如图 5-4-34 所示,使所有转弯车辆都集中经由连接线,这样,只需在连接线上设置一个收费站即可。

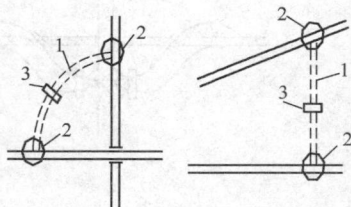

图 5-4-34 收费立体交叉设置收费站的方法

2. 连接线的设置原则

(1)连接线可设在任一象限,主要取决于地形和地物的限制,同时考虑交通量的大小,以设在右转交通量较大的象限为宜。

(2)连接线的位置和长度应满足两端三路立体交叉的加、减速长度需要。

3. 连接线两端的交叉形式

(1)平面交叉口:适用于该端与次要道路连接,可采用平面交叉的任何一种形式。

(2)子叶式立体交叉:适用于该端与交通量较小的一般道路连接。

(3)喇叭形立体交叉:适用于该端与主要道路或一般道路连接,以采用 A 式为宜。

(4)Y 形立体交叉:适用于该端与交通量大的高速道路或一侧距离受到河流、铁路、建筑物等限制的其他道路连接。

4. 常用收费立体交叉的形式

(1)三路收费立体交叉:三路立交的所有形式都可直接作为收费立交,通常多采用喇叭形、Y 形及子叶式立体交叉,只需一个设在支线上的收费站。

(2)四路收费立体交叉:可供选择大形式很多,如平交加菱形、平交加环形、平交加子叶形、平交加喇叭形、平交加 Y 形、双菱形、菱形加环形、菱形加子叶形、菱形加喇叭形、菱形加 Y 形、双环形、环形加子叶形、环形加喇叭形、环形加 Y 形、双子叶形、子叶形加喇叭形、子叶形加 Y 形、双喇叭形、喇叭形加 Y 形及双 Y 形等。这些收费立交形式都已使用过,常用形式如图 5-4-35 所示,四路收费立体交叉需设 1 或 2 个收费站。

二、收费站设计

1. 设置位置

收费站是用来对通过的车辆收取通行费用的设施。收费道路或收费立体交叉必须设置收费站。收费站的设置位置一般有两种:一种是直接设在主线上,也称为路障式,多用于主线收费路段的出、入口处;另一种是设在立体交叉匝道或连接线上,一般用于主线收费路段之间的互通式立体交叉,以控制相交道路上的车辆进、出主线的收费。

2. 收费方式

目前采用的收费方式较多,但总的来说可分为:人工收费、硬币式收费、统一票证收费、磁卡式收费、半自动收费和全自动车辆辨认收费等几种方式。国内各地高速公路收费方式不尽相同,以人工收费方式为主,并逐步向半自动收费和全自动收费方式过渡发展。

3. 收费站车道数

收费站所需的车道数应根据交通量、服务时间和服务水平三个因素来确定。

(1)交通量:按设计小时交通量(DHV)计,一般采用第 30 位高峰小时交通量较合适。

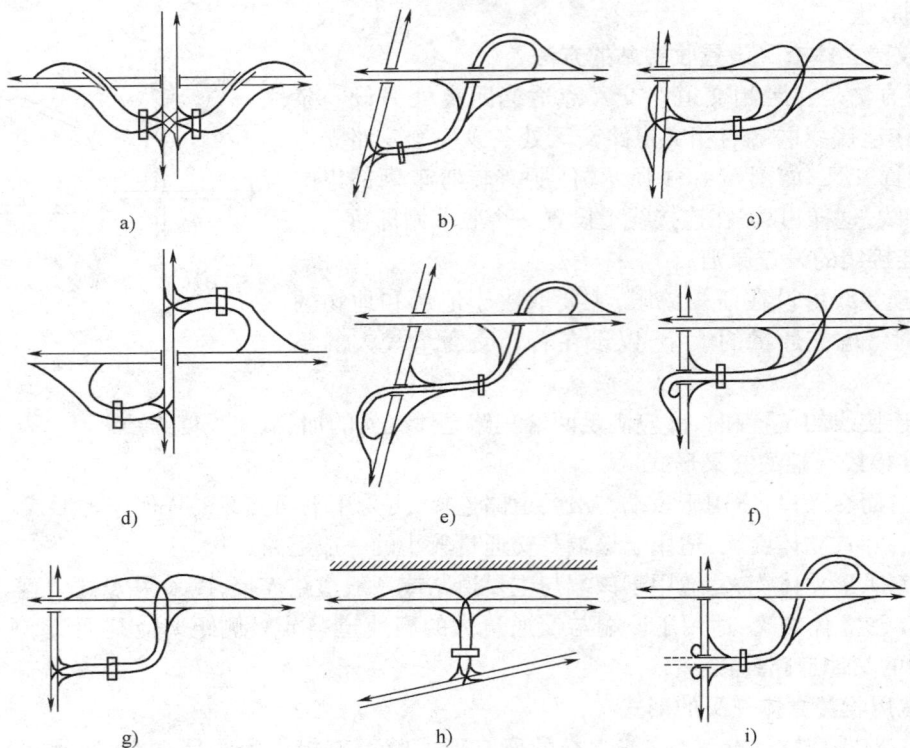

图 5-4-35　常用收费立体交叉

a)菱形（变形）;b)平交加喇叭形;c)双 Y 形;d)部分苜蓿叶形;e)双喇叭形;f)Y 形加喇叭形;g)平交加菱形;h)平面交叉加 Y 形;i)喇叭形加子叶形

（2）服务时间:指车辆进出收费站所用时间,以秒计。时间越短,服务效果越好,通行能力就越大。一般来讲,区间收费的服务时间,入口为 6s,出口为 14s;统一收费为 8s;其他情况另取。

（3）服务水平:用各车道平均等待的车辆数表示。平均等待车辆越少,其服务水平越高,但所需要的收费车道数就越多。一般等待的车辆数以一辆为宜,当受其他原因限制时,可适当增大,但不应大于三辆。

根据以上三个因素,当设计小时交通量系数 $k=0.12$,方向系数 $D=0.60$ 及入口 6s,出口 14s 时,出、入口所需车道数可参考表 5-4-19 采用。若为其他参数时应参照有关资料另行计算。

收费站出、入口车道数　　　　　　　　　　　　　　　　表 5-4-19

交通量 等待车辆		1 000	2 000	3 000	4 000	5 000	10 000	15 000	20 000	25 000
0.5	入口	1	1	2	2	2	3	3	4	4
	出口	1	2	2	2	3	4	6	7	9
1.0	入口	1	1	1	1	2	2	3	4	4
	出口	1	2	2	2	2	4	5	7	8
1.5	入口	1	1	1	1	1	2	3	3	4
	出口	1	1	2	2	2	4	5	7	8
2.0	入口	1	1	1	1	1	2	3	3	4
	出口	1	1	2	2	2	4	5	6	8

三、收费广场设计

(1)线形标准:收费站是供车辆临时停车交付费用的场所,因此必须设置在容易辨别和便于停车的线形上,理想的平面线形是在直线上,纵断面线形是在平坦路段上。尽量避免将收费广场设在小半径平曲线或陡坡上。

收费广场设在正线上时,平面和纵断面线形应与互通式立体交叉的正线线形标准一致;收费广场设在匝道或连接线上时,其平面曲线半径不得小于200m,竖曲线半径应大于800m。收费广场设在纵坡上时,收费站中心线前后至少各50m(收费站设在正线上当设计速度大于80km/h时,至少各100m)长度内的纵坡应小于2%,当受地形及其他条件限制时不得大于3%,收费广场的横坡为1.5% ~2.0%。

(2)平面布置:收费广场平面布置如图5-4-36所示。图中$L/s = 3$;$l = 5 \sim 20$m,一般采用10m。收费站前后应铺筑水泥混凝土路面,以提供较大的摩阻系数和抗剪切变形能力,适应出、入车辆频繁的制动、停车、启动之用。收费站前后水泥混凝土路面长度L_0对单向付款式匝道和正线收费所分别为30m、50m;对双向付款式分别为25m、40m。从收费广场中心线至匝道分岔点的距离不得小于75m;至被交叉道路平面

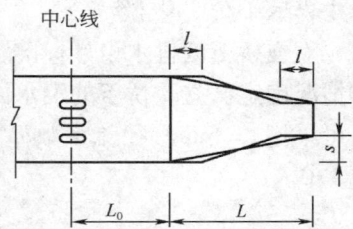

图5-4-36 收费广场平面布置

交叉点的距离不应小于150m,不能满足时,应在被交道路上增设停留车道。

(3)收费岛:由于车辆在收费车道上是减速停车然后启动慢行的,故收费岛间车道宽度采用3.0 ~3.2m即可。但行驶方向右侧的边车道应是无棚敞开的,其宽度为3.5 ~3.75m,并附路缘带,以供大型车通过之用。收费岛宽度为2.0 ~2.2m,长度为20 ~25m,设计时应根据收费系统所安装的收费设备情况具体确定。收费岛应具有一定高度并将端部收敛成楔形,端部应有醒目的标记。收费岛上设置的收费室每侧应较收费岛缩进0.25m,以作为车辆通过的安全净空宽度。收费室上面应设天棚以遮阳防雨。对交通特别繁忙、收费车道多的收费站,应设置供收费人员上、下岗位的专用地下通道和梯级步道。

第七节 立体交叉的其他设计

一、立体交叉范围排水

互通式立体交叉范围内的排水,应与相交道路正线的排水统一设计,以构成完整的排水系统。立体交叉设计应尽可能采用管渠自流排水,雨水管渠出口底的高程应高于排水沟或河道常水位。

1. 桥上排水

当桥上纵坡大于2%而桥长小于50m时,雨水可流至桥头从引道上排出,桥上不必设置专门的泄水管道。当桥上纵坡大于2%且桥长超过50m时,宜在桥上每隔12 ~15m设置一道泄水管;若桥上纵坡小于2%,间隔可以适当变小。泄水管可以沿行车道两侧对称或交错排列,并沿桥墩等设置完善的落水管道,将雨水引排至地面排水系统,防止漫流污染桥身。

2. 桥下排水

桥下排水应根据车行道和人行道的宽度、路面类型、道路纵坡和坡长、降雨强度以及附近的地形等，先在最低点设置雨水口，然后按一般标准布置其他地点的雨水口，以使桥下雨水能迅速排除。当采用下穿式立交时，地道一般在地面以下较深处，地面水和地下水的排除有时需设泵站提升。为节省投资和管理费用，地道以外的地面水不应注入其内，尽量减少汇水面积。为此，应在地道两侧设置挡水墙或截水设施。纵坡设计时应在引道两端适当位置设凸形分水点，引道最低点应设在洞口外适当位置，并在该处设置雨水口和雨水管道连接，如图 5-4-37 所示。为保证排水要求，引道最小纵坡不小于 0.3%。

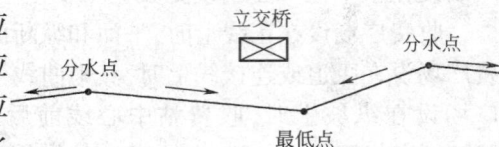

图 5-4-37 引道纵坡布置图

立交桥下的排水设计标准，应根据道路的性质、地形特点、汇水面积和当地的降雨量等具体情况确定。立交桥下的汇水面积一般较小，设计频率 p 不宜过大，一般可取 $p = 2$ 年，汇水时间可采用 $t = 5\text{min}$，径流系数 ϕ 值应根据路面情况而定，当为不透水路面时，可采用 $\phi = 0.9$ 或 1.0。

二、立体交叉景观设计

互通式立体交叉景观设计的目的是使立交造型美观、视认性好，起到引导驾驶员视线、保证行车安全以及可观赏性的作用。景观设计主要包括互通式立体交叉范围内的坡面修饰和绿化栽植两种方法。公路立交多侧重于坡面修饰。

互通式立体交叉景观设计的总原则是景观应与匝道线形布设相配合，并与环境相协调，充分显示互通式立交范围内景观设计的整体效果，提高立体交叉的视认性，增加行车的安全性和舒适性。

1. 坡面修饰

坡面修饰是将匝道包围区域（包括环圈式匝道内和三角地带内区域）的边坡修饰成规则、圆滑和接近于自然地形的形状。坡面修饰原则上只对匝道包围区域进行，其外侧应以满足通视条件、保持坡面规整为原则进行适当修整。坡面修饰应保持坡顶圆滑、坡面规则和坡脚顺适的要求。

（1）填方地段的边坡处理：路堤边坡坡顶以土路肩宽度用圆弧修整棱角成圆滑形状。边坡坡度最好随高度逐渐变化，接近底部应该平缓一些；若因地形或经济等条件限制，不能采用渐变的边坡时，可采用直线形边坡，但边坡坡度以不陡于 1:2 为宜，最大不应陡于 1:1.5，并在坡脚附近 3～4m 范围内逐渐变缓边坡或用圆弧修整坡脚成圆滑形状。

另外，边坡修饰应结合立体交叉范围内的匝道填土高度、地形和排水构造物进行总体规划设计，总体规划设计可用匝道包围区域的等高线图表示，如图 5-4-38 所示。

等高线图不一定是很规则的，但必须充分利用原有地形，力求变化均匀、圆滑，并保持自然景观。等高线图是经设计人员反复修改后完成的。另一方面，也可利用等高线图来复查边坡修饰的景观效果。

（2）挖方地段的边坡处理：互通式立体交叉处于挖方地段时，主要应保证视距的要求，必要时应后退挖方坡脚、设视距台、挖除匝道所围区域内的小山、清除匝道曲线内侧阻挡视线的障碍物等。

如图 5-4-39 所示,在合流端应保证正线 100m 和匝道 60m(或匝道与匝道各 60m)所围区域内通视无阻,环圈式匝道所围区域内的小山或其他障碍物应予以清除,以保证驾驶员能看清交会道路(正线或匝道)上的车辆运行情况,实现安全合流。分流部位的端部应沿脊线使挖方边坡向两侧倾斜,并修整脊线成圆滑状,以起到诱导交通的作用。匝道所围区域内挖方边坡的坡顶和坡脚,一般宜用圆弧修整成圆滑形状,以开阔视野,减少压迫感。

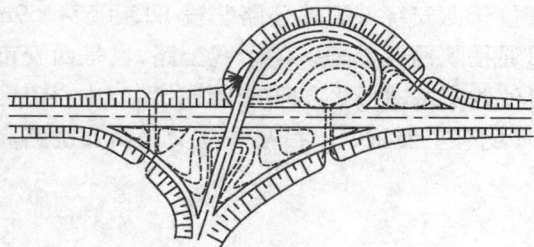

图 5-4-38 边坡修饰等高线图

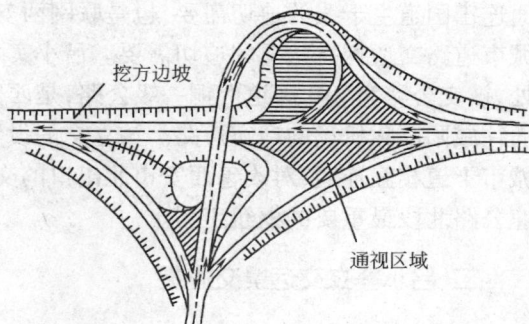

图 5-4-39 挖方地段边坡处理

2. 绿化栽植

互通式立体交叉范围内的绿化栽植除了美化环境、点缀城市外,还有诱导交通、提高交通安全的作用。绿化栽植应根据互通式立体交叉各组成部分的不同功能进行绿化设计。图 5-4-40 为互通式立体交叉绿化栽植示意图,绿化栽植和禁止栽植的内容主要包括:

(1)指示栽植:采用高、大独乔木,设在环圈式匝道和三角地带内,用来为驾驶员指示位置的栽植。

(2)缓冲栽植:采用灌木,设在桥台和分流的地方,用来缩小视野,间接引导驾驶员降低车速或在车辆因分流不及而

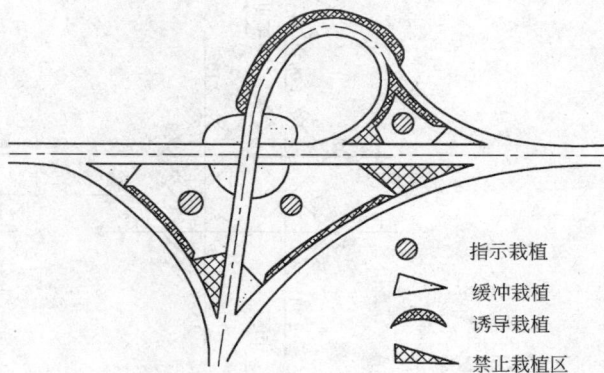

图 5-4-40 互通式立交绿化示意图

失控时,缓和冲击、减轻事故损失的栽植。跨线桥墩台前的灌木丛绿化栽植,还可以缓减撞墩事故的损失。

(3)诱导栽植:采用小乔木,设在匝道平曲线外侧,用来为驾驶员预告匝道线形的变化,引导驾驶员视线的栽植。匝道平曲线内一般不宜栽植乔木和高灌木,以防阻碍驾驶员的视线,在保证视距要求的条件下,可以栽植矮灌木或花丛。

(4)禁止栽植区:在互通式立体交叉的各合流处,为了保证驾驶员的视线通畅,安全合流,不能栽植树木,但可以种植高度在 0.8m 以下的草丛或花丛。

互通式立体交叉范围内的其他空地可以种花植草、栽植低矮灌木。

第八节　立体交叉设计示例

一、概述

西安绕城高速公路北段是连云港至霍尔果斯国道主干线上的重要组成路段，是国家规划重点建设的"两纵两横"国道主干线中的一条东西大通道。建设西安绕城高速公路北段是贯通连霍国道主干线的迫切需要，也是联网西安市周围干线公路，解决西安过境交通、缓解西安城市道路交通拥挤状况的迫切需要。吕小寨立交位于西安绕城高速公路北段 K15 + 574.59m 处，被交公路为 210 国道西铜一级公路，是西安市通往陕西北部地区的干线公路，也是西安市通往咸阳国际机场的迎宾道路。该立交的设置可使西安东、西、北方向的干线公路与中心市区城市干道相互连通，对改善西安市北出口的交通环境有重要意义。吕小寨立交是西安绕路高速公路北段最重要的枢纽工程。

二、吕小寨立交远景交通量

根据工程可行性研究报告及交通量预测资料，吕小寨立交 2010 年和 2020 年折合成小客车的设计小时交通量分布如图 5-4-41 所示。

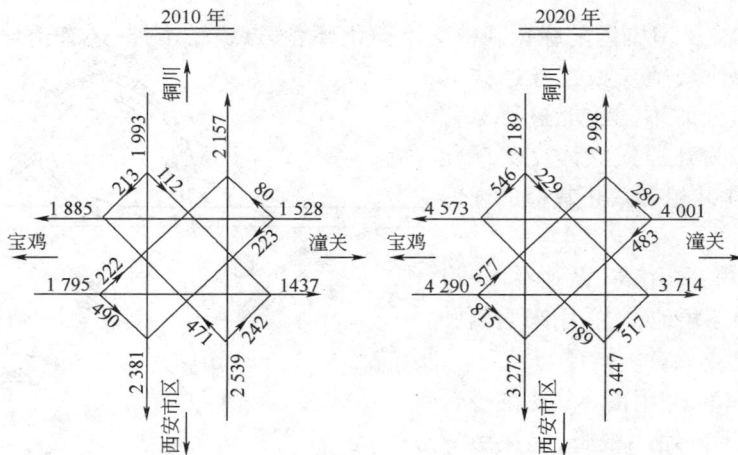

图 5-4-41　吕小寨立交交通量分布图（辆/小时）

三、吕小寨立交方案设计原则

（1）吕小寨立交位于西安绕城高速公路与西铜一级公路的相交处，为了保证车辆在两条干线公路之间能自由流畅转换，要求该立交设计成完全互通式立体交叉。

（2）根据图 5-4-41，该立交的交通量主流方向为西安至宝鸡、西安至潼关、宝鸡至铜川往返六个方向。这六个方向匝道的设计应争取到较高的技术指标。

（3）该立交所处位置地形开阔平坦，但附近有两排 110 万伏高压线杆以及拟建公路北侧 150m 处有一家造纸厂和一座跨越西铜一级公路的分离式立交。立交的布设应尽量减少对这些地物的干扰和拆迁。

（4）该立交所处位置土地肥沃,属高产农业耕作区。因而立交结构布设应紧凑,以尽量减少用地为原则。

（5）立交布设应合理利用空间组合,以降低匝道建设高度。该立交具有重要景观作用,要求立交造型美观宏伟。

四、主要设计技术指标

（1）设计速度:西安绕城高速公路北段为120km/h;西铜一级公路为100km/h;匝道设计速度采用40~60km/h。

（2）桥下净空:机动车采用5.00m。

（3）路基及车道宽度:主线路基宽为35.00m,行车道宽为2×11.25m。被交路路基宽为23.00m,行车道宽为2×7.50m。立交单向单车道匝道路基宽为8.50m,行车道宽为3.50m;单向双车道匝道路基宽为12.00m,行车道宽为2×3.50m。

五、立交方案设计与比选

（一）立交方案说明

1. 方案一（如图5-4-42所示）

方案一采用变形涡轮型互通式立交,除铜川至潼关方向的左转弯车辆通过环圈式匝道实现外,其余三个方面的左转弯车辆均采用半定向式匝道。方案一为三层立交,匝道总长为7 113.23m,占地511亩,匝道最小平曲线半径55m,最大纵坡4.56%,最小竖曲线半径1 600m。连接主线或被交线的匝道,原则上均采用单一的出入口。在主线或被交线分、合流匝道段落,路基宽12.00m,行车道宽2×3.50m。进、出主线或被交线采用单向双车道匝道时,考虑主线及被交线的车道数的平衡,在主线及被交线的两侧设置了辅助车道,长度在分流端取800m,合流端取700m。

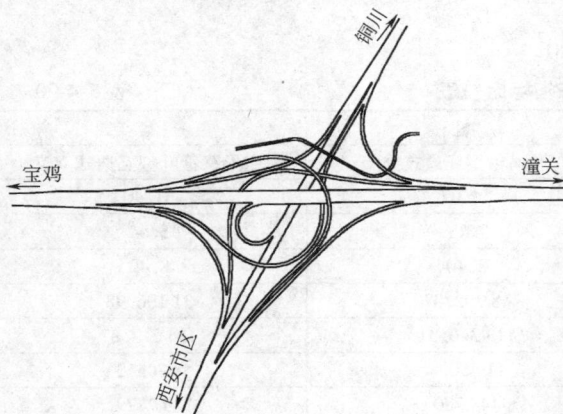

图5-4-42 方案一平面图

立交主线桥上跨西铜一级公路,桥型上部结构为8联[6×20,5×20,5×20,5×20,3×20+22+20,5×20,4×16+2×20,6×20(m)]整体现浇钢筋混凝土连续箱梁,全长852m,下部结构为柱式桥墩,钻孔灌注桩基础,埋置式桥台。匝道桥共有6座,总长1 806m,上部结构均为钢筋混凝土整体现浇连续箱梁,下部结构与主线桥相同。

立交范围内设两处分离式立交,分别位于主线K16+457m及匝道HK0+416m处。其中主线K16+457m处上跨四级路,匝道在HK0+416处下穿农耕区;另外,在西铜一级公路东侧有天然气管道,西侧有光缆管道,不论立交采用何种布置形式,均不可避免地与其交叉,交叉处均采用护槽进行保护,其中设天然气管道护槽4处,计长103m,光缆管道护槽3处,计长272m。在立交范围内还设通道一个,位于主线K14+982m处。设排水及灌溉涵7道,全长228.7m。对于两排高压电线杆,虽然在平面上可以避开,但净空难于保证,故要拆迁或提升部分线杆。

2. 方案二（如图 5-4-43 所示）

方案二采用变形苜蓿叶型互通式立交，即铜川至潼关、西安至宝鸡两个左转方向采用环圈式匝道，其余两个左转方向采用半定向式匝道。匝道总长 5 443.84m，占地 468 亩（1 亩 ≈ 667m²），匝道最小平曲线半径 55m，最大纵坡 4.716%，最小竖曲线半径 1 500m。连接主线或被交线匝道，原则上均采用单一出入口，在主线或被交线分、合流匝道段落，其处理方法同方案一。

立交主线桥上跨西铜一级公路，上部结构为 5 联 [6×20,7×20,20+30+20,10×20,9×20(m)] 整体现浇钢筋混凝土连续箱梁，全长 716m，下部结构与方案一相同。匝道桥共设 6 座，总长 1 099m，其上部结构和下部结构采用形式也与方案一相同。另外，立交范围内农耕路的改移工程量远较方案一大，且设圆管涵 7 道，计长 155m。天然气管道护槽 4 处，计长 100m。光缆管道护槽 3 处，计长 241m。

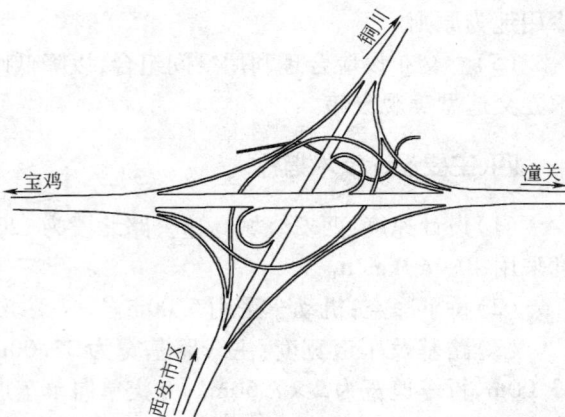

（二）立交方案比选

上述两个方案的技术经济指标见表 5-4-20。

图 5-4-43　方案二平面图

技术经济指标比较表　　表 5-4-20

比较指标		单 位	方 案 一 变形涡轮型互通式立交	方 案 二 变形苜蓿叶型互通式立交
技术指标	F	公顷	34.07	31.40
	L_1	km	7.11	5.44
	L	km	8.40	8.40
	S_1	m²	48 792.87	31 106.98
	S	m²	113 340.31	114 219.87
	L_0	m	11 450.4	8 785.2
	W	m³	448 780	447 779
使用指标	$T_左$	s	267	349
	$T_右$	s	181	179
	$T_左+T_右$	s	448	528
	$t_左$	s	341	408
	$t_右$	s	236	234
	$t_左+t_右$	s	577	642
经济指标	C	万元	13 639.6	10 901.1
	A	万元	293.75	278.54
	B	万元	1 016.36	1 195.76
	$A+B$	万元	1 310.11	14 74.30
比较结果			推荐方案	

664

对上述两个方案说明和表 5-4-20 进行比较分析如下。

方案一的优点:(1)三个左转主流方向均采用半定向式匝道,行车条件较好,左转绕行距离较短,运行时间较短;(2)结构紧凑,气势宏伟,匝道半径较大;(3)通行能力较高,行车安全;(4)车辆营运费用较低。缺点:匝道较长,桥梁较多,造价和养护费用较高,占地较多,高差较大。

方案二的优点:(1)外形简单,基本对称,造型美观,行车视距条件较好;(2)匝道和桥梁长度、造价和养护费用都较方案一低。缺点:(1)左转匝道运行时间长,特别是西安至宝鸡方向左转交通量最大,采用环圈式匝道,转弯半径小,绕行路线长,影响通行能力;(2)营运费用较高;(3)构造物较多,造价较高。

综上所述,方案二较方案一造价和养护费用低,但方案一营运成本较方案二低,在立交使用期限内可补偿多投资的费用,且方案一使用质量好,更能满足该立交的交通功能,以及考虑到吕小寨立交特殊的政治和经济意义,故推荐采用方案一。

第五章　道路与铁路、乡村道路及管线交叉

第一节　道路与铁路交叉

道路与铁路交叉不存在互通问题，所以无需设置连接道，形式简单。道路与铁路交叉分为平面交叉（又称道口）和立体交叉两种。

一、设置条件与位置选择

1. 设置条件

一般根据道路和铁路的等级、交通量（年客货量）、安全、经济等因素综合确定是采用平面交叉还是立体交叉。原则上应优先考虑设置立体交叉。

高速公路、一级公路和快速路与铁路交叉时，必须设置立体交叉。道路同准高速铁路、路段旅客列车设计速度为 140km 的Ⅰ级铁路交叉，也必须设置立体交叉。其他各级道路与铁路交叉，符合下列情况之一者，应设置立体交叉：

（1）设计速度为 80km/h、60km/h 的二级公路同铁路交叉时；

（2）公路同路段旅客列车设计速度为 120km/h 的铁路交叉时；

（3）交通运输繁忙或具有重要意义的省道等干线公路与铁路交叉时；

（4）铁路有大量调车作业且对公路车辆、行人时间延误严重时；

（5）地形条件适宜修建立体交叉而工程规模相对较小时；

（6）受地形等条件限制，采用平面交叉会危及行车安全时。

2. 位置选择

交叉位置应按以下原则选定。

（1）道路与铁路交叉宜选在双方均为直线的地段，或平、纵线形技术指标高且通视良好的地段。立体交叉的位置或平面的道口不得设置在铁路站场、道岔、桥头、隧道洞口及有调车作业的地段附近。

（2）道路与铁路交叉的交叉角以正交为宜。必须斜交时，交叉角不应小于 45°。

（3）高速公路、一级公路同铁路立体交叉，在考虑铁路立交桥设置要求的同时，其立体交叉应符合该路段公路平、纵线形设计总体布局，使线形连续、均衡、顺适，不得在该局部地段降低技术指标。

（4）平面交叉的道口应设置在汽车瞭望视距不小于表 5-5-1 规定值的地点，瞭望视距为汽车驾驶者在距道口相当于该级公路停车视距并不小于 50m 处，能看到两侧铁路上火车的范围。

汽　车　瞭　望　视　距 　　　　表 5-5-1

路段旅客列车设计行车速度(km/h)	140	120	100	80
汽车瞭望视距 L_0(m)	470	400	340	270

（5）尽量利用高路堤或深路堑作为立体交叉。

二、道路与铁路平面交叉设计要点

道路与铁路平交道口的设计内容包括：道口设置地点、线形、相交角度、路面结构、视距、交通标志等方面。

1. 交叉位置

道路与铁路交叉的地点，应选在铁路股道数最少，并且远景也不会再增加新轨新线或发展为编组站的地点，不应设在铁路站场范围内，也不宜设在铁路通视条件不符合行车安全要求的线上。

2. 相交道路平面线形

道路与铁路平面交叉应选在铁路与道路的直线段，且保证直线段长度从钢轨外缘算起不得小于 30m。

道路中心线与铁路中心线的相交角度应尽量呈直角，如有困难也不宜小于 45°。这样，车辆行驶距离短，通过时间少，通过能力大，且较安全。

3. 平面视距

在无人看守或未设置自动信号的道口，为了行车安全，应保证各级道路的停车视距要求，并且在距离交叉口不得小于 50m 的范围内就能看到两侧不小于表 5-5-1 规定距离以外的火车。在视距三角形范围内（图 5-5-1），所有一切障碍物都必须清除干净，以保持良好的通视条件。

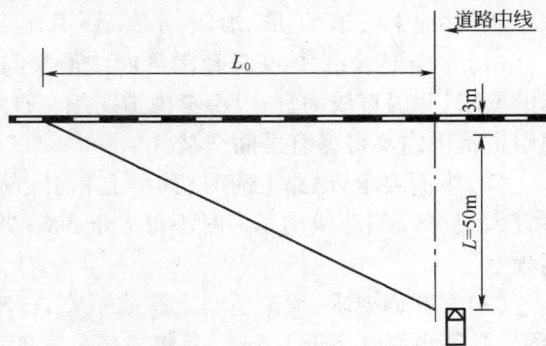

图 5-5-1　视距三角形

4. 相交道路的纵断面线形

为保证道路上行驶车辆停车方便与安全，在道口两侧钢轨外侧应有一段缓坡，其坡度为大于最小排水纵坡的平缓纵坡，该坡度应向道口两侧排水，以避免雨水流向铁路中心。缓坡地段的长度视道路上坡或下坡和通行车辆种类而定。当为上坡时，缓坡段的长度（从钢轨外侧边缘至竖曲线距离）一般为 16m，若通行铰接车或拖挂车应为 20m；若为下坡时，缓坡段长度至少为 18m，通行铰接车最好为 25m。紧接缓坡段的道路纵坡，一般情况下宜小于 2% ~3% ，对于汽车与自行车混合行驶的道路 <2.5% ，困难地段最大纵坡 <3.5% ；机动车纵坡 <5% 。坡长按有关道路等级的规定值取用。

5. 相交道路横断面标准

（1）平交道口前后道路路段宽度

道路与铁路平交道口前后道路的宽度应适当加宽，除车行道外还要考虑车辆停车等候时所需的宽度。机动车、非机动车和行人宜分开布置与通过，可缩短通过道口的时间，并更加安全与增加通过量。

（2）道口的宽度

道口宽度，在郊外道口不小于相交道路的宽度。若道口位于城市内，还要考虑设置人行道，其宽度可按人流量进行计算，在特殊困难情况下，人行道宽度也不得小于1.5m。

当道口宽度超过20m时，为便于安装道口栏，道口两侧的道路可改为双幅路或三幅路的横断面形式，其分离长度按道口封闭时间道路上被阻的车辆数进行计算确定，并注意把平面线形衔接好。

6．道口路面

道口处铁路钢轨两侧2～20m的范围内（包括钢轨之间），道路应铺砌坚固又易于翻修的路面（如预制混凝土块、条石等），并与轨顶同高。对于通行电气机车或其他通有电路的钢轨，为避免电路发生短路和触电危险，道口路面应高出钢轨顶面约2cm。

7．交通标志

为了行车安全，在道口处应设置交通管理设施，如信号灯、活动栏木（由铁路部门负责设置），道路部门应在接近交叉口处设置标线、标志牌。

三、道路与铁路立体交叉设计要点

道路与铁路立体交叉形式有道路上跨和下穿两种。选用时应根据道路总体规划，并考虑瞭望条件、地下设施、地形、地质、水文、环境、施工等因素综合比较后确定。

（1）平面要求：立体交叉范围平面线形及与桥头直线距离应分别符合道路与铁路路线设计的要求，并以直线为宜；可不考虑道路超车视距要求，但二、三、四级公路应满足会车视距；道路引道范围内不得另有平面交叉。

（2）纵面要求：道路上跨时，其桥上和引道纵坡应符合道路有关规定。道路下穿时，纵坡不宜大于4%；当非机动车多时不得大于3%；当机动车与非机动车分离行驶时，二者可在不同高程上。

（3）横断面要求：无论道路上跨或下穿，行车道宽度都不应缩减；人行道宽度可视人流量而定，但每侧不应小于1.5m。各组成部分宽度发生变更时应在引道上设置过渡段，其外边缘渐变率为1/30～1/15。

（4）净空要求：道路上跨时，跨线桥的孔径应根据地形、地质情况和桥下净空要求等确定。桥下净空高度应为1 435mm 符合《标准铁路轨距建筑限界》的有关规定。

当道路下穿时，铁路跨线桥桥下净空的宽度应包括该道路横断面的所有组成部分。净高应符合道路建筑限界的规定。三、四级公路行车道部分的净高不应小于5.0m。

（5）路基路面要求：道路的路面应铺筑次高级以上路面。下穿的道路应考虑地面水、地下水、毛细水和冰冻作用对路基强度和稳定性的影响，并采取相应措施。

（6）排水要求：立体交叉范围内的排水设计，应对铁路的排水系统和公路的排水系统进行综合考虑，合理设置，自成体系，不得妨碍既有排水系统的功能。

第二节　道路与乡村道路交叉

乡村道路泛指位于村镇之间供机动车、非机动车及行人通行的非等级道路。乡村道路分为机动车通行道路和非机动车与行人通行道路两类,其中前一类又可分为通行汽车道路和通行农机的机耕道路两种。与乡村道路交叉主要是对公路而言,城市道路一般不与其交叉。

一、交叉间距

各级公路与乡村道路交叉,其间距应对地方道路现状和规划及经济发展进行认真调查后确定。一般应根据公路等级对交叉有所控制,充分考虑沿线土地开发、群众生产和生活需要,兼顾交叉对公路通行能力、服务水平和投资的影响,确定合适的交叉间距。

高速公路、一级公路与乡村道路交叉时,其间距应根据路线总体设计而定,必要时合并相邻乡村道路,减少交叉数量。在乡村道路密集地区,当公路交通量较大时,可采取设置分隔带和辅道等必要措施,减少交叉的数量及隔离非机动车交通,以提高公路的通行能力和服务水平。

二、交叉形式

(1)高速公路、一级公路与乡村道路交叉时,必须设置立体交叉,即通道或大桥。二、三、四级公路同乡村道路交叉时,应设置平面交叉。地形条件有利或公路交通量大时亦可设置立体交叉。城镇或人口稠密的村落或学校附近宜设置专供行人通行的人行地道或人行天桥。

(2)乡村道路、公路相交,符合下列情况者应对乡村道路进行改线。改线段的平、纵技术指标不应低于原有乡村道路,并不得采用四级公路的极限值。

①交叉角小于45°。

②按规划或交叉总体设计对交叉予以合并或调整交叉位置。

③交叉处的地形、地质、视距或原乡村道路平面线形不适宜设置交叉。

④设置交叉造成工程量增加较多。

三、平面交叉设计要点

(1)平面交叉以正交为宜,当必须斜交时,交叉角应大于45°。

(2)交叉处公路两侧的乡村道路直线长度应各不小于20m。

(3)交叉处公路两侧应分别设置不小于10m的水平段。紧接水平段的纵坡不应大于3%,困难地段不应大于6%。

(4)平面交叉处应使驭手或驾驶者在距交叉处20m时,能看到两侧二、三级公路停车视距并不小于50m范围内的汽车,见图5-5-2。视线范围内不得有障碍物。

(5)经常有履带耕作机械通行时,交叉范围内的公路路面、路肩应进行加固。

公路路基边缘外侧的乡村道路应各有不小于10m的加固段。

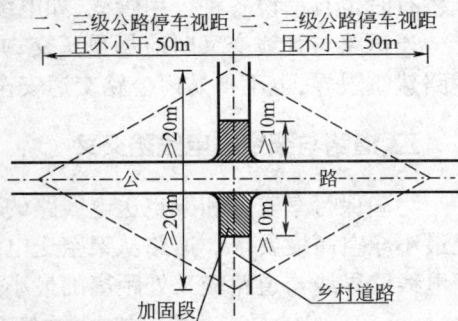

图 5-5-2 乡村道路平面交叉视距三角形和加固段

四、立体交叉构造

(1)交叉方式:应根据地形及公路纵断面设计等情况而定。平原地区一般以乡村道路下穿（又称通道）主要公路为宜；丘陵和山区则应利用有利地形，合理确定上跨或下穿方式。当条件适宜时，亦可利用平时无水或流量很小的桥涵作通道，并进行相应的工程处理。

（2）横断面及净空：乡村道路横断面宽度、组成和净空应根据通行种类和实际需要确定。

当乡村道路通行汽车或农机时，交叉处净宽应根据交通量和通行农机类型选用。通道和天桥净宽分别按6m和4.5m或7.0m选用，且应考虑排水设施所需宽度。汽车通道的净高不得小于3.2m；机耕通道不得小于2.7m。当乡村道路仅通行行人时，人行地道和天桥净宽分别不得小于4m和3m，人行地道净高不小于2.2m。无论通行何类交通，乡村道路上跨主要公路时，桥下净宽和净高都应符合公路有关规范的规定。

（3）排水与标志：交叉处排水应通畅，当以下挖方式修建通道时，应使纵断面最低处高于地下水位0.5m，并使暴雨时的积水能向低洼处或河流排泄，以免通道积水。公路与乡村道路交叉处应设置必要的交通标志。

第三节　道路与管线交叉

不论城市或乡村，常有各种管线，从道路上空跨过、或从路面下穿过、或利用交叉口跨线桥通过，形成道路与各种管线交叉的问题。为了保证道路交通安全和不损坏道路设施，也为了保护各种管线得到正常的使用，对道路管线的交叉应有合理的设计布置。

一、管线类型

（1）按照管线的性质和用途，可分为管道、电缆和渠道三大类。

管道主要有给水管、污水管、雨水管、燃气管、暖气管、输油管等；电缆包括电力线、电信线、无轨电车及地铁电力线等；渠道主要指渡槽等。

（2）按照管线的布设位置，分为地下埋设和空中架设、桥上铺设三种。

一般管道都敷设在地面以下，称为地下管道，如给水管、雨水管、污水管、煤气管、暖气管、输油管等；空中架设的有地上杆线（电力、电信线）、地上管道（石油管道、天然气管道等）；沿跨线桥有时也有铺设各种公用管线，如电缆、给水管、暖气管等，但不容许铺设污水管。

当道路与管线交叉时应尽量正交，必须斜交时交叉角不宜小于45°，各种管线均不得侵入道路建筑限界，也不得妨碍公路交通安全和损害公路设施。

二、道路与架空送电线路交叉

为确保行车安全和架空送电线路的正常使用，架空送电线路须按行业规范合理布置，并满足最小净空高度要求。道路从架空送电线路下穿过时，应从导线最大弧垂与杆塔间通过，并使送电线路导线与道路交叉处距离的最小垂直距离不小于表5-5-2中数值。

架空送电线路导线距路面的最小垂直距离　　　　　　　　　表5-5-2

架空送电线路标称电压(kV)	110	220	330	500
距路面最小垂直距离(m)	7.0	8.0	9.0	14.0

三、道路与地下管线交叉

道路与地下管线交叉时，应以地下管网规划为依据，并应近远期结合，对各种管线综合考虑,合理确定其位置与高程。

对重要平面交叉、立体交叉、广场或水泥混凝土等刚性路面下,应预埋过街管或预留沟,其结构强度应满足道路施工荷载和路面行车荷载的要求。

(1)埋式电缆:埋式电缆有电力和电信电缆两种。

对埋式电力电缆应该用管道保护,管顶到路面基底的深度应不小于1.0m。对埋式电信电缆,二级以上公路应用管道保护,管顶到路面基底的深度一般不小于1.0m,受限制时应不小于0.8m;三、四级公路不需管道保护,缆顶到路面基底不小于0.8m,受限制时应不小于0.7m。埋式电缆距排水沟底应不小于0.5m。

(2)地下管道:公路与原油、天然气输送管道交叉时,应取垂直交叉。必须斜交时,交叉角不应小于60°。

公路与原油、天然气输送管道接近时,油、气管道防护带外缘距公路用地范围外侧边缘线之间必须留足表5-5-3规定的安全距离。

公路与油、气管道接近时安全距离　　　　　　　　表5-5-3

管　　道	高速公路一级公路	二、三、四级公路		
		路基	大、中桥	小桥
输油管道(m)	100	10	100	50
输气管道(m)	100	20	100	50

四、道路与渠道交叉

无论是地上渡槽或渠道,与道路都宜正交,必须斜交时其交叉角应不小于45°。

上跨道路的渡槽底面距路面高度大于等于5m,渡槽墩台应与车行道部分保持足够的安全距离。下穿的渠道按涵洞要求设计。

五、沿跨线桥铺设

利用跨线桥通过交叉口的管线是铺设在桥跨结构的空洞或多余空间位置,并支承在结构的承重构件上,不应损害桥跨结构物的艺术外形,同时要便于对管线的平时维修和检查。

各种管线跨越(穿越)公路的设施,不得侵入公路建筑限界,不得妨碍公路交通安全、损害公路设施,也不得对公路及其设施形成潜在威胁。

各种管线工程设施与公路交叉或接近时,应符合表5-5-4规定的要求。

各种管线、公路交叉或接近的基本要求　　　　　　　　表5-5-4

项目	电信线		架空送电线路							原油、天然气输送管道	
	明线线路	埋式电缆	3kV以下	3~10kV	35~66kV	110kV	220kV	330kV	500kV	跨越工程	穿越工程
导线或地线在跨越档内接头	—		高速公路和一、二级公路:不得接头; 三、四级公路:不限制			高速公路和一级公路:不得接头; 二、三、四级公路:不限制				—	
交叉角	应正交 斜交时应≥45°		宜正交 斜交时应大于45°							应正交 斜交时不应小于60°	

项目	电　信　线		架空送电线路							原油、天然气输送管道	
	明线线路	埋式电缆	3kV 以下	3~10kV	35~66kV	110kV	220kV	330kV	500kV	跨越工程	穿越工程
最小垂直距离（m）	距路面 ≥5.5		距路面 6.0 ┃ 7.0 ┃ 7.0 ┃ 7.0 ┃ 8.0 ┃ 9.0 ┃ 14.0 ┃							石油管道底距路面≥5.5 天然气管道底距路面≥6.0	管顶距路面基底≥1.0 管顶距边沟沟底≥0.5
最小水平距离（m）	应设在公路用地范围以外 ≥1.0		应设在公路用地范围以外 1.0 ┃ 1.5 ┃ 　 条件受限制时 0.5 ┃ 0.5 ┃ 5.0 ┃ 5.0 ┃ 5.0 ┃ 6.0 ┃				交叉:8.0 平行:最高杆(塔)高 高速公路、一级公路:15.0 二、三、四级公路:8.0				高速公路、一级公路： 油、气管道应大于100 二、三、四级公路： 油、气管道距大、中桥应大于100 油、气管道距小桥应大于50 输油管道距公路用地界边缘应大于10 天然气输送管道距公路用地界边缘应大于20	

第六篇　道路工程施工组织及概预算

第一章　道路施工组织概论

第一节　道路施工组织设计的地位

公路运输在整个交通运输业中占有较大比重。它具有机动、灵活、直达、迅速、适应性强、服务面广的特点,在社会主义现代化建设中发挥着巨大的作用,并且具有良好的发展前景。

道路工程施工组织设计是组织施工、指导施工活动以及保证道路基本建设工作正常进行的重要技术经济文件;是围绕一个工程项目或某一单项工程,规划整个施工进程、各施工环节相互关系的战略性或战术性部署。编制和在贯彻过程中不断完善施工组织设计是合理组织施工,保证施工企业经营管理顺利进行的一项重要措施。

道路基本建设的特点是线路长、工程大、面广而分散,是一项十分复杂的生产活动。一条道路施工,是由很多工程组成的,随着地形、地质、水文、气象、交通、工期等条件的不同,而构成错综复杂的施工顺序、施工方法、运输方法、机具配备等不同的施工方案。除了基本作业活动以外,还要组织安排准备作业、辅助作业(临时工程)、附图企业、材料运输以及生活福利设施的修建等工作,就增加了施工活动的复杂性。要正确地处理人与物、空间与时间、天时与地利、工艺与设备、使用与维修、专业与协作、供应与消耗等各种矛盾,必须要有严密的组织与计划,必须根据各项具体的技术、经济条件,从全局出发,从许多可能的方案中选出比较合理的方案,对施工各项活动作出全面部署,这就需要施工组织设计来解决。只有这样,才能全面地、有计划地、合理地把参加施工的全部人力和物力科学地组织起来,建立良好的施工秩序,保证人尽其才,物尽其用,多、快、好、省地完成道路基本建设任务。

施工组织设计把整个施工技术作业过程的所有环节都联系到一定的技术作业环节中,在集中统一领导下,合理确定各项技术作业间的关系,确定在什么时候、按什么顺序、用什么方法及工具来完成施工任务。施工组织得好,可使工地上的工人、机具、材料能够各得其所,以最少的消耗、最快的速度,取得最好的效果;如组织得不好或没有施工组织设计,就会打乱施工顺序,违反操作规程,互相牵扯、干扰,甚至造成停工、窝工,降低工程质量,延误施工期限,造成人力、物力、财力的巨大浪费。

施工组织设计除安排和指导施工外,又是体现设计意图,督促检查工作及编制、预算的依据。一经批准成立,即为国家制订道路基本建设修建计划,安排投资和施工力量的依据。因此,施工组织设计必须具备下列性质:

（1）合理性。确定的原则和事项即符合当前施工队伍的技术水平和装备能力，又具备一定的先进水平，通过努力是可以达到的。

（2）严肃性。一经签订成立，即具有法定效力，必须严格执行，不得任意违背，如遇特殊情况必须变更时，须提出理由报请原批准单位审查批准后方得修改。

（3）实践性。编制的原则和依据不是一成不变的，应贯彻从实际出发认真调查研究的工作方法。施工组织设计应随着工人熟练程度及劳动生产率的提高，施工方法的改善，新工具、新设备的出现而不断改变，它与长期不变的结构设计是不同的。

一、道路建设的内容

公路运输业是一个特殊的物质生产部门。在公路运输生产中必须拥有公路工程构造物作为劳动资料，亦即，路线、桥涵等构造就是固定资产。公路建设就是为公路运输业提供或更新诸如路线、桥涵、隧道等固定资产的。

公路建设的内容，按其任务与分工不同可以分为以下三方面。

1. 公路工程的小修、保养

公路工程构造物在长期使用过程中，受到行车和自然因素的作用而不断损坏，只有通过定期和不定期的维修保养，才能保证固定资产的正常使用，保持运输生产不间断地进行，使原有生产能力得到维持。所以，公路工程的小修、保养是实现固定资产简单再生产的重要手段之一。

2. 公路工程大、中修与技术改造

由于受到材料、结构、设备等功能方面的制约，必然使公路各组成部分具有不同的寿命期。因此，固定资产尽管经过维修，也不可能无限期地使用下去，到一定年限某些组成部分就会丧失功能，这时就需要进行固定资产的更新工作。公路工程大、中修这种固定资产的更新，一般是与公路的技术改造相结合进行的（如局部改线，改造不合标准路段，提高路面等级等）。通过这种更新与技术改造来提高公路的通过能力，实现固定资产简单再生产和部分扩大再生产。

3. 公路工程基本建设

为了适应生产和流通发展的需要，必须通过新建、改建、扩建和重建公路等四种基本建设形式来实现固定资产扩大再生产，达到不断扩大公路运输能力的目的。

公路建设通过固定资产维修、固定资产更新和技术改造、基本建设三条途径来实现固定资产的简单再生产和扩大再生产。它们之间既有相同之点，又有区别之处。所谓相同之点是：首先，它们都是我国固定资产再生产不可缺少的组成部分，都是高速发展社会主义现代化建设事业的必要手段；其次，都需要消耗一定数量的人力、财力和物力。所谓区别之处主要表现在：第一，资金来源不同；第二，管理方式方法不同；第三，任务与分工不同。

目前，公路建设的固定资产再生产的资金来源是：凡属固定资产的维修、固定资产的更新和技术改造资金，由交通经费即养路费开支；而扩大再生产中的新建公路和新建独立大桥等由基本建设投资开支。基本建设资金主要有国家预算拨款、银行贷款、经国家批准的自筹资金以及国外贷款等。

公路建设固定资金再生产的管理方式是：公路小修保养由养护部门自行安排和管理；公路大中修工程由养护部门提出计划报上级主管部门批准后，自行管理和安排；对于新建、改建、扩建、重建的公路工程一般由地方(省、市)政府主管部门下达任务,对其中列入基本建设投资的必须纳入全国统一的基本建设计划,一切基本建设活动必须按照国家规定和要求进行管理,一切基本建设资金活动必须通过中国人民建设银行进行拨款监督和办理结算。公路建设中凡由养路费开支的项目的建设资金,也应由中国建设银行拨款和办理结算。

公路建设部门是指在国民经济中从事公路工程建筑、安装、养护的社会主义物质生产部门。

二、道路建设的特点

公路工程施工的特点是由公路建筑产品的特点决定的。公路工程是呈线性分布的一种人工构筑物,通过勘察设计和施工,消耗大量资源(人力、物力、财力)而完成的公路建筑产品。和工业生产相比较,公路建设同样是一系列资源投入产出的过程,其施工生产的阶段性和连续性,组织上的专门化和协作化是一致的。但公路建筑产品具有许多不同点,主要是产品的形体庞大,复杂多样,整体难分,不能移动,由此而引出公路施工的流动性、单体性、生产周期长、易受气候影响和外界干扰等特点。这些特点,对公路施工组织与管理影响很大。

1. 公路建筑产品的特点

(1)产品的固定性。公路工程的构造物固定于一定的地点不能移动,只能在建造的地方供长期使用。

(2)产品的多样性。由于公路的具体使用目的、技术等级、技术标准、自然条件以及功能不同,而使公路的组成、结构千差万别,复杂多样。

(3)产品形体庞大性。公路工程是线性构造物,其组成部分形体庞大,占用土地及空间多。

(4)产品部分结构的易损性。公路工程构造物受行车作用及自然因素之影响,其暴露于大自然的部分以及直接受行车作用的部分,极易损坏。

2. 公路施工的技术经济特点

由于公路建筑产品具有上述特性,因此在其产品(工程)的施工过程有如下的技术经济特点。

(1)施工流动性大。公路建设线长点多,工程数量分布不均匀,其构造物在建造过程中和建成后都无法移动。由于其产品的固定性和严格的施工顺序,因而要组织各类工作人员和各种机械围绕这一固定产品,在同一工作面不同时间,或同一时间不同工作面上进行施工活动,因此需要科学地解决这种空间上的布置和时间上的安排两者之间的矛盾。此外,当某一公路工程竣工后,还要解决施工队伍向新的施工现场转移问题。

公路施工的流动性,给施工企业的生产管理和生活安排带来很大影响,例如施工基地的建立、施工组织形式、施工运输的经济合理等问题。

(2)施工协作性高。公路工程类型多,施工环节多,工序复杂,每项工程又具有不同功能,不同的施工条件,使每项工程不仅要进行个别设计,而且要个别组织施工。每项工程都涉及建设、设计、施工等单位的密切配合,需要材料、动力、运输等各个部门的通力协作,因此,施工过程中的综合平衡和调度,严密的计划和科学管理就显得特别重要。

(3)施工周期长。公路工程包括路基、路面、桥梁、涵洞、隧道等工程,产品形体特别庞大,产品固定而又具有不可分割性，使得施工周期长，在较长时间内大量占用和耗费人力、物力和财力，直到整个施工周期完结，才能出产品。

在施工过程中，各阶段、各环节必须有条不紊地组织起来，在时间上不间断，空间上不脱节。如果施工的连续性受到破坏或中断，必然会拖延工期，大量占用资金，造成人力、物力、财力的浪费。所以，要求我们统筹安排，遵守施工程序，合理地、科学地组织施工。

（4）受外界干扰及自然因素影响大。公路工程施工大部分是露天生产，因此，受自然条件的影响很大，如气候冷暖、地势高低、洪水、雨雪等。设计变更、地质情况、物资供应条件、环境因素等对工程进度、工程质量、成本等都有很大影响。而且，由于公路部分结构的易损性，需不断进行维修养护，才能维持正常的使用性能。

公路建设的这些特点，决定了公路施工活动的特有规律，研究和遵循这些规律，对科学地组织与管理公路工程施工，提高公路建设的经济效益具有重要意义。

第二节　道路工程基本建设

基本建设，是指固定资产的建筑、添置和安装，是国民经济各部门为了扩大再生产而进行的增加固定资产的建设工作。具体来讲，就是把一定的建筑材料、设备等，通过购置、建造和安装等活动，转化为固定资产的过程，诸如工厂、矿山、公路、铁路、港口、学校、医院等工程的建设，以及机具、车辆、各种设备等的添置和安装。

公路工程基本建设是通过勘察、设计和施工，以及有关的经济活动来实现。按项目性质可分为新建、扩建、改建和重建，其中新建和改建是最主要的形式；按经济内容可分为生产性建设和非生产性建设；按项目规模可分为大型、中型和小型。大、中、小型项目是按项目建设总规模和总投资确定的，国家对建设项目的大、中、小型划分标准有明文规定。

一、基本建设内容及其构成

1. 基本建设内容

公路基本建设活动的内容构成主要有三部分。

（1）建筑安装工程。①建筑工程，如路基、路面、桥梁、隧道、防护工程、沿线设施等。②设备安装工程，如高速公路、大型桥梁所需各种机械、设备、仪器的安装、测试等。

（2）设备、工具、器具的购置。

（3）其他基本建设工作，如勘察、设计及与之有关的调查和技术研究工作，征用土地、青苗补偿和安置补助工作等。

2. 基本建设构成

每项基本建设工程，就其实物形态来说，都由许多部分组成。为了便于编制各种基本建设的施工组织设计和概预算文件，必须对每项基本建设工程进行项目划分。基本建设工程可依次划分为：基本建设项目、单项工程、单位工程、分部工程和分期工程。

（1）基本建设项目（简称建设项目）。每项基本建设工程，就是一个建设项目。建设项目一般是指有总体设计，经济实行独立核算，行政上具有独立组织形式的建设单位。在我国基本建设工作中，通常以一个企业、事业单位，或一个独立工程作为一个建设项目，如运输建设方面的一条公路、一条铁路、一个港口；工业建设方面的一个矿井等。

（2）单项工程（又称工程项目）。它是建设项目的组成部分。一个建设项目,可以是一个单项工程,也可以包括许多个单项工程。所谓单项工程是具有独立的设计文件,竣工后可以独立发挥生产能力或效益的工程,如某公路建设项目中的某独立大、中桥梁工程,某隧道工程等。

（3）单位工程。是单项工程的组成部分,一般指不能独立发挥生产能力（或效益）,但具有独立施工条件的工程。如某隧道单项工程,可分为土建工程、照明和通风工程等单位工程;一条公路可分为路线工程、桥涵工程等单位工程。

（4）分部工程。是单位工程的组成部分,一般是按照单位工程的各个部位划分的,例如基础工程、桥梁上下部工程、路面工程、路基工程等。

（5）分项工程。是分部工程的组成部分,是按照工程的不同结构、不同材料和不同施工方法等因素划分的,如基础工程可划分为围堰、挖基、砌筑基础、回填等分项工程。分项工程的独立存在是没有意义的,它只是建筑或安装工程的一种基本的构成因素,是为了组织施工以及为确定建筑安装工程造价而设定的一种产品。

二、基本建设程序和投资

1. 基本建设程序

基本建设项目在整个建设过程中各项工作的先后顺序,称为基本建设程序。这个程序是由基本建设进程的客观规律（包括自然规律和经济规律）决定的。

基本建设涉及面广,它受到地质、气候、水文等自然条件和资源供应、技术水平等物质技术条件的严格制约,需要内外各个环节的密切配合,并且要求按照符合既定需要和有科学根据的总体设计进行建设。一般地说,公路基本建设的程序应当是:根据国民经济长远规划及布局所确定的公路网规划,提出项目建议书;通过调查,进行可行性研究,编制可行性研究报告;经批准后进行初测及初步设计;经批准后,列入国家年度基本建设计划,并进行定测及编制施工图;经批准后组织施工;完工后,进行竣工验收,最后交付使用。这些程序必须循序渐进,不完成上一环节,就不能进入下一阶段。如没有可行性研究报告就不能盲目设计,没有设计就不能施工,工程不经竣工验收合格就不能交付使用等,否则就会造成不必要的经济损失和不良后果。

现将公路工程基本建设程序的具体内容分述如下。

（1）项目建议书

根据发展国民经济的长远规划和公路网建设规划,提出项目建议书。项目建议书是进行各项准备工作的依据。对建设项目提出包括目标、要求、原料、资金来源等的文字设想说明,作为进行可行性研究的依据。

（2）可行性研究

根据发展国民经济的长远规划和公路网建设规划以及项目建议书,对建设项目进行可行性研究,以减少项目决策的盲目性,使建设项目的确定具有切实的科学性和经济合理性。国务院发［1981］3号文《关于加强基本建设计划管理,控制基本建设规模的若干规定》中明确指出:"所有新建、扩建的大、中型项目以及所有利用外资进行基本建设的项目都必须有可行性研究报告"。交通部颁布的《公路工程基本建设管理办法》中也明确规定可行性研究应作为公路工程基本建设程序的首要环节,并于1982年11月制定了《公路工程可行性研究试行办法（草案）》。在1988年6月重新制定的《公路可行性研究报告编制方法》中规定大中型、高等级公路及重点工程建设项目（含国、边防公路）均应进行可行性研究，小型项目可适当简化。

国家计划委员会（计投资［1991］1969 号）文件规定：将现行国内投资项目的设计任务书和利用外资项目的可行性研究报告统一称为可行性研究报告，取消设计任务书的名称。

公路可行性研究按其工作深度，分为预可行性研究和工程可行性研究。编制预可行性研究报告，应以国民经济与社会发展规划、路网规划和公路建设五年计划为依据，重点阐明建设项目的必要性。通过踏勘和调查研究，提出建设项目的规模、技术标准，进行简要的经济效益分析，经审批后作为编制工程可行性研究报告的依据。编制工程可行性研究报告，应以批准的预可行性研究报告和项目建议书（或省、自治区、直辖市及计划单列市级单位的委托书）为依据，通过必要的测量（高等级公路必须做）、地质勘探（大桥、隧道及不良地质地段等），在认真调查研究、占有必要资料的基础上，对不同建设方案从经济上、技术上进行综合论证，提出推荐建设方案，经审批后作为测量以及编制初步设计文件的依据。工程可行性研究的投资估算与初步设计概算之差，应控制在 10% 以内。

公路建设项目可行性研究报告的主要内容包括：建设项目依据、历史背景；建设地区综合运输网的交通运输现状和建设项目在交通运输网中的地位及作用；原有公路的技术状况及适应程度；论述建设项目所在地区的经济特征，研究建设项目与经济发展的内在联系，预测交通量、运输量的发展水平；建设项目的地理位置，地形、地质、地震、气候、水文等自然特征；筑路材料来源及运输条件；论证不同建设方案的路线起讫点和主要控制点、建设规模、标准，提出推荐意见；评价建设项目对环境的影响；测算主要工程数量、征地拆迁数量，估算投资，提出资金筹措方式；提出勘测、设计、施工计划安排；确定运输成本及有关经济参数，进行经济评价、敏感性分析。收费公路、桥梁、隧道尚需作财务分析，评价推荐方案，提出存在问题和有关建议。

（3）设计文件

设计文件是安排建设项目、控制投资、编制招标文件、组织施工和竣工验收的重要依据。设计文件的编制必须坚持精心设计，认真贯彻国家有关方针政策，严格执行基本建设程序的规定。

公路工程基本建设项目一般采用两阶段设计，即初步设计和施工图设计。对于技术简单、方案明确的小型建设项目，可采用一阶段设计，即一阶段施工图设计；技术复杂而又缺乏经验的建设项目或建设项目中个别路段、特殊大桥、互通式立体交叉、隧道等，必要时采用三阶段设计，即初步设计、技术设计和施工图设计。

初步设计应根据批准的可行性研究的要求和初测资料，拟定修建原则，选定设计方案，计算主要工程数量，提出施工方案的意见，编制设计概算，提供文字说明及图表资料。初步设计文件经审查批准后，是国家控制建设项目投资及编制施工图设计文件或技术设计文件（采用三阶段设计时）的依据，并且为订购和调拨主要材料、机具、设备、安排重大科研试验项目，征用土地等的筹划提供资料。

技术设计应根据批准的初步设计和补充初测（或定测）资料，对重大、复杂的技术问题通过科学试验、专题研究，加深勘探调查及分析比较，解决初步设计中未能解决的问题，落实技术方案，计算工程数量，提出修正的施工方案，编制修正设计概算。经批准后作为编制施工图设计的依据。

一阶段施工图设计应根据批准的可行性研究和定测资料,拟定修建原则,确定设计方案和工程数量,提出文字说明和图表资料以及施工组织计划,编制施工图预算,满足审批的要求,适应施工的需要。

两阶段(或三阶段)施工图设计应根据批准的初步设计(或技术设计)和定测(或补充定测)资料,进一步对所审定的修建原则、设计方案、技术决定加以具体和深化,最终确定工程数量,提出文字说明和适应施工需要的图表资料以及施工组织计划,编制施工图预算。

设计文件必须由具有相应等级的公路勘察设计证书的单位编制,其编制与审批应按交通运输部现行的《公路工程基本建设管理办法》办理。

(4)列入年度基本建设设计

当建设项目的初步设计和概算经上级批准后,才能列入国家基本建设年度计划。建设单位根据国家计委颁发的年度基本建设计划数字,按照批准的可行性研究报告和设计文件,编制本单位的年度基本建设计划,报经批准后,再编制物资、劳动、财务计划。这些计划分别经过主管机关审查平衡后,作为国家安排生产、物资分配、劳力调配和财政拨款(或贷款)的依据,并通过招投标或其他方式落实施工单位。

(5)施工准备

为了保证施工的顺利进行,在施工准备阶段,建设主管部门应根据计划要求的建设进度,指定一个企业或事业单位组织基建管理机构,办理登记及拆迁,做好施工沿线有关单位和部门的协调工作,抓紧配套工程项目的落实,组织分工范围内的技术资料、材料、设备的供应;勘测设计单位应按照技术资料供应协议,按时提供各种图纸资料,做好施工图纸的会审及移交工作;施工单位应组织机具、人员进场,进行施工测量,修筑便道及生产、生活等临时设施,组织材料、物资采购、加工、运输、供应、储备,做好施工图纸的接受工作,熟悉图纸的要求,编制实施性施工组织设计和施工预算,提出开工报告,按投资隶属关系报请交通运输部或省(市)、自治区基建主管部门核准;建设银行应会同建设、设计、施工单位做好图纸的会审,严格按计划要求进行财政拨款或贷款。

(6)组织施工

施工单位要遵照施工程序合理组织施工,施工过程中应严格按照设计要求和施工规范,确保工程质量,安全施工,推广应用新工艺、新技术,努力缩短工期,降低造价,同时应注意做好施工记录,建立技术档案。

(7)竣工验收、交付使用

建设项目的竣工验收是基本建设全过程的最后一个程序。工程验收是一项十分细致而又严肃的工作,必须从国家和人民的利益出发,按照国家建委《关于基本建设项目竣工验收暂行规定》和交通运输部颁发的《公路工程竣工验收办法》的要求,认真负责地对全部基本建设工程进行总验收。竣工验收包括对工程质量、数量、期限、生产能力、建设规模、使用条件的审查,对建设单位和施工企业编报的固定资产移交清单、隐蔽工程说明和竣工决算等进行细致检查。特别是竣工决算,它是反映整个基本建设工作所消耗的全部国家建设资金的综合性文件,也是通过货币指标对全部基本建设工作的全面总结。

当全部基本建设工程经过验收合格,完全符合设计要求后,应立即移交给生产部门正式使用,迅速办理固定资产交付使用的转账手续,加强固定资产的管理。竣工决算上报财政部门批准核销。在验收时,对遗留问题,由验收委员会(或小组)确定具体处理办法,报主管部门批准，交有关单位执行。

养护和大、中修工程，即固定资产的更新与技术改造，原则上也应参照基本建设程序，按交通运输部有关规定执行。

2. 基本建设投资

（1）投资的构成

基本建设投资是由基本建设项目从筹建到竣工验收、交付使用的全部建设费用所构成。凡是新建、改建、扩建和重建的工厂、矿山、交通、水利等工程的建设费用，包括建筑安装工程，设备、工具、器具的购置，其他基本建设费（如征用土地、青苗、拆迁补偿，建设单位管理费，勘察设计费，研究试验费等），预留费用等都作为基本建设投资。

建设项目的四个阶段，即规划与研究阶段、设计阶段、施工阶段和交付使用阶段，每个阶段都贯穿着资金的运动。基本建设投资就是从建设前期的可行性研究费等少量投资开始，到施工期间大量投入资金，直到交付使用后经一定时期收回全部投资为止的一个完整周期内，以货币形式反映基本建设规模的综合指标。

在我国基本建设程序中，随着各个阶段工作深度的不同，计算投资总额的程序和要求不同，其作用也不同。投资前期的可行性研究阶段进行投资估算、经济评价是可行性研究的核心，而投资估算是经济评价工作的基础。投资估算的正确与否直接影响可行性研究经济计算的结果与评价，直接影响可行性研究工作质量。初步设计阶段编制投资概算（初步设计概算），它一经批准即列入年度基本建设计划，作为工程项目投资、贷款的依据。施工图预算的投资额是确定工程造价、签订建筑安装合同、办理工程结算、实行经济核算和考核工程成本的依据。施工阶段进行的施工预算、工程结算以及竣工决算是投资活动后期对实际发生的投资额的计算，它是投资额支付的活动过程，是检查基本建设投资计划，设计概预算执行情况和考核投资效果的重要依据。

（2）我国基本建设投资来源

①国家投资。国家投资是由国家预算直接安排的投资，通过国家财政拨款的方式，根据建设进度分期拨给建设单位，然后用到工程建设上去。

②地方投资。在国家预算安排之外，由各地区、各部门按照国家规定自筹资金安排的投资。这是我国建设投资的一项补充来源。

③银行贷款。银行信贷是以银行为主体，根据信贷自愿的原则，依据经济合同所施行的有偿有息投资，贷款期限一般不超过 10 年。

基本建设贷款，是由国家从财政预算中提供贷款资金，实行先拨后用的原则，交由建设银行按照信贷方式进行分配和管理，借款期限，包括建设期和还款期，一般不超过 15 年。

④国外资金。在国家统一政策的指导下，积极慎重地引进国外的先进技术和国外投资，以弥补我国建设资金的不足，加速我国经济建设的发展。

目前我国可利用的外资来源，主要是从国外以及我国港、澳、台地区借入资金和由投资者直接投资两个方面，大致可归纳为国际金融机构贷款，如世界银行、亚洲开发银行等机构提供贷款；国外政府贷款，即外国政府从预算中拨出资金开展对外援助或促进本国出口贸易而进行的贷款；出口信贷，指西方国家为鼓励资本输出和商品输出而设置的信贷；国际金融市场贷款，指各国商业银行和私人银行利用吸收的外汇存款发放的贷款；合资经营，是由境外合营者提供设备、技术、培训人员，我国合营者提供土地、厂房、动力、原材料、劳动力等，双方按协议计算投资股份,分享利润和承担风险;以及租贷信贷、发放国外债券等。

⑤其他资金来源。如联营投资、股票投资、发行债券等。

我国公路交通运输全面紧张,而公路建设资金又严重不足。在国务院直接领导和支持下,已制定几项发展交通的政策,建立了国家公路建设特别基金:一是提高养路费率;二是增汽车购置附加费;三是允许集资、贷款修建高速公路、独立大桥和隧道等,以收取一定费用偿还本息;四是确定能源、交通基金返还,实行"以工代赈"地方集资等政策和措施,使公路建设部分资金有了长期稳定的来源。

第三节　道路施工组织任务与调查

一、道路施工组织任务

1. 公路施工组织的研究对象

公路施工组织是研究公路建筑产品(一个建设项目或单位工程)生产(即施工)过程中诸要素之合理组织的学科。

要进行生产,就必须要有一定的劳动力、劳动资料和劳动对象,这就是生产的诸要素。生产(施工)就是具有一定生产经验与生产技能的人借助于生产工具以改变劳动对象使之符合人类需要的过程。在这个过程中,人们一方面同自然对象和自然力发生关系,另一方面人们彼此之间也发生一定的关系,即生产力和生产关系。生产诸要素的组织问题,也就是生产力的组织问题。

本学科所涉及的生产力组织问题只是一个具体的建筑产品(建设项目、单位工程等)生产(施工)过程中的生产诸要素,即直接使用的建筑工人、施工机械和建筑材料与构件等的组织问题。

归纳起来说,施工组织研究的是如何根据公路建设的特点,从人力、资金、材料、机械和施工方法这五个主要因素进行科学合理的安排,使之在一定的时间和空间内,得以实现有组织、有计划、均衡地施工,使整个工程在施工中取得时间上耗费少、工期短;质量上精度高、功能好;经济上资金省、成本低。

2. 公路施工组织的任务

公路施工要多、快、好、省地完成施工生产任务,必须有科学的施工组织,合理地解决好一系列问题。其具体任务是:

(1)确定开工前必须完成的各项准备工作;

(2)计算工程数量、合理部署施工力量,确定劳动力、机械台班、各种材料、构件等的需要量和供应方案;

(3)确定施工方案,选择施工机具;

(4)安排施工顺序,编制施工进度计划;

(5)确定工地上的设备停放场、料场、仓库、办公室、预制场地等的平面布置;

(6)制定确保工程质量及完全生产的有效技术措施。

此外,公路工程的施工总方案可以是多种多样的,我们应该依据公路建筑工程具体任务特点、工期要求、劳动力数量及技术水平、机械装备能力、材料供应以及构件生产、运输能力、地质、气候等自然条件及技术经济条件进行综合分析，从几个方案中反复比较，选择出最理想的方案。

把上述各项问题加以综合考虑，并作出合理的决定，形成指导施工生产的技术经济文件——施工组织设计。它本身是施工准备工作，而且是指导施工准备工作、全面布置施工生产活动、控制施工进度、进行劳动力和机械调配的基本依据，对于是否能多、快、好、省地完成公路建筑工程的施工生产任务起着决定性作用。

二、道路施工组织调查

为了做好施工组织设计，必须事先进行施工组织调查工作。所谓施工组织调查，就是为编制施工组织文件所进行的收集和研究有关资料的活动。为编制设计阶段的施工组织文件所进行的施工组织调查活动是在勘察设计阶段进行的；为编制施工阶段的施工组织文件所进行的施工组织调查活动是在开工前的施工准备阶段完成的。前者带有勘察调研的性质，后者则具有复查和补充的性质，但其总的内容和方法基本上是一样的。施工组织调查施工组织设计的基础，必须脚踏实地、深入现场同有关部门进行认真细致地查询、研究、调查工作一般与概预算资料调查工作结合一起进行，主要包括现场勘察和收集资料两个方面。

1. 勘察

所谓勘察是指对施工现场的勘察，在设计阶段是在外业勘测中勘测队的调查组来完成的；在施工阶段是在开工前组成专门的调查组来完成的。勘察的对象主要是路线、桥位、大型土石方地段、材料采集加工场地等处。勘察的主要内容如下。

（1）施工现场及沿线的地形地貌。对于公路沿线，大、中型桥位，附属加工等施工现场，应结合勘察测绘平面图，并进行定性地描述。

（2）施工现场的地上障碍及地下埋设物。对于需要拆迁的建筑物等地上障碍物以及地下埋设的管线、文物等，除在勘测中进行实地调查外，尚应在施工前由施工单位去现场进行复查，并办理有关手续。

（3）其他必须去现场实地勘察的事项。

2. 施工组织设计资料的收集

施工组织调查收集资料的基本要求是：座谈有纪要，协商有协议，有文件规定的要索取书面资料，资料要确实可靠，措辞严谨，手续健全，符合法律要求。一般调查收集以下资料。

（1）施工单位和施工组织方式

在勘察阶段，如可行性研究未明确施工单位，则应向建设单位调查落实施工单位，并明确是专业队伍施工还是军工或民工建勤施工方式。无论何种施工组织设计，均应事先考察施工单位的施工能力（即可投入的人力、机械、设备及其他施工手段）。对实行招标、投标的工程，在设计阶段一般不能明确施工单位，设计单位应从设计角度出发，提出最为合理的意见，作为编制概预算的依据。

（2）气象资料

在勘测中或施工前应与工程所在地气象部门联系，抄录工程所在地的气温、季风、雨量、积雪、冻深、雨季等有关资料。

（3）水文地质资料

可向工程所在地的水文地质部门或向本测量队的桥涵组、地质组抄录一些主要内容,包括:地质构造、土质类别、地基土承载能力、地震等级;地下水位、水量、水质、洪水位。

(4)技术经济情况

①施工现场(沿线)附近可以利用的场地,可供租用或支援的房屋情况,在勘测中或施工前,通过调查并与地方主管部门(如乡政府等)签订协议,解决工期间住宿办公等用房;

②对工程所需的外购材料应列表详细调查,并由提供材料的单位盖章证明;

③自采加工料的料场、加工场位置、供应数量、运距等情况;

④当地能够雇用或支援建设的劳动力数量以及技术水平。

(5)运输情况

关于材料运输方面,除应分别了解施工单位自办运输及当地可提供的运力(指可能参加施工运输的运力,包括汽车、拖拉机、畜力车等)状况外,还应对筑路材料的运输途径、转运情况、运杂费标准等进行调查。除车辆调查外,尚应对施工便道情况进行调查。

(6)供水、供电、通信情况

了解施工用水水源、供水量、水压、输水管道长度。了解供电线路的电容量、电压、可供施工用的用电量及接线位置,对临时供电线路和变电设备的要求等。对于供电,应与当地电业部门签订用电协议书。通过调查确定施工动力类别的构成。

(7)生活供应与其他

了解粮、煤、副食品供应地点;调查医疗保健情况,等等。

通过上述实地勘察和资料收集,既可对施工总体部署做到心中有数,据以对施工过程进行空间组织和时间组织;同时也是确定施工方案、选择施工方法的重要依据之一。总之,施工组织调查是施工组织设计的基础工作,对工程施工的经济效益具有重大影响。

第四节 道路施工程序

施工程序是指施工单位从接受施工任务到工程竣工验收阶段必须遵守的工作顺序。

施工程序包括接受施工任务、签订工程合同、施工准备工作、组织施工和竣工验收等各个阶段。

一、签订工程承包合同

施工企业接受施工任务通常有三种方式:一是上级主管单位统一接受任务,安排计划下达;二是经主管部门同意,自行对外接受的任务;三是参加投标,中标而得的任务。随着我国社会主义市场经济的建立和发展,施工任务将主要通过参加投标,通过建筑市场中的平等竞争而取得。

接受工程项目时,首先应该查证核实工程项目是否列入国家计划,必须有批准的可行性研究、初步设计(或施工图设计)及概(预)算文件方可签订施工总合同(或总协议书),进行施工准备工作。

接受施工任务,是以签订工程合同加以肯定的。建筑安装企业,凡接受工程项目,都必须同建设单位签订工程合同,明确各自的经济技术责任。合同一经签订,即具有法律效力,双方要严格履行合同。

施工合同内容一般包括：承包的依据、承包方式、工程范围、工程质量、施工工期、开工竣工日期（包括中间交工日期）、工程造价、技术物资供应、拨款结算方式、奖惩条款和各自应做的准备工作及配合关系等。承包合同应满足工程施工的需要，反映工程的特点，合同内容要具体，责任要明确，条款要简明，文字解释要清楚，便于检查。

二、施工准备工作

工程单位接受施工任务后，即可着手进行施工准备工作。在工程开工前，必须有合理的施工准备期，而且施工准备工作还应有计划、有步骤、分阶段地贯彻于整个工程项目的施工过程中，随着工程的进展，在各个分部分项工程施工之前，都要做好施工准备工作。准备工作的基本任务是掌握建设工程的特点、进度要求，摸清施工的客观条件，合理安排施工力量，从技术、物资、人力和组织等方面为建筑安装施工创造一切必要的条件。施工准备工作的内容可以归纳如下。

1. 技术准备

（1）熟悉、核对设计文件、图纸及有关资料

组织有关人员熟悉、了解设计文件、图纸和有关资料，是为了使施工人员明确设计者的设计意图，熟悉施工图纸的细部构造，掌握各种原始资料。对设计文件和图纸必须进行现场核对，其主要内容包括：

①各项计划的安排、设计图纸和资料是否符合国家有关方针、政策和规定，图纸是否齐全，图纸本身及相互之间有无错误和矛盾；

②掌握设计内容和技术条件，弄清设计规模、结构特点和形式；

③设计文件所依据的水文、地质、气象、岩土等资料是否准确、可靠、齐全；

④核对路线中线、主要控制点、转角点、三角点、基线等是否准确无误；重要构造物的位置、尺寸大小、孔径等是否恰当，能否采用先进的技术或使用新型材料；

⑤路线或构造物与农田、水利、铁路、电信、管道、公路、航道及其他建筑物的互相干扰情况和解决办法是否恰当，干扰可否避免；

⑥对地质不良地段采取的处理措施，对水土流失、环境影响的处理措施；

⑦施工方法、料场分布、运输方式、道路条件等是否符合实际情况；

⑧临时房屋、便道、便桥、电力、电信设备、临时供水、供电等场地布置是否恰当；

⑨各项协议书等文件是否完善、齐备；

⑩明确建设期限，包括分期分批工程期限的要求。

现场核对发现设计不合理或错误之处，应提出修改意见报上级机关审批，然后根据批复的修改设计意见进行施工测量、补充图纸等工作。

（2）补充调查资料

现行现场补充调查，是为修改设计和编制实施性施工组织设计收集资料。调查研究、搜集资料是施工准备工作中不可缺少的内容。

（3）编制实施性施工组织设计、施工预算

这是施工准备工作阶段的一项深入细致的工作，是指导施工的重要技术文件。由于公路建筑生产的特点，不可能采用一个定型的、一成不变的施工方法，所以，每个建设工程项目都需要分别确定施工方案和组织方法，故要求在施工阶段必须编制实施性施工组织设计和施工

预算。

（4）组织先进人员进场，做好后勤准备工作

在大批施工人员进场之前，施工先遣人员的任务是根据任务的具体安排，结合施工现场实际情况，具体落实施工进场后在生产、生活方面必须解决的问题。对施工中涉及其他部门的问题，做好联系，签订协议书或合同。及时与当地政府取得联系，做好工作。

2．施工现场准备

依据设计文件及已编制的实施性施工组织设计做好施工现场准备工作：

（1）开始测出占地范围和征用土地、拆迁房屋、电信设备等各种障碍物；

（2）平整场地、做好施工放样；

（3）修建便桥、便道、搭盖工棚，大型临时设施（预制场、机修厂、沥青加工场、混凝土搅拌站等）的修建；

（4）料场布置，供水、供电设备等的安装；

（5）各种施工物资资源的调查与准备，包括建筑材料、构件、施工机械及机具设备、工具等的货源安排、进场的堆放、入库、保管及安全工作；

（6）建立工地试验室，进行各种建筑材料和土质的试验，为施工提供可靠依据；

（7）施工机构设置、施工队伍集结、进场及开工前的政治思想工作及安全技术教育。

上述各项具体准备工作全部就绪后，即可向建设单位或监理工程师提出开工报告。必须坚持"没有做好施工准备工作不准开工"的原则。

三、组织施工

做好施工准备并报请批准后，才能进行正式施工。施工时要严格按照施工图纸进行，如需变动，应事先取得建设单位或监理工程师同意。要按照施工组织设计确定的施工顺序、施工方法以及进度要求，科学地、合理地组织施工，而且对施工过程要注意全面质量管理及成本控制。

对各分项工程，特别是地下工程和隐蔽工程，施工时要做好原始记录，每道工序施工完毕并经监理工程检验合格后，才能进行下一道工序。施工要严格按照设计要求和施工验收技术规范的规定进行，保证质量，不留隐患，不留尾巴，发现问题及时解决。

对大、中型工程建设项目，要严格执行监理制度，要按有关规定严格实行投资控制、进度控制和质量控制。

组织施工时应具有以下基本文件：（1）设计文件；（2）施工规范和技术操作规程；（3）各种定额；（4）施工图预算；（5）施工组织设计；（6）公路工程质量检验评定标准和施工验收规范。

施工时必须精心组织，建立正常的、文明的施工程序，合理使用劳动力、材料、机具、设备、资金等。施工方案要因地制宜，施工方法要先进合理，切实可行。施工中必须伴随施工过程的进行，对施工进度、质量、成本、安全等实行全面控制，达到全面完成计划任务的目的。

四、竣工验收

所有建设项目和单位工程都要按照设计文件所规定的内容全部建完，完工后以批准的设计文件为依据，根据国家有关规定，评定质量等级，进行竣工验收，并经监理工程师签认。

第二章 道路施工组织设计原理与方法

第一节 道路施工组织设计的基本原理

一、施工过程的组织原则

1. 施工过程的组成

施工过程，就是生产建筑产品的过程，它是由一系列的施工活动所组成的。

组织公路工程的施工，必须研究施工过程的组成，以适应施工组织、计划、管理等工作的需要。

按照现行的《公路工程基本建设项目概预算文件编制办法》，将公路工程划分为路基、路面、桥涵、交叉工程、隧道、其他工程及沿线设施六个分项工程。相应于各个分项工程，又划分为若干目。例如桥涵分项工程中，按工程性质与结构的不同，分为漫水工程、涵洞、小桥、中桥、大桥等五个目。对于独立大（中）桥工程，亦相应划分为桥头引道、基础、下部构造、上部构造、调治构筑物及其他工程和临时工程等分期工程。各分项工程再细分若干目。公路施工过程是由上述项目之和所组成。

施工组织与管理工作，按上述项目可以做总的安排，但更多情况下还要进一步划分。从施工组织的需要出发，公路全部施工过程可依次划分如下。

（1）动作与操作

动作是指工人在劳动时一次完成的最基本的活动，若干个相互关联的动作组成操作。完成一个动作所耗用的时间和占用的空间是制定定额的重要原始资料。

（2）工序

指在劳动组织上不可分，施工技术相同的施工过程，它由若干个操作所组成。施工组织往往以工序为对象。

（3）操作过程

是由几个在技术上相互关联的工序所组成，可以相对独立完成的某一种细部工程，如对整个路面工程而言，包括路槽、路肩、垫层、基层、面层等操作过程。

（4）综合过程

由若干个在产品结构上密切联系的，能最终获得一种产品的施工过程的总和。

以上划分，因工程性质及施工对象的复杂程度而异，并无统一划分的规定，要以有利于科学地进行施工组织与施工管理工作而定。

2. 施工过程的组织原则

影响施工过程组织的因素很多，如施工性质、施工生产类型、建筑产品结构、材料及半成品性质、机械设备条件、自然条件等，使施工过程的组织变化因素多，困难较大，因此，科学地、合理地组织施工过程则更为重要。其原则可归纳如下。

（1）施工过程的连续性

连续性是指产品施工过程的各阶段、各工序的进行在时间上是紧密衔接的，不发生各种不合理的中断现象，表现为劳动对象始终处于被加工状态，或者在进行检验，或者处于自然过程中。保持和提高施工过程的连续性，可以缩短建设周期，减少在制品数量，节省流动资金，可以避免产品在停放等待时可能引起的损失，对提高劳动生产率，具有很大的经济意义。

（2）施工过程的协调性

施工过程的协调性也叫比例性，它是指产品施工各阶段、各工序之间，在施工能力上要保持一定的比例关系，各施工环节的工人数、生产效率、设备数量等都必须互相协调，不发生脱节和比例失调现象。协调性是保证施工顺利进行的前提，使施工过程中人力和设备得到充分利用，避免产品在各个施工阶段和工序之间的停顿和等待，从而缩短施工周期。施工过程的协调性在很大程度上取决于施工组织设计的正确性。

（3）施工过程的均衡性

施工过程的均衡性又称节奏性，是指企业的各个施工环节都按照施工生产计划的要求，工作负荷保持相对稳定，不发生时松时紧、前松后紧等现象。均衡施工能充分利用设备和工时，避免突击赶工造成的各种损失，有利于保证施工质量、降低成本，有利于劳动力和机械的调配。

（4）施工过程的经济性

施工过程组织除满足技术要求外，必须讲究经济效益。上述的连续性、协调性和均衡性，最终都要通过经济效果集中反映出来。

上述合理组织施工过程的四个方面是相互制约、互为条件的，在进行施工组织时，必须保证全面符合这四个方面的要求，不可偏颇一方。

二、施工过程的排序与施工作业方式

1. 施工顺序的原则

在道路施工组织设计中，影响工程施工的时间、资源安排，甚至影响空间施工组织的重要因素有两个方面，就是施工顺序与施工作业方式。

施工任务的排序问题属于管理科学中的动态规划，施工顺序的改变直接影响时间的变化，施工顺序的拟定在施工组织中具有决定性作用。从施工现场的组织情况看，施工顺序可以分两种，即地理位置顺序与施工工艺顺序。地理位置不仅与施工段划分有关，而且与施工平面组织有密切关系。施工工艺顺序除与施工工艺流程有关外，更重要的是与施工强度、施工力量有关。既然施工顺序影响时间，那么在施工组织中就可以找到一种优化方案，即在某种顺序下的组合，是一个项目或分部分项工程的施工实践尽可能短。施工顺序的原则如下。

（1）必须符合工艺的要求。公路工程项目各施工过程之间存在一定的工艺顺序关系，例如钻孔后必须尽快地灌注水下混凝土，否则就要塌孔，所以两道工序必须紧密衔接。

（2）必须使施工顺序与施工方法、施工机具相协调。例如，现浇钢筋混凝土上部构造的施工顺序与采用架桥机进行装配化施工顺序就显然不相同，所以，施工方法不同，采用的机具设备不同，其施工顺序也必然不同。

（3）必须考虑施工质量的要求。在安排施工顺序时，要以确保施工质量作为前提条件，影响工程质量时,要重新安排或者采取必要的技术措施。

(4)必须考虑水文、地质、气候的影响。安排施工顺序时,必须充分考虑洪水、雨季、冬季、季风、不良地质地段等因素的影响。有的因素对施工顺序的安排起着决定作用,如桥梁下部工程一般应安排在汛期之前或之后完成。

(5)必须考虑影响全局的关键工程的合理施工顺序。例如,路线工程中的某大桥、某隧道、某深堑,若不在前期完工,将导致其他工程不能施工(如无法运输材料、机具、工期太长等),此时即应集中力量攻克关键工程。

(6)必须遵从合理组织施工过程的基本原则。即符合施工过程的连续性、施工过程的协调性、施工过程的均衡性、施工过程的经济性。

(7)必须考虑安全生产的要求。

(8)应能使工期最短。

2. 施工顺序的确定

1)地理位置的施工顺序

为达到工期最短的目的,可以用约翰逊(S·M·JOHNSOM)—贝尔曼(R·BELLMAN)法则来解决。这个法则的基本思想是:假定工程只有两道工序,即在 m 项施工段上都要完成 A 和 B 两道工序。各施工段上的 A、B 工序时间一定(随机)若各项任务均应首先进行 A 工序,完成后再做 B 工序,则可以在时间数列中挑其最小值,先行工序排在最前,后续工序排在最后。挑出一个以后,任务数量减少一项,但仍可列出上述关系,只是任务项数为 $m-1$ 个而已。排序方法按此顺序进行,最终可得到缩短时间的施工顺序。

2)施工工艺顺序

道路工程的施工工艺顺叙按不同的分部分项工程,可以确定不同条件下的顺序,限于篇幅与大纲要求,在此举几个方面的例子。

在安排施工顺序时,要考虑施工队伍劳动力及主要机具、设备的使用、分期投资等因素。则在总工期许可的范围内,分期分批地施工。凡控制全线总工期的重点工程应先开工,必要时,提前准备提前开工,邻近便道起点的工程亦应首先开工,以保证土石方循序向前推进。

(1)施工准备

施工准备:为施工创造条件,争取早日开展施工的一项重要工作。因此需要全面考虑,配备足够的力量,留有足够的时间与基本工程配合分批进行。施工准备应做到运输道路、电力、施工用水尽快贯通。临时房屋、施工供水及工作场地等修建齐备,起到密切配合施工需要的作用。

运输道路:运输道路干线要争取时间,尽快提早贯通。只有运输道路通了,各项工作(如工程材料、机具设备及生活用品的运送及其他各项准备工作)才能迅速跟上去。

临时通信:是施工指挥部门指挥施工的通信工具。为了迅速把临时通信建立起来,可在修建运输道路的同时,修建临时通信设施。在工期紧迫,运输道路尚未修通的情况下,为了适应整个施工布置,个别地段有条件时,可与地方洽商同杆挂线通话,以应急需。

临时房屋:在施工准备期间,一般是随着运输道路的修建而开始修建,在大批劳动力抵达工地之前修好。一部分临时房屋,可随着施工的需要而陆续修建。

施工供电根据电源及重点工程分布情况,全面规划、统筹安排,并于开工前架设供电。

施工供水:要作出全面规划、妥善安排,在开工前解决供水问题。一般地区由工程处自行设计安排。

其他:对拆迁建筑物、改移道路和有干扰的农田灌溉系统、水土保持系统应予重视。在施工前应与地方或有关单位协商采取措施,予以解决,为顺利开展施工创造条件。对辅助设施如材料厂、砂、石、道渣场、成品厂与轨节拼装场等亦应抓紧筹建,为各类工程的开工创造条件。

(2)主体工程

为确保主体工程期限,首先对重点工程(重点土石方、特大桥、复杂大桥安排好施工顺序,然后再考虑一般工程。

路基工程:包括路堑、路堤及与其有关的附属、加固、挡土墙等工程。每一施工区段准备工作完成后即可开工亦可与小桥、涵洞同时开工;土石方工程与各项工程的施工都有关联,必须相互配合、相互利用、减少干扰、降低费用。须保证施工质量。如路基填方,除应充分利用路堑挖方移挖作填外,尚应尽量利用隧道弃渣,改河、改沟、改移道路、修建运拖道路等弃方,桥涵等基础的大量挖方回填后有剩余者,亦应考虑利用。同时路基的大量弃方,亦可利用作路线、便道、桥涵缺口、岔线等工程的填料。

一般在隧道口的路堑应尽量提前施工,为隧道施工提前进场创造有利条件。路堤配合隧道施工,最好与隧道统一管理。在桥梁地段土石方,如爆破开挖,对建筑物有影响者,最好提前施工。站场范围内的土石方工程数量过大,需自卸车运土,采用大型机械施工。

桥涵工程在土石方开竣工期限确定的基础上,应根据基础类型、洪水季节以及机具使用、材料运输等问题。安排桥梁工程的开竣工期限及流水作业。一般应在路基土石方完工前完工,以便有充分的时间,做好锥体护坡填土、桥头填土及涵洞顶部填土等工作。同时考虑混凝土及砌筑圬工的强度达到能承受上部荷载所需要的时间,特殊情况尚需具体计算后确定小桥涵的开工一般应安排在路基土石方之前,亦可同时开工。必须在洪水期施工的桥梁工程,应采取一定措施保证施工安全顺利的开展。谷架桥的施工顺序一般不受洪水影响。

桥、隧相连地段,应结合具体情况研究路基、桥、隧施工顺序,注意石方爆破、隧道弃渣的干扰,石方的利用,施工场地布置等因素。一般可安排桥梁先挖基坑,待圬工砌出地面后,再进行路基施工。砌好的墩台,应避开爆破的影响,必要时可覆盖防护。有时因地形陡峻施工场地布置困难,可使桥头、洞口的路基先施工,以便堆置料具及开辟施工场地。但路堑弃渣避免堆置于桥墩台基础附近,避免影响基础施工。导流堤应在可能被水淹没地带的路堤填筑前修建或同时修建。

3. 施工作业方式

1)基本作业方式

在公路施工生产中,施工队(班组)对施工对象的施工顺序,一般可分为:顺序(依次)作业法、平行作业法和流水作业法三种基本施工方式。

(1)顺序作业。按工艺流程和施工程序(步骤),按先后顺序进行施工操作。如多层结构型的路面工程,先后操作程序是:路槽、底基层、基层、联结层、面层和路肩。石方爆破工程的程序是:打眼、装药、堵塞、引爆和清方等。顺序作业就是按此固定(取决于工艺或结构物性质)程序组织施工。

(2)平行作业。线形工程的作业面很大,根据工程或技术的需要,可划分为几段(或几个点），分别同时按程序施工。

（3）流水作业。是比较先进的一种作业方法，它是以施工专业化为基础，将不同工程对象的同一施工工序交给专业施工队（组）执行，各专业队（组）在统一计划安排下，依次在各个作业面上完成指定的操作。前一操作结束后转移至另一作业面，执行同样操作，后一操作则由其他专业队继续执行。各专业队安大致相同的时间（流水节拍）和速度（流水速度），协调而紧凑地相继完成全部施工任务。流水作业符合工艺流程，组织紧凑，有利于专业化施工，是现代化工业产品生产的基本组织形式。对于建筑工程（包括公路在内）亦具有先进性。其基本原理在下一节中详述。

为了便于进一步说明这三种施工作业方法的特点，现举例如下：拟修建跨径 6.0m 的同类型钢筋混凝土矩形板桥 m 座（设 $m=4$），比较范围仅限于施工期限和劳动力数量之间的相互关系，故假定 4 座桥的同一工序工作量相等，每座小桥部分 4 道工序，即 $n=4$。还假定施工班组按完全相同的条件组成，因而在每座桥上每一工序所需的工作日数亦固定不变。

顺序作业法是 4 座桥按先后顺序进行施工，后一座桥的施工必须待前座桥全部竣工后才能进行。施工总期限 $T=4\times16=64$（天）。同时投入施工的劳动力（或其他资源）较少。

平行作业法是四座桥同时开工，同时竣工，配以四组相等的劳动力。虽施工总期限缩短为只有 $T=16$（天），但为所需劳动力（资源数）却按施工对象（m）的倍数增加。

流水作业与上述两种方法不同，其特点是将同性质的项目或操作过程，由一个专业施工队（组）按一定顺序连续在不同空间来完成。现将上例各座桥的全部施工操作内容分 4 个独立的项目：挖基坑、砌基础、砌桥台、安装矩形板，分别交由 4 个专业班组施工，此时专业班组按规定的先后顺序（流水方向）进入各桥。最先在甲桥施工，再依次在乙、丙、丁三座桥施工，直到全部完成。在流水作业法中，劳动力的总需要量是随着各专业班组先后投入施工而逐渐增加，当全部班组投入后就保持稳定。本例用流水作业法施工时，总期限为 28 天。

三种基本作业方式的比较如图 6-2-1 所示。

上面三种方法各具特点，对于同一项工程的施工，采用顺序作业法需要 64 工作日，工期较长，劳动力需要量较少，但周期性起伏不定，对劳动力的调配管理以及临时性设施不利，尤其在工种和技工的使用上导致极大的不合理。

采用平行作业法时，施工总工期缩短为 16 工作日，但劳动力需要量相应增加 4 倍，这在短期内集中 4 套人力和设备，往往是不可能的，也是不合理的。同时在人力上突然出现高峰现象，造成窝工，增加生活福利设施的支出。

采用流水作业法施工，总工期比平行作业法有所延长，但劳动力得到了充分的作用，在整个施工期内显得均衡一致。如果再考虑到机具和材料的供应与使用，附属企业生产的稳定，以及工程质量、工效的提高等因素，则流水作业法施工的优点更为明显。

2）作业方式的综合运用

顺序作业法、平行作业法、流水作业法在生产过程中不仅可以单独运用，而且可以根据具体条件，将三种基本作业方式加以综合运用，从而出现平行流水作业法、平行顺序作业法以及立体交叉平行流水作业法。这些施工过程时间组织的综合形式，一般均能取得较明显的经济效果。

（1）平行流水作业法。在平行作业法的基础上，按照流水作业法的原则组织施工，以达到适当缩短工期，而又使劳动力、材料、机具需要量保持均衡。

工程编号	施工项目	工程量	工作日	工作日	工作日
			4 8 12 16 20 24 28 32 36 40 44 48 52 56 60 64	4 8 12 16	4 8 12 16 20 24 28
甲桥	挖基坑	144			
	砌基础	119			
	砌桥台	185			
	短形板	98			
乙桥	挖基坑	186			
	砌基础	135			
	砌桥台	163			
	矩形板	67			
丙桥	挖基坑	177			
	砌基础	148			
	砌桥台	189			
	矩形板	99			
丁桥	挖基坑	156			
	砌基础	124			
	砌桥台	204			
	矩形板	110			
	劳动力需要量图		6 5 12 3 6 5 12 3 6 5 12 3 6 5 12 3	24 20 48 12	6 11 23 26 20 15 3
	施工组织方式		顺序作业	平行作业	流水作业

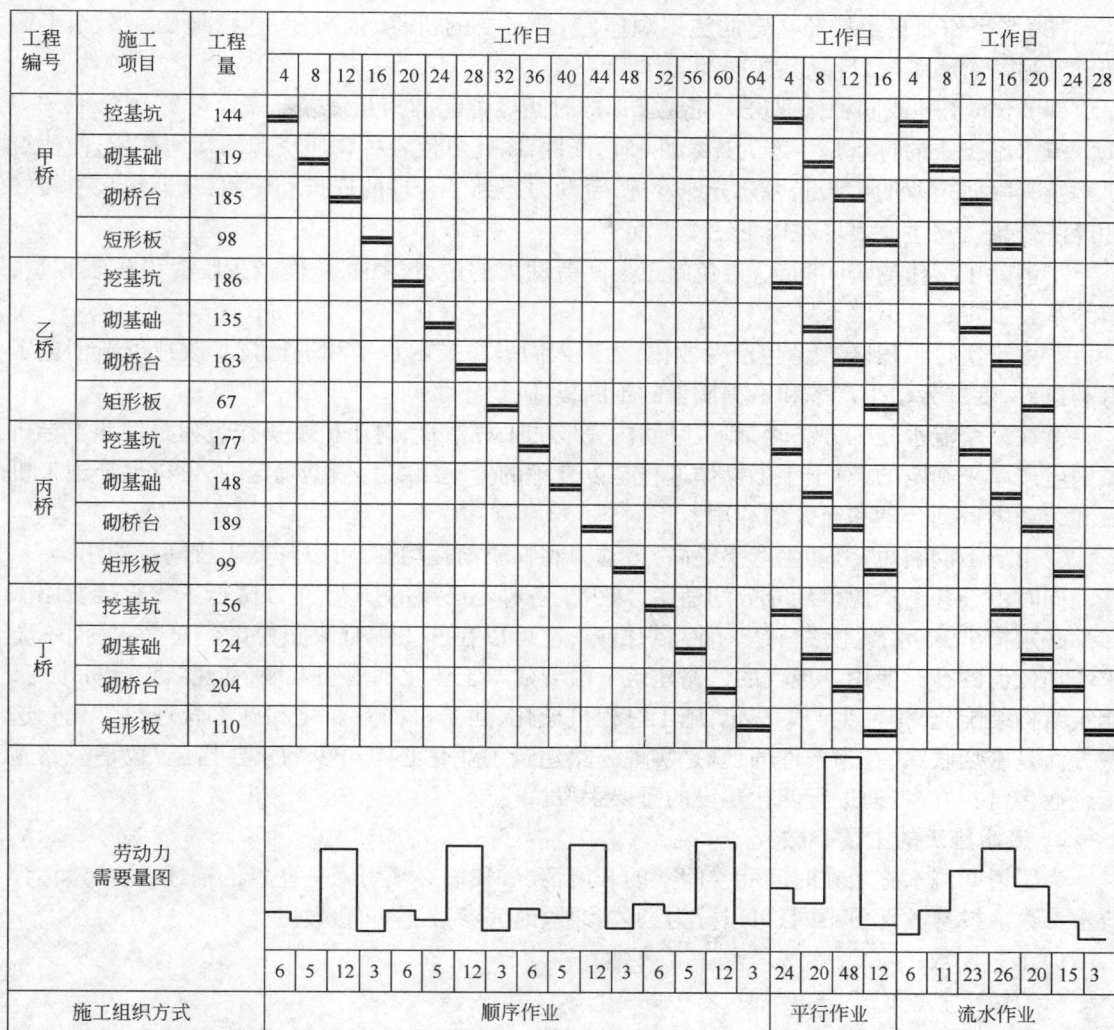

图 6-2-1 不同施工作业方式对比

（2）顺序平行作业法。这种方法的实质是用增加施工力量的方法来达到缩短工期的目的。它使顺序作业法和平行作业法之缺点更加突出，故仅适用于突击性施工情况。

（3）立体交叉平行流水作业法。它是在平行流水作业法的原则上，采用上、下、左、右全面施工的方法。它可以充分利用工作面和有效地缩短工期，一般适用于工序繁多、工程特别集中的大型构造物的施工，如大桥、立体交叉、隧道等工程量大、工作面狭窄、工期短的情况。

三、流水施工原理及其应用

1. 流水施工的特点

流水施工的实质在于：

（1）把劳动对象的施工过程划分为若干工序或操作过程，每个工序或操作过程分别由按工艺原则建立的专业班组来完成；

（2）把一个劳动对象尽可能地划分为劳动量大致相等的若干施工段；

（3）各个作业班组按照一定的施工顺序，携带必要的机具，依次地、连续地由一个施工段转移到另一个施工段，反复完成同类工作；

（4）不同工种或同种作业班组完成工作的时间尽可能的相互衔接起来。

流水施工法的特点是生产的连续性和均衡性，因此可使各种物质资源均衡地使用，使建筑机构及其附属企业的生产能力充分地发挥，劳动力得到了合理的安排和使用，从而带来了较好的经济效果。它主要表现在以下几个方面：

①消除了工作的时间间歇，避免施工期间劳动力的过分集中，从而减少临时设施工程量，节约基建投资；

②由于实行工程队（组）生产专业化，为工人们提高技术水平和进行技术改造革新创造了有利条件，促进劳动生产率和工程质量的不断提高；

③在采用流水施工方法时，单位时间内完成的工程数量，对于机械操作过程是按照主导机械的生产率来确定的；对于手工操作过程是以合理的劳动组织为依据确定的，可以保证施工机械和劳动力得到合理和充分的利用；

④由于工期缩短，劳动生产率提高，劳动力和物质消耗均衡，可以降低工程间接费用；

同时由于各种资源得到充分的适用，减少了各种不必要的损失，可以降低工程直接费用。

必须指出，流水施工法只是一种组织措施，它可以在施工中带来很好的经济效果，而不要求增加任何的补充费用。现代的公路建筑下沿着建筑工业化的道路发展，如建筑设计标准化，建筑结构装配化，构件生产工厂化，施工过程机械化，建筑机构专业化和施工管理科学化。这些方面是密切联系、互为条件的，既是实现公路建筑工业化必不可少的重要措施，也是公路施工企业多、快、好、省地进行四化建设的重要手段。

2. 流水施工的主要参数

为了说明流水施工在时间和空间上的开展情况，我们必须引入一些量的描述，这些量称为流水参数。按参数性质不同，可以分为工艺参数、时间参数、空间参数三类。

1）工艺参数

（1）施工过程数 n

根据具体情况，把一个综合的施工过程划分为若干具有独自工艺特点的个别施工过程，即制造建筑制品而进行的制备类施工过程；把材料和制品运到工地仓库或再转运到施工现场的运输类施工过程以及在施工中占主要地位的安装砌筑类施工过程。划分的数量 n 称为施工过程数（工序数）。由于每一个别施工过程一般由专业班组承担，故施工班组（或队）数等于 n。

施工过程数要根据构造物的复杂程度和施工方法来确定，太多、太细则给计算增添麻烦，在施工进度计划上也会带来主次不分的缺点；太少则会使计划过于笼统，而失去指导施工的作用。

（2）流水强度 V

流水强度又称流水能力、生产能力，每一施工过程在单位时间内所完成的工程量（如浇捣混凝土时，每工作班浇捣的混凝土的数量）叫流水强度。

2）时间参数

（1）流水节拍 t

流水节拍是某个施工过程（或作业班组）在某个施工段上的持续时间。它的大小关系着投入的劳动力、机械和材料量的多少,决定着施工的速度和施工的节奏性。通常有两种确定方法,一种是根据工期要求来确定;另一种是根据现有能投入的资源(劳动力、机械台班数和材料量)来确定。

(2)流水步距 K

两个相邻的施工队(组)先后进入第一个施工段进行流水施工的时间间隔,叫流水步距。其数目取决于参加流水的施工过程数,如施工过程数为 n,则流水步距的总数为 $n-1$ 个。

确定流水步距的基本要求是:

①始终保持两施工过程的先后工艺顺序;

②保持各施工过程的连续作业;

③做到前后两施工过程施工时间的最大搭接;

④流水步距与流水节拍保持一定关系,它应满足一定的施工工艺、组织条件及质量要求,例如钻孔灌注桩工程,必须保证钻孔与灌注混凝土两道工序紧密衔接(防止塌孔)。

3)空间参数

(1)工作面 A

工作面又称工作前线 L,它的大小可表明施工对象上能安置多少工人操作和布置机械地段的大小,也就是反映施工过程在空间上布置的可能性。在确定一个施工过程必要的工作面时,不仅要考虑前一施工过程为这个施工过程可能提供的工作面大小,也要遵守安全技术和施工技术规范的规定。

(2)施工段数 m

在组织流水施工时,通常把施工对象划分为所需劳动量大致相等的若干段,这些段就叫施工段。每一施工段在某一时间内只供一个施工队完成其承担的施工过程。施工段的数目用 m 表示。

在划分施工段时,应考虑以下几点:

①施工段的分界同施工对象的结构界限(温度缝、沉降缝和单元尺寸等)取得一致;

②各施工段上所消耗的劳动量大致相等;

③每段要有足够的工作面,使工人操作方便,既有利于提高工效,又能保证施工安全;

④划分段数的多少,应考虑机械使用效能、工人的劳动组合、材料供应情况、施工规模大小等因素。

3. 流水施工类型及总工期计算

由于工程构造物的复杂程度不同,所处的具体位置多变以及工程性质各异等因素的影响,流水施工的组织可分为有节拍流水和无节拍流水。其中有节拍流水又分为全等节拍流水、成倍节拍流水和分别流水。

由于道路工程本身的特点,及使用流水作业的条件限制,实际应用中,道路施工组织一般多采用无节拍流水组织施工。道路工程中沿线工程量的分布都是不均匀的,而大、中型桥梁或路基土石方的高填深挖,又为集中型工程,因此,实际上各专业施工队在机具和劳动力固定的条件下,流水作业速度不可能保持一致,即各施工段上同一施工过程的流水节拍无法相等。

因此,只能按照无节拍流水组织施工。基本的组织方法是,统一控制整个工程的总平均速度,再按分别流水的原则处理各施工过程的搭接关系。无节拍流水的各个参数以及总工期的确定,都必须通过对专业施工队逐个落实,反复调整,才能得到满意的结果。以下介绍一种称之为"相邻队组每段作业时间累加数列错位相减取大差"法的计算方法。

4. 工程实例计算

【例题】 某路段有 4 座相同性质的通道工程,其施工过程均可分解为挖基坑 A、砌基础 B、浇筑墙身 C、安装盖板 D 共 4 道工序,各道工序在各座通道上的持续时间(流水节拍)见表 6-2-1,试按一、二、三、四自然顺序和四、二、一、三顺序施工时,分别组织流水作业。

根据上述流水施工组织原则,施工段数 $m=4$,工序数 $n=4$,然后根据施工组织顺序分别计算相邻工序之间的流水步距 K,最后计算其总工期 T,并绘制施工进度横道图。

各工序在各座通道上的持续时间

表 6-2-1

施 工 工 序	一	二	三	四
A	3	4	3	2
B	5	6	4	5
C	6	5	4	6
D	3	2	2	3

(1)按一、二、三、四自然顺序组织流水作业时:

$$
\begin{array}{rrrrrr}
K_{AB}: & 3, & 7, & 10, & 12 & \\
-) & & 5, & 11, & 15, & 20 \\
\hline
& 3, & 2, & -1, & -3, & -20
\end{array}
$$

$K_{AB}=3$,同理 $K_{BC}=5$, $K_{CD}=14$

故:
$$T=(K_{AB}+K_{BC}+K_{CD})+\sum t_n$$
$$=(3+5+14)+(3+2+2+3)=32$$

由 $T=32$ 和及 $K_{AB}=3$, $K_{BC}=5$, $K_{CD}=14$ 按相应方法即可绘制流水作业施工进度横道图(绘制图形略)。

(2)按四、二、一、三顺序组织流水施工时,应按其顺序重新列表,见表 6-2-2。

重 新 列 表

表 6-2-2

施 工 工 序	四	二	一	三
A	2	4	3	3
B	5	6	5	4
C	6	5	6	4
D	3	2	3	2

此时 K_{AB} 为:

$$
\begin{array}{rrrrrr}
& 2, & 6, & 9, & 12 & \\
-) & & 5, & 11, & 16, & 20 \\
\hline
& 2, & 1, & -2, & -4, & -20
\end{array}
$$

$K_{AB}=2$,同理 $K_{BC}=5$, $K_{CD}=13$

$$T = (2+5+13) + (3+2+3+2) = 30$$

其流水施工进度横道图如图 6-2-2 所示。

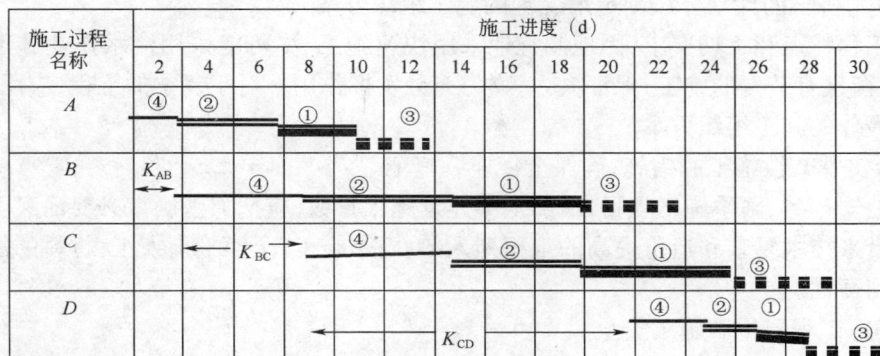

施工过程名称	施工进度（d）														
	2	4	6	8	10	12	14	16	18	20	22	24	26	28	30
A	④	②		①		③									
B	K_{AB}		④		②		①			③					
C			K_{BC}		④		②			①			③		
D					K_{CD}				④		②		①		③

图 6-2-2　流水施工进度图

由上述示例可以看出,施工段的组织次序不同,其施工进度的总工期可能不同,在无特殊顺序要求的条件下,应以总工期最短作为组织施工段顺序的依据。

流水作业的效益具体表现在施工连续、进度加快、工期缩短。由于其专业化程度提高,不仅保证质量,而且提高了劳动生产率;又由于资源供应均衡,降低了工程成本,因此公路工程施工组织应尽可能采用流水作业法。

流水施工组织步骤:

（1）根据工程项目对象划分施工段;

（2）划分工序并编工艺流程,且按工艺原则建立专业班组;

（3）各专业班组依次、连续进入各个施工段,完成同类工种的作业;

（4）计算或确定流水作业参数;

（5）相邻施工段及相邻工序尽可能衔接紧密。

第二节　施工组织设计概述

一、编制施工组织设计的基本原则、分类和文件组成

1. 编制施工组织设计的基本原则

（1）严格执行基本建设程序和施工程序

要严格遵守合同签订的或上级下达的施工期限,按照基建程序和施工程序的要求,保质保量完成施工任务。对工期较长的大型工程项目,可根据施工情况,合理组织力量,确保重点,分期分批进行安排。

（2）科学地安排施工顺序

按照公路工程施工的客观规律安排施工程序,可将整个过程划分为几个阶段,例如施工准备、基础工程、主体结构工程、路面工程、附属结构物工程等。在各个施工阶段之间合理搭接、衔接紧凑,在保证质量的基础上,尽可能缩短工期,加快建设速度。

（3）采用先进的施工技术和设备

在条件允许的情况下,尽可能采用先进的施工技术,不断提高施工机械化、预制装配化程度,减轻劳动强度,提高劳动生产率。

(4)应用科学的计划方法制定最合理的施工组织方案

根据工程特点和工期要求,因地制宜地采用快速施工,尽可能采用流水作业施工方法,组织连续、均衡且有节奏的施工,保证人力、物力充分发挥作用。对于复杂的工程,应用网络计划技术找出最佳的施工组织方案。

(5)落实季节性施工的措施,确保全年连续施工

恰当地安排冬、雨季施工项目,增加全年连续施工日数,应把那些确有必要而又不因冬、雨季施工而带来技术复杂和造价提高的工程列入冬、雨季施工,全面平衡人工、材料的需用量,提高施工的均衡性。

(6)确保工程质量和施工安全

贯彻施工技术规范、操作规程,提出确保工程质量的技术措施和施工安全措施,尤其是采用国内外先进的施工新技术和本单位较生疏的新工艺时更应注意。

(7)节约基建费用,降低工程成本

合理布置施工平面图,节约施工用地;充分利用已有设施,尽量减少临时性设施费用;尽量利用当地资源,减少物质运输量;尽量避免材料二次搬运,正确选择运输工具,以节约能源,降低运输成本,提高经济效益。

2. 施工组织设计文件种类与构成

在公路工程设计和施工各个阶段,必须编制相应的施工组织设计文件,即深度、内容由粗到细的"施工方案"、"修正施工方案"、"施工组织计划"、"设施性施工组织设计"。

施工组织设计按所起作用的不同分为两大类:一类是属于设计文件的组成部分,其中按设计阶段之不同,可分为一阶段施工图设计或两阶段中初步设计阶段的"施工方案",三阶段设计中技术设计阶段的"修正施工方案"和两阶段设计或三阶段设计中的施工图阶段的"施工组织计划"。另一类是属于指导施工的技术经济文件,即"实施性施工组织设计"或称为施工设计,其中又可分为"施工组织总设计"和"分部分项工程施工组织设计"。

施工组织设计是施工方案、修正施工方案、施工组织计划和实施性施工组织设计等施工组织文件的统称。

施工方案、修正施工方案和施工组织计划由勘测设计单位负责编制,并编入相应的设计文件,按规定上报审批。实施性施工组织设计则由施工单位根据批准的初步设计或施工图设计中的施工方案或施工组织计划,综合施工时的自身和客观具体条件进行编制,并报上级领导部门审批或备案。

施工组织设计文件按不同分类分别由施工方案、修正施工方案、施工组织计划、实施性施工组织计划组成。

1)施工方案

(1)施工方案说明;

(2)人工、主要材料及机具、设备安排表;

(3)工程概略进度图根据劳动力、施工期限、施工条件以及施工方案进行概略安排;

(4)临时工程一览表。

施工方案说明列入初步设计的总说明书中,其主要内容是:①施工组织、施工力量和施工

期限的安排;②主要工程、控制工期的工程及特殊工程的施工方案;③主要材料的供应,机具、设备的配备及临时工程的安排;④下一阶段应解决的问题及注意事项。

2)修正施工方案

采用三阶段设计的工程,在技术设计阶段应提出修正的施工方案。修正施工方案应根据初步设计的审批意见和需要进一步解决的问题进行编制。修正施工方案解决问题的深度和提交的文件的内容,介于施工方案和施工组织设计之间。

3)施工组织计划

不论采用几阶段设计,在施工图阶段都应编制施工组织计划,其内容如下。

(1)说明。

①初步设计(或技术设计)审批意见的执行情况;

②施工组织、施工期限,主要工程的施工方法、工期、进度及措施;

③劳动力计划及主要施工机具的使用安排;

④主要材料供应、运输方案及临时工程安排;

⑤对缺水、风沙、高原、严寒等地区以及冬季、雨季施工所采取的措施;

⑥施工准备工作的意见(如拆迁、用地、修建便道、便桥、临时房屋、架设临时电力、电信设施等)。

(2)工程进度图(包括劳动力计划安排)。

(3)主要材料计划表(包括型号、规格及数量)。

(4)主要施工机具、设备计划表。

(5)临时工程表(包括通往工地、料场、仓库等的便道、便桥及电力、电信设施等)。

(6)重点工程施工场地布置图。

绘出仓库、工棚、便道、便桥、运输路线、构件预制场地、沥青(或水泥)混凝土拌和场地、材料堆放场地等工程和生活设施的位置。

(7)重点工程施工进度图。

4)实施性施工组织设计

在施工阶段,由施工单位编制的施工组织设计称为实施性施工组织设计。此时,施工图设计已获批准,所有施工原则和总方案已定,施工条件明确。因此,这一阶段的施工组织设计十分具体,对各分项工程、各工序和各施工队都要进行施工进度的日程安排和具体操作的设计。

施工阶段施工组织设计的内容目前尚无正式成文规定,由施工单位根据企业的实际情况和习惯进行编制,其主要内容一般应包括:

(1)对设计阶段施工组织计划的内容、要求、表格等按照施工单位的具体情况计算、核实,根据指导实施的要求将设计编制对象进一步分细,时间计划一般到月或旬,劳动组织方面可以班组为对象;

(2)实施性的开工前准备工作;

(3)在设计阶段施工组织计划编制的"材料计划表"的基础上,进一步编制材料供应图表;

(4)运输组织计划;

(5)附属企业及自办材料的开采和加工计划;

(6)供水、供电、供热及供气;

(7)实施性施工组织设计的技术组织措施计划;

（8）制订相应的管理制度,如建设监理制度,或施工安全、质量管理制度。

综上所述,从施工方案到实施性施工组织设计,后一阶段比前一阶段的要求更高、内容也更多,但是各个阶段是独立的又是相互联系的。

二、编制施工组织设计的程序

编制施工组织设计要遵守一定的程序,要按照施工的客观规律,协调和处理好各个影响因素的关系,用科学的方法进行编制。一般的编制程序如下:

（1）分析设计资料,选择施工方案和施工方法;

（2）编制工程进度图;

（3）计算人工、材料、机具需要量,制定供应计划;

（4）临时工程,供水、供电、供热计划;

（5）工地运输组织;

（6）布置施工平面图;

（7）编制技术措施计划与计算技术经济指标;

（8）编写说明书。

第三节　施工进度计划的编制

一、施工进度计划的作用

施工进度计划是控制工程施工进度和工程竣工期限等各项施工活动的依据,施工组织工作中的其他有关问题都要服从进度计划的要求,如计划部门提出月、旬作业计划,平衡劳动力计划,材料部门调配材料、构件;设备部门安排施工机具的调度;财务部门的用款计划等均需以施工进度为基础。

施工进度计划反映了工程从施工准备工作开始,直到工程竣工为止的全部施工过程;反映了工程建筑与安装的配合关系,各分部及工序之间的衔接关系,所以施工进度计划有助于领导部门抓住关键,统筹全局,合理布置人力、物力,正确指导施工生产活动的顺利进行;有利于工人群众明确目标,更好地发挥主动精神;有利于施工企业内部及时配合,协同作战。

二、编制施工进度计划的依据和步骤

1. 编制施工进度计划的依据

（1）工程的全部施工图纸及有关水文、地质、气象和其他技术经济资料;

（2）上级或合同规定的开工、竣工日期;

（3）主要工程的施工方案;

（4）劳动定额和机械使用定额;

（5）劳动力、机械设备供应情况。

2. 编制施工进度计划的步骤

（1）研究施工图纸和有关资料及施工条件;

（2）划分施工项目,计算实际工程数量;

(3)编制合理的施工顺序和选择施工方法;

(4)计算各施工过程的实际工作量(劳动量);

(5)确定各施工过程的劳动力需要量(及工种)和机械台班数量及规格;

(6)设计与绘制施工进度图;

(7)检查与调整施工进度。

三、施工进度图的形式

施工进度图通常是以图表表示的,主要形式有横道图法、垂直图法和网络图法三种。

1. 横道图

横道图由两大部分组成,左面部分是以分部分项工程为主要内容的表格,包括了相应的工程量、定额和劳动量等计算依据;右面部分是指示图表,它是由左面表格中的有关数据经计算得到的。指示图表用横向线条形象地表现出分部分项工程的施工进度,线的长短表示施工期限;线的位置表示施工过程;线上的数字表示劳动力数量;线的不同符号表示作业队或施工段别,表现出各施工阶段的工期和总工期,并综合反映了各分部、分项工程相互间的关系。

这种表示方法比较简单、直观、易懂,容易编制,但有以下缺点:(1)分项工程(或工序)的相互关系不明确;(2)施工日期和施工地点无法表示,只能用文字说明;(3)工程数量实际分布情况不具体;(4)仅反映出平均流水速度。它适用于绘制集中性工程进度图、材料供应计划图或作为辅助性的图示附在说明书内用来向施工单位下达任务。

2. 垂直图

垂直图的表示特点是:以纵坐标表示施工日期,以横坐标表示里程或工程位置,而各分部分项工程的施工进度则相应地以不同的斜线表示。工程量在图表上方相应地表示,施工组织平面示意图可在图表的下方相应地表示,资源平衡可在图表右侧以曲线表示。

垂直图的优点是消除了横道图的不足之处,工程项目的相互关系、施工的紧凑程度和施工速度都十分清晰,工程的分布情况和施工日期一目了然,从图中可以直接找出任何一天各施工队的施工地点和应完成的工程数量。但仍有一些不足之处:(1)反映不出某项工作提前(或推迟)完成对整个计划的影响程度;(2)反映不出哪些工程是主要的,不能明确表达出哪些是关键工作;(3)计划安排的优劣程度很难评价;(4)不能使用电子计算机,因而绘制和修改进度图的工作量很大。

3. 网络图

用网络图来表示施工进度的基本原理及计算此处不详细讲述。网络图说明工程项目之间的相互关系(即施工流程情况)。

网络图与横道图、垂直图比较,不但能反映施工进度,而且更能清楚地反映出各个工序、各施工项目之间错综复杂的相互联系、相互制约的生产和协作关系。不论是集中性工程,还是线性工程,都可以用网络图表示工程进度,因此,这是一种比较先进的工程进度图的表示形式,应大力推广使用。

四、网络计划技术

1. 网络计划技术特点

为说明网络计划技术,首先要了解什么是网络图。所谓网络图是由箭线和节点组成的,用来表示工作流程的有向、有序的网状图形。常见的网络图分为单代号网络图和双代号网络图两种。在网络图上加注工作的时间参数而编成的进度计划，称为网络计划。用网络计划对任务的工作进度进行安排和控制，以保证实现预定目标的科学的计划管理技术，即称为网络计划技术。

网络计划技术与传统的横道图计划管理比较，它具有以下特点：

（1）从工程整体出发，统筹安排，能明确地反映各工作间的先后顺序和相互制约、相互依赖关系。

（2）通过网络时间参数计算，能找出决定工期的关键线路和关键工作以及有机动时间的非关键工作，从而使管理人员心中有数，抓主要矛盾，确保控制计划总工期和合理安排人力、物力和资源，从而降低成本，缩短工期。

（3）通过优化，可在若干可行方案中找出最优方案。

（4）网络计划执行过程中，由于可通过时间参数计算，预先知道各工作提前或推迟完成对整个计划的影响程度，故管理人员可以采取技术组织措施对计划进行有效控制与监督，从而加强施工管理工作。

（5）可以利用计算机进行时间参数计算、优化、调整，从而提高管理效率。

由于网络计划实际计算工作量大，调整复杂，如果不利用计算机处理这些工作，则实际工作中很难发挥该技术的特点。此外，该技术较横道图法难学难懂，因而，对计划人员的素质要求较高。因此，网络计划技术的推广应用，在计算机未普及利用，管理人员素质较低的施工企业，会受到一定的制约。

2. 网络计划的分类

按照不同的分类原则，可以将网络计划分成不同的类别。

1）按性质分类

（1）肯定型网络计划。这是指工作、工作与工作之间的逻辑关系以及工作持续时间都确定的网络计划。在这种网络计划中，各项工作的持续时间都是确定的单一的数值，整个网络计划有确定的计划总工期。

（2）非肯定型网络计划。工作、工作与工作之间的逻辑关系和工作持续时间三者中一项或多项不确定的网络计划。在这种网络计划中，各项工作的持续时间只能按概率方法确定出三个值，整个网络计划无确定计划总工期。

2）按表示方法分类

（1）单代号网络计划。以单代号表示法绘制的网络计划。网络图中，每个节点表示一项工作，箭杆仅用来表示各项工作间相互制约、相互依赖关系。

（2）双代号网络计划。以双代号表示法绘制的网络计划。网络图中，箭杆用来表示工作。

3）按目标分类

（1）单目标网络计划。只有一个终点节点的网络计划，即网络图只具有一个最终目标。

（2）多目标网络计划。终节点不止一个的网络计划。此种网络计划具有若干个独立的最终目标。

4）按有无时间坐标分类

（1）时标网络计划。以时间坐标为尺度绘制的网络计划。

（2）非时标网络计划。不按时间坐标绘制的网络计划。

5）按层次分类

（1）总网络计划。以整个计划任务为对象编制的网络计划。

（2）局部网络计划。以计划任务的某一部分为对象编制的网络计划。

6）按工作衔接特点分类

（1）普通网络计划。工作间关系均按首尾衔接关系绘制的网络计划，如单、双代号及概率网络计划。

（2）搭接网络计划。按照各种规定的搭接时距绘制的网络计划。由于篇幅有限，本书不作介绍。

（3）流水网络计划。充分反映流水施工特点的网络计划。

3. 双代号网络计划图的组成

双代号网络计划是目前应用较为普遍的一种网络计划形式，它利用网络技术表示一项工程任务完成计划中各项工作的先后、衔接关系和所需时间、资源且其中工作用两个代号表示的工作流程图。双代号网络图由三个要素组成，即箭线、节点和流。

（1）箭线：表示一项工作。该工作可以是作为成本计算对象的单位工程，如路基工程、路面工程、桥梁工程和交通工程等，也可以是进一步细分的分项工程，如面层、基层、基础工程、墩台身等，甚至还可细分到具体的工序，如主模、扎筋、混凝土浇注等。就具体的网络计划而言，箭线所代表的工作，主要取决于网络计划的详细程度。

双代号网络图中箭线又可分为实箭线和虚箭线。

实箭线：表示的工作既要消耗时间又要消耗资源。如主模这项工作，完成它需消耗一定的人工、材料和时间。也有特例，只消耗时间，而不消耗资源如油漆的干燥，混凝土构件的自然养生等。常用"——→"表示。

虚箭线：表示的工作既不消耗时间，也不消耗资源，是一个假想的工作，它只是用来表达相邻前后工作之间的逻辑关系。常用"---→"表示。

（2）节点：表示工作与工作之间的衔接关系，即一项工作结束另一项工作开始的关系，它具有瞬时性。常用圆圈加一编号表示"④"。

（3）流：表示完成各项工作所需的资源量，包括每项具体工作所需的时间、费用和材料设备等，通常标注在箭线的下方。

双代号网络图示例，见图6-2-3。

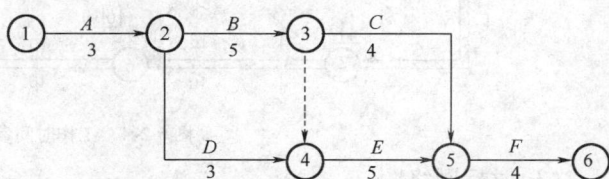

图6-2-3　双代号网络图

4. 双代号网络计划图的基本规则

（1）一张网络计划图中只允许有一个起始节点和一个终点节点。

（2）一对节点之间只能有一条箭线。这是因为双代号网络图中，两个代号代表着一项工作，如果一对节点之间有两条甚至更多条箭线存在，就无法分清这两个代号究竟代表哪一项工作。

（3）网络计划图中不允许出现闭合回路。所谓闭合回路是指从一个节点出发顺着某一条线路又回到原出发点的线路。做工作要消耗时间、资源，而时间一去不复返，显然闭合回路是错误的。

（4）网络计划图中不允许出现相同编号的节点或相同代码的工作。

（5）一条箭线其箭头节点编号应大于箭尾节点编号。

（6）网络计划图的布局应合理,不仅要求工作关系正确,而且要尽量避免箭线的交叉。

5. 网络计划的相关概念

（1）网络图的参数计算

网络图计算的方法有多种,此处主要介绍关键线路法计算的方法。它是通过计算各工序、节点的时间参数来确定关键线路和非关键线路上工序、节点的时差。其计算的内容包括节点参数（ET_i、LT_i）、工作参数（ES_{i-j}、EF_{i-j}；LS_{i-j}、LF_{i-j}）和时差参数（TF_{i-j}、FF_{i-j}）三种。如工序的最早可能开始和结束时间,工序的最迟必须开始与结束时间,关键线路和总工期以及非关键线路上工序时差等的计算。

计算方法分为分析计算法、图上计算法、表上计算法、矩阵计算法与电算方法等。

（2）关键线路

工序总时差为零的工序为关键工序。将关键工序连成线路,即为关键线路。一张网络图至少有一条最长的线路,这条线路上的总持续时间决定了这个网络计划的总工期。此线路中没有任何机动时间,该线路上任何工作的拖延都会造成总工期相应地延长;线路中任何工作的缩短则可使总工期缩短。因此,这种线路是网络计划按期完成的关键,所以称之为关键线路。

双代号网络图时间参数计算图算法示例,见图6-2-4。

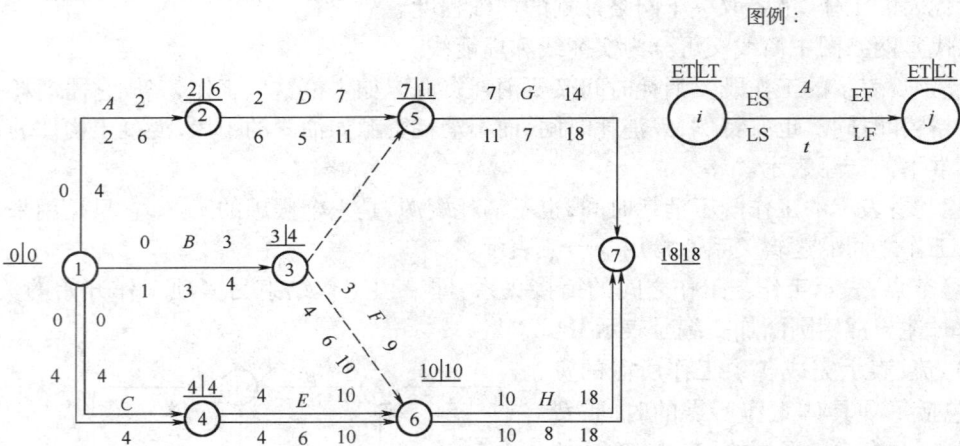

图6-2-4　工作时间参数计算

（3）时标网络图

时标网络计划是指网络图中各工序的箭线在横坐标上的投影长度要等于该工序的持续时间。其特点是:各工序的时间长短以及其前后工序的施工时间一目了然、直观易懂。对不复杂的双代号网络计划,不必进行各项时间参数的计算,可在带时间坐标的网络图上直接看出其有关时间参数。还可以直接在带时间坐标的网络图下方绘制劳动力、各种材料、机械等资源需要量变化动态曲线,但其修改和调整计划较麻烦。

双代号带时间坐标网络计划,可以按各工序的最早可能开始时间来绘制,也可以按各工序的最迟必须开始时间来绘制。

（4）网络计划优化

网络计划经计算后,得出的是初始方案,这个方案只是一种可行方案,要获得最佳方案,还必须进行网络计划的优化。网络计划的优化就是通过利用时差,不断改善网络计划的初始方案,在满足既定的条件下,按某一衡量指标(如时间、成本、物资)来寻求最优方案。

网络计划的优化一般按工期优化、资源优化、成本优化等三个方面进行优化。

五、施工进度计划的编制

进度计划按以下步骤进行编制。

1. 划分施工项目、确定施工方法

在编制单位工程施工进度计划时,首先要划分施工项目的细目,即划分为若干种工序、操作,并填入相应的栏内。划分时应注意:

(1)划分施工项目应与施工方法相一致,使进度计划能够完全符合施工实际进展情况,真正起到指导施工的作用;

(2)划分施工项目的粗细程度一般要按施工定额(施工图阶段按预算定额)的细目和子目来填列,这样既简明清晰,又便于查定额计算;

(3)施工项目在进度计划表内填写时,应按工程的施工顺序排列(指横道图),而且应首先安排好主导工程;

(4)施工项目的划分一定要结合工程结构特点仔细分项填列,切不可漏填,以免影响进度计划的准确性。

选择施工方法首先要考虑工程的特点和机具的性能,其次要考虑施工单位所具有的机具条件和技术状况,最后还要考虑技术操作上的合理性。确定施工方法后,还应根据具体条件选择最先进的合理的施工组织方法。

2. 计算工程量与劳动量

(1)工程数量计算

施工进度计划项目列好以后,即可根据施工图纸及有关工程数量的计算规则,按照施工顺序的排列,分别计算各个施工过程的工程数量并填入表中。工程数量的计算单位,应与相应定额的计量单位相一致。

(2)劳动量计算

所谓劳动量,就是施工过程的工程量与相应的时间定额的乘积,或者是劳动力数量与生产周期的乘积,机械台数与生产周期的乘积。

人工操作时叫劳动量,机械操作时又叫作业量。

劳动量可按下式计算:

$$D = Q \div C \text{ 或 } D = Q \cdot S \tag{6-2-1}$$

式中:D——劳动量(工日或台班);

Q——工程量;

C——产量定额;

S——时间定额。

劳动量的计量单位,对于人工为"工日",对于机械则为"台班"。

计算劳动量时,应根据现行的相应定额(施工定额或预算定额)计算。

受施工条件或施工单位人力、设备数量的限制,从而对生产周期起控制作用的那个劳动量称为主导劳动量。一般取生产周期较长的劳动量作为主导劳动量。

在人员、机械数量不变，采用二班制或三班制将会缩短施工过程的生产周期。当主导劳动量生产周期过于突出，就可以采用二班或三班制作业缩短生产周期。

3. 生产周期计算

由于要求工期不同和施工条件的差异，其具体计算方法有以下两种。

（1）以施工单位现有的人力、机械的实际生产能力以及工作面大小，来确定完成该劳动量所需的持续时间（周期）。一般可按下式计算：

$$T = D \div (R \cdot N) \tag{6-2-2}$$

式中：T——生产周期、即持续天数（日）；

　　D——劳动量（工日或台班）；

　　R——人数或机械台数；

　　N——生产工作班制数。

（2）根据规定的工期来确定施工队（班组）人数或机械台数。

在某些情况下，可以根据已规定的或后续工序需要的工期，来计算在一班制、二班制或三班制条件下，完成劳动量所需作业队的人数或机械台数。一般按下式计算：

$$R = D \div (T \cdot N) \tag{6-2-3}$$

4. 施工进度图的编制

以上各项工作完成后，即可着手编制不同阶段的施工进度计划（如图 6-2-5 所示）。

编号	工程名称	施工方法	工程量		20××年（月份）										起止时间	
			单位	数量	1	2	3	4	5	6	7	8	9	10	开工	结束
1	临时通信线路	人工为主	km	80			6								1月初	7月底
2	沥青混凝土基地	人工安装	处	1			35								1月上旬	5月上旬
3	清除路基	机械	m³	700 000				4							3月初	7月底
4	路用房屋	人工	m²	1 300				40							1月初	6月底
5	大桥	半机械化	座	1							94				5月中旬	9月中旬
6	中桥	半机械化	座	5				53							3月15	8月底
7	集中性土方	机械	m³	430 000					20						4月上旬	9月底
8	小型构造物	半机械化	座	23					30						5月初	
9	沿线土方	机械为主	m³	89 000					36						5月初	10月底
10	基层	半机械化	m²	560 000							48				7月上旬	9月
11	面层	半机械化	m²	560 000									18		9月上旬	10月
12	整修工程	人工为主	km	80										10		10月

图 6-2-5　施工进度横道图

（1）绘制空白图表；

（2）根据设计图纸、施工方法、定额、概预算（指施工图设计和施工阶段）进行列项，并按施工顺序填入工程名称栏内；

（3）逐项计算工程量；

（4）逐项选定定额，将其编号填入图中；

（5）进行劳动量计算；

（6）按施工力量(作业队、班、组人数、机械台数)以及工作班制计算所需施工周期(即工作日数)；或按限定的周期以及工作班制；按劳动量确定作业队、班(组)的人数或机械台数，将计算结果填入图内；

（7）按计算的各施工过程的周期，并根据施工过程之间的逻辑关系，安排施工进度日期。其具体做法是：按整个工程的开竣工日历，将日历填入日程栏内，然后即可按计算的周期，用直线或绘有符号的直线绘进度图；

（8）绘制劳动力安排曲线；

（9）进行反复调整与平衡，最后择优定案。

5. 施工进度计划的检查与调整

施工组织设计是一个科学的有机整体，编制的正确与否直接影响工程的经济效益。施工管理的目的是使施工任务能如期完成，并在企业现有资源条件下均衡地使用人力、物力、财力，力求以最少的消耗取得最大的经济效果。因此，当施工进度计划初步完成后，应按照施工过程的连续性、协调性、均衡性及经济性等基本原则进行检查与调整，这是一个细致的、反复的过程。现简述如下。

（1）施工工期

施工进度计划的工期应当符合上级或合同规定的工期，并尽可能缩短，以保证工程早日交付使用，从而达到最好的经济效果。

（2）劳动力消耗的均衡性

每天出勤的工人人数力求不发生大的变动，即劳动力消耗力求均衡，劳动力需要量图表明了劳动力需要量与施工期限之间的关系。正确的施工组织设计应该使劳动力需要量均衡，以减少服务性的各种临时设施和避免因调动频繁而形成的窝工。

任何一项工程的施工组织设计，由于施工人数和施工时间不同，均有可能出现不均衡性。故在编制施工进度图时，应以劳动力需要量均衡为原则，对施工进度进行恰当的安排和必要的调整。

劳动力消耗的均衡性，可用劳动力不均衡系数 K 表示。劳动力不均衡系数的值大于或等于 1，一般不超过 1.5。其值按下式计算：

$$K = R_{max} \div R_{平均} \tag{6-2-4}$$

式中：R_{max}——施工期中人数最高峰值；

　$R_{平均}$——施工期间加权平均工人人数。

（3）施工工期和劳动力均衡性的调整

①如果要使工期缩短，则可对工期较长的主导劳动量施工过程采取措施，如增加班制或工人数(包括机械数量)，来达到缩短总工期的目的；

②若所编计划的工期不允许再延长，而劳动力出现较大的均衡，则可在允许的范围内，通过调整工序的开工或完工日期，使劳动力需要量较为均衡。

某些工程由于特定的条件，工期没有严格限制，而在投资、主要材料及关键设备等某一方面有时间或数量的限制时，就要将这些特定条件作为控制因素进行调整。复杂的工程要获得符合工期、均衡流水原则的最合理的优化计划方案，必须进行多次反复调整计算，这个计算过程十分复杂，当前电子计算机技术的出现，为优化计算提供了理想的工具。

第四节　施工阶段的施工组织设计

一、施工组织平面图设计

1. 施工平面图设计的依据

（1）工程平面图；

（2）施工进度计划和主要施工方案；

（3）各种材料、半成品的供应计划和运输方式；

（4）各类临时设施的性质、形式、面积和尺寸；

（5）各加工车间、场地规模和设备数量；

（6）水源、电源资料；

（7）有关设计资料。

2. 施工平面图规划设计原则

施工平面布置是一项综合性的规划课题，在很大程度上决定于施工现场的具体条件。它涉及的因素很广，不可能轻易获得令人满意的结果，必须通过方案的比较和必要的计算与分析才能决定。一般施工平面图规划设计应遵循下列原则：

（1）在保证施工顺利的前提下，少占农田并考虑洪水、风向等自然因素的影响，所有临时性建筑和运输线路的布置，必须便于为基本工作服务，并不得妨碍地面和地下建筑物的施工；

（2）力求材料直达工地，减少二次搬运和场内的搬运距离，并将笨重的和大型的预制构件或材料设置在使用点附近，所有货物的运输量和起质量必须减至最小；

（3）加工等附属企业基地应尽可能设在原料产地或运输集汇点（如车站、码头）；

（4）附属企业内部的布置应以生产工艺流程为依据，并有利于生产的连续性；

（5）应符合保安和消防的要求，要慎重考虑避免自然灾害（如洪水、泥石流、山崩）的措施；

（6）施工管理机构的位置必须有利于全面指挥，生活设施要考虑工人的休息和文化生活；

（7）场地布置应与施工进度、施工方法、工艺流程和机械设备相适应；

（8）场地准备工作的投资最经济。

3. 施工平面图的设计步骤

（1）分析有关调查资料；

（2）合理确定起重、吊装、运输机械的布置（它直接影响仓库、料场、半成品制备场的位置和水、电线路以及道路的布置）；

（3）确定混凝土、沥青混凝土搅拌站的位置；

（4）考虑各种材料、半成品的合理堆放；

（5）布置水、电线路；

（6）确定各临时设施的布置和尺寸；

（7）决定临时道路位置、长度和标准。

4. 平面图主要内容

道路工程施工平面图应包括以下内容：

（1）图中标出原有河流、居民点、交通路线（公路、铁路、大车道等）、车站、码头、通信、运输点等及工地附近与有关的建筑物；

（2）施工用地范围和工程主要项目，沿路线里程的大中桥、隧道、渡口、交叉口、集中土石方等的位置；道班房、如加油站等运输管理服务建筑物位置；

（3）将施工组织设计的成果，如采料场、附属工厂和基地、仓库、临时动力站（如抽水站、发电所、供热站等）、临时便道、便桥、电源线路、变压器位置以及大型机械设备的停放、维修场直接标在图上；

（4）施工管理机构，如工程局、工程处、施工队及工程指挥系统的驻地；

（5）其他与施工有关的内容，如地质不良地段、国家测量志、气象台、水文站、防洪、防风、防火、安全设施等需要表示的内容。

二、临时设施布设

临时设施的布设应着重解决如工棚、仓库、料场及加工场地、施工用水、供电、通信设施等问题。

1. 工地加工场地

工地加工场地施工组织的任务是确定建筑面积的结构形式，通常参照有关资料或按经验确定。建筑场地的结构形式应根据当地条件和使用期限而定。使用年限短的用简易结构，如油毡或草屋面的竹结构；使用年限长的则可采用瓦屋面的砖木结构或活动房屋。水泥混凝土搅拌站面积、大型沥青混凝土拌和设备的场地面积，根据设备说明书的要求确定。计算略。

2. 临时仓库

工地临时仓库分为转运仓库、中心仓库和现场仓库等，其施工组织的任务是：确定材料储息量和仓库面积，选择仓库位置和进行仓库设计等。

（1）确定建筑材料储备量

材料储备量既要考虑保证连续施工的需要，又要避免材料积压，使仓库面积增大。对于场地狭小、运输方便的现场可少储存；对供应不易保证、运输困难、受季节影响大的材料可多储存些。常用材料，如砂、石、水泥、钢材、木材等的储备量可以计算（计算略）。对于不经常使用或储备期长的材料，可按年度需用量的某一百分比储备。

（2）确定仓库面积

特殊材料，如爆炸品、易燃或易腐蚀品的仓库面积，按有关安全要求确定（计算略）。

在设计仓库时，除满足仓库总面积外，还要正确地确定仓库的平面尺寸，即仓库的长度和宽度。仓库的长度应满足装卸要求，宽度要考虑材料存放方式、使用方便和仓库结构形式。

3. 临时房屋建筑

临时建筑的建筑面积主要取决于建筑工地的人数，包括职工和家属人数。建筑面积按有关规定计算（略）。

在做施工组织设计时，应尽量利用工地附近的现有建筑物，或提前修建能利用的永久房屋，如道班房、加油站等，不足部分修建临时建筑。

临时建筑应按节约、适用、装拆方便的原则设计，其结构形式按当地气候、材料来源和工期长短确定。临时建筑有帐篷、活动房屋和就地取材的简易工棚等。

4. 工地临时供水、供电、供热

工地临时供水、供电和供热应解决的主要问题有：确定用量、选择供应来源，设计管线网络等。如需工地自行解决供应来源,还需确定相应的设备。

(1)工地临时供水

工地的临时供水的总用水量是通过计算(略)确定的,根据相应规定按工程用水、施工机械用水、施工现场生活用水、生活区生活用水与消防用水量的相互关系计算比较确定。

工地临时供水水源,首先要考虑当地的自来水,如不可能时,才另选天然水源。天然水源有河水、湖水、水库蓄水等地面水和泉水、井水等地下水。

任何临时水源都应满足以下要求:水量充足稳定,能保证最大需水量供应;符合生活饮用和生产用水的水质标准;取水、输水、净水设施安全可靠;施工安装、运转、管理和维护方便。

供水系统由取水设施、净水设施、储水构造物、输水管网几部分组成。

取水设施由取水口、进水管及水泵站组成、取水口距河底或井底不得小于 $0.25 \sim 0.9m$,距冰层下部边缘的距离也不得小于 $0.25m$。水泵要有足够的抽水能力和扬程。

当水泵不能连续工作时,应设置储水构造物,其容量以每小时消防用水量来确定,但一般不小于 $10 \sim 20m^3$。

(2)工地临时供电

工地用电可分为动力用电和照明用电两类。

由于施工现场照明用电所占比例较小,因此在估算总用电量时可以不考虑照明用电,只需在动力用电量之外再增加 10% 作为照明用电即可。

工地临时用电电源,可以由当地电网供给,也可以在工地设临时电站解决,或者由当地电网供给一部分,另一部分设临时电站补足。无论采用哪种方案,都应该根据工程具体情况对能否满足施工期间最高负荷,输电设施的经济性等进行综合比较。

线路应尽量架设在道路的一侧,并尽可能选择平坦路线,保持线路水平,使电杆受力平衡。线路距建筑物的水平距离应大于 $1.5m$。

临时布线一般都用架空线,极少用地下电缆,因为架空线工程简单、经济、便于检修。电杆及线路的交叉跨越要符合有关输电规范。

配电箱要设置在便于操作的地方,并有防雨防晒设施。各种施工用电机具必须单机单闸,绝不可一闸多用。闸力的容量要根据最高负荷选用。

(3)工地临时供热

工地临时供热的主要对象是:临时房屋如办公室、宿舍、食堂等内部的冬季采暖;冬季施工供热,如施工用水和材料加热等;预制场供热,如钢筋混凝土构件的蒸汽养生等。

在施工组织设计中,还会遇到其他的临时工程设施,如便道、便桥、临时车站、码头、堆料场、电信设施。对于新建道路工程,这些临时工程设施更多。各种临时工程设施的数量视工地具体情况而定,因它们的使用期限一般都很短,因此通常都采用简易结构。

三、运输组织计划

运输组织计划是施工组织中一个重要项目,它不仅直接影响施工进度(是物质供应的基本环节),而且在很大程度上也影响工程造价。为了确保施工进度计划执行,力求最大限度降低工程造价,要求编制出合理的运输组织计划。

工地运输组织应解决的问题有:确定运输量、选择运输方式、计算运输工具需要量等。

1. 确定运输量

工地需要运输的物资有建筑材料、构件及半成品、机械设备、施工生活用品等。这些物资由外地运来(即场外运输),一般都由专业运输单位承运。工地内的运输(即场内运输)通常由施工单位承担,仅当运输力量不足时,才由当地运输部门承运一部分。

2. 选择运输方式

目前工地运输的方式有铁路运输(包括窄轨铁路)、公路运输、水路运输和特种运输(索道、管道)等。选择运输方式,必须充分考虑各种影响因素,例如运输量大小、运距和物资性质;现有运输设备条件;利用永久性道路的可能性;地形、地质及水文等自然条件;敷设、运输和装卸费用多少等。

对外部运输来说,主要是如何利用原来交通系统,将大量的外购材料与物资及时送至工地。但外部运输还不可能全部负担工程上的运输任务,这是因为它受原有交通布局的限制,不可能将所需的全部物资直接送至施工现场。采用何种运输方式就决定了运输的起讫点、运距和运输方向等。

对工地内部运输来说,主要是由施工单位直接进行组织与调度,除满足施工需要以外,一般不负担与工程无关的运输任务。工地内部运输主要有汽车、拖拉机、兽力车和各种民间运输工具。某些集中性工程亦常采用轻便铁轨、索道和溜槽等,这些运输方式应根据当地全体条件加以选择和组织。一般说来,汽车具有较好的越野性、深入性和灵活性,故在工地运输中采用较广。拖拉机行驶速度较慢,但牵引力大,故当运距短而运量集中,在施工泥泞便道上是一种较好的牵引工具。轻便铁轨在集中性工地上应用比较普遍,它拆迁方便、运输能力也很大,消耗动力较小,并且适用于狭窄地段,因此,往往是工地内部的主要运输方式。索道等特种运输适用于地势狭窄、高差大、工程量集中、施工地点比较固定和工作面狭窄的短途运输。畜力车和各种民间运输在短途运输中应用较普遍。因此,根据具体条件,作出全部工程的运输规划,选择合理的运输工具就显得更为重要。

运输方案是否合理,应结合具体条件加以分析,一般应达到下列几个要求:

(1)运距最短,运输量最小;

(2)减少运转次数,力求直达工地;

(3)装卸迅速和运转方便;

(4)尽量运用原有交通条件,尤其要充分利用运价低廉的水运,以减少临时运输设置的投资;

(5)运输工具应与所运物资的性能、价值和要求相适应,充分发挥运输工具的载运能力;

(6)符合安全技术规定。

3. 运输工具的需要量与调度计划

各种运输工具均宜集中管理和统一调度使用,但少量小型的非机动性运输工具可分散由施工基层掌握使用。运输工具的管理单位一般可以与材料供应单位合而为一,大规模施工可以建立专门材料运输队。

运输单位应按工程总进度计划和各施工队的施工进度计划定期指派运输小组或运输工具前往配合施工(如配合挖土机运土所需的汽车以及从沥青混凝土拌和站运送沥青混凝土至摊铺工地的汽车等)。除此而外,必须按总工程进度计划,进行全部工程的物资和材料供应的运输工作。为此,必须在施工机构统一安排下,编制出详细的调度计划,规定运输工具在施工过程中使用的地点和期限、运输任务和性质、检修要求和时间等，对主要运输工具排列运输图表。

4. 设置运输工作的辅助设备

辅助设备中主要是临时道路、车库、加油站和检修车间等。

四、主要材料供应计划

材料供应计划是施工组织设计的一部分，依据工程进度图、设计文件、设计阶段的主要材料计划表和施工单位企业管理有关指标进行编制。它不仅表明材料运到工地的日期和数量关系，而且是计算运输量和运输工具数量的可靠性资料。同时，在材料供应图表中亦反映出不同时期内材料的储备数量，用以来确定仓库的面积，因而它是施工组织设计中主要文件。

现将几种主要的材料供应图介绍如下。

1. 指示性材料供应

材料供应工作的几个原则即是及时供应、不积压材料；有利于运输和储存的安排等。

在工地现场的材料总量一定的条件下，假定工地使用材料数量和每日运输的材料数量相同，或者按平均数量所绘制，故称为指示性的材料供应图。它反映了整体运输计划中，材料在整个工期内的运输状态，是一个宏观的指示文件。

2. 实施性的材料供应图

为了更确切地反映出供应材料的数量与时间的变化关系，在拟订详细供应计划时，尤其是对关键工程所用主要材料，可以绘制实施性的材料供应图。实施性的材料供应图有两种表示形式，即超额曲线图与累积曲线图。

（1）差额曲线图

一个时期内，材料每天的实际消耗量与供应量之间的差值，所组织的图形为差额曲线图。它的最大值直接反映了场库面积所需的储存量。由于每日消耗量和供应量并不相同，故材料的储备数量很不稳定。

（2）累积曲线图

差额曲线图能真实地反映工地储备量的大小，同时亦指出由于供应量和消耗量每日不同，工地上的材料储备量很不稳定（本例的最大最小储备量相等一倍以上），这对设置工地仓库很不利。同时由于运距不同等原因，每日运输的数量不可能相同，为了供应量与消耗量大致一致，可利用累积曲线加以控制。

由上可知，材料供应图能够明显地反映材料数量与供应日期的关系，亦能表示出材料数量与运输量的变化。其中累积曲线还能按均衡供应的要求，表示出运输工具的数量。所以，材料供应图是供应组织与计划中一种比较完善的表达形式。

由此求出工地材料的储备量，其中供应线与消耗线之间的垂直间距是材料数量，而水平间距是表示材料储备量在暂时停运后仍能维持供给的日期。

工地材料储备量是设置工地仓库时计算仓库用地面积的依据。

五、安全制度与措施

国务院先后颁布了《建筑安装工程安全技术规程》、《建筑安装安全技术操作规程》、《工人职员伤亡事故报告规程》等法规，并且在国家的各项重大决议中，对安全生产都作了明确的指示，制定了生产必须安全、安全为了生产的原则。在计划、检查、总结、评比生产时，同时也必须计划、检查、总结、评比安全工作。

所以,在编制施工阶段的实施性施工组织设计时,应特别强调安全技术措施和安全制度的制订,要把安全生产放在工作的重要位置,作为生产工作不可缺少的组成部分来抓。遵守安全远程、贯彻以防为主的方针,提高对事故的预见性,防微杜渐。

1. 安全生产的组织工作

安全生产是一项综合性的工作,它关系到施工管理的各个方面。特别是采用新技术、新结构和新的施工方法,以及在新工艺、新设备、新工具日益增多等情况,除建立健全安全生产机构外,还要根据具体情况,在各级行政和技术负责人的领导下,选择认真负责、懂得安全技术并富有经验的技术干部担任专职工作,他们要能及时发现明显和潜在的危险情况,制止违章作业,能为生产创造安全环境,以防患于未然。

除了加强组织外,技术措施也是非常重要的。安全技术措施是根据不同的工程和具体工作条件,在施工方法、平面布置、材料设备上提出保证安全生产的措施、必须遵守和注意的事项,例如起重设备、脚手架的负荷计算,锚固措施及架设、拆除的程序和方法;多层作业隔离措施的设置方法;高空作业的防护措施;土方开挖的边坡控制方法;施工机具的制动装置和技术要求;电气设备的接地、防护和技术要求;爆破器材的管理与使用技术条件;易燃、易爆材料的保管与防火措施;原有建筑物的拆除程序、保护方法等。

2. 安全制度

保证安全生产必须建立和健全切实可行的规章制度。

(1)安全生产制度。必须建立和认真贯彻安全生产责任制,做到分级负责,分片负责,事事有人负责,时时有人负责,把安全生产方针贯彻到日常生产的各个环节中,把安全和生产真正地统一起来。

(2)安全教育制度。各级组织应经常利用各种有效形式,广泛开展安全生产宣传活动,组织职工学习有关安全生产的政策、法令,教育职工树立安全和生产统一的思想,自觉遵守安全生产规章制度。

(3)安全技术措施制度。安全技术措施是施工设计的重要组成部分,是指导安全生产的技术文件,也是进行安全生产交底的重要依据,因此,没有编制安全技术措施的工程一律不准施工。

(4)安全交底制度。安全交底是具体贯彻安全技术措施的主要方法,是一项经常性的工作,也是最实际最深刻的安全教育。各级领导在布置生产任务时,对施工安全要提出明确的要求,把施工技术和安全技术同时交底,并组织工人讨论,订立保证安全措施,使人人心中有数,个个做到安全。

(5)安全检查制度。为了及时发现和消除不安全因素,应加强经常性的安全检查,并根据施工和季节变化的特点,每年定期进行两次至四次群众性安全检查。

(6)事故分析制度。各施工单位应严肃认真地贯彻执行国务院发布的《工人职员伤亡事故报告规程》,发生工伤事故后,应组织实地调查,找出事故原因,掌握事故发生的规律,采取预防措施。

3. 施工质量管理

在施工中必须特别注意工程质量,牢固地树立"百年大计,质量第一"的思想,做到"好中求快、好中求省"。坚持质量第一,是我们企业的社会主义性质决定的。

施工部门的基本活动是建造各类固定资产;施工的目的是要满足国家建设的需要,满足人民生活的需要;施工的直接动机是创造使用价值,这就决定建筑施工必须把使用价值放在第一位,十分重视和努力提高工程质量。

在建筑施工中,质量与速度的关系是经常遇到的问题,它们既是对立的,又是统一的,必须处理好速度、产值和质量之间的关系。在施工管理中,必须认识到速度与质量的矛盾,质量是主要方面,那种只顾追求速度,追求产值而不顾质量是同企业的社会主义性质不相容的。因此,在施工组织一管理中,必须把质量放在第一位。

在制定施工阶段施工组织设计时,为保证与提高工程质量的措施主要有以下几方面。

(1)认真学习和复核设计图纸,吃透设计意图,并做好逐级的技术交底工作。

(2)建立和健全各级质量检验、监理机构,坚持专业检查和群众性检查相结合,贯彻班组自检互检制度。

(3)严格执行国家施工验收规范和有关操作规程,如《建筑安装工程施工验收规范》、《建筑安装工程质量检验评定标准》、《公路工程质量检验评定标准》等。

(4)及时填报各项工程验收报表,特别是隐蔽工程的验收签证、施工日志等,建立技术档案,保存原始资料。

(5)建立和健全试验机构,充实试验人员,认真做好原材料、半成品、构件和设备的检验工作。

(6)做好施工机械的检修工作,经常保持机械设备的完好和精度。

(7)做好质量事故的分析,找出产品质量缺陷的原因,采取预防措施,尽可能把质量问题消除于事故出现之前。

第五节　机械化施工组织设计

一、机械化施工组织内容和特点

1. 机械化施工组织内容

施工机械化、设备现代化、管理科学化,是我国公路工程机械化施工企业的奋斗目标和努力方向。机械化施工组织设计,关键是在公路工程施工组织设计的原则范围内,或配合其他各方面组织管理的完成,以机械化施工本身的特点降低外界影响因素,如天气变化和材料供应等,使机械化施工的作业效率更加提高,保证机械作业的最大使用率,从而缩短工期、增效减亏方面发挥更大的作用。机械化施工组织设计的主要任务具体如下:

(1)把握各种施工机具的性能和用途;

(2)确定在不同施工环境及施工方案下,保证施工机具的最佳选配;

(3)布置施工机具的临时用地与分部分项工程的机械平面组织设计;

(4)安排机械施工数量及调配计划;

(5)确定关键工程的机械化施工组织设计;

(6)合理安排机械化施工的进度计划;

(7)机械的润滑保养与施工进度协调统一。

机械化施工组织设计不论是施工企业,还是业主、监理单位,对一个工程项目来说,在内容的安排、文件的编制方面都是一致的。比如组织招投标的组织文件,开工前的组织文件,施工中阶段性组织文件都对机械化施工的组织提出相同的要求。其具体内容对整个工程项目而言分机械化施工总体计划和分部分项工程计划。

1)机械化施工总体计划内容

(1)确定施工计划总工期;

(2)重点工程的机械施工方案和方法;

(3)机械化施工的步骤和操作规程、相关的机械管理人员;

(4)机械最佳配置、各季度计划台班数量;

(5)机械施工平面设置与机械占地布设;

(6)确定机械施工的总体进度计划。

2)机械化施工分部分项工程计划内容

(1)分部分项工程日进度计划图表;

(2)工程项目机械配合施工的安排计划(施工方法、机械种类);

(3)机械施工技术、安全保证措施;

(4)机械检修、保养计划和措施;

(5)机械的临时占地布设和现场平面组织措施。

机械化施工组织设计中,应该包括对机械的维修保养计划,同时它也是机械化施工管理的组成部分。工地上的土木技术人员有时只顾眼前的工作,忽视机械的状态而强行工作,常常导致功率降低,甚至造成机械故障或更严重的后果。所以正确使用机械,是提高工作效率,降低机械使用费的主要途径。一台机械在生产、维修、质量和安全方面的重要性,要从以下各点来进行评价。

①生产

(1)机械在生产使用中的状态(重点在运转效率);

(2)工地及计划中是否有闲置的备用机械;

(3)机械故障的出现对机械的影响程度及对进度的影响程度。

②维修

(1)机械发生故障的频率(是否应尽快维修);

(2)机械发生故障的维修时间是否导致长时间停工;

(3)机械修理故障所消耗的费用是否值得。

③质量

(1)带故障的机械对工程质量是否有影响;

(2)故障机械的修理费用与影响质量效果的比重。

④安全

(1)因机械故障可能引起的伤害程度;

(2)因机械故障可能引起的公害程度。

从以上四个方面综合评价机械的现状及维修的重要性,以便在施工组织中合理权衡各方面的关系。机械维修从开始到结束都要做好记录,一是备查,二是统计费用,三是对操作员负责的机械进行追踪管理。

保养大致可分为定期保养和日常保养。定期保养是拆卸分解整套机械的保养,恢复其原来的性能，使它能长期使用；日常保养指每周、每月进行保养。

（1）每日保养。这是每天开始运转和运转结束后必做的保养，由机械操作员和辅助操作人员负责完成，包括擦拭、检查、调整和补充燃料、润滑油脂和冷却水。

（2）每周保养。对每日保养所做不到的润滑油补充和离合器、制动器调整等保养工作，就只有每周来保养一次。保养工作除操作人员及其辅助操作人员以外，还需机械师指导保养。要及早发现漏油、裂缝、螺栓螺母的松动以及反常发热等异常情况，必须清理机械、记录结果、填报记录。

（3）每月保养。这种保养主要在当地的机械维修基地，由机械师和操作员进行检查、保养。保养规模大，除更换一些零部件外，也拆卸一部分外围部件进行保养。同时记录结果，填报记录表。

（4）润滑管理。在机械故障中，机件长期得不到润滑是主要原因。润滑工作的标准因机械种类不同而不同，一般按机械使用说明书所记载的标准执行即可。如果有特殊的规格，或有特殊的运转条件时，就要和机械制造厂家协商，采取适当的维护保养措施。进行正确的润滑工作，必须遵守四个原则：

①润滑必须在适当的时期进行；

②润滑必须在适当的部位进行；

③润滑必须选用适当润滑油；

④润滑油用量要适中。

2．机械化施工组织特点

随着现代施工工艺、技术的发展，新机械、新机种层出不穷。而工程施工中每时每刻都离不开机械，怎样使机械施工发挥最大效益，提高工程质量，降低劳动强度等是我们需要研究的课题。机械化施工在工程项目管理中表现出如下几方面的特点。

（1）机械化施工有利于降低工程成本。随着大规模机械化施工的推广，使过去高成本的工作，现在需要较少费用即可完成。如大型构件的预制安装、顶推施工法、回旋钻机钻孔、铲运机及自卸车运土等，这些机械将过去高投入、低产出的工程变为技术型低投入、高产出的工程。另一方面，工程造价中机械费用占有很大比重，如土石方工程中占40%左右；混凝土工程中占60%左右。合理科学地组织机械化施工，减少机械使用费，就可以大幅度地降低工程造价。

（2）机械化施工大大缩短工程工期。当今工程施工周期大为缩短，这应当归功于机械化施工的推广，过去一座特大桥的施工工期一般需要近十年时间，如南京长江大桥，而现在的工期相应缩短为只有原工期的1/3。

（3）机械化施工可提高工程质量。随着工程设计精度的提高、难度的加大、连续施工的要求更加严格，这只有机械化施工才能满足各项要求。比如高速公路的路面平整度，水泥混凝土路面在机械摊铺的条件下才能达到规范要求；特大桥的大体积混凝土只有混凝土输送泵运送才能保证连续浇注混凝土的要求；预应力、部分预应力混凝土，大型构件的运输等也只有机械化施工才能满足要求。

（4）机械化施工可优化社会资源，节约社会劳动。机械化施工调整了施工组织计划中对劳动力的需求，将更多的社会劳动力调配到更适合的工作岗位上，从而为社会节约了大量的劳动力。当然，也刺激新型劳动力的成长，在知识更新、新工艺的接受、新机械的操作等方面，更容易使工程施工的机械化得到普及和提高。

（5）机械化施工使公路工程设计空间更为拓展，施工更创新。可以说，有了机械化的施工后，我们的公路工程不仅是建造一个跨越障碍物、具有承载力的构筑物，而且是为美化环境创造一个个人文景观，更是为社会创造美和艺术品。这些只有在机械化生产的条件下，才能同时满足施工技术和美化景观方面的要求。

二、机械化施工进度图编制

1. 机械化施工组织的影响因素

1）机械完好率

机械需要经常维修和保养，才能保证在施工中连续作业达到最大负荷运转，这是保证机械完好率的先决条件。机械在使用过程中总是会消耗、损耗机件，在所有施工工期范围内，机械不可能永远满负荷作业，而在机械施工中，要求机械满负荷运转，只有经常维修和保养，才能达到施工的要求，以保证施工组织计划的顺利实施。

2）气候影响

机械作业产生大量的热，所以在夏天应考虑机械的散热和降温，如补加机油、常换冷却水、间隔施工、机械交替作业等，这些都会影响施工组织计划，必须在开工前对机械可能遇到的发热、危险情况做充分的准备或设计。冬季气温降低，必须对机械做好防冻措施，比如夜间放掉冷却水，油箱包裹起来；同时也要做好施工运转时的保温措施，如支撑遮风棚、包裹油箱、热水加温等。

3）施工方案与机械搭配

施工方案的完成必须有配套的机械，在型号、功率、容积、长度等方面要达到施工方案的要求，否则就会降低工程进度，影响工程质量，甚至损耗机器。

4）机械配套技术

工程主导机械的选择如果是正确的，则其配套机械的好坏就会直接影响施工的正常进行。配套机械的技术规格应满足工程的技术标准，要求配套机械必须具有良好的工作性能；机械必须具有足够的可靠性；尽量采用同厂家或品牌的配套机械，一是保证最佳匹配；二是便于维修保养。为了提高工作效率，还要尽量在数量上少用配套机械，以避免相互干扰和影响；对配套的所有机械必须定时定期的检修，不能因为一台机器的故障，而使整个施工生产停工。

5）机械操作员配合

对施工影响的另一个因素是机械手，一方面必须让其熟知机械操作规程；其次，熟悉技术标准和施工规范；第三，充分激发其积极性和责任心，或采用效益和责任包干的方式，让操作员坚守工作岗位，兢兢业业工作。机械操作员的有效配合是保证机械化施工顺利进行的必要条件。

6）用台班总数量与使用寿命

机械的耐用总台班是指机械设备从开始投入使用至报废前所使用的总台班数。使用寿命是在正常施工作业的条件下，在其耐用总台班内，按规定的大修理次数划分的工作周期数。实用台班数量如果超过耐用总台班，则经济效益好，否则即差。在施工组织管理中，正确估价和计算现场机械的使用寿命和已用总台班，有利于合理处理闲置的台班数量，以保证施工现场机械的连续运转。否则，当机械已接近或达到使用寿命，使用完耐用总台班还在超负荷运转，就会使出现现场停机或施工中断现象。

2. 机械化施工组织的基本原则

机械化施工生产过程中，与其他施工组织措施的配合是否合理、经济，能否保证整个工程项目施工连续均衡地进行，只有通过对施工机械加以限制和规定，让其成为施工过程中积极配合、刺激进度的因素，才能使整个施工组织设计更好地完成。一般应该遵循以下原则：

（1）施工连续高效运转，确保满足工程质量标准、技术标准；

（2）主导机械选择、控制合理，配套机械的选择与周围环境条件协调一致；

（3）提高机械的使用率，满足均衡使用要求，降低人员的工作强度；

（4）安装调试简便，转场运输方便，不形成交叉作业；

（5）降低机械使用费，减少机械闲置，配套机械协调作业达到经济目标。

3. 机械化施工进度图表

机械化施工进度图表一般使用横道图、垂直图、管理曲线图、网络图。横道图与垂直图在前面已作过详细介绍，在此只说明对于机械化施工来讲，这两种图的具体制作方法，并简单介绍管理曲线方法。

1）横道图（垂直图）制作

横道图的常规制作方法和制作步骤已在前面作过介绍，在此介绍机械化施工台班的横道图制作方法和步骤。

（1）确定各机械化施工工序的主导机械种类、功率。

（2）绘制一般工程施工进度横道图，完全按前面的方法制作，但仅限于有机械施工的工序。

（3）将横道线上的数字用机械台班的数字代替。

（4）绘制机械台班分布图，并将分布图统计为详细计划表。

（5）合理确定配套机械的种类、功率。

2）管理曲线方法

管理曲线方法是建立在横道图方法的基础上的，对统计机械的成本费用，判别机械作业计划与实际进度的差别，都能够形象地反映在图纸上。一般地，机械作业量及其累计量画在纵坐标上，时间作为横坐标。其绘图步骤如下：

（1）做好横道图计划的复制件，并将机械施工工序的机械作业量计算出来，按累计方法计算累计时间段的累计量（可按机械成本总费用比例与机械总台班数量比例两方法累计）；

（2）在横道图上用累计百分比的方法标注纵坐标刻度，以时间单位为横坐标刻度；

（3）按计算出来的累计量在图纸上标点，并用曲线尺连接各点形成"S"形曲线；

（4）当作出进度计划的曲线以后，随着实际日进度的完成，统计机械作业量并将累计量在图纸上标点，并用曲线尺逐点连接各点，看是否形成"S"形曲线，并与计划"S"形曲线比较；

（5）时刻关注实际进度点与计划点的差异，作出书面报告及时汇报。

4. 机械选型的一般原则

（1）能与工地的土质、地形相适应；

（2）可以满足工程质量标准；

（3）不会损坏施工现场周围已建好的建筑设施；

（4）能高效地完成既定的工程量；

(5)机械使用费用尽量减少,施工成本降低;

(6)更容易操作、方便维修、提高可靠性;

(7)可以实现自动化或节省劳动力;

(8)安全性能好,对环境不会造成污染和破坏;

(9)安装调试简便,转场运输容易。

5.机械配套必须满足的简便条件

(1)各机械的技术规格必须满足既定工程的技术标准;

(2)在工艺允许的条件下,尽可能采用重型机械并保证为其安排足够的工作量;

(3)机械必须具有良好的性能;

(4)机械必须具有良好的可靠性。

6.机械配套的基本原则

(1)选好既定工程的主导机械,其他机械必须围绕主导机械配套;

(2)尽量减少配套机械的数量;

(3)各配套机械的工作能力必须与主导机械匹配;

(4)采用合理的施工组织方案;

(5)同一作业要尽量使用同一型号的机械,以便于维修管理。

7.主导机械及其相关注意事项

根据施工的特殊要求,需要选购专用机械设备,除了选型与配套的要求外,还应该注意主导机械及其相关的注意事项。

(1)正确选用主导机械。一套机械设备中的主导机械,决定着施工方式、方法及工程的质量和进度,并且在很大程度上决定着整套机械生产效率的发挥。

(2)合理搭配机械的数量。同一条件下配套机械的数量相对越多,整套机械的工作效率就越低,这对于单机工作效率低的机械进行配套更加突出。如 A、B 两台机械的工作效率分别为 0.9,配套使用后总的工作效率为 $0.9 \times 0.9 = 0.81$。如果配套机械中有一台机械发生故障,则整个工程就可能停工,而配套机械相对增加,只能增加停工的机会。

(3)配套机械施工的施工段之间要保持相对平衡。工作效率、工作饱满程度、工程量大小等要保持均匀性,才能保证生产流水线的顺利进行。比如在挖土运输作业中,就要使自卸车的运输能力与挖掘机的挖土能力相适应,才能保证作业高效进行。

(4)配套机械作业时,要合理安排闲置台班备用。如果配套机械中一台机械突然出现故障而使得生产线停工,在没有备用机械台班的情况下,就可能造成全面停工,这在施工现场是不允许的。

(5)机械选型配套时遇到困难,可否找到其他的选型配套方案。

(6)大型专用机械设备的购置与租赁,在配套选型中要合理处理,不能造成不必要的浪费。

第三章 道路工程定额

第一节 定额定义、特点、分类、管理

一、定额的定义、特点

1. 定额的定义

工业企业在生产经营活动过程中，在一定的条件下，对人力、物力、财力的使用和消耗，经过科学的测定、分析、计算，确定一些合理的数学指标，作为管理和生产所应遵守或达到的标准，这个标准就是定额。也就是说，定额是在正常的生产（施工）技术和组织条件下为完成单位合格产品所规定的人力、机械、材料、资金等消耗量的标准。

公路工程定额是公路工程概算定额、预算定额、施工定额等的总称。设计概算及施工图预算、施工预算、竣工决算等都是按照公路工程定额进行编制的。在设计、计划、施工、劳动工资、财务等各项工作中，都必须以定额为工作尺度。认真贯彻和执行定额，才能有周密的计划和合理的施工，才能有真正的经济核算，所以定额是现代化科学管理的基础和重要内容。

2. 定额的特点

我国公路工程定额具有科学性、法令性和群众性的特点。

（1）定额的科学性。首先表现在定额中的各类参数是在认真研究客观规律的基础上，自觉地遵照客观规律的要求，运用科学的方法确定的。其次表现在技术方法上，吸取了现代科学管理的成就，具有一套严密的、科学的确定定额的技术方法。

（2）定额的法令性。凡经国家建设管理部门或授权机关颁发的定额，是具有法令性的一种指标，不得私自修改和滥用。定额要保持相对的稳定性，但也要随经济、技术、组织、管理等条件的改善与提高，及时地修订定额、补充定额直至重新颁发新定额。

（3）定额的群众性。是指它的制定和执行都具有广泛的群众基础。第一，定额水平高低的取舍，主要决定于广大建筑安装工人的生产能力和创造水平。定额中的劳动消耗的数量标准，是施工企业职工劳动和智慧的结晶。第二，广大群众是测定编制定额的参加者。定额本身就反映群众的要求和愿望，具有易于为群众掌握的特点。第三，广大群众是定额的执行者。定额的执行，归根到底要依靠职工在一切技术经济活动中亲自实现它，否则再好的定额也会变成一纸空文。第四，广大群众是定额的拥护者。定额反映了广大职工的愿望，能够按照社会主义原则，把群众的长远利益和眼前利益正确地结合起来，把广大职工的工作效率、工作质量和国家、企业、生产者的物质利益结合起来，保护了群众利益。

定额的科学性是定额法令性的依据，定额法令性是定额执行的保证，定额的群众性则是定额执行的基础。

二、定额的分类

由于具体的生产条件各异，定额的种类很多，根据使用对象和组织生产的目的不同，编制

出不同的定额。

1. 按其生产因素和使用要求的不同分类

（1）按生产因素可分为：劳动消耗定额（亦称工时定额或人工定额）、材料消耗定额、机械台班使用定额（亦称设备利用定额）；

（2）按使用要求可分为：施工定额、预算定额、概算定额、估算指标等。

上述定额中劳动消耗定额、材料消耗定额和机械台班使用定额是最基本的，是制定各种实用定额的基础。

2. 按编制单位和执行定额的范围不同分类

按编制单位和执行定额的范围不同分为：全国统一定额；主管部定额；地方定额；企业定额。

3. 按专业不同分类

各个不同专业都分别有相应的主管部门颁发的在本系统使用的定额，如：（1）建筑安装工程定额（亦称土建定额）；（2）设备安装定额；（3）给排水工程定额；（4）公路工程定额；（5）铁路工程定额；（6）水利水电工程定额；（7）水运工程定额；（8）井巷工程定额等。

4. 专业定额的作用

各种专业定额有各自不同的作用，现对公路工程有关的定额具体说明如下。

1）按生产因素分类

（1）劳动消耗定额。简称劳动定额，也叫人工定额。它是在正常的生产技术和生产组织条件下，为完成单位合格所规定的劳动消耗量标准。

劳动定额有两种表现形式：时间定额和产量定额。

①时间定额。是指在技术条件正常、生产工具使用合理和劳动组织正确的条件下，工人为生产单位合格产品所消耗的劳动时间。每一工是除潜水工作按 6 小时、隧道工作按 7 小时外，其余均按 8 小时计算。时间定额的计算方法如下：

$$时间定额 = 1 \div 每单位工时完成的产量 = 1 \div 产量定额$$

或

$$时间定额 = 耗用工时数量 \div 完成单位合格产品数量$$

例如，《公路工程预算定额》第一章第一节第 6 表中规定，人工挖运（人工运输 20m）普通土，产品单位 1 000m³，时间定额是 181.1 工日。它的工作内容包括挖松、装土、运送、卸除、空回等全部操作过程。

②产量定额。是指在技术条件正常、生产工具使用合理和劳动组织正确的条件下，工人在单位时间内完成合格产品的数量。

$$定量定额 = 1 \div 完成单位产品所消耗的时间 = 1 \div 时间定额$$

或

$$产量定额 = 完成合格产品数量 \div 耗用时间数量$$

如上例，完成 1 000m³ 普通土方的时间定额为 181.1 工日，则每工是产量定额为：

$$1 000m³ 每 181.1 工日 = 5.52m³ 每工日$$

（2）材料消耗定额。简称材料定额。它是指在节约和合理使用材料的条件下，生产单位合格产品所必须消耗的一定品种规格的材料、半成品、配件和水、电、燃料等的数量标准。其计算单位是以材料的实物计量单位表示，如 m、m³、kg、t 等。它包括材料的净用量和必要的工艺性损耗及废料数量。

因为在浇制混凝土构件或砌体浆砌时，所需混凝土混合料或砂浆混合料在搅拌运输过程中由于不可避免的损耗，以及振捣后体积变得密实等原因，则每立方米实体的混凝土产品就需要耗用 1.01 ~ 1.02m³ 的混凝土混合料。工艺性材料损耗量以百分率表示，即损耗率，它等于材料损耗量和材料净用量之比。一般材料消耗定额的基本计算公式为：

材料消耗定额 ＝（1 ＋ 材料损耗率）× 完成单位产品的材料净用量

例如：《公路工程施工定额》附录 3 中规定，浆砌 1 立方米片石砌体的石料及砂浆消耗定额为：片石 1.15m³、砂浆 0.35m³。

又如：《公路工程施工定额》第四章规定，现浇 C20 混凝土墩、台帽，每完成 10m³ 实体需要消耗 10.2m³ 的 C20 混凝土合料，则完成 10m³ 实体的原材料消耗定额按式（5-5）计算如下：

42.5 级水泥 ＝（1 ＋ 2%）× 338kg/m³ × 10m³ ＝ 3 448kg

完成 10m³ 实体合格产品的其他材料消耗定额还有：原木 0.277m³、锯材 0.458m³、铁件 27.1kg、铁钉 2.6kg、水 12m³、其他材料费 15.2 元等。

材料消耗定额还有下述两种表现形式。

①材料产品定额。是指用一定规格的原料，在合理的操作条件下获得的标准产品的数量；

②材料周转摊销定额。产品所消耗的材料中包括工程本身使用的材料和为工程服务之辅助材料（如模板、支撑等所需之木材等），辅助材料应按规定进行周转使用。这种周转性材料在施工中合理周转使用的次数和用量称为材料周转定额（见预算定额附录三）。在现行预算定额中，周转性材料均按正常周转次数摊入定额之中，其体规定详见《公路工程预算定额》总说明及附录。

（3）机械台班消耗定额。简称机械定额。它规定了在正常施工条件下，合理地组织生产与合理地利用某种机械完成单位合格产品所必需的机械台班消耗标准，或在单位时间内机械完成的产品数量。机械台班定额按其表现形式分为机械时间定额和机械产量定额两种。

机械时间定额是指在一定的工作内容和质量安全要求的条件下，规定某种机械完成单位产品所需要的时间，如"台时"或"台班"等。机械产量定额与机械时间定额互成倒数。例如：柴油打桩机打混凝土方桩，按《公路工程预算定额》第四章第四节第 5 表中规定，其机械时间定额为完成 10m³ 深基桩需 1.95 台班，机械产量定额则是：10m³/1.95 ＝ 5.1m³/台班。

（4）机械台班费用定额

原交通部 2008 年颁布的《公路工程机械台班费用定额》是目前编制公路基本建设工程概、预算，进行经济核算和结算的依据。公路养护的大、中修工程可参考使用。

该定额的用途主要如下。

①分析计算台班单价：即按预算定额总说明第十三条的规定编制预算的台班单价，应按该定额分析计算。

②计算台班消耗人工、燃料等实物量。为了编制施工组织设计，需要统计人工、材料、机械的实物量，以确保劳动力和材料等的供应。有关机械所消耗的各种物资的实物量，要根据本定额分析计算确定。

③某些省、市或地方，可按当地交通厅的规定，直接引用定额中的基价作为台班单位来编制预算。

机械每个台班费用包括：直接操纵机械人员的工时消耗；动力、燃料消耗；养路费及车船使用税以及不变费用(如折旧费、修理费等)的消耗。因此,在编制工程概预算时,就必须以一个台班为单位,按其所消耗的工时、燃料及费用折算为货币形式表示,这就是"机械台班费用定额"。施工中所用驾驶工人数、燃料消耗数,可根据工程所需各种机械台班总数,分别按机械台班费用定额计算之。

如上例,在《公路工程台班费用定额》(代号769)中规定:振动打拔桩机(激振力300kN以内)每台班的不变费用为134.67元,工时、燃料、动力消耗为人工2工日、柴油17kg、电131kW·h。

5. 按使用要求分类

(1)施工定额。是规定建筑安装工人或小组在正常施工条件下,完成单位合格产品的劳动力、材料和机械消耗的数量标准。它是施工企业组织生产、编制施工阶段施工组织设计和施工作业计划、签发工程任务单和限额领料单、考核工效、评奖、计算劳动报酬、加强企业成本管理和经济核算、编制施工预算的依据。而且是编制预算定额和补充定额的基础。它包括时间定额和产量定额,定额水平是先进的。采用的产品单位一般比较细,其中时间以工时计,产品以最小单位(m、m^2、m^3 等)计。

(2)预算定额。这种定额采用的产品单位比施工定额大,如时间以工日、台班计,产品单位以10m、$10m^3$ 等计,它是按通常据说的分项工程和结构构件的要求,以一定产品单位(如10m、$10m^3$ 等)来规定劳动力、材料和机械的消耗数量,主要是为了满足编制施工图预算的要求。它是编制施工图预算的基本依据;是确定和控制基本建设投资额、对结构的设计方案进行技术经济比较,对新结构、新材料进行技术经济分析;是编制施工组织计划、确定劳动力、材料和机械需要量,是工程结算、施工企业贯彻经济核算和进行经济活动分析的依据,而且是编制概算定额和概算扩大定额的基础。定额水平是先进合理的,它比施工定额水平略低。

(3)概算定额。它是在预算定额的基础上加以综合而成的,因而产品常使用更大的单位来表示,如:小桥涵以座(道)、桥梁上部构造以10m标准跨径、1 000m^2 黑色碎石路面、公路公里……。定额水平比预算定额为低,它是编制设计概算、修正概算的主要依据;是进行设计方案和施工方案的经济比较和选择的重要依据;是主要材料申请计划的计算基础,而且是编制估算指标的基础。

(4)公路工程估算指标。是根据国家计委统一安排,由交通部公路工程定额站主编,各省、自治区、直辖市交通厅(局)和部属公路设计单位共同编制的。估算指标是在有关单位总结近几年全国公路建设项目的设计资料和竣工文件的基础上,选用合理的工程量,以现行的公路工程技术标准、技术规范、概算定额及各项费用定额为依据制定的。

三、定额的管理

确定定额的水平必须兼顾国家和职工的利益,定额水平先进,表明可以用较少的劳动和物质消耗生产较多的产品,获得较多的利益。定额水平过高和过低,都不利于调动工人的生产积极性,不利于贯彻按劳分配,不利于促进生产的发展。因此,定额的水平必须先进合理,这就是在正常的生产条件下,大多数工人经过努力能够达到,部分可以超过,少数比较接近的水平,这样才具有动员和促进的作用。以后随着生产技术条件的发展、变化和工人技术水平熟练程度的不断提高,原来先进合理的定额,执行一段时间以后,就会落后于生产发展的要求,必须作出相应的修改。在修改时,要注意不同行业、不同工种、不同工序之间定额水平的相对平衡,否则会造成忙闲不均,影响生产、影响资金的合理分配,造成职工的内部矛盾,影响安定团结。

定额确定后,必须认真贯彻执行,充分发挥定额在生产和管理中的积极作用,使之成为设计、计划、施工等有关单位和建设银行在实际工作中必须遵循的标准;成为衡量各项经济活动成果的尺度。

在贯彻执行中要抓好以下几件事:

(1)加强定额的技术培训,增强科学管理的意识;

(2)及时地将定额下达到班组和个人,做到工人知定额,干活有标准,考核有依据;

(3)创造为完成定额的必要条件,例如加强生产准备、做好机器维修保养、合理安排生产任务,保证材料、动力、工具的供应等;

(4)定额的贯彻执行与技术革新和技术改造,开展合理化建议运动,组织社会主义劳动竞赛,总结推广先进经验等工作紧密结合;

(5)正确贯彻按劳分配的原则,把完成定额的情况作为奖励、调资、评比先进的依据之一;

(6)加强定额执行情况的统计、检查和分析工作;

(7)建立健全的定额管理机构,配备必要的定额工作人员,加强定额的管理。

定额执行一段时间以后,由于施工中新结构、新材料的采用,由于新的施工方法推广和劳动生产率的提高等原因,就会逐渐地不再适应生产力发展的水平了,因而成为落后、陈旧的定额。一般表现为:①定额项目的水平明显地落后于现有的生产力水平;②缺少某些反映新结构、新材料和新的施工工艺的定额项目;③一些在实际工作中失去存在意义的定额项目仍未淘汰。

陈旧的、落后的定额不仅使定额应有的作用不能发挥出来,而且如果长期允许这种情况存在,就会导致建设费用增加、企业经营管理水平下降、劳动纪律松弛、材料物质浪费、机械利用效率降低等一系列不良后果。当定额逐渐成为生产力进一步发展的障碍时,定额就应当重新修订。但是,修订定额的间隔时间既不宜过长,也不宜过短。间隔时间过长将使定额脱离生产实际,不利于生产的发展;间隔时间过短,将使定额失去必要的稳定性。因此从长远来看,定额需要一次又一次地修订;而从某一个阶段来看,定额又要相对稳定。如果没有一个稳定的定额,就确立不起定额的权威,就不能使定额在企业和广大职工中赢得信任,也就失去了定额的作用。而且,修订定额的工作繁重,工作周期很长,修订定额间隔时间过短,在技术上也近乎是不可能的。

修订定额视需要可以是局部修订,也可以是全面修订。两者在方法上基本是相同的,仅在工作范围大小和工作量多少上不一。

重新修编定额,须经一定机关批准方可执行。

建国以来,公路工程概预算定额在交通部领导下经过几次修正,2008年1月1日公布实施的现行定额《公路工程概算定额》、《公路工程预算定额》就是在1992年5月1日公布施行的定额水平的基础上,广泛吸取各省(区)意见,注意了各行业间、工种间、工序间的平衡,反复测算调整而成的。

第二节　定额的应用

一、定额单位与工程数量

工程数量的正确与否直接影响概预算造价,怎样将工程数量使用正确是造价人员关注的一个重要环节。由于设计图纸上的工程数量或工程数量清单上的工程数量,它们的单位和内容与所用定额的单位和流程并不完全一致,往往需要造价人员根据定额的需要进行换算或调整,达到计算造价与实际造价相符的目的。设计者一般对概预算或定额并不了解,仅从设计、计算、列表等方便出发统计数量,与定额的计量单位有一定的出入。怎样统一单位,怎样正确计算,以下就此类问题介绍几个典型处理方法。

1. 体积与面积单位调整

计算中应该特别留神面积与体积的不一致,这一点很容易被紧张的节奏和粗心的编制人员疏忽。在预算定额中有很多这样的情况。

如人工挖土质台阶。定额单位 $1\ 000 m^2$,设计图纸或施工图工程量一般都以 m^3 为单位列出。要换算为统一的面积单位,先设计图纸上的开挖深度、宽度分析、统计出来,计算平均开挖深度(或加权平均深度),然后用设计体积除以平均深度,从而求得平均面积。当然,当挖台阶的工程量较小;而且开挖地点集中于1、2 处时,就不必如此计算了。与此类似的还有填前夯实土的回填;清除场地的砍树挖根、回填等都存在换算问题。

2. 体积与个数的调整

在编制概预算文件时,如果遇到个数与体积的不一致,其换算不是简单的数学计算,必须在手边准备大量计算方面的基础资料。而这些基础资料的获得必须与厂商、政府管理部门取得联系,从任何教科书或参考书上是难以获得的。

如支座与伸缩缝。设计者一般提供各种型号及对应的个数(包括固定支座、滑动式支座),而定额单位却是 t 或 dm^3,必须找到有关生产厂家及型号,如标准图纸和基本数据等,才能换算出定额单位所需的 t 或 dm^3。伸缩缝的单位多变,设计者一般提供桥梁宽度数据(即伸缩缝长度),但如毛勒伸缩缝及沥青麻絮伸缩缝定额单位则是 t 或 m^2。还有些伸缩缝的补充定额的单位是 m^3,如 NST 伸缩缝等。

像这一类定额的单位及工程量有很多,在桥梁工程部分,如锚具、钢护筒、金属设备等工程数量的计算就应该注意换算,并且,应注意收集有关的基础数据。

3. 工程数量的自定方法

一个工程项目所牵涉的定额不是都能在设计图上反映的,换句话说,一个完整项目的概预算造价除包括施工图纸上的工程数量外,还应考虑与施工方案及施工组织措施相关的其他工程内容涉及的定额。

(1)临时工程范围。临时电力、电信线路、临时便道的里程,按实际需要确定(现场调查)。这一部分工程量原则上一般不超过总长度的1/3,但也要充分考虑各种构造物运输不便、引用地方电网不便所造成的临时工程的增加。临时用电中构造物的动力用电如果没有临时工程项目,则应在自发电的电价中考虑。临时道路考虑仓库、加工厂、预制场、弃土及借土的便道距离。另一方面,临时仓库、加工场地、临时建筑物等在筹建过程中的一系列的相关工程内容的工程量必须考虑进去。

(2)很容易遗忘但牵涉工程量较大的一部分内容通常在这几部分土石方工程上。清除场地后回填土石方体积,填前夯实后增加的土石方体积,自然沉降引起的增加的土石方体积,都是与地基有关但必须增补计算的工程量。而这部分工程量既无图纸,又无规范可查,只有造价人员根据地基及施工组织的详细资料具体问题具体分析,按现场实际情况作具体计算。

4．工程量与定额单位相同但存在一定的换算关系

定额单位与工程量一致，但有时不能直接使用，必须提供一定的换算关系后才能正确使用。这种情况发生在如路基土石方体积单位的天然密实方与压实方之间的差值，及混凝土、砂浆考虑损耗的体积。

（1）土石方工程数量与定额单位。定额考虑在挖方及运输两种条件下均是按天然密实方施工考虑，填方按压实方碾压考虑。根据现象《公路工程概算定额》及《公路工程预算定额》"说明"中内容，换算系数均已存在（如说明表列数据），但使用定额时，该系数能否正确运用将极大影响造价。一般来说，在单位工程内（或一标段内），主要考虑纵横向利用方是否能平衡。如果纵横向利用方能够绝对平衡，表列系数实际上是无用的；当挖方远大于填方，即存在一定弃方时，该表列系数也无用；只有在填方大于挖方时，即需借土填筑时，表列系数才有用。当挖方总体积利用完后，剩下的需继续填筑的体积（剩余填筑体积）即可计算出来，这部分工程量是压实方体积。当利用取土点借土填筑时，其挖土的工程量、运土的工程量就要考虑天然密实方与压实方之间的换算系数。即挖土体积按借土体积乘以挖方系数，运土体积按借土体积乘以运土系数。如松土系数1.23，运土的系数为1.19。值得注意的是：运输时仅考虑其本身的系数（如1.19），不能与挖方系数连乘，即不能同时两次乘以挖土及运土的系数。

（2）混凝土及砂浆在体积的意义方面，要特别注意成品的混凝土体积与搅拌混凝土体积含义不同；砌体中的砂浆与搅拌中的砂浆含义不同。因为搅拌中的混凝土、砂浆要包括正常的损耗数量，但配比调整时，应按搅拌时的混凝土、砂浆计算，而成品混凝土、砂浆则不能直接参与调整计算，这在抽换计算中应区分清楚。

二、一般定额的套用

如果设计的要求、工作内容及确定的工程项目完全与相应定额的工程项目符合，则可直接套用定额。这一部分定额在编制概预算文件时的定额量占总定额量的50%以上，因此准确使用这些简单定额，可以节约大量的编制时间，应该保证这一部分定额100%的正确。但要特别注意各定额的总说明、章节说明及定额表中小注的要求，应细心阅读，以免发生错误。

【例1】　确定人工挖运普通土（人工挑抬）运40m的预算定额，重载运输升7%的坡。

答：（1）由预算定额目录可知该定额在9页，定额表号为1-1-6；

（2）确定定额号为［9-1-1-6-2＋4］或［10106002，辅助定额10106004］；

（3）该定额小注3规定：如遇升降坡时，除按水平运距计算运距外，并按坡度不同需增加运距，重新计算运距为40＋40×7%×7＝60m，具体规定见预算定额9页；

（4）计算定额值：

人工：$181.1＋18.2×\dfrac{60-20}{10}＝253.9$（工日/1 000m³）；

基价：$2\,901＋292×4＝4\,069$（元）。

【例2】　某桥的草袋围堰工程，装草袋土的运距为220m，围堰高2.2m，确定该工程的预算定额值。

答：（1）由预算定额目录可知该定额在222页，定额表号为4-2-2；

（2）确定定额号为［222-4-2-2-6］或［40202006］；

（3）该定额节说明2规定，该定额中已包括50m以内人工挖运土方的工日数量，当取土运

距超过 50m 时,按人工挖运土方的增运定额增加运输用工,具体规定见预算定额 219 页节说明;

(4)计算定额值:

人工 $47 + 18.2 \times \dfrac{220 - 50}{10} \times \dfrac{68.41}{1\,000} = 68.17$(工日),草袋 1 139 个,土(68.41m³)不计价,基价 $2\,348 + 292 \times 17 \times 68.41 \div 1\,000 = 2\,688$(元)。

三、基本定额的应用与注意事项

由于定额是按一般正常合理的施工组织和正常的施工条件编制的,定额中所采用的施工方法和工程质量标准,主要是根据国家现行公路工程施工技术及验收规范、质量评定标准及安全操作规程取定的,因此,使用时不得因具体工程的施工组织、操作方法和材料消耗与定额的规定不同而变更定额。只有在以下几种情况时,才允许对定额中某些项目进行抽换,使定额的使用更符合实际情况。

(1)就地浇筑钢筋混凝土梁所用的支架及拱圈用的拱盔、支架,如确因施工安排达不到规定的周转次数时,可根据具体情况进行换算并按规定计算回收。

(2)在使用预算定额时,混凝土、砂浆配合比表的水泥用量,如因实际供应的水泥强度等级与定额中的水泥强度等级不同时,水泥用量可按预算定额的基本定额中的混凝土、砂浆配合比表进行换算(注意相关规定)。

(3)如施工中必须使用特殊机械时,可按具体情况进行换算。

第四章 道路工程概预算

第一节 基本概念

一、概预算的作用、分类和投资额测算体系

1. 概预算的作用

工程概预算是决定工程结构物设计价值的综合文件，是基本建设管理工作中的重要环节。它既是衡量完成国家计划的依据，又是正确组织施工的前提。概预算的质量好坏，对国家基本建设资金使用是否正确合理有密切的关系。一个工程设计，技术上是否先进合理，设计造价是衡量的标准之一。当基本建设项目确定后，如何将大量的劳动力、资金、材料用好、管好，做到少花钱多办事，是工程经济组织管理的主要内容。因此，从设计到施工直至投产，都离不开工程概预算。工程概预算是设计文件的组成部分，又是工程管理不可缺少的内容和依据。其作用归纳如下。

(1)是编制基本建设计划，确定和控制基本建设投资额的依据。国家规定，编制年度基本建设计划，确定计划投资额及其构成数额，要以批准的初步设计概算中有关指标为依据，初步设计概算没有批准的建设工程不能列入年度基本建设计划。批准的投资数额，是控制国家投资的最高限额，在工程建设过程中，一般不能突破这一限额。

(2)是设计与施工方案优选的依据。工程概预算是确定工程价值的综合文件，它不仅反映各项工程的建设规模，并规定了工程经济活动范围，同时也综合体现出各项工程设计与施工方案的合理性(其中包括路线方案、结构形式、材料品种和施工方法等各个方面)。

首先，概预算有货币的指标体系。当建设项目的各个设计方案出来以后，可以利用总概预算造价指标、单位工程概算造价指标、单位产品成本等指标进行经济比较，从而可以发现问题，促使设计人员进一步改进设计，从而选出最优的设计方案。因为每个方案的设计意图都会通过计算工程量和各项费用全部反映到概预算文件中来，通过这些货币指标的比较，就可以从中选出在各方面均能满足原定要求而又经济的最佳方案，从而促进优化设计的工作。

其次，基本建设概预算文件中的实物指标，如主要材料(钢材、木材、水泥、沥青等)的消耗量，人工、机械台班的消耗量，对于进行技术经济分析与考虑经济效益也有着重要的作用。尤其当需要考虑物价上涨问题时，对不同材料价格的上涨指数，可通过对实物指标的分析来获得，从而可预测不同设计方案的物价风险。

(3)是实行基本建设招投标，签订工程合同，办理工程拨款、贷款和结算的依据。合同制是按照经济规律要求所确定的一种经济管理办法。工程承包合同包括工程范围、施工期限、工程质量、工程造价、材料设备供应和工程结算等内容，所以工程概预算是签订工程承包合同的重要依据之一。

建设银行也要以基本建设概预算为依据办理基本建设拨款、贷款和竣工工程结算。初步

设计概算是拨款和贷款的最高限额,对建设项目的全部拨款、贷款或单项、单位工程的拨款、贷款累计总额,不能超过初步设计概算。以批准的初步设计进行施工招标的工程,其单项或单位工程的标底应在批准的总概算范围内。

施工图预算是实行建筑安装工程包干,办理工程进度款,安排施工组织计划和备料,进行工程结算的依据。以施工图设计进行施工招标的工程,经审定批准后的施工图预算是编制工程标底的依据。

(4)是施工企业加强经营管理,做好经济核算的基础。公路工程施工企业为了加强经营管理,做好经济核算,降低工程成本,增加利润,就必须以概预算为基础,制定经营计划,做好施工准备,进行"两算"对比,并考核经营效果和完善经济责任制。

施工企业的经营计划和施工技术财务计划的组成内容,以及它们的相应指标体系中的部分指标的确定,都必须以施工图预算为依据。例如:实物工程量、工作量、总产值和利润额等指标,其中的总产值应直接按工程承包的施工图预算价格计算。另外,在编制施工技术财务计划的实施性计划中的材料技术供应计划时,也必须以施工图预算为依据。

在对拟建工程进行施工的准备过程中,依赖于施工图预算提供有关数据的工作主要有:在施工图预算的控制下编制单位工程施工预算;以施工图预算的分部分项工程量、工料分析为依据,编制施工进度计划和劳动力、材料、成品、半成品、构件及施工机械等需要量及供应计划,并落实货源,组织运输,控制消耗;以施工图预算提供的直接工程费、间接费为依据,对工程施工进度的网络计划进行工期与资源、工期与成本优化等。

"两算"是指施工图预算和施工预算。施工企业为搞好经济核算,常常通过施工预算与施工图预算的对比,对"两算"进行互审,从中发现矛盾并及时分析原因,然后予以纠正。这样既可以防止多算或漏算,有利于企业对单位工程经济收入的预测与控制,又可以使人工、材料、机械台班等资源需要量计划的编制工作准确无误,有利于工料消耗的分析与控制,确保工程施工的顺利进行。

施工企业通过企业内部单位工程竣工成本决算,进行实际成本分析,反映自身经营管理的经济效果。以工程竣工后的工程结算为依据,对照单位工程的预算成本、实际成本,核算成本降低额,总结经验教训,提高企业经营管理水平。

施工企业以施工图预算为依据,对实行内部核算的单位工程、班组和各职能部门进行经济核算,从而使企业本身及其内部各部门和全体职工明确自己的经济责任,努力提高劳动生产率,确保安全施工,大力节约工时和资源,保证每项工程都能达到工期短、质量好、成本低、利润高的目的。

(5)是对工程进行成本分析和统计工程进度的重要指标。对基本建设计划完成情况和存在的问题,必须通过基本建设统计分析加以反映。基本建设会计以货币指标和实物指标反映工程的人工、材料、机械台班的实际消耗。会计的有关科目应和概预算一致,才能对照工程概预算各费用项目,进行成本分析。同时,通过对在建项目的概预算完成情况的统计,可以及时了解工程的进度。

必须指出,由于设计概算和施工图预算编制的时间、依据和要求不同,因此它们的作用既有共同点也有不同之处。由于它们都是国家对基本建设进行科学管理和监督的有效手段,所以在编制年度基本建设计划、确定工程造价、方案、签订工程合同、建设银行进行拨款(贷款)和竣工结算等方面有着共同的作用。其不同之处主要表现在:设计概算在确定的控制建设项目投资总额等方面的作用最为突出；施工图预算在最终确定和控制单项工程或单位工程的计划价格、作为施工企业加强经济管理等方面的作用最显著。

2. 概预算文件的分类

根据我国交通运输部设计文件和概预算文件编制以及管理方法的规定，对公路基本建设工程有如下规定。

（1）采用两阶段设计的建设项目，在初步设计阶段，必须编制总概算；在施工图设计阶段，必须编制施工图预算。

（2）采用三阶段设计的建设项目，除按上述要求外，在技术设计阶段，还必须编制修正概算。

（3）在基本建设全过程中，根据基本建设程序的要求和国家有关文件的规定，除编制概预算文件外，在其他建设阶段，还必须编制以概预算为基础（投资估算除外）的其他有关投资额测算文件。

3. 投资额测算体系

为了对公路基本建设工程进行全面而有效的工程经济管理，在项目建设的各阶段都必须编制有关的经济文件，这些不同经济文件的投资额则要根据其主要内容要求，由不同测算工作来完成。投资额按公路工程的建设程序进行分类，有如下几种。

（1）投资估算。投资估算，一般是指在投资前期（规划、项目建议书、可行性研究报告）阶段，建设单位向国家申请拟定项目或国家对拟定项目进行决策时，确定建设项目在规划、项目建议书、可行性研究报告等不同阶段的相应投资总额而编制的经济文件。

国家对任何一个拟建项目，都要通过对可行性研究报告的全面评审后，才能决定是否正式立项。在可行性研究中，除考虑国家经济发展上的需要和技术上的可行性外，还要考虑经济上的合理性。投资估算为投资决策提供数量依据，也是建设项目经济效益分析中确定成本的主要依据，因此，它是建设项目在初步设计前各阶段工作中，作为论证拟建项目在经济上是否合理的重要文件。它具有如下几个方面的作用。

① 它是国家决定拟建项目是否继续进行研究的依据。

② 它是国家审批项目建议书的依据。

③ 它是国家审批建设项目可行性研究报告的依据。可行性研究报告被批准后，投资估算就作为控制初步设计概预算的依据，也是国家对建设项目所下达的投资限额，并可作为资金筹措计划的依据。

④ 它是国家编制中长期规划和保持合理投资结构的依据。

根据投资估算的作用不同，其内容的深浅程度也不尽相同。公路工程投资估算是公路建设项目可行性研究报告中的重要内容，它可分为两类，一类是项目建议书投资估算，一类是工程可行性研究投资估算。原交通部在 1996 年 7 月公布了《公路基本建设工程投资估算编制办法》和《公路工程估算指标》，在编制公路工程投资估算时，应按其规定执行，并应满足预可行性研究和工程可行性研究的深度要求。

（2）概算。概算又分为设计概算和修正概算两种。设计概算和修正概算是指在初步设计或技术设计阶段，由设计单位根据设计图纸、概算定额、各类费用定额、建设地区的自然条件和技术经济条件等资料，预先计算和确定建设项目从筹建至竣工验收的全部建设费用的经济文件。它是设计文件的重要组成部分，是国家确定和控制公路基本建设投资总额，安排基本建设计划选择最优设计方案的依据。建设项目的总概算一经批准,在其随后的其他阶段是不能随意突破的。

(3)施工图预算。公路基本建设工程不论采用几个阶段设计,设计单位在施工图设计阶段均应编制施工图预算。施工图预算是设计单位编制的以施工单位为主,必要时可邀请施工单位及建设单位参加,根据施工图设计的工程量和施工方案,按预算定额和各类费用定额,所编制的反映工程造价的经济文件。它是考核施工图设计经济合理性的依据,对于按施工图预算承包的工程它又是签订建筑安装工程合同,实行建设单位和施工单位投资包干和办理工程结算的依据;对于进行施工招标的工程,施工图预算也是编制工程标底的依据;同时,它也是施工单位加强经营管理,做好经济核算的基础。

施工图预算必须以施工图图纸、说明书、施工组织设计(或施工方案)以及编制预算的法令性文件为依据。

(4)施工预算。施工预算是施工单位进行成本控制与成本核算的依据,也是施工单位进行劳动组织与安排,以及进行材料和机械管理的依据,对施工组织和施工生产有着极为重要的作用。

施工预算是指施工阶段,在施工图预算的控制下,施工单位根据施工图计算的分项工程量、施工定额、施工组织设计或分部分项工程施工过程的设计及其他有关技术资料,通过工料分析,计算和确定完成一个工程项目或一个单位工程或其中的分部分项工程所需的人工、材料、机械台班消耗量及其他相应费用的经济文件。

(5)标底编制。实行招标的工程项目,一般由招标单位对发包的工程,按发包工程的工程内容(通常由工程量清单来明确)、设计文件、合同条件以及技术规范和有关定额等资料进行编制。标底是一项重要的投资额测算,是评标的一个基本依据,也是衡量投标人报价水平高低的基本指标,在招投标工作中起着关键作用。其编制一方面应遵守国家的有关规定和要求,另一方面应力求准确。标底一般以设计概算和施工图预算为基础编制,以其中的建筑安装工程费为主,且不准超过批准的概算或施工图预算。

(6)报价。报价是由投标单位根据招标文件及有关定额(有时往往是投标单位根据自身的施工经验与管理水平所制定的企业定额),并根据招标项目所在地区的自然、社会和经济条件及施工组织方案、投标单位的自身条件,计算完成招标工程所需各项费用的经济文件。报价是投标文件最重要的组成部分,是投标工作的关键和核心,也是决定能否中标的主要依据。报价过高,中标率就会降低;报价过低,尽管中标率增大,但可能无利可图,甚至承担工程亏本的风险,因此,能否准确计算和合理确定工程报价,是施工企业在投标竞争中能否获胜的前提条件。中标单位的报价,将直接成为工程承包合同价的主要基础,并对将来的施工过程起着严格的制约作用。承包单位和业主均不能随意更改报价。

报价同施工预算虽然比较接近,但不同于施工预算。报价的费用组成和计算方法同概预算类似,但其编制体系和要求均不同于概预算。尤其目前招投标工作中,一般采用单价合同,因而使报价时的费用分摊同概预算的费用计算方式有很大差别。总的看来,报价和概预算的差别主要体现在两个方面:一是概预算文件必须按国家有关规定进行编制,尤其是各费用的计算,更能体现投标单位的实际水平;二是概预算经设计单位编完后,必须经建设单位或其主管部门、建设银行等审查批准后才能作为建设单位与施工单位结算工程价款的依据;而报价则可以根据投标单位对工程项目和招标文件的理解程度,对预算造价上下浮动,无需预先送建设单位审核。因此，报价比概预算更复杂，也比概预算更灵活。

报价与标底有极为密切的关系，标底同概预算的性质很相近，编制方式也相同，都有较为严格的要求。报价则比标底编制要灵活，虽然二者有很明显的差别，并且从不同角度来对同一工程的价值进行预测，计算结果很难相同，但又有极密切的相关关系。根据《公路工程施工招标投标管理办法》第三十六条的规定，开标后，如所有投标者的投标报价均超过标底10%以上或者低于标底20%，将会导致招投标失败。随着公路工程投资体制的进一步改革（如项目业主责任制的推行），公路工程招投标制度的进一步完善和公路施工监理制度的推广，将会进一步加强和完善标底与报价这两种测算工作，也必然会使各方和更多的人们认识这两种测算工作的重要性，从而把它们做得更好。

（7）工程结算。工程项目的建设是一个复杂的过程，涉及的单位都是一些相对独立的经济实体，有着各自的经济利益，在项目建设过程中承担着不同的工程内容，因此，无论公路工程项目采用何种方式进行建设，在建设过程中，各经济实体之间必然会发生货币收支行为。这种在项目建设过程中由于器材采购、劳务供应、施工单位已完工程点的移交和可行性研究、设计任务的完成等经济活动而引起的货币收支行为，就是项目结算。公路建设项目的建设过程也是一种商品的生产过程，其间所发生的一系列工作和活动最终都要通过结算来作最后评价。因此，正确而及时地组织项目结算，全面做好项目结算的各项工作，对于加速资金周转，加强经济核算，促进建设任务的完成，保证项目建设的顺利进行以及加强对项目建设过程的财政信用监督等方面都有着十分重要的意义。项目的结算过程，实际上也是组织基本建设活动，实行基本建设拨款、贷款的投资过程，也是及时掌握项目投资活动中的动态及其变化情况的过程。项目结算是国家组织基本建设经济活动，及时掌握经济活动信息，实现固定资产再生产任务的重要手段。同时，通过结算，可以协助建设单位有计划地组织一切货币收支活动，使各企业、各单位的劳动耗能及时得到补偿。

项目结算的主要内容包括货物结算、劳务供应结算、工程（费用）结算及其他货币资金的结算等。货物结算是指建设单位同其他经济单位之间，由于物资的采购和转移而发生的结算；劳务供应结算是指建设单位同其他单位之间，由于互相提供劳务而发生的结算；工程费用结算指建设单位同施工单位之间，由于拨付各种预付款和支付已完工程等费用而发生的结算；其他货币资金结算是指基本建设各部门、各企业和各单位之间由于资金往来以及他们同建设银行之间，因存款、贷款业务而发生的结算。

工程费用结算习惯上又称为工程价款结算，是项目结算中最重要和最关键的部分，是项目结算的主体内容，占整个项目结算额的75%～80%。工程价款结算，一般以实际完成的工程量和有关合同单价以及施工过程中现场实际情况的变化资料（如工程变更通知，计日工使用记录等）计算当月应付的工程价款。施工单位将实际完成的工作内容、工程量填入各种报表，按月送交驻地监理工程师验收签认，然后向建设单位提交当月工程价款结算单。根据结算应付的工程价款经总监理工程师签认的支付证书，财务部门才能转账。目前，由于各地区施工单位流动资金供应方式的差别和具体工程项目的不同，工程价款的结算方法有多种形式。建设银行1990年实行的《建设工程价款结算办法》第五条规定：建设工程价款结算可以根据不同情况采取多种方式：①按月结算；②竣工后一起结算；③分段结算；④约定的其他结算方式。而实行FIDIC条款的合同，则明确规定了计量支付条款，对结算内容、结算方式、结算时间、结算程序给予了明确规定，一般是按月申报，期中支付，分段结算，最终结清。

（8）竣工决算。竣工决算是指在建设项目完工后竣工验收阶段，由建设单位编制的建设项目从筹建到建成投产或使用的全部实际成本的技术经济文件。它是公路建设投资管理的重要环节，是公路工程竣工验收、交付使用的重要依据，也是进行公路建设项目财务总结，银行对其实行监督的必要手段。其内容由文字说明和结算报表两部分组成。文字说明主要包括：工程概况；设计概算和基本建设规划执行情况；各项技术经济指标完成情况；各项拨款（或贷款）使用情况；建设成本和投资效果的分析以及建设过程中的主要经验；存在的问题和解决意见等。

应当注意，施工单位往往也根据工程结算结果，编制单位工程竣工成本决算，核算单位工程的预算成本、实际成本和成本降低额。工程结算作为企业内部成本分析、反映经营效果、总结经验、提高经营管理水平的手段，它与建设项目的竣工决算在概念上是不同的。

估算、概算、预算、标底、报价和结算以及决算都是以价值形态贯穿整个投资过程之中，从申请建设项目，确定和控制基本建设投资额，进行基建经济管理和施工单位进行经济核算，到最后以决算形成企（事）业单位的固定资产，构成了一个有机的整体，缺一不可。因此，在一定意义上说，它们是基本建设投资活动的血液，也是联结参与项目建设活动各经济实体的纽带。申报项目要编投资估算，设计要编概算和施工图预算，招标要编标底，投标要编报价，施工前要编施工预算，施工过程之中要进行结算，施工完成要编决算，并且一般还要求决算不能超过预算，预算不能超过概算，概算则不能超出估算所允许的幅度范围，结算不能突破合同价的允许范围，合同价不能偏离报价与标底太多，而报价（指中标价）则不能超出标底的规定幅度范围，并且标底不允许超概算。总之，各种测算环环相扣，紧密联系，共同对投资额进行有效控制。

二、概预算的编制依据

公路工程概预算的编制是一项十分细致的工作，编制前应全面了解工程所在地的建设条件，掌握各种基础资料，正确引用规定的定额、取费标准和材料及设备价格。在编制时严格执行国家的方针、政策和有关制度，符合公路设计规范和施工技术规范。编制的主要依据如下。

（1）法令性文件。系指编制概预算过程中所必须遵循的国家、交通运输部和地方主管部门颁布的有关法令性文件或规定，如交通运输部颁发的《公路基本建设工程概算、预算编制办法》以及《公路工程基本建设项目设计文件编制办法》等。

（2）设计资料。概算文件应根据建设项目的初步设计文件（或扩大初步设计）编制；修正概算文件应根据技术设计文件编制；施工图预算则根据施工图设计编制。编制人员应熟悉设计资料、结构特点及设计意图。设计图纸上的工程细目数量往往不能满足概预算编制的要求，还需作必要的计算或补充，对设计文件上提出的施工方案还需补充和完善。

（3）概预算定额，概算指标，取费标准，材料、设备预算价格等资料。概算文件应根据概算定额（或指标）、施工管理费定额、其他直接工程费和间接费标准、计划利润率、税金、施工技术装备费，材料、设备预算价格等资料进行编制。施工图预算应根据国家或主管部门编制的公路工程预算定额或其他专用定额、省（区）编制的补充定额、施工管理费及其他费用标准、计划利润率、施工技术装备费、综合税率、材料设备预算价格等进行编制。

（4）施工组织设计资料。从施工组织设计中可以看出，与概预算编制有关的资料包括：工程中的开竣工日期、施工方案、主要工程项目的进度要求、材料开采与堆放地点，大型临时设施的规模、建设地点和施工方法等。

（5）当地物资、劳力、动力等资源可资利用的情况。本着因地制宜、就地取材的原则，对当地情况应作深入的调查了解，经反复比较后确定最优成果。物资：外购材料要确定外购的地点、货源、质量、分期到货等情况；自采加工材料要确定料场、开采方式、运输条件（道路、运输工具及各种运输工具的比重、运价、装卸费等）、堆放地点等。劳力：当地各种技工及普工可以提供的数量、劳力分布地点、工资标准及其他要求等。动力：当地可供利用的电力资源情况，包括提供的数量、单价以及可能出现的输电线路变压器问题等情况。运输：向运输部门了解当地各种运输工具可供利用的情况及运价、基价、装卸费等有关规定。

（6）施工单位的施工能力及潜力。编制概算时，施工单位尚未明确，可按中等施工能力考虑。施工图预算，若已明确施工单位，就应根据施工单位的管理与技术水平，确定新工艺、新技术采用的可能程度，明确施工单位可以提供的施工机具、劳力、设备以及外部协作关系。

（7）了解当地自然条件及其变化规律，如气温、雨季、冬季、洪水季节及规律，风雪、冰冻、地质、水源等。

（8）其他工程及沿线设施，如旧有建筑物的拆迁，及水利、电信、铁路的干扰及解决措施，清除场地，管理养护及服务设施等。

三、概预算费用的组成

1. 费用组成

根据中华人民共和国行业标准《公路基本建设工程项目概算、预算编制办法》（JTG B06—2007）的规定，公路工程概预算费用由建筑安装工程费，设备、工具、器具及家具购置费，工程建设其他费用，预留费用共四大部分费用组成，如图 6-4-1 所示。

2. 概预算费用项目

公路建设工程从筹建至竣工、验收、交付使用的全过程中需要的建设费用是由建筑安装工程费，设备及工具、器具购置和工程建设其他费用三部分组成。其中设备、工（器）具和家具是一般工业部门生产的产品，购置活动属于价值转移性质；而工程建设其他费用多为费用性质的支付。这两部分费用可分别按国家规定的有关费用标准和相应的产品价格直接计算，较易确定。但是，建筑安装工程则不同，要从基本的分项工程的各项消耗开始逐步扩大计算，其中包括直接、间接的消耗和建安工人为社会所创造的价值，因此，公路工程概预算价值的主要组成部分是建筑安装工程的概预算价值。在一定意义上讲，编制公路工程概预算，主要是编制建筑安装工程概预算，它是编制公路工程概预算的关键。

建筑安装工程是由相当数量的分项工程组成的庞大复杂的综合体，直接计算出它的全部人工、材料和机械台班的消耗量及价值，是一项极为困难的工作。为了准确无误地计算和确定建筑安装工程的造价，必须对公路基本建设工程项目进行科学地分析与分解，使之有利于公路工程概预算的编审，以及公路基本建设的计划、统计、会计和基建拨款、贷款等各方面的工作，同时，也是为了便于同类工程之间进行比较和对不同分项工程进行技术经济分析，使编制概预算项目时不重不漏，保证质量，因此，必须对概预算项目的划分、排列顺序及内容作出统一规定，这就形成了公路工程概预算项目表。

公路工程概预算项目应按项目表的序列及内容编制。它又分为路线工程概预算项目和独立大(中)桥工程概预算项目。

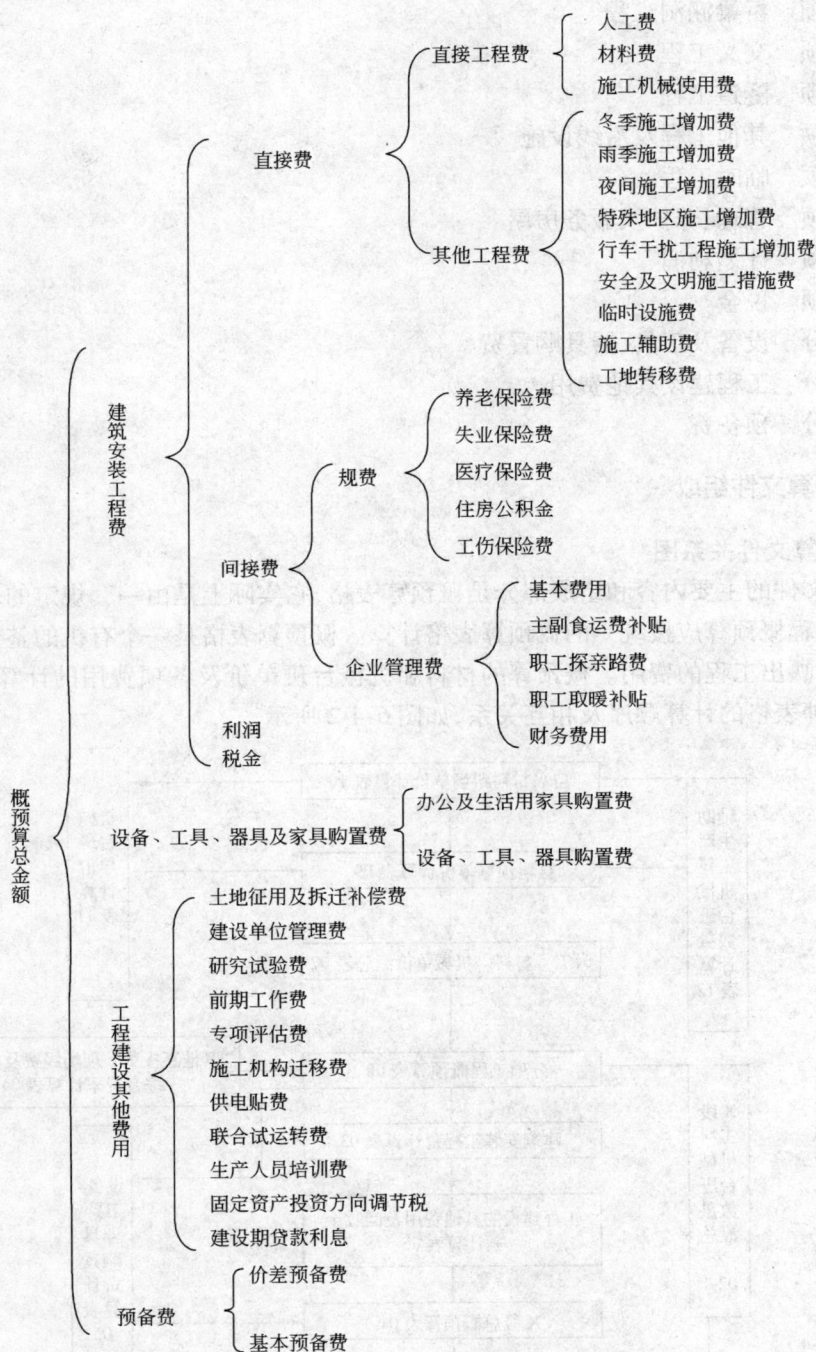

图 6-4-1　概预算费用组成

公路工程概预算项目主要包括以下内容：

第一部　分建筑安装工程

　第一项　路基工程

第二项 路面工程

第三项 桥梁涵洞工程

第四项 交叉工程

第五项 隧道工程

第六项 其他工程及沿线设施

第七项 临时工程

第八项 管理、养护及服务房屋

第九项 计划利润

第十项 税金

第二部分 设备及工具、器具购置费

第三部分 工程建设其他费用

第四部分 预备费

四、概预算文件组成

1. 概预算文件关系图

概预算文件的主要内容和组成部分是概预算表格，它实际上是由一套规定的表格所组成。并且，公路工程概预算应按统一的概预算表格计算。概预算表格是一个有机的整体，它们互相联系，共同反映出工程的费用。概预算的材料和机械台班单价及各项费用的计算都应通过表格反映。各种表格的计算顺序及相互关系，如图 6-4-2 所示。

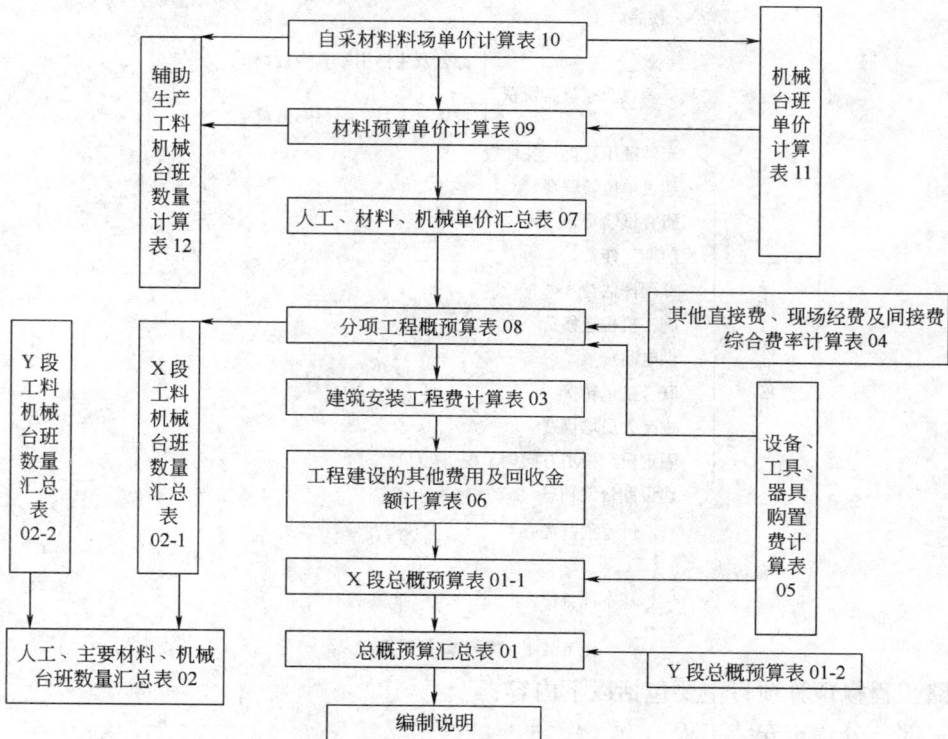

图 6-4-2 概预算表格的计算顺序及关系

概预算文件的主要内容和组成部分是概预算表格,它实际上是由一套规定的表格所组成。并且,公路工程概预算应按统一的概预算表格计算。概预算表格是一个有机的整体,它们互相联系,共同反映出工程的费用。概预算的材料和机械台班单价及各项费用的计算都应通过表格反映。各种表格的计算顺序及相互关系,如图6-4-2所示。

2. 甲组文件和乙组文件

概预算文件是设计文件的组成部分,应按《公路工程基本建设项目设计文件编制办法》(后简称《编制办法》)关于设计文件报送份数要求,随设计文件一并报送。

概预算文件按不同的需要分为两组,甲组文件为各项费用计算表;乙组文件为建筑安装工程费各项基础数据计算表,只供审批使用。乙组文件表式征得省、自治区、直辖市交通厅(局)同意后,结合实际情况允许变动或增加某些计算过渡表式。不需要分段汇总的可不编总概(预)算汇总表。

甲、乙组文件包括的内容如下。

甲组文件编制说明:

总概(预)算汇总算(01-1表)
总概算人工、主要材料、机械台班数量汇总表(02-1表)
总概(预)算表(01表)
人工、主要材料、机械台班数量汇总表(02表)
建筑安装工程费计算表(03表)
其他直接费、现场经费及间接费综合费率计算表(04表)
设备、工具、器具购置费计算表(05表)
工程建设其他费用及回收金额计算表(06表)
人工、材料、机械台班单价汇总表(07表)

乙组文件:

分项工程概(预)算表(08表)
材料预算单价计算表(09表)
自采材料料场价格计算表(10表)
机械台班单价计算表(11表)
辅助生产工、料、机械台班单价数量表(12表)
概预算文件以上12种表格的形式及相应计算办法此处略。

第二节 概预算费用计算

一、建筑安装工程费计算

建筑安装工程是施工企业按预定生产目标创造的直接生产成果,包括建筑工程和设备安装工程两大类。它必须通过施工企业的生产活动和消耗一定的资源来实现。从理论上讲,建筑安装工程费用以建筑安装工程价值为基础。建筑安装工程的价值由三个部分组成:一是建筑业转移的生产资料价值;二是生产者为自己劳动所创造的价值;三是生产者为社会劳动所创造的价值。建筑安装工程费用就是这些价值的货币量化值。它由三个部分组成:第一部分为施工企业转移的生产资料的费用，主要包括建筑材料、构（配）件的价值和进行建筑安装生产所使用施工机械等固定资产的折旧费用等；第二部分为施工企业职工的劳动报酬和必要的费用等；第三部分为施工企业向财政缴纳的税金和税后留存的利润。前两部分构成建筑安装工程成本。

现行的《编制办法》规定建筑安装工程费用由直接费、间接费、利润和税金四部分组成。其中直接工程费的计算是关键和核心，其他四部分费用则分别以规定的基数按各自的百分率计算取费。

1. 直接费计算

直接费是指施工企业生产作业直接体现在工程上的费用，即直接使生产资料发生转移而形成预定使用功能所投入的费用，它由人工费、材料费、施工机械使用费和其他工程费等两部分组成。

直接费是建筑安装工程费的主体部分，它的高低直接决定了工程造价的高低。直接工程费的多少取决于设计质量、施工方法、概（预）算定额、工程所在地的人工工日单价、材料预算价格、机械台班单价以及工程所在地的其他工程费率等因素。直接费的计算方法是：(1)将工程项目按要求分解成分项工程，并计算各分项工程的工程量；(2)查阅和套用定额项目表中各分项工程的人工、材料、机械消耗量及定额基价；(3)根据分项工程的工程量大小和定额的规定计算出各分项工程的人工、材料、机械消耗量；(4)用人工工日单价、材料预算单价和机械台班单价计算出各分项工程的人工费、材料费、机械使用费，即直接工程费；(5)以直接工程费为基数，乘以其他工程费费率计算其他工程费；(6)由直接工程费和其他工程费相加最后汇总各分项工程的直接费，得到工程项目的直接费。

1）人工费计算

人工费是指列入概预算费用的直接从事建筑安装工程施工的生产工人（包括现场内水平、垂直运输等辅助工人）和附属辅助生产单位的工人的人工工日数及工日单价计算的各项人工费用。但材料采购及保管人员，驾驶施工机械、运输工具的工人，材料到达工地以前的搬运、装卸工人等人员的工资以及由施工管理费支付工资的人员的工资，不应计入人工费。

$$人工费 = （分项工程数量 \times 相应项目定额单位工日数 \times 工日单价）$$

上式各项内容的规定和计算如下。

(1)分项工程数量。由设计图纸按工程量计算规则计算的对应于定额单位的工程数量。

(2)定额单位工日数。指完成单位工程量（如：$10m^3$ 实体、1t 钢筋、$1\,000m^2$、…）的定额规定所需人工工日，由定额可直接查得。

(3)工日单价。是由基本工资、工资性质的津贴、地区生活补贴组成。有两种计算方式，一种按规定的公式计算，另一种按各省市地区的规定取值。

①按公式计算工日单价：

$$人工费（元／工日） = ［基本工资（元／月） + 地区生活补贴（元／月） + 工资性津贴（元／月）］\times （1 + 14\%） \div 240（工日）$$

式中，基本工资包括流动施工津贴和生产工人的劳动保护费。生产工人的劳动保护费指按国家有关部门规定标准发放的劳动保护用品的购置费和修理费，徒工服装补贴、防暑降温费、在有碍身体健康的环境中施工的保健费等。工资性津贴指按规定发放的物价补贴，煤、燃气补贴，交通补贴，住房补贴，地区津贴等。地区生活补贴指国家规定的边远地区生活补贴、特区补贴。

以上三个参数中,基本工资不得调整,地区生活补贴及工资性津贴由各省、自治区、直辖市公路(交通)工程定额(造价管理)站根据当地人民政府的有关规定核定后公布执行,并抄送交通运输部公路工程定额站备案。因此,只要得到了地区生活补贴与工资性津贴的数额,就不难按上式算出工日单价。

②按地区规定计算工日单价:各省、市、自治区,根据本地区公路建设的实际情况,单独另行发文规定工日单价的标准,而不按上式计算。如湖南省交通厅颁布湘交造字(1996)第 533 号《关于制定公路基本建设工程估算、概算、预算编制办法补充规定的通知》规定:汽车专用路,1 000m 及其以上独立大桥,人工工资(含机械工)取 16.78 元/工日;一般公路,1 000m 以下桥梁,人工工资(含机械工)取 14.26 元/工日;养护工程,人工工资(含机械工)取 12.59 元/工日。

另外,应当注意,不管人工工日单价以哪种方式确定,它都仅作为编制概预算的依据,而不能作为施工企业实发工资的依据。再者,要特别说明公路工程造价计算中,人工工资单价的计算不管什么工程类别、性质,也不论什么工种,在同一项目的概预算文件中,一律取一个相同的且唯一的单价。

(4)计算各分项工程的人工费和汇总得出项目人工费。将各分项工程的工程数量及定额人工工日数算出,按工日单价即可算出各分项工程的人工费。

2)材料费计算

材料费指列入概(预)算定额的材料、构(配)件、零件和半成品、成品的用量以及周转材料的摊销量,按相应预算价格计算的费用。

材料费在建筑安装工程中占主要地位,其比重达 50% 左右,因此,准确计算材料费对概预算工作质量有重要意义。其计算公式如下:

材料费 = $\sum$(分项工程数量 × 相应项目定额单位材料消耗量 × 材料预算价格)

式中:分项工程数量同前;定额材料消耗量由定额查得。只是要注意:任何一个分项工程其材料消耗的种类、品质都有差别,各种材料的品质要求由设计规定。这两项内容和工作都比较简单,而关键的是材料预算价格的计算。下面重点介绍材料预算价格。

材料预算价格由供应价格、运杂费、场外运输损耗、采购及仓库保管费组成。材料预算价格也有两种确定办法,一种是公式计算,一种是地区规定的材料预算价格。但其价格组成内容是一致的。部颁《编制办法》采用的是第一种方法。由于材料预算价格的重要性及其计算的复杂性,还专门设计了"材料预算单价计算表(09 表)"来进行计算。

(1)材料预算价格计算的公式法(或表算法)

材料预算价格 =(材料供应价格 + 运杂费)×(1 + 场外运输损耗率)×

(1 + 采购及保管费率)- 包装品回收价值

上式中各项内容的规定与计算如下。

①材料供应价格

它是指材料原价、供销部门手续费和包装费。这三项费用不需分别计算,在 09 表中原价一栏(第 4 栏)填写的即为材料供应价格。对不同来源的材料,其供应价格的规定与计算如下。

a)外购材料国家或地方统一分配的工业产品和其他工业产品,按国有企业产品出厂价格计算,并根据情况加计供销部门手续费和包装费。如供应情况、交货条件不明确时,也可采用当地规定的价格计算。

b）地方性材料 地方性材料包括外购的砂石材料等，按当地主管部门规定的价格或调查价格计算。

c）自采材料 自采的砂、石、黏土等材料，按现行《公路工程预算定额》分析开采单价并加计辅助生产现场经费。在概预算编制工作中，应通过"自采材料料场价格计算表（10 表）"进行计算。

材料供应价格是材料预算价格最主要的组成部分，应进行仔细地调查和分析，按实计取。

②运杂费

a）运杂费系指材料自供应点至工地仓库（施工地点存放材料的地方）的装卸费、运费，有时还应计入囤存费及其他杂费（如过磅、标签、支撑加固等费用）。

材料运杂费在材料预算价格中占有很大的比重，其运输费用高与低，与材料供应地和运输方式的选择有密切关系。材料供应地一经确定，运输方式、运距也就随之确定了。材料供应地的选择要综合考虑可供量、供应价格、运输条件及运距长短等因素，进行经济比较后确定，以达到降低材料预算价格和工程造价的目的。

b）材料运杂费的计算。外雇的汽车、拖拉机、畜力车运输的材料，按铁路、航运、公路和当地交通部门规定的运价计算运费。施工单位自办的运输，30km 以上的长途汽车运输按当地交通部门规定的统一运价计算运费；30km 以内的短途运输，当工程所在地交通不便，社会运输力量缺乏时（如边远地区和某些山岭区），允许单程在 10～30km 的汽车运输按当地交通部门规定的统一运价另加50% 计算运费；10km 以内的汽车运输及人力场外运输，按预算定额计算运费，其中人力装卸和运输另按人工费加计辅助生产现场经费。具体取费应视各省区详细规定而定。

i）铁路运杂费的计算：一般应考虑装卸费、调车费、运费及其他杂费等。由铁路专用线或非公用装货地点取送车辆时，需计取调车费。我国铁道部关于调车费规定是：用铁路机车往专用线上取送车辆时（不论车皮多少），按往返里程计算，不足 3 机车公里者，收取 3 机车公里费；在站界范围内其他线路（专用装卸货地点）取送车辆，按次数取费；在站界公用装卸货地点取送车辆免费。调车费应分摊到每次托运的全部货物上。

ii）水路运杂费的计算：系指沿海、内河的运输，应按交通部规定的建筑材料及设备沿海和主要大河、地方内河运输价格表计算。一般应考虑驳船费、运费和其他杂费等。

在港口用驳船从码头至船舶取送货物的费用如驳船费，每吨货物驳船费率由各港口分别按不同类别货物规定取值。一般各港口按不同货物分别规定每吨货物装卸费率，以及按货物的不同等级、不同运价里程和质量规定的各种运价标准来进行运费计算。

iii）公路运杂费的计算：当材料经过公路用汽车自供应点（供应厂、场、仓库、起运站、码头等）运至工地仓库（施工现场堆料点）时，应计算材料的公路运杂费。目前，公路工程建设项目的筑路材料很大部分是通过汽车运输的，一般应考虑装卸费、运费和其他杂费。

全国各地区公路运输运价的规定，基本上都是根据交通运输部颁发的《汽车运价规则》，再结合各地实际情况，按各省交通厅制定的实施细则执行。不同省（地区）的货物等级划分方法不同，一般分为整车一、二、三等普通货物，特种货物，零担货物等，公路运价按吨公里计；按不同地区、不同区段（或路线分级）分别规定有长途运价和短途运价；并规定有货物杂费如空驶损失费、车辆延滞费、吊车、铲车费、保管、手续费、标签标志费等。各地对拖拉机、马车运价和装卸费也有具体规定。长途(或短途)汽车运输按当地交通部门的《汽运规则实施细则》计算材料运费时,步骤如下:首先在公路里程图中查出运输里程(另加上便道运输里程);其次按货物分等表查出货物所属等级类别;再确定货物质量,是整车还是零担,以体积作计量单位的货物,可利用《公路工程预算定额》中材料单位重进行换算,特殊材料,当无法取得单位质量时,可以从体积和面积的比例上适当计算其近似质量;有容器或包装的材料及长大轻浮材料,还应按毛重计算。

施工单位自办短途汽车运输以及人力场外运输,一般应该按《公路工程预算定额》第九章中不同材料采用不同运输方法的定额规定计算出消耗的人工、机械台班单位计算出运费,其中人力运输、装卸还应加辅助生产现场经费。

材料运杂费的计算,是通过"材料预算单价计算表(09表)"进行。

【例1】　汽车运原木,运距40km,按当地《汽运规则实施细则》查到原木为二等货物,整车长途运价为0.198元/吨公里,返程的空驶损失费按基本运价(0.18元/吨公里)的50%计,装卸费为1.0元/吨,捆绑等杂费0.13元/吨,查《编制办法》可知木材的单位毛重为$1t/m^3$。由此可得到运每立方米原木的运杂费为:

$$(40 \times 0.198 + 0.13 + 1.0) \times 1 + 0.18 \times 50\% \times 40 = 12.65 \text{元}/m^3$$

【例2】　人力手推车运砂、人力装卸,平均运距100m。按《公路工程预算定额》规定可知每$100m^3$砂消耗人工数为$(9.1 + 0.7 \times 10)$(工日),若已知当地人工工日单价为40元/工日,则运杂费为:

$$(9.1 + 0.7 \times 10) \times 40 \times (1 + 5\%) = 676.2 \text{元}/100m^3$$

式中,5%为辅助间接费费率。

一种材料如有两个以上的供应点时,应根据不同的运距、运量、运价采用加权平均的方法计算运费。

由于预算定额中汽车运输台班已考虑工地便道的特点,以及定额中已计入了"工地小搬运"项目,因此,平均运距中汽车运输便道里程不得乘以调整系数,也不得在工地仓库或堆料场之外再加场内运距或二次倒运的运距。

③场外运输损耗

有些材料在正常的运输过程中会发生损耗,这部分损耗应摊入材料单价内。材料场外运输损耗率见《编制办法》,该项费用在09表中第11、12栏计算。

④采购及保管费

材料采购及保管费系指材料供应部门(包括工地仓库及以上各级材料管理部门)在组织采购、供应和保管材料过程中,所需要的各项费用及工地仓库的材料储存损耗。材料采购及保管费,以材料的供应价格加运杂费及场外运输损耗的合计数为基数,乘以费率2.5%求得。外购的构件、成品及半成品的预算价格计算方法与材料相同。但设备、构件(如外购的钢桁梁、钢筋混凝土构件及加工钢材等半成品)的采购保管费费率为1%。采购及保管费在09表中计算。

将以上①、②、③、④项的内容汇总,按公式即可算出材料预算价格,填入09表中。

(2)材料预算价格的第2种计算方法——地区材料预算价格

按照个别工程单独编制材料预算价格,工作繁重,要花很多的人力和时间,而且也不一定符合实际材料供应情况。在一个地区范围内,各建设工程所用的材料价格构成因素及编制依据,基本是相同的或近似的,只要从组织上、技术上采取措施,结合地方情况,有可能制定出合理的相对固定的地区性的统一材料预算价格。如我国广东和深圳等地区便制定了统一的公路建设工程材料预算价格。一般由当地定额站每月发布"建筑材料价格信息",其中的信息价即是材料预算价格(参见本章预算示例)。

地区材料预算价格也是由材料原价、供销部门手续费、包装费、运杂费、采购保管费等构成。材料来源地的确定,必须贯彻就地、就近取材的原则,根据物资合理分配条件及历年物资实际分配情况确定。

①原价:在编制地区材料预算价格时,如同一材料因来源不同而有不同价格时,可以根据各种来源的物资供应数量比重及其价格,采用加权平均办法确定。

②供销部门手续费、包装费、采购保管费:这几项费用在同一地区取费标准应是一致的。

③运杂费:应根据材料来源地、运输里程、运输方法和运价标准合理计算。对于同一种材料、统一的地区运输费采用加权平均法确定。如运输方法相同,也可先采用加权平均法计算平均运距,然后再用平均运距计算运输费。

(3)材料费计算步骤

①分项并计算工程数量:将工程按要求分项,计算各分项工程的工程量,并按定额单位计算定额工程数量。

②查定额:由各分项工程查相应定额,确定材料的消耗种类及相应数量。

③计算材料预算价格:将定额中所出现的材料种类,按规定分别计算其预算价格。

④计算材料费:先计算各分项工程的材料费,然后计算工程项目的材料费。

3)施工机械使用费计算

施工机械使用费系指列入概预算定额的施工机械台班量,按相应机械台班费用定额计算的施工机械使用费和小型机具使用费。计算公式为:

$$施工机械使用费 = \sum(分项工程数量 \times 相应项目定额单位机械台班消耗量 \times$$
$$机械台班单价) + 小型机具使用费$$

(1)分项工程数量:同前。

(2)定额机械台班消耗量:由定额直接查得完成一定数量单位的分项工程定额所规定消耗的机械种类和台班数量。

(3)机械台班单价:机械台班单价应按交通运输部公布的《公路工程机械台班费用定额》(2007年)计算,台班单价由不变费用和可变费用组成。不变费用包括折旧费、大修修理费、经常修理费、安装拆卸及辅助设施费。可变费用包括机上人员人工费、动力燃料费、养路费及车船使用税。不变费用,全国除青海、新疆、西藏三省区允许调整外,其余各地均应直接采用。至于边远地区的维修工资、配件材料等由于价差较大而需调整不变费用时,可根据具体情况,由省、自治区交通厅制定系数并报交通运输部备案后执行。可变费用中的机上人员工日数及动力物资消耗量,应以机械台班费用定额中的数值为准,台班人工费工日单价与生产工人人工单价相同。动力燃料费用则按材料费的计算规定计算。养路费及车船使用税,如需交纳时,应根据各省、自治区、直辖市及国务院有关部门的规定计算。各种机械台班单价通过"机械台班单价计算表(11表)"计算。

4)其他工程费计算

其他工程费系指直接费以外施工过程中发生的直接用于工程的费用。公路工程中的水、电费及因场地狭小等特殊情况而发生的材料二次搬运费等其他直接费已包括在概预算定额中,不再另计。其他直接费仅包括冬季施工增加费、雨季施工增加费、夜间施工增加费、高原地区施工增加费、行车干扰工程增加费、沿海地区施工增加费、施工辅助费等,均以直接工程费为基数按费率取费计算。

其他工程费的取费费率需按工程类别来取。其后的现场经费及间接费也是如此,工程类别划分如下。

(1)人工土方:系指人工施工的路基、改河等土方工程,以及人工施工的砍树、挖根、除草、平整场地、挖盖山土等工程项目,并适用于无路面的便道工程。

(2)机械土方:系指机械施工的路基、改河等土方工程,及机械施工的砍树、挖根、除草等工程项目。

(3)汽车运土:系指汽车、火车、拖拉机、畜力车运送的路基、改河土(石)方。购买路基填料的费用不作为其他直接费、现场经费和间接费的计算基数。

(4)人工石方:系指人工施工的路基、改河等石方工程,以及人工施工的挖盖山石项目。

(5)机械石方:系指机械施工的路基、改河等石方工程(机械打眼亦属机械施工)。

(6)高级路面:系指沥青混凝土路面、厂拌沥青碎石路面和水泥混凝土路面的面层。

(7)其他路面:系指次高级、中级、低级路面的面层,各等级路面基层、底基层、垫层,采用结合料稳定的路基和软土等特殊路基处理等工程,以及有路面的便道工程。

(8)构造物Ⅰ:系指无夜间施工的桥梁、涵洞、防护及其他工程,沿线设施中的构造物工程,互通式立体交叉工程(包括立交桥,匝道中的路基土石方、路面、防护等工程),以及临时工程中的便桥,电力电信线路、轨道铺设等工程项目。

(9)构造物Ⅱ:系指有夜间施工的桥梁工程。

(10)构造物Ⅲ:是指商品混凝土(包括沥青混凝土和水泥混凝土)的浇注和外购构件及设备的安装工程。商品混凝土和外购构件及设备的费用不作为其他工程费和间接费的计算基数。

(11)技术复杂大桥:系指单孔跨径在120m以上(含120m)和基础水深在10m以上(含10m)的大桥主桥部分的基础、下部和上部工程。

(12)隧道:系指隧道工程的洞门及洞内工程。

(13)钢桥上部:系指钢桥及钢吊桥的上部构造,并适用于金属标志牌、防撞钢护栏及设备安装等工程项目。

对于其他工程费的计算,按以下项目进行。

(1)冬季施工增加费计算。冬季施工增加费系指按照现行《公路工程施工及验收规范》所规定的冬季施工要求,为保证工程质量和安全生产所需采取的防寒保温设施、工效降低和机械作业率降低、工地临时取暖以及技术操作过程的改变等所增加的有关费用。

冬季施工增加费的内容包括如下几种。

①因冬季施工所需增加的一切人工、机械与材料的支出。

②施工机具所需修建的暖棚(包括拆、移),增加油脂及其他保温设备费用。

③因施工组织设计确定,需增加的一切保温、加温及照明等有关支出。

④与冬季施工有关的其他各项费用,如清除工作地点的冰雪等费用。

冬季施工增加费的计算方法,是根据各类工程的特点,规定各气温区的取费标准。为了简化计算手续,采用全年均摊销的方法,即不论是否在冬季施工,均按规定的取费标准计取冬季施工增加费。一条路线穿过两个以上的气温区时,可分段计算或按各区的工程量比例求得全线的平均增加率,计算冬季施工增加费。

冬季施工增加费以各类工程的直接工程费之和为基数,按工程所在地区选用的费率计算。

(2)雨季施工增加费计算。雨季施工增加费系指雨季期间施工,为保证工程质量和安全生产而增加的其他直接费,包括防雨、排水、防潮措施费、材料费、工效降低和机械作业率降低所需增加的费用。雨季施工增加费的计算方法,也是将全国划分为若干雨量区和雨季期,并根据各类工程的特点规定各雨季期的取费标准,采用全年平均摊销的办法,即不论是否在雨季施工,均按规定的取费标准计取雨季施工增加费。

一条路线通过不同的雨量区或雨季期时,应分别计算雨季施工增加费或按工程量比重求得平均的增加率,计算全线雨季施工增加费。

雨季施工增加费以各类工程的直接工程费之和为基数,按工程所在地的雨量区、雨季期选用费率计算。

(3)夜间施工增加费计算。夜间施工增加费系指根据设计、施工的技术要求和合理的施工进度要求,而必须在夜间连续施工发生的工效降低、夜班津贴以及有关照明设施等增加的费用。

夜间施工增加费按夜间施工工程项目(如桥梁工程项目包括上、下部构造全部工程)的直接工程费之和为基数,按工程所在地的费率计算。

以上是按全国划分的冬季、雨季区,并根据各类工程的特点规定了不同的费率标准计取冬季、雨季、夜间施工增加费。而为了不因冬雨、夜间施工增加的工日数在总工日数中漏列,需将这一部分工日数进行计算,其冬雨季及夜间施工增工百分率见《编制办法》。但需注意这部分增工不再计算费用,只作为实物(用工)指标汇入 02 表。

(4)特殊地区施工增加费。特殊地区施工增加费包括高原地区施工增加费、风沙地区施工增加费和沿海地区施工增加费三项。

①高原地区施工增加费。高原地区施工增加费系指在海拔高度 1 500m 以上地区施工,受气候、气压的影响,致使工人、机械效率降低而增加的费用。该费用以各类工程人工费和机械使用费之和为基数,按各地费率计算。

②风沙地区施工增加费。风沙地区施工增加费系指在西部沙漠地区施工时,由于受风沙影响,按照施工及验收规范的要求,为保证工程质量和安全生产而增加的有关费用。内容包括防风、防沙及气候影响的措施费,材料费人工费,人工、机械效率降低增加的费用,以及积沙、风蚀的清理修复等费用。

风沙地区施工增加费以各类工程的人工费和机械使用费之和为基数,根据工程所在地的风沙区划及类别,按各地的费率计算。

③沿海地区工程施工增加费。沿海地区工程施工增加费系指工程项目在沿海地区受海风、海浪和潮汐的影响,致使人工、机械效率降低等所需增加的费用。本项费用,由沿海各省、自治区、直辖市、直辖市交通厅(局)制定具体的适用范围(地区),并抄送交通运输部公路司备案。

沿海地区工程施工增加费以各类工程直接费之和为基数,按各地的费率计算。

(5)行车干扰工程施工增加费计算。行车干扰工程施工增加费系指由于边施工边维持通车,受行车干扰的影响,致使人工、机械效率降低而增加的费用。该费用以受行车影响部分的工程项目的人工费和机械使用费之和为基数,按各地的费率计算。

(6)安全及文明施工措施费。安全及文明施工措施费系指工程施工期间为满足安全生产、文明施工、职工健康生活所发生的费用。该费用以各类工程的直接工程费之和为基数,按各地的费率计算。

(7)临时设施费。临时设施费系指施工企业为进行建筑安装工程施工所必需的生活用品和生产用的临时建筑物、构筑物和其他临时设施的费用等,但不包括概预算定额中的临时工程在内。

临时设施包括:临时生活及居住房屋(包括职工家属房屋及探亲房屋)、文化福利及公用房屋(如广播室、文体活动室等)和生产、办公房屋(如仓库、加工厂、加工棚、发电站、变电站、空压机、停机棚等),工地范围内的各种临时的工作便道(包括汽车、畜力车、架子车道等)、人行便道、工地临时用水,用电的水管直线和电线支线,临时构筑物(如水井、水塔等)以及其他小型临时设施。

临时设施费用内容包括:临时设施的搭设、维修、拆除或摊销费。临时设施费以各类工程的直接费之和为基数,按各地的费率计算。

(8)施工辅助费。施工辅助费包括生产工具用具使用费、检验试验费和工程定位复测、工程点交、场地清理等费用。

生产工具用具使用费系指施工所需不属于固定资产的生产工具、检验、试验用具及仪器、仪表等的购置、摊销和维修费,以及支付给生产工人自备工具的补贴费。

检验试验费系指施工企业对建筑材料、构件和建筑安装工程进行一般鉴定、检查所发生的费用,包括自设试验室进行试验所耗用的材料和化学药品的费用,以及技术革新和研究试验费。但不包括新结构、新材料的试验费和建设单位要求对具有出厂合格证明的材料进行检验、对构件破坏性试验及其他特殊要求检验的费用。

施工辅助费以各类工程的直接费之和为基数,按各地的费率计算。

(9)工地转移费。工地转移费系指施工企业根据建设任务的需要,由已竣工的工地或后方基地迁移至新工地的搬迁费用,其内容包括:

①施工单位全体职工及随职工迁移的家属向新工地转移的车费、家具行李托运费、途中住宿费、行程补助费、杂费及工资与工资附加费等;

②公物、工具、施工设备器材、施工机械的运杂费,以及外租机械的往返及本工程内部各工地之间施工机械、设备、公物、工具的转移费等;

③非固定工人进退场及一条路线中工地转移的费用。

工地转移费以及各类工程的直接工程费之和为基数,按规定费率内插计算。

2.间接费

间接费由规费和企业管理费两项组成。

1)规费

规费系指政府和有关权力部门规定施工企业必须缴纳的费用(简称规费)。包括如下几类。

(1)养老保险费:系指施工企业按规定标准为职工缴纳的基本养老保险费。

(2)失业保险费:系指施工企业按国家规定标准为职工缴纳的失业保险费。

（3）医疗保险费：系指施工企业按规定标准为职工缴纳的基本医疗保险费。

（4）住房公积金：系指施工企业按规定标准为职工缴纳的住房公积金。

（5）工伤保险费：系指施工企业按规定标准为职工缴纳的工伤保险费。

各项规费以各类工程直接费之和为基数，按国家或工程所在地相关部门规定的标准计算。

2）企业管理费

企业管理费由基本费用、主副食运费补贴、职工探亲路费、职工取暖补贴和财务费用五项组成。

（1）基本费用

企业管理费用系指施工企业为组织生产和经营管理所需的费用，包括如下内容。

①管理人员工资：系指管理人员的基本工资、工资性补贴，职工福利费、劳动保护费等。

②办公费：系指企业办公用的文具、纸张、账表、印刷、邮电、书报、会议、水、电、烧水和集体取暖（包括现场临时宿舍取暖）用煤（气）等费用。

③差旅交通费：系指职工因公出差和工作调动（包括随行家属的旅费）的差旅费、住勤补助费、市内交通费和误餐补助费，职工探亲路费，劳动力招募费，职工离退休、退职一次性路费，工伤人员就医路费，工地转移以及管理部门使用的交通工具的油料、燃料、养路费及牌照费。

④固定资产使用费：系指管理和试验部门及附属生产单位使用的属于固定资产的房屋、设备、仪器等的折旧、大修、维修或租赁费等。

⑤工具用具使用费：系指管理使用的不属于固定资产的生产根据、器具、家具、交通工具和检验、试验、测绘、消防用具等的购置、维修和摊销费。

⑥劳动保险费：系指企业支付离退休职工的易地安家补助费、职工退职金、六个月以上的病假人员工资、职工死亡丧葬补助费、抚恤费、按规定支付离退休干部的各项经费。

⑦工会经费：系指企业按职工工资总额计提的工会经费。

⑧职工教育经费：系指企业为职工学习先进技术和提高文化水平，按职工工资总额的计提的费用。

⑨保险费：系指企业财产保险、管理用车辆等保险费用。

⑩工程保修费：系指工程竣工交付使用后，在规定保修期内的修理费用。

⑪工程排污费：系指施工现场按规定缴纳的排污费用。

⑫税金：系指企业按规定缴纳的房产税、车船使用税、土地使用税、印花税等。

⑬其他：系指上述项目以外的其他必要的费用支出，包括技术转让费、技术开发费、业务招待费、绿化费、广告费、投标费、公证费、定额测定费、法律顾问费、审计费、咨询费等。

基本费用—各类工程的直接费之和为基数，按规定费率计算。

（2）主副食运费补贴

主副食运费补贴系指施工企业在远离城镇及乡村的野外施工购买生活必需品所增加的费用。该费用以各类工程的直接费之和为基数，按各地的费率计算。

（3）职工探亲路费

职工探亲路费系指按照有关规定施工企业职工在探亲期间发生的往返车船费、市内交通费和途中住宿费等费用。该费用以各类工程的直接费之和为基数，按各地的费率计算。

（4）职工取暖补贴

职工取暖补贴系指按规定发放给职工的冬季取暖费或在施工现场设置的临时取暖设施的费用。该费用以各类工程的直接费之和为基数,按工程所在地的气温区选用各地的费率计算。

（5）财务费用

财务费用系指施工企业为筹集资金而发生的各项费用,包括企业经营期间发生的短期贷款利息净支出、汇兑净损失、调剂外汇手续费、金融机构手续费,以及企业筹集资金发生的其他财务费用。

财务费用以各类工程的直接费之和为基数,按各地费率计算。

3. 辅助生产间接费

辅助生产间接费系指由施工单位自行开采加工的砂、石等自采材料及施工单位自办的人工装卸和运输的间接费。

辅助生产间接费按人工费的5%计。该项费用并入材料预算单价内构成材料费,不直接出现在概（预）算中。

高原地区施工单位的辅助生产,可按其他工程费中高原地区施工增加费费率,以直接工程费为基数计算高原地区施工增加费（其中:人工采集、加工材料、人工装卸、运输材料按人工土方费率计算;机械采集、加工材料按机械石方费率计算;机械装、运输材料按汽车运输费率计算）。辅助生产高原地区施工增加费不作为辅助生产间接费计算基数。

4. 利润

利润系指施工企业完成所承包的工程应取得的盈利。利润按直接费与间接费之和的7%计算。

5. 税金

税金系指按国家税法规定应计入建筑安装工程造价内的营业税、城市维护建设税及教育附加等。

计算公式:

$$综合税金额 = (直接费 + 间接费 + 利润) \times 综合税率$$

综合税率:

（1）纳税地点在市区的企业,综合税率为3.41%;

（2）纳税地点在县城、乡镇的企业,综合税率为3.35%;

（3）纳税地点不在市区、县城、乡镇的企业,综合税率为3.22%

建安工程费中的直接工程费和间接费主要由08表来计算;而利润及税金则由03表计算。在08表的基础上编制03表,就完成了建筑安装工程费的计算。

二、设备、工具、器具及家具购置费计算

1. 设备、工具、器具购置费计算

设备、工具、器具购置费系指为满足公路的营运、管理、养护需要购置的设备、工具、器具的费用,包括渡口设备、隧道照明、通风的动力设备,高等级公路的监控设备,养护用的机械、设备和工具、器具等的购置费。设备、工具、器具购置费应列出计划购置清单。

设备、工具、器具购置费按以下公式计算:

$$购置费 = (设备、工具、器具购置数量 \times 单价 + 运杂费) \times (1 + 采购保管费率)$$

需要安装的设备,应在第一部分建安工程费的有关项目内另计安装工程费用。

2. 办公和生活用家具购置费

办公和生活用家具购置费系指为保证新建或改建项目初期正常生产、使用和管理所必须购置的办公和生活用家具、用具的费用。

范围包括:办公室、单身宿舍及生活福利设施等的家具、用具。

其计算按《编制办法》有关规定计算。

三、其他费用及回收金额计算

工程建设其他费用不是直接用于工程项目施工的费用,但在整个工程项目的实施过程中,凡是与该项目有关而又不在上述两大部分费用(建安费和购置费)中的费用都属其他费用,它是总概预算的组成部分。

其他费用由土地、青苗等补偿费和安置补助费、建设单位管理费、研究试验费、勘察设计费、施工机械迁移费和供电贴费及大型专用机械设备购置费、固定资产投资方向调节税、建设期贷款利息等所构成。在编制概预算时,应本着厉行节约,满足建筑工程投资的需要的原则,从实际出发,在正确贯彻执行有关方针、政策和条例的基础上计算其他费用。与地方或其他有关部门(如邮电、水利、铁路等部门)发生关系时,应注意省、市、自治区及其他有关部门的规定。这些费用通过"其他费用及回收金额计算表(06 表)"计算。

1. 土地、青苗等补偿费和安置补助费计算

土地、青苗等补偿费和安置补助费系指按国家规定所应支付的土地补偿费、青苗补偿费,被征用土地上的房屋、水井、树木等附着物补偿费,迁坟费和安置补助费以及土地征收管理费,耕地占用税和租用土地费、复耕费等。

计算方法:根据主管单位批准的建设用地、临时用地面积和各省、自治区、直辖市人民政府颁发的各项补偿费、安置补助费标准和耕地占用税税率计算。建设的公路、桥梁与原有的电力设施、电信设施、水利工程、铁路及铁路设施互相干扰时,应与有关部门联系,商定合理的解决方案和赔偿金额,也可由这些部门按规定编制费用以确定赔偿金额。

由公路施工企业代业主拆迁搬移的各种建筑物、构筑物,其土木工程费用应归属于建筑安装工程,即路线工程在"第一部分第六项(其他工程)"内计算,独立大中桥工程在"第一部分第六项(其他工程)"内计算。

2. 建设单位管理费计算

建设单位管理费除本身费用外,工程质量监督费,工程监理费,定额编制、管理费,设计文件审查费等四项费用也单独计算。

(1)建设单位管理费

建设单位管理费系指建设单位为建设项目筹建、建设、验收总结等工作所发生的管理费用,不包括应计入设备、材料预算价格的建设单位采购及保管设备、材料所需的费用。费用内容包括:工作人员的工资、工资附加费、劳动保险基金、差旅费、办公费、工具用具使用费、固定资产使用费、劳动保护费、零星固定资产购置费、招募生产工人费、技术图纸资料费、合同公证费、工程质量监督检测费、工程招标费、完工清理费、建设单位的临时设施费和其他管理费用性质的开支,还包括应支付给各省、自治区、直辖市公路工程质量监督站的费用。

由施工企业代建设单位办理"土地、青苗等补偿费"的工作人员所发生的费用,应在建设单位管理费项目中支付。

建设单位管理费以定额基价为基数计算出的"第一部分 建筑安装工程费"总额为基数，按费率以累进办法计算。

（2）工程质量监督费

工程质量监督费指根据国家有关部门规定，支付给各省、自治区、直辖市公路工程质量监督站的管理费用。

工程质量监督费以建筑安装工程费总额为基数，按0.15%计算。

（3）工程监理费

工程监理费系指建设单位委托具有工程监理资格证书的单位，按施工监理办法进行全面地监督与管理所发生的费用。实行国际招标的工程，包括工程监理费、国际招标费和人员培训费。

工程监理费以建筑安装工程费总额为基数，按下列费率计算：

高等级公路的费率为2.0%；低等级公路费率为2.5%～3.0%。

（4）定额编制、管理费

定额编制、管理费系指各省、自治区、直辖市公路（交通）工程定额站为搜集定额资料，编制工程定额及定额管理费所需要的工作经费。

定额编制、管理费以"第一部分 建筑安装工程费"总额为基数，按0.12%计列。

（5）设计文件审查费

设计文件审查费指上级主管部门，对公路工程建设项目可行性研究报告和勘察设计文件进行审查时收取的费用。

设计文件审查费以建筑安装工程费定额为基数，按0.1%计列。

（6）竣（交）工验收试验检测费

竣（交）工验收试验检测费系指在公路建设项目交工验收和竣工验收前，有建设单位（业主）或工程质量监督机构委托有资质的公路工程质量检测单位按照有关规定对建设项目的工程质量进行检测，并出具检测意见所需要的相关费用。

竣（交）工验收试验检测费按规定计算。

3. 研究试验费计算

研究试验费系指为本建设项目提供或验证设计数据（资料）进行必要的研究试验和按照设计规定在施工过程中必须进行试验所需的费用，以及支付科技成果、先进技术的一次性技术转让费。不包括：（1）应由科技三项费用（即新产品试制费、中间试验费和重要科学研究补助费）开支的项目；（2）应由施工辅助费开支的施工企业对建筑材料、构件和建筑物进行一般鉴定、检查所发生的费用及技术革新研究试验费；（3）应由勘察设计费、勘察设计单位的事业费或基本建设投资中开支的项目。

计算方法：按照设计提出的研究试验内容和要求进行编制，不需验证设计基础资料的不计本项费用。

4. 建设项目前期工作费

建设项目前期费系指委托勘察设计、咨询单位对建设项目进行可行性研究、工程勘察设计，依据国家法律须进行评价评估、咨询及设计、监理、施工招标文件、及招标标底或造价控制值文件编制时，按规定应支付的费用。

计算方法：依据委托合同计列，或按国家颁发的收费标准和有关规定进行编制。

5．施工机构迁移计算

施工机构迁移费系指施工机构根据建设任务的需要，经有关部门决定成建制地（指工程处等）由原驻地迁移到另一地区所发生的一次性搬迁费用。不包括：

（1）应由施工企业自行负担的在规定距离范围内调动施工力量以及内部平衡施工力量所发生的迁移费用；

（2）由于违反基建程序，盲目调迁队伍所发生的迁移费；

（3）因中标而引起施工机构迁移所发生的迁移费。

搬迁费用内容包括：职工及随同家属的差旅费、调迁期间的工资，施工机械、设备、工具、用具和周转性材料的搬运费。

计算方法：施工机构迁移费应经建设项目的主管部门同意按实计算。但计算施工机构迁移费后，如迁移地点即为新工地地点（如独立大桥处）时，则现场经费内工地转移费应不再计算；如施工机构迁移地点至新工地地点尚有部分距离，则施工队伍调遣的距离应以施工机构新地点为计算起点。

6．供电贴费的计算

供电贴费系指按照国家规定，建设项目应交付的供电工程贴费、施工临时用电贴费。

计算方法：按国家计委批转水利电力部关于供电工程收取贴费的暂行规定执行。

7．联合试运转费

联合试运转费指新建、改（扩）建工程项目，在竣工验收前按照设计规定的工程质量标准，进行动（静）荷载实验所需的费用，或进行整套设备带负荷联合试运转期间所需的全部费用抵扣试车期间收入的差额。不包括应由设备安装工程项下开支的调试费的费用。

费用内容包括：联合试运转期间所需的材料、油燃料和动力的消耗，机械和检测设备使用费，工具用具和低值易耗品费，参加联合试运转人员工资及其他费用等。

联合试运转费以建筑安装工程费总额为基数，独立大型桥梁按 0.075%、其他工程按 0.05% 计算。

8．生产人员培训费

生产人员培训费指新建、改（扩）建公路工程项目，为保证生产的正常运行，在工程竣工验收交付使用前对营运部门生产人员和管理人员进行培训所必需的费用。

费用内容包括：培训人员的工资、工资性补贴、职工福利、差旅交通费、劳动保护费、培训及教学实习费等。

生产人员培训费按设计定员和 2 000 元/人的标准计算。

9．固定资产投资方向调节税

固定资产投资方向调节税指依照《中华人民共和国固定资产投资方向调节税暂行条例》规定，应缴纳的固定资产投资方向调节税。按国家有关规定计算。

10．建设期贷款利息

建设期贷款利息系指建设项目中分年度使用国内贷款或国外贷款部分，在建设期内应归还的贷款利息。费用内容包括各种金融机构贷款、企业集资、建设债券和外汇贷款等利息。

11．回收金额计算

概预算定额所列材料一般不计回收，只对按全部材料计价的一些临时工程项目和由于工程规模或工期限制达不到规定周转次数的拱盔、支架及施工金属设备的材料计算回收金额。回收金额以回收材料原价为基数再乘以规定的回收率计得。

四、预备费计算

预留费用由工程造价增涨预留费及预备费两部分组成。在公路工程建设期限内,凡需运用预留费用时,属于公路交通部门投资的项目,须经建设单位提出,按建设项目隶属关系,报交通部或交通厅(局)基建主管部门核定批准;属于其他部门投资的建设项目,按其隶属关系报有关部门核定批准。

1. 工程造价增涨预留费计算

工程造价增涨预留费系指设计文件编制年至工程竣工年期间,第一部分费用的人工费、材料费、机械使用费、其他工程费、间接费等以及第二、三部分费用由于政策、价格变化可能发生上浮而预留的费用及外资贷款汇率变动部分的费用。

(1)计算方法:工程造价增涨预留费以概(预)算或修正概算第一部分建筑安装工程费总额为基数,按设计文件编制年始至建设项目工程竣工年终的年数和年工程造价增涨率计算。

(2)年造价增涨率应由设计单位会同建设单位根据该工程人工费、材料费、施工机械使用费、其他工程费、间接费及第二、三部分费用可能发生的上浮等因素,以第一部分建安费为基数进行综合分析预测。

(3)设计文件编制至工程完工在一年以内的工程,不列此项费用。

2. 预备费

预备费系指在初步设计和概算中难以预料的工程和费用,其用途如下:

(1)在进行技术设计、施工图设计和施工过程中,在批准的初步设计和概算范围内所增加的工程费用;

(2)在设备订货时,由于规格、型号改变的价差;材料货源变更、运输距离或方式的改变以及因规格不同而代换使用等原因发生的价差;

(3)由于一般自然灾害所造成的损失和预防自然灾害采取的措施费用;

(4)在项目主管部门组织竣(交)工验收时,验收委员会(或小组)为鉴定工程质量必须开挖和修复隐蔽工程的费用;

(5)投保的工程根据工程特点和保险合同发生的工程保险费用。

计算方法:以第一、二、三部分费用之和(扣除固定资产投资方向调节税和建设期贷款利息两项费用)为基数率计算。

第三节　概预算文件的编制

一、概预算文件编制步骤

概预算文件的编制是一项十分严肃的工作,编制质量的高低及各项计算准确与否,直接关系着国家的经济利益。为了确保概预算文件的编制质量,必须根据工程概预算内在的规律和国家的有关规定,按一定的步骤来进行。

1. 熟悉设计图纸和资料

编制概算、修正概算、施工图预算等文件前,应对相应阶段的初步设计、技术设计和施工图设计内容进行检查和整理,认真阅读和核对设计图纸及有关表格,如工程一览表、工程数量表等,若图纸中所用材料规格或要求不清时,要核对查实。

2. 准备概预算资料

概预算资料包括概预算表格、定额和有关文件及现场调查的一系列数据等。在编制概预算前,应将有关文件如《公路工程基本建设项目设计文件编制办法》、《公路基本建设工程概预算编制办法》、地方和中央的有关文件(如《公路基本建设工程概预算编制办法补充规定》等)准备好,同时,也应将定额如《公路工程概算定额》、《公路工程预算定额》及各类补充定额等准备齐全。最后,要将概预算表格备齐。

3. 分析外业调查资料及施工方案

1)概预算调查资料分析

概预算资料的调查工作是一项关系到概预算文件质量的基础工作,一般在公路工程外业勘察时同时进行,其内容已在第一章介绍过。调查的内容很广,原则上凡对施工生产有影响的一切因素都必须调查,主要是筑路材料的来源(沿线料场及有无自采材料),材料运输方式及运距,运费标准,占用土地的补偿费、安置费及拆迁补偿费,沿线可利用房屋及劳动力供应情况等。对这些调查资料应进行分析,若有不明确或不全的部分,应另行调查,以保证概预算的准确和合理。

2)施工方案的分析

对与相应设计阶段配套的施工组织设计文件(尤其是施工方案)应认真分析其可行性、合理性、经济性。因为施工方案将直接影响概预算金额的高低和定额的查用,因此编制概预算时,重点应对施工方案进行认真分析。

(1)施工方法:同一工程内容,可以采用不同的施工方法来完成,如土方施工,有人工挖土方和机械挖土方两种方法;钢筋混凝土工程既可以采用现浇施工,也可以采用预制安装等。因此,应根据工程设计的意图和要求同工程实际相结合,选择最经济的施工方法。

(2)施工机械:施工机械选择也将直接影响施工费用,因此,应根据选定的施工方法选配相应的施工机械,如挖填土方,既可以采用铲运机,又可以采用挖土机配自卸汽车;又如混凝土预制构件安装,也可采用多种机械施工等。

(3)其他方面:运距远近的选择(如土方中取土坑、弃土堆的位置),材料堆放的位置及仓库的设置,人员高峰期等。

4. 分项

公路工程概预算是以分项工程概预算表为基础计算和汇总而来的,所以工程分项是概预算工作中的一项重要基础工作。一般公路工程分项时必须满足如下三个方面的要求。

(1)按照概预算项目表的要求分项,这是基本要求。概预算项目表实质上是将一个复杂的建设项目分解成许多分项工程的一种科学划分方法。

(2)符合定额项目表的要求。定额项目表是定额的主体内容,分项后的分项工程必须能够在定额项目表中直接查到。

(3)符合费率的要求。其他工程费、现场经费和间接费都是按不同工程类别确定的费率定额,因此,所分的项目应满足其要求。

按上面三个方面的要求分项后,便可将工程细目一一列出并填入 08 表中。

5. 计算工程量

在编制概预算时,应对各分项工程量按工程量计算原则进行计算。一是对设计中已有的工程量进行核对,二是对设计文件中缺少或未列的工程量进行补充计算,计算时应注意计算单位和计算规则与定额的计量单位及计算规则一致。将算得的分项工程量填入 08 表中。

6. 查定额

概预算定额就是以分项工程为对象,统一规定完成一定计量单位分项工程所需的人工、材料、机械台班消耗数量。分项工程一般是按照选用的施工方法,所使用的材料、结构构件规格等因素划分。经较为简单的施工过程就能完成,以适当的计量单位就可以计算工程量及其单价的建筑安装工程产品,是建设项目最基本的组成要素。因此,根据分项所得的工程细目(分项工程)即可从定额中查出相应的人工、材料、施工机械名称、单位及消耗量定额值。查出各分项工程的定额基价,并将查得的定额值和定额单位及定额号分别填入 08 表的有关栏目,再将各分项工程的实际工程量换算的定额单位工程数量乘以相应的定额即可得出各分项工程的资源消耗数量及定额基价,填入 08 表的数量栏中。

7. 基础单价的计算

编制概预算的另一项重要工作便是确定基础单价。基础单价是人工工日单价、材料预算单价和施工机械台班单价的统称。定额中除基价和小额零星材料及小型机具用货币指标外,其他均是资源消耗的实物指标。要以货币来表现消耗,就必须计算各种资源的单价。有关单价的计算方法已在前面介绍,公路工程概预算的基础单价通过 09 表、10 表和 11 表来计算。

(1)根据 08 表中所出现的材料种类、规格及机械作业所需的燃料和水、电编制 09 表。

(2)根据实际工程所发生的自采材料种类、规格,按照外业料场调查资料编制"自采材料料场价格计算表(10 表)",并将计算结果汇入 09 表的材料原价栏中。

(3)根据 08 表、10 表中所出现的所有机械种类和 09 表中自办运输的机械种类,计算工程所有机械的台班单价,即编制"机械台班单价计算表(11 表)"。

(4)根据地区类别和地方规定等资料计算人工工日单价。

(5)将上面(1)、(2)、(3)、(4)项所算得的各基础单价汇总,编制人工、材料、机械单价汇总表(07 表)。

8. 计算分项工程的直接工程费和间接费

有了各分项工程的资源消耗数量及基础单价,便可计算其直接工程费与间接费。

(1)将 07 表的单价填入 08 表中的单价栏,由单价与数量相乘得出人工费、材料费、机械使用费,并可算得工、料、机合计费用。

(2)根据工程类别和工程所在地区,取定各项费率并计算其他直接费、现场经费和间接费的综合费率,即编制 04 表。

(3)将 04 表中各费率填入 08 表中的相应栏目,并以定额基价为基数计算其他直接费和现场经费。

(4)分别在 08 表中计算直接工程费和定额直接工程费。

(5)以定额直接工程费为基数计算间接费。

9. 计算建筑安装工程费

建筑安装工程费通过 03 表计算。

（1）将 08 表中各分项工程的直接工程费、间接费按工程项或目（单位工程）汇总填入 03 表中的相应栏目。

（2）按要求确定施工技术装备费，计划利润、税金的百分率，并填入 03 表的有关栏目。

（3）以定额直接工程费为基数计算施工技术装备费、计划利润。

（4）以直接工程费、间接费、计划利润三者之和为基数计算税金。

（5）纵向合计各单位工程的直接工程费、间接费、施工技术装备费、计划利润和税金，得到各单位工程的建筑安装工程费，总计各单位工程的建安费，得到工程项目的建安费。同时合计定额建安费，完成 03 表计算。

10．实物指标计算

概预算还必须编制工程项目的实物消耗量指标，这可通过 02 表和 12 表的计算完成。

（1）将 09 表和 10 表、11 表中的人工、材料、机械消耗量及机械实物消耗量汇总编制辅助生产工、料、机单位数量表（12 表）。

（2）汇总 08 表中人工、主要材料、机械台班数量。

（3）计算各种增工数量。

（4）合计上面（1）、（2）、（3）项中的各项数据得出工程概预算的实物数量，即得到 02 表。

11．计算其他有关费用

按规定计算第二部分和第三部分费用，即编制 05 表和 06 表。同时可以在 06 表中计算回收金额及预留费用。

12．编制总概预算表并进行造价分析

（1）编制总概预算表：将 03、05、06 表中的各项填入 01 表中相应栏目，并计算各项技术经济指标。

（2）造价分析：根据概算总金额、各单位工程或分项工程的费用比值和各项技术经济指标进行全面分析，对设计提出修改建议和从经济角度对设计是否合理予以评价，找出挖潜措施。

13．编制综合概预算

根据建设项目要求，当分段或分部编制 01 表和 02 表时，需要汇总编制综合概预算。

（1）汇总各种概预算表，编制"总概（预）算汇总表（01-1 表）"。

（2）汇总各段的 02 表编制"总概（预）算人工、主要材料、机械台班数量汇总表（02-1 表）"

14．编制说明

概预算表格计算并编制完后，必须编制概预算说明，主要说明概预算编制依据，编制中存在的问题，工程总造价的货币和实物量指标及其他与概预算有关但不能在表格中反映的事项。

二、编制注意事项

概预算编制中应注意的事项很多，下面只简要说明其中的几个主要方面。

（1）注意表格之间的内在联系，理清其交叉关系。

概预算表格是一个有机的整体，互相联系，相互补充，通过这些表格反映整个工程的资源消耗，因此应熟练掌握各表格之间的内在联系。特别是其中的 07 表、08 表、09 表、10 表、11 表等五个表格，在编制时交叉进行，需要特别注意。如 10 表中出现的外购材料单价及 11 表中出现的动力燃料单价通过 09 表计算，但要注意其运料终点是"料场"还是"工地料库"等。09 表中出现的自办运输台班单价和 10 表中出现的机械台班单价通过 11 表计算。

(2)08 表的"工程名称"(即 01 表中"项"的名称)要按项目填列,应注意将费率相同的各"目"填列于一张表中,以便于小计。

(3)注意各取费费率适用范围的说明,如无路面的便道工程属于土方,有路面的便道工程属于路面等。

(4)使用定额时,一定要注意其小注和章、节说明等,如所有材料的运输及装卸定额中均未包括堆、码方工日等。

(5)按地方的规定计算有关费用时,要注意各地规定中的细节要求,如各省制定的《汽运规则实施细则》中,对 25km 以下短途运输的计价方法就不相同。

(6)编制中应注意公路工程概(预)算的工程费用中属非公路专业的工程,应执行有关专业部门的直接工程费定额和相应的间接费定额。一般工业与民用建筑应执行所在地的地区统一直接工程费定额和相应的间接费定额,但其他费用应按公路工程其他费用项目划分及计算办法编制。

第四节　各项费用计算与相关软件应用

一、费用计算

各项费用之间有着紧密的联系,其计算亦有一定的规律和程序,各项费用的计算程序及计算方式归纳如表 6-4-1 所示。

二、应用电子计算机编制概预算

公路工程概预算是一项极为繁琐而又复杂的计算工作,费时费力。为了提高效率,近年来公路设计施工部门已广泛推广应用电子计算机,编制一定的计算程序,按照程序和表格形式要求即可编制并扩印出概预算文件。本章第五节的预算表格即是用交通部定额站的电算程序(XJTU)编制的。

公路工程建设各项费用的计算程序及计算方式　　　　　　　　　表 6-4-1

代　　号	项　　目	说明及计算式
一	直接工程费(即工、料、机费)	按编制年工程所在地的预算价格计算
二	其他工程费	(一)×其他工程费综合费率
三	直接费	(一)+(二)
四	间接费	(三)×间接费综合费率
五	利润	[(三)+(四)]×利润率
六	税金	[(三)+(四)+(五)]×综合税率
七	建筑安装工程费	(三)+(四)+(五)+(六)
八	设备、工器具购置费(包括备品备件)	∑(设备、工器具数量×单价+运杂费)×(1+采购保管费率)
	办公和生活用家具购置费	按有关定额计算

代　　号	项　　目	说明及计算式
九	工程建设其他费用	
	土地征用及拆迁补偿费	按有关规定计算
	建设单位管理费	（七）×费率
	工程质量监督费	（七）×费率
	工程监理费	（七）×费率
	工程定额测定费	（七）×费率
	设计文件审查费	（七）×费率
	竣（交）工验收试验检测费	按有关定额计算
	研究试验费	按批准的计划编制
	前期工作费	按有关规定计算
	施工机构迁移费	按实计算
	供电贴费	按有关规定计算
	联合试运转费	（七）×费率
	生产人员培训费	按有关定额计算
	固定资产投资方向调节税	按有关规定计算
	建设期贷款利息	按实际贷款数及利率计算
十	预留费用	包括工程造价增涨预留费和预备费两项
	工程造价增涨预留费	按规定的公式计算
	预备费	［（七）＋（八）＋（九）－固定资产投资方向调节税－建设期贷款利息］×费率
	预备费中施工图预算包干系数	［（一）＋（二）］×费率
十一	建设项目总费用	（七）＋（八）＋（九）＋（十）

　　实践表明,应用计算机编制概预算,具有以下几方面的优点:

　　(1)速度快、效率高,使概预算编制人员摆脱了烦琐的手算工作,从而使概预算编制人员有更多的时间进行工程经济分析;

　　(2)使用统一的电算程序,使计算方式、定额套用执行有关规定的口径一致,只要数据和输入正确,结果就无误;

　　(3)计算项目完整、数据齐全、文件漂亮;

　　(4)储存及时,修改方便,目前定额正向着选项自动化的方向发展。

1. 基本原理

　　概预算是根据该工程项目所使用的人工、材料、机械台班等套用相应的定额,按照《编制办法》中规定的编制方法和公式计算工程造价,因此,在设计程序时,首先应将工程项目、定额、人工、材料、机械按照一定的规律赋予一定的代号(标识符),人与计算机之间通过这种代号达成了约定,有了这种约定以后,在源程序中就可以分别用不同的代号来表示人工和各种材料、机械、工程项目和定额。计算时,只要按照计算机的提示和要求,给计算机输入相应的数据,计算机即自动地按照程序所规定的公式计算,确定单价以及各种费率,并进行数量汇总,最后输出概(预)算金额以及各类数据,填入各种表格形成概(预)算文件。功能较强的程序,不但能计算出概(预)算各项数据,还能按照编制办法所规定的内容打印出各类表格,一次完成计算、打印的各项工作,例如交通运输部公路工程定额站和长沙理工大学等单位均编制有相应的电算程序,并且在投标报价及定额选用自动化方面开发出专家系统,颇具特色。

2. 工、料、机和工程项目代号的编制

上面已经提到,源程序以及计算过程中的人工、材料、机械、工程项目都是以代号形式出现的,这是设计和使用程序的关键,只有熟悉各种编号才能正确运用程序。

根据不同机型,应编制各类代号表,列入程序使用手册以备查找对应关系。代号一般可分为:

(1)人工、材料、机械代号表;

(2)工程项目代号表;

(3)短途运输及运输方式代号表;

(4)自采材料代号表;

(5)工程类别代号表。

当程序输出需要打印《编制办法》规定的表格时,还应使用汉字系统根据不同代号打印出汉字表格及相应栏目。

3. 定额及各种费率的存储与修正

为了让计算机查找定额,就必须将定额存储于计算机中建立定额库。定额库中存储的定额,可以是交通运输部公布的概预算定额,也可以是根据地区特点编制的定额。在明确定额库建立的方法之后,就可以根据具体工程地区和单位的特点,对定额库中的定额进行补充和修改。修改时可以将应修改的定额项目调出来,换上修改后的定额再存入定额库中。

各种费率也应存入计算机中,用户同样应注意储存的各种费率是否适合于工程所涉及的地区和有关规定,否则,也应进行修改。

4. 程序的使用

在进行上机计算以前,先将要做概(预)算的工程设计文件及其他资料准备好,然后做好以下工作:

(1)列出工程中要用到的材料、机械、工程项目清单;

(2)将长途运输、短途运输、自采材料及开采装运方式分类;

(3)根据使用手册所规定的代号找出对应关系;

(4)查出工程项目和定额的代号;

(5)准备数据,如运距、工程量、冬季区号、雨季区号、综合里程、迁移里程等。

在原程序及各种数据正确或作了补充修改以后,便可按计算机提示要求输入数据,由计算机进行计算并输出结果和打印表格。

参 考 文 献

[1] 中华人民共和国行业标准.JTG B01—2003　公路工程技术标准.北京:人民交通出版社,2003.

[2] 中华人民共和国行业标准.JTJ 004—89　公路工程抗震设计规范.北京:人民交通出版社,1989.

[3] 中华人民共和国行业标准.JTG D20—2006　公路路线设计规范.北京:人民交通出版社,2006.

[4] 中华人民共和国行业标准.JTG D40—2002　公路水泥混凝土路面设计规范.北京:人民交通出版社,2002.

[5] 中华人民共和国行业标准.JTG D30—2004　公路路基设计规范.北京:人民交通出版社,2004.

[6] 中华人民共和国行业标准.JTG D50—2006　公路沥青路面设计规范.北京:人民交通出版社,2006.

[7] 中华人民共和国行业标准.JTJ 018—96　公路排水设计规范.北京:人民交通出版社,1996.

[8] 中华人民共和国行业标准.JTG D60—2004　公路桥涵设计通用规范.北京:人民交通出版社,2004.

[9] 中华人民共和国行业标准.JTG D61—2005　公路圬工桥涵设计规范.北京:人民交通出版社,2005.

[10] 中华人民共和国行业标准.JTG D62—2004　公路钢筋混凝土及预应力混凝土桥涵设计规范.北京:人民交通出版社,2004.

[11] 中华人民共和国行业标准.JTG D63—2007　公路桥涵地基与基础设计规范.北京:人民交通出版社,2007.

[12] 中华人民共和国行业标准.JTG F40—2004　公路沥青路面施工技术规范.北京:人民交通出版社,2004.

[13] 中华人民共和国行业标准.JTG F10—2006　公路路基施工技术规范.北京:人民交通出版社,2006.

[14] 中华人民共和国行业标准.JTJ 034—2000　公路路面基层施工技术规范.北京:人民交通出版社,2000.

[15] 中华人民共和国行业标准.JTJ 052—2000　公路工程沥青及沥青混合料试验规程.北京:人民交通出版社,2000.

[16] 中华人民共和国行业标准.JTG E30—2005　公路工程水泥及水泥混凝土试验规程.北京:人民交通出版社,2005.

[17] 中华人民共和国行业标准.JTG E41—2005　公路工程岩石试验规程.北京:人民交通出版社,2005.

[18] 中华人民共和国行业标准.JTJ 057—94　公路工程无机结合料稳定材料试验规程.北京:人民交通出版社,1994.

[19] 中华人民共和国行业标准.JTG E42—2005 公路工程集料试验规程.北京:人民交通出版社,2005.

[20] 中华人民共和国行业标准.JTJ 059—95 公路路基路面现场测试规程.北京:人民交通出版社,1995.

[21] 中华人民共和国行业标准.JTG F80/1—2004 公路工程质量检验评定标准(土建工程).北京:人民交通出版社,2004.

[22] 中华人民共和国行业标准.JTG C10—2007 公路勘测规范.北京:人民交通出版社,2007.

[23] 中华人民共和国行业标准.JTG D70—2004 公路隧道设计规范.北京:人民交通出版社,2004.

[24] 中华人民共和国行业标准.JTG D81—2006 公路交通安全设施设计技术规范.北京:人民交通出版社,2006.

[25] 中华人民共和国行业标准.JTJ 003—86 公路自然区划标准.北京:人民交通出版社,1986.

[26] 中华人民共和国行业标准.JTG E40—2007 公路土工试验规程.北京:人民交通出版社,2007.

[27] 中华人民共和国行业标准.GB 5768—1999 道路交通标志和标线.北京:中国标准出版社,1999.

[28] 中华人民共和国行业标准.GB 50220—95 城市道路交通规划设计规范.北京:中国标准出版社,1995.

[29] 中华人民共和国行业标准.GB 50289—98 城市工程管线综合规划规范.北京:中国建筑工业出版社,1998.

[30] 中华人民共和国行业标准.CJJ 37—90 城市道路设计规范.北京:中国建筑工业出版社,1990.

[31] 中华人民共和国行业标准.CJJ 56—94 市政工程勘察规范.北京:中国计划出版社,1994.

[32] 中华人民共和国行业标准.CJJ 69—95 城市人行天桥与人行地道技术规范.北京:中国建筑工业出版社,1995.

[33] 中华人民共和国行业标准.CJJ 75—97 城市道路绿化规划与设计规范.北京:中国建筑工业出版社,1997.

[34] 中华人民共和国行业标准.CJJ 77—98 城市桥梁设计荷载标准.北京:中国建筑工业出版社,1998.

[35] 中华人民共和国行业标准.CJJ 11—93 城市桥梁设计准则.北京:中国建筑工业出版社,1993.

[36] 中华人民共和国行业标准.JGJ 50—2001 J114—2001 城市道路和建筑物无障碍设计规范.北京:中国建筑工业出版社,2001.

[37] 中华人民共和国行业标准.GBJ 22—87 厂矿道路设计规范.北京:中国计划出版社,1987.

[38] 中华人民共和国交通部.JTG/T D65-04—2007 公路涵洞设计细则.北京:人民交通出

版社,2007.

[39] 中华人民共和国行业标准.JTG C30—2002 公路工程水文勘测设计规范.北京:人民交通出版社,2002.

[40] 中华人民共和国国家标准.GB 50139—2004 内河通航标准.北京:中国计划出版社,2004.

[41] 中华人民共和国行业标准.JTJ 311—97 通航海轮桥梁通航标准.北京:人民交通出版社,1998.

[42] 中华人民共和国行业标准.JTJ 214—2000 内河航道与港口水文规范.北京:人民交通出版社,2000.

[43] 中华人民共和国国家标准.GB 50086—2001 锚杆喷射混凝土支护技术规范.北京:中国计划出版社,2001.

[44] 中华人民共和国国家标准.GB 50204—2002 混凝土结构工程施工质量验收规范.北京:中国建筑工业出版社,2002.

[45] 交通部第二公路勘察设计院.公路设计手册 路基(第二版).北京:人民交通出版社,1996.

[46] 凌天清.道路工程.北京:人民交通出版社,2005.

[47] 方左英.路基工程.北京:人民交通出版社,1996.

[48] 全国一级建造师执业资格考试用书编写委员会.全国一级建造师执业资格考试用书:公路工程管理与实务.北京:中国建筑工业出版社,2004.

[49] 顾克明,苏清洪,赵嘉行.公路桥涵设计手册:涵洞.北京:人民交通出版社,1997.

[50] 顾克明,等.公路桥涵设计手册:涵洞.北京:人民交通出版社,1993.

[51] 范立础.桥梁工程(上).北京:人民交通出版社,2001.

[52] 顾安邦.桥梁工程(下).北京:人民交通出版社,2001.

[53] 孙家泗.公路小桥涵勘测设计.北京:人民交通出版社,2004.

[54] 石绍甫.公路桥涵设计手册:拱桥(上).北京:人民交通出版社,2000.

[55] 顾安邦.公路桥涵设计手册:拱桥(下).北京:人民交通出版社,2001.

[56] 姚玲森.桥梁工程.北京:人民交通出版社,1985.

[57] 金吉寅.公路桥涵设计手册:桥梁附属构造与支座.北京:人民交通出版社,1991.

[58] 江祖铭,王崇礼.公路桥涵设计手册:墩台与基础.北京:人民交通出版社,1992.

[59] 庄军生.桥梁支座.北京:中国铁道出版社,2000.

[60] 凌治平,易经武.基础工程.北京:人民交通出版社,1996.

[61] 徐光辉,等.公路桥涵设计手册:梁桥(上).北京:人民交通出版社,1996.

[62] 顾晓鲁,钱鸿缙,等.地基与基础.2版.北京:中国建筑工业出版社,1993.

[63] 《桥梁设计常用数据手册》编写委员会.桥梁设计常用数据手册.北京:人民交通出版社,2005.

[64] 高光冬.公路桥涵设计手册:桥位设计.北京:人民交通出版社,2000.

[65] 高光冬.桥涵水文.北京:人民交通出版社,2003.

[66] 高光冬,等.桥位勘测设计.北京:人民交通出版社,2001.

[67] 蒋焕章.公路水文勘测设计与水毁防治.北京:人民交通出版社,2002.

[68] 王 杰.河流动力学.北京:人民交通出版社,2001.

[69] 中华人民共和国交通部.JTG D70—2004 公路隧道设计规范.北京:人民交通出版社,
2004.

[70] 铁道部第二工程局.铁路工程施工技术手册(上、下册).北京:中国铁道出版社,1999.

[71] 中华人民共和国铁道部.TB 10108—2002 铁路隧道喷锚构筑法技术规范.北京:中国
铁道出版社,2002.

[72] 铁路隧道光面爆破技术规则.北京:中国铁道出版社,1992.

[73] 中华人民共和国交通部.JTJ 063—85 公路隧道勘测规程.北京:人民交通出版社,
1985.

[74] 铁道部第二勘测设计院.铁路工程设计技术手册:隧道.北京:中国铁道出版社,1995.

[75] 中华人民共和国交通部.JTJ 042—94 公路隧道施工技术规范.北京:人民交通出版社,
1995.

[76] 王毅才.隧道工程(上、下册).西安:西安公路交通大学,1993.

[77] 于书翰,杜谟远.隧道施工.北京:人民交通出版社,1999.

[78] 朱忠节,等.岩石爆破新技术.北京:中国铁道出版社,1986.

[79] 李斌.特殊地区公路,膨胀土地区.北京:人民交通出版社,1993.

[80] 王梦恕,等.浅埋暗挖法设计、施工问题新探.隧道建设,1992(2).

[81] 王梦恕,等.工程机械施工手册——隧道机械施工.北京:中国铁道出版社,1992.